DIE SCHRIFTROLLEN VON QUMRAN

INHALT

III. Anhang

Vorwort

Es gibt die mittelalterliche Geschichte von dem Scholaren, der voll Bewunderung zu seinem philosophischen Lehrer aufschaut und ihn fragt: „Woher wissen die Meister soviel?" Die Antwort des Lehrers ist salomonisch: „Die Meister wissen soviel, weil sie auf den Schultern von Riesen stehen." Die kleine Geschichte ist so, als wäre sie für das vorliegende Werk geschrieben. Drei junge amerikanische Wissenschaftler legen zum bedeutendsten Fund in der Geschichte der Archäologie eine Art Summe der Erkenntnis vor; sie präsentieren dem interessierten Laien die Originaltexte aus Qumran in einer modernen Übersetzung mit einem fundierten Kommentar. Bei allen ihren Verdiensten – und es liegen in dieser Ausgabe weltweit erstmals Texte vor, die überhaupt noch nie entschlüsselt, geschweige denn übersetzt worden sind – stehen Michael Wise, Martin Abegg, Jr. und Edward Cook dennoch auf den Schultern von Riesen.

Hunderte von Wissenschaftlern, ja mehrere Forschergenerationen haben in fünfzigjähriger Forschungsarbeit dafür gesorgt, daß aus brüchigen, verschmutzten Rollen, aus einer kaum überschaubaren Menge von oft nur daumennagelgroßen Fragmenten, ein Buch wurde, in dem man mit Spannung in eine verborgene Welt der Antike eintaucht und rätselhafte Texte aus einer längst versunkenen Welt Revue passieren läßt. Läßt man einmal den veritablen Krimi und die politischen Verwicklungen um die Entdeckung, die Sicherung und die Schaffung eines weltweiten Zugangs zu den Quellen beiseite – dazu lesen Sie die aufregende Chronik der Ereignisse in der Einleitung dieses Buches –, so hat der moderne Leser vermutlich keine Vorstellung von der immensen Detailarbeit, dem Maß an Akribie und detektivischem Spürsinn, das sich im Lebenswerk so vieler Forscher widerspiegelt.

Claus-Hunno Hunzinger, einer der verdienstvollsten Qumranforscher der ersten Stunde, hat den Charakter der Arbeit einmal auf eine sehr eingängige Formel gebracht: „Stellen Sie sich vor, Sie finden auf dem Dachboden eine alte Truhe. Der Inhalt: 600 Liebesbriefe an Ihre Urgroßmutter. Wichtig – es müssen verschiedene Verehrer gewesen sein, die ihrer Urgroßmutter geschrieben haben. Natürlich lesen Sie die Liebesbriefe nicht. Sie zerreißen alle in 100 000 kleine Fetzen, mischen alles gründlich, und – das ist das Schlimmste – Sie verbrennen 80% aller Fragmente. Aus dem Rest rekonstruieren Sie die Liebesbriefe und deren Inhalt. Genau das war unsere Arbeit an den Fragmenten – nur, wir hatten es nicht mit Liebesbriefen Ihrer Urgroßmutter zu tun, sondern mit unvokalisierten hebräischen und aramäischen Texten. Die Arbeit war mühsam und ging nur schrittweise voran. Und doch ließ sich in sorgfältiger Kleinarbeit das Material nach den verschiedenen Schreiberhänden auseinandersortieren, Zusammengehöriges zusammenfügen und der Inhalt der so ermittelten Handschriften bestimmen." In den letzten Jahren konnten immer mehr moderne Hilfstechniken herangezogen werden, so daß man Textvergleiche mit feinstprogrammierten Computersystemen vornehmen konnte.

Dieses Buch steht somit wirklich auf den Schultern von Riesen. Warum aber nun dieses Buch, wo es weltweit doch bereits über 15 000 Publikationen zu Qumran gibt? Es gibt wissenschaftliche Publikationen zu kleinsten Details, umfangreiche Dokumentationen, effektheischende Sensationsschriften, polemisches Für und Wider – Schriften, die den interessierten Laien nur mehr oder weniger ratlos zurücklassen. Was es bis auf den Tag nicht gibt, ist die umfassende Präsentation der Originaltexte, erklärt und aufbereitet für Menschen, die sich an der Quelle darüber informieren möchten, was Wahrheit und was Erfindung, was ideologische Vereinnahmung und was das wirklich Aufregende an den geheimnisvollen Texten von Qumran ist. Dieses Buch wartet also nicht mit neuen Schlagzeilen, sondern mit der Chance zum unverstellten Blick auf das Ganze auf.

Die deutsche Ausgabe des zunächst in Amerika erschienenen Werkes wurde auf Wunsch der Autoren um weitere 18 Originaltexte, die in der amerikanischen Ausgabe noch keine Aufnahme finden konnten, erweitert. Wir danken den amerikanischen Autoren, die sich in ganz ungewöhnlich intensiver und kooperativer Weise um die Textgestalt dieser Ausgabe kümmerten. Die Autoren haben jede Zeile des deutschen Textes gelesen, kontrolliert, korrigiert und approbiert. Mit großer Sorgfalt und unermüdlichem Engagement betreute, vertiefte und ergänzte einer der Nestoren der theologischen Wissenschaft in Deutschland, Professor Dr. Alfred Läpple, die deutsche Ausgabe des Textes. Der kleine Forschungsbericht „Christliches in Höhle 7?" stammt aus seiner Feder. Das von ihm mit großer Sorgfalt erstellte Sachregister erschließt dem Leser mit Hilfe zentraler Schlüsselworte neue Zugangsmöglichkeiten. Ebenfalls in großem Dank ist der Verlag den drei Fachübersetzerinnen Anne Stegmeier, Elke Tomppert und Elizabeth Kellogg Kamleiter verbunden, die sich mit großem Verantwortungsbewußtsein und immensem Fleiß ihrer heiklen Aufgabe stellten.

Das gewaltige Opus, das aus der Arbeit so vieler Qumranbegeisterter entstanden ist, liegt nun vor – als Einladung an den Leser, sich auf die Entdeckungsreise in der Welt der Originaltexte zu begeben. Neben dem Urbuch der christlich-jüdischen Tradition, der Bibel, hat der Leser damit eine zweite klassische Textsammlung zur Stunde Null unserer Kultur in Händen.

März 1997

DER VERLAG

I.

EINFÜHRUNG

DIE FASZINATION VON QUMRAN

Die Begriffe „Qumran-Schriften" oder „Die Schriftrollen vom Toten Meer" haben die Kraft, Bilder und Gefühle bei denjenigen hervorzurufen, die nur eine vage Vorstellung vom Sachverhalt haben. Die Begriffe klingen nach Rätseln, nach Intrigen, vielleicht sogar nach heiligen Mysterien. Im Hintergrund erscheinen Bilder von Höhlen, beschriftete Rollen, trockene Wüstenlandschaft, unermüdliche Forscher, die sich über winzige Lederschnipsel beugen. Nicht einmal die nähere Kenntnis der Schriftrollen vertreibt die Aura des Geheimnisvollen. Auch wenn sämtliche Dokumente gelesen, übersetzt und mit Erläuterungen versehen sind, bleiben immer noch große, weiße Flecken. Wer verfaßte die Schriftrollen und wann war das? Welchem Zweck dienten sie und welchen Einfluß übten sie aus? Was bedeutet das für uns? Die Forschung gibt immer noch unterschiedliche Antworten auf diese Fragen.

Wir, die Autoren dieses Buches, glauben, daß wir heute näher denn je an den richtigen Antworten sind. Seit Jahrzehnten haben Spezialisten Zugang zu vielen der Rollen, aber nicht zu allen. Sie kamen zu Schlüssen, die nicht alle Dokumente berücksichtigten – nicht berücksichtigen konnten. Viele dieser Dokumente waren bis vor kurzem nicht verfügbar. Inzwischen liegen alle Texte vor. Einige von ihnen unterstützen Bekanntes, andere stellen liebgewordene Theorien über die Schriftrollen und ihren Ursprung in Frage. Einige lassen darauf schließen, daß Hypothesen, die längst als überholt galten, überraschend präzise sind. Andere wiederum legen subtile Neuinterpretationen bekannter Thesen nahe. Am wichtigsten ist wohl, daß uns, da wir alle Schriftrollen kennen, das Zeugnis einer erstaunlich reichen und fruchtbaren literarischen Kultur vorliegt, die sowohl die fundamentalen religiösen Schriften des späten Judentums als auch des frühen Christentums hervorgebracht hat. Wir finden hier bislang unbekannte Geschichten über biblische Gestalten wie Henoch, Abraham und Noach – einschließlich eines Werkes, das erklärt, warum Gott Abraham befahl, seinen einzigen Sohn, Isaak, zu opfern. Ein Dutzend Schriften, das nicht Teil der hebräischen Bibel ist und auf Mose zurückgehen soll, ist in den Höhlen aufgetaucht. Erst kürzlich entzifferte Schriftrollen enthüllen alte Lehren über die Engel. Von anderen heißt es sogar, sie seien unmittelbare Offenbarungen von Engeln selbst, einschließlich des Erzengels Michael. Unter den Qumran-Rollen befinden sich bisher unbekannte Psalmen, die König David und Josua, dem Anführer der Eroberung des Heiligen Landes, zugeschrieben werden. Die Rollen enthalten auch außerbiblische (apokryphe) Prophezeiungen von Ezechiel, Jeremia und Daniel. Die letzten Worte der Vorväter Josef, Juda, Levi, Naftali und Amram, Vater des Mose, befinden sich unter den Schriftrollen. Andere Texte wiederum sind erfüllt von der Überzeugung des baldigen Weltendes und beschreiben das Kommen des Antichristen.

Von den Schriftrollen wie von der Bibel, der sie in vielem ähneln, gilt: weit häufiger wird über sie gesprochen, als sie gelesen werden. Ein Grund dieser Vernachlässigung ist die besondere Schwierigkeit, Texte zu lesen und zu übersetzen, von denen viele nur in winzigen Schnipseln überlebt haben. Ein weiterer Grund ist, daß nur wenige der veröffentlichten Übersetzungen für Laien gedacht sind. *Unsere* erklärte Absicht ist es: Wir wollen sowohl den Quellen gerecht werden, wie auch der breiten Öffentlichkeit eine gut lesbare und verständliche Übersetzung vorlegen.

ENTDECKUNG UND VERÖFFENTLICHUNG

Archäologie bedeutet das Studium von *archaia,* alten Dingen. Lange Zeit interessierte sich niemand für alte Dinge. Man glaubte, die Vergangenheit unterscheide sich nicht von der Gegenwart. Bebilderte mittelalterliche Bibeln zeigen daher König David in mittelalterlicher Ritterrüstung. Während der Renaissance (15./16. Jahrhundert) begannen die Menschen, einen Sinn für historische Perspektive zu entwickeln. Manche Dinge wurden geschätzt, gerade *weil* sie alt waren. Adelige und Patrizier begannen Altertümer zu sammeln: *archaia.* Als 1798 Napoleon mit seinen Truppen in Ägypten einfiel, eröffneten sie nicht nur einen neuen Schauplatz kulturellen Austauschs, sondern verschafften sich Zugang zu einer neuen, reich sprudelnden Quelle von archaia. Der Handel mit Altertümern begann damals, zusammen mit dem Kolonialismus, seinem Geldgeber. Eine neue Wissenschaft entstand – die Archäologie.

Privatsammler und wissenschaftlich kompetente Archäologen haben sich von Anfang an für diese Objekte interessiert. „Dies gehört in ein Museum!" rufen Indiana Jones und seine Kollegen vom Fach in ihrem Kampf gegen dilettantische Sammler. Beide Gruppierungen sind gewiß bereit, für ihre Altertümer zu bezahlen. In Kenntnis dieser Tatsache bewahrten Beduinen vom Stamm der Ta'amire alte Schriftrollen, die sie in der Wüste Juda 1946 oder 1947 gefunden hatten. Ganz zufällig seien sie, so sagten sie, in eine kleine Höhle am Westufer des Toten Meeres geraten. Dort habe man die Schriftrollen, eingerollt in steinernen Krügen, gefunden. Würde sich ein Käufer für die Manuskripte finden, die so alt, so schmutzig und zerfetzt waren?

Die ersten sieben Schriftrollen wurden schon bald verkauft. Vier Rollen erwarb der syrisch-orthodoxe Metropolit von Jerusalem, Athanasius Samuel, die anderen drei Rollen kaufte ein Forscher der Hebräischen Universität in Jerusalem (Hebrew University), E. Y. Sukenik. Metropolit Samuel, der die Echtheit seiner Antiquität von Experten beglaubigen lassen wollte, zeigte schließlich die Texte Spezialisten der American School of Oriental Research. Diese stellten erstaunt fest: Samuels Schriften seien mindestens vor zweitausend Jahren geschrieben worden. Es waren zwar nicht die ältesten Dokumente, aber viele Jahrhunderte älter als das älteste Manuskript, das je im Heiligen Land entdeckt worden war. Die sichtlich aufgewühlten Forscher berichteten am 11. April 1948 der Presse vom Fund der ältesten bekannten biblischen Handschriften; Sukenik folgte ihrem Beispiel einige Tage später. Die ersten sieben Qumran-Schriften sind: das *Grundgesetz einer Sekten-Gemeinschaft* (Text 5), die *Patriarchen-Geschichten* (Text 2), die *Loblieder* (Text 3), der *Habakuk-Kommentar* (Text 4), die *Kriegsrolle* (Text 8) und zwei Abschriften des alttestamentlichen Buchs Jesaja.

Metropolit Samuel brachte seine vier Schriftrollen in die Vereinigten Staaten. Jahrelang versuchte er, sie zu verkaufen, jedoch erfolglos. Interessierte Käufer hörten, daß einige For-

Höhle 4. Über 40 000 Fragmente von 600 Schriftrollen wurden hier 1952 gefunden.

scher die Authentizität der Qumran-Rollen anzweifelten. Außerdem war die Frage offen, ob es juristisch einwandfrei war, daß Samuel die Rollen ihrem Herkunftsland Palästina/ Jordanien entzogen hatte. Im Jahr 1955 zahlte ein Vertreter des jungen Staates Israel 250 000 Dollar für Samuels vier Rollen. Diese Texte wurden mit den drei Rollen Sukeniks wiedervereint. Heute sind sie die wertvollsten Ausstellungsstücke des Shrine-of-the-Book-Museum in Jerusalem.

Doch im Jahr 1955 kümmerte sich kein Mensch darum, ob Jordanien oder das Land Israel oder der Erzbischof Samuel im rechtmäßigen Besitz der Schriftrollen war. Inzwischen hatten nämlich die emsigen Beduinen neun weitere Höhlen am Westufer des Toten Meeres mit ebenso alten Schriftrollen entdeckt. Eine weitere Höhle tauchte im Jahr 1956 auf, so daß es insgesamt elf waren. Es schien, als ob die Höhlen von Judäa alles herausgeben wollten, was Jahrtausende stillschweigend in ihren Tiefen verborgen war. Alle elf Höhlen, das muß betont werden, lagen in der Nachbarschaft des Wadis von Qumran nahe des Nordwestufers des Toten Meeres. Aber ihre Schätze bildeten nur einen Teil der Gesamtfunde. Alte Schriftstücke wurden ebenso in Höhlen in der Nähe des Wadis Murabba'at und des Wadis Daliyeh sowie in den Ruinen von Masada gefunden. Außer den Texten von Masada stammen die anderen Funde aus anderen Zeiten und einer anderen Umgebung als die Texte von Qumran. Wenn man daher von den „Schriftrollen vom Toten Meer" spricht, sind manchmal alle diese Funde gemeint, wissenschaftlich präzis aber nur die Qumran-Rollen. Auf den folgenden Seiten wird diese präzise Formulierung gebraucht.

Als alle Schriften noch vorhanden waren, dürfte die Zahl der Schriftrollen etwa 1000 gewesen sein. Einige sind spurlos verschwunden. Forscher konnten noch Überbleibsel von 870 einzelnen Schriftrollen identifizieren. Die langen Jahrhunderte in den Höhlen haben den Großteil der ursprünglichen Schriftrollen zu winzigen Stückchen werden lassen, Fetzchen, manche kaum größer als ein Fingernagel. Allein die vierte Höhle, in der man das größte Versteck von Manuskripten entdeckt hat, enthielt schätzungsweise 15 000 Fragmente. Die riesige Menge an Material, die die kühnsten Forscherträume weit überstieg, erwies sich als nicht unproblematisch. Das größte Problem war es, Wissenschaftler der verschiedensten Bereiche zu finden, die genügend Kenntnisse besaßen und sich ausreichend Zeit nehmen konnten, um das Material zu sichten.

Die Regierung von Jordanien – in deren Staatsgebiet die Höhlen von Qumran nach 1948 lagen – gestattete in den frühen 50er Jahren ausländischen Forschern, sich zu einem Forschungsteam zusammenzuschließen und sich mit allen vorhandenen Texten zu befassen. Acht jungen Männer waren nun verantwortlich für das Projekt und hatten das Privileg, alles zu publizieren.

Die Arbeit der Gruppe begann gut. Sie veröffentlichte den ersten Band mit Texten im Jahr 1955: *Discoveries in the Judean Desert, Vol. 1: Qumran Cave 1* (abgekürzt DJD 1). Das Buch enthielt zusätzlich Fragmente aus der Höhle, die als erste von den Beduinen betreten worden war. Es handelte sich um Teile von Dokumenten, die erst auftauchten, nachdem man die ersten sieben Rollen verkauft hatte. „Arbeit dieser Art geht notwendigerweise langsam voran", schrieb im Vorwort G. L. Harding, der Direktor des jordanischen Department of Antiquities. „Es kann gut sein, daß die Reihe erst in einigen Jahren abgeschlossen sein wird." Harding konnte nicht vorhersehen, daß 40 Jahre später die Arbeit immer noch nicht beendet sein würde.

Womit kann das unerträglich schleppende Tempo der Veröffentlichung erklärt werden? Zum einen war die Arbeit weit zeitaufwendiger, als man zunächst vermutet hatte. Die ersten sieben Rollen waren alle mehr oder weniger intakt (obwohl einige in besserem Zustand waren als andere). Das herausgeberische Konzept bestand darin, Fotos der Texte zu veröffentlichen, die für jeden, der Althebräisch kann, lesbar sind. Doch es stellte sich sehr bald heraus, daß unbeschädigte Rollen die Ausnahme waren. Die meisten waren Fragmente. Es erforderte außerordentliche Sorgfalt, herauszufinden, welche Fragmente zu ein und derselben Schriftrolle gehörten. Diese Arbeit mußte zuallererst gemacht werden, bevor vorläufige Übersetzungen und erst recht Interpretationen veröffentlicht werden konnten. Diese Arbeit dauert übrigens noch an. Neue Methoden, die Fragmente richtig zusammenzufügen, werden laufend entwickelt und verbessert. Auf den folgenden Seiten stellen wir einige davon vor.

Das Sammeln und Zusammenfügen der Fragmente erforderte sorgfältiges Vorgehen, Sachkompetenz und gewiß auch Forscherglück. Das erste Team führte diesen Arbeitsschritt zwar gut durch. Im Rückblick wird aber klar, daß die Aufgabe zu groß und das Team zu klein war. Der 2. Band der DJD erschien im Jahr 1961 mit Texten aus Murabba'at, Band 3 folgte 1962 und enthielt alle Texte aus den Höhlen 2, 3, 5, 6, 7 und 10, den sogenannten „kleineren" Höhlen, denn in diesen waren nur wenige Rollen gefunden worden. DJD 4 (1965) enthielt ein einziges Manuskript des Buches der Psalmen aus Höhle 11. Im Band 5 der DJD (1968) wurden einige Manuskripte ausschließlich aus der Hauptfundstelle, Höhle 4, veröffentlicht.

An diesem Punkt gelangte das Projekt, das mittlerweile nur noch langsam vorangekommen war, zum völligen Stillstand. Als Ergebnis des Sechstage-Kriegs vom 5. bis 10. Juni 1967 ging das Palestine Archaeological Museum im östlich-jordanischen Stadtteil Jerusalem, in dem die Fragmente der Schriftrollen aufbewahrt wurden, als „Kriegsbeute" in das Eigentum des Staates Israel über. Zum ursprünglichen Forschungsteam gehörten zwei Jahrzehnte lang auch Mitarbeiter der École Biblique, deren Leiter der französische Dominikaner Pater Roland de Vaux († 1971) war. Die Arbeit dieses interkonfessionellen und internationalen Teams, das sich in den ersten 20 Jahren glänzend bewährt hatte, wurde durch den Sechstage-Krieg empfindlich gestört. Die Mitglieder des ursprünglichen Herausgeberteams, von denen die meisten entschiedene pro-arabische Haltung zeigten, waren zunächst nicht geneigt, unter israelischer Leitung weiterzuarbeiten, selbst nachdem man ihnen zugesichert hatte, die Arbeit nicht zu behindern. Schließlich einigten sich die Israelis und das Team. Veröffentlicht wurde im Jahr 1977 Band 6 der DJD, der jedoch eine Reihe unbedeutender Texte enthielt. Zu dieser Zeit wurde die internationale Forschergemeinde zunehmend unzufrieden mit dem offiziellen Team. Die Schriftrollen, die bereits publiziert worden waren, hatten die Bibelforschung, Forschungen zum frühen Judentum sowie frühen Christentum revolutioniert. Der Gedanke, daß Hunderte von Texten – über die Hälfte des Fundes – bis dahin noch von niemandem außerhalb des kleinen Kreises der privilegierten Herausgeber gesehen worden war, war zum Verrücktwerden; „der akademische Skandal des Jahrhunderts", so Geza Vermes aus Großbritannien.

Nachdem ein *modus operandi* mit Israel erreicht worden war, gab es tatsächlich keinen vernünftigen Grund mehr, warum die Texte nicht schnellstens veröffentlicht wurden. Die meisten grundlegenden Arbeiten der Rekonstruktion und Entzifferung waren bereits im

Jahr 1960 beendet. Man war jedoch zu der Überzeugung gelangt, daß eine schlichte Veröffentlichung des Textes nicht mehr ausreichte. Die Qumran-Schriften waren ein eigenes Teilgebiet der Geschichte des Altertums geworden. Eine „richtige" und wissenschaftlich verantwortete Veröffentlichung mußte ausführliche Analysen, präzise Synthesen sowie differenzierte Bewertungen enthalten und jedes Fragment mußte seinem entsprechenden Ort in der Geschichte des Spätjudentums, des frühen Christentums und der Menschheit zugeordnet werden. Das war eine einschüchternde Aufgabe selbst für ein großes, eingearbeitetes Team. Für eine kleine Gruppe war diese Aufgabe unmöglich. Immer noch verweigerte das ursprüngliche Team, das sich zwar langsam vergrößert hatte, indem man in den 80er Jahren auch einige Israelis und ausgewählte Doktoranden, und zwar solche, die gemeinsam mit Teammitgliedern studiert hatten, aufgenommen hatte, anderen Forschern den Zugang zu den Texten. In akademischen Kreisen ist aber Wissen gleich Macht! Die Herausgeber der Schriftrollen genossen ihre Exklusivität und Gelehrteneitelkeit.

In den 70er und 80er Jahren wuchsen die Klagen über das langsame Voranschreiten der Publikation lawinenartig. Mitglieder des Teams veröffentlichten weiterhin nur von Zeit zu Zeit einzelne Texte. Doch sie behielten sich die alleinige Kontrolle des Fortgangs vor. Erschien wieder ein Text, hatte es den Anschein des *noblesse oblige*. Die Arroganz, die hinter dem langsamen Tempo der Publikation ersichtlich wurde, wirkte provozierend. Sie spornte „Außenseiter" an, einen ungehinderten Zugang zu erreichen. Neue Hindernisse stellten sich zudem der Veröffentlichung in den Weg: Mehrere Mitglieder des ersten Teams waren inzwischen gestorben, andere hatten gesundheitliche Probleme.

Erst zu Beginn der 90er Jahre wurde das Monopol des offiziellen Teams gebrochen. Der Anstoß dazu kam von innen wie auch von außen. Im Dezember 1990 mußte Professor John Strugnell von der Harvard Universität, der seit 1987 das Team leitete, auf Betreiben der israelischen Behörde für Altertümer (Antiquities Authority) seine Tätigkeit aufgeben (er wurde abgesetzt!), da er abfällige Bemerkungen über das Judentum (in der israelischen Zeitung „Ha-Aretz") gemacht hatte. Die Behörde betraute israelische Wissenschaftler mit dem Projekt. Diese fingen an, weitere Forscher zur Mitarbeit im Team hinzuzuziehen, um das Tempo der Publikation voranzutreiben.

Die entscheidende Rolle spielten aber Kräfte von außen. Das offizielle Team hatte 1988 eine Konkordanz aller Wörter der unveröffentlichten Texte zusammengestellt, eine umfangreiche Stichwörterliste, die auch den Kontext mitlieferte, in dem jedes aufgeführte Wort vorkam. Das Team hatte sich stets den internen Gebrauch dieser Konkordanz vorbehalten, doch kurz bevor John Strugnell abgesetzt wurde, ließ er bestimmten Museen und Universitätsbibliotheken Kopien der Konkordanz zukommen. Da die Konkordanz jedes Wort mit ein oder zwei weiteren Begriffen rechts und links davon auflistete, bot sich die Möglichkeit, nicht nur ganze Zeilen, sondern komplette Schriftrollen zu rekonstruieren. Martin Abegg, Doktorand des Hebrew Union College in Cincinnati, setzte zusammen mit seinem Doktorvater, Professor Ben Zion Wacholder, die Theorie in die Praxis um. Mit Hilfe eines mit dieser Konkordanz gefütterten Computers führte er die Rekonstruktion durch. Der 1. Band bisher unveröffentlichter Schriftrollen wurde im September 1991 publiziert. Diese Publikation schlug wie eine Bombe ein, der eine weitere folgte. Am 23. September 1991 verkündete der Direktor der Huntington Bibliothek in Südkalifornien, William Moffett, daß seine Bibliothek Fotos aller unveröffentlichten Qumran-

Schriften besitze und daß er Forschern unbegrenzten Zutritt zu ihnen gewähre. Dieser doppelte Angriff auf die Monopolstellung des Teams erwies sich als ausschlaggebend. Nachdem er zunächst gerichtliche Schritte angedroht hatte, verkündete Emanuel Tov, seit Mitte November 1990 bereits zum „Mitherausgeber" des gesamten Qumran-Materials ernannt und seit November 1991 neuer Chefherausgeber des offiziellen Teams, daß alle Wissenschaftler freien und uneingeschränkten Zugang zu allen Fotos der Schriftrollen vom Toten Meer haben würden. Dieser Sieg über wissenschaftliche Geheimniskrämerei, Gelehrteneitelkeit und Besitzanspruchsdenken machte dieses Buch erst möglich.

WIE DIE SCHRIFTROLLEN
VOM TOTEN MEER GESCHRIEBEN WURDEN

Was genau sind die Schriftrollen vom Toten Meer? Es sind Dokumente, die mit Tinte auf Kohlenstoffbasis meist auf Tierhäute, manche auch auf Papyrus geschrieben wurden. Die Schriftrollen wurden von rechts nach links ohne jedes Satzzeichen beschriftet, außer einem gelegentlichen Einzug am Beginn eines neuen Abschnitts – ohne Punkte, Kommas, Fragezeichen oder sonst eine gewohnte Hilfe für den Leser. Es gibt in manchen Fällen nicht einmal Zwischenräume zwischen den Wörtern: Die Buchstaben folgen lückenlos aufeinander. Der Kodex, eine frühe Form des Buches mit gebundenen Seiten, war noch nicht erfunden worden. Daher wurden die „Seiten" oder Kolumnen hintereinander auf die Rollen geschrieben. Wer eine Rolle lesen wollte, rollte sie langsam auf, um sie anschließend wieder zurückzurollen, wie man heute eine Videokassette zurücklaufen läßt. Nicht wenige Rollen zeigen, daß oft vergessen wurde, sie „zurückzuspulen". Die Rollen wurden in mehreren Sprachen und in verschiedenen Schriftarten verfaßt. Obwohl es sich ausschließlich um religiöse Texte handelt, sind die Inhalte überraschend vielfältig.

DIE SPRACHEN DER SCHRIFTROLLEN

Vor der Entdeckung der Schriftrollen vom Toten Meer herrschte folgende Ansicht über die semitischen Sprachen Palästinas in dieser Zeit: das Hebräische sei ausgestorben. Es wurde nicht mehr von Kindheit an erlernt. Nur die gebildeten Schichten kannten die Sprache durch Studien, so, wie gebildete Europäer des Mittelalters Latein konnten. Das rabbinische Hebräisch, die geschriebene Sprache der Mischna, Tosefta und anderer rabbinischer Literatur seit 200 n. Chr., betrachtete man als eine Art gelehrte Erfindung – künstlich und keine lebendige Sprache. Tatsächlich sprachen die Juden inzwischen Aramäisch. Man glaubte, daß in dieser Sprache die literarische Produktion gering war. Daher zweifelten prominente Wissenschaftler in der Mitte der 40er Jahre (am Vorabend der Entdeckung der Schriftrollen), ob die Abfassung eines Evangeliums in semitischer Sprache überhaupt möglich gewesen war. Edgar Goodspread argumentierte: „Das Evangelium ist der Beitrag des Christentums zur Literatur. Es ist die einflußreichste Art religiöser Literatur, die je erdacht wurde. Eine solche Schöpfung dem Aramäischen zuzugestehen, muß als

Gipfel der Unwahrscheinlichkeit betrachtet werden. Denn in den Tagen Jesu waren die Juden Palästinas keineswegs damit beschäftigt, Bücher zu schreiben. Es ist nicht übertrieben, zu sagen, daß einem Juden aus Galiläa oder Jerusalem der Gedanke an ein Buch in seiner Muttersprache ein Greuel gewesen wäre."*

Die Entdeckung der Schriftrollen fegte diese linguistischen Meinungen hinweg. Hier lagen viele Hunderte von Texten als greifbare Beweise einer umfangreichen literarischen Fruchtbarkeit. Abgesehen von Abschriften biblischer (alttestamentlicher) Bücher ist jede sechste Schriftrolle vom Toten Meer in aramäisch geschrieben. Offensichtlich wäre die Abfassung eines Evangeliums auf aramäisch durchaus möglich gewesen. Die überwiegende Mehrzahl der Schriftrollen sind hebräische Texte. Hebräisch war die wichtigste literarische Sprache der Juden dieser Epoche. Die neuen Funde unterstreichen den damals noch lebendigen, ja geschmeidigen Charakter dieser Sprache. Einige Texte deuten darauf hin, daß Hebräisch nicht nur geschrieben, sondern auch gesprochen wurde. Diese Arbeiten (z. B. das *Sektierer-Manifest,* Text 94) waren in einem Hebräisch abgefaßt, das man als „missing link" (fehlendes Glied) etwa in der Mitte zwischen der Form des biblischen Hebräisch und des rabbinischen Hebräisch bezeichnen kann. Damit erwies sich, daß das rabbinische Hebräisch eine Weiterentwicklung des gesprochenen Hebräisch biblischer Zeiten war und keine Erfindung.

Die Schriftrollen belegen, daß die Juden in der Spätzeit des zweiten Tempels unterschiedliche Dialekte des Hebräischen neben dem Aramäischen benutzten. (Die beiden Sprachen hängen eng zusammen – Aramäisch verhält sich zu Hebräisch etwa wie Französisch zu Italienisch.) Beim Schreiben versuchten sie jedoch meist, das biblische Hebräisch, eine ältere Sprachform, zu gebrauchen. Vergleichbar wäre der Versuch, heute im Stil des Elisabethanischen Zeitalters (16./17. Jahrhundert) Englisch zu schreiben. Nicht alle Schreiber beherrschten diese Kunst gleichermaßen; deshalb ist die Qualität des Hebräischen sehr unterschiedlich. Moderne Forscher werten aber Fehler mehr als meisterhafte Ausführungen, denn Fehler entstehen durch den typischen Sprachgebrauch eines Schreibers. Die geschriebene Form gibt daher Aufschluß über das damals gesprochene Wort. Nur ein kleiner Teil der Schriftrollen wurde in griechischer Sprache geschrieben. Diese Entdeckung hat einen vertiefenden Einblick in die sprachliche Vielfalt des Judentums im ersten Jahrhundert (nach der Zeitenwende) gewährt. Bedingt durch die jeweilige Situation des Sprechers oder Schreibers wurde Hebräisch, Aramäisch oder Griechisch verwendet. Jetzt erst beginnt man, einige Regeln dieses Sprachgebrauchs zu entdecken bis hin zu differenzierteren Erkenntnissen der Sozio-Linguistik. Da viele der Schriftrollen vom Toten Meer auch einem größeren Forscherkreis bekanntgeworden sind, befinden wir uns zum gegenwärtigen Zeitpunkt am Anfang eines neuen sprachwissenschaftlichen Verständnisses.

---

* Edgar Goodspeed, The Original Language of the Gospels, in: *Contemporary Thinking About Jesus: An Anthology* hg. von Thomas S. Kepler, New York, 1944, 59.

Nebi Musa-Kloster

← 1 km →

Felsabhang

Mergelterrasse

Wadi Daber

Höhle 3 Q

Höhle 11 Q

Höhlen
1 Q
2 Q

Wadi Dschaufat Zabin

Küstenstreifen

BUQE'A
(Achor-Tal)

Wadi Dababir

Totes
Meer

6 Q

Höhlen
5 Q
4 Q

Chirbet Qumran

Höhlen
7 Q – 10 Q

Wadi Qumran

Felsabhang

Mergelterrasse

GEBIET DER QUMRAN-HÖHLEN

Landwirtschaftliche
☐ Gebäude von Qumram
■ En Feschcha (Quelle)

DIE SCHRIFTARTEN

Die Schriftart, in der die meisten Texte geschrieben wurden, Hebräisch oder Aramäisch, wird *Quadrat- oder Buchschrift* genannt. Vor der Entdeckung der Schriftrollen wußte man relativ wenig über sie. Diese Schrift, so hat sich herausgestellt, ist die Entwicklung einer älteren Schrift des 4. und 3. Jahrhunderts v. Chr., die schon seit dem 19. Jahrhundert den Forschern bekannt war. Überraschend ist, daß diese Schrift zunächst nur für das Aramäische, nicht für das Hebräische verwendet wurde. Während sich das Hebräische im Kampf der Sprachen durchsetzte, bot das Aramäische eine schöne, sorgsam ausgeführte Kanzleihandschrift, verziert mit Serifen (kleine Abschlußstriche bei Schrifttypen), ungezwungenen Varianten, mit unlesbaren und fast unlesbaren Buchstaben. Später entwickelte sich daraus jene Schrift, in der im Mittelalter Hebräisch geschrieben wurde. Eine Spielart davon wurde jene Schrift, die noch heute im modernen hebräischen Bibel- und Buchdruck verwendet wird.

Nur in wenigen Schriftrollen hat eine weiterentwickelte Form der alten hebräischen Schrift überlebt, die von der aramäischen Form innerhalb der jüdischen Welt verdrängt wurde. Diese Schrift schrieb man von der Zeit Davids und Salomos bis zur Zeit Jeremias. In der Epoche unmittelbar vor und nach Christus wurde diese Schriftart, bekannt als *Alt-Hebräisch,* insbesondere für die Abschriften der fünf Bücher Mose und Ijob verwendet. Die Schreiber, die sich ihrer bedienten, betrachteten vermutlich diese Bücher als die ältesten hebräischen Schriften; das Alt-Hebräische schien daher am angemessensten. Die Schriftrollen haben gezeigt, daß die Juden in den Tagen Jesu Schriften verwendeten, die von alten aramäischen wie von hebräischen Schriften abstammten.

Daneben tauchten aber auch drei verschiedene *Geheimschriften* auf. Vor der Entdeckung der Schriftrollen waren diese Schreibformen unbekannt. Der Gedanke von Geheimschriften geht zwar bis ins Mesopotamien des 3. Jahrtausends v. Chr. zurück. Die gefundenen Schriftrollen zeigen die ältesten, bisher entdeckten Formen, die mit dem Hebräischen in Zusammenhang stehen. Die wichtigste dieser Geheimschriften nennt man „Cryptic Script A". Etwa 15 Schriftrollen bedienten sich der „Cryptic Script A" entweder vollständig oder sie wurde für Randnotizen verwendet (vgl. besonders *Ermahnungen an die „Söhne der Morgendämmerung",* Text 60, und die *Mondphasen,* Text 65). Edgar Allan Poe (1809–1849) bemerkte einst in einem Aufsatz „*A few Words of Secret Writing":* „Nur wenige Menschen können davon überzeugt werden, daß es gar nicht leicht ist, eine Geheimschrift zu entwickeln, die Nachforschungen standhält. Dennoch kann durchaus behauptet werden, daß menschlicher Einfallsreichtum keine Geheimschrift ersinnen kann, die menschlicher Einfallsreichtum später nicht entschlüsseln könnte." Auch „Cryptic Script A" hat ihre Geheimnisse den heutigen Forschern preisgegeben, die das folgende herausgefunden haben: Es liegt ein einfacher Ersatzcode vor, nach dem jedes Symbol des Geheimalphabets einem Buchstaben des regulären hebräischen Alphabets entspricht.

INHALT

Bei allen Schriftrollen (mit wenigen unbedeutenden Ausnahmen) handelt es sich um jüdische religiöse Texte. Die Tatsache, daß alle Schriften religiös sind, ist etwas überraschend. Warum gibt es keine Abschriften von Schriften über Landwirtschaft und Viehzucht – also weltliche, „praktische" Themen? Die Juden der damaligen Zeit waren ein Volk von Ackerbauern und Viehzüchtern. Hatten sie kein Interesse an solchen weltlichen Themen? Wer sich aber mit dem Inhalt der Schriftrollen genauer beschäftigt, erkennt eine besondere Absicht, die sich hinter der Sammlung und dem Versteck in den Höhlen verbirgt. Es handelt sich keineswegs um eine willkürliche Auswahl von Schriften, die „gerade da waren", weil sie durch Zufall aus dieser oder jener Bibliothek vorhanden waren.

Diese religiösen Schriften lassen sich in zwei Kategorien einteilen: *biblische* und *nichtbiblische Texte*. Bei den *biblischen* Texten handelt es sich um Abschriften der hebräischen Bibel (= christliches Altes Testament). Sie umfassen etwa ein Viertel der Gesamtzahl der Schriftrollen in der Sammlung. Darunter befinden sich Abschriften von jedem Buch der jüdischen Bibel. Keine Spur ist jedoch bisher vom Buch Ester aufgetaucht.

Die „Bibel vom Toten Meer" ist der älteste Handschriftenfund des Alten Testaments – mindestens 1000 Jahre älter als die hebräischen Texte des Mittelalters, die die Grundlage aller bisherigen Bibelübersetzungen bilden. In vielen Fällen bestätigen die Rollen den überlieferten Bibeltext. In anderen Fällen stimmen einzelne Verse (ihre „Lesarten") vielfach mit nicht-traditionellen Varianten der Septuaginta überein. (Die Septuaginta ist die alte Übersetzung des Alten Testaments ins Griechische, die von den ägyptischen Juden gebraucht wurde.) Manche Schriftrollen überliefern Lesarten, deren Existenz bisher unbekannt waren.

In anderen Fällen enthalten die Schriftrollen jedoch erheblich weitergehende Textvarianten als nur Lesarten einzelner Verse. Sie überliefern neue „Ausgaben" ganzer biblischer Bücher, die vom traditionellen Text des Alten Testaments abweichen. Es sind z. B. zwei Versionen des Buches Jeremia aus den Höhlen aufgetaucht, von denen die eine mit der bisher bekannten und übersetzten modernen Bibel übereinstimmt; die andere ist jedoch etwa 15 Prozent kürzer; sie erzählt auch den Inhalt in einer anderen Reihenfolge.

Ebenso sind etliche Varianten des Buches der Psalmen entdeckt worden, die sich erheblich voneinander unterscheiden, insbesondere von Psalm 90 an. Die Psalmen 90 bis 150 erscheinen in unterschiedlicher Reihenfolge; außerdem enthalten einige Manuskripte weitere, bisher unbekannte Psalmen. Inhalt und Form des Buches der Psalmen waren offensichtlich in der Epoche der Entstehung der Schriftrollen noch in ständigem Fluß. (Zu den zusätzlichen Psalmen, die man David zuschreibt, siehe *Apokryphe Psalmen,* Text 19 und *Apokryphe Psalmen Davids,* Text 145.)

Auf ähnliche Weise hat die Entdeckung der Schriftrollen zu der Feststellung geführt, daß es damals bereits Sammlungen von Bibelauszügen, „überarbeitete Bibeln" und inzwischen verlorengegangene Quellen gab, die die Schreiber der biblischen Bücher als Vorlage benutzten. Die ersten beiden genannten Kategorien enthielten augenscheinlich Methoden der Bibelinterpretation. In beiden Fällen fügte man den zitierten Bibeltexten kommentierendes Material hinzu. Diese Ergänzungen dienten der Aktualisierung der jeweiligen biblischen Abschnitte. Ob die Menschen damals diese Art Texte als weniger bindend als die Bibel betrachteten, ist eine durchaus berechtigte Frage. Bei der *Heilung des Königs Nabonid* (Text 44) handelt es sich um ein Manuskript, das einen biblischen Schreiber, nämlich den Autor des Buches David, inspiriert haben könnte. Die *Heilung* ist eine einfachere Variante einer Geschichte über den babylonischen König Nebukadnezzar, die dem heutigen Leser aus dem Buch Daniel, Kapitel 4 bekannt ist.

Die Schriftrollen haben bewiesen, daß manche Juden zur Zeit Jesu mehr als nur eine Version der biblischen (alttestamentlichen) Bücher kannten und benutzten. Dies scheint niemand gestört oder dazu geführt zu haben, daß man nach sprachlichen wie inhaltlichen Verbesserungen suchte. Es gab noch keine Einigung auf einen „Bibelkanon". Welche Bücher in welcher Variante in die „offizielle" Bibel gehörten, war noch nicht entschieden. Zweifellos haben die verschiedenen jüdischen Gruppierungen für sie maßgebliche Bücher unterschiedlich ausgewählt. Viele Schriftrollen vom Toten Meer, die heute nicht Teil der Bibel sind, wurden von nicht wenigen Juden zur Zeit des zweiten Tempels als heilig und bindend betrachtet. Erst später, nach 100 n. Chr., tauchten eine „Standardversion" und ein „Standardumfang" der Bibel auf.

Die *nicht-biblischen* Texte sind Abschriften religiöser Texte, die nicht in der Bibel vorkommen. Sie werden in zwei Kategorien eingeteilt: nicht-biblische Texte, die schon vor der Entdeckung bekannt waren, und nicht-biblische Texte, die bis zur Entzifferung der Schriftrollen völlig *unbekannt* waren.

Die nicht-biblischen Texte, die man schon vorher kannte, sind religiöse Werke wie das *Buch der Jubiläen*, das *Erste Henochbuch* und die *Testamente* der *zwölf Patriarchen*. Obwohl die jüdischen Verfasser diese Texte (oder einige ihrer frühen Varianten) auf aramäisch und hebräisch in alter Zeit geschrieben hatten, wurden diese Schriften in jüdischen Kreisen nicht gelesen. Sie überlebten unter den Christen, die sie als erbauliche Literatur „wiederveröffentlichten" und sie vereinzelt zur Heiligen Schrift zählten. Die *Jubiläen* und das Erste Henoch-Buch überlebten in der Übersetzung ins Alt-Äthiopische als Teile des Alten Testaments der äthiopischen Kirche. Die *Testamente* gibt es nur noch auf griechisch.

Ein weiteres Beispiel ist das *Tobitbuch*. In der Antike ins Griechische übersetzt, wurde es Teil des römisch-katholischen Kanons des Alten Testaments. Bis zum Fund von Qumran war das Original in semitischer Sprache unbekannt. Sowohl hebräische als auch aramäische Abschriften sind aufgetaucht. Allein diese Manuskripte würden den Titel „Größter Fund des Jahrhunderts" rechtfertigen.

Diese Texte, von denen man bisher keine Ahnung hatte, verleihen der Qumran-Sammlung ihren Wert. Sie entziehen sich einer Zusammenfassung, da sie äußerst unterschiedlich und überaus reichhaltig sind. Diese Texte, die hier in Übersetzung vorliegen, lassen sich nur durch ihre Lektüre kennenlernen. Es sind poetische und prosaische Texte; in ihnen finden sich Astrologie, Zauberei und apokalyptische Visionen von weltweiter jüdischer Vorherrschaft. Es sind darunter auch Bibelkommentare, Hoffnungen vom Kommen des Messias und des Antichristen wie Geschichten von Engeln und Riesen. Es gibt sogar ein *Verzeichnis der Schatzverstecke* (Text 18). Auch dieser Teil der Sammlung läßt sich in zwei Gruppen unterteilen: *sektiererische* und *nicht-sektiererische* Schriften. Diese Aufgliederung wird durchaus kontrovers diskutiert. Einige Forscher stellen ihren Wert in Abrede. Doch eine nur oberflächliche Durchsicht des Fundmaterials zeigt, daß einigen Texten eine

*Der Beduine Muhammad adh-Dhib (rechts im Bild) entdeckte
die erste Höhle.*

bestimmte, fest geprägte Organisation zugrunde liegt: Übereinstimmung in besonderen Lehrmeinungen, differenziertes theologisches Vokabular, heilsgeschichtliche Perspektive, und zwar im Unterschied zu anderen Qumran-Texten und anderen Richtungen des zeitgenössischen Judentums. Einige Überlieferungen verfechten – im Unterschied zum Tempeldienst in Jerusalem – einen nicht-orthodoxen Kalender oder setzen diesen voraus. Etwa 40 Prozent der nicht-biblischen Schriftrollen vom Toten Meer gehören in diese Untergruppe. Diese Texte sind offensichtlich die wichtigsten Zeugnisse der Gruppe oder Gruppen vor dem Hintergrund der Schriftrollen vom Toten Meer. Genau diese sind es, die wir als sektiererisch bezeichnen. Die Besitzer und Schreiber dieser Texte nannten sich selbst *Jahad*, ein hebräisches Wort, das „Einheit"/„Einigkeit"/„Gemeinde" bedeutet. Unter diesem Begriff werden sie in diesem Buch verwendet.

Von den vielen kontroversen Diskussionen, die gerade diese Schriftrollen ausgelöst haben, ist wahrscheinlich die Frage nach der Identität der Gruppe dieser sektiererischen Schriften die zeitraubendste. Diese Kontroverse ist zum Zeitpunkt der Abfassung dieses Buches noch offen. Die meisten anderen und noch offenen Fragen im Zusammenhang mit den Schriftrollen könnten der Reihe nach gelöst werden, wenn eine zuverlässige Identifikation möglich wäre. Die Identität der Sekte ist ein wissenschaftlich diffiziles Problem. Einige der neuerdings zugänglichen Schriftrollen legen neue Lösungen nahe.

DIE HERKUNFT
DER SCHRIFTROLLEN VOM TOTEN MEER

Es entspricht nicht der geschichtlichen Wahrheit, innerhalb eines Monats nach der Entdeckung der Schriftrollen wäre jedermann klar gewesen, Essener hätten sie verfaßt. Im Rückblick könnte nämlich dieser Eindruck entstehen. Die Essener waren sicherlich eine der bedeutendsten Gruppen unter den Juden zur Zeitenwende. Es stimmt, daß die erste Pressemeldung im April 1948 die Essener erwähnte. Populärwissenschaftliche wie akademische Studien über die ersten Rollen sprachen von der Autorenschaft der Essener. Doch mit der wachsenden Anzahl der wissenschaftlichen Arbeiten blieb das Feld der Forschung nicht länger allein der „Essener-Hypothese" vorbehalten.

Warum waren (und sind) die Essener so attraktiv für jene, die nach der Gruppe hinter den Qumran-Schriften suchen? Diese Frage führt in verschiedene Richtungen. Zunächst spielt sie eine Rolle für die Datierung der Schriftrollen. Keine der Schriftrollen vom Toten Meer trägt nämlich ein Datum. Anders als mittelalterliche Schreiber setzten ihre Kopisten keine feierlichen Schlußbemerkungen (zur Ehre Gottes mit Datumsangabe) unter ihre Manuskripte, so daß sie identifiziert werden können. Nur wenige Texte beziehen sich auf eindeutig belegbare historische Ereignisse. Keine dieser Schriften befand sich unter den ersten Funden. Die Wissenschaftler, die als erste die Rollen aus dem Besitz des syrischen Metropoliten sahen, vermuteten aufgrund der Schreibung der Buchstaben, daß sie im 1. Jahrhundert v. Chr. beschriftet worden sind. Fast alle späteren Arbeiten über die Schrift der Schriftrollen haben diesen ersten Eindruck bestätigt. Die Qumran-Texte haben tatsächlich die Paläographie (das Studium alter Schriften und ihrer Entwicklung) so beflügelt, daß manche Forscher behaupten, auf dieser Basis könne ein Text mit einer Abweichung von nur 25 Jahren datiert werden. Andere (wie auch die Autoren) sind sich keineswegs so sicher. Nur wenig spricht gegen die allgemeine Auffassung, die Paläographie könne einen Text etwa auf hundert Jahre genau datieren. Nach diesen Datierungsmethoden stammen einige Schriftrollen aus dem 2. Jahrhundert v. Chr., die überwiegende Mehrzahl jedoch aus dem 1. Jahrhundert v. Chr., eine kleinere Anzahl aus dem 1. Jahrhundert n. Chr..

Neben der Paläographie bietet die Radiokarbon-Methode eine weitere Datierungsmöglichkeit. Mit Hilfe dieser Methode läßt sich ein ungefähres Datum für Gegenstände festlegen, die aus organischem Material bestehen. Im Jahr 1951 wurden einige der Leinenhüllen aus Höhle 1 untersucht und auf die Zeit zwischen 60 v. Chr. und 20 n. Chr. datiert. Schweizer Wissenschaftler führten 1991 weitere Untersuchungen durch; dank verfeinerter Methoden konnten jetzt einzelne Texte datiert werden. Im Jahr 1994 wurden verschiedene Texte in Arizona untersucht. Alle diese Qumran-Schriften fallen in den zeitlichen Rahmen, den die meisten Experten der Paläographie gesteckt hatten.

Schließlich beziehen sich einige Texte aus Höhle 4 tatsächlich auf namentlich genannte historische Persönlichkeiten. Diese wenn auch vereinzelten Erwähnungen sind von außerordentlicher Bedeutung. Für den Augenblick genügt es, festzustellen: Bei den erwähnten Persönlichkeiten handelt es sich um den syrischen König Demetrius Eukarios, der von 95–78 v. Chr. regierte, um König Alexander Jannäus von Israel (103–76 v. Chr.), um Königin Salome Alexandra von Israel (76–67 v. Chr.), um König Johannes Hyrkanus II. (63–40 v. Chr.) und um den römischen General Aemilius Scaurus (in Israel tätig 65–63 v. Chr.). Außerdem gibt der *Habakuk-Kommentar* einen leicht erkennbaren Hinweis auf die römische Eroberung Israels im Jahr 63 v. Chr. All diese Persönlichkeiten und Ereignisse fallen ins 1. Jahrhundert v. Chr.. Dadurch werden die ersten Jahrhunderte vor und nach Christus als Entstehungszeit weitgehend bestätigt.

Weitere Funde in oder um die Höhlen liefern Hinweise auf die Datierung der Schriftrollen. Forscher fanden Tonscherben in einigen der Höhlen. Die Stilarten von Keramik bilden die Grundlage der meisten archäologischen Datierungsmethoden. Obwohl die Datierung mittels Keramikmustern mit denselben Vorbehalten betrachtet werden muß wie die mit Hilfe der Paläographie, halten die Archäologen die Tonscherben von Qumram für typisch für den Zeitraum von 150 v. Chr. bis 100 n. Chr..

Es gibt gute, äußerst überzeugende Gründe, die Niederschrift der Schriftrollen vom Toten Meer im Israel der Zeit zwischen 200 v. Chr. und 100 n. Chr. zu lokalisieren. Der Zufall will es, daß es eine umfassende Quelle für die Geschichte Israels in dieser Epoche gibt: Die Schriften des jüdischen Geschichtsschreibers Flavius Josephus (37–100 n. Chr.). Josephus war eine Generation jünger als der Apostel Paulus und verbrachte seinen Lebensabend in Rom, wo er die Gunst der Flavianischen Familie genoß und so über sein Volk schreiben konnte. In zwei Büchern erzählt er uns fast alles, was wir wissen über das Israel dieser Zeit: *Der jüdische Krieg* (abgekürzt *Krieg*), in dem der jüdische Aufstand gegen die Römer von 66 bis 73/74 n. Chr. und die Entwicklungen im Vorfeld beschrieben werden, und *Jüdische Altertümer* (abgekürzt *Alt.*), mit einer umfassenden Chronik der jüdischen Geschichte von der Schöpfung bis in die Zeit des Josephus.

In beiden Büchern beschreibt Josephus die drei jüdischen „Schulen der Philosophie" seiner Zeit: die Pharisäer, die Sadduzäer und die Essener. Was Josephus über die Essenern schreibt, macht die Essener-Hypothese in bezug auf die Herkunft der Schriftrollen so verführerisch. Besonders beachtenswert ist in diesem Zusammenhang die Übereinstimmung zwischen der Beschreibung der Essener und dem Text, der *Grundgesetz einer Sekten-Gemeinschaft* (Text 5) genannt wird.

Folgende Übereinstimmungen erwähnt Josephus: „... diejenigen, die der Sekte beitreten, übergeben ihr Eigentum dem Orden" (*Krieg* 2, 122); das *Grundgesetz* sagt, daß neue Mitglieder ihr Eigentum dem Aufseher übergeben müssen (6,19; siehe auch 1,11–12; 5, 1–2). Die Essener heben die Rolle des Schicksals oder der göttlichen Vorsehung in allen Dingen hervor, und zwar im Gegensatz zu den Pharisäern und Sadduzäern, die dem freien Willen einen gewissen Entscheidungsraum zugestehen (*Alt.* 13, 171–173). Die Lehre der Prädestination (Vorherbestimmung) findet sich überaus häufig in den Schriftrollen (siehe *Grundgesetz* 2,13–14,26 als bemerkenswerteste Äußerung). Die Essener gestatten Bewerbern die Mitgliedschaft erst nach einem Probejahr, in dem der Novize zeigt, ob er für die essenische Lebensweise geeignet ist. Dann wird er Mitglied für zwei Jahre „auf Bewährung" mit einigen Erleichterungen (*Krieg* 2, 137–138). Dem *Grundgesetz* zufolge muß ein Anwärter auf die Mitgliedschaft nach einem Probejahr ein zweites Jahr auf Bewährung (6,13–23) verbringen, bevor er als vollwertiges Mitglied aufgenommen wird.

Es gibt auch verblüffende Übereinstimmungen von Details, z.B. erwähnt Josephus, daß Essener es „vermeiden, inmitten der Gruppe oder nach rechts auszuspucken" (*Krieg,* 2, 147). Im *Grundgesetz* ist ebenfalls festgelegt, daß „jeder, der mitten in einer Versammlung aller Mitglieder ausspuckt, bestraft" wird (7,13). Diese Angaben allein könnten schon genügen, die Religionsgemeinschaft der Essener als die möglichen Verfasser oder Schreiber der Schriftrollen anzusehen. Eine weitere Erwähnung der Essener in einem alten Reisebericht gab jedoch für viele den endgültigen Ausschlag. Der römische Schreiber Plinius der Jüngere (61–114 n. Chr.) schilderte in seiner um 70 n. Chr. verfaßten *Naturalis historia,* daß eine Religionsgemeinschaft, Essener genannt, „ohne Frauen, ohne Geschlechtsleben, ohne Geld" an den Ufern des Toten Meeres lebte, südlich von Jericho und nördlich von En-Gedi – in einem Gebiet, das genau jene Gegend ist, in der die Schriftrollen vom Toten Meer aufgefunden wurden.

Für viele bestätigte sich: Die Mitglieder der Qumran-Gemeinschaft waren Essener. Diese Auffassung ist heute weit verbreitet. Sie muß sich aber neuen herausfordernden Fragen stellen.

DIE „STANDARD-DEUTUNG"

Die Essener-Hypothese ist ein Eckpfeiler einer bedeutenden dreigliedrigen Theorie über die Qumran-Texte, die wir als „Standard-Deutung" bezeichnen. Daneben gibt es zwei weitere Eckpfeiler, die (1) „anti-hasmonäische Hypothese" und (2) „Kloster-Hypothese" genannt werden. Die anti-hasmonäische Hypothese hat mit den geschichtlichen Ursprüngen der Essener-Bewegung zu tun; die Kloster-Hypothese betrifft die Verbindung der Schriftrollen mit den nahe den Höhlen gelegenen Ruinen von Chirbet Qumran. Es ist sinnvoll und notwendig, jeden der drei Eckpfeiler näher zu betrachten – beginnend mit dem, was wir über die Essener wissen.

Der Habakuk-Kommentar (1QpHab, Text 4) aus Höhle 1.
Deutlich ist der Gottesname JHWH in der 7. Zeile, 3. Wort von rechts wie auch
in der letzten vollständigen Zeile, 2. Wort von links zu erkennen.

Josephus geht detailliert auf den Glauben und die Gebräuche der Essener ein, aber er schreibt – und wußte vermutlich – nichts über deren Entstehung oder über die Ursprünge ihres Glaubens. Die Schriftrollen, falls sie von den Essenern stammen, sagen uns mehr – allerdings auf indirekte Weise. Die *Damaskus-Schrift* (Text 1) und die Kommentare, besonders der *Habakuk-Kommentar* (Text 4), erwähnen einige führende Persönlichkeiten und herausragende Ereignisse, die mit der Entstehung der Gemeinschaft in Zusammenhang stehen. Solche Informationen sind meist von ungeheurem historischen Wert. In den Schriftrollen jedoch gibt es eine Schwierigkeit: Die meisten der geschichtlichen Personen werden nur unter symbolischen Pseudonymen geführt. So erscheint offensichtlich der Gründer der Gruppe als „Lehrer der Gerechtigkeit". Der führende Kopf der Gegengruppe bzw. -gruppen wird „Mann der Lüge" oder manchmal auch „Lügenspeier" bezeichnet; er ist gleichzeitig der Anführer eines finsteren, „Schmeicheleisucher" genannten Verschwörerkreises. Der Hauptgegner der Sekte wird als „Frevelpriester" zitiert. Außerdem taucht ein weiterer Herrscher, der „Löwe des Zorns", auf. Es ist ferner die Rede von einer bedrohlichen fremden Macht, den „Kittim".

Aus den unterschiedlichen Texten kann eine ganze Geschichte zusammengesetzt werden. Der „Lehrer der Gerechtigkeit" war Priester, der die hohe Gabe tiefer religiöser Einsichten besaß. Gott soll ihm die wahre Bedeutung der Schrift und die rechte Auslegung der mosaischen Gesetze geoffenbart haben. Obwohl es ihm gelang, Anhänger selbst unter anderen Priestern und rechtgläubigen Juden zu gewinnen, hatte er im „Mann der Lüge" einen Widersacher, dem es durch geschicktes Reden gelang, viele wieder zu verleiten, den Geboten des „Lehrers der Gerechtigkeit" zu gehorchen. Die „Schmeicheleisucher" unterwanderten ebenfalls die geistliche Botschaft des „Lehrers der Gerechtigkeit". Der „Frevelpriester" schien anfänglich diesem „Lehrer" Vertrauen zu schenken. „Als er aber in Israel herrschte", zeigte er sich als unreligiös, habsüchtig, bestechlich und gewalttätig. Er verfolgte den „Lehrer" und seine Anhänger und vertrieb sie schließlich. Er unternahm mindestens einmal den Versuch, den „Lehrer" töten zu lassen – offensichtlich ohne Erfolg. Der „Frevelpriester" wurde von nichtjüdischen Mächten bedroht, gefangengenommen und von diesen mißhandelt. Es gibt keine sicheren Anzeichen dafür, ob der „Lehrer" eines gewaltsamen Todes starb.

Die Qumran-Texte geben häufig Einzelheiten dieser Geschichte des „Lehrers" verknüpft mit Verwünschungen seiner Feinde und der Feinde der Gemeinschaft wieder. Das drohende Kommen der habgierigen „Kittim" wird als göttliche Strafe wegen der Ablehnung des „Lehrers der Gerechtigkeit" und dessen Anhänger empfunden.

Forscher haben die gewiß turbulente Geschichte Israels im 2. und 1. Jahrhundert v. Chr. nach Ereignissen durchstöbert, die mit diesen Geschehnissen in Verbindung gebracht werden können. Es spielte sich jene Geschichte wie folgt ab: Nachdem die Juden das Joch der Seleukiden-Könige in Syrien 165 v. Chr. abgeworfen hatten, kamen sie unter die Herrschaft des Priestergeschlechts der Hasmonäer (als Makkabäer bekannt), die führenden Köpfe des Aufstands. Knapp ein Jahrhundert (142–63 v. Chr.) war Judäa unabhängig unter der Regierung der Hasmonäer. Es konnte sogar sein Gebiet bis ungefähr zu jener Größe ausdehnen, die es zur Zeit Davids und Salomos hatte. Gleichzeitig wurde das Land durch religiös-politischen Splittergruppen entzweit, deren Hauptgruppen die Pharisäer und die Sadduzäer bildeten.

Die Ursprünge der beiden Gruppen liegen im dunkeln. Josephus erwähnt ihre Existenz parallel zu jener der Essener, nämlich während der Regentschaft eines der ersten hasmonäischen Hohepriester, des Makkabäers Jonatan (152–142 v. Chr.; *Alt.* 13, 171). Es ist geschichtlich erwiesen, daß die Pharisäer, die in hohem Maße eine weltlich-politische Bewegung darstellten und als „Liberale" ihrer Zeit galten, gegen die Hasmonäer opponierten. Die Sadduzäer jedoch setzten sich in erster Linie aus Priestern zusammen und unterstützten als „Konservative" und „Orthodoxe" die Hasmonäer.

Die Pharisäer unterschieden sich vor allem durch ihre „mündlichen Gesetze", einer Ergänzung zur Heiligen Schrift, die als einzig wahre Auslegung galt. So schrieb Josephus, „die Pharisäer haben dem Volk eine Menge Gesetze aus der Überlieferung ihrer Väter auferlegt, die nicht in den mosaischen Gesetzen geschrieben stehen" (*Alt.* 13, 297). Diese Überlieferungen der Vorväter stellten das herausragende Moment der Pharisäer dar. Sie verliehen ihnen genügend Anpassungsmöglichkeiten an neue Situationen und erlaubten ihnen, alte Gesetze umzuschreiben, wenn neue Umstände es erforderten. Natürlich waren solche Überlieferungen den orthodoxen Sadduzäern und anderen nicht-pharisäischen Gruppierungen ein Greuel. Trotzdem konnten die Pharisäer meist ihren Willen durchsetzen, weil sie die Gruppierung mit dem größten Rückhalt im gemeinen Volk waren. Sie sind als Vorfahren der Rabbiner anzusehen. Die rabbinische Literatur enthält eine Fülle von Gesetzen und Kommentaren, die auf die Phärisäer zurückgehen. Die Pharisäer waren auch jene Gruppe, die in den Evangelien meist als Gegenspieler Jesu und seiner Auslegungen des Gesetzes geschildert wird, obschon Jesus in vielem ihrem Standpunkt sehr nahestand. Josephus berichtet weiter, daß die Pharisäer an die Auferstehung glaubten wie an die Existenz von Engeln und Dämonen. Nach dem Neuen Testament (Apg 23,8) stellten ihre Konkurrenten um die Macht, die Sadduzäer, beides in Abrede.

Ob die Sadduzäer diese Lehren tatsächlich verneinten, besonders die Existenz von Engeln, wird bezweifelt. Engel erscheinen immerhin in den fünf Büchern Mose; kein Jude stellte diese Schriften in Frage. Als Partei von Priestern mögen die Sadduzäer die Auferstehung in Zweifel gezogen haben, da die alte priesterliche Lehrmeinung vom Leben nach dem Tode sagte – wie es in der hebräischen Bibel und im Buch Jesus Sirach zu finden ist –, daß dem Tod ein Schattendasein in der Scheol (Totenreich) folge. Diese Schattenexistenz war sicherlich weniger erstrebenswert als das irdische Leben. Für die alten Priester bestand das wahre Leben nach dem Tod vor allem darin, daß ihr Name in den Kindern und Kindeskindern weiterlebte und daß ein „seliges Angedenken" zurückblieb. Mit Sicherheit kann davon ausgegangen werden: Die Sadduzäer, deren Hauptanhang in der Jerusalemer Oberschicht zu finden war, zweifelten die pharisäische Auffassung dieser Lehren an. Diese Ablehnung beruhte teils auf innerer Überzeugung, teilweise war sie eine politische Notwendigkeit.

Während der Amtszeit des Alexander Jannäus (103–76 v. Chr.), eines Anhängers der Sadduzäer, trugen die Pharisäer dazu bei, den Seleukiden-König von Syrien, Demetrius III., zu einem Feldzug gegen Alexander zu veranlassen. Später zeichnete Josephus von Alexander ein überaus schlechtes Bild. Er beschrieb ihn als trunksüchtigen, kriegshungrigen Monarchen, dessen größtes Vergnügen außer Trinken und Kriegführen darin bestand, öffentlich mit seinen zahlreichen Konkubinen zu verkehren. Nicht jeder Jude hätte diese Charakterisierung des Josephus gelten lassen, wie dies seinen Ausdruck in den Schriftrollen findet.

Alexander Jannäus und die Pharisäer standen sich sechs Jahre lang als Gegner in einem innerjüdischen Bürgerkrieg gegenüber. Die Pharisäer waren fest entschlossen, Alexander Jannäus zu töten. Sie wandten sich hilfesuchend an die syrischen Griechen, die traditionellen Widersacher der Juden. Nach Alexanders Tod geriet dessen Witwe Salome Alexandra unter den Einfluß der Pharisäer. Mit ihrer Hilfe war es ihnen möglich, abweichende Lehrauffassungen zu unterdrücken. Dadurch stand Salome in eklatantem Widerspruch zu ihrem Gatten, Alexander Jannäus. Während Alexander sich den Sadduzäern und anderen Priestergruppen gegenüber aufgeschlossen gezeigt hatte und diese mit ihm paktierten, verbündete Salome sich mit den Pharisäern. Der Grund für diesen Wandel war rein politischer Natur. Wohlwissend, daß sie sich nicht mit beiden Gruppierungen gleichermaßen einlassen konnte, hielt sich Salome (die im übrigen von Josephus als eine weise und tatkräftige, wenn auch etwas weltfremde Königin beschrieben wird) an die Gruppe, von der sie sich am ehesten eine Stärkung ihrer Macht versprach.

Nach Salomes Tod (67 v. Chr.) brach ein weiterer Bürgerkrieg aus, ausgelöst von ihren beiden Söhnen, Hyrkanus II., einem Anhänger der Pharisäer, und Aristobul II., der die Sadduzäer unterstützte. So setzten sich die gewaltsamen Auseinandersetzungen zwischen den wichtigsten religiösen Gruppen unter den Juden noch in der nächsten Generation fort. Hyrkanus II. hatte bereits zur Zeit der Regentschaft seiner Mutter das Amt des Hohenpriesters bekleidet. Nach ihrem Tod ging die Königswürde auf ihn über. Aber Hyrkanus II. war ein schwacher Mann, ungeeignet für Kriegsführung und andere Pflichten, deren Erfüllung von den Herrschern jener Zeit erwartet wurde. Er entsagte dem Thron zugunsten seines weitaus ehrgeizigeren Bruders Aristobul II.. Später jedoch machte er auf Veranlassung der Oberschicht Jerusalems einen Rückzieher. Ein Bruderkrieg brach aus, der erst endete, als die Römer mit ihren Truppen einmarschierten und Judäa in die lange Liste der römischen Provinzen einreihten (63 v. Chr.).

In zwei Fällen können pseudonyme Qumran-Personen mit der jüdischen Geschichte in Beziehung gebracht werden: die „Kittim" und der „Frevelpriester". Bei den „Kittim" als Eroberern vieler Völker handelt es fast sicher um die Römer, während der „Frevelpriester", der ein Herrscher Israels war, ein Hasmonäer gewesen sein muß. Aber welcher? Weit eher, als sich auf den Zeitraum zwischen Alexander Jannäus und dem Einmarsch der Römer zu konzentrieren, favorisieren die meisten Verfechter dieser Standard-Deutung eine frühere Zeit und frühere Mitglieder der Familie: etwa den Makkabäer Jonatan oder seinen Bruder und Nachfolger Simon (142–134 v. Chr.). Weshalb?

Einen der Hauptgründe bietet die Archäologie, die zur „Kloster-Hypothese" führt. Die Standard-Deutung geht davon aus, daß Chirbet Qumran den Hauptschauplatz der Essener-Bewegung bildete und den Hauptaufenthaltsort des „Lehrers der Gerechtigkeit" und seiner Anhänger nach der Ablehnung durch das Establishment des Tempels von Jerusalem. Die Befürworter dieser These sehen in der Entstehungs- und Vorgeschichte der Ruine ein chronologisches Gerüst für die Geschichte der Essener: Die Geschichte dieser Stätte nimmt ungefähr Mitte des 2. Jahrhunderts v. Chr. ihren Anfang; der „Frevelpriester" muß der damalige Amtsinhaber als Hoherpriester – Jonatan oder Simon – gewesen sein.

Diese Schlußfolgerung wird gestützt durch eine Stelle der *Damaskus-Schrift*:

„Als Israel sich in Treulosigkeit von Ihm (Jahwe) abwandte, verließ Er sie und Sein Heiligtum und überließ sie dem Schwert. Aber als Er sie ermahnte, Sein Bündnis mit

Das Genesis-Apokryphon aus Höhle 1 (1Qap Gen, Text 2: Patriarchen-Geschichten). Obwohl die Rolle bereits 1947 entdeckt worden war, konnte sie erst 1954 geöffnet werden. Ihr Erhaltungszustand war katastrophal – bedingt durch die Verwendung metallischer Tinte.

Blick auf die Qumranruine. Links der Schreibsaal, der sich im Obergeschoß des zweistöckigen Gebäudes befunden hat und in dem viele der berühmten Schriftrollen geschrieben wurden.

ihren Vorvätern zu beachten, ließ Er eine Spur für Israel zurück und verhinderte dessen Vernichtung. In der Zeit des Zorns – 390 Jahre, zu der Zeit als Er sie der Gewalt des Nebukadnezzar, des Königs von Babylon auslieferte – behütete Er sie und sorgte dafür, daß eine Pflanzenwurzel wuchs aus Israel und Aaron, die sollte Sein Land erben und auf dem guten Ertrag Seines Bodens reichlich gedeihen. Sie dachten über ihre Sündigkeit nach und erkannten ihre Schuld. Sie waren gewesen wie die Blinden und wie jene, die zwanzig Jahre lang nach dem Weg suchten. Aber Gott sah ihre Taten so an, daß sie Ihn von ganzem Herzen gesucht hatten. Daher berief Er für sie einen *Lehrer der Gerechtigkeit,* der sie führen sollte nach Seines Herzens Willen."(A 1, 3–11)

Die „Kloster-Hypothese" betrachtet diesen kleinen Ausschnitt als die Gründungsurkunde ihrer Religionsgemeinschaft. Die vieldeutige Angabe bezüglich der 390 Jahre wird so interpretiert: Die 390 Jahre folgen eher der Eroberung durch Nebukadnezzar als sie ihr vorangehen. Die Eroberung Jerusalems geschah im Jahr 586 v. Chr. Durch Subtraktion erreicht man das Datum 196. Fügt man 20 Jahre hinzu, ergibt sich 176 als Jahr, in dem der „Lehrer der Gerechtigkeit" mit der Verbreitung seiner geistlichen Botschaft begann. Da seine Tätigkeit ungefähr 30 Jahre lang gedauert haben kann, könnten der „Lehrer" und der Makkabäer Jonatan Zeitgenossen gewesen sein.

Aber was machte Jonatan so gottlos, daß er „Frevelpriester" genannt wird? Kein Hinweis findet sich bei Josephus oder in anderen Quellen, Jonatan sei besonders korrupt oder gewalttätig gewesen. Hier wird unverblümt behauptet, daß Jonatans Sünde darin bestand, er habe der Ernennung zum Hohepriester von Israel unter der Schirmherrschaft des Seleukiden-Königs Alexander Balas im Jahre 152 v. Chr. zugestimmt. Die Familie der Hasmonäer, zwar von priesterlicher Herkunft, gehörte nicht zu den Nachkommen von Davids Hohenpriester Zadok, von dem allein nach Ansicht vieler Juden jeder Hohepriester stammen solle. Wenn dieser Vorgang Jonatan wirklich gottlos gemacht haben soll, dann sind auch seine Nachfolger auf dem Hohenpriesterthron, also alle Hasmonäer, den Essenern ebenso verhaßt gewesen.

Daher, so lautet die Hypothese, machte der Widerstand gegen die Herrschaft der Hasmonäer die Essener bei der Regierung und bei anderen Juden unbeliebt, so daß sie vom Hohenpriester Jonatan (oder seinem Nachfolger Simon) ins Exil der judäischen Wüste getrieben wurden, wo sie eine Siedlung errichteten. Dort blieben sie mindestens zwei Jahrhunderte lang, isoliert und abgeschirmt gegen das grausame Regime der Hasmonäer, gegen die römischen Nachfolger der Hasmonäer und gegen die korrupte Gesellschaft Judäas, die die heiligen Lehren des „Lehrers der Gerechtigkeit" abgelehnt hatte. Während des jüdischen Aufstands gegen die Römer von 66–73/4 n. Chr. wurde ihre Siedlung von den Römern zerstört. Vorher gelang es ihnen, ihre wertvollen Handschriftensammlung in nahegelegenen Höhlen zu verstecken.

Diese Kurzfassung entspricht der Ansicht vieler Forscher unserer Zeit über den historischen Hintergrund der essenischen Glaubens- und Klostergemeinschaft am Toten Meer. Es wäre zwecklos, diesem Deutungsmodell jeglichen Wahrheitsgehalt abzusprechen. Es sind aber wesentliche Lücken in dieser Theorie. Einige neuere Texte lenken die wissenschaftliche Forschung gerade auf diese Lücken. Außerdem mehren sich die Zweifel, ob die Ruinen wirklich das Hauptquartier der Essener gewesen sind.

DIE LAGE VON CHIRBET QUMRAN

Chirbet Qumran liegt an der Nordwestküste des Toten Meeres, leicht von Jericho aus zu Fuß und auch von Jerusalem aus nicht schwer zu erreichen. (*Chirbet* ist das arabische Wort für „Ruine". Der Name bedeutet „Ruine von Qumran". Wissenschaftler benutzen die Kurzbezeichnung „Qumran".) Als die Schriftrollen entdeckt wurden, schien es, als gruppierten sich die Höhlen strahlenförmig im Norden und Süden um dieses Stätte, so daß die ersten Entdecker von einer Verbindung zwischen den Orten ausgingen. Um durch eine nähere Erforschung von Chirbet Qumran den kulturellen Hintergrund der Schriftrollen erhellen zu können, entschloß man sich zur Ausgrabung. Die Abteilung für Altertümer von Jordanien, das Palestine Archaeological Museum und das Französische Institut für Altertumskunde von Jerusalem organisierten Gemeinschaftsaktionen, die zwischen 1951 und 1956 stattfanden. Leider wurden die Ergebnisse dieser Ausgrabungen niemals wissenschaftlich publiziert. Dominikanerpater Roland de Vaux († 1971), der die Ausgrabungen leitete, veröffentlichte zahlreiche einführende Berichte, ebenso andere, die an der Aktion beteiligt waren. De Vaux referierte in vielen Vorträgen über die Funde. Ihren Höhepunkt erreichten seine Referate in den Schweicher Vorträgen (Vortragsreihe) von 1956, die als *Archäologie und die Schriftrollen vom Toten Meer* veröffentlicht wurden.

De Vaux unterschied dabei vier grundlegende Besiedlungsstufen bzw. Wohnperioden: eine im 7. Jahrhundert v. Chr. und nach einer langen Lücke drei weitere Zeiträume, die um 135 v. Chr. begannen und im Jahre 70 unserer Zeitrechnung endeten. Die vierte und letzte Periode schloß einige Jahre römischer Besetzung mit ein, so daß die beiden Zeiträume zwischen 135 v. Chr. und 70 n. Chr. von größter Bedeutung hinsichtlich der Schriftrollen sind. De Vaux und andere frühe Verfechter dieses Deutungsmodells stellten Verbindungen zwischen diesen beiden Perioden und den Schriftrollen der Sekte her. Man glaubte, daß die Gruppe, die sie verfaßt hatte, in jenen Jahren auch an diesem Ort gelebt habe. Eine Ascheschicht deutete auf eine Zerstörung durch Feuer am Ende dieser Zeit hin, die Mauern um die Stätte herum waren im Stil römischer Belagerungskriegsführung untergraben. Auch eiserne Pfeilspitzen wurden mit dieser Zeit in Verbindung gebracht. De Vaux argumentierte, daß die Römer, als ihre Legionen 68 n. Chr. Jericho einnahmen, auch Qumran zerstörten. De Vaux nahm an, daß fast zwei Jahrhunderte lang eine Gemeinschaft in dieser abgeschiedenen Gegend gelebt habe.

Die Ausgräber setzten Qumran mit der Essener-Siedlung an den Ufern des Toten Meeres nach den Beschreibungen des Plinius gleich. Die Funde der Ausgrabungen unterstützten die Essener-Hypothese und wurden zu einem entscheidenden Baustein dieses Deutungsmodells. Qumran, so besagte die Hypothese, war das Zentrum des Essener-Wirkens, das „Kloster", die Zentrale der Sekte. Um diese Gleichsetzung zu untermauern, neigten de Vaux und andere dazu, die Wiederbesiedlung dieser Stätte in die Periode des zweiten Tempels sogar in eine Zeit vor 135 v. Chr. zurückzuverlegen. Die archäologischen Funde boten zwar keine wirkliche Unterstützung dieser Theorie. Der Schritt war aber notwendig, weil man Qumran sonst kaum mit dem Zentrum der Essener hätte gleichsetzen können, wenn nicht das Kloster Qumran zur gleichen Zeit entstanden wäre für das Wirken der Essener. Josephus hat von der Existenz der Essener vor 135 v. Chr. geschrieben.

De Vaux und die Mitglieder seines Teams schätzten, daß zwischen 150 und 200 Menschen in dieser Stätte Platz finden konnten. Sie nahmen an, zahlreiche andere Menschen hätten in den umliegenden Höhlen gelebt – nicht nur in jenen, in denen die Handschriften entdeckt wurden, sondern auch in den vielen anderen der Gegend, in denen Hinweise auf menschliche Behausung aufgetaucht waren. Weitere Mitglieder der Gemeinschaft, so wurde geäußert, lebten vermutlich in Hütten und Zelten, die rund um Qumran errichtet gewesen seien. Gemeinsame Mahlzeiten seien wahrscheinlich im „Kloster" abgehalten worden. Beweise seien Hunderte von Schalen und irdenen Krügen, die in einem der Räume gefunden wurden, den man „Refektorium" (Speisesaal) nannte.

Die Ausgräber waren besonders aufgeregt angesichts der Entdeckung von vergipsten „Tischen" in Qumran. Hier habe man die Tische entdeckt (so wurde argumentiert), auf denen die Schriftrollen vom Toten Meer beschrieben wurden, um dann immer wieder von Mönchen abgeschrieben zu werden. Die Tische wurden zutiefst in den Klosterruinen inmitten von Steinschutt gefunden, der sich durch den Einsturz eines Raums im zweiten Geschoß angehäuft hatte. Archäologen vermuteten, die Tische seien von oben herabgestürzt und nannten diesen Raum „Skriptorium" (Schreibsaal). Das Freilegen eines ausgeklügelten Wasserleitungssystems, das die Stätte durchzog, führte zu der Annahme, daß diese Kanäle und Becken den Essenern als sorgfältig ausgearbeitete Vorrichtungen für ihre Waschungen dienten. Alle diese Interpretationen der archäologischen Funde fanden ihren Niederschlag in unzähligen Artikeln und Büchern über die Schriftrollen und wurden, wie andere Aspekte dieser Standard-Deutung, so häufig wiederholt, daß die Theorie zur festen Tatsache wurde.

In den allerletzten Jahren jedoch hat eine wachsende Anzahl von Wissenschaftlern begonnen, diese Art der Verbindung zwischen den Schriftrollen und Chirbet Qumran in Frage zu stellen. Bei den Funden an der Stätte handelte es sich im Grunde genommen nicht um *Tatsachen,* sondern um Interpretationen, die, so überzeugend sie auch erscheinen mögen, nicht Tatsachen sind. Pauline Donceel-Voûte (eine von jenen, die zur Zeit für die vollständige Publikation der De-Vaux-Ausgrabungen verantwortlich ist) behauptet, daß der Hauptbeweis für das Skriptorium, nämlich die vergipsten „Tische", eher auf einen Speiseraum (*„triclinium")* aus römischer Zeit hindeutet. Die Römer setzten sich nicht nieder zum Essen, sondern ruhten stattdessen auf mit Kissen ausgestatteten Liegen. Während der Zeit des zweiten Tempels ahmten die Juden diese römische Tischsitte nach. Sie ist der Meinung, bei den Tischen handele es wohl um „Liegen".

Das „romantische" Image der Standard-Deutung, die von der immerwährenden Schreibtätigkeit in Qumran ausging, mußte sich mit der Freigabe sämtlicher Schriftrollen im Jahre 1991 einer weiteren Herausforderung stellen. Da Forscher alle Manuskripte selbst untersuchen konnten, wurde eine rätselhafte Tatsache offenkundig: Hunderte unterschiedlicher Schreiber haben die Schriftrollen geschrieben. Da jeder Schreiber über eine charakteristische Handschrift verfügte, war es möglich, einzelne Schreiber herauszufiltern und zu bestimmen, welche Schriftrollen er beschrieben hatte. Es waren nicht nur Hunderte verschiedener Schreiber am Werk. Sehr wenige haben mehr als eine Schriftrolle beschrieben. Lediglich etwa ein Dutzend „Wiederholungen" konnten identifiziert werden. Diese Neusicht ist kaum in Einklang zu bringen mit der gegenwärtig noch gültigen Hypothese, die Qumran-Schreiber hätten alle Schriftrollen an Ort und Stelle geschaffen. Wäre

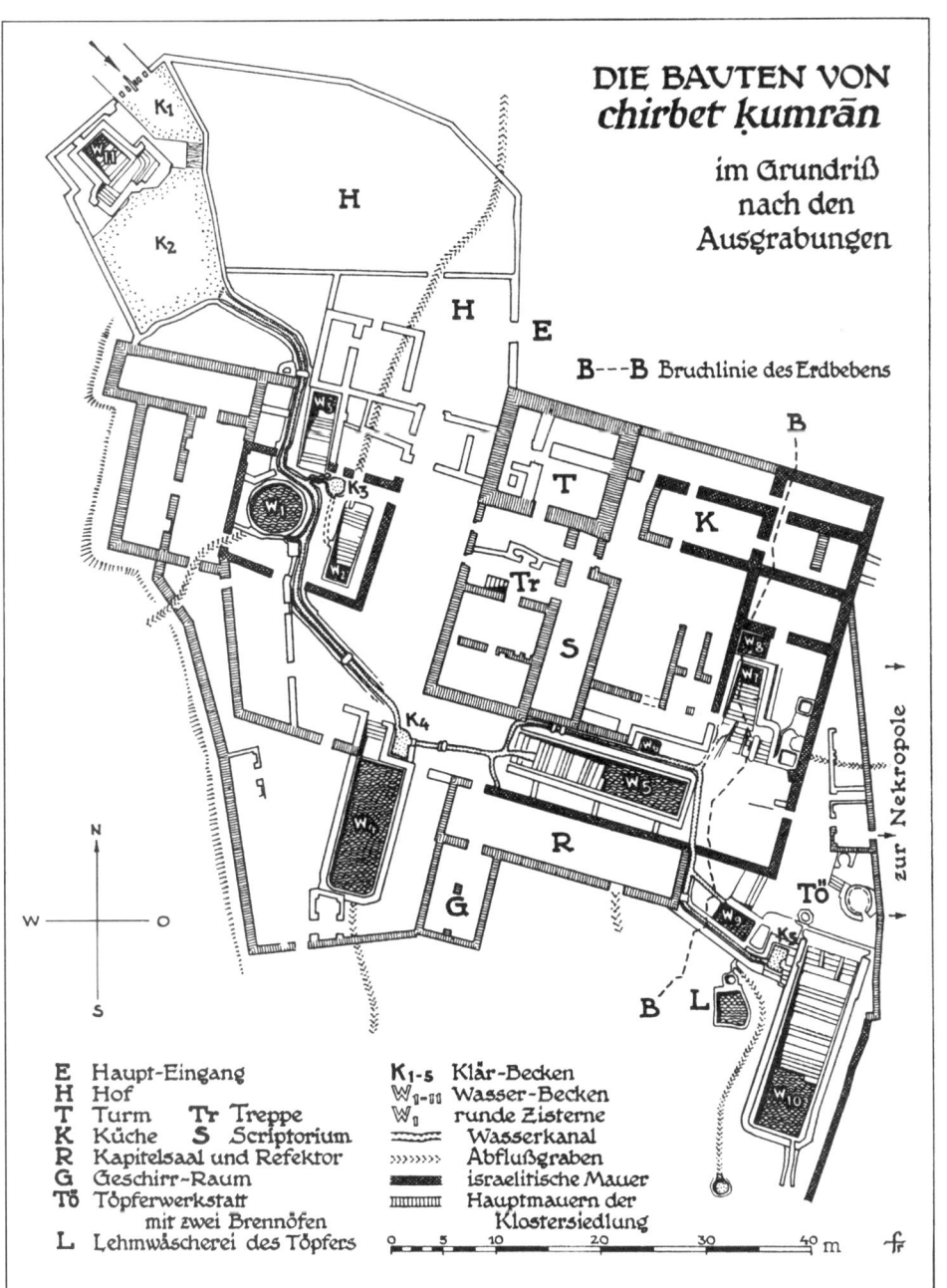

DIE BAUTEN VON
chirbet ḳumrān

im Grundriß
nach den
Ausgrabungen

B---B Bruchlinie des Erdbebens

K₁

H

W₁₁

K₂

H

E

B

H

W₆

T

K

K₃

W₈

W₁

Tr

S

W₇

K₄

W₉

W₅

W₇

W₄

R

Tö

zur Nekropole

W₃

K₅

N

W   O

S

G

B   L

W₁₀

E	Haupt-Eingang
H	Hof
T	Turm **Tr** Treppe
K	Küche **S** Scriptorium
R	Kapitelsaal und Refektor
G	Geschirr-Raum
Tö	Töpferwerkstatt
	mit zwei Brennöfen
L	Lehmwäscherei des Töpfers

K₁₋₅	Klär-Becken
W₁₋₁₁	Wasser-Becken
W₁	runde Zisterne
———	Wasserkanal
>>>>>>	Abflußgraben
▬▬▬	israelitische Mauer
▥▥▥	Hauptmauern der Klostersiedlung

0   5   10   20   30   40 m

diese Hypothese korrekt, dann hätte man eine begrenzte Anzahl „individueller" Handschriften finden müssen und auch mehr Texte, die auf einzelne Schreiber zurückgeführt werden können. Vermutlich hätte ein Schreiber, der sein Leben lang an der klösterlichen Stätte gearbeitet hat, mehr als ein Manuskript geschaffen. Wenn man ferner berücksichtigt, einige der Schriftrollen seien möglicherweise vor der Entdeckung in unserem Jahrhundert vernichtet worden, hätte die Freigabe der Manuskripte ein völlig anderes Profil gezeigt. Die logische Schlußfolgerung daraus ist: Die meisten der Schriftrollen stammen von anderswoher. Es ergibt sich sogar die Notwendigkeit, zu beweisen, ob überhaupt Schriftrollen in Qumran geschrieben wurden.

Andere Fragen wurden hinsichtlich der Vorstellung aufgeworfen, daß es sich bei Qumran um ein Zentralkloster der Essener handelt. Überprüfungen in jüngster Zeit durch Joseph Patrich und andere israelische Archäologen haben kein Netz von Pfaden aufdecken können, die von allen Seiten auf das vermutete Ortszentrum zulaufen. Mittelalterliche Klöster verfügen immer über solch ein Netz, das Kirche und Speiseraum mit den verstreut liegenden Zellen verbindet. Patrich konnte nicht einmal irgendwelche Spuren der vermuteten Hütten und Zelte lokalisieren, obgleich durch archäologische Untersuchungen in der Wüste solche Spuren noch nachweisbar sein müßten. Alte, nur kurzfristig bewohnte Beduinenlagerstätten in der Wüste sind noch Jahrhunderte später erkennbar. Qumran war vermutlich nicht bloß eine vorübergehende Lagerstätte, sondern eine Klosterzentrale, die kontinuierlich zwei Jahrhunderte lang bewohnt war. Es gibt aber keine Spuren, die auf umliegende Standorte schließen lassen. Bestenfalls bewohnten ungefähr fünfzig Menschen die Stätte, die innerhalb der Mauer Platz fanden. Man muß wohl die Vorstellung von Hunderten miteinander in Verbindung stehender Menschen, wie es dem von de Vaux entworfenen Bild und seiner Standard-Deutung entspricht, revidiert werden.

Auch Luftaufnahmen haben keine Wege, sogenannte Trampelpfade, entdeckt, die die Fundorte der Schriftrollen mit Qumran verbinden. Das Hin- und Hergehen, das zur Schaffung eines Pfads geführt hätte, fand offensichtlich nicht statt. So konnten die Höhlen nicht abgesonderte Bibliotheken oder Verwahrungsorte gewesen sein, an die sich die Sektenmitglieder zum Lesen und Nachdenken begaben.

Die Höhlen wurden nur in Notzeiten zur Aufbewahrung der Schriftrollen benutzt. Sie wurden also nicht ständig zum Lesen und Nachdenken aufgesucht, so daß daher auch keine sogenannten Trampelpfade gefunden werden konnten. Bei der Unterbringung der Schriftrollen vor den einmarschierenden Römern handelte es sich um eine Blitzaktion.

Die erste Untersuchung von Chirbet Qumran seit den Ausgrabungen durch de Vaux in den fünfziger Jahren fand Ende 1993 während der „Aktion Schriftrolle" statt, einer archäologischen Kampagne in der betreffenden Region vor der Abtretung an den neuen Palästinenserstaat. Amir Drori und Yitzhak Magen führten eine begrenzte Ausgrabung durch. Sie kamen zu dem Schluß, daß der Qumran-Komplex von den Hasmonäern und nicht von den Essenern errichtet wurde. Sie machten darauf aufmerksam, daß Qumran sich genau in der Mitte einer Linie von Befestigungen befand, die von der Hasmonäer-Dynastie aufgebaut worden war. Diese Festungen verliefen von Nablus im Norden nach Masada im Süden. Ferner merkten Drori und Magen an, daß das ausgeklügelte Wasserleitungssystem von Qumran große Investitionen erfordert habe, die eher mit einem Staatsunternehmen als mit der Initiative einer Religionsgemeinschaft in Einklang gebracht werden können. Die endgültige Schlußfolgerung der beiden Wissenschaftler war, daß die Errichtung Qumrans als ein in sich geschlossener Bestandteil eines Plans der Hasmonäer zur Besiedlung und Befestigung des Jordantals angesehen werden sollte.

Dennoch schrieben die Archäologen, die noch unter dem Einfluß des bisherigen Standard-Deutung standen, weiterhin die Stätte den Essenern zu, indem sie deren Existenz auf einen späteren Zeitpunkt datierten. Ohne besonderen Beweis stellten sie die Hypothese auf, Herodes der Große, der von den Römern inthronisiert worden war, habe Qumran kurz nach der Machtübernahme von den Hasmonäern 37 v. Chr. den Essenern überlassen. Drori und Magen erkannten anscheinend nicht, wie sehr ihre Neubeurteilung der Stätte das geläufige Deutungsmodell ad absurdum führte. Mit der Datierung der Besiedlung Qumrans durch die Essener erst auf das Jahr 37 v. Chr. stellten die Forscher die chronologische Absicherung der bisherigen Sichtweise von den Anfängen der Essener, völlig in Frage. Qumran könne kaum als Zentrum einer abgesplitterten neuen Bewegung errichtet worden sein, wenn diese Bewegung bereits ein Jahrhundert lang bestanden habe. Noch könne der „Lehrer der Gerechtigkeit" hier gelebt haben, wenn Qumran eine Befestigung unter hasmonäischer Kontrolle war, da doch die Hasmonäer seine erbittertsten Feinde waren.

Es wird immer klarer, daß die Archäologie von Qumran der bisherigen Hypothese nicht standhalten kann. Sogar seine entschiedensten Befürworter beginnen dies einzugestehen. Jonas Greenfield, ein hartnäckiger Anhänger, räumte kürzlich ein: „Das Problem ist, daß wir alle voll und ganz die Deutung von de Vauxs Version abgekauft haben." Man kann nicht länger von einer „starken" Verbindung zwischen der Stätte und den Schriftrollen sprechen, denn zwischen beiden besteht nur eine „schwache" Verbindung. Obwohl die Stätte von der essenischen Religionsgemeinschaft benutzt worden war, kann sie nicht ihr Hauptstandort gewesen sein.*

WEITERE PROBLEME MIT DER BISHERIGEN DEUTUNG

Es bestehen nicht nur Meinungsverschiedenheiten bezüglich der Bedeutung der Ruine für die Schriftrollen. Die bisherige Essener-Hypothese ist als solche anfällig für Kritik der einen oder anderen Art. Die Parallelen zwischen einigen Schriftrollen, besonders dem *Grundgesetz* und der Beschreibung der Essener durch Josephus, sind geradezu auffällig. Die Schriftrollen geben keinen Aufschluß über andere bemerkenswerte Charakteristika der Essener. Zum Beispiel berichten Flavius Josephus, Plinius der Jüngere und der jüdische Philosoph Philo von Alexandrien übereinstimmend, daß die Essener zölibatär lebten – in der Tat ihr markantestes Merkmal. Aber die Schriftrollen sprechen von keinem Zölibatgebot. Im Gegenteil, zahlreiche Passagen setzen voraus, daß Gruppenmitglieder verheiratet sind. Philo ist auch der Ansicht, daß die Essener nur friedliche Besitznahmen anstrebten. Und doch enthält die *Kriegsrolle* (1 QM) detaillierte Vorschriften für einen realen, wenn auch in der Zukunft liegenden, bewaffneten Konflikt mit den Mächten der Finsternis.

* Die kürzliche Entdeckung einer Tonscherbe in Qumran, in die die Übergabe eines Hauses und eines Sklaven an die *Jahad* eingeritzt sein soll, scheint dies zu bestätigen. Die Stätte muß von Essenern genutzt worden sein.

Philo und Flavius Josephus stimmen auch darin überein, daß die Essener Sklaverei ablehnten – und doch enthält die *Damaskus-Schrift* Regeln, wie Sklaven zu behandeln sind (11,12; 12,10–11). Eine andere Handschrift, wir nennen sie hier *Vorschriften* (Text 21), befaßt sich mit Vorschriften für die Haltung von Sklaven. Josephus erwähnt unter anderem die weiten Gewänder der Essener – von denen in den Schriftrollen nichts vermerkt ist. Wenn die herkömmlichen Texte die Essener auf eine Art und Weise beschreiben, die im Widerspruch zu den Inhalten der Schriftrollen steht bzw. die diesen Inhalt nicht unterstützt, kann auch das genaue Gegenteil zugrundegelegt werden. Die Schriftrollen betonen Glaubensvorstellungen, über die Josephus und Philo nichts überliefern. Die Aussage, daß Gott Israel befohlen hätte, einen 364-Tage-Sonnenkalender statt einen 354-Tage-Mondkalender zu verwenden, war ein Schlüsseldogma der Qumran-Gruppe. Dieser eigenartige Sonnenkalender vereint die Schriftrollen mehr als irgendein anderes Element der Religionsgemeinschaft. Bei Josephus wie bei Philo ist jedoch kein Hinweis auf diesen Kalender zu finden. Die Schriftrollen heben die Rolle der Priester in der Gruppenführung hervor; Josephus schreibt kein Wort über die priesterliche Dominanz, obwohl er selbst aus einer Priesterfamilie stammt und behauptet, als junger Mann mit den Essenern studiert zu haben. Josephus verliert auch kein Wort über den „Lehrer der Gerechtigkeit" in seinen umfassenden Beschreibungen der Essener.

Es gibt Möglichkeiten, alle diese Einwände zu entkräften; einige von ihnen sind mehr oder weniger überzeugend. Josephus zum Beispiel, der viel später als der „Lehrer" gelebt hat, wußte vielleicht gar nichts von ihm, vor allem dann nicht, wenn die Essener sich im Lauf der Zeit verändert hatten und überhaupt nicht mehr mit dem Lehrer verbunden waren. Josephus spielt auch auf eine Religionsgemeinschaft von „heiratenden Essenern" an (*Krieg* 2, 160–161) – und dies könnte das mangelnde Interesse für den Zölibat erklären, das die Schriftrollen zeigen. Die „Essener-Hypothese", wie ansprechend sie auch klingen mag, ist kaum wissenschaftlich überzeugend.

Ein Teil der Schwierigkeiten könnte in der von Josephus zu sehr vereinfachten Einteilung der Juden in Pharisäer, Sadduzäer und Essener liegen. Aus anderen Quellen, jüdischen wie auch frühchristlichen, ist bekannt, daß es weit mehr als nur drei Gruppierungen unter den Juden in der Zweiten-Tempel-Periode gab. Josephus selbst erwähnt auch andere kurz oder im Detail, wie die Zeloten und Sikarier. Außerdem beschreibt er religiöse Bewegungen, die sich um charismatische Führungspersönlichkeiten wie Johannes von Gischela oder Simon bar Giora scharten.

Schließlich ist die Vorstellung, die Qumran-Gruppe (Essener oder eine andere Glaubensrichtung) hätte ihren Ursprung im 2. Jahrhundert v. Chr. im Widerstand gegen die hasmonäische Übernahme des Hohenpriestertums, unsicher geworden. Die erst jüngst freigegebenen Schriftrollen unterstützen diese Annahme nicht. In den alten wie auch in den neuen Schriftrollen befinden sich viele Hinweise auf die Verkommenheit der israelitischen Herrscher – auf ihre Habgier, Machtbesessenheit und ihre Mittäterschaft bei der Entweihung heiliger Stätten. *Keine einzige Passage wendet sich gegen die Herkunft der Hohenpriester* aus dem Geschlecht der *Hasmonäer*. Ein sorgfältiges Studium der Schriften des Josephus wird zeigen, daß lediglich die Pharisäer Einwände gegen die Ausübung des Hohenpriesteramts durch Hasmonäer erhoben hatten (*Alt.* 13, 288–292).

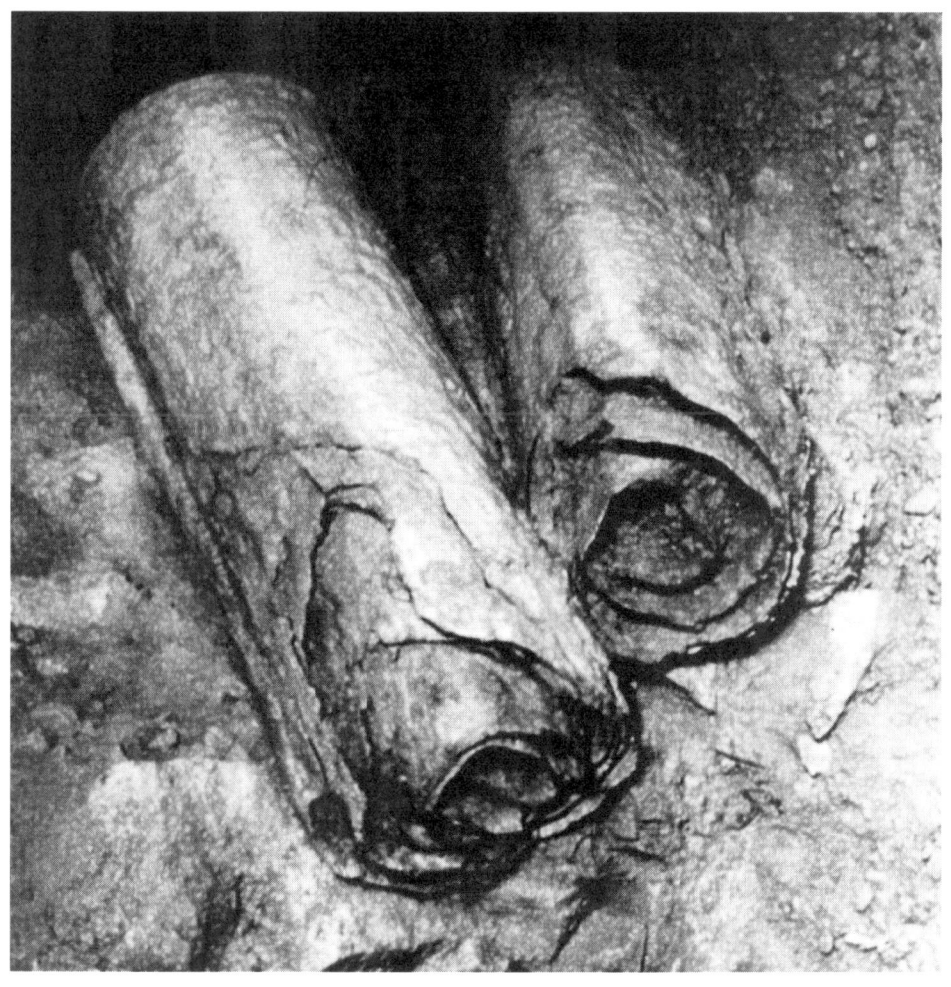

Die sogenannte Kupferrolle (Text 18: Verzeichnis der Schatzverstecke)
aus Höhle 3. Sie wurde 1952 entdeckt; beide Rollen waren früher zusammengenietet.
Ihr Inhalt ist ein Verzeichnis von 65 Schatzverstecken.

Die bisherige Standard-Deutung hat, wenn sie auch eine erstklassige Idee vertritt, mehr an Überzeugungskraft verloren als gewonnen, seit weiteres archäologisches und textliches Beweismaterial zur Verfügung steht. Diese Situation erinnert an die Worte von Thomas Huxley, der, wenn auch in einem ganz anderen Zusammenhang, die große Tragödie der „Zerstörung einer schönen Hypothese durch ein häßliches Faktum" beklagte. Häßliche kleine Fakten treten heute in Erscheinung. Viele davon sind in den neuen Texten zu finden.

EIN NEUER VORSCHLAG
ÜBER DEN URSPRUNG DER SCHRIFTROLLEN

Es gibt nicht nur keinen Beweis dafür, daß die Gruppe vom Toten Meer Einwände gegen eine hasmonäische Ausübung des Hohenpriesteramts als solches hatte. Die neu zur Verfügung stehenden Texte zeigen sogar das genaue Gegenteil auf: Sie zollten manchem der Hasmonäer hohe Achtung. Ein solches Schriftstück ist das sogenannte *Lobrede auf König Jonatan* (Text 106), wissenschaftlich geführt unter 4Q448. Die schwer leserliche Schrift auf diesem Stück Leder ist mittlerweile brillant von Ada Yardeni entziffert worden. Es handelt sich um ein Gedicht zu Ehren eines Königs von Israel, der als Jonatan bekannt ist. Der bedeutsamste Anfangsabschnitt lautet „Für König Jonatan" und fährt fort „und das ganze Volk Israel, das in alle Himmelsrichtungen verstreut worden ist, möge in Frieden mit ihnen und Deinem Königreich sein" (B,2–8). Yardani und ihre Kollegen, Hanan und Esther Eshel, glauben, daß der Text sich auf den hasmonäischen Herrscher Alexander Jannäus (hebräischer Name: Jonatan) bezieht. Er war der erste Hasmonäer, der sich offiziell zum „König" gekürt hatte. Falls sie recht haben (und wir glauben das), untergräbt die *Lobrede auf König Jonatan* die Vorstellung, daß „der Lehrer" und seine Anhänger grundsätzlich gegen die Hasmonäer opponierten. Sie waren nicht nur nicht gegen sie eingestellt. Sie haben sogar den Vertreter dieser Familie unterstützt, der den schlechtesten Ruf genoß. Alexander Jannäus wurde vom Historiker Flavius Josephus als ausgesprochener Bösewicht beschrieben. (Befürworter der bisherigen Deutung bemühen sich um eine Erklärung der *Lobrede auf König Jonatan*. So meint Lawrence Schiffman, „es hätte passieren können, daß ein Text, der eine gegenteilige Auffassung vertritt, einfach dort (in der Sammlung) gelandet ist – ein außergewöhnliches aber nicht unmögliches Geschehen."*

Mindestens ein neuer Text hat eine Überraschung gebracht. Aber wie es oft mit einer Neuentdeckung der Fall ist, läßt sie uns alte Texte mit neuen Augen betrachten. Einer dieser alten Texte, der bereits in den 50er Jahren veröffentlicht wurde, ist der *Nahum-Kommentar*. Die alte Qumran-Gruppe pflegte sich sehr intensiv mit den alten Prophezeiungen der hebräischen Bibel zu beschäftigen, um Prophezeiungen über ihre eigene Geschichte herauszulesen. Ein Ergebnis dieser Tätigkeit war ein Kommentar über den Propheten Nahum aus Höhle 4 (Text 25). Es war die erste veröffentlichte Schriftrolle,

---

* Lawrence H. Schiffman, *Reclaiming the Dead Sea Scrolls* (The Jewish Publication Society), Philadelphia 1994, 240.

die sich auf identifizierbare historische Persönlichkeiten bezog. Eine davon war Alexander Jannäus, der „Löwe des Zorns". Alexander pflegte nach dem Schreiber „Menschen lebendig aufzuhängen [...Lücke...] im Israel der alten Tage, denn [der Vers], der sich auf jemanden bezieht, der lebendig an einem Baum aufgehängt ist, [be]sagt: ‚Siehe, ich bin gegen [dich, sagt der HERR der Heerscharen]'" (Fragmente 3–4 1,7–9).

Die entscheidende Lücke war ursprünglich mit Satzteilen wie „[was bisher nie der Fall war]" ausgefüllt und drückte damit ihr Entsetzen über den Akt der Tötung durch Erhängen aus. Aber als eine weitere Schriftrolle, die *Tempelrolle* (Text 149), 1977 publiziert wurde, wurde klar, daß ihre Verfasser unter bestimmten Umständen Tötungen durch Erhängen befürworteten: „Wenn sich ein Mann als Verräter gegen sein Volk erweist und es einem fremden Land preisgibt, also eine solche Freveltat begeht, sollen sie ihn an einem Baum aufhängen, bis der Tod eintritt" (64,7–8). Tatsächlich ließ König Alexander der Große 800 Männer hängen, weil sie sich mit dem Seleukiden-König Demetrius III. verbündet und ihn ermutigt hatten, in Judäa einzufallen. Seit der Herausgabe der *Tempelrolle* lautet die Wiederherstellung des Lückentextes nach dem Vorschlag von Yigael Yadin folgendermaßen: „Der Löwe des Zorns pflegte Männer lebendig aufzuhängen [wie es früher üblich war] im Israel der alten Tage".

Nach dem *Nahum-Kommentar* waren einige der vom Löwen des Zorns Gehängten „Schmeicheleisucher". Es handelt sich dabei um diejenigen, die in anderen historischen Quellen Pharisäer bezeichnet werden. Wir wissen bereits, daß die Qumran-Sekte die Pharisäer haßte. Aber jetzt scheint es sich zu klären, daß Alexander, der eingeschworene Feind der Pharisäer während der Zeit seiner Herrschaft, eine Heldenfigur für die Sekte darstellte. Die essenische Gemeinschaft befürwortete also nachdrücklich die von Alexander veranlaßten Strafen durch Erhängung der 800 pharisäischen Aufständischen.

Wenn die Schar um „den Lehrer" sich auf Alexanders Seite stellen konnte, dann ist klar, daß sie nicht aus Prinzip hasmonäische Herrscher ablehnen mußten. Diese neue Beweiskette macht es sehr unwahrscheinlich, daß die Gruppe aus einem Streit um die Nachfolge im Hohenpriesteramt in der Mitte des 2. Jahrhunderts v. Chr. hervorgegangen ist. Mehr noch: Diese neue Beweiskette ändert nicht nur unsere Vorstellung über die Entstehung der Sekte; man kann ihr entnehmen, daß die Sekte sehr stark an der Innenpolitik Israels im 1. Jahrhundert v. Chr. engagiert war. Sie unterstützte Alexander und war gegen die Pharisäer eingestellt. Eine der Auswirkungen des bisherigen Deutungsmodells war, daß die Schreiber der Schriftrollen sowohl geographisch als auch ideologisch von der jüdischen Hauptströmung abgetrennt wurden; sie waren ausgegrenzte, klösterliche Aussteiger. Das hier vorgeschlagene neue Modell führt diese Gruppe mitten ins geschichtliche Geschehen zurück.

König Alexander der Große sympathisierte, wie aus anderen Quellen bekannt ist, mit der Gruppe, die als Sadduzäer bezeichnet wird. Wie verhielt sich aber die Qumran-Gruppe gegenüber den Sadduzäern? Ein weiterer, neu veröffentlichter Text beleuchtet diese Frage. Obwohl der kleinen Gruppe offizieller Schriftrollen-Herausgeber seit den späten 50er Jahren bekannt, tauchte das Werk, das heute als *Miqsat Maase ha-Tora* (kurz MMT) bzw. das *Sektierer-Manifest* (Text 94) bezeichnet wird, erst in den 80er Jahren auf. Bei diesem *Manifest* handelt es sich um eine Art „Positionen-Papier". Es stellt die Anschauungen dreier Parteien nebeneinander: eine „Wir"-Gruppe, ein „Du"-Wesen, das als Herrscher fun-

giert, und eine „Sie"-Gruppe, die Dinge im Tempel tut, die von der „Wir"-Gruppe miß-
billigt werden. Ferner versucht die „Wir"-Gruppe, den „Du"-Herrscher zur Unterstützung
ihrer ablehnenden Haltung zu bewegen. Um welche drei Gruppierungen handelt es sich?
Jüdische Wissenschaftler, allen voran Schiffman von der New York University, erkannten
früh, daß die Haltungen der „Wir"-Gruppe oft eine bemerkenswerte Ähnlichkeit mit
Gesetzen der Sadduzäer aufwiesen, die in rabbinischer Literatur beschrieben werden. Die
Ähnlichkeiten sind so groß, daß Schiffman nicht zögert, die Qumran-Sekte selbst als
Sadduzäer zu betrachten.

Es ist jedoch nötig, genau hinzuschauen, bevor wir diesen Gedankensprung mitvoll-
ziehen. Wir können uns nur bis an die Felsenkante bewegen: Wenn die „Wir"-Gruppe aus
Sadduzäern besteht (bzw. aus priesterlichen Sympathisanten, oder wenn sie eine sadduzäische Untergruppe ist), dann handelt es sich bei der oppositionellen „Sie"-Gruppe logi-
scherweise um Pharisäer. Das königliche „Du"-Wesen, an das der Text gerichtet ist, muß
ein hasmonäischer Herrscher sein. Die Zusammenhänge mit der rabbinischen Literatur
deuten somit auf eine vorsichtige Identifizierung der drei Parteien (Wir-Gruppe, Du-
Wesen, Sie-Gruppe), wenigstens in allgemeiner Hinsicht.

Der soziale Hintergrund, den das *Manifest* prägt, gestattet weitere Schlußfolgerungen.
Strugnell vertritt die Auffassung, daß der Text vor dem Hintergrund des sadduzäischen
Machtverlustes im Tempel und dem gleichzeitigen Aufstieg pharisäischer Macht an jenem
Ort verfaßt wurde: „[Das *Manifest*] wurde von einer priesterlichen Splittergruppe, die sich
erst später (weiter)entwickelte, unter dem Einfluß des „Lehrers der Gerechtigkeit" an die
Qumran-Gemeinschaft gesandt. Ferner wurde es geschickt, um den damaligen Hohen-
priester von Israel auf die sadduzäischen, priesterlichen Gesetze zu verpflichten, die damals
von jedermann anerkannt ... wurden."* Doch die Vorstellung, die Sadduzäer hätten die
Sektenschriftrollen geschrieben, ist im Grunde genauso anfechtbar wie die Theorie von
der Verbindung mit den Essenern. Die „Sadduzäer-Theorie" ist übrigens nur schwer in
Einklang zu bringen mit wichtigen Aspekten, die über die Sadduzäer aus anderen Quellen
bekannt sind. Nach Flavius Josephus war für die damaligen Sadduzäer der Glaubens-
grundsatz der Prädestination (Vorherbestimmung) äußerst schwierig. Das Neue Testament berichtet ferner, daß sie nicht an ein Leben nach dem Tod und nicht an Engel glauben (Apg 23,8). Im Gegensatz dazu haben die Verfasser der Sektenschriftrollen sehr stark
an diesen Überzeugungen festgehalten.

Das Beweismaterial zeigt, daß die Schriftrollengruppe einerseits Ähnlichkeiten mit den
Sadduzäern wie auch mit den Essenern aufweist. Doch es gibt erhebliche Hindernisse bei
der direkten Identifizierung der Gruppe.

Abgesehen von dem Problem, die Gruppe zuzuordnen, läßt sich folgendes sagen: Die
Lobrede auf König Jonatan, der *Nahum-Kommentar* und das *Manifest*, betrachtet man sie
alle zusammen, scheinen auszusagen, daß die Sekte in den innerjüdischen politischen
Konflikten des 1. Jahrhunderts v. Chr. klar Stellung bezog. Sie zogen Alexander Jannäus
seinen Widersachern, den Pharisäern, vor. Sie favorisierten das sadduzäische Gesetz vor

---

* J. Strugnell, MMT. Second Thoughts on a Forthcoming Edition, in: E. Ulrich und J. Vanderkam, Hrsg.,
  The Community of the Renewed Covenant, (Univ. of Notre Dame Press), Notre Dame 1994, 72.

Der Schriftrollensaal im Palestine Archaeological Museum (Rockefeller Museum), Ost-Jerusalem. Auf meterlangen Tischreihen liegen die Fragmente der Schriftrollen aus.

Forscher bei der Sichtung von Fragmenten aus der Höhle 4 kurz nach dem Ankauf 1954.

seinen Widersachern, den Pharisäern. Das *Sektierer-Manifest* scheint auf eine Zeit hinzu-
deuten, in der sich das Glück von Alexanders Mitstreitern abwendete – einschließlich der
Schriftrollen-Schreiber –, während seine alten Feinde, die Pharisäer, im Vorteil waren.
Nach Josephus gibt es nur eine einzige Periode, in der ein Machtzuwachs der Pharisäer in
der Hasmonäer-Zeit zu verzeichnen war: die Regentschaft von Salome Alexandra, der
Witwe Alexanders.

Der *Nahum-Kommentar* paßt sehr gut in diese Zeit der Wende. Sein Verfasser betrach-
tet das Wirken des „Löwen des Zorns" als beendet, während die „führende Herrschaft der
‚Schmeicheleisucher'" zu der Zeit, als er schrieb, eine tragische Realität darstellte. Da der
„Löwe" mit der Person Alexanders gleichzusetzen ist, muß der Schreiber in der Zeit nach
dem Tod Alexanders im Jahr 76 v. Chr. gelebt haben. Salome Alexandra war seine
Nachfolgerin; sie favorisierte die Pharisäer, denen sie beispiellose Macht über die inneren
Angelegenheiten des Volkes einräumte.

Flavius Josephus schrieb über diese Wende der Ereignisse mit deutlichem Mißfallen wie
über Salome Alexandras Gleichgültigkeit mit unverhohlener Geringschätzung. Die Pharisäer, so schrieb er, „sind eine gewisse Sekte der Juden, die religiöser als andere erscheint
und die Gesetze genauer einzuhalten scheint. Nun hörte [Salome] Alexandra in hohem
Grade auf sie. ... Diese Pharisäer schmeichelten sich geschickt bei ihr ganz allmählich ein
und wurden so die wahren Verwalter der öffentlichen Angelegenheiten. Sie verbannten und
unterwarfen, wen sie wollten. Sie hielten Männer gefangen und ließen sie wieder frei wie
es ihnen paßte. Sie genossen die königliche Machtvollkommenheit... Während [Salome
Alexandra] andere Leute beherrschte, beherrschten die Pharisäer sie." (*Krieg* 1, 110–112)

Ein anderer Grund, warum man sich eher auf das 1. Jahrhundert v. Chr. als auf das 2.
Jahrhundert v. Chr. konzentrieren soll, ist ein weiterer neu publizierter Text: eine *Kalender-Chronik* (Text 69). Die besondere Bedeutung dieses Kalenderwerkes ist die gelegentliche Erwähnung historischer Ereignisse, ähnlich modernen Kalendern, die z. B. den „Tag
der deutschen Einheit" zum historischen Datum vermerken. Da das Werk sehr bruchstückhaft ist, bleiben oft nur Stichwörter übrig. Diese genügen aber, um klarzumachen,
auf welche Zeit sie sich beziehen. Folgende stichwortartige Sätze tauchen auf: „Shelom-
ziyon kam ...", was auf Königin Salome Alexandras hebräischen Namen hinweist; „Hyrkanus lehnte sich gegen Aristobul auf", bezieht sich auf die Söhne von Salome und Alexander, Hyrkanus II. und Aristobul II.; „Aemilius getötet", weist auf den römischen Heer-
führer Aemilius Scaurus hin, der die Armeen des Pompejus in den 60er Jahren des
1. Jahrhunderts v. Chr. nach Judäa führte.

Salome regierte von 76 bis 67 v. Chr. In dieser Zeit war ihr ältester Sohn Hyrkanus
Hoherpriester. Aristobul war von 67 bis 63 v. Chr., als die Römer kamen, König und
Hoherpriester. Es folgte eine Zeit der Verwirrung und des Aufruhrs, jedoch die römische
Vorherrschaft überlagerte den ersten Bürgerkrieg, der sich in Streitigkeiten zwischen
Hyrkanus und Aristobul und deren Anhängern fortsetzte. Diese chaotischen Zustände
dauerten bis 37 v. Chr., als Herodes der Große (37 v. Chr. bis 4 n. Chr.) an die Macht
kam. Die *Kalender-Chronik* greift offensichtlich nur die Ereignisse der ersten Hälfte des 1.
Jahrhunderts v. Chr. auf – keine späteren, vor allem keine früheren Ereignisse. Es fällt auf,
daß Ereignisse der zweiten Hälfte des vorausgehenden Jahrhunderts, in der nach der bisherigen Deutung die Sekte an Bedeutung gewann, nicht erwähnt werden.

Der im Kalender besonders hervorgehobene Zeitraum von 76 bis 63 v. Chr. ist der Aufmerksamkeit der Anhänger des bisherigen Deutungsmodells weder entgangen, noch haben diese es unterlassen, die Folgen zu sehen. Sie waren vielmehr gezwungen, alternative Erklärungen anzubieten. Entweder verfielen sie in Funkstille oder sie ließen sich zu Antworten hinreißen wie die von Schiffman: „Es ist möglich, daß diese Namen eher himmlische Wesen bezeichnen als wirkliche Personen."* Schiffman bietet keine Begründung für seinen Vorschlag. Es gibt keinen Grund für die Annahme, die Juden jener Zeit hätten himmlische Wesen mit menschlichen Namen belegt.

Wie die *Lobrede auf König Jonatan* eine neue Sichtweise des *Nahum-Kommentars* nahelegt, so erlaubt die *Kalender-Chronik* eine neue Einschätzung des *Habakuk-Kommentars* (Text 4).

Der *Habakuk-Kommentar* war eine der ersten sieben Schriftrollen, die in Höhle 1 gefunden wurden. Über 40 Jahre war er Gegenstand intensiver Untersuchungen. Die Qumran-Schreiber interpretierten die bei Habakuk (dem biblischen Propheten) auftauchenden Chaldäer als die „Kittim", „die geschickt und mächtig im Krieg waren ... die Städte des Landes angriffen und plünderten ... Von weit kamen sie her, von den Küsten des Meeres, um all die Menschen aufzufressen wie ein unersättlicher Geier" (1,12; 3,1,10–12). Wissenschaftler sind sich heute einig, daß der Begriff „Kittim" sich auf die Römer bezieht. Die Ankunft der römischen Armeen in den 60er Jahren des ersten vorchristlichen Jahrhunderts hat die sehr ausdrucksvolle Darstellung des Kommentars provoziert. Es gibt keinen vernünftigen Grund, warum die Personen des Kommentars zeitlich von der römischen Invasion getrennt werden, wie es bisherige Deutungen vorausgesetzt haben. Die römische Invasion wird als Strafe für die Sünde des „Frevelpriesters" und des „Mannes der Lüge" dargestellt. Am sinnvollsten wäre die Annahme, daß sowohl der „Frevelpriester" als auch der „Lehrer der Gerechtigkeit" in den ersten Jahrzehnten des 1. Jahrhunderts v. Chr. tätig waren.

Wenn der „Frevelpriester" aus dem 1. Jahrhundert v. Chr. stammt, dann kämen nur zwei Personen dafür in Frage: Hyrkanus II. (63–40 v. Chr.) und Aristobul II. (67–63 v. Chr.). Hyrkanus wurde von den Pharisäern unterstützt, Aristobul von den Sadduzäern. Angesichts der anti-pharisäischen Haltung der Schriftrollen kommt eher Hyrkanus II. als „Frevelpriester" in Frage.

Was den „Mann der Lüge" angeht, kann man nach genauerem Studium der Quellen davon ausgehen, daß er wahrscheinlich der Führer der pharisäischen Partei war. Rabbinische Quellen überliefern den Namen eines prominenten pharisäischen Anführers aus dem 1. Jahrhundert v. Chr., der durch seine Gewalttätigkeit wie auch durch seine Überzeugungskraft berühmt war: Simon ben Schetach. Er war wohl ein Bruder oder ein weitläufiger Verwandter der Salome Alexandra. Ben Schetach ist zwar nur durch die spätere rabbinische Literatur bekannt. Die Legenden aber, die über ihn erzählt wurden, stimmen mit dem Bericht überein, den Josephus über die pharisäische Macht überliefert hat. Simon ben Schetach war fähig und offensichtlich auch bereit, mißliebige Menschen zum Tode zu verurteilen. Von ihm wird erzählt, er habe achtzig Frauen in Aschkelon wegen Hexerei

---

* Schiffman, *Reclaiming the Dead Sea Scrolls*, S. 240.

hängen lassen. Für Pharisäer blieb diese Zeit als Epoche des „Simon ben Schetach und der Königin Salome" in Erinnerung. Es wurde auch erzählt, daß während dieses Zeitalters „Weizen bis zu der Größe von Nieren gedieh, Gerste bis zur Größe von Oliven, Linsen bis zur Größe von Golddenaren". Obwohl solche Übersteigerungen kaum mehr als eine Anregung sein können, so wäre es doch interessant, darüber zu spekulieren, ob der „Mann der Lüge" vielleicht diese ur-rabbinische Figur war. Wenn er es wirklich gewesen ist, würde dies gut mit der Annahme sich verbinden lassen, daß es sich bei dem „Frevelpriester" um Hyrkanus II. handelt. Nicht erstmals wird vorgeschlagen, Ben Schetach mit dem „Mann der Lüge" gleichzusetzen. F. F. Bruce hat bereits 1956 diese Möglichkeit erörtert. Dies ist ein Beispiel, daß die jüngst freigegebenen Qumran-Texte gelegentlich zu längst aufgegebenen Hypothesen zurückführen.

Wie steht es schließlich mit dem „Lehrer der Gerechtigkeit"? Wir wissen wenig über ihn, außer daß der „Frevelpriester" ihn verfolgt hat – ein Unternehmen, das übrigens gut in die Zeit der pharisäischen Gewaltherrschaft unter der Regierung von Salome Alexandra, wie von Flavius Josephus beschrieben, passen würde:

> „[Die Pharisäer] selbst wurden die wirklichen Verwalter der öffentlichen Angelegenheiten. Sie verbannten und unterwarfen, wen sie wollten. Sie hielten Männer gefangen und ließen sie wieder frei nach Herzenslust. Um alles auf einmal zu sagen: Sie genossen die königliche Machtvollkommenheit ... [Salome] war so abergläubisch, daß sie ihnen ihre Wünsche erfüllte. Daher töteten sie selbst, wen sie wollten." (*Krieg* 1, 111–113)

Josephus erzählt weiter, daß Aristobul II. (67–63 v. Chr.) die Königin dazu veranlaßt hatte, die Feinde der Pharisäer von Jerusalem zu verbannen, anstatt sie hinzurichten. „So mußten sie es erleiden, unbestraft zu sein und wurden über das ganze Land verteilt." Nach dem *Habakuk-Kommentar* hat der „Frevelpriester" „den Lehrer" bis zu seinem „Ort des Exils" verfolgt.

Es öffnet sich ein neues Szenario, das völlig anders ist als das der bisherigen Deutungen: Der „Lehrer der Gerechtigkeit" begann im späten zweiten oder frühen ersten, vorchristlichen Jahrhundert mit seiner geistlichen Lehrtätigkeit, vielleicht schon während der Regierung des Alexander Jannäus (103–76 v. Chr.). Nachdem die Pharisäer unter Salome (76–67 v. Chr.) die Macht ergriffen hatten, verfolgten sie die Gruppe des Lehrers, die mit dem sadduzäischen Establishment sympathisierte. Sie trieben den Lehrer schließlich ins Exil. Als Hyrkanus II. 63 v. Chr. König wurde, setzte er alles daran, den Lehrer und seine Gruppe zu vernichten. Der römische Einmarsch (63 v. Chr.) beendete den jüdischen Bürgerkrieg der Pharisäer gegen die Sadduzäer, Hyrkanus II. (63–40 v. Chr.) gegen Aristobul II. (67–63 v. Chr.) . Alle nachprüfbaren historischen Hinweise in den Schriftrollen wie die klaren Stellungnahmen der Schriftrollenschreiber zu diesen Hinweisen passen in diese Deutung besonders gut.

Was ist dann aus dem Lehrer und seiner Gruppe nach dieser Zeit geworden? Die durch Josephus vorgelegte Einteilung in Pharisäer, Sadduzäer und Essener ist so verwendet, als ob sie alle einzeln in unterschiedliche Gruppierungen im ersten vorchristlichen Jahrhundert geschichtliche Realität war. Genauso werden sie von Josephus dargestellt. Aber er schrieb gegen Ende des ersten christlichen Jahrhunderts, fast zweihundert Jahre später. Die

Die erste Spalte aus der Gemeinderegel (1QS, Text 5: Grundgesetz einer Sekten-Gemeinschaft) aus der Höhle 1.

drei Parteien, die er kannte, existierten im ersten christlichen Jahrhundert mit Sicherheit nicht in der gleichen Form. Die Qumran-Gruppe mag die Vorgängerbewegung einer oder mehrerer Gruppen gewesen sein (oder ein Teil davon), die im ersten christlichen Jahrhundert noch existieren. Ein Unterscheidungsmerkmal sollte ernster genommen werden, das in der bisherigen Forschung kaum beachtet wurde: Die Schreiber eines Textes haben meist nur wenig oder gar keine direkte Beziehung zu späteren Lesern. Personen lesen ein Werk, weil sie darin etwas interessant finden, was dem Autor meist nicht so wichtig war. Soziologen sprechen von Gruppen, die die Ideologie einer anderen Gruppe übernehmen. Eine Reihe solcher Gruppen könnten sehr wohl die Schriftrollen in dem Jahrhundert nach dem Wirken des Lehrers gelesen haben.

Die Schriftrollen vom Toten Meer bezeugen eine vielseitige Bewegung, die jedoch nicht jede beliebige Ansicht integrierte. Diese Beurteilung findet sich bestätigt sowohl in den Werken, die sektiererisch bezeichnet wurden, als auch in den Texten, die nicht-sektiererisch zu sein scheinen. Diese durchaus vielgestaltige Bewegung begünstigte die Priester. Sie neigte dazu, Herrscher zu unterstützen, die sich der priesterlichen Führung fügten. Sie richtete sich aber vehement gegen das Pharisäertum – wohl deshalb, weil diese Ideologie weltlichen Lehrern, den späteren „Rabbinern", erlaubte, überlieferte Gesetze zu ändern. Die Bewegung entwickelte sich unter den Religiös-Konservativen, den „Traditionalisten" und „Fundamentalisten" jener Tage, während die Pharisäer liberaler waren. Neben der Unterstützung alter Rechtspositionen gegenüber pharisäischen Neuerungen hielt die Gruppe um den „Lehrer der Gerechtigkeit" an einem Kalender fest, von dem sie behauptete – und wahrscheinlich auch selbst glaubte – , daß er sehr alt war. Dies ist die erhaltende und bewahrende Denkweise der Konservativen. Die Gruppe des Lehrers unterstützte konservative Politiker wie Alexander Jannäus und seinen Sohn Aristobul II., während sie in Opposition zu religiösen Gruppierungen unter liberaler Herrschaft stand.

Nachdem die Römer in Palästina an die Macht gelangten, änderte sich die Situation. Die konservativ-traditionalische Bewegung konnte nicht mehr damit rechnen, den politischen Lauf der Ereignisse direkt beeinflussen zu können. Trotzdem versuchten die Priester noch, die religiöse Praxis des Volks zu überwachen. Deshalb arbeiteten sie mit der Besatzungsmacht zusammen. Es ist aber durchaus möglich, daß Mitglieder der konservativen Bewegung so gehandelt haben, während andere sich sträubten, mit den Römern zu kollaborieren. Die Gruppe, die nicht zur Zusammenarbeit bereit war, hatte zwei weitere Möglichkeiten: Entweder auf die gewaltsame Bekämpfung der römischen Macht hinzuarbeiten, oder still und demütig das Eingreifen Gottes zu erwarten. Ein Teil hat die zweite Möglichkeit gewählt; dies könnten wohl jene gewesen sein, die Josephus unter dem Begriff „Essener" zusammenfaßte.

Viele haben den Weg der Gewalt eingeschlagen. Banden von Zeloten und Sikarier haben eine Rolle bei der Vorbereitung der jüdisch-antirömischen Revolte im Jahre 66 n. Chr. gespielt. Beide Gruppen könnten durch jene Texte inspiriert gewesen sein, die überwiegend aus dem ersten, vorchristlichen Jahrhundert stammen und heute als die Schriftrollen vom Toten Meer bekannt sind. Sie hätten erfahren können, daß es andere Gruppen gibt, die sich, wie sie selbst, für den Heiligen Krieg vorbereiteten. Daß solche Gruppen von Partisanen und Freiheitskämpfern die Qumran-Texte gelesen haben könnten, liegt durchaus im Bereich des Möglichen. Die Schriftrolle vom Toten Meer, die *Verzeichnis der*

Schatzverstecke (Text 18) bezeichnet wird, bietet eine Zusammenstellung von Schätzen des Herodestempels. Der Grund dieser Liste war, Gold, Silber und andere Schätze vor den Römern zu verstecken, falls der Tempel erobert werden sollte. Dies setzt voraus, daß die Verfasser dieser Liste die Schätze, die sie retten wollten, bereits unter ihre Kontrolle gebracht hatten. Nach Josephus waren es Freiheitskämpfer und Zeloten, die den Tempel beim Kriegsausbruch im Jahr 66 n. Chr. beschlagnahmten. Sie haben in den folgenden Jahren des Krieges gegen Rom zusammen mit anderen jüdischen Gruppen nie die Kontrolle verloren. Wer außer ihnen hätte die Liste anfertigen können? Da die Liste in der Höhle 3 zwischen anderen Schriftrollen vom Toten Meer gefunden wurde, kann angenommen werden, daß nicht nur diese Liste, sondern auch die anderen Schriftrollen vom gleichen Personenkreis versteckt wurde.

Ein anderer Anhaltspunkt für die Identität aus dem ersten Jahrhundert stammt aus den Funden von Masada. Masada ist eine von König Herodes dem Großen großartig ausgebaute Burg, am östlichen Abhang des judäischen Gebirges gelegen, in der Nähe des Toten Meeres, nicht weit von En-Gedi; sie war letzter Stützpunkt der jüdischen Widerstandskämpfer im Krieg gegen die Römer. Die Geschichte der Masada-Ausgrabungen ist ähnlich langwierig wie die der Qumran-Texte. In beiden Fällen sind Materialien, die in den späten 50er und frühen 60er Jahren des 20. Jahrhunderts entdeckt wurden, erst kürzlich uneingeschränkt zugänglich gemacht worden. Die Masada-Funde weisen Parallelen zu denen von Qumran auf: mehrere unterschiedliche Schriftzüge, ähnliche Arten von literarischen Werken (siebzehn wurden gefunden).

Der herausragende Unterschied liegt darin, daß über den Fall Masadas ein uralter Augenzeugenbericht vorliegt, der sich auf die Sammler der Schriftrollen bezieht. Flavius Josephus war während der ersten Phasen des Krieges mit den Freiheitskämpfern im Bunde. Er nennt ihren Namen: die *Sikarier,* eine fanatische, antirömische Gruppierung der Juden, benannt nach ihrem kleinen Dolch (= sica), die im Widerstand gegen die Römer auch nicht vor Meuchelmord zurückscheuten (vgl. Apg 21,38). Die Mitglieder dieser Gruppe ermordeten Kollaborateure mit Rom; sie besetzten Masada beim Kriegsausbruch. In den folgenden Jahren unternahmen sie zahlreiche Raubzüge gegen die Römer. Sie begingen zum Schluß in Masada Massenselbstmord, ehe sie von den römischen Legionen besiegt wurden.

Unter den Schriften, die sie hinterlassen haben, befindet sich eine Abschrift der *Lieder zum Sabbatopfer.* Von diesem Werk waren neun Abschriften unter den Schriftrollen vom Toten Meer (Text 95). Der wohl bedeutsamste Aspekt dieser *Lieder* ist der 364-Tage-Kalender, der bereits erwähnt wurde und der mehr als ein Jahrhundert früher so wichtig war für die Anhänger des „Lehrers". Dieser Kalender war für die Sikarier interessant, da er ein gegen den Staat gerichtetes, konservatives Symbol darstellte wie zur Zeit des „Lehrers". Trotz der großen Bedeutung des Kalenders für die Schriftrollen muß betont werden, daß die Sikarier, die letzten Verteidiger von Masada, in den alten Quellen als einzige Gruppe der Juden auftauchen, die nach diesem Kalender lebten.

DIE SCHRIFTROLLEN VOM TOTEN MEER HEUTE

Wir sind Immigranten aus der Vergangenheit", sagt Jack Miles, der bekannte Autor, in *God – A Biography.* Für Christen wie auch für Juden ist Palästina im ersten nachchristlichen Jahrhundert das Heimatland. Wir alle entstammen der Welt der Schriftrollen vom Toten Meer. Daher ist es nur natürlich, daß sie uns noch viel zu sagen haben, obwohl sie schon zweitausend Jahre alt sind.

Den Juden sagen die Qumran-Texte: „Unsere Familie war größer als ihr dachtet". Das Schlüsselwort ist *Mannigfaltigkeit.* Das moderne Judentum hat seine Wurzeln im Pharisäertum. In den ersten vor- und nachchristlichen Jahrhundert existierten jedoch weitere Formen des Judentums. Es war damals nicht abzusehen, daß die Pharisäer zum Schluß als Sieger hervorgehen würden. Die Welt des ersten nachchristlichen Jahrhunderts zu verstehen heißt, das Faktum der Mannigfaltigkeit zu verstehen. Die Schriftrollen haben dazu beigetragen, einen Sinn für die historische Komplexität des Nährbodens von Judentum und frühem Christentum zu entwickeln. Die Schriftrollen lehren indirekt eine Botschaft, daß man auf unterschiedliche Art und Weise „echter" Jude sein kann. Jeder Versuch, „die Schriftrollen für das Judentum zu beanspruchen", muß diese Wahrheit anerkennen.

Den Christen sagen die Texte: „Ihr seid jüdischer als ihr dachtet". Viele Parallelen bestehen zwischen Passagen in den Schriftrollen und dem Neuen Testament. Diese Zusammenhänge sind weniger bedeutungsvoll als bestimmte grundsätzliche Ansichten, die in beiden Gruppen von Dokumenten zum Ausdruck kommen: ein Gegensatz von Licht und Dunkel; die Notwendigkeit von Bekehrung; die Vorstellung, Gottes Absichten sind Geheimnisse, zu denen nur jene Zugang haben, die bestimmte Lehren annehmen; der große Wert, der auf Armut gelegt wird – Merkmale des frühchristlichen Glaubens, die die Gelehrten bisher mehr dem Einfluß der griechisch-römischen Kultur als einem jüdischen Hintergrund zuschrieben. Alle diese Merkmale sind in den Schriftrollen bezeugt. Das erste Christentum war nicht eine Kreuzung von Judentum und Hellenismus – es wurzelt im Boden Palästinas, hatte sich aber mit seiner Ausbreitung immer stärker auch mit dem Hellenismus auseinanderzusetzen und wurde „Kirche aus Juden und Heiden". Für Juden wie für Christen sind die Schriftrollen vom Toten Meer die Verwandten, von deren Existenz sie lange nichts gewußt haben. Die Schriftrollen sind verlorene Briefe aus der Heimat. Wenn sie uns von unseren Vorvätern erzählen, erzählen sie uns von uns selbst. Wie alle verlorenen Briefe aus der Heimat, sprechen sie uns mit ihrer Botschaft an. Wie alle Briefe aus der Heimat sind sie es wert, gelesen zu werden.

WIE LIEST MAN
DIE SCHRIFTROLLEN VOM TOTEN MEER?

Um eine Schriftrolle vom Toten Meer mit gebührendem Respekt und in notwendiger kritischer Distanz zu lesen, ist es wichtig zu wissen, was man überhaupt in Händen hat und liest. Wie werden aus einem wirren Haufen von über 15 000 kleinen Stücken Tierhaut, beschrieben mit Tinte, 870 voll ausgearbeitete Manuskripte, die jetzt als gedruckte und übersetzte Texte vorliegen?

Die verschiedenen Stufen des Arbeitsvorgangs seien daher vorgestellt. Erst dann ist man in der Lage, über das Gelesene persönlich nachzudenken. Wer weiß, wie die Schriftrollen zusammengefügt wurden, wird den Autoren nicht zu großes Vertrauen entgegenbringen. Die Autoren wollen nicht, daß ihre Ideen einfach übernommen werden. Sie wollen überzeugen. Die Rekonstruktion der Schriftrollen ist ein Vorgang diffizilster Entscheidungen (möglicherweise den falschen) und ist stets unsicher. Außerdem sind Sinn und Zweck der zahlreichen Sonderzeichen, Klammern und weiterer Hilfsmittel zu erläutern, mit denen die Übersetzungen in diesem Buch „geziert" sind.

Wie bereits erwähnt, befanden sich die ersten sieben Schriftrollen in einem verhältnismäßig guten Zustand. Nur für sehr wenige der entdeckten Texte kann dies gesagt werden. Die Mitglieder des ersten Herausgeberteams der Schriftrollen (1947–1967) sahen sich mit einem äußerst komplizierten Puzzle konfrontiert. In kurzer Zeit erarbeiteten sie einen Plan ihres methodischen Vorgehens aus. Tausende von Fragmenten wurden auf Tischen im Palestine Archaeological Museum (Jerusalem) ausgebreitet und unter Glasscheiben gepreßt. Die Redakteure eilten von Tisch zu Tisch, untersuchten die Fragmente und versuchten, sie diesen oder jenen Fragmenten zuzuordnen. Einer dieser ersten Herausgeber, John Allegro, hat das Leitprinzip jener frühen Anstrengungen beschrieben:

„Einer der rettenden Faktoren war die Tatsache, daß sich unter den vierhundert [später: achthundert] oder mehr Manuskripten, mit denen wir es zu tun hatten, erstaunlicherweise nur wenige befanden, die von demselben Schreiber geschrieben wurden. Durch Erkennen der Eigenheiten der Schreiber, mit denen wir uns beschäftigten, konnten wir mit ziemlicher Sicherheit ein Textstück seinem Dokument zuordnen."* Die individuelle Handschrift war das wichtigste Kriterium, das die Herausgeber benutzten, um die Fragmente zunächst in Häufchen und dann in Manuskripte zu sortieren. Ein zweiter wichtiger Anhaltspunkt war die Tierhaut, auf die die Texte geschrieben wurden. Die bearbeiteten Häute von Ziegen, Steinböcken und sogar Gazellen, die für die Schriftrollen verwendet wurden, sind der Dicke sowie der Farbe nach nicht einheitlich. Jede Haut hat ihre eigenen Merkmale; die eine ist dünn, die andere dick; eine weist eine rötliche Tönung auf, eine andere ist fast schwarz. Die Untersuchung der Hautunterschiede war daher zunächst

---

* J. Allegro, *The Dead Sea Scrolls,* A Reappraisal, New York 1964, S. 55 – 56.

ausschlaggebend für die Zuordnung der Fragmentgruppen. Aber die Unterschiede der Häute konnte auch zu falschen Schlüssen führen. Waren sie kurz nach der ursprünglichen Einlagerung in den Höhlen noch gleichförmig, so konnten sie, nachdem sie als Fragmente aus den Höhlen Jahrhunderte später entdeckt waren, starke Unterschiede aufweisen, und zwar wegen der unterschiedlichen Bedingungen, unter denen sie zwei Jahrtausende überdauert haben. Manche Fragmente waren mehr Licht ausgesetzt als andere, manche mehr der Feuchtigkeit oder einer anderen chemischen Zusammensetzung des Bodens. Trotzdem galten die individuellen Schriftzüge sowie das Aussehen der Häute im allgemeinen als zwei ziemlich zuverlässige Kriterien für das erste Sortieren und Zuordnen der Schriftrollen.

Für das Aussortieren der etwa hundert Schriftrollen, die nicht auf Haut, sondern auf Papyrus geschrieben waren, war die genaue Untersuchung der Pflanzenfasermuster hilfreich. Bis heute wird noch an der richtigen Identifizierung der Fragmente gearbeitet. Obwohl die ersten Herausgeber ihre Sortierarbeit erstaunlich gut ausgeführt haben, waren sie nicht unfehlbar. Gelegentlich sind ihnen Irrtümer unterlaufen. Spätere Forscher haben einige Irrtümer gefunden und neue Lösungen in diesem Buch vorgelegt (z. B. siehe *Manuskript in Auswahl*, Text 113). Wissenschaftler überprüfen laufend frühere Schlußfolgerungen. Die fortschreitende Technologie verspricht neue Methoden, obwohl Hilfe nur noch in Einzelfällen stattfindet. Wissenschaftler an der Brigham-Young-Universität haben vor kurzem damit angefangen, DNS (Desoxyribonucleinsäure; der Träger der genetischen Information und Hauptbestandteil der Chromosomen) aus einigen Fragmenten zu extrahieren. Dies beschädigt kaum die Materialien, und die DNS-Analyse macht die Identifizierung einzelner Tiere möglich, von denen die einzelnen Hautfragmente stammen. Wenn ein bestimmtes Fragment Fragen aufwirft oder Fragmente noch immer nicht einem größeren Manuskript zugeteilt werden können (es gibt ziemlich viele äußerst kleine Stücke), könnte diese neue Methode zu einem bescheidenen Erfolg führen.

Nachdem die ersten Herausgeber die Fragmente eines bestimmten Manuskripts auf einer oder mehreren Platten zusammengefügt hatten, fotografierten sie diese. Zusätzlich wurde jedem Manuskript eine „Q-Nummer" zugewiesen, die die Höhle bezeichnete, in der es gefunden wurde. Zum Beispiel bedeutet 4Q242: Höhle 4 in Q(umran), Manuskript Nr. 242. (Dieses System existierte noch nicht zur Zeit der Auffindung der ersten sieben Schriftrollen. Sie weisen daher keine Zahlenkennzeichnung auf. Sie werden nach den Abkürzungen ihrer Namen bezeichnet; mit 1QS ist beispielsweise gemeint: Höhle 1 in Q(umran), *Serek* [Hebräisch für Ordnung], meist auch „Gemeinderegel" zitiert.) Als die Arbeit voranging, neue Fragmente identifiziert wurden, erteilte Qualifizierungen sich als falsch erwiesen und Fragmente wieder entfernt werden mußten, änderte sich die Form eines bestimmten Manuskripts. Neue Fotos mußten daher gemacht werden. Heute ist es möglich, die gesamte Reihenfolge der Fotos zu studieren, die von den einzelnen Manuskripten gemacht wurden. Fast alle diese Fotografien wurden unter Infrarotlicht gemacht. Im Laufe der Zeit sind viele Fragmente so geschwärzt, daß ihre Beschriftung für das bloße Auge fast unsichtbar war. Erst Infrarotaufnahmen machten das Unsichtbare sichtbar. Der Einsatz von Infrarot erklärt, warum es kaum Farbfotos der fragmenthaft gebliebenen Manuskripte gibt. In den 50er Jahren konnten (anders als heute) noch keine Farbfotos unter Infrarotlicht gemacht werden.

Das Fragment 7Q5 (Text 150: Christliches in Höhle 7?)

Da diese Fotografien meist besser zu lesen waren als die Manuskripte, arbeiteten die ersten Herausgeber gewöhnlich mit den Fotografien. Spätere Wissenschaftler haben diese Methode beibehalten. Es ist aber wichtig und unerläßlich, mit den Originalmanuskripten zu arbeiten. Nur so können Unstimmigkeiten geklärt werden (ob etwa Tinte oder nur ein Fleck auf der Haut vorliegt). Die Schriftrollen-Forschung selbst konzentriert sich auf die Fotografien. In diesem Bereich verspricht gerade die technische Entwicklung eine Erweiterung des Kenntnisstands. Fotografische Verfahrensweisen, die z.B. für die Luftaufklärung entwickelt wurden, sind „bodenständig" geworden und werden jetzt auf die Schriftrollen angewendet. Wissenschaftler beginnen zur Zeit mit der Anwendung von Infrarotbildverarbeitungssystemen, die durch elektronische Fotoapparate wie mit den Techniken der Computerbildverarbeitung unterstützt werden. Wie Kinder sogenannte Zauberflüssigkeit auftragen, um unsichtbare Tinte sichtbar zu machen, so hat diese neueste Methode Schriftzeichen auf Fragmenten sichtbar und lesbar gemacht, die so dunkel und unklar waren, daß sie bisher nicht einmal auf Infrarotfotografien sichtbar waren. „Wir haben die Infrarotfotografie bisher wie ein stumpfes Werkzeug angewendet", hat Bruce Zuckermann, einer der Pioniere der Anwendung neuer Technologien, gesagt. „Jetzt können wir genauer zielen, präzis werden und die Technologie besser nutzen als alle Methoden, die bisher verwendet wurden." Diese Methode ist bereits für die *Patriachen-Geschichten* (Text 2) mit erstaunlichem Erfolg angewendet worden.

Anhand solcher Fotos versuchen heute die Forscher, das ursprüngliche Manuskript so weit wie möglich zu rekonstruieren. Die ersten Herausgeber, überfordert von der Materialfülle, die für mehrere Forschergenerationen gereicht hätte, mußten sich gewöhnlich mit wissenschaftlich vorläufigen Rekonstruktionen zufriedengeben. Daher wurden die Fragmente in den ersten Veröffentlichungen oft der Größe nach aufgereiht. Ein Wissenschaftler benutzt nicht ein einfaches Foto, sondern eine vom Negativ angefertigte Folie. Diese Folie wird auf eine von unten beleuchtete Tischplatte gelegt, wie sie auch in Fotofachgeschäften zur Ansicht von Dias benutzt werden. Der Wissenschaftler kann dadurch mit zwei Folien gleichzeitig arbeiten, indem er eine Folie auf die andere legt. Er fügt Fragmente zusammen oder schiebt über einen schlecht lesbaren Buchstaben eine gut erhaltene Alternative des gleichen Buchstabens darüber, um festzustellen, ob die verbliebenen Tintenreste zusammenpassen. Vergrößerungen sind meist hilfreich. Eine Juwelierlupe mit einer acht- bis zwölffachen Vergrößerung ist am besten geeignet. Eine zu starke Vergrößerung führt jedoch zu einer Punktauflösung, so daß man nur noch Einzelpunkte sieht. Diese wissenschaftliche Arbeit kann auch mit der Computerdigitalbildverarbeitung gemacht werden, jedoch haben die wenigsten Wissenschaftler Zugang zu der hierfür notwendigen und aufwendigen Computerausrüstung.

Hauptziel der Rekonstruktion von Manuskripten ist es, übereinstimmende Schadensmuster zu erkennen. Während eine Schriftrolle jahrhundertelang modernd auf dem Boden einer Höhle lag, verrottete sie Schicht für Schicht von außen nach innen. Die Schriftrolle wurde oft auch von Insekten oder Ratten heimgesucht und an den äußeren Rändern oder an einer Falte angenagt. Würmer haben sich nicht selten in die Schriftrolle hineingefressen. Wenn der Schädling sich durch mehrere Lagen der Schriftrolle, also durch mehr als eine Einzelschicht der Haut hindurchfraß, setzte sich das Schadensmuster der äußeren Schicht in den inneren Schichten fort.

Wissenschaftler verfolgen gerade diese Schadensmuster der Fragmente. Sie können bei der Bestimmung und Entzifferung helfen, wie die ursprünglich unbeschädigten Schriftrollen ausgesehen haben. Weisen zwei Fragmente ein einheitliches Muster auf, dann müßten sie ursprünglich eine Einheit gewesen sein. Bisweilen stammt ein Fragment aus der Mitte der zusammengerollten Schriftrolle, während ein anderes aus einer darüberliegenden Schicht stammt. Kann der Forscher Bruchstücke identifizieren, die von drei aufeinanderfolgenden Kolumnen stammen, ist er fast am Ziel seines Erfolges. Er muß nur noch die Entfernung zwischen den Fragmenten ausmessen. Die Entfernung zwischen den aufeinanderfolgenden Schichten einer zusammengerollten Schriftrolle ändert sich in einer mathematisch genau berechenbaren Größenordnung, die abnimmt, je weiter man nach innen kommt. Sind drei aufeinanderfolgende Bruchstücke identifiziert, kann der Durchmesser der Schriftrolle an jener Stelle berechnet werden, wo die Fragmente sich befunden haben, indem die mathematische Formel für die geometrische Form einer „Normalspirale" angewendet wird.

An diesem Punkt angelangt, fertigt ein Forscher eine maßstabsgerechte Zeichnung der Schriftrolle an, die die vorgeschlagene Zuordnung zwischen den Fragmenten aufzeigt. Die Fotos können solche Zuordnungen nicht aufzeigen, es ist eine Zeichnung notwendig. Die schwierige Aufgabe beginnt aber erst jetzt, nämlich die Wörter zu lesen und auch herauszufinden, was mit den zerstörten und fehlenden Teilen der Rolle verlorengegangen ist. Der Forscher überträgt oder kopiert mühsam und gewissenhaft alle Fragmente und Wörter von den Fotografien. In den meisten Fällen ist das Resultat eine Reihe leserlicher Buchstaben und Wörter, die aufgrund von Schäden der Schriftrollen hier abbrechen, um ein Stückchen weiter wieder den laufenden Text fortzusetzen. Will der Wissenschaftler eine fragmentarische Schriftrolle verstehen, muß er versuchen, sich vorzustellen und sich inspirieren lassen, was wohl in den beschädigten bzw. verlorengegangenen Teilen ursprünglich gestanden haben mag. Wie stehen die vorhandenen Teile zueinander? Welcher Gedankengang liegt dem Text zugrunde? Die maßstabsgerechte Zeichnung kann hier hilfreich sein, indem man versucht, Wörter mit den Buchstaben des Schreibers dieser Rolle nach- und hineinzuschreiben. Dabei ist es unerläßlich, die tatsächlichen Buchstabenformen des alten Schreibers zu verwenden. Die Größen der alten Handschriften sind so unterschiedlich wie moderne Handschriften. Eine Lücke, die groß genug ist, um zehn Buchstaben in einer Handschrift aufzunehmen, kann oft nur fünf Buchstaben in einer anderen, schwungvolleren und größeren Handschrift aufnehmen.

Von größter Bedeutung ist es, die Breite der ursprünglichen Kolumne herauszufinden. Nur selten ist die ganze Breite in Fragmenten eines Manuskripts erhalten, so daß Unsicherheiten zu beachten sind. Hat man Glück, erkennt der Forscher den Text einer Bibelstelle oder eines Zitat aus einer bekannten außerbiblischen Quelle oder gar aus einer anderen Schriftrolle vom Toten Meer. Durch Ergänzung des Zitates kann die Kolumnenbreite fast spielend ermittelt werden. Das Zitat von Zacharias 2,8 in Fragment 2 des *Aramäischen Textes über die Perserzeit* (Text 139) hat zum Beispiel diese Funktion erfüllt. Wenn man die Breite kennt, weiß man auch, wieviel Text fehlt und wieviel Text erhalten geblieben ist. Das jeweilige Ergebnis führt zur Rekonstruktion ganzer Gedankengänge. Wenn zum Beispiel eine halbe Zeile fehlt, ist es kaum möglich, über die Idee oder Aussage des erhaltenen Teils Schlußfolgerungen zu ziehen. Es fehlt zuviel. Fehlen aber nur ein oder zwei Wörter, ist der Gedankengang meist nicht stark unterbrochen, so daß eine zuverlässige Rekonstruktion durchaus möglich ist.

Ein ständiges Wechselspiel findet zwischen dem Wissenschaftler statt – dem Standort und Standpunkt seiner „Texttheorie" – und dem fragmentarischen Manuskript, was daraus gelesen und verstanden werden kann. Ein gutes Einfühlungsvermögen ist wichtig; aber genauso wichtig ist auch die kritische Selbstbeschränkung. Die Rekonstruktion einer Schriftrolle vom Toten Meer ist trotz der technischen Möglichkeiten und der ausgeklügelten Methoden keine Wissenschaft in der herkömmlichen Bedeutung. Sie ist eine Kunst. Wie alle Kunstformen verlangt sie Inspiration und Intuition, Mut und Entschlossenheit. Ein fast unlösbares Problem kann monatelang beschäftigen und beunruhigen. Plötzlich, innerhalb einer Sekunde, liegt die Lösung auf der Hand. Diese Kunst ist aber nicht kreativ, da ihr Resultat keine neue Schöpfung ist. Das wissenschaftliche Ziel ist es, das Werk eines Schreibers aus uralter Zeit getreu der ursprünglichen Intention zu rekonstruieren.

Hat der Wissenschaftler so viele Manuskripte wie möglich rekonstruiert (zu einem späteren Zeitpunkt wird vielleicht ein anderer etwas Besseres daraus machen; Forschung ist kumulativ), fertigt er eine „*Transkription*" an, d. h. eine Wiedergabe eines Textes der ursprünglichen, hebräischen oder aramäischen Standardbuchschrift. Wenn Sie einen handgeschriebenen Brief eines Freundes auf der Schreibmaschine nachschreiben würden, wäre das eine Transkription (im Unterschied zu einer „Translation" = Übersetzung des Originals in eine andere Sprache). Transkription ist genau das, was der Wissenschaftler mit dem uralten Text tut. Er kennzeichnet die ursprünglichen Fragmente und Kolumnen mit Hilfe eines einheitlichen Systems. Ein Fragment kann Teile von mehreren Kolumnen haben. Die Kennzeichnung gibt dann z. B. Fragment 1, Kolumne 2 an. In anderen Fällen kann eine Kolumne aus mehreren, zusammengefügten Fragmenten bestehen. Die Kennzeichnung könnte dann so aussehen: Kolumne 1, Fragment 1+2+3. Die Zeilen der Transkription werden von oben nach unten durchnumeriert. Die Numerierung fängt nicht unbedingt mit 1 an. Wenn man weiß, daß einige Zeilen fehlen, könnte die erste Zeile Zeile 4 oder Zeile 15 heißen. Die meisten dieser Kennzeichnungen wurden in die Übersetzung übernommen. Solche Kennzeichnungen sind durchgehend auch in unseren Übersetzungen beibehalten worden.

Die Transkription zeigt auch nicht eindeutig identifizierte Buchstaben im Text durch Standardzeichen an, die den Grad der Ungewißheit angeben. Wissenschaftler benutzen auch unterschiedliche Klammerntypen, um zusätzliche Informationen zu geben. Eckige Klammern, z. B. ([ ]), umgeben rekonstruierte Wörter. In diesem Buch sind durchgehend eckige Klammern für diese Zwecke verwendet. Der Teil innerhalb der eckigen Klammern kann eine einfache Vermutung, ein begründeter Verdacht oder tatsächlich das einzig Richtige sein (z. B. fragmentarische Bibelstellen, die ergänzt wurden, oder ein Wortlaut, der übereinstimmt mit dem einer anderen Schriftrolle). Wenn eckige Klammern vorliegen, sollte man vorsichtig gegenüber den darin befindlichen Wörtern sein. Die Worte in eckigen Klammern kommen in den Schriftrollen gar nicht vor. Parallel zu der Transkription wurde eine Übersetzung (= Translation) angefertigt. Wohl gemerkt: nicht die Übersetzung, sondern *eine* Übersetzung! Für viele Wörter gibt es nicht die allein mögliche oder gültige Übersetzung schlechthin, erst recht nicht für ganze Sätze, für ganze Texte. Manche

Wörter des Originals haben in Übersetzungen oft unzulängliche Entsprechungen. Für nicht wenige Wörter, Sätze und idiomatische Ausdrücke einer Sprache gibt es keine endgültige und erschöpfende Entsprechung in einer anderen Sprache.

Eine genaue Übersetzung von einer Sprache in die andere ist unmöglich. Um Goethe wirklich lesen zu können, muß man Deutsch lernen. Unter dieser Prämisse fertigten Wissenschaftler *eine* Übersetzung einer vorliegenden Transkription an.

In diesem Buch finden sich Übersetzungen von Transkriptionen, die für jede Schriftrolle vom Toten Meer angefertigt wurden. Die Übersetzung ist der letzte, der allerletzte Schritt in einem nicht differenzierten und oftmals unsicheren Rekonstruktionsverfahren. Dieses Werk hat profitiert von der Arbeit nicht weniger Kollegen (siehe Bibliographie). Soweit möglich, steht dahinter das ernste Bemühen, fließende und inhaltsstarke Übersetzungen vorzulegen. Die Arbeit stand unter dem italienischen Sinnspruch „*Traduttore traditore*" („Der Übersetzer ist ein Verräter"). Übersetzer verraten nicht nur das, was sie übersetzen. Sie verraten auch sich selbst, ihren Standort, wie auch die Leser der Übersetzung. Allein jeder Versuch verletzt das Original. Viel von der Ursprünglichkeit, der Schönheit, der Prägnanz, der Kraft der hebräischen und aramäischen Sprachen, in denen die Schriftrollen sich ausdrücken, wird unübersetzbar bleiben. Der Verrat am Leser ist aber gar nicht so groß, denn von Anfang an wurde darauf aufmerksam gemacht. Vorgewarnt kann der Leser sich jetzt auf dem Weg machen. Wenn es uns gelungen ist, wenigstens einen Großteil der Bedeutung der Wörter über Zeit, Raum und linguistische Entfernung hinweg zu transportieren, dann ist das Hauptziel dieser Arbeiten und dieses Werkes erreicht.

Hinweise für den Leser

Kursivschrift:
Inhaltsübersicht

Rückkehr zum Thema Schwüre.

Die Bibelstelle „Was deinem Mund entfahren ist, darauf sollst du auch achten" (Dtn 23,24) [7] besagt, daß man an jedem bindenden Eid festhalten soll, in dem ein Mann verspricht, [8]irgend etwas nach dem Gesetz zu machen: er darf den Schwur nicht brechen, sogar, wenn er es mit dem Tode bezahlen muß.

Klammern:

In eckigen Klammern stehen Teile des Textes, der aufgrund unterschiedlicher Beschädigungen verlorengegangen ist.

Spitze Klammern verweisen auf Fehler im Originalmanuskript und zeigen eine mögliche Lösung auf.

Runde Klammern nennen verschiedene Arten nützlicher Informationen. In diesem Fall ist „Menschensohn" eine weitere Übersetzungsmöglichkeit für ein Wortfragment.

[28][über den anderen.] So hast Du für den Sohn [Deiner] Die[nerin (oder M[enschen]sohns) ...] seine Erbschaft <vergrößert> [29]durch die Erkenntnis (?) Deiner {Rechtschaffenheit} Wahrheit. Gemäß seiner Erkenntnisse und [sein ...]

Wörter, die zwar ausradiert wurden, aber von Interesse sein könnten, werden zwischen geschweifte Klammern gestellt.

Ein Fragezeichen, umgeben von runden Klammern, zeigt an: Das vorausgehende Wort ist nicht gesichert, da es Schwierigkeiten mit dem Verständnis der Originalsprache gab.

ZAHLEN:

Die „Q" (Qumran)-Nummer gibt die Nummer der Höhle – in diesem Fall 4 – sowie das Manuskript – in diesem Fall das 266ste aus Höhle 4 – an.

Fragment gibt die Nummer des Fragments – oder in diesem Fall einer Gruppe von Fragmenten – des übersetzten Manuskripts an.

Hochgestellte Ziffern geben die Zeilenzahl (*nicht* die Verszahl) des Fragments an.

4Q266 **Fragment 4–6** **Kolumne 1** [6][...] die Mächtigen, wenn sie heimgesucht werden [...] [7][... die festhielten] an Seinem heiligen Namen [...] [8][...] denn in Juda [...] [9][...] dem Volk Israel, wenn er erscheint [...], um zu lehren [10][...] [2][Während des Tages [x] Lieder und] sechszeh[n Wor]te des [Lobpreises].

Kolumne gibt die Nummer der Kolumne (= Spalte) des Fragments oder der Fragmentgruppe an. Bei vollständig erhaltenen Manuskripten wie 1QS und 1QH weisen fettgedruckte Ziffern auf die Kolumnen hin.

SYMBOLE

Ein x in Klammern ersetzt eine unbekannte Zahl.

II.

DIE SCHRIFTROLLEN

1. DAMASKUS-SCHRIFT

Geniza A + B, 4Q266-272

Der jüdische Forscher Solomon Schechter entdeckte 1892/96 als Erster Teile der *Damaskus-Schrift* unter Schriftstücken aus der Kairoer Geniza. 1910 veröffentlichte er diese unter dem Titel *Zadok-Fragmente*. Der Name beruht auf den „Söhnen des Zadok", die im Text häufig erwähnt werden. Schechter glaubte, daß die Schrift von einer jüdischen Sekte etwa aus dem 1. Jahrhundert v. Chr. stamme, obgleich die beiden veröffentlichten Manuskripte (Geniza Texte A und B) eigentlich mittelalterliche Abschriften aus dem 10. bzw. 12. Jahrhundert n. Chr. waren. Die zeitliche Einordnung der *Zadok-Fragmente* blieb jahrzehntelang strittig. Viele Wissenschaftler schlossen sich Schechters Meinung an. Andere jedoch verwarfen seine Theorie und siedelten die Entstehung *der Schrift* Jahrhunderte später an.

Erst die Entdeckung der Qumran-Schriftrollen entschied den Streit für Schechter. Die Texte aus Höhle 1, insbesondere das *Grundgesetz einer Sekten-Gemeinschaft* (Text 5), stammten ganz eindeutig aus den Kreisen, die die *Damaskus-Schrift* verfaßt hatten, denn häufig liegt die gleiche religiöse Terminologie vor. Als Fragmente der *Damaskus-Schrift* in Höhle 4, 5 und 6 gefunden wurden, untermauerten diese, was viele Forscher bereits gefolgert hatten: Die Sekte vom Toten Meer war die Quelle der *Damaskus-Schrift*. Tatsächlich bot die *Schrift* wohl einen der bedeutsamsten Texte dieser Gruppe, enthielt sie doch Hinweise auf ihre Geschichte, ihre Theologie und ihre Vorstellung ihrer Rolle in der Geschichte.

Das Lesen der *Damaskus-Schrift* kann eine enttäuschende Erfahrung sein. Viele allgemein angelegte Themen sind leicht nachzuvollziehen – die Größe Gottes und sein Bündnis mit dem Volk Israel, die Treulosigkeit der Abtrünnigen, die Notwendigkeit, die Gesetze Gottes und der Gruppe zu befolgen. Andere Gedankengänge wandern zusammenhanglos von einem Punkt zum anderen, mit häufigen Abschweifungen, Nebenbemerkungen und Unterbrechungen, um schließlich ein schwieriges oder wichtiges Zitat aus der Heiligen Schrift zu erläutern. Ganz offensichtlich wurde die *Damaskus-Schrift* immer wieder erweitert, ohne dabei einem roten Faden in der Abhandlung zu folgen.

Ungeachtet seiner gelegentlichen Unklarheiten läßt sich das Buch leicht in zwei größere Teile gliedern: die „Mahnreden" und die „Gesetze". Die Mahnreden beschreiben, wie Gott stets die Frevler richtete und die Gläubigen belohnte, was sich durch die Geschichte des Volkes Israel verfolgen läßt. Nach diesem Muster ermahnt der Verfasser der Reden seine Zuhörer, an Gott zu glauben, besonders sorgfältig dessen Gesetze zu befolgen und nicht nach dem Grundsatz der Selbstsucht zu leben. Dies leitet er ab von dem Bibelausdruck „das halsstarrige Herz".

Zwei Komplexe umfassen die „Mahnreden": die Rede selbst und biblische Erläuterungen. Während die Reden auf biblischen Themen basieren und bisweilen Bibelverse zitieren, gehen die Kommentare in einzelnen Passagen sehr in die Tiefe. Sie greifen bestimmte Stichworte auf, die sich auf das Leben der Sekte beziehen, um sie sinnbildlich oder allegorisch zu vertiefen. Diese typischen Stellen scheinen nach der Urfassung der Mahnreden ergänzt worden zu sein, da sie manchmal den ursprünglichen roten Faden unterbrechen.

Der Teil, der sich mit den „Gesetzen" befaßt, ist ein Gesetzbuch vergleichbar mit der Mischna aus späteren Jahrhunderten. Er ist in knapperer Form geschrieben als die Mahnreden, geht detailliert auf Verhaltensweisen in moralischer, gesetzlicher und kultureller Hinsicht ein, was die Mahnreden nur allgemein abhandeln. Bei den Regeln selbst sind zwei Gruppen zu unterscheiden: die Vorschriften für „jene, die in Städten leben" (A 12,19) und die Gesetze der Bibel interpretieren oder erweitern, und die Vorschriften für „jene, die in Siedlungen leben" (A 12,22–23); damit sind Enklaven, abgeschlossene Siedlungen von Sektierern, gemeint. Die „Gemeinderegeln" orientieren sich am Gemeinschaftsleben. Sie geben die innere Machtstruktur des Gemeinde wieder und legen Strafmaßnahmen gegen Gesetzesbrecher fest, ganz im Stil der Urkunde. Manchmal sind sogar direkte Parallelen zu entdecken.

Man kann davon ausgehen, daß die Verfasser der Sekte die Kommentare, die in die Mahnreden und die „Gemeinderegeln" der „Gesetze" eingebettet sind, einige Zeit nach der Entstehung der Ur-*Damaskus-Schrift* hinzugefügt haben. Die Urfassung der *Damaskus-Schrift* war weniger sektenorientiert, als es später den Anschein hatte. Die Mahnreden wandten sich ursprünglich an das gesamte Volk Israel; auch die „Städteordnung" sollte für alle gläubigen Israeliten verbindlich sein. Die erste Version dürfte ungefähr im 3. Jahrhundert v. Chr. entstanden sein, obwohl dies nicht mit letzter Sicherheit gesagt werden kann. Später, als die „*Jahad*" im Text die Warnungen des Textes an Abtrünnige und den Aufruf zum Gehorsam in völliger Übereinstimmung mit ihrer eigenen Anschauung sahen, überarbeiteten und erweiterten sie die Schrift. Es sollten sich ihre eigenen Sichtweisen darin widerspiegeln. Sie fügten vermutlich im Laufe der Zeit sowohl den Mahnreden als auch den Gesetzen immer mehr Erläuterungen und Erklärungen hinzu. Forscher konnten textliche Erweiterungen, die zwischen dem A und dem B Text der Geniza vorgenommen wurden, feststellen. Vielleicht hat es nie eine endgültige „kanonische" Fassung der *Damaskus-Schrift* gegeben!

Neben den beiden Geniza-Texten (A hat sechzehn Kolumnen, B zwei), in denen die längsten zusammenhängenden Textteile erhalten sind, wurden Überreste von sieben Abschriften in den Qumran-Höhlen gefunden. Nur die Teile, die nicht in den Geniza-Texten vorkommen, sind hier übersetzt worden. Die Übersetzung versucht, das ganze verfügbare Material zu benutzen, um so weit wie möglich die Originalanordnung der *Damaskus-Schrift* wiederherzustellen. Trotzdem ist die Reihenfolge vieler Teile in den „Gesetzen" unsicher. Die Anordnung, die hier wiedergegeben wird, folgt im wesentlichen der, die vom ersten Herausgeber der Teile aus Höhle 4, J. T. Milik, festgelegt wurde.

Der Text wendet sich in seiner endgültigen Form an „jene, die in den neuen Bund des Landes Damaskus eintreten" (A 6,19). Ob damit wörtlich die Stadt Damaskus gemeint ist oder ob der Name ein weiteres symbolisches Pseudonym ist, wie ähnliches aus anderen Qumran-Schriftrollen bekannt ist, bleibt ungewiß und wird heftig diskutiert. Solche Verweise haben dem Buch seinen heute gebräuchlichen Namen „Damaskus-Schrift" gegeben.

Die Mahnreden

Von den einführenden Abschnitten der Damaskus-Schrift existieren nur Fragmente. Die folgende Übersetzung setzt sich aus 4Q266 und 4Q268 zusammen. Daraus kann ersehen werden, daß verschiedene Themenbereiche aus dem gesamten Werk in den Einführungsabschnitten bereits angesprochen werden: die Notwendigkeit des Gehorsams Gott gegenüber, die Verwerflichkeit der Frevler, der Einblick der Frommen in die Zukunft, die Bedeutsamkeit der Einhaltung der Gebetszeiten, nicht zuletzt die besondere Offenbarung, die sich an die „Kinder des Lichtes" richtet. Dieser Teil entstammt wahrscheinlich einer „Überarbeitung" der Schrift durch die Sektierer.

4Q266 Fragment 1 [1][...] die Kinder des Lichts sollen die Wege [des Bösen ...] [2][...] meiden, bis die für die Bestrafung bestimmte Zeit vorüber ist [...][3][...] Gott sah all ihre Taten, die sie vollbracht haben alle [...] [4][...] alle die ... schlauen Füchse und all diese werden fertig damit sein [im Zeitalter des] [5]Bösen [...] Nun werde ich euch sagen [...][6]die furchteinflößenden [...] Seine wunderbaren Wege, von denen ich euch berichten werde [...][7]mehr als das Menschengeschlecht [...] himmlische Mächte, die leben [...] [8]im tiefsten [...] [9]er hat besiegelt [...] [10-13][...] [14]in den Geboten [...] [15]in dem dargebrachten Opfer [...] und sie gehorchten nicht [16]der Stimme Moses' [... sie machten sich an das Verbrei]ten von [17]Lügen über Seine Gesetze und von dem Bündnis mit Gott [irrten sie ab ...] [18]sowohl die Kleinen als auch die Großen [...] [19]Bitte erzähle uns über [deine Wege ...] [20]dein Gespräch [...] [21]du erschienst und verstehst [...] [22]sie werden wiederherstellen das [... und ich bin Staub] [23]und Asche [...] [24]schenke Beachtung [...]

4Q268 Fragment 1 [1][...] spätere [Generationen] werden sicher [...] [2][...] welches ist sein Anfang und welches ist sein Ende [...] [3][... be]vor es über sie kommt [...] [4][... denn es ist nicht erlaubt], die Feiertage zu früh oder zu spät zu begehen. [...] [5][... Ja,] eine Zeit des Goteszornes ist bestimmt [für ein Volk, das ihn nicht kennt] [6][... Gottes] Wille jenen, die Seine Gebote suchen und [jenen, die ohne Tadel leben in] [7]der rechten Weise [...] in den verborgenen Dingen und öffneten ihre Ohren, damit [sie schwer verständliche Dinge hören mögen] [8]und zukünftige Geschehnisse verstehen, bevor sie über sie kommen.

Dieses Epigraph gibt den Ton an für das Folgende: eine Darlegung, wie Gott die Frevler bestraft, während er ein Häufchen der Gerechten verschont, damit diese ein beispielhaftes Leben führen. Der Geniza-Text A setzt an diesem Punkt an.

A 1 [1]So höret, alle, die ihr die Gerechtigkeit erkennt, und achtet die Taten [2]Gottes. Wenn Er in Streit ist mit Sterblichen, richtet Er über jene, die Ihn verschmähen.

Eine Beschreibung der Sünde Israels, die in der Vertreibung endete, und Gottes Erbarmen mit der Generation, die aus dem Exil zurückkehrte.

[3]Als Israel sich in Treulosigkeit von Ihm abwandte, verließ Er sie und Sein Heiligtum [4]und überließ sie dem Schwert. Aber als Er sie daran erinnerte, Sein Bündnis mit ihren Vorvätern zu beachten, ließ Er eine [5]Spur für Israel zurück und verhinderte dessen Vernichtung. In der Zeit des Zorns – [6]390 Jahre, zu der Zeit als Er sie der Gewalt des Nebukadnezzar, des Königs von Babylon auslieferte – behütete [7]Er sie und sorgte

dafür, daß eine Pflanzenwurzel wuchs aus Israel und Aaron, die sollte [8]Sein Land erben und auf dem guten Ertrag Seines Bodens reichlich gedeihen. Sie dachten über ihre Sündigkeit nach und sie erkannten [9]ihre Schuld, und sie waren gewesen wie die Blinden und wie jene, die [10]zwanzig Jahre lang nach dem Weg suchten. Aber Gott sah ihre Taten so an, daß sie Ihn von ganzem Herzen gesucht hatten. [11]Also berief Er für sie einen Lehrer der Gerechtigkeit, der sie führen sollte nach Seines Herzens Willen. Er lehrte [12]die nachfolgenden Generationen, wie Gott mit jenen verfuhr, die seinen Zorn verdient hatten, einem Haufen von Verrätern. [13]Das sind diejenigen, die vom rechten Wege abgekommen sind. Das ist die Zeit, von der geschrieben steht: „Ja, wie eine störrische Kuh, [14]so gebärdete sich Israel" (Hos 4,16).

Der Mann des Spottes. Dieser Abschnitt, der den religiösen Hauptwidersacher der Sekte vorstellt, dürfte später hinzugefügt worden sein.

Als der Mann des Spottes erschien, der Ströme von [15]Lügen über Israel ergoß, führte er sie auf der Wanderschaft durch das pfadlose Ödland. Er brachte die hochragenden Höhen der Alten zu Fall, bewegte sich abseits [16]der Pfade der Gerechtigkeit und veränderte die Grenzsteine, die die Vorväter gesetzt hatten, um ihr Erbe zu kennzeichnen, so daß die [17]Flüche des Bundes mit Ihm sie ergriffen. Deswegen wurden sie dem Schwert überlassen, dadurch wurde das Brechen des Bundes mit [18]Ihm gerächt.

Die Sünden der Generation des Zorns und ihre Bestrafung.

Denn sie hatten Schmeichelei gesucht und die wahre Religion dem Spott preisgegeben; sie suchten [19]Wege, das Gesetz zu brechen; sie zogen den zarten Hals vor. Sie nannten die Schuldigen unschuldig und die Unschuldigen schuldig. [20]Sie übertraten den Bund, verletzten das Gesetz; und sie taten sich zusammen, um die Unschuldigen zu töten, denn all jene, die ein [21]reines Leben führten, verabscheuten sie aus tiefstem Herzen. So verfolgten sie diese gewalttätig und freuten sich, wenn Zank und Streit unter den Menschen herrschten. Wegen all diesem wurde Gott sehr zornig 2 [1]mit ihrer Gesellschaft. Er vernichtete die Mehrzahl von ihnen, denn all ihre Taten waren unrein in Seinen Augen.

[2]So höret nun auf mich, ihr Mitglieder des Bundes, damit ich euch die Wege [3]der Frevler offenbaren kann (4Q267: + damit ihr die Pfade der Sünde verlassen könnt).

Gott, der wahre Erkenntnis liebt, hat die Weisheit und die Klugheit vor sich aufgestellt; [4]Klugheit und wahres Wissen dienen ihm. Er ist von großer Geduld und stets zur Vergebung bereit, [5]er vergibt die Sünden jener, die ihr falsches Tun bereuen.

Aber Macht, Gewalt und großer Zorn in den Feuerflammen [6]mit allen Engeln der Zerstörung sollen über all jene kommen, die sich dem rechten Weg entgegenstellen und das Gesetz verachten, bis nichts mehr von ihnen [7]übrigbleibt, denn Gott hat sie nicht schon ewig ausersehen. Bereits bevor sie geschaffen wurden, wußte Er um [8]das, was sie tun würden. Also wies er die Generationen der Alten zurück und wandte sich vom Lande ab [9]bis sie fortgegangen waren.

Er kennt alles, was geschehen wird, im voraus, [10]von allem, was jemals existiert hat und jemals existieren wird, kennt er die Anzahl und die genauen zeitlichen Abläufe, noch bevor seine Zeit gekommen ist, bis in alle Ewigkeit. [11]Und in allen diesen Zeiten hat Er es so eingerichtet, daß ihm gottesfürchtige Menschen zur Verfügung stehen, die er beim Namen nennen kann, so daß es immer Überlebende auf der Erde geben wird, die [12]den Erdboden mit ihren Nachkommen wiederbevölkern werden. Er lehrte sie mit Hilfe von dejenigen, die mit dem Heiligen Geist gesalbt waren, die Erkenner der [13]Wahrheit. Ausdrücklich nannte er sie beim Namen. Aber wen immer Er auch zurückgewiesen hatte, den ließ Er umherirren.

Homilie an alle, die halsstarrigen Herzens sind.

[14]So höret nun auf mich, meine Kinder, denn ich will euch die Augen öffnen, damit ihr die Werke [15]Gottes verstehen lernt, damit ihr das tun könnt, was ihm gefällt und haßt, was Ihm mißfällt, damit ihr genau nach [16]Seinem Willen leben könnt, ohne daß ihr von Seinen Wegen abkommt durch Gedanken, die durch sündiges Treiben und lüsterne Blicke hervorgerufen werden.

Denn viele schon [17]sind durch solche Gedanken vom rechten Wege abgekommen, sogar starke und tapfere Männer sind ehedem dadurch ins Straucheln geraten und tun es noch immer.

Als sie herumreisten in ihrem halsstarrigen [18]Herzen, fielen die Wächter des Himmels um und ließen sich umgarnen, denn sie beachteten Gottes Gebote nicht. [19]Ihre Söhne, die so hochgewachsen waren wie Zedern und deren Leiber so mächtig waren wie Berge, konnten dem nicht standhalten.

[20]Alles, was sterblich war auf dem trockenen Boden, tat seinen letzten Atemzug und wurde so, als habe es niemals bestanden, weil sie [21]ihren eigenen Willen taten und sich nicht an die Gebote ihres Schöpfers hielten, bis schließlich Sein Zorn sich gegen sie erhob.

3 [1]Die Söhne Noachs und ihre Familien kamen dadurch vom rechten Wege ab und wurden vernichtet.

[2]Abraham lebte nicht danach und wurde Gottes Freund, weil er die Gebote Gottes beachtete und nicht [3]dem Willen seines eigenen Geistes folgte; er gab sie an Isaak weiter und an Jakob, und auch diese befolgten sie. Auch sie sind uns überliefert als Freunde [4]Gottes und als ewige Bundesgenossen.

Jakobs Söhne jedoch kamen vom rechten Wege ab und wurden für [5]ihre Irrtümer bestraft. Ihre Nachkommen lebten in Ägypten nach ihrem halsstarrigen Willen, zu eigensinnig, um [6]Gottes Gebote zu Rate zu ziehen, jeder tat nur das, was in seinen eigenen Augen richtig war. Sie aßen sogar Blut; und die Menschen wurden vernichtet [7]in der Wüste. <Gott befahl> ihnen bei Kadesch „Geht hinauf und nehmt Besitz von <dem Land"; aber sie folgten lieber dem Willen> ihres Geistes; und sie hörten nicht auf die Stimme ihres Schöpfers oder auf die Vorschriften ihrer Lehrer; [8]stattdessen begannen sie in ihren Zelten zu murren. Da wurde Gott zornig [9]über sie. Ihre Söhne gingen deshalb unter. Ihre Könige wurden deshalb vernichtet. Ihre Helden [10]gingen deshalb unter. Ihr Land wurde deshalb verwüstet, und deshalb wurden die Mitglieder des Bundes ihrer Vorväter sündig und [11]dem Schwert überlassen, da sie den Bund mit Gott verließen und lieber ihren eigenen Willen taten und ihrem eigenen halsstarrigen [12]Herzen folgten, jedermann lebte nur nach seinem eigenen Willen.

Aber als jene, die übrigblieben, sich fest an die Befehle Gottes hielten, [13]besiegelte er Seinen Bund mit Israel für immer und offenbarte [14]ihnen Dinge, die verborgen geblieben waren und hinsichtlich derer ganz Israel einen falschen Weg eingeschlagen hatte: Seine heiligen Sabbate, Seine herrlichen Feste, [15]Seine gerechten Gesetze, Seine verläßlichen Wege. Die Wünsche Seines Willens, die der Mensch ausführen [16]und mit Leben erfüllen sollte, eröffnete Er ihnen. So „gruben sie nach einer Quelle", die viel Wasser hervorbrachte. [17]Denjenigen, die dieses Wasser zurückweisen, wird Er das Leben versagen.

Und obgleich sie sich in der Sünde der Menschheit gesuhlt hatten und auf unreinen Wegen gewandelt waren [18]und gesagt hatten: „Sicherlich ist dies unser Anliegen", machte Gott in Seinen unergründlichen Wegen ihre Sündigkeit wieder gut und vergab ihnen ihre Missetaten. [19]Er errichtete ein treues Haus in Israel, wie keines jemals vorher erschienen war; und genau [20]an diesem Tag werden alle, die an ihm festhalten, das ewige Leben erlangen, und alle menschliche Ehre gebührt mit Recht ihnen, so wie [21]Gott es ihnen durch den Propheten Ezechiel versprochen hat, indem er sagte: „Die levitischen Priester, die Nachkommen des 4 [1]Zadok, die Mir in Meinem Heiligtum treu gedient haben, als die Israeliten [2]Mich verließen, sie sollen zu Mir kommen und Mir Fett und Blut darbringen" (Ez 44,15).

Dieser erklärende Kommentar dürfte später hinzugefügt worden sein.

„Die Priester": sie sind die Gefangenen Israels, [3]die das Land Juda verlassen, und die Leviten sind jene, die sie begleiten; „und die Söhne Zadoks": sie sind die Auserwählten [4]Israels, diejenigen, die bei ihrem Namen gerufen wurden und in den Letzten Tagen in Erscheinung treten sollen.

Dies ist die vollständige Liste [5]ihrer Namen nach ihren Generationen, und wann sie erschienen, die Anzahl ihrer Plagen, und wann sie sich wo [6]aufgehalten haben und die vollständige Liste ihrer Taten.

Der nun beginnende Teil führt aus, daß das „gegenwärtige Zeitalter" unter der Macht des Belial, d. h. des Satans, steht. Der Anfangstext ist verlorengegangen.

<...> Heiligkeit <...> [7]die Gott wiedergutmachte, indem er die Unschuldigen freisprach und die Schuldigen verdammte, ebenso wie all jene, die nach ihnen kamen, [8]die handeln nach der Auslegung des Gesetzes, welches den Vorvätern gelehrt wurden, bis das Zeitalter, [9]d. h. die jetzige Zeit, vorüber ist. Wie der Bund, den Gott mit den Vorvätern schloß, um [10]ihre Sünden wiedergutzumachen, so wird Gott sie wiedergutmachen. Wenn die ganzen Jahre dieses gegenwärtigen Zeitalters vollzählig sind, [11]wird es nicht mehr nötig sein, mit dem Hause Juda verbunden zu werden, aber stattdessen wird jeder auf [12]seinem eigenen Turm stehen; „die Mauer wird errichtet, die Grenzen werden entfernt" (Mi 7,11). Aber in der gegenwärtigen Zeit ist [13]Belial zügellos in Israel wirksam, genau wie Gott durch den Propheten Jesaja verkünden ließ, den Sohn des Amos, [14]der sprach: „Grauen, Grube und Schlinge warten auf euch, ihr Bewohner der Erde" (Jes 24,17).

Die drei Fallen des Belial. Dieser Teil, eine Erklärung des zitierten Textes, verrät einige wichtige ethische Grundsätze der Qumran-Gruppe, die sie in den Augen ihrer Mitglieder von anderen Gruppen unterschied: ihre ablehnende Haltung gegenüber der Polygamie, gegenüber der Anhäufung von Reichtümern, gegenüber der Schändung des Tempels Jerusalem und gegenüber der Heirat zwischen Onkel und Nichte.

Die wahre Bedeutung dieses Verses [15]betrifft die drei Fallen des Belial, von denen Levi, der Sohn des Jakob, sprach, [16]daß Belial Israel darin fangen würde; deshalb verwies er er sie auf drei Arten von [17]Gerechtigkeit.

Die erste heißt Unzucht; die zweite heißt Reichtum; die dritte ist [18]die Schändung des Heiligtums. Wer der einen Falle entronnen ist, wird in der nächsten gefangen; und wer daraus entkommt, wird in [19]der anderen Falle gefangen

Die Errichter der Protzmauern, die der „Unterweisung" folgten – Unterweisung ist ein Irrereder, [20]von dem es heißt, „sie werden wahrlich irrereden" (Mi 2,6) – sie werden in zwei Fallen gefangen: Unzucht, indem sie [21]zwei Frauen zu ihren Lebzeiten nehmen, obgleich es in der Schöpfungsgeschichte heißt „als Mann und Frau schuf Er sie" (Gen 1,27) 5 [1]und von jenen, die die Arche betraten „kamen immer zwei zu Noach in die Arche" (Gen 7,9). Was den Führer des Volkes Israel anbetrifft, so steht geschrieben [2]„er soll sich auch keine große Zahl von Frauen nehmen" (Dtn 17,17); aber David hatte das versiegelte Buch vom Gesetz [3]in der Arche nicht gelesen; denn es war seit dem Todestag des Elieser an [4]und seit Josua und den Älteren, die der Göttin Aschtoret dienten, in Israel nicht mehr aufgeschlagen worden. Es lag begraben [5]<und wurde nicht> offenbart bis zum Erscheinen des Zadok. Nichtsdestoweniger waren alle Taten Davids wunderbar, außer dem Mord an Urija, [6]und Gott vergab ihm dafür.

Sie schänden auch das Heiligtum, denn sie [7]unterscheiden nicht rein von unrein, wie es im Gesetz geschrieben steht, und wohnen ihren Frauen bei während der Menstruationszeit. Desweiteren heiratet [8]jeder Mann die Tochter seines Bruders und die Tochter seiner Schwester, obwohl Mose sagte, „die Scham der [9]Schwester deiner Mutter darfst du nicht entblößen; denn sie ist mit deiner Mutter leiblich verwandt" (Lev 18,13). Aber das Gesetz der Blutsverwandtschaft ist geschrieben für Männer [10]und Frauen gleichermaßen, das bedeutet, wenn die Tochter des Bruders die Nacktheit des Bruders ihres [11]Vaters enthüllt, ist sie leiblich verwandt <mit ihrem Vater>.

Außerdem haben sie ihren heiligen Geist verdorben, und mit ihrem gotteslästerlichen Geschwätz haben [12]sie die Gesetzesvorschriften aus dem Bund mit Gott geschmäht, indem sie sprachen: „Sie sind nicht wohlbegründet". [13]Sie hören nicht auf, abscheuliche Dinge gegen sie auszusprechen. „Sie alle sind Feuerleger und Brandstifter" (Jes 50,11); „[14]Spinnengewebe weben sie und Schlangeneier brüten sie aus" (Jes 59,5). Wer auch immer sie berührt, [15]wird nicht mehr rein sein. Je mehr er so handelt, desto schuldiger wird er, es sei denn, er wird gezwungen.

Nach dem Auslegungsteil wird der Gedankengang fortgesetzt: Daß das gegenwärtige Zeitalter ein Zeitalter der Gottlosigkeit ist, belegen Gottes Wege in der Vergangenheit, weil er auch heute Sünde bestraft und für die Gläubigen Israels auch heute sorgt.

Denn in vergangener Zeit bestrafte Gott [16]ihre Taten und Sein Zorn entbrannte gegen ihre Missetaten, „denn es ist ein Volk ohne Einsicht" (Jes 27,11); [17]es ist ein Volk, dem es an Rat fehlt und an Verstand mangelt" (Dtn 32,28). Denn in vergangener Zeit [18]standen Mose und Aaron unter dem Einfluß des Fürsten der Lichter, und Belial hob in seiner Schlauheit Jannes empor und dessen [19]Bruder, als sie zum ersten Mal danach trachteten, Israel Böses anzutun. [20]In der Zeit der Zerstörung des Landes erschienen die Grenzverschieber und führten Israel in die Irre und das Land wurde verwüstet, weil sie zur Auflehnung gegen Gottes Gebote angestiftet hatten, die Gebote Gottes, durch Mose übermittelt und auch 6 [1]durch die vom Geist Gesalbten; und sie prophezeiten Falsches, um Israel davon abzubringen, [2]Gott nachzufolgen. Aber Gott erinnerte sie an den Bund mit den Vorvätern; und Er wählte von Aaron verständige Männer und von Israel [3]weise Männer aus und unterwies sie, und sie gruben eine Quelle des Wissens, „den Brunnen, den die Herrscher gruben, den die Edlen des Volkes [4]aushoben mit dem Zepter" (Num 21,18).

Die symbolische Auslegung des letztzitierten Verses.

Die Quelle ist das Gesetz und seine „Ausgräber" sind [5]die Gefangenen Israels, die auszogen aus dem Land Juda und im Lande Damaskus lebten; [6]weil Gott sie alle Herrscher genannt hatte, denn sie suchten ihn und kein einziger Mund stellte [7]ihre Ehrwürdigkeit in Abrede. Und das „Zepter" ist der Ausleger des Gesetzes, von dem [8]Jesaja sprach: „Er bringt Werkzeug hervor für seine Arbeit" (Jes 54,16). Die „Edlen des Volkes" sind [9]jene, die kommen, um „die Quelle auszuheben", indem sie die Regeln des Zepters befolgen, [10]um nach ihnen zu leben während der ganzen Zeit der Gottlosigkeit, und ohne diese Regeln werden sie nichts erreichen, bis [11]einer erscheinen wird, der Gerechtkeit lehrt in den Letzten Tagen.

Fortsetzung der Mahnreden. Diese Abschnitte lesen sich wie eine Schlußfolgerung. Sie befanden sich vermutlich am Ende einer älteren Form des Textes.

Keiner, der in den Bund aufgenommen wurde, [12]soll sein Heiligtum betreten, um an seinem Altar ein nutzloses Feuer zu entzünden. Sie werden „[13]das Tor verschließen", denn Gott sprach: „Wäre doch jemand bei euch, der Mein Tor verschließt, damit ihr kein [14]nutzloses Feuer entfacht auf Meinem Altar" (Mal 1,10). Sie müssen darauf achten, daß sie nach den Einzelvorschriften des Gesetzes handeln während der Zeit der Gottlosigkeit, sie sollen sich fernhalten [15]von schlechten Menschen, und sie sollen den schnöden, gottlosen Mammon meiden, der genommen wurde von dem, was Gott versprochen und geweiht ist [16]oder unter den Tempelschätzen gefunden wurde. Sie dürfen nicht „den Armen von Gottes Volk ihr Recht rauben, um die Witwen auszubeuten [17]und Waisen zu töten" (Jes 10,2). Sie sollen unterscheiden zwischen besudelt und rein, indem sie den Unterschied [18]zwischen heilig und weltlich lernen. Sie sollen den Sabbat einhalten gemäß der Vorschrift und auch die heiligen Tage [19]sowie den Fastentag laut den Geboten der Mitglieder des Neuen Bundes im Lande Damaskus, [20]und die heiligen Dinge darbieten gemäß ihren Vorschriften. Jeder soll seinen Bruder lieben [21]wie sich selbst, und die Armen unterstützen, die Notleidenden und die Fremden. Sie sollen jeder das Wohlergehen 7 [1]ihrer Gefährten im Auge haben, niemals ein Familienmitglied betrügen [2]wie es dem Brauch entspricht. Jeder soll nur seinen Gefährten tadeln, wenn es dem Gesetz entspricht, aber keinen Groll hegen [3]Tag für Tag. Sie sollen sich von allen Arten ritueller Unreinheit fernhalten, wie es dem Brauch entspricht, und [4]keiner soll seinen heiligen Geist besudeln, so wie Gott es ihnen befohlen hat. Kurzum, allen, die ihr Leben all den Anweisungen entsprechend in vollkommener Frömmigkeit nach [5]diesen Gesetzen ausrichten, denen wird der Bund Gottes fest zur Seite stehen [6]und ihnen das Leben für Tausende von Generationen gewährleisten (Geniza **B** fügt an dieser Stelle hinzu: so wie es geschrieben steht: „Noch nach tausend Jahren hält er jenen die Treue, die ihn lieben und seine Gebote einhalten" [Dtn 7,9]).

Ein Zusatz bezüglich Heirat. Dieser Abschnitt dürfte hier an falscher Stelle stehen. Er gehört eigentlich zu den Gesetzen. Diese Worte, die offensichtlich die Lebensprobleme verheirateter Mitglieder behandeln, lassen den Schluß zu, daß es auch unverheiratete bzw. zölibatär lebende Sektenmitglieder gegeben hat.

Aber wenn sie in Lagern nach der Regel des Landes leben (**B** ergänzt: welche in alter Zeit bestanden hat) und [7]Frauen heiraten (**B** fügt hinzu: wie es nach dem Gesetz der Brauch ist) und Kinder zeugen, dann laßt sie in Einklang mit dem Gesetz leben und nach dem Ritus [8]von Schwüren gemäß der Vorschrift des Gesetzes, so wie es geschrieben steht: „Zwischen einem Mann und seiner Frau, und zwischen einem Vater und seinen [9]Söhnen" (Num 30,17).

Die Erfüllung der Prophezeiung weist hin auf die Unvermeidlichkeit der Bestrafung jener, die Gottes Gesetze ablehnen. Die Handschrift B aus der Geniza weist jedoch eine andere Fassung dieses Abschnittes auf. Man beachte den Auslegungsteil, der in diesen Abschnitt eingefügt ist.

Aber jene, die die Gebote und die Regeln verschmähen, <sollen untergehen>. Als Gott das Land richtete und [10]die Gottlosen ihren gerechten Lohn erhielten, d. h. als die Weissagung des Propheten Jesaja, Sohn des Amos, eintraf, [11]welche besagte, „Tage werden kommen über dich und dein Volk und über deines Vaters Haus, wie man sie [12]nicht mehr erlebt hat, seit Efraim von Juda abgefallen ist" (Jes 7,17), d. h. als die beiden Häuser Israels sich trennten, [13]Efraim von Juda abfiel. Alle, die abtrünnig wurden, wurden dem Schwert übergeben, jene hingegen, die festhielten, [14]entflohen in das Land im Norden, wie es geschrieben steht: „Ich will die Zelte eures Königs [15]und die Sockel eurer Götzenbilder in die Gebiete jenseits von Damaskus verbannen" (Am 5,27). Die Gesetzesbücher sind die [16]Zelte des Königs, wie es geschrieben steht: „Ich will das eingestürzte Zelt Davids wiederaufrichten" (Am 9,11). Der König ist [17]<Führer des> Volkes, und die „Sockel eurer Götzenbilder" sind die Bücher der Propheten [18]deren Worte Israel verschmähte. Der Stern ist der Gesetzesausleger [19]der nach Damaskus kommt, wie es geschrieben steht, „Ein Stern geht in Jakob auf, ein Stab erhebt sich [20]in Israel" (Num 24,17). Letztgenannter ist der Führer des gesamten Volkes; wenn er erscheint, „wird er [21]allen Söhnen Sets den Schädel zerschmettern" (Num 24,17). Sie entflohen in der ersten Zeit, als Gottes Strafgericht erfolgte, 8 [1]jene jedoch, die geblieben waren, wurden dem Schwert ausgeliefert.

Die Erfüllung der Prophezeiung (andere Version aus Geniza B).

19 [7]Als die Weissagung des Propheten Sacharja sich erfüllte: „Oh, Schwert, erhebe dich gegen [8]meinen Hirten, den Mann Meines Vertrauens, – so spricht Gott, der

HERR. Wenn du den Hirten schlägst, wird sich die Herde zerstreuen. [9]Dann will ich meine Hand gegen die Kleinen richten" (Sach 13,7). Aber jene, die Gottes Wort Beachtung schenken, sind „die armen Schafe der Herde" (Sach 11, 7): [10]sie werden fliehen in der Zeit der Bestrafung, aber alle, die übrigbleiben, werden dem Schwert ausgeliefert, wenn der Messias von [11]Aaron und Israel kommt, genau wie es geschah während der ersten Bestrafung, als [12]Ezechiel sprach: „Mache ein Zeichen auf die Stirn von jenen, die jammern und wehklagen" (Ez 9,4), [13]der Rest aber wurde dem Schwert überlassen, das Vergeltung übte für die Verletzung des Bundes mit Gott.

Die Lektion, die aus der Erfüllung der Prophezeiung gezogen werden soll: Seid treu!

8 [1]Und solchermaßen ist das Urteil über alle Mitglieder des Bundes, die sich [2]nicht an diese Gesetze halten: sie werden zur Vernichtung durch Belial verurteilt. Dies ist der Tag, [3]an dem Gott richten wird (**4Q268** fügt hinzu: wie Er gesagt hat), „Die Herrscher Judas waren jene (**B**: wie die Grenzverschieber), über denen ich meinen Zorn ausgießen werde (**B**: wie Wasser)" (Hos 5,10). [4]Sie sind in der Tat zu krank, um geheilt werden zu können; jede Art von schmerzhafter Wunde haftete ihnen an (**B** ergänzt: In der Tat waren sie dem Bund reuig beigetreten), weil sie sich nicht abwandten von verräterischem Tun; [5]sie fanden Geschmack an der Unzucht und am schnöden Mammon. Allesamt hegten sie einen Groll [6]gegen ihren Bruder, jeder haßte seinen Mitmenschen; allesamt hielten sie sich fern von der nächsten Verwandtschaft, [7]verstrickten sich jedoch immer mehr in Unanständigkeit; sie brüsteten sich mit Reichtümern und mit unrechtmäßig erworbenen Verdiensten; allesamt taten sie nur das, was ihnen gefiel; [8]jeder folgte nur seinem eigenen halsstarrigen Herzen. Sie sonderten sich nicht vom Volk ab (**B** fügt hinzu: und ihrer Sünde), sondern warfen hochmütig alle Zurückhaltung ab und [9]lebten mit gottlosen Bräuchen, von denen Gott gesagt hatte: „Ihr Wein ist Schlangengift, [10]das schreckliche Gift von Vipern" (Dtn 32,33).

Eine Unterbrechung für die Auslegung des eben zitierten Verses: Der „Höchste der Könige von Griechenland" bezieht sich wahrscheinlich auf Antiochos IV. Epiphanes (175–164 v. Chr.), den nichtjüdischen Herrscher Palästinas zur Zeit des Makkabäer-Aufstandes (167 v. Chr.). Die Gegner der Sekte verstanden nicht die Plagen jener Zeit, die durch den Ungehorsam des Volkes hervorgerufen wurden.

„Die Schlangen" sind die Könige der Nicht-Juden, und „ihr Wein" sind [11]ihre Sitten und „das Schlangengift" ist der Höchste der Seleukiden-Könige, der kommt, um [12]seine Rachegelüste an ihnen auszulassen. Die „Protzmauernbauer" und „Weißwascher" jedoch verstanden all diese Dinge nicht, denn [13]einer, der mit nichts als Wind handelt, ein Lügenspeier, hatte auf sie gespeit (**B** drückt es etwas anders aus: einer, er im Wind geht und in Stürmen handelt, einer der den Menschen Lügen predigt), einer, über dessen gesamter Begleitung der Zorn Gottes heiß entbrannt war.

Trotz der Treulosigkeit des Volkes bleibt Gott seinem Bund treu.

[14]Aber wie Mose sprach (**B** fügt hinzu: zum Volk Israel): „Es geschieht nicht aufgrund der Rechtschaffenheit und Unbescholtenheit eurer Herzen, daß ihr [15]diese Völker vertreibt, sondern allein deshalb, weil Er eure Vorfahren liebte und weil Er sein

Versprechen gehalten hat" (Dtn 9,5 und 7,8). [16]So ist auch das Urteil über die Gefangenschaft Israels; sie sind von den Gepflogenheiten des einfachen Volkes abgewichen. Weil Gott [17]die Alten liebte, die Zeugnis abgelegt haben (**B** ergänzt: für das Volk), indem sie Ihm nachfolgten, also liebt Er auch jene, die denen folgen, denn genau dazu ist [18]der Bund der Väter da. Gegen Seine Feinde jedoch, die ,Protzmauernerrichter', ist Sein Zorn entbrannt. (**B** lautet anders: Aber Er haßt und verachtet die ,Protzmauernerrichter', und sein Ärger gegen diese und alle, die ihnen folgen, ist heftig entbrannt.)

Die Zusammenfassung der „Moral" der Mahnreden. Der Hinweis auf Jeremia (nur in Manuskript A) ist unklar.

Also gibt es ein einziges Schicksal für [19]jeden, der die Gebote Gottes nicht beachtet und sich von ihnen entfernt, um ihrem eigenen halsstarrigen Willen zu folgen. [20]Dies ist das Wort, das Jeremia zu Baruch, Sohn des Nerija, sprach und Elisa [21]zu seinem Diener Gehasi.

Die Fassung des Manuskripts B über die „Moral" der Mahnreden: Die Version der Damaskus-Schrift, von der das Manuskript B eine spätere Abschrift ist, wurde überaus gründlich überarbeitet, um die Ansichten der Sekte aufzuzeigen. Somit waren damals zwei verschiedenartige Fassungen des Textes im Umlauf. In den Geniza-Abschriften sind beide Versionen erhalten.

B 19 [33]So ist es mit all den Menschen, die in den Neuen Bund [34]im Lande Damaskus eintraten und dann umkehrten und sich in verräterischer Absicht von der Quelle lebendigen Wassers abwandten. [35]Sie sollen nicht zum Hohen Rat des Volkes gezählt werden, und ihre Namen sollen nicht in ihr Buch geschrieben werden von dem Tage an, an dem **20** [1]der Geliebte Lehrer stirbt, bis zu dem Tag, an dem der Messias von Aaron und Israel erscheint. So ist das Schicksal für alle, [2]die zuerst die Gemeinschaft der Menschen von heiliger Vollkommenheit suchen und dann angewidert sind vom Befolgen gerechter Regeln. [3]Das ist die Sorte von Mensch, die „im Ofen schmilzt" (Ez 22,21).

Wenn seine Handlungen offenbar werden, wird er von der Gemeinschaft weggeschickt werden, [4]als ob sein Los ihn niemals unter die Jünger Gottes geführt hätte. Seinen Missetaten entsprechend, werden [5]die klügsten Männer ihn bestrafen, bis er zurückkehrt, um seinen Platz unter den Menschen von heiliger Vollkommenheit wieder einzunehmen. [6]Wenn seine Taten offensichtlich werden, wird gemäß der Auslegung des Gesetzes, nach dem [7]die Menschen von heiliger Vollkommenheit leben, keinem mehr erlaubt sein, weder Reichtum noch Arbeit mit solch einem zu teilen, [8]denn alle Heiligen des Allmächtigen haben ihn mit einem Fluch belegt.

So ist das Schicksal für all jene, die die Gebote ablehnen, ob alt oder [9]neu, die ihre Gedanken auf falsche Götter gerichtet haben und die nach ihren eigensinnigen Herzen gelebt haben; [10]sie haben keinen Anteil im Haushalt des Gesetzes.

[11]Sie werden verdammt sein samt ihren Begleitern, die zurückgegangen sind zu den Possenreißer, weil sie Lügen ausgesprochen haben gegen die wahren Gesetze und [12]den sicheren Bund, den sie im Lande Damaskus geschlossen haben, den sogenannten Neuen Bund, verschmähten. [13]Weder sie noch ihre Familien sollen Anteil haben im Haushalt des Gesetzes.

Von jetzt an, dem Tag, an dem [14]der Geliebte Lehrer gestorben ist bis zur Vernichtung aller Krieger, die sich wieder [15]dem Mann der Lüge zuwandten, werden 40 Jahre vergehen. Nun wird zu jener Zeit [16]Gottes Zorn gegen Israel ausbrechen, wie Er sprach, „weder König noch Fürst" (Hos 3,4) noch Richter noch [17]einer, der zum rechten Tun ermahnt, werden übrigbleiben. Jene jedoch, die die Sünde Jakobs bereuen, haben Gottes Bund gehalten. Dann wird jeder [18]zu seinem Mitmenschen sprechen und seinen Bruder in Schutz nehmen und ihm helfen, den Weg Gottes zu gehen, und Gott wird [19]ihnen zuhören, und „ein Überlieferungsbuch von jenen schreiben, die Gott fürchten und [20]seinen Namen ehren" (Mal 3,16), bis Heil und Gerechtigkeit offenbar werden für jene, die Gott fürchten. „Und ihr werdet wieder den Unterschied erkennen zwischen den Unschuldigen [21]und den Schuldigen, zwischen jenen, die Gott dienen und jenen, die ihm nicht dienen" (Mal 3,18). „Er hält jenen die Treue, die Ihn lieben [22]und jenen, die Tausende von Generationen lang zu ihm halten" (Ex 20,6).

Was jene Sektierer betrifft, die die Stadt des Heiligtums verließen [23]und auf Gott vertrauten während der Zeit von Israels Treulosigkeit, als das Volk den Tempel schändete, jedoch in einigen Fällen zurückkehrten [24]auf den Weg des Volkes – jeder von ihnen (den Sektierern) soll gerichtet werden vor dem heiligen Hohen Rat nach seinem Geist.

[25]Aber alle Mitglieder des Bundes, die die Einschränkungen des Gesetzes brachen, sollen, wenn [26]der Ruhm Gottes sich über Israel ergießt, ausgeschlossen werden aus der Mitte des Lagers, und mit ihnen all jene, die Schlechtes getan haben in [27]Juda, als es die Heimsuchung erduldete.

Ende der Mahnreden

Aber alle, die an diesen Regeln festhielten, [28]ein- und ausgingen nach dem Gesetz, stets dem Lehrer gehorchten und sich wie folgt zu Gott bekannten: „Wir haben schlimm gesündigt, [29]wir und unsere Vorfahren, indem wir entgegen den Gesetzen des Bundes gelebt haben; gerecht und [30]wahrhaftig sind Deine Urteile gegen uns", und wir müssen nicht gegen Seine heiligen Gesetze handeln und [31]Seine rechtschaffenen Bräuche und Seine vertrauenswürdigen Erklärungen, und die, die sich selbst erziehen nach den alten Gesetzen, [32]von denen die Mitglieder der *Jahad* regiert wurden, und dem Lehrer der Gerechtigkeit aufmerksam zuhören und nicht [33]die rechten Gesetze im Stich lassen, wenn sie vernehmen – die werden frohlocken und glücklich sein und jubeln. Sie werden herrschen über [34]sämtliche Bewohner der Erde. Dann wird Gott Genugtuung leisten für sie, und sie werden Seine Erlösung erfahren, weil sie Seinem heiligen Namen vertraut haben.

Die Gesetze

Die folgenden Regeln waren nicht als ein erschöpfender Plan eines rechtschaffenen Lebens gedacht. Sie sollten als Zusammenfassung wichtiger Punkte dazu dienen, den rechtschaffenen Israeliten in schwierigen Detailfragen anzuleiten.

Der Hauptteil der Gesetze behandelt Regeln, die Israel in seiner Gesamtheit auferlegt waren („jenen, die in den Städten Israels lebten"). Der kürzere Teil am Ende bietet Vorschriften für das interne Leben der Religionsgemeinschaft („jene, die in Siedlungen leben").

Die einleitenden Abschnitte der Gesetze sind ausschließlich in fragmentarischen Schriftrollen von Höhle 4 vorhanden.

4Q266 Fragment 5 [1][...] Bräuche [...] [2][...] für alle wahrhaft Aufrechten in Israel [3][...] Sie rechtfertigten seine Gesetze [...]

4Q266 Fragment 6 Kolumne 1 [6][...] die Mächtigen, wenn sie heimgesucht werden [...] [7][... die festhielten] an Seinem heiligen Namen [...] [8][...] denn in Juda [...] [9][...] dem Volk Israel, wenn er erscheint [...], um zu lehren [10][...] und alle, die zurück[bleiben ...] [11][...] jeder seinem Geist entsprechend [...] [12][...] sollen ihn vertreiben auf den Befehl des Aufsehers hin [...] [13][...] all die Reumütigen Israels [...] [14][...] die Söhne des Zadok sind die [...] [15]das letzte [Buch] des Gesetzes. Nun, diese sind die Gesetze für die Weisen [...] [16][...] in ihnen für ganz Israel, denn es wird nicht [...] sein

Vorschriften für die Priester.

Kolumne 2 [1][... Aa]ron und alle die [...] [2][...] um Sein Wort zu verbreiten [...] [3][...] aus Furcht davor, die Todesstrafe auf sich zu laden [...] [4][...] die Brüder der Priester in der Anbetung [...] [5]jeder der Aaroniter, der von den Nichtjuden gefangen wird [... darf nicht kommen] [6]um den Tempel durch seine Unreinheit zu entweihen, er darf sich dem Gottesdienst nicht nähern [... er darf sich nicht aufhalten] [7]innerhalb des Vorhangs oder von der heiligen [Nahrung] essen, jeder Aaroniter, der die Anbetung [Gottes ...] besudelt [9]mit ihm in der Gründung des Volkes; und wenn [er beabsichtigt] die Wahrheit zu verraten [...] [10]jeder Aaroniter, dessen Name von der Wahrheit herabgefallen ist [...] [11]in seinem eigensinnigen Herzen irgendetwas essen von der heiligen [Nahrung ...] [12]Israels der Hohe Rat der Aaroniter [... [13]wenn er irgendetwas gegessen hat von] der Nahrung und schuldig geworden ist durch das Verzehren von Blut [...] [14]in ihrer Verwandtschaft.

Dies ist die Vorschrift für jene, die in [Städten ...] leben [15]Heiligkeit [...] mit ihren Städten [...]

Dieser Teil ist eine Auslegung des Gesetzes über Aussatz bzw. ansteckende Hautkrankheiten in Levitikus 13,1–14,32. Es enthält elementares Wissen über den Blutkreislauf durch die Arterien.

4Q272 Fragment 1 Kolumne 1 [1][... eine Wunde oder] Schwellung oder Ent[zündung ... [2]... eine Wunde jeglicher Art und eine Schwellung infolge einer Verletzung durch ein Stück Holz] oder Stein. Im Fall einer Verletzung, wenn der Geist kommt [und von der Hauptschlagader Besitz ergreift, hört das Blut auf [3]zu fließen] oberhalb und unterhalb der Verletzung, und die Hauptschlagader [... [4-5]Der Priester soll die] gesunde Haut untersuchen und die kranke [Haut ... Wenn die kranke Haut nicht vertieft ist unterhalb der gesunden Haut, [6]soll er ihn absondern] bis das Gewebe sich wieder bildet und bis das Blut wieder in die Arterie zurückkehrt. [Dann, am [7]siebten Tag soll der Priester ihn untersuchen. Wenn] der Lebensgeist wiedererwacht und nicht gehindert wird und das Gewebe wieder gewachsen ist, [8][ist er geheilt ...] die Schwellung, der Priester soll nicht die Haut des Körpers untersuchen [9][... Wenn die] Wunde oder die Schwellung unterhalb der Hautoberfläche liegt ... [10]und der Priester sieht] daß es wie eine offene Wunde aussieht [... ¹¹... hat sich eine Hautkrankheit festgesetzt] in der gesunden Haut, und laut [dieser] Vorschrift [... ¹²... Der Priester soll untersuchen am siebten] Tag. Wenn das gesunde ¹³[Gewebe dem kranken Gewebe Platz macht, ist es eine ansteckende] Hautkrankheit.

4Q266 Fragment 9 Kolumne 1 ⁵Diese Vorschrift, die das Rasieren des Kopfes und Bartes betrifft [...] ⁶[... Der Priester soll es untersuchen;] wenn der Geist von Kopf oder vom Bart Besitz ergriffen hat ⁷[... unter dem] Haar und Ähnlichkeit mit dünnem gelbem Wuchs bekommt; denn es ist wie Gras ⁸mit Gewürm darunter, das dann seine Wurzeln abfrißt und die Blüte vertrocknen läßt. Was den Vers anbetrifft, ⁹welcher besagt: „Der Priester soll den Kopf ohne die befallene Stelle rasieren lassen" (Lev 13,33), das geschieht, damit ¹⁰der Priester die kranken und die gesunden Haare zählen kann. Er soll die Haut untersuchen, und wenn das ¹¹kranke Gewebe auf das gesunde Gewebe übergegriffen hat nach sieben Tagen, dann ist der Mensch unrein. Aber wenn die erkrankten Teile nicht übergegriffen haben ¹²auf die gesunden und die Hauptschlagader angefüllt ist mit Blut und der Lebensgeist wiedererwacht und ungehindert wirkt ¹³[...] die Krankheit.

So ist die Vorschrift des Gesetzes, die ansteckende Hautkrankheiten betrifft, so daß die Aaroniter [...] absondern können.

Unreinheit, die von körperlichem Ausfluß herrührt. Diese Vorschriften basieren auf den Gesetzen von Levitikus 15.

Der Mann mit einem Ausfluß (siehe Lev 15,1–18).

¹⁴Die Vorschrift, die Menschen mit einem körperlichen Ausfluß betrifft. Jeder Mensch, der [...] ¹⁵soll hinaufgehen [...] Gedanken von Lasterhaftigkeit oder der [...] ¹⁶[...] seiner Berührung [...]**4Q272 Fragment 1 Kolumne 2** ⁷sollen seine Kleider waschen [...] wer auch immer ihn berührt [...]

Die Frau mit einem Ausfluß (siehe Lev 15,19–30).

4Q266 Fragment 9 Kolumne 2 ¹[Die Vorschrift, die die Frau mit einem körperlichen Ausfluß betrifft ... Wer auch immer Verkehr hat ²mit einer menstruierenden Frau] zieht die durch die Menstruation verursachte Beschmutzung auf sich; und wenn sie wieder einen Ausfluß sieht, aber nicht ³[infolge ihres Zyklus, ist sie (ebenfalls) unrein] sieben Tage lang. Sie soll keine geweihte Nahrung zu sich nehmen oder ⁴das Heiligtum betreten, bevor am achten Tag die Sonne untergeht.

Reinigung nach einer Geburt (Lev 12,1–8).

⁵Eine Frau, die [schwanger wird] und ein männliches Kind gebiert [ist unrein] sieben [Tage] lang ⁶genau wie in der Zeit ihrer Regel [...]

Vorschriften zur Ernte, Nachlese und Zehntabgabe.

4Q266 Fragment 12 ⁴[Diese sollen der Zehntabgabe unterworfen sein:] die Nachlese vom Weinberg: jede zehnte Traube; die Ernte von ⁵[...] und alle die nachlesen [... bis zu einem Sea für die bestellte Fläche] einem Sea Saatgut; ⁶[was auch immer nicht] für die Saat taugt [ist der Zehntabgabe unterworfen; die von ihrem Weinberg] abgefallenen Trauben [7][...] und bei der Nachlese bis zu zehn [Trauben]; **4Q270 Fragment 6** [15]und wenn er den Olivenbaum schüttelt, [ist sein Ertrag dem Zehnten unterworfen], wenn das Schütteln vollständig ist [...] [16]sein Ertrag]; und wenn das Feld niedergetrampelt worden ist, dann [sollte man ein] Dreizehntel davon nehmen; und alles [... [17]das Feld oder der Zimtbaum (Kassia) mit Saft und es ist [aufgelesen bis auf] ein Sea für die bestellte Fläche mit einem Sea Saatgut, ist es dem Zehnten unterworfen; und wenn [18][einer] nachlesen wird [... und er liest] eines davon am Tag nach, ist es der Priester-Abgabe unterworfen (für den Priester bestimmt), ein Zehntel [19][eines Efa ...] die Laibe für das Priestergeschenk für alle Familien Israels, die Brot essen [20][...] beiseite zu legen für eine Opferung einmal im Jahr; ein Zehntel eines Efa wird das Eigentum sein [...] [21][...] sind vollendet worden für Israel e[inmal im Jahr] jeder Mann [...] **4Q266 Fragment 13** [2]die Pflanzungen des Wein[bergs und] das ganze Holz des Fe[ldes ...] [3]entsprechend ihrer Vorschrift den heiligen [Abgaben] in dem Land, in dem sie sich gerade aufhalten; und hinterher können sie [4]etwas davon verkaufen an [Käufer ...] und wenn ein Mann im dritten Jahr gepflanzt hat [...] [5][müssen sie] im [vierten?] Jahr geweiht werden [...]

Regeln bezüglich vollständiger Aufdeckung bei Geschäften; Verlobung.

4Q271 Fragment 1 Kolumne 1 [1][...] mit Silber [...] [2][...] und das Jahr des [Jubels] wird kommen [...] [3][...] keiner sollte preisgeben [...] [4][...], denn es ist eine verabscheuungswürdige Sache; und der Vers, der sagt [... [5]... „wenn du kaufst von] deinem Nachbarn, betrüge ihn nicht" (Lev 25,14). Das ist nun die Bedeutung [...] [6][... muß er offen sein gegenüber] allem, von dem er Kenntnis hat und das [in dem, was auch immer er verkauft] gefunden wird; [7][wenn die Ware fehlerhaft ist] und er weiß davon, betrügt er ihn, ganz gleich, ob es sich um Mensch oder Tier handelt.

Und wenn [8][...] zu verloben, soll er ihm all ihre Unvollkommenheiten mitteilen, damit er nicht auf sich lädt das Urteil des [9][des Fluchs, welcher besagt: „Verflucht] sei derjenige, der dem Blinden den falschen Weg weist" (Dtn 27,18). Mehr noch, er sollte sie keinem überlassen, der nicht zu ihr paßt, denn dies [10][ist ein Fall von „verbotenen Vermischungen", genau wie wenn man Ochs und Esel zusammen vor den Pflug spannen würde, oder wie ein Kleidungsstück aus einem Wolle-Flachs-Gemisch. Laßt keinen Mann [11][eine Frau in sein Haus] bringen, von der er weiß, daß „sie es leichthin tut" für ein bißchen Geld, oder von der er weiß, [12][daß sie „es tut", solange sie noch unter ihres Vaters] Aufsicht steht; oder eine Witwe, die Verkehr hatte, nachdem sie zur Witwe geworden war, oder irgendeine [13][Frau mit einem] schlechten [Ruf], während sie sich noch als Jungfrau unter ihres Vaters Aufsicht befindet. Laßt nie einen Mann eine solche heiraten, es sei denn, sie wird [14][unter der Aufsicht von] verläßlichen und klugen [Frauen] gereinigt nach dem Befehl des Aufsehers, der über dem [15][...] ist; er darf sie heiraten, aber wenn er sie heiratet, laßt es ihn gemäß den Vorschriften tun [...]

Maße und Opfergaben (Ez 45,11–15).

4Q271 Fragment 1 Kolumne 2 [1][...] von der Tenne herunterbringen soll den zehnten Teil eines [Hómer, und eines] Efa [2][...] das Efa und das Bat, diese beiden Maße entsprechen sich. Von [einem Hómer,] einem Sechstel ³[eines Efa ...] das Holz. Man darf nicht für eine Opferung ein Lamm aus jedem Hundert beiseite tun ⁴[bis ... man darf nicht] essen [...] und aus dem Garten, bis die Priester ihren Anteil bekommen haben. ⁵[...] zuallererst [...] an einen Mann, an den er es vielleicht verkauft, und wenn er [...] und dann soll er frei sein von Verpflichtung ⁶[...] ein Feld gemischt ⁷[...] eines dreimal [...]

Der Hintergrund für die folgenden Regeln scheint Deuteronomium 7,25 zu sein. Nicht-jüdisches Fleisch war fragwürdig, weil es nicht in Einklang mit dem Gesetz des Schächtens geschlachtet wurde.

⁸Niemals darf gebracht werden [Fleisch aus nichtjüdischem Besitz in das Blut ihres Geopferten ...] in seiner Reinheit; noch darf jemand irgendeinen Batzen von ⁹Gold oder Silber [oder Bronze oder Eisen] oder Blech oder Blei bringen [das die Nichtjuden benutzen zur Herstellung von] Götzenbildern. Keiner darf ¹⁰es bringen in den Rein-heitsbereich [der den Tempel umgibt ...]

Verknüpfung mit Lev 11,32.

Man darf nicht hineinbringen irgendeine Tierhaut oder Kleidungsstück oder ¹¹irgend-etwas, was daraus gemacht ist und beschmutzen kann ein menschliches [Wesen, es sei] denn, man hat es gut mit Wasser besprengt [...]. ¹²[Dies ist die Vorschrift für das] gesamte Volk im Zeitalter der Frevelhaftigkeit: jedermann seine Reinheit [...] und jeder [...] der die [...] ¹³vermischt, wenn seine Zeit vollendet ist, zu gehen [...]

Der folgende Teil klingt wie ein Abschluß zu den Gesetzen. Vermutlich stand er am Ende einer früheren Fassung der Damaskus-Schrift.

4Q270 Fragment 9 Kolumne 2 ⁶[...] die Aaroniter sind die Pflanzung [...] ⁷[... er gab] ihnen alles, was sie haben, den Zehnten auf Ri[nder] ⁸und auf Schafe, die abge-lösten [unreinen Tiere,] die abgelösten Rinder und ⁹Schafe, und die Gelder für ihre eigene Ablösung [...] ¹⁰können nicht mehr zurückgezahlt werden; „ein Fünftel muß dem hinzugefügt werden" (Lev 27,31) oder [...] ¹¹durch ihre Namen, die Seinen heili-gen Geist verunglimpft haben [...] ¹²oder wird heimgesucht von einer Hautkrankheit, oder ein Körperausfluß ist unrein; [und wer auch immer] ¹³das Geheimnis seines Volkes den Nicht-Juden enthüllt oder flucht od[er anstiftet] ¹⁴zur Rebellion gegen jene, die vom Heiligen Geist gesalbt sind, oder irreführt [sein Volk, oder wer verhöhnt] ¹⁵das Gebot Gottes oder schlachtet ein Tier, das einen Fötus trägt [in sich oder] ¹⁶wer einer schwangeren Frau beiwohnt, wenn ihre monatliche Regel [ausbleibt oder einem Manne beiwohnt] ¹⁷wie man einer Frau beiwohnt: das sind diejenigen, die den [Weg entwei-hen ...] ¹⁸Gott hat entschieden, wegzuschaffen [...]

¹⁹So höret nun, all ihr in Gerechtigkeit Erfahrenen, [die der To]ra gehorchen, [ich habe euch gezeigt] ²⁰die Wege, die zum Leben führen, und die Pfade, die zur Vernich-tung führen; ich [... ihre finsteren Pläne], ²¹denen ihr nicht trauen solltet; und wenn ihr die Dinge versteht, die in jeder Generation geschehen sind [...]

Regeln für die Eidablegung. (Fortsetzung der Geniza-A-Übersetzung).

15 [1][Ein Mann darf nicht] schwören, weder bei Aleph und Lamed (Elohim) noch bei Aleph und Daleth (Adonai) (Aleph, Lamed und Daleth sind Buchstaben des hebräischen Alphabetes.), sondern vielmehr beim Schwur derjenigen, die eintreten [2]in das Gelübde des Bundes. Er darf das Gesetz des Mose nicht erwähnen, weil der Name Gottes darin geschrieben steht, und wenn er beim Namen Gottes schwört und dann eine Sünde begeht, [3]wird er den Namen geschändet haben. Aber wenn er bei den Gelübden des Bundes geschworen hat vor [4]den Richtern, wenn er sie verletzt hat, ist er schuldig; dann sollte er seine Sünde bekennen und Wiedergutmachung leisten und dann wird er nicht die Last der Sünde aushalten [5]und sterben müssen.

Wer auch immer in den Bund für das gesamte Israel eintreten will, dies soll er dabei stets beachten: allen Kindern, die [6]das Alter erreichen, um in das Namensverzeichnis aufgenommen zu werden, sollen sie den Eid des Bundes auferlegen.

Dieser Exkurs über die Aufnahmeprozedur in die Gemeinschaft der Jahad wurde offensichtlich durch das Thema „Eid" angeregt. Alle neuen Mitglieder mußten einen Eid leisten.

Dies [7]ist die Vorschrift, die während der ganzen Zeit der Gottlosigkeit gilt für alle, die ihre gottlosen Wege bereuen: An dem Tag, an dem er [8]beim Hauptaufseher aller Mitglieder vorspricht, werden sie ihn eintragen, wenn er den Eid des Bundes abgelegt hat, den [9]Mose mit Israel schloß, den Bund zur Rückkehr zum Gesetz des Mose mit ganzem Herzen und reinen [10]Geistes in Bezug auf das, was darin zu finden ist hinsichtlich des Verhaltens während der Zeit der [Gottlosigkeit]. Niemandem ist es erlaubt, ihm [11]die Regeln zu nennen, bevor er vor den Aufseher tritt, so daß er, der Aufseher, nicht von ihm getäuscht werden kann, wenn er ihn prüft; [12]und wenn er ihn den Eid ablegen läßt auf die Rückkehr zum Gesetz des Mose mit ganzem Herzen und mit ganzer Seele, [13]sind sie unschuldig im Hinblick auf ihn, sofern er Falsches bekundet. Alles, was vom Gesetz offenbart wird für die große Zahl des [14]‚Lagers‘ und wofür er (der neu Aufzunehmende) geeignet ist, sollte ihm der Aufseher mitteilen und ihm gebieten, [15]ein ganzes Jahr lang zu lernen; und dann kann er entsprechend seinen Kenntnissen nähertreten.

Keiner jedoch, der ein Tor ist oder geisteskrank, kann beitreten; und kein Einfaltspinsel oder Unwissender [16]oder einer mit zu schwachen Augen oder ein Lahmer, Krüppel oder Tauber oder ein minderjähriges Kind, [17]keiner von diesen soll in die Vereinigung eintreten, denn die heiligen Engel sind mitten unter euch.

16 [1][...] mit euch einen Bund, und mit ganz Israel. Deshalb laßt einen Mann den Eid auf sich nehmen auf die Rückkehr zum [2]Gesetz des Mose, denn in ihm ist alles genau ausgelegt. Aber die genaue Aufteilung der Zeiten, während denen ganz Israel [3]all diesen Regeln gegenüber blind ist, ist genau ausgelegt im „Buch der Zeiteinteilungen in [4]Jubelfeste und Wochen." An dem Tag, an dem ein Mensch verspricht, [5]zum Gesetz des Mose zurückzukehren, wird der Engel der Behinderung ihn verlassen, wenn er Seine Worte hält. [6]Genau deshalb wurde Abraham beschnitten an dem Tag, an dem er wahres Wissen erlangte.

Rückkehr zum Thema Eid.

Was die Stelle „beachte, was von deinen Lippen kommt" (Dtn 23,24) anbetrifft, [7]so bedeutet das, sich an jeden bindenden Eid zu halten, in dem ein Mensch verspricht, [8]nach dem Gesetz zu handeln: er darf ihn nicht brechen, nicht einmal, wenn er dafür mit dem Tode bezahlen muß. Jedes [9]Versprechen, das ein Mensch gibt und mit dem er vom Gesetz abweicht, soll er nicht halten, nicht einmal, wenn er dafür mit dem Tode bezahlen muß.

[10]Was den Eid einer Frau anbetrifft: Die Stelle, die von ihrem Ehemann spricht, der ihren Eid außer Kraft setzt (Num 30,9), bedeutet, daß er einen Eid nicht [11]außer Kraft setzen sollte, wenn er nicht weiß, ob er bestehen bleiben kann oder außer Kraft gesetzt werden muß. [12]Wenn er den Bund verletzt, sollte er ihn außer Kraft setzen und nicht bestehen lassen. Die Regel findet ebenso für ihren Vater Anwendung.

Opfer und Versprechen an Gott.

[13]Was die Vorschrift bei freiwilligen Opfern anbetrifft: Niemand sollte dem Altar etwas Gestohlenes versprechen, noch [14]sollen die Priester solches von einem Israeliten annehmen.

Niemand soll die Nahrung [15]aus seinem Mund Gott weihen, denn darauf wird hingewiesen durch die Stelle, „Menschen stellen einander Fallen mit dem, was Gott geweiht ist" (Mi 7,2); noch soll [16]ein Mensch irgendetwas weihen [...] Und die Vorschrift gilt auch, wenn er [17]weiht einen Teil eines Feldes, das ihm selbst gehört [...] [18]Jemand, der solches weiht, soll bestraft werden [...] Geld seines Wertes [...] [19]den Richtern [für ein gerechtes Urteil und um zu bewerten ... nachdem die Sache versprochen wurde ...] [20]Wenn [es durch Erpressung erlangt wurde, soll der Erpresser bezahlen, wenn er seinem Mitmenschen gegenüber nicht die Wahrheit gesprochen hat ...]

9 [1]Jeder Mensch, der einen anderen Menschen aufgrund einer religiösen Verpflichtung tötet, soll durch die Gesetze der Nichtjuden zu Tode gebracht werden.

Anklagen gegen Mit-Israeliten.

[2]Was die Stelle betrifft, wo geschrieben steht: „Nimm keine Rache und hege keinen Groll gegen deine Blutsverwandten" (Lev 19,18), ist jedes Bündnismitglied, [3]das gegen seinen Mitmenschen eine Anklage vorbringt, die nicht vor Zeugen eidlich beschworen wird, [4]oder das in der Hitze des Zorns eine Anschuldigung macht oder das seinen Mitmenschen bei seinen Gemeindeältesten in Verruf bringt, ein Rache-Nehmer und ein Groll-Heger. [5]Es heißt nur „An seinen Feinden nimmt Gott Rache, gegen seine Widersacher hegt er einen Groll" (Nah 1,2).

[6]Wenn er tagtäglich still gehalten hat und dann im Zorn gegen seinen Mitmenschen spricht in einem schwerwiegenden Fall, [7]so legt dies Zeugnis ab wider ihn, daß er nämlich das Gebot Gottes nicht erfüllt hat, welches ihm befohlen hat: „Du [8]sollst deinen Mitmenschen zurechtweisen und die Sünde nicht selbst ertragen" (Lev 19,17).

Weiteres Gesetz über Eide (Die Quelle der erklärten Textstelle ist unbekannt).

Über Eide. Die Stelle, [9]an der es heißt „Du darfst kein Rechtsmittel auf eigene Faust suchen" bedeutet: Ein Mensch, der irgendeinen anderen irgendwo einen Eid schwören läßt [10]und nicht vor Richtern oder auf deren Geheiß hin, dieser Mensch hat „ein Rechtsmittel auf eigene Faust gesucht".

Verschwundener Besitz

Alles, was verschwunden ist, [11]und es ist nicht bekannt, wer aus dem Lager es gestohlen hat, dessen Besitzer soll einen Fluch verkünden [12]durch den Bündniseid, und jeder, der diesen vernimmt und sich nicht äußert, wenn er etwas weiß, ist schuldig.

Die Wiedergutmachung beim Fehlen eines Besitzers.

[13]Jede Sünde, für die Wiedergutmachung geleistet werden muß beim Fehlen eines Besitzers, der die Entschädigung erhalten soll, soll derjenige, der die Wiedergutmachung leistet, beim Priester bekennen, [14]und es soll allein dem Priesters gehören, abgesehen vom Widder der Buße. So soll auch jeder verschwundene Gegenstand, der gefunden wurde, [15]und kein Besitzer dafür da ist, den Priestern gehören, wenn derjenige, der es gefunden hat, nichts Rechtes damit anzufangen weiß. [16]Wenn kein Besitzer ausfindig gemacht werden kann, sollen sie (die Priester) es in ihren Gewahrsam nehmen.

Das Zeugen-Gesetz.

Alles, wobei ein Mensch das Gesetz übertritt [17]und nur sein Mitmensch bemerkt es, soll nur er allein, wenn es ein Fall von Todesstrafe ist, soll er ihm davon [18]ins Gesicht sagen in einer Anzeige gegenüber dem Aufseher, der dann persönlich eine Notiz niederschreibt, bis er es [19]wieder tut in Gegenwart eines einzigen Zeugen, der es wiederum den Aufseher wissen läßt. Wenn er von einem [20]Zeugen auf frischer Tat ertappt wird, ist sein Schicksal besiegelt. Wenn es jedoch nur zwei Zeugen gibt, die sich einig sind [21]über den Verstoß, dann soll der Mensch lediglich vom Gemeinschaftsmahl ausgeschlossen werden, wenn sie glaubwürdig sind, und wenn [22] der Mensch es am Tag des Vergehens dem Aufseher berichtet. Zwei [23]glaubwürdige Zeugen können Beschuldigungen vorbringen in einem Besitzfall; nur einer ist erforderlich für eine Verbannung vom Gemeinschaftsmahl. 10 [1-2]Ein Zeuge, der nicht alt genug ist, um die Gebote zum Gehorsam Gott gegenüber zu übertreten, darf keine Beschuldigungen gegenüber den Richtern vorbringen, die jemanden aufgrund seiner Beweismittel zum Tode bringen könnten. [2-3]Keiner, der wissentlich ein einziges Wort des Gebotes übertreten hat, kann als glaubwürdiger Zeuge gegen seinen Mitmenschen angesehen werden, bevor er nicht wieder als voll gemeinschaftswürdig gilt.

Eignungsbedingungen für Richter.

[4]Dies ist die Vorschrift für die Richter des Volkes. Sie sollen aus zehn Männern bestehen, die insgesamt ausgewählt werden [5]aus dem Volk zur passenden Zeit: vier aus dem Stamm Levi und Aaron, und aus dem Volk Israel [6]sechs Männer, die im Buch der Andacht und in den Grundsätzen des Bundes bewandert und zwischen [7]fünfundzwanzig

und sechzig Jahre alt sind. Keiner, der über [8]sechzig Jahre alt ist, soll das Amt des Richters des Volkes innehaben, denn als Adam den Treuebruch beging, [9]wurde sein Leben verkürzt, und in der Hitze des Zorns gegen die Erdbewohner veranlaßte Gott, daß [10]ihr Verstand sich zurückbildete, bevor ihr Leben zu Ende war.

Die notwendige Wassermenge einer Reinigung.

Über die Reinigung mit Wasser. Niemand darf sich [11]in Wasser waschen, das schmutzig ist und zu flach, um sich zu kräuseln. [12]Niemand darf Geschirr in einem solchen Wasser waschen und auch nicht in einer Zisterne aus Stein, die nicht genug Wasser in sich hat, [13]um darin herumplätschern zu können und die mit etwas Unsauberem in Berührung gekommen ist, denn ihr Wasser wird das Wasser des Gefäßes beschmutzen.

Regeln zur Einhaltung des Sabbats. Der Einhaltung des Sabbats wird größte Beachtung geschenkt. Darin spiegelt sich seine Bedeutsamkeit für die Sekte wider.

[14]Über den Sabbat, wie er richtig einzuhalten ist. Keiner darf arbeiten am [15]sechsten Tag, von der Zeit an, wenn die Sonnenscheibe [16]über dem Horizont steht einen Durchmesser weit, denn das ist die Bedeutung der Stelle „Beachtet den Sabbat-[17]Tag, um ihn heilig zu halten" (Dtn 5,12).

Am Sabbattag darf man keinen [18]Fluch aussprechen oder ein leeres Wort. Man darf keine Rückzahlung für irgendetwas Verliehenes von seinem Mitmenschen begehren. Man darf nicht vor Gericht gehen wegen einer Sache des Besitzes oder des Reichtums. [19]Man darf nicht über Geschäfte oder Arbeit sprechen, die den nächsten Tag betreffen. [20]Man darf nicht auf dem Feld herumgehen, um seine gewünschte Arbeit am [21]Sabbat zu erledigen. Man darf nicht mehr als tausend Ellen außerhalb seiner Stadt reisen. [22]Man darf nichts essen am Sabbattag, außer Nahrung, die schon zubereitet ist. Er darf nicht von dem essen, was draußen [23]auf dem Feld vergessen wurde, und er darf nicht trinken, bevor er wieder im Lager ist.

11 [1]Wenn er sich auf einer Reise befand und hinuntergegangen ist, um ein Bad zu nehmen, darf er trinken, wo er steht, aber er darf kein Wasser in irgendein [2]Gefäß schöpfen. Man darf keinen Nichtjuden mit der Erledigung seiner Geschäfte am Sabbattag beauftragen. [3]Keiner darf schmutzige Kleidung anziehen oder Kleidung, die in Wolltuch aufbewahrt wird, es sei denn, [4]er wäscht sie in Wasser oder sie reiben sie mit Gewürzen ein. Man darf nicht vorsätzlich [5]am Sabbattag die Sabbatgrenzen überschreiten. Ein Mann darf hinter einem Tier hergehen, um es weiden zu lassen [6]bis zu zweitausend Ellen außerhalb seiner Stadt. Man darf dabei nicht seine Hand erheben, um ihm einen Schlag mit der Faust zu versetzen. Wenn es [7]unwillig ist, sollte man es drinnen lassen. Ein Mann soll nichts aus seinem Haus hinaustragen, noch soll er irgendetwas [8]hineintragen. Wenn er sich in einem vorübergehenden Unterschlupf befindet, sollte er nichts nach draußen nehmen [9]und nichts hineinbringen.

Keiner sollte ein verschlossenes Gefäß öffnen am Sabbat. Keiner sollte [10]Heilmittel bei sich tragen und weder aus- noch eingehen am Sabbat. Keiner sollte Stein und Staub aufheben [11]an einem bewohnten Platz. Kein Betreuer soll am Sabbat einen Säugling tragen und damit weder ein- noch ausgehen.

¹²Keiner sollte seinen Diener, seine Magd oder seinen Arbeiter am Sabbat zum Dienst auffordern. ¹³Keiner sollte einem Tier am Sabbat beim Gebären helfen; und wenn es am Sabbat in einen Brunnen fällt ¹⁴oder in eine Grube, darf er es am Sabbat nicht herausziehen. Keiner sollte sich an einem Platz in der Nähe ¹⁵von Nichtjuden am Sabbat ausruhen. Keiner sollte den Sabbat entweihen für Reichtum oder Ausbeute am Sabbat. ¹⁶Keinem lebenden Menschen, der in ein Gewässer fällt oder in eine Zisterne ¹⁷soll herausgeholfen werden mit einer Leiter, einem Seil oder einem anderen Hilfsmittel. Keiner sollte am Sabbat irgendein Opfer darbringen, ¹⁸außer dem Sabbat-Brandopfer, denn so steht es geschrieben: „abgesehen von eueren Sabbaten" (Lev 23,38).

Die vorherige Textstelle führt zum Thema „Opfer".

Keiner sollte ¹⁹ein Brandopfer, ein Getreideopfer, Räucheropfer oder Holzopfer zum Altar bringen lassen durch irgendeinen, der durch eine ²⁰der Unreinheiten unrein ist, dadurch würde er zulassen, daß dieser den Altar beschmutzt; denn es steht geschrieben: „Das Opfer ²¹der Frevler ist abscheulich; aber das Gebet der Gerechten ist wie ein richtiges Opfer" (Spr 15,8). Niemand, der das ²²Haus der Anbetung betritt, soll es in einem Zustand der Unreinheit betreten, sondern mit gewaschener Kleidung. Wenn die Trompeten zur Versammlung blasen, ²³laßt ihn früher gehen oder später, so daß sie nicht den ganzen Gottesdienst aufhalten müssen [...]

Die Heiligkeit des Opfers gilt für die Stadt. Ein ähnlicher Standpunkt findet sich in der Tempelrolle.

12 ¹[...]es ist heilig. Ein Mann darf nicht liegen bei einer Frau in der Stadt des Tempels, denn sie würden ²die Stadt des Tempels durch ihre Unreinheit beschmutzen.

Ein Gesetz, das flexibles Vorgehen empfiehlt im Umgang mit Menschen, die von Dämonen besessen sind. Kleinere Übertretungen des Ritualgesetzes sollen durch eine Haftstrafe geahndet werden, nicht aber durch Hinrichtung, also „mildernde Umstände wegen Geisteskrankheit."

Jeder, der vom Geist des Belial beherrscht wird ³und zu Abtrünnigkeit verleitet, wird die gleiche Strafe erhalten wie der Geisterbeschwörer und das Medium; jeder aber, der dazu verleitet, ⁴den Sabbat und die Feiertage zu entweihen, soll nicht mit dem Tode bestraft werden, denn es gehört zur menschlichen Verantwortung, ⁵ihn in Gewahrsam zu nehmen. Wenn er sich davon erholt, soll man ihn sieben Jahre lang beobachten und danach ⁶darf er an der Versammlung teilnehmen.

Gesetze für den Umgang mit Nichtjuden.

Keiner soll einen Nichtjuden angreifen in der Absicht, ihn zu töten ⁷um des Reichtums und der Beute willen, noch darf nicmand ihnen etwas von ihren Reichtümern wegnehmen, auf daß ⁸sie nicht lästern können, außer durch den Ratschluß des Staates Israel.

Keiner darf ein reines Tier ⁹oder einen reinen Vogel an Nichtjuden verkaufen, aus Furcht davor, daß sie sie zu Götzenbildern weihen; auch nichts von seiner Tenne ¹⁰oder von seiner Weinkelter soll er an sie verkaufen, nichts aus seinem Besitz; auch seinen

Diener und seine Dienerin darf er nicht [11]an sie verkaufen, wenn diese mit ihrem Herrn in Abrahams Bund eingetreten sind.

Gesetze über unreine Nahrungsmittel.

Keiner darf sich selbst besudeln [12]durch irgendein Tier oder Kriechtier, indem er es als Nahrung zu sich nimmt: angefangen von Bienenlarven bis zu irgendeinem anderen lebenden [13]Tier, das im Wasser krabbelt; und Fisch darf nicht gegessen werden, wenn er nicht in [14]lebendigem Zustand aufgeschlitzt wird, damit man das Blut herausströmen lassen kann. Alle Arten von Heuschrecken müssen [15]lebendig in Feuer oder Wasser gelegt werden, weil dies sich für ihre Art ziemt. Jedem Stück Holz oder Stein, jedem [16]Stäubchen, das durch menschliche Unreinheit entweiht ist, haftet ein Makel an: weil sie [17]unrein sind, wird jeder, der sie berührt, unrein werden. Jedes Gerät, Nagel oder Pflock in der Wand [18]eines Hauses, in dem ein Leichnam liegt, soll als unrein gelten, mit derselben Unreinheit behaftet wie ein Handwerkzeug.

Allgemeine Zusammenfassung und Schlußfolgerung für die Gesetze Israels.

[19]Die oben genannten Vorschriften gelten als Regel für jene, die in den Städten Israels leben, damit sie sich mit diesen Vorschriften beschäftigen, um zu trennen [20]unrein von rein und zu unterscheiden zwischen heilig und entweiht. Dies sind die Regeln [21]für die Klugen, nach denen sollen sie leben mit allem, was lebendig ist, entsprechend der Vorschrift für jede Gelegenheit. Wenn [22]die Nachkommenschaft Israels nach diesem Gesetz lebt, wird sie niemals Mißbilligung erfahren.

Regeln für Menschen in „Lagern".

Dies ist die Regel für jene, die in [23]Lagern leben, die nach diesen Vorschriften leben in der Zeit der Gottlosigkeit, bis zur Ankunft des Messias von Aaron. 13 [1]und Israel: bis zu mindestens zehn Mann, zu Tausenden und Hunderten und fünfzig Mann [2]und zehn Mann. Ein Priester, der sich im Buch der Andacht auskennt, sollte immer mit dabei sein; [3]seiner Anweisung gemäß sollen alle geleitet werden. Wenn er sich nicht auskennt mit diesen Regeln und ein Levit sich mit [4]ihnen auskennt, dann soll das Verfahren der Mitgliedschaft nach seiner Anweisung vonstatten gehen. Aber wenn [5]der Fall eines Gesetzes, das Hautkrankheiten betrifft, vorliegt, dann muß der Priester kommen und im Lager anwesend sein, und der Aufseher [6]soll ihn unterweisen in den Einzelheiten des Gesetzes, und selbst wenn der Priester unwissend ist, ist es seine Sache, denjenigen, der an der Hautkrankheit leidet, abzusondern, denn dies [7]ist allein Pflicht des Priesters.

Qualifikation eines Aufsehers.

Dies ist die Regel für einen Aufseher eines Lagers. Er muß alle Mitglieder unterrichten über die Werke [8]Gottes, sie unterweisen in Seinen mächtigen Wundertaten, sie auf kommende Ereignisse, die die Welt betreffen, hinweisen mit Hilfe ihrer Auslegungen; [9]er sollte für sie sorgen wie ein Vater für seine Kinder sorgt, er sollte sich um all ihre Probleme kümmern, wie ein Schäfer sich um seine Herde kümmert. [10]Er sollte alle ihre Knoten lösen, damit es keine Unterdrückten oder Niedergeworfenen in seiner Gemeinde gibt.

[11]Er soll jeden, der neu in seine Gruppe kommt, beobachten, hinsichtlich seiner Taten, seinem Verstand, seiner Fähigkeit, seiner Stärke und seines Reichtums [12]und soll ihm seine Position zuweisen, wie es ihm in der Zuweisung des Lichts entspricht.

Beziehungen zu Außenseitern.

Niemand von den Mitgliedern des Lagers darf [13]irgend jemanden in die Gruppe bringen, außer mit Erlaubnis des Lageraufsehers; [14]und keiner der Mitglieder von Gottes Bund soll kaufen von oder verkaufen an unlautere Menschen, [15]außer von Hand zu Hand. Keiner sollte eine Handelsbeziehung, die Kauf und Verkauf anbetrifft, eingehen, bevor er [16]dem Aufseher, der im Lager ist, Bescheid gesagt hat; er wird eine Bestätigung abgeben. Keiner sollte [...] [17][...] den Ratschlag. Und das gilt für den Ausgeschlossenen: der Aufseher [wird ihre Söhne] und [18][ihre Töchter lehren im Geist] von Güte und von mitfühlender Liebe. Er muß es ihnen nicht vorhalten [... in Ärger] [19][oder in Zorn über] ihre Sünden. Was diejenigen betrifft, die gebunden sind [durch ihre Bräuche ...]

[20]Dies ist die Regel für jene, die in Lagern leben, alle [...] [21][Wenn jemand gebrochen hat] diese Regeln, werden sie nicht gedeihen, wenn sie im Land leben [...]

Beginn des zweiten Teils der „Lagerregeln". Diese Vorschriften dürften in den Lagern als gültige Lebensregel für alle gegolten haben, wenn sich die Mitglieder versammelten.

[22]Dies sind die [...] für den Lehrmeister ... [23]Wie es heißt: „Es sollen über dich und über dein Volk und über deines Vaters Haus Tage kommen **14** [1]wie sie es nicht gegeben hat seit dem Tag, als Efraim sich von Juda trennte" (Jes 7,17). Aber wie für alle, die nach diesen Regeln leben, steht [2]Gottes Bund fest an ihrer Seite, indem er sie aus allen Fallen der Hölle befreit; aber die Unwissenden sollen vergehen und bestraft werden.

Rangordnung innerhalb der Lager.

[3]Die Regel für jene, die in all den Lagern leben. Alle sollen namentlich gemustert werden: zuerst die Priester, [4]als zweites die Leviten, die Kinder Israels als drittes, die Neubekehrten an vierter Stelle. Dann sollen sie namentlich eingetragen werden, [5]einer nach dem anderen: die Priester zuerst, an zweiter Stelle die Leviten, die Kinder Israels [6]an dritter, die Neubekehrten an vierter Stelle. In derselben Reihenfolge sollen sie sitzen, und in derselben Reihenfolge werden sie bei allen nachfragen.

Qualifikationen für den obersten Priester und den Hauptaufseher: Weitere Ergänzungen finden sich im rätselhaften „Buch der Andacht", (siehe Einführungspassagen zu den Texten 6, in der Gemeindeordnung für das Israel der Endzeit, und in Text 98, Geheimnis des Ursprungs aller Dinge.)

Der Priester, der [7]der Hauptversammlung vorsitzt, muß zwischen dreißig und sechzig Jahre alt sein, bewandert im Buch der Andacht [8]und in allen Gesetzesvorschriften, um sie auf die rechte Art auszuführen. Der Aufseher über [9]alle Lager muß zwischen dreißig und fünfzig Jahre alt sein, Meister jedes [10]Geheimnisses von Menschen und jeder täuschenden Äußerung. Auf sein Geheiß hin sollen die Mitglieder der Versammlung hereinkommen, [11]alle der Reihe nach. Alles, was einem am Herzen liegt, soll er dem Aufseher sagen, einschließlich [12]jeder Art von Streitigkeit oder rechtlicher Angelegenheit.

Beiträge für das Zusammenleben der Lagermitglieder.

Dies ist die Regel der Hauptmitglieder, um allen ihren Bedürfnissen gerecht zu werden: ein Lohn von mindestens [13]zwei Tagen jeden Monat soll dem Aufseher zukommen. Dann werden die Richter [14]etwas davon für ihre Kränkungen bekommen, davon werden sie die Armen und Bedürftigen unterstützen und die [schwachen] Älteren, [15]den Menschen mit einer Hautkrankheit, jeden, der von einem fremden Volk als Gefangener hinweggeführt wird, das Mädchen [16]ohne einen nahen Blutsverwandten, den Jungen ohne Fürsprecher; und der Rest soll sein für die Arbeit der ganzen Gemeinde, so daß [17]die Familie der Gemeinde nicht ausgeschlossen sein soll. Dies ist die Darlegung für jene, die in Lagern leben, [und dies sind die grundlegenden Regeln ...] [18]die Versammlung.

Regeln der Bestrafungen für Verstöße gegen die Gemeinderegel.

[18]Und dies ist die Darlegung der Vorschriften, mittels derer [sie durch das Zeitalter der [19]Gottlosigkeit geführt werden sollen bis zum Erscheinen des Messi]as von Aaron und Israel, so daß ihre Sündigkeit wiedergutgemacht werden kann. Getreide[opfer und Sühneopfer ...]

[20]Wer auch immer vorsätzlich die Unwahrheit sagt in einer Geldangelegenheit, soll des Landes ver[wiesen ...]werden [21][... und be]straft sechs Tage; und jeder, der spricht [... [22]und jeder, der einen Groll hegt gegen seinen Nachbarn, was] nicht rechtmäßig ist, [soll eine Verminderung der Verpflegung erdulden] **4Q266 Fragment 18 Kolumne 4** [1][... soll zweihundert Tage vertrieben werden und verminderte Rationen für hundert Tage erdulden. Wenn es sich um eine Angelegenheit handelt, die den Tod verdient, dann sollen sie ihn unter Beobachtung halten und er darf niemals zurückkehren.

[2][Jeder ...] seinen Mitmenschen, ohne Rat anzunehmen, soll ein Jahr verbannt werden und [3][sechs Monate] verminderte Rationen erhalten.

Jeder, der vernehmbar ein Wort des Fluchs ausspricht, soll verminderte Rationen erdulden zwanzig [4][Tage und verbannt werden] drei Monate.

Jeder, der spricht, während gerade [ein anderer spricht], und ihn stört, [5][wird erdulden verminderte Rationen zehn] Tage.

[Jeder, der sich niederlegt] und einschläft in der [Haupt]Versammlung [... [6]soll verbannt werden] dreißig Tage und verminderte Rationen erdulden zehn Tage. [Und so ...]

Jeder], der die Versammlung verläßt [7]ohne Erlaubnis der Hauptmitglieder, ohne Grund, bis zu dreimal [in] einer [Sitzung, [8]soll verminderte Rationen erdulden] zehn Tage. Wenn [er weiterhin] verläßt [die Versammlung ... soll er verminderte Rationen erdulden] dreißig [9]Tage. Jeder, der [nackt] umhergeht vor den Augen [seines Mitmenschen ... Jeder, der nackt herumreist in] [10]der Welt, muß verbannt werden für sechs [Monate ... Jeder], [11]der seinen Penis aus seiner Kleidung bloßlegt [absichtlich ... soll verbannt werden für ...] [12]Tage und soll erdulden verminderte Rationen zehn.

Jeder, der lacht [töricht in vernehmbarer Lautstärke ... muß verbannt werden] [13]dreißig Tage und verminderte Rationen erdulden fünf [Tage.

Jeder, der ausstreckt seine] linke Hand, [14]zu gestikulieren mit ihr, muß verminderte Rationen erdulden [zehn Tage ...

Jeder], der [Klatsch] verbreitet [15]über seinen Nachbarn [muß aus dem Bereich der Reinheit für ein Jahr ausgeschlossen werden ...] **4Q270 Fragment 11 Kolumne 1** [8][...] und soll niemals wiederkehren [... [9]... und soll niemals wiederkehren.]

Jeder Mensch [dessen Geist] verängstigt ist [...[10]...] soll verminderte Rationen erdulden sechzig [Tage ...]

[11]Jeder, der gerichtliche Entscheidungen der Hauptmitglieder in den Wind schlägt, soll weggehen und nie mehr wiederkehren.

[Jeder, der sein] [12]Essen hinausträgt, was gegen die Regeln verstößt, muß es dem zurückgeben, dem er es weggenommen hat. [...]

Jeder, der sich anschickt, [13]mit seiner Frau Unzucht zu treiben, was nicht den Vorschriften entspricht, soll verschwinden und nie mehr wiederkehren. [...

Jeder, der spricht] gegen die Väter, [14][muß verlassen] die Versammlung und darf niemals wiederkehren; [aber wenn] gegen die Mütter, muß er verminderte Rationen erdulden zehn Tage, denn die Müttern genießen nicht soviel Wertschätzung innerhalb [15] [der Versammlung.

Dies sind die] Vorschriften, in welchen alle, Strafe erhalten sollen, und jeder, der [...

Das Vorgehen bei Bestrafung von Missetätern.

[16]Jeder] der kommt und es dem Priester berichtet, der den Vorsitz über die **4Q266 Fragment 18 Kolumne 5** [1]die Hauptmitglieder führt, muß seine Strafe bereitwillig empfangen, genau wie es durch [2]Mose heißt, was die Person betrifft, die unabsichtlich sündigt, daß sie [3]sein Sühneopfer oder sein Schuldopfer darbringen sollen; und was Israel betrifft, so steht geschrieben: „Ich werde [4]bis an das Ende des Himmels gehen und werde nicht riechen den Duft eueres Weihrauchs" (Lev 26,31). An anderer Stelle [5]steht geschrieben: „Zerreißt euere Herzen und nicht euere Gewänder" (Joel 2,13), [5]und: „Kehrt zu Gott zurück mit Weinen und mit Fasten" (Joel 2,12). Jeder, der diese Vorschriften verwirft, [6]die in der Einhaltung der Statuten, die im Gesetz des Mose begründet sind, bestehen, darf nicht angesehen werden [7]als einer von jenen, die mit seiner Wahrheit verbunden sind, denn er ist durch gerechte Bestrafung zurückgewiesen. [8]Er soll weggeschickt werden in Gegenwart der Hauptversammlung für das Vergehen der Auflehnung, und der Priester, der den Vorsitz führt, soll sprechen und seine Stimme erheben [9]und sagen: Gesegnet seist Du! Du bist der Allmächtige, in dessen Händen alle Dinge liegen, und Schöpfer von allen Dingen, der errichtet hat [10]die Völker durch Sippen und Sprachen und Volksverbände, dann ließest du sie in die Irre gehen durch eine Wüste ohne [11]Weg, aber Du hast unsere Väter erwählt, Du hast ihren Nachkommen die Satzung Deiner Wahrheit gegeben, [12]und die Urteile Deiner Heiligkeit, die, wenn die Menschheit sich daran hält, das Leben geben sollen; und Grenzen hast Du [13]für uns gesetzt, und diejenigen, die sie überschreiten, wirst du verfluchen; aber wir sind Dein abgelöstes Volk, und die Schafe von Deinem Weideland. [14]In der Tat, Du hast die Grenzüberschreiter verflucht; aber uns hast Du standhaft gemacht.

Dann sollen die Ausgeschlossenen weggehen. Jeder, [15]der etwas aus ihrem Besitz verwendet oder ihn begrüßt oder sich ihm anschließt, [16]diese Sache soll niedergeschrieben werden vom Aufseher mit einem Gravierwerkzeug, und sein Schicksal ist besiegelt.

Die Leviten und [17]jene, die in Lagern leben, sollen sich zusammenfinden im dritten Monat und jene verfluchen, die abirren vom Gesetz nach rechts [18][oder nach links].

Der Schluß der Regel.

Dies ist die Darlegung der Vorschriften, denen sie folgen sollen während der Zeit [19]der Gottlosigkeit [... so daß sie können] standhaft sein während der ganzen Zeit des Zorns und während der Etappen der Reise, die unternommen wird von denjenigen, [20][die in Lagern leben und allen ihren Städten.

All] dies ist auf dem Fundament der jüngsten Auslegung des Gesetzes.

– E. M. C.

2. Patriarchen-Geschichten

1QapGen

Bei dieser amüsanten Geschichtensammlung (bisher meist „Genesis-Apokryphon" bezeichnet) handelt es sich um eine der Qumran-Rollen, die die Wissenschaftler der Kategorie „überarbeitete Bibel" zuordnen. Unter diese Kategorie fallen viele unterschiedliche Arten und Weisen, die Bibel zu „überarbeiten". In manchen Fällen werden nur Einzelabschnitte aus der Heiligen Schrift ausgewählt und in einer neuen Reihenfolge zusammengestellt. Dahinter steht offensichtlich die Absicht, Zusammenhänge zwischen den verschiedenen Textstellen herzustellen und diese angemessen zu interpretieren.

Der vorliegende Text ist erheblich gewagter. Während sein Verfasser an manchen Stellen lediglich den Wortlaut der Genesis – so gut er ihn eben kannte – wiedergibt, läßt er häufiger einzelne Details, sogar ganze Abschnitte aus außerbiblischen Quellen oder die mündliche Überlieferung einfließen. Dahinter steht die Absicht des Verfassers, dem biblischen Text an den entscheidenden Stellen, die allzu leicht zu gefährlichen Fehlinterpretationen führen können, die richtige Auslegung zu geben.

Ein schlagender Beweis dieses Anliegens ist die Geschichte von Abrahams Frau, Sara, und einem namentlich nicht genannten ägyptischen Pharao. (In sämtlichen überlieferten Fragmenten der *„Geschichten"* wird Abraham „Abram" und Sara als „Sarai" bezeichnet. Der Grund dafür liegt darin, daß diese Abschnitte der *Geschichten* jene Genesiskapitel ergänzen, deren Handlung *vor* Genesis 17, dem Kapitel, in dem Abraham und Sara ihre neuen, uns geläufigeren Namen erhielten.) Nach Genesis 12,10–20 nahm dieser Pharao Sarai ihrem Mann weg, als Abram in einer Hungersnot sich ins Land des Pharao begeben hatte. Während die Bibel über die geschichtliche Epoche und über den Namen des Pharao schweigt, kannte unser Autor genau die Chronologie der Genesis. Er ging davon aus, daß Sarai etwa zwei Jahre in der Hand des Pharao gewesen sein mußte. War sie vielleicht wiederholt Opfer von Vergewaltigungen geworden? Wenn ja, wäre dies eine schmutzige, eine peinliche Geschichte gewesen, die Schande über das Volk Israel gebracht hätte. Um einer solchen Vermutung, die der biblische Text (Genesis 12, 10–20) nahelegt, zuvorzukommen, entschied sich unser Autor „in künstlerischer Freiheit", den Pharao als impotent darzustellen. Dann wäre die Keuschheit Sarais gewahrt geblieben. Er schrieb daher an der entsprechenden Bibelstelle, Gott habe den Pharao mit „einem bösen Geist" heimgesucht. Durch diesen Geist seien nicht nur der Pharao, sondern alle Männer seines Hofstaates impotent geworden. Erst durch die Fürbitte des gerechten Abraham wurde der ägyptische König geheilt, und zwar unter der Bedingung, daß er Sarai ihrem Ehemann zurückgebe.

Bemerkenswert ist die Formulierung des Gebets, das Abram sprach: „Also betete ich für ihn, diesen Gotteslästerer, und legte meine Hände auf sein Haupt. Darauf war die Plage von ihm genommen. Der böse Geist verließ ihn und er war gesund." Diese Beschreibung eines Exorzismus entstand fast zur gleichen Zeit wie jene Abschnitte des Neuen Testaments, die von häufigen Dämonenaustreibungen durch Jesus von Nazaret berichten. Ganz besonders erinnert die in der Schriftrolle beschriebene Szene an einen Exorzismus im Markusevangelium 9,14–29. Die Jünger Jesu hatten vergeblich versucht, den bösen Geist auszutreiben, der die krampfartigen Anfälle des kleinen Jungen verursachte. Jesus mußte die Teufelsaustreibung selbst durchführen. Als ihn seine Jünger später fragten, warum sie versagt hätten, antwortete er: „Diese Art kann nur durch Gebet ausgetrieben werden" (Markus 9,29).

Wie sehr der Verfasser seiner Abram-Geschichte auf die Integrität des Abram-Geschlechts bedacht war, zeigt ein weiteres Beispiel; man hielt zunächst diese Textpassage für ein unbedeutendes, ergänzendes Detail des Bibeltextes. Nach der Sintflut befand sich Noachs Sippe in der gleichen Situation wie einst Adam, Eva und ihre Kinder. Wen hätten die jungen Leute heiraten sollen, wenn es sonst niemand gab? Die Bibel schweigt zu diesem Problem, obwohl sie die Geschlechterfolge der Söhne und Enkel nennt. Die Schriftrolle ergänzt sie um Noachs Enkelinnen. Der Verfasser behauptet in seiner Noach-Geschichte: Sem, der älteste Sohn Noachs, hatte fünf Söhne und fünf Töchter; Ham hatte vier Söhne und sieben Töchter; Jafet hatte, genau umgekehrt, sieben Söhne und vier Töchter. Der springende Punkt ist folgender: Für den auserwählten Stamm Sems hätte die Verbindung mit den Kindern der Brüder möglicherweise bedeutet, daß er verdorben, mit Schuld beladen worden wäre; also heirateten seine Söhne und seine Töchter untereinander. Für die beiden anderen Söhne Noachs war eine Verschwägerung miteinander unproblematisch. Deshalb erhielten sie vom Verfasser die passende Anzahl von Söhnen und Töchtern. Diese konnten problemlos ihre Cousins bzw. Cousinen heiraten. So großzügig und eigenmächtig sprang der Verfasser dieser „Neubearbeitung der Bibel" mit den Urvätern Henoch, Lamech, Noach und seinen Söhnen sowie Abraham um.

Lamech, (Gen 4,18.28–31), Noachs Vater, hegt den Verdacht, daß sein neugeborener Sohn vielleicht gar nicht sein eigener, sondern vielmehr die Frucht einer verbotenen Verbindung seiner Frau, Bat-Enosch, mit lüsternen gefallenen Engeln, bekannt als Wächter oder Nefilim, sein könnte (Gen 6,1–4).

Kolumne 3 [Die Kolumnen wurden umnummeriert, nachdem neuere Forschungen nachgewiesen haben, daß die 1Q20-Fragmente, die zu diesem Werk gehören (zusammen mit den sog. Trever Fragmenten), Kolumne 1 und Kolumne 2 enthalten. Die

Untersuchung, die zu dieser Schlußfolgerung führt, wird demnächst erscheinen. Auch die Zeilen der Kolumnen 20 (bisher 19) sind neu numeriert worden und beginnen mit Zeile 6, nicht 7, und korrigieren einen kleinen Fehler in der ersten Publikation des Textes von Nahman Avigad und Yigael Yadin.] [1]Dann kam ich zu dem Schluß, daß die Empfängnis das Werk der Wächter war, daß der Same von Engeln oder Nefil[im ...] gesät worden war. [2]Ich war wegen dieses Kindes in Aufruhr. [3]Dann ging ich, Lamech, eilends zu [meiner] Fr[au], Bat-Enosch, [und ich sagte zu ihr:] [4][„Ich beschwöre dich bei ...] und beim Höchsten, beim Großen HERRN, beim König aller Ew[igkeit,] ... hast du empfangen] [5][von einem der] Himmelssöhne? Berichte mir jede Kleinigkeit wahrheitsgemäß [...] [6]teile mir [in Wahrheit] alles mit, ohne Lügen. War es [...?] [7]beim König aller Ewigkeit. Du mußt mir die reine Wahrheit sagen, ohne Lügen [...].“

Bat-Enosch zerstreut Lamechs Verdacht, indem sie ihn an die Zeit erinnert, in der sie Noach empfangen hat.

[8]Dann antwortete Bat-Enosch, meine Frau, mit großer Leidenschaft, we[inend ...] [9]Sie sagte: „O mein Bruder, mein Herr, erinnere dich an meine Wollust [...] [10]bevor wir uns liebten, und wie leidenschaftlich ich reagierte. Ich [sage dir] die ganz[e] Wahrheit [...]“ [11]und ich habe mich anders besonnen. [12]Nun, als meine Frau Bat-Enosch sah, daß ich meine Ansicht geändert hatte, [...] [13]Dann hielt sie ihren Unwillen zurück, sprach mit mir und sagte: „O mein Herr, mein [Bruder, erinnere dich ...] an [14]mein Vergnügen. Ich schwöre beim Großen Heiligen, beim König des Hi[mmels ...], [15]daß der Same von dir kam, die Empfängnis von dir kam, [diese] Frucht von dir gepflanzt ist [... Es war] [16]weder ein Framder noch einer der Wächter, auch nicht einer der Söhne des Himm[el]s. [Warum hat] [17]sich dein Wesen so verändert, deine Stimmung so verfinstert? [...] Ganz sicher spreche [18]ich wahr zu dir.“

Doch Lamech ist nach wie vor verwirrt durch das glanzvolle Aussehen des Säuglings. Lamech läßt bei Henoch, seinem Großvater, um Rat fragen, denn man glaubte, daß dieser um viele verborgene Dinge wußte.

[19]Daraufhin ging ich, Lamech, zum meinem Vater Metuschelach und [sagte] ihm alles, [woraufhin er sich auf den Weg machte, um Henoch zu fragen], [20]seinen Vater, um die ganze Sache mit Gewißheit zu verstehen. Denn er, Henoch, wird geliebt und [... mit den Heiligen] [21]war sein Los zuteil geworden. Sie offenbaren ihm alles. Als Metuschel[ach] [von der Angelegenheit] hörte, [22]machte er sich auf den Weg zu seinem Vater Henoch, um von ihm die Wahrheit über die ganze Angelegenheit zu erfahren [...] [23]seinen Willen. Dann begab er sich zum höchsten Himmel, dem Parwaim, und dort fand er Henoch mit [den Engeln]. [24]Er [sa]gte zu Henoch, seinem Vater: „O mein Vater, mein Herr, ich [bin] zu dir gekommen [...] [höre,] [25] was ich dir sage. Sei nicht zornig auf mich, daß ich hergekommen bin [...].“

Kolumne 4 enthielt offensichtlich den Anfang der Antwort Henochs auf die Frage Metuschelachs. Henoch begann mit dem Hinweis, daß zu Zeiten Jereds Engel herabgestiegen waren, um sich mit Menschentöchtern zu vermählen; vgl. Gen 6,1–2.

Kolumne 4 [3]denn in den Tagen Jereds, meines Vaters ...

Henochs Antwort setzt sich fort.

Kolumne 6 ³Ich, Henoch, [...] ⁴nicht von den Himmelssöhnen, sondern von Lamech, deinem Sohn [...] ⁹Und nun, sage ich dir [...] und ich offenbare dir, [daß...] ¹⁰Geh und sage deinem Sohn Lamech [...] ²⁴Nun, als Metuschelach [diese Dinge] vernahm [...] ²⁵ Und sprach [...] mit Lamech, seinem Sohn [...] ²⁶Nun wenn ich, Lamech, [diese Dinge hörte ...,] den sie(?) zur Welt gebracht hat [...]

Der Schauplatz wechselt. Der erwachsene Noach spricht selbst.

Kolumne 7 ²Und mein Leben lang war ich rechtschaffen [...] ⁶Ich, Noach, ein Mann [...]

Gott spricht zu Noach.

Kolumne 8 ¹[Du sollst herrschen über] die Erde und alles, was auf ihr ist, über die Meere [und alles, was in ihnen ist ...] ⁷Dann freute ich mich sehr über die Worte des HERRN des Himmels [...]

Das Ende der Sintflut und die nachfolgenden Ereignisse.

Kolumne 11 ¹²[...] die Arche kam auf einem der Berge des Ararat zur Ruhe [...] ¹³Ich brachte ein Sühneopfer für all das Land dar [...] ¹⁵auf dem Altar entzündete ich Weihrauch [...]

Gott spricht wieder zu Noach und schließt einen Bund mit ihm, vgl. Gen 9,4.

Kolumne 12 ¹⁷Du sollst kein Blut essen [...]

Noach beschreibt seine Familie und ihr Leben nach der Sintflut.

Kolumne 13 ¹[...] „Siehe, ich habe meinen Bogen [in die Wolke] gesetzt." Und er wurde mir zum Zeichen in der Wolke, zu sein [...] ²die [E]rde [...] ³viele [...] es wurde mir offenbart [...] ⁷auf den Bergen des [Ararat ...] ⁸[...] einen Weinberg in den Bergen des Ararat. Danach stieg ich hinab zum Fuß des Gebirges zusammen mit meinen Söhnen und Enkelsöhnen [...] ⁹[...] die Verwüstung der Erde war riesig. [Söh]ne [und Tö]chter wurden m[ir] geboren nach der Flut. ¹⁰[Sem], meinem ältesten Sohn, wurde zuerst ein Sohn geboren – nämlich Arpachschad zwei Jahre nach der Flut. Die Kinder Sems waren ¹¹[E]lam, Assur, Arpachschad, Lud, Aram und fünf Töchter. Dazu [kamen die Kinder Hams: Kusch, Mitzrai]n, Put, Kanaan und sieben ¹²Töchter; die Kind[er] Jafets waren: Gomer, Magog, Madai, Jawan, Tubal, Meschech, Tiras und vier Töchter.

¹³Dann begann ich mit allen meinen Söhnen das Land urbar zu machen. Ich pflanzte einen großen Weingarten auf dem Berg Lubar, und im vierten Jahr brachte er mir Wein hervor. ¹⁴[...] Als das erste Fest herankam [begann ich] am ersten Tag dieses ersten Festes – das des [siebten] Monats – [...] [die Frucht] ¹⁵meines Weinbergs [zu genießen]; ich öffnete das Gefäß und begann daraus zu trinken am ersten Tag des fünften Jahres ¹⁶[seit ich den Weinberg angepflanzt hatte] [...] An jenem Tag lud ich meine Söhne und Enkelsöhne und alle unsere Frauen und Töchter ein, und wir versammelten uns und gingen ¹⁷[zum Platz mit dem Altar] [...] und ich pries den Herrn des Himmels, den

Höchsten Gott, den Großen Heiligen, der uns vor dem Untergang gerettet hatte [...]
[18][...] und für alles [...] seines Vaters. Sie tranken [...] [19][...] und ich goß auf [den Altar]
[...] und der Wein [...]

Kolumne 17 und 18 berichten spürbar detailliert über die Aufteilung des Landes unter die Nachkommenschaft Noachs.

Kolumne 17 [11]... das ganze Land im Norden so weit bis [...] [12][...] [so weit bis] zum Rand des Wassers des Mittelmeers [...] [16][...] der Fluß Tina.

Kolumne 18 [8]...im Westen für Assur bis zum Tigris ... [9]Für Aram das Land von ... bis zur Quelle des [...] [10][...] dieser Berg des Stiers, und er durchquerte dieses Teil nach Westen bis [...] [11][...] und darauf die Verbindung der drei Teile [...] Für Arpachschad [...] [16][...] Gomer gab er den nordöstlichen Teil bis zum Fluß Tina und seine Umgebung. [Mag]og [gab er] [...]

Der Held der Geschichte ist jetzt Abram. In diesem Abschnitt geht es offensichtlich um den Bau des Altars von Bet-El, vgl. Gen 12,1–7.

Kolumne 20 [6][... Und dort baute ich] den [Altar, und rief] dor[t den Namen G]o[ttes ...] Und ich sagte: „Du bist wirklich [7][der Ewig]e [G]ott für m[ich], [...]" Bisher hatte ich noch nicht den heiligen Berg erreicht; deshalb brach ich auf [8]nach [...] und setzte meine Reise nach Süden fort [...] bis ich nach Hebron kam – obgleich Hebron erst noch gebaut werden mußte – und ich lebte [9][dort zwei Jahr]e [lang] [...]

Abram und seine Familie ziehen wegen einer Hungersnot nach Ägypten.

Nun gab es eine Hungersnot im ganzen Land, doch ich erfuhr, daß es in Ägypten K[or]n g[ab]. Deshalb machte ich mich auf den Weg [10][hinein] ins Land Ägypten ... [und ich [kam zum] Fluß Karmon, einen [11]Nebenfluß des Nils [...] Bis dorthin befanden wir uns noch innerhalb unseres Landes, [aber] jetzt [über]querte ich die sieben Arme dieses Flusses, der [...] [12][...] Nun hatten wir unser Land durchquert und betraten das Land der Kinder Hams, das Land Ägypten.

Abram hat einen düsteren Traum.

[13]Ich, Abram, hatte einen Traum in der Nacht, als ich das Land Ägypten betrat. In meinem Traum sah ich eine Zeder und eine [14]Dattelpalme, die aus [einer einzigen] Wur[zel] wuchsen. Dann kamen Menschen, die die [Z]eder fällen und entwurzeln und die Dattelpalme allein stehenlassen wollten. [15]Die Dattelpalme erhob Einspruch dagegen und sprach: „Fällt nicht die [Z]eder, denn wir beide wachsen a[us] einer [ein]zigen Wurzel." So wurde die Zeder wegen der Dattelpalme gerettet [16]und wurde nicht gefällt.

Abram erzählt den Traum seiner Frau, Sarai, und gibt selbst die Deutung des Traumes.

Dann erwachte ich aus dem Schlaf, als es noch Nacht war, und sagte zu Sarai, meiner Frau: „Ich hatte einen [17]Traum, und nu[n] bin ich voller Angst [wegen] diesem." Sie antwortete: „Sag mir deinen Traum, damit ich Bescheid weiß." So fing ich an, ihn ihr zu erklären, [18]und ich [erklärte] auch [seine Bedeutung.] Ich sagte: „[...] [Männer werden kommen] um mich zu töten, während sie dich verschonen. Trotzdem ist dies die Gefälligkeit, [19][die du mir erweisen kannst.] An jedem [Ort], zu dem [wir gehen werden, sag,] was mich betrifft: ‚Er ist mein Bruder.' So kann ich vielleicht mit deiner Hilfe überleben und mein Leben kann durch dich gerettet werden. [20][... sie werden versuchen] uns zu tr[enn]en und mich zu töten." Da weinte Sarai auf meine Worte hin in jener Nacht. [21][...] und der Pharao von Zo[an ...] Sarai [wollte] ni[cht länger] nach Zoan gehen [22][zusammen mit mir, denn sie fürchtete sich] außerordentlich, daß einer der Männer, die dem Pharao von Zoan dienten, sie sehen könnte.

Dennoch, nachdem fünf Jahre vergangen waren, [23][kamen] drei Männer, Beamte vom ägyptischen Hof [und Ratgeber] des Pharaos von Zoan. Sie kamen, weil sie von [meinen] Reden und meiner Frau gehört hatten, und sie wollten mich beeinflussen [24][mit vielen Geschenken]. Sie befr[agten] mich [nach Wissen] von Güte, Weisheit und Gerechtigkeit, und ich las ihnen aus dem [Buch] mit den Worten Henochs vor. [25][...] in der Hungersnot die ... das Buch mit den Worten Henochs [...] [26][...] bei viel Essen und Trinken [...] Wein [...]

Die Ratgeber des Pharao kehren zurück. Einer davon war Hyrkanus, der die außergewöhnliche Schönheit Sarais in einem Gedicht beschreibt.

Kolumne 21 [2][...] wie präch[tig] und schön ist der Anblick ihres Gesichts und wie [...] [3][Und] w[ie] geschmeidig ist ihr Haupthaar. Wie reizend sind ihre Augen; wie bezaubernd ihre Nase und ihr strahlendes [4]Gesicht [...] Wie wohlgeformt sind ihre Brüste und wie herrlich ist ihre Schönheit! Ihre Arme, wie anziehend! Ihre Hände, [5]wie vollkommen – Wie [reizend] ist der Anblick ihrer Hände! Wie zart sind ihre Handflächen, wie lang und feingliedrig die Finger!

Ihre Füße, [6]wie hübsch! Wie makellos sind ihre Schenkel! Es gibt keine Jungfrau und keine Braut, die das Brautgemach betreten, die sie an Zauber übertreffen. Alle anderen [7]Frauen überragt sie an Schönheit, ihr Liebreiz überflügelt den aller anderen. Doch zusammen mit all dieser Anziehungskraft verfügt sie über große Weisheit, und alles an ihr [8]ist schön.

Der Pharao nimmt Sarai zur Frau. Abram klagt und bittet Gott, den Pharao zu bestrafen, Sarai aber zu beschützen.

Als der König die Worte des Hyrkanus und seiner Gefährten vernommen hatte – denn alle drei sagten das gleiche – begehrte er sie sehr. Deshalb sandte er [9]umgehend nach ihr und ließ sie zu sich bringen. Er sah sie und war von ihrer Schönheit gefangen. Daraufhin nahm er sie zu seiner Frau und trachtete danach, mich zu töten, doch Sarai sagte [10]zum König: „Er ist mein Bruder." So half sie mir und ich wurde gerettet – ich, [11]Abram –, dank ihrer, und nicht getötet. Dann weinte ich heftig – ich, Abram – zusammen mit Lot, meinem Neffen, in jener Nacht, als mir Sarai mit Gewalt weggenommen wurde.

[12]In jener Nacht betete ich und flehte und bat inständig um Erbarmen. In meiner Pein liefen mir die Tränen über die Wangen und ich sagte: „Gelobt seist Du, o Höchster Gott, Ewiger [13]HERR, denn du bist der HERR und Gebieter über alles. Über alle Könige auf Erden bist du der HERR und läßt Gerechtigkeit walten unter ihnen. Und nun [14]bitte ich um Wiedergutmachung, o HERR, gegen den Pharao von Zoan, König von

Ägypten, denn meine Frau wurde mir mit Gewalt weggenommen. Fälle um meinetwillen dein Urteil gegen ihn und erhebe deine mächtige Hand [15]gegen ihn und sein Haus. Möge er heute nacht nicht in der Lage sein, meine Frau zu schänden! Damit sie erkennen, daß du, o mein HERR, daß du der HERR bist über alle Könige [16]auf Erden.“ So weinte ich und redete mit niemandem.

Gott erhört Abrams Gebet und sucht den Pharao mit einem quälenden Geist heim.

In jener Nacht sandte der Höchste Gott einen bösen Geist, der ihn und jeden Mann seines Haushalts befiel, ein übler [17]Geist, der nicht aufhörte, ihn und jeden Mann seines Haushalts zu quälen. Infolgedessen war er nicht in der Lage, mit ihr geschlechtlich zu verkehren; in der Tat, er verkehrte nicht mit ihr, obwohl sie [18]zwei ganze Jahre bei ihm war. Als diese zwei Jahre vorüber waren, verstärkten sich die Plagen und Qualen für ihn und jeden Mann seines Haushalts, so daß er Boten aussandte [19]und alle [weisen Männer] Ägyptens herbeirufen ließ, zusammen mit allen Magiern und Heilern Ägyptens, weil er dachte, daß sie vielleicht ihn und seinen Haushalt von der Seuche befreien könnten. [20]Doch keiner der Heiler, Magier oder weisen Männer konnten ihn heilen; im Gegenteil, der Geist befiel auch sie, [21]so daß sie die Flucht ergriffen.

Abram willigt ein, den bösen Geist des Pharao auszutreiben und im Gegenzug Sarai zu erhalten. Der Pharao belohnt Sarai und läßt sie aus Ägypten geleiten.

Dann kam Hyrkanus zu mir und bat mich, für den [22]König zu beten und ihm meine Hände aufzulegen und ihn zu heilen – denn [er hatte mich] in einem Traum [gesehen]. Doch Lot erwiderte: „Mein Onkel Abram kann nicht für [23]den König beten, solange Sarai, seine Frau, sich bei ihm aufhält. Geh nun zum König und sage ihm, daß er die Frau zu ihrem Ehemann schicken soll. Dann wird er für ihn beten und er wird geheilt werden.“ [24]Als Hyrkanus die Worte Lots vernommen hatte, ging er und berichtete dem König: „Alle Heimsuchungen und Plagen, [25]mit denen mein HERR der König heimgesucht und gequält wurde, waren wegen Sarai, der Frau Abrams! Erlaube ihm, Sarai zu Abram, ihren Mann, zurückzubringen, [26]und du wirst von Plage befreit werden, denn es ist der Geist, der den Ausfluß von Eiter verursacht.“

So ließ er mich zu sich rufen und fragte mich: „Was hast du mir wegen deiner Frau [Sar]ai angetan? Du sagtest [27]zu mir: ‚Sie ist meine Schwester‘, obwohl sie in Wirklichkeit deine Frau war! Ich selbst habe sie zu meiner Frau genommen! Sie ist hier; nimm sie und geh, verlaß’ [28]alle Provinzen Ägyptens! Doch bete zuerst für mich und mein Haus, damit dieser böse Geist von uns getrieben werden mag.“ Also betete ich für ihn, diesen Gotteslästerer, [29]und legte meine Hände auf sein Haupt. Daraufhin war die Plage von ihm genommen und der böse Geist verließ ihn, und er war gesund. Der König erhob sich und [unter]richtete [30]mich ... und der König schwor mir einen Eid, daß [er] sie [nicht berührt hatte]. Dann [brachten sie] m[ir] [31]S[ar]ai. Der König gab ihr viel [Silber und G]old und große Mengen Leinen und purpurrot gefärbte Gewänder [...] [er legte sie] [32]vor sie und ebenso vor Hagar hin. Er gab sie mir zurück und beauftragte Männer [mich aus Ägypten ...] zu geleiten.

Abram kehrt zurück nach Kanaan.

[33]Also ging ich, Abram, mit vielen Herden, mit Silber und Gold, und verließ [Ägyp]ten. [Lot,] [34]mein Neffe, begleitete mich, und er hatte ebenfalls viele Herden erworben und sich eine Frau unter den Töchtern [Ägyptens] genommen. Ich [lag]erte [mit ihm] **Kolumne 22** [1][in] jeder meiner ehemaligen Lagerstätten, bis ich Bet-El erreichte, wo ich einst einen Altar errichtet hatte. Nun baute ich ihn wieder auf [2]und brachte dem Höchsten Gott ein Brandopfer dar und ein Getreideopfer. Dort rief ich den Namen des Ewigen Herrn und lobte den Namen Gottes. Ich pries [3]Gott und dankte ihm für das Gute, das Er mir getan hatte und dafür, daß er mich [4]sicher in dieses Land zurückgeführt hatte.

Lot trennt sich von Abram, um in Sodom zu leben. Das Buch Genesis 13,6–7 berichtet, daß das Land beide nicht ernähren konnte, da ihre Herden zu zahlreich waren. Außerdem bekämpften sich ihre Hirten gegenseitig. Die Abram-Geschichte spielt diese Schwierigkeiten herunter. Gott erscheint Abram in einer Vision.

[5]Nach diesem Tag trennte sich Lot von mir wegen dem, was unsere Hirten getan hatten. Er begab sich ins Tal des Jordans, um dort zu leben, und nahm alle seine Herden [6]mit sich. Ich gab ihm noch viele zu denen, die er schon besaß, hinzu. Er weidete seine Herden und rastete nicht, bis er Sodom erreichte, wo er ein Haus erwarb [7]und sich niederließ, um dort zu leben. Ich selbst lebte weiterhin auf dem Berg Bet-El und hielt es für unklug, daß mein Neffe Lot sich von mir getrennt hatte.

[8]Danach erschien mir Gott in einer nächtlichen Vision und sagte zu mir: „Geh hinauf nach Ramat-Hazor, das im Norden von [9]Bet-El, wo du jetzt wohnst, liegt, und blicke auf. Schau nach Osten, Westen, Süden und Norden. Sieh dir all [10]dieses Land an, das ich dir und deinen Nachkommen geben will für alle Zeiten." Also ging ich am nächsten Tag hinauf nach Ramat-Hazor und sah mir das Land von [11]jener Anhöhe aus an, vom Fluß Ägyptens bis zum Libanon und dem Senir und vom Mittelmeer bis zum Hauran und das ganze Land von Gebal bis nach Kadesch und die ganze [12]Große Wüste bis zum Ostrand von Hauran und Senir bis zum Eufrat. Und Er sprach zu mir: „Ich will das ganze Land deinen Nachkommen geben; sie werden es für immer erben. [13]Darüber hinaus will ich deine Nachkommen zahlreich machen wie den Staub der Erde, den keiner zählen kann. Deine Nachkommen werden zahllos sein. Steh auf, mach dich auf den Weg, geh [14]und siehe, wie lang und wie breit es ist, denn ich will es dir und deinen Nachkommen für alle Zeiten geben."

Abram überblickt das von Gott verheißene Land.

[15]Dann ging ich, Abram, und machte eine Rundreise, um mir das Land anzusehen. Ich trat die Rundreise am Fluß Gihon an, zog am Mittelmeer entlang bis ich [16]den Berg des Stiers erreichte, bewegte mich im Kreis von der Küste des großen Salzwassersees, streifte den Fuß des Bergs des Stiers und ging weiter nach Osten durch die ganze Breite des Landes, [17]bis ich zum Fluß Eufrat gelangte. Ich zog entlang des Eufrats bis ich das Rote Meer im Osten erreichte, von wo ich der Küste des [18]Roten Meeres folgte, bis ich zu dem Golf kam, der vom Roten Meer ausgeht. Von dort aus beendete ich die Rundreise und wanderte nach Süden zum [19]Fluß Gihon. Anschließend kehrte ich wohlbehalten zu Hause zurück und fand, all meine Leute wohlauf vor. Kurz darauf

machte ich mich auf, um mich bei den Eichen vom Mamre in Hebron niederzulassen, [20]eigentlich ein wenig im Nordosten Hebrons. Dort baute ich einen Altar und brachte dem Höchsten Gott ein Brandopfer dar und ein Getreideopfer. Ich aß und trank dort, [21]ich und alle Männer meines Haushalts, und lud Mamre, Aner und Eschkol, drei Amoriter-Brüder und Freunde von mir, dazu ein. Sie aßen und tranken zusammen [22]mit mir.

Abram kämpft gegen die vier Könige des Ostens (Gen 14,1–16). Im Vergleich zu dieser biblischen Schilderung ist dieser Abschnitt der Abram-Geschichte erheblich ausführlicher. Der Verfasser der Geschichte ist bemüht, die genauen Namen der biblischen Personen und Orte zu erfassen und auf den neuesten Stand zu bringen.

[23]Vor diesen Tagen waren Kedor-Laomer, der König vom Elam, Amrafel, der König vom Babylon, Arjoch, der König von Kappadozien und Tidal, der König des Volks (von Gojim), das [24]zwischen den zwei Flüssen siedelt, gekommen. Sie hatten einen Feldzug gegen Bera, den König von Sodom, Birscha, den König von Gomorra, Schinab, den König von Adma, [25]Schemeber, den König von Zebojim, und den König von Bela geführt. Alle diese kamen zusammen, um im Tal von Siddim miteinander zu kämpfen. Nun erwiesen sich der König von [26]Elam und die Könige, die mit ihm waren, als stärker als der König von Sodom und all seine Verbündeten. Daher forderten sie Tribut von ihm. Zwölf Jahre lang fuhren sie fort, [27]ihren Tribut dem König von Elam zu zahlen, doch im dreizehnten erhoben sie sich gegen ihn. Infolgedessen, im vierzehnten Jahr, machte der König von Elam mit all [28]seinen Verbündeten einen Ausfall, und sie kamen herab durch die Wüste. Vom Eufrat an begannen sie, zu schlagen und zu plündern. Sie fuhren fort zu schlagen – sie schlugen die Rafaiter in Aschterot-[29]Karnajim, die Somsamer in Amman, die Emiter [in] Schawe-Hakeriot und die Horiter, die in den Bergen von Gebal waren –, bis sie El-[30]Paran in der Wüste erreichten. Dann kehrten sie um und schlugen [En-Mischpat und das Volk,] das in Hazezon-Tamar war. [31]Daraufhin ging der König von Sodom hinaus, um sich ihnen entgegenzustellen, zusammen mit dem König von [Gomorra, dem K]önig von Adma, dem König von Zebojim und dem König von Bela. [Sie füh]rten einen Feldzug [32]im Tal von [Siddim] gegen Kedor-La[omer, dem König von Elam, und den Königen], die seine Verbündeten waren. Der König von Sodom wurde in die Flucht geschlagen, während der König von Gomorra [33]in Gruben [mit Pech ...] fiel. Der König von Elam nahm alle Herden von Sodom und [34][Gomorra ...] mit sich. Und Lot, Abrams Neffe, der in Sodom gelebt hatte, wurde als Gefangener **Kolumne 23** [1]mitgeführt, er und alle seine Herden. Einer der Hirten aus der [2]Herde, die Abram Lot geschenkt hatte, entkam aus der Gefangenschaft und kam zu Abram – zu dieser Zeit [3]siedelte Abram in Hebron. Der Hirte teilte ihm mit, daß sein Neffe Lot mit all seinen Herden in Gefangenschaft geführt worden war, doch daß Lot nicht getötet worden war. Er berichtete ihm ebenfalls, daß [4]die Könige auf dem Weg durch das Große Tal entlangmarschierten in Richtung auf ihr eigenes Gebiet, zusammen mit Gefangenen und geplünderter Habe, und heimsuchten und töteten, [5]auf die Stadt Damaskus zu. Abram weinte wegen seines Neffen Lot, doch er sammelte wieder seine Kräfte und erhob sich, [6]um unter seinen Knechten die besten Krieger auszuwählen, dreihundertachtzehn von ihnen. Aner,

[7]Eschkol und Mamre brachen mit ihm auf. Er verfolgte die Könige bis Dan, wo er ihr [8]Lager im Tal von Dan fand. Er griff sie des Nachts aus vier Richtungen an und tötete [9]einige von ihnen in derselben Nacht. Einige erschlug er, andere verfolgte er; sie flohen vor ihm, [10]bis sie Helbon nördlich von Damaskus erreichten. So befreite er jeden, den sie gefangengenommen hatten [11]und erlangte alles wieder, was sie als Beute mitgenommen hatten und raubte ihnen dafür ihre eigene Habe. Er rettete weiterhin seinen Neffen Lot und alle seine Herden. All [12]jene, die gefangengenommen worden waren, brachte er zurück.

Der König von Sodom hatte gehört, daß Abram alle Gefangenen [13]und die Beutestücke wiedererlangt hatte, so ging er hinauf, um ihn zu treffen. Er kam nach Salem, das heißt Jerusalem, wo Abram sein Lager im Tal [14]von Schawe, das ist das Tal des Königs oder das Tal von Bet Hakerem, aufgeschlagen hatte. Nun versorgte Melchisedek, der König von Salem, [15]Abram und seine Männer mit Essen und Trinken. Er selbst war ein Priester des Höchsten Gottes, und er segnete [16]Abram und sagte: „Gesegnet sei Abram vom Höchsten Gott, dem HERRN des Himmels und der Erde. Gepriesen sei der Höchste Gott, [17]der deine Feinde in deine Hand gebracht hat." Darauf gab ihm Abram den Zehnten von allen Herden, die dem König von Elam und seinen Verbündeten gehört hatten. [18]In jenem Augenblick kam der König von Sodom näher und sagte zu Abram: „Mein Herr Abram, [19]gib mit meine Männer, die Gefangenen bei dir, die du vom König von Elam befreit hast, zurück; was die Beute betrifft, [20]behalte alles." Abram antwortete dem König von Sodom: „Ich erhebe meine [21]Hand und schwöre heute beim Höchsten Gott, dem Herrn des Himmels und der Erde: Ich werde keinen Faden und nicht den Riemen einer Sandale [22]von dem nehmen, was dir gehört, damit du nicht hingehen und sagen kannst: ,Der ganze Besitz Abrams stammt von der Beute, die [23]einst mir gehört hat.' Ich nehme von meinem Schwur nur das aus, was meine Männer schon gegessen haben und den Anteil, der den drei Männern gehört, die [24]mit mir gezogen sind. Sie sind die Herren über ihren eigenen Anteil und können ihn dir zurückgeben oder nicht." Also gab Abram die ganze Beute und [25]die Gefangenen zurück an den König von Sodom. Alle Gefangenen, die ihn begleiteten und die aus diesem Land stammten, befreite er [26]und sandte sie auf ihren Weg.

Gott erscheint Abram in einer Vision und verspricht, daß Eliëser ihn nicht beerben wird (Gen 15,1–4). Die Abram-Geschichte ist hier deutlich besorgt um die Chronologie, denn die Genesis berichtet nicht darüber, wie lange sich Abram an den unterschiedlichen Orten aufgehalten hat. Der Dialog zwischen Abram und Gott weicht ebenfalls auffallend von dem alttestamentlichen Text ab, in dem Abrams Wohlstand weit über die biblische Schilderung hinaus betont wird.

[27]Nach diesen Ereignissen erschien Gott Abram in einer Vision und sagte zu ihm: „Denke daran, zehn ganze Jahre [28]sind vergangen seit dem Tag, als du Haran verlassen hast. Zwei davon hast du hier verbracht, sieben in Ägypten und eines [29]ist vergangen, seit du aus Ägypten zurückgekehrt bist. Nun, zähle all das, was du besitzt; sieh, wie deine Habe sich mehr als verdoppelt hat, verglichen mit dem, [30]was du mit dir geführt hast am Tag, als du Haran verlassen hast. Also fürchte dich nicht, ich bin bei dir. Ich werde deine [31]Stütze, deine Stärke sein. Ich selbst werde dein Schild und Schutz sein

gegen jeden Widersacher, der stärker ist als du. Dein Vermögen und deine Herden [32]sollen sich außerordentlich vermehren." Abram erwiderte: „Mein HERR und Gott, mein Wohlstand und meine Herden sind bereits riesig. Doch was nützen mir [33]all [diese] Dinge, da ich kinderlos sterben werde, ohne Söhne? Tatsächlich wird ein Mitglied meines Haushalts erben, was ich besitze. [34]Eliëser, ein Mitglied [meines Haushalts], das [...] junger Mann wurde von mir als Erbe eingesetzt." Gott sprach zu ihm: „Nein, dieser Mann soll nicht dein Erbe sein, sondern einer, der [dein eigener] Nachkomme [...]"

– M. O. W.

3. Loblieder

1QH, 1Q35, 4Q427–432

Der sehr persönliche Ton der Lieder, die allgemein als die *Loblieder* bekannt sind, steht in einem starken Kontrast zu dem der anderen Schriftrollen. Der Verfasser erzählt hier in der Ichform die Geschichte seiner Verfolgung durch jene, die sich seiner geistlichen Lehrtätigkeit entgegenstellten. Weiterhin beschreibt er, wie ein mächtiger Geist über ihn kam, der ihn zu besonderer Erkenntnis von Gottes Willen befähigte (1QH 4,26), ihm die Ohren öffnete für wunderbare göttliche Geheimnisse (9,21), ihn zum Werkzeug (12,8) und zum Sprachrohr Gottes machte (16,16). In Kolumne 26 behauptet der Verfasser sogar, keiner reiche an ihn heran, da seine eigentliche Aufgabe unter den himmlischen Wesen zu suchen sei (siehe 4Q427 Fragment 7, Kolumne 1, Zeilen 11–12). Für eine führende Persönlichkeit sind dies kühne Behauptungen, die an verschiedene selbsternannte Erlöser aus älterer und neuerer Zeit erinnern.

Die in dieser Form einzigartige persönliche Schilderung wie das göttliche Sendungsbewußtsein des Verfassers haben viele Forscher zu dem Schluß veranlaßt, daß diese Psalmen vom „Lehrer der Gerechtigkeit" selbst verfaßt wurden. Andere Forscher versuchten anhand einer differenzierteren Analyse die „echten" Lehrer-Psalmen zu identifizieren (Kolumne 10–16 nach der einen, 13–16 nach anderer Ansicht). Aber die gleichen dramatischen Szenarien finden sich durchgehend in den Psalmen: der Mensch ist ein Gebilde aus Lehm, anfällig für Sünde; Gott ist der Schöpfer und Gestalter aller Dinge; die Bösen verfolgen die Gerechten, aber Gott ist ewig. Nur in Fragment 10 des 1QH (hier zwischen den Kolumnen 18 und 19 übersetzt) sowie in Kolumne 27 (am besten erhalten in 4Q427 Fragment 7, Kolumne 2) ändert sich der Charakter des Textes entscheidend. Das „Ich" wird zum „Wir" und bezieht sich damit eher auf eine Gruppe als auf Einzelerfahrungen.

Der Name dieser Hymnensammlung bezieht sich auf die wiederholte Eingangsformel „Ich danke Dir, o HERR". Ein weiterer Ausdruck „Gelobt bist Du, o HERR" taucht als Textvariante auf. Wegen des fragmentarischen Zustandes des Manuskripts erscheinen nur zwanzig solcher Einleitungsformeln, aber mindestens zehn weitere Psalmen sind wegen ihres Kontexts als solche erkennbar. Das ursprüngliche Werk bestand wohl aus etwa fünfzig Psalmen. Die hohe Prozentzahl von Übereinstimmungen der acht überlieferten

Manuskripte unterstützt die Vermutung, daß mehr als die Hälfte des Gesamtwerks überdauert hat.

Wortschatz und Ausdrucksweise des Alten Testaments kommen in den *Lobliedern* so
häufig vor, daß beim Lesen das Gefühl entsteht, ein wahres Mosaik von Bibelzitaten vor
Augen zu haben. Wichtige Quellen sind die Psalmen, das Buch Jesaja, das Buch Jeremia,
das Buch Ijob sowie das Buch der Weisheit. Überraschend ist, daß nur eine einzige Stelle
ein eigentliches Bibelzitat (1QH 10,29–30 zitiert Psalm 26,12) ist. Dies ist der Grund,
daß, im deutlichen Gegensatz zum Neuen Testament und zur rabbinischen Literatur, hier
keine feststehenden biblischen Redewendungen wie „So spricht der HERR" und „Wie es
im Buch ... geschrieben steht" zu finden sind. Die einzige mögliche Formel befindet sich
in 1QH 4,12, wo im Hintergrund steht, daß Gott durch Mose sprach. Obwohl die Bibel
nicht wortwörtlich zitiert wird, überwiegen doch biblische Bilder und biblische Sprache.

Die große Anzahl von Abschriften der *Loblieder* – und die nur wenigen, festgestellten
Abweichungen – unterstreicht die Bedeutung der religiösen Dichtung. Die *Loblieder*
haben sicherlich für einige Leser einen „kanonischen" Status besessen. Für diese Veröffentlichung der Hymnen (Psalmen) wird eine von bisherigen Veröffentlichungen abweichende Reihenfolge der Kolumnen verwendet. Die Übersetzung folgt, mit Ausnahme einiger
kleiner Abweichungen, den Ergebnissen des Schriftenrollenforschers Emile Puech (Emile
Puech, *Quelques aspects de la restauration du Rouleau des Hymnes (1QH)*, Journal of Jewish
Studies 39 (1988), S. 38–55).

*Die ersten drei Kolumnen der Loblieder sind sehr fragmentarisch überliefert. Der erste fort-
laufende Text fängt daher erst mit der Danksagung an Gott für die Erlösung des Psalmisten
von Sünde und Gericht an.*

1QH (1QHodayot[a]) Kolumne 4 [9][Ich danke Dir, o HERR, denn] von verborgenen
Dingen, di[e ... di]e sie nicht überraschen in [...] [10][...] und vom Gericht der Zeit[en
der Gottlosigkeit ... Ge]danken an Gottlosigkeit [...] [11][...] und durch das Gericht über
[... Du hast] deinen Diener von all seinen Sünden [erlöst ... und durch die Fülle]
Deines Erbarmens, [12][genau wie Du] durch Mose [sprachst], [daß Du Missetaten,]
Lasterhaftigkeit und Sünde [vergeben würdest] und uns für [Lasterhaftigkeit] und
Treulosigkeit entsühnen würdest. [13][Denn] die Fundamente der Berge [sollen beben],
Feuer [soll brennen] unten in der Scheol, und [Du sollst ...] [...] nach Deinem Gericht.
[14][...] da jene, die Dir in Treue dienen, d[aß] ihre Nachkommen für immer in Deiner
Gegenwart bleiben dürfen. Und Du hast bestimmt [...] dort, [15][vergibst jede] Missetat
und wirfst all ihre [Lasterhaftigkeiten] von Dir und gibst ihnen den ganzen Ruhm der
Menschen (*oder* Adams) als Erbschaft [zusammen mit] einem langen Leben.

Danksagung an Gott für seine Gerechtigkeit.

[17][Ich danke dir, o HERR, ...] bei den Geistern, die du mir gegeben hast. Ich will
die richtige Erwiderung [finden,] um Deine gerechten Taten, Geduld, [18][überfließende
Barmherzigk[eit] zu verkünden, die Taten Deiner starken rechten Hand, Vergebung der
Sünden meiner Vorväter; b[etend] und demütig bittend um [19][...] meine Taten und die
Verderbtheit meines Herzens. Denn ich habe mich im Dreck gewälzt und vom Rat von
[...] ich [...] und ich habe mich nicht angeschlossen an [20][Deine Versammlung.(?) ...]

Dein ist die Gerechtigkeit und Dein Name soll gelobt sein in Ew[igkeit ...] Deine Gerechtigkeit. Erlöse [Deinen Diener (?)] [21][und] laß die Gottlosen untergehen. Ich habe verstanden, daß [Du] den Weg dessen [bestimmst], den Du erwählt hast, und im Verstehen [22][Deiner Wahrheit] hältst [Du] ihn ab, gegen Dich zu sündigen; Du gibst ihm seine Demut zurück durch Deine Züchtigungen und [Deine] Prüfun[gen ...] sein Herz. [23][Bewahre] Deinen Diener davor, gegen Dich zu sündigen und sich gegen all die Worte Deines Willens zu versündigen. Stärke [...] gegen die Geister der [24][Gottlosig-keit, um] in allem in dem zu gehen, was Du liebst, und alles verachten, was Du verab-scheust [und zu tun] was in Deinen Augen gut ist. [25][Vernichte] ihre [Herr]schaft in meinem Inneren, denn Dein Diener hat einen fleischlichen Geist.

Danksagung an Gott für die Bestätigung seines Bundes.

[26][Ich danke Dir, o HERR, denn] Du hast [Deinen] heiligen Geist über Deinen Diener ausgegossen [...] sein Herz [27][...] und ich untersuche jedes menschliche Bündnis [...] sie werden es finden [28][...] und jene, die es lieben [...] für immer und ewig.

Danksagung an Gott, der seinen Ruhm erkennen läßt.

Kolumne 5 [1][...]. [2][...] daß Narren verstehen könnten [...] der Ewigkeit [3][...] und daß die Menschheit verstehen könnte [...] Fleisch und der Rat der Geist[er ...] sie gin-gen [4][... Gelobt seist] Du, o HERR, d[er ...] Größe von [...] in der Macht Deiner Stärke [5][...] mit einem Überfluß an Gutem [...] und dem Eifer [Deines] Gerichts [... un]erfor-schlich. Alles [6][...] alles Verstehen und [...] und die Geheimnisse des Plans und die Geheimniss[e von ...] Du hast beschlossen [7][...] Heiligkeit ist von [Ewigkeit] bis zum Ende der Zeit. Du bist [der HERR ... der] Heiligen [8][... nach dem Ratschluß Deiner Wahrheit] und in den Geheimnissen Deiner Wunder [... we]gen Deines Ruhms und in der Tiefe von [...] Deines Einblicks [...] hat nicht [9][...] Du hast offenbart die Pfade von...und die Werke des Bösen, Weisheit und Narrhei[t ...] Rechtschaffenheit [10][...] ihrer Werke. Wahrheit und ... und Narrheit [...] [11][...] und ewige Gnade allen, [die] in Frieden [gehen], doch zerstören [...] [12]ihre [...] ewigen Ruhm [... und] ewige Freude für das Werk von [...] [13][...] Und es sind diese, die [Du] be[schlossen ...] zu richten. [Du bestimmtest] [14]all Deine Werke, bevor Du sie schufst, zusammen mit den Heerscharen Deiner Geister und der Versammlung [Deiner Engel], Deine heilige Größe [und all] [15]seine Heerscharen, zusammen mit der Erde und allem, was ihr entspringt, in den Meeren und den Tiefen [gemäß all] Deinen Plänen für das Ende der Zeit [16]und den ewigen Beistand. Denn Du hast alles von alters her bestimmt und auch das Werk der [Sünde ...] in ihnen, so daß [17]sie von Deinem Ruhm in Deinem ganzen Herrschafts-gebiet künden mögen, denn Du hast ihnen gezeigt, was nicht [...] soll von alters her und [18]neue Dinge schaffen, jene Dinge niederreißen, die sich von alters her festgesetzt haben und das, was für ewig sein soll, [errichten]. Denn Du [...] und Du bestehst [19]für immer und ewig. Bei den Geheimnissen Deiner Einsicht bestimmtest [Du] all diese Dinge, um Deinen Ruhm zu verbreiten. [Doch was ist] der Geist des Fleisches, daß er [20]all diese Dinge verstehen könnte und Einsicht in den Ratschluß [Deiner] großen [Wunder] erlangte? Und was ist einer, der von einer Frau geboren wurde, unter all [Deinen] ehrfurchtgebietenden [Werken]? Er ist nur [21]ein Gefüge aus Staub, mit

Wasser verknetet, [...] sein Fundament ist unzüchtige Schande [...] und ein verderbter Geist lenkte [22]ihn.

Wenn er gottlos handelt, wird er [ein Zeichen in] Ewigkeit werden und ein Zeichen den Generationen, [... für alles] Fleisch. Nur durch Deine Güte wird [23]ein Mann von Sünden frei und durch das Übermaß [Deiner] Barmherzig[keit ...] mit Deiner Herrlichkeit verklärst Du ihn, und Du [erfüllst ihn mit einem Über]maß an Entzücken; mit ewigem Frieden [24]und langem Leben. Denn [Du hast gesprochen und] Du wirst Dein Wort nicht brechen.

Und ich, Dein Diener, weiß [25]bei dem Geist, den Du in mich gesetzt hast, [daß Deine Worte wahr sind] und alle Deine Werke gerecht und Dein Wort wird nicht gebrochen werden. Und [...] [26]Deine Zeiten sind festgelegt [... g]ewählt für ihr Entzücken. Und ich werde wissen [...] [27]und gottlos [...] zu betrachten [...] [28][...] Deine [G]eister und [...]

Danksagung an Gott, der seine Auserwählten läutert.

Kolumne 6 [1][...] in Deinem Volk und [...] [2][...] unsere Ohren [...] Männer der Wahrheit und [...] [3][...] Einsicht und Suchende nach Verstehen [Lieb]ende aus Leidenschaft und der Demütigen im Geist, geläutert von [4][... durch] Elend und geläutert durch die Feuerprobe von [...] die sich stärken bis [...] Deiner Gerichte [5][...]und jene, die nach Deinem Heil Ausschau halten [...] und Du hast Deine Gebote [unter ihnen] errichtet, zu tun [6][... zu rich]ten die Welt und das Erbe unter alle zu verteilen [...] von Heiligkeit für die zu[künftigen] Generationen und alle [7][...] ihre Werke mit [...] den Männern, die Dich sehen können.

Danksagung an Gott, der Verstehen verleiht.

[8][Ich danke Dir,] o HERR, der Verstehen ins Herz [Deines] Die[ners] legt, [9][so daß er könnte ... al]le diese Dinge und [...] und absehen von allen böswilligen Taten von Gottlosigkeit, und segnen [10][Deinen heiligen Namen und die Worte] Deines Willens. [Daß er all die Wege gehen möge, d]ie Du liebst, und verabscheut alle, die [11][Du haßt ...] Dein Diener [...] Menschheit. Denn durch ihre Geister unterscheidest Du zwischen [12]den Guten und den Gottlosen, [...] ihr Werk. Und ich erkenne durch Dein Verständnis, [13]daß durch Deine Gunst für den M[enschen ...] Dein heiliger [Ge]ist und so bringst Du mich hin zu Deinem Verständnis. So wie [14]ich mich nähere, ereifere ich mich gegen alle jene, die Gottloses tun und die Männer des Betrugs. Denn keiner von denen, die Dir nahe sind, spricht gegen Dein Gebot, [15] und keiner, der Dich kennt, fälscht Deine Worte. Denn Du bist gerecht, und alle Deine Erwählten sind wahrhaftig. Alle Ungerechtigkeit [16][und Go]ttlosigkeit vernichtest Du für immer. So offenbart sich Deine Gerechtigkeit vor allen Deinen Geschöpfen.

[17]Und ich weiß beim Reichtum Deiner Güte und beim Schwur, den ich mir selbst gegeben habe, daß ich nicht sündigen werde gegen Dich [18][und] daß ich nichts tun werde, was in Deinen Augen schlecht ist. Und so wurde ich in die Vereinigung (*oder* in die *Jahad*) gebracht, zusammen mit allen Männern meines Rats. Gemäß [19]der Einsicht eines Mannes will ich ihn voranbringen, und gemäß der Fülle seines Erbes will ich ihn lieben. Ich will keinen schlechten Menschen mehr achten, noch werde ich mich

erkenntlich zeigen für die B[estechung] durch die G[ottlosen]. [20]Ich will Deine Wahr-
heit [nicht] tauschen gegen Wohlstand noch irgendeines Deiner Gesetze gegen eine
Bestechung. Denn we[nn Du einen Man]n [herbei]ziehst, [21][liebe ich] ihn, und wenn
Du ihn wegschaffst, will ich ihn verabscheuen. In der Tat, ich will in den Rat [Deiner]
W[ahrheit nicht jene bringen, die] sich abgewendet haben [22][von] Deinem Bu[nd].

Danksagung an Gott, der den Reumütigen vergibt und die Gottlosen bestraft.

[23][Ich danke Dir,] o HERR, für Deine große Kraft und Deine Wunder in Fülle, für
immer und ew[ig ...] und [Deine] große [24][Barmherzigkeit ...] Wer vergibt jenen, die
sich von Sünde abwenden und richtet die Frevelhaftigkeit der Gottlosen. [Du liebst
Gerechtigkeit] mit einem großzügigen [25][Herzen (?) ...], doch Du haßt Ungerechtigkeit
für immer. Und was mich betrifft, Deinen Diener, hast Du mich ausgezeichnet mit
dem Geist des Wissens [... W]ahrheit [26][...] und jeden unrechten Weg zu verabscheu-
en. So liebe ich Dich frei, und von [meinem] ganzen Herzen [preise ich] Dich, [27][ich
danke für] Deine Einsicht. Denn dieses Geschenk ist aus Deiner Hand gekommen und
ohne [...] [28][...] so soll Fleisch regieren [...] [29][...] ihm baute [...] mit Hilfe [...] [30][...] die
Weite auf den Flügeln des Windes und [...]

Kolumne 7 [3]unten [...] [4][...] [5]Erbarmen [...] [6]für [...] [7]denn [...]. [8]G[elobt seist
Du...] [9][...] Und sie [sollen] Dich [l]ieben für immer und [...] [10][...] Und ich liebe Dich
frei und von meinem ganzen Herzen und mit all meinem Sein, das ich gereinigt habe
[...] [11][daß ich nicht] von all dem abgehen [möge], das Du geboten hast. Ich will alle
Mitglieder ergreifen von [... damit ich nicht] [12]von all Deinen Vorschriften abgehen
[möge].

Ich weiß bei Deinem Verständnis, daß es nicht in menschlicher Kraft liegt [...] eines
Mannes [13]Weg ist [nicht] bei ihm selbst, noch kann eine Person seine eigenen Schritte
bestimmen. Doch ich weiß, daß in Deiner Hand die Neigung jeden Geistes [... und all]
seine [Werke] [14]Du hast beschlossen, bevor Du ihn geschaffen hast. Wie sollte jemand
Deine Worte ändern können? Du allein hast [geschaf]fen [15]den Gerechten, und von
Mutterleib an hast Du ihn bestimmt, Deinen Bund zu achten zur festgelegten Zeit der
Gnade und in allen Dingen zu gehen und nährst ihn [16]mit der Fülle Deines Erbarmens
und befreist ihn von all dem Leid seiner Seele für ein ewiges Heil und immerwährenden Frieden ohne Not. So erhebst Du [17]seinen Ruhm über die Sterblichen. Doch die
Gottlosen hast Du geschaffen für [die Zeit] Deines [Z]orns, und von Mutterleib an
hast Du sie für den Tag des Schlachtens beiseitegestellt. [18]Denn sie gehen einen Weg,
der sich nicht lohnt, und sie weisen Deinen Bund zurück, und ihre Seelen verabscheu-
en Deine Wahrheit. Sie erfreuen sich nicht an all dem, was [19]Du geboten hast, sondern
sie wählen das, was Du haßt. All [...] hast Du sie bereitet, um unter ihnen großes
Gericht abzuhalten [20]vor all Deinen Geschöpfen, daß sie ein Zeichen sein mögen [...]
ewig, damit alle Deinen Ruhm und große Macht kennen mögen. [21]Und was in der Tat
ist ein bloßer Mensch, daß er Einsicht haben könnte in [...] wie kann Staub seine
Schritte bestimmen?

[22]Du selbst hast den Geist geformt und seine Tätigkeit hast Du bestimmt, [...] und
Dein ist der Weg allen Lebens. Ich weiß, daß [23]kein Reichtum Deiner Wahrheit gleichkommt und [...] Deiner Heiligkeit. Ich weiß daß Du sie erwählt hast über alle [24]und

sie sollen Dir für immer dienen. Du willst weder [eine Bestechung ...] noch eine Vertuschung der Taten der Gottlosigkeit, denn [25]Du bist ein Gott der Wahrheit und Du [verabscheust] alle Ungerechtigkeit [...] soll nicht sein vor Dir. [Denn] ich weiß, [26]daß [...] ist Dein [...] tun und ich werde [...] Deine Heiligkeit [...] [27][...] denn in [...]

Danksagung an Gott, denn alle Dinge sind seine Werke.

Kolumne 8 [1][...] alle [...] [2][...] zu heiligen ohne [...] Er brachte in die Zahl von [3][...] für immer. [...] Quelle der Gottlosigkeit [...] im Himmel und auf der Erde [4][...] zu heiligen in Übereinstimmung mit all [Deinen] Werken [...] und in Deiner Hand ist das Gericht über sie alle [5][...] und halsstarriger Geist [...] zu Stille [...] und als was werden sie betrachtet [...] [6][...] um das Ohr einer ruhmvollen Stimme zu geben [...] und nichts ist getan [7][...] ein verderbter [G]eist der Ungerechtigkeit [...] und gemäß Deinem Rat besuchte er (?) [...] [8][...] mit ... [9][...] zu [...] [10][...] [11]bei [Deinem] hei[ligen] Geist [...] und er (?) soll nicht [...] [12][Dein] heili[ger] Geist [...] [...] die Fülle des [Himm]els [und] der Erde [...] Dein [R]uhm, die Fülle von [...] [13]Und ich weiß, daß in [Deiner] Absicht für den Menschen Du [...] vervielfacht hast [...] Deine Wahrheit in all [...] [14]und der Palast der Gerechtigkeit [...] zu dem Du ihn bestellt hast [...] zu stolpern in all [...] [15]Bei meiner Kenntnis all dieser Dinge will ich die richtige Antwort finden, mich zu Boden werfen und [...] für meine Rebellion einen Geist von [...] suchen, [16]mich ermutigen bei [Deinem] h[eiligen] Geist, mich halten an die Wahrheit Deines Bundes, Dir in Wahrheit und makellosem Herzen [die]nen und [Deinen heiligen Namen] lieben. [17]Gelobt seist Du, o HERR, Schöpfer [a]ller Dinge und gr[oß] in Taten, denn alle Dinge sind Deine Werke. Siehe, Du hast beschlossen, barmherzig [zu mir] zu se[in], [18]und sei mir gnädig beim Geist Deiner Barmherzigkeit und [... von] Dein Ruhm . Du allein besitzt Gerechtigkeit, denn Du hast [alle diese Dinge] getan. [19]Und weil ich weiß, daß Du den Geist der Rechtschaffenen aufgezeichnet hast, habe ich selbst erwählt, meine Hände gemäß Deinem Wil[len] zu reinigen. Die Seele Deines Dieners v[erabsch]eut jedes [20]Werk der Ungerechtigkeit. Ich weiß, daß keiner rechtschaffen sein kann, der getrennt ist von Dir. Und ich erflehe Deine Gunst bei dem Geist, den Du [mir] gegeben hast, zu erfüllen [21]Deine [Gna]de an [Deinem] Diener für [immer], mich zu reinigen durch Deinen heiligen Geist und mich in Deine Nähe zu bringen durch Deine Gnade gemäß Deiner großen Barmherzigkeit [...] in [...] [22]die Plätze von [...] der Platz [Deines] Wil[lens] den Du für jene gewäh[lt] hast, die Dich lieben und [Deine] Ge[bo]te einhalten [23]vor Dir [für e]wig [... ist nicht] vermischt worden mit dem Geist Deines Dieners und mit all den Tate[n von Ungerech]tig[keit]. [24][...] Und erlaube nicht [...] vor ihm irgendeinen Kummer, der einen Abfall von den Gesetzen Deines Bundes verursacht. Denn [...] [25]R[uh]m und D[u bist ...] und mitleidig, geduldig [und ...] Gnade und Wahrheit und Vergebung von Sünden [...] [26]und bewegen zu Erbarmen mit [...] und jene, die [Deine] Vorschrif[ten] einhalten, zu Dir mit Glauben wenden und mit makellosem Herzen [...] [27]Dir zu dienen [und das zu tun, was] gut [ist] in Deinen Augen. Wende nicht das Gesicht Deines Dieners ab [...] den Sohn [Deiner] Dienerin [...] [28][...] Und ich, wegen Deiner Worte [...]

Danksagung an Gott für die Wunder seiner Schöpfung.

Kolumne 9 [3]ewig [...] [4]in ihnen und Ge[richt...] Denn [...] [5]und Quelle von Kra[ft ...] groß im Rat [...] ohne Zahl und Dein Eifer [6]vor [...] Geduld im Gericht [und D]u bist gerecht in allen Deinen Werken. [7]Bei Deiner Weisheit [hast Du erricht]et die aufeinanderfolgenden [Generationen,] und bevor Du sie erschaffen hast, kanntest Du {alle} ihre Werke [8]seit immer und ewig. [Denn getrennt von Dir] geschieht [ni]chts, und ohne Deinen Willen wird nichts erkannt. Du hast geformt [9]jeden Geist und [Du hast ihre] Ta[ten beschlossen] und das Gericht über alle ihre Werke.

Du hast die Himmel ausgebreitet [10]um Deines Ruhmes willen, Du [hast geformt] alle [ihre Gestirne] gemäß Deinem Willen und die mächtigen Geister ihren Gesetzen entsprechend, bevor [11]sie [Deine heiligen] Engel wurden [...], als ewige Geister in ihren Reichen, Lichter für ihre Geheimnisse, [12]Sterne gemäß [ihren] Bahnen [und alle stürmischen Winde] gemäß ihrer Pflicht, Sternschnuppen und Blitze gemäß ihrem Dienst und die Vorratshäuser [13]geschaffen für ihre Bedürfnisse [...] für ihre Geheimnisse.

Du hast die Erde geschaffen durch Deine Kraft, [14]Meere und Tiefen [... und] ihre [...] Du hast in Deiner Weisheit beschlossen, und all das, was in ihnen ist [15]hast Du beschlossen nach Deinem Willen. [Du hast sie bestellt] für den Geist des Menschen, den Du geformt hast auf der Erde, denn all die Tage der Ewigkeit [16]und die immerwährenden Generationen gemäß [ihren] W[erken ...] in ihren bestimmten Jahreszeiten. Du hast ihren Dienst allen ihren Generationen zugeteilt und Ger[ich]t [17]für die festgelegten Zeiten für das Rei[ch] ihrer [...] für nachfolgende Generationen und Gericht, um sie zu belohnen wie für [18]alle ihre Strafen. [...] Du hast es all ihren Nachkommen zugeteilt gemäß der Zahl der immerwährenden Generationen [19]und für all die Jahre der Ewigkeit [...] und in der Weisheit Deiner Erkenntnis hast Du ihr Schicksal beschlossen, bevor [20]sie existierten, und nach [Deinem Willen] komm[t] alles, [um zu vergehen], und nichts geschieht getrennt von Dir.

[21]Diese Dinge weiß ich durch Dein Verständnis, denn Du hast meine Ohren geöffnet für wundervolle Geheimnisse, obwohl ich ein Gefäß aus Lehm bin und mit Wasser geknetet, [22]gegründet auf Scham und eine Quelle von Schmutz, ein Schmelztiegel aus Lasterhaftigkeit und ein Gebäude von Sünden, ein Geist des Irrtums, verderbt, ohne [23]Verständnis und voller Angst vor gerechten Urteilen. Was kann ich sagen, das nicht bekannt ist und erklären, was nicht gesagt wurde? Alles [24]ist vor Dir für alle Zeiten der Ewigkeit mit der Tinte der Erinnerung eingeschrieben, für die gezählten Jahreszeiten der ewigen Jahre in all ihren festgelegten Zeiten. [25]Nichts ist verborgen, noch existiert irgend etwas getrennt von Deiner Gegenwart. Wie soll ein Mann seine Sünden erklären und wie soll er seine Lasterhaftigkeit verteidigen, [26]und wie kann er Ungerechtigkeit erwidern mit gerechtem Urteil? Du bist der Gott der Erkenntnis, alle gerechten Werke und wahrer Ratschluß gehören Dir; [27]sündiger Dienst und ränkevolle Werke gehören den Menschensöhnen.

Du schufst [28]den Atem der Zunge, und Du kennst ihre Worte. Du hast die Früchte der Lippen beschlossen, bevor sie hervorkamen. Du setzt Wörter fest durch einen Maßstab [29]und die Äußerung des Lippenhauchs durch Berechnung. Du setzt die Maßstäbe an in Beachtung ihrer Geheimnisse, und die Äußerungen der Geister gemäß ihres Plans, um zu verkünden [30]Deinen Ruhm, und um Deine Wunder in all Deinen Werken der Wahrheit nachzuzählen und Deine gerechten Ur[teile] und Deinen Namen zu loben [31]öffentlich, damit alle, die Deine Macht kennen, Dich loben nach ihrem Verständnis für immer [und ewig].

Und Du, in Deinem Erbarmen [32]und Deiner großen Gnade, hast den Geist des Menschen gewappnet gegen die Pein von [...]. Du hast ihn gereinigt von der Fülle der Lasterhaftigkeit, [33]daß dies von Deinen Wundern künden möge vor all Deinen Geschöpfen. [...] die Urteile über meine Kümmernisse [34]und dem Menschengeschlecht alle die Wunder, die Du erwiesen hast [...]

Hört, [35]o ihr weisen Männer, ihr, die ihr über Wissen nachgrübelt und dennoch unbekümmert seid! Seid von beständigem Sinn [...] vermehrt Besonnenheit. [36]O ihr Rechtschaffenen, macht der Ungerechtigkeit ein Ende. Ihr alle, deren Wege makellos sind, haltet fest [...] von den Armen. [37]Seid geduldig und weist keines [der Gebote Gottes] zurück. [Doch die Tö]richten im Herzen verstehen [38]diese Dinge nicht, doch bei dem Ratschluß [Deiner] Ger[echtigkeit ...] [39][... und die Grau]samen werden [mit den Zähnen] klapp[ern ...]

Danksagung an Gott für seine Erlösung.

Kolumne 10 [1][...] [2][...] [3][... **(1QH + 4Q432 Fragment 3)** Du rückst gerade] alle Werke der Ungerechtigkeit [in meinem Herzen ...] [4][... Du] setzt [Wahrheit vor mich und die Mißbilli]ger von Rechtschaffenheit in jeden [...] [5][...] zerquetscht von B[ög]en der [Tröster von ...] und Verkünder von Freude in [meinem] tiefen Ku[mmer], [6][ver-künd end F]rieden für all [meine] Zerstörung [...] die Stärke, mich das Herz verlieren zu lassen, und jene die verstärken [7][Schm]erz vor mir. Dann gibst Du die angemessene Antwort meinen unbe[schnittenen] Lippen, und Du unterstützt meine Seele, indem Du meine Lenden stärkst [8]und meine Kraft wiederherstellst. Du bestimmst meine Schritte innerhalb des Reichs des Bösen. So werde ich zu einer Falle für die Rebellischen und ein Heilmittel für all jene, [9]die sich von der Rebellion abwenden; Klugheit für die Törichten und ein beständiger Sinn für alle Unbekümmerten. Du hast mich zum Gegenstand von Schmach gemacht [10]und zum Spott für die Treulosen, doch zu einem Grundstein von Wahrheit und Verstehen für die Aufrechten. Und wegen der Lasterhaftigkeit der Gottlosen wurde ich [11]zur Verleumdung auf den Lippen der Grausamen, und Spötter knirschen mit den Zähnen. Ich wurde zum Spottgesang der Rebellischen, [12]und die Versammlung der Gottlosen hat gegen mich gewütet. Sie brüllen wie ein Sturm auf den Meeren, wenn die Wellen peitschen, [13]sie werfen mit Schlamm und Schmutz. Doch Du hast mich zur Fahne für die Erwählten der Gerechtigkeit bestimmt und zu einem unterrichteten Vermittler von wundervollen Geheimnissen, um zu prüfen [14][die Männer] der Wahrheit und um diejenigen, die die Zurechtweisung lieben, auf die Probe zu stellen. Ich wurde zum Mann des Streits für die Vermittler des Irrtums, [15]doch ein Friedensbringer für all die Seher von Gerechtigkeit. Ich erregte mich gegen jene, die Schmei[chelei] suchen, [16][so daß all] die Männer der Täuschung gegen mich brüllen wie das Getöse mächtiger Wasser. [All] ihre Gedanken sind wie die intriganten Pläne Belials, [17]und sie haben das Leben eines Mannes in eine Fallgrube umgewandelt, den Du durch mein Wort eingesetzt hast und den Du Verständnis gelehrt hast. [18]Du hast es in sein Herz gepflanzt, um die Quelle der Erkenntnis all jenen zu öffnen, die verstehen. Doch sie haben sie verändert, durch unbeschnittene Lippen [19]und eine fremde Nachricht in ein Volk ohne Verständnis, so daß sie in ihrem Irrglauben zerstört werden mögen.

Danksagung an Gott für seinen Schutz.

[20]Ich danke Dir, o HERR, denn Du hast mich ins Bündel des Lebens aufgenommen [21]und Du schützt mich vor allen Fallgruben. Grausame Männer trachten nach meiner Seele, während ich festhalte [22]an Deinem Bund. Sie sind der betrügerische Rat der Versammlung des Belial, sie wissen nicht, daß ich mein Amt von Dir habe. [23]Bei Deiner Barmherzigkeit rettest Du mein Leben, meine Schritte gehen mit Dir. Doch deinetwegen greifen sie [24]mich an, daß Du durch das Gericht der Gottlosen geehrt wirst, und daß Du mich stärkst gegen die [25]Menschenkinder, denn ich stehe in Deiner Gnade. Ich selbst habe gesagt, mächtige Männer haben mich belagert, sie haben mich eingekreist mit all [26]ihren Kriegswaffen. Pfeile schlugen ein ohne Unterlaß, und die Spitze der Lanze vernichtet Bäume wie Feuer. [27]Wie das Gebrüll mächtiger Wasser ist das Aufbrüllen ihrer Stimmen; eine Wolkenbruch und Regenschauer, um viele zu zerstören. Wie Wurfschleudern (?) brechen Gottlosigkeit und Betrug hervor, [28]wenn ihre Wellen sich türmen. Was mich betrifft, wenn mein Herz zerfließt wie Wasser, wird meine Seele stark in Deinem Bund. [29]Doch was sie betrifft, das Netz, das sie für mich auslegen, wird ihre eigenen Füße fangen. Und in die Fallen, die sie für mich verstecken, werden sie selbst hineinfallen. Mittlerweile „steht mein Fuß auf festem Grund. [30]Weit weg von ihrer Versammlung will ich Deinen Namen loben" (Ps 26,12).

Danksagung an Gott für die Errettung von Verfolgung.

[31]Ich danke Dir, o HERR, dafür, denn Dein Auge st[eht] über meiner Seele, und Du hast mich errettet von der Mißgunst der Vermittler von Lügen [32]und von der Versammlung derjenigen, die Schmeichelei suchen. Du hast die Seele des Armen erlöst, denen sie ein Ende bereiten wollten, [33]indem sie sein Blut vergießen wollten, weil er Dir dient. Weil sie [nicht wu]ßten, daß meine Schritte von Dir gelenkt werden, machten sie mich zu Schmach [34]und zur Zielscheibe des Spotts im Mund all jener, die Täuschung wollen. Doch Du, mein Gott, hast der Seele des Elenden und Armen geholfen [35]gegen einen Stärkeren als ihn. Du hast meine Seele aus der Hand von Mächtigen gerettet. Mitten in ihrer Verunglimpfung hast Du mich nicht schrecken lassen, [36]so daß ich Deinen Dienst hätte verlassen mögen aus Angst vor Vernichtung durch die Hände der Gottlosen, oder einen gefestigten Sinn einzutauschen, der [...] für eine Täuschung. [37][...] Gesetze und durch die Bezeugungen ihnen zu Ohren gebracht [38][...] für alle [ihre] Nachkommen [39][...] unter Deinen Schülern, und [...]

Danksagung an Gott für die Errettung vor den Folterungen der Feinde.

Kolumne 11 [1][...] und in mir [...] [2][...] [3][...] Du hast mein Gesicht erleuchtet [...] [4][...] für Dich selbst, mit ewigem Ruhm zusammen mit all [...] [5][...] Deines Mundes, und Du hast mich errettet von [...] und von [...] [6][...] nun [meine] Seele [...denn] sie schätzten mich [nicht]. Sie setzten [meine] Seele wie ein Boot in die Tiefen der See [7]und wie eine befestigte Stadt vo[r ihrem Feind]. Ich leide Schmerzen wie eine Frau, die ihrem Erstgeborenen das Leben schenkt. Wenn ihre Schmerzen über sie kommen

[8]und sie die peinigenden Schmerzen an der Öffnung ihres Leibes spürt, die den Leib einer Schwangeren krümmen. Denn Kinder kommen durch die Sturzwellen des Todes ins Leben, [9]und sie, die schwanger ist mit einem männlichen Kind, erleidet Schmerzen bei der Geburt. Denn durch die Sturzwellen des Todes gebiert sie ein männliches Kind, durch die Schmerzen der Scheol bricht heraus [10]aus dem Leib einer Schwangeren ein wundervoller Ratgeber mit seiner Kraft. Ein männliches Kind wird sicher errettet von den Sturzfluten. In diejenige, die mit ihm schwanger ist, fließen all [11]die Sturzfluten und peinigende Schmerzen, wenn sie geboren werden, und Schrecken für ihre Mütter. Und wenn er geboren wird, kommen alle stechenden Schmerzen plötzlich [12]zum Leib der Schwangeren. Und sie, die schwanger ist mit Gottlosigkeit, erfährt peinigenden Schmerz, und die Sturzfluten der Grube für alle Schreckenstaten. [13]Und die Fundamente der Wand zerbrechen wie ein Schiff auf dem Wasser, und die Wolken donnern mit Gebrüll. Jene, die im Staub wohnen, [14]ebenso wie jene, die auf dem Meer fahren, sind verängstigt durch das Brüllen des Wassers, und ihre weisen Männer sind für sie wie Matrosen über den Untiefen. [15]Denn all ihre Weisheit wird verschlungen vom Gebrüll der Meere, wenn die Tiefen der Ozeane über den Rand überkochen und zu turmhohen Wellen hochgeschleudert werden [16]und (zu) Sturzfluten mit ihrem Gebrüll. Und wenn sie hochgeschleudert sind, werden sich Sch[eo]l [und Abaddon] auftun. [Und al]le Pfeile der Grube, [17]wenn sie in die Tiefen hinabsteigen, schreien hinaus, und die Pforten [der Scheol] öffnen sich [für all] die Taten aus Gottlosigkeit. [18]Dann schließen sich die Tore der Grube über der einen, die schwanger ist mit Ungerechtigkeit, und der ewige Riegel schließt die Geister der Gottlosen ein.

Danksagung an Gott, der Menschen der Erde errettet.

[19]Ich danke Dir, o HERR, denn Du hast meine Seele erlöst von der Grube. Aus Scheol und Abaddon [20]hast Du mich erhoben zu ewiger Höhe, so daß ich auf einer endlosen Ebene ausschreiten kann und weiß, daß dort Hoffnung ist für denjenigen, den [21]Du erschaffen hast aus dem Staub für den ewigen Rat. Den verderbten Geist hast Du gereinigt von großer Sünde, so daß er seinen Platz unter [22]dem Heer der Heiligen einnehmen und gemeinsam (*oder* in der *Jahad*) mit der Versammlung der Himmelssöhne den Himmel betreten darf. Und für den Mann hast Du um ein ewiges Schicksal mit den Geistern [23]der Erkenntnis gelost, um Deinen Namen zu loben zusammen mit Rufen der Freude und um Deine Wunder vor all Deinen Geschöpfen zu erzählen. Doch ich, ein Geschöpf aus [24]Lehm, was bin ich? Geknetet mit Wasser, als was kann ich betrachtet werden, und was ist meine Stärke? Denn ich haben meinen Platz innerhalb des Reichs der Gottlosigkeit, [25]und ich bin unter den Schuften durch Los. In der Seele des Armen wohnt großer Aufruhr, also begleitet großes Unglück meine Schritte. [26]Wenn alle Fallen der Grube geöffnet sind und all die bösen Fallstricke und die Netze der Schufte auf dem Wasser ausgelegt sind, [27]wenn all die Pfeile aus der Grube ohne umzukehren losfliegen und ohne Hoffnung einschlagen, wenn der Maßstab auf Gericht zeigt und das Los des Zorns [28]auf jene, die verlassen sind, wenn das Ausgießen des Zorns auf die Heuchler und die Zeit des Zorns für alle, die zu Belial gehören, wenn die Fallstricke des Todes sich zusammenziehen und es keinen Ausweg gibt, [29]dann sollen die reißende Ströme Belials über alle Hochufer treten, wie ein Feuer, das all ihre (?)

Kanäle verzehrt, so, als wenn jeder grüne Baum zerstört würde [30]und jeder trockene Stamm entlang der Nebenflüsse. Es breitet sich aus mit funkensprühenden Flammen, bis alles, was aus ihnen trinkt, dahin ist. Es verschlingt die Klippen aus Lehm [31]und die Ebenen. Die Fundamente der Berge werden in Flammen gesetzt und die Lager des Kieselgesteins werden zu reißenden Strömen von Pech. Sie ergießen sich hinunter in die große Tiefe. [32]Die Ströme von Belial brechen hindurch nach Abaddon, und die Ränkeschmiede aus der Tiefe machen einen Aufruhr mit dem Lärm jener, die Schlamm speien. Die Erde [33]schreit laut auf wegen des Unheils, das über die Welt kommt, und all ihre Ränkeschmiede schreien auf. Alle, die auf ihr sind, benehmen sich wie verrückt, [34]und sie schmelzen dahin im großen Unheil. Denn Gott donnert mit dem Gebrüll Seiner Kraft, und Seine heilige Wohnung brüllt Seine ruhmvolle Wahrheit heraus. [35]Dann werden die himmlischen Scharen ihre Stimme erheben, und die ewigen Fundamente werden schmelzen und beben. Der Krieg der Helden [36]des Himmels wird sich auf der ganzen Welt ausbreiten und wird nicht zurückkehren, bis die Vernichtung, die von Ewigkeit her beschlossen war, abgeschlossen ist. Nichts was dem gleicht, ist je geschehen.

Danksagung an Gott für den Schutz vor den Mächten der Zerstörung.

[37]Ich danke Dir, o HERR, denn Du bist zu einer Mauer der Stärke für mich geworden [38][und Du hast mich befreit von al]len Zerstörern und all [...] Du versteckst mich vor dem schrecklichen Unheil [39][...] ist nicht gekommen [...] [40][...] in die Geheimnisse von [...] [41][...] in seiner Umgebung, damit nicht [...]
Kolumne 12 [1][...] [2][...] [3][... Du setzt] meine Füße auf einen Fels [...] [4][...Du führst mich auf] dem ewigen Weg und auf den Pfaden, die Du gewählt hast [...]

Danksagung an Gott für die Errettung durch den Bund.

[5]Ich danke Dir, o HERR, denn Du hast mein Gesicht erleuchtet durch Deinen Bund, und [...] [6][...] ich suche Dich, und als immerwährende Morgendämmerung, als [makellos]es Lich[t] hast Du Dich mir offenbart. Doch diese, Dein Volk, [gehen vom rechten Weg ab] [7]De[nn] sie schmeicheln sich gegenseitig mit Worten, und die Vermittler der Täuschung führen sie vom rechten Weg ab, so daß sie ohne Erkenntnis zugrunde gehen. Denn [...] [8]ihre Werke sind voller Täuschung, denn gute Werke werden von ihnen zurückgewiesen. Auch schätzten sie mich nicht, nicht einmal, als Du Deine Macht zeigtest durch mich. Stattdessen vertrieben sie mich von meinem Land [9]wie einen Vogel aus seinem Nest. Und alle meine Freunde und Bekannten von mir wurden weggejagt; sie betrachten mich als zerbrochenes Gefäß. Doch sie sind die Vermittler von [10]einer Lüge und Seher der Täuschung. Sie haben Ränke gegen mich ersonnen, indem sie Dein Gesetz verändern, das Du deutlich in mein Herz gesprochen hast, mit schmeichelnden Worten, [11]die sie an Dein Volk richten. Sie halten den Trank der Erkenntnis vor denjenigen zurück, die durstig sind, und gegen ihren Durst geben sie ihnen Essig zu trinken, so daß sie [12]ihren Irrtum fortsetzen mögen, sich auf ihren Festen verrückt zu benehmen und sich fangen zu lassen in ihren Netzen. Doch Du, o Gott, verwirf jeden Plan [13]Belials, und nur Dein Rat soll stehen, und der Plan Deines Herzens soll für ewig bleiben. Sie sind Heuchler; sie hecken die intriganten Pläne Belials aus, [14]sie suchen Dich mit falschem Herzen und sind nicht gegründet in Deiner

Wahrheit. In ihren Ränken ist eine Wurzel, die Gift und Wermut hervorbringt. [15]Mit mutwilligen Herzen schauen sie herum und suchen Dich in Götzenbildern. Sie haben den Stolperstein ihrer Lasterhaftigkeit vor sich gesetzt, und sie kommen [16]Dich zu suchen in den Worten von Lügenpropheten, durch Irrtum verderbt. Mit spöttischen Lippen und in fremder Zunge sprechen sie zu Deinem Volk, [17]als ob sie sich lustig machten über all ihre Taten der Täuschung. Denn sie wählten nicht den We[g] Deines [Herzens] noch beachten sie Dein Wort, aber sie sagten, [18]was die Vision von Erkenntnis betrifft: ‚Es ist nicht sicher‘, und was den Weg Deines Herzens betrifft: ‚Es ist nicht der Weg‘. Doch Du, o Gott, wirst ihnen antworten, indem Du sie richtest [19]in Deiner Stärke [gemäß] ihren Götzen und der Vielzahl ihrer Sünden, damit sie, die sich von Deinem Bund abgewendet haben, in ihren eigenen Intrigen gefangen werden mögen. [20]Du wirst im Ge[ri]cht alle Männer voller Täuschung ausrotten; die Seher des Irrtums sollen nicht länger vorgefunden werden. Denn es gibt keinen Betrug in irgendeinem Deiner Werke [21]und keine Täuschung in der Überlegung Deines Herzens. Diejenigen, die in Einklang mit Dir sind, sollen vor Dir stehen für ewig, und jene, die den Weg Deines Herzens gehen, [22]sollen in Sicherheit sein für immer und ewig. Ich selbst stehe, wenn ich festhalte an Dir, aufrecht und erhebe mich gegen jene, die mich geringschätzen; meine Hände sind gegen jene, die mich verachten. Denn [23]sie schätzen [mich] nicht, [obwo]hl Du Deine Macht durch mich zeigst und Dich mir offenbarst in Deiner Stärke als makelloses Licht. Du bedeckst nicht mit Scham die Gesichter [24]all jener, die von mir gesucht werden, die sich untereinander (*oder* in der *Jahad*) treffen gemäß Deinem Bund. Jene, die den Weg Deines Herzens gehen, haben auf mich gehört; sie ziehen sich selbst hinauf zu Dir [25]in den Rat der Heiligen. Du verursachst ihr Urteil, für immer zu gelten, und die Wahrheit, sich auszubreiten ohne Behinderung. Du erlaubst ihnen nicht, an der Hand der Schurken vom rechten Weg weggeführt zu werden, [26]wenn diese Ränke schmieden gegen sie. Du legst die Furcht vor ihnen in Dein Volk, und Du machst sie zu einer kriegerischen Gesellschaft für all die Völker der Länder, um auszurotten durchs Gericht [27]jene, die gegen Dein Wort sündigen. Doch durch mich hast Du die Gesichter aller Mitglieder erleuchtet und sie unzählige Male gestärkt. Denn Du hast mir Verständnis der Geheimnisse [28]Deiner Wunder gegeben, und in Deinem wunderbaren Ratschluß hast Du dies bestätigt; indem Du Wunder tust vor allen Mitgliedern um Deines Ruhmes willen und bekannt machst [29]Deine mächtigen Taten allen Lebenden. Was ist der sterbliche Mensch im Vergleich damit? Denn er ist sündig [30]von Mutterleib an und schuldig der Untreue bis ins hohe Alter. Ich weiß, daß der Mensch keine Gerechtigkeit hat, noch geht der Menschensohn den [31]Weg der Makellosigkeit. Alle Werke der Gerechtigkeit gehören dem Höchsten Gott. Der Weg des Menschen ist nicht von Dauer, außer durch den Geist, den Gott für ihn geschaffen hat, [32]um den Weg für die Menschenkinder zu vervollkommnen, so daß sie all Seine Werke erkennen mögen durch Seine große Macht und die Fülle Seiner Barmherzigkeit über all jene, [33]die Seinem Willen folgen. Doch was mich betrifft, so haben Angst und Zittern von mir Besitz ergriffen und alle meine Knochen brechen auseinander. Mein Herz schmilzt wie Wachs über dem Feuer, und meine Knie werden [34]wie Wasser, das über einen Abhang hinuntergeschüttet wird. Denn ich erinnere mich meiner Schuld, zusammen mit der Untreue meiner Vorväter, wenn die Gottlosen sich gegen Deinen

Bund erheben [35]und die Schurken gegen Dein Wort. Ich sagte in meiner Sünde, ich bin von Deinem Bund verlassen. Doch, als ich mich an die Macht Deiner Hand erinnerte, zusammen mit [36]der Fülle Deiner Barmherzigkeit, stand ich aufrecht und fest, und mein Geist wurde stark genug, Kummer auszuhalten. Denn [ich] ruhte [37]in Deiner Barmherzigkeit und der Fülle Deines Erbarmens. Denn Du machst Lasterhaftigkeit wieder gut und reini[gst] den Menschen von Schuld durch Deine Gerechtigkeit. [38]Doch nicht für den Menschen, [sondern um] Deines [Ruhmes willen] hast Du es getan, denn Du hast beide geschaffen, die Gerechten wie die Gottlosen [...] [39][...] Ich will mich stark zeigen in Deinem Bund, bis [...] [40][... vo]r Dir. Denn Du bist die Wahrheit, und alle [Deine] W[erke] sind Gerechtigkeit [...]

Kolumne 13 [1]bis zum Tag mit [...] [2]Deine Vergebung und die Fülle [Deiner Barmherzigkeit ...], [3]Und als ich dies erkannte, hast [Du mich] getröstet [4]gemäß Deinem Willen, und durch Deine Hand ist das Gericht über sie alle [...]

Danksagung an Gott, der die Seinen nicht im Stich gelassen hat.

[5]Ich danke Dir, o HERR, denn Du hast mich nicht im Stich gelassen, während ich mich unter einem Volk aufhielt, [... und nicht] gemäß meiner Schuld hast [6]Du mich gerichtet, noch hast Du mich den Plänen meiner bösen Neigungen überlassen; doch Du hast mein Leben aus der Grube errettet. Du hast gegeben [...] unter [7]Löwen, die für die Kinder der Schuld bestellt sind; Löwen, die die Knochen der Mächtigen brechen und das Blu[t] der Krieger trinken. Du bestimmtest [8]meine Wohnung unter vielen Fischern, die ihre Netze über die Fläche des Wassers auswerfen, und die Kinder der Ungerechtigkeit jagen. [9]Du hast mich hierher gestellt, um zu richten. Du hast den Rat der Wahrheit in meinem Herzen gestärkt und Wasser (?) des Bundes für jene, die ihn suchen. Doch Du verschließt das Maul der jungen Löwen, deren [10]Zähne Schwertern gleichen und deren Reißzähne so scharf wie Lanzen sind. All ihre üblen Pläne zur Entführung sind wie Schlangengift; sie liegen auf der Lauer, doch sie haben nicht [11]ihre Mäuler gegen mich weit aufgerissen. Denn Du, o mein Gott, hast mich vor den Menschenkindern versteckt, und Dein Gesetz hast Du in [mir] verborgen bis zu der Zeit, zu der [12]Du Dein Heil mir offenbarst. Denn in der Not meiner Seele hast Du mich nicht verlassen, sondern Du hörtest meinen Schrei in der Bitterkeit meiner Seele. [13]Du erkanntest meinen kummerbeladenen Schrei an meinem Seufzer und Du erlöstest das Leben des Elenden aus der Höhle der Löwen, die ihre Zunge schärfen wie ein Schwert. [14]Und Du, o mein Gott, hast ihre Zähne verschlossen, damit sie nicht die Seele des Elenden und Armen in Stücke reißen. Und ihre Zunge fährt zurück [15]wie ein Schwert in die Scheide, so daß es die Seele Deines Dieners nicht treffen kann. Und damit Du mich groß machen mögest gegenüber den Menschenkindern, hast Du wunderbare Taten [16]an dem Armen vollbracht. Du hast ihn in das Schmelz[feuer wie G]old, das mit Feuer bearbeitet wird, gebracht, und wie Silber, das in der Schmelze der Schmiede verfeint wird, um siebenmal verfeint zu werden. [17]Doch die Gottlosen des Volks stürzen sich auf mich mit Beschwerden, und den ganzen Tag lang bedrücken sie meine Seele.

[18]Doch Du, o mein Gott, machst den Sturm zum Geflüster und das Leben des Notleidenden hast Du in Sicherheit gebracht als [...] Beute aus der Gewalt [19]der Löwen.

Danksagung an Gott, der jene nicht im Stich läßt, die sich zu ihm wenden.

²⁰{Ich danke Dir} Gesegnet seist Du, o HERR, denn Du hast die Waise nicht verlassen, und Du hast den Armen nicht verachtet. Denn Deine Stärke [ist unbegre]nzt und Dein Ruhm ²¹ohne Maß. Deine Gesandten sind wunderbare Krieger. Ein gedemütigtes Volk befindet sich im Abfall zu [Deinen] Füßen, [und Du hast auch ein Wunder getan] an jenen, die unachtsam sind gegenüber ²²Gerechtigkeit, um sie heraufzubringen aus der Verzweiflung zusammen mit allen jenen {unachtsam} ohne Gnade. Doch ich selbst wurde [...], Streit ²³und Zank für meine Gefährten, Eifersucht und Zorn für jene, die in meinen Bund eingetreten sind, zum Murren und Klagen für alle, die meine Genossen sind. So[gar jene, die] mein Brot [tei]len, ²⁴haben mit ihren Absätzen nach mir getreten, und all jene, die sich selbst in meinen Rat begeben haben, sprechen falsch gegen mich mit unwahren Lippen. Die Männer meines [Ra]tes rebellieren ²⁵und murren ringsum. Und was das Geheimnis betrifft, das Du in mir verborgen hast, so gehen sie herum als Verleumder zu den Kindern der Zerstörung. Weil [Du] [Dich selbst] in mir er[höht] hast ²⁶und um ihrer Schuld willen, hast Du mich verborgen in der Quelle des Verständnisses und dem Rat der Wahrheit. Doch sie ersinnen die Zerstörung ihrer Herzen; [(1QH + 4Q429 Fragment 1 Kolumne 3) und mit den Worten] Belials haben sie gezeigt ²⁷eine lügnerische Zunge; wie Schlangengift bricht es immerfort aus ihnen heraus. Wie jene, die im Staub kriechen, werfen sie sich nach vorn um [das gerissene Lächeln (?)] aufzu[greifen], ²⁸das nicht beschwört werden kann. Und es wurde zum unheilbaren Schmerz und zu einer quälenden Pein in den Eingeweiden Deines Dieners, was [meinen Geist] dazu brachte, zu stolpern und ein Ende ²⁹meiner Stärke setzt, so daß ich nicht fest stehen konnte. Sie überwältigen mich an Engstellen, wo es keinen Fluchtweg gibt, noch wenn sie [...] Sie stimmen ³⁰ihren Streit gegen mich auf der Lyra an und komponieren ihre Klage als Musik; zusammen mit Zerstörung und Verzweiflung. Stechende Schmerzen haben [mich] er[griffen] und Schmerzen wie die Krämpfe ³¹einer Gebärenden. Mein Herz wird in mir gefoltert. Ich habe das Gewand der Trauer angelegt, und meine Zunge klebt am Gaumen. Denn sie haben mich umzingelt [mit ...] ihres Herzens, und ihr Verlangen ³²erschien mir als Bitterkeit. Das Licht auf meinem Gesicht wird dunkel und mein Glanz ist verwandelt in Düsternis.

Doch Du, o mein Gott, ³³hast einen weiten Raum in meinem Herzen geöffnet, doch sie hören nicht auf, dort hinzudrücken, und sie schließen mich ein in tiefer Finsternis, so daß ich das Brot des Stöhnens esse, ³⁴und mein Trank sind endlose Tränen. Denn meine Augen wurden schwach vor Zorn und meine Seele von der täglichen Bitterkeit. Kummer und Elend ³⁵umgeben mich, und Schmach ist auf meinem Gesicht. Mein Brot wurde Zwist, und mein Getränk Hader. Sie kriechen in meine Knochen, ³⁶und bringen meinen Geist zum Stolpern und machen meiner Kraft ein Ende. Gemäß den Geheimnissen des Unrechts verdrehen sie die Werke Gottes durch ihre Schuld. Denn ich war mit Seilen gebunden, ³⁷die nicht gelöst werden können und mit Fesseln, die nicht aufgebrochen werden können. Eine starke Mauer [umgibt mich]; eiserne Riegel und [bronzene] Tore, [die nich]t geöffnet werden [können]. ³⁸Mein Gefängnis rechnet man zur Tiefe ohne [Entkommen ... die reißenden Ströme von] ³⁹[Be]l[i]al umgeben meine Seele [...]

Kolumne 14 [1][...] [2]mein Herz in Verachtung [...] [3]und Unheil ohne Grenzen, Zerstörung ohne [... Doch Du, o mein Gott,] [4]hast meine Ohren [der Ermah]nung von jenen, die rechtschaffen tadeln, mit [... Du errettetest mich] [5]aus der Versammlung [des Bet]rugs und dem Rat der Gewalt und brachtest mich in den Rat [Deiner Heiligkeit ...] Schuld. [6]Ich weiß, daß es Hoffnung gibt für jene, die sich von Rebellion abwenden und für jene, die von Sünde lassen in [...] um [7]den Weg Deines Herzens zu gehen ohne Ungerechtigkeit. Ich bin getröstet trotz des Gebrülls der Menschen und des Geschreis von Königreichen, wenn sie sich versammeln. [Denn] ich [we]iß, daß [8]Du bald Überlebende aus Deinem Volk erheben wirst und ein Rest unter Deinem Erbe. Du wirst sie so läutern, daß sie von Schuld gereinigt sein werden. Denn alle [9]ihre Werke sind in Deiner Wahrheit, und nach Deiner Barmherzigkeit wirst Du sie richten mit der Fülle an Erbarmen und großzügiger Vergebung; und sie unterrichten gemäß Deinem Wort. [10]Gemäß Deiner aufrechten Wahrheit bestimmtest Du sie in Deinem Ratschluß für Deinen Ruhm. Denn um Deinetwillen hast Du es getan, um das Gesetz zu machen und die Wahrheit groß für [...] [11]die Männer Deines Rates unter den Menschenkindern, um Deine Wunder den nachfolgenden Generationen zu erzählen und unaufhörlich [nachzu]denken über Deine großen Werke. [12]Alle Völker sollen Deine Wahrheit erkennen und alle Nationen Deinen Ruhm. Denn Du hast [Deine] W[ahrheit und R]uhm gebracht [13]zu allen Männern Deines Rates, im Los zusammen mit den Engeln der Gegenwart. Und es gibt keinen Vermittler für [...] [14][...] Sie werden auf Dein glorreiches Wort hin zurückkehren, und sie werden Deine Fürsten sein im [ewi]gen Lo[s ... Dein Volk] [15]blüht wie eine Bl[ume ...] für immer, um einen Sproß zu treiben, der zu Zweigen einer ewigen Pflanzung wird. Sie wird Schatten werfen über die ganze We[lt ...] [16]so weit die Himme[l ...] und seine Wurzeln in die Tiefen hinabreichen. Alle Flüsse Edens [werden] ihre [Z]w[eig]e [wässern], und es wird sein [ein großer Baum ohne] [17]Grenzen. [...] über der Welt ohne Ende, und so weit wie die Scheol [...] der Ursprung des Lichts soll eine ewige Quelle werden [18]ohne Ende. In seinen glänzenden Flammen sollen all die Kin[der der Ungerechtigkeit] brennen, [und es soll] ein Feuer werden, das alle Männer der [19]Schuld vollständig verbrennt. Diejenigen, die sich selbst meinem Zeugnis anvertraut haben, laß sie selbst verleitet sein von [...] in den Dienst von Gerechtigkeit. [20]Doch Du, o Gott, hast ihnen befohlen, Gewinn zu ziehen aus ihren Wegen, indem sie den Weg [Deiner] Heiligk[eit] [gehen]. Die Unbeschnittenen, die Beschmutzten und die Gewalttätigen [21]beschreiten ihn nicht. Sie taumeln vom Weg Deines Herzens weg, und im Unglück [...] haben sie Sehnsucht. Belial ist der Ratgeber [22]ihres Herzens [...] Ränke voller Gottlosigkeit, sie wälzen sich in Schuld. [...] Ich bin wie ein Matrose auf einem Schiff [geworden], wenn [23]die Meere ihre Wellen aufrühren und all ihre Brecher über mich kommen. Ein überwältigender Wind brüllt [ohne] Ruhe, um die Seele wieder zum Leben zu erwecken, und [24]es gibt keine Pfade, die geradewegs übers Wasser führen. Die Tiefen brüllen zu meinem Stöhnen, und [meine] Seel[e nähert] sich den Pforten des Todes. Ich bin [25]wie einer, der eine befestigte Stadt einnimmt und Schutz sucht hinter einer hohen Mauer bis zu seinem Entkommen. Ich froh[locke] in Deiner Wahrheit, mein Gott. Denn Du [26]setztest einen Grundstein auf den Fels und befestigst daran einen gerade Meßlinie und [unter]suchst die geprüften Steine mit einem genauen Lot, so wie für den Bau einer

[27]starken [Mauer], die nicht erschüttert werden soll. Alle, die durch sie hindurchgehen, werden nicht wanken. Denn der Fremde darf nicht durch ihre [To]re hindurchgehen; gepanzerte Türen erlauben keinen [28]Eintritt und starke Bolzen, die nicht brechen. Ein Trupp mit seinen Kriegswaffen kann nicht hineingehen, denn all die S[chwerter] von [29]gottlosen Kriegen werden zerstört. Dann wird das Schwert Gottes zur Zeit des Gerichts eilen, und alle Kinder Seiner Wahrheit werden erwachen, um ein Ende zu bereiten [den Kindern der] [30]Gottlosigkeit, und alle Kinder der Schuld werden nicht mehr sein. Der Held soll seinen Bogen ziehen, und die Festung wird sich öffnen [...] [31]wie ein offenes Land ohne Ende. Die ewigen Tore werden sich öffnen und die Kriegswaffen hervorbringen, und sie werden mäch[t]ig sein von einem Ende der Welt zum anderen [32][...] Doch es gibt kein Entkommen für die Geschöpfe der Schuld, sie werden niedergetrampelt bis zur Zerstörung ohne Über[rest. Und es gibt keine] Hoffnung in der Fülle von [...], [33]und für all die Kriegshelden gibt es keine Zuflucht. Denn [der Sieg gehört] dem Höchsten Gott [...] [34]Erhebe die Fahne, o du, der du im Staub liegst, und laß die Würmer der Toten ein Banner erheben für [...] sie schneiden [...] [35]in den Schlachten der Überheblichen. Und Er wird eine tobende Flut hervorbringen, die sich ergießt, die nicht in die befestigte Stadt eindringt [...] [36]... [...] als Verputz und als Balken für [...] [37]Wahrheit [...]

Kolumne 15 [1][...] Ich bin sprachlos [...] diese [...] [2][...] mein [Ar]m ist an der Schulter zerschmettert, und mein Fuß ist im Sumpf versunken. Meine Augen sind mit Siegeln verschlossen durch den Anblick von [3]Bösem, meine Ohren vom Hören des Blutvergießens, und mein Herz ist betäubt wegen der bösen Intrigen. Denn Belial zeigt sich, wenn die wahre Natur ihres Seins offenbart wird. [4]All die Fundamente meines Balkenwerks zerbröckeln. Meine Knochen sind getrennt voneinander, und meine Innereien sind wie ein Schiff in einem wütenden [5]Sturm. Mein Herz brüllt wie zur Zerstörung, und ein Geist des Taumelns überwältigt mich. Alles wegen des Verderbens, das ihre Sünden verursacht haben.

Danksagung an Gott, der die Seinen unterstützt.

[6]Ich danke Dir, o HERR, denn Du hast mich mit Deiner Stärke unterstützt, und Deinen heiligen Geist hast [7]Du über mir ausgegossen, so daß ich nicht taumeln werde. Du hast mich vor den Kriegen der Gottlosigkeit gestärkt, und in all ihrer Verwüstung [8]hast Du mich nicht niedergeschmettert um Deines Bundes willen. Du hast mich als starken Turm hingestellt; als eine hohe Wand. Auf den Felsen hast Du errichtet [9]mein Balkenwerk und ewige Fundamente für das Aufsetzen meiner Schritte. All meine Wände sind geprüfte Wände, die nicht schwanken werden. [10][Und] Du, mein Gott, hast mich, als heiligen Ratschluß, für die Ermatteten bestimmt. Du [hast mich] Deinen Bund [gelehrt], und meine Zunge ist wie eine Deiner Schüler. [11]Doch es gibt kein Wort für den Geist des Unheils, noch eine richtige Antwort für irgendeines der Kinder der Schuld. Denn lügnerische Lippen sollen sprachlos sein. [12]Denn alle, die mich angreifen, wirst Du zum Gericht verdammen, so daß Du in mir zwischen den Gerechten und den Gottlosen unterscheidest. [13]Denn Du kennst die Absicht jedes Werkes, und jede Antwort nimmst Du wahr. Du hast mein Herz errichtet [14][gemäß] Deiner [Le]hre und Deiner Wahrheit und setzt meine Schritte gerade in die Pfade der Rechtschaffenheit, so

daß ich in Deiner Gegenwart gehen kann im Reich [15][der Gerech]ten auf den Pfaden von Ruhm {und Leben} und Friede ohne U[mkehr und nie]mals endend. [16]Doch Du kennst die Neigung Deines Dieners, daß [ich mich] nicht [verlassen habe auf meine eigene Macht,] um [mich] zu erhöhen, [17]Sicherheit in meiner Stärke findend. Noch habe ich irgendwelche fleischlichen Zufluchtsorte [...] keine Werke von Recht-schaffenheit, um mich zu befreien von [...] [18]oh[ne] Vergebung. Ich stütze mich auf die Fü[lle Deines Erbarmens, und der Fülle] Deiner Gnade sehe ich entgegen, [19]die die Pflanze blühen und einen Trieb wachsen läßt; indem ich Zuflucht nehme bei Deiner Stärke und [... Denn in] Deiner Gerechtigkeit hast Du mich [20]in Deinen Bund gestellt, und ich habe Deine Wahrheit ergriffen. Und D[u ...] und Du hast mich zum Vater der Kinder der Gnade bestimmt [21]und als Hüter der Männer der Vorzeichen. Sie öffnen den Mund weit wie ein säugendes Ki[nd ...], und wie ein Kind sich freut an der Umarmung [22]seines Hüters. Und Du hast mir den Sieg verliehen über alle, die mich verdammen, und die [Über]reste jener, die gegen mich Krieg geführt haben, sind zer[schmettert]. Jene, die [23]mich verfolgten, sind wie Spreu im Wind, und mein Reich ist vorüber [... Und Du,] mein [Go]tt, hast meiner Seele geholfen, und Du hast mein Horn erhoben [24]in die Höhe. Ich erstrahle in siebenfachem Licht, in L[icht, das] Du [err]ichtet hast für Deinen Ruhm. [25]Denn Du bist wie ein [ewi]ges Licht für mich, und Du stellst meinen Fuß auf den ebenen Gr[und ...]

Danksagung an Gott, den einzigen Weisen und Gerechten.

[26]Ich danke [Dir, o HERR,] denn Du hast mir Einblick in Deine Wahrheit gegeben, [27]und hast mich die Geheimnisse Deiner Wunder erkennen lassen. [Du hast ...] in Deiner Barmherzigkeit für einen Mann [...] in der Fülle Deines Erbarmens mit jenen, die im Herzen gequält sind. [28]Wer ist wie Du unter den Göttern, o HERR? Und wer gleicht Deiner Wahrheit? Und wer kann vor Dir gerechtfertigt sein, wenn er vor Dein Gericht kommt? [29]Keiner der geistigen Scharen kann auf Deine Strafe antworten und keiner kann fest stehen vor Deinem Zorn. Doch all die Kinder [30]Deiner Wahrheit bringst Du vor Deine Güte, und bei der Fülle Deines Erbarmens [31]behältst Du sie vor Dir für immer und ewig.

Denn Du bist ein ewiger Gott, und alle Deine Wege währen ewig [32]ohne Ende; es gibt keinen neben Dir. Und was ist denn der Mensch der Leere und der Meister der Nichtigkeit, daß er klar verstehen könnte Deine wunderbaren, [33]mächtigen Werke?

Danksagung an Gott, der dem Psalmisten Gnade und Vergebung schenkt.

[34][Ich danke D]ir, o HERR, denn Du hast mein Los nicht in die betrügerische Versammlung geworfen, noch hast Du mein Schicksal bestimmt für den Rat der Heuchler. [35]Doch Du rufst mich zu Deiner Barmherzigkeit und [Deiner] Vergebung [...] und in der Fülle Deines Erbarmens für alle Urteile von [36]... (**1QH + 4Q428 Fragment 7**) habe ich gelehrt in ...] Ungerechtigkeit und bei der Vorschrift [37][... mein Zorn, denn eine Fülle an Unreinheit und von meiner Jugend in Blutvergießen und so weit wie...mein Gott, Du hast gesetzt] [38][meinen Fuß auf den Weg ... Dein Herz und für den Bericht von ... meine Ohren und mein Herz, Deine Wahrheit zu verstehen ...] [39][... Ohr mit Deiner Lehre bis ...]

Kolumne 16 [1][... (1QH + 4Q428 Fragment 7) Erkenntnis, die Du errichtet hast von meinen Eingeweiden und Du verherrlichtest mich ... noch für mich als ein Stolperstein] [2][von Lasterhaftigkeit. Denn Du ...] Deine Gerechtigkeit währt ewig, denn [Du tust] nicht [... Wege von ...] [3][...] Du [...]

Danksagung an Gott, der den Psalmisten zur Quelle von Gnade machte.

[4]Ich d[anke Dir, o HERR, denn] Du hast mich zur Quelle gemacht, die in ein trockenes Land fließt, eine Wasserquelle in einem verwüsteten Land, ein gut gewässerter [5]Garten [...] Du [pflan]ztest an einen Ort Wacholderbaum und Pinie zusammen mit einer Zypresse um Deines Ruhmes willen; Bäume [6]des Lebens an der geheimen Quelle, verborgen unter all den Bäumen am Wasser, so daß ein Trieb zu einer ewigen Pflanzung wachsen kann. [7]Sie schlagen Wurzeln, bevor sie austreiben, sie strecken ihre Wurzeln nach dem Wasserlauf aus, daß sein Stamm sich dem lebendigen Wasser öffnen [8]und eine ewige Quelle werden kann. An seinen beblätterten Ästen soll jedes Wild des Waldes weiden, und sein Stamm soll ein Versammlungsort für alle werden, die vorbeikommen, [9]und seine Äste Schlafplätze für alle Vögel. Alle Bäu[me] am Wasser erheben sich darüber, denn an ihrem Platz werden sie groß, [10]doch sie strecken ihre Wurzeln nicht nach dem Wasserlauf aus. Der Trieb der H[e]iligkeit wächst zu einer Pflanze der Wahrheit, verborgen [11]und nicht geachtet. Und da sie nicht bekannt ist, ist ihr Geheimnis versiegelt.

Doch Du, o [G]ott, Du schützest ihre Früchte mit dem Geheimnis mächtiger Krieger, [12]heiliger Geister, und die wirbelnde Flamme des Feuers, so daß kein Mensch zum Brunnen des Lebens [kommen kann], noch mit den ewigen Bäumen [13]die Wasser der Heiligkeit trinken, noch seine Früchte zum Gedeihen bringt mit [der Pflanz]e der Himmel. Nämlich der eine hat, obwohl er sieht, nicht erkannt [14]und dachte nach und hat nicht geglaubt an den Quell des Lebens, und so gibt [...] ewig. Ich wurde zum Gespött der überfließenden Flüsse, [15]denn sie schleudern ihren Schlamm auf mich.

[16]Doch Du, o mein Gott, hast Deine Worte in meinen Mund gelegt wie frühe Regenschauer für alle, [die durstig sind] und als ein Quell lebendigen Wassers. Die Himmel sollen nicht nachlassen, sich zu öffnen, [17]noch sollen sie austrocknen, sondern sie sollen ein Strom werden, der sich ergießt au[f ...] Wasser und dann zu Meeren ohne En[de]. [18]Jene, die verborgen waren, fließen plötzlich [...] und sie sollen eine Fl[ut] werden [für jeden] [19]grünen und trockenen Baum; ein See für jedes wilde Tier und Vo[gel ... wie] Blei in mächtigen Wasser[n], [20][...] Feuer, und sie trocknen aus. Doch die Pflanzung von Früchten [...] ewiglich, zu einem prächtigen Eden und Fruch[t ...] [21]Und durch meine Hand hast Du ihre Quellen geöffnet mit [ihren] Kanälen [...] sich richtend nach dem richtigen Maß, und der Stand [22]ihrer Bäume gemäß dem Lot der Sonne für [...] prächtige Äste. Wenn ich meine Hand ausstrecke, um [23]ihre Gräben zu jäten, strecken sich ihre Wurzeln hinaus in den Kieselstein und [...] ihr Stamm in die Erde. In der Zeit der Hitze behält sie [24]ihre Stärke. Doch wenn ich meine Hand zurückziehe, wird sie werden wie ein Wachold[er in der Wildnis;] ihr Stamm wie Nesseln in unfruchtbarem Land, und ihre Gräben [25]werden Dornen hervorbringen und Disteln, Dorngestrüpp und Unkraut [... an] den Ufern werden zu wertlosen Bäumen. Im [26]Herzen verdorren seine Blätter und werden nicht wiederhergestellt von der

Que[lle des Wassers ... meine] Wohnung ist bei den Kranken und [mein] Herz k[en]nt [27]Qualen. Ich bin wie ein Mann geworden, der im Stich gelassen ist von [...] es gibt keinen Zufluchtsort für mich. Denn meine Qual wird [28]zu Bitterkeit und eine unheilbare Pein ohne aufzuhören, [... br]üllt über mich, wie jene, die in die Scheol hinabsteigen. Unter [29]den Toten sucht mein Geist, denn [mein] Le[ben] geht hinab in die Grube [...] meine Seele ist schwach Tag und Nacht, [30]ohne Unterlaß. Und meine Qual bricht hervor als brennendes Feuer, eingeschlossen in [meine] K[nochen], deren Flamme endlose Tage lang brennt, [31]setzen meiner Stärke ein Ende, unablässig, und zerstören mein Fleisch ohne Unterlaß. Die Schwaden brechen über mir zusammen [32]und meine Seele ist völlig niedergeschlagen. Denn meine Stärke hat meinen Körper verlassen, mein Herz ist ausgelaufen wie Wasser [33]und mein Fleisch ist geschmolzen wie Wachs. Die Kraft meiner Lenden ist eine Katastrophe, mein Arm ist von der Schulter an der Schulter gebrochen [und ich bin nich]t [in der Lage,] meine Hand zu bewegen. [34]Mein [Fu]ß ist in Fesseln gefangen, meine Knie werden wie Wasser, und ich kann keinen Schritt mehr gehen; die Schritte meiner Füße geben keinen Klang. [35][...] sind losgerissen durch Stolperketten und meine Zunge, die Du in meinem Mund geehrt hast, ist jetzt unfähig. Nicht mehr kann [36]meine [Zung]e ihre Stimme erheben zur Leh[re], um die Geister von jenen, die stolpern, wiederzubeleben und die Ermatteten mit einem Wort zu trösten. Die Stimme meiner Lippen ist verstummt [37][...] mit Ketten des Gerichts [...] oder in der Bitterkeit [...] Herz ... Reich [38][...] der Erde [...] [39][...] sie waren zum Schweigen gebracht als nichts [40][...] Menschheit, nicht [...]

Kolumne 17 [1][...] [2][...] bei Nacht und [...] [3][...] ohne Erbarmen. Im Zorn weckt Er Mißtrauen und vollständig [...] [4]Die Sturzfluten des Todes und der Scheol sind über meinem Lager. Mein Bett erhebt eine Klage [und meine Schlafdecke] ein Geräusch wie Stöhnen. [5]Meine Augen sind wie eine Motte in einem Ofen, und mein Weinen ist wie Sturzbäche. Meinen Augen fehlt Ruhe [und ...] steht [6]in großem Abstand von mir, und mein Leben wurde abseits gestellt. Doch was mich betrifft – von Schmerz zu Höllenqual und von Seelenqualen [7]zu Martern –, sinnt meine Seele nach über Deine Wunder. In Deiner Gnade hast Du mich nicht zurückgewiesen. Zeit [8]um Zeit erfreut sich meine Seele wieder an der Fülle Deines Erbarmens. Ich gebe jenen eine Antwort, die mich auslöschen wollen [9]und Tadel jenen, die mich erniedrigen wollen. Ich will seinen Urteilsspruch verdammen, doch Dein Gericht ehre ich, denn ich kenne [10]Deine Wahrheit. Ich werde mein Gerichtsurteil wählen, und mit meiner Höllenqual bin ich zufrieden, denn ich habe auf Deine Gnade gewartet. Du hast ein [11]flehentliches Bitten in den Mund Deines Dieners gelegt, und Du hast mein Leben weder getadelt, noch hast Du mein Wohlbefinden entfernt. Du hast [12]meine Hoffnung nicht im Stich gelassen, doch im Angesicht von Bekümmernis hast Du meinen Geist wiederhergestellt. Denn Du hast meinen Geist errichtet und kennst meine Überlegungen. [13]In meiner Not hast Du mich besänftigt, und ich erfreue mich der Vergebung. Ich werde getröstet für einstige Sünden. [14]Ich weiß, daß es Hoffnung gibt in Deiner Gnade und eine Erwartung an die Fülle Deiner Macht. Denn keiner wird gerechtfertigt [15]in Deinem Ge[r]icht, und keiner ist u[ntadelig in] Deinem Prozeß. Ein Mann mag rechtschaffener sein als ein anderer oder eine Person mag weiser sein [als sein Gefäh]rte. [16]Menschlichkeit wird höher geschätzt als ein Gefäß aus L[ehm], und ein Geist mag einen anderen Geist übertreffen; doch was Deine mächtige St[ärke] betrifft, keine [17]Macht kann mit ihr verglichen werden. Deinem Ruhm sind keine [Grenzen gesetzt und] Deine Weisheit ist ohne Maß, noch gibt es [...]; [18]und für jeden, der es verlassen hat [...]

Doch durch Dich, ich [...] [19]mit mir und nicht [...]. [20]Und wenn sie sich verschwören [...] gegen mich [...] und wenn das Gesicht Scham zeigt [...] [21]für mich. Und Du [...] stärktest, mein Feind soll [nicht] obsiegen über mich als Stolperstein für [...] [22]Männer des Krieges [... Sch]am des Gesichts und Vorwurf für jene, die wider mich murren.

[23]Doch Du, o mein Gott, denn [...] Du setzt Dich für meinen Fall ein. Denn im Geheimnis Deiner Weisheit hast Du mich getadelt. [24]Du verbirgst die Wahrheit in [ihrer Zeit ... bis] zu ihrer bestimmten Zeit. Deine Züchtigung wurde mir Jubel und Freude, [25]und meine Höllenqualen wurden zur ew[igen] Heilung und unendlich [...] Die Verachtung meiner Feinde wurde mir zur ruhmvollen Krone und mein Stolpern zur ewigen Stärke. [26]Denn durch [Dich ...] und Deinem Ruhm hat mein Licht hinausgestrahlt, denn Du hast Licht aus Dunkelheit werden [27]und für mich erscheinen lassen. [... Du bringst Heilung für] meine Wunden; für mein Stolpern wunderbare Stärke; ein unendlicher Raum [28]für die Not [meiner] Seele. [Du bist] mein Zufluchtsort, mein Bollwerk, der Fels meiner Stärke und meine Festung. In Dir [29]nehme ich meine Zuflucht vor allem [...] für ein ewiges Entkommen. Denn Du hast von meinem Vater her [30]mich erkannt, von Mutterleib an [hast Du mich beiseite gestellt und vom Leib] meiner Mutter an hast Du mir Gutes erwiesen. Von den Brüsten derer an, die mich empfangen hat, war Deine Barmherzigkeit [31]für mich dagewesen. Und in der Umarmung meiner Amme [...] und von meiner Jugend an hast Du mich mit der Einsicht Deines Gerichts erleuchtet. [32]Mit sicherer Wahrheit hast Du mich unterstützt, und durch Deinen heiligen Geist hast Du mich erfreut. Sogar bis zu diesem Tag [...] [33]Deine gerechte Züchtigung ist mit meinem [...] und der Schutz Deines Friedens errettet meine Seele. Mit meinen Schritten geht [34]eine Fülle an Vergebung und gnädiges Erbarmen, wenn Du mit Deinem Gericht über mich beginnst. Bis ins hohe Alter wirst Du für mich sorgen, denn [35]mein Vater kannte mich nicht, und meine Mutter hat mich Dir überlassen. Denn Du bist ein Vater allen Kindern Deiner Wahrheit, und Du erfreust Dich [36]an ihnen wie eine liebende Mutter an ihrem säugenden Kind. Wie ein Hüter mit seiner Umarmung sorgst Du für alle Lebewesen.

Danksagung an Gott für seine Kraft und Weisheit.

[38][Ich danke Dir, o HERR, denn] Du hast ohne Za[hl] erhöht [39][...] Deinen Namen, indem Du Wunder tust [...] [40][...un]ablässig [...] [41][...] seine Einsicht und [sie] lobten [...]

Kolumne 18 [1][...] der Plan Deines Herzens [...] [2][...] und ohne Deinen Willen soll es nicht sein. Keiner versteht [Deine] Weis[heit], [3][und] Dein [...] sieht keiner. Was ist denn der Mensch? Er ist nichts als Schmutz [...] [4][... aus Staub] wurde er geformt und zu Staub kehrt er zurück. Doch Du gibst im Einsicht in Deine Wunder wie diese und läßt ihn erkennen den Ratschluß [Deiner] Wah[rheit]. [5]Ich bin nur Staub und Asche, was kann ich planen, es sei denn, Du erfreust Dich daran? Und worüber kann ich nachdenken, [6]getrennt von Deinem Willen? Wie kann ich mich stark zeigen, wenn Du mich nicht unterstützt? Wie kann ich verstehen, wenn Du es nicht geformt hast [7]für mich? Was kann ich sagen, wenn Du nicht meinen Mund geöffnet hast? Und wie kann ich antworten, wenn Du mir keine Einsicht gegeben hast?

[8]Siehe, Du bist das Haupt der Götter und König der Ruhmvollen, HERR über jeden Geist und Herrscher über jede Kreatur. [9]Getrennt von Dir geschieht nichts, noch gibt es irgendeine Erkenntnis ohne Deinen Willen. Es gibt keinen neben Dir, [10]und keiner kommt Dir an Stärke gleich. Keiner läßt sich mit Deinem Ruhm vergleichen, und was Deine Kraft betrifft, so gibt es keinen Preis für sie. Wer [11]unter all den gefeierten Lebewesen Deiner Wunder kann die Stärke aufbringen, angesichts Deines Ruhms standzuhalten? [12]Was ist er also, derjenige, der zu Staub zurückkehrt, daß er seine St[ä]rke behalten kann? Nur um Deines Ruhmes willen hast Du alle diese Dinge getan.

Danksagung an Gott, der sich offenbart hat.

[14]Gesegnet seist Du, o HERR, Gott der Barmherzigkeit [und reich] an Gnade, denn Du hast [di]e[se Dinge] erkennen lassen, so daß ich verkünden kann [15]Deine wunderbaren Werke und nicht still sein kann am Tag und in der N[acht]. Alle Macht ist Dein [...] [16]durch Deine Gnade in Deiner großen Güte und Fül[le der Barmherzigkeit. Ich] werde mich [Deiner] Ve[rgebung] erfreuen, [17]denn ich ruhe in Deiner Wahrheit [...] [18]von Deinem Willen und ohne [... und ohne] Deinen Tadel gibt es kein Stolpern [... noch irgendeine] [19]Höllenqual die Du nicht kennst [...] Dein [...]

[20]Und ich, gemäß meiner Erkenntnis [Deiner] Wahrheit [...] und wenn ich deines Ruhms ansichtig werde, spreche ich [21]von Deinen Wundern. Wenn ich die [...] verstehe [... und die F]ülle Deines Erbarmens, und auf Deine Vergebung [22]hoffe ich. Denn Du hast geformt den Ge[ist Deines Dieners und in] Deinem [Willen hast Du mich gestellt. Du hast nicht gestellt [23]meine Stütze auf unrechten Vorteil noch Reichtum [...] und das, was aus Fleisch gemacht ist, hast Du nicht zu meiner Verteidigung errichtet. [24]Die Stärke der Mächtigen [ist errichtet] auf der Fülle von Luxus[gütern ... und auf] der Fülle von Getreide, Wein und Öl. [25]Sie erhöhen sich selbst durch Eigentum und Besitz. [Doch die Rechtschaffenen sind wie] grüne [Bäume] an den Wasserläufen, sie tragen Blätter [26]und bringen viele Äste hervor. Denn Du erwählst [sie unter den Söhnen der] Menschen, daß alle fett werden können vom Land. [27]Den Kindern Deiner Wahrheit hast Du Einsicht gegeben [...] für immer. Und gemäß ihrer Erkenntnis wird der eine ausgezeichnet [28] über den anderen. So für den Sohn [Deiner] Die[nerin (oder M[enschen]sohn) ...] Du hast sein Erbe vergrößert [29]durch die Erkenntnis Deiner Wahrheit. Gemäß seiner Erkenntnis und [seiner ...] verabscheut die Seele Deines Dieners Reichtum [30]und unrechten Vorteil, und in der Höhe des Luxus [hat er nicht gewünscht ...] mein Herz erfreute sich an Deinem Bund, und Deine Wahrheit [31]erfreute meine Seele. Ich blühe wie eine Lilie, und mein Herz ist geöffnet für die ewige Quelle. [32]Meine Unterstützung ist in der Kraft aus der Höhe und [...] Mühe und wie eine Blume [in der Hitze] verdorrt. [33]Mein Herz benimmt sich, als ob es verrückt wäre in seiner Pein, und meine Lenden zittern. Mein Stöhnen steigt hinab in die Tiefe [34]und erkundet vollständig die Räume der Scheol. Ich bin voller Schrecken, wenn ich von Deinen Gerichten mit mächtigen Kriegern höre [35]und Deinem Streit mit den Heer-

scharen Deiner Heiligen in [...] [36]und Urteil über all Deine Geschöpfe und Gerechtigkeit [...] [37]–[39][...]

Fragmente 10, 34, 42 + 4Q427 Fragment 3 Kolumne 1 [1][...] [2][... In] Deinen
W[illen] habe ich Einsicht erlangt [...] [3][...] Deine Wu[nder], wie können wir uns dafür
erkenntlich erweisen? Denn Du hast uns belohnt und [...] Wunder getan [...] [4][...] sie
können nicht verstehen den Ruhm von [... und um zu verkün]den [Deine] Wunde[r
...] [5][...] seine [T]aten gemäß ihrer Einsicht. Und gemäß Deiner Erkenntnis [und]
Deines [R]uhms [...] [6][...] unaufhörlich [...] sie sollen schließlich verkünden und zu
jeder Ze[it ...] [7][...] und wir sind versammelt in der Vereinigung (*oder* in der *Jahad*),
und mit jenen, die wissen, [werden wir] durch Dich [ermah]nt und singen a[us Freude]
[8][... la]ut mit Deinen Mächtigen, und wir werden wunderbar zusammen die
Erkenntnis [Gottes] verkünden [und mit ...] [9][...] und [Du] lehrst unsere
Nachkommen [...] die Menschensöhne unte[r den] Menschen[söhnen] (*oder* Adam)
[...] [10][...] große Wunder [...] [...] [11][...] der die Ge[bot(e)] versteht [... ein lauter] Schrei
[für jene, die verherrlichen die Herrlichkeit ...] [12][...] [13][... ein Mensch ...] [14][... Licht
der Herrschaft ...] [15][... denn es läutert ...] [16][... für immer. Und das Licht des Segens
...] [17][... Pein und Kummer ...] [18][... Du hast Erbarmen ...]

Kolumne 19 [1]in Schrecken [...] Qual von meinen Augen und Kummer [...] [2]in der
Betrachtung meines Herzens.

Danksagung an Gott, der den Menschen Einsicht in seine Taten gewährt.

[3]Ich danke Dir, o Gott, denn Du hast wunderbar am Staub gehandelt, und Du hast
Mächtiges geschaffen an den Gefäßen aus Lehm. Was mich betrifft, was bin ich? Denn
[4]Du hast mich [erleucht]et durch den Ratschluß Deiner Wahrheit, und Du hast mir
Einsicht gegeben in Deine wunderbaren Werke. Du legst Lobpreis in meinen Mund
und auf meine Zunge [5][einen Psal]m; die Äußerung meiner Lippen formt sich zur
Grundlage freudvoller Lieder. Ich werde Deine Gnade preisen und Deine Stärke
betrachten den ganzen [6]Tag lang. Ich will Deinen Namen ständig loben, und ich will
von Deinem Ruhm erzählen unter den Menschenkindern; an der Fülle Deiner Güte
[7]erfreut sich meine Seele. Ich weiß, daß Dein Gebot Wahrheit und daß in Deiner Hand
Gerechtigkeit ist. In Deinen Gedanken [8]ist alle Erkenntnis, und in Deiner Stärke ist die
ganze Macht; aller Ruhm ist bei Dir. In Deinem Zorn liegen alle quälenden Gerichte,
[9]doch in Deiner Güte ist eine Fülle an Vergebung. Dein Erbarmen gilt den Kindern
Deines Willens, denn Du hast sie den Ratschluß Deiner Wahrheit erkennen lassen,
[10]und in die Geheimnisse Deiner Wunder hast Du ihnen Einblick gewährt. Denn um
Deines Ruhmes willen hast Du den Menschen gereinigt von Sünde, so daß er sich
selbst reinigen kann [11]für Dich von allen schmutzigen Greueln und der Schuld der
Treulosigkeit, um verbunden zu sein mi[t] den Kindern Deiner Wahrheit; im Los mit
[12]Deinen Heiligen. Daß Körper, bedeckt von den Würmern der Toten, sich aus dem
Staub erheben mögen zu einem ew[igen] Rat; von einem verderbten Geist hin zu
Deinem Verständnis. [13]Daß er seine Stellung vor Dir einnehmen möge mit den ewigen
Heerscharen und Geistern [der Wahrheit], um erneuert zu werden mit allem, [14]was sein
wird, und zusammen zu frohlocken mit jenen, die erkannt haben.

Danksagung an Gott, der dem Psalmisten Einsicht in Gottes Gerechtigkeit verliehen hat.

[15]Ich danke Dir, o mein Gott, ich erhebe Dich, mein Fels, und wenn Du Wunder tust [...] [16][...] Denn Du hast mich den Ratschluß der Wahrheit erkennen lassen [...] [17][De]ine wunderbaren Werke hast Du mir offenbart, damit ich ansichtig werden kann [...] Gnade. Ich weiß, [18][daß] die Gerechtigkeit Dein ist, und in Deiner Gnade [...] und Verzeihung ohne Deine Barmherzigkeit. [19]Doch was mich betrifft, so hat sich eine Quelle bitteren Kummers aufgetan [...] Betrübnis bleibt meinen Augen nicht verborgen, [20]wenn ich von den Neigungen des Menschen erfahre und die Antwort des Menschengeschlechts [betrachte und] Sünde [erkenne] und den Kummer der [21]Schuld. Sie dringen ein in mein Herz und durchdringen meine Knochen. [...] und murmeln eine Klage [22]und ein Stöhnen zur Lyra der Klage für all die kummer[volle] Trauer [...] [22]Marter und bitteres Heulen, bis Ungerechtigkeit ein Ende gefunden hat und [...] und es gibt keine Qual mehr, die einen schwächt. Dann [23]werde ich Loblieder singen zur Lyra der Errettung und zur Harfe der Freu[de ...] und die Flöte des Lobpreises ohne [24]Unterlaß. Wer unter all Deinen Geschöpfen kann erzählen [... und] Deine [Wunder]? Das Lob Deines Namens soll in aller Munde sein [25]für immer und ewig. Sie sollen Dich loben gemäß [ihrer] Einsicht [und die Sanftmütigen] sollen es verkünden zusammen [26]mit den Stimmen des Frohlockens. Es gibt keinen Kummer noch Stöhnen, und Unrecht [soll nicht länger mehr gefunden werden]. Du wirst Deine Wahrheit erglänzen lassen [27]zu ewigem Ruhm und ewigem Frieden.

Gesegnet seist Du, [o Gott, d]enn Du hast Deinem Diener [28]die Einsicht in die Erkenntnis gegeben, Deine Wunder zu verstehen [... und] von der Fülle Deiner Gnade zu erzählen. [29]Gelobt seist Du, o Gott des Erbarmens und der Gnade gemäß Deiner groß[en Mac]ht und der Fülle Deiner Wahrheit und der Verschwendung [30]Deiner Gnade an alle Deine Geschöpfe. Erfreue die Seele Deines Dieners mit Deiner Wahrheit und reinige mich [31]durch Deine Gerechtigkeit. Denn so, wie ich auf Deine Güte gewartet habe, hoffe ich auf Deine Gnade und Deine Vergebung. [32]Du hast mir in meiner Not Abhilfe geschaffen und hast mich in meinem Kummer getröstet, denn ich war angewiesen auf Deine Barmherzigkeit. Gelobt seist Du, [33]o HERR, denn Du hast diese Dinge getan, und Du legst Dankeshymnen in den Mund Deines Dieners [...] [34]und eine flehentliche Bitte um Wohlwollen, so wie eine angemessene Erwiderung. Und Du hast für mich errichtet [...] [35]Und ich werde unterla[ssen ...] [36]Und Du [...] [37]Wahr[heit ...] [38]und ich [...]

Kolumne 20 [1][...] meine Seele ist weit [...] [2][... ich will wohne]n sicher in einer hei[ligen] Wohnung, [in] Ruhe und Behagen [3][zusammen mit den ewigen Geistern] in den Zelten des Ruhms und der Errettung. Ich will Deinen Namen loben inmitten jener, die Dich fürchten.

Hymnen des Dankes und Gebete für den Lehrmeister.

[4][Für den Lehrmeister: Hymnen des Dan]kes und Gebete, bei denen man sich niederwirft und unaufhörlich um Gnade fleht, zu jeder Zeit. Mit der Ankunft des Lichts [5]aus [seiner] Woh[nung] während des Tages gemäß seinem Plan in Übereinstimmung mit den Gesetzen des großen Lichts; wenn der Tag zum Abend wird mit dem

Hinscheiden [6]des Lichts und dem Beginn der Herrschaft der Finsternis; der Zeit, die
für die Nacht festgesetzt wurde. Und dann, gemäß ihrem Lauf, wenn die Nacht zum
Morgen wird, zur Zeit, [7]zu der sie sich sammelt in ihrer Wohnung vor dem Licht, beim
Hinscheiden der Nacht und dem Kommen des Tags. Das geschieht immerfort an all
[8]den Anfängen der Jahreszeiten von Anbeginn der Zeit. Und der Wechsel der Jahreszeiten der Reihe nach ist bestimmt durch ihre Zeichen, denn all [9]ihre Herrschaft durch
den treuen Plan aus dem Mund Gottes und das Schicksal dessen, was existiert, soll wei-
tergehen. [10]Es gibt nichts anderes, und daneben hat es nichts gegeben noch wird es je
anders sein, denn der Gott der Erkenntnis [11]hat es so beschlossen, und es gibt keinen
neben Ihm.

Und ich, der Lehrmeister, habe Dich erkannt beim Geist, [12]den Du mir gegeben
hast, und ich habe treu auf Deinen wunderbaren Rat durch Deinen heiligen Geist
gehört. [13]Du hast in mir die Erkenntnis des Geheimnisses Deiner Einsicht geöffnet und
eine Quelle [Deiner] Kraft [...] [14]Es wird ein Überfluß an Gnade sein, doch ein ver-
derblicher Eifer und [...] [15][...] die Herrlichkeit Deines Ruhms wie ein ewig[es] Licht
[...] [16][... soll] Gottlosigkeit fürchten, und es gibt keine Täuschung [...] [17][...] festgelegten Zeiten der Verwüstung. Denn es gibt kein [...] [18][...] es gibt [ke]ine Überheblichkeit mehr. Denn vor De[inem] Zorn [...] [19][...] mein Zittern. Es gibt keinen
Gerechten neben Dir [...] [20] Einsicht in all Deine Geheimnisse [zu] geben und eine
Antwort [...] [21][...] auf Deine Verdammung und auf Deine Güte warten sie. Denn in
[Deiner] Gnade [...] [22]und sie erkennen Dich. In der Zeit deines Ruhms frohlocken sie,
und gemäß [...] Gemäß ihrer Einsicht [23]bringst Du sie näher, und gemäß ihres
Ansehens dienen sie Dir in [ihren] Abteilungen. [...] von Dir, [24]gegen Dein Wort nicht
zu sündigen. Doch ich wurde dem Staub entnommen [und aus Lehm] wurde ich
[ge]formt [25]als ein Quell des Schmutzes und unzüchtiger Schande, ein Haufen Staub,
geknetet [mit Wasser ...] und der Wohnsitz von [26]Finsternis. Und eine Rückkehr zum
Staub für das Gefäß aus Lehm am Ende der [...] im Staub [27]zum Platz, von wo es genommen wurde. Und was soll der Staub antworten und [... und was] soll er verstehen
[28][von] seinen [Werken]? Und wie soll es auf seinem Grund stehen vor dem einen, der
es tadelt [... He]iligkeit [29][...] ewig, und Lager des Ruhms und eine Quelle der Erkenntnis und Kraf[t...] [30][... sie sind nicht fähig] all Deinen Ruhm zu erzählen, noch
vor Deinem Zorn zu bestehen, noch ist es möglich, eine Antwort zu geben auf [31]Deine
Züchtigung. Denn Du bist gerecht, und es gibt keinen, der Dir gleichkommt. Was also
ist derjenige, der zum Staub zurückkehrt? [32]Was mich betrifft, so bin ich sprachlos. Was
soll ich dazu sagen? Gemäß meiner Erkenntnis spreche ich. Doch ich bin bloßer
Speichel (?), ein Gefäß aus Lehm, was [33]soll ich sagen, wenn Du nicht meinen Mund
öffnest? Wie soll ich Dich verstehen, wenn Du mir nicht die Einsicht verleihst? Was soll
ich sa[gen], [34]wenn Du es nicht meinem Herzen offenbarst? Wie soll ich den Weg
ebnen, außer [Du] bestimmst [meine Schritte? Wie soll mein Fuß] [35]fest stehen vo[r
Dir, außer ich werde] gestärkt mit Kraft? Wie soll ich mich erheben [...] [36]Und all [...]
[37] [...] [38] wie [...] [39]und [...]

Kolumne 21 [1][... Sü]nde desjenigen, der geboren wurde von einer Fr[au] [2][...] Deine
Gerechtigkeit [3][...] ich habe dies gesehen [4][... Wie] soll ich sehen, wenn Du nicht meine
Augen aufdeckst oder hören, [5][wenn Du nicht meine Ohren aufmachst?...] mein

[H]erz wurde trostlos. Denn den Unbeschnittenen des Ohres wird ein Wort offenbart, und das Herz [6][...] ich weiß, daß Du diese Dinge um Deinetwillen getan hast, o mein Gott. Was ist das bloße Menschengeschlecht [7][...] es wunderbar [zu] tun. In Deinem Plan, zu bestätigen und zu beschließen alles, um Deines Ruhmes willen [8][...] die Heerscharen der Erkenntnis, einem bloßen Menschen von mächtigen Taten zu erzählen und zuverlässige Gesetze für einen, der geboren wurde von [9][einer Frau ... Du hast gebrac]ht [...] in einen Bund mit Dir, und Du hast das Herz aus Staub aufgedeckt, damit es sich selbst hüte [10][...] von den Fallen des Gerichts nach Deinem Erbarmen. Ich bin ein Geschöpf [11][aus Lehm ... aus St]aub und ein Herz aus Stein. Mit wem muß ich rechnen, bis dies geschieht? Denn [12][...] Du hast [ge]geben [...] den Ohren aus Staub, und Du hast Ewigkeit eingeschrieben in das Herz [13][aus Stein ...] Du hast aufgehört, [...] um ihn in einen Bund mit Dir zu bringen und zu stellen [14][(1QH + 4Q427 Fragment 5) ihn vor das Gericht der Wächter (?) im ewigen Wohnsitz, als Licht des vollkommen Lichts für immer; und [es gibt keine] Finsternis [15][... ohne] Ende und Zeiten des Friedens ohne Gr[enzen ...] [16][ich bin ein Gefäß aus Staub [...] [17][...] ich öffne [...] [18][...]

Fragment 3 [1][... (1QH + 4Q427 Fragment 6) eine hinterlistige] Falle ist [aus]gelegt [... Fallstricke ...] [2][...] ein Weg war geöffnet zu [...] [3][...] Wege des Friedens, und mit bloßem menschlichen Fleisch auf wunderbare Weise umzugehen [mit ...] [4][...] und meine Schritte sind auf den verborgenen Plätzen ihrer (?) Fallen und [jene die] [die Netze] auslegen [und ...] [5][...] ich bewahre das Gefäß aus Ton davor, zerschmettert zu werden, und in der Mitte aus Wachs, das [vor dem Feuer schmilzt ...] [6][...] Aschehaufen. Wie soll ich dem wüt[enden] Wind standhalten [... Was mich betrifft, so stellt Er mich in ...] [7][...] und er bewahrt ihn für die Geheimnisse Seiner Freude. Denn Er weiß [...] [8][...bi]s zur Vernichtung, und sie verstecken Falle hinter Falle, die Fallstricke der Gottlosigkeit [...] [9][...] mit Unrecht, und jedes betrügerische Gefäß wird zerstört. Denn nichts [...] [10][...] gibt es nicht, und die unrechte Absicht gibt es nicht mehr und die Werke der Täuschung [...] [11][...] Ich bin ein Gefäß aus [Lehm ...] [12][...] Wie soll er sich stärken vor Dir? Du bist der Gott [...] [13][...] Du hast sie gemacht, und getrennt von Dir geschieht nichts [...] [14][...] ich bin ein Gef]äß aus Staub. Ich weiß, bei dem Geist, den Du mir gegeben hast, [ ] [15][...] Unrecht und Täuschung werden ausgegossen und Überheblichkeit beendet [...] [16][...] die Werke des Schmutzes führen zu Krankheit, quälenden Urteilen und Zerstörung [...] [17][...] Zorn und [...] Eifer sind Dein [...] [18][... und ich bin ein] Gefäß aus L[ehm ...]

Kolumne 22 Fragment 1 [1][... in der heili]gen [Wohnung], die im Himmel ist, [2][... gr]oß und es ist ein Wunder. Doch sie sind nicht fähig, [3][...] Deine [Wunde]r, und sie sind nicht fähig, zu erkennen alle [4][... keh]rt zu seinem Staub zurück. Ich bin ein rebellischer Mann und beschmutzt [5][...] die Schuld der Gottlosigkeit. Und ich, in den Zeiten des Zorns, [6][...] erhob mich trotz meiner Qualen und behütete mich selbst [7][...] Du ließest mich diese Dinge [erkenne]n. Denn es gibt Hoffnung für den Menschen [8][... Du] verabscheust. Ich, ein Gefäß aus Lehm, bin angewiesen auf [9][...] mein Gott. Ich weiß, daß [10]Dein Gebot wahr ist [... Du nimmst Dein Wort nicht] zurück. Ich, zu meiner festgelegten Zeit, ergreife [11][Deinen] Bun[d ...] in dem Amt, das Du mir bestimmt hast. Denn [12][...] Mensch, und Du setzt ihn wieder ein; und wofür [...] [13][...] Gefäß [...], Du bist mächtig und [...] [14][...] in ... ohne Hoffnun[g ...] [15][...] ich bin ein Gefäß aus [Lehm ...]

Fragment 4 [1][...] [2][...] [3][... A]bend und Morgen mit [...] [4][...] Mann und von [...] [5][...] beobachten sie, und auf ihren Bahnen [...] [6][...] Du tadelst jeden Widersacher, der zerstört und [...] [7][...] und Du hast mein Ohr aufgedeckt. Denn [...] [8][...] die Männer des Bundes wurden von ihnen getäuscht. Und [sie] werden gehen [...] [9][...] vor Dir. Ich habe Dein Urteil gefürchtet [...] [10][...] Deine [...] Wer wird makellos vor Deinem Gericht stehen? Und was [also ist der Mensch ...] [11][...] ich vor dem Gericht. Derjenige, der zu seinem Staub zurückkehrt, was [...] [12][...] Du hast mein Herz deinem Verständnis geöffnet, und Du öffnest [meine] O[hren ...] und [13]sich zu stützen auf Deine Güte. Doch mein Herz stöhnt [...] [14][...] und mein Herz schmilzt wie Wachs wegen Missetat und Sünde. [15][...] Gesegnet seist Du, o Gott der Erkenntnis, denn Du hast beschlossen [...] [16][...] und dies geschah Deinem Diener um Deinetwillen. Denn ich erkenne [17][...] Ich hoffe mit meinem ganzen Sein, und Deinen Namen lobe ich fortwährend. [18][...] laß mich nicht im Stich in Zeiten von [19][...] und Dein Ruhm und [Dein] gu[te ...] [20][...] auf [...]

Kolumne 23 [1]Dein Licht, und Du stellst die Lich[ter...] [2]Dein Licht ohne Unt[erlaß...] [3]Denn mit Dir ist Licht für [...] [4]und Du öffnest das Ohr aus Staub [...] [5]böser Plan, der [...] und Du errichtetest in den Oh[ren] [6]Deines Dieners für immer [...] die Berichte Deiner Wunder, damit sie hinausscheinen mögen [7]vor den Augen all derer, die [Dich] hören [...] an Deiner starken rechten Hand führst Du [...] [8]bei Deiner kräftigen Macht [...] für Deinen Namen, und er verherrlichte sich durch [Deinen] Ruh[m]. [9]Entziehe Deine Hand nicht [... damit] er zu einem wird, der an Deinem Bund festhält [10]und vor Dir steht [...] Du hast geöffnet [eine Quel]le im Mund Deines Dieners, und auf seiner Zunge [11]schriebst Du ein mit einem Maßstab [... um] dem menschlichen Gefäß, seinen Mangel an Verständnis zu verkünden und als ein Lehrmeister in diesen Dingen, [12]sich staubig zu machen wie ich auch. Und Du öffnest eine Quel[le,] um den Weg des Gefäßes aus Lehm zu tadeln, und die Schuld des einen, geboren [13]von einer Frau gemäß seinen Werken; damit er eine Qu[elle] Deiner Wahrheit öffnen möge dem Gefäß, das Du unterstützt hast mit Deiner Kraft. [14][...] gemäß Deiner Wahrheit, und Nachricht bringe von [...] Deiner Güte, Nachricht bringe zu den Demütigen gemäß der Fülle Deiner Barmherzigkeit, [15][...] von der Quelle [... für die Beun]ruhigten im Geist und trauernd hinein in ewiges Frohlocken. [16][...]

Fragment 2 Kolumne 1 [1][...] [2][...] Dcinc Bcutc [...] [3][...] Dein Land und unter den Gottessöhnen und den Söhnen von [...] [4][...] Dein [...] und all Deinen Ruhm zu verkünden. Was mich betrifft, was bin ich? Denn ich wurde dem Staub entnommen und [zum Staub kehre ich zurück ...] [5][... um] Deines [R]uhmes willen hast Du alle diese Dinge getan. Gemäß der Fülle Deiner Gnade setze einen Hüter über Deine Gerechtigkeit [6][...] immerwährend bis zur Erlösung und Vermittler der Erkenntnis für jeden meiner Schritte und Tadler der Wahrheit [7][...] Denn was ist Staub in [...] sind sie nicht [...] Asche in ihrer Hand? Doch Du [8][... Gefäß aus] Lehm, und [...] Dein Wille; und durch die Söhne (?) prüfst Du mich [9][...] und für Dich [...] für meine Worte. Über den Staub hast Du verbreitet [Deinen heiligen] Geist [10][...] im Schlamm [... die Söh]ne Gottes, um sich zu vereinigen mit den Himmelssöhnen [11][... fü]r immer, und die Finsternis hat keinen Widerhall. Denn [12][...] und Licht hast Du offenbart, doch nicht, um zurückzukehren [13][...] Deinen [hei]ligen [Geist] hast Du ausgebreitet, als Wiedergutmachung für Schuld [14][...] mit Deinen Scharen, und jenen, die gehen [15][...] vor Dir, denn sie sind beschlossen in Deiner Wahrheit. [16][...] Du hast diese Dinge wunderbar getan um Deines Ruhmes willen, und aus Gerechtigkeit [17][...] Unrecht eines verabscheuten Gefäßes [18][...] verabscheutes Gefäß.

Kolumne 24 [1-3][...] [4][...] [5][...] ein Gefäß aus Fleisch [6][...] Deine Festlegung [7]seines Gerichts [...] zu den Engeln von [8][...] und die Geheimnisse der Sünde, verwandelnd [9]Fleisch in [...] soll emporschwingen in alles [10]die Engel des F[riedens ...] wie Schnüre des Geistes. Du hast gedemütigt [11]die Götter von Beginn an [...] Dein [...] in der Wohnung Deines Ruhms. Und Du, [12]o Mensch, auf [...] Ich kehre mich ab bis zur Zeit Deines Willens und [13]sende [...] Höhen der Macht und die Fülle des Fleisches zu verdammen [14]zur Zeit von [...] um im Ratschluß zusammen mit Dir zu beschließen [15][...] Bastarde, alle [...] [16][...]

Fragment 45 [1][...] Gerechtigkeit und [...] [2][der eine hinab]gestoßen in die Grube zur Zeit seiner Strafe [...] [3][...] jeder Widersacher und Zerstörer [...] [4][...] in ihrer Gottlosigkeit, sie fortschickend, ein Volk [...] [5][...] der überhebliche Mann mit jenen, die Treulosigkeit vergrößern und U[nterdrückung ...] [6][...] viele im Fleisch (?), denn all die Geister von [...] [7][...] sie werden verdammt sein, solange sie leben [...] [8][...]

Fragment 2 Kolumne 2 + Fragment 6 [4][...] gottlos [5][...] und mit Urteilen [6][...] Bastarde zu verdammen das Fleisch [7][...] ihren Geist zu retten [8][...] die Wunder Deiner Geheimnisse hast Du offenbart [9][...] dem Fleisch. Ich weiß, [10]denn [...] Lasterhaftigkeit zur Zeit von [11]aller [...] und für jeden, der erblickt [12][...] und es ist nicht verborgen [13][...] Du hast gedient mehr als die Kinder [14]Gottes [... die] ungerechten Taten der Völker, [15]sie zu stärken [... um] Schuld groß [zu machen] [16]in ihrem Erbe [...] Du hast sie im Stich gelassen in der Hand [17]jede [...] [18][...] über [19][...]

Kolumne 25 Fragment 5 [1][...] gerechtes [Urte]il [...] [2][...] er verstreute sie aus der Lage von [...] [3][...] mit der Versammlung Deiner Heiligen als [Du] wunderbar [...] [4][f]ür immer. Und die Geister der Gottlosigkeit sollen wohnen [...] [5]soll nicht länger sein, und Du wirst zerstören den Platz von [...][6]Geister des Unrechts, die vernichtet werden durch Trauer [...] [7]und Wonne für ewige Generationen. Wenn Gottlosigkeit sich erhoben hat zu [...] [8]groß, will ich sie erhöhen für Zerstörung und gegen alle Deine Werke [...] [9]Deine Gnade und alle Dinge zu wissen bei Deinem Ruhm und zu [...] [10]das Urteil Deiner Wahrheit. Du hast das Ohr des Fleisches geöffnet und [...] [11]Dein Herz, und Du hast die Zeit des Zeugnisses [meinem] Herzen mitgeteilt [...] [12]und mit den Bewohnern des Landes über dem Land und auch [...] [13]Finsternis. Du kämpfst, um die Gerechten zu rechtfer[tigen] und zu ver[dammen die Gottlosen ...] [14]und zu trennen [...] Segen [...] [15] zu [...]

Kolumne 26 4Q427 Fragment 7 Kolumne 1 [6][...] [7][...] [8][...] unter den Göttern [9][...] mit der Zunge wird er mich wachrütteln (?) [10][...] böse zu den Heilige und es wird nicht kommen [11][...] meinem [Ruh]m kommt keiner gleich. Denn was mich betrifft, so ist [mein] Amt unter den Göttern, [12][und Ruhm und Herrlich]keit ist wie Gold [...] für mich. Weder reines Gold noch wertvolles Metall [13][... für mich ...] sollen [nicht] für

mich zählen. Singt Loblieder, o ihr Geliebten, singt dem König ¹⁴[des Ruhms, frohlockt in der Vers]ammlung Gottes. Singt aus Freude in den Zelten der Errettung, lob-
preist in der [heiligen] Wohnung. ¹⁵[Er]höht zusammen mit den ewigen Scharen,
schreibt unserem Gott Größe zu und Ruhm unserem König. ¹⁶[Heil]gt Seinen Namen
mit gewaltiger Rede und erhebt gemeinsam eure Stimmen mit hervorragender Rede.
¹⁷Verkündet [zu a]llen Zeiten, sprecht es aus, frohlockt in ewiger Freude. Es soll kein
¹⁸[Auf]hören sein mit gemeinsamen Verbeugungen in der Versammlung. Gesegnet sei
der Eine, der herrliche Wunder tut, **1QH Fragment 55 (+ 4Q427 Fragment 7
Kolumne 1)** ¹[und die Stärke Seiner Hand bekanntmacht, indem er Geheimni]sse [ent-
siegelt], verborgene Dinge enthüllt, indem er [jene] er[hebt, die stolpern] ²[und fallen
(?) ... Benehmen, jene, die auf Erkenntnis warten, und zu] Fall zu [brin]gen die überhöhten Berufungen der Stolz[en, für immer]. **4Q427 Fragment 7 Kolumne 1** ²¹[durch
...] Geheimnisse der H[errlichkeit ...] und durch er[weisen von Wund]ern des Ruhms.
Er, der richtet mit dem tödlichen Zorn ²²[...] mit Gnade, Gerechtigkeit und der Fülle
von Barmherzigkeit, flehendes Bitten ²³[...] Mitleid mit jenen, die sich Seiner großen
Güte widmen, und eine Quelle [...]

Kolumne 27 4Q427 Fragment 7 Kolumne 2 (+ 4Q431 Fragment 1) ²[... Gottlosigkeit kommt zu einem Ende ...] ³[... An]maßung [hat aufgehört, der Kämpfer hört auf
mit seiner Entrüstung ...] ⁴Täuschung [hat aufgehört] und es gibt keine unwissende
Verderbtheit. Licht scheint hinaus und Fr[eude wird ausgeschüttet]. ⁵Trauer [hat auf-
gehört] und Kummer flieht. Friede zeigt sich, Angst hat ein Ende, eine Quelle [ewigen]
S[egens] öffnet sich ⁶und Heil für die Zeitalter der Ewigkeit. Lasterhaftigkeit ist zu
Ende gegangen, Qual hört auf, da es keine Krank[heit gibt, [Unrecht ist weggenom-
men] ⁷[und Schuld soll nicht] **1QH Fragment 7 Kolumne 2 (+ 4Q427 Fragment 7
Kolumne 2)** ¹mehr sein. [Verkündet] und s[agt, Gott, der Wunder tut, ist groß. Denn
Er bringt in die Tiefe den Hochmut des] ²Geistes, so daß nichts übrigbleibt. Er erh[ebt
die Unterdrückten aus dem Staub ... und in die Himmel] ³und hoch im Wuchs. Und
mit [den Göttern in der Zusammenkunft der Versammlung (*oder der Jahad*) ... für
eine] ⁴ewige [Zerstörung].

Sie, die auf den Boden fallen, wird Er er[heben ohne Preis und Kraft ... ihr Schritt]
⁵und ewige Freude in i[hren] Wohnungen, [immerwährender] Ruhm unaufhörlich.
Und sie sollen sagen, Gesegnet ist Gott, der ... Hochmut] ⁶{Stärke bekannt zu machen}
und der tut gr[oße Dinge, um Seine wunderbare Stärke zu zeigen ... in der Erkenntnis
all seiner Geschöpfe und gut ... vor ihnen,] ⁷daß sie erkennen mögen den Bund [Seiner]
Gnade [... Seine Gnade für alle Kinder Seiner Wahrheit. Wir haben Dich erkannt]
⁸einen Gott der Gerechtigkeit, und Du hast [uns] Einsicht verliehen [... des Ruhms.
Denn wir haben Deinen Eifer gesehen] ⁹in starker Macht, und [wir] haben erkannt [...
Barmherzigkeit und wundervolle Vergebung]. ¹⁰Was ist allein das Menschengeschlecht
im Vergleich zu diesen Dingen? W[as soll ... erzählen diese Dinge für immer] ¹¹und ste-
hen auf dem Platz [vor Dir ... die Himmelssöhne. Es gibt keinen Vermittler], ¹²der eine
Antwort geben könnte [... zu Dir. Denn Du hast uns errichtet] ¹³nach [De]inem
Wi[llen] und [...] **4Q427 Fragment 7 Kolumne 2** ²⁰Deine Wunder zu vernehmen [...]
²⁰Stärke, Dir zu antworten [...] ²¹wir sprechen zu Dir und nicht zu einem Strei[ter (*oder*
Vermitt[ler) ... Du hast] ²²ein Ohr geneigt den Äußerungen unserer Lippen. Verk[ün-

det, indem ihr sagt, gelobt sei der Gott der Erkenntnis, der ausbreitet] ²³die Himmel durch Seine Kraft, und alle ihre Ausführungen [beschließt] Er [durch] Seine Macht, die Erde durch [Seine] Kraft [...]

– M. G. A.

4. Habakuk-Kommentar

1QpHab

Fast alle Schriftrollen vom Toten Meer, die keine Abschriften von Büchern der Bibel sind, stehen in spürbarer Beziehung zu den Heiligen Schriften Israels. Auch die kreativ poetischen Werke sind durchzogen von biblischen Redewendungen. Die auf den mosaischen Gesetzen basierenden juristischen Texte benutzen offen oder auch stillschweigend Vorlagen aus der Heiligen Schrift. Die Geschichten aus der Vergangenheit oder Prognosen für die Zukunft sind Nacherzählungen oder Umgestaltungen biblischer Geschichten oder Prophezeiungen.

Die Verbindung zur Bibel kommt besonders in jenen Texten klar zum Ausdruck, die eindringlich versuchen, biblische Texte zu erklären oder zu enträtseln. Bisweilen „erklärten" die alten Schreiber den Text, indem sie ihn überarbeiteten oder interpretierten, wie in Text 2 *Patriarchen-Geschichten*, oder in Text 11 *Worte des Mose*. Häufig kommentierten sie einfach die Bibel Vers für Vers. Manchmal sind die Texte wegen ihrer Bedeutung für ein besonderes Thema ausgewählt worden, wie in Text 27 *Die Letzten Tage. Kommentar zu ausgewählten Schriftversen.* Diese Verserklärungen handeln vom zukünftigem Schicksal Israels. Gelegentlich werden fortlaufende Passagen oder Bücher Kapitel für Kapitel kommentiert, wie im vorliegenden Text, dem Habakuk-Kommentar.

Sehr charakteristisch für die Sekte vom Toten Meer war die Ansicht, die Bibel sei ein Puzzle, das zusammenzusetzen sei, oder sie sei ein Rätsel, das gelöst werden müsse. Die Tätigkeit des Kommentierens und Interpretierens wurde mit „*pesher*" bezeichnet, das meist auf Traumdeutungen hinweist. Die biblische Figur des Daniel wird als vorbildlicher Deuter dieser Art herangezogen. Er interpretiert Träume (Daniel 2,4) und Visionen (die „Schrift an der Wand", Daniel 5,5–7,17–27) nicht aufgrund einer angeborenen Fähigkeit, sondern weil Gott ihm die Geheimnisse offenbart hat. Die Qumran-Schreiber sahen ihre Aufgabe genauso. Die Geheimnisse der Heiligen Schrift wollen sie nicht mit bloßem, textlichen Nachdenken selbst durchdringen, sondern sie wollen sich öffnen für das Geschenk der Offenbarungen Gottes.

Das Ergebnis dieser Haltung ist eine Reihe von Kommentaren (vielleicht ist „Interpretationen" das bessere Wort), die das Flair der Unwirklichkeit von Träumen besitzen. Die Schreiber erkannten die Geschichte ihrer eigenen Glaubensgemeinschaft in den vor langer Zeit geoffenbarten Worten der Heiligen Schrift. Sie verhielten sich aber äußerst zurückhaltend beim Nennen ganz bestimmter Namen. Sie benutzten vielmehr symbolische Titel mit biblischem Unterton: der „Lehrer der Gerechtigkeit", der „Frevelpriester", der „Mann der Lüge". Wenn sie „diese Figuren" in den Worten der Bibel entdecken, ist das verwirrende Ergebnis alles andere als eine entschlüsselte Botschaft, sondern im Gegenteil, eine Verschlüsselung, die in einen anderen Code übersetzt wurde.

Der *Habakuk-Kommentar* (etwa 1,5 m lang und nur 13 bis 14 cm breit, aus zwei Lederstücken zusammengenäht, mit einem Text in 13 Kolumnen mit ursprünglich 12 Zeilen eingeteilt) befand sich unter dem ersten Schriftrollen-Fund aus Höhle 1 und ist selbst wieder Gegenstand verschiedener Kommentare. Der erste Schritt zum Verständnis des Kommentars besteht aber darin, den Hintergrund des alttestamentlichen Original-Buchs zu verstehen. Habakuk schrieb seine Prophezeiung im 6. Jahrhundert v. Chr. auf. Seine Heimat Juda – wohl unter König Jojakim (609–598 v. Chr.) – war damals durch zwei Mächte bedroht. Einerseits von den Chaldäern, auch Babylonier genannt, unter König Nebukadnezzar (605–562 v. Chr.), die in jener Zeit zur Eroberung des kleinen Königreichs im Nahen Osten ansetzten. Andererseits tobte ein innerreligiöser Streit zwischen den frommen Anbetern des Herrn und den Gottlosen. Das biblische Buch Habakuk will hauptsächlich die Frage beantworten, wo sich Gott inmitten dieses Elends befindet und ob es einen göttlichen Plan gibt. „Der Gerechte bleibt wegen seiner Treue am Leben" (Habakuk 2,4).

Der Qumran-Schreiber benutzte das biblische Buch als Muster, um seine eigene Epoche zu verstehen. Genau wie in der biblischen Vorlage wird Israel wiederum von einer fremden Macht bedroht. Diesmal nicht von den Chaldäern, sondern von einer Gruppe, die er als „Kittim" bezeichnet oder als „Bewohner des Westens". Nach Ansicht der meisten heutigen Forscher handelt es sich hierbei um die Römer. Israel hat aber selbst unter dem Streit zwischen den Gottlosen und den Frommen zu leiden, exemplarisch dargestellt am Konflikt zwischen dem „Lehrer der Gerechtigkeit" und seinen Widersachern, dem „Mann der Lüge", dem „Frevelpriester". Sämtliche Aussagen in den ersten zwei Kapiteln des Buches Habakuk weisen auf diese Umstände hin (das dritte Kapitel, das einen Lobhymnus bietet, gehört nicht zum Inhalt des Kommentars).

Der gegenwärtige Versuch der Forscher, die „Neu-Verschlüsselung" wieder zu entschlüsseln, konzentrierte sich auf die Identifizierung der „Kittim". Man ist sich heute nahezu darin einig, daß es sich bei den „Kittim" um die Römer handelt. Bekanntlich tauchten diese um 63 v. Chr. unter Pompejus auf, wie der Schreiber des Kommentars angstvoll feststellt. Der Habakuk-Kommentar muß daher um diese Zeit geschrieben worden sein. Die jüngsten Tests mit der Radiokarbon-Methode deuten ebenfalls auf das erste vorchristliche Jahrhundert als Entstehungszeit für die Abschrift aus Höhle 1. Die paläographische Datierung siedelt die Schriftrolle noch genauer im späten 1. Jahrhundert v. Chr. an. Nach wie vor ist aber umstritten, ob das Wirken des „Lehrers der Gerechtigkeit", des „Frevelpriesters" und des „Lügenmannes" auch in diese Periode fällt.

Der erste Teil des Kommentars konzentriert sich auf den Religionsstreit in Israel. Die erste Kolumne ist nur fragmentarisch erhalten.

Kolumne 1 [1][„Die Weissagung, die der Prophet Habakuk sah. Wie lange habe ich] gerufen und [2][Du hörtest nicht? Ich rufe aus: ‚Ungerechtigkeit!' und Du befreist uns nicht" (Hab 1,1–2).]

[Dies bezieht sich auf das Fl]ehen der Generation [3][... die Ereignisse, die] über sie kommen [4][... sie] riefen aus [5][...].

[„Warum läßt Du mich soviel Gottlosigkeit sehen, warum er]blickst Du solche [Un]ruhe?" (Hab 1,3).

[6][Dies bezieht sich auf ... jene, die das Gesetz] Gottes verschmäht haben durch Tyrannei und Verrat.

[7][„Raub und Ungerechtigkeit sind vor mir; Streit und Auseinandersetzung gehen weiter" (Hab 1,3).]

[8][Dies bezieht sich auf ...] Un[gerechtigkeit] und Streit [...] [9][... Z]ank und [...] ist [10][...].

„Deshalb verfällt das Gesetz, [11][und ein richtiges Urteil kommt niemals" (Hab 1,4).] [Dies bedeutet], daß sie Gottes Gesetz verschmähten [12][...].

[„Denn der Gottlose engt den Gerechten ein" (Hab 1,4).

[13][Der „Gottlose" bezieht sich auf den Frevelpriester, und „der Gerechte"] ist der Lehrer der Gerechtigkeit [14][...].

[„Des]halb kommt das Urteil [15][verdreht heraus" (Hab 1,4).]

[Das bedeutet, daß ...] nicht [...] [16][...].

Der folgende Abschnitt stellt aus der Sicht des Schreibers die zeitgenössische Geschichte Israels dar. Er glaubt, daß „Verräter" des Gottesgesetzes das Volk immer wieder in entscheidenden Zeitabschnitten beunruhigen: in der Gegenwart (jene, die dem „Lehrer der Gerechtigkeit" keinen Glauben schenken), in der Vergangenheit (die Treulosen in der Zeit, als Israel aus dem Exil [538 v. Chr.] zurückkehrte, der sogenannte „Neue Bund"), und in der Zukunft (jene, die nicht an den Gesalbten Priester glauben, den Messias von Aaron).

[„Schaut her, Verräter, und seht,] [17][und seid bestürzt – verwundert – denn der HERR tut etwas in euerer Zeit, das ihr nicht glauben würdet, wenn]** Kolumne 2** [1]euch davon berichtet wird" (Hab 1,5).

[Dieser Abschnitt wendet sich] an die Verräter mit dem Mann der [2]Lüge, weil sie nicht [gehorcht haben den Worten des] Lehrers der Gerechtigkeit aus dem Munde [3]Gottes. Er wendet sich auch an die Ver[räter am] Neuen [Bund], weil sie nicht [4]glaubten an Gottes Bund [und entweihten] Seinen Heiligen Namen; [5]und schließlich wendet er sich [an die Ver]räter in den Letzten [6]Tagen. Sie sind die har[ten Israel]iten, die nicht glauben werden, [7]wenn sie all das hören, was [kommen soll über] die letzte Generation, das ausgesprochen wird vom [8]Priester, in dessen [Herz] Gott [die Fähigkeit] gelegt hat, zu erklären all [9]die Worte Seiner Diener, der Propheten, durch [die] Gott vorausgesagt hat [10]alles, was über Sein Volk und [Sein Land] hereinbrechen soll.

Das Erscheinen der Römer (= „Kittim"). Die Härte und militärische Strategie der Römer hatte sich bereits herumgesprochen.

„Denn nun stachle ich [11]die Chaldäer an, dieses gew[alttätige und rücksichtslo]se Volk" (Hab 1,6).

[12]Dies bezieht sich auf die Kittim, d[ie sind] geschickt und mächtig [13]in der Kriegführung, sie vernichten [viele Menschen und ...] in der Macht [14]der Kittim und [die Gottlosen ...] und haben kein Vertrauen in [15]die Gesetze [Gottes.]

[16][„Sie ziehen durch das Land, um Wohnstätten einzunehmen, die nicht ihr Eigen sind" (Hab 1,6).]

[17][Dies bezieht sich auf die Kittim ...] **Kolumne 3** [1]und sie durchqueren die Ebene, wobei sie die Städte des Landes angreifen und plündern, [2]denn genau das bedeutet es, wenn es heißt, „um Wohnstätten einzunehmen, die nicht ihr Eigen sind."

„Unheilbringend [3]und furchtbar sind sie; ihr Gesetz und ihr Ruhm gehen von ihnen selbst aus" (Hab 1,7).

[4]Dies bezieht sich auf die Kittim; die Furcht und [Angst] vor denen lastet auf allen [5]Völkern. In purer Absicht ist ihr einziger Gedanke, Böses zu tun, und in Täuschung und Betrügerei verhalten [6]sie sich mit allen Völkern.

„Geschickter als Panther ihre Pferde, schneller [7]als Wüstenwölfe. Ihre Pferde, galoppierend, ausgestreckt, aus der Ferne fliegen [8]sie herbei wie ein Geier im Anflug auf Aas, allesamt auf Gewalt erpicht, [9]ihre Gesichter immer nach vorn gerichtet" (Hab 1,8–9).

[Dies bezieht sich auf] die Kittim, die das Land [10]niedertrampeln mit [ihren] Pferden und mit ihren Tieren. Von weit her kommen [11]sie, von den Küsten des Meeres, um sich alle Völker einzuverleiben wie ein [12]unersättlicher Geier. In Wut und [Feindseligkeit] und in Zorn und Überheblichkeit reden [13]sie mit allen [Völkern, denn] genau das bedeutet es, wenn [14]es heißt, [„ihre Gesichter immer nach vorn gerichtet."]

[„Sie werden anhäufen] Gefangene [wie Sand" (Hab 1,9).]

[15][Dies bezieht sich auf ... [16] ... [17] ...].

[„Über Könige **Kolumne 4** [1]machen sie sich lustig, Herrscher verlachen sie" (Hab 1,10).

Das bedeutet, daß [2]sie spotten über Führer und den Adel verhöhnen; [3]sie lachen höhnisch über Könige und Prinzen und geben eine Menge von Menschen der Lächerlichkeit preis.

„Sie [4]lachen über jede Festung; sie häufen nur Erde auf und erobern sie" (Hab 1,10).

[5]Dies bezieht sich auf die Anführer der Kittim, die [6]die Festungen der Völker verhöhnen und sich voller Spott über sie lustig machen. [7]Mit einer großen Armee umzingeln sie diese und dann nehmen sie diese ein, und mit Furcht und Schrecken [8]fallen die Festungen in ihre Macht. Dann zerstören sie diese wegen der Verbrechen jener, die [9]da wohnen.

Die Ankunft der Römer in Israel geschah, wie es der Kommentator ausspricht, „durch den Rat einer Verbrecherfamilie". Die beiden sich bekämpfenden Splittergruppen in Israel im 1. vorchristlichen Jahrhundert hatten ein Interesse an der römischen Intervention. Vom Standpunkt des gesetzestreuen Kommentators aus gesehen, konnte über Gottes Strafgericht hinaus von der römischen Präsenz nichts Gutes ausgehen.

„Dann kommt ein Wind auf und sie sind verweht, nachdem sie [10]ihren Gott mächtig gemacht hatten" (Hab 1,11).

Dies bezie[ht sich a]uf die Anführer der Kittim, [11]die das Land betreten durch den Rat einer Familie von Verbrechern: jeder [12]der Reihe nach, kamen [ihre] Anführer, einer nach dem anderen, [13]um zu verwüsten das La[nd. Wenn es heißt] „sie machten ihren Gott mächtig", [14]bedeutet das [... a]lle Völker [15][...] [16][...].

Die einzige Lösung für die Treuen bestand darin, wie zu Habakuks Zeit, loyal gegenüber Gottes Gesetz zu bleiben.

[„Aber Du [17]bist ewig, o HERR, mein heiliger Gott, wir werden nicht sterben.]
Kolumne 5 [1]Du hast sie zur Bestrafung bestimmt; o Fels, Du hast sie für eine Rüge
gemacht. Augen zu rein, [2]um Böses anzusehen, kannst du nicht einmal einer Missetat
zusehen" (Hab 1,12–13).

[3]Dieser Abschnitt bedeutet, daß Gott sein Volk nicht vernichten wird durch die
Nichtjuden, [4]im Gegenteil, Er wird seinen Auserwählten die Kraft verleihen, ein Urteil
über die Nichtjuden zu fällen, und auf ihren Tadel hin sollen [5]all die Gottlosen Seines
Volkes verdammt werden. Die Auserwählten sind jene, die Seine Vorschriften beachtet
haben [6]in der Zeit ihrer Not, denn das genau bedeutet es, wenn es heißt, „Augen zu
rein, um [7]Böses anzusehen": das bedeutet, daß sie sich von ihren Augen nicht in
Unzucht haben führen lassen während der Zeit der [8]Gottlosigkeit.

Der Hinweis auf die „Familie des Abschalom" im folgenden Abschnitt hat Wissenschaftler jahr-
zehntelang vor ein Rätsel gestellt. Handelt es sich bei „Abschalom" um einen weiteren
Decknamen oder eine reale historische Figur? Der biblische Abschalom war der Sohn König
Davids, der sich gegen die Herrschaft seines Vaters auflehnte (2 Sam 15,1–12). Aber es gab im
ersten vorchristlichen Jahrhundert auch einen israelitischen Adeligen namens Abschalom, der
der Onkel und Schwiegervater von Aristobul II. (67–63 v. Chr.) war und vermutlich der sad-
duzäischen Splittergruppe angehörte. Möglicherweise ist es dieser, auf den sich dieser Text
bezieht.

„Wie könnt ihr ruhig zusehen, ihr Verräter, wenn [9]der Gottlose einen vernichtet, der
gerechter ist als er?" (Hab 1,13).

Dies bezieht sich auf die Familie des Abschalom [10]und die Mitglieder ihrer Partei,
die schwiegen, als der Lehrer der Gerechtigkeit Mißbilligung erfuhr, [11]und ihm nicht
geholfen haben gegen den Mann der Lüge, der [12]das Gesetz verschmäht hatte in
Anwesenheit ihrer gesamten [Gemeinschaft].

Die Behauptung, daß die „Kittim" ihren „Standarten" (militärische Abzeichen, die Abbilder
von Göttern oder Gottkönigen trugen und an einem Stab befestigt waren) Opfer darbrachten,
ist einer der deutlichsten Hinweise darauf, daß es sich um die Römer handelte. Es ist eindeu-
tig dokumentiert, daß die Römer ihren Standarten Räucheropfer darbrachten.

„Du hast die Menschheit so hilflos gemacht wie Fische im Meer, [13]wie etwas, worüber ein Wurm herrschen könnte. Er zieht sie [alle] heraus [mit einem Angelhaken],
zieht sie ein mit seinem Netz, [14]sammelt sie [mit seinem Schleppnetz. Dafür opfert er]
seinem Netz, dafür ist er glücklich [15][und frohlockt und bringt seinem Schleppnetz
Räucheropfer dar; denn durch sie] ist sein Los im Leben [reicher gemacht [16]und seine
Nahrung ist reichlich" (Hab 1,14–16).]

[Dies bezieht sich auf ...] [17][...] **Kolumne 6** [1]die Kittim, und sie ergänzten ihren
Reichtum durch ihre ganze Beute [2]wie der Fisch des Meeres. Und wenn es heißt, „deshalb opfert er seinem Netz [3]und bringt seinem Schleppnetz Räucheropfer dar", so
bedeutet es, daß sie ihren Standarten [4]opferten, und daß ihre Waffen das sind, [5]was sie
verehren. „Denn durch diese ist sein Los im Leben reicher gemacht und seine Nahrung
ist reichlich" [6]bedeutet, daß sie das Joch ihrer [7]Steuern aufbürdeten – dies ist „ihre Nahrung" – den Völkern jährlich und [8]so viele Länder zugrunde richteten.

„Deshalb hält er sein Schwert immer gezogen, [9]um Völker ohne Mitleid zu töten" (Hab 1,17). [10]Dies bezieht sich auf die Kittim, die viele Menschen mit dem Schwert richten, einschließlich [11]der Knaben, der Schwachen, der Alten, der Frauen und Kinder. Nicht einmal mit dem Kind im [12]Mutterleib haben sie Erbarmen.

Nach diesem Abschnitt empfing der „Lehrer der Gerechtigkeit" selbst, wie Daniel, göttliche Botschaften, um die Worte der Propheten zu deuten. Er selbst hat vermutlich als erster den „pescher" (= Kommentar) eingeführt ähnlich der biblischen Auslegung.

„So werde ich wachsam bereitstehen [13]und mich auf meinen Wachturm stellen und warten auf das, was Er [14]mir sagen wird, und [was ich erwidern werde] auf Seinen Tadel. Dann antwortete der HERR mir [15][und sagte: Schreibe die Vision klar und deutlich nieder] auf Tafeln, so daß mühelos [16]es jemand lesen kann" (Hab 2,1–2).]

[Dies bezieht sich auf ... [17] ...] **Kolumne 7** [1]dann ließ Gott Habakuk niederschreiben, was geschehen wird der [2]kommenden Generation; aber wann diese Zeitspanne vollendet sein würde, ließ Er ihn nicht wissen. [3]Wenn es heißt, „so daß jemand es mühelos lesen kann", [4]bezieht sich das auf den Lehrer der Gerechtigkeit, dem Gott [5]alle rätselvollen Offenbarungen seiner Diener, den Propheten, kundtat.

„Denn eine Prophezeiung zeugt [6]von einer bestimmten Zeitspanne; sie spricht von jener Zeit und trügt nicht" (Hab 2,3).

[7]Das bedeutet, daß die Letzten Tage lang sein werden, viel länger als [8]die Propheten geweissagt haben; denn Gottes Offenbarungen sind wahrhaftig voller Rätsel.

Nochmals ermahnt der Schreiber, wie im Habakuk-Kommentar *1,12–13, die Gerechten, in der Zeit der Not treu und geduldig zu bleiben.*

[9]„Wenn eine Verzögerung eintritt, seid geduldig, es wird ganz bestimmt wahr werden und nicht [10]aufgeschoben werden" (Hab 2,3).

Dies bezieht sich auf jene Treuergebenen, [11]die den Gesetzen gehorchen, deren Hände nicht aufhören werden mit dem [12]treuen Dienst, nicht einmal wenn die Letzten Tage ihnen lang erscheinen; [13]denn alle Zeitabschnitte, die von Gott festgesetzt sind, werden geschehen zur gegebenen Zeit, wie Er es bestimmte, [14]daß sie aufgrund seines unerforschlichen Einblicks sein sollten.

„Siehe, wie gebläht und nicht glatt [15][seine Seele ist]!" (Hab 2,4).

Dies bedeutet, daß [...] zweimal so viel für sie [16][... und sie werden nicht] Gnade finden, wenn sie vor Gericht kommen [... [17] ...].

Der Schreiber meditiert hier über das Letzte Gericht. Wie kann man dem zu erwartenden Zorn entkommen? Nur durch Gehorsam gegenüber dem Gesetz und in Treue zum „Lehrer". Es ist jedoch nicht klar, ob der Lehrer, der hier erwähnt wird, der Sektenbegründer ist oder ein Lehrer, der erst später auftaucht. Die Sekte schien an beide zu glauben, an einen gegenwärtigen wie an einen zukünftigen „Lehrer der Gerechtigkeit". Ob es sich dabei um die gleiche Person handelt, ist noch ungeklärt.

[„Was die Gerechten anbetrifft, durch Treue zu ihm kann man das Leben finden" (Hab 2,4).]

Kolumne 8 [1]Dies bezieht sich auf all jene unter den Juden, die dem Gesetz gehorchen, die [2]Gott erretten wird aus der Menge jener, die dem Gericht anheimfallen, wegen ihres Erduldens und ihrer Treue [3]zum Lehrer der Gerechtigkeit.

Der Hauptgegner des „Lehrers" in Gestalt des „Frevelpriesters" wird hier eingeführt. Weil er sowohl Priester als auch „Herrscher Israels" war (siehe Kolumne 9-10), vertreten viele Forscher die Auffassung, daß er einer der hasmonäischen Priesterkönige des zweiten und ersten vorchristlichen Jahrhunderts gewesen sein muß. Ursprünglich scheint er eine geschichtliche Person gewesen zu sein, dem der „Lehrer" und seine Anhänger vertrauen konnten (er genoß einen „Ruf der Verläßlichkeit", wörtlich „er wurde beim Namen der Wahrhaftigkeit genannt"). Später jedoch erwies er sich als hochmütig, selbstsüchtig und habgierig.

„Und in der Tat, Reichtümer verleiten den hochmütigen Mann, und er wird nicht [4]bestehen; er, der seine Kehle so weit aufgerissen hat wie der Hades, und der, genau wie der Tod, niemals gesättigt ist. [5]Alle Nichtjuden werden sich um ihn scharen, und alle Völker werden sich um ihn versammeln. [6]Seht, alle diese werden mit Spott gegen ihn vorgehen, und Redensarten über ihn ersinnen und [7]sagen, ‚Du, der du dich bereicherst an Dingen, die dir nicht gehören, wie lange willst du dich beladen [8]mit Schuld?'" (Hab 2,5–6).

Dies bezieht sich auf den Frevelpriester, der [9]einen Ruf der Verläßlichkeit genoß zu Beginn seiner Amtsperiode; aber als er Herrscher [10]über Israel wurde, wurde er hochmütig und verließ Gott und hinterging die Gebote um des [11]Reichtums willen. Er sammelte gewaltsam die Reichtümer der Gesetzlosen an, die sich gegen Gott aufgelehnt hatten, [12]und bemächtigte sich des Reichtums der Völker und vermehrte somit die Schuld seiner Verbrechen, [13]und er beging abscheuliche Taten in jeder verunglimpfenden Unreinheit.

Das Schicksal des „Frevelpriesters": Er fiel in die Hände seiner Feinde und wurde gefoltert. Erst seine Nachfolger, „die späteren Priester Jerusalems", sollten Besitz und Reichtümer an die Römer verlieren. Es wird nicht deutlich, ob der „Frevelpriester" nach Mißhandlungen starb.

„Seht, plötzlich werden [14]eure Gläubiger erscheinen, eure Feinde werden sich erheben und ihr werdet ihre Beute werden. [15]Ja, ihr selbst habt viele Völker ausgeplündert, nun wird der Rest der Völker euch ausplündern" (Hab 2,7–8).

[16][Dies bezieht sich auf] den Priester, der mißachtete [17][und verletzte] die Gebote von [Gott ... sie miß]handelten ihn [...] **Kolumne 9** [1]und erlegten ihm Strafen auf, die solch schrecklicher Gottlosigkeit angemessen waren, belegten ihn mit schmerzhaften [2]Krankheiten, Vergeltungsakte an seinem sterblichen Leib. Aber der Vers, der [3]besagt, „Ja, du selbst hast viele Völker ausgeplündert, nun wird der Rest [4]der Völker dich ausplündern," bezieht sich auf die späteren Priester von Jerusalem, [5]die anhäufen werden unrechtmäßig erworbene Reichtümer aus den Plünderungen der Völker, [6]aber in den Letzten Tagen werden ihre Reichtümer und ebenso die Beute [7]dem Heer der Kittim ausgehändigt werden, denn sie sind „der Rest der Völker".

[8]„Für den Mord an Menschen und Ungerechtigkeit im Land und an allen, die darin leben" (Hab 2,8).

[9]Dies bezieht sich auf den Frevelpriester. Wegen seines Verbrechens, das er am Lehrer der [10]Gerechtigkeit begangen hat und an den Mitgliedern seiner Gruppe, lieferte Gott

ihn seinen Feinden aus, um ihn zu demütigen [11]mit verzehrendem Kummer voll Verzweiflung, weil er schlecht gehandelt hat an [12]Seinen Auserwählten.

„Oh ihr, die ihr Beute ansammelt zum Schaden eures eigenen Hauses und [13]euren Sitz an einer hochgelegenen Stelle anbringt, um den Klauen des Unheils zu entrinnen – ihr habt [14]eurem Haus einen schändlichen Rat gegeben und viele Völker vernichtet und die Missetäter eurer Seele. Gewiß werden sogar [15]die Mau[ersteine] euch anprangern, ein Sparren in der Decke [wird es widerhallen lassen" (Hab 2,9–11).]

[16][Dies bezieht sich] auf den P[rieste]r, der [... [17] ...] **Kolumne 10** [1]daß Steine durch Willkürherrschaft gelegt wurden und die hölzernen Sparren durch Raub. Der Vers, der [2]besagt, „und viele Völker vernichteten und die Sünder eurer Seele" [3]bezieht sich auf jene, die zum Strafgericht verdammt sind, wenn Gott verkünden wird [4]die Strafe in Gegenwart von vielen Völkern; von da wird Er ihn zur Bestrafung hinaufbringen, [5]und in ihrer Gegenwart wird Er ihn verdammen und ihn mit Feuer und Schwefel bestrafen.

Der „Lügenmann" bzw. der Verbreiter von Lügen war der Führer einer Partei, die mit der Gruppe des „Lehrers" rivalisierte. Er und seine Gruppe - vielleicht die Pharisäer - wetteiferten miteinander um die richtige Auslegung des mosaischen Gesetzes (Das sind die fünf Bücher Mose, der sogenannte Pentateuch).

„Wehe [6]euch, die ihr eine Stadt mit Blutvergießen errichtet habt, die ihr eine Stadt auf Laster gegründet habt! In der Tat [7]ist diese Weissagung vom HERRN der Heerscharen: Menschen werden sich abmühen nur für genügend Feuer, [8]Völker werden sich verschleißen für nichts" (Hab 2,12–13).

[9]Dies bezieht sich auf den Verbreiter von Lügen, der viele täuschte, [10]indem er eine wertlose Stadt durch Blutvergießen errichtete und eine Gemeinschaft durch Lügen bildete [11]für seinen eigenen Ruhm, und viele sich für unnütze Arbeit abrackern ließ und sie lehrte, [12]Falsches zu tun. Am Ende wird ihre Mühe umsonst sein. Die Folge wird sein, daß sie erdulden werden [13]feurige Strafen, weil sie Gottes Auserwählte lästerten und verunglimpften.

[14]„Die Erde wird voll sein vom Ruhm des HERRN, wie Wasser [15]das Meer bedeckt" (Hab 2,14).

Das bedeutet [daß] [16]wenn sie bereuen [... [17] ... Verbreiter von] **Kolumne 11** [1]Lügen, und danach wird ihnen wahre Erkenntnis offenbart werden, wie Wasser [2]des Meeres an Überfluß.

Der „Frevelpriester" verfolgt den „Lehrer der Gerechtigkeit". Dieser Textabschnitt wurde intensiv untersucht, um Hinweise für die Identität sowohl des „Priesters" wie auch des „Lehrers" zu finden. Es scheint, daß der „Lehrer" sich nach der „Mißbilligung", die er erfuhr (siehe oben, Kolumne 5,10), ins Exil begab. Aber der Priester, der den „Lehrer" und seine Anhänger gerne ,erledigen' wollte, brachte ihn in seine Gewalt und stand schließlich dem „Lehrer" und seinen Anhängern ausgerechnet am Versöhnungstag gegenüber. Es ist unwahrscheinlich, daß der „Frevelpriester" in seiner Eigenschaft als Hoherpriester an diesem hochheiligen Tag, an dem er wichtige rituelle Pflichten zu erfüllen hatte, seine Feinde bekämpfen würde. Der Feiertag dürfte sich dabei auf den Sekten-Kalender beziehen.

„Wehe dem, der seinen Freund betrunken macht, indem er [3]seine Wut ausgießt und ihn trinken läßt, nur um einen Blick auf ihre heiligen Tage zu werfen" (Hab 2,15).

[4]Dies bezieht sich auf den Frevelpriester, der [5]dem Lehrer der Gerechtigkeit nachsetzte, um ihn zu vernichten in [6]der Hitze seiner Wut an seinem Platz des Exils. Zu der Zeit, die eingeplant war für die Ruhe [7]des Versöhnungstags, erschien er bei ihnen, um sie zu vernichten [8]und sie zugrunde zu richten am Fastentag, dem Sabbat, der zu ihrer Ruhe dienen sollte.

Mehr über das Los, das den Frevelpriester erwartet.

„Du bist gesättigt mit [9]Schande, nicht mit Ehre? Also nur zu! Trink' bis du taumelst; [10]der Kelch in der rechten Hand des HERRN wird kreisen für dich, und dann wird Schmach [11]deine Ehre überdecken" (Hab 2,16).

[12]Dies bezieht sich auf den Priester, dessen Schande größer wurde als seine Ehre, [13]weil er nicht beschnitten hatte die Vorhaut seines Herzens und lebte [14]verschwenderisch, um jene ins Verderben zu bringen, die nur wenig hatten. Aber der Kelch des Zornes Gottes [15]wird ihn vernichten und vergröß[ern nur seine Schan]de und Schmerz [...] [16–17][...].

[„Für die Greueltaten, die am Libanon verübt wurden, wird er dich begraben, für den Raub von Tieren,] **Kolumne 12** [1]wird er dich heimsuchen; wegen Mordes und Ungerechtigkeit im Land, an der Stadt und an allen, die darin leben" (Hab 2,17).

[2]Dieser Abschnitt bezieht sich auf den Frevelpriester, daß es ihm zurückgezahlt wird, [3]was er den Armen angetan hat, denn „Libanon" bedeutet [4]die Gemeinschaft der *Jahad* und „Tiere" bezieht sich auf die Einfältigen Judas, die [5]dem Gesetz gehorchen. Gott wird ihn verdammen zu völliger Vernichtung, [6]so wie er plante, die Armen zu vernichten. Was den Vers anbetrifft, in dem es heißt, „wegen des Mordes in der [7]Stadt und der Ungerechtigkeit im Land", so bezieht sich „die Stadt" auf Jerusalem, [8]wo der Frevelpriester seine abscheulichen Taten beging und den [9]Tempel Gottes schändete. „Ungerechtigkeit im Land" bezieht sich auf die Städte Judas, wo [10]er das Hab und Gut der Armen stahl.

Der Kommentar endet mit einer freimütigen Verurteilung der heidnischen Götzenverehrung.

„Wozu soll ein Götzenbild gut sein? Ein Götzenbild, das jemand macht, ist nur [11]ein Bild, eine Quelle falschen Lehrens – wenngleich der Hersteller wirklich seinen eigenen Erzeugnissen vertraut, [12]indem er für sich selbst falsche Götter ohne Stimme herstellt!" (Hab 2,18).

Dies bezieht sich auf alle [13]Götzenbilder der Nichtjuden, die sie gemacht haben, um sie zu verehren und um sich vor ihnen zu verneigen, [14]wenngleich sie sie nicht schützen können am Tag des Gerichts.

„Wehe [15]jenen, [die sagen] zu bloßem Holz, ‚Sei rege', oder [‚Wach' auf' zu] stummem [Stein]. [16][Kann es/er euch erleuchten? Es/er mag in der Tat überzogen sein mit Gold und Silber, [17]aber es ist kein Leben in ihm. Aber der HERR ist wirklich in seinem heiligen Tempel.] **Kolumne 13** [1]Seid still vor ihm, ganze Erde" (Hab 2,19–20).

Dies bezieht sich auf alle Nichtjuden, [2]die Stein und Holz verehrt haben. Am Tag des [3]Gerichts wird Gott all jene vertilgen, die falsche Götter anbeten, [4]genauso wie die Gottlosen, von der Erde.

– E. M. C.

5. GRUNDGESETZ EINER SEKTEN-GEMEINSCHAFT

1QS, 4Q255-264a, 5Q11

Forschungsarbeit kann mit Fallen gespickt sein. Was entdeckt wird und wann, hängt oft von purem Zufall ab. Es läßt sich nicht vermeiden, daß häufig die Reihenfolge der Funde zum entscheidenden Faktor historischer Rekonstruktionen wird. Ein glücklicher Zufall heißt nicht zwangsläufig, daß man tatsächlich Glück gehabt hat. Für den vorliegenden Text trifft dies jedoch – zum Glück – nicht zu.

Dieser Text befand sich unter den ersten sieben Rollen, die in Höhle 1 entdeckt wurden. Er stand seither im Mittelpunkt der Diskussionen über die Qumran-Schriften. Doch die zentrale Bedeutung des Werks beruht weniger darauf, daß es unter den ersten Rollenfunden war, als auf der Tatsache, daß das Exemplar aus Höhle 1 praktisch unbeschädigt war. Ebenso legt allein die Anzahl von 13 Abschriften dieses Werks, die man in den Höhlen gefunden hat – fast so viele Abschriften, wie vom Buch Genesis oder Exodus und mehr als beinahe jeden Buches der Bibel – nahe, daß der Text bei der historischen Bewertung der Schriftrollen eine zentrale Bedeutung erlangte. Augenscheinlich sektiererisch, bedient sich die Schrift einer eindrucksvollen, bildhaften Sprache, um die Gedankenwelt von Außenseitern zum Ausdruck zu bringen.

Gewöhnlich wird dieses Werk von der Forschung als „Gemeinderegel/Sektenregel" bezeichnet; dieses Werk soll das Leben jener Gemeinde geregelt haben, die in Qumran gelebt hat. Diese Vorstellung ist zu eng gefaßt. Der Text verweist nämlich auf verschiedene Gruppen oder Teilgemeinden, verstreut über ganz Palästina. Er war nicht speziell für den Ort Qumran verfaßt worden (wie auch immer die Schriftrollen vom Toten Meer mit diesem Ort zusammenhängen und welche Funktion auch immer dieser Ort gehabt hatte). Dieser Text bezieht sich nicht nur auf eine kleine Gemeinde, die dort lebte. Es scheint daher sinnvoll zu sein, einen besseren Begriff für diejenigen zu finden, die den Text einst benutzt haben. Wie bereits in der Einleitung erklärt wurde, wird eine der am häufigsten von der Vereinigung selbst verwendete Selbstbezeichnung benutzt: *Jahad* = Einheit/Einigkeit.

Der vorliegende Text ist im wesentlichen eine Satzung oder Verfassungsurkunde einer ganz bestimmten Einheit gleichgesinnter Menschen. Untersuchungen von Moshe Weinfeld und Matthias Klinghardt haben gezeigt, daß gerade das strukturelle Element dieses alten jüdischen Dokuments ähnlichen Elementen in Urkunden politischer Lebensgemeinschaften und religiöser Gruppierungen Ägyptens, Griechenlands und Kleinasiens entspricht. Bei diesem Schriftstück geht es um weit mehr, als nur um die Gründung einer Gesellschaft.

Flavius Josephus, der Geschichtsschreiber der Juden des 1. nachchristlichen Jahrhunderts, beschrieb die wichtigsten jüdischen Gruppierungen als philosophische Schulen, nicht als sozial-politische Gesellschaften. Seine Darstellung wird häufig als irreführende Vereinfachung der jüdischen Situation verworfen, die er dem griechisch lesenden und denkenden Publikum zuliebe vorgenommen habe. Schenkt man jedoch der Charakterisierung des Geschichtsschreibers seine Zustimmung, dann läßt sich feststellen, daß die in unserem Text beschriebene Gruppe mehr einer philosophischen Schule als einer Gesellschaft gleicht. Solche Schulen waren größer als Gesellschaften, zugleich aber entschiedener in der Weltanschauung ihrer Mitglieder. Gesellschaften waren eher vergleichbar mit unseren Vereinen oder Bünden. In seiner klassischen Studie aus dem Jahr 1933, *Conversion,* skizzierte A. D. Nock die Merkmale solcher Philosophenschulen: Sie boten leicht verständliche Erklärungen der Welt und Zeitereignisse, ein streng geregeltes Leben, orientierten sich an Vorbildern (Heilige), wurden von einem lebenden Lehrer geprägt, beriefen sich auf schriftliche Überlieferung und verlangten eine Umkehr und Erneuerung des Lebens, vergleichbar dem jüdisch-christlichen Konzept der Bekehrung. Alle diese Elemente sind hier vorhanden. Obwohl die Gruppe, die in Urkunde 5 beschrieben wird, *organisiert* war wie eine Gesellschaft, *war ihre Funktion* eher die einer philosophischen Schule.

Dem Werk ist zu entnehmen, daß die Gemeinschaft aus Priestern, Leviten (eine zweitrangige Priesterklasse), „Israel" und zum Judentum bekehrten Heiden bestand. Mit „Israel" ist nicht die Gesamtheit der Juden gemeint, sondern nur jene, welche die Lehre der Gruppe anerkennt. Andere Juden werden zusammen mit nichtjüdischen Völkern als „Menschen der Verderbtheit", die „auf gottlosen Wegen gehen", bezeichnet. In die Gruppe gelangte man durch Bekehrung. Nach dem Reuebekenntnis aller Sünden folgte für den Neuling (Novizen) ein zweijähriges Aufnahmeverfahren, das zur vollen Mitgliedschaft führte. Innerhalb dieses Zeitraums wurde er (Frauen werden nicht eigens erwähnt) eingeweiht in das geheime Wissen der Gruppe; er gelangte zu immer höheren Stufen der Läuterung. Ein Teil des Besitzes des Bewerbers (nach Kolumne 7,6–8 behält er einen Anteil seines Vermögens) wurde Gruppen-Eigentum: eine Praxis, die auch in der Apostelgeschichte des Neuen Testaments beschrieben wird. Schließlich verlieh ihm die Vereinigung einen spezifischen Rang je nach seinem Gehorsam dem mosaischen Gesetz gegenüber. Rang und Aufstieg innerhalb der Gruppe hingen in hohem Maß von den „Werken des Gesetzes" ab, eine Wendung, der auch in der Schrift des Apostels Paulus (z. B. Galaterbrief 2,16) aufscheint.

Jeder Zweig der Vereinigung hatte eine führende Persönlichkeit, bekannt als der Lehrmeister. Er dürfte der erste Priester gewesen sein, der die Beratungen über die Regeln zur Gruppenführung über das Gemeinschaftsvermögen und die Bibelauslegung leitete. Die Überschrift des Textes aus Höhle 1 hält fest: diese Abschrift gehört einem Lehrmeister, der sich wohl auf den Text beim Unterricht neuer Bewerber stützte. Entscheidungen werden durch demokratischen Mehrheitsbeschluß gefällt. Die einzelnen Abteilungen umfassen mindestens zehn Männer, die auch zu den Mahlzeiten und Bibelstudien zusammenkommen. Jedes Jahr wird kritisch Standortbestimmung aller Mitglieder durchgeführt. Bei dieser Jahresbilanz kann sich der Rang eines Mannes verbessern oder verschlechtern, je nach seinem Verhalten und seinem Bibelverständnis.

Auffallend ist der Gebrauch einer militärischen Sprechweise. Mitglieder werden als „Freiwillige" beschrieben und in Gruppen von tausend, hundert, fünfzig und zehn unterteilt. Die Organisationsweise ist die gleiche wie zur Zeit des Mose und Josua, als Israel zum ersten Mal die Kanaaniter angriff und das Land Israel in Besitz nahm. Diese militärischen Begriffe wurden mit Bedacht und Absicht verwendet. Die Gruppe sah sich als Kriegseinheit, die auf Gottes Zeichen zum letzten Krieg gegen die Völker und die Gottlosen unter den Juden wartet. Es galt daher, in einem Zustand erhöhter Reinheit und Disziplin zu leben, wie die Bibel es von heiligen Kriegern fordert.

Aus der rabbinischen Literatur sind ähnliche Reinheits-Gruppen unter den Juden bekannt: Inspiriert vom hebräischen Wort *haburot* verlangten die anderen jüdischen Reinheits-Gruppen (die sich vielleicht aus Pharisäern rekrutierten) ein Aufnahmegelöbnis; sie nahmen die Mahlzeiten ebenfalls gemeinsam ein. Weitere Ähnlichkeiten unserer Gruppe mit den *haburot* sind eine Zeit der Anwartschaft für angehende Mitglieder und die Distanzierung von der Masse der Juden. Einige der frühchristlichen Gemeinden waren ähnlich organisiert, wie der Apostelgeschichte entnommen werden kann.

Viele theologische Vorstellungen dieses Werks sind uns aus anderen jüdischen Schriften und dem frühpalästinensischen Christentum vertraut. Die Mitglieder der Vereinigung glaubten einen neuen Bund mit Gott zu schließen und den alten mosaischen Bund konsequent zu erfüllen. Die Urkunde nennt diesen Neuen Bund den „Bund der Gnade", den „Bund der ewigen *Jahad*", den „Ewigen Bund" und den „Bund der Gerechtigkeit". Die Gläubigen leben gegenwärtig in einer schwierigen Epoche, in der Satan (Belial genannt) die Welt regiert. Das Neue Testament belegt Satan mit dem Ausdruck „der Fürst dieser Welt" (Johannes 12,31; 14,30; 16,11). Diese Tatsache erklärt auch, warum Gläubige, die die Wahrheit kennen und nach ihr leben, Konflikte in und mit dieser Welt haben. Gläubige sind die Kinder des Lichts, Nichtgläubige Kinder der Finsternis – eine konfrontierende Begriffswelt, die auch im Neuen Testament vorliegt. Die Vereinigung bezeichnet sich selbst „Der Weg" (Kolumne 9,18), eine Bezeichnung, die auch einige der ersten Christen verwendeten (Apostelgeschichte 9,2; 18,25–26; 19,23).

Für die Zukunft sieht die Urkunde einen „gnädigen Beistand" Gottes voraus. Dann werden die Anhänger den Tag der Vergeltung erleben, die weltlichen Machtstrukturen werden umgestürzt: Die Letzten werden die Ersten und die Ersten werden die Letzten sein. Jene, die der „*Jahad*" Gottes beitreten, können mit einem langen Leben, gesegnetem Frieden, zahlreicher Nachkommenschaft und möglicherweise ewigem Leben rechnen. In einer Passage des Textes klingt vielleicht die Hoffnung auf Auferstehung (Kolumne 11,16–17) an. Gläubige werden dann die „Krone des Ruhms" und das „Kleid der Ehre" erhalten. Alle anderen, die nicht der Gruppe angehören, fallen auf ewig der Verdammnis anheim. Es handelt sich um eine immerwährende Marter durch die bösen „Engel der Hölle", während sie in größter Finsternis brennen. Die breite Schilderung der Hölle und des Schicksals der Ungläubigen in der Urkunde ist abschreckend. Die Einzelheiten lassen zweifellos einen beinahe hautnah spürbaren Haß auf Außenseiter erkennen.

Besonders festzuhalten ist die Idee verborgener Lehren, „Geheimnis" genannt. Das rabbinische Judentum hatte Vorstellungen von „immerwährender Offenbarung", die Außenstehenden nicht zuteil werde. Es handelt sich um die Auffassung, Gott offenbare bis in ihre Tage neue Wahrheiten. Die Bibel sei daher weder die einzige noch die endgültige Sammlung dieser Botschaften für die Menschheit.

Paulus spricht – wenn auch mit etwas anderer Akzentuierung – vom „Geheimnis, das seit ewigen Zeiten und Generationen verborgen war und nun seinen Heiligen offenbart wurde" (Kolosserbrief 1,26). Die Rabbiner hielten sich selbst für „Überlieferer", „Weiter-Geber" der zusätzlichen Offenbarungen, die Mose am Berg Sinai zuteil wurden, des „mündlichen Gesetzes", das von Generation zu Generation nur von Mund zu Mund weitergegeben wurde. Diese Offenbarung findet sich nicht in der Bibel. Ähnlich versprachen die Mysterien-Kulte der griechisch-römischen Welt ihren Novizen Einblick in Geheimnisse des Lebens. Diese gemeinsame Betonung geheimnisvoller neuer Offenbarungen läßt ein Unbehagen mit jahrhundertealten Kulten und religiösen Lehren sichtbar werden. Viele Juden zur Zeit des Neuen Testaments hatten z. B. Schwierigkeiten mit Tieropfern. Der neutestamentliche Brief an die Hebräer bringt es auf den wesentlichen Punkt: „... das Blut von Stieren und Ziegen kann unmöglich Sünden wegnehmen" (Hebräerbrief 10,4). Für den Autor des Hebräerbriefs sind also Tieropfer nach dem Kreuzesopfer Jesu sinn- und zwecklos.

Die Mitglieder der Sekten-Gemeinschaft glaubten ebenfalls, daß Opfer sinnlos seien. Sie waren gewiß nicht so radikal wie die Christen. Sie konnten nicht aufhören, Opfer zu bringen, da diese letztlich von Gott befohlen worden waren und in den mosaischen Schriften bis ins Detail geregelt waren. Sie fanden ihren eigenen Weg, für ihre Sünden Buße zu tun, mit Gebet, Rechtschaffenheit und untadeligem Verhalten (Kolumne 9,4–5). Ohne die richtige innere Einstellung war ein Opfer bedeutungslos (Kolumne 3,11).

Die verblüffendste – sogar wortwörtliche – Ähnlichkeit zwischen frühchristlichem Gedankengut und jenem dieser Urkunden ist die Auffassung von Gemeinschaft als Tempel. Paulus spricht zu den Gläubigen: „Ihr seid auf das Fundament der Apostel und Propheten gebaut; der Eckpfeiler ist Christus Jesus selbst. Durch ihn wird der ganze Bau zusammengehalten und wächst zu einem heiligen Tempel im Herrn. Durch ihn werdet auch ihr im Geist zu einer Wohnung Gottes erbaut" (Epheserbrief 2,20–22). Der Text der Sekten-Gemeinschaft beschreibt die Gläubigen als einen „Tempel für Israel und ... Heilige der Heiligen ... die geprüfte Wand, der wertvolle Eckpfeiler, an dessen Fundamenten weder gerüttelt noch etwas bewegt werden soll...ein untadeliges und wahres Haus in Israel" (Kolumne 8,5–9). So betrachteten sich die frühen Christen wie die Mitglieder dieser Vereinigung im übertragenen und doch unterschiedlichen Sinn als wahren Tempel. Sie hatten das reale Bauwerk in Jerusalem ersetzt. Es handelt sich um eine Idee mit einem transzendenten Sinn, da die Bibel auch dahingehend interpretiert worden ist, Gott „wohne" im Tempel von Jerusalem. Für beide Gruppen wohnt Gott nicht in Gebäuden, die von Menschenhand errichtet werden. Er lebte in ihnen.

Das Werk beginnt mit dem präzis und detailliert formulierten „Grundgesetz", dem die Mitglieder sich unterwerfen. Der Autor schildert die ideale Gemeinschaft in allgemeinen Worten und erklärt sehr genau die Rolle, die einem Lehrmeister als Lehrer innerhalb der Gemeinschaft zukommt.

Kolumne 1 [1]Ein Text, der [dem Lehrmeister gehört, der die Hei]ligen [unterweist,] die gemäß dem Buch mit den Regeln der *Jahad* leben. Er muß sie lehren, [2]Gott mit ihrem ganzen Herzen und von ganzer Seele zu suchen, und daß sie danach trachten, alles zu tun, was vor Ihm gut und redlich ist, so, wie [3]Er es durch Mose und all Seine Diener, die Propheten, befohlen hat. Er muß sie lehren, alles zu lieben, was [4]Er erwählt hat und alles zu hassen, was Er verwarf, sich von allem Bösen fernzuhalten [5]und an allen guten Taten festzuhalten; Wahrheit zu leben, Gerechtigkeit und Rechtschaffenheit [6]im Land, und nicht länger den Weg eines schuldbeladenen, arglistigen Herzens und lüsterner Begierden zu gehen, [7]auf welchem sie alle bösen Dinge taten. Es muß alle, die freiwillig unter dem Gesetz Gottes leben wollen, [8]in den Bund der Gnade einführen, damit sie in die Gesellschaft Gottes eintreten und ohne Fehler vor Ihm gehen, gemäß all [9]dem, was ihnen offenbart worden ist für die Zeiten, die ihnen bestimmt waren. Er muß sie lehren, alle Kinder des Lichts zu lieben – jedes [10]entsprechend seinem ihm gemäßen Platz im Rat Gottes – und alle Kinder der Dunkelheit zu hassen, jedes entsprechend seiner Schuld [11]und der Vergeltung, die ihm von Gott gebührt.

Alle, die nach Seiner Wahrheit streben, müssen das ganze Maß ihres Wissens, ihrer Kraft und [12]ihres Vermögens in die *Jahad* Gottes einbringen. So werden sie ihre Erkenntnis reinigen in der Wahrheit der Gesetze Gottes, ihre Kräfte angemessen anwenden, [13]um sich zu vervollkommnen, Seinen vollkommenen Wegen gemäß zu gehen und ebenso ihre Habe bei der Richtschnur Seines gerechten Ratschlusses. Sie dürfen auch nicht in der kleinsten Einzelheit abweichen [14]von irgendeinem der Worte Gottes, da diese sich auf ihre eigene Zeit beziehen. Sie dürfen ihre heiligen Zeiten weder vorverlegen noch [15]eines ihrer vorgeschriebenen Feste verschieben. Sie sollen von Seinen unfehlbaren Gesetzen weder nach rechts oder links abweichen.

Dann wird eine Aufnahmezeremonie neuer Mitglieder in die Gemeinschaft beschrieben.

[16]Alle, die den Regeln der *Jahad* beitreten, sollen in den Bund vor Gott eingeführt werden, indem sie sich bereiterklären, [17]gemäß all dem, was Er befohlen hat, zu handeln und nicht zurückzuweichen aus Angst, Schrecken oder Verfolgung, [18]die während der Zeit der Herrschaft Belials geschehen kann. Während die Neulinge in den Bund eingeführt werden, sollen die Priester [19]und die Leviten unaufhörlich dem Gott der Erlösung danken und all Seine wahrhaften Taten loben. Alle [20]diejenigen, die dem Bund beitreten, sollen unaufhörlich „Amen, amen" erwidern. [21]Die Priester sollen Gottes barmherzige Taten aufsagen, die durch große Taten offenbar wurden, [22]und Seine gütigen Gnaden zugunsten Israels verkünden. Dann sollen die Leviten [23]die gottlosen Taten der Kinder Israels aufsagen, all ihre schuldbeladenen Freveltaten und Sünden, die sie begangen haben während der Herrschaft [24]Belials. Alle Neulinge, die dem Bund beitreten, müssen antworten und gestehen: „Wir sind gottlos gewesen, [25]haben uns vergangen und [gesü]ndigt. Wir sind gottlos gewesen – wir und vor uns unsere Väter – und sind den Weg [26][des Widerstands gegen die Gesetze] der Wahrheit und Gerechtigkeit gegangen, [wofür Gott] uns gerichtet hat, uns und unsere Väter. **Kolumne 2** [1]Doch er hat es uns vergolten mit den gütigen Taten seiner Barmherzigkeit, vor langer Zeit und für alle Zeiten."

Dann müssen die Priester alle jene segnen, [2]die für Gott bestimmt sind, die ohne Fehler auf allen Seinen Wegen gehen und sagen: „Möge Er euch segnen mit jedem [3]guten Ding und euch von jedem Unheil bewahren. Möge Er euren Verstand mit Weisheit fürs Leben erhellen, gnädig zu euch sein in der Erkenntnis der ewigen Dinge [4]und sein gnädiges Angesicht über euch erheben für ewigen Frieden." Die Leviten sollen daraufhin all jene verfluchen, die vorherbestimmt sind für [5]Belial. Sie sollen erwidern: „Mögt ihr verdammt sein für all eure frevlerischen, schuldbeladenen Taten. Möge der [6]Gott des Schreckens euch unversöhnlichen Gegnern ausliefern; möge Er eure Nachkommenschaft mit Zerstörung heimsuchen durch die Hände jener, die vergelten [7]Böses mit Bösem. Mögt ihr ohne Gnade verdammt sein für eure finsteren Taten, ein Gegenstand des Zorns, [8]beleckt von einer ewigen Flamme, umgeben von tiefster Finsternis. Möge Gott keine Gnade mit euch haben, wenn ihr hinausschreit und euch nicht vergeben noch eure Sünden wiedergutmachen. [9]Möge Er sein zorniges Angesicht über euch erheben in Rache. Mögt ihr niemals Frieden finden durch die Bitte irgendeines Fürsprechers." [10]All die Eingeweihten in den Bund sollen den Segnenden und Verfluchenden mit „Amen, Amen" antworten.

Viele Haltungen und Handlungen der Reue beziehen sich auf den Eingeweihten, der nicht gänzlich bekehrt ist. Der folgende Abschnitt wendet sich diesen Fragen und Entscheidungen zu.

[11]Dann sollen die Priester und Leviten fortfahren zu verkünden: „Verdammt sei derjenige, der unbußfertigen Herzens aufgenommen wird, [12]der diesem Bund beitritt, und dann den Stolperstein seiner Sünden errichtet und so zum Abtrünnigen wird. Es wird geschehen, [13]wenn er die Worte dieses Bundes vernimmt, daß er sich selbst in seinem Herzen segnet und sagt ‚Friede sei mit mir, [14]obwohl ich in der Widerspenstigkeit des Herzens gehe' (Dtn 29,18–19). Umgeben von überfließendem Wasser soll niemals der Durst seines Geistes gelöscht werden, ohne [15]Vergebung. Gottes Zorn und Eifer nach Seinen Geboten soll gegen ihn brennen in ewiger Zerstörung. All die [16]Flüche dieses Bundes sollen hängenbleiben an ihm, und Gott wird ihn ausscheiden für ein Schicksal, das seiner Gottlosigkeit geziemt. Es wird getrennt werden von allen Söhnen des Lichts aufgrund seines Abfalls [17]von Gott, verursacht durch Unbußfertigkeit und den Stolperstein seiner Sünde. Er soll sein Los werfen mit jenen, die für alle Zeiten verdammt sind." [18]Die Eingeweihten müssen daraufhin erwidern: „Amen, Amen".

Jährliche Bilanz über die Mitglieder.

[19]Sie sollen folgendermaßen jährlich verfahren, solange Belials Herrschaft dauert: Die Priester sollen beim Rückblick als erste vorbeigehen, [20]in der Reihenfolge gemäß ihrer geistigen vorzüglichen Leistungen, einer nach dem anderen. Dann sollen die Leviten folgen [21]und als drittes alle Menschen dem Rang entsprechend, einer nach dem anderen, zu je tausend und hundert [22]und fünfzig und zehn. Also soll jeder Israelit seinen richtigen Platz in der *Jahad* Gottes kennen, [23]einer ewigen Gesellschaft. Keiner soll von dem ihm zugewiesenen Platz versetzt werden, keiner aufsteigen über seinen vorherbestimmten Rang. [24]So sollen alle zusammen eine *Jahad* bilden, deren Wesen Wahrheit, echte Demut, Liebe zur Mildtätigkeit und Rechtschaffenheit ist, [25]in der einer für

den anderen auf seine Weise innerhalb der heiligen Gesellschaft sorgt, Gefährten in einer ewigen Gemeinschaft.

Anlaß und Ausschluß aus der Gemeinschaft Gottes.

Jemand, der sich weigert einzutreten [26][in die Gemeinschaft G]ottes und es vorzieht, in seinem verstockten Herzen zu verharren, soll nicht [in die *Ja*]*had* Seiner Wahrheit [eingeführt werden], da seine Seele **Kolumne 3** [1]die grundlegenden Lehren der Erkenntnis zurückgewiesen hat: die Gesetze der Gerechtigkeit. Ihm fehlt die Kraft, zu bereuen. Er soll nicht zu den Aufrechten gezählt werden. [2]Seine Erkenntnis, seine Kraft und sein Vermögen sollen nicht in die Gemeinschaft der *Jahad* eingebracht werden. In der Tat, er bahnt sich seinen Weg im Unrat der Gottlosigkeit, so daß beschmutzende Makel [3]seine Reue verderben würden. Auch kann er nicht gerechtfertigt werden durch das, was sein halsstarriges Herz als rechtmäßig erklärt, indem er lieber auf die Finsternis blickt als auf die Wege des Lichts. Mit solch einem Auge [4]kann er nicht zu den Fehlerlosen gerechnet werden. Zeremonien der Versöhnung können nicht seine Unschuld wiederherstellen, noch kultische Wasser seine Reinheit. Er kann nicht geheiligt werden durch Untertauchen in Ozeanen [5]und Flüssen, noch gereinigt werden durch bloßes rituelles Baden. Unrein, unrein soll er all die Tage sein, in denen er zurückweist die Gesetze [6]Gottes und zurückweist, in der *Jahad* seiner Gesellschaft unterwiesen zu werden.

Denn nur durch den Geist, der Gottes wahre Gesellschaft erfüllt, kann es Wiedergutmachung für die Wege eines Mannes geben, all [7]seine Lasterhaftigkeiten; nur so kann er das Licht des Lebens erblicken und Seiner Wahrheit verbunden sein durch Seinen heiligen Geist, gereinigt von aller [8]Lasterhaftigkeit. Durch eine aufrechte und demütige Haltung mag seine Sünde bedeckt werden, und indem er sich selbst vor allen Gesetzen Gottes demütigt, [9]kann Sein Fleisch gereinigt werden. Nur so kann er wirklich die reinigenden Wasser empfangen und durch den reinigenden Strom geläutert werden. Laß ihn seine Schritte ordnen, um untadelig [10]die Wege Gottes zu gehen, so wie Er es gebot für die ihm bestimmten Zeiten. Laß ihn sich weder nach rechts noch nach links wenden noch [11]in der kleinsten Kleinigkeit von Seinen Worten abweichen. Dann wird er wirklich von Gott angenommen sein, der ihm den süßen Wohlgeruch des Sühne-Opfers bietet, und nur dann wird er ein Teil des Bundes [12]der ewigen *Jahad*.

Eine theoretische Diskussion der zwei Geister. Sie kontrollieren die Menschheit; sie bestimmen, wer gut und wer böse ist, warum aufrechte Menschen sündigen und warum die Guten leiden müssen und wie die beiden Geister in Zeit und Raum wirken.

[13]Ein Text, der dem Lehrmeister gehört, der all die Söhne des Lichts erleuchten und unterrichten muß über den Charakter und das Schicksal des Menschengeschlechts: [14]all ihre geistigen Verschiedenheiten mit den Zeichen, die sie begleiten, all ihre Taten Generation um Generation und ihren Beistand in der Not zusammen mit [15]Zeiten des Friedens.

Und all das ist nun und wird ewig sein und hat seinen Ursprung beim Gott der Erkenntnis. Bevor die Dinge in Erscheinung treten, hat Er ihre Formen angeordnet, [16]so daß, wenn sie in Erscheinung treten – zu ihrer bestimmten Zeit, wie Er es durch seinen wunderbaren Plan bestimmt hat –, sie ihre Bestimmung erfüllen, eine Bestimmung, die sie unmöglich ändern können. Er überwacht [17]die Gesetze, die alle Dinge lenken, und Er sorgt für deren Befolgung.

Er schuf das Menschengeschlecht, damit es über [18]die Welt regieren möge und bestimmte ihm zwei Geister, deren Wege sie gehen sollen bis zur Zeit, die Er für Seine Prüfung festgelegt hat. Es sind die Geister [19]der Wahrheit und der Lüge. Aufrechter Charakter und Schicksal haben ihren Ursprung in der Wohnung des Lichts; umgekehrt, im Brunnen der Finsternis. [20]Die Macht des Fürsten des Lichts erstreckt sich auf die Herrschaft über alle rechtschaffenen Menschen; daher gehen sie die Wege des Lichts. Entsprechend umfaßt die Macht des Engels [21]der Finsternis die Herrschaft über alle gottlosen Menschen; daher beschreiten sie die Wege der Finsternis.

Die Macht des Engels der Finsternis erstreckt sich weiterhin auf die Verderbnis [22]aller Rechtschaffenen. All ihre Sünden, Frevel, schimpflichen und widerspenstigen Taten geschehen durch seine Eingebung, [23]eine Lage, von der Gott in seinem Geheimnis zuläßt, daß sie fortbesteht bis Sein Zeitalter heraufdämmert. Darüber hinaus geschehen all die Kümmernisse der Rechtschaffenen und jede Prüfung in ihrer Zeit wegen der teuflischen Herrschaft dieses Engels. [24]All die Geister, die mit ihm verbündet sind, haben nur einen Vorsatz gemeinsam: die Söhne des Lichts straucheln zu lassen.

Doch der Gott Israels (und der Engel seiner Wahrheit) stehen bei all [25]den Söhnen des Lichts. Es ist in Wirklichkeit Er, der die Geister des Lichts und der Finsternis schuf und sie zum Eckpfeiler jeder Tat machte, [26]ihre Eingebungen die Voraussetzungen jeder Handlung. Gottes Liebe für einen Geist **Kolumne 4** [1]dauert ewig. Er wird von seinen Taten stets erfreut sein. Den Rat des anderen verabscheut er jedoch, und er haßt ihn in jeder seiner Regung für alle Zeiten.

[2]Auf der Erde handeln sie folgendermaßen: der eine erleuchtet den Verstand eines Mannes und ebnet ihm die Wege der wahren Rechtschaffenheit und legt in sein Herz die Furcht vor den Gesetzen [3]Gottes. Dieser Geist erzeugt Demut, Geduld, Fülle an Mitleid, dauerhafte Güte, Einsicht, Verständnis und mächtige Weisheit, die widerhallen in jeder [4]von Gottes Taten, getragen von Seiner steten Treue. Er bringt einen Geist hervor, erkennbar in jedem Handlungsplan, eifernd nach den Gesetzen der Gerechtigkeit, heilig [5]in seinen Gedanken und standfest in der Absicht. Dieser Geist begünstigt reichlich Erbarmen für alle, die an der Wahrheit festhalten und wunderbare Reinheit mit instinktivem Haß von Unreinheit in jeder Gestalt. Er bringt demütiges Verhalten hervor, [6]verbunden mit einer allgemeinen Einsicht, was Wahrheit betrifft, das heißt, das Geheimnis der Erkenntnis. Dahin führt der irdische Ratschluß des Geistes jene, deren Natur sich nach Wahrheit sehnt.

Durch einen gnädigen Beistand werden alle, die in diesem Geist gehen, Heilung erfahren, [7]gesegneten Frieden, langes Leben und zahlreiche Nachkommen, gefolgt von ewigem Segen und ewiger Freude im ewigen Leben. Sie werden die Krone des Ruhms erhalten [8]mit einem Kleid der Ehre, prächtig für immer und ewig.

[9]Die Unternehmungen des Geistes der Lüge führen zu Habgier, Versäumnis der rechtschaffenen Werke, Gottlosigkeit, Unwahrheit, Stolz und Hochmut, schrecklicher Täuschung und Betrug, [10]großer Scheinheiligkeit, einem Mangel an Selbstkontrolle und grenzenloser Dummheit, Streben nach Überheblichkeit, verabscheuungswürdigen

Taten, getrieben von lüsternen Begierden, Lüsternheit in ihrer schmutzigen Gestalt, [11]einer Schmähzunge, blinden Augen, tauben Ohren, steifem Hals und hartem Herz – bis sie schließlich auf allen Wegen der Finsternis und bösen Verbissenheit gehen.

Das Urteil [12]über alle, die auf solchen Wegen gehen, werden zahlreiche Kümmernisse durch die Hände all der Engel der Hölle sein, ewige Verdammnis im Zorn von Gottes wütender Rache, Schrecken ohne Ende und Schande [13]in alle Ewigkeit mit schmachvoller Auslöschung im Feuer der äußersten Finsternis der Hölle. Denn all ihre Epochen, Generation für Generation, werden sie schweren Kummer, bitteres Leid und dunklen Zufall kennenlernen, bis [14]zu ihrer gänzlichen Vernichtung ohne Rest und Rettung.

Der Kampf zwischen dem Guten und dem Bösen und Gottes Endsieg.

[15]Charakter und Schicksal des Menschengeschlechts wohnen bei diesen Geistern. Alle Scharen der Menschheit, Generation für Generation, sind Erben dieser geistigen Abteilungen und gehen ihren Wegen entsprechend; das Werk jeder [16]Tat wohnt diesen Abteilungen inne gemäß des geistigen Erbes einer jeden Person, ob groß oder klein, für jedes Zeitalter der Ewigkeit. Gott hat diese Geister zu Gleichgestellten bis zum [17]letzten Zeitalter gemacht und unter ihre Abteilung immerwährende Feindschaft gesetzt. Falsche Taten sind so der Wahrheit ein Greuel, während alle Wege der Wahrheit für die Verderbtheit gleichermaßen eine Schande darstellen. Heftige [18]Auseinandersetzungen begleitet jeden Punkt der Entscheidung, denn sie können niemals übereinstimmen. In seiner geheimnisvollen Einsicht und herrlichen Weisheit hat Gott eine Epoche gutgeheißen, in der Verderbtheit triumphiert, doch zur festgesetzten Zeit [19]der Prüfung wird er diese für immer zerstören. Dann wird Wahrheit kommen und auf der Erde siegen. Besudelt durch frevelhafte Wege zur Zeit der Herrschaft der Verderbtheit [20]wird zur bestimmten Zeit des Gerichts die Wahrheit verordnet werden. Bei seiner Wahrheit wird Gott dann alle menschlichen Werke reinigen und einige der Menschen erneuern, um jeden verderbten Geist aus den Eingeweiden des Fleisches auszulöschen, [21]um ihn zu reinigen von jeder gottlosen Tat durch einen heiligen Geist. Wie reinigende Wasser wird Er jeden mit einem Geist der Wahrheit besprengen, wirksam gegen die Greuel der Lüge und der Besudelung durch einen [22]unreinen Geist. Dabei wird Er den Aufrechten Einsicht gewähren in die Erkenntnis des Allerhöchsten und das Wissen der Engel und jene weise machen, die dem rechten Weg folgen. Gott hat sie tatsächlich erwählt für einen ewigen Bund; [23]all der Ruhm Adams soll allein ihnen gehören. Verderbtheit wird ausgelöscht, jede arglistige Tat der Schande ausgeliefert.

Bis jetzt haben die Geister der Wahrheit und der Verderbtheit im menschlichen Herzen miteinander gekämpft. [24]Alle Menschen gehen sowohl den Weg der Weisheit als auch der Dummheit. Wenn das Erbteil eines Menschen Wahrheit und Rechtschaffenheit sind, so wird er Verderbtheit hassen; umgekehrt, wer das Los des Bösen erbt, wird frevlerisch handeln und [25]Wahrheit verabscheuen. Gott hat diese Geister zu Gleichgesinnten bestimmt bis zur Zeit von Ratschluß und Erneuerung. Er kennt im voraus die Werke ihrer Handlungen für alle Zeitalter [26][der Ewigkeit]. Er hat ihnen Herrschaft über die Menschheit zugestanden, indem er ihnen die Erkenntnis von gut [und böse] verlieh und [Ent]scheidung über das Schicksal jedes Lebewesens nach dem

Maßstab dessen, welcher Geist in ih[m] vorherrscht bis zum Tag der festgelegten Prüfung.

Regeln zur Leitung der Gemeinschaft. Im ersten Abschnitt finden sich die allgemeinen und theoretischen Grundlagen der Regeln.

Kolumne 5 [1]Dies ist die Regel für die Männer der *Jahad*, die danach streben, alles Böse zu bereuen und an dem festzuhalten, was Er bei Seinem guten Willen geboten hat. Sie müssen getrennt werden von der Versammlung der [2]verderbten Männer. Sie müssen zusammenkommen zu einer Einheit mit Achtung vor Gesetz und Vermögen. Ihre Diskussionen sollen unter der Aufsicht der Söhne des Zadok geführt werden – Priester und Bewahrer des Bundes – und gemäß der Mehrheitsregel der Männer [3]der *Jahad*, die am Bund festhalten. Diese Männer sollen über alle Entscheidungen beraten, über Angelegenheiten des Gesetzes, Geld und Gerichtsentscheide. Sie sollen in Wahrheit handeln zusammen mit Demut, [4]Mildtätigkeit, Gerechtigkeit, Herzensgüte und Bescheidenheit in allen ihren Wegen. Dementsprechend wird keiner in einem halsstarrigen Herzen verharren und so verführt werden, weder durch sein Herz [5]noch durch seine niedrige Natur. Gemeinsam sollen sie die Vorhaut ihrer Natur beschneiden, diesen steifen Hals, und so einen Brunnen der Wahrheit errichten für Israel – das heißt, für die *Jahad* oder den Ewigen [6]Bund. Sie müssen sühnen für all jene in Aaron, die freiwillig Dienst tun um der Heiligkeit willen, und für jene in Israel, die zur Wahrheit gehören, und für die nichtjüdischen Konvertiten, die sich ihrer Gemeinschaft anschließen. Sowohl durch Wahrheit als auch Gerichtsspruch [7]müssen sie jeden verurteilen, der eine Regel übertritt.

Allgemeine Fundamentalgesetze über den Eintritt in den Neuen Bund der Gruppe.

Dies ist das Regelwerk, das gilt, wenn sie zusammen als Gemeinschaft versammelt sind. Jeder neu Eintretende in die Gesellschaft der *Jahad* [8]muß in den Bund vor den Augen aller Freiwilligen eintreten. Er soll auf sich einen bindenden Eid nehmen, daß er zum Gesetz Moses (gemäß allem, was Er gebot,) zurückkehrt mit seinem [9]ganzen Herzen und ganzem Sinn, zu all dem, was davon den Söhnen des Zadok offenbart wurde – Priester und Bewahrer des Bundes, Sucher nach Seinem Willen – und der Mehrheit der Männer ihres Bundes [10](das heißt, jene, die gemeinsam freiwillig Seiner Wahrheit dienen und nach dem leben, was Ihm gefällt). Jeder, der also den Bund mit seinem Eid beitritt, muß sich selbst von allen anderen verderbten Menschen trennen, jenen, die [11]auf gottlosen Wegen gehen, denn solche werden nicht als Teil Seines Bundes betrachtet. Die „haben Ihn nicht gesucht noch nach Seinen Geboten gefragt" (Zef 1,6), um die verborgenen Gesetze zu entdecken, in denen sie sich irren [12]zu ihrer Schande. Sogar die offenbarten Gesetze übertreten sie wissentlich und erregen so Gottes Zornesgericht und volle Rache: die Flüche des mosaischen Bundes. Er wird gegen sie bringen [13]schwere Urteile, ewige Zerstörung, die keinen ausläßt.

Die Erwähnung von Außenseitern nötigt zu einem kritischen Exkurs und offener unbekümmerter Umgang mit solchen Leuten scheint für manche Mitglieder der Gemeinschaft eine gefährliche und verführerische Anziehungskraft gehabt zu haben.

Keiner der verderbten Männer darf die reinigenden Wasser betreten, die von den Männern der Heiligkeit verwendet werden, und so mit ihrer Reinheit in Berührung kommen. (Es ist in der Tat nicht möglich, gereinigt zu werden, [14]ohne zunächst das Böse zu bereuen, da Unreinheit allem anhängt, was Sein Wort verletzt.) Keiner darf mit einem solchen Mann zusammen arbeiten oder durch Vermögen verbunden sein, denn „er würde ihm [15]Schuld aufladen" (Lev 22,16). Im Gegenteil, man muß sich von ihm in jeder Hinsicht fernhalten, denn so steht es geschrieben: „Halte dich fern von jedem falschen Ding" (Ex 23,7). Kein Mitglied der *Jahad* darf diskutieren [16]mit solchen Männern über Gesetzesangelegenheiten oder gesetzmäßige Urteile, noch essen oder trinken, was ihnen gehört, noch irgend etwas von ihnen annehmen, [17]es sei denn, es ist gekauft, denn es steht geschrieben: „Wende dich ab von denen, die bloße Sterbliche sind, in deren Nasen nur ein Atemhauch ist; denn was zählen sie schon?" (Jes 2,22). Demgemäß [18]müssen alle, die nicht als zu Seinem Bund gehörig betrachtet werden, ausgeschieden werden, zusammen mit all dem, was sie besitzen; der Mann der Heiligkeit darf sich nicht verlassen auf nutzlose [19]Handlungen, während alle, die Seinen Bund nicht kennen, selbst nutzlos sind. All jene, die Sein Wort verschmähen, wird Er vom Angesicht der Erde zerstören. Jede ihrer Taten ist ein Greuel [20]vor Ihm, alles, was ihnen gehört, ist befallen mit Unreinheit.

Vorschriften für die Befragung der Novizen.

Wenn jemand dem Bund beitritt – um gemäß all diesen Regeln zu leben und die Sache der Versammlung der Heiligkeit zur Seinen machen will – [21]sollen sie seine geistigen Fähigkeiten gemeinschaftlich prüfen, jedes Mitglied soll daran teilnehmen. Sie sollen ihn untersuchen hinsichtlich seines Verständnisses und seiner Taten gegenüber dem Gesetz, geführt sowohl von den Söhnen Aarons, die gemeinsam eingewilligt haben [22]Seinen Bund aufrechtzuerhalten und alle Regeln zu befolgen, die Er ihnen befohlen hat, auszuführen, als auch der Mehrheit Israels, die eingewilligt hat, als Gemeinschaft zu Seinem Bund zurückzukehren. [23]Sie müssen ihrem Rang entsprechend aufgenommen werden, ein Mann über seinem Gefährten, je nachdem, entsprechend seines Verständnisses und seiner Werke. So wird jeder seinem Gefährten gehorchen, der niedriger Stehende dem höher Stehenden. Sie sollen [24]jährlich die geistigen Fähigkeiten untersuchen und die Werke und einen Mann entsprechend seines Verständnisses und der Vollkommenheit seines Weges befördern oder ihn, wegen seines Scheiterns, herabstufen.

Wie sollen Vorgesetzte ihre Untergebenen zurechtweisen? Einige Regeln beschäftigen sich mit dieser Frage, die Uneinigkeit und Dissens vermeiden soll.

Jeder Mann soll [25]seinen Gefährten in Wahrheit, Demut und Herzensgüte ermahnen. Er sollte zu ihm nicht im Zorn und mit Murren sprechen, [26]mit einem [steifen] Hals oder mit einem boshaften [eifernden] Geist. Er darf ihn nicht hassen wegen seines eigenen [unbeschnittenen] Herzens. Am sichersten ist es, er tadelt ihn am Tag des Verstoßes, damit er nicht **Kolumne 6** [1]fortfährt, zu sündigen. Auch darf keiner einen Vorwurf gegen seinen Gefährten vor der Versammlung aller Mitglieder vorbringen, wenn er nicht schon vorher jenen Mann vor Zeugen gerügt hat.

Grundprinzipien der Organisation, die sich auf die Leitung der gemeinsamen Mahlzeiten und des Bibelstudiums innerhalb der verschiedenen örtlichen Kapitel der Gemeinschaft beziehen.

Mit diesen Regeln [2]sollen sie sich selbst leiten, wo immer sie auch wohnen, entsprechend allen gesetzlichen Erkenntnissen über gemeinschaftliches Leben. Die Untergeordneten müssen denjenigen gehorchen, deren Rang über ihnen ist, was Arbeit und Vermögen angeht. Sie sollen gemeinsam essen, [3]beten und beratschlagen. Wo immer zehn Männer der Gesellschaft der *Jahad* versammelt sind, muß stets ein Priester [4]anwesend sein. Die Männer sollen vor dem Priester ihrem Rang gemäß sitzen, und auf diese Weise werden ihre Meinungen zu jeglicher Angelegenheit ergründet werden. Wenn der Tisch zum Essen bereitet ist oder der neue Wein bereitsteht [5]zum Trinken, ist es der Priester, der zuerst seine Hand ausstrecken soll und das erste Stück Brot oder den neuen Wein segnen soll. [6]An jedem Ort, wo die benötigte Anzahl von zehn Männern zusammenkommt, muß stets einer sich mit dem Studium des Gesetzes beschäftigen, Tag und Nacht, [7]fortwährend, jeder der Reihe nach. Die Versammlung aller Mitglieder wird gemeinsam danach trachten, während des ersten Drittels jeder Nacht des Jahres laut aus dem Buch zu lesen und die Heilige Schrift auszulegen und [8]gemeinsam zu beten.

Verfahrensregeln für öffentliche Zusammenkünfte der Kapitel.

Dies ist die Regel für die Zusammenkunft aller Mitglieder, bei der jeder Mann an seinem ihm gebührenden Platz ist. Die Priester sollen in der ersten Reihe sitzen, die Älteren in der zweiten, dann der Rest [9]des Volks, jeder auf seinem richtigen Platz. In dieser Reihenfolge sollen sie befragt werden über jedes Urteil, Beratung oder Angelegenheit, die vor die Versammlung aller Mitglieder kommen soll, so daß jedermann seine Meinung sagen kann [10]vor der Gemeinschaft der *Jahad*. Keiner soll die Worte seines Gefährten unterbrechen und reden, bevor sein Bruder mit dem, was er zu sagen hat, zu Ende ist. Auch soll keiner vor einem anderen sprechen, der einen [11]höheren Rang einnimmt. Nur derjenige, der gefragt wurde, soll sprechen, wenn er an die Reihe kommt. Während der Sitzung aller Mitglieder sollte keiner etwas sagen ohne die Erlaubnis aller Mitglieder, oder genauer, des Mannes, [12]der Hauptaufseher der Versammlung aller Mitglieder ist. Wenn ein Mann etwas vor allen Mitgliedern zu sagen hat, aber einen niedrigeren Rang einnimmt als diejenigen, die die Entscheidungen der Gemeinschaft der [13]*Jahad* treffen, muß er aufstehen. Er muß dann sagen: „Ich habe etwas vor der Versammlung aller Mitglieder zu sagen." Wenn sie es erlauben, darf er sprechen.

Das Werk kehrt wieder zum Anfangsthema „Novizen der Gemeinschaft" zurück. Es wird das besondere, zweijährige Aufnahmeverfahren dargelegt, das schrittweise zur Vollmitgliedschaft führt.

Wenn jemand aus Israel [14]in die Gesellschaft der *Jahad* eintreten möchte, soll der Mann, der zum Führer aller Mitglieder bestimmt wurde, ihn hinsichtlich seines Verständnisses und seiner Werke prüfen. Wenn er die Fähigkeit zur Belehrung besitzt, beginnt sein Aufnahmeverfahren [15]in den Bund, indem er zur Wahrheit zurückkehrt und all seine Verderbtheit bereut. Er soll mit allen grundlegenden Vorschriften der *Jahad* vertraut gemacht werden. Später im Ablauf muß er sich vor die Versammlung aller Mitglieder hinstellen, und das ganze Kapitel soll ihn befragen [16]über seine Eigenheiten. Gemäß der Entscheidung der Gesellschaft aller Mitglieder soll er entweder weiterreden oder gehen.

Wenn er verharrt, in die Gesellschaft der *Jahad* einzutreten, darf er nicht die reine Speise [17]aller Mitglieder berühren, bevor sie ihn nicht über seine spirituelle Eignung und Taten geprüft haben, und nicht vor Ablauf eines ganzen Jahres. Weiterhin darf er noch nicht sein Eigentum mit dem aller Mitglieder vermischen. [18]Wenn er ein ganzes Jahr in der *Jahad* verbracht hat, soll die Gesamtheit aller Mitglieder ihn befragen über Einzelheiten seines Verständnisses und seine Werke des Gesetzes. Wenn es bestimmt ist [19]nach Ansicht der Priester und der Mehrheit der Männer ihres Bundes, dann soll er weiter eingeweiht werden in die geheime Lehre der *Jahad*. Sie sollen auch Schritte unternehmen, seine Habe einzugliedern, indem sie diese der Verfügungsgewalt des [20]Aufsehers unterstellen, zusammen mit dem aller Mitglieder, und einen Betrag davon behalten, doch es soll noch nicht zusammen ausbezahlt werden mit dem aller Mitglieder.

Der Novize darf nicht das Getränk der Gesamtheit aller Mitglieder anrühren, [21]ehe er nicht ein zweites Jahr unter den Männern der *Jahad* verbracht hat. Wenn das zweite Jahr vorüber ist, soll die Gesamtheit aller Mitglieder seinen Fall wieder aufnehmen. Wenn es bestimmt ist, [22]daß er zur vollen Mitgliedschaft der *Jahad* voranschreiten soll, sollen sie ihn aufnehmen in seinen ihm angemessenen Rang unter seinen Brüdern und mit ihm diskutieren über das Gesetz, Rechtsgelehrsamkeit, Teilnahme an reinen Mahlzeiten und Beimischung des Vermögens. Von da an kann die *Jahad* zurückgreifen auf seinen Rat und sein [23]Urteil.

Eine Sammlung von Strafgesetzen, die jeweils das Vergehen und die jeweilige Strafe nennen. Viele Vergehen haben mit der Mißachtung der Disziplin und Ordnung zu tun, andere beziehen sich auf Mängel der sittlichen Haltung. Die Sammlung beginnt mit Gesetzen, die das Sprechen miteinander regeln und fördern sollen.

[24]Dies sind die Regeln, nach denen Fälle bei einer Untersuchung der Gemeinschaft entschieden werden müssen.

Wenn sich unter ihnen ein Mann findet, der gelogen hat [25]über Geld und dies wissentlich getan hat, sollen sie ihn von den reinen Mahlzeiten der Gesamtheit aller Mitglieder ein Jahr lang ausschließen; des weiteren soll seine Brotportion um ein Viertel reduziert werden.

Jemand, der [26]seinem Gefährten trotzig oder ungeduldig antwortet, dabei die Anweisung des Gefährten zurückweist und gegen die Regeln seines höherrangigen Gefährten aufbegehrt, [27]hat sich widerrechtlich Macht angeeignet; er soll bestraft werden, indem seine Portionen reduziert werden und er ein Jahr lang [von den reinen Mahlzeiten ausgeschlossen wird].

Jemand, der laut den A[ller]heiligsten Namen Gottes ausspricht, [ob als ...] oder **Kolumne 7** [1]als Fluch, oder ihn während der Probezeit herausstößt oder aus irgendeinem anderen Grund, oder während er ein Buch liest oder betet, soll hinausgeworfen werden [2]und niemals wieder in die Gesellschaft der *Jahad* zurückkehren.

Wenn jemand sich ärgerlich gegen einen der Priester äußert, der ins Buch eingetragen ist, soll er bestraft werden durch verminderte Portionen [3]ein Jahr lang und von den reinen Mahlzeiten der gesamten Mitgliederschaft abgesondert werden und für sich allein essen. Wenn er jedoch ohne Vorsatz gesprochen hat, soll er nur sechs Monate lang mit reduzierten Portionen bestraft.

Jemand, der wissentlich lügt, [4]soll sechst Monate lang durch reduzierte Portionen bestraft werden.

Der Mann, der seinen Gefährten der Sünde beschuldigt und sich bewußt ist, daß er den Vorwurf nicht beweisen kann, soll ein Jahr lang durch reduzierte Portionen bestraft [5]und von den reinen Mahlzeiten abgesondert werden.

Gesetze zur Bestrafung und Abstellung von Betrug und Zwistigkeiten.

Wer auch immer mit seinem Gefährten hinterlistig spricht oder wissentlich betrügt, soll bestraft werden durch reduzierte Portionen für sechs Monate.

Wenn ein Mann [6]unbewußt in eine betrügerische Intrige seines Gefährten verwickelt wird, soll er nur drei Monate lang durch reduzierte Portionen bestraft werden.

Wenn Geld, das der *Jahad* gehört, in eine betrügerische Intrige verwickelt ist und verloren wird, muß der Verantwortliche die Summe zurückzahlen [7]aus seinem eigenen Vermögen. [8]Wenn er nicht über ausreichende Mittel verfügt, um es zurückzuzahlen, soll er mit reduzierten Portionen für sechzig Tage bestraft werden.

Wer auch immer einen Groll gegen seinen Gefährten hegt – in krasser Mißachtung der Vorschrift der *Jahad*, am selben Tag die Rüge auszusprechen – soll bestraft werden durch reduzierte Portionen für sechs Monate <ein Jahr>. [9]Das gleiche gilt für den Mann, der für irgendeine Angelegenheit Rache in die eigenen Hände nimmt.

Gesetze für die Durchführung öffentlicher Versammlungen und gemeinsamer Kapitelmahlzeiten, Einzelstrafen für derbes oder öffentliches, unziemliches Verhalten, für Spucken und Gestikulieren mit der linken Hand (Spucken und der Gebrauch der linken Hand hatten in der Alten Welt den Beigeschmack von Hexerei).

Wer immer Dummheiten sagt: drei Monate.

Jeder, der seinen Gefährten während einer Sitzung unterbricht: [10]zehn Tage.

Derjenige, der sich niederlegt und während einer Sitzung der gesamten Mitgliederschaft schläft: dreißig Tage.

Das gleiche gilt für den Mann, der eine Sitzung der Gesamtheit aller Mitglieder [11]dreimal während einer einzigen Sitzung ohne Erlaubnis und ohne gute Entschuldigung verläßt. Bis zu drei Mal soll er nur mit reduzierten Portionen für zehn Tage gestraft werden. Doch wenn sie sich zum Gebet erhoben haben, [12]wenn er geht, dann erhält er dreißig Tage reduzierte Portionen.

Jeder, der sich nackt in der Gegenwart eines Gefährten bewegt, es sei denn, er ist krank, soll bestraft werden mit reduzierten Portionen für sechs Monate.

[13]Ein Mann, der mitten in einer Versammlung aller Mitglieder ausspuckt, soll dreißig Tage lang durch reduzierte Portionen bestraft werden.

Jeder, der seinen Penis aus seiner Kleidung hervorbringt, das heißt, seine Kleidung ist [14]so zerlöchert, daß seine Blöße zu sehen ist, soll bestraft werden mit dreißigtägiger reduzierter Portion.

Jeder, der in närrisches, wieherndes Gelächter ausbricht, soll bestraft werden mit reduzierten Portionen dreißig [15]Tage lang.

Ein Mann, der seine linke Hand hervorzieht und mit dieser während eines Gesprächs gestikuliert, soll mit zehn Tagen reduzierten Portionen bestraft werden.

Gesetze, die unterschiedliche Grade von Aufbegehren gegen die Gemeinschaft und ihre Lehren betreffen.

Der Mann, der über seinen Gefährten Klatsch verbreitet, [16]soll für ein Jahr von den Mahlzeiten der Gesamtheit aller Mitglieder ausgeschlossen werden und bestraft werden durch reduzierte Portionen. Doch wenn ein Mann über die Gesamtheit der Mitglieder tratscht und hinausplaudert, soll er von ihr verbannt werden, [17]und er darf niemals zurückkehren.

Der Mann, der gegen die geheime Lehre der *Jahad* murrt, soll verbannt werden und niemals zurückkehren. Doch wenn er gegen einen Gefährten murrt [18]und seine Vorwürfe nicht beweisen kann, soll er bestraft werden durch reduzierte Portionen für sechs Monate.

Den Mann, dessen Geist von der geheimen Lehre der *Jahad* abweicht, so daß er die Wahrheit im Stich läßt und [19]in der Verstocktheit seines Herzens geht – wenn er bereut, soll er zwei Jahre lang durch reduzierte Portionen bestraft werden. Während des ersten darf er die reine Speise der Gesamtheit der Mitglieder nicht berühren; [20]während des zweiten darf er ihr Getränk nicht berühren. Es soll einen niedrigeren Rang einnehmen als alle anderen Männer der Jahad. Wenn [21]zwei ganze Jahre vorüber sind, soll ihn Gesamtheit aller Mitglieder über seine Eigenheiten befragen. Wenn sie erlauben, daß er bleibt, soll er seinem passenden Rang gemäß eingetragen werden und danach an der Diskussion über Gemeinschaftsvorschriften teilnehmen.

[22]Jeder, der nach zehn Jahren Mitgliedschaft in der Gesellschaft der Jahad [23]geistig abfällt, so daß er die Jahad im Stich läßt und [24]die Gesamtheit aller Mitglieder verläßt und den Weg seines verstockten Herzens geht, darf niemals wieder zur Gesellschaft der Jahad zurückkehren.

Auch soll jeder Mann, der zur Ja[had] gehört, [der te]ilt [25]mit diesem seine eigene Speise, sein eigenes Vermögen [oder das der] Jahad, soll dasselbe Urteil erfahren: er soll ausge[schlossen] werden.

Der nachfolgende Teil des Textes steht in einem ungeklärten Zusammenhang mit den vorangegangenen Abschnitten. Einige Forscher glauben, hier werde ein „innerer Rat" von Elite-Mitgliedern beschrieben. Andere Forscher neigen zu der Auffassung, daß diese und mehrere der folgenden Abschnitte des Textes ein frühes Original-Manifest darstellen, das später erweitert wurde. Nach letzter Auffassung wird die ganze Gemeinschaft, nicht nur eine mönchische Elite, beschrieben. Einige Abschriften der Urkunde aus Höhle 4 legen nahe, daß diese etwas nuancierte Auffassung tatsächlich die richtige ist.

Kolumne 8 [1]In der Gesellschaft der *Jahad* sollen zwölf Laien und drei Priester sein, die makellos im Licht all dessen sind, was offenbart wurde vom ganzen [2]Gesetz, also Wahrheit zu tun, Rechtschaffenheit, Gerechtigkeit, Herzensgüte und Demut, das eine mit dem anderen. [3]Sie müssen den Glauben bewahren im Land mit Selbstkontrolle und einem gezähmten Geist und sühnen für Sünden, indem sie Gerechtigkeit üben und [4]Not leiden. Sie müssen in allem der Richtlinie der Wahrheit entsprechend und den Geboten des Alters gemäß gehen.

Wenn es solche Männer wie diese in Israel geben wird, [5]dann soll die Gesellschaft der *Jahad* wahrhaftig errichtet werden, eine „ewige Pflanzung" (*Jubiläen* 16,26), ein Tempel für Israel und – Geheimnis! – eine Heilige [6]der Heiligen für Aaron; wahre Zeugen der Gerechtigkeit, erwählt durch Gottes Willen, zu sühnen für das Land und den Gottlosen [7]zu vergelten, was ihnen gebührt. Sie werden sein „die geprüfte Wand, der wertvolle Eckpfeiler" (Jes 28,16), an dessen [8]Fundamenten weder gerüttelt noch etwas bewegt werden soll, eine Festung, ein Heiliges der Heiligen [9]für Aaron, und alle erkennen den Bund der Gerechtigkeit und dabei bieten sie einen süßen Wohlgeruch. Sie sollen ein untadeliges und wahres Haus in Israel sein [10]und den Bund der ewigen Gesetze aufrechterhalten. Sie sollen ein annehmbares Opfer sein, für das Land sühnen und sich für die Verurteilung des Bösen einsetzen, so daß Verderbtheit aufhört zu existieren.

Wenn diese Männer in der Lehre der *Jahad* zwei Jahre lang gegründet sind – vorausgesetzt sie sind untadelig in ihrem Betragen –, [11]sollen sie als heilig in die Mitte der Männer der *Jahad* gestellt werden. Keine biblische Lehre, die von Israel verhüllt, doch entdeckt wurde vom [12]Deuter, darf vor diesen Männern verborgen bleiben aus Angst, daß sie abtrünnig werden könnten.

Wenn es solche Männer wie diese in Israel geben wird, [13]die sich diesen Lehren fügen, sollen sie sich von der Versammlung der verderbten Männer absondern und in die Wildnis gehen und dort den Weg der Wahrheit vorbereiten, [14]wie es geschrieben steht: „Bahnt für den HERRN einen Weg durch die Wildnis, baut in der Wüste eine ebene Straße für unseren Gott" (Jes 40,3). [15]Das heißt, das Erläutern des Gesetzes, erlassen von Gott durch Mose zur Einhaltung, das definiert wird durch das, was für jedes Zeitalter offenbart wurde [16]und durch das, was die Propheten offenbart haben bei Seinem heiligen Geist.

Allgemeine Regeln der Disziplin der Gemeinschaft. Die rigorose Schärfe dieser Passagen läßt an eine frühere Version dieser Gesetze denken.

Kein Mann, der dem Bund der [17]*Jahad* angehört und der schamlos von irgendeinem Gebot abweicht, darf die reine Speise, die den heiligen Männern gehört, berühren. [18]Des weiteren darf er nicht an irgendeiner ihrer Beratungen teilnehmen, bis alle seine Werke gereinigt wurden vom Bösen, so daß er wieder untadelige Wege gehen kann. Sie sollen ihn zulassen [19]zu Beratungen durch Beschluß der Gesamtheit aller Mitglieder; danach soll er seinem passenden Rang zugewiesen werden. Dies entspricht auch dem Verfahren für jeden Novizen, der neu zur *Jahad* hinzukommt.

[20]Dies sind die Regeln, nach denen sich die Männer von tadelloser Heiligkeit selbst untereinander verhalten sollen. [21]Jedes Bundesmitglied der *Jahad* der Heiligkeit (diejenigen, die untadelig gehen, so wie Er es geboten hat), [22]das nur ein Gebot des mosaischen Gesetzes absichtlich oder auf unaufrichtige Weise bricht, soll aus der Gesellschaft der *Jahad* ausgeschlossen werden [23]und niemals zurückkehren. Weiterhin darf keiner der heiligen Männer mit diesem Mann ein Geschäft betreiben oder ihn beraten, über [24]welche Angelegenheit auch immer.

Doch wenn der Sünder unabsichtlich sich verfehlt hat, dann soll er ferngehalten werden von reiner Speise, von gemeinsamen Entscheidungen [25]und Gerichtsprechung für zwei Jahre. Er darf zu Studien-Versammlungen und Entscheidungen zurückkehren, wenn er zwei weitere Jahre lang nicht wieder unabsichtlich sündigt. **Kolumne 9** [1]Eine einzige unbeabsichtigte Sünde soll durch diesen Zweijahres-Prozeß bestraft werden, doch derjenige, der absichtlich sündigt, darf nie wieder zurückkehren. Nur derjenige, der zufällig sündigt, [2]soll geprüft werden durch die Gesamtheit aller Mitglieder während eines Zeitraums von zwei Jahren hinsichtlich untadeligen Verhaltens und rechten Verstehens. Danach kann er wieder aufgenommen werden in den angemessenen Rang innerhalb der *Jahad* der Heiligkeit.

Die Absichtserklärung der Gemeinschaft, ihr Manifest, wird ständig wiederholt. Diese Erklärung endet mit der Erwartung der Ankunft eines Propheten – vielleicht eines „Propheten wie Mose", der vom Buch Deuteronomium vorhergesagt wurde und zweier Messiasse, eines priesterlichen Messias aus dem Hause Aaron, und eines politischen Messias, vermutlich aus dem königlichen Geschlecht Davids.

[3]Wenn solche Männer, vereint durch alle diese Vorschriften, eine Gemeinschaft in Israel bilden werden, sollen sie ewige Wahrheit errichten, [4]gelenkt von der Lehre Seines heiligen Geistes. Sie sollen für die Schuld der Übertretung sühnen und das Aufbegehren durch Sünde und ein wohlgefälliges Opfer werden für das Land durch das Fleisch von Brandopfern, das Fett der Opferstücke und [5]Gebet, und so, wie die Dinge liegen, selbst zu Gerechtigkeit werden, ein süßer Wohlgeruch von Gerechtigkeit und Untadeligkeit, ein angenehmes freiwilliges Opfern.

Zu jener Zeit [6]sollen die Männer der *Jahad* sich zurückziehen und das heilige Haus Aarons als ein Heiliges der Heiligen vereinen und die Synagoge Israels als jene, die untadelige Wege gehen. [7]Die Söhne Aarons allein sollen Macht in gerichtlichen und finanziellen Angelegenheiten haben. Sie sollen entscheiden über die Regeln zur Führung der Männer der *Jahad* [8]und in Geldangelegenheiten für die heiligen Männer, die untadelige Wege gehen. Ihr Vermögen darf nicht mit dem aufbegehrender Männer vermischt werden, die [9]daran gescheitert sind, ihren Pfad durch Fernhalten von Verderbtheit und Gehen untadeliger Wege zu reinigen. Sie sollen in nichts von der Lehre des Gesetzes abgehen, wodurch sie ganz [10]in ihrem verstockten Herzen gehen würden. Sie sollen sich selbst lenken nach den ursprünglichen Vorschriften, in denen die Männer der *Jahad* von Anfang an unterwiesen wurden, [11]und so verfahren, bis der Prophet kommt und die Messiasse von Aaron und Israel.

Regeln für den Lehrmeister, der die Jahad *unterrichten soll.*

[12]Dies sind die Gesetze für den Lehrmeister. Es selbst muß sich diesen entsprechend jedem lebenden Menschen gegenüber verhalten, geführt von den Vorschriften entsprechend jedem Zeitalter und dem Wert jeder Person. [13]Er muß den Willen Gottes tun gemäß dem, was für jedes Zeitalter der Geschichte offenbart wurde und alle weisen Gerichtsentscheide früherer Zeiten studieren, ebenso jedes [14]Gesetz, das sich auf seine eigene Zeit bezieht. Er muß die wahren Söhne der Rechtschaffenheit erkennen und eines jeden Mannes spirituelle Fähigkeiten abwägen können und die Erwählten seiner eigenen Zeit unterstützen, indem er sich hält an [15]Seinen Willen und was Er befohlen hat. In jedem Fall soll er über den Auftrag der spirituellen Fähigkeiten eines Mannes

entscheiden, indem er ihn in die *Jahad* eintreten läßt, wenn seine Tugend und Verständnis des Gesetzes [16]den Anforderungen genügen. Mit denselben Maßstäben soll er den Rang eines jeden Mannes bestimmen.

Der Lehrmeister darf nicht die Männer der Grube tadeln noch mit ihnen über das rechte Verstehen der Bibel diskutieren. [17]Ganz im Gegenteil: er sollte seine eigene Einsicht in das Gesetz verbergen, wenn er sich unter verderbten Männern befindet. Er soll seinen Tadel aufheben – selbst fest gegründet auf wahre Erkenntnis und gerechtes Urteil – für jene, die [18]den Weg gewählt haben und alle ihren geistigen Fähigkeiten entsprechend behandeln und den Vorschriften, die das Zeitalter erfordert. Er soll sie in Erkenntnis einweisen und sie dabei in wahrhaft wunderbaren Geheimnissen unterrichten; wenn dann der geheime Weg vervollkommnet ist unter [19]den Männern der *Jahad*, dann wird jeder untadelig gehen mit seinem Gefährten, geführt durch das, was ihnen offenbart wurde. Das wird die Zeit sein, „den Weg [20]in der Wüste vorzubereiten" (Jes 40,3). Er soll sie hinsichtlich jeder gesetzlichen Entscheidung unterrichten, die ihre Werke in jener Zeit regulieren und sie lehren, sich von jedem Mann fernzuhalten, dem es nicht gelingt, sich zu enthalten [21]der Verderbtheit.

Dies sind die Richtlinien des Weges für den Lehrmeister in diesen Zeiten, was sein Lieben und Hassen betrifft: ewiger Haß [22]und ein verborgener Geist den Menschen der Grube gegenüber! Er soll ihnen ihr Vermögen und ihren Gewinn lassen, so, wie es ein Sklave seinem Meister gegenüber tut – im Augenblick demütig vor [23]seinem Unterdrücker, doch ein Eiferer für Gottes Gesetz, dessen Zeit kommen wird: ebenso der Tag der Rache. Er soll nach Gottes Willen handeln, wenn er die Gottlosen angreift und [24]seine Macht ausübt, wie Er er befohlen hat, so daß Er zufrieden ist mit allem, was getan wird, wie mit einem freiwilligen Opfer. An nichts anderem als an Gottes Willen soll er sich erfreuen, [25]und Vergnügen nur finden in [je]dem Wort Seines Mundes. Er soll nichts wünschen, das Er nicht befohl[len hat] und unablässig die [Ges]etze Gottes suchen. [26]Er soll seinen Schöpfer loben [für all Seine Gü]te und er[zählen von Seiner Gnade] in allem, was sein wird.

Die Gebetszeiten, zu denen der Lehrmeister anführen muß.

[Mit Geb]et soll er Ihn loben **Kolumne 10** [1]zu den Zeiten, die von Gott bestimmt wurden: wenn das Licht seine Herrschaft antritt – immer, wenn es zurückkehrt – und wenn, wie bestimmt, es zurückkehrt an seinen Wohnort; wenn die Nacht beginnt [2]ihre Wache – wenn Er Sein Lager öffnet und Dunkelheit ausbreitet über der Erde – und wenn sie zurückkehrt und sich vor dem Licht zurückzieht; [3]wenn die Lichter sich zeigen aus ihrer heiligen Wohnung und wenn sie wieder zusammenkommen in ihrer glänzenden Wohnung; wenn die für den Neumond festgelegten Zeiten kommen und wenn, wie es ihre Zyklen verlangen, [4]jede der nächsten weicht. Solch eine Erneuerung ist ein besonderer Tag für den Heiligen der Heiligen; es ist tatsächlich ein Zeichen dafür, daß Er ewige Gnade jedes Mal offenbart, [5]wenn diese Zyklen wie festgelegt beginnen, und so soll es sein für jedes Zeitalter, das noch kommen wird.

Ein sehr langes, typisches Beispiel eines Gebets, das der Lehrmeister anläßlich der Feiern von heiligen Zeiten vorzutragen hatte. Dieses Gebet hängt in Sprache und Stil deutlich mit den

Lobliedern (Text 3) zusammen. Die angeführten Zeiten sind mit dem Sonnenkalender (nicht nach dem üblichen jüdischen Mondjahr) verbunden, der in so vielen Schriftrollen vom Toten Meer zu finden ist.

Am ersten jedes Monats in seiner Jahreszeit und an heiligen Tagen, die für ein Gedenken bestimmt sind, in ihren Jahreszeiten [6]soll ich Ihn durch ein Gebet loben – ein Gesetz, für alle Zeiten eingeschrieben. Am Beginn eines jeden neuen Jahres und wenn seine Jahreszeit sich ändert als Erfüllung des Gesetzes [7]ihrer Verordnung, an jedem Tag, wie es aufgeführt ist, Tag für Tag: Ernte folgt auf Sommer, Pflanzung den Trieben des Frühlings, Jahreszeiten, Jahre, und Wochen der Jahre.

[8]Wenn die Wochen des Jahres beginnen, Jubiläum für Jubiläum, soll, solange ich lebe, das Gesetz eingeschrieben sein – mit Lob für seine Früchte, sogar die Gabe meiner Lippen.

[9]Mit Erkenntnis werde ich meine Musik hinaussingen, nur für den Ruhm Gottes, meine Harfe, meine Lyra für Seine Heiligkeit errichtet sein; die Flöte meiner Lippen werde ich erheben, Sein Gesetz wird zur Stimmgabel. [10]Am Tagesanbruch und in der Dämmerung werde ich dem Bund Gottes beitreten, und wenn sie gehen, werde ich Seine Gesetze aufsagen; dann werde ich vorschreiben [11]meine Grenzen, um niemals zurückzukehren.

Bei Seinem Gesetz werde ich mich selbst verurteilen mit meiner Frevelhaftigkeit als Maßstab und meiner Sünde vor meinen Augen, als Gesetz eingeschrieben. Zu Gott werde ich sagen: „O meine Gerechtigkeit", [12]zum Allerhöchsten: „O Sitz meines Gottes, Quelle der Erkenntnis und Quelle der Heiligkeit; Höhe des Ruhms, Allmächtiger, ewige Herrlichkeit." Was Er mich lehrt, [13]das werde ich wählen; was immer Er über mich urteilt, das wird mich erfreuen.

Wenn ich einen Feldzug oder eine Reise beginne, werde ich zuerst Seinen Namen loben; wenn ich losgehe oder mich umwende, um zurückzukehren; [14]wenn ich mich setze oder aufstehe, wenn ich mein Bett bereite, dann werde ich frohlocken in Ihm.

Ich will Ihn segnen mit dem Opfer, der Äußerung meiner Lippen, wenn ich in der Schar aufgereiht bin; [15]vorher hebe ich die Hand zum Mund, um die erfreuliche Freigiebigkeit der Erde zu schmecken; wenn Angst oder Schrecken hervorbrechen, in der Wohnung der ernsten Notlage oder Einsamkeit [16]werde ich Ihn loben.

Über seine Wunder und mächtigen Taten werde ich nachsinnen; auf seine Gnade werde ich den ganzen Tag bauen. Dann werde ich wissen, daß in Seiner Hand das Gericht wohnt [17]über alles, was lebt, und alle Seine Werke sind wahr. Wenn Elend ausbricht, werde ich Ihn loben, und in Seiner Errettung werde ich frohlocken.

Das Gebet wendet sich von heiligen Zeiten zu sittlichem Verhalten mit dem betonten Hinweis auf den „Tag der Rache", der kommen wird. Diese Bezeichnung bezieht sich auf die Zeit des Kriegs, wenn das Volk Gottes sich erheben und seinen rechtmäßigen Platz an der Spitze aller Nationen einnehmen wird.

Keinem Menschen soll ich [18]Böses mit Bösem vergelten, ich soll einen Mann nur verfolgen um des Guten willen; denn bei Gott ist das Gericht über alles, was lebt, und Er soll jedem Mann zahlen, was ihm zusteht. Mein Eifer soll nicht getrübt werden durch einen Geist [19]von Gottlosigkeit noch soll ich nach Reichtümern lechzen, die durch Gewalt gewonnen werden.

Die Vielzahl der bösen Menschen soll ich nicht gefangensetzen vor dem Tag der Rache, noch soll mein Zorn [20]weniger werden den Männern der Grube gegenüber, und ich soll niemals besänftigt werden, bis Gerechtigkeit errichtet sein wird.

Ich soll keinen ärgerlichen Groll gegen jene hegen, die ihre Sünden bereuen, noch soll ich lieben [21]jemanden, der sich gegen den Weg auflehnt; die Geschlagenen werde ich nicht trösten, bevor sie den Weg der Vollkommenheit gehen. Ich werde in meinem Herzen Belial keine Zuflucht bieten.

Im nächsten Abschnitt geht es um den Gebrauch der Zunge. Er erinnert an den Jakobusbrief (3,1-12) und warnt vor der Gefahr einer nicht zu bändigenden Zunge.

Aus meinem Mund soll gehört werden [22]weder Dummheit noch sündige Täuschung; weder Betrug noch Lügen sollen zwischen meinen Lippen entdeckt werden. Vielmehr sollen die Früchte der Heiligkeit auf meiner Zunge sein – Greuel [23]sollen nicht auf ihr gefunden werden.

Zur Danksagung werde ich meinen Mund öffnen, die Gerechten in Gott sollen stets von meiner Zunge erzählen. Menschliche Auflehnung, vollgemacht [24]durch Sünden, soll ich als leer von meinen Lippen löschen; unreine und verschlagene Pläne werde ich aus meinem Sinn löschen.

Von Weisheit beraten werde ich Erkenntnis erzählen; [25]sowohl klug als auch weise werde ich es sehr gut begreifen, um so Glauben und strenges Gericht zu bewahren, in Einklang mit der Gerechtigkeit Gottes.

Ich werde ausmessen [26]das Gesetz durch den rechten Maßstab, jedes Mal, und … [austeilen] Gerechtigkeit und Herzensgüte denjenigen, die niedergeschlagen sind, auch starke Ermutigung jenen, die sich fürchten.

Kolumne 11 [1][Ich werde lehren] die im Geiste Irrenden, daß sie verstehen und jene, die murren, mit Weisheit unterrichten – also demütig zu antworten den Hochmütigen mit gebrochenem Geist, jenen, die [2]unterdrücken, spotten, prahlerisch reden und nur nach Reichtum eifern.

Gott ist die Quelle jeder Güte und Erhörung, die der Betende erfleht. Die Wahrheiten, die er besitzt und die vor anderen Menschen verborgen bleiben, sind letztlich von Gott gegebene Gaben als Aufgaben.

Was mich betrifft, so liegt meine Rechtfertigung bei Gott. In Seiner Hand ist die Vervollkommnung meines Weges und die Tugend meines Herzens. [3]Durch Seine Gerechtigkeit wird meine Übertretung ausgelöscht. Denn vom Brunnen Seiner Erkenntnis ist mein Licht hervorgebrochen; seine Wunder hat mein Auge erblickt – das Licht meines Herzens auf dem Geheimnis [4]dessen, was sein wird.

Er, der ewig ist, ist der Stab in meiner rechten Hand, auf den Mächtigen Felsen treten meine Schritte; vor nichts sollen sie zurückweichen. Denn die Wahrheit Gottes – [5]das ist der Fels, auf den ich trete, und Seine mächtige Kraft ist die Stütze meiner rechten Hand. Aus seinem gerechten Brunnen kommt meine Rechtfertigung, das Licht meines Herzens von Seinen wunderbaren Geheimnissen.

Das Ewige [6]haben meine Augen erblickt – auch die Weisheit, die den Menschen verborgen wurde, die Erkenntnis, die weise Klugheit, vor der Menschheit verborgen. Die Quelle von Gerechtigkeit, das Erlangen [7]von Macht und Wohnung des Ruhms sind vor fleischlichem Ratschluß verborgen.

Zu ihnen hat Er erwählt, all diesen hat Er gegeben – einen ewigen Besitz. Er hat sie zu Erben des Vermächtnisses [8]der Heiligen gemacht; mit den Engeln hat Er ihre Versammlung vereint, eine *Jahad*-Gesellschaft. Sie sind eine Versammlung, errichtet für Heiligkeit, eine ewige Pflanzung für alle [9]Zeiten, die kommen werden.

Was mich betrifft, ich gehöre zur bösen Menschheit und zum Rat des verdorbenen Fleisches. Meine Übertretungen, Schlechtigkeiten, Sünden und verdorbenes Herz [10]gehören zum Rat der Fäulnis voller Würmer sowie jene, die in Finsternis gehen. Sicherlich gehört der Weg eines Mannes nicht ihm selbst; noch kann irgendeine Person ihren eigenen Schritt festigen. Ganz gewiß ist die Rechtfertigung bei Gott; durch Seine Macht [11]wird der Weg vollkommen. Alles, was sein wird, weiß er vorher, alles, was ist, wird durch Seinen Plan errichtet; getrennt von Ihm geschieht nichts.

Was mich betrifft, wenn [12]ich stolpere, soll die Gnade Gottes mich für immer retten. Wenn ich durch die Sünde des Fleisches falle, wird meine Rechtfertigung bei der Gerechtigkeit Gottes liegen, die für alle Zeiten andauert.

[13]Auch wenn meine Not hervorbricht, wird Er meine Seele von der Grube zurückziehen und meine Schritte auf dem Weg festigen. Durch Seine Liebe hat er mich nahe gebracht; mit Seine Gnade sorgt Er [14]für meine Rechtfertigung.

Durch Seine gerechte Wahrheit hat Er mich gerechtfertigt; und durch Seine überragende Güte wird Er alle meine Sünden wiedergutmachen. Bei seiner Gerechtigkeit wird er mich von menschlichem [15]Schmutz reinigen.

Und die Sünde des Menschengeschlechts – zu dem Ende, daß ich Gott lobe für Seine Gerechtigkeit, den Höchsten für Seine Herrlichkeit.

Gebetsabschluß mit einer Betrachtung über die Größe Gottes und über Unwürdigkeit des Menschen.

Gesegnet seist Du, o mein Gott, der die Erkenntnis geöffnet hat [16]dem Geist Deines Dieners. Errichte alle seine Werke in Gerechtigkeit; erhebe den Sohn Deiner Dienerin – wenn es Dir gefällt –, um unter jenen Erwählten unter den Menschen zu sein, um [17]für immer vor Dir zu stehen.

Getrennt von Dir kann sicherlich der Weg nicht vervollkommnet werden, noch kann irgend etwas getan werden, wenn es Dir nicht gefällt. Du lehrst [18]alle Erkenntnis und alles, was sein wird und was durch Deinen Willen geschehen wird. Getrennt von Dir ist keiner in der Lage, Deinen Ratschluß anzufechten, [19]den Plan Deiner Heiligkeit zu ergründen, die Tiefen Deiner Geheimnisse zu durchdringen oder Deine Wunder und unübertreffliche [20]Macht zu begreifen.

Wer kann Deinen Ruhm ermessen? Was ist denn wirklich der Mensch unter Deinen ruhmreichen Werken? [21]Als was kann er, von einer Frau geboren, vor Dir gerechnet werden? Geknetet aus Staub ist sein Körper nur das Brot der Würmer; er ist Speichel,

[22]bloßer abgeteilter Lehm – und er sehnt sich nach Lehm. Kann Lehm anfechten, das Gefäß den Ratschluß ergründen?

– M. O. W.

6. Gemeindeordnung für das Israel der Endzeit

1QSa, 1Q28a

Dieses kurze Werk, das nur zwei Kolumnen des hebräischen Textes umfaßt, wurde als Anhang zu der in Höhle 1 entdeckten Abschrift (Text 5) geschrieben. Es gibt nur diese eine Kopie. In den anderen Höhlen wurden keine weiteren Abschriften entdeckt. Das Werk gibt viel Gedankengut der umfangreicheren Urkunden wieder. Aber dieses Schriftstück ist speziell für die vollkommene Zukunft bestimmt, die als die „Letzten Tage" bezeichnet wird. Der Verfasser ist von der Vorstellung getragen, daß vor dem Anbruch des paradiesischen Zeitalters die Sekten-Gemeinschaft einen letzten Krieg gegen die nicht-jüdische Welt führen wird. Ganz Israel – Frauen und Kinder eingeschlossen – wird in Bewegung geraten; es wird sich, da es seine irrige und ablehnende Haltung gegenüber den Ansichten der Sekten-Gemeinschaft erkannt hat, ihr zuwenden und sich mit ihr im Blick auf Armageddon verbinden. Dieses Schriftwerk ist ein Entwurf zentraler Aspekte der militärischen Organisation im bevorstehenden Krieg. Es steht sowohl hinsichtlich der Sprache wie auch der Konzeption in enger Beziehung zum Inhalt der *Kriegsrolle* (Text 8).

Zwei Aspekte dieses Textes sind besonders herausragend. Der erste bemerkenswerte Aspekt dieses Textes ist die Beschreibung eines festlichen Mahls oder Festessens, an dem ganz Israel in den Letzten Tagen teilnehmen wird. Das Festmahl wird in Zusammenhang mit der Ankunft des „Messias von Israel" gebracht. Es kann mit den frühchristlichen *Agape*-Mahlfeiern verglichen werden, die von vielen Schriftstellern, wie Hippolyt von Rom († 235) beschrieben wurden. Diese christlichen Mahlgemeinschaften fanden nach den Eucharistiefeiern statt. Das Neue Testament wie frühchristliche Literatur berichten von asozialem Verhalten bei den *Agape*-Feiern. In diesem Kontext ist die im vorliegenden Text beschriebene strenge Vorschrift beim Festmahl zu erkennen. Zweifellos stellte dieses zukünftige Festmahl eine Idealisierung der bei der Sekten-Gemeinschaft üblichen Praxis dar. Nach dem Text 5 fanden die Gemeinschaftsmahle weit weniger überschwenglich statt. Die hier geknüpfte und angedeutete Verbindung des Mahles mit der Ankunft des Messias erinnert an die christliche Vorstellung des „Hochzeitmahles des Lamms", der großartigen Festfeier, an der die Gläubigen nach dem Sieg über alles Böse sich mit Jesus vereinigen sollen (Offenbarung 19,6–9).

Der zweite bemerkenswerte Aspekt dieser Schrift ist der mögliche Hinweis auf Gottes Vaterschaft (2,11) des Messias Israels, d. h. des Heerführers, der aus dem Hause David stammen soll. Das hier verwendete hebräische Verb ist *holid*. Das gleiche Wort findet sich auch in den biblischen „Zeugungs"-Passagen. Wegen einer Beschädigung war diese Textstelle lange Zeit umstritten. Die hebräischen Buchstaben sind schwer leserlich, aber die Forscher, die das Schriftstück unmittelbar nach seiner Entdeckung zu Gesicht bekamen (als es noch lesbarer war als jetzt, denn das Material, auf dem die Texte geschrieben sind, verfällt zusehends) waren sich über diese Lesart einig. Doch aus den jüngsten Prüfungen der schwierigen Textstelle ergeben sich weiterhin kontroverse Positionen. Geza Vermes aus Oxford schrieb 1994 (in seinem Buch *The Dead Sea Scrolls in English*, 4. Auflage, New York 1995, 121): „Diese Auslegung, die von vielen – auch von mir selbst [in der Vergangenheit] – in Zweifel gezogen wurde, scheint sich anhand der Computerbildvergrößerung zu bestätigen." Aber im gleichen Jahr kam Emile Puech, der auf eine verbesserte Technik auf dem Sektor der Fotografie baute, zu einem anderen Schluß: Die fraglichen Buchstaben sollten als ein anderes Verbum in der Bedeutung von „offenbart werden" gedeutet werden. Die Angelegenheit bedarf weiterer kritischer Studien. Wenn die bisherige Lesart stimmt, dann beschreibt der vorliegende Qumran-Text eine Messias-Gestalt, die in ganz besonderer Weise „Sohn Gottes" ist. Eine solche Deutung liegt in der Nähe des frühen Christentums.

Allgemeine Anweisungen für die endgültige Eingliederung ganz Israels in die Sekten-Gemeinschaft.

Kolumne 1 [1]Dies ist die Vorschrift für die gesamte Gemeinschaft der Juden Israels in den Letzten Tagen, wenn sie aufgefordert sind, [der *Jahad* beizutreten. Sie müssen] leben [2]nach dem Gesetz der Söhne Zadoks, der Priester und der Männer ihres Bundes, sie, die au[fgehört haben zu wandeln auf dem W]eg [3]des Volkes. Diese sind die Männer Seines Rates, die Seinen Bund während der schlimmen Zeiten eingehalten haben und so Wiedergut[machung geleistet haben für das Lan]d.

[4]Wenn sie ankommen, sollen alle Neuankömmlinge versammelt werden – Frauen und Kinder eingeschlossen – und [5]sämtliche Statuten des Bundes lesen. Sie sollen unterwiesen werden in allen ihren Gesetzen, aus Furcht, daß sie sonst versehentlich eine Sünde begehen könnten.

Regeln der Kindererziehung der Heerschar. Das geheimnisvolle „Buch der Andacht" wird auch in der Damaskus-Schrift *(Text 1) und im Text* Geheimnis des Ursprungs aller Dinge *(Text 98) erwähnt.*

[6]Das Folgende ist der Leitfaden für alle Heerscharen der Gemeinschaft und gilt für jeden gebürtigen Israeliten. Von [früher Ki]ndheit an [7]soll jeder Knabe im Buch der Andacht unterwiesen werden. Wenn er älter wird, soll man ihn die Vorschriften des Bundes lehren, und [wenn es seine Fähigkeit zuläßt,] [8]sollen sie ihn in ihre Gesetze [ei]nführen. Zehn Jahre lang (beginnend mit dem zehnten Lebensjahr) ist er als Jugendlicher zu betrachten.

Ritual beim Übergang der Knaben im Alter von zwanzig Jahren in das Erwachsenenalter und in die Armee und bei der Einführung der Frauen in den Ehestand.

Dann, im Alter von zwanzig Jahren, [soll er aufgenommen werden] [9][in] die Rangordnung und seinen Platz einnehmen unter den Männern seiner Familie, dadurch tritt er der heiligen Gemein[schaft] bei. Er darf sich nicht nä[hern] [10]einer Frau, um Geschlechtsverkehr mit ihr zu haben, bevor er nicht das zwanzigste Lebensjahr vollendet hat, wenn er [Rechtes] [11]von Unrechtem unterscheiden kann. Mit der Verheiratung wird sie für ihren Teil aufgenommen in die Mitgliedschaft der Erwachsenen. Von diesem Zeitpunkt an darf er Zeugnis ablegen für die Vorschriften des Gesetzes und seinen Platz einnehmen unter den Rängen um der feierlichen Verkündigung der Verordnungen beizuwohnen.

Regeln für den Dienst an der Gemeinschaft und in der Armee im Alter von 25 Jahren, 30 Jahren und älter.

[12]Im Alter von 25 Jahren ist er berechtigt, seinen Platz unter den Stützpfeilern der heiligen [13]Gemeinschaft einzunehmen und mit dem Dienst an der Gemeinschaft zu beginnen.

Wenn er 30 Jahre alt ist, darf er beginnen, an Streitgesprächen über rechtliche Belange teilzunehmen. [14]Des weiteren ist er nun berechtigt, ein Kommando zu übernehmen, ob über die Tausendschaften Israels, oder als Hauptmann einer Hundertschaft oder einer Schar von fünfzig oder [15]zehn Mann, oder als Richter oder Amtsträger für ihre Stämme und Familien. Befehlsernennungen sollen [entschieden werden von] den Söhnen [16][Aar]ons, den Priestern, beraten von sämtlichen Häuptern der Familien der Gemeinschaft. Jeder, der auf diese Weise bestimmt wird, muß seinen Pla[tz] einnehmen, um öffentlich zu dienen, [17][und außerdem hinauszugeh[en] in die Schlacht und zurückzukehren, während die Gemeinschaft zusieht.

Im Verhältnis zu seiner Begabung und der Vollkommenheit seines Gangs läßt jeden Mann seine Lenden stärken für seine Aufga[be unter den Heer]scharen [18]für die Verrichtung seiner Werke unter seinen Brüdern. [Was] immer sein Rang sein mag, hoch oder niedrig, läßt [je]den Mann nach Ehre für sich selbst streben, indem er danach trachtet, seinen Kameraden zu übertreffen.

[19]Wenn ein Mann im Alter fortgeschritten ist, läßt ihn eine Aufgabe im Di[en]st an der Gemeinschaft übernehmen, die mit der ihm verbliebenen Kraft in Einklang steht.

Platz der Toren.

Kein törichter Mann [20]darf dazu bestimmt werden, ein Amt zu bekleiden als Führer der Gemeinschaft Israels; noch darf er rech[tlich]e Belange vertreten, noch eine Aufgabe für die Gemeinschaft verrichten. [21]Er darf keine Befehlsgewalt erhalten in dem Krieg, der die Nichtjuden in die Knie zwingen wird. Und doch soll er eingebunden sein in die Rangordnung seiner Familie [22]und als Arbeiter dienen oder ähnliches, wie seine Fähigkeiten es erlauben.

Rolle der Leviten.

Nun soll jeder von den Söhnen Levis eine besondere Aufgabe erhalten [23]von den Söhnen Aarons. Im allgemeinen sollen sie die gesamte Gemeinschaft hinausführen in die Schlacht und zurück, jeder Mann in der nach den jeweiligen Rängen aufgestellten Schlachtordnung, von den Häuptern [24]der Gemeinschaftsfamilien befehligt: Offiziere und Richter und Amtsträger, in der Anzahl, die von ihren Heeren gefordert wird. Die Leviten sollen beaufsichtigt werden von den Söhnen Aarons, den Priestern, [25]und allen Häuptern der Gemeinschaftsfamilien.

Wann immer die gesamte Versammlung zusammengerufen werden muß, sei es, um einen Urteilsspruch zu verkünden, [26]sei es als Vereinigung der *Jahad* oder als Kriegsrat, dann sollen die Leviten sie für drei Tage weihen, nachdem sie sich versichert haben, daß jeder, der kommt, [27]richtig vorber[eitet ist für die Ratsversamml]ung.

Mitgliedschaft in der Vereinigung der Jahad.

Dies sind die Männer, die in die Vereinigung der *Jahad* berufen werden: alle die [28][Weise]n der Gemeinschaft, die Verstehenden und die Wissenden – die untadelig sind in ihrem Verhalten und fähige Männer – zusammen mit den [29]St[ammesamtsträgern,] allen Richtern, Amtsträgern, Hauptmännern von Tausendschaften, [Hundertschaften,] **Kolumne 2** [1]von Einheiten zu fünfzig Mann und zu zehn Mann, und den Leviten, jeder ein volles Mit[lied seiner Abt]eilung des Dienstes. Dies sind [2]die Männer von Ruf, die wichtige Stellungen in der Vereinigung der *Jahad* in Israel innehaben, [3]die den Söhnen des Zadok, den Priestern, vorsitzt.

Ausschluß von Versammlungen: Einige werden wegen ihrer kultischen Unreinheit nicht zugelassen, andere wegen körperlicher Gebrechlichkeit, die als Sündenmal gewertet wurden.

Niemand, der an einer einzigen Art von Unreinheit leidet, [4]die die Menschheit befällt, soll die Versammlung betreten; ebensowenig irgend jemand, der dermaßen heimgesucht wird, daß er keine Aufgabe von der Gemeinschaft [5]erhalten kann. Niemand mit einer körperlichen Behinderung – verkrüppelt an beiden Beinen oder [6]Händen, lahm, blind, taub, stumm oder von einer sichtbaren Verunstaltung an seinem Fleisch befallen – [7]oder ein wackliger alter Greis, der nicht in der Lage ist, seinen Teil in der Gemeinschaft zu leisten – [8]darf eint[reten], um einen Platz in der Gemeinschaft der M[änn]er von Ruf einzunehmen. Denn die heiligen [9]Engel sind [ein Teil] ihrer Gemeinschaft. Wenn [einer] dieser Menschen der heiligen Gemeinschaft et[was] zu sagen hat, [10]laßt ihn eine mündliche eidliche [Aus]sage machen, aber der Mann darf n[icht] betreten [die Gemeinschaft], da er heimgesucht worden ist.

Das messianische Festmahl. Die Sekten-Gemeinschaft glaubte, daß in den Letzten Tagen zwei Messiasse aus ihren eigenen Reihen hervorgehen würden: der eine ein Priester, der andere ein königlicher Befehlshaber für die Heere.

[11]Die Vorgehensweise für das [Tre]ffen der Männer von Ruf, [wenn sie gerufen werden] zum Festmahl, das von der Vereinigung der *Jahad* abgehalten wird, wenn [Gott] [12]den Messias ge[ze]ugt hat (oder, wenn der Messias offenbart worden ist) aus ihrer Mitte: [der Priester] als Oberhaupt der gesamten Gemeinschaft Israels, soll als erster eintreten, dicht gefolgt von allen [13][seinen] Brü[dern, den Söhnen des] Aaron, jene Priester [berufen] zum Festmahl von den Männern von Ruf. Sie sollen sich niederlassen [14]v[or ihm] in der jeweiligen Rangordnung. Dann soll der [Mess]ias Israels eintre[ten], und die Häupter [15]der Ta[usendschaften Israels] sollen sich vor ihm niederlassen ihrem Rang entsprechend, so wie es bestimmt ist durch [jedes Mannes Auf]gabe in ihren Lagern und auf ihren Feldzügen. Zuletzt sollen alle [16]Häupter [der Gem]einschaftsfam[ilien] zusammen mit [ihren] wei[sen und klugen Männern] sich vor ihnen niederlassen ihrem [17]Rang entsprechend.

[Wenn] sie sich scharen [um den] gemeinschaftlichen [Ti]sch, [nachdem sie Brot und W]ein hergerichtet haben, so daß die Gemeinschaftstafel gedeckt ist [18][zum Essen] und [der] Wein (ausgeschenkt) zum Trinken, [darf gr]eifen keiner nach der ersten Portion [19]Brot oder [Wein] vor dem Priester. Denn [er] soll [se]gnen die erste Portion Brot [20]und den Wein, indem er als erster nach dem Brot [grei]ft. Dan[ach] der Messias Israels soll gr]eifen [21]nach dem Brot. [Schließlich] [soll eine Se]gnung aussprechen jed[es] Mitglied der ganzen Gemeinschaft der *Jahad* [in der absteigenden Reihenfolge der] Ränge.

Diese Vorgehensweise soll maßgebend sein für [22]jedes Ma[hl], vorausgesetzt, daß mindestens zehn Mä[nner sich fi]nden zusammen.

– M. O. W.

7. Segensworte der Priester für die Endzeit

1Q28b, 1QSb

In dieser Sammlung von Segenssprüchen kommen wichtige Gesichtspunkte der Sekten-Gemeinschaft-Anschauung im Blick auf die Endzeit zum Ausdruck. Der Führer der *Jahad*, genannt „der Lehrmeister", hatte diese Segenssprüche dann zu sprechen (wie in Text 6 beschrieben), wenn ganz Israel versammelt wurde wie neue Mitglieder. Er segnete zuerst die Versammlung aller Mitglieder, dann den Hohenpriester oder den priesterlichen Messias, dann die allgemeine Priesterschaft und schließlich das Oberhaupt der Versammlung, den militärischen Messias.

In diesem Text wird erwähnt, die Gruppe ist von dem Glauben erfüllt, einst mit den Engeln vereint zu sein. Für die Zukunft vor allem der Priester wird erhofft, daß diese einst in einem Tempel zusammen mit den „Engeln der Gegenwart" leben. Mit diesen hohen Wesen befehlen die Priester „dem Schicksal", das heißt, sie bestimmen den Lauf der Dinge auf Erden. Die Gruppe schätzte ihre eigene Bedeutung keineswegs gering ein. Es wird auch berichtet von glühendem Haß auf ihre Feinde und vom festen Glauben an den Endsieg, nicht nur über die Juden, sondern über die ganze Erde. Wie in Text 6 ist die Vorstellung eines alles entscheidenden Kriegs gegen die nichtjüdische Welt nicht zu übersehen. Ausgewählte Abschnitte der Bibel werden als Bitten an den Sohn Davids, der den Kriegszug anführen wird, aufgefaßt.

Segensspruch für alle Mitglieder der Sekten-Gemeinschaft.

Kolumne 1 [1]Die Segensworte sind die des Lehrmeisters, mit denen er jene segnet, die [Gott] fürchten, [jene, die] Seinen Willen [tun] und Seine Gebote achten, [2]die festhalten an Seinem heiligen B[un]d und untadelig [auf all den Pfaden] seiner Wahrheit gehen, die Er auswählte für einen [3]ewigen Bund, d[er] ewig [da]uern [soll].

Der H[ERR] segne dich [von Seiner heiligen Wohnung aus;] möge Er dir eine immerwä[hr]ende Quelle öffnen vom Him[mel], [4]die nie[mals ver]siegt. [...] [5]Möge Er dich [eh]ren mit allem Segen [der Himmlischen]; [möge Er] dich die Erkenntnis der

Engel [lehren]! [6][... Möge Er dir] eine ewige [Que]lle [öffnen]; möge Er niemals [lebendiges Wasser] den Durstigen vor[enthalten]. Du wir[st sein] [7][... Möge Er] dich von all [deinen Feinden] befreien; [möge er] diejenigen, die du haßt, [erschlagen], so daß keiner über[lebt].

Fragment eines Segensspruchs für den Hohepriester der Endzeit.

Kolumne 2 [22][...] Möge der HERR dich auszeichnen mit dem [heiligen] Ge[ist ... mit all] [23]Mit Seinen [Belohnun]gen möge er Dich erfreuen; möge Er Dich auszeichnen [mit ...] [24]Möge Er dich auszeichnen mit dem heiligen Geist und Barmherzigkeit ...] [25]und mit einem ewigen Bund möge er dich auszeichnen und bei [dir] großes Frohlocken hervorrufen [...] [26]Möge er dich mit gerechtem Urteil auszeichnen, [... damit du nicht] stolpe[rst ...] [27]Möge Er gnädig auf alle Deine Taten blicken [... Möge Er dich auszeichnen] [28][mit] ewiger Wahrheit [... Möge Er gnädig herabschauen] auf alle deine Nach[kommen ...]

Kolumne 3 [1]„Der HERR erhebe sein Angesicht über dir" (Num 6,26). [Möge Er sich erfreuen am] Wohlgeruch [Deiner Opfer]. Möge Er alle erwählen, die in [deiner] Priester[schaft] wohnen. [2]Möge Er besonders gegenwärtig sein zu all deinen heiligen Zeiten und Fes[ten ...] all deine Nachkommen. Er erhebe sein [3]Angesicht über deiner ganzen Versammlung! Er setze [eine Krone] auf Dein Haupt [...] [4]mit [ewigem] Ruh[m. Er möge] deine Nachkommen heiligen mit Ruhm ohne Ende! Er erhe[be Sein Angesicht über ...] [5][...] Möge Er dir ewi[ge]n Frieden zusichern und ein Königreich von [...] [6][...] vom Fleisch, und mit den h[eiligen] Engeln [...] [7]Möge Er Krieg führen [an der Spitze] deiner Tausendschaft [um] eine verderb[te] Generation [zu vernichten] [...]

[18][... um] vi[e]le Vö[lk]er um Deinetwillen [auf die Kn]ie [zu zwingen] und nicht [19][...] alles Vermögen der Erde, dich vom [ewigen] Brunnen abzuwenden.

[20][... S]uche ihn, denn Gott hat alle Grundsteine gelegt von [21][...] Er hat dir Frieden gegeben für immer und ewig.

Segen für die Priester, die Söhne Zadoks.

[22]Die Segensworte sind die des Leh[rmeisters], [mit denen er] die Söhne Zadoks [segnet], die Priester, auserwählt [23]von Gott, um Seinen Bund für imm[er] aufrechtzuerhalten [und] Seine Gebote in Seinem Volk zu bekunden und sie zu lehren, [24]wie Er es befohlen hat. Sie haben treulich festgehalten [an Seinem Bund], alle Seine Gebote rechtschaffen beobachtet und sind gegangen, wie [25]Er es erwählt hat.

Der HERR segne euch von Seiner [hei]ligen [Wohnstätte aus]! Er möge euch, vervollkommnet in Ehre, in die Mitte setzen [26]der Heiligen; [Er möge] für euch den [ewigen] Bund der Priesterschaft [er]neuern. Möge Er einen Platz schaffen für euch in der heiligen [Wohnstätte]. [27]Möge Er [a]lle Fürsten beim Maßstab eurer Werke ri[chten], alle [Führer] der Nationen bei dem, [28]was ihr sagt. Möge Er die ersten Früchte von [jeder angeneh]men Sache zu eurer Erbschaft machen; möge Er den ganzen sterblichen Rat durch eure Hand segnen!

Kolumne 4 [22][... Denn] Er hat euch erwählt [...] [23]und euch an die Spitze der Heiligen gesetzt, um durch euch zu s[egnen ...] durch eure Hand [24]die Männer der

Gesellschaft Gottes, als durch die Hand eines Fürsten [...] Mögt ihr [25][für immer] als ein Engel der Gegenwart in der heiligen Wohnstätte wohnen, zum Ruhm des Gottes der Heerschar[en. Mögt ihr] dienen im Tempel des [26]Königreichs Gottes, indem ihr das Schicksal gemeinsam mit den Engeln der Gegenwart ordnet, eine Gesellschaft der *Jahad* [mit den Heiligen] für immer, für alle Zeiten der Ewigkeit!

Gewiß [27] sind [alle] Seine [Vo]rschriften Wahrheit! Er möge euch als heilig unter sein Volk stellen, als das „größere [Licht", (Gen 1,16)] die Welt zu [erleuchten] mit Erkenntnis und auf das Gesicht vieler zu scheinen [28][mit Weisheit, die zu Leben führt. Möge Er euch] als Geweihte neben die Heiligsten der Heiligen [stellen]! [Ihr sollt] wahrhaftig [geh]eiligt vor Ihm sein und Seinen Namen rühmen und Seine Heiligen!

Kolumne 5 [17][.. D]enn Er hat [euch zur Priesterschaft] best[immt ...] [18][mi]t Zeit, die niemals [endet und] mit allen Zeiten der Ewigkeit. Möge Er niemals euren Ruhm [anderen] geben [... Möge] [19]Gott die Furcht vor euch [in] alle [legen,] die einen Bericht von euch hören und von eurer Herrlichkeit [in alle, die ...]

Ein Segen für den Führer der Nation, ein davidischer Kriegsführer, der sich in den Letzten Tagen erheben würde. Sprachlich ist dieser Segen eng mit dem Kapitel 11 im Buch Jesaja verbunden, das häufig sowohl von Juden als auch von Christen als Messias-Ankündigung verstanden wird.

[20](Die Segensworte) sind die des Lehrmeisters, mit denen er den Führer der Nation segnet, der [...] [21]Und Er soll für ihn den Bund der [Ver]einigung erneuern, um das Königreich Seines Volkes für imm[er] zu errichten, [damit „Er mit Gerechtigkeit die Armen richte] [22][und] mit Gerechtigkeit für [die Sanft]mütigen der Erde entscheiden möge" (Jes 11,4), vor Ihm makellos in all den Wegen [Seines Herzens] gehen [23]und Seinen Bund errichten als heilig [gegen] den Feind von jenen, die I[hn] suchen.

[Möge] der HERR dich erhe[ben] zu einer ewigen Höhe, einem mächtigen Turm in einem Wall, [24]sicher auf die Höhe gesetzt! So mögest du „g[erecht] sein durch die Kraft deines [Mundes] und die Erde verwüsten mit deinem Stock! Mit dem Hauch deiner Lippen [25]mögest du die Gottlosen töten!" (Jes 11,4, modifiziert). Möge Er [dir „den Geist des Ra]tes" geben und möge „ewige Macht [auf dir ruhen,] der Geist der Erkenntnis und Gottesfurcht" (Jes 11,2). Möge „Gerechtigkeit [26]der Gürtel [um deine Hüfte und Tre]ue der Gürtel um deine Lenden sein" (Jes 11,5). Möge Er „deine Hörner aus Eisen machen und deine Hufe aus Bronze!" (Mi 4,13). [27]Möge dein Horn wie ein Bu[lle ... Mögest du die Nati]onen [niedertrampeln] wie Schmutz in den Straßen! Denn Gott hat dich als „das Zepter" (Num 24,17) [28]über die Herrscher gemacht; v[or dir sollen die Völker sich verneigen und alle Nat]ionen sollen dir dienen. Er soll dich mächtig machen bei Seinem heiligen Namen, [29]so daß du sein wirst wie ein Lö[we unter den Tieren des Waldes]; dein [Schwert wird] Beute [verschlingen,] und keiner wird entkom[men]. Deine [schn]ellen Rösser sollen sich ausbreiten über [der Erde ...]

– M. O. W.

8. KRIEGSROLLE

1QM, 4Q491–496

Armageddon: der endzeitliche, heilige Krieg zur Beendigung aller Kriege. Diese Worte rufen Bilder wach von unvermeidlichem Streit der Menschen wie auch von der endgültigen Läuterung und dem Beginn der Ära des Friedens. Diese Punkte bündeln sich in der *Kriegsrolle*, einem Text, der blutrünstig die eschatologische letzte Schlacht beschreibt, aus der die Gerechtigkeit als absolute Siegerin hervorgeht und das Böse für immer vernichtet wird. Diese überaus lebendige Darstellung vermittelt eine Einsicht in das Armageddon, wie Juden zur Zeit Jesu es sich vorstellten.

Die ersten Zeilen der Schriftrolle (1QM 1,1–7) schaffen den Rahmen für einen Konflikt, der sich in drei Stufen zwischen den Söhnen des Lichts – darunter sind die Mitglieder der *Jahad* (siehe 1QS 3,13) zu verstehen – und den Söhnen der Finsternis abspielt. In der ersten Schlacht werden die Feinde angeführt von den „Kittim", den Assyrern. (Obschon die Bezeichnung „Kittim" in den Schriftrollen meist die Römer meint, scheint ihre eigentliche Bedeutung in der „archetypischen Verkörperung des Bösen", der Feinde Israels zu liegen). Die „Kittim" von Assur tauchen mit den biblischen Feinden Edom, Moab, Ammon und Philistia auf. Mit dieser unheiligen Allianz arbeiten die „Übertreter der gemeinschaftlichen Grundordnung" zusammen: Juden, die die Botschaft der *Jahad* mit Verachtung zurückweisen und sich daher auf eine Stufe mit den Söhnen der Finsternis gestellt hatten. Im zweiten Stadium des Kampfes weitet sich der Krieg auf die in Ägypten ansässigen „Kittim" aus und schließlich auf die Könige des Nordens.

Zwar dauert dieser Krieg mehr als vierzig Jahre. Der Schreiber der Schriftrolle interessiert sich ganz besonders für die Details des allerletzten Kampftags. Nach sechs blutigen Gefechten stehen sich in dieser letzten Schlacht die Söhne des Lichtes und die Söhne der Finsternis unentschieden gegenüber. In der siebten und endgültigen Begegnung „wird die Hand Gottes [Belial und al]l die Engel unter seiner Herrschaft überwinden, und all die Männer [seiner Streitmächte werden für immer vernichtet werden]" (1QM 1,14–15).

Im weiteren Kampfverlauf beschäftigt sich die *Kriegsrolle* in apokalyptischer Manier bis in alle Einzelheiten mit den Schlachttrompeten (2,15–3,11), den Fahnen (3,12–5,2) und der militärtaktischen Vorgehensweise (5,3–9,16). Dann werden priesterliche Gebete für die verschiedenen Phasen der kriegerischen Auseinandersetzung überliefert (9,17–15,3). Schließlich werden die sieben härtesten Gefechte des letzten Kampftags detailliert beschrieben (15,4–18,8), die am Tag nach dem Sieg ihren Höhepunkt in einer Danksagungszeremonie erreichen (18,10–19,14).

Wie bei biblischen Vertretern apokalyptischer Literatur, etwa bei Ezechiel 38–39 und in der Offenbarung des Johannes, kann leicht das Hauptanliegen dieses Werkes vergessen werden. Es ist schwierig, die Grundintention in den verworrenen und oft rätselhaften Details des Textes zu finden. Der Autor befaßt sich insbesondere mit dem Leiden und der Hoffnungslosigkeit, die seine Leser im Augenblick erlebten. Er baute seine Ermutigung auf der biblischen Theologie der Errettung auf und nennt den Sieg Davids über Goliath (1QM 11,1–2) und den Sieg des Mose über den Pharao und seine Befehlshaber am Roten

Meer (11,9–10). Verbunden damit war die Auffassung des Autors, daß schlimme Leiden nach Gottes Willen im Blick auf die Wiedergutmachung zu sehen sind. Gottes Feuerprobe (17,9) wird betrachtet als notwendige Komponente der menschlichen Existenz – solange das Böse in der Welt Bestand hatte. Letztlich war es Gottes Absicht, die Söhne des Lichtes emporzuheben und die Söhne der Finsternis zu richten. Die Botschaft der *Kriegsrolle* ist eine Botschaft der Hoffnung. Trotz schlimmsten Unheils werden die Söhne des Lichtes ermutigt, bis zum Ende durchzuhalten. Gott machte sich schon zum Eingreifen bereit. Er trifft Vorbereitungen für eine dauerhafte Lösung des Problems des Bösen.

Die Schriftrolle als solche ist einer der ersten sieben Texte, die 1947 von Beduinen entdeckt wurden. 19 Textkolumnen sind erhalten, es fehlen nur ein paar Reihen am unteren Rand wie die letzte Seite bzw. Seiten des Schriftstücks (s. Text 59). Obwohl sieben Jahre später in Höhle 4 (4Q491–496) sechs weitere Manuskripte gefunden wurden, waren diese bei der Rekonstruktion der fehlenden Teile von 1QM nur bedingt hilfreich.

Beschreibung des Endzeit-Krieges.

Kolumne 1 [1]Für den Le[hrmeister, die Regel des] Kriegs. Der erste Angriff der Söhne des Lichtes soll gegen die Streitmächte der Söhne der Finsternis erfolgen, das Heer des Belial: die Heerscharen von Edom, Moab, die Söhne von Ammon, [2]die [Amalekiter], Philister und die Heerscharen der Kittim von Assur. Diejenigen, die diese unterstützen, sind jene, die das Bündnis verletzt haben. Die Söhne Levis, die Söhne Judas und die Söhne Benjamins, jene, die ausgezogen sind in die Wüste, werden gegen sie kämpfen [3]mit [...] gegen alle ihre Heerscharen, wenn die Verbannten der Söhne des Lichtes wiederkehren aus der Wüste der Völker, um zu lagern in der Wüste Jerusalems. Dann, wenn die Schlacht vorüber ist, werden sie von jenem Platz hinaufgehen [4]u[nd der König] der Kittim [wird einfallen] in Ägypten. Zu seiner Zeit wird er hinausgehen mit großem Zorn, um gegen die Könige des Nordens zu kämpfen, und in seiner Wut wird er sich daranmachen, zu zerstören und auszulöschen die Stärke [5]I[sraels. Dann] wird eine Zeit des Heils anbrechen für das Volk Gottes und eine Zeit der Herrschaft für alle Männer Seiner Streitkräfte und ewige Vernichtung für die gesamte Streitmacht des Belial. Es wird eine g[roße] Not geben [6][unter] den Söhnen von Jafet; Assur wird fallen, ohne daß ihm jemand zu Hilfe kommt, und die Überlegenheit der Kittim wird zu Ende gehen, daß Gottlosigkeit überwunden wird ohne Überrest. Es wird keine Überlebenden geben [7]von [allen Söhnen der] Finsternis.

[8]Dann werden [die Söhne der Ger]echtigkeit leuchten bis an alle Enden der Welt und werden nicht aufhören zu leuchten bis an das Ende der festgesetzten Zeiten der Finsternis. Dann wird zur von Gott bestimmten Zeit Seine großartige Erhabenheit leuchten für alle Zeiten der [9]E[wigkeit;] für Frieden und Segen, Ruhm und Freude und ein langes Leben für alle Söhne des Lichtes. Am Tag, wenn die Kittim fallen, wird eine Schlacht stattfinden und ein schreckliches Gemetzel vor dem Gott [10]Israels, denn es ist ein Tag, der von Ihm bestimmt wurde von jeher als ein Kampf der Vernichtung für die Söhne der Finsternis. An jenem Tag werden die Gemeinschaft der Götter und die Gemeinschaft der Menschen einander angreifen und es wird in einem großen Blutbad enden. [11]Die Söhne des Lichtes und die Streitkräfte der Finsternis werden miteinander kämpfen, um die Stärke Gottes mit dem Gebrüll einer großen Menge und dem Ge-

schrei von Göttern und Menschen zu zeigen; ein Tag der Katastrophe. Es ist eine Zeit der [12]Not fü[r all]e Menschen, die von Gott erlöst werden. In allen ihren Nöten gibt es keine, die ist wie diese, die zu ihrer Beendigung eilt wie zu einer ewigen Erlösung. An dem Tag ihres Kampfs gegen die Kittim [13]werden sie a[usziehen zum] Blutbad in der Schlacht. In drei Losen werden die Söhne des Lichtes fest bleiben, um der Gottlosigkeit einen Schlag zu versetzen, und in drei Losen wird die Streitmacht des Belial einander stärken, um zu erzwingen den Rückzug der Streitkräfte [14][des Lichtes. Und wenn die] Banner des Fußvolks ihre Herzen schmelzen lassen, dann wird die Stärke Gottes die He[rzen der Söhne des Lichtes] stärken. Im siebten Haufen wird die großartige Hand Gottes [15][Belial und all]e Engel, die ihm unterstehen, überwinden, und alle Männer [seiner Streitmacht sollen für immer vernichtet werden].

Die Vernichtung der Söhne der Finsternis und der Dienst für Gott während der Kriegsjahre.

[16][...] die Heiligen sollen aufleuchten zur Unterstützung von [...] die Wahrheit für die Vernichtung der Söhne der Finsternis. Dann [...] [17][...] ein großes [G]ebrüll [...] sie ergriffen die Werkzeug[e des Krieges ...] [18][...] [19][... Oberhäupter der Stämme ... und die Priester,] [20][die Leviten, die Oberhäupter der Stämme, die Väter der Gemeinschaft ... die Priester und so für die Leviten und die Turnusse der Häupter] **Kolumne 2** [1]der Gemeinschaftsfamilien, zweiundfünfzig. Sie sollen die Häupter der Priester nach dem Oberpriester und seinem Stellvertreter anordnen; zwölf Priesterhäupter, um zu dienen [2]im regelmäßigen Opferdienst vor Gott. Die Häupter der Turnusse, sechsundzwanzig, sollen in ihren Turnussen dienen. Nach ihnen dienen die Häupter der Leviten fortwährend, zwölf insgesamt, einer für einen [3]Stamm. Die Häupter ihrer Turnusse sollen jeder in seinem Amt dienen. Die Häupter der Stämme und die Väter der Gemeinschaft sollen sie unterstützen, indem sie fortwährend an den Pforten des Heiligtums stehen. [4]Die Häupter ihrer Turnusse, vom Alter von fünfzig aufwärts, sollen ihre Position mit ihren Beauftragten an ihren Festen, Neumonden und Sabbaten und an jedem Tag des Jahres einnehmen. [5]Diese sollen sich aufstellen bei den Brandopfern und den Opfern, um den süßen Geruch des Weihrauchs gemäß dem Willen Gottes zu bereiten, um Buße zu tun für Seine gesamte Gemeinschaft und um sich selbst vor Ihm zu sättigen fortwährend [6]am Tisch der Herrlichkeit. Alles dieses sollen sie herrichten im Jahr des Erlasses. Während der dreiunddreißigjährigen Dauer des Krieges sollen die Männer von Ansehen, [7]jene, die von der Gemeinschaft berufen sind, und alle die Häupter der Gemeinschaftsfamilien für sich selbst Männer des Krieges für alle Länder der Völkerschaften auswählen. Von allen Stämmen Israels sollen sie [8]fähige Männer für sich rüsten, damit sie in die Schlacht ziehen gemäß den Einberufungen des Krieges, Jahr für Jahr. Aber während der Jahre des Erlasses sollen sich keine Männer für den Kampf bereitmachen, denn es ist ein Sabbat [9]der Ruhe für Israel. Während der fünfunddreißig Jahre des Dienstes soll der Krieg geführt werden. Sechs Jahre lang soll die gesamte Gemeinschaft den Krieg gemeinsam führen, [10]und ein Krieg der Abteilungen soll geführt werden während der neunundzwanzig verbleibenden Jahre. Im ersten Jahr sollen sie gegen Mesopotamien kämpfen, im zweiten gegen die Söhne des Lud, im dritten [11]sollen sie gegen den Rest der Söhne des Aram kämpfen: Uz, Chul, Togar und Mescha, die sich jenseits des Eufrat befinden. Im vierten und fünften Jahr sollen sie gegen die

Söhne des Arpachschad kämpfen, [12]im sechsten und siebten Jahr sollen sie gegen alle Söhne Assurs und Persiens und die östlichen Völker bis hin zur Großen Wüste kämpfen. Im achten Jahr sollen sie gegen die Söhne [13]Elams kämpfen, im neunten Jahr sollen sie gegen die Söhne Ismaels und Keturas kämpfen, und während der darauffolgenden zehn Jahre soll der Krieg aufgeteilt werden gegen alle Söhne Hams [14]entsprechend [ihren] F[amilien und] Gebieten. Während der restlichen zehn Jahre soll der Krieg aufgeteilt werden gegen alle [Söhne Jafe]ts entsprechend ihren Gebieten.

Beschreibung der Trompeten.

[16][Die Vorschrift der Trompeten: die Trompeten] des Alarms für ihren ganzen Dienst für [...] für [...] für ihre bevollmächtigten Männer, [17][zu Zehntausenden und Tausenden und Hunderten und Gruppen zu fünfzig] und zehn Mann. Auf den T[rompeten ...]
[...] [18][...] [19][... die ...] [20][... sie sollen schreiben ... die Trompeten der] **Kolumne 3** [1]Schlachtformationen und die Trompeten, die sie zusammenrufen, wenn die Tore des Krieges geöffnet werden, so daß das Fußvolk vorrücken kann, die Trompeten für das Signal der Erschlagenen, die Trompeten des [2]Hinterhalts, die Trompeten der Verfolgung, wenn der Feind besiegt ist, und die Trompeten der Wiederversammlung, wenn der Kampf wiederkehrt. Auf die Trompeten für die Versammlung der Gemeinschaft sollen sie schreiben: „Die von Gott Berufenen". [3]Auf die Trompeten für die Versammlung der Oberhäupter sollen sie schreiben: „Die Fürsten Gottes". Auf die Trompeten der Formationen sollen sie schreiben: „Die Vorschrift Gottes". Auf die Trompeten der Männer von [4]Ansehen [sollen sie schreiben]: „Die Häupter der Gemeinschaftsfamilien". Dann, wenn sie versammelt sind im Haus der Zusammenkunft, sollen sie schreiben: „Die Offenbarungen Gottes für eine heilige Versammlung". Auf die Trompeten der Lager [5]sollen sie schreiben: „Der Friede Gottes in den Lagern Seiner Heiligen". Auf die Trompeten für ihre Feldzüge sollen sie schreiben: „Die mächtigen Taten Gottes, um den Feind zu zerstreuen und in die Flucht zu schlagen alle jene, die die [6]Gerechtigkeit hassen, und eine Zurücknahme des Erbarmens von allen, die Gott hassen". Auf die Trompeten der Schlachtformationen sollen sie schreiben: „Formationen der Abteilungen Gottes, um Seine Wut auf alle Söhne der Finsternis zu rächen". [7]Auf die Trompeten zur Versammlung der Fußtruppe sollen sie, wenn die Tore des Krieges sich öffnen, damit sie ausziehen können gegen die Schlachtlinie des Feindes, schreiben: „Eine Erinnerung an die Belohnung zu der von [8]Gott bestimmten Zeit". Auf die Trompeten der Erschlagenen sollen sie schreiben: „Die Hand der Macht Gottes im Kampf, um alle die Erschlagenen zu Fall zu bringen wegen Treulosigkeit". Auf die Trompeten des Hinterhalts sollen sie schreiben: [9]„Geheimnisse Gottes, um die Gottlosigkeit auszulöschen". Auf die Trompeten der Verfolgung sollen sie schreiben: „Gott hat geschlagen alle Söhne der Finsternis, Er wird Seine Wut nicht mäßigen, bis sie vernichtet sind". [10]Wenn sie vom Kampf zurückkehren, um in die Formation einzutreten, sollen sie auf die Trompeten des Rückzugs schreiben: „Gott hat um sich geschart". Auf die Trompeten für den Weg der Rückkehr [11]von der Schlacht mit dem Feind, um die Versammlung in Jerusalem zu betreten, sollen sie schreiben: „Freudenfest Gottes bei einer friedlichen Rückkehr".

Beschreibung der Banner.

[13]Vorschrift der Banner der gesamten Gemeinschaft entsprechend ihren Formationen. Auf das große Banner, das an der Spitze aller Menschen steht, sollen sie schreiben: „Volk Gottes", die Namen „Israel" und [14]„Aaron", und die Namen der zwölf Stämme Israels nach ihrer Abstammungsordnung. Auf die Banner der Häupter der „Lager" von drei Stämmen [15]sollen sie schreiben: „Der Geist [Gottes" und die Namen von drei Stämmen. A]uf das Banner eines jeden Stammes sollen sie schreiben: „Standarte Gottes" und den Namen des Führers des S[tammes ...] [16]seiner Familien. [... und] den Namen des Oberbefehlshabers der Zehntausend und die Namen der Oberhäupte[r von ...] [17][...] seinen Hundertschaften. Auf das Banner [...] [18–20][...] **Kolumne 4** [1]Auf das Banner Meraris sollen sie schreiben: „Opfer Gottes", und den Namen des Führers von Merari und die Namen der Oberhäupter seiner Tausendschaften. Auf das Banner der Ta[us]end sollen sie schreiben: „Der Zorn Gottes ist restlos freigeworden gegen [2]Belial und alle die Männer seiner Streitkräfte", und den Namen des Hauptes der Tausend und die Namen der Häupter seiner Hundertschaften. Und auf das Banner der Hundert sollen sie schreiben: „Hundertschaft [3]Gottes, die Stärke des Krieges gegen alles sündige Fleisch", und den Namen des Hauptes der Hundert und die Namen der Häupter Seiner Zehn. Und auf das Banner der Fünfzig sollen sie schreiben: „Beendet [4]wird die Macht der Gottlosen [durch] die Macht Gottes", und den Namen des Hauptes der Fünfzig und die Namen der Häupter seiner Zehn. Und auf das Banner der Zehn sollen sie schreiben: „Gesänge der Freude [5]für Gott auf der zehnsaitigen Harfe", und den Namen des Hauptes der Zehn und die Namen von neun Männern unter seinem Befehl. [6]Wenn sie in die Schlacht ziehen, sollen sie auf ihre Banner schreiben: „Die Wahrheit Gottes", „Die Gerechtigkeit Gottes", „Der Ruhm Gottes", „Die Rechtsprechung Gottes" und danach die vollständige Liste ihrer Namen. [7]Wenn sie anrücken zur Schlacht, sollen sie auf ihre Banner schreiben: „Die rechte Hand Gottes", „Die von Gott bestimmte Zeit", „Der Lärm Gottes", „Die Erschlagenen Gottes"; danach alle ihre Namen. [8]Wenn sie von der Schlacht zurückkehren, sollen sie auf ihre Banner schreiben: „Die Erhebung Gottes", „Die Größe Gottes", „Das Lob Gottes", „Der Ruhm Gottes", mit ihren ganzen Namen.

[9]Die Vorschrift der Banner der Gemeinschaft: Wenn sie aufbrechen zur Schlacht, sollen sie auf ihr erstes Banner schreiben: „Die Gemeinschaft Gottes", auf das zweite: „Die Lager Gottes", auf das dritte: [10]„Die Stämme Gottes", auf das vierte: „Die Familien Gottes", auf das fünfte: „Die Abteilungen Gottes", auf das sechste: „Die Gemeinschaft Gottes", auf das siebte: „Jene, die [11]von Gott berufen sind" und auf das achte: „Die Streitmacht Gottes". Sie sollen ihre Namen vollständig daraufschreiben mit ihrer ganzen Anordnung. Wenn sie anrücken zur Schlacht, sollen sie auf ihre Banner schreiben: [12]„Die Schlacht Gottes", „Die Vergeltung Gottes", „Die Angelegenheit Gottes", „Die Vergeltungsmaßnahme Gottes", „Die Stärke Gottes", „Die Strafe Gottes", „Die Macht Gottes", „Die Vernichtung aller hochmütigen Völkerschaften durch Gott". Und [13]ihre Namen sollen sie vollständig daraufschreiben. Wenn sie zurückkehren aus der Schlacht, sollen sie auf ihre Banner schreiben: „Die Erlösung Gottes", „Der Sieg Gottes", „Die Hilfe Gottes", „Die Unterstützung Gottes", [14]„Die Freude Gottes", „Die Dankgebete Gottes", „Die Lobpreisung Gottes" und „Der Friede Gottes".

[15][Die Länge der Bann]er. Die Banner der gesamten Gemeinschaft soll vierzehn Ellen lang sein; das Banner der dr[ei Stämme drei]zehn Ellen [lang;] [16][das Banner eines Stammes] zwölf Ellen; das Banner der Zehntausend el[f Ellen; das Banner der Tausend zehn Ellen; das Banner der Hu]ndert [n]eun Ellen; [17][das Banner der Fünfzig ac]ht Ellen; das Banner der Zehn sie[ben Ellen ...].

Beschreibung der Schilde.

[18–20][...] **Kolumne 5** [1]und auf den Sch[il]d des Führers des ganzen Volkes sollen sie seinen Namen schreiben, die Namen „Israel", „Levi" und „Aaron" und die Namen der zwölf Stämme Israels nach ihrer Abstammungsordnung. [2]und die Namen der zwölf Oberhäupter ihrer Stämme.

Beschreibung der Ausrüstung und der Aufstellung der Abteilungen.

[3]Die Vorschrift zur Vorbereitung der Abteilungen für den Krieg, wenn ihre Streitmacht vollzählig ist, um die vordere Schlachtlinie aufzustellen: Die Schlachtlinie soll gebildet werden aus eintausend Männern. Es sollen sieben vordere Reihen [4]zu jeder Schlachtlinie gehören, in der richtigen Reihenfolge aufgestellt; der Platz jedes Mannes hinter seinem Kameraden. Allesamt sollen sie Schilde tragen aus Bronze, poliert wie [5]ein Spiegel. Der Schild soll eingefaßt sein mit einer Randverzierung von Flechtwerk und einem Muster von Schleifen, das Werk eines geschickten Handwerkers; Gold, Silber und Bronze miteinander verbunden, [6] und Edelsteine; ein vielfarbener Brokat. Es ist das Werk eines geschickten Handwerkers, kunstvoll gemacht. Die Länge des Schilds soll zweieinhalb Ellen betragen und seine Breite eineinhalb Ellen. In ihren Händen sollen sie halten eine Lanze [7]und ein Schwert. Die Länge der Lanze soll sieben Ellen betragen, wobei der Schaft und die Klinge eine halbe Elle ausmachen. Am Schaft sollen drei Bänder eingraviert sein als Randverzierung aus Flecht[8]werk; aus Gold, Silber und Kupfer zusammen gestaltet wie ein kunstvoll entworfenes Werk. Und in den Schleifen des Musters, an beiden Seiten des Bandes [9]rundherum sollen wertvolle Steine eingearbeitet sein, ein vielfarbener Brokat, das Werk eines geschickten Handwerkers, kunstvoll gearbeitet, und eine Getreideähre. Der Schaft soll gerillt sein zwischen den Bändern wie [10]eine Säule, kunstvoll gearbeitet. Die Klinge soll aus schimmerndem weißem Eisen bestehen, das Werk eines geschickten Handwerkers, kunstvoll gearbeitet, und eine Getreideähre aus purem Gold, eingelegt in die Klinge; sich verjüngend zur [11]Spitze hin zulaufend. Die Schwerter sollen aus Raffiniereisen sein, aufbereitet im Schmelzofen und poliert wie ein Spiegel, das Werk eines geschickten Handwerkers, kunstvoll gearbeitet, mit Mustern von Getreideähren [12]aus purem Gold, geprägt auf beiden Seiten. Die Verzierungen sollen geradewegs auf einen Punkt zulaufen, zwei an jeder Seite. Die Länge des Schwerts soll eine Elle betragen [13]und eine halbe und seine Breite vier Finger. Die Scheide soll vier Daumen umfassen und vier Handbreiten hinauf bis zur Scheide. Die Scheide soll an beiden [14]Seiten mit Lederriemen festgebunden sein mit fünf Handbreiten. Der Schwertgriff soll aus ausgewähltem Horn bestehen, das Werk eines geschickten Handwerkers, ein buntes Muster mit Gold und Silber und wertvollen Steinen.

[16]Und wenn die [... einnehmen ihre] Position, sollen sie sieben Schlachtlinien auf-stellen, eine hinter der anderen, [17]und es soll ein Zwischenraum sein [zwischen ... d]reißig Ellen, wo die Fußtru[ppe] sich aufstellen soll [18][...] vorwärts [...] [19–20][... sollen sie schleudern] **Kolumne 6** [1]siebenmal, und auf ihre Position zurückkehren. Nach ihnen sollen drei Abteilungen der Fußtruppe vorrücken und sich zwischen den Schlachtlinien aufstellen. Die erste Abteilung soll in die [2]feindliche Schlachtlinie sieben Schlachtspeere werfen. Auf die Klinge des ersten Speers sollen sie schreiben: „Blitz eines Speers für die Stärke Gottes". Auf die zweite Waffe sollen sie schreiben: [3]„Wurfge-schosse des Blutes, um die Erschlagenen niederzustrecken durch den Zorn Gottes". Auf den dritten Wurfspeer sollen sie schreiben: „Die Klinge eines Schwerts verschlingt die Erschlagenen der Gottlosigkeit durch das Gericht Gottes". [4]Jedes von diesen sollen sie siebenmal werfen und dann auf ihre Position zurückkehren. Nach diesen sollen zwei Abteilungen der Fußtruppe vorwärts marschieren und sich zwischen den beiden Schlachtlinien aufstellen, [5]die erste Abteilung ausgerüstet mit einem Speer und einem Schild und die zweite Abteilung mit einem Schild und einem Schwert; um die Erschlagenen zu Fall zu bringen durch das Gericht Gottes, um die Schlachtlinie [6]des Feindes zu bezwingen durch die Stärke Gottes und Vergeltung zu üben für das Böse für alle hochmütigen Völkerschaften. So wird das Königtum dem Gott Israels gehören, und durch die Heiligen Seines Volkes wird Er machtvoll handeln.

Beschreibung der Aufstellung der Reiterei.

[8]Sieben Reihen von Reitern sollen ebenfalls an der rechten und an der linken Seite der Schlachtlinie Position beziehen. Ihre Ränge sollen zu beiden Seiten aufgestellt sein, [9]siebenhundert Reiter an der einen Seite und siebenhundert an der anderen. Zweihun-dert Reiter sollen ausrücken mit eintausend Männern der Schlachtlinie der Fußtruppe, und so [10]sollen sie Position beziehen an allen Seiten des Lagers. Insgesamt viertau-sendsechshundert Männer, und eintausendvierhundert Mann Kavallerie für die gesam-te Streitmacht, die für die Schlachtlinie aufgestellt ist; [11]fünfzig für jede Schlachtlinie. Die Reiter, mit der Kavallerie der Männer der gesamten Streitmacht, werden sechstau-send sein; fünfhundert je Stamm. Die ganze Kavallerie, die ausrückt [12]zur Schlacht mit der Fußtruppe, soll Hengste reiten; schnell, weich im Maul, ausdauernd, reif, kampf-erprobt [13]und gewohnt, Lärm zu vernehmen und alle Arten von Schauplätzen zu er-blicken. Jene, die sie reiten, sollen kampferfahrene Männer sein, reiterfahren, im [14]Alter zwischen dreißig und fünfundvierzig Jahren. Die Reiter der Streitmacht sollen zwischen vierzig und fünfzig Jahren alt sein, und sie [15][...], Helme und Beinschienen, sie sollen in ihren Händen runde Schilde tragen und eine Lanze, die ac[ht Ellen lang ist, ...] [16][...] und einen Bogen und Pfeile und Schlachtwurfspeere, alle bereit [...] [17][...] und zu vergießen das Blut ihrer schuldigen Erschlagenen. Dies sind die [...]

Rekrutierung und Alter der Soldaten.

[18–20][...] **Kolumne 7** [1]und die Männer der Streitmacht sollen zwischen vierzig und fünfzig Jahre alt sein. Die Bevollmächtigten der Lager sollen zwischen fünfzig und sech-zig Jahre alt sein. Die Amtsträger [2]sollen ebenfalls zwischen vierzig und fünfzig Jahre alt sein. Alle jene, die die Erschlagenen ausziehen, die die Beute an sich nehmen, das Land

säubern, die Waffen bewachen, ³und der, der die Vorräte bereitstellt, alle diese sollen
zwischen fünfundzwanzig und dreißig Jahre alt sein. Weder Jugendliche noch Frauen
dürfen ihr Heerlager betreten von der Zeit an, wenn sie ⁴Jerusalem verlassen, um in den
Kampf zu ziehen, bis zu ihrer Rückkehr. Kein Krüppel, Blinder oder Lahmer noch ein
Mann, der eine dauerhaft verunstaltete Haut hat oder ein Mann, der mit ritueller
Unreinheit ⁵seines Fleisches behaftet ist; keiner von diesen soll mit ihnen in die
Schlacht ziehen. Alle sollen sie freiwillig in den Kampf gehen, reinen Geistes und
Fleisches sein und bereit für den Tag der Vergeltung. Jeder ⁶Mann, der am Tag der
Schlacht nicht rituell rein ist hinsichtlich seiner Geschlechtsteile, soll sich nicht mit
ihnen in den Kampf begeben, denn heilige Engel sind anwesend mit ihrer Streitmacht.
Es soll eine Entfernung bestehen ⁷zwischen allen ihren Lagern und den Latrinen von
ungefähr zweitausend Ellen, und keine anstößige Blöße soll sichtbar sein in der
Umgebung aller ihrer Lager.

Das geistliches Amt der Priester und Leviten.

⁹Wenn die Schlachtlinien gegen den Feind aufgestellt sind – Schlachtlinie gegen
Schlachtlinie – sollen von der Mittelbresche in den Abstand zwischen den Schlachtlinien sieben ¹⁰Priester der Söhne Aarons voranziehen, gekleidet in kostbare weiße
Leinengewänder: einen leinenen Überwurf und leinene Beinkleider, und gegürtet mit
einer Leinenschärpe von gewebtem feinem Leinen, violett, ¹¹purpur und karmesin, und
ein vielfarbiges Muster, das Werk eines geschickten Handwerkers, und geschmückte
Kappen auf ihren Häuptern; die Kleidung für die Schlacht, und sie sollen sie nicht in
das Heiligtum mitnehmen. ¹²Der eine Priester soll vor allen Männern der Schlachtlinie
vorbeiziehen, um ihnen Mut zu machen für die Schlacht. In den Händen der restlichen
sechs sollen sich ¹³die Versammlungstrompeten befinden, die Erinnerungstrompeten,
die Kriegslärmtrompeten, die Verfolgungstrompeten und die Sammlungstrompeten.
Wenn die Priester hinausziehen ¹⁴zwischen die Fronten, sollen sieben Leviten mit ihnen
gehen. In ihren Händen sollen sieben Trompeten aus Widderhörnern sein. Drei
Amtsträger aus der Mitte der Leviten sollen vor ¹⁵den Priestern und den Leviten schrei-
ten. Die Priester sollen die zwei Trompeten der Sammlu[ng ... der Sch]lacht auf fünfzig Schilden blasen, ¹⁶und fünfzig Männer der Fußtruppe sollen hinausziehen aus dem
einen Tor und [...] Leviten, Amtsträger. Mit ¹⁷jeder Schlachtlinie sollen sie hinausgehen
nach [dieser] ganzen O[rdnung ... Männer des] Fußvolks von den Toren ¹⁸[und sie sollen Position bezieh]en zwischen den zwei Schlachtlinien und [...] die Sch[lacht ...]
¹⁹⁻²⁰[...] **Kolumne 8** ¹die Trompeten sollen fortwährend erschallen, um die Schleu-
derwerfer zu lenken, bis sie das Schleudern nach sieben²mal beendet haben. Danach sollen die Priester auf den Rückkehrtrompeten blasen, und sie sollen an der
Seite der ersten Schlachtlinie entlangziehen, ³um ihre Position einzunehmen. Die
Priester sollen auf den Sammlungstrompeten blasen, und ⁴die drei Abteilungen des
Fußvolks sollen aus den Toren hinausziehen und sich zwischen den Schlachtlinien aufstellen und neben ihnen die Reiter, ⁵auf der rechten und der linken Seite. Die Priester
sollen auf ihren Trompeten einen gleichmäßigen Ton blasen, Signale für die Schlacht-
ordnung. ⁶Und die Kolonnen sollen sich in ihre Formationen verteilen, jede an ihre
Position. Wenn sie sich in drei Formationen aufgestellt haben, ⁷sollen die Priester für

sie ein zweites Signal blasen, einen niedrigen, langgezogenen Ton, Signale für das Vorrücken, bis sie herangerückt sind an die [8]Schlachtlinie des Feindes und ihre Waffen ergreifen. Dann sollen die Priester auf den sechs Trompeten [9]der Erschlagenen einen scharfen, kurzen Ton blasen, um die Schlacht zu lenken, und die Leviten und alle die Menschen mit Widderhörnern sollen blasen [10]ein lautes Schlachtsignal alle zusammen, um das Herz des Feindes schmelzen zu lassen. Mit dem Klang des Signals sollen [11]die Schlachtspeere hinausfliegen, um die Erschlagenen zu Boden zu bringen. Dann wird der Lärm der Widderhörner verstummen, aber auf den Tro[m]peten sollen [12]die Priester nicht aufhören, einen scharfen kurzen Ton zu blasen, um die Schlachtsignale zu lenken, bis sie ihre Schleudern in die Schlachtlinie [13]des Feindes siebenmal geworfen haben. Danach sollen die Priester für sie die Rückzugstrompeten blasen, [14]einen niedrigen Ton, gleichmäßig und langgezogen. Nach dieser Vorschrift sollen die [Pr]iester für die drei Abteilungen blasen. Wenn [15]die erste Division wirft, sollen die [Priester und die Leviten und alle die Menschen mit Widder]hörnern einen großen Lärm blasen, [16]um zu lenken die Sch[lacht, bis sie siebenmal geschleudert haben. Danach] sollen die Priester [blasen] für sie [17]auf den Rückzugstrom[peten ... und sie sollen sich aufstell]en in ihre Positionen in der Schlachtlinie, [18][...] und sollen eine Position einnehmen [19][... die Er]schlagenen, [20][und alle Leute mit Widderhörnern sollen einen gewaltigen Schlachtlärm erzeugen, und wenn der Lärm verstummt], **Kolumne 9** [1]sollen ihre Hände beginnen, Erschlagene zu fällen, und alle Leute sollen den Schlachtlärm beenden, aber die Priester sollen fortfahren, ihre Trompeten [2]der Erschlagenen erschallen zu lassen, um den Kampf zu lenken, bis der Feind besiegt ist und sich zurückzieht. Die Priester sollen blasen, um die Schlacht zu lenken, [3]und wenn sie vor ihnen besiegt sein werden, sollen die Priester die Sammlungstrompeten blasen, und das ganze Fußvolk soll zu ihnen hinausziehen von der Mitte [4]der ersten Schlachtlinien und sich aufstellen, sechs Abteilungen zusätzlich zu der Abteilung, die in die Schlacht verwickelt ist: insgesamt sieben Schlachtlinien, 28 000 [5]Soldaten und 6000 Reiter. Alle diese sollen die Verfolgung aufnehmen, um den Feind zu vernichten in Gottes Schlacht; eine vollständige Vernichtung. [6]Die Priester sollen für sie die Verfolgungstrompeten blasen, und sie sollen sich aufteilen zu einer Vernichtungsverfolgung gegen den gesamten Feind. Die Berittenen [7]sollen den Feind an den Schlachtflügeln zurückdrängen, bis er vernichtet ist. Wenn Erschlagene gefallen sind, sollen die Priester aus der Ferne weiterblasen und sollen sich nicht [8]inmitten der Erschlagenen begeben, damit sie nicht beschmutzt werden von deren unreinem Blut, denn sie sind heilig. Sie sollen nicht zulassen, daß das Öl ihrer Priesersalbung geschändet wird mit dem Blut [9]der hochmütigen Völkerschaften.

Beschreibung der Truppenbewegungen der Kampfabteilungen.

[10]Vorschrift für das Verändern der Ordnung der Kampfabteilungen, um ihre Position zu beziehen gegen [...] eine Zangenbewegung und Türme, [11]einen Bogen und Türme, und wenn es langsam vorwärtsgeht, lösen sich die Kolonnen und die Schlachtflügel aus den [z]wei Seiten der Schlachtlinie heraus, [damit] [12]der Feind entmutigt wird. Die Schilde der Soldaten der Türme sollen drei Ellen lang sein und ihre Lanzen acht Ellen l[an]g. Die Türme [13]sollen herausgehen aus der Schlachtlinie mit einhundert

Schilden auf einer Seite. D[enn] sie sollen den Turm umgeben auf den drei Frontseiten, [14]dreihundert Schilde insgesamt. Es sollen drei Tore zu einem Turm gehören, eines auf [der rechten und] eines auf der linken Seite. Auf alle Schilde der Turmsoldaten [15]sollen sie schreiben: auf den ersten „Mi[chae]l", [auf den zweiten „Gabriel", auf den dritten] „Sariel" und auf den vierten „Rafaël".

[16]„Michael" und „Gabriel" auf [den rechten und „Sariel" und „Rafaël" auf den linken].

[17]Und [...] für die vier [...Sie] sollen einen Hinterhalt legen für die [Schlachtlinie] [...] [18]und [... sie sollen fal]len auf die Er[schlagenen ...]

Die Rede des Oberpriesters.

[19-20][...] **Kolumne 10** [1]unserer Lager, und uns fernzuhalten von jeder anstößigen Blöße, und er (Mose) sagte uns, daß Du in unserer Mitte bist, ein großer und furchteinflößender Gott, der alle [2]unsere Feinde vo[r u]ns ausplündert. Er lehrte uns seit jeher durch alle unsere Generationen hindurch und sprach: „Wenn ihr euch der Schlacht nähert, soll der Priester sich erheben und zu den Menschen folgendermaßen [3]sprechen: ‚Höre, o Israel, du näherst dich heute der Schlacht gegen die Feinde. Fürchtet euch nicht und seid nicht kleinmütig. [4]Zitte[rt nicht] und fürchtet euch nicht vor ihnen, denn euer Gott geht mit euch, um für euch zu kämpfen gegen eure Feinde und um [5]euch zu beschützen'" (Dtn 20,2–4). Unsere [Am]tsträger sollen sprechen zu allen jenen, die zur Schlacht bereit sind, die bereitwilligen Herzens sind, um sie zu stärken durch die Macht Gottes, und um umkehren zu lassen alle jene, [6]die ihren Mut verloren haben, und zu stärken alle die tapferen Krieger zusammen. Sie sollen eingehend berichten von dem, was Du s[prachst] durch Mose: „Und wenn es einen Krieg gibt [7]in eurem Land gegen den Feind, der euch angreift, dann sollt ih[r] einen Lärm anheben mit den Trompeten, damit ihr vor eurem Gott eingedenk sein werdet [8]und bewahrt werdet vor euren Feinden" (Num 10,9).

Das Gebet des Oberpriesters.

Wer ist wie Du, o Gott Israels, im Him[me]l und auf Erden, daß er in Übereinstimmung mit Deinen großen Werken [9]und Deiner großen Stärke auftreten kann. Wer ist wie Dein Volk Israel, das Du auserwählt hast für Dich aus allen Völkern der Länder; [10]das Volk der Heiligen des Bundes, erfahren in den Vorschriften, erleuchtet im Versteh[en ...] jene, die hören die herrliche Stimme und sehen [11]die heiligen Engel, deren Ohren offen sind; die schwerverständliche Dinge hören. [O Gott, Du hast erschaffen] die Weite des Himmels, die Menge der Himmelskörper, [12]die Aufgabe der Geister und die Herrschaft der Heiligen, die Schätze [Deiner] He[rrlichkeit ...] Wolken. Er, der die Erde erschaffen hat und die Grenzen ihrer Aufteilung [13]in Wüste und Steppe und ihre ganze Nachkommenschaft, mit den Frü[chten ...], der Kreis der Meere, die Ursprünge der Flüsse und die Spalten der Abgründe, [14]wilde Tiere geflügelte Wesen, die Gestalt des Menschen und die Gener[ationen] seiner [Saa]t, die Verwirrung der Sprache und die Teilung der Völker, die Wohnstätten von Familien [15]und das Erbe der Länder, [... und] heilige Festtage, den Verlauf der Jahre und Zeiten der [16]Ewigkeit. [...]dieses wissen wir von Deinem Verständnis, das [...] [17][...] Deine

[Ohren] auf unser Rufen, denn [...] [18][...] sein Haus [...] [19–20][...] **Kolumne 11** [1]Es ist wahrhaftig Dein Kampf, und durch die Kraft Deiner Hand sind ihre Leichname in Stücke gerissen worden, ohne daß sie einer begrub. Goliat, den Gatiter, in der Tat ein mächtiger Mann von Tapferkeit, [2]hast Du der Hand Davids überlassen, Deinem Diener, denn er vertraute auf Deinen großartigen Namen und nicht auf Schwert und Speer. Denn die Schlacht ist Dein. [3]Er überwand die Philister viele Male durch Deinen heiligen Namen. Auch durch die Hände unserer Könige hast Du uns viele Male errettet [4]wegen Deiner Gnade; nicht entsprechend unseren Werken, denn wir handelten gottlos, noch um unserer Aufsässigkeit willen. Die Schlacht ist Dein, die Kraft geht von Dir aus, [5]es ist nicht unsere eigene. Weder unsere Stärke noch die Kraft unserer Hand haben kraftvoll gewirkt, sondern nur durch Deine Stärke und die Kraft Deiner großartigen Tapferkeit. Gena[u w]ie Du zu [6]uns gesprochen hast vor langer Zeit: „Es wird aufgehen ein Stern aus Jakob, ein Zepter wird sich erheben aus Israel und wird zerschmettern die Stirn des Moab und alle Söhne des Seth niederwerfen, [7]und er wird herabsteigen von Jakob und den Rest der Stadt zerstören, und der Feind wird ein Besitz sein, und Israel soll tapfer handeln" (Num 24,17–19). Durch die Hand Deiner Gesalbten, [8]Sehern von vorher festgelegten Dingen, hast Du uns berichtet über Ze[iten] der Kriege Deiner Hände, um Dich zu {verherrlichen} (kämpfend) unter Deinen Feinden, um die Horden des Belial zu fällen, die sieben [9]hochmütigen Völker, von Seiten der Unterdrückten, die Du erlöst hast [mit Kraf]t und Vergeltung; eine wunderbare Stärke. Ein Herz, das schmilzt, soll sein wie eine Tür der Hoffnung. Du wirst an Ihnen handeln wie Du am Pharao gehandelt hast [10]und den Lenkern seiner Streitwagen im Roten Meer. Du wirst entzünden diejenigen, die einfachen Geistes sind, wie eine brennende Fackel in einer Feuergarbe, die Gottlosen verzehrend. Du wirst Dich nicht umwenden bis [11]zur Vernichtung der Schuldigen. In vergangener Zeit hast Du vorhergesagt [die feste]legte Zeit für das aus Deinen Händen kommende machtvolle Werk gegen die Kittim, indem Du folgendermaßen sprachst: „Und Assur wird fallen nicht durch das Schwert eines Mannes, und ein Schwert, [12]nicht von Menschen, soll es vertilgen" (Jes 31,8).
[13]Denn in die Hand der Unterdrückten wirst Du die [Fei]nde aller Länder übergeben; in die Hände jener, die im Staub darniederliegen, um alle mächtigen Männer der Völker zu fällen, um heimzuzahlen die Vergeltung [14]der Gottlosen auf das Haupt [...], zu verkünden das gerechte Urteil Deiner Wahrheit gegenüber allen Söhnen des Menschen, und um Dir selbst einen ewigen Namen zu machen unter den Menschen. [15][...] die Kriege, und um Dich groß und heilig zu zeigen vor dem Rest der Völkerschaften, so daß [...] sie erfahren, [daß] [16][Du Gott bist ... wenn Du] Urteile verhängst über Gog und seine ganze Gesellschaft, die ve[rsamm]elt ist [übe]r [uns ...] [17][...], denn Du wirst gegen sie kämpfen vom Himm[el ...] [18]auf sie zur Verwirrung [...] [19–20][...] **Kolumne 12** [1]Denn Du hast eine Vielzahl von Heiligen im Himmel und Heerscharen von Engeln in Deinem erhöhten Wohnsitz, um zu pr[eisen] Deinen [Namen]. Die Auserwählten des heiligen Volkes hast [2]Du für Dich niedergelassen in einer [Gemeinschaft. Die Anza]hl (oder Das B]uch) aller ihrer Namen ist mit Dir in Deiner heiligen Wohnstätte, und die A[nzahl der Heiligen] ist in der Wohnung Deiner Herrlichkeit. [3]Gnaden der Segnung [...] und Deinen Bund des Friedens ritztest Du ein für sie mit

einem Stift des Lebens, um zu herrschen ü[ber sie] für alle Zeit, [4]und zu ermächtigen die Heerscha[ren] Deiner [A]userwählten nach ihren Tausenden und Zehntausenden zusammen mit Deinen Heiligen [und] Deinen Engeln, und sie zu lenken [5]in der Schlacht, [um zu verdammen] die irdischen Gegner durch Heimsuchung mit Deinen Strafen. Mit den Auserwählten des Himmels sollen [sie] die Ober[hand haben].

[7]Und Du, o Gott, bist furchteinflößend in der Herrlichkeit Deiner Herrschaft, und die Gemeinde Deiner Heiligen ist in unserer Mitte zur ewig[en Unterstützung]. Wir [werden lenke]n unsere Verachtung auf Könige, Hohn und [8]Geringschätzung auf mächtige Männer. Denn der HERR ist heilig, und der König der Herrlichkeit ist mit uns gemeinsam mit den Heiligen. Mäch[tige Männer und] eine Schar von Engeln sind mit unseren ermächtigten Streitkräften. [9]Der Held des Krie[g]s ist mit unserer Gemeinde, und die Schar Seiner Geister ist mit unseren Schritten. Unsere Reiter sind [wie] die Wolken und wie der Nebelschleier, der die Erde bedeckt [10]und wie ein stetiger Regenguß, der Strafen gießt auf ihre gesamte Nachkommenschaft.

Erhebe Dich, o Held, nimm Deine Gefangenen, o Ruhmreicher, nimm [11]Deine Beute, o Du, der Du Tapferes vollbringst. Lege Deine Hand auf den Nacken Deiner Feinde und stelle Deinen Fuß auf die Rücken der Erschlagenen. Zermalme die Völker, Deine Feinde, und möge Dein Schwert [12]schuldiges Fleisch verschlingen. Fülle Dein Land mit Ruhm und Dein Erbe mit Segen. Ein Überfluß an Rindern auf Deinen Feldern; Silber und Gold und edle [13]Steine in Deinen Palästen. O Zion, frohlocke in höchstem Maße und juble auf mit Freudengesängen, o Jerusalem. Frohlockt, alle ihr Städte Judas, öffnet [14]eure Pforte[n] für immer, damit der Reichtum der Völker zu euch gebracht werden kann, und ihre Könige sollen euch dienen. Alle die euch unterdrückt haben, sollen sich vor euch niederbeugen und den Staub [15][eurer Füße sollen sie lecken. O Töchte]r meines Volkes, ruft aus mit einer Stimme der Freude, schmückt euch mit Verzierungen der Herrlichkeit. Herrscht über das Kö[nigreich ...], [16][... und I]srael ewig zu regieren. [17][...] sie die mächtigen Männer des Kriegs, o Jerusalem [...] [18][Sei erhöh]t über den Himmel hinaus, o HERR, [und lasse Deine Herrlichkeit sein über der ganzen Erde ...] [19][...]

Segenssprüche des Kriegs nach dem Sieg von allen Kommandanten vorgetragen.

[20][... Und dann soll sich der Oberpriester aufstellen] **Kolumne 13** [1]und seine Brüder, die [Pr]iester, die Leviten und alle Ältesten der Streitmacht mit ihm. Sie sollen preisen, von ihrer Position aus, den Gott Israels und alle Seine Werke der Wahrheit, und sie sollen dort verfluchen [2]Be[li]al und alle die Geister seiner Streitkräfte. Und sie sollen als Antwort darauf sagen: „Gepriesen ist der Gott Israels für alle Seine heiligen Ziele und Seine Werke der Wahrheit. Und gepriesen sind [3]alle jene, die Ihm redlich dienen, die Ihn kennen in Treue. [4]Und verflucht ist Belial für sein streitsüchtiges Ziel und verwünscht für seine verwerfliche Herrschaft. Und verflucht sind alle Geister seines Loses für ihr gottloses Ziel. [5]Verwünscht sind sie für ihren ganzen ekelhaften, schmutzigen Dienst. Denn sie sind das Los der Finsternis, aber das Los Gottes ist Licht [6][ewi]g.

[7]D[u] bist der Gott unserer Vorväter. Wir preisen Deinen Namen für immer, denn wir sind ein [ewige]s Volk. Du schlossest einen Bund mit unseren Vätern und willst

ihn aufrechterhalten für ihre Nachkommenschaft [8]bis in alle Ewigkeit. In allen Zeugnissen Deiner Herrlichkeit wird an Deine [Güte] erinnert in unserer Mitte als Beistand für die Übriggebliebenen und die Überlebenden um Deines Bundes willen [9]und um auf[zuzählen] Deine Werke der Wahrheit und die Urteile Deiner wunderbaren Stärke. Und Du, [o Gott], erschufst uns für Dich selbst als ein ewiges Volk und in das Los des Lichtes warfst Du uns [10]gemäß Deiner Wahrheit. Du beriefst den Fürsten des Lichtes seit altersher, um uns beizustehen, denn in [Seinem] L[os sind alle Söhne der Gerechtig]keit, und alle Geister der Wahrheit sind in seiner Herrschaft. Du selbst [11]machtest Belial für den Abgrund, ein Engel der Bosheit, seine [Herrschaf]t ist in der Finterni[s] und seine Absicht ist es, zu verdammen und zu verurteilen. Alle Geister [12]seines Loses – die Engel der Zerstörung – wandeln in Einklang mit der Vorschrift der Finsternis, denn es ist ihr ausschließliches [Beg]ehren. Aber wir, im Los Deiner Wahrheit, frohlocken in [13]Deiner mächtigen Hand. Wir erfreuen uns Deines Heils und schwelgen in [Deiner] Hil[fe und] in Deinem [F]rieden. Wer ist so stark wie Du, o Gott Israels, und doch ist [14]Deine mächtige Hand mit den Unterdrückten. Welcher Engel oder Fürst ist wie Du im Hinblick auf [Deine] wir[ksame] Unterstützung, [den]n von jeher hast Du für Dich einen Tag des groß[en] Kampfes [...] [15][...] Wahrheit zu [unter]stützen und Frevelhaftigkeit zu vernichten, Finsternis niederzuwerfen und dem Licht Macht zu verleihen, und zu [...] [16][...] für einen ewigen Standplatz, und zu vernichten alle Söhne der Finsternis und Freude zu bringen [al]len [Söhnen des Lichtes ...] [17][...]

[18][... d]enn Du selbst hast uns ausersehen für eine bes[timmte Zeit ...] [19–20][...] **Kolumne 14** [1]wie das Feuer Seines Zorns gegen die Götzenbilder Ägyptens."

Segenssprüche des Krieges, vorgetragen von allen Führern am Morgen vor der Schlacht.

[2]Nachdem sie sich zurückgezogen haben von den Erschlagenen, um das Lager zu betreten, sollen sie alle die Hymne der Rückkehr singen. Am Morgen sollen sie ihre Kleider waschen, sich selbst [3]vom Blut der sündenbehafteten Körper reinigen und an den Platz zurückkehren, an dem sie gestanden hatten, an dem sie die Schlachtlinie gebildet hatten, bevor die Erschlagenen des Feindes fielen. Dort sollen sie alle preisen [4]den Gott Israels und Seinen Namen gemeinsam freudig erheben. Sie sollen antworten: „Gepriesen ist der Gott Israels, der Barmherzigkeit bewahrt für Seinen Bund und die festgelegten Zeiten [5]des Heils für die Menschen, die Er erlöst. Er hat jene gerufen, die straucheln, zu wunderbaren [Tate]n, und Er hat eine Gemeinschaft von Völkern versammelt zur restlosen Vernichtung, um den im Gericht zu erheben, [6]dessen Herz geschmolzen ist, um einen Mund zu öffnen für die Stummen, damit sie von [Gottes] mächtigen Taten singen können, und um schwache [Hände] in Kriegführung zu unterweisen. Er gibt jenen, deren Knie beben, Kraft zum Stehen und [7]stärkt jene, die heimgesucht sind von der Hüfte bis zur Schulter. Unter den Armen im Geist [...] ein hartes Herz, und durch jene, deren Weg vollkommen ist, sollen alle gottlosen Völker zu einem Ende kommen; [8]es wird keinen Platz geben für alle ihre mächtigen Männer. Aber wir sind die Übriggeblieb[enen Deines Volkes. Gepriesen ist] Dein Name, o Gott der Barmherzigkeit, der Eine, der den Bund für unsere Vorväter aufrechterhalten hat. Durch [9]alle unsere Generationen hindurch hast Du Deine Gnade wunderbar walten

lassen für den Re[st des Volkes] während der Herrschaft des Belial. Mit allen Geheimnissen seines Hasses haben sie uns nicht [10]von Deinem Bund abbringen können. Seine Geister der Zerstörung hast Du [von uns weggetrieben. Und wenn die Mensche]n seiner Herrschaft [sich selbst verdammt haben], hast Du das Leben Deiner Erlösten bewahrt. Du hast [11]die Gefallenen aufgerichtet durch Deine Kraft, aber jene, die hochgewachsen sind, wirst Du zurechtstutze[n, um sie zu erniedrigen. Und] es gibt keinen Retter für alle ihre mächtigen Männer und keinen Zufluchtsort für ihre Eiligen. Ihren Ehrenmännern wirst [12]Du Schande zurückgeben, und [ihre] ganze eitle Existenz [soll sein wie Nich]ts. Aber wir, Dein heiliges Volk, werden Deinen Namen in Anbetracht Deiner Werke der Wahrheit preisen. [13]Wegen Deiner mächtigen Taten werden wir [Deine] He[rrlichkeit zu allen] Zeiten und in alle Ewigkeit erheben, am Beginn des Tages, nachts [14]und beim Morgengrauen und beim Einbruch der Dunkelheit. Denn Dein [glorrei]cher P[lan] ist großartig und Deine wunderbaren Geheimnisse sind hoch oben in [Deinem] Himmel, diejenigen für Dich [aufzurichte]n aus dem Staub [15]und zu erniedrigen jene der Götter.

[16]Erhebe Dich, erhebe Dich, o Gott der Götter, und richte Dich auf in Stärke, [o König der Könige ...] [17]lasse alle Söhne der Finsternis [auseinanderstieben in Deiner Gegenwart.] Lasse das Licht Deiner Erhabenheit auf[leuchten für immer über Göttern und Menschen, wie ein Feuer, das an den dunklen Orten brennt für die Verdammten]. [18]Lasse es verbrennen [die Verdammten der Sch]eol, als ein [ewiges] Brennen [unter den Missetätern ... zu allen bestimmten Zeiten der Ewigkeit."]

[19][Sie sollen dort alle Dankeshymnen der Schlacht wiederholen und dann in ihre Lager zurückkehren ...] [20][...] **Kolumne 15** [1]Denn es ist eine Zeit der Not für Isra[el, eine festgesetzte Z]eit des Kampfes gegen alle Völker. Der Plan Gottes ist ewige Erlösung, [2]jedoch Vernichtung für alle Völker der Gottlosigkeit. Alle jene, die zur Schlacht be[reit] sind, sollen hinausziehen und ihr Lager aufschlagen gegenüber dem König der Kittim und allen Streitkräften [3]des Belial, die mit ihm versammelt sind in Erwartung eines Tages [der Rache] durch das Schwert Gottes.

Die letzte Schlacht - das erste Gefecht.

[4]Dann soll der Oberste Priester sich aufstellen, und mit ihm seine P[riest]erbrüder, die Leviten, und alle Männer der Streitmacht. Er soll mit lauter Stimme lesen [5]das Gebet für den festgesetzten Zeitpunkt der Schlac[ht, wie es geschrieben steht im Buc]h *Serekh Itto (Die Vorschrift Seiner Zeit)*, das sämtliche Worte ihrer Danksagung enthält. Dann soll er dort [6]alle die Schlachtlinien bilden, wie es geschrie[ben steht im Buch des Krieg]s. Dann soll der Priester, der bestimmt ist für die Zeit der Rache von [7]allen seinen Brüdern, herumgehen und ihnen Mut zusprechen [für die Schlach]t, und er soll sprechen: „Seid stark und mutig als Krieger. [8]Fürchtet euch nicht, noch seid entmut[igt und laßt e]ure [Herzen nicht zaghaft sein.] Brecht nicht in Schrecken aus und seid auch nicht beunruhigt wegen jenen. [9]Weicht nicht zurück, noch [flieht vor ih]nen. Denn sie sind ein gottloser Haufen, alle ihre Taten sind finster; [10]es ist [ihr] Begehren. [Sie haben aufgebaut ihre ges]amte Zuflucht [auf einer Lüge], ihre Stärke ist ein Rauch, der sich auflöst, und [11]ihre ganze riesige Versammlung [ist wie Spreu, die verweht wird ... Öd]nis, und soll nicht gefunden werden. Jedes habgierige Wesen soll rasch verwelken [12][wie

eine Blum]e zur Pf[lückzeit ... Kommt,] stärkt euch für die Schlacht Gottes, denn dieser Tag ist festgelegt für den Kampf [13][für G]ott gegen alle V[ölker, ... Stra]fe auf alles
Fleisch. Der Gott Israels erhebt Seine Hand in Seiner wunderbaren [Kraf]t [14]gegen alle
Geister der Gott[losigkeit ... M]ächtigen der Götter gürten sich für die Schlach[t, und]
die Formatione[n der] H[eili]gen [15][machen sich ber]eit für einen Tag der [Vergeltung
...] [16]der Gott I[srael]s [...] [17]zu schicken Bel[ial ...] [18]in seine Hölle [...] [19-20][...]
Kolumne 16 [1]bis jeder Ursprung [... zu einem Ende gekommen ist. Denn] der Gott
Israels hat ein Schwert aufgeboten gegen alle Völker, und durch die Heiligen Seines
Volkes wird Er machtvoll handeln."

[3]Sie sollen diese ganze Vorschrift [an] diesem [Tag] an der Stelle, an der sie den Lagern der Kittim gegenüberstehen, ausführen. Dann sollen die Priester für sie die
Trompeten [4]der Erinnerung blasen. Die Tore des Kr[iegs] sollen aufgehen, [und] das
Fußvolk soll hinausziehen und sich in Kolonnen zwischen den Schlachtlinien auf-
stellen. Die Priester sollen für sie [5]ein Signal blasen für die Schlachtordnung, und die
Kolonnen [sollen sich aufstell]en beim Klang der Trompeten, bis jeder seinen Posten
eingenommen hat. Dann sollen die Priester [6]ein zweites Signal für sie blasen;
[Zeichen für Konfron]tation. Wenn sie neben der Schlachtlinie der Kittim stehen, in
Wurfweite, soll jeder seine Hand erheben mit seiner [7]Kriegswaffe. Dann sollen sechs
[Priester blasen auf den Tr]ompeten der Erschlagenen einen scharfen kurzen Ton, um
die Schlacht zu lenken. Die Leviten und alle anderen Menschen mit [8]Widderhörnern
sollen [ein Kampfsigna]l blasen, einen lauten Lärm. Wenn der Schall ertönt, soll die
Fußtruppe damit beginnen, die Erschlagenen der Kittim zu fällen, und alle [9]Men-
schen sollen aufhören mit dem Signal, [aber die Prieste]r sollen fortfahren zu blasen
auf den Trompeten der Erschlagenen, und der Kampf gegen die Kittim soll sich fortsetzen.

Die letzte Schlacht - das zweite Gefecht.

[11]Wenn sich [Belial] bereit macht, um den Söhnen der Finsternis Beistand zu leisten,
und die Erschlagenen unter dem Fußvolk zu fallen beginnen durch Gottes Geheimnisse und um zu prüfen durch diese Geheimnisse alle jene, die zur Schlacht bestimmt
sind, sollen [12]die Priester die Trompeten der Sammlung blasen, so daß eine weitere
Schlachtlinie als Kampfablösung vorrücken kann, und sie sollen sich zwischen den
Schlachtlinien aufstellen. [13]Für jene, die gerade in den Kampf verstrickt sind, sollen sie
ein Rückkehrsignal blasen. Dann soll der Oberste Priester herankommen und sich vor
die Schlachtlinie stellen und [14]ihr Herz ermutigen durch [die wunderbare Macht
Gottes und] ihre Hände kräftigen für Seinen Kampf.

[15]Und er soll sprechen: [„Gepriesen ist Gott, denn] Er prüft das He[r]z Seines Volkes
im Schmelztiegel. Und nicht [...] eure Erschlagenen [...]. Denn ihr habt von altersher
gehorcht [16]den Geheimnissen Gottes. [Was euch betrifft, faßt nun Mut und stellt euch
zwischen die Fronten, fürchtet euch nicht, wenn Gott stärkt ...]

[17-20][...] **Kolumne 17** [1]und Er wird festlegen ihre Strafe mit Verbrennen [...]jene, die
er im Schmelztiegel geprüft hat. Er wird die Kriegsgeräte schärfen, und sie sollen nicht
stumpf werden, bis [alle Völker der] Gottlosigkeit [vergehen]. [2]Aber, was euch betrifft,
erinnert euch an die Strafe [Nadabs und Abi]hus, der Söhne des Aaron, anhand deren

Strafe sich Gott heilig zeigte vor [dem ganzen Volk. Eleasar] [3]und Itamar jedoch bewahrte er sich für einen ewigen Bund [der Priesterschaft].

[4]Aber, was euch anbetrifft, faßt Mut und fürchtet sie nicht [... denn] ihr Ende ist Leere und ihr Begehren ist nach Nichts. Ihre Unterstützung ist ohne St[ärke] und sie [wissen nicht, daß vom Gott] [5]Israels alles ist, was ist und was sein wird. Er [...] in allem, was besteht auf ewig. Heute ist der von Ihm bestimmte Zeitpunkt, um zu unterwerfen und zu demütigen den Fürsten des Reiches [6]der Gottlosigkeit. Er wird der Kompanie Seiner Erlösten ewigen Beistand schicken durch die Kraft des erhabenen Engels von der Herrschaft Michaels. Durch ewiges Licht [7]wird Er freudig aufleuchten lassen den Bund Israels – Frieden und Segen für das Los Gottes – um die Herrschaft Michaels unter den Göttern zu erhöhen und die Herrschaft [8]Israels unter allem Fleisch. Gerechtigkeit soll frohlocken im Himmel, und alle Söhne Seiner Wahrheit sollen jubeln in ewigem Wissen. Aber was euch angeht, o Söhne Seines Bundes, [9]faßt Mut in Gottes Schmelztiegel, bis Er mit Seiner Hand winken und Seine Feuerproben vollenden wird; Seine Geheimnisse, die euer Dasein betreffen."

Die letzte Schlacht - das dritte Gefecht.

[10]Und nach diesen Worten sollen die Priester für sie ein Signal blasen, um die Abteilungen für die Schlachtlinie zu bilden. Die Kolonnen sollen aufgestellt werden beim Schall der Trompeten, [11]bis jeder seinen Posten bezogen hat. Dann sollen die Priester ein weiteres Signal blasen auf den Trompeten, Zeichen zur Gegenüberstellung. Wenn [12]die Fuß[truppe] sich auf Wurfweite genähert hat [der Kampf]linie der Kitt[im], soll jeder seine Hand erheben mit seiner Waffe. Dann sollen die Priester auf den Trompeten [13]der Erschlagenen blasen [und die Leviten und al]le Menschen mit Widderhörnern sollen ein Signal zur Schlacht erschallen lassen. Die Fußtruppe soll die Streitmacht [14]der Kittim angreifen [und beim Ertöne]n [des Si]gnals sollen sie beginnen, ihre Erschlagenen zu fällen. Dann sollen alle Leute den Signallärm beenden, während die Priester [15]fortfahren zu blasen [auf den Trompeten der Erschlagenen], und der Ka[mp]f setzt sich fort gegen die K[ittim, und die Streitkräfte des Belia]l werden in ihrer Gegenwart besiegt. [16]Ebenso in dem dri[tten] Los [...] Erschlagenen zu fallen [...]

Die letzte Schlacht - über das vierte, fünfte und sechste Gefecht liegt kein Bericht vor.

Die End-Schlacht - das siebte Gefecht.

Kolumne 18 [1][und im siebte]n [Los], wenn die großartige Hand Gottes sich erhoben hat gegen Belial und gegen die St[reitmä]chte seiner Herrschaft zu einem ewigen Gemetzel [2][...] und der Ruf der Heiligen, wenn sie Assur verfolgen. Dann sollen die Söhne Jafets fallen, um niemals wieder aufzustehen, und die Kittim sollen zerschmettert werden [3][restlos und ohne Überlebende. So] soll der Gott Israels Seine Hand erheben gegen die ganze Menge des Belial. Zu dieser Zeit sollen die Priester ein Signal erschallen lassen [4][auf den sechs Trompete]n der Erinnerung, und alle Schlachtformationen sollen sich um sie scharen und sich verteilen gegen alle La[ger der Kitt]im, [5]um sie vollständig zu vernichten. [Und] wenn die Sonne dem Untergang zueilt an diesem Tag, sollen der Oberpriester und die Priester und die [Leviten], die [6]mit ihnen sind, und die Anführer [der Schlachtlinien und die Männer] der Streitmacht den Gott

Israels dort preisen. Sie sollen sprechen: Gepriesen ist Dein Name, o Gott [der Götte]r, denn [7]Du hast wunderbare Dinge getan für Dein Volk und hast seit altersher Deinen Bund für uns aufrechterhalten. Viele Male hast Du die Tore der Erlösung für uns geöffnet [8]um des Wil[lens] Deines [Bun]des. [Und Du sahst] unser Elend vor im Einklang mit Deiner Güte uns gegenüber. Du, o Gott der Gerechtigkeit, hast gehandelt um Deines Namens willen.

Danksagung für den Endsieg.

[10][...] Du hast [vollbracht W]under über Wunder an uns, dennoch gab es seit altersher nichts dergleichen, denn Du kanntest unsere festgesetzte Zeit.

Heute leuchtete [11]uns [Deine] Kraft voran, [und] Du [hast uns gezeigt] die Hand Deiner Barmherzigkeit mit uns in ewiger Erlösung, um die Herrschaft des Feindes aufzuheben, damit es keine mehr gäbe; die Hand Deiner Stärke. [12]Im Kam[pf zeigst Du Dich unerbittlich ge]gen unsere Feinde für ein vollständiges Gemetzel. Nun drängt uns der Tag, [um zu] verfolgen ihre Menge, denn Du [13][...] und das Herz von Kriegern, das Du gebrochen hast, so daß keiner mehr in der Lage ist, zu stehen. Dein ist die Macht, und die Schlacht befindet sich in Deiner Hand, und es gibt keinen [14][Gott wie Dich ...] [...] und die festgesetzten Zeiten Deines Willens, und Vergeltungsmaßnahme [...] Deine [Feind]e, und Du willst abschneiden von [...] [15–19][...] [20][...Und wir werden unsere Verachtung richten auf Könige,] **Kolumne 19** [1][Hohn und Geringschätzung auf mä]chtige Männer. Denn unser Erhabener ist heilig. Der König der Herrlichkeit ist mit uns und die H[eerschar Seiner Geister ist mit unseren Schritten. Unsere Reiter sind] [2][wie die Wolken und wie der Nebelschlei]er, der die Erde bedeckt; wie ein andauernder Regenguß, der Strafe ausgießt über a[lle ihre Nachkommen.]

[Erhebe Dich, o Held,] [3]nimm Deine Gefangenen, o Ruhmreicher, und ni]mm Deine Beute, o der Du Tapferes vollbracht hast. Lege Deine Hand an den Nacken Deiner Feinde und Deinen F[u]ß [auf die Rücken der] [4][Erschlagenen. Zerschlage die Völker, De]ine [Feinde,] und lasse Dein Schwert Fleisch verschlingen. Fülle Dein Land mit Ruhm, und Dein Erbe mit Segen. Ein Üb[erfluß an Rindern befindet sich] [5][auf Deinen Feldern, Silber und Gold] in Deinen Palästen. O Zion, frohlocke in höchstem Maße und frohlockt alle ihr Städte Ju[das. Öffnet] [6][eure Tore für immer, so daß] der Reichtum der Völker [zu euch gebracht werden kann, und ihre Könige werden euch dienen. Alle die Unterdrücker] werden sich vor euch niederbeugen, [7][und sie sollen den Staub von euren Füßen lecken. O Töch]ter meines [Vol]kes, laßt eure Stimmen freudig erschallen. Schmückt euch mit Zierat der Herrlichkeit, und r[egiert] über das Kö[nigreich der ...] [8][...] Dein [...] und Israel für eine [ew]ige Herrschaft.

Zeremonie nach der letzten Schlacht.

[9][Dann sollen sie sich sammeln] im Lager für diese N[ach]t, um sich auszuruhen bis zum Morgen. Am Morgen sollen sie kommen an den O[r]t der Schlachtlinie, [10][wo die mä]chtigen Männer der Kittim [fielen], genau wie die Menge Assurs und alle Streitkräfte, die mit ihnen versammelt waren, um zu sehen, ob [die Me]nge der Erschlagenen [tot ist] [11][ohne daß einer sie beerdigt; jene, die] dort fielen durch das Schwert Gottes. Und der Ho[he]priester soll dort hinkommen mit seinem [Stellvertret]er, seine Brüder

[die Priester,] [12][und die Leviten mit dem Führer] der Schlacht, und alle Häupter der Schlachtlinien und [ihre Amtsträger ...] [13][zusammen. Wenn sie stehen vor den E]rschlagenen der Kitt[im, sollen sie dort pr]eisen den Gott [Israels. Und sie sollen sagen: ...] [14][... dem höchsten Gott und ...]

4Q491 (4QMilhamah[a])

In der Veröffentlichung der ersten Herausgeber wurden die Fragmente von 4Q491 als Überreste eines einzelnen Werkes betrachtet. Man dachte, es handele sich um eine Fassung der *Kriegsrolle*, von der viele Teile nicht hundertprozentig der Abschrift aus Höhle 1 entsprachen. Ein erneutes sorgfältiges Studium des Materials deutet jedoch darauf hin, daß 4Q491 aus drei unterschiedlichen Handschriften besteht. Die früheren Herausgeber waren vom ähnlichen Erscheinungsbild der Handschriften getäuscht worden und hatten irrtümlich drei Texte zu einem zusammengefaßt. Neu geordnet können die drei Handschriften wie folgt charakterisiert werden: *Manuskript A* zeigt einen Text, der einer Abschrift aus Höhle 1 ähnelt, jedoch mit einer ausführlicheren Darstellung der sieben Gefechte der Truppen in der End-Schlacht. *Manuskript B* dürfte eine kürzere Fassung des Textes aus Höhle 1 sein, bei dem eine Auswahl für den Leser getroffen wurde. *Manuskript C* enthält eine Hymne, die nichts mit der *Kriegsrolle* zu tun hat. Vielmehr ist sie mit den *Lobliedern* (Text 3) verknüpft.

Bei der bisherigen Veröffentlichung der Dichtung des Manuskripts C ging man davon aus, daß vom Erzengel Michael (vgl. Daniel 10,13; Offenbarung 12,7) gesprochen wurde, der in der *Kriegsrolle* als herausragende Persönlichkeit geschildert wird (1QM 17,6–7). Die seit kurzem auswertbaren Handschriften der Höhle 4 zeigen, daß diese Ansicht unrichtig ist. Es muß vielmehr die Identität des Sprechers hier in Verbindung mit dem Sprecher der *Loblieder* gebracht werden. Die Kolumne 26 in jenen Psalmen bietet die gleichen Schlüsselelemente, die auch im vorliegenden Manuskript C zu finden sind. Die Ich-Form, charakteristisch für die *Loblieder,* ist die Form der Anrede in beiden Werken. In beiden Dichtungen erhebt außerdem der Autor den überspannten Anspruch, keine könne mit ihm verglichen werden, da er auf gleicher Ebene verkehre wie die himmlischen Wesen (die vermutlich als Engel zu verstehen sind)! Wenn der „Lehrer der Gerechtigkeit" die *Loblieder* schrieb, dann ist er auch Verfasser des Manuskripts C.

Eine Textvariante der Segenssprüche des Krieges, vorgetragen von allen Führern am Morgen vor der Schlacht. Vergleiche 1QM 14,4-19 oben.

4Q491 Manuskript A Fragment 10 Kolumne 2 [7][...] [8]an den Kitti[m ...] [9]die Männer des Fußvolks sollen beginnen [die Gefallenen der Kittim zu Boden zu bringen ... Und die] [10]Schlacht [soll andauern] gegen die Kittim [...] [11]die Leichname des Ortes der Läuterung [sollen beginnen] zu fallen durch [die Geheimnisse] Gottes. Und die P[riester sollen die Trompeten der Versammlung ertönen lassen ...] [12]Schlacht unter den Kittim. Und zur ersten Schlachtformation ...] [13]Und der Priester, der für die Schlacht ernannt ist, soll herankommen und sich aufstellen [v]or [der Schlachtformation ...] [14]und er soll stärken ihre Hände, indem er aufzählt Seine wunderbaren Taten. Dann soll er sprechen [... Feuer der] [15]Vergeltung, zu verzehren unter den Göttern und den Menschen. Denn [Er wird] nicht [...] [16]Fleisch, außer Staub. Denn nun [...] [17]und [das Feuer] soll verzehren bis zur Scheol. Und die Versammlung der Gottlosen [...]

Die Fragmente 11-15 stellen eine Textvariante von 1QM Kolumnen 16-17 oben dar.

Fragment 11 Kolumne 2 [14][... Er ist] treu, und die Wohltat, die Seine Erlösung [...] [15][... Söhn]e der Wahrheit und entfernen die Zaghaftigkeit des Herzens und zu stärken das He[rz ...] [16][... die Schlac]ht heute, der Gott Isr[aels] soll ihn unterjochen [...] [17][...] ohne einen Platz zum Stehen. Und [das Königrei]ch soll sein für Gott und die Errettun[g] für Sein Volk [...] [18][...] wie im Hinblick auf Belial. Aber Gottes Bund ist Frieden [für] Israel bis in alle [Ewigkeit ...] [19]Und nach diesen Worten sollen die Priester blasen, um die zweite Schlacht anzuordnen mit den Kit[tim. Und wenn jeder bezogen hat] [20]seinen Posten, dann sollen die Priester ein zweites Signal zum Vorrücken blasen. Wenn sie herangekommen sind an die Sch[lachtlinie der Kittim, bis auf Wurfweite,] [21]soll jeder [erhe]ben seine Hand mit seiner Kampfwaffe. Dann sollen die Priester b[las]en auf den Tr[ompete]n der [Erschlagenen einen kurzen Ton], [22][um zu lenken die Schlacht, und die Leviten] und alle Menschen mit Widderhörnern sollen er[schall]en lassen [einen lauten] T[on ... Und wenn] [23][der Schmetterton gehört wird, sollen sie beginnen niederzuwerf]en die Gefallenen der Schuldigen. Der Klang der [...] [24][...]

Fragment 13 [1][... mi]t den Göttern [...] [2][...] die Kleinsten von Euch sollen verfolgen ein Tau[send ...] [3][... Und nach] diesen [W]orten, sollen [die Priester] blasen, [um die dritte Schlacht mit den Kittim anzuordnen, und die Kolonnen] [4][sollen sich aufstellen beim Ertönen der Trom]peten. Wenn jeder M[ann] eingenommen hat [seine Position] nach seiner Abteilung, [soll der Priester einen zweiten Ton auf den Trompeten blasen zum] [5][Vorrücken. Wenn] sie [sich genähert haben] der Schlachtlinie der Kittim bis auf Wurfweite, soll [jeder] seine Hand erheben [mit seiner Kriegswaffe. Die Priester sollen blasen, um zu lenken] [6][die Schlacht, auf den T]rompeten der Erschlagenen einen kurzen Ton. Dann sollen die Leviten und alle [die Menschen mit Widderhörnern einen Schlachtton hinausschmettern, und die Formationen] [7][sollen kämpf]en eine nach der anderen ohne Zwischenraum. Denn [...] [8][... und] alle Menschen sollen antworten, indem sie [ein]stimmig ihre Stimme erheben, und sagen [...]

Fragment 15 [1][...] und es gibt kein [...] [2][...] und ein Zu[g...] [3]Und siehe, wir stehen da, um vorzurücken [...] [4][...]

[5][... Und] er soll sprechen zu ihnen: „Seid stark und mutig [...] [6][... Denn die] ausgestreckte [Hand] Gottes ist auf allen Nichtjuden, [Er wird] nicht [...] [7][...] Königtum ist [für Gott] den Allmächtigen, und Erlösung ist für Sein Volk. Und D[u ...] [8][...] seine [Un]reinheit, die Götter sollen sich euch nähern mit [...] [9][...] und werfen alle [ihre] Leichnam[e ...] [10][...] und alle Geister [seines] Loses [...] [11][...] ewig, zusammen mi[t ...] [12][...] Krieg [...]

Manuskript B stellt eine erheblich kürzere Variante der Kriegsrolle dar als das in Höhle 1 entdeckte Schriftstück.

4Q491 Manuskript B Fragmente 1-3 [1]Korah und seine Menge [...] Gericht [...] [2]vor der ganzen Versammlung von [... Ger]icht als Zeiche[n ...] [3]und der Führer seiner Engel mit ihren [Streitkräften,] um ihre Hand zu lenken [in] der Schlacht.

[...] für die Streitwagen und die Rei[ter ...] ⁴Die Hand Gottes wird schlagen [...] zur ewigen Vernichtung [...] sie sollen büßen für euch [...] alle die Fürsten [...] ⁵Seine Heiligkeit in ewiger [Fre]ude [...] Und nach [...] die Versammlung und a[lle] die Fürste[n ...] sollen sich nicht zu den feindlichen Schlacht]linien begeben [...]

⁶Dieses ist Vorschrift, wenn sie lagern und [... und in] ihren Abteilungen [...] ringsum [...] und Frauen, junge Burschen und jeder Mann, der be[haftet ist mit Unreinheit in seinem Fleisch, soll sich nicht nähern] ⁷[der Schlacht]linie. Die Handwerker [und Schmie]de und jene, die angeworben wurden als [...] für ihre Wachen [...] die Schlachtlinie, bis sie zurückkehren.

Und es sollen zweitausend Ellen zwischen den [Lagern und der Latrine sein, so daß] ⁸keine Blöße in ihrem Umkreis erblickt werden kann. Und wenn sie ausziehen, um sich für die Schlacht bereit zu machen, [um zu unter]werfen [den Feind], sollen einige von ihnen weggeschickt [werden] durch Losentscheid aus jedem Stamm gemäß jener, die herangezogen werden für die Pflicht an [jedem] Tag. ⁹An jenem Tag [sollen] Männer aus jedem Stamm aus dem Lager hinausgehen zum Haus der Zus[ammenkunft ... und] die [Prieste]r, die Leviten und alle die Häupter der Lager [sollen] zu ihnen hinausgehen. Dann sollen sie dort vor [ihnen] vorüberziehen [...] ¹⁰in Tausendschaften, Hundertschaften, in Gruppen zu fünfzig und zehn Mann. Jeder, der nicht [rein ist im Hinblick auf seine Geschlechtsteile] in jener [Nac]ht, [soll] nich[t g]ehen hinaus mit ihnen in den Kampf. Denn die heiligen Engel sind mit ihren Schlachtlinien [...] ¹¹[Wenn] die Formation sich aufgestellt hat und bereit ist, vorbeizuziehen an allen [...] der Schlacht für jenen Tag [g]eht hinauf [...], sollen drei Formationen sich hintereinander aufstellen und sie sollen einen Zwischenraum lassen zwischen [jeder] Schlachtformation. ¹²[Dann sollen sie hinausziehen] in den Kampf der Reihe nach. Dies sind die [Fuß]truppen und neben ihnen stehen die [Rei]ter, [und sie sollen ihre Stellung beziehen zwischen den Schlacht]formationen. Aber wenn sie einen Hinterhalt legen für eine Schlachtformation, sollen die drei im Hinterhalt liegenden Schlachtformationen [in der Ferne bleiben] und sich nicht erhe[ben ...] ¹³[...] den Kampf. Wenn sie [h]ören die Trompeten des Kriegslärms, sollen die [Fuß]truppen [beginnen, niederzuwer]fen die schuldigen Gefallenen. Dann soll sich der Hinterhalt von seinem Platz erheben und ebenso ordnen seine [Schlachtform]ation [...]

¹⁴Die Sammlung: von rechts und von links, von hi[nten und von vorn, von den v]ier Himmelsrichtunge[n ...] in den Kämpfen der Vernichtung. Alle Schlachtformatione[n], die gegen den Fe[ind] zum Kampf antreten, [sollen geschart werden] ¹⁵zusammen. Die [er]ste Schlachtformation soll [hinausziehen in den Kampf] und die zweite soll auf ihrem Posten ste[hen] bleiben. Wenn ihre Zeitspanne vollendet ist, soll die erste zurückkehren und sich aufs[tellen ...] ¹⁶Die zwei[te fällt ein ...], wenn die Schlachtreihe aufgestellt ist. Wenn die zweite Schlachtformation ihre Zeitspanne vollendet haben wird, sollen sie zurückkehren und b[eziehen ihren Posten.] ¹⁷Und die d[ritte fällt ein ... Dann soll der Oberpriester sich aufstellen mit seinen Priesterbrüdern,] den Leviten und den Männern [der Streitmach]t. Und während die Priester auf den Trompeten blasen [...] ¹⁸Eine Lein[en]schärpe [von gewebtem feinem Leinen, violett, purpur und karmesin, und ein buntes Muster, das Werk eines geschickten Handwerkers, und geschmückte K]appen [auf ihren Häuptern. Und sie sollen sie nicht in das Heiligtum mitnehmen,] d[enn] es sind Kleider für den Kam[pf.]

[19]Nach [dieser] ganzen Vorschrift [...] Führer des Lagers [...] [20][...] alle [...] sie werden vollständig vernichten [...]

Dieses Schriftstück, irrtümlicherweise als Abschrift der Kriegsrolle angesehen, ist eine Abschrift einer Hymne, die den Lobliedern ähnelt.

4Q491 Manuskript C Fragment 11

(Die Ziffer dieses Fragments – Fragment 11 Kolumne 1 – weist auf eine ursprüngliche Verbindung mit Fragment 11 Kolumne 2 hin. Die erste Veröffentlichung unterstellte einen Zusammenhang von zwei einzelnen Schriftrollen-Stücken, eine Ansicht, die wir allerdings nicht teilen.)

Kolumne 1 [8][...] der wunderbare Dinge tut [...] [9][in der Macht seiner Stärke rufen die Ger[echte]n aus, und die Heiligen frohlocken [...] gerecht [10][... I]srael. Er errichtete Seine Wahrheit seit altersher, und die Geheimnisse Seiner Klugheit in [...] Stärke [11][...] und die Gruppe der Niedergedrückten als eine ewige Gemeinschaft [...] vollkommen in [12][...] ewig, ein mächtiger Thron in der Versammlung der Götter. Keiner der alten Könige soll darauf sitzen, und ihre Vornehmen [sollen] nicht [... Es gibt ke]inen, der vergleichbar ist [13][mit mir in] meiner Herrlichkeit, keiner soll neben mir erhöht werden; keiner soll sich mir zugesellen. Denn ich wohnte in [...] in den Himmeln, und es gibt keinen [14][...]. Ich werde zu den Göttern gerechnet und mein Wohnsitz ist in der heiligen Gemeinschaft. [Mein] Bege[hren] ist nicht nach dem Fleisch, und alles, was mir wertvoll ist, ist in der Herrlichkeit [15]der heiligen [Woh]nstatt. [We]n habe ich für verachtenswert gehalten? Wer ist vergleichbar mit mir in meiner Herrlichkeit? Wer von jenen, die die Meere befahren, wird zurückkehren und berichten [16][von] meinesgleichen? Wer wird Leiden [erfahren] wie ich? Und wer ist wie ich [im Ertragen] von Schlimmem? Ich bin nicht gelehrt worden, aber keine Lehre ist vergleichbar [17][mit meinem Lehren]. Wer also soll mich angreifen, wenn [ich] öff[ne meinen Mund]? Wer kann das, was von meinen Lippen kommt, aushalten? Wer soll mich vor Gericht stellen und sich gleichstellen mit meinem Urteil [18][Den]n ich werde mit den Göttern gerec[hnet], [und] mein Ruhm mit dem der Söhne des Königs. Weder [geläutertes Go]ld, noch das Gold des Ophir [19][...]
[20][...] Gerechten unter den Göttern [...] in der heiligen Wohnstatt. Preist Ihn mit Gesang [...] [21][... V]erkündigt die Betrachtung der Freude [...] freudig für immer. Es gibt nicht [...] [22][...] zu erheben ein Horn [...] [23][...] um Seine Hand in Stärke bekannt zu machen [...]

4Q493 (4QMilhamah[c])

Dieses Schriftstück erinnert an 1QM 7,9-9,9, es unterscheidet sich aber merklich von der Abschrift aus Höhle 1. Vermutlich stellt es eine weitere „abweichende" Variante, wie auch 4Q491 (Manuskripte A und B), dar. Aber es ist doch möglich, daß dieses Fragment mit der Kriegsrollen-Literatur in keiner Beziehung steht, sondern aus einem Handbuch über priesterliche Pflichten stammt.

[1]Für den Krieg: Die Priester, die Söhne des Aaron, sollen sich aufstellen vor [die] Schlachtformationen [2]und einen Schmetterton auf den Trompeten der Erinnerung erschallen lassen. Anschließend sollen sie die Tore öffnen für die [3]Fußtruppe. Dann sol-

len die Priester einen Schmetterton auf den Trompeten des Kampfes erschallen lassen, [zum Vorrü]cken an die Schlachtlinie [4]der Nichtjuden. Die Priester sollen hinausgehen aus dem Kreis der Erschlagenen und sich aufstellen an [jeder] Seite der [...], [5]neben der Schleudermaschine und neben dem Wurfgeschütz. So werden sie nicht schänden die Salbung ihres priesterlichen Amtes [mit dem Blut der E]rschlagene[n]. [6][Und sie sollen sich keiner Schlachtformation des Fußvolks nähern. Sie sollen einen Kriegslärm ertönen lassen – mit einem scharfen Ton, damit die Männ[er des] Kampfes [7]hinausziehen können zwischen die Schlachtlinien – auf den Trompeten [der Erschlagenen]. Dann sollen [sie] [beg]innen, [8]heranzurücken an die Schlacht. Wenn ihre Zeitspannen des Gefechts vollendet sind, sollen sie einen Schmetterton für sie auf den Tro[mp]eten des Rückzugs erschallen lassen, [9]damit sie zu den Toren kommen. Dann soll die zweite Formation hinausziehen. Nach dieser ganzen Regel [10]sollen die Le[viten] ihnen jeweils zur entsprechenden Zeit Zeichen geben auf den T[rompeten der Sammlung], [11]und wenn [sie] vollen[det haben ihren Einfall], auf den Trompeten des Kriegslärms, [und wenn] sie zurückkehren, sollen sie für sie ertönen lassen ein Ze[ichen für sie auf den Trompeten] [12]der Sa[mmlung.] Nach [dieser] Ordn[ung] blasen sie das Zeichen für je[de Sch]lachtformation.

[13][...] auf den Trompeten des Sabbats [steht geschrieben ...] [14][... für] das regelmäßige [Getreideopfer] und die Brandopfer steht geschrieben, [...]

– M. G. A.

9. MICHA-KOMMENTAR

1Q14

Der Micha-Kommentar ist in 23 Fragmenten aus Höhle 1 überliefert. Nur zwei Fragmente (10, 11) überliefern genügend Text und Kommentar für eine sinnvolle Übersetzung. Zum pescher-Kommentarstil, siehe die Einführung zu Text 4, der *Habakuk-Kommentar*.

Fragment 10 [4][„Was ist Jakobs Vergehen? Samaria?"] (Mi 1,5) Dieses bezieht sich auf den Verbreiter der Lügen, [5][...] die Einfältigen.

„Und was sind die Altäre Judas?[6][Jerusalem!"] (Mi 1,5) [Dieses bezieht sich auf] den Lehrer der Gerechtigkeit, der selbst[7][...] und auf all diejenigen, die bereit sind, sich zählen zu zu lassen zu den Auserwählten[8][Gottes ...] in der Gruppe der Jahad, die gerettet werden am Tag des[9][Jüngsten Gerichtes. ...]

Einige Sätze, die dem Kommentar vor Mi 1,9 vorausgehen, sind lesbar: „die irreführen ... seine Feinde ... barfuß und nackt"; letzteres ist ein Begriff, der in Mi 1,8 auftaucht.

Fragment 11 [„Denn unheilbar ist die Wunde meines Volkes; sie reicht bis nach Juda, bis] zum Tor meines Volkes, b[is nach Jerusalem."] (Mi 1,9) [Dieses bezieht sich auf ...] wird Gericht halten über seine Feinde [...] wird verraten [...].

– E. M. C.

10. NOACH-BUCH

1Q19, 1Q19bis

Jedes Volk und jede Zeit braucht Helden; im heutigen Amerika sind diese Helden eher Rockstars oder Profi-Sportler. Auch die Menschen der Antike waren von Helden fasziniert, doch sie hatten andere Auswahlkriterien. Bei den Helden des jüdischen Volks handelte es sich im allgemeinen um biblische Gestalten. Der vorliegende Text enthält offensichtlich außerbiblische Erzählungen über einen oder zwei dieser Helden.

Wegen seines bruchstückhaften Zustands geht es wahrscheinlich im Text um Henoch oder Noach – oder vielleicht auch um beide, denn sie waren eng miteinander verbunden. Vor allem Fragment 3 enthält eine auffallende Ähnlichkeit mit der Geschichte von Noachs Geburt, wie sie aus dem pseudepigraphischen Buch 1 Henoch bekannt ist. Nach den elf Abschriften, die teilweise in den Höhlen erhalten geblieben sind, zu schließen, muß 1 Henoch ein beliebtes Werk bei jenen gewesen sein, die die Schriftrollen verbargen. Die Juden zur Zeit des zweiten Tempels lasen in Genesis 5,24: „Henoch war seinen Weg mit Gott gegangen, dann war er nicht mehr da; denn Gott hatte ihn aufgenommen". Sie schlossen daraus, daß Henoch nicht gestorben war. Er war vielmehr, wie Elija, einfach zum Himmel gefahren und wohnt dort unter den Gerechten. Angesichts einer so dramatischen Handlungsgrundlage ist es verständlich, daß zahlreiche Ausschmückungen erfunden wurden, um die Neugier jener zu befriedigen, die mehr darüber erfahren wollten, und zwar durch Einzelheiten, die nicht in der Bibel standen. Die vorliegenden Fragmente gehören wohl zu einer solchen Henoch-Schrift.

Auch Genesis 6–8, die Geschichte von der Sintflut und Noachs Rechtschaffenheit, war ein beliebter Ausgangspunkt, von dem aus sich Geschichten erfinden ließen. Einige Forscher nehmen an, daß es ein außerbiblisches Noach-Buch gab und daß dieser Text vielleicht zu diesem Buch gehört hat.

Das erste Fragment beschreibt wohl die Situation auf Erden vor der Sintflut.

1Q19 Fragment 1 [2][... die Gottlo]sen errangen die Vorherrschaft auf der Erde und ...[3][denn das ganze Fleisch verdarb] seinen Weg auf der Erde ...[4][deshalb schrien sie hinaus, und] ihr [Schrei stieg hinauf] zu Gott und ...

Im zweiten Fragment geht es vielleicht um die Bitte der gefallenen Engel um Gnade und um die Aktivitäten der höchsten gerechten Engel, der Erzengel.

1Q19bis Fragment 2 [1][die Heilige]n des Himm[els ...] [2][Sagen: „Vertretet] unsere [Sa]che vo[r dem Höchsten ..."][3]...[4][Michael und Uriel, Raf]aël und Gabriel ...[5][HERR] der Herren und Mächtig[ster der Mächtigen ...]

Das dritte Fragment beschreibt das herrliche Äußere des neugeborenen Noach und die Überraschung und Bestürzung wegen seines Aussehens.

1Q19 Fragment 3 [2][sein] Gesichtsausdruck änder[te sich ...] [3][der Er]stgeborene war geboren worden, denn die Herrlichen ...[4]sein Vater. Und als Lamech [den Säugling] sah [...] [5][Licht füllte] die Räume des Hauses wie Strahlen des Sonnenlichts ...

Worum es im vierten Fragment genau geht, ist nicht klar.

1Q19 Fragmente 13–14 [1]... denn Herrlichkeit ... Gott zu verherrlichen in ...[2]er soll erhoben werden in herrlicher Ehre, und Herrlichkeit ...[3]er soll verherrlicht werden unter [den Söhnen des H]immels ...

– M.O.W.

11. WORTE DES MOSE

1Q22

Für die Verfasser der Schriftrollen vom Toten Meer war die Bibel eine unbegrenzt sprudelnde Quelle der Weisheit und der Lehre. Gelegentlich hielten die Verfasser es aber für notwendig, Abschnitte zu bearbeiten, um die Botschaft, die sie darin fanden – oder finden wollten –, besser zur Geltung zu bringen. Manchmal wurden biblische Geschichten deshalb bearbeitet, – wie z.B. *Patriarchen-Geschichten* (Text 2) –, um ihren Unterhaltungswert zu erhöhen. Andere Stücke, wie die *Tempelrolle* (Text 149), bieten bearbeitetes und erweitertes rechtliches Material. Der übersetzte Text *Worte des Mose* folgt einem ähnlichen Muster. Obwohl fragmentarisch (und bemerkenswert scharfsinnig von J. T. Milik rekonstruiert), wird erkennbar, daß die Schriftrolle eine Bearbeitung von Teilen der letzten Abschiedsworte des Mose war, wie sie im Buch Deuteronomium überliefert wurden. Da der größte Teil der Dichtung zerstört ist, kann die Absicht dieser Schrift nur mehr vermutet werden. Die übriggebliebenen Teile betonen die Gefahr des Abfalls vom Glauben und den Richtspruch danach.

Der einleitende Abschnitt erinnert an Dtn 1,3.

Kolumne 1 [1][Gott rief] Mose [im vierzigsten] Jahr, nachdem die [Kinder] Israels das Land Ägypten verlassen hatten, im elften Monat, [2]am ersten Tag des Monats und sagte: [„Versamml]e das ganze Volk und steig auf [...] und stelle dich hin, du [3]und Eleasar, [der Sohn] Aarons. Er[kläre den Stammes]häuptern, den Leviten und all den [Priestern] und befiehl den Kindern [4]Israels die Worte des Gesetzes, die ich [dir] am Berge Sinai befohlen habe, daß du sie ihnen zu Ohren befiehlst.

Diese Passage hat große Ähnlichkeit mit Dtn 4,25–28. Der Autor fügt jedoch der Vorhersage des Götzendienstes eine weitere Vorhersage hinzu, die das Brechen der Gesetze des Festtagskalender betrifft. Letzteres war ein Thema, das die Jahad *und frühere Gruppen, so zum Beispiel Kreise, in denen die* Jubiläen *entstanden, stark beschäftigte.*

[5]Erkläre sorgfältig alles, was ich von ihnen [verlange] und [rufe als Zeugen gegen] sie den Himmel und [die Erde, denn] [6]das, was Ich [ihnen] befehle, wird ihnen nicht gefallen, noch wird es ihren Nachkommen gefallen, [alle] Tage, die sie in dem] Land [verbringen]. Denn [7]ich verkünde dir, daß sie mich verlassen werden [und es vorziehen werden, den Götzen der] Heiden [und ihren] Greuel und [ihren schmutzigen] Taten

[nachzufolgen, und sie werden] [8]falsche Götter [anbeten], die zur Falle [und] Schlinge werden, und sie werden [jede geheiligte Versammlung] und den Sabbat des Bundes [sowie die Festzeiten] übertreten, genau diejenigen, [9]die ich ihnen heute befehle, einzuhalten.

Eine freie Wiedergabe von Dtn 28,15.

[Sie werden eine] große [Niederlage] in dem Land [erleiden,] [in das sie] jetzt über den Jordan hinüberziehen [10]werden, um es in Besitz zu nehmen. Es wird geschehen, daß alle Verfluchungen über sie kommen und sie erreichen werden, bis sie zugrunde gehen und [11]sie [vernichtet] sind, sie werden erkennen, [daß] ein gerechtes Urteil über sie [gefällt] wurde.

In Dtn 31,7 wurde nur dargelegt, daß Mose Josua herbeirief. Die Hinzufügung des Priesters Eleasar als einen Mitregenten von Israel ist charakteristisch für die Sekte vom Toten Meer.

Da rief Mose Eleasar, den Sohn [12][Aarons,] und Josua, [den Sohn Nuns, und sagte zu] ihnen: „Wiederholt [alle Worte des Gesetzes bis zu ihrem] Ende [...]

An dieser Stelle verbindet der Verfasser die Kernaussagen von Dtn 27,9–19 mit Dtn 6,10–11.

Kolumne 2 [1]Israel und höre: [An genau diesem] Tag [bist du] das Volk des HERRN, [deines Gottes, geworden]. Daher sollst du [meine Rechtsvorschriften] und meine Zeugnisse [und] meine [Gebote einhalten, die] [2][ich] dir [heu]te befehle, [wie du sie jetzt tust,] wo [du] im Begriff bist, den [Jordan] zu überschreiten. [Ich werde] dir [geben] [3]große und [schöne] Städte und [mit guten Waren] gefüllte Häuser, [Weinberge und Ölbäume,] die [du nicht gepflanzt hast, und Zis]ternen, [die du] nicht [4]gegraben hast, und du wirst essen und satt sein. [Nimm dich in acht,] daß dein Herz nicht hochmütig wird und du [vergißt, was ich [dir] heute [befehle]; [5]denn das ist [dein] Leben und die Dauer [deiner] Tage.

An dieser Stelle verknüpft der Verfasser Themen und Wendungen aus Dtn 1,9–18 mit 11,17.

[Da] rief Mose und [sprach zu den Kindern Israels]: „Es sind nun vierzig [6][Jahre] her, seit wir aus dem Land [Ägypten ausgezogen sind. An dem heutigen] Tag hat [der HERR], unser Gott, [diese Worte] aus Seinem Mund hervorgehen lassen: [7]alle Seine] Satzungen und alle Seine <Vorschriften> (MS: Satzungen). Wie [soll ich allein] eure Bürde [und eure Last und eure Rechtshändel tragen? Es soll geschehen, [8]daß, [wenn ich damit fertig bin,] den Bund [abzuschließen] und [den] Weg zu befehlen, [den ihr beschreiten sollt, ihr für euch selbst weise Männer bestellt, die euch und euren Kindern] [9]all [diese] Worte des [Gesetzes] erklären sollen. Seid [sehr bedacht, sie zu erfüllen, damit] Seine Wut nicht entflammt und Sein Zorn nicht gegen euch entbrennt [10]und Er den Himmel oben verschließt, damit kein Regen [auf euch] fällt, und die [Gewässer unterhalb der Erde] euch [11][keinen Ertrag] geben.

Die Zusammenstellung der wenigen letzten Fragmente beruht nur auf Vermutungen, so daß eine exakte Übersetzung unmöglich ist.

Mose [sprach wieder] zu den Kindern Israels: „Dies sind [die Gebote, die Gott euch befohlen hat,] zu befolgen ..."

– E. M. C.

12. Buch der Geheimnisse

1Q27, 4Q299-301

Wo ist die Weisheit zu finden und wo ist der Ort der Einsicht?" Hinter diesem Aufschrei des Verfassers des Buchs Ijob (28,12) stand eine ganze Literatur, um nicht zu sagen, eine ganze Literaturbewegung. „Die Bücher der Lehrweisheit" sind jene biblischen Schriften, die dieses Suchen nach Einsicht verkörpern: das Buch der Sprich-wörter, der Prediger Salomo (auch Buch Kohelet genannt) und Ijob. Fast jede Kultur des alten Nahen Orients besaß ihre eigenen Orientierungsbücher der „Weisheit". Die ältesten Sammlungen von Sprichwörtern sind nichtisraelitischer, sondern ägyptischer Herkunft; sie gehen bis in das späte dritte Jahrtausend v. Chr. zurück.

Häufig sind die Sprichwörter sogenannte eingerahmte „Anweisungen". Darunter ist der literarische Kunstgriff eines klugen Weisen zu verstehen, seinen Schülern bzw. Kindern die Wege der Weisheit nahezubringen. Oft ist diese Anweisung in fiktiver Form gehalten, so daß der Weise, der durch die Sprichwörter „spricht", anonym bleibt. Manch-mal handelt es sich bei dem Lehrer auch um eine reale historische Persönlichkeit, wie etwa um Jesus ben Sira, der das Buch Sirach (auch „Ecclesiasticus" bezeichnet) im zweiten Jahrhundert v. Chr. verfaßt hat. Nur zwei Werke unter den Qumran-Rollen enthalten Weisheits-Lehren: das *Buch der Geheimnisse* und ein umfassenderes Schriftstück, das *Geheimnis des Ursprungs aller Dinge* (Text 98) bezeichnet wird. Aus dem *Buch der Geheimnisse* kann man die Stimme eines zwar ungenannten, aber durchaus realen, respekteinflößenden Lehrers heraushören.

Die Weisheits-Bewegung in Israel hatte ihre bescheidenen Anfänge in einfachen Sprich-wörtern, wuchs jedoch an in dem eifrigen Bestreben, über Gottes Wege zu meditieren, die Welt zu regieren. Der Gedanke, daß eine grundlegende Ordnung hinter der sichtbaren Zufälligkeit und Ungerechtigkeit des täglichen Lebens steckt, war Fundament der Religion der Alten. Diese göttliche Ordnung war in Israel unter der Bezeichnung *hokhmah*, „Weis-heit", bekannt. Die Schwierigkeit, den Inhalt der Weisheit in praktische Lebensregeln umzu-setzen, führte später zu intensivem Nachsinnen über das, was Gott mit der Welt eigentlich vorhatte. Ben Sira setzte Gottes Plan mit dem Gesetz gleich, das er Israel offenbarte. Er brachte auf diese Weise alte „Philosophie" mit Israels Glauben zum Bund in Einklang.

Die Schriftrollen-Schreiber schlugen meist unterschiedliche Wege ein, um ihre Weisheits-Lehren zu vermitteln. Obwohl sie das Gesetz ebenso respektierten wie Ben Sira, waren sie von der Verborgenheit des göttlichen Plans zutiefst beeindruckt wie von dessen Herrlichkeit. Es war ihnen klar, daß der menschliche Verstand ohne fremde (= göttliche) Hilfe die Weisheit nicht begreifen konnte. Die Weisheit mußte einzelnen Menschen als Geschenk verliehen werden. Bestimmte Männer waren als glückliche Offenbarungsempfänger auserwählt, die „Geheimnisse" Gottes zu erkennen, vor allem das *Geheimnis der Grundlagen aller Dinge*, eine Bezeichnung der Sekten-Gemeinschaft für die göttliche *hokhmah*. Den Verfassern der Schriftrollen war klar, daß auch ein noch so frommer menschlicher Geist die Wege Gottes ohne Anleitung „von oben" verstehen kann. Der Weg zu wahrem Verständnis führt über die Offenbarung Gottes, nicht über die Vernunft der Menschen.

Der „Lehrmeister" verkündet seine Absicht, seine Lehre allen zu offenbaren, die eines guten Willens sind, auch Nichtjuden.

4Q301 Fragment 1 [1][...] Ich werde mich frei äußern, und ich werde meine vielfältigen Sprüche offenbaren unter euch [...] [2][... jene, die Gleichnisse verstehen] können und Rätsel, und jene, die durchdringen können die Ursprünge des Wissens, zusammen mit jenen, die festhalten an [den wunderbaren Geheimnissen ...][3][...] jene, die wandeln in Einfalt, ebenso wie jene, die umherirren in jeglicher Betriebsamkeit der Taten der [Menschheit ...] [4][jene mit einem steifen] Hals, [einem harten] Schädel, der [ganzen] Masse der Nichtjuden, mit [...]

Der „Lehrmeister" fordert Lernbereitschaft; aber nicht um weltliche Macht und Vergünstigung zu erstreben.

4Q301 Fragment 2 [1]die Gebräuche der Törichten, und das Erbe der Weisen [...] Nun, was hat das Rätsel für einen Wert für euch, die ihr sucht nach den Ursprüngen des Wissens? [2]Warum ist das Herz geehrt, denn es ist die Herrschaft [...] ein Gleichnis? Warum ist es wunderbar zu euch, denn es ist [...] Warum ist ein Fürst [...] [3]Herrscher? [...] ohne Stärke, und er beherrscht ihn mit einer Peitsche, die nichts kostet. Wer würde sagen [4][...] wer unter euch sucht nach der Gegenwart von Licht und Erle[uchtung] [5][...] die Methode der Erinnerung ohne [...] [6][...] durch die Engel [...] [7][...] jene, die preisen [...]

In vergangenen Zeiten standen die Menschen seinen Lehren mit Gleichgültigkeit gegenüber; Unheil war ihre Strafe.

4Q300 Fragment 3 [2]so daß sie wissen würden den Unterschied zwischen G[ut und Böse ...] **1Q27 Kolumne 1** [2]Geheimnisse der Sünde [3][...] aber sie wußten nicht das Geheimnis des Ursprungs aller Dinge, noch verstanden sie die Dinge von altersher und sie [4]wußten nicht, was über sie kommen würde, deshalb retteten sie sich nicht vor dem Geheimnis des Ursprungs aller Dinge.

Die Zeit der Gleichgültigkeit gegenüber der wahren Weisheit ist vorüber. Wer sein Leben nicht mit den Mitteln und auf den Wegen des Weisheit erneuert hat, wird bald vernichtet werden.

[5]Dieses soll das Zeichen sein, daß dieses bald geschehen wird: Wenn die Quellen des Bösen versiegt sind und Gottlosigkeit verbannt in der Gegenwart von Gerechtigkeit, wie Finsternis in Gegenwart von [6]Licht, oder wie Rauch vergeht und nicht mehr ist, auf dieselbe Art und Weise wird Gottlosigkeit für immer verschwinden, und Gerechtigkeit wird so augenscheinlich sein wie die Sonne. [7]Die Welt wird gefestigt werden und sämtliche Anhänger der Geheimnisse der <Sünde> (MS: Wunder) werden nicht mehr sein. Wahres Wissen soll die Welt erfüllen, und es wird keinen Törichten

mehr geben. [8]Dies alles ist bereit, um zu geschehen, es ist eine wahre Weissagung, und durch diese soll es euch bekannt werden, damit es nicht weggekehrt werden kann.

Es ist zu wenig, Rechtschaffenheit nur zu ehren oder Wahrheit nur zu wünschen. Das Erlangen von Weisheit liegt jenseits menschlichen Ermessens und jenseits der Reichweite der Reichen.

Es ist wahr, daß alle [9]Menschen das Böse ablehnen, doch es schreitet in ihnen allen voran. Es ist wahr, daß Wahrheit Wertschätzung erfährt in den Worten aller Völker – [10]doch gibt es irgendeine Zunge oder Sprache, die sie versteht? Welches Volk möchte unterdrückt werden von einem anderen, das stärker ist? Oder wer [11]möchte, daß sein Geld gestohlen wird von einem Gottlosen? Doch welches Volk gibt es, das nicht seinen Nachbarn unterdrückt hat? Wo ist das Volk, das nicht [12]geraubt hat den Reichtum [eines anderen ...]

Selbst sogenannte Gerechte haben die Ziele wahrer Weisheit nicht erreicht.

4Q299 Fragment 2 (+ 4Q300 Fragment 5) Kolumne 2 [2]wie sollen wir nennen [einen Menschen, der ... seine] Taten [...] [3]aber jede Tat der Gerechten ist eingeschätzt worden als un[rein. Und wie] sollen wir einen Menschen nennen, [den ... niemanden auf Erden nennen] [4]weise oder gerecht, denn es ist kein menschliches Eigentum [...] und nicht [... Weisheit ist verborgen, au][5]ßer der Weisheit des schlauen Bösen, und die dunklen P[läne des Belial ...] [6]eine Sache, die niemals wieder getan werden sollte, außer [...] [7]das Gebot seines Schöpfers; und was soll ein M[ensch] tun [und wie leben? ... er, der][8]das Gebot seines Schöpfers übertreten hat, soll seinen Namen vom Mund aller ausgelöscht haben [...] [9][...]

Gott kennt alle verborgenen Dinge. Er allein hat bestimmt, wie alles geschehen soll.

So höret, ihr, die ihr festhieltet [an den wunderbaren Geheimnissen ...] [10]der Ewigkeit, und die Pläne hinter jeder Tat, und den Zw[eck ... Er kennt] [11]jedes Geheimnis und steht hinter jedem Gedanken. Er macht alles [... der Herr über alle] [12]ist Er, vor langer Zeit errichtete Er es, und für immer [...] [13][...] den Zweck der Ursprünge eröffnete Er [...] [14][...] denn Er prüft Seinen Sohn und gibt ihm als ein Erbe [...] [15][...] jedes Geheimnis, und die Grenzen jeder Tat; und was [...] [16][...] die Nichtjuden, denn Er erschuf sie und ihre Taten [...]

Magier und Wahrsager konnten die Geheimnisse Gottes nicht durchdringen.

4Q300 Fragment 1 Kolumne 2 [1][Betrachtet die Wahr]sager, jene Lehrer der Sünde. Sagt das Gleichnis, erklärt das Rätsel, bevor wir sprechen; dann werdet ihr erkennen, ob ihr wirklich verstanden habt. [2][...] eure Torheit, denn die Vision ist verschlossen vor euch, und ihr habt nicht wirklich verstanden die ewigen Geheimnisse und ihr seid nicht weise geworden im Verstehen [...] [3][...] denn ihr habt nicht wirklich verstanden den Ursprung der Weisheit; aber wenn ihr die Vision eröffnen wollt [...] [4][...] eure ganze Weisheit, denn euch [...] Hört nun, was Weisheit ist.

Das Geheimnis wahrer Weisheit ist verborgen wie Gottes Entwurf der Schöpfung.

4Q299 Fragment 5 [1][... Lichte]r der Sterne zum G[eden]ken an [Seinen] Namen ...[2][...verborgene] Dinge der Geheimnisse des Lichts und die Wege der Finsternis [...]

³[...] die Zeiten der Hitze mit den Period[en der Kälte ...] ⁴[... den Anbruch des Tages] und das Hereinbrechen der Nacht [...] ⁵[...] die Ursprünge der Dinge [...]

Weisheit setzt voraus bescheidene Ergebenheit gegenüber dem unabänderlichen Plan Gottes.

4Q299 Fragment 8 ¹⁻⁵[...] Wie kann ein Mensch verstehen ohne Wissen oder Hören? [...] ⁶[...] Er bildete Einsicht für Seine Kinder, durch viel Weisheit legte er unsere Ohren frei, damit wir h[ören können ...] ⁷[...] Er bildete Einsicht für alle jene, die nach wahrem Wissen streben und [...] ⁸[...] alle Weisheit ist von Ewigkeit, sie kann nicht verändert werden [...] ⁹[...] Er schloß ab hinter den Wassern, so daß nicht [...] ¹⁰[...] der Himmel über dem Himmel [...]

Wahre Weisheit ist auch im Volk Israel zu finden.

4Q301 Fragment 3 ¹⁻⁴[...] und Er ist wohlbekannt für Seine Geduld und [mächtig] in Seinem großen Zorn, und [großartig] ⁵[...] Er in Seinen zahlreichen Handlungen der Barmherzigkeit, und schrecklich in Seinen zornigen Absichten, und geehrt [...] ⁶[...] und Er machte ihn zum Herrscher über das Land, und Gott wird geehrt in Seinem heiligen Volk, und großartig ⁷[unter] Seinen Auserwählten, ja, großartig [...] heilig, groß in den Segnungen [...] ⁸[...] ihre Pracht und [...] wenn das Zeitalter der Gottlosigkeit zu Ende ist, und [Übel]taten [...]

– E. M. C.

13. Feuerzungen

1Q29, 4Q376

In Exodus 28,1–43 werden die Gewänder des Hohenpriesters Israels und seine Ausstattung beschrieben. Obwohl die detaillierte Beschreibung ehrfurchtgebietend und geheimnisumwittert ist, hat nichts mehr die Phantasie der Leser angeregt als die kurze Erwähnung der zwei Orakelsteine Urim und Tummim. Die Bibel deutet an, daß der Hohepriester sich auf Urim und Tummim (Exodus 28,30) verließ, wenn er Gottes Willen ergründen wollte (Numeri 27,21; 1 Samuel 28,6). Vermutlich antwortete diese Form des Orakels nur auf Ja- oder Nein-Fragen; je nach Formulierung der Frage enthüllte die blinde Auswahl des einen oder des anderen Steins aus einem Beutel die Antwort. So jedenfalls verstehen die meisten modernen Forscher den Vorgang. Doch der Text *Feuerzungen* und die Tradition, auf die sich Flavius Josephus stützt (*Alt.* 3,214–215), teilen eine weit wunderbarere Erwartungshaltung. Sie stimmen darin überein, daß es Gott ist, der die Antwort gibt, indem er den richtigen Stein in strahlendes Licht taucht.

Dies ist aber nicht der einzige Aspekt, in dem moderne Forschung sich vom alten jüdischen Verständnis der Orakelsteine Urim und Tummim unterscheidet. Die meisten Übersetzungen von Exodus 28,29–30 legen nahe, daß die Steine in einem Beutel oder einer Tasche auf dem Brustschild des Priesters getragen wurden. Die jüdische Tradition hat jedoch diese Steine als Teil des Brustschilds selbst betrachtet. Die *Feuerzungen* vertreten letztere Auffassung, ebenso auch Flavius Josephus.

Der Verfasser der *Feuerzungen* ging davon aus, daß Urim und Tummim bei besonders folgenschweren Entscheidungen zu Rate gezogen wurden. Die restlichen Fragmente des Werks beschreiben, wie man mit ihrer Hilfe einen wahren von einem falschen Propheten unterscheiden und Entscheidungen über militärische Strategien fällen konnte.

Auf Urim und Tummim verweisen auch andere Stellen in den Schriftrollen: *Jesaja-Kommentare* (Text 23). *Die Letzten Tage* (Text 27), *Sammlung messianischer Texte* (Text 28) und *Tempelrolle* (Text 149).

Dieses Fragment zeigt, daß der Orakelstein Urim benutzt wurde, um zu prüfen, ob es sich um einen wahren oder falschen Propheten handelte. Zeilen 3 und 5 legen in diesem Fall eine negative Antwort nahe, vgl. Text 86, Prüfung eines wahren Propheten. Zeilen 3–5 wurden mit Hilfe von 4Q376 rekonstruiert.

1Q29 Fragment 1 [1][...] [2][...] der Stein, genau wie [der HERR befohlen ...] [3][und dein Urim (?). Und sie (die Wolke?) soll hervorkommen] mit ihm, mit Feuerzungen. [Der Stein zur linken Hand, der auf seiner linken Seite liegt, soll vor der ganzen Versammlung aufgedeckt sein, bis] der Priester aufhört zu sprechen, [und nachdem die Wolke sich erhoben hat ... Und ihr sollt achten] [4][...] der Prop[het hat] zu euch [ge]sprochen [...] [5][...] wer zu Widersetzlichkeit rät [...] [6][...] der HERR [dein] Gott

Eine positive Antwort.

Fragment 2 [1][...] [2][... der] [S]tein zur Rechten, wenn der Pri[ester] herauskommt, [3][...] drei Feuerzungen vom Stein zur rechten Hand [...] [von ...] [4][...] und nachdem er hinaufgeht, soll er sich näher wenden [zu den Leuten ...] [5][...]

Fragmente 3–4 [1][...] [2][... der H]ERR dein Gott [...] [3][... Gelobt ist der Go]tt Israels [...] [4][...] unter ihnen allen. Dein Name [...] [5][... und eine] Fülle an Kraft, geehrt [und furchteinflößend ...] [6][...]

Fragmente 5–7 [1][...] diese Worte, gemäß all [...] [2][und dan]n soll der Priester seinen ganzen Willen erläutern, a[ll ...] [3][...] die Versammlung. [...]
[4][... O Kinder I]s[rae]ls, achtet alle diese Worte [...] [5][... zu t]un al[l ...] [6][...] die Zahl der Ge[bote (?)...] [7][...] ihr [...]

Die einzige weitere Stelle, in der in den Schriftrollen der Begriff „gesalbter Priester" auftaucht, ist Text 86, die Prüfung eines wahren Propheten.

4Q376 Fragment 1 Kolumne 1 [1][...] der gesalbte Priester, [2][über dessen Haupt das Salböl ausgegossen worden war ... und er soll opfern einen Stie]r aus der Herde und einen Schafbock [3][...] für Urim.

Urim entschied sich negativ. Die Zeilen 1–3 überschneiden sich mit 1Q29, Fragment 1, Kolumne 2, Zeilen 3–5.

Kolumne 2 [1]und dein Urim (?). Und sie (die Wolke?) soll hervorkommen mit ihm, mit Feuerzungen. Der Stein zur linken Hand, der auf seiner linken Seite liegt, [2]soll vor der ganzen Versammlung aufgedeckt sein, bis der Priester aufhört zu sprechen. Und nachdem die [Wolke] sich erhoben hat, [3][...] Und ihr sollt achten [...] und [der Prophet] hat [z]u euch gesprochen.

Der Gebrauch der Orakelsteine als Entscheidungshilfe bei militärischen Strategien: Josua benutzte sie nach Num 27,21.

Kolumne 3 [1]gemäß allen seinen Geboten. Und wenn der Führer der ganzen Nation im Lager ist oder we[nn ...] [2]sein Feind, und Israel ist mit ihm, oder wenn sie auf eine Stadt zumarschieren, um sie zu belagern, oder bezüglich jeder Sache, die [...] [3]für den Führer [...] das Feld ist weit (?) [...]

– M. G. A.

14. VISION DES NEUEN JERUSALEM

1Q32, 2Q24, 4Q554–555, 5Q15, 11Q18

Im Jahr 586 v. Chr. zerstörten die Heere des Königs Nebukadnezzar von Babylonien den Tempel des Herrn, den König Salomo in Jerusalem errichtet hatte. Hervorragende religiöse Denker des Alten Israel, wie der Prophet Jeremia, sahen in diesem Ereignis das verdiente Strafgericht Gottes über ein Volk, das sich mehr auf äußerliche Rituale und Zeremonien verließ als auf die Gläubigkeit des Herzens. Andere, wie Ezechiel, sahen es gewiß genauso. Sie ersehnten den Tag, an dem der Gott Israels seinem Volk alles Verlorene und Zerstörte wiedergeben werde: einen neuen Tempel, eine neue Tempelstadt. Ezechiel selbst vertiefte diese Sehnsucht mit einer Vision vom neuen Tempel und vom Neuen Jerusalem (Ezechiel 40–48). Er stand damit nicht allein; das Buch Jesaja schwärmt von einem Neuen Jerusalem, reich ausgestattet mit Juwelen (Jesaja 54,11–12). Das Buch Tobit spricht von einer Zeit, in der „Jerusalem und der Tempel Gottes wiederaufgebaut sein werden in großer Pracht, wie es die Propheten geweissagt haben" (Tobit 14,6–7).

Der neue Tempel, der nach der Rückkehr Israels aus der Verbannung im fünften Jahrhundert v. Chr. errichtet wurde, war nur ein bescheidener Ersatz für diese Träume. Jene, die sich an den ersten Tempel noch erinnern konnten, weinten, als sie sahen, daß ein Grundstein für den neuen Tempel gelegt wurde (Esra 3,12). Die Träume von einem anderen, größeren Tempel bestanden weiter. Erst im ersten vorchristlichen Jahrhundert griff Herodes der Große (37–4 v. Chr.) die weitverbreitete Anziehungskraft eines solchen Traums auf, um sich breite Unterstützung für seine Bauvorhaben innerhalb Jerusalems zu verschaffen, die auch einen neuen, großartigen Tempel einschlossen.

Die Qumran-Texte bezeugen in zwei Beispielen diese anhaltende Faszination der Vorstellung eines Neuen Jerusalem: Text 149, *Die Tempelrolle,* und der vorliegende Text. Diese *Vision des Neuen Jerusalem,* rekonstruiert aus verschiedenen Schriftrollen, ist eine detaillierte Beschreibung eines Jerusalem, die von einem Engel an einen unbekannten Empfänger übergeben werden soll. Sie entspricht weithin der Vision des Ezechiel, weicht aber in zahlreichen Einzelheiten ab. Es ist zwar keine Beschreibung des Tempels in den Fragmenten erhalten geblieben, aber der Tempel wird wiederholt erwähnt.

Die Ausmaße der visionären Stadt und ihre Gebäude sind zu gewaltig, um der geographischen Realität zu entsprechen. Die Ost- und Westseite der Stadt beträgt 140 Stadien, die Nord- bzw. Südseite 100 Stadien (ein Stadium sind etwa 185–200 Meter). In heutige Maße umgerechnet waren dies Riesenausmaße von 28 x 20 Kilometer. Dieses Neue Jerusalem wäre größer gewesen als jede andere Stadt des Altertums. Nur mit Hilfe göttlichen Eingreifens hätte sie errichtet werden können, wie die noch größere Stadt, die ein späterer Visionär im neutestamentlichen Buch der Offenbarung (21,9–27) vor Augen hatte.

Die Beschreibung der zwölf Tore der Stadt, jedes benannt nach einem der zwölf Stämme genau nach Ezechiels Prophezeiung (Ez 48,30–35), ähnlich der Vision der Offenbarung (Offb 21,12–13).

4Q554 Fragment 1 Kolumne 1 [9][...] sechzehn [...] [10][...] und alle von diesem Gebäude [11][... maß er von der] nordöstlichen [Ecke] [12][zum Süden, zum ersten Tor], fünfunddreißig Stadien, und der Name [13][dieses Tores wird Tor des] Simeon genannt.

Von [diesem Tor zum] mittleren Tor [14][maß er fünfunddreißig Stadien] und der Name dieses Tores wird [genannt] das Tor des [15][Levi.

Von diesem Tor maß er zum] Süden fünfunddreißig Stadien, [16][und der Name dieses Tores wird das Tor des Juda genannt.

Von] diesem Tor maß er zur [17][südwestlichen] Ecke, und von dieser Ecke westwärts maß er [18][fünfunddreißig Stadien, und der Name dieses Tores] wird Tor des Josef genannt.

[19][Er maß von diesem Tor zum mittleren Tor] vierundzwanzig [Stadien], und der Name [20][dieses Tores wird Benjamin genannt.

Von] diesem Tor maß er zum [dritten] Tor [21][vierundzwanzig Stadien, und man nennt es] das Tor des Ruben.

[Von] diesem [Tor] [22][maß er bis zur westlichen Ecke vierundzwanzig Stadien] und von dieser Ecke maß er zum **Kolumne 2** [1-5][Norden fünfunddreißig Stadien, und der Name dieses Tores wird das Tor des Issachar genannt.

Er maß von diesem Tor zum mittleren Tor vierundzwanzig Stadien, und der Name dieses Tores wird Tor des Sebulon genannt.

Von] diesem Tor maß er bis zum dritten Tor vierundzwanzig Stadien, und man nennt es das Tor des Gad.

Von diesem Tor maß er bis zur nördlichen Ecke fünfunddreißig Stadien, und von dieser Ecke maß er zum Osten [6]fünfunddreißig Stadien, und der Name [dieses Tores wurde Tor des Dan genannt.

Er maß] von diesem Tor [bis zum] Mittel[tor] [7][vierundzwanzig] Stadien, [und den Namen dieses Tores nennt man] das Tor des Naftali.

Von [diesem] [8]Tor maß er bis zum [dritten] Tor vierundzwanzig Stadien, und den Namen dieses Tores nennt man [9]das Tor des Ascher.

Er maß [von] diesem [Tor] bis zur östlichen Ecke [10]vierundzwanzig Stadien.

Die Stadt selbst, ein strenger Einheitsentwurf, war in quadratischen Blöcken angeordnet wie ein Schachbrett. Jeder Block war von einer breiten Straße umgeben, und die Stadt als Ganze war von großen Straßen durchzogen: drei, die von Ost nach West, und zwei, die von Nord nach Süd verliefen.

[11]Dann brachte er mich in die Stadt hinein und [maß die ganzen] Gebäudeblöcke. Länge und Breite, sie maßen [12]einundfünfzig auf einundfünfzig Ruten [und bildeten ein Quadrat], dreihundertund [13]siebenundfünfzig Ellen nach jeder Seite. Jeder Block hatte einen Gehweg um sich herum, der die Straße säumte, [14]drei Ruten, das sind einundzwanzig Ellen.

So zeigte er mir die Maße aller Blöcke: zwischen jedem Block war [15]eine sechs Ruten breite Straße, das sind [zweiundvierzig Ellen]. Die Hauptstraßen, die [16]von Ost nach West verliefen, maßen zehn [Ruten]. Die Breite der Straßen betrug [17]siebzig Ellen, für zwei von ihnen.

Eine dritte Straße, die sich im [Norden] des Tempels befand, maß er an [18]achtzehn Ruten in der Breite, das sind [einhundertvierundzwanzig] Ellen.

Die Breite der [19]Straßen, die von Süden [nach Norden verliefen, für zwei von ihnen,] neun Ruten, [20]mit vier Ellen pro Straße, das macht [siebenundsechzig] Ellen. Er maß [die mittlere Straße in der] Mitte [21]der Stadt. Ihre Weite war [dreizehn Ruten und eine Elle, das sind zweiundneunzig Ellen.]

[22]Und jede Straße und die Stadt selbst [war gepflastert mit weißem Stein].

Der Engelsführer zeigt dem Visionär den Aufbau der Außenmauern, ihre Tore, Türme und die Treppen zu den Türmen.

Kolumne 3 (= 5Q15 Fragment 1 Kolumne 1 Zeilen 7–15) [1][... Marmor und Onyx ... und er zeigte mir [2]die Maße der achtzig Portale. Ihre Breite war zwei Ruten, vierzehn Ellen [3]... Jedes Tor hatte zwei Steinpforten. Ihre Breite war [4]eine Rute, sieben Ellen ...

Er zeigte mir die Maße der zwölf Tore ... Die Breite [5]ihrer Tore war drei Ruten, einundzwanzig Ellen. Jedes Tor hatte zwei Türen. [6]Die Breite der Türen war eineinhalb Ruten, zehneinhalb Ellen ...

[7]... Zwei Türme flankierten jedes Tor, einer zur Rechten [8]und einer zur Linken. Ihre Breite und Länge waren gleich, fünf auf fünf Ruten, das sind [9]fünfunddreißig Ellen.

Die Treppen, die hinaufführten neben dem Tor an der Innenseite, rechts der Türme, [10]sind von der gleichen Höhe wie die Türme. Ihre Breite beträgt fünf Ellen. Die Türme und die Treppen waren fünf auf fünf Ruten [11]plus fünf Ellen, vierzig Ellen für jede Seite der Tür.

Die Beschreibung geht nun mehr ins Detail, über den Aufbau der Gebäudeblöcke.

[12]Er zeigte mir dann die Maße der Tore der Gebäudeblöcke. Ihre Breite betrug zwei Ruten, vierzehn Ellen,] [13]und die Breite der [...], ihre Maße in Ellen. [Dann maß er] die Breite jedes Innenhofs: [14][zwei] Ruten, vierzehn Ellen, und das Dach, eine Elle.

[Dann maß er jenseits jedes] Vo[rhofs] [15]seine Türen. Dann maß er im Torhof: seine Länge war dreizehn Ellen, und seine Breite [zehn] Ellen.

[16]Er brachte mich in den Vorhof und dort war ein weiterer Vorhof und noch eine weitere Pforte. Die Innenmauer an der rechten Seite [17]hatte dieselben Ausmaße wie das

äußere Tor. Ihre Breite war vier Ellen. Ihre Höhe war sieben Ellen. Sie hatte zwei Türen, und vor [18]diesem [Tor] war ein Eingangsweg. Seine Breite war eine Rute, sieben Ellen, und seine Länge zwei Ruten, [19]vierzehn Ellen; und seine Höhe zwei Ruten, vierzehn Ellen.

Nun führte ein gegenüberliegendes Tor in den Gebäudeblock hinein, [20]und seine Ausmaße waren wie jene des äußeren Tores. Links vom Eingang zeigte er mir ein Wendeltreppenhaus [das hinaufführte: seine Breite] [21]war ein einziges Maß, zwei auf zwei Ruten, vierzehn Ellen; und [Tore gegenüber den Toren] [22]waren von gleichem Ausmaß.

Es gab einen Pfeiler, um den sich die Treppe [herumwand. Seine Breite und seine Länge] **4Q555** [1][waren dieselbe, sechs Ellen auf sechs, quadratisch.] Die Treppe, die [um ihn herum nach oben führte] war vier Ellen breit und sie wand sich aufwärts [2][zu einer Höhe von zwei Ruten bis ...]

Beschreibung der Häuser in jedem Block.

[3][Dann brachte er mich in den Gebäudeblock hinein und zeigte mir die Häuser darin. Von Tor zu] Tor gab es fünfzehn Häuser, acht in einer Richtung zur Ecke [4][und sieben von der Ecke zum anderen Tor]. Die Länge der Häuser war drei Ruten, einundzwanzig Ellen, und ihre Breite [5][war zwei Ruten, vierzehn Ellen. Die Räume waren gleichfalls] zwei Ruten hoch, vierzehn Ellen, **5Q15 Kolumne 2** [9]und ihr mittleres Tor war zwei Ruten, vierzehn Ellen, [breit ...] das Haus und mit ihm [...] [10]vier. Es war eine Rute, sieben Ellen, in Länge und Höhe. [...] des Grundstücks war neunzehn Ellen lang [11]und zwölf Ellen breit. Ein Haus mit zweiundzwanzig Bettstellen [...] elf geschlossene Fenster über den [Bettstellen ...] [12]und daneben eine Außenrinne [...] das Fenster war zwei Ellen hoch [...] und die Tiefe und Breite der Wand [...] die erste [...] [13]Ellen [...] der Plattform war neunzehn Ellen [hoch] und [...] Ellen breit [...] [14][...] offene [Fenster], zwei Ruten, [15]vierzehn Ellen [...] eineinhalb Ellen, und ihre Höhe innen [...]

Weitere Beschreibung der Stadttürme.

4Q554 Fragment 2 Kolumne 2 [13][...] sein Fundament. Es war zwei Ruten breit, [14]vier[zehn] Ellen, und es war sieben Ruten hoch, neunundvierzig Ellen. Das Ganze war [15]errichtet aus Gold[silber] und Saphir und Chalzedon; und sein Gebälk war aus Gold, und seine Türme waren eintausend [16][vierhun]dertund zweiunddreißig an der Zahl. Ihre Länge und Breite waren dasselbe Maß [17][...] und ihre Höhe war zehn Ruten, [18][siebzig Ellen ... zwei Ruten,] vierzehn [Ellen]

Der Visionär sieht die Priester bei ihren liturgischen Funktionen im Tempel. Die folgenden Fragmente kombinieren die Vorschrift, was die Priester tun sollen mit der Erzählung, was der Visionär die Priester tun sah.

11Q18 Fragment 21 [1][...] mit seinen vier Füßen und er häutete den Stier [...] [2][mit] seinen vier Füßen und seinen Eingeweiden und er salzte alles [...] [3][er legte] ihn über das Feuer und brachte das reinste feine Mehl [...] [4][...] vier Sea und er legte es auf den Altar, das Ganze [...] [5][...] vier Sea und er goß ein Trankopfer in die Rinne [...] [6][...] und das Fleisch miteinander vermischt [...] [7][... jede] Seite.

Weitere Details über die priesterlichen Tätigkeiten.

2Q24 Fragment 4 (+ 11Q18 Fragment 13) [1]ihr Fleisch [...] [2][...] für ein Opfer, angemessen [dem Herrn ...] [3]dann sollen sie den Tempel betreten [...] [4]acht Sea, feines Mehl [...] [5]dann sollen sie das Brot tragen [...] [6]zuerst auf den Al[tar ... dann sollen sie das Brot legen in zwei] [7]Reihen auf den Ti[sch ...] [8]zwei Reihen [Brot ...] [9]des Brotes, und sie sollen nehmen das Brot [... außerhalb des Tempels zum Süd] [10]westen, und [das Brot] soll geteilt werden [... und sie sollen angenommen werden ...] [11]und während ich zusah, [wurde das Brot verteilt an vierundachtzig Priester ... von allen sieben Abschnitten (der Tische ...] [12]die Zeichen [geschrieben ...] [13] die Älteren unter ihnen, und vierzehn Priester [...] [14]die Priester. Zwei Laibe Brot, die [mit Weihrauch bedeckt wurden ... und während] [15]ich zuschaute, wurde einer der beiden Laibe [dem [Hohen]priester übergeben ... ein weiterer Priester war] [16]mit ihm. Der andere Laib wurde dem zweiten übergeben, der ihm gegenüberstand [...] [17][...] Während ich zusah, wurde übergeben allen [Priestern ...] [18][...] ein Widder der Herde für jeden [von ihnen ...]

Der erhalten gebliebene Text endet mit einer Prophezeiung von den kommenden Königreichen. Es kommt zur apokalyptischen Kraftprobe zwischen den nichtjüdischen Völkern und Israel, aus der Israel als Sieger hervorgeht. Der Wiederaufbau des Tempels wird jedoch nicht vollendet werden, ehe Israel als Ganzes zu seinem früheren Ruhm und Glanz zurückgefunden hat.

4Q554 Kolumne 3 [14][... werden sich erheben] [15]an dessen Stelle, und das Königreich P[ersien ... und dann werden sich erheben] [16]die Kittim an dessen Stelle. Alle diese Königreiche sollen erscheinen hintereinander [...] [17]zahllose andere stolze Königreiche mit ihnen [...] [18]mit ihnen Edom und Moab und die Ammoniter [...] [19]des ganzen Landes Babylon, nicht [...] [20]und sie werden Böses antun euren Nachfahren, bis die Zeit [... kommen wird ... und dann wird erscheinen] [21]unter allen Völkern das Königreich [...]

– E. M. C.

15. Festgebete

1Q34, 1Q34bis, 4Q507–509

Obwohl nicht alle jüdische Festtage in den überlieferten Texten erwähnt werden, ist das vorliegende Werk wahrscheinlich der Rest einer Sammlung von Festgebeten, die einst das ganze Jahr umfaßten. Nur der Versöhnungstag und das Erstlingsfest, auch Wochenfest genannt (Numeri 28,26), werden ausdrücklich genannt. Alle Gebete enden mit einem zweifachen „Amen", typisch für die liturgischen Texte der *Jahad*. Die Texte *Liturgische Segensformel und Verfluchung* (Text 56) und *Worte der Himmelslichter* (Text 119) sind gut zu vergleichen.

Ein besonderes Kennzeichen einer der Abschriften aus Höhle 4, 4Q509, ist, daß es sich um ein Opisthograph handelt. Mit diesem Ausdruck werden auf beiden Seiten beschriebene Schriftrollen bezeichnet. In alter Zeit war dies außergewöhnlich, ist jedoch bei fast hundert der Qumran-Schriften Normalität. Opisthographen waren im zeitgenössischen Ägypten nicht auf dem üblichen Buchmarkt zu haben. Sie waren eher private Kopien, die nicht von Schreibern, sondern von Schülern für ihre eigenen privaten Studien angefertigt wurden. Die Rückseite von 4Q509 enthält die Abschrift der *Kriegsrolle* (Text 8) und hat daher ihre eigene Nummer 4Q496 erhalten.

Zeilen 1–5 überliefern wahrscheinlich den Schluß eines Gebets für das Gedächtnisfest, den ersten Tag des siebten Monats. Zeile 6 nennt ausdrücklich den Versöhnungstag.

1Q34, 1Q34bis Fragmente 1–2 ¹[...] die festgelegte Zeit [unseres] Friedens [... Denn Du gabst uns Freude für unseren Kummer und hast die Ausgestoßenen versammelt] ²zur Zeit [von ... und] uns [ver]streut für die Jahreszei[t von ... Deine Barmherzigkeit für unsere Versammlung ist wie Regentropfen auf] ³die Erde zur Ze[it des Säens ... und] wie die Schauer auf [das Getreide im Frühling ... Und wir werden Deine Wunder erzählen] ⁴von Generation zu Generation. Gelobt ist der Gott, der u[ns] froh macht [...]

⁵[...]

⁶Gebet für den Versöhnungstag: Erinne[re Dich, H]err, an [das] F[est Deiner Gnaden und die Zeit der Rückkehr ...] ⁷[...]

Gebet, auch zum Versöhnungstag.

Fragment 3 Kolumne 1 ¹[...] und [er] gebot [...] ²[...] im Los der Rech[tsch]affenen und für die Gottlosen Vergeltung ³[...] in ihren Knochen Scham für alles Fleisch. Doch die Rechtschaffenen ⁴[...] sich selbst [zu] mästen an den Wolken des Himmels und den Früchten der Erde, um zu unterscheiden ⁵[zwischen den Rechtsc]haffenen und den Frevlern. Und Du hast die Frevler zu unserem [L]ösegeld bestimmt, und durch die Aufrechten ⁶[wirst Du] Zerstörung über all unsere Unterdrücker [bringen]. Und was uns betrifft, wir werden Deinen Namen preisen für immer⁷ [und ewig], denn zu diesem Zweck hast Du uns erschaffen. Und so [sollen wir] Dir [antworten]: Gelobt [...]⁸[...]

Der folgende Text könnte ebenfalls ein Gebet zum Versöhnungstag sein.

Kolumne 2 ¹[...] ein große[s] Licht für die Zeit des [Tages] und [ein kleineres Licht für die Zeit der Nacht ...] ²[...] und sie können ihre Grenzen nicht überschreiten. Und sie alle [...] ³[...] und ihre Herrschaft geht über die ganze Welt. Doch die Nachkommenschaft des Mensch[en] hat nicht alles verstanden, was Du ihr als Erbe gegeben hast, noch haben sie Dich erkannt, ⁴indem sie nach Deinem Wort [han]delten, so haben sie gottloser gehandelt als alle übrigen. Sie haben Deine große Macht nicht beachtet, und so hast Du sie zurückgewiesen, denn Du findest keinen Gefallen ⁵an Ungerechtigkeit, und die Gottlosen sollen nicht von Dir errichtet werden. Doch zur Zeit Deines Wohlwollens erwähltest Du ein Volk für Dich selbst, denn Du erinnertest Dich an Deinen Bund. ⁶So [errichtetest] Du sie und trenntest sie von all den anderen Völkern als heilig für Dich selbst ab. Und Du erneuertest Deinen Bund für sie in einer Vision Deiner Herrlichkeit und Worte ⁷Deines heiligen [Geistes], bei den Werken Deiner Hände und der Schrift Deiner rechten Hand, um ihnen die Grundsteine des Ruhms zu verkünden, und die ewigen Werke. [8][...] für [s]ie ein treuer Hirte [...] elend und a[rm]

Weiteres Gebet, wohl zum Versöhnungstag.

4Q508 Fragment 1 [0][... Doch die Rechtschaffenen ... sich selbst zu mästen an den Wolken des Himmels und den Früchten] [1][der Erde, um zu unterscheiden [zwischen den Rechtsc]haffenen und den Frevlern. Und Du hast die [Frevler zu unserem Lösegeld] bestimmt, [und durch die Aufrechten] [2][wirst Du Zerstörung] über all unsere Unterdrücker [bringen]. Und was uns betrifft, wir werden Dei[nen Na]men preisen [für immer und ewig, denn zu diesem Zweck] [3][hast Du uns erschaffen. Und s]o sollen wir Dir antworten: [Gelobt ...]

Gebete für das Gedächtnisfest, den ersten Tag des siebten Monats (Zeile 1) und für den Versöhnungstag (Zeilen 2–6).

Fragment 2 [1][...] und Du wohntest in unserer Mitte [...] [2][Gebet für den Versöhnungst]ag: Erinnere Dich, Herr, an das Fest Deiner Gnaden und die Zeit der Rückkehr [...] [3][...] denn Du errichtetest es für uns als Fest des Fastens und der ewig[währenden] Gebote [...] [4][...] und Du kennst die Dinge, die verborgen und offen[bart ...] werden [5][...] Du [ke]nnst unsere Neigung [...] [6][... uns]er [Aufsteigen] und unser Darniederliegen [...]

Weiteres Gebet, auch zum Versöhnungstag.

Fragment 3 [1][...] wir haben gottlos gehandelt [...] [2][...] und da ihre Zahl größer war. [Dann] errichtetest Du [Deinen Bund] für Noach [...] [3][... Dein]e Treue zu [Is]aak und Jakob [...] [4][...] Du erinnertest Dich an das Ende von [...]

Gebet für das Erstlingsfest (Wochenfest).

Fragment 13 [1][... der H]err, denn in Deiner Liebe [2][...] Deine [...] in Festen des Ruhms und zu heil[igen] [3][...] K[orn und] frischer Wein und frisches Öl [4][...]

In Zeile 3 wird das Opfern von Ernteerträgen erwähnt. Es könnte sich um ein Gebet handeln, das gesprochen wurde zu Beginn des Omer-Zählens, einem Fest, bei dem landwirtschaftliche Produkte Gott geopfert wurden.

Fragmente 22 + 23 [1][... d]aß unsere Gnade ist in [...] [2][die Fü]lle Deiner Gnaden [...] [3][... die Ert]räge unseres Landes als ein Opf[er ...]

Zeilen 1–23 überliefern wahrscheinlich ein Gebet für das Gedächtnisfest, den ersten Tag des siebten Monats. Zeile 24 ist wohl der Anfang eines Gebets zum Versöhnungstag.

4Q509 Kolumne 1 (Fragmente 1-4) [1][...] unser [...] [2][...] [3][... Schl]amm der Straßen [...] [4][... vor Di]r schütten wir [unsere] Klage aus [...] denn all [...] [5][...] unser [...] in der Zeit der [Prüfung (?)...] für immer. Und er hat uns froh gemacht [...] [6][... Gesegnet sei] der HERR, der uns Verstehen zugesichert hat von [...] [7][... für immer und] ewig. Amen. Amen. [...] [8][...] Mose. Und Du sprachst zu [ihm ...] [9][...] die sind [...] [10][... w]ie Du es ihm befohlen hast [...] [11][...] mit Dir (*oder* Deinem Volk?) [...] [12][...] [13–14][...] [15][...] und ihr Kummer

[...] [16][...] die festgelegte Zeit [unseres] Friedens [...] [17][... Denn Du gabst] uns [Freude] für unseren Kummer und hast die [Ausgestoßenen] versammelt [zur Zeit von ...] [18][...] und uns verstreut für die [Jahreszei[t von ...] [19][...] Deine [Gn]ade für unsere Versammlung ist wie Re[gentropfen auf die Erde zur Zeit des Säens ...] [20][...] [21]und wie die Schauer auf das Get]reide im Frühling und [...] [22][... Und wir werden] Deine [W]und[er erzählen] von Generation zu Generat[ion ...] [23][... Gelo]bt ist der Gott, der u[ns] froh macht
[24][Gebet für den Versöhnungstag: ...]

Gebet, vielleicht zum Versöhnungstag.

Kolumne 2 (Fragmente 5–7) [1][...] [2][...] unser Blut (?) in der Zeit von [...] [3][...] unser [...] uns zu treffen als [...] [4]in [...] Du kennst alles [...] [5]Du teiltest und verkündetest [... a]lle die Flüche [...] [6][mit] uns gerade als Du sprachst [...] [7]Siehe, du liegst unten mit [deinen] Vä[tern (?) ...] [8][...] [9–15][...] [16][... und] in den Tiefen und in allen [...] [17]Denn von Ewigkeit an hast Du gehaßt [...] [18][...] die einzigen vor Dir [...] [19]in den Letzten Tagen [...] [20][...] [21][...] vorsichtig zu sein [...] [23][...]

Gebet, vielleicht zum Versöhnungstag.

Kolumne 3 (Fragmente 8–10i, 12i–13) [1][...] das Werk [...] [2][...] [3][...] [4][... die Erträge] unseres [Lan]des als ein Opf[er ...] [5][...] am Beginn von [...] [6][... vi]el [...] [7][...] und unsere Armen [...] [8][... die Her]rschaft von [...] [9–20][...] [21][... so] daß [...] [22][...] und Du gelobt [23][...] was [...] [24–29][...] [30][...] unser Mitleid [...] [31–35][...] [36]die Verbannten wandern herum und [keiner bringt sie zurück ...][37]ohne zu stärken, die Gefallenen [hebt keiner auf ...] [38]versteht keiner, die Zerbrochenen, die [keiner heilt ...] [39]in [ihrer] Lasterhaftigkeit, [und] es gibt keinen Arzt [...] [40]der jene tröstet, die in ihren Sünden stolpern [... Du erin]nerst Dich an [41]die Qual und das Weinen, und du bist ein Gefährte den Gefangen[en ...]

Zeilen 24–28 enthalten das Ende eines weiteren Gebets, das wohl für den Versöhnungstag gedacht war. Zeilen 29–41 könnten Anfang eines Gebets zum Tabernakel-Fest sein.

Kolumne 4 (Fragmente 10ii, 11, 12ii, 16) [24]Du hast behütet (?) und [...] [25]mit [...] [26]und Deine Engel [...] [27]und Dein Erbe [... Gelobt sei] [28]der Herr [...] [29][Geb]et für das Fest [...] [30][...] wa[s ...] [31][...] [32][...] all [...] [33][...] zu [...] [34][...] [35][...] für all [ihren] Schmerz [...] [36][...] tröste sie in ihrer Not [...] [37][...] die Marter unserer Älteren und [unserer] ehrenhaften [Männer ...] [38][...] die Jungen machen sich über sie lustig. [39][...] sie haben [n]icht beachtet, daß D[u] [40][...] unsere Weisheit [...] [41][...] und wir [...]

Ein weiteres Gebet zum Versöhnungstag.

Fragmente 97–98i [2][... Doch die] Nach[kommenschaft des] Menschen [hat nicht alles verstan]den, [3][was Du ihr als Erbe gegeben hast, noch haben sie Dich erkannt,] [4][indem sie nach Deinem Wort] handelten, [so haben sie gottloser gehandelt als alle übrigen.] Sie [haben] Deine [große] Macht [nicht bea]chtet, [5][und so hast Du sie zurückgewiesen, denn Du findest keinen Gefallen an Ungerechtigkeit, [und die Gott-losen] [6][sollen nicht von Dir aufgerichtet werden. Doch zur Zeit Deines Wohlwollens erwähltest Du ein Volk für Dich selbst,] ⁷[denn Du erinnertest Dich an Deinen Bund. So errichtest Du sie auf und trenntest sie von all den anderen Völkern] als heilig [für] Dich selbst ab. ⁸[Und Du erneuertest] Deinen [Bun]d für sie in einer Vision ⁹[Deiner Herrlichkeit und Worte Deines heiligen Geistes, bei] den Werken Deiner Hände und der Schrift ¹⁰[Deiner rechten *Hand*, um ihnen die Grundsteine des Ruhms zu verkünden, und die ewigen Werke ...]

Zeilen 2–3 überliefern wahrscheinlich den Schluß des Gebetes am zweiten Pessach. Zeile 5 erwähnt ausdrücklich das Erstlingsfest (d. h. Wochenfest).

Fragmente 131–132ii ²[...] Dein [R]uhm [...]³[...] Amen. A[men ...] ⁴[...]
⁵[Gebet für den Tag der] ersten Früchte: Erinnere Dich, o H[ER]R, an das Fest von ⁶[...] und die freiwilligen Opfer Deines Willens die Du befohlen hast ⁷[... wir werden] vor Dir die ersten Früchte [unserer] Arbeit präsentieren [...] ⁸[...] auf der Erde, um zu sein [...] ⁹[...] Dein [...] denn am Tag des [...] ¹⁰[...] weihtest Du [...] ¹¹die Nachkommenschaft von [...] ¹²⁻¹⁴[...] ¹⁵mit [...] ¹⁶heil[ig ...] ¹⁷ in allen [...]

– M. G. A.

16. EXODUS-GESCHICHTE

2Q21

Einer der interessanteren Aspekte der kürzlich zugänglich gemachten Schriftrollen vom Toten Meer (im Vergleich mit denen, die schon seit Jahrzehnten verfügbar waren) ist das Bekanntwerden von Schriften über Mose, oder, wie die Schriften von sich behaupten, von Mose selbst. Mose als Verfasser vieler außerbiblischer Werke mag überraschen. Nur sehr wenige dieser neuen Schriften stammen höchstens aus dem dritten vorchristlichen Jahrhundert. Damit sind sie um Jahrhunderte zu jung, um ihren Aussagen ernsthafte Beachtung heutiger Leser zu schenken. Viele Leser früherer Zeiten glaubten, daß diese Werke genau das waren, was sie vorgaben. Dieses Phänomen nennt die Forschung Pseudepigraphik (wörtlich „falsches Schreiben"). Das Schreiben unter dem Pseudonym des Mose oder anderer biblischer Größen war unter den Juden zur Zeit des zweiten Tempels üblich.

Über dieses Phänomen herrscht noch nicht völlige Klarheit. Für unser heutiges Verständnis ist die Tatsache am erstaunlichsten, daß die gebildeten Zeitgenossen der damaligen Zeit durchaus wußten, daß dies geschah, und daß sie doch deutlich zwischen Pseudepigraphik und Betrug unterschieden. Im Gegensatz zum Betrüger hielt sich der Verfasser einer pseudepigraphischen Schrift für einen Schüler jenes Schriftstellers, in dessen Namen er schrieb. Er war folglich äußerst aufrichtig, wenn er seine Vorstellungen seinem Meisters zuschrieb. Er war kein Betrüger, der von Gier oder anderen wenig edlen Gefühlen geleitet wurde. Der tiefste Grund, ein Werk im Namen des Mose zu verfassen, war natürlich die einmalige Gelegenheit, die Autorität des Mose für die eigenen Ideen in Anspruch zu nehmen.

Der Hintergrund des vorliegenden Werks ist die Zeit des Exodus und der Wüstenwanderungen (um 1250 v. Chr.). Wegen des äußerst fragmentarischen Zustandes kann
nicht genau gesagt werden, worauf der Autor hinauswollte. Ob es sich bei der Schrift um
eine Polemik handelte, die sich auf die mosaische Autorität stützen wollte, oder nur um
eine Sammlung interessanter „Lagerfeuer-Geschichten" rund um die berühmteste Gestalt
in Israels Geschichte, wissen wir nicht. Beides ist unter den Schriftrollen vertreten. Dieses
Werk scheint vor allem vergleichbar mit den *Worten des Mose* (Text 4) oder mit dem *Mose-
Apokryphon* (Texte 87) zu sein.

*Die erhaltenen Abschnitte beginnen mit einer Liste von Aarons Söhnen, den Priestern. Diese
Priester werden sicherlich absichtlich in leuchtenden Farben geschildert. Dann wird, wie häufig während der Wüstenwanderungen, von Mose berichtet, wie er sich vom Lager der Israeliten
entfernte, um zu beten.*

Kolumne 1 [1][... Nadab und] Ab[i]hu, Elea[sar und Itamar ...] [2][um] Gerechtigkeit
für euch in Wahrheit [zu tun] und mit Rechtschaffenhe[i]t zu tadeln ...

[4][Dann ging Mose hin]aus vor das Lager und begann zum HERRN zu beten. Er fiel
[vor dem HERRN auf sein Angesicht ...] [5][er sagte: „O HERR, mein Go]tt, wie kann
ich auf Dich schauen? Wie kann ich mein Angesicht [zu Dir] erhe[ben? ...] [6]um ein
Volk zu sc[haf]fen durch Deine [mächtigen T]aten ...

– M. O. W.

17. LETZTE WORTE DES JUDA

3Q7

Der erste Herausgeber dieses Textes, M. Baillet, veröffentlichte ihn unter dem Titel
„An Apocryphon Mentioning the Angel of the Presence" (1962). Anders konnte er
sich keinen Reim auf die kleinen Fragmente machen. Es blieb J. T. Milik überlassen, über
ein Jahrzehnt später mit äußerstem Scharfsinn zu erkennen, daß einige der Fragmente mit
einem bereits bekannten, griechischen Werk, dem Testament Juda, übereinstimmten. Das
Testament des Juda ist nur ein Teil eines umfangreicheren Werks, des Testaments der zwölf
Patriarchen, das in frühchristlichen Kreisen weit verbreitet war. Forscher haben schon
lange vermutet, daß zumindest einige dieser Testamente Bearbeitungen und Übersetzungen älterer hebräischer oder aramäischer Schriften waren, die jüdischen Kreisen bekannt
waren. Miliks Hinweis war ein Schritt in Richtung auf Bestätigung dieser wissenschaftlichen Annahme. Zahlreiche weitere Schriften, die in den Qumran-Verstecken entdeckt
wurden, gehen in die gleiche Richtung. Inzwischen scheint die Ansicht unwiderlegbar:
Die meisten der christlichen *Testamente* hatten jüdische Vorfahren. Diese Tatsache schließt
nicht aus, daß die Christen diese älteren Werke veränderten und umschrieben. Wahrscheinlich verfaßten die frühen Christen auch ganz neue Abschnitte, die sie in das überlieferte Material einfügten.

Die Entdeckung dieser Testamente in den Höhlen von Qumran öffneten daher neue Aspekte für die Erforschung dieser frühchristlichen Texte. Zu einer umfassenderen Erörterung der Gattung „Testament" siehe die Einleitung zu *Worte Levis* (Text 39). Weitere Beispiele für Testamente aus den Höhlen sind das *Testament Naftalis,* die *Letzten Worte Kehats* und die *Vision des Amram* (Texte 40, 131 und 132).

Auch das *Juda-Apokryphon* (Text 129, 4Q538) könnte als frühe Quelle für das christliche Testament des Juda gedient haben. Wenn diese Annahme zutrifft, dann sind sowohl der folgende hebräische Text als auch das aramäische Werk Vorfahren der späteren griechischen Schrift: ein markantes Beispiel, wie komplex der historische Prozeß der Überlieferung von Texten sein kann.

Juda war der vierte von Jakobs zwölf Söhnen (Gen 29,35). Dieser Abschnitt des Testaments Judas (25,1–2) behandelt die Segnungen, die über die Söhne Jakobs und ihre Nachkommen in den herrlichen Letzten Tagen kommen würden. Der hebräische Text weicht kaum von der bekannten griechischen Version ab.

Fragmente 6+5+3 (Ich und meine Brüder werden Führer sein) [1][in Israe]l. Levi [wird sein an der Spi]tze, [ich werde der Zweite sein, Josef der Dritte, Benjamin [2]der Vierte, Simeon der Fünf]te, Is[sachar der Sechste, Ruben der Siebte, dann all] die Stämm[e. [3]Der HERR wird Levi segnen,] der Engel der Gegenwart [wird mich segnen, der Ruhm wird Simeon segnen, der Himmel Ruben, die Er]de [Issachar, die See] Sebul[on, [4]die Berge Jose]f, das [Heiligtu]m Benjamin ...

– M. O. W.

18. VERZEICHNIS DER SCHATZVERSTECKE

3Q15

Das Verzeichnis der Schatzverstecke, auch die *Kupferrolle* genannt, (entdeckt Februar 1952) unterscheidet sich in vielerlei Hinsicht von anderen Qumran-Rollen. Ihre Sprache hat mit dem Hebräisch der meisten anderen Schriftrollen keine Ähnlichkeit. Das Material, auf das geschrieben wurde, besteht weder aus Tierhaut noch aus Papyrus, sondern aus Kupfer. Vor allem aber ist sie die einzige Schriftrolle mit 12 Kolumnen, die eine Liste von 65 Schatzverstecken enthält. Die Stellen, an denen die Schätze versteckt sind, liegen in ganz Judäa verstreut, so daß eine Lokalisierung nicht möglich ist; aber es gibt Verstecke, die in der Nähe des Tempelbergs, in der Nähe von Jericho und in der Wüste nahe der Stätte von Qumran konzentriert sind.

Der autorisierte Herausgeber der Schriftrollen, der polnische Forscher Pater J. T. Milik, glaubte zunächst, daß die Kupferrolle aus essenischer Hand stammte, es sich aber auf keinen Fall um ein „offizielles" Werk der Sekte handelte. Vielmehr sei die *Kupferrolle* die Leistung einer Privatperson „von höchst individuellem Charakter und Ausführung, unter Umständen das Werk eines ‚Spinners'". So gesehen konnte es natürlich keine historische Überlieferung wirklicher Schätze sein, die im Altertum vergraben wurden.

Die „ungeheure Menge" an wertvollem Metall verankerte die Schriftrolle zunächst „fest in der Gattung ,Folkloristik'." Später jedoch änderte Milik seine Ansichten entschieden. Da er „keinen einzigen stichhaltigen Hinweis" gefunden hatte, die Entstehung des Werkes einem Essener zuzuschreiben, löste Milik die Kupferrolle vom Zusammenhang mit den anderen Entdeckungen aus Höhle 3, ja mit allen anderen Qumran-Rollen. Er behandelte sie fortan als ein Dokument, das rein zufällig unter diesem Schriftenmaterial gefunden wurde. Er revidierte auch die Datierung des Textes und äußerte nun die Ansicht, daß die Kupferrolle erst um das Jahr 100 n. Chr. geschrieben worden sei – weit nach der Zerstörung Jerusalems. Um diese neuen Behauptungen zu rechtfertigen, betonte Milik, die beiden Kupferrollen, die in Höhle 3 gefunden wurden, seien etwas entfernt von den anderen Schriftstücken-Funden entdeckt worden. „Diese Tatsache", so schrieb Milik, „deutet auf zwei voneinander unabhängige Depots hin, getrennt durch eine beträchtliche Zeitspanne."

In den allerletzten Jahren konzentrierten mehrere Wissenschaftler, in erster Linie P. Kyle Mc Carter, Al Wolters, David Wilmot und Juda Lefkovits, ihre Aufmerksamkeit auf den rätselhaften Text. Das Ergebnis war ein erstaunlich anderes und neues Verständnis der Kupferrolle.

Diese Forscher kamen überein, daß Miliks Versuch, die Kupferrolle aus dem Zusammenhang mit den anderen Funden aus Höhle 3 zu lösen, eine willkürlich Spitzfindigkeit war. Eine nochmalige Untersuchung der archäologischen Spuren sprach ganz entschieden gegen Miliks Spätdatierung der Schriftrolle. In Wirklichkeit gehört die Kupferrolle in die Zeit vor 70 n. Chr. Den Forschern wurde klar, daß Miliks Gleichsetzung der Kupferrolle mit einem folkloristischen Werk nicht stimmen konnte. Die Kupferrolle ist etwas anderes – aber was? Wilmot führte an, daß aufgrund ihrer äußeren Form die Kupferrolle unter die Rubrik „Liste" (Verzeichnis) falle. Dies ist eine bekannte Textgattung im Altertum.

Auffallend sind genaue Parallelen zwischen dem Satzgliederungsmuster in der Kupferrolle und griechischen Tempelbestandsverzeichnissen der Insel Delos. Diese Texte, zumeist aus der Zeit zwischen 180 und 90 v. Chr. stammend, sind Niederschriften, die von Priestern des Apolltempels aufbewahrt wurden. Sie bieten eine genaue Beschreibung einer großen Zahl von Votivgegenständen, die in den Tempel gebracht wurden, einschließlich Kronen, Krügen, Ohrringen und Münzen. Die Parallelen zwischen Form und Inhalt deuten darauf hin, daß die Kupferrolle mit einem geschäftlichen Dokument gleichgesetzt werden kann. Bei dem Text handelt es sich um ein authentisches Tempelinventar, in dem – so ist zu vermuten – echte Schätze aufgelistet sind. Die Wahl des Schreibmaterials, auf dem diese Schätze überliefert wurden, unterstützt diese Schlußfolgerung. Kupfer wurde für die sichere Aufbewahrung nichtliterarischer Niederschriften verwendet, z. B. des römischen öffentlichen Rechts und sogar der privaten Entlassungspapiere römischer Kriegsveteranen. Kupfer und Bronze waren übliche Materialien, die für Archiv-Niederschriften von Tempeln in der Römerzeit ausgewählt wurden. Die formalen Merkmale und die Wahl des Schreibmaterials für die Kupferrolle machen klar: diese Schriftrolle ist ein echtes, offizielles Verwaltungsdokument aus dem Herodestempel in Jerusalem.

Anders als Milik und Mitglieder des offiziellen Herausgeberteams gelangte John Allegro, der Außenseiter unter den Herausgebern, schon bald zu der Überzeugung: Der auf der

Kupferrolle inventarisierte Schatz existierte wirklich. Aus diesem Grund stellte er zwei Schatzjäger-Expeditionen zusammen: eine vom Dezember 1959 bis Januar 1960 und die andere im März/April 1960. Er setzte die neuesten Techniken ein, die damals zur Verfügung standen, einschließlich einer vom „Signals Research and Development Establishment" in Christchurch geliehenen Minensuchausrüstung. Trotz dieser hochtechnisierten Ausstattung kam er mit leeren Händen zurück. Seine Bemühungen wurden von der Regierung endgültig gestoppt, als sein Team sich daran machte, auf dem Vorplatz des heiligen Felsendoms Grabungen durchzuführen – Aktionen, die sicherlich ernsthafte politische und religiöse Konsequenzen nach sich gezogen hätten.

Was Allegro wohl nicht berücksichtigte, ehe er diese unergiebigen Schatzjagden startete, waren die Emotionen der menschlichen Habgier. Zu der Zeit, als die Kupferrolle geschrieben wurde, hatten sicherlich die Römer jene Machtposition inne, um sich das nötige Wissen zu beschaffen. Die Geschichte der Entdeckung des versteckten Schatzes des letzten Daker-Königs ist hierfür aufschlußreich.

Nach der Niederlage und dem Selbstmord des Daker-Königs Dekebalus (106 n. Chr.) bemächtigten sich die Römer seiner Gebiete und begannen mit der Suche nach seinem legendären Schatz. Ein gewisser Bikilis, ein Freund des Königs, kannte das Versteck. Nachdem er gefangengenommen und von den Römern der Folter ausgesetzt worden war, gab er das Versteck preis und richtete die Aufmerksamkeit der Römer auf den Fluß Saretia, der am Königspalast entlangfloß. Dekebalus zog Gefangene hinzu, die nach getaner Arbeit niedergemetzelt wurden, um das Geheimnis zu bewahren. Er leitete den Fluß um und vergrub sein Gold, Silber und andere Wertgegenstände im Flußbett und ließ dann den Fluß wieder seinen natürlichen Lauf. Die Römer wußten nun Bescheid, zogen los und gruben den Schatz aus.

Auch die Römer waren, indem sie einen Informanten unter Druck setzten, in der Lage, die Schatzverstecke herauszubekommen. Auf der Ehrensäule für Kaiser Trajan in Rom befindet sich tatsächlich eine Darstellung, wie Esel einen Schatz abtransportieren. Das wirft die Frage auf: Wußten die Römer auch über die Orte Bescheid, an denen die Schätze aus dem Herodes-Tempel von Jerusalem versteckt wurden und die in der Kupferrolle aufgelistet sind?

Wenn man Flavius Josephus zu Rate zieht, der selbst Augenzeuge und Kriegsteilnehmer war, so lautet die Antwort: Ja. Die Römer bedienten sich einer oft angewandten Taktik, um gehortete Schätze aufzuspüren, die die Einwohner Jerusalems während der Belagerung versteckt hatten. Der Schlüssel ihrer Entdeckung lag im Verhör von Gefangenen. Einer dieser Gefangenen, Phineas, war offizieller Schatzmeister des Tempels. Der Historiker Flavius Josephus berichtet, daß dieser Mann den Römern „die Überkleider und Gürtel, die von den Priestern getragen wurden, preisgab ... zusammen mit einer großen Menge an Zimt und Kassia und einer Vielzahl von anderen Gewürzen ... viele andere Schätze wurden ebenso von ihm ausgeliefert, mit zahllosen heiligen Tempelgerätschaften" (*Krieg* 6,390–91). Phineas führte die Römer zu versteckten Schätzen des Tempels – vermutlich waren darunter auch solche, die auf der Kupferrolle verzeichnet sind. Eine zweite Stelle in Josephus' *Krieg* hält fest, daß nach der Entdeckung und der anschließenden Freigabe der Kriegsbeute durch die Römer der Goldpreis in ganz Syrien auf die Hälfte seines früheren Wertes fiel. Die Siegesbeute war so umfangreich, die Ausplünderung Judäas so vollständig.

Die Wahrscheinlichkeit, daß wesentliche Teile des Schatzes den römischen Suchtechniken entgangen sein könnten, ist sehr gering. Wie sie den Daker-Schatz aufspürten, so spürten die Römer im Jahr 70 n. Chr. höchstwahrscheinlich auch den Schatz Jerusalems und seines Tempels auf – einschließlich der in der Kupferrolle bezeichneten Schätze.

Das erste Versteck. Das Tal von Achor liegt westlich oder südwestlich von Jericho. Die Bedeutung der griechischen Buchstaben (z. B. KEN), die dieser und einigen weiteren Beschreibungen angefügt sind, bleiben mysteriös. Es ist unmöglich, den genauen heutigen Wert der Talente, Minen sowie der weiteren hier aufgelisteten Währungen zu bestimmen, aber der Schatz wäre sicherlich mehrere Millionen DM wert (1 Talent = 6000 Drachmen = 41 kg; 1 Mine = 100 Drachmen = 685 g).

Kolumne 1 [1]In der Ruinenstätte, die sich im Tal von Achor befindet, unter [2]den Stufen, mit dem Eingang im Osten, eine Entfernung von vierzig [3]Ellen: eine Kiste aus Silber und ihre Gefäße – [4]von Gewicht siebzehn Talente. KEN

Das zweite Versteck.

[5]In der Grabstätte, in der dritten Steinreihe: [6]einhundert Goldbarren.

Das dritte Versteck.

In der großen Zisterne, die sich im Hof [7]des Säulengangs befindet, auf ihrem Boden, verdeckt mit einem Siegelring, [8]gegenüber der oberen Öffnung: neunhundert Talente Silbermünzen.

Das vierte Versteck. Kohlit kommt in mehreren Versteckbeschreibungen der Kupferrolle vor (wie in den Verstecken zweiundzwanzig und fünfundsechzig), aber seine Identifizierung bleibt ungewiß.

[9]In dem Steinhügel von Kohlit: Votivgefäße – alle von ihnen Amphoren – und Hohepriestergewänder. [10]Alle Votivgaben, sowie das, was aus der siebten Schatzkammer stammt, sind [11]unreine zweite Zehnte. Die Öffnung des Verstecks befindet sich am Rande der Wasserleitung, sechs [12]Ellen nördlich des Tauchbeckens. CHAG

Das fünfte Versteck. Der Standort des Wasserbeckens ist unbekannt.

[13]In dem verputzten Wasserbecken von Manos, am linken Abstieg, [14]drei Ellen oberhalb des Grundes: Silbermünzen im Wert von vierzig Talenten.

Das sechste Versteck.

Kolumne 2 [1]In der Salzgrube unterhalb der Stufen: [2]einundvierzig Talente Silbermünzen. HN

Das siebte Versteck.

[3]In der Höhle der Kammer des alten Wäschers, auf der [4]dritten Terrasse: fünfundsechzig Goldbarren. THE

Das achte Versteck. Der Standort des Hofes des Matthias ist unbekannt.

[5]In der Grabkammer, die sich im Hof des Matthias befindet: hölzerne Gefäße, zusammen mit ihrem Bestandsverzeichnis.

Das neunte Versteck.

[6]In einer Nische der Grabkammer: Gefäße und siebzig Talente Silbermünzen.

Das zehnte Versteck.

[7]In der Zisterne gegenüber des östlichen Tores (d. h. des Hofes), [8]in einer Entfernung von neunzehn Ellen: darin befinden sich Gefäße.

Das elfte Versteck.

[9]Und im Leitungsrohr der Zisterne: zehn Talente Silbermünzen. DI

Das zwölfte Versteck. Bei der Zisterne, die hier beschrieben wird, handelt es sich möglicherweise um die große, uralte Zisterne, die sich direkt unter der ersten Mauer Jerusalems befindet.

[10]In der Zisterne, unterhalb der Mauer der Ostseite, [11]an der Felsklippe des Grundgesteins: sechs Krüge mit Silbermünzen. [12]Der Eingang zur Zisterne befindet sich unterhalb der großen Schwelle.

Das dreizehnte Versteck.

[13]In dem Bassin, das östlich von Kohlit liegt, in der [14]nördlichen Ecke, grabe vier Ellen tief: [15]zweiundzwanzig Talente Silbermünzen.

Das vierzehnte Versteck.

Kolumne 3 [1]Im Hof [...], unter der südlichen [2]Ecke, grabe vier Ellen tief: Votivgefäße aus Silber und Gold, [3]Sprengschalen, Becher, Schalen [4]und Kannen mit einem Wert von insgesamt sechshundertneun.

Das fünfzehnte Versteck.

[5]Unter der anderen Ecke – der östlichen – [6]grabe sechzehn Ellen tief: [7]vierzig Talente Silbermünzen. TR

Das sechzehnte Versteck. Es ist nach wie vor nicht bekannt, ob Milham ein Ort oder ein Gebäude war.

[8]In dem Trockenbrunnen, der sich in Milham befindet, im Norden davon: [9]Votivgefäße, Priestergewänder. Sein Eingang [10]ist unter der westlichen Ecke.

Das siebzehnte Versteck.

[11]In dem Grab, das sich in Milham befindet, auf der [12]nordöstlichen Seite, drei Ellen unterhalb [13]des Leichnams: dreizehn Talente Silbermünzen.

Das achtzehnte Versteck.

Kolumne 4 [1]In der g[roßen] Zisterne, [die sich in Ko]hlit befindet, an dem Pfeiler [2]im Norden davon: vierzehn (?) Talente Silbermünzen. SK

Das neunzehnte Versteck.

[3]In der Wasserleitung, die [von ...] herko[mmt ...], in einer Entfernung von [4]vier Ellen wenn du hineintrittst, Silbermünzen [5]im Gesamtwert von fünfundf[ünf]zig Talenten.

Das zwanzigste Versteck. Zum Tal von Achor, (s. das erste Versteck).

[6]Zwischen den zwei Felsblöcken im Tal von Achor, [7]genau in in ihrer Mitte, grabe drei [8]Ellen tief: zwei Kessel voll mit Silbermünzen.

Das einundzwanzigste Versteck. Das Wadi Atsla öffnet sich zum Nordwestufer des Toten Meeres, ungefähr zwei Kilometer von der Ruinenstätte von Qumran entfernt.

[9]In dem roten Trockenbrunnen am Rande von Wadi Atsla: [10]Silbermünzen im Gesamtwert von zweihundert Talenten.

Das zweiundzwanzigste Versteck.

[11]In dem Trockenbrunnen nordöstlich von Kohlit: [12]Silbermünzen im Gesamtwert von siebzig Talenten.

Das dreiundzwanzigste Versteck. Sechacha wird im Jos 15,61 in einer Aufzählung von Städten erwähnt, die sich in der Wüste Judäas befanden. Die moderne Ortsbestimmung ist umstritten, aber viele Forscher sind der Meinung, daß Sechacha ein uralter Name für Qumran war.

[13]In dem Steinhügel im Tal von Sechacha grabe eine [14]Elle tief: zwölf Talente Silbermünzen.

Das vierundzwanzigste Versteck.

Kolumne 5 [1]Am Anfang der Wasserleitung [des] [2][Tals von] Sechacha nördlich davon, unterhalb des [3]großen [Steins,] grabe [dr]ei El[len] [4]tief: sieben Talente Silbermünzen.

Das fünfundzwanzigste Versteck. Das Bassin des Salomon ist nicht identifiziert worden.

[5]In der Schlucht, die sich in Sechacha befindet, östlich des [6]Bassins des Salomon: Gefäße mit [7]Votivgaben, zusammen mit ihrem Bestandsverzeichnis.

Das sechsundzwanzigste Versteck.

[8]Oberhalb des Kanals Salomons [9]sechzig Ellen in Richtung des großen Steinhügels, [10]grabe drei Ellen tief: dreiundzwanzig Talente Silbermünzen.

Das siebenundzwanzigste Versteck. „Wenn du von Jericho in Richtung Sechacha gehst" ist die deutlichste geographische Beschreibung in der Kupferschriftrolle. Es handelt sich hier vermutlich um einen sehr bekannten Weg.

[12]In dem Grab, das sich im Wadi Kepah [13]am Eingang befindet, wenn du von Jericho in Richtung Sechacha gehst, [14]grabe sieben Ellen tief; zweiundvierzig Talente Silbermünzen.

Das achtundzwanzigste Versteck.

Kolumne 6 [1]In der Höhle des Pfeilers, die zwei Öffnungen hat und nach Osten zeigt, [3]an der nördlichen Öffnung, grabe drei [El]len tief: dort, eine Urne, [5]in der sich eine Schriftrolle befindet; unter ihr [6]zweiundvierzig Talente Silbermünzen.

Das neunundzwanzigste Versteck.

[7]In der Höhle an der Ecke [8]des großen Steinhügels, die nach [9]Osten zeigt, grabe neun Ellen bei der Öffnung [10]tief: einundzwanzig Talente Silbermünzen.

Das dreißigste Versteck. Das Mausoleum der Königin ist unbekannt, aber es befand sich möglicherweise in der Nähe von Jericho, wo die hasmonäischen Könige und Königinnen einige Bauwerke errichten ließen und wo sie ein Teil des Jahres verbrachten.

[11]In dem Mausoleum der Königin, an der [12]westlichen Seite, grabe zwölf [13]Ellen tief: siebenundzwanzig Talente Silbermünzen.

Das einunddreißigste Versteck. Die „Furt (oder Kreuzung) des Hohenpriesters" befand sich möglicherweise in der Nähe von Jericho.

[14]Bei dem Steinhügel bei der Furt des **Kolumne 7** [1]Hohenpriesters, g[rabe] neun [Ellen] [2][tief:] zweiund[zwanzig] (?) Talente Silbermünzen.

Das zweiunddreißigste Versteck.

[3]In der Wasserleitung von [...] [4][...] nördlich[es] Wasserbecken [...] [5]mit vier Sei[ten], [6]miß vom Rand aus [vi]erundzwan[zig] Ellen: [7]vierhundert Talente Silbermünzen.

Das dreiunddreißigste Versteck. Das Priestergeschlecht der Hakkoz (Meremot: Esra 8,33) lebte in der Nähe von Jericho. Nach Esra 8,33 und Neh 10,6 waren sie möglicherweise für die Schatzkammer des Tempels während der Zweiten-Tempelzeit zuständig.

[8]In der Höhle, die neben der Kühlkammer der [9]Familie von Hakkoz liegt, grabe sechs Ellen tief: [10]sechs Krüge mit Silbermünzen.

Das vierunddreißigste Versteck. Dok liegt ungefähr zwei Kilometer nördlich von Jericho.

[11]In Dok, unterhalb der östlichen Ecke des [12]Wachhauses, grabe sieben Ellen tief: [13]zweiundzwanzig Talente Silbermünzen.

Das fünfunddreißigste Versteck. Kozibah war offensichtlich die Bezeichnung für das Gebiet im Wadi Qelt, das sich zwischen Ein Qelt und Jericho ausdehnt.

[14]Am Ursprung des Quellbrunnens von Kozibah, [15]grabe drei Ellen tief bis zu der Steinreihe: [16]achtzig Talente Silbermünzen; zwei Talente Goldmünzen.

Das sechsunddreißigste Versteck.

Kolumne 8 [1][In der Was]serleitung, die neben der Straße östlich des [2]Lagerha[uses] liegt: [3]Votivgefäße und zehn Bücher. (Die Zahl ist mindestens zehn; sie ist teilweise beschädigt.)

Das siebenunddreißigste Versteck.

[4]In der äußeren Schlucht, bei dem Stein in der [5]Mitte der Schafpferche: grabe siebzehn [6]Ellen tief: [7]siebzehn Talente Silber- und Goldmünzen.

Das achtunddreißigste Versteck. Kidron ist der Name des Wadis direkt im Osten Jerusalems.

[8]In dem Steinhügel am Zugang zur Schlucht von Wadi Kidron, [9]grabe drei Ellen tief: sieben Talente Silbermünzen.

Das neununddreißigste Versteck. Nach den Patriachen-Geschichten 23,14 (s. Text 2), war das Tal von Schaveh ein weiterer Name für Bet Hakerem, das südöstlich von Jerusalem liegt. Zu Bet Hakerem vergleiche das neunundvierzigste Versteck weiter unten.

[10]In dem Brachfeld im Tal von Schaveh, das nach [11]Südwesten zeigt, in der Grabkammer, [12]die nach Norden zeigt, grabe vierundzwanzig Ellen [13]tief: sechsundsechzig Talente Silbermünzen.

Das vierzigste Versteck.

[14]In dem Hof im Tal von Schaveh, bei der Grabkammer, die sich dort drinnen befindet, grabe elf Ellen [15]tief: [16]siebzig Talente Silbermünzen.

Das einundvierzigste Versteck. Das Wadi Nataf liegt zwischen Herodian und Tekoa. Ein Taubenschlag ähnelte einem großen Vögelhäuschen mit mehreren Eingängen. Viele Vögel nisteten gleichzeitig darin.

Kolumne 9 [1]An dem Taubenschlag am Rande des Wadi Nataf, miß vom Rande des Taubenschlags an dreizehn Ellen [2]und grabe sieben Ellen tief: sieben [3]Talente Silbermünzen und vier Statérmünzen (Statér = tyrische Münzen).

Das zweiundvierzigste Versteck.

[4]In dem zweiten Landsitz, bei der Grabkammer, die nach Osten [5]zeigt, grabe acht [6]und eine halbe Ellen tief: dreiundzwanzigeinhalb Talente Silbermünzen.

Das dreiundvierzigste Versteck. Ober- und Unter-Bet Horon liegen ungefähr sechzehn Kilometer nordöstlich von Jerusalem. Sie sind durch ein Wadi voneinander getrennt.

[7]Bei der Gruft von Beth Horon, bei der Grabkammer, die nach Westen [8]zeigt, in der Nische sechzehn Ellen tief graben: [9]zweiundzwanzig Talente Silbermünzen.

Das vierundvierzigste Versteck.

[10]Auf der Paßhöhe: Silbermünzen im Gesamtwert von einer Mine und geweihte Tempelgaben.

Das fünfundvierzigste Versteck.

[11]Bei dem Quellbrunnen in der Nähe der Wasserleitung, [12]auf der östlichen Seite neben der Quelle, sieben [13]Ellen tief graben: neun Talente Silbermünzen.

Das sechsundvierzigste Versteck. Bet Tamar ist offensichtlich gleichzusetzen mit Baal Tamar in der Nähe von Gibea. Bemerkenswert ist, daß bei den Angaben zu diesem Versteck der Befehl zum Graben, die entsprechende Tiefe sowie die Gesamtsumme des Schatzes fehlen. Vermutlich handelt es sich hierbei um einen Fehler des Schreibers.

[14]Bei dem Trockenbrunnen nördlich der Mündung der Bet [15]Tamar-Schlucht, bei dem Durchlaß der Pele-Schlucht: [16]alles, was sich darin befindet, sind geweihte Tempelgaben.

Das siebenundvierzigste Versteck. Nobach wird in Num 32,42 sowie in Ri 8,11 als eine Ortschaft in der Nähe von Kenat am Ostufer des Jordans erwähnt.

[17]Bei dem Taubenschlag, der sich in der Festung von Nobach befindet, an der Gren[ze] **Kolumne 10** [1]auf der Südseite, in der zweiten Dachkammer – deren Eingang von oben [2]herabführt – : neun Talente Silbermünzen.

Das achtundvierzigste Versteck. Das Große Wadi ist eine Bezeichnung, die sich auf mehrere verschiedene Wadis beziehen könnte, so daß hier keine eindeutige Identifizierung möglich ist.

[3]In der mit Kalk verputzten Zisterne, deren Leitungsrohre Wasser von dem Großen [4]Wadi herholen, am Boden der Zisterne: elf Talente Silbermünzen.

Das neunundvierzigste Versteck. Bet Hakerem liegt südlich von Jerusalem, dort wo sich heute der moderne Kibbuz Ramat Rachel befindet. Die heutigen Bewohner haben dort keinen Schatz gefunden.

[5]Bei dem Reservoir von Bet Hakerem, auf der linken Seite [6]wenn man hineingeht, zehn Ellen tief graben: Silbermünzen im Gesamtwert von [7]zweiundsechzig Talenten.

Das fünfzigste Versteck. Das Wadi Zered wird mehrmals in der Bibel erwähnt, aber der Standort ist noch umstritten.

[8]Bei dem Wasserbecken der Zered-Schlucht, bei der westlichen Grabkammer – diejenige, mit [9]einem schwarzen Stein als Eingang –, zwei Ellen tief graben: [10] dreihundert Talente Silbermünzen, [11]Goldmünzen und zwanzig Gefäße, die Tempelbußgelder enthalten.

Das einundfünfzigste Versteck. Das Denkmal des Abschalom stand im alten Königstal (heute Emeq Refaim), etwa 400 Meter südlich von Jerusalem.

[12]Unter dem Abschalom-Denkmal, auf der westlichen [13]Seite, zwölf Ellen tief graben: [14]achtzig Talente Silbermünzen.

Das zweiundfünfzigste Versteck. Das Wasserbecken der Rahel ist noch nicht identifiziert worden.

[15]In dem Tank des Wasserbeckens der Rahel, unterhalb [16]des Trogs: siebzehn Talente Silbermünzen.

Das dreiundfünfzigste Versteck.

[17]In dem [ober]en [Becken], **Kolumne 11** [1]in dessen vier Ecken: Votivgefäße, und ihr Bestandsverzeichnis liegt daneben.

Das vierundfünfzigste Versteck. Der Standort ist offensichtlich in der südöstlichen Ecke des Tempels.

[2]Unter der südlichen Ecke der Säulenhalle, [3]beim Grab des Zadok, unter dem Pfeiler des kleinen Säulengangs: [4]zehn Votivgefäße, und ihr Bestandsverzeichnis liegt daneben.

Das fünfundfünfzigste Versteck. Dieses Versteck und die nachfolgenden bis zum Versteck einundsechzig befinden sich – insoweit sie identifiziert werden können – in dem oberen Teil des Kidrontals in der Nähe von Getsemani.

[5]Bei dem Thron – der Gipfel des Felsen, der nach Westen zeigt – [6]gegenüber vom Garten des Zadok, unterhalb des großen [7]Schlußsteins, der sich am Rande befindet: Goldmünzen und geweihte Gaben.

Das sechsundfünfzigste Versteck.

[8]Bei dem Grab, das unterhalb des Messers liegt: einundvierzig Talente Silbermünzen.

Das siebenundfünfzigste Versteck. Das Kidrontal war die traditionelle Grabstätte des einfachen Volkes, im Gegensatz zu den Priestern und Leviten (s. 2 Kön 23,6 und Jer 26,23).

[9]Bei der Grabstätte des einfachen Volkes – sie ist rituell rein – [10]darin: vierzehn Votivgefäße, [11]und ihr Bestandsverzeichnis liegt daneben.

Das achtundfünfzigste Versteck.

[12]In dem Reservoirbezirk, in dem Reservoir [13]liegen, wenn man hineingeht auf der linken Seite: [14]elf Votivgefäße, [15]und ihr Bestandsverzeichnis liegt daneben.

Das neunundfünfzigste Versteck.

[16]Bei dem Eingang zu der Terr[asse] des westlichen Mausoleums, [17]neben dem Bach an [...]: [Gefäße mit einem Gesamtwert von] neunhundert; **Kolumne 12** [1]fünf Talente Goldmünzen; sechzig Talente Silbermünzen. Sein Eingang befindet sich auf der westlichen Seite.

Das sechzigste Versteck.

[2]Unter dem schwarzen Stein: Ölgefäße.

Das einundsechzigste Versteck.

Unterhalb der Türschwelle [3]der Krypta: zweiundvierzig Talente Silbermünzen.

Das zweiundsechzigste Versteck. Der Berg Garizim in Samaria war die ehemalige Tempelstätte der Samariter, der dem Gott Israels geweiht war. Auch nachdem dieser Tempel etwa um 100 v. Chr. zerstört wurde, blieb der Bezirk heilig.

[4]Auf dem Berg Gerizim in Samaria, unterhalb der Treppe des oberen Grabens: [5]eine Truhe und alle ihre Gefäße und Silbermünzen im Gesamtwert von einundsechzig Talenten.

Das dreiundsechzigste Versteck. Der Ortsname ist unbekannt; es könnte sich tatsächlich aber um eine fehlerhafte Angabe für Bet-Schemesch handeln, die Stadt im Südwesten, die mit dem berühmten Simson in Verbindung gebracht wird.

⁶Am Ursprung des Brunnens von Bet-Schem: Silber- und Gold⁷votivgefäße und Silbermünzen. Der Gesamtbetrag: sechshundert Talente.

Das vierundsechzigste Versteck.

⁸In dem großen Rohr der Zisterne, an der Stelle, wo es mit der Zisterne verbunden wird: ⁹eine Gesamtsumme nach Gewicht von einundsiebzig Talenten und zwanzig Minen.

Das fünfundsechzigste Versteck. Die detailliertere Version der Kupferrolle, die hier beschrieben wird, ist noch nicht gefunden worden.

¹⁰In dem Trockenbrunnen nördlich von Kolhit, der eine Öffnung nach Norden hin hat ¹¹und Gräber in der Nähe des Eingangs: eine Kopie dieses Bestandsverzeichnisses ¹²mit Erklärungen und Maßangaben und vollständige Einzelheiten zu allen und ¹³jedem versteckten Gegenstand.

– M. O. W.

19. APOKRYPHE PSALMEN

4Q88

Die Schriftrolle 4Q88 ist eine Psalmenabschrift, enthält aber neben den bekannten biblischen Psalmen auch bisher unbekannte Werke. Vor den apokryphen Psalmen befindet sich die *Anrufung* Zions, deren unbeschädigten Text auf einer weiteren Schriftrolle vom Toten Meer, 11Q5 (vgl. Text 145), erhalten ist. Der *Anrufung* wiederum vorangestellt ist Psalm 109. Die Reihenfolge in 4Q88 ist daher folgende: *Psalm 109, Anrufung Zions, Psalm über das Ende der Tage, Anrufung Judas* (die Übersetzung der beiden letzten Texte folgt weiter unten). Diese Schriftrollen und einige andere wie 11Q5 machen deutlich, daß zum Zeitpunkt der Abfassung der Schriftrollen noch keine feste und verbindliche Reihenfolge der Psalmen vorlag.

Psalm über die Letzten Tage. Er preist die wunderbare Fruchtbarkeit der Endzeit.

Kolumne 9 ⁴[...] Dann sollen sie preisen ⁵den Namen des HERRN, [de]nn Er kommt zu richten ⁶jedes We[r]k, um ein Ende zu machen den Gottlosen ⁷auf der Erde: Schlechte [Menschen] sollen nicht mehr ⁸gefunden werden. Die Himmel [werden] ihren Tau [geben], ⁹kein Bö[ses innerhalb] ihrer [Grenz]en; die Erde [bietet dar] ¹⁰Früchte nach Jahreszeit, ihre [Ert]räge ¹¹niemals zu klein; Fruchtbäume, ¹²ihre Frü[chte] in ihren Weingärten, ¹³ihre [Quellen] versiegen nie. Die Armen ¹⁴werden essen, diejenigen, die den HERRN [für]chten werden zufriedengestellt werden.

Anrufung Judas. Die Anrufung Zions in Text 145 richtet sich auf ähnliche Weise an einen Ort.

Kolumne 10 ⁵[...] Nun laßt uns Himmel und Erde rühmen ⁶zusammen, laßt alle Sterne der Abenddämmerung Lobpreis verkünden! ⁷Freue dich, o Juda, freue dich,

⁸freue dich und sei sehr froh! ⁹Mache deine Pilgerfahrten, erfülle deine Gelübde, denn Belial wird ¹⁰nirgendwo mehr gefunden. Erhebe deine Hand in die Höhe, ¹¹stärke deine rechte Hand: Siehe, die Feinde ¹²sind untergegangen, alle, die Schlechtes tun, wurden verstreut. ¹³Denn Du, o HERR, bist ewi[ig], ¹⁴Deine Herrlichkeit währt imme[r und ew]ig.

– M. O. W.

20. Überarbeitung von Genesis und Exodus

4Q158

4Q158 ist eine Art „überarbeitete Bibel", in der ausgewählte Teile aus Genesis und Exodus mit anderen Bibeltexten verbunden wurden. Die ergänzten Passagen stammen meist aus Parallelstellen im Buch Deuteronomium. Darüber hinaus ergänzt der Text auch Wörter oder ganze Abschnitte, die in keiner Bibelversion des Altertums auftauchen. Wie gehen wir damit um?

Der entscheidende Punkt scheint in der biblischen Auslegung zu liegen. Werden etwa Exodus 20 und Deuteronomium 5 in den Fragmenten 7–8 nebeneinandergestellt, hat der Autor meist mehr Klarheit in die verwirrende Chronologie der Begleitumstände der Offenbarung am Berg Sinai bringen wollen. Die meisten Bibelleser können sich kein Bild der Probleme machen, die auftauchen, wenn man versucht, eine kurze Zusammenfassung jener Ereignisse vorzulegen. Den Bibelforschern in früheren Zeiten ist dies nicht entgangen. Sie stellten fest, daß Mose laut Bibelerzählungen mindestens siebenmal den Berg emporstieg, um Gott zu begegnen. Doch nur zweimal wird ausdrücklich davon gesprochen, daß er wieder herunterkam. Wie können diese Tatsachen vernünftig erklärt werden? Die Auflösung solcher Details stellte Ausdauer und Findigkeit der Bibelausleger in früherer Zeit auf eine harte Probe. Die Schwierigkeiten, die sich im Zusammenhang mit der Sinai-Episode ergaben, lösten frühe Rabbiner mit der Behauptung: „Es gibt weder ein Früher noch ein Später in der Thora!" Sie waren der Meinung, daß die Geschichten in keiner besonderen Reihenfolge stattfanden, und daß für eine zeitliche Abfolge das Schriftenmaterial nach dem Gebot der Logik neu geordnet werden müsse. Gewisse Aspekte von 4Q158 deuten auf diese Art der Problemlösung.

Andererseits sind andere Gedankengänge und Textkombinationen kaum nachvollziehbar. Vielleicht haben wir es hier bis zu einem gewissen Grad mit einem „wilden" Bibeltext zu tun. Solche wilden Texte – d. h. Fassungen, die stark von den „Standard"-Versionen abweichen – gibt es von vielen Schriftstellern des griechisch-römischen Altertums. Es sind einige wilde Texte klassischer Autoren erhalten, was wohl auf die Textkritik früherer Forscher zurückzuführen ist. Ein typisches Beispiel: In der sagenhaften Bibliothek in Alexandria (Ägypten) arbeiteten damals berühmte Literaturkritiker daran, den originalen, echten Text von Homer herauszufinden. Sie studierten alle Textvarianten und ließen schlechtere und wilde Kopien außer acht. Es kann jedoch angenommen werden, daß selbst wilde Texte bisweilen eine richtige Lesart enthalten.

Unter diesem Aspekt ist die Beobachtung aufschlußreich, daß 4Q158 dem vertrauten Text von Genesis 32,25 den Satz hinzufügt: „Er hielt ihn fest." Diese Ergänzung findet sich auch in einer frühen Übersetzung der Bibel ins Aramäische, die unter der Bezeichnung *Targum Neofiti* bekannt ist. *Targum Neofiti* ist zwar nur in Gestalt einer frühmittelalterlichen Abschrift erhalten, aber viele ihrer Niederschriften sind Jahrhunderte älter. Die Tatsache, daß *Neofiti* mit unserem Text, der dem Genesis-Text hinzugefügt wurde, übereinstimmt, deutet darauf hin, daß diese Lesart nicht bloß als einmalige Erklärung unseres Autors angesehen werden kann. Vielleicht war sie sogar ursprünglicher Bestandteil des Bibeltextes.

Die Leser sollten den Hinweis von Emanuel Tov und anderer Forscher beachten, daß es sich bei 4Q365 (Text 80 – *Kommentar zum Gesetz des Mose*) um eine Abschrift des vorliegenden Schriftstücks handelt. Wäre dies so, dann würden zwei Abschriften des gleichen Buchs vorliegen. Diese Theorie ist jedoch schwer nachzuvollziehen, da sich beide Kopien nicht überschneiden.

Eine Kombination von Gen 32,24–32 und Ex 4,27–28 mit außerbiblischen Ergänzungen. Der Verfasser ergänzt Gen 32,30, indem er die genauen Worte des Segens wiedergibt, den Jakob von seinem göttlichen Besucher erhalten hat. Weiterhin wandelt der Verfasser eine Tradition in Gen 32,32, daß man einen bestimmten Teil des Hüftmuskels nicht ißt, in einen direkten Befehl Gottes ab. Die Zeilen 16–18 bestehen aus einer Ergänzung zu Ex 4,28, der eigentlich entscheidende Punkt bleibt jedoch unklar.

Fragmente 1–2 [3][J]ak[ob] blieb [a]llein zurück, und [ein Mann] rang [mit ihm, bis die Morgenröte aufstieg. Als der Mann sah, daß er Jakob nicht überwältigen konnte, schlug er ihn aufs Hüftgelenk. [4]Jakobs Hüftgelenk renkte sich aus], als er mit ihm rang. [Noch] hielt er ihn fest. Dann sagte der Mann: [„Laß mich los; denn der Tag bricht an." Aber Jakob entgegnete: „Ich lasse dich nicht gehen,] [5][wenn du] mich [nicht segnest."] Dann sagte er zu ihm: „Wie heißt du?" Und er antwortete: [„Jakob." Da sprach der Mann: „Nicht mehr Jakob wird man dich nennen, sondern Israel; denn mit Gott und] Menschen [hast du gerungen] [6]und hast gewonnen." Nun fragte J[a]kob: [„Nen]ne mir doch [deinen Namen!"] [7][Aber der Mann entgegnete: „Was fragst du nach meinem Name?" Dann seg]nete er ihn [dort] und sagte: „Möge der HERR dich fruchtbar machen und dich zahlreich werden lassen [... Möge Er dir] [8][Erkennt]nis und Einsicht [gewähren.] Möge Er dich von allen schlechten Taten bewahren, und [...] [9]bis zu diesem Tag und in Ewigkeit [...]." [10]Dann ging der Mann seines Wegs, nachdem er Jakob dort gesegnet hatte. Daraufhin g[ab Jakob dem Ort den Namen Penuël und sagte: „Ich habe Gott von Angesicht zu Angesicht gesehen und bin doch mit dem Leben davongekommen."] [11]Die Sonne schien bereits auf ihn, als er durch Penuë[l] zog; [er hinkte wegen seiner Hüfte. Und der HERR erschien vor Jakob] [12]an diesem Tag und sagte: „Du solltest [den Muskelstrang über dem Hüftgelenk] nicht essen." [Darum essen die Israeliten den Muskelstrang [13]über dem Hüftgelenk nicht bis auf d[en heutigen Tag; denn er hat Jakob aufs Hüftgelenk, auf den Hüftmuskel geschlagen.] [Der HERR sprach] [14]zu Aaron: „Geh [hinaus in die Wildnis, Mose] entgegen!" [Da ging er. Am Gottesberg traf er ihn und küßte ihn. Mose erzählte Aaron von] [15]dem Auftrag, mit dem der HERR ihn gesandt hatte, und von allen [Zeichen, zu denen er ihn ermächtigt hatte ... Mose sagte zu Aaron:] [16]„Der HERR sprach zu mir und sagte: ‚Wenn du die [Leute] aus [Ägypten] gebracht hast, [...] [17]um als Sklaven zu gehen, und denke daran, daß ihre Zahl drei[ßig ...] [18]der HERR, Gott [...]‘“

Dieser Abschnitt ist eine Variante von Ex 24,4–6. Die zweite Hälfte von Ex 3,12 findet sich offensichtlich in den Zeilen 1–2 wieder. Im Mittelpunkt der außerbiblischen Ergänzung der Zeilen 6–8 steht Gottes Bund mit den Patriarchen.

Fragment 4 [1][... Wenn du] [2]das Volk aus Ägypten [herausgeführt hast,] werdet ihr [Gott an diesem Berg] verehr[en ... So errichtete Mose am Fuß des Berges einen Altar und zwölf Säulen für] [3]die zwölf Stämme [Israels ...] [4]Er brachte Brandopfer am Alta[r] dar [... Mose nahm die Hälfte des Blutes und goß es] [5]in Schüsseln, mit der anderen Häl[fte des] Blutes besprengte er den [Altar ... Und Gott sprach zu Mose: ...] [6]„Was ich Abraham und Isaak *(Der Schreiber schrieb ursprünglich „Jakob“ und strich das Wort dann nicht. Vermutlich erfolgte diese Streichung, weil er „Isaak“ schreiben wollte. Er vergaß jedoch, die Korrektur zu vervollständigen; ich habe deshalb Isaak eingefügt.)* [und Jakob ...] offenbarte ... [den Bund, den ich] [7]mit ihnen [geschlossen habe,] ihr Gott zu s[ein], sowohl für sie wie auch dem ganzen [Vo]lk [...] [8][in Ewig]keit ...

Dieser Abschnitt bietet Ex 20, 19–21, aber nicht in der Form, die den meisten Bibellesern vertraut ist. Dieser Text gibt eine weit ausführlichere Version dieser Verse wieder, die Forschern bisher nur aus dem samaritanischen Pentateuch bekannt war. Die meisten Erweiterungen stammen aus dem Buch Deuteronomium.

Fragment 6 [1][wie wir, und leben? Komm her und höre alles das, was der HERR, unser Gott, sagt. Dann kannst du uns alles sagen, was der HERR, unser Gott] [2][zu dir sagt, und wir werden zuhören und gehorchen. Aber] laß [Gott n]icht mit u[ns] reden, [sonst sterben wir.“ Mose sagte zum Volk: „Fürchtet euch nicht! Gott ist nur gekommen, um euch auf die Probe zu stellen] [3][und u]m die Furcht vor [ihm über euch kommen zu lassen, damit ihr nicht sündigt.“ Das Volk hielt sich in der Ferne, während Mose sich der dunklen Wolke näherte, in der] [4]Gott war. Und der HERR [sprach] zu Mose [und] s[agte: „Ich habe die Worte dieses Volkes gehört, die sie zu dir gesprochen haben; sie haben recht in allem, was sie gesagt haben. Mögen] [5]sie doch diese Gesinnung behalten, [mich] fürchten [und ihr Leben lang auf meine Gebote achten, damit es ihnen und ihren Nachkommen immer gut gehen mag. Nun, wo du] [6]meine Worte [gehört hast], spri[ch] zu ihnen: [‚Ich werde ihnen einen Propheten wie dich aus ihrem eigenen Volk erstehen lassen. Ich werde dem Propheten meine Worte in den Mund legen, und er wird ihnen alles sagen, was ich ihm auftrage. Jemanden,] [7]der nicht auf meine Worte hört, [die der Prophet in meinem Namen verkünden wird, ziehe ich selbst zur Rechenschaft.

Doch ein Prophet, der sich anmaßt, in meinem Namen ein Wort zu verkünden, dessen Verkündigung ich] [8]ihm [nicht aufgetragen habe], oder der [im Namen anderer Götter] sp[richt, ein solcher Prophet soll sterben. Vielleicht denkst du: ‚Woran können wir ein Wort erkennen, das der HERR nicht gesprochen hat?‘] [9]Wenn ein [Prophet im Namen des HERRN] spricht, [aber sein Wort sich nicht erfüllt und nicht eintrifft, dann ist es ein Wort, das der HERR nicht gesprochen hat. Der Prophet hat sich nur angemaßt, es zu sprechen. Du sollst dich dadurch nicht aus der Fassung bringen lassen.'"]

Dieser Abschnitt kombiniert Ex 20,12–17 mit Dtn 5,30–31, Ex 20,22–26 mit Ex 21,1–10 wie mit kürzeren außerbiblischen Ergänzungen. Die erste Hälfte der Zeile 5 ist eine solche Ergänzung.

Fragmente 7–8 ¹(Ehre) deinen [Vater] und deine Mutter, [damit du lange lebst in dem Land, das der HERR, dein Gott, dir gibt. Du sollst nicht morden. Du sollst nicht die Ehe brechen. Du sollst nicht stehlen. Du sollst nicht] ²falsch [gegen] deinen [Nächsten] aussagen. Du sollst nicht nach der Frau [deines] Näch[sten] verlangen, [nach seinem Sklaven oder seiner Sklavin, nach seinem Rind oder seinem Esel oder nach irgend etwas, das deinem Nächsten gehört.] ³Und der HERR sagte zu Mose. „Geh und sag ihnen: ‚Kehrt zu [euren Zelten zurück!' Und du, stell dich hierher zu mir! Ich will dir das ganze Gebot mitteilen, die Gesetze] ⁴und Rechtsvorschriften, die du sie lehren sollst, damit sie diese in dem Land einhalten, das [ich ihnen gebe und das sie in Besitz nehmen sollen." ...] ⁵Da kehrte das Volk zu seinen Zelten zurück, aber Mose blieb beim HERRN, der zu ihm sprach: „Sag den Israeliten:] ⁶‚Ihr habt selbst gesehen, daß ich vom Himmel her mit euch geredet habe. Ihr sollt [euch neben mir keine Götter aus Silber] mache[n, auch Götter aus Gold sollt ihr euch nicht machen. Du sollst mir einen Altar aus Erde errichten] ⁷und darauf deine Brandopfer und Heilsopfer, deine Schafe, [Ziegen und Rinder schlachten. An jedem Ort, an dem ich meinem Namen ein Gedächtnis stifte, will ich zu dir kommen und dich segnen. Wenn] ⁸du mir [einen Altar aus Steinen] errichtest, so sollst du ihn nicht aus behauenen Quadern bauen. [Du entweihst ihn,] wenn [du mit] einem Meißel [daran arbeitest. Du sollst nicht auf Stufen zu meinem Altar hinaufsteigen, damit deine Blöße] ⁹dabei [nicht zum Vorschein komme.'"]

Dieser Abschnitt enthält Ex 21,32–22,13 mit nur wenigen Abweichungen vom bekannten Bibeltext.

Fragmente 10–12 ¹drei[ßig] Sil[berschekel zahlen; das Rind aber soll gesteinigt werden. Wenn jemand eine Grube offen läßt oder eine Grube gräbt, ohne sie abzudecken, und es fällt ein Rind oder ein Esel hinein, dann soll der Eigentümer] ²der Grube Er[satz] leisten; [er soll dem Eigentümer des Tieres Geld zahlen, das verendete Tier aber gehört ihm. Wenn jemandes Rind das Rind eines andern stößt, so daß es eingeht, soll man das lebende Rind verkaufen und] ³[d]en Erlös [aufteilen;] auch [das verendete Rind soll man aufteilen.] Wenn es jedoch bereits bekan[nt war,] da[ß das Rind schon früher] stößig war, [aber der Eigentümer trotzdem nicht darauf aufgepaßt hat, soll er das Rind ersetzen,] ⁴[Rind für Rind, das verendete Rind aber gehört ihm.] Wenn einer ein Rind oder ein Schaf stiehlt und es schlachtet oder v[erkauft, soll er fünf Stück Großvieh für das Rind oder vier Stück Kleinvieh für das Schaf als Ersatz geben.] ⁵[Wird ein Dieb beim Einbruch ertappt] und so geschlagen, daß er stirbt, so entsteht dadurch keine Blutschuld. Doch ist darüber bereits die Sonne aufgegangen, dann entsteht Blutschuld. [Ein Dieb muß Ersatz leisten. Besitzt er nichts, soll man ihn für den Wert des Gestohlenen verkaufen. Findet] ⁶[man das Gestohlene, sei es Rind,] Esel oder Schaf, noch lebend in Besitz des Diebes, dann soll der Dieb doppelten Ersatz leisten. Wenn jemand [ein Feld oder einen Weinberg] abbrennen läßt, [oder Vieh auf dem Feld eines anderen frei laufen läßt,] [7][dann soll er Ersatz von seinem Feld dafür geben, je nach] Erzeugnis. Wenn er das ganze Feld verbrennen ließ, dann soll er den besten Ertrag seines Feldes oder Weinberges [als Ersatz dafür geben.] [Breitet sich ein Feuer aus, erfaßt es eine Dornenhecke] [8][und vernichtet es einen Getreidehaufen, auf dem Halm stehendes Getreide oder ein Feld,] dann soll der für den Brand Verantwortliche den Schaden ersetzen. Wenn jemand [einem andern Geld oder Gerät zur Aufbewahrung] übergibt und es aus dessen Haus gestohlen wird, dann soll der Dieb, wenn man ihn findet, doppelten Ersatz leisten.] [9][Findet man den Dieb nicht,] sollen sie [den Be]sitzer des Hauses vor Gott bringen, um zu erklären, ob der Besitzer sich nicht selbst am Eigentum [des andern] vergriffen hat. [Wenn jemandem etwas veruntreut wurde, ein Rind, ein Esel, ein Schaf,] [10]ein Kleid oder sonst etwas,] und die eine Partei sagt: „Das gehört mir," dann soll der Streitfall vor Gott kommen. [Wen Gott als schuldig bezeichnet, soll dem andern doppelten Ersatz leisten.] [11][Wenn jemand einem anderen einen Esel,] ein Rind, ein Schaf oder sonst ein Tier zur Verwahrung übergibt [und das Tier eingeht, sich etwas bricht oder fortgetrieben wird, ohne daß es jemand sieht, dann soll ein Eid beim Namen des HERRN Klarheit darüber schaffen,] [12][daß der eine sich nicht] am Eigentum des [and]ern [vergriffen hat.] Der Eigentümer soll den Eid akzeptieren, und kein Er[satz] soll [geleistet werden. Ist] es [ihm aber] gestohlen worden, [muß er dem Eigentümer Ersatz leisten. Ist das Tier gerissen worden,] [13][bringe es zum Beweis herbei; dann braucht er für das Gerissene keinen Ersatz leisten.] Leiht je[mand von] einem andern ein Tier [und bricht es sich etwas oder geht ein, und zwar in Abwesenheit] des Eigentümers, [so muß er Ersatz leisten ...]

Der nachfolgende Text ist eine außerbiblische Ergänzung: Gott spricht in der Ichform, wahrscheinlich zu Abraham (vgl. Gen 15) oder Jakob. Die Szene scheint sich in der Zeit abzuspielen, bevor die Israeliten nach Ägypten gingen.

Fragment 14 [2][all das Flei]sch und alle die Geister [3][...] als ein Segen für das Land [4][...]die Völker [...] dieses; in dem Land von Ägypten [5]soll Elend sein [...] Ich werde in [...] erschaffen [... Ich werde sie retten von] dem Joch der Macht der Ägypter, und sie erlösen [6]von ihrer Herrschaft. Ich werde sie zu meinem Volk machen, in Ewigkeit [... Ich werde sie] aus Ägypten [fortbringen]. Den Samen [7]eurer Kinder werde ich [in dem] Land auf Ewig[keit] sicher [gründen ... aber Ägypten werde ich in] das Herz des Meeres [schleudern,] in die (Strom)schnellen [8]der Tiefe hinein [...] wo sie wohnen werden [9][...] [Gr]enzen [...]

– M. O. W.

21. VORSCHRIFTEN

4Q159, 4Q513–514

Die alten Juden waren darauf bedacht, Gott zu gehorchen. Gehorsam bedeutete, sämtliche biblische Gesetze und Vorschriften in die Praxis umzusetzen. Aber genau das war der kritische Punkt. Die Bibel ließ häufig wichtige Einzelheiten aus, die man aber kennen mußte, um gehorsam zu sein, z. B. legt Exodus 30,13–14 fest, daß jeder Mann, der 20 Jahre und älter ist, einen halben Schekel (= Verdienst eines Tagelöhners innerhalb von zwei Wochen) bezahlen mußte, um den liturgischen Dienst im Heiligtum von Jerusalem zu unterstützen. Doch der biblische Text läßt offen, ob die Zahlung jährlich (so die Praxis zur Zeit Jesu nach Matthäus 17,24–27) zu leisten war oder nur einmal im Leben. Das vorliegende Werk argumentiert für die zweite Zahlungsweise und steht damit offensichtlich im Gegensatz zur herrschenden Praxis. Es handelt sich um eine Sammlung rechtlicher Regelungen; der Verfasser wollte den Lesern helfen, Gott zu gehorchen und lieferte dazu kasuistische Details als Ergänzung des biblischen Textes nach.

Neben der Regel, die sich auf die Bezahlung des halben Schekels bezieht, sind noch Überreste von acht weiteren Regeln erhalten. Eine betrifft den Mann, der einen Ausfluß aus dem Penis hat (vgl. das entsprechende biblische Gebot in Levitikus 15,13). Die Bibel sagt, der Mann solle „sieben Tage für seine Reinigung zählen. Danach muß er seine Kleider waschen, seinen Körper in fließendem Wasser baden und ist dann rein." Es fehlen wichtige praktische Einzelheiten in der biblischen Darstellung. Wann muß sich der Mann nun waschen? Nur am siebten Tag oder an jedem Tag der Wartezeit? Wie ist der Grad der Reinheit des Mannes während der Wartezeit? Ist er sieben Tage lang derselbe? Mit diesem letzten Punkt verbindet sich auch die Frage, ob er reine Nahrung berühren durfte oder nicht. Das vorliegende Werk versucht eine Antwort auf diese Fragen zu finden. Es legt fest, daß der Erkrankte am ersten Tag baden muß und danach essen darf. Wenn ein Mann sich am ersten Tag nicht wäscht, darf er nicht essen. Die Tatsache, daß diese Regel mehr als einmal wiederholt wird, legt nahe, daß es sich um eine Polemik gegen eine konkurrierende „billigere" Interpretation handelte, bei der eine Waschung nur am siebten Tag verlangt wurde.

Wir wissen nicht, welche Gruppierungen unter den Juden welche Interpretation bevorzugten. Wenn solchen Erörterungen viele von uns nicht berühren, wird der Abgrund deutlich, der heutiges Empfinden von der Religiosität alter Zeiten trennt. Es ging in solchen Debatten nicht um unwichtige Kleinigkeiten, sondern um die Frage, wie man Gott gehorsam sein konnte. Für die Vorväter waren diese Texte nicht trocken und langweilig, sondern sie waren die Quintessenz ihrer Leidenschaft, ihres Lebens.

Vorschrift über die Sühneleistung (Lev 16,16,21?).

4Q159 Fragment 1 Kolumne 2 [1][...] nicht [...] für [...] [2][... Isra]el seine Ge[bot]e, und um zu sühnen für alle ih[re] Vergehen [...]

Vorschrift über die Armenunterstützung durch Naturerzeugnisse (Dtn 23,25–26).

[3] [... und wenn] einer daraus eine Tenne oder eine Kelter macht, wer zur Ten[ne oder zur Kelter hinkommt ...] [4] der Israelit, der nichts hat, darf davon essen und es für sich selber sammeln, aber für [seinen] Haush[alt soll er nichts (?) sammeln ... Wer in das Korn] [5] des Feldes hineintritt, darf selbst essen, aber er soll nichts zu seinem Haus bringen, um es zu lagern. [...]

Vorschrift zur Unterstützung des Heiligtums durch einen halben Schekel (Ex 30,11–16).

[6] [... bezüg]lich [des Lösegeldes:] das Geld der Schätzung, das jeder als Lösegeld für sein Leben entrichtet, soll einen halben [Schekel betragen, entsprechend dem Schekel des Heiligtums]. [7] Er soll es nur ei[nmal] in seinem Leben entrichten. Ein Schekel sind zwanzig Gera, entsprechend [dem Schekel des Heiligtums]. [8] Für die sechshund[e]rttausend, einhundert Talente; für das Drittel (d. h. dreitausend), ein halbes Talent, [das entspricht dreißig Minen; für die fünfhundert, fünf Minen]; [9] und für die fünfzig, eine halbe Mi[n]e, [das entspricht] fünf[undzwanzig] Schekel. Das Ganze [ist sechstausendfünfunddreißig und eine halbe] [10] Mine. [... Mä]nner für zehn Minen; [...] [11] [... fü]nf Schekel an Silber sind ein Zehntel einer [Mine ...] [12] [...der Schekel ist gleichzusetzen mit zwanzig Gera, entsprechend dem Scheke]l des Heiligtums. Die Häl[fte eines Schekels ist zwölf Mea und zwei Zuzim ...]

Vorschrift über Efa und Bat, zwei Hohlmaße, deren heutige Entsprechungen ungewiß sind (Ez 45,11).

[13] [...] das Efa und das Bat haben das gleiche Maß, [zehn Zehntel. Wie ein Efa Weizen ist auch ein Bat Wein ...] [14] [Und das Sea ist d]rei und [ein Drittel] Zehntel [und der zehnte Teil eines Efa ist ein Zehntel].

Vorschrift über israelitische Sklaven (Lev 25,47–55).

Fragmente 2–4 [1] Und wenn [... zu] einem Fremden oder zu einem Nachkommen aus der Famil[ie eines Fremden ...] [2] vor Isra[el], sie sollen fremden Völkern [nicht] dienen; mit einem [ausgestreckten] A[rm und großen Gerichtsurteilen führte ich sie aus dem Land] [3] Ägypten und gebot ihnen, daß ein Israelit nicht als Sklave verkauft werden soll.

Vorschrift über den Zwölferrat (Dtn 17,8–13). Der Rat sollte als Richterschaft fungieren.

Und [... ze]hn Laien [4] und zwei Priester. Und sie sollen vor diesen zwölf gerichtet werden [... und für jedes] [5] Verfahren in Israel wegen eines Kapitalverbrechens sollen sie sie zu Rate ziehen, und wer sich widersetzt [...] [6] der, der anmaßend gehandelt hat, soll getötet werden.

Vorschrift über das Tragen von Kleidern des anderen Geschlechts (Dtn 22,5). Obwohl nicht erwähnt, wäre die Strafe für dieses Verbrechen, der Kategorie „Greuel" zugehörig, vermutlich die Todesstrafe.

Es sollen keine Männerkleider an einer Frau zu finden sein. Jede(r) [... Kein Mann soll] [7] mit dem Umhang einer Frau bedeckt sein noch ein Frauenkleid tragen, denn das ist ein [Gr]euel.

Vorschrift über nicht mehr unberührte Bräute (Dtn 22,13–21). Bemerkenswert ist die gerin-
ge Strafe für die falsche Aussage des Mannes im Vergleich zu den harten Konsequenzen für das
Fehlverhalten der Frau.

[8]Wenn ein Mann einer Jungfrau Israels Anrüchiges vorwirft, falls [es zu der Zeit
geschieht] zu der er heiratet, soll er sprechen und sie sollen ihre [9]Vertrauenswürdigkeit
prüfen. Wenn er nicht über sie gelogen hat, soll sie getötet werden, aber wenn er
f[alsch] gegen sie ausgesagt hat, soll er mit zwei Minen gestraft werden, [10][und] er darf
sich sein ganzes Leben lang [nicht] von ihr scheiden lassen. Jedes [Mädchen], das [...]

Vorschrift über den Halbschekel für das Heiligtum (Ex 30,11–16).

4Q513 Fragmente 1–2 Kolumne 1 [2][der Schekel ist gleichzusetzen mit zwa]nzig
[Gera] entsprechend dem Scheke[l des Heiligtums].
Ein halber [3][Schekel sind zw]ölf [Meas] und [zwei] Zuzi[m ...] und auch von ihnen
kommt Unreinheit.

Vorschrift über die Hohlmaße Efa und Bat (Ez 45,11).

[4][Das Efa und das Ba]t, von denen Unreinheit kommt, haben das gleiche Maß,
[zehn Zehntel. Wie ein Efa] Weizen ist auch ein Bat Wein. Und das Sea ist [5][drei] und
ein Drittel [Ze]hntel, [von denen Unrei]nheit kommt. Und der zehnte Teil eines Efa
[6][ist ein Zehntel].

Vorschrift über Priestertöchter, die Fremde heiraten. (Lev 22,12). Ihnen wurde verboten, von
den Anteilen der Opfergaben, die ihre Väter aus den Tempelopfern erhielten, zu essen, obwohl
diese mit ihnen wie mit der ganzen Familie geteilt wurden.

Fragment 2 Kolumne 2 [1]um sie zu dem [heil]igen Essen zu stellen, denn [sie sind]
unrein [...] [2]Mätressen von Fremden und für all die Unzucht, die [... was] [3]er für sich
beso[rgte], um sie von den Opfern der h[eiligen Gaben ...] zu ernähren [...] [4]und für
Essen von Engeln, und um annehmbare Wiedergutmachung mit ihnen für I[rael ...] zu
schaffen [...] [5]ihre Speise ist [... von] Unzucht, er hat die Sünde hervorgebracht, denn
er hat entweiht al[le ...] [6]sie [...] Schuld, als sie entweihten [...]

Vorschrift bezüglich eines Penisausflusses, möglicherweise Gonorrhoe (Lev 15,13). Normale
Samenergüsse, wie sie während des Geschlechtsverkehrs stattfinden, machten nur drei Tage
unrein.

4Q514 Fragment 1 Kolumne 1 [1][...] Frau [...] [2]keiner soll essen [...] für alle die
Un[r]einheit [...] [3]zu zählen für [sich sieben Tage der Re]inigung. Und er soll baden
und waschen am T[a]g [seiner] Unreinheit [... Und kein Mann] [4]soll essen, solange er
nicht begonnen hat, von seinem Samen(?)ausfluß rein zu sein. Noch soll er essen [5]in
seiner ersten Unreinheit. Und am Tag ihrer [Rein]igung, sollen alle, die während der
Tage unrein sind (d. h. unrein sieben Tage lang), baden [6]und waschen in Wasser und
~~sie werden rein sein. Danach dürfen sie ihr Brot gemäß dem Gesetz der [Re]inheit~~
essen. [7]~~Keiner darf essen, der noch in seiner ersten Unreinheit ist, der noch nicht~~
begonnen hat, von seinem Samenerguß rein zu werden. [8]In der Tat, keiner darf essen,
der noch in seiner ersten Unreinheit ist. Alle, die in den Tagen [un]rein sind, am Tage

⁹ihrer Re[inheit] sollen sie sich baden und waschen in Wasser, und sie werden rein sein. Danach dürfen sie ihr Brot essen ¹⁰gemäß der Vo[rschrift. Kein] Mann [soll e]ssen oder [tr]inken mit irgendeinem Man[nn], der zubereitet 11[...] in [...]

– M. G. A.

22. DARSTELLUNG DER GESCHICHTE SAMUELS

4Q160

Samuel, der Sohn Elkanas aus dem Stamm Efraim, war eine der herausragendsten Gestalten der frühen Geschichte Israels. Er lebte zur Zeit der Wende von der Richter- zur Königszeit. Die Bibel zeigt Samuels Mutter Hanna als Prophetin, die ihren Sohn bereits im Mutterleib zum Nazaräer bestimmte (1 Samuel 2,1–11). (Ein Nazaräer mußte schwören, niemals Wein oder irgend ein Traubenerzeugnis anzurühren, er durfte sein Haar nicht schneiden und sich keinem toten Körper nähern, nicht einmal dem seiner eigenen Eltern. Wegen dieses Eides galt er als besonders heilig.) Als Samuel noch sehr jung war (1 Samuel 1,27; 2,11), gab ihn seine Mutter in den Dienst des Tempels und der Bundeslade von Schilo. Dort diente er unter dem Richter Eli. Als dieses Heiligtum von den Philistern erobert wurde, erfahren wir das letzte Mal etwas über Samuel als Knaben und begegnen ihm in der Bibel erst später als Erwachsenem wieder.

Genau wie Eli war Samuel zum Richter bestimmt. Das erste Buch Samuel beschreibt ihn, wie er sich von einem Ort zum anderen begibt, um den frühen Heiligtümern von Bet-El, Gilgal und Mizpa vorzustehen. Samuel salbte Saul zum ersten König von Israel (1 Samuel 9,1–10,16). Als Saul Gott und die Menschen enttäuschte, salbte Samuel (noch zu Lebzeiten Sauls) David zum neuen König (1 Samuel 16,1–13). Die letzte Episode, in die Samuel verwickelt ist, trägt sich einige Zeit nach seinem Tod zu. Saul, in verzweifelter Verfassung vor einer Schlacht gegen die Philister und überzeugt von Gott verlassen zu sein, wollte den Ausgang der bevorstehenden Auseinandersetzung wissen. Er wandte sich an die Hexe von Endor, von der es hieß, sie habe Samuels Geist aus der Unterwelt (Scheol) zu sich gerufen, nur um ihn Sauls Schicksal verkünden zu lassen (1 Samuel 28,3–25).

Die vorliegende Schriftrolle ist eine apokryphe Erzählung über Samuel. Das erste Fragment ist die freie Wiedergabe eines Abschnitts aus dem ersten Buch Samuel. Die anderen Teile haben einen anderen Charakter. Sie schildern Samuel als Ich-Erzähler, der seine eigene Lebensgeschichte wiedergibt. Wie viele andere Schriftrollen aus den Höhlen zeigt dieses Werk keine Verbindung zu Sektierern. Es könnte auch in weiten Kreisen des Judentums der Zweiten-Tempel-Periode bekannt gewesen sein.

Dieses Fragment paraphrasiert 1 Sam 3,14–17. In ihm wird Gottes Urteil über das Haus Eli wegen Untreue und die Ankündigung dieses Urteils bei dem jungen Samuel beschrieben.

Fragment 1 ¹[„D]enn ich schw[öre dem] Haus [Eli, daß die Schuld des Hauses Eli durch Opfer] ²[oder durch Ga]ben [in Ewigkeit nicht gesühnt werden kann." Und] Samuel hörte die Wo[rte des ḤERRN ...] ³Und Samuel schlief in Gegenwart Elis, dann

stand er auf und öffnete die Tü[ren zum Haus des HERRN ... Aber Samuel] [4][fürch-
tete sich,] Eli von dem Orakel zu berichten. Aber Eli sprach zu ihm und [rief: „Samuel,
mein Sohn." Samuel antwortete: „Hier bin ich." Eli sagte:] [5][„Bitte, er]zähle mir von
Gottes Vision. [Verheimliche mir nichts! Möge Dich Gott verfluchen] [6][und dir auch
noch mehr antun,] wenn du mir auch nur irgend[etwas von all dem verheimlichst, was
Er zu dir gesprochen hat."] [7][Da teilte ihm] Samuel [alle Worte mit und verheimlich-
te ihm nichts ...]

Gebet Samuels im Namen Israel. In den Zeilen 2–3 spielt das Gebet auf Ps 40,3 an.

Fragmente 3–5 [1][... O HERR, bitte höre] deinen Diener. Ich habe noch nie zurückgehalten bis zu dieser Zeit, da [2][...] Mein Gott, [laß] sie zu deinem Volk versammelt
werden! Hilfe ihnen und ziehe sie [3][aus der Grube des Grauens ... befreie ihre F]üß[e]
vom schlammigen Morast [und] erschaffe für sie einen Felsen von alters her! Bestimmt
sind sie dein Lob [4][über alle anderen Na]tionen. Laß dein Volk Zuflucht [in Deinem
Haus] finden, laß [Deine Gesalbt]en sich [Dir] weihen. In dem Zorn derer, die Dein
Volk hassen, soll Dein Ruhm an Kraft gewinnen; [5]in Ländern und auf den Meeren [soll
Deine Ehre größer werden]; die Furcht vor Dir soll größer werden als die vor jedem
[Gott, Volk] oder Königreich. Dann werden alle Völker deiner Länder [sicherlich] wis-
sen, [6]daß Du es bist, der [sie] erschaffen hat [...] Die Massen werden verstehen, daß dies
sicherlich Dein Volk ist [... Sie sind] [7]Deine Hei[ligen,] die Du geheiligt hast ...

Samuel trägt seine Lebensgeschichte vor, er beschreibt die Jahre, die er bei Eli verbracht hat.

Fragment 7 [2]Ich lebte bei ihm von Fest zu Fest und schloß mich ihm an von [mei-
ner Jugend an ...] [3]Ich versuchte [nie], Gunst durch Reichtum, Geld oder Bestechung
zu erreichen [...] [4][Ich zog es vor,] meinem Herrn [zu dienen,] und entschied mich
dazu, am Fuße von [Elis] Bett zu schlafen [...]

– M. O. W.

23. JESAJA-KOMMENTARE

4Q161–165

Fragmente von fünf Kommentaren zum Buch Jesaja wurden in der Höhle 4 gefunden.
Zehn Fragmente des ersten Textes konnten rekonstruiert werden, sie ergaben drei
Kolumnen Text und Kommentar.

4Q161 Fragment 1 [26][...] Gott [...] [27][...]Israel ist [...] [28][...]die Männer seines
Heeres und [...] [29][...] die Priester, denn er [...]
Fragmente 2+3+4 [1][„Israel, wenn auch dein Volk so zahlreich ist wie der Sand am
Meer – nur ein Rest von ihnen [2]kehrt um. Die Vernichtung ist beschlossen, die
Gerechtigkeit flutet heran. Ja, Gott, der [3]HERR der Heere, vollstreckt auf der ganzen
Erde die Vernichtung, die er beschlossen hat"] (Jes 10,22–23).

[4][Dies bezieht sich auf ...] für [...] die Söhne von [...] [5][...] sein Volk. [Was dem Ver]s [angeht,] der besagt: „Sogar wenn [dein Volk,] [6][Israel, auch so zahlreich ist wie der Sand am Meer – nur ein Rest von ihnen kehrt um. Die] Ver[nichtung ist be]schlossen, die Gerechtigkeit flutet heran. [7][Dies bezieht sich auf ...] viele werden zugrunde gehen [...] [8][...] werden nicht entkommen nach [...] Land in Wahrheit [...]

Die folgenden Verse werden für eine Weissagung des „Führers der Nation" gehalten; diese Bezeichnung wird in den Schriftrollen für den davidischen Messias gebraucht.

[9]„Darum – s[o sprich]t [Gott, der HERR] [10][der Heere: Fürchte dich nicht, mein Volk, das] in Zio[n woh]nt, [vor Assur, das dich mit dem S]tock [schlägt und das sei]nen Knüppel gegen dich erhebt] [11][wie einst die Ägypter. Nur noch] kurze Zeit, [dann wird mein Grimm verbraucht sein, mein Zorn gegen] [12]ihre [Verdorbenheit]. Dann sch[wingt der HERR der Heere über sie die Peitsche, wie einst, als er Midian am Fels des] [13][Rab]en schlug. Seinen S[tab erhebt Er über das Meer wie einst in Ägypten. An jenem Tag] [14]fällt [Assurs] Last [von deiner Schulter, sein Joch wird von deinem Nacken genommen – das Joch wird brechen, da der Nacken so fett sein wird!"] (Jes 10,24–27).

Fragmente 5+6 [15][Dies bezieht sich auf ...] [16][...] wenn sie zurückkehren von der „Wüste der Völ[ker"] (vgl. Ez 20,35) [...] [17][... der Stab ist der] Führer der Nation, und danach wird er [das Joch] von ihnen entfernen [18][...].

Die Bibelstellen, die sich zeitgeschichtlich auf das Heranrücken der Assyrer auf Jerusalem bezogen, gelten hier als Prophezeiung für das zukünftige Kommen des Messias in die Heilige Stadt Jerusalem.

[19]„Er kommt nach Aja, zieht weiter nach [Migron, in Michmas] [20][läßt er seinen Troß zurück. Sie passieren die] Furt und übernachten in Geba. [Rama] er[schrickt, und es flieht Gibea-] [21][Saul. Laß deine Stimme ge]llen, kleine Gallim! Lausche, [Lajescha! Anatot, antworte ihr!] [22]Madmena [flüchtet,] die Bewohner von Gebim sind Flüchtlinge geworden. Noch ein [Tag, und er wird in Nob Stellung beziehen] [23]und seine Hand drohend gegen den kleinen Zionsberg [erheben], gegen Jerusalems Hügel" (Jes 10,28–32).

[24]Dieser Spruch [bezieht sich auf] das Ende der Tage, das kommen [...] [25][der Führer der Na]tion, wenn er aus der Ebene von Akko landeinwärts heraufmarschiert, um zu kämpfen gegen [... der Führer der] [26][Na]tion, denn keiner ist wie er in all den Städten [...] [27]bis zur Grenze Jerusalems [...].

Der Bibelexeget beschreibt den Krieg gegen die „Kittim". In diesem Kontext können es die Griechen, die Römer oder ein unbekannter eschatologischer Gegner sein. Es fällt auf, daß der messianische Führer der Nation keine Rolle in diesem Kampf spielt, wenigstens nicht in den überlieferten Textpassagen.

Fragmente 8+9+10 [5][„Seht, Gott, der HERR der Heere, schlägt mit schrecklicher Gewalt die Zweige ab. Die mächtigsten Bäume werden gefällt, und alles, was hoch ist, wird niedrig.] [6][Das] Dickicht [des Waldes wird gerodet] mit dem Eisen, die Bäume Libanons werden durch die Hand eines Mächtigen [7][fallen]" (Jes 10,33–34).

[Dies bezieht sich auf die] Kittim, die durch die Hand Israels fallen werden, sowie auf die Demütigen [8][von Juda, die werden ...] die Völker, und die Mächtigen werden zerschlagen, und [ihr Mu]t wird sich auflösen. [9][... Die „mächtigsten Bäume] werden geschlagen" bezieht sich auf die Krieger der Kit[tim], [10][die ... Und was den Vers angeht, der besag]t: „Das Dickicht des Waldes wird mit dem Eisen gerodet", sie sind [11][...] für den Krieg gegen die Kittim. „Die Bäume Libanons [werden durch die Hand eines Mächtigen] [12][fallen": Sie sind die] Kittim, die in die Macht der Edlen von [Israel ...] gestellt werden [13][...] wenn er vo[r Is]rael flieht [...] [14][...].

Erst wenn die Feinde vernichtet sind, wird der neue David die ganze Erde unter seine Kontrolle bringen. Der Exeget sagt jedoch sehr zurückhaltend, daß der Messias nichts entscheiden wird, ohne sich mit der legitimen Priesterschaft zu beraten. Die messianische Stelle in Jesaja spielt auch eine Rolle in 4Q285 (Text 59 – Krieg des Messias).

[15][„Doch aus dem] Baumstumpf Isais [wächst ein Reis hervor,] ein junger Trieb [bringt] aus seinen [Wurzeln Frucht.] Auf ihm l[äßt sich] der Geist [16][des HERRN nieder: der Geist der] Weisheit und der Einsicht, der Geist des guten Ra[tes und der Stärke], der Geist der wahren Erkennt[nis] [17][und der Gottesfurcht. Er erfüllt ihn mit dem Geist der Furcht] des HERRN. [Er richtet nicht] nach dem [Augen]schein, [18][und nicht nach dem Hörensagen entscheidet er], sondern er richtet [die Hilflosen gerecht und entscheidet] [19][für die Armen des Landes, wie es recht ist. Er schlägt den Gewalttätigen mit dem Stock seines Wortes und tötet den Schuldigen] [20][mit dem Hauch seines Mundes. Gerechtigkeit ist der Gürtel um] seine Hüften, Tr[eue der Gürtel um seinem Leib."] (Jes 11,1–5).

[22]Dieser Spruch bezieht sich auf den Sproß] Davids, der erscheinen wird am En[de der Tage, ...] [23][...] seine Feinde; und Gott wird ihn unterstützen mit [dem Geist der] Stärke [...] [24][... und Gott wird ihm] einen ruhmwürdigen Thron [geben, eine geheiligte] Krone, und elegante Gewänder. [25][... Er wird ein] Zepter in seine Hand [legen], und er wird über alle die V[öl]ker herrschen, auch Magog [26][und sein Heer ... alle] die Völker wird sein Schwert beherrschen. Und was dem Vers angeht, der besagt: „Er [27][richtet] nicht [nach dem Augenschein], und nicht nach dem Hörensagen entscheidet er," bezieht sich dies darauf, daß [28][er sich von den zadokischen Priestern beraten lassen wird,] und wie sie ihn lehren, so soll er richten, und nach ihrem Befehl [29][soll er Entscheidungen treffen; und immer] soll einer der führenden Priester mit ihm herausgehen, in dessen Hände sich die Gewänder von [...].

Der zweite überlieferte Jesaja-Kommentar besteht aus einem großen Fragment, welches Teile von drei Kolumnen enthält. Der Schriftausleger kommentierte offensichtlich nicht jede Bibelstelle in Form einer Wortexegese. Der erste Teil wird als eine Vorhersage von großem Unglück und Elend am Ende der Tage gedeutet; der zweite Teil befaßt sich mit den „Männern des Spottes".

4Q162 Kolumne 1 [1][Was den Vers angeht, der besagt: „Ich entferne seine schützende Hecke; so wird er zur Weide. Ich reiße] seine Mauer ein; dann wird er zertrampelt" (Jes 5,5) da [2][...] die Worte bedeuten, daß er sie verlassen hat [3][...] und der Vers, der besagt: „Dornen [4][und Disteln werden dort wuchern" (Jes 5,6) ...] und was dem

Vers angeht, der [5][besagt, ...] der Weg von [6][...] ihre Augen. [7-10][... Und was den Vers angeht, der besagt: „Ein Weinberg von zehn Morgen bringt nur ein Bat ein, ein Hómer Saatgut bringt nur ein Efa Korn" (Jes 5,10),] **Kolumne 2** [1]diese Worte beziehen sich auf die Letzten Tage, wenn das Land selbst durch das Schwert und durch Hungersnot verurteilt wird; so wird es geschehen [2]zu der Zeit, wenn der Heimsuchung des Landes.

„Wehe denjenigen, die schon früh am Morgen hinter dem Bier her sind und lange aufbleiben bis spät [3]in die Nacht, wenn sie vom Wein betrunken werden, die Lyra, Laute, Trommel und Flöte bei ihren Weingelagen haben; aber [4]nicht beachten, was der HERR tut, die nicht sehen, was Er getan hat. Darum muß mein Volk ohne wahre Erkenntnis in die Verbannung, die Massen verhungern, [5]der Haufen verschmachtet vor Durst. Darum sperrt die Unterwelt ihren Rachen weit auf, maßlos weit reißt sie ihr Maul auf, [6]so daß des Volkes Pracht und ihr Tumult hinabfährt, der lärmende Haufen geht johlend hinein" (Jes 5,11–14).

Diese sind die Männer des Spottes, [7]die in Jerusalem sind. Sie sind diejenigen, die „die Weisung des HERRN von sich gewiesen und über das Wort des [8]Heiligen Israels gelästert haben. Darum entbrannte der Zorn des HERRN gegen sein Volk; er streckte seine Hand aus gegen das Volk und schlug zu, so daß [9]die Berge erzitterten und die Leichen auf den Gassen wie Abfall lagen. Doch bei all dem läßt sein Zorn [10][nicht nach, seine Hand bleibt ausgestreckt"] (Jes 5,24–25). Dieses ist die Gemeinde der Männer des Spottes, welche in Jerusalem sind.

Die dritte Kolumne enthält Ausschnitte von Jes 5,29–30, jedoch ohne Kommentar. Der dritte auf Papyrus geschriebene Kommentar ist äußerst fragmentarisch. Die Mehrzahl der verbleibenden siebenundfünfzig Stückchen ist zu klein, um eine verantwortbare Übersetzung vorlegen zu können. Nur wenige Stückchen bieten Text wie Deutungen. Die Hinweise auf „Babylon" und auf die „Völker" erinnern an die Vision der Letzten Tage, die in der Kriegsrolle (Text 8) nachzulesen ist.

4Q163 Fragment 1 [2][... de]nn es bezieht sich auf den Vers, d[er besagt...] [3][...] und er wird zerstören den Weg von [...] [4][... wie es ge]schrieben [steht] in bezug auf ihm in Jer[emia ...]

Fragmente 6+7 Kolumne 2 [2-3][... „Israels Licht wird zum Feuer, sein Heiliger wird zur Flamme. Sie brennt und verzehrt seine Fundamente und das Grundgestein an einem einzigen Tag. Seinen herrlichen Wald, seinen fruchtbaren Garten, mit Stumpf und Stiel vernichtet er ihn. Von den Bäumen in seinem Wald bleiben nur wenige übrig,] selbst ein Kind kann [sie auf]schreiben" [...] (Jes 10,17–19). [4]Die Worte beziehen sich auf die Vernichtung von Babylon [... „die Fundamente und das Grundgestein" sind die] [5]Gesetze der Völker [...] [6]daß viele zu Verräter werden [...] [7]Israel; und der Vers, der besagt: [„Von den Bäumen in seinem Wald bleiben nur wenige übrig, selbst ein Kind kann sie aufschreiben"], [8]bezieht sich auf die wenigen übriggebliebenen Menschen [...] [9][...]. [10]„Zu dieser Zeit [wird Israels Rest – und wer vom] [11]Haus Jakob [entkommen ist – sich nicht mehr auf den] stü[tzen, der ihn schlägt, sondern er stützt sich in beständiger Treue auf den HERRN, auf den Heiligen] [12]Israels. In der Tat, nur ein Re[st kehrt um zum starken Gott, ein Rest von Jakob]; [13]denn wenn auch dein

Volk, [Israel, so zahlreich ist wie der Sand am Meer – nur ein Rest von ihnen kehrt um"] (Jes 10,20–22).

[14]Diese Worte beziehen sich auf die Letzten [Tage ...] [15]sie werden hineingehen in [... und was den Vers angeht, der] [16]besagt: [„Wenn auch dein Volk, Israel, so zahlreich ist wie der Sand am Meer – nur ein Rest von ihnen kehrt um",] [17] bezieht sich dies auf die geringe Menge von [...]

Fragmente 8–10 [1][...]gegen den König von Babylon [... „Selbst die Zypressen] [2][freuen sich, dich stürzen zu sehen)[und die Zedern des Libanon. [Seit du am Boden liegst, kommt keiner mehr her,] [3][um uns zu]fällen" (Jes 14,8). „Die Zypressen" und „die Zedern [des Libanon" sind ...] [4][...] und der Vers, der besagt, daß „Das [ist der Plan,] [5][der für die ganze] Erde [beschlossen ist,] und das ist die Hand, [die über alle Völker ausgestreckt ist.] [6][Denn der Herr] der Heere hat es beschlossen. [Wer kann es vereiteln? Seine Hand ist ausgestreckt.] [7][Wer kann] ihn dazu zwingen, sie zurückzuziehen?" (Jes 14,26–27). Das ist [...] [8][wie es] geschrieben [steht] im Buch Sacharja, die Worte [Gottes ...]

Fragment 21 [1-2][„Nur noch kurze Zeit, dann verwandelt sich der Libanon in ein Wäldchen, und das Wäldchen] wird [zu einem Wald"] (Jes 29,17). „Libanon" ist [...] [3][...] in „ein Wäldchen", und sie werden zurückkehren [...] [4][...]durch das Schwert, wie auch [...] [5-6][...] der Lehrer der [Gerechtigkeit ...].

Fragment 23 Kolumne 2 [3]„Denn so spricht der HERR, der Heilige Israels: Nur in Umkehr und Ruhe [liegt eure Rettung], [4]nur stilles Vertrauen verleihet euch Kraft. Doch ihr habt nicht gewollt, sondern [gesagt:] [5]Nein, auf Rössern wollen wir dahinfliegen. Darum sollt ihr jetzt fliehen. Ihr habt gesagt: Auf etwas Schnellem wollen wir reiten. Aber [6]eure Verfolger sind auch schnell. Wenn Tausende fliehen, wenn ein einziger droht, wenn nur [7]fünf euch drohen, ergreift ihr alle die Flucht, bis das, was von euch übrig ist, aussieht, wie ein Fahnenmast auf dem Gipfel eines Berges, [8]wie ein Feldzeichen auf dem Hügel. Aber der HERR wartet darauf, euch seine Gnade zu zeigen, darum erhebt Er sich, [9]um euch Sein Erbarmen zu schenken. Denn der HERR ist ein Gott des Rechtes; wohl denen, die auf ihn warten" (Jes 30,15–18).

[10]Diese Worte sind für die Letzten Tage und beziehen sich auf die Gemeinde der Schmeicheleisucher, [11]die in Jerusalem sind [...] [12]in dem Gesetz und nicht [...] [13]Herz(ens), denn zu zertrampeln [...]

Fragment 22 [„So werden sich deine Lehrer nicht mehr verbergen. Deine Augen werden deine Lehrer sehen, deine Ohren werden es hören, wenn sie dir nachrufen: Hier ist der Weg, auf ihm müßt ihr gehen, auch wenn ihr selbst rechts oder links gehen wolltet"] (Jes 30,20–21). [1]Diese Worte beziehen sich auf [...] [2][...] in dem sie laufen [...] [3][...] die zadokischen [Priester ...] [4][... und was dem Vers angeht,] der besagt: „Das Brot, das auf [dem Acker heranreift, wird üppig und fett sein" (Jes 30,23) ...]

Fragment 25 [„Der HERR läßt Seine mächtige Stimme erschallen, und man sieht, wie Sein Arm herabzuckt mit zornigem Grollen und verzehrendem Feuer, mit Sturm, Gewitter und Hagel. Vor der Stimme des Herrn wird Assur erschrecken, wenn Er zuschlägt mit Seinem Stock, jedesmal, wenn die Zuchtrute auf Assur herabsaust, mit der der HERR auf es einschlägt. Unter dem Klang von Pauken und Zithern und bei schwungvollem Reigentanz kämpft Er gegen Assur" (Jes 30,30–32).]

¹Dieses bezieht sich auf ...] der König von Babylon [...] ²[...] mit Pauken und mit Zithern [...] ³[... „Sturm und] Donner" sind Kriegswaffen [...]

Das folgende Fragment enthält die Information, daß bei der Gründung der Jahad (Sekten-Gemeinschaft) die Priester der wichtigste Bestandteil waren.

4Q164 [„Ich selbst lege dir ein Fundament aus Malachit und Grundmauern aus Saphir" (Jes 54,11).] ¹[...] ganz Israel wie Malachit am Auge. „Ich selbst lege [dir Grundmauer aus] Sap[hir." Diese Worte bedeuten,] ²[d]aß sie die Gemeinde der *Jahad* auf den Priester gründeten, und [...] ³die Gemeinde seiner Auserwählten, wie der Saphirstein inmitten der Steine [...]

[„Aus Rubinen mache ich] ⁴alle deine Zinnen" (Jes 54,12). Dies bezieht sich auf die zwölf [Priester ...] ⁵die Urim und Tummim im Urteil erleuchten lassen [... und nichts] ⁶fehlt ihnen, wie die Sonne in ihrem vollen Licht. „Und alle [deine Mauern aus kostbaren Steinen]" (Jes 54,12). ⁷Dieses bezieht sich auf die Häupter der Stämme Israels [...] ⁸sein auserwählter Haufen, die Ämter von [...]

Nur ganz geringe Fragmente dieses Manuskriptes mit knapper Textdeutung sind überliefert.

4Q165 Fragmente 1–2 ²[...] und Jerusalem [...] Und wenn geschrieben steht: [„Wie ein Hirt führt er seine Herde zur Weide" (Jes 40,11),] ³bezieht sich dieses auf [den Lehrer der Gerechtigkeit, der] die Lehre der Gerech[tigkeit] offenbart hat.

– E. M. C.

24. HOSEA-KOMMENTAR

4Q166–167

Im Gegensatz zu anderen Kommentaren befaßt sich der erste Teil des Textes vor allem mit dem Schicksal „der Generation, die Gott zuerst bestrafte", mit Israel vor dem Exil. Er bezieht sich auch auf den „Kalenderstreit", der in vielen anderen Schriftrollen vom Toten Meer eine beachtliche Rolle spielt.

4Q166 Kolumne 1 ¹⁻³[...] ⁴und sie waren glücklich [...] ⁵sie trieben schändliche Dinge [...] ⁷[„Darum versperre ich ihr den Weg] mit Dornengestrüpp, ihren Pfad ⁸[findet sie nicht mehr"] (Hos 2,8).

[Dies bezieht sich auf ... im Wahnsinn] und in der Blindheit und im Durcheinander ⁹[...] und die Zeit, als sie Verräter wurden, tat nicht [...] sie sind die Generation, [die Gott zuerst] bestrafte ¹¹[...] ¹²[... zusammenzu]raffen in Zeiten des Zorns, da ¹³[...]

¹⁵[„Dann wird sie sagen: ‚Ich kehre um und gehe wieder zu meinem ersten Ma]nn; denn ¹⁶[damals ging es mir besser als jetzt.'"] (Hos 2,9)

[Dies bezieht sich auf ...] als die Gefangenen [Israels] zurückkamen ¹⁷[...]

Kolumne 2 ¹[„Aber sie hat nicht erkannt, daß] ich es war, der ihr das Korn [und den Wein] ²[und das Öl gab, und das Silber, das ich] vervielfachte und das Gold, aus dem man dann [Baal(sbilder)] machte" (Hos 2,10).

[Es bedeutet], ³daß [sie aßen] und zufrieden waren und Gott vergaßen, der [ihnen dieses beschert, da] sie seine ⁴Gebote hinter sich warfen, die er ihnen [durch] ⁵seinen Diener, den Propheten, gesandt hatte. Statt dessen hörten sie auf die, die sie irreführten. Sie ehrten sie ⁶und bewunderten sie in ihrer Blindheit als wären sie Götter.

⁸„Darum hole ich mir mein Korn zurück, wenn es Zeit dafür ist, und meinen Wein, [wenn es Zeit dafür ist]. ⁹Ich nehme meine Wolle und mein Leinen weg, die verhüllen sollten [ihre Blöße]. ¹⁰Und nun entblöße ich ihre Scham vor den Augen ihrer [Liebhaber. Niemand kann] ¹¹sie meiner Gewalt entreißen" (Hos 2,11–12).

¹²Die Worte bedeuten, daß Er sie mit Hungersnot und Nacktheit geschlagen hat, damit sie zur Scha[nde] ¹³und zum Skandal vor den Augen der Völker werden, auf die sie sich gestützt hatten, aber die ¹⁴sie vor ihrer Strafe nicht retten konnten.

„Ich mache all ihren Freuden ein Ende, ¹⁵ihren Pil[gerfahrten und Neu]mondfesten, ihren Sabbaten und all ihren heiligen Tagen" (Hos 2,13).

Dies bedeutet, daß ¹⁶sie [all die heiligen Tage] wegnehmen werden im Austausch gegen heilige Tage der Völker, so daß [all] ¹⁷[ihre Freude] sich in Trauer verwandeln wird.

Den Textrest der Kolumne bietet Hos 2,12; die kommentierende Deutung ist nicht überliefert. Die erhaltenen Fragmente dieses Abschnitts enthalten mehr „verschlüsselte" Hinweise als der vorhergehende Text.

4Q167 Fragment 2 ¹[„Er kann nicht heilen eu]er Geschwür" (Hos 5,13).

Dies bezieht sich [auf...] ²[...] der Löwe des Zorns.

„Denn ich bin für Efraim wie ein Panther, [wie ein junger Löwe für das Haus] ³Juda" (Hos 5,14).

[Dies bezieht sich] auf den letzten Priester, der seine Hand ausstrecken wird, um Efraim zu schlagen ⁴[...] ⁵[„Ich kehre an meinen Ort zurück, bis] sie sich zu ihrer Schuld bekennen und mein Angesicht suchen. In ihrer Not ⁶[werden sie Ausschau nach mir halten."] (Hos 5,15).

[Dies bedeutet, daß ...] Gott [wird] sein Angesicht v[on ihnen abwenden ...] ⁷[...] und sie hörten nicht [...]

Fragment 7 ¹[„Sie, wie Adam,] übertraten den Bund" (Hos 6,7).

Dies bedeutet, daß ²[...] sie wendeten sich ab von Gott und befolgten die Gesetze [der Völker ...]

– E. M. C.

25. NAHUM-KOMMENTAR

4Q169

Beim Nahum-Kommentar handelt es sich um die wichtigste aller Rollen für die Rekonstruktion der Hintergrundgeschichte der Schriftrollen vom Toten Meer. Ganz anders als sonstige Kommentare (vgl. Einleitung zu Text 4, *Habakuk-Kommentar*), enthält

er einen klaren geschichtlichen Bezugspunkt: Demetrius III. Eukarios, König des seleuki-
dischen Syrien, der im Jahr 88 v. Chr. ins Heilige Land einfiel. Die Geschichte, die hinter dieser Episode steht, wird indirekt im Kommentar wiedergegeben.

Alexander Jannäus herrschte als König und Hoherpriester über Israel von 103 bis 76 v.
Chr. Obwohl es ihm gelang, das Territorium seines Volkes so auszudehnen wie es zur
Herrschaft des König Salomo der Fall gewesen war, war er bei manchen jüdischen Gruppierungen wegen seiner Gleichgültigkeit in religiösen Dingen unbeliebt. Das Gefühl der
Abneigung beruhte auf Gegenseitigkeit. Jannäus hatte keinerlei Skrupel, abweichende
Meinungen zu unterdrücken. Andersdenkende schickte er in die Verbannung oder ließ sie
hinrichten. Den Schriftrollen ist zu entnehmen, daß die Pharisäer die Anti-Jannäus-Partei
anführten, während Jannäus mit den Sadduzäern und priesterlichen Gruppen verbündet
war.

Schließlich eskalierte der Zwist zwischen Jannäus und seinen Gegnern. Diese verbündeten sich mit Demetrius III. von Syrien und veranlaßten ihn, in Israel einzufallen und
König Alexander Jannäus (76 v. Chr.) abzusetzen. Demetrius schlug Jannäus in einer
Schlacht in der Nähe von Schechem in die Flucht. Genau zu diesem Zeitpunkt distan-
zierten sich viele Verbündete der Pharisäer vom Syrerkönig, da sie nicht gewillt waren, sich
an der Errichtung einer nicht-jüdischen Vorherrschaft in Palästina zu beteiligen. Jetzt
unterstützten sie Jannäus und dessen Verbündete. Demetrius mußte seine Streitkräfte
zurückziehen.

Nachdem seine Macht sich wieder gefestigt hatte, wandte er sich gegen seine Verräter,
verbannte viele der Aufständischen und ließ andere hinrichten. Nach Flavius Josephus war
sein spektakulärster Racheakt die Kreuzigung von 800 Anführern der Rebellen. Er ließ
deren Frauen und Kinder töten, wobei sie von ihren Kreuzen herab zusehen mußten.

Doch Jannäus' Feinde waren es, die zuletzt triumphierten. Nach seinem Tod gelangte
die Gruppe der Pharisäer in eine fast unbestrittene Machtposition wegen ihres Einflusses
auf Königin Salome Alexandra (76–67 v. Chr.), die Witwe des Königs. Jetzt waren es die
Pharisäer, die nun ihre eigene Schreckensherrschaft gegen die Opposition errichteten.

Der Originalschauplatz der Prophezeiung Nahums war der drohende Niedergang des
Assyrischen Reichs und seiner Hauptstadt Ninive im Jahr 612 v. Chr. Seine Worte sind
erfüllt von zynischer Freude über die Vernichtung der Feinde Israels. Der Verfasser des
Nahum-Kommentars bediente sich der Racheäußerungen, indem er die Niederlage der
„Schmeicheleisucher" vorhersagt; gemeint sind eindeutig die Pharisäer, die zur Zeit der
Entstehung der Qumran-Rollen an der Macht waren. Der Schreiber muß zu jener Gruppe
gehört haben, die gegen die Pharisäer opponierte und Jannäus unterstützte, der „Löwe des
Zorns" genannt wurde. Forscher haben sich lange gegen die Meinung gesträubt, die Jahad
habe einen gewalttätigen Mann wie Jannäus geschätzt. Diese Deutung wurde durch die
kürzliche Veröffentlichung eines weiteren Schriftrollen-Manuskripts *Lobrede auf König
Jonatan* (Text 106) vorgeschlagen.

*Der erste Teil des Buches Nahum beschreibt das Kommen des Allmächtigen im Zorn, ein
Thema, das für den Kommentator nach wie vor von existentieller Bedeutung ist. Wie der
geschichtliche Prophet Nahum glaubte auch der spätere Kommentator, daß Gott die nichtjüdische Welt strafen werde.*

Fragmente 1–2 [1][„… in Wirbel und Sturm nimmt Er seinen Weg,] die Wolken si[nd der Staub seiner Füße"] (Nah 1,3).

[Die Deutung der Worte] [2]die [„Wirbel(winde) und Stürm]e" [bezieht sich auf] die Firmamente seiner Himmel, und seine Erde, die er erschaf[fen hat, ist der „Staub seiner Füße."]

[3]„Er droht dem Meer und trocknet [es aus"] (Nah 1,4).

[Die D]eutung der Worte „das Meer" ist all die [..., und „es austrocknen" heißt,] [4]zu richten über sie und sie zu vertilgen vom Angesicht [der Erde].

[4a][„Alle Flüsse läßt er versiegen"] (Nah 1,4).

[Dies bedeutet, daß Er sie zerstören wird] [5a]mit [all ihren Herr]schern, wenn ihre Herrschaft zu Ende geht.

[5][„Baschan und] Karmel [sind welk,] auch die Blüten des Libanon sind verwelkt" (Nah 1,4).

[Dies bedeutet, daß …] [6]viele werden [zugrunde gehen …] darin die höchste Frevelhaftigkeit, da „Ba[schan" sich auf … bezieht und … wird genannt] [7]„[Kar]mel", und seine Herrscher „Libanon". „Die Blüten des Libanon" sind [...] [8][seine Anhän]ger, und sie werden zugrunde gehen bevor [...] die Auserwählten von [...] [9][all] die Bewohner der Welt. „Ber[ge beben vor ihm, und Hügel geraten ins Wanken.] [10]Das Land [erhebt sich] vor ihm, und [die Erde] vor ihm, mit allen, die darauf wohnen. Wer kann vor seinem Groll bestehen? Und wer [11][hält stand] in der Glut seines Zorns?" (Nah 1,5–6).

[Dies bedeutet, daß …]

Das Eindringen des Demetrius wird nur nebensächlich behandelt. Der Schwerpunkt liegt auf Alexander Jannäus, dem „Löwen des Zorns", und dem harten Umgang seiner Feinde.

Fragmente 3–4 Kolumne 1 [1][„Wo ist jetzt das Versteck der Löwen, der Tummelplatz der jungen Löwen?"] (Nah 2,11).

[Dies bezieht sich auf …]eine Wohnstätte für die frevelhaften Völker.

Der Kommentator sieht in Jerusalem ein rätselhaftes Versteck der Löwen: Löwen der Völker versuchen einerseits hereinzudringen, und jüdische Löwen andererseits versuchen, zu entfliehen. Der Kontrast zwischen den „Königen von Griechenland" und den „Herrschern der Kittim" bestätigt, daß „Kittim" der Deckname für die Römer ist.

„Wohin der Löwe geht, um sich zu verbergen, dorthin geht auch der junge Löwe, [2][ohne daß jemand ihn aufschreckt]" (Nah 2,12).

[Diese bezieht sich auf Deme]trius, König von Griechenland, der bestrebt war, aufgrund eines Beschlusses der Schmeicheleisucher nach Jerusalem zu kommen, [3][aber es war nie in der] Macht der Könige von Griechenland, von Antiochus bis zum Auftreten der Herrscher der Kittim. Aber danach wird es zertrampelt [4][durch die Völker …]

„Der Löwe macht reichen Raub für seine Jungen und er würgt Beute für seine Löwinnen" (Nah 2,12).

[5][Dies bezieht sich auf …] auf den Löwen des Zorns, der einige seiner Großen und Männer seiner Partei erschlagen würde [6][...]

Wenn auch der moderne Mensch Kreuzigungen als verabscheuenswerte Taten empfindet, befür-
worteten der Kommentator und seine Gemeinde diese Methode als Bestrafung von Gottes
Feinden. Sie waren überzeugt, daß diese Methode durch die Bibel vorgeschrieben war (s. Dtn
21,23).

[„Er füllt] seine Höhle [mit Raub], seinen Versteck mit Raubgut" (Nah 2,13).

Dies bezieht sich auf den Löwen des Zorns [7][...Rac]he gegen die Schmeicheleisuchern,
da er früher Männer lebendig aufhängen ließ, [8][wie es geschah] in Israel in früheren
Zeiten. Denn auf jemanden, der lebendig von einem Baum hängt, [bezi]eht [sich der
Vers: „Nun gehe ich gegen [dich] vor, [9][spricht der HERR der Heere" (Nah 2,14).

Es ist ziemlich sicher, daß es sich bei den ruchlosen „Schmeicheleisuchern" um die Pharisäer
handelt. Weniger eindeutig ist die Bedeutung der Geheimnamen „Efraim" und „Manasse".
Gelegentlich wird Efraim mit den „Schmeicheleisuchern" in Verbindung gebracht, wie im fol-
genden Text, aber an anderen Stellen zeigt sich der Kommentator voller Hoffnung, daß man-
che der „Efraim" Reue empfinden. Der Begriff „Manasse" bezieht sich vielleicht auf die welt-
lichen Anhänger des Jannäus, z. B. auf Aristokraten, die sich jedoch kaum für religiöse
Streitigkeiten interessierten.

[„Ich lasse] deine [Horde in Rauch aufgehen], das Schwert frißt deine Löwen und
ich til[ge] seine Beute [aus dem Lande.] [10][Den Ruf deiner Boten hört man] nie
m[ehr"] (Nah 2,14).

[Die Deutung der] Worte „deine Horde" sind die Scharen seines Heeres, di[e in
Jerusal]em [sind], „seine Löwen" sind seine [11]Großen [...], „seine Beute" ist der
Reichtum, den [die Prie]ster von Jerusalem zusammentrugen und den [12]sie übergeben
werden a[n ... E]fraim, Israel wird übergeben. **Kolumne 2** [1]„Seine Boten" sind seine
Gesandten, deren Stimme unter den Völkern nicht mehr gehört wird.

„Weh der Stadt voll Blutschuld; nichts als Lüge und voll von Raffgier!" (Nah 3,1).

[2]Die Deutung des Abschnitts: Das ist die Stadt Efraims, der Schmeicheleisucher in
den Letzten Tagen, die sich mit Betrug und Lügen betragen.

Die „Herrschaft der Schmeicheleisucher" wird hier mit der tyrannischen Herrschaft der Assyrer
in alter Zeit gleichgesetzt. Dem Wortlaut des Kommentars ist zu entnehmen, daß
„Schmeicheleisucher" zur Entstehungszeit der Schriftrollen an der Macht waren.

[3]„An Beute fehlt es nie. Knallen von Peitschen und Gedröhn rasselnder Räder, ren-
nende Pferde und holpernde Wagen, hetzende Reiter, flammende Schwerter, [4]blitzen-
de Lanzen, eine Menge Erschlagener, eine Masse von Toten, kein Ende der Leichen,
man stolpert über die Leiber" (Nah 3,1–3).

Dies bezieht sich auf die Herrschaft der Schmeicheleisucher; [5]aus ihrer Gemeinde
wird nie das Schwert der Völker fehlen, Gefangenschaft, Plünderung, Streitigkeiten
unter sich, Exil aus Furcht vor Feinden. Eine Masse [6]von verbrecherischen Kadavern
wird in ihren Tagen fallen, ohne Ende wird die Gesamtzahl der Getöteten sein, wahrhaftig, wegen ihres verbrecherischen Zwecks werden sie über das Fleisch ihrer Leichen
stolpern! [7]„Und all das wegen der vielen Unzucht der Buhlerin. Sie strahlt von Anmut,
sie ist eine wahre Hexe, die Völker durch ihre Unzucht einfängt, und ganze Stämme
durch ihre Zauberei" (Nah 3,4).

⁸Dies bezieht sich auf die Irreführer von Efraim, die mit ihrer irreführenden Lehre, ihrem lügnerischen Gerede und ihrem unehrlichen Gespräch viele täuschen: ⁹Könige, Prinzen, Priester, Einheimische und Fremde zugleich. Städte und Sippen werden zugrunde gehen, wenn sie ihre Grundlehre befolgen. Große und Herrscher ¹⁰werden zugrunde gehen durch ihr [überhebl]iches Gerede.

Nach Flavius Josephus sah sich Jannäus genötigt, die Macht über einen Teil seiner transjordanischen Eroberungen abzutreten, um die Neutralität der Araber zu sichern. „Städte des Ostens", die „geraubt wurden", beziehen sich möglicherweise auf diese Strategie.

„Nun gehe ich gegen dich vor, spricht der HERR der Heere. Du wirst ¹¹deine Schleppe bis über dein Gesicht aufheben und die Völker deine Blöße zeigen, die Königreiche deine Schande" (Nah 3,5).

Dies bezieht sich auf [...] ¹²[...]die Städte des Ostens, denn „die Schleppe" sind [...] **Kolumne 3** ¹die Völker in ihrem Dreck und in ihren abscheulichen Götzen.

„Ich bewerfe dich mit deinen Greueln, gebe dich der Verachtung preis und mache dich ²abscheulich, so daß alle, die dich sehen, vor dir zurückschrecken werden" (Nah 3,6–7).

³Dies bezieht sich auf die Schmeicheleisucher. In der kommenden Zeit werden ihre bösen Taten ganz Israel offenbart und ⁴viele werden ihre falsche Taten erkennen und werden sie verwerfen und werden davon angewidert sein wegen ihrer kriminellen Überheblichkeit; und wenn der Ruhm Judas sich offenbart, ⁵wird das einfältige Volk Efraims sich von ihrer Gemeinde zurückziehen; sie werden diejenigen verlassen, die sie irreführen, und sie werden sich dem wahren Israel anschließen.

„Sie werden sagen: ⁶Verwüstet ist Ninive. Wer zeigt ihr Teilnahme? Wo soll ich ihr Tröster suchen?" (Nah 3,7).

Dies bezieht sich auf die Schmeicheleisucher, ⁷deren Fraktion zunichte wird und deren Versammlung zersprengt wird. Sie werden die Gemeinde nicht mehr irreführen können, und die Einfältigen ⁸werden sich nicht mehr ihren Meinungen anschließen.

„Bist du besser als No-Am[on, das an] Strömen [lag]?" (Nah 3,8).

⁹Die Bedeutung von „Amon" ist Manasse, und „die Ströme" sind die Großen von Manasse, die Ehrwürdigen von [...]

¹⁰„Von Wasser ist sie rings umgeben, deren Schutzwall ist das Meer, deren Mauern die Wasser" (Nah 3,8).

¹¹Die Bedeutung der Worte: sie sind die Männer ihres Heeres, die Krieger für ihren Kampf.

Der historische Bezug des folgenden Textes bleibt unklar.

„Kusch [und Ägypten] sind ihre endlose Macht, [Put und die Libyer zählen zu ihren Helfern."] (Nah 3,9).

Kolumne 4 ¹Die Deutung der Worte: sie sind die Freveler von [...], eine entzweiende Gruppe, die sich Manasse anschließt.

„Auch sie g[ing] in die Verbannung, [zog in die Gefangenschaft,] ²ihre Kinder wurden zerschmettert an den Ecken aller Gassen. Über seine Vornehmen warf man das Los, alle ihre Großen [wurden gelegt] ³in Fesseln" (Nah 3,10).

Dies bezieht sich auf Manasse am Ende der Tage, denn sein Königreich wird erniedrigt sein in Is[rael ...] [4]seine Frauen, seine Säuglinge und seine Kinder werden in die Gefangenschaft gehen, seine Krieger und seine Großen [werden getötet] mit dem Schwert [...]

[„Auch du wirst betrunken] [5]und wirst ohnmächtig sein" (Nah 3,11).

Dies bezieht sich auf die Frevler von [...] [6]deren Becher Manasse aufsuchen wird [...]

[„Auch du wirst suchen] [7]Schutz in der Stadt vor dem Feind" (Nah 3,11).

Dies [bezieht sich auf ...] [8]ihre Feinde in der Stadt [...]

– E. M. C.

26. Psalmen-Kommentare

4Q171, 4Q173, 1Q16

In den Qumran-Kommentaren zu den Psalmen stehen der „Lehrer der Gerechtigkeit", der „Frevelpriester" und der „Mann der Lüge" im Mittelpunkt des Geschehens. In den umfassendsten Restfragmenten von 4Q171 ist ein fortlaufender Kommentar zu Psalm 37 erhalten, der von der Notwendigkeit für die Gerechten, Gott gegenüber die Treue zu halten, handelt – trotz der offensichtlichen Erfolge der Gottlosen. Gott will, daß die Gerechten wie auch die Gottlosen bekommen, was ihnen gebührt: die Gerechten erhalten eine Belohnung für ihre Treue, die Gottlosen erhalten eine Bestrafung für ihre Untreue.

Die *Jahad*-Mitglieder und ihr Führer, der „Lehrer der Gerechtigkeit", stehen in den Psalmen für die Gerechten. Ihre Gegner, der „Frevelpriester" und der „Mann der Lüge", die sie verfolgt haben, werden durch die Gottlosen verkörpert. Der Psalm und sein Begleitkommentar sind durchdrungen von dem leidenschaftlichen Verlangen, das Unrecht der Welt möge in Ordnung gebracht werden, gemildert durch die Erkenntnis, daß das Leiden – während des überlangen Wartens auf Gottes Eingreifen – Geduld erfordert. Diese Kommentare lassen eine eschatologische Leidenschaft verspüren, die in den eher historisch orientierten Kommentaren wie Text 4 *(Habakuk-Kommentar)* und Text 25 *(Nahum-Kommentar)*, nur selten hervortritt.

Die Gerechten, die der Sekten-Gemeinschaft angehören, müssen leiden; sie können aber erwarten, daß ein letztes Gericht alles wiedergutmachen wird.

4Q171 Fragmente 1–2 Kolumne 1 [20][„Er bringt deine Gerechtigkeit heraus wie das Licht und dein Recht so hell wie den] Mittag" (Ps 37,6).

[21][...] der Wille von [22][...] Wahnsinnige haben gewählt [23][...] jene, die Vernichtung lieben und die irreführen [24][...] Frevelhaftigkeit durch die Macht [Gottes].

[25][„Sei] still vor [dem Herrn und] harre auf ihn und erhitze dich nicht über den Mann, dem alles gelingt, den Mann, der auf Ränke sinnt" (Ps 37,7).

[Dies bezieht sich] auf den Mann der Lüge, der viele Menschen mit trügerischen Worten irreführte, denn sie entschieden sich für bedeutungslose Dinge, aber hörten nicht auf die Sprecher der wahren Erkenntnis, so daß **Kolumne 2** [1]sie zugrunde gehen werden durch das Schwert, durch Hungersnot und durch Pest.

„Steh ab vom Zorn und laß den Grimm; [2]erhitze dich nicht, es führt nur zu Bösem. Denn die Bösen werden ausgetilgt" (Ps 37,8–9).

Dies bezieht sich auf alle, die umkehren [3]zum Gesetz und die sich nicht weigern, ihre Sünde zu bereuen, denn alle, die sich weigern, [4]ihre Schuld zu bereuen, werden ausgerottet.

„Aber die, die auf den HERRN hoffen, werden das Land besitzen" (Ps 37,9).

Dies bezieht sich [5]auf die Gemeinde Seiner Erwählten, diejenigen, die Seinen Willen tun.

Die endzeitliche Zeitrechnung der Sekten-Gemeinschaft rechnete mit vierzig Jahren zwischen dem Zeitpunkt des Todes ihres „Lehrers" und dem eschatologischen Endkampf zwischen Gut und Böse.

„Eine Weile noch, und der Frevler ist nicht mehr da; [6]schaust du nach ihm – er ist nicht mehr da" (Ps 37,10).

Dies bezieht sich auf alle Frevler am Ende [7]der vierzig Jahre. Wenn sie vergangen sind, wird es keinen Frevler mehr geben [8]auf der Erde.

„Doch die Armen werden das Land bekommen, sie werden Glück in Fülle genießen (Ps 37,11).

Dies bezieht sich auf [9]die Gemeinde der Armen, die die Zeit des Irrtums ertragen, aber aus allen Fallen [10]Belials gerettet werden. Danach werden sie all die [...] der Erde genießen und werden sich gütlich tun an jedem [11]menschlichen [Luxus].

[12]„Der Frevler sinnt auf Ränke gegen den Gerechten und knirscht [gegen ihn mit den Zähnen. Der HE]RR verlacht ihn, denn Er weiß, daß [13]sein Tag kommt" (Ps 37,12–13).

Dies bezieht sich auf die grausamen Israeliten im Haus Juda, die [14] darauf sinnen, diejenigen, die die Gesetze befolgen, zu vernichten, die in der Gemeinschaft der *Jahad* sind. Aber Gott läßt sie nicht [15]in ihrer Macht.

Efraim und Manasse tauchen bereits als Geheimnamen im Nahum-Kommentar auf. Sie repräsentieren die religiös-politischen Fraktionen, die auf der Seite der Feinde der Sekten-Gemeinschaft stehen. Der Bezug auf den „Priester" ist unklar. Handelt es sich hier um den „Lehrer der Gerechtigkeit" oder um einen anderen Anführer?

„Die Frevler zückten das Schwert und spannten ihren Bogen, um die Schwachen und Armen zu fällen [16]und alle hinzuschlachten, die den rechten Weg gehen. Ihr Schwert dringe in ihr eigenes Herz, und ihre Bogen sollen zerbrechen!" (Ps 37,14–15).

[17]Dies bezieht sich auf die Frevler von „Efraim und Manasse", die versuchen werden, zu vernichten [18]den Priester und die Mitglieder seiner Gruppierung in der Zeit der Heimsuchung, welche über sie kommen wird. Aber Gott wird sie retten [19]aus ihrer Hand und sie danach den gottlosen Völkern zur Verurteilung geben.

[21]„Besser das Wenige, das der Gerechte besitzt, als der Überfluß der Frevler" (Ps 37,16).

[... Dies bezieht sich auf] ²²denjenigen, der die Gesetze befolgt, der nicht [...] ²³denn Frevel, denn „die Arme [der Frevler werden zerschmettert, doch die Gerechten stützt] ²⁴der HERR" (Ps 37,17).

[„Der HERR kennt die Tage der Bewährten, ihr Erbe hat ewig Bestand" (Ps 37,18).]
[Dies bezieht sich auf jene, an denen] ²⁵Er Gefallen findet [...]

„Die Rückkehr aus der Wüste" kann bedeuten, daß einige Sekten-Mitglieder im Exil waren, aber in den Letzten Tagen zurückkehren.

²⁶„Sie [werden ni]cht zuschanden in [bösen Zeiten"] (Ps 37,19).

[Dies bezieht sich auf] **Kolumne 3** ¹diejenigen, die aus der Wüste zurückkehren werden, die eintausend Generationen in Redlichkeit leben werden. Ihnen und ihrer Nachkommenschaft gehört das Erbe ²Adams in Ewigkeit.

„In einer Zeit des Hungers werden sie satt, doch die Frevler ³gehen zugrunde" (Ps 37,19–20).

Dieses bedeutet, daß Er sie während der Hungersnot in der Zeit des I[rrtu]ms erhalten wird, aber viele ⁴werden zugrunde gehen durch Hunger und durch Pest, alle jene, die nicht ausgezogen sind [...] um sich zu ei[nigen] ⁵mit der Gemeinde Seiner Erwählten.

⁵ᵃ„Die, die den HERRN lieben, sind so prächtig wie Widder" (Ps 37,20).

Dies bezieht sich auf [die Gemeinde Seiner Erwählten,] ⁵die Anführer und Fürsten sein werden, [wie die Anführer der] ⁶Schafe inmitten ihrer Herden.

⁷„Sie schwinden dahin wie Rauch" (Ps 37,20).

Dies bezieht sich auf die frevelhaften Fürsten, die Sein geheiligtes Volk unterdrückten ⁸und die schwinden werden wie Rauch, der sich im Wind auflöst.

Der Besitz des Tempelberges und die Macht über die Opfergaben des Tempels waren wichtige Ziele der Qumran-Gruppe.

„Der Frevler borgt und bezahlt nicht, ⁹doch der Gerechte schenkt freigebig. Denn wen der HERR segnet, der wird das Land besitzen, aber wen Er verflucht, der wird ausgetilgt" (Ps 37,21–22).

¹⁰Dies bezieht sich auf die Gemeinde der Armen, d[ie] alles in Besitz [nehmen werden ...], die ¹¹den hohen Berg Is[raels in Besitz nehmen werden und die sich an Seinem Heiligen Berg ergötzen werden. [„Die, die Er verflucht,] ¹²werden ausgetilgt": diese sind die gewalttätigen [Juden, die G]ottlosen Israels, die ausgetilgt werden und vernichtet werden ¹³für ewig.

¹⁴[„Die Schritte des Mannes] bestimmt der HERR, er hat Gefallen an Seinen Wegen. Auch wenn er ¹⁵stra[uchelt, stürzt er nicht] hin; denn der H[ERR hält ihn fest an der Hand" (Ps 37,23–24).

Dies bezieht sich auf den Priester, den Lehrer der G[erechtigkeit, den] ¹⁶Gott [er]wählte als Seinen Diener [und] dem er befohlen hat, für Ihn eine Gemeinde aufzubauen [...] ¹⁷[seinen] Weg glättete Er für die Wahrheit.

[„Einst war ich jung], nun bin ich alt, nie [sah ich einen Gerechten] ¹⁸verlassen, noch seine Kinder betteln um Brot. [Allzeit] leiht er mildtätig aus, seine Kin[der werden zum Segen"] (Ps 37,25–26).

[19][Dies] bezieht sich auf den Lehrer der [Gerechtigkeit ...]

Kolumne 4 [1]„... Re[cht und verläßt seine Frommen nicht. Auf Ewig]keit werden sie behütet. Aber die Nachkommenschaft der G[ottlosen wird ausgetilgt"] (Ps 37,28).

[Dies bezieht sich auf] die gewalttätigen [2][Israeliten ...] das Gesetz.

„Die Gerecht[en werden das Land besitzen und] darin [wohnen für alle Zei]ten" (Ps 37,29).

[Dies bezieht sich auf ...] für eintausend [Generationen].

[3][„Der Mund des Gerechten bewegt Worte der] Weisheit, und seine Zunge redet, [4][was recht ist. Er hat die Weisung seines Gottes im Herzen, seine Schritte wanken nicht" (Ps 37,30–31).

Dies bezieht sich auf] die Wahrheit, die der Lehrer sprach [5][...] er verkündete es ihnen.

Die folgende Aussage erlaubt die Schlußfolgerung, daß der „Lehrer" vom „Frevelpriester" zwar bedroht wurde, aber zur Abfassungszeit dieses Werkes noch am Leben war. Der Kommentar ist überzeugt, daß der „Lehrer" auch die Zeit der Heimsuchung überleben wird. Der Hinweis auf das „Gesetz, das der ‚Lehrer' dem ‚Priester' geschickt hat", ist daher beachtenswert. Forscher vermuten, daß es sich bei diesem „Gesetz" wohl um Text 94, Sektierer-Manifest, oder Text 149, Tempelrolle, handeln könnte.

[7]„Der Frevler belauert den Gerechten und sucht, [ihn zu töten. Der HE]RR [überläßt ihn nicht seiner Hand, und läßt ihn nicht ver]urteilen, wenn er vor Gericht kommt" (Ps 37,32–33).

[8]Dies bezieht sich auf den Frevel[pri]ester, der den [Lehr]er der Gerechtig[keit] be[lau]ert und ihn zu töten [sucht ...] und das Gesetz, [9]das er ihm sandte, aber Gott überlä[ßt ihn nicht seiner Hand] und läßt [ihn nicht verurteilen, wenn] er vor Gericht kommt. Aber den [Gottlosen wird Gott] gerecht [he]imzahlen, indem er ihn [10]der Macht der gewalttätigen Völker überläßt, damit sie mit ihm machen, [was sie wollen].

[„Hoffe auf den H]ERRN und befolge Seine Gesetze! Er wird dich erhöhen zum Erben [11]des Landes; du wirst [sehen], wie die Frevler vernichtet werden" (Ps 37,35–36).

[Dies bezieht sich auf ...] die sehen werden, wie die Frevler verurteilt werden und mit [der Gemeinde] [12]Seiner Erwählten sich auf ein sicheres Erbe freuen werden [für immer].

[13][„Ich sah] einen Frevler, bereit zu Gewalttat; er reckte sich [hoch wie eine grünende Zeder.] Aber als ich wieder an seinem Haus vorüberging, war er nicht mehr da. Ich [suchte ihn], doch er war [14]nicht zu finden" (Ps 37,35–36).

[Dies bezieht sich auf] den Mann der Lüge, [der ...] gegen das erwählte Volk Gottes [und bestrebt wa]r, ein Ende zu bereiten [...] [15][...] Gericht [...] er nahm herausfordernd an [16][...]

[„Achte auf den Frommen und schau auf] den Redlichen, [denn Zukunft hat der Mann] des Friedens" (Ps 37,37).

Dies bezieht sich auf [...] [17][...] des Friedens.

„Die Sünder [18]werden alle zusammen vernichtet, und die Zukunft [der Frevler ist Untergang"] (Ps 37,38).

[Dies bezieht sich auf ...] sie werden vernichtet und werden ausgerottet [19]von der Gemeinde der *Jahad.*

„Die [Rettung der Gerechten kommt vom HERRN, Er ist ihre Zuflucht in Zeiten der Not. Der HERR hilft ihnen und] [20] rettet sie, Er rettet sie vor den Frevlern [und Er schenkt ihnen Heil, denn sie suchen Zuflucht bei Ihm"] (Ps 37,39–40).

[Dies bezieht sich auf ...] [21]Gott wird ihnen Heil schenken und sie retten vor der Macht der Fre[vler...]

Da der Kommentar zu Ps 45 unmittelbar auf den zu Ps 37 folgt, wollte der Verfasser nicht alle Psalmenverse kommentieren.

[23]„Für den Chormeister, nach [der Lil]ien(weise). [Ein Weisheitslied der Korachiter. Ein Liebeslied ..."] (Ps 45,1).

[Dies bezieht sich auf ... s]ie sind die sieben Abteilungen der [24]Gefangenschaft Is[raels ...]

„Mein Herz [fließt über] von froher Kunde, [25][ich weihe mein Lied dem König"] (Ps 45,2).

[Dies bezieht sich auf ... der hei]lige Geist, denn [26][...] Bücher von [...]

„Meine Zunge gleicht dem Griffel des [27][flinken Schreibers"] (Ps 45,2).

[Dies bezieht sich auf] den Lehrer der [Gerechtigkeit ...] Gott [beschenkte] mit einer redegewandten Zunge [...]

Fragment 13 [3]„Gott sprach [in seinem Heiligtum: ‚Ich will triumphieren, will Sichem verteilen] [4][und das Tal von Sukk]ot vermessen. [Mein ist Gilead, mein auch Manasse, Efraim ist der Helm auf meinem Haupt'"] (Ps 60,8–9).

[5][Dies bezieht sich auf Gile]ad und den Halbstamm [von Manasse ...] [6]sie werden zusammengeführt [...]

4Q173 Fragment 1 [2][... umsonst], daß ihr [früh aufsteht, und euch spät erst niedersetzt, um das Brot der Mühsal zu essen; denn] [3][der HERR gibt es den Seinen im Schlaf"] (Ps 127,2).

[Dies bezieht sich auf diejenigen,] die suchen [...] [4][... geheimnisvol]le Dinge zum Lehrer der Gerechtigkeit [...] [5][der Pr]iester für die kommende Ze[it ...]

[7][„Kinder sind eine Gabe des HERRN"] (Ps 127,3).

[Dies bezieht sich auf] diejenigen, die die Besitztümer erben werden [...]

Eine sehr bruchstückhafte erhaltene Interpretation der Psalmen wurde in Höhle 1 gefunden. Die wenigen lesbaren Teile erwähnen, wie auch bei der Habakuk-Interpretation, die „Kittim".

1Q16 Fragment 3 [2][...] sie haben erkannt [...] [3][...] „Die Könige der großen Heere fliehen, [sie fliehen. Im Haus verteilt man die Beute" (Ps 68,13).]

[Dies bezieht sich auf] [4][...] die Schönheit [...] [5][...] die verteilen werden [...]

Fragment 8 [2][... „Dazwischen Mädchen mit kleinen Pauk]en; in Versammlungen Gott preisen" (Ps 68,26–27).

[3][Dies bezieht sich auf ...] die Versammlung, die den Namen preisen [...]

Fragment 9 [1][„... von Deinem Tempel aus, hoch über Jerusalem, ... Könige kommen mit] Gaben" (Ps 68,30).

Dies bezieht sich auf all die Herr[scher] [2][der Kittim ...] vor ihm in Jerusalem. „Du hast abgewehrt [das Untier im Schilf,] [3][die Rotte der Starken, die Herrscher der Völker. Sie sind gierig nach] Silber, [tritt sie nieder]" (Ps 68,31).

Das „Untier im Schilf" bezieht sich auf [4][... die] Kittim [...]

– E. M. C.

27. DIE LETZTEN TAGE.
KOMMENTAR ZU AUSGEWÄHLTEN SCHRIFTVERSEN

4Q174

Das Kommen eines neuen Jahrtausends verunsichert viele Menschen. Die Gedanken kreisen verstärkt um die Frage, was der Übergang bringen mag. Ähnlich glaubte der Autor dieses Textes, daß die Ereignisse auf Erden einem Höhepunkt zustrebten. Er wollte wissen, was passieren würde. Er sorgte sich nicht nur um sein eigenes Schicksal, sondern auch um das seiner Gruppe (offensichtlich die Jahad, die in mehreren Texten bereits erwähnt wurde), die er „Haus Juda" nannte.

Um zu erfahren, was die Zukunft bringen würde, konzentrierte er sich auf verschiedene Passagen der biblischen Schriften. Hauptsächlich berücksichtigte er Abschnitte aus den Büchern der Propheten. Die Juden zur Zeit des zweiten Tempels teilten nämlich die Ansicht, Prophezeiungen seien identisch mit Zukunftsvorhersagen. Wo hätte man bessere Antworten finden können als bei den Propheten?

Manches, was der Schreiber ausgewählt hat, erscheint überraschend. Warum gerade Psalmen zu Rate ziehen und warum bestimmte Texte der Genesis? Die Antwort ist: Unser Kommentator zählte die Verfasser dieser Bibelstellen zu den Propheten. David, dem er zweifellos die Psalmen zuschrieb, wurde als einer der Propheten angesehen (vgl. *Apokryphe Psalmen Davids*, Text 145). Auch Mose, der Urheber der Genesis, sei ein Prophet gewesen – eigentlich der größte Prophet in der Geschichte Israels. Wenn also David oder Mose von der Zukunft schreiben, war dies nicht ein vager Ausdruck von Hoffnung oder Gedankenspielerei. Es war Prophezeiung und damit ein idealer Fundort, um mit Hilfe der interpretativen Methode einen Vers zu analysieren und seine verborgene Bedeutung zu entschlüsseln.

Ein Vers führte dann den Verfasser zum nächsten Vers, wenn er Analogien folgte. Fand er ein bestimmtes Wort in einer Bibelstelle, dann wandte er sich einem anderen Vers zu, in dem das gleiche Wort vorkam. Verglich er die Verse miteinander, konnte er mehr Informationen erhalten als nur durch das Lesen eines einzigen Verses. Er nahm an, daß die Verwendung ähnlicher Worte diese Verse die gleiche, zukünftige Person, Institution oder Situation beschreiben würden. Dieses methodische Verfahren entspricht der klassischen Methode des protestantischen Christentums: „Die Heilige Schrift deutet die Heilige Schrift". Die rabbinische Bibelinterpretation, bekannt als *Midrasch*, argumentiert auf ähnliche Weise. Die Rabbiner folgten einem Prinzip, das sie *„gezera schawa"* nannten, übersetzt „ähnliche Kategorie". Solche Analogieschlüsse bedeuteten, daß Worte mit ähnlicher oder gleicher Bedeutung in zwei beliebigen Abschnitten des Gesetzes, wie unterschiedlich sie auch scheinen mochten, identisch gebraucht wurden.

Indem er diese Textanalyse anwendete, stellte unser Kommentator Gruppen von Versen zusammen, die sich nach seiner Auffassung auf die Letzten Tage bezogen. Er stellte Weissagungen über die Gegner seiner Gemeinschaft zusammen. Er fand auch heraus, daß aus den eigenen Reihen seiner Gruppe zwei Helden hervorgehen würden: ein erleuchteter Bibelinterpret, den er den „Deuter des Gesetzes" nannte, und ein messianischer Befreier aus dem Hause des großen Königs Israels, ein „Sproß Davids". Außerdem erhielt er Informationen über einen zukünftigen Tempel, den „Tempel Adams". Diese Bezeichnung läßt sich von einer gebräuchlichen Vorstellung der Propheten Israels herleiten: Das Ende wird wie der Anfang sein, vgl. im Buch Jesaja, z. B.: „Der Löwe wird sich zum Lamm legen" (Jesaja 11,6). Einige Forscher vermuten in diesem Bild vom Tempel einen Hinweis auf die Auffassung, daß Gemeinschaft gleich Tempel sei. Dahinter steht die Ansicht, daß die Gruppe des Verfassers einen geheimnisvollen Tempel bilden würde. Im Epheserbrief spricht Paulus von den Christen in ähnlichen Wendungen. Doch im Text 27 scheint diese Vorstellung nicht dahinterzustehen, obwohl sie auch in anderen Schriftrollen zu finden ist (Text 5).

Vorliegender Text ist in Sprache und Konzept deutlich sektiererisch. Er steht in einer Reihe mit weiteren Bibelkommentaren unter den Rollenfunden. Zu erwähnen sind hier insbesondere die Texte 4, 23 und 26 (*Habakuk-, Jesaja-* und *Psalmen-Kommentare*). Das methodische Verfahren ist aber ein anderes. Es wird nicht ein einziges biblisches Buch von Anfang bis Ende kommentiert, sondern es werden Bibeltexte nach Themen ausgewählt und geordnet. Ein weiteres sektiererisches Werk benützt diese Methode, vgl. Text 148, *Kommen des Melchisedek*.

Zitat und Interpretation von Dtn 33,1–29 des letzten Segen des Mose über die Israeliten. Der Rest des Textes befaßt sich mit den Segen Levis (Dtn 33,8–11), Benjamins (Dtn 33,12), Sebulons (Dtn 33,18) und Gads (Dtn 33,20–21).

Kolumne 1 [9][„Bezüglich Levi sagte er: ‚Levi hat Deine Tummim erhalten, Deine Urim, Dein treuer Gefolgsmann, den Du auf die Probe stelltest in Mass]a, mit dem Du stri[tt]est am Wasser von Meriba'; der s[agte] [10]von seinem Vater und seiner Mutter: ‚Ich habe beide nie gesehen', und der seine Brüder nicht erkannte und [von seinen Kindern nichts] wis[sen wollte]. Denn [die Leviten haben auf Dein Wo]rt geachtet – [nun wachen sie über Deinen] Bund. [11]Sie lehren Jakob Deine Rechtsvorschriften, Israel Deine Weisung. Sie legen Weihrauch] vor Dir auf und legen das Brandopfer auf Deinen Altar. [12][Segne, Herr, Levis Besitz, freu dich am Werk seiner Hände! Zerschlag seinen Feinden die Hüften, seinen Hassern, so daß sie sich nicht] mehr erheben'" (Dtn 33,8–11).

[13][... Die] Urim und die Tummim gehören dem Mann, der [14][...] Denn er sag[te] [15][...] Land, denn [...]

[16][„... Bezüglich Benjamin sag]te [er]: ‚Der Liebling des HER[RN] [17][wohne in Sicherheit. Täglich wacht über ihn der Höchste, und zwischen seinen Schultern wohne Er'" ...] (Dtn 33,12).

Kolumne 2 [1]Und der Ruhm [... die]s bezieht sich auf das gerech[te] Opfer [...] [2]das Gute des La[ndes ...]

[3]„Und bezüglich Gad sag[te er: ‚Gepriesen sei der, der Gad Raum schafft. Gad lauert wie ein Löwe, Arm und Kopf reißt er ab. Das erste Stück hat er sich ausgesucht, denn wo der Anteil] [4]eines Anführers [war, da versammelten sich die Häupter des Volkes. Er tat, was vor dem Herrn recht ist, (hielt sich) gemeinsam mit Israel (an) seine Rechtsvorschriften‘“ ...] (Dtn 33,20–21).

[5]Was die Gefangenen betraf, [...] das Verborgene [...] [6]zu retten [...] alles, was Er uns befahl. Sie führten aus die ganze [...]

Der Autor beschreibt eine Zeit der Heimsuchung für seine Gemeinschaft, das Haus Juda, der aber ein ruhmreiches Zeitalter folgen wird. Diese Zeit des zukünftigen Ruhms wird erhöhte Reinheit, Triumph über die Feinde der Gemeinschaft, einen neuen Tempel, einen erleuchteten Bibelausleger und einen Messias aus dem Hause David bringen.

[12][...] die verschlingen die Nachkommenschaft [13][...auf]gebracht gegen sie in seinem Eifer [14][...] Dies ist die Zeit, da Belial sein Maul öffnen wird [15][... um] das Haus Juda [heimzusuchen] (und) um sie anzufeinden [16][...] und er wird mit all seiner Macht versuchen, sie zu zerstreuen [17] [...da]ß er sie dazu brachte, zu sein.

[18][... das Haus Ju]da, aber der Gott I[sra]els wi[rd] [19][mit ihnen sein, so wie Er es durch den Propheten sagte: „Ich will meinem Volk Israel einen Platz zuweisen und es einpflanzen, damit es an seinem Ort wohnen kann und sich nicht mehr ängstigen muß, und] **Kolumne 3** [1][keine] Feinde [sollen es je wie]der [überwältigen und] schlechte Menschen es nicht [me]hr [unterdrücken] wie früher, von dem Tag an, an dem [2][ich Richter eingesetzt habe] in meinem Volk Israel" (2 Sam 7,10–11). Dieser „Platz" ist das Haus, das [sie Ihm bauen werden] in den Letzten Tagen, wie es geschrieben steht im Buch [3]Mose: „Einen Tempel] des HERRN sollst du errichten mit deinen Händen. Der HERR herrsche für immer und ewig" (Ex 15,17–18). Diese Passage beschreibt den Tempel, in den kein [Mann mit einem] dauerhaften [körperlichen Makel] eintreten darf, [4]auch kein Ammoniter, Moabiter, Bastard, Fremder oder Proselyt für alle Ewigkeit. Sicherlich wird Seine Heiligkeit [5]dort off[enb]art, ewiger Ruhm wird dort für immer sein. Fremde werden ihn nie wieder beflecken, wie sie einst beflecken [6]den Temp[el I]sraels durch ihre Sünden. Daher befahl Er, daß sie Ihm einen Tempel Adams (*oder* Tempel der Menschheit) erbauen und daß sie Ihm darin [7]richtige Opfer darbringen sollen.

Und was das betrifft, was Er zu David sagte: „Ich [verschaffe] dir [Ruhe] vor allen deinen Feinden" (2 Sam 7,11), dies bedeutet, daß Er ihnen Ruhe verschaffen wird von [al]len [8]Kindern Belials, welche sie stolpern lassen und welche si[e] vernichten wollen [durch] ihre [Gottlosigkeit]. Sie nahmen den Plan Belials an, um die S[öhne] des [9]Li[chts] stolpern zu lassen. Sie ersannen gottlose Ränke gegen sie, [so daß sie] Belial [als Be]ute [zufallen sollten] in schuldhaftem Irrtum.

[10]„Nun verkün[digt] dir der HERR, daß Er dir ein Haus bauen wird", und „Ich werde deinen Nachkommen nach dir aufrichten und dem Thron seines Königreichs Bestand verleihen in [11][Ewig]keit. Ich will für ihn Vater sein, und er wird für mich Sohn sein" (2 Sam 7,11–14). Diese Worte beziehen sich auf den Sproß Davids, der auf-

treten wird mit [12]dem Deuter des Gesetzes, und der [auftreten] wird in Zi[on in den Letz]en Tagen, wie es geschrieben steht: „Und ich werde die Hütte Davids, die zerfallen ist, wieder aufrichten" (Am 9,11). Diese Passage beschreibt den gefallenen Zweig [13]Davids, [d]en Er aufrichten wird, um Israel zu erretten.

Der Autor findet seine Gemeinschaft in der Bibel, im Alten Testament, erwähnt. Er wendet sich dann dem Endkampf gegen die nichtjüdischen Völker und der Zeit der Verfolgung zu, die dem Haus Juda bevorsteht.

[14]Die Deutung von „Wohl dem Mann, der nicht dem Rat der Frevler folgt" (Ps 1,1): Sie bedeutet, daß [s]ie diejenigen sind, die sich vom Weg [der Frevler] abwandten, [15]wie es geschrieben steht im Buch des Propheten Jesaja in bezug auf die Letzten Tage: „Und es geschah, als Seine Hand mich stark packte, [daß der Herr mich abhielt, auf dem Weg] [16]dieses Volkes [zu gehen]" (Jes 8,11). Dies sind diejenigen, über die in dem Buch des Propheten Ezechiel geschrieben steht, nämlich: „Sie werden sich ni[cht mehr unrein machen durch] [17]ihre Götzen" (Ez 37,23). Sie sind die Söhne Zadoks und die M[änne]r ih[r]es Rats, die [nach Gerech]tigkeit stre[ben] und die ihnen folgen, um sich der *Jahad* anzuschließen.

[18][„Warum] [ver]schwören sich die Nationen, warum mache[n] die Völker [vergebliche Pläne? Die Könige der Erde stel]len sich hin, [die Gro]ßen haben sich verbündet gegen den HERRN und Seinen [19][Gesalbten" (Ps 2,1). Die D]eutung: [Die Na]tionen [werden sich hinstellen] und [vergebliche Pläne] schmie[den gegen] die Erwählten Israels in den Letzten Tagen. **Kolumne 4** [1] Dies wird die Zeit der Verfolgung sein, die [über das Haus J]uda [kommen wird], zu dem Ende, daß hermetisch abgeriegelt werden wird, [die Gottlosen im vernichtenden Feuer sein werden und vertilgt werden alle Kinder] [2]Belials. Dann wird nur ein Rest von [Erwähl]ten übrig sein, die Vor[her]bestimmten. Sie werden das ganze Gesetz ausführen, [wie es Gott befahl durch] [3]Mose. Dies ist die [Zeit, von de]r es im Buch des Propheten Daniel geschrieben steht: [„Die ruchlosen Sünder] sündi[gen weiter, und keiner wird es verstehen.] [4a]Aber die Gerechten werden [geprüft, gerei]nigt und geläutert" (Dan 12,10). Daher werden die Völker, die Gott kennen, standhalten. Diese sind [die Männer der] [4]Wahrheit, [die viele unterrichten werden] nach der Verfolgung, die sie heimsu[chen] wird [in dieser Zeit ...] [5] ... in seinem Niederkommen [...] [6][Bos]heit, genau wie [...] zu den Gottlosen [...] [7][I]srael und Aaron [...] **Kolumne 5** [2]„Vernimm mein lau[tes Schreien, mein König und mein Gott, denn ich flehe zu Dir. HERR, am Morgen hörst Du mein Rufen" (Ps 5,3–4). Die] [3]Deutung bezieht sich auf die Letzten T[age ...] **Kolumne 6** [1][Geschrieben steht in dem Buch Jesa]ja, des Prop[heten: „Sie bauen nicht, damit ein anderer in ihrem Haus wohnt, und sie pflanzen nicht, damit ein anderer die Früchte genießt.] [2][Wie die Tage der Bäume,] so werden die Tage meines Volkes sein. [Und was] Meine Aus[erwählten mit eigenen Händen erarbeitet haben, werden sie selber verbrauchen. Sie arbeiten nicht mehr vergebens,] [3][sie bringen nicht Kinder zur Welt für einen jähen T]od. Denn [sie sind] die Nachkommen [der vom HERRN Gesegneten" (Jes 65,22–23). Denn] sie sind [...]

– M. O. W.

28. Sammlung messianischer Texte

4Q176

Als John Allegro diesen Text 1957 als Erster publizierte, gab er ihm den Titel „4QTestimonia". Mit Testimonia bezeichnen die Juden wie auch die frühen Christen Sammlungen ausgewählter biblischer Textstellen zum Gebrauch bei Disputationen. Diese Sammlungen enthielten Texte, denen große messianische Bedeutung beigemessen wurde.

Aber warum wurden gerade diese Textstellen gesammelt? Viele, die sich mit dem Text beschäftigt haben, sind sich über die Bedeutung der ersten drei Textstellen einig. Sie enthalten – in dieser Reihenfolge – die Erwartungen der *Jahad* in Hinblick auf die Ankunft eines Propheten wie Mose, eines königlichen Sprosses aus dem Hause David, der sie im Krieg führen sollte, und eines besonderen Hohenpriesters. Alle drei könnten als „Messiasse" betrachtet werden und zwar in dem Sinn, daß jeder von Gott „gesalbt" war (was der Grundbedeutung des hebräischen Wortes *Messias* entspricht).

Die größten Probleme wirft das vierte Zitat auf, das aus dem nicht-biblischen Werk *Psalmen des Josua* (vgl. Text 88) stammt. Die Forscher sind sich uneins, ob sich der Abschnitt auf zwei oder drei Gestalten bezieht und wer diese sein sollen. Gemäß der Standard-Deutung, die in der Einleitung vorgestellt wurde, bezieht sich der „verfluchte Mann, einer, der zu Belial gehört" auf den Frevelpriester, entweder auf Jonatan (152–142 v. Chr.) oder Simeon (142–134 v. Chr.) aus der Familie der Makkabäer. Ob „*der* Sohn" oder „*die* Söhne" ist wissenschaftlich offen.

Es gibt jedoch keinen zwingenden Grund, den „verfluchten Mann" mit dem Frevelpriester gleichzusetzen, der dem „Lehrer" verfolgte. Dieser wird weit weniger abwertend beschrieben als seine Söhne, während doch der Frevelpriester Religionsfeind Nummer eins für die Gruppe war. Hätten sie tatsächlich andere als noch schlechter beschrieben? Die Worte „ein Fangnetz für sein Volk (…) und eine Quelle des Verderbens für all seine Nachbarn" beschreibt exakt und geradezu objektiv Alexander Jannäus (103–76 v. Chr.). Er war tatsächlich das „Fangnetz" für die Juden in dem Sinne, daß unter seiner Regierung eine Dekade lang Bürgerkrieg herrschte. Mit Sicherheit war Jannäus die Quelle des Verderbens für seine Nachbarn, die er in einer Reihe von Kriegen angriff. Die Beschreibung der Söhne im Text paßt durchaus auf die Söhne des Jannäus, Aristobul II. (67–63 v. Chr.) und Hyrkanus II. (63–40 v. Chr.): „Sie werden Gotteslästerung im Lande ausüben, eine große Unreinheit unter den Kindern Jakobs. Sie werden Blut wie Wasser ausgießen auf das Bollwerk der Tochter Zions und innerhalb der Stadtgrenzen Jerusalems." Vor allem diese letzte Feststellung ist eine ziemlich exakte Beschreibung dessen, was tatsächlich während des Höhepunkts des jüdischen Bürgerkriegs geschah, als dieser zwischen den Jahren 67 und 63 v. Chr. in den Krieg gegen Rom überging. Damals stürmten die Römer den Tempel, wo Aristobuls Anhänger eingekesselt waren und viele von ihnen erschlagen wurden. An jenem Tag starben über 12 000 Juden in Jerusalem. Wenn diese Erklärung für den 4. Abschnitt zutreffen sollte, dann fügt sich das Manuskript in die geschichtliche Epoche der in der Einleitung vorgeschlagenen Entstehungszeit der Schriftrollen ein.

Die zwei folgenden Passagen beziehen sich auf einen Propheten wie Mose, dessen Kommen erwartet wurde. Vielleicht hat der Autor an dieser Stelle nicht zwei Ausschnitte aus dem Buch Deuteronomium zusammengefügt, sondern einen Ausschnitt aus einer „überarbeiteten Bibel" zitiert, vgl. hierzu Überarbeitung von Genesis und Exodus, *Text 20, Fragment 6.*

Kolumne 1 [1]„Und der HERR *(Offensichtlich aus Ehrfurcht hat der Schreiber den göttlichen Namen nicht ausgeschrieben, sondern ihn durch vier Punkte ersetzt, einen Punkt für jeden hebräischen Buchstaben. Dasselbe wiederholte er in Zeile 19.)* sagte zu Mose: ‚Ich habe die Worte [2]dieses Volkes gehört, die sie zu dir gesprochen haben; sie haben recht in allem, was sie gesagt haben. [3]Möchten sie doch diese Gesinnung behalten, mich fürchten und immer auf [4]Meine Gebote achten, damit es ihnen und ihren Nachkommen immer gut gehen mag!'" (Dtn 5,28–29).

[5]„Ich werde ihnen einen Propheten wie dich aus dem Volk erstehen lassen. Ich werde meine Worte [6]in seinen Mund legen, und er wird ihnen alles sagen, was ich ihm auftrage. Jeden, [7]der nicht auf die Worte hört, die der Prophet in meinem Namen verkünden wird, ziehe ich selbst [8]zur Rechenschaft" (Dtn 18,18–19).

Dieses Zitat kündigt offensichtlich das Kommen eines fürstlich-politischen Messias an, der den Entscheidungskrieg anführen wird.

[9]„Und er sprach seinen Orakelspruch aus und sagte: ‚Weissagung Bileams, des Sohnes Beors, Weissagung des Mannes, [10]der deutlich sieht, Weissagung dessen, der die Worte Gottes hört, der die Erkenntnis des Höchsten kennt, der [11]eine Vision des Allmächtigen sieht, der mit entschleierten Augen hinfällt: Ich sehe ihn, aber nicht jetzt, [12]ich erblicke ihn, aber nicht in der Nähe. Ein Stern geht aus Jakob auf, und ein Zepter erhebt sich aus Israel. Er zerschmettert [13]die Grenzgebiete Moabs und das Gebiet aller Setiter'" (Num 24,15–17).

Der Text zitiert zunächst einen Abschnitt der Heiligen Schrift, um eine zukünftige priesterliche Persönlichkeit anzukündigen. Tummim und Urim waren Orakelsteine, die der Hohepriester in einer Tasche unter seiner Brustplatte trug.

[14]„Und bezüglich Levi sagte er: ‚Gib dem Levi Deine Tummim und Deine Urim, Deinem treuen Gefolgsmann, den [15]Du auf die Probe stelltest in Massa, mit dem Du strittest am Wasser von Meriba; der sagte von seinem Vater und [16]seiner Mutter: ‚Ich kenne sie nicht!', und der seine Brüder nicht erkannte und von seinen Kindern nichts wissen wollte. [17]Denn er hat auf Dein Wort geachtet und über Deinen Bund gewacht. Sie werden Deine Rechtsvorschriften für Jakob zum Leuchten bringen, [18]Dein Gesetz für Israel; sie legen Weihrauch vor Dir auf, und das Brandopfer auf Deinen Altar. [19]Segne, HERR, seinen Besitz. Freu dich am Werk seiner Hände! Zerschlag seinen Feinden die Hüften, seinen Hassern, [20]so daß sie sich nicht mehr erheben'" (Dtn 33,8–11).

Zum Schluß zitiert der Autor einen Abschnitt aus Josua und ergänzt ihn mit einer Interpretation aus einem außerbiblischen Werk, den Psalmen des Josua *(überliefert in Text 88, 4Q379 Fragment 22). Offensichtlich war er der Meinung, daß diese Verse das Auftreten meh-*

rerer – möglicherweise drei – gottloser Gestalten vorhersagen würde. Über deren Identität hat sich bisher keine Forschermeinung durchsetzen können.

²¹Als Josua mit seinem Gebet und mit seinem Lobgesang aufhörte, ²²sagte er: „Verflucht sei der Mann, der es unternimmt, diese Stadt wieder aufzubauen! Auf Kosten seines Erstgeborenen ²³soll er ihre Fundamente legen, und auf Kosten seines Jüngsten soll er ihre Tore aufrichten!" (Jos 6,26). „Siehe, ein verfluchter Mann, einer, der zu Belial gehört, ²⁴wird auftreten, um ein Fan[gn]etz für sein Volk zu sein und eine Quelle des Verderbens für all seine Nachbarn. Dann sollen auftreten ²⁵[Sö]hne [nach ihm,] alle beide [werde]n zu Werkzeugen von Gewalttaten. Sie werden wieder aufbauen ²⁶[diese Stadt und a]ufrichten dafür eine Mauer und Türme, und dadurch erschaffen sie eine Feste des Bösen ²⁷[und einer großen Frevelhaftigkeit] in Israel, ein Gegenstand des Abscheus in Efraim und Juda. ²⁸[...] Sie werden Gotteslästerung im Lande [ausü]ben, eine große Unreinheit unter den Kindern ²⁹[Jakobs. Sie werden Blu]t wie Wasser ausgießen auf das Bollwerk der Tochter Zions und innerhalb der Stadtgrenzen ³⁰Jerusalems" (*Psalmen des Josua*, Text 88, 4Q379 Fragment 22).

– M. O. W.

29. KOMMENTAR ZU TROSTWORTEN DER BIBEL

4Q176

In manchen Fällen war kein Kommentar zu den Worten der Heiligen Schrift notwendig; man mußte nur ihre Reihenfolge ein wenig ändern. Wäre von diesem Kommentar mehr übriggeblieben, so gäbe er sicher Aufschlüsse über den Verfasser dieser Passagen. Aber das Verhältnis des Kommentars zum Zitat in den vorliegenden Fragmenten zeigt, daß die Verse der alttestamentlichen Propheten, in denen es um das zukünftige Schicksal Israels geht, für sich selbst sprechen sollten.

Wenn die folgenden Fragmente am Anfang (oder ziemlich am Anfang) der Schriftrollen gestanden haben, dürfen sie die Einleitung zur folgenden Anthologie gewesen sein mit dem Hinweis, daß das Israel dieser Tage den Trost und die schützende Hand Gottes überaus nötig hat. Während des Ritus im Heiligtum muß etwas Schreckliches geschehen sein, und Priester waren getötet worden.

Fragmente 1+2 Kolumne 1 ¹Vollbringe Dein Wunder und vollziehe gute Taten unter Deinem Volk und sie werden sein [...] ²Dein Heiligtum, und streite mit Königreichen wegen des Blutes [Deiner Opfer ...] ³Jerusalem, und sieh die Leichen Deiner Priester an [...] ⁴keinen zu begraben.

Und aus dem Buch Jesaja Worte des Trostes: [... „Tröstet, tröstet mein Volk], ⁵spricht euer Gott. Redet Jerusalem zu Herzen und verkündet [der Stadt, daß ihr Frondienst zu Ende geht], denn ⁶ihre Sünde ist vergeben, da sie die doppelte Strafe von dem HERRN für all ihre Schuld erlitten hat. Eine Stimme ruft: ⁷Bahnt für den HERRN einen Weg durch die Wüste! Baut [in der Steppe] eine ebene Straße für unseren Gott! Jedes Tal soll sich heben, ⁸[jeder Berg und Hügel] sich senken. Jeder zerklüftete Ort soll eine Ebene werden, [und jeder hüglige Ort werde eine] Weide. ⁹Die Herrlichkeit des Herrn [offenbart sich"] (Jes 40,1–5). „Aber du, Israel, bist [mein] Knecht, Jakob, [den ich] erwählte. ¹⁰[Nachkomme Abra]hams, meines Freundes, den Ich [von den Enden] der Erde geholt habe, aus ihrem äußersten Winkel ¹¹[habe Ich dich gerufen. Ich sagte] zu dir: ‚Du bist mein Knecht, [ich habe dich erwählt und] dich [nicht verschmäht]'" (Jes 41,8–9). **Kolumne 2** [„So spricht der HERR, der Befreier Israels, sein Heiliger, zu dem tief verachteten Mann, dem Abscheu der Leute, dem Knecht der Tyrannen: ‚Könige werden es sehen und sich erheben, Fürsten werfen sich nieder um des HERRN willen], ¹[der] treu [ist], der Heilige Is[raels, der dich erwählt hat. Jubelt, ihr Himmel, jauchze, o Erde,] ²freut euch, ihr Berge! Denn der HERR hat [sein Volk] getröstet [und sich seiner Armen erbarmt.' Doch Zion sagt:] ³„Der HERR hat mich verlassen, [Gott hat mich vergessen. Kann denn eine Frau ihr Kindlein vergessen, eine Mutter ihren leiblichen Sohn?] ⁴Und selbst wenn sie vergessen würden: [ich vergesse dich nicht. Sieh her: Ich habe dich eingezeichnet in meine Hände,] ⁵und deine Mauern [habe ich immer vor Augen. Deine Erbauer eilen herbei, und alle, die dich zerstört und verwüstet haben,] ⁶ziehen von dir davon" (Jes 49,7.13–17).

Fragment 3 ¹[„Jetzt aber – so] spricht der HERR, [der dich geschaffen hat, Jakob, und der dich geformt hat, Israel:] ²[‚Fürchte dich nicht,] denn ich habe dich ausgelöst. [Ich habe dich beim Namen gerufen, du gehörst mir. Wenn du durchs] ³[Wasser schreitest,] bin ich bei dir, wenn durch [Ströme, dann reißen sie dich nicht fort'"] (Jes 43,1–2).

Fragmente 4+5 ¹[... „gebe ich] Männer [für dich und für dein Leben ganze Völker.] ²Fürchte [dich nicht, denn ich bin mit dir.] Vom Osten bringe ich [deine Kinder herbei, vom Westen her sammle ich euch.] ³[Ich sage] zum Norden: [Gib her! und zum Süden:] Halt sie nicht zurück! [Führe meine Söhne heim aus der Ferne, meine Töchter vom Ende] ⁴[der] Erde!" (Jes 43,4–6).

Fragmente 6+7 ¹[„So spricht] der [Herr ...], dein [Gott und Gebieter, der für Sein Volk kämpft: ‚Schon nehme ich dir den] ²[Becher aus der Hand, der dich] stolpern läßt, [den] Kelch [Meines Zorns; du sollst daraus nicht mehr trinken. Ich gebe ihn] in die Hand deiner Feinde'" ... (Jes 51,22–23).

Fragment 8–11 ²„Wach auf, [wach auf, zieh das Gewand deiner Macht an,] Zion! Zieh [deine Prunkkleider an,] Jerusalem, heilige Stadt! Denn ³[Unbeschnittene und Unreine werden dich nicht mehr betreten. Schüttle den Staub von dir ab, steh auf,] kehrt zurück, Jerusalem! Löse ⁴die Fesseln von deinem Hals, gefangene [Tochter Zion! Denn so] spricht [der Herr: ‚Umsonst wurdet ihr verkauft, und ohne] Geld sollt ihr losgekauft werden'" (Jes 52,1–3). ⁵„Für[chte] dich nicht, du wirst nicht zuschanden. Denn die Schande in ⁶deiner [Jugend] wirst du vergessen, an die Schmach deiner Witwenschaft wirst du nicht [mehr denken.] Denn dein Schöpfer ist dein Gemahl, ‚HERR ⁷der Heere' ist sein Name. Dein Erlöser ist der Heilige Is[raels, ‚Gott der gan]zen Erde' wird er genannt. Wie eine verlassene Frau ⁸[mit bekümmerter] Seele hat der Herr dich gerufen. Wie eine junge Frau, wenn sie verstoßen wird, so spricht der HERR, dein Gott. ⁹[Nur für eine kleine] Weile habe ich dich verlassen, doch mit großem Erbarmen hole ich dich heim. In aufwallendem Zorn [verbarg ich mich] [10][einen Augenblick] vor dir, aber mit ewiger Huld habe ich Erbarmen mit dir, spricht dein Erlöser, der HERR. Wie in den Tagen Noachs soll es für mich sein: So wie [11][ich damals schwor, daß die Flut] Noachs die Erde [nie mehr] überschwemmen wird, so schwöre ich jetzt, dir nie mehr zu zürnen und dich nie mehr zu schelten. [12][Auch wenn die Ber]ge von ihrem Platz weichen und die Hügel zu wanken beginnen – meine Huld wird nie von dir weichen [...]") (Jes 54,4–10).

Wieder hört man die Stimme des Kommentators dieses Textes. Die tröstenden Worte der Bibel hat er mit eigenen Trostworten verstärkt.

[13][... ein Mann wird] nicht müde, diese Worte des Trostes zu hören, da große Ehre geschrieben steht in [...] [14][...] denn die, die lieben ...] werden nie wieder [...] [15][Beli]al, um Seine Knechte zu unterdrücken [...] [16][...] werden sich freuen [...]
    Fragment 15 [3][„Dieses Drittel will ich ins Feuer werfen, um es zu läutern, wie man Silber läutert, um es zu prüfen,] wie man [4][Gold prüft. Sie werden meinen Namen anrufen, und ich werde sie erhören. Ja, ich werde sagen: Es ist] mein Volk. Und sie [5][werden sagen: Jahwe ist mein Gott"] (Sach 13,9).

Es ist durchaus möglich, daß der Verfasser der Schriftrolle an dieser Stelle versucht, die gegenwärtige Drangsal Israels als ein Ereignis darzustellen, das vorhergesagt wurde. Daher ist es ein Teil eines wunderbaren, wenn auch unbekannten Plans Gottes. Wer daher auf Gott vertraut und ihm gehorcht, kann auf seinen Trost bauen.

    Fragment 16 [1-2][...] meine Geheimnisse. Er hat das Los geworfen [...] [3][...] das Heiligtum und um menschliche Sprache zu verleihen zu [...] [4][...] denn diejenigen, die Ihn lieben und die [Seine] Gebote einhalten [...]

Fragmente 19–20 gehören zu einem anderen Manuskript.

– E. M. C.

30. DIE LETZTEN TAGE.
INTERPRETATION AUSGEWÄHLTER VERSE

4Q177

Doppelte Anstrengungen des Forscherfleißes wie auch der Forscherphantasie müssen unternommen werden, den Sinn eines Qumran-Kommentars zu erschließen, wenn der rätselhafte Text nur in Fragmenten erhalten ist. Dies trifft beim vorliegenden Werk zu. Es handelt sich um einen Kommentar zu Themen, die vermutlich unter dem Aspekt der „Letzten Tage", d. h. der Zeit der endgültigen Kraftprobe zwischen Licht und Finsternis, Gerechtigkeit und Bosheit, ausgewählt wurden. Auswahlprinzip und Thematik haben viele Gemeinsamkeiten mit dem Werk *Die Letzten Tage. Kommentar zu ausgewählten Schriftversen* (Text 27). Lange wurde darüber diskutiert, ob es sich bei den beiden Rollen tatsächlich um zwei Abschriften des gleichen Werks handelt, auch wenn keine Überschneidung vorliegt.

Dieser Kommentar erwähnt keine der führenden Persönlichkeiten, die im Mittelpunkt der Geschichte stehen, wie sie die *Jahad* erzählt. Der „Lehrer der Gerechtigkeit", der „Frevelpriester", der „Mann der Lüge" – sie alle werden nicht in dem Text genannt. Nur die „Schmeicheleisucher", die Erzfeinde der Sekte, werden – wie die *Jahad* selbst – in einer Textstelle angeführt. Es wird auch die Person erwähnt, die als „Gesetzesausleger" bekannt ist. Bei ihr handelt es sich vermutlich um den gesalbten Propheten bzw. Priester, der zum nahenden Ende erwartet wurde.

Der Autor beschreibt die „Letzten Tage" zunächst ganz allgemein. Obwohl Belial versuchen wird, die Gerechten, die „Kinder des Lichts", zu vernichten, wird der Engel der Wahrheit sie beschützen. Am Ende wird das Gute triumphieren und die Bosheit wird vernichtet.

Fragmente 12+13 Kolumne 1 [6][...] „Die Weisung [wird] dem [Priester nie ausgehen, der Rat dem Weisen und das Wort] dem Propheten" (Jer 18,18).

[7][Dies bezieht sich auf] die Letzten Tagen, von denen David sagte: „HERR, [strafe mich] nicht in deinem Zorn. [Sei mir gnädig, HERR,] ich sieche dahin; [8][heile mich, Herr, denn meine Glieder zerfallen!] Ja, meine Seele ist tief verstört. Aber jetzt, HERR, wie lange? Erbarme dich und errette [meine] Seele [...]" (Ps 6,1–4).

[Dies bezieht sich auf] die Letzten Tage, auf [9][die Gerechten, wenn] Belial [Pläne schmieden würde], um sie in seinem Zorn zu vernichten, so daß keiner übrigbleibt würde von [... Gott wird es nicht zulassen, daß] Belial [10][... Abra]ham bis zu zehn Gerechte in einer Stadt, denn der Geist der Wahrheit [... denn] es gibt niemand [11][...] und ihre(n) Brüder(n) durch die Ränke Belials, und er wird verstärken [...] [12][... aber] der Engel der Wahrheit Gottes wird allen Kindern des Lichtes aus der Macht Belials helfen [...] [13][...] und um sie zu zerstreuen in einem trockenen und öden Land. Dies ist eine Zeit der Drangsal, daß [...] [14][...aber] die Gerechten werden immer geliebt, und die große Macht Gottes ist bei ihnen und hilft ihnen gegen alle Geister [der Dunkelheit...] [15][...und die, die] Gott [anbeten,] werden Seinen Namen heiligen und nach Zion kommen in Freude, und Jerusalem [...] [16][... aber was] Belial [betrifft] und alle diejenigen, die zu ihm gehören, [werden sie zugrunde gehen] für immer, aber die Kinder des [Lichtes] werden versammelt in [...]

Vor dem Ende werden die Ungerechten die Gerechten angreifen.

Fragmente 5+6 [1][...] die Angeber, die sich brüsten, welche [...] kommen gegen die Männer der *Jah*[ad...] [2][wie es geschrieben steht im Buch Jesaja, des] Propheten: „In diesem Jahr eßt, was [von selbst] nachwächst, [im nächsten Jahr, was wild wächst" (Jes 37,30). Die Deutung von] „was von selbst nachwächst" ist [...] [3][...]bis zur Zeit der Läuter[ung, die in den Letzten Tagen über sie kommen wird,] und danach wird erscheinen [...] [4][...] denn sie alle sind Kinder [...] sagten die Angeber [...] [5][... wie es geschrieben steht] über sie in dem Buch [Jesajas, des Propheten ... da] das Gesetz [...] [6][...] es ruft sie, wie [es geschrieben steht über sie in dem Buch Jesaja, des Propheten:] „Er plant Verbrechen, um [die Schwachen durch trügerische Worte ins Verderben zu stürzen" (Jes 32,7) ...] [7][...] um Israel zu verurteilen. [...]

Die Sektenmitglieder werden ins Exil gehen wegen der Verfolgung durch die Feinde.

[„Für den Chormeister.] An David. Beim Herrn [finde ich Zuflucht.] Du sagst zu mir: ‚Flieh [8](in die Berge wie ein Vogel. Schon spannen die Frevler den Bogen,] sie legen den Pfeil auf [die Sehne, um aus dem Dunkel zu treffen die Menschen mit redlichem Herzen'"] (Ps 11,1–2).

[Dies bedeutet, daß] die Männer der [*Jahad*] fliehen werden [...] [9](...wie] ein Vogel von seinem Platz und verbannt werden [von ihrem Land ... geschrieben steht über sie] in dem Buch des [Propheten Micha: [10]„Auf, fort mit euch! Hier ist für euch kein Ort mehr. Unreinheit hat ihn befleckt, er ist gänzlich zerstört.] Er gehört einem, der sich [in Lügen] bewegt [und Unwahrheiten erzählt ...]" (Mi 2, 10–11) [...] [11][...] welche über sie geschrieben steht in dem Buch [...] [12][...] „Für den Chormeister. An der [Achten. Ein Psalm Davids ...]" (Ps 12,1).] [13][...] für sie die achte Jahreszeit [...] [14][...] es gibt keinen Friede, da sie [...] [15][...„Doch was sieht man: Freude und Frohsinn,] Rindertöten und Schafeschlachten, [Fleischessen und Weintrinken ...]" (Jes 22,13)....] [16][...] des Gesetzes, jene, die die *Jahad* bilden [...]

Trotz des offensichtlichen Erfolgs der Gottlosen während der Epoche der Endzeit sollen die Gerechten diesen Zeitabschnitt betrachten als Phase der Prüfung und Läuterung.

Fragmente 10+11+7+9+20+26 [1]([„Die Worte des Herrn sind lautere Worte, Silber, geschmolzen im Ofen, von Schlacken geschieden,] geläutert siebenfach" (Ps 12,7). Wie es geschrieben steht [2][in dem Buch des Propheten Sacharja: „Denn der Stein, den ich vor Jeschua hingelegt habe – auf diesem einen Stein sind sieben Augen. Ich] ritze in ihn eine Inschrift ein – Spruch der Herrn der Heere" (Sach 3,9). Wie es [3][heißt ...] im Bezug auf sie steht geschrieben: Ich werde heilen [4][...] die Männer Belials und all den Pöbel [5][...] ihnen der Deuter des Gesetzes, denn es gibt kein [6][...] jeder Mann auf seinem eigenen Schutzwall, wenn sie antreten [7][...] diejenigen, die die Kinder des Lichtes behindern [8][...„Wie lange noch, Herr,] vergißt du [mich ganz? Wie lange noch verbirgst du dein Gesicht] vor mir? Wie lange noch muß ich [9][Schmerzen] ertragen in meiner Seele, [Kummer in] meinem Herzen [Tag für Tag?] Wie lange [noch darf mein Feind über mich triumphieren? ...]" (Ps 13,2–3). Dies bezieht sich auf die innere Dauerhaftigkeit der Männer [10][...] in den Letzten Tagen, da [...] um sie zu prüfen und um sie zu läutern. [11][...] sie im Geist und rein und geläutert [...]

Die Feinde der Gerechten werden als die „Schmeicheleisucher" gekennzeichnet. Sie werden ihre Streitkräfte mit denen der Völker aus Edom und Moab vereinigen, die in der Nähe liegen, um die „Kinder des Lichts" anzugreifen.

[Mit Bezug auf den Vers, der besagt:] „Damit mein Feind nicht sagen kann: [12][‚Ich habe ihn überwältigt' ...]" (Ps 13,5) sie sind in der Gemeinde der Schmeicheleisucher, die [...] die danach trachten, zu vernichten [13][...] in ihrem Eifer und in ihrer Feindseligkeit [... so wie es] geschrieben steht in dem Buch des [Propheten] Ezechiel, [14][„Weil Moab und Seïr (das Land Edom) sagen: ‚Dem Haus] Juda geht es wie allen anderen Völkern!'" (Ez 25,8). [Dies bezieht sich auf den Letzten] Tagen, wenn [die ...] sich versammeln werden gegen [sie ...] [15][...] mit dem Gerechten und dem Gottlosen, dem Törichten und dem Einfalts[pinsel ...] der Männer, die Gott gedient haben [...] [16][...]

die sich geistig beschnitten haben in der letzten Generation [...] und alles, was ihnen gehört ist unrein [...]

Fragmente 1+4+14+24+31(?) [1][...] ihre Worte [...Lo]bpreisungen des Ruhms, die [Israel] sprechen wird [2][... Der Herr entfernt] von dir jede Krankheit.

Alle, die treu bleiben und die Zeit der Heimsuchung erdulden, werden dann ihre Rechtfertigung erleben, wenn die wahre Priesterschaft Gottes offenbart wird und die Werke der Dunkelheit vertilgt werden.

„An den Hei[ligen] im Lande, den Herrlichen, an ihnen nur hab' ich mein Gefallen" (Ps 16,3). [...] [3][...] ist jemals geschehen wie dies [...] „Es wanken die Knie, ein Zittern in allen Hüften" (Nah 2,11)[...] [4][...] „Höre [HERR, die gerechte Sache,] horch auf mein Flehen, vernimm [mein Gebet...]" (Ps 17,1). [...] [5] [...] in den Letzten Tagen zu der Zeit, als er danach trachten wird [...] die Gemeinde der *Jahad*. Er ist [...] [6][„Von deinem Angesicht ergehe mein Urteil" (Ps 17,2). ...] Die Deutung des Verses ist, daß ein Mann hervorgehen wird aus den Kindern des [...] [7][...] sie werden sein wie ein Feuer auf der ganzen Erde. Sie sind es, von denen geschrieben steht in den Letzten [Tagen...] [8][...] er sagte im Bezug auf die Gemeinde des Lichtes, die leiden wird, wenn Be[lial] herrscht, [aber im Bezug auf die Gemeinde des Lichtes,] die leiden wird [...] [9][...] von ihm [...] Trauer, kehr zurück, HERR, [...] Gott der Barmherzigkeit und Gott Israels [...] nur Verdienste [...] [10][die sich] hingaben den Geistern des [Be]lial, aber ihnen wird es für immer vergeben, und segne sie [...] wieder für immer und segne sie [...] ihre Zeiten [...] [11][...] ihre Vorväter nach der Zahl [ihrer] ganzen Namen, einer nach dem anderen [...] und die Zeit ihres Dienstes [...] ihre Zunge [...] [12][...] die Nachkommenschaft Judas.

Alle Ereignisse der Letzten Tage sind vorherbestimmt und wurden auf himmlischen Schrifttafeln festgehalten. Bemerkenswert ist der Hinweis auf „das zweite Buch des Gesetzes", das „verworfen" wurde. Die Identität dieses Buchs ist unbekannt. Manche Forscher nehmen an, es könne sich um die Tempelrolle (Text 149) handeln, andere wiederum sind der Meinung, es sei das Sektierer-Manifest (Text 94) gemeint. Vielleicht bezieht sich der Hinweis auf ein nicht überliefertes Werk.

Nun, siehe da, alles steht geschrieben auf den Tafeln, die [...] um ihm zu sagen die Zahl [...] und er wird [sie] zu Erben machen [13][...] und zu seiner Nachkommenschaft für immer. Dann machte er sich auf, um von Aram wegzugehen. „Blast in Gibea das (Widder)horn" (Hos 5,8). Das „(Widder)horn" ist das [erste] Buch des [Gesetzes. „Blast in Rama die Trompete" (Hos 5,8). ...] [14][Die „Trompete"] ist das zweite Buch des Gesetzes, welches [alle die] Männer seiner Gruppierung verwarfen, und sie rieten zum Widerstand dagegen, und sie schickten [...] [15][...] großartige Wunder an [...] und Jakob wird stehen an den Weinpressen, und er wird sich freuen, wenn herabsteigt [...] [16][...] ist auserwählt [...] die Männer seiner Gruppierung sind „das Schwert". In bezug auf den Vers, der besagt, [...]

– E. M. C.

31. KLAGE UM ZION

4Q179

Die Wehklage um eine besiegte Stadt ist eine bekannte Literaturform des alten Nahen Ostens. Eine der ältesten Lamentationen ist die „Klage über die Zerstörung von Ur", geschrieben im Mesopotamien des 20. Jahrhunderts v. Chr. Ihre biblischen Varianten sind die fünf Klagen über die Zerstörung Jerusalems durch die Babylonier im Jahr 586 v. Chr. (Erstes Klagelied 1,1–22; zweites Klagelied 2,1–22; drittes Klagelied 3,1–66; viertes Klagelied 4,1–22; fünftes Klagelied 5,1–22).

Die Rolle 4Q179 lehnt sich deutlich an die biblischen Klagelieder (Klagelied 1,1–5,22) an und zitiert diese gelegentlich. Es ist aber nicht klar, ob diese Klage ein historisches Ereignis beschreibt oder nicht. Zwischen 586 v. Chr. und 70 n. Chr. wurde die Heilige Stadt niemals vollständig zerstört, mußte jedoch viele Eroberungen über sich ergehen lassen. Erwähnenswert ist die Eroberung des syrischen Königs Antiochus IV. Epiphanes (175–164 v. Chr.), der, nach Josephus, den Tempel überfiel, Tausende zu Gefangenen machte, die Stadt Jerusalem ausplünderte und die schönsten Gebäude niederbrannte (*Alt.* 12,5,4). Diese schwere Prüfung hat den Makkabäischen Unabhängigkeitskrieg ausgelöst. Sie kann durchaus Anlaß für die Abfassung dieser Klage gewesen sein.

Fragment 1 Kolumne 1 [2][...] all unsere Missetaten, und es liegt nicht in unserer Macht, denn wir gehorchten nicht [...] [3][...] Juda, daß all diese Dinge uns widerfahren sollten, durch Böses [4][...] seinen Bund.

Wehe uns [5][...] wurde von Feuer verbrannt und besiegt [6][...] unsere Auszeichnung, und an ihr ist nichts erfreulich [...] [7][...] seine heiligen Höfe wurden [8][...] Jerusalem, Stadt des [9][Heiligtums, wurde] wilden Tieren [übergeben], und es gibt nicht [...] und seine Prachtstraßen [10][...] all seine schönen Bauwerke sind verlassen [11][...] es gibt keine Pilger in ihnen, die ganzen Städte [12][Judas...] unser Erbe wurde wie die Wüste, kein [13][...] wir hören nicht länger Frohlocken, und [es gibt keinen,] der sucht nach [14][Gott ... kei]nen, der unsere Wunden heilt. Alle unsere Feinde [15][...] unsere Vergehen [...] unsere Sünden.

Kolumne 2 [1]Wehe uns, denn der Zorn Gottes ist über uns gekommen [...] [2]daß wir uns bei den Toten versammeln sollen [3][...] wie eine ungeliebte Frau Is[rael ... vernachlässigt] [4]ihre Säuglinge und mein liebes Volk [ist] grausam [geworden ...] [5]ihre jungen Männer sind verzweifelt, die Kinder von [... fliehen] [6]vor dem Winter, wenn ihre Hände schwach sind [...] [7]Aschehaufen sind nun das Haus [Israels ...] [8]sie bitten um Wasser, doch es gibt keinen Gefährten [...] [9]jene, die ihr Gewicht aufwogen [in Gold ...] [10]es gibt nichts, was sie erfreut, jene, deren Stärke abhing von scharlachroten [Gewändern ...] [11]noch reines Gold, ihre Gewänder verziert mit Juwelen [... nicht länger] [12]berühren meine Hände Purpur-Stoff [...] hat sich erhoben [...] [13]die feinfühligen Frauen Zions mit ihnen [...]

Fragment 2 [4][„Wie] einsam [sitzt da] die Stadt, [die einst so volkreich war!"] (Klgl 1,1) ...] [5][...] die Fürstin aller Nationen ist so trostlos wie eine verlassene Frau, und alle ihre Töchter sind ebenso verlassen. [6][...] wie eine verlassene und elende Frau, deren Ehemann sie verlassen hat. All ihre schönen Gebäude und [Mauern] [7]sind wie eine unfruchtbare Frau, alle ihre Straßen sind wie eine Frau, die in Wehen liegt [...] wie eine Frau, deren Leben bitter ist, [8]und alle ihre Töchter sind wie jene, die um [ihre] Ehemänner trauern [...] wie jene, beraubt [9]ihrer einzigen Kinder, so weint Jerusalem unablässig [... Tränen] auf ihren Wangen wegen ihrer Kinder ...

– E. M. C.

32. ZEITALTER DER WELT

4Q180–181

Ein wichtiger theologischer Grundsatz der *Jahad* war die Vorherbestimmung Gottes. Gott hat vorherbestimmt, wie die Welt sich entwickeln soll, wer ewiges Leben erlangen soll und wer zur ewigen Verdammnis verurteilt wird. Der vorliegende Text *Zeitalter der Welt* bietet eine umfassende Erörterung dieser Vorstellung, die durch Beispiele, die aus der Bibel entnommen wurden, bestätigt werden sollten. In den erhalten gebliebenen Teilen bildet das Beispiel von den zwischen Sem und Abraham liegenden Generationen das Kernstück (Genesis 10,21-31; 11,10–32).

Die Einleitung in das Werk über die Vorherbestimmung der geschichtlichen Ereignisse durch Gott.

4Q180 Fragment 1 [1]Die prophetische Deutung hinsichtlich der Zeitabschnitte, die Gott geschaffen hat: ein Zeitabschnitt, um zu vollenden [alles, was ist] [2]und sein wird. Bevor Er sie schuf, legte Er [ihr] Tun [...] fest, [3]Zeitabschnitt für Zeitabschnitt. Und es wurde eingeritzt in [ewige] Tafeln [...] [4][...] Zeitabschnitte ihrer Herrschaft. Dies ist die Ordnung der Sö[hne Noachs bis] Abraham, bi]s zu dem Zeitpunkt, an dem er Isaak zeugte, zehn [Generationen (?) ...] [6][...]

Version der Erbsünde, ähnlich dem Bericht in 1 Henoch 6–11 und Jubiläen 4,22 (Gen 6,1–2,4).

[7]Die prophetische Deutung hinsichtlich Azazel und der Engel, di[e hingingen zu den Menschentöchtern,] [8][so daß] sie ihnen mächtige Männer gebaren. Und hinsichtlich Azazel [der sie lehrte,] [9]Sündhaftigkeit [zu lieben] und sie Gottlosigkeit erben ließ alle [...] [10][...] Urteile, und die Urteile des Rates der [...]

Das vorherbestimmte Los von Sodom und Gomorra.

Fragmente 2–4 Kolumne 2 [1]welche [...] Er, der wohnt [...] [2]das [dieses] L[and] war schön für Lot [...] zu erben [...] [3][...] drei Mä[nner...] [4][die erschienen Abraha]m bei den Eichen von Mamre, waren Engel. [Und der HERR sprach:] [5]„Wie g[roß] ist der [Aufsch]rei gegen Sodom und Gomorra, und ihre Sünde, wie [6]überaus [gro]ß! Ich muß hinuntergehen und sehen, ob sie getan haben alle zusammen gemäß ihrem Aufschrei, der [7][zu mir] gekommen ist; und wenn nicht, will ich wis[sen ...] das Wort [... alles] [8]Fleis[ch], das [...] hinsichtlich jedes [...] [9]spricht [...] und ich will sehen ...", denn alles [...] [10][...] bevor Er sie schuf, kannte Er [ihre] Gedanke[n ...]

Gottes vorherbestimmter Plan für die Menschen mit Bestrafung (Zeilen 1–2) und Belohnungen (Zeilen 3–6).

4Q181 Fragment 1 [1]für die Schuld in der *Jahad* mit dem Ra[t des ...], zu suhlen in der Sünde der Menschheit, und für große Strafen und böse Krankheiten [2]im Fleisch, gemäß den machtvollen Taten Gottes, entsprechend ihrer Gottlosigkeit, gemäß ihrer Unreinheit, verursacht durch die Versammlung der Söhne des H[immels] und der Erde als einer gottlosen Vereinigung bis [3]zum Ende.

Entsprechend dem Erbarmen Gottes, gemäß Seiner Güte und dem Wunder Seiner Herrlichkeit, bringt Er einige Söhne der Welt nahe, um betrachtet zu werden mit Ihm im [Hohen Rat] [4][der G]ötter als einer heiligen Versammlung, aufgestellt zum ewigen Leben und in einem Los mit Seinen Heiligen [...] [5][...] jeder erlangt gemäß seinem Los, das [ihm zufällt ...] [6][...] zu e[wi]ge[m] Leben [...]

Nicht wenige Ähnlichkeiten liegen vor zwischen Zeilen 1–4 dieses Fragments und 4Q180 Fragment 1, Zeilen 5–9, so daß die Texte durchaus miteinander in Beziehung stehen.

Fragment 2 [1][Abraham, bis er zeu]gte Isaak, [zehn Generationen. Die prophetische Deutung hinsichtlich Azazel und den Engeln, die hineingingen in] [2][die Töchter] des Menschen, so daß [sie] ihnen mächtige Männe[r] gebaren. [Und hinsichtlich Azazel ...] [3][...] sättigte Er Israel mit Reichtum (*oder* Israel in siebzig Wochen, behandelte Er) [...] [4]und jene, die Frevelhaftigkeit lieben, und ließ sie Schuld erben, alle [...] [5]vor allen jenen, die Ihn kennen [...] [6]und es Seine Güte kennt keine Grenzen [...] [7]dies sind die Wunder des Wissens [...] [8]Er setzte sie in Seiner Wahrheit fest und [...] [9]in allen ihren Zeitabschnitten [...] [10]ih[re] Geschöpfe [...]

– M. G. A.

33. Kommentar zu ausgewählten Versen

4Q182

Das vorliegende, sehr bruchstückhafte Werk scheint der Rest eines Kommentars zu ausgewählten Versen zu sein, ebenso wie Text 27 *Die Letzten Tage. Kommentar zu ausgewählten Schriften* (4Q174) und Text 30 *Die Letzten Tage. Interpretation ausgewählter Verse* (4Q177).

Es könnte sich aber bei diesem Schriftstück auch um eine Auslegung des ganzen oder eines Teils des Buchs Jeremia handeln. Obwohl unter Qumran-Funden Kommentare zu zahlreichen Propheten Israels enthalten sind, ist kein Kommentar zu Jeremia erhalten geblieben. Seine vielen scharfen und kritischen Urteile über das Israel seiner Zeit hätten sich gut für eine neue Verwendung zur Kritik der politischen Machenschaften in der Spätzeit des zweiten Tempels geeignet.

Fragment 1 scheint Teile einer Kritik zu enthalten, die Israel im allgemeinen gilt, aber auch den „Schmeicheleisuchern" oder vielleicht einer anderen, mit verschlüsseltem Namen versehenen Gruppierung wie zum Beispiel „Manasse", vgl. Habakuk-Kommentar *(Text 4).*

Fragment 1 [1][... Die Auslegung bezieht sich auf] die Letzten Tage, im Hinblick auf [...] [2][...] die ihren Hals versteift haben [...] [3][...] und sie warfen hochmütig Einschränkungen ab, um zu schänden [...] [4][... wie es] geschrieben steht über sie im Buch Jere[mia: „Wie kann ich euch vergeben?] [5]Deine [Kinder] haben mich verlassen und bei jenen geschworen, die keine Götter sind"] (Jer 5,7).

Fragment 2 [1][...] in den Letzten T[age]n [...] [2][...] um sie heimzusuchen m[it ...]

– M. O. W.

34. Sektierer-Geschichte

4Q183

Dieser kurze Text war sicherlich Teil eines Kommentars, der möglicherweise nach Themen geordnet war wie Text 27, *Die Letzten Tage.* Von der Grundlage des biblischen Textes ist nichts erhalten. Übrig geblieben ist ein Stück Geschichte mit sektiererischem Aspekt. Einst errettete Gott die Gerechten und bestrafte die Gottlosen in der Zeit der Bedrängnis. Wenn die Rekonstruktion von Zeile 2 zutrifft, die durch den Kontext angeregt wurde, liegt hier vielleicht eine Reaktion auf die Ereignisse des Bürgerkriegs zwischen Johannes Hyrkanus II. (63–40 v. Chr.) und dem Sadduzäer Aristobul II. († 49 v. Chr.) und dessen Anhängern in den Jahren 67–65 v. Chr. vor. Zu diesem Krieg und seiner Bedeutung für den Hintergrund der Schriftrollen siehe die Einleitung.

Kolumne 2 [1]ihre Feinde, und sie besudelten ihr Heiligtum [...] [2]von ihnen und sie schritten zum Krieg, jeder [gegen seinen Bruder ... diejenigen, die treu waren] [3]seinem Bund gegenüber, erlöste und befreite Gott [... jene, die verdienten Sein] [4]Wohlwollen, und Er gab ihnen einen einzigen Zweck, [auf Seinen Wegen] zu gehen, [... zu vermeiden jeden] [5]schmutzigen Profit, und sie enthielten sich der Wege [der Gottlosigkeit ... sie zogen sich zurück von] [6]jenen, die irrenden Geistes sind, und mit einer wahrheitsliebenden Zunge [...] [7]und sie bezahlten für die Schuld ihrer Sünden durch [ihre] Leiden [...] [8]ihre Sünde.

– E. M. C.

35. Hinterlist der Frevelfrau

4Q184

Dieses Werk, das von seinem Erstherausgeber John Allegro mit dem Titel „Die Listen der Frevelfrau" versehen wurde, ist ein weiteres Beispiel von Weisheitsliteratur (siehe Einleitung zu Text 12, *Buch der Geheimnisse*). Es ist typisch für Weisheitsliteratur, das Leben in scharfen Gegensätzen darzustellen. Auf der einen Seite der weise Mensch bzw. die Weisheit, nach der er lebt, auf der anderen Seite der Törichte bzw. die Torheit, nach der er sein Leben gestaltet.

Für die Israeliten wurde Weisheit durch eine weise Frau verkörpert, die Herrin der Weisheit, die jedermann einlädt, in ihr Haus zu kommen und von ihr zu lernen (Sprüche 8,1–9,6). Nach dem apokryphen Text *Die Weisheit des Salomo* begehrte König Salomo die Herrin der Weisheit zur Frau.

Sinngemäß hätte eine Personifizierung der Torheit folgen müssen. Genau dies scheint vorliegender Text zu beabsichtigen. Die „Herrin der Torheit" wird hier als Verführerin dargestellt. Sie ist eine aufregendere Version des Archetyps der verführerischen Frau, die in der Bibel anschaulich geschildert wird (Sprüche 7,5–27). Ihr Ansinnen ist es, die Menschen vom Pfad der Wahrheit abzubringen und ins Haus der Falschheit zu locken, das „ein Weg zur Unterwelt" (Sprüche 7,27) ist.

Die böse Absicht – Kennzeichen der Torheit.

Fragment 1 [1][Torheit] erzeugt Nichtigkeit, und in [...]. Sie strebt stets nach Fehltritten, sie schärft die Worte, die aus [ihrem Mund] kommen. Sie schmeichelt mit Sticheleien [2]und Spott, und sie fügt sinnloser [Eitelkeit] Hohn hinzu. Ihr Herz schafft Lüsternheit und ihr inneres Wesen [... Ihre Augen] [3]sind beschmutzt mit Verderbtheit, ihre Hände haben Verworfenheit fest im Griff. Ihre Füße kommen herunter, um Böses zu tun und um zu wandeln in den Übeltaten [... Ihre Schenkel sind] [4]Pfeiler der Finsternis, ein Haufen von Sünden ist unter ihrem Rocksaum [...] schwärzeste Nacht.

Ihre Kleidung und Wohnung lassen die Verderbtheit der Gottlosigkeit erkennen.

Ihr Gewand [...] [5]ihre Kleider sind düster von Zwielicht, während ihr Schmuck von Fäulnis befallen ist. Ihr Bett ist eine Liegestatt der Verworfenheit [...] [6]Höllengruben. Ihre Wirtshäuser sind, wo Finsternis sich niedersenkt, sie herrscht mitten in der Nacht. Unter den Pfeilern der Düsternis schlägt sie ihr Zelt auf und weilt unter den Zelten der Verschwiegenheit, inmitten von ewigen Flammen. Sie ist nicht verbunden mit irgendeinem von jenen, [8]die erleuchtet sind von Glanz.

Sowohl jene, die der Herrin der Torheit folgen wie jene, die die Ehebrecherin verführt, werden ewig bestraft werden („ihr Haus ist ein Weg zur Unterwelt", Spr 7,27).

Nein, sie ist der Beginn aller bösen Pfade: Wehe all jenen, die von ihr Besitz ergreifen, und Vernichtung kommt zu allen, [9]die sie festhalten, denn ihre Wege sind todbringend, ihre Pfade führen zu Sünde, ihre Nebenwege enden im [10]Bösen, ihre Spuren in verbrecherischer Missetat. Ihre Tore sind die Tore des Todes, im Eingang ihres Hauses wandelt sie. In die Unterwelt [11]mit allen, [ohne] Wiederkehr! Alle, die von ihr Besitz ergreifen, sollen geradewegs in die Hölle fahren.

Die Torheit ist stets auf der Suche nach neuer Beute. Wie die Ehebrecherin „lauert sie an jeder Ecke" (Spr 7,12).

Sie liegt heimlich auf der Lauer [...] [12]alle [...] in den Straßen der Stadt versteckt sie sich, unter den Stadttoren stellt sie sich auf, und niemand wird [...] [13][...] ihre Blicke huschen hierhin und dahin, sie klimpert lüstern mit den Augendeckeln und hält Ausschau nach einem [14]rechtschaffenen Mann, um ihn zu fangen, sie hält Ausschau nach einem starken Mann, um ihn straucheln zu lassen, nach einem Ehrlichen, umihn in die Irre zu führen, nach unschuldigen jungen Menschen, [15]um sie vom Gebotsgehorsam fernzuhalten, nach denen, die fester [Absicht] sind, um sie mit Lüsternheit leer zu machen, nach jenen, die ehrlich leben, um sie zu Gesetzesbrechern zu machen; um [16]die Demütigen, dazu zu bringen, von Gott abzufallen, und ihre Schritte abzubringen von den Wegen der Rechtschaffenheit, um Überheblichkeit in ihre [Herzen] zu pflanzen, so daß sie nicht bleiben [17]auf den Pfaden der Unbescholtenheit. Sie trachtet danach, die Menschen irregehen zu lassen auf den Wegen zur Hölle und das Menschengeschlecht durch Schmeichelei zu verführen.

– E. M. C.

36. LOB DER WEISHEIT

4Q185

Wie Text 12, *Buch der Geheimnisse*, ist dies eine Weisheitslehre. Sie führt aus, daß wahre Weisheit nur von Gott kommen kann und allein im Besitz des auserwählten Volkes Israel ist.

Sterbliche können nicht auf einer Stufe mit Gott und seinen Engeln stehen. Ihre Lebenszeit ist vergleichsweise kurz. In einigen Formulierungen klingt Jesaja 40,6–8 an.

Fragmente 1–2 Kolumne 1 [4][...] rein und heilig [...] [5][...] Seine [...] und Sein Zorn [...][6][...] bis zu zehn Mal [...] [7][...] es gibt keine Kraft, die vor Seinem Zorn standhalten kann und keinen Platz, der ausgelassen wird [8]von Seinem Zorn [...] und wer kann vor Seinen Engeln stehen, denn mit [9]Feuerflammen messen sie die Urteile zu [...] seiner Geister. Und ihr, o ihr Sterblichen, [wehe euch,] denn nur [10]wie Gras sprießt der Mensch aus der Erde, und seine Tugend blüht wie eine Blume; doch der Wind bläst [sie an,] [11]und ihr Stengel vertrocknet, und der Wind trägt ihre Blüte ins Nichts, zu [...] [12]und es ist nichts mehr wegen des Windes. Man kann sie suchen, doch nicht finden, und es gibt keinen Platz für sie.[13]Er ist wie ein Schatten [...] über dem Licht.

Im Blick auf die Kürze des menschlichen Lebens sollen sich die Gerechten mehr dem Studium Gottes und seiner Wege widmen.

Nun denn, betet und paßt auf, mein Volk, und lernt [14]von mir, ihr, die ihr unbewandert seid. Werdet weise und lernt von den großen Taten unseres Gottes und denkt an die Wunder, die Er tat [15]in Ägypten und Seine Wunder [im Lande Hams]. Laßt eure Herzen erzittern vor Seiner ehrfurchtgebietenden Größe. **Kolumne 2** [1]und tut [Seinen Willen ... Erneuert] euren Geist gemäß Seiner gnädigen Barmherzigkeit. Sucht für euch den Weg [2]des Lebens, den geraden Weg, [der...] etwas, euren Kindern zu hinterlassen; warum solltet ich [3]euch [selbst] der Nichtigkeit überlassen? [...] Gericht. Hört mir zu, meine Kinder, und setzt euch nicht hinweg über die Gebote des HERRN. [4]Geht nicht [in Gottlosigkeit, sondern den Weg, den Er für] Jakob [errichtete] und den Weg, den Er Isaak bestimmte. Wahrhaftig, es ist besser ein Tag [5][in Seinem Haus zu sein], als zehn im Hause von Narren [...] Seine Anbetung, und nicht beladen zu sein von Angst vor dem Köder der Fallensteller [6][...] von Seinen Engeln, denn es gibt keine Finsternis [7]noch Nebel [...] Er [...] Sein [...] und Seine wahre Erkenntnis. Und du, was [8][...] Unglück kommt von Ihm über jedes Volk.

Glückseligkeit kann nur durch die Weisheit Gottes gefunden werden.

Glücklich ist der Mann, dem [Weisheit] gegeben wurde, [9]so auch [...] Die Gottlosen sollten nicht prahlen und sagen: „Mir ist es nicht gegeben [10]und es ist nicht [...„ Weisheit wurde gegeben] Israel, und Er mißt sie großzügig zu, und Er erlöst Sein ganzes Volk, [11]tötet aber [jene, die zurückweisen ... noch sollten] die Prahler sagen: Wirklich, wir haben es selbst gefunden. Sucht es, [12]und ihr werdet es finden. Haltet daran fest, und es wird euch gehören, und erreicht für euch selbst [langes] Leben und Wohlstand und wahre Glückseligkeit [...] [13]Seine ewige Gnade und Heil [...] Glücklich ist der Mann, der es in die Praxis umsetzt und gewillt ist [... durch] [14]Gerissenheit kann man es nicht finden, noch kann man es durch Schmeichelei festhalten. So, wie es seinen Vorfahren gegeben wurde, will er es erhalten [und daran festhalten] [15]mit all seiner Macht und mit all [...] ohne Grenzen. Dann kann er es seinen Nachkommen vererben, und wahre Erkenntnis [seinem] Volk" [...]

– E. M. C.

37. CHIFFRIERTES HOROSKOP

4Q186

4Q186 kommt unter allen Qumran-Höhlenfunden einer wissenschaftlichen Abhandlung am nächsten (vgl. 4Q451). Diese Schrift verbindet Astrologie mit der alten „Wissenschaft" der Physiognomik und versucht, Charakter und Schicksal des Menschen zu bestimmen. Wie es der Verfasser des pseudo-aristotelischen Traktats *Physiognomica* im 3. Jahrhundert v. Chr. beschreibt, erhält „der Physiognom [...] seine Information aus den Bewegungen, Formen, Farben und Merkmalen, wie sie sich im

Gesicht zeigen, wie auch vom Haar, der Weichheit der Haut, der Stimme, dem Aussehen des Fleisches, von den Körpergliedern und von der ganzen Beschaffenheit des Körpers." (806a). Die Physiognomik versuchte, den wahren Charakter von Personen – im Gegensatz zu dem, wie sie sich nach außen darstellen – durch eine gründliche Untersuchung jedes Aspekts ihrer äußeren Erscheinung zu ergründen. Zur Zeit der Entstehung der Schriftrollen erblickte man darin bereits eine Form der Weissagung, wie Beispiele aus dem alten Mesopotamien belegen.

In der griechisch-römischen Epoche hatte sich die Lehre der Physiognomie über jene der nahöstlichen Vorfahren hinaus weiter entwickelt. Lange Kataloge über physische Merkmale und deren Bedeutung, die man diesen zuschrieb, wurden damals erstellt.

Unser Text sieht in der Physiognomik eine Ergänzung der Astrologie, die als „königliche Wissenschaft" und wahre Prophetin des Schicksals gepriesen wurde. Die äußere Erscheinung eines Menschen ist hilfreich, dessen Geburtszeichen herauszufinden. Die Kenntnis des Geburtszeichens wiederum ermöglicht es dem Leser des Textes, vorherzusagen, welche charakterlichen Eigenschaften eine Person hat und, ganz allgemein, welcher Zukunft er entgegengehen wird. Der Text bestimmt den Charakter als Anteile von Licht und Finsternis und drückt diese Anteile als Teilgrößen der Zahl Neun aus. Vermutlich ist diese Zahl von der Zahl der Schwangerschaftsmonate abgeleitet. Es scheint die Auffassung vorzuliegen, daß während eines jeden Monats im Mutterleib der Embryo einen „Teil" aufnimmt. Der entscheidende erste Monat des Embryo – das Geburtszeichen – entscheidet, ob bei der Zuteilung weiterer Anteile das menschliche Leben gut läuft oder nicht.

Wie aber spiegelt sich das Verhältnis der „Teile" im Aussehen der Person wider? Um diese Frage zu beantworten, können bestimmte Lehren der griechisch-römischen Heilkunde aufschlußreich sein. Unser Verfasser scheint geglaubt zu haben, daß der „Geist" sich durch das Blut bewegt und so in jedes Körperglied gelangt. Sobald er einen bestimmten Teil des Körpers erreicht hat, wird er dort sichtbar. Die Folge eines schlechten Geburtszeichens könnte z. B. Körperbehaarung sein. Für eine solche These konnte der Autor auf biblische Grundlagen zurückgreifen, so auf Genesis 27,11–40: „Das Leben ist das Blut". Ein Abschnitt der *Damaskus-Schrift* (Text 1) betont ausdrücklich, daß Geister sich durch das Blut bewegen und physische Auswirkungen haben. Die *Damaskus-Schrift* erklärt Hautkrankheiten in gleicher Weise. Dieser Denkansatz findet sich auch in der griechisch-römischen Medizin, wie sie in den Schriften des berühmten griechischen Mediziners Galen (ca. 129–99 v. Chr.) vorliegen. Galen schrieb von „Temperamenten", die im Körper zirkulierten. Er erklärte damit die Richtigkeit der (pseudo-)aristotelischen Physiognomik.

Zwei weitere Aspekte, wie unser Verfasser argumentiert, sind einer Erläuterung wert. Der erste ist sein Vergleich der von ihm beobachteten Menschen mit Tieren. Solche Vergleiche waren üblich in der griechisch-römischen Lehre der Physiognomie. Dabei ging man von der Annahme aus, wenn eine Person einem bestimmten Tier ähnlich sah, müsse auch seine „Seele" mit der Seele eines Tieres ähnlich sein. Ein Beispiel erwähnt der Pseudo-Aristoteles: „Die Menschen, die einen breiten und kräftigen Nacken haben, sind übellaunig; vergleiche die übellaunigen Stiere." (*Physiognomica* 811a).

Bemerkenswert ist auch die Feststellung unseres Verfassers über das zweite Individuum: „Dies ist das Geburtszeichen, unter dem solch eine Person geboren wird: der Schenkel des

Stiers." Der Bezug auf „Schenkel" des Stiers verweist auf das Konzept der *„dodecatmoria"*. Dieses griechische Wort bezeichnet die Unterteilungen der Tierkreiszeichen. Der damaligen astrologischen Lehrmeinung entsprechend beanspruchte jedes Zeichen 30 Grad des Himmelsgewölbes (zwölf Zeichen, 360 Grad). Jedes Zeichen konnte wiederum in zwölf Teile unterteilt werden, eine Art Mikro-Tierkreis, ein „Tierkreis des Tierkreises". Wurde also jemand im Zeichen des Schenkels des Stiers geboren, dann hatte die Sonne fast vollständig ihren Lauf durch das Zeichen beendet. Mit „Schenkel" waren die letzten beiden 2,5 Grad des Zeichens des Stiers gemeint. Mit allen anderen Elementen unseres Textes kann vermutet werden, daß unser Verfasser früher eine sehr große Anzahl von Menschen beschrieben hat, da viele einmalige Kombinationen dieser Elemente möglich sind. Der größere Teil dieser Schrift ist sehr wahrscheinlich verlorengegangen. 4Q186 könnte ein ganzes Handbuch zur physiognomischen Astrologie gewesen sein.

Fragmentarische Beschreibung des ersten Individuums. Der Hinweis in Kolumne 2 auf „Granit" deutet darauf hin, daß dem Text die Vorstellungen über Geburtssteine vorliegt.

Fragment 1 Kolumne 1 [7]Jeder, dessen Ko[pfhaar] wird sein [... und dessen Kopf und Stirn] [8]breit sind und gewölbt [...] [9]dazwischenliegend, aber der Rest [seines] Kopfes ist nicht [...] **Kolumne 2** [1][...] unrein [2][... sein Stein ist] Granit.

Das zweite Individuum: eine Person, die eher gut als schlecht ist. „Starre Augen" sind eine häufige Kategorie innerhalb der griechisch-römischen Physiognomik; sie gelten allgemein als schlechtes Zeichen. Man achte auf die positive Bedeutung der langen und schmalen Gliedmaßen.

[3][Und jeder, [dessen] Augen [4][... und la]ng sind, aber si[e] sind st[a]rr, [5]dessen Schenkel lang und schmal sind, dessen Zehen [6]lang und schmal sind, und der geboren wurde während der zweiten Mondphase: (wörtlich: „und er stammt ab von der zweiten Spalte/Stand". Eine ähnliche Formulierung in Ptolemäus' Tetrabiblos, wo er Phasen bzw. „Stationen" des Mondes beschreibt (d. h. die Orte, an denen er „steht"), legt die vorliegende Auslegung nahe.) [7]er besitzt einen Geist mit sechs Teilen Licht, aber drei Teilen im Haus der [8]Finsternis. Dies ist das Geburtszeichen, unter dem solch eine Person geboren wird: [9]der Schenkel des Stiers. Er wird arm sein. Dies ist das Tier: der Stier.

Das dritte Individuum: Diese Person besitzt schlechte Anlagen der Gerechtigkeit, da sie zu acht Neuntel schlecht ist. Insbesondere hat die Person behaarte Schenkel. In der griechisch-römischen Physiognomie weisen behaarte Schenkel auf das Tierzeichen der Ziege hin; wie dieses Tier neigte sie zur Lüsternheit.

Kolumne 3 [5]und dessen Kopf [...], [dessen] Au[gen] [6]Furcht erwecken [und ... sind], dessen Zähne hervorstehen (?), dessen [7]Finger dick sind, dessen Schenkel dick sind und sehr behaart, [8]und dessen Zehen dick und kurz sind: er besitzt einen Geist mit [ac]ht [9]Teilen im Haus der [Finsternis] und einem im Haus des Lichts [...]

Das vierte Individuum: Diese Person besitzt ausgezeichnete Anlagen der Gerechtigkeit, sie verkörpert die „Goldene Mitte", die in der griechisch-römischen Physiognomie von Bedeutung

war. Die körperlichen Merkmale dieser Person sind in keiner Weise extrem. Man beachte fer-
ner, daß sie relativ unbehaart war. In DJD 5 fügte Allegro dem Text bei Zeile 7 ein weiteres
Fragment hinzu. Diese Ergänzung war ein Irrtum und konnte nur deshalb passieren, weil
Allegro eine Schere (!) benutzte, um das größere Fragment kleinzuschneiden und Platz zu
schaffen. Hier ist dieser Irrtum beseitigt.

Fragment 2 Kolumne 1 [1]norma[l], dessen [A]ugen weder dunkel sind n[och] hell
(?), dessen Bart [2]sp[ärlich] ist und mittelstark gelockt, dessen Stimme volltönend ist,
dessen Zähne scharf und regelmäßig [3]sind, der weder hochgewachsen ist [4]noch kurz,
der jedoch gut gebaut ist, dessen Finger dünn sind [5]und lang, dessen Schenkel unbehaart sind, dessen Fußsohlen [6][und dessen Ze]hen so sind, wie sie sein sollten: er besitz-
te einen Geist [7][...] acht Teile [vom Haus des Lichts] und ei[nen] [8][im Haus der
Dunkelheit. Dies ist das Geburtszeichen, unter welchem] solch eine Person geboren
werden soll ...

– M. O. W.

38. Buch der Riesen

4Q203, 1Q23, 2Q26, 4Q530–532, 6Q8

Man kann wohl zu Recht behaupten, der Erzvater Henoch war den Vorvätern so vertraut, wie er den heutigen Bibellesern fremd ist. Neben seinem Alter (365 Jahre)
verrät das Buch Genesis nur, daß er „seinen Weg mit Gott ging" und weiter, „er war nicht
mehr, denn Gott hatte ihn angenommen" (Genesis 5,24). Sein besonderes Leben und sein
geheimnisvoller Tod machen Henoch zu einer Gestalt, von der beträchtliche Faszination
ausging. Es ist daher nicht verwunderlich, daß ein Legendenzyklus um ihn entstand.

Viele Henoch-Legenden wurden schon in alter Zeit in umfangreichen Sammelwerken
zusammengetragen. Die wichtigste und auch älteste dieser Anthologien ist als *Das Buch
Henoch* bekannt; es umfaßt über hundert Kapitel. Es ist noch vollständig vorhanden (allerdings nur auf äthiopisch) und dient als wichtige Quelle für die Gedankenwelt des
Judentums der letzten beiden Jahrhunderte vor Christus. Unter den Schriftrollen vom
Toten Meer befanden sich auch einige fast vollständige Abschriften des *Buches Henoch* in
aramäischer Sprache. Alle bis auf einen der fünf Hauptteile der Äthiopischen Sammlung
sind unter den Rollen aufgetaucht. Weit interessanter ist jedoch die Tatsache, daß zusätzliche, bisher nicht oder nur kaum bekannte Texte über Henoch in Qumran entdeckt wurden. Der wichtigste Text davon ist das *Buch der Riesen*.

Henoch lebte vor der Sintflut zu einer Zeit, als die Welt ganz anders aussah. Zum einen
lebten die Menschen viel länger (Genesis 5,18–24). Henochs Sohn Metuschelach wurde
z. B. 969 Jahre alt (Genesis 5,27). Ein weiterer Unterschied war, daß Engel und Menschen
ungezwungen miteinander verkehrten – sogar so ungezwungen, daß einige der Engel mit
Menschenfrauen Kinder zeugten. Diese Tatsache wird wertungsfrei in Genesis (6,1–4)

berichtet. Andere Erzählungen betrachten diese Episode als den Anfang der Verderbtheit, die die Sintflut auslöste. Dem *Buch Henoch* zufolge ging die Verbindung von Engeln und Menschen auf die Idee Schemichazas zurück, des Führers der abtrünnigen Engel, der 200 andere dazu verleitete, Frauen beizuwohnen (vgl. Genesis 6,1–4). Das Ergebnis dieser widernatürlichen Verbindungen waren 450 Fuß große Riesen. Die abtrünnigen Engel und die Riesen fingen an, die Menschen zu unterdrücken; sie brachten ihnen bei, Schlechtes zu tun. Aus diesem Grund beschloß Gott, die Engel bis zum Jüngsten Gericht gefangenzusetzen und die Erde durch eine Flut zu zerstören.

Henochs Bemühungen, sich im Himmel für die gefallenen Engel einzusetzen, waren erfolglos (1 *Henoch*, 6–16). Das *Buch der Riesen* greift Teile dieser Geschichte auf und berichtet ausführlich über die Taten der Riesen, insbesondere der beiden Söhne Schemichazas, Ohaja und Haja. Da kein vollständiges Manuskript der *Riesen* erhalten wurde, bleibt der genaue Inhalt und dessen Reihenfolge Vermutungen überlassen. Bei den verlorenen Fragmenten geht es vor allem um rätselhafte Träume der Riesen und um Henochs Versuche, diese zu deuten und sich bei Gott für die Riesen zu verwenden. Leider ist von den Abenteuern der Riesen nur wenig übriggeblieben. Es ist jedoch wahrscheinlich, daß diese Erzählungen in Ansätzen der Mythologie des Nahen Ostens entnommen wurden. So ist einer der Riesen Gilgamesch, der babylonische Held und Hauptfigur des großen und gleichnamigen Epos aus dem 3. Jahrtausend vor Christus.

Kurze Erklärung zum Sturz der abtrünnigen Engel, die Wissen wie auch Verwüstung zur Erde brachten.

    1Q23 Fragmente 9+14+15 [2][...] sie kannten die Geheimnisse von [...] [3][... Sün]de war groß auf der Erde [...] [4][...] und sie töteten viele [...] [5][... sie zeugten] Riesen [...]

Ausbeutung der Fruchtbarkeit der Erde durch „Engel".

    4Q531 Fragment 3 [12][... alles, was die] Erde hervorbrachte [...] [13][...] die großen Fische [...] [14][...] den Himmel mit allem, was wuchs [...] [15][... Früchte von] der Erde und alle Arten von Korn und alle Bäume [...] [16][...] Tiere und Reptilien ... [al]l kriechenden Dinge auf der Erde, und sie beobachteten alles [...] [18][... je]de harte Tat und [...] Äußerung [...] [19][...] männlich und weiblich, und unter Menschen [...]

Zweihundert Engel suchten sich Tiere aus, vermutlich auch Menschen, mit denen sie perverse Dinge taten.

    1Q23 Fragmente 1+6 [1][... zweihundert] [2]Esel, zweihundert Wildesel, zweihundert ... Schafböcke der] [3]Herde, zweihundert Ziegen, zweihundert [... Tiere des] [4]Feldes von jedem Tier, von jedem [Vogel ...] [5][...] für Rassenmischung [...]

Folge der dämonischen Verdorbenheit waren Gewalt, Verirrung und Mißgeburten, vgl. Gen 6,4.

    4Q531 Fragment 2 [1][...] sie besudelten [...] [2][... sie zeugten] Riesen und Ungeheuer [...] [3][...] zeugten sie, und sahen, die ganze [Erde war verdorben ...] [4][...] in seinem Blut und durch die Hand von [...] [5][Riesen,] die ihnen nicht genügten und [...] [6][...] und sie suchten viele zu verschlingen [...] [7][...] [8][...] die Ungeheuer griffen sie an.

4Q532 Kolumne 2 Fragmente 1–6 [2][...] Fleisch [...] [3]al[l ...] Ungeheuer [...] werden sein [...] [4][...] sie würden emporkommen [...] ohne wahre Erkenntnis [...] weil [...] [5][...] die Erde [verdorben wurde ...] mächtig [...] [6][...] sie betrachteten [...] [7][...] von den Engeln auf [...] [8][...] am Ende wird zugrunde gehen und sterben [...] [9][...] sie verursachten große Verderbtheit auf der [Erde ...] [10][... dies] genügte [nicht,] zu [...] [11]sie werden sein [...]

Die Riesen werden durch eine Reihe von Träumen und Visionen beunruhigt. Mahway, der Gigantensohn des Engels Barakel, erzählt seinen Riesen-Gefährten von diesen Träumen. Er sieht eine Schrifttafel, die in Wasser getaucht wird. Wenn sie wieder auftaucht, sind alle Namen bis auf drei ausgelöscht. Der Traum symbolisiert offensichtlich die Zerstörung aller Menschen durch die Sintflut, ausgenommen Noach und seine Söhne.

2Q26 [1][...] sie tauchten die Tafel ins Wa[sser ...] [2][...] das Wasser geht bis über die [Tafel ...] [3][...] sie nahmen die Tafel aus dem Wasser von [...]

Der Riese geht zu den anderen, und sie sprechen über den Traum.

4Q530 Fragment 7 [1][... diese Vision] geht um Fluchen und Kummer. Ich bin derjenige, der bekannte [2][...] die ganze Gruppe der Ausgestoßenen, daß ich gehen soll [...] [3][... die Geister der Er]schlagenen klagen über ihre Mörder und rufen hinaus [4][...] daß wir zusammen sterben sollen und ein Ende gemacht werden soll [5][...] viel und ich werde schlafen, und Brot [6][...] für meine Behausung; die Vision und auch [7][...] betrat die Versammlung der Riesen [8][...]

6Q8 [1][...] Ohaja, und er sagte zu Mahway [...] [2][...] ohne zu zittern. Wer zeigte dir all diese Visionen, [mein] Bruder? [3][...] Barakel, mein Vater war bei mir. [4][...] Bevor Mahway aufgehört hatte, zu erzählen, was [er gesehen hatte ...] [5][... sagte] ihm: „Nun habe ich von Wundern gehört! Wenn eine unfruchtbare Frau gebiert." [...]

4Q530 Fragment 4 [3][Darauf]hin sagte Ohaja zu Ha[ja ...] [4][... ausgelöscht zu werden] von der Erde und [...] [5][... die Er]de. Als ... [6][...] sie weinten vor [den Riesen ...]

4Q530 Fragment 7 [3][...] deine Kraft [...] [4][...] [5]Daraufhin [sagte] Ohaja zu Haja [...] Dann erwiderte er, es ist nicht für [6]uns, sondern für Azazel, den er tat [... die Kinder von] Engeln [7]sind Riesen, und sie würden nicht alle ihre [Geliebten] vernachlässigen [... wir wurden] nicht niedergeworfen, du hast Kraft [...]

Die Riesen erkennen die Sinnlosigkeit eines Kampfes gegen die himmlischen Mächte. Ihr erster Sprecher könnte Gilgamesch sein.

4Q531 Fragment 1 [3][... Ich bin ein] Riese, und bei der mächtigen Kraft meines Armes und meiner großen Stärke [4][... je]mand Sterbliches, und ich habe gegen sie Krieg geführt; doch ich bin nicht [5][...] in der Lage, ihnen Widerstand zu leisten, denn meine Gegner [6][...] residieren im [Himm]el und sie wohnen an den heiligen Stätten. Und nicht [7][... sie] sind stärker als ich. [8][...] des wilden Tieres ist gekommen, und den wilden Mann nennen sie [mich]. [9][...] Dann sagte Ohaja zu ihm: „Ich wurde zu einem Traum gezwungen [10][...] der Schlaf meiner Augen [verschwand,] um mich eine Vision sehen zu lassen. Nun weiß ich, daß [...]" [11-12][...] Gilgamesch [...]

In Ohajas Traumgesicht erscheint ein Baum, der bis auf drei Wurzeln entwurzelt ist. Die Bedeutung der Vision ähnelt dem ersten Traum.

6Q8 Fragment 2 ¹drei seiner Wurzeln [...] ²[während] ich [zusah] kam [... sie brachten die Wurzeln in] ³diesen Garten, alle von ihnen, und nicht [...]

Ohaja ignoriert die eigentliche Bedeutung der Visionen. Oben stellte er fest, daß sich die erste Vision nur auf den Dämon Azazel bezog; hier vermutet er, daß es nur um die Zerstörung der irdischen Herrscher gehe.

4Q530 Kolumne 2 ¹betrifft den Tod unserer Seelen [...] und all seine Gefährten, [und Oh]aja erzählte ihnen, was Gilgamesch ihm gesagt hatte ²[...] und es wurde gesagt [...] „wegen [...] der Führer hat die Mächtigen verflucht", ³und die Giganten freuten sich über seine Worte. Dann kehrte er um und verließ [...]

Weitere Träume beunruhigen die Riesen. Die Einzelheiten dieser Vision sind obskur, aber unheilverkündend für die Riesen. Die Träumenden sprechen zunächst zu den Ungeheuern, dann zu den Riesen.

Daraufhin hatten zwei von ihnen Träume, ⁴und der Schlaf ihrer Augen floh von ihnen, und sie erhoben sich ⁵und kamen zu [... und erzählten] ihre Träume und sagten in der Versammlung [ihrer Gefährten,] der Ungeheuer, ⁶[... In] meinem Traum lag ich auf der Lauer in eben dieser Nacht, ⁷[und es war dort ein Garten ...] Gärtner, und sie wässerten ⁸[... zweihundert Bäume, und] große Triebe kamen aus ihren Wurzeln hervor ⁹[...] all das Wasser, und das Feuer verbrannte [den] ganzen ¹⁰[Garten ...] sie fanden die Riesen und erzählten ihnen ¹¹[den Traum ...]

Es wird angeregt, nach Henoch zu suchen, um von ihm die Vision deuten zu lassen.

[... zu Henoch,] dem berühmten Schriftgelehrten, und er wird uns deuten ¹²den Traum. Daraufhin erklärte sein Gefährte Ohaja und sagte zu den Riesen: ¹³„Ich hatte auch einen Traum diese Nacht, o ihr Riesen, und seht, der Herrscher des Himmels kam herab zur Erde ¹⁴[...] und so endet der Traum." [Daraufhin] bekamen alle Riesen [und Ungeheuer] Angst ¹⁵und riefen Mahway. Er kam zu ihnen, und die Riesen baten ihn und sandten ihn zu Henoch, ¹⁶[den berühmten Schriftgelehrten]. Sie sagten ihm: „Geh [...] für dich, daß ¹⁷[...] du hast seine Stimme gehört." Und er sagte ihm: „Er wird [... und] die Träume deuten [...] **Kolumne 3** ³[...] wie lang die Riesen zu leben hätten." [...]

Nach einer Fahrt durch die Lüfte kommt Mahway zu Henoch und bringt seine Bitte vor.

[... er schwang sich hinauf in die Luft] ⁴wie starke Winde und flog mit seinen Händen wie Ad[ler ... er ließ hinter sich] ⁵die bewohnte Welt und kam vorüber an Verwüstung, der großen Wüste [...] ⁶und Henoch sah ihn und rief ihn herbei, und Mahway sagte zu ihm [...]⁷hierhin und dorthin ein zweites Mal zu Mahway [... Die Riesen erwarten] ⁸deine Worte, und alle Ungeheuer auf der Erde. Wenn [...] getragen wurde [...]⁹von den Tagen der [...] und sie werden hinzugefügt werden [...] ¹⁰[...] wir würden von dir ihre Bedeutung erfahren [...] ¹¹[... zweihundert Bä]ume, die vom Himmel [herabkamen ...]

Henoch schickt eine Schrifttafel mit der Botschaft des unerbittlichen Urteils zurück, aber auch mit der Verkündigung der Hoffnung im Fall von Reue.

4Q530 Fragment 2 [1]Der Schriftgelehrte [Henoch ...] [2][...] [3]eine Abschrift der zweiten Tafel, die [Henoch] sa[ndte ...] [4]in der Handschrift Henochs, des berühmten Schriftgelehrten [... im Namen Gottes, des großen] [5]und heiligen, an Schemichaza und alle [seine Gefährten ...] [6]ihr sollt erfahren, daß nicht [...] [7]und die Dinge, die ihr getan habt, und daß eure Frauen [...] [8]sie und ihre Söhne und die Frauen [ihrer Söhne ...] [9]durch eure Zügellosigkeit auf der Erde, und es ist über euch gewesen [... und das Land schreit hinaus] [10]und klagt über euch und die Taten eurer Kinder [...] [11]der Schaden, den ihr über es gebracht habt. [...] [12]bis Rafael kommen wird, seht, Zerstörung [kommt, eine große Flut, und sie wird alles Lebendige zerstören] [13]und was immer in den Wüsten und den Meeren ist. Und die Bedeutung der Angelegenheit [...] [14]auf euch für euer Böses. Doch nun, befreit euch von den Fesseln, die [euch] bi[nden an das Böse ...] [15]und betet.

Fragment, das offensichtlich eine Vision Henochs präzisiert.

4Q531 Fragment 7 [3][... große Furcht] ergriff mich, und ich fiel auf mein Angesicht; ich hörte seine Stimme [...] [4][...] er wohnte unter Menschen, doch er lernte nicht von ihnen [...]

– E. M. C

39. WORTE LEVIS

1Q21, Genizafragmente, Berg-Athos-Text (in griechischer Sprache), 4Q213–214, 4Q540–541

Eine verbreitete Form religiösen Schrifttums im alten Juden- und Christentum war das „Testament". In ihm wurden erbauliche Lehren und prophetische Worte von Glaubensvorbildern überliefert, die diese vor ihrem Tod geäußert hatten. Eine der beliebtesten Sammlungen solcher Testamente waren die *Testamente der zwölf Patriarchen*. Sie überlieferten die letzten Worte der Söhne Jakobs, der Vorväter der zwölf Stämme Israels. Obwohl Teile dieser Sammlung christliches Gedankengut vermitteln, das später hinzugefügt wurde, waren diese Werke jüdischen Ursprungs. Sie entstanden zur gleichen Zeit wie die Schriftrollen vom Toten Meer und wurden nur griechisch überliefert. Heute glauben die meisten Fachleute, daß diese Testamente aramäische oder hebräische Vorlagen hatten. Dies wird besonders deutlich in den *Worten Levis*. Man fand zwar nicht die griechisch abgefaßten Worte Levis in Qumran. Die Forscher sind jedoch auf vorliegendes Werk, eine aramäische Dichtung, gestoßen, die diesem wohl als literarische Grundlage gedient hat.

Jakobs zwölf Söhne waren die Vorfahren der zwölf Stämme Israels. Da Levi, der dritte der zwölf Söhne Jakobs, der Vorvater des priesterlichen Stamms war, betonen die *Worte Levis* die Pflichten und Vorrechte der Priester. Der ideale Priester, so läßt sich aus dem Text schließen, wäre in Personalunion ein eifriger Krieger Gottes, ein pedantischen Beobachter ritueller Reinheit, ein anregender Lehrer und ein Empfänger göttlicher Offenbarung durch Träume und Prophezeiung.

Die Testamente beginnen oft mit Reflexionen des „Verfassers" über sein Leben. Sie gehen in sittliche Ermahnungen über und schließen mit einer Prophezeiung, bei welcher der Held über seinen Tod hinausblickt und die „Zukunft" vorhersagt – die meist als die tatsächliche Entstehungszeit des Textes zu werten ist – und für die Leser bestimmt war. Die *Worte Levis* sind in drei verschiedenen Versionen überliefert. Wie auch von der *Damaskus-Schrift* wurden in der Geniza von Kairo im späten 19. Jahrhundert Abschnitte entdeckt und erstmals 1906/1907 veröffentlicht. (Die Genizafragmente wurden auf die Büchereien von Oxford und Cambridge verteilt.) Die Identifikation mit Fragmenten des gleichen Dokumentes aus den Höhlen 1 und 4 von Qumran bestätigt ihr hohes Alter. Einige Abschnitte wurden in einem Manuskript des griechischen Testaments des Levi aus dem Kloster Koutloumous auf dem Berg Athos in Griechenland übersetzt. Die vorliegende Übersetzung hat Texte aus allen drei Fundorten kombiniert.

Nach seinen eigenen Worten war Levi der gerechteste und eifrigste Sohn der Söhne Jakobs. Seine Sehnsucht, Gott zu gefallen, kommt in seiner Bitte um Gerechtigkeit zum Ausdruck. Die Bitte Levis ist fragmentarisch auch in 4Q213 erhalten und liegt vollständig in dem Berg-Athos-Text vor, der benutzt wurde, um fehlende Texte einzusetzen. (Die Zeilennummern gelten jedoch ausschließlich für das Qumran-Fragment.)

4Q213 Fragment 1 Kolumne 1 [6][Dann] ich [wusch meine Kleidung und reinigte sie mit sauberem Wasser,] [7][und] ich bad[ete den ganzen Körper in frischem Wasser, so machte] ich alle [8][meine Wege richtig. Dann] erhob ich meine Augen [und mein Gesicht] zum Himmel, [9][ich öffnete meinen Mund und sprach,] und meine Finger und Hände [10][spreizte ich in der richtigen Weise vor den Engeln. So betete ich und] sprach: „HERR, Du [11][kennst alle Herzen, alle die Gedanken des Verstandes] verstehst nur Du allein. [12][Nun sind meine Brüder <MS: Söhne> mit mir, so vertraue mir] die richtigen Wege an. Entferne [13][von mir, o HERR, den unsittlichen Geist,] mache mich frei von gottlosen [Gedanken] und Unkeuschheit. [14][Offenbare mir, HERR, den heiligen Geist; Rat und] Weisheit und Wissen und Stärke [15]gewähre mir, so kann ich tun, was Dir gefällt und] Gnade vor Deinen Augen findet, [16][indem ich Deine Worte durch mich preise, o HERR, und tue], was wahr und richtig ist in Deinen Augen. [17]Laß keinen Dämon Macht über mich haben, [18][um mich abirren zu lassen von Deinem Weg. Habe Erbarmen] mit mir, o HERR, und lasse mich zu Dir kommen, um Dein Diener zu sein [...] **Berg-Athos-Text** ... und um Dich in der richtigen Weise anzubeten. Möge Deine Mauer des Friedens um mich sein, möge der Schutz Deiner Stärke mich vor allem Schaden bewahren. Reinige mein Herz, o HERR, von aller Unreinheit, damit ich emporgehoben werden kann zu Dir. Verstecke nicht Dein Antlitz vor dem Sohn Deines Dieners Jakob.

4Q213 Fragment 1 Kolumne 2 [5][... Du], [6]o HERR, hast meinen Urgroßvater Abraham und meine Urgroßmutter Sara gesegnet und angeordnet, daß ihnen gegeben werden] [7]gerechte Nachkommen [für immer gesegnet. So erhöre auch] [8]das Gebet Deines Knechtes [Levi, daß er näher zu Dir kommen kann. Lasse mich Deine Worte teilen, um zu üben] [9]wahres Urteil für immer, ja, meine Söhne und ich, für alle Generationen. So weise nicht ab] [10]Deines Dieners Sohn für alle Ewigkeit."] Und ich begann still zu beten.

Levis erste Vision. Nach Levis Gebet wird ihm vom Himmel eine Vision gegeben: Gott offenbart, er sei zum Priester Israels auserwählt.

[11]Dann fuhr ich fort [...] [12]zu meinem Vater Jakob, und als [...] [13]von Abel-Maijn. Dann [... wo] [14]ich mich niederlegte. Und ich blieb [...] [15]Dann wurde mir eine Vision gezeigt [...] [16]in der Erscheinung der Vision, und ich sah Him[mel ... und einen Berg] [17]unter mir, so hoch, daß er reichte an den Himme[l ... und sie öffneten] [18]für mich die Tore des Himmels, und ein Engel [...] **Berg-Athos-Text** Und er sprach zu mir: „Levi, dir und deinen Nachkommen ist das Priesteramt gegeben, um zu dienen dem Allerhöchsten inmitten des Landes und um wiedergutzumachen die Sünden des Landes."

Dann gab er den Segen des Priesteramts ...

Rache an Schechem und Hamor. Gen 34 berichtet, wie Levi und Simeon Hamor und seinen Sohn Schechem töten, die Jakobs Tochter Dina geschändet hatten. In den Worten widersetzt sich Levi offensichtlich dem Vorschlag von Jakob und Ruben, Hamor und Schechem durch Beschneidung in die Familie aufzunehmen. Die Fragmente (lediglich in den Geniza-Texten von Cambridge erhalten) enthalten nicht die Schilderung der tatsächlichen Tötung.

Cambridge-Geniza-Text Kolumne A [15][...] Gebiet von Is[rael ...] [16]so daß alle [...] [17]zu handeln in dieser Art gegen [...] [18]Jakob, meinen Vater, und Ru[ben, meinen Bruder ...] [19]und wir sagten zu ihnen [... Wenn] [20]ihr meine Tochter haben wollt, so daß wir alle zu Br[üdern] würden [21]und Gefährten, dann müßt ihr euer Glied beschneiden lassen, [22]so daß ihr ausseht wie wir und gezeichnet werdet [23]wie wir mit der [wahren] Beschneidung. Dann werden wir sein [...]

Kolumne B [15][...] meine Brüder stets [16][...] die in Schechem waren [17][...] meine Brüder und seine Brüder. Dies ist [18][...] in Schechem, und was auch immer [19][... Waffen, um zu begehen] Verbrechen. So berichtete ihnen [20]Juda, daß ich und Simeon, [21]mein Bruder, gegangen seien zu [...] zu Ruben, [22]unserem Bruder, der [...] [23]und Juda sprang hervor, [um] die Herde [zu v]erlassen.

Levis zweite Vision: Nachdem Levi seinen Eifer für Gott durch das Niedermetzeln der Schechemiter gezeigt hatte, besuchen ihn sieben Gesandte Gottes in einem Traum, um seine Berufung für das Priesteramt zu bekräftigen. In der Bibel wird diese Vision nicht erwähnt. In der Vision, von der nur das Ende erhalten ist, teilen ihm die sieben Boten Gottes einige Rechte und Pflichten seines neuen Amtes mit.

Oxford-Geniza-Text Kolumne A + 1Q21 [1][...] Frieden, und die auserlesensten ersten Früchte des [2]ganzen Landes zu essen. Aber während der Herrschaft des Schwertes gibt es nur Streit, [3]Krieg, Gemetzel, Plage, [4]Elend, Morden und Hungersnot. Manchmal wirst du essen, [5]manchmal wirst du hungern; manchmal wirst du dich plagen, manchmal wirst [6]du ausruhen; manchmal wirst du schlafen, manchmal wird der [7]Schlaf sich dir entziehen. Siehe nun, wie wir dich verherrlichen (**1Q:** dein Priesteramt)

[8]mehr als irgendeinen (**1Q**: die ganze Menschheit), und wie wir dir gegeben haben das gesalbte Amt des ewigen [9]Friedens.

Dann verließen mich diese Sieben, [10]und ich erwachte aus meinem Schlaf. [11]Ich sagte: „Dies ist eine Vision.", und da ich [12]erstaunt war, daß ich <MS: er> eine Vision gehabt haben sollte, behielt ich auch [13]diese für mich und offenbarte sie niemandem.

Levis Vater, Jakob, vollzieht die feierliche Einsetzung seines Sohnes ins Priesteramt.

[14]So gingen wir zu meinem Großvater Isaak, und auch er segnete mich. [15]Dann, als Jakob, mein Vater, den Zehnten bezahlte, [16]von allem, was er besaß, gemäß seinem Eid, [17][...] nahm ich den ersten Rang ein, zu Häupten von [18][...]; und mir, von allen seinen Söhnen, gab er das Geschenk [19]eines Ze[hnten] an Gott, und er kleidete mich in Priestergewänder und ernannte mich [20]offiziell zum Priester für den Ewigen Gott. [21]Ich opferte alle seine Opfergaben und segnete meinen Vater [22]für den Rest seines Lebens und genauso meine Brüder. Dann [23]segneten alle mich, und auch mein Vater segnete mich. Als ich aufhörte, **Kolumne B** [1]die Opfergaben in Bet-El zu opfern, verließen wir [2]Bet-El und lebten im Palast unseres Urgroßvaters Abraham [3]mit Isaak, unserem Großvater.

Levis Großvater Isaak unterweist Levi in den praktischen und sittlichen Pflichten des Priesteramts.

Als [4]Isaak, unser Großvater, uns alle sah, grüßte er uns voller [5]Freude. Als er erkannte, daß ich Priester für Gott, den [6]Allerhöchsten, geworden war, den HERRN des Himmels, begann er und [7]lehrte er mich maßgeblich, [8]priesterlich zu leben.

Er sagte zu mir: „Sorgsam vermeide [9]jegliche rituelle Unreinheit und jede Art von [10]Sünde. Deine Art zu leben muß strenger sein als die aller [11]anderen Menschen. So werde ich nun, mein Sohn, dir [12]den wahren Weg zeigen, wie du leben sollst, und ich werde [13]dir nichts von dem vorenthalten, was du wissen mußt über das [14]Priesterleben.

Vermeide vor allem, [15]mein Sohn, jegliche unreine Lüsternheit und jede Art von [16]unschicklicher sexueller Handlung. Du mußt [17]eine Frau heiraten aus meiner Sippe, damit du deinen Samen nicht besudelst mit fremden Frauen, [18]denn du bist ein heiliger Same, und heilig ist [19]deine Nachkommenschaft wie der heilige Tempel, und weil [20]du geachtet wirst als heiliger Priester von der gesamten Nachkommenschaft [21]Abrahams. Du bist Gott nahe und nahe [22]seinen heiligen Engeln. So halte [23]dein Fleisch rein von jeglicher Unreinheit irgendeines Menschen.

Kolumne C. [1]Wenn du dich aufmachst, um das Haus Gottes zu betreten, [2]bade zuerst in Wasser, dann lege [3]das Priestergewand um. Wenn du gekleidet bist, [4]wasche nochmals deine Hände [5]und deine Füße, bevor du dich dem Altar näherst. [6]Wenn du zu opfern beginnst, [7]was auch immer es wert ist, auf den Altar gelegt zu werden, [8]wasche nochmals deine Hände und Füße. [9]Wenn du gespaltenes Holz opferst, prüfe [10]es zuerst auf irgendwelche Würmer [11]und lege sie dann auf den Altar, denn [12]ich sah meinen Vater Abraham, wie er darauf achtete, dies zu tun. [13]Er erklärte mir, daß zwölf Arten von Holz [14]sich eignen für den Altar, [15]weil der Geruch ihres Rauchs süßlich ist, [16]wenn er emporsteigt. Diese sind ihre Namen: Zeder, Wacholder, [17]Mastix, Pinie, klei-

ne Pinie, Aduna, [18]Zypresse, Thekaka, [Lorbeer]. [19][Tama]riske, Myrte und Kamel-
dorn. Diese sind [20]diejenigen, von denen er sagte, sie seien geeignet, um unter [21]das
Brandopfer auf den Altar gelegt zu werden. [22]Wenn [du gelegt hast] irgendeine dieser
Holzsorten auf [23]den Altar, und das Feuer beginnt zu brennen **Kolumne D** [1]in diesen,
in dem Moment solltest du damit beginnen, Blut zu versprengen [2]auf die Seiten des
Altars. Dann wasche noch einmal deine Hände [3]und Füße ab von Blut und beginne,
die gesalzenen Stücke daraufzulegen. [4]Lege den Kopf zuerst [5]und bedecke ihn mit den
fettreichen Teilen, so daß kein Blut [6]von der Schlachtung des Stieres zu sehen ist.
Danach den Nacken [7]und nach dem Nacken die Vorderfüße; nach den Vorderfüßen
[8]die Brust mit der Seite; danach [9]die Schenkel mit dem unteren Rückgrat; [10]nach den
Schenkeln die Hinterfüße, gereinigt [11]von Eingeweiden. Alle diese sollen gesalzen werden mit [12]der richtigen Menge Salz, passend zu jedem Teil. Danach feines Mehl,
[13]gemischt mit Öl, und zum Schluß den Opferwein. [14]Dann verbrenne Weihrauch darüber. [Alle] [15]deine Handlungen lasse in der richtigen Reihenfolge geschehen, und alle
deine Opfergaben [werden willkommem sein] [16]als ein süßer Geruch für Gott, den
Allerhöchsten; [und] [17]während du [alles] in der Reihenfolge machst, beachte [die richtigen Bemessungen] [18]und Gewichte. Füge nichts hinzu, das nicht [dazugehört], [19]ver-
mindere jedoch auch nicht die angemessene Menge! Die richtige Menge Holz, die
[20]geeignet ist für was auch immer auf dem Altar geopfert wird, ist wie folgt: [21]für einen
großen Stier ist ein Talent (entspricht ca. 41 kg) Holz die richtige Menge dafür; [22]wenn
jedoch nur das Fett geopfert wird, sechs Minen (ca. 4 kg).

Wenn ein zweiter Stier geopfert wird ... **Berg-Athos-Text** fünfzig Minen, für sein
Fett allein jedoch fünf Minen. Für ein makelloses Kalb vierzig Minen. Wenn das Opfer
ein Widder aus der Herde ist oder ein Ziegenbock dreißig Minen, und für das Fett
allein drei Minen. Wenn es ein Lamm aus der Herde ist oder ein Zicklein, zwanzig
Minen; für das Fett allein zwei Minen. Wenn es ein makelloses einjähriges Lamm ist
oder ein Zicklein, fünfzehn Minen; für das Fett allein eineinhalb Minen. Bringe Salz
für den großen Stier, um sein Fleisch zu salzen und lege es auf den Altar. Ein Sea [etwa
11 Quartgefäße] Salz ist die richtige Menge für den Stier. Salze die Haut mit dem Salz,
das übrigbleibt. Für den zweiten Stier fünf Sechstel eines Sea; für das Kalb ein halbes
Sea; für den Widder oder den Ziegenbock ein halbes Sea; für das Lamm und das
Zicklein ein Drittel eines Sea. Die entsprechende Menge feinen Mehls: für den großen
Stier und den zweiten Stier und das Kalb ein Sea; für den Widder und die Ziege, zwei
Drittel eines Sea; für das Lamm und das Zicklein ein Drittel eines Sea. Was das Öl
anbetrifft, ein Viertel Sea für den Stier, vermischt mit dem feinen Mehl; für den
Widder, ein Sechstel Sea; für das Lamm und das Zicklein ein Achtel Sea.

Was den Wein anbetrifft, gieße ein Trankopfer über den Stier, den Widder und das
Zicklein in derselben Menge wie das Öl. Nimm sechs Schekel Weihrauch für den Stier,
die Hälfte für den Widder und ein Drittel davon für das Zicklein. Was das gemischte
feine Mehl anbetrifft, wenn du es für sich opferst, nicht auf dem Fett, übergieße es mit
zwei Schekel Weihrauch. Das Drittel eines Sea ist ein Drittel Efa, und zwei Teile eines
Bat und das Gewicht einer Mine ist fünfzig Schekel; was die Schekel anbetrifft, das
Viertel eines Schekel wiegt vier Thermoi; folglich wiegt der ganze Schekel ungefähr
sechzehn Thermoi.

So, nun höre, mein Sohn, meine Worte und zolle meinen Geboten Beachtung. Vergiß niemals meine Worte, denn du bist ein dem HERRN geweihter Priester, und alle deine Nachkommen werden Priester sein. Heiße deine Nachfahren, gemäß der priesterlichen Art zu leben, wie ich es dir gezeigt habe, denn so hat es mir mein Vater Abraham geboten, und meinen Kindern sollte ich heißen, so zu tun.

So, mein Sohn, ich frohlocke, daß du auserwählt worden bist für das heilige Priesteramt, um Gott, dem Allerhöchsten, in der Weise zu opfern, die als die richtige bestimmt wurde. Wenn du Gott eine Opfergabe von irgend jemandem darbringst, empfange von demjenigen die Menge Holz, Salz, Mehl, Wein und Weihrauch, wie ich es dich gelehrt habe im Zusammenhang mit dem Tier, das geopfert wird. Du mußt deine Hände und Füße waschen, wenn du dich dem Altar näherst, und wenn immer du die heiligen Dinge verläßt, darf kein Blut an deinen Kleidern haften. Zünde kein Feuer darauf an jenem Tag an. Du mußt ständig jegliches Fleisch von deinen Händen und Füßen abwaschen. Kein Blut oder Fleisch darf sich an dir befinden, denn das Blut ist die Seele im Fleisch. Wenn immer du Fleisch zum Essen im Haus hast, bedecke zuerst das Blut auf dem Boden, bevor du das Fleisch ißt, so daß beim Essen kein Blut um dich herum ist. Solchermaßen gebot mir mein Vater Abraham, weil er es so geschrieben fand im Buch des Noach, was Blut anbetrifft.

So also spreche ich jetzt zu dir, mein geliebter Sohn, du bist deinem Vater lieb und Gott, dem Allerhöchsten, heilig; und lieber sollst du mir sein als irgendeiner deiner Brüder. Deine Nachfahren sollen gesegnet sein im Land und im Gedenkbuch des Lebens verewigt sein, so daß dein Name und die Namen deiner Nachfahren niemals vergessen werden.

So nun, Levi, mein Sohn, mögen deine Nachfahren auf Erden gesegnet sein für alle Zeit!"

Levis Kinder und sein späteres Leben.

Nun da vier Wochen von Jahren meines Lebens vorüber waren, da ich achtundzwanzig Jahre alt war, nahm ich mir eine Frau aus der Familie meines Urgroßvaters Abraham, Milka, Tochter des Batuel, des Sohnes des Laban, dem Bruder meiner Mutter. Sie wurde schwanger von mir und gebar einen ersten Sohn, und ich nannte ihn Gerschom, denn ich sagte: „Meine Nachfahren werden heimatlos sein in dem Land, in dem sie geboren wurden." Und in der Tat werden wir heute in diesem Land als heimatlos angesehen. Und was dieses Kind anbetraf, so sah ich in meiner Vision, daß beide, das Kind und seine Nachkommen, enthoben werden würden des Hohenpriesteramts. Ich war dreißig Jahre alt, als es geboren wurde; es war im zehnten Monat, <am ... Tag>, gegen Sonnenuntergang.

Ein weiteres Mal empfing sie von mir zur richtigen Zeit, wie es sich schickte für Frauen, und ich nannte seinen Namen Kohath. **Cambridge-Geniza-Text Kolumne C** [5]Ich nannte seinen Namen [Kohath. Ich sah], daß [6]alle [Menschen würden] sich scharen um ihn und daß [7]das Hohepriesteramt [über ganz Isra]el ihm gehören würde. [8]Im vierunddreißigsten Jahr meines Lebens [9]wurde er geboren, im ersten Monat, am ersten Tag des Monats, [10]gegen Sonnenaufgang. Noch [11]einmal wohnte ich ihr bei und sie gebar mir einen [12]dritten Sohn, und ich nannte seinen Namen Merari, weil [13]seine

Geburt schmerzvoll *(mar)* war, denn als er geboren wurde, [14]starb er, und es war sehr bitter *(merir)* für mich, [15]in der Tat, daß er sterben sollte, deshalb flehte und betete ich [16]für ihn, und es war eine bittere *(merar)* Erfahrung. [17]Im vierzigsten Jahr meines Lebens wurde er geboren, im dritten Monat. [18]Noch einmal wohnte ich ihr bei und sie empfing [19]und gebar mir eine Tochter, ich gab ihr den Namen [20]Jochebed. Ich sagte, als sie geboren wurde, zu mir: „Zur Herrlichkeit [21]wurde sie mir geboren, Israel zur Ehre." [22]Im vierundsechzigsten Jahr meines Lebens wurde sie geboren, [23]am ersten Tag des siebten Monats, nachdem **Kolumne D** [1]wir in Ägypten angekommen waren.

Im sechzehnten [2]Jahr brachte Er uns in das Land Ägypten. [3]Zu jener Zeit [wurden gegeben] die Töchter meiner Brüder meinen Söhnen, nachdem sie für [4]würdig erachtet wurden, diesen Kinder [zu gebären].

Die Namen der Söhne des [5]Gerschon: [Libni und] Schimei.

Die Namen der Söhne des [6]Ko[hath: Amra]m, Izhar, Hebron und Uziel.

[7][Die Namen] der Söhne des Merari: Mahli und Muschai.

[8]Nun nahm Amram eine Frau, meine Tochter Jochebed, [9]während ich noch lebte, im vierundneunzigsten Jahr [10]meines Lebens; ich nannte ihn Amram, als [11]er geboren wurde, denn als er geboren wurde, sagte ich: [12]„Dieser eine [wird bringen] das Volk heraus aus dem Land Ägypten, [13]und soll deshalb genannt werden ‚Begeistertes [Volk'] *(amma rama)."* [14]An einem Tag wurden geboren [beide, er und] Jochebed, [15]meine Tochter. Als ich achtzehn war, wurde ich [16]in das Land Kanaan gebracht, und ich war achtzehn, [17]als ich Schechem tötete und [18]jene vernichtete, die Freveltaten begehen.

Ich war neunzehn [19]Jahre alt, als ich ein Priester wurde, und ich war [20]achtundzwanzig, als ich mir eine Frau nahm, und [21]ich war achtundvierzig, als [22]Gott uns in das Land Ägypten brachte. [23]Ich lebte neunundachtzig Jahre in Ägypten. **Kolumne E** [1]Insgesamt lebte ich einhundertsiebenunddreißig [2]Jahre, und ich sah meine Nachkommen bis in die dritte Generation, bevor [3]ich starb.

Nach einem langen gottergebenen Leben übergibt Levi die priesterliche Aufgabe, nach Weisheit zu streben, an seine Söhne. Levis Lobpreis der Weisheit hat Ähnlichkeit mit anderen jüdischen Schriften, besonders mit der Dichtung, in der die Weisheit gelobt wird, wie in Sir (51,13–30).

Im hundertundachtzehnten Jahr [4]meines Lebens, dem Jahr, als [5]mein Bruder Josef starb, rief ich alle meine Söhne zusammen und deren Söhne [6]und gab ihnen zu Gebote alles, was [7]in meinem Sinn war. Ich erhob meine Stimme und sprach: „Hört [8]auf die Ansprache eures Vaters Levi, zollt Achtung den Geboten [9]von Gottes Freund. Ich will euch unterweisen, meine Söhne, ich [10]werde euch mitteilen, was richtig ist, meine Lieben. Alles, was [11]ihr tut, muß richtig sein, [12]so mag Güte auf ewig mit euch sein, [13]und die richtige [...] [14]eine gesegnete Ernte. Jeder, der [15]Gutes sät, wird Gutes ernten; aber jeder, der [16]Böses sät, auf den wird seine Saat zurückkommen. [17]So nun, meine Söhne, lehrt euren Kindern Schreiben und Selbstdisziplin [18]und Weisheit, so daß [19]Weisheit ihre fortwährende Herrlichkeit sein möge, [20]denn derjenige, der Weisheit lernt, soll [21]durch sie Herrlichkeit erlangen. Aber jeder, der Weisheit verachtet, wird zum Gegenstand der Verachtung. [22]Denkt, meine Söhne, an meinen Bruder Josef, [23]der Schreiben und Selbstdisziplin und Weisheit lehrt.

Kolumne F [1-5][...] Beachtet das Lehren von Weisheit, [denn] jeder, der Weisheit lernt, dessen Tage [werden lang sein], [6]und sein Ansehen wird in jedem Land wachsen [7]und in jedem Volk, in das er geht. Er wird dort sein wie ein Bruder, [8]und wird anerkannt werden und wird nicht scheinen wie [9]ein Fremder oder [10]ein Mischling, denn sie alle werden [11]ihm Ehre erweisen und alle werden von seiner Weisheit [12]lernen wollen. [13]Seine Freunde werden viele sein, seine Gönner zahlreich, [14]und sie werden ihn auf dem Stuhl der Ehre sitzen lassen, [15]um seine Worte der Weisheit zu hören. [16]So also ist Weisheit ein großer Reichtum an Ehre und ein großartiger [17]Schatz für alle, die ihn besitzen. Wenn [18]mächtige Könige kommen mit vielen Menschen [19]und [20]mit ihnen eine Streitmacht, Reiter und viele Streitwagen, und wenn sie sich bemächtigen des Reichtums von Ländern und [21]Völkern, indem sie alles in diesen an sich nehmen, [22]so könnten sie doch nicht die Lagerhäuser der Weisheit plündern, [23]noch könnten sie die verborgenen Reichtümer finden.

4Q213 Fragmente 6+7 [1]Sie könnten nicht durch ihre Tore treten, noch könnten sie [...] [2]könnten nicht in ihre Mauern einfallen [...] noch [...] [3]würden sie ihren Schatz vernichtet sehen [...] [4]denn es gibt keinen Preis, der ihr angemessen ist [... er, der] [5]nach Weisheit strebt, [wird finden Weisheit ... und nichts wird] [6]verborgen bleiben vor ihm [...] [7]es wird ihm an nichts mangeln [...] [8]in Wahrheit [...] von allen, die nach [9]Weisheit streben [...] Lesen und Selbstdisziplin [10][...] ihr werdet sie beerben [11][...] große [Ehre] werdet ihr geben [12][...] Ehre. [13]Wa[hrheit ...] in den Büchern [14]Herrscher und Richter [15][...] und Diener [16][...] Priester und Könige [17][...] euer Königreich [18][...] es soll kein Ende geben [19][... das Priesteramt soll niemals] von euch weggehen bis alle [20][...] in großer Ehre."

Erbauliche Erzählung verbunden mit sittlicher Mahnung, Prophezeiungen über zukünftiges Leid verbunden mit Segenssprüchen sind typische Bestandteile der Literaturgattung „Testament". Levis Prophezeiung beschäftigt sich ganz besonders mit dem Schicksal des Priesteramts und der Hohenpriester Israels.

Nur unzusammenhängende Teile von Levis Prophezeiung sind unter den Schriftrollen erhalten. Gelegentlich sind Hinweise auf Gespräche zwischen zwei religiösen Gruppierungen zu erkennen, zwischen Levi und seinen Söhnen oder zwischen einem Verkündigungsengel und Levi.

4Q214 Fragmente 8+10 [1][...zu] dir alle die Völker [2][...der] Mond und Sterne [3][...für] immer [4][...] zu frohlocken [5][...] ihr werdet allmählich finster werden [in euren Gedanken ...] [6][...] wahrhaftig [Hen]och hatte empfangen [...] [7][...] Auf wem also wird die Schuld ruhen? [...] [8][...] Nicht auf mir und euch, meine Söhne, denn sie hatten es gewußt [...] [9][...] ihr werdet die Wege der Wahrheit verlassen und alle Pfade der [10][Rechtschaffenheit] werdet ihr aufgeben, und ihr werdet in Finsternis wandeln [...] [11][...] große Not wird über euch kommen, und ihr werdet ausgeliefert werden [12][...] Nun werdet ihr bisweilen niedergeschlagen sein [...].

Wo dieses Fragment einzufügen ist, ist bisher nicht geklärt. Es scheint sich jedoch um eine Ermahnung gegenüber sexuellem Fehlverhalten zu handeln.

4Q213 Fragment 2 [17][...] Sünde begehend [...] als Frau. Sie wird ihren Namen schänden und ihres Vaters Namen [18][und den Namen] ihres Ehemanns [...] und

Schande. Jede [19][Jung]frau, die ihren Ruf verdorben hat, bringt ebenfalls Schande über ihre Eltern und ihre ganze Verwandtschaft [20][...] ihren Vater. Der Name ihrer Schande wird niemals ausgelöscht werden von ihrer ganzen Familie [21][...] für alle Generationen [...]

Offensichtlich aus dem gleichen prophetischen Bereich stammen zwei Schriftrollen, die das Schicksal bestimmter Hoherpriester Israels schildern. Die erste Schriftrolle (4Q540) beschreibt einen Priester, der seine Besitztümer verlieren wird.

4Q540 [1][...] Wieder wird Drangsal über ihn kommen, und dem Geringeren wird es an Besitztümern mangeln [...] [2][...] Wieder wird Entbehrung über ihn kommen und es wird ihm an Besitztümern fehlen [...] [3][...] Er wird nicht sein [wie] ein Mann, dem es an Besitztümern mangelt, aber auf dem Großen Meer [...] [4][...] Das Haus, in dem er geboren wurde, wird er verlassen, und ein anderes Heim [...] [5][...] die Sonne [...]

Die zweite Schriftrolle (4Q541), leider sehr bruchstückhaft, vermittelt Teile von Levis Prophezeiung über seine Nachkommen. Die Bezifferung der Fragmente gibt nicht unbedingt ihre ursprüngliche Anordnung wieder.

4Q541 Fragment 1 [1][...] alles. Sinnt nach über [...] [2]falsche Götter werden fallen [...] [3]und alle deine Seelen [...]

Fragment 2 Kolumne 1 [5][... W]orte, die er sprechen [wird] und nach dem Willen [6][Gottes ... zeigte er] mir ein anderes Schriftstück [7][...] es sprach über ihn in Rätseln [8][...] war [nicht] nahe bei mir, sondern weit weg von mir [9][...] wird sein [...] eine Vision. Und ich sprach: Die Früchte [...] **Kolumne 2** [1]wurde aufgehängt, weil [...] [2]von Gott [...] [3]du wirst empfangen einen Schlag [...] [4]ich werde dich segnen. Das Brandopfer [...] [5]dein Geist, und du wirst jauchzen [...] [6]da [er ist] weise [...] [7]schöne [Worte ...] [8]er verfolgte ihn und trachtete danach [ihn zu töten ...]

Fragmente 3+4 [2][... über] sie das Dulden deines Friedens [...] [3]ich werde ein Gleichnis im Hinblick auf dich anwenden [...] [4][...] und er wird über unergründliche Dinge erwägen und er wird Rätsel sprechen [5][...] wird zu dir kommen, denn du bist von Eifer besessen, und das Geflügel [6][für das Opfer ...] zu verschlingen. Denn du wirst herrlich fr[ohlocken und herrlich ...]

Fragment 6 [1][...] Wunden über W[unden ...] [2][... du wirst für unschuldig befunden in deinem] Fall, und du wirst nicht schul[dig sein ...] [3][...] die Spuren deiner Wunden di[e ...] [4][...] was euch anvertraut ist und allen [...] [5][...] dein Herz von [...]

Ein umfangreiches Fragment von 4Q541 spricht von einem Priester, der in der Zukunft erscheinen wird. Sein redliches Lehren bringt seiner Generation Erleuchtung, ruft jedoch auch heftigen Widerstand hervor. Wie Jesus ist auch er ein „Licht zur Erleuchtung" (Lk 2,32) und „ein Zeichen des Widerspruchs" (Lk 2,34).

Fragment 9 Kol 1 [2][...] seine Weisheit. Und er wird Wiedergutmachung leisten für alle jene aus seiner Generation, und er wird zu allen Kindern seines [3]Volkes entsandt werden. Sein Gebot ist wie das Gebot des Himmels, und sein Lehren ist wie der Wille Gottes. Die Sonne wird ohne Unterlaß scheinen, [4]und sein Feuer wird Wärme abgeben an alle Enden der Erde. Sie wird scheinen auf die Finsternis; dann wird die Finsternis verschwinden ⁵von der Erde, und Nebelschleier vom Land.

Viele Worte wird man gegen ihn sprechen und viele ⁶[Unwahrheite]n; man wird Lügen ausdenken und alle Arten von übler Nachrede gegen ihn sprechen. Seine Generation ist böse und schlecht; ⁷[...] wird sein; seine Amtszeit wird von Lügen und Gewalt gezeichnet sein, [und] die Menschen werden Irrwege gehen in seinen Tagen und verdammt werden. **Kolumne 2** ⁵[...] sieben Widder sind angemess[en ...] ⁶einige seiner Kinder werden gehen [...] ⁷und sie werden hinzugefügt werden [...]

Ein weiteres kurzes Fragment spricht von der großen Weisheit und dem Einblick des gleichen Priesters. Es erwähnt dessen Macht über das „Große Meer", wobei es an die Macht Jesu erinnert, der Winde und Meere besänftigen konnte (Mk 4,39–41).

Fragment 7 ¹Die ver[borgenen Geheimnisse] wird er offenbaren [...] ²[für denjenigen], der nicht versteht, wird er schreiben [...] ³das Große Meer wird wegen ihm ruhig sein [...] ⁴Dann sollen die Bücher der Weis[heit] geöffnet werden [...] ⁵sein Gebot; und wie [...] seine Weisheit [...] ⁶sein Lehren [...]

Das letzte Fragment handelt von Büchern oder Schriftrollen, die den Nachkommen Levis anvertraut wurden und durch die der Leser Freude und Weisheit finden soll im „Licht der Welt" (Joh 8,12).

Fragment 24 ²Trauere nicht [um ihn ...] ³Gott wird herstellen viele [Bücher? Schriftrollen? ...] viele Offenbarungen und [...] ⁴Prüfe sie und suche und erkenne, was dir widerfahren wird. Aber beschädige sie nicht durch Abkratzen oder [Abnut]zen wie [...] ⁵Bringe nicht Schande auf das priesterliche Stirndiadem. So wirst du ein gutes Ansehen aufrechterhalten für deinen Vater, und du wirst ein solides Fundament sein für deine Brüder. ⁷Du wirst wachsen und verstehen und froh sein im Licht der Welt; du wirst nicht sein wie ein verstoßenes Gefäß [...]

– E. M. C.

40. Testament Naftalis

4Q215

Dieses Werk ist ein weiteres Beispiel für die Gattung „Testament". Wie bereits im Kapitel *Testament Levis* gezeigt, haben Testamente häufig einen ähnlichen Aufbau: eine autobiographische Skizze des Sprechers, gefolgt von einer kräftigen Prise moralischer Ermahnung, verbunden mit einem prophetischen Blick in die Zukunft. Im vorliegenden *Naftali-Fragment* haben Teile der Biographie und der Weissagung überlebt. Das, was von Naftalis Autobiographie übrigbleibt, hat in erster Linie mit seiner Mutter Bilha zu tun. Die zwölf Söhne Jakobs wurden von vier Müttern geboren; zwei davon waren Jakobs Ehefrauen, Rahel und Lea; zwei waren Dienerinnen der Ehefrauen, Bilha und Silpa (Genesis 29–30). Naftali, der fünfte Sohn Jakobs (Genesis 35,25), spielt in der Bibel nur eine Nebenrolle, ausgenommen der Bericht von seiner Geburt (Genesis 30,7–8), die im folgenden Fragment nacherzählt wird. Das Fragment prophetischen Inhalts spricht von einem Zeitalter des Friedens für die Nachkommen Jakobs. Es ist aber durchaus möglich, daß dieses Fragment in einen anderen Textzusammenhang gehört.

Fragment 1 Kolumne 1 ¹Bilha, meine Mutter, war mit meinem Vater zusammen. Ihre [Tante] war Debora, die meinen Herrn gesäugt hatte, [und ihr Bruder war Ahiot] ²Er war gefangengenommen worden, doch Laban hatte nach ihm geschickt und ihn befreit und gab ihm Hanna, eine seiner Dienerinnen, zur Frau.

[Hanna empfing und gebar] ihre erste Tochter, ³Silpa. Er nannte sie Silpa nach der Stadt, in der er gefangengenommen worden war.

[Er lag wieder bei ihr,] ⁴und sie empfing und gebar meine Mutter Bilha. Hanna nannte sie Bilha, denn nachdem sie geboren war [...], ⁵war [sie] begierig zu saugen, und sie sagte: „Wie begierig ist meine Tochter!" So wurde sie seitdem Bilha genannt [...]

⁶Als mein Vater Jakob auf der Flucht vor seinem Bruder Esau zu Laban kam und als [...] ⁷mein Vater, meine Mutter Bilha, dann ließ Laban meine Großmutter Hanna und ihre zwei Töchter vortreten [und gab eine Lea] ⁸[als Dienerin] und eine Rahel. Als Rahel keine Kinder mehr gebar, [bat sie ihre Dienerin, Kinder zu bekommen] ⁹[an ihrer Stelle für] meinen Vater [Jakob]. Sie gab ihm meine Mutter Bilha, und sie gebar Dan, meinen Bruder. [Sie empfing abermals und gebar ein zweites Mal] ¹⁰[... daß] ich nach ihm den Namen Naftali trage [...]

Die Prophezeiung Naftalis enthält Themen, die für die Sekte vom Toten Meer überaus typisch waren, vor allem die Einteilung der Geschichte in durch Gott vorbestimmte „Zeitalter".

Kolumne 2 ¹[... sie werden aushalten] ²das Erleiden von Not und das Gottesurteil der Grube, und sie werden gereinigt durch diese Dinge und die Erwählten der Gerechtigkeit werden; und Er wird alle Sünde auslöschen ³um derjenigen willen, die sich Ihm hingeben; denn das Zeitalter der Gottlosigkeit ist zu Ende und alle Lasterhaftigkeit [... Denn] ⁴die Zeit der Gerechtigkeit kommt, und das Land wird voll von wahrer Erkenntnis und dem Lobpreis Gottes in den Tagen von [...] ⁵das Zeitalter des Friedens kommt, und die verläßlichen Gesetze und die richtigen Zeiten und [jedermann] weise machen ⁶auf den Wegen Gottes und in Seinen mächtigen Taten [von dieser Zeit und] für die Zeitalter der Ewigkeit. Die ganze Welt ⁷soll Ihn loben, und jedermann soll sich vor Ihm niederbeugen [...] ihr [...] denn Er [kennt] ⁸ihre Taten bevor sie erdacht wurden, und den rechten Weg der Anbetung hat Er zugeteilt, die Grenzen von [...] ⁹in ihren Generationen, denn das Reich Gottes kommt und der [heilige] Thron wird erhöht werden [...] ¹⁰und Stärke, Ehrerbietung, Weisheit, Einsicht und Wahrnehmung werden geprüft durch Seine heilige Absicht [...]

– E. M. C.

41. GENESIS- UND EXODUS-PARAPHRASE

4Q225

Wie ein *Kommentar zum Gesetz des Mose* (Text 80) und weitere Beispiele von „bearbeiteter Bibel" unter den Schriftrollen, legt die *Genesis- und Exodus-Paraphrase* die Bibel dadurch aus, daß sie ausgewählte Abschnitte nacherzählt. Der interessanteste Teil der fragmentarischen Reste ist die Geschichte der „Fesselung Isaaks". Dieses Thema wurde im späten Judentum ausführlich behandelt und gibt bis zum heutigen Tag Anlaß zu tiefschürfenden Betrachtungen. Im vorliegenden Text liest sich die Geschichte der Fesselung eines Menschen wie die Geschichte des biblischen Ijob: Ein Mann von übermenschlicher Rechtschaffenheit muß schlimme Prüfungen erdulden, weil der Satan (hier Mastema genannt) dazu von Gott die Erlaubnis erhalten hat. Die Ijob-Parallelen fehlen zwar in den entsprechenden Abschnitten der Genesis, die lediglich berichten, daß Isaak auf Gottes Gebot hin beinahe geopfert worden wäre (Genesis 22,1–19). Doch die Logik ihrer Einführung ist zwingend, denn die biblische Geschichte wirft ein schwieriges Problem auf: Wie konnte Gott Abraham befehlen, seinen eigenen Sohn zu opfern? Wenn aber Gott nicht wirklich beabsichtigte, Abraham die Anordnung Gottes (Genesis 22,2) auszuführen, hat Gott ihn dann nicht getäuscht? Warum handelt Gott so, wie es beschrieben ist? Unser Verfasser bietet eine interessante Lösung des Problems, indem er die Gestalt des Mastema einführt und den Ursprung der Episode im Bösen sucht, das Gott zwar zuläßt, jedoch nicht hervorbringt – wie im Buch Ijob.

In diesem Fragment geht es sicherlich um die Epoche der Sklaverei in Ägypten. Es schlägt die Deutung vor, Gott habe Mose auserwählt, um Israel aus Gottes eigener Untreue gegenüber seinem Bund mit Abraham zu retten.

Fragment 1 ¹[...] wegen der Sünde der Unzucht [...] ²[...] er [...] ³[...] daher schlug Er sie mit [...] ⁴[... der Bund, der] mit Abraham geschlossen wurde [...] ⁵[...] Ägypten, und Gott verkaufte sie [...] ⁶[...] Und du, Mose stan[dest fest] bei meinen Worten [...] ⁷[...] die Schöpfung, bis zum Tag der Schöpfung [...] ⁸[...] stehend, und er stand auf [...] ⁹[...] und am Tag, als [...] ¹⁰[... Israel sah, daß die Ägypter tot a]n dem Ufer [des Meeres ...]

Abraham und Sarah sind kinderlos (Gen 15,2).

Fragment 2 Kolumne 1 ¹[...] jener Me[nsch] wird abgeschnitten ²[von seinem Volk ... und er wo]hnte in Haran für zwan[z]ig [J]ahren. ³[... und Ab]raham [sagte] zum Gott: „HERR, siehe da, ich gehe doch kin[der]los dahin, und Eli[ëser,] ⁴[einer, der in meinem Haus geboren wurde,] wird mich beerben."

Gott verspricht Abraham einen Nachkommen. Abraham glaubt ihm (Gen 15,5–6).

⁵[Und Go]tt [sprach] zu A[b]raham: „Schau doch die Sterne an, und sieh [...] ⁶[der] Sand, der am Ufer des Meeres ist, und der Staub der Erde, wenn nicht ⁷[...] wenn deine Nachkommenschaft nicht so sein wird." Und [Abraham] gla[ubte] ⁸[an] Go[tt], und es wurde ihm als Gerechtigkeit angerechnet.

Isaak wird geboren. Der Fürst des Bösen (Mastema) intrigiert, um ihn zu vernichten (Gen 21,1–3; 22,2–4).

Und ein Sohn der Lieb[e] wurde geboren [9][dem Abraha]m, und er nannte ihn Isaak. Nun kam der Fürst des Bösen [10][zu G]ott, und richtete seine Feindseligkeit auf Abraham Isaaks wegen. Und [G]ott sagte [11][zu Abra]ham: „Nimm deinen Sohn, Isaak, [deinen] einzigen [...], [12][den] du [liebst,] und bring ihn [Mir] als Brandopfer dar auf einem der [hohen] Berge, [13][den ich] dir [nenne]." Und er s[tand auf und gi]n[g] von den Brunnen [...] [14][...] Und Ab[raham] hob [seine Augen und sah den Ort von weitem.]

Die Pläne des Fürsten des Bösen (Mastema) scheitern wegen Abrahams Gehorsam (Gen 22,7–12).

Kolumne 2 [2][Dann] s[agte] Isaak zu Abraham: „Hier ist Feuer und Holz. Wo aber ist das Lamm] [3]für das [Bra]ndopfer?" Und Abraham sagte: „Go[tt wird das Opferlamm aussuchen, mein Sohn,] [4]für sich." Isaak sagte zu seinem Vater [...] [5]In jenen Tagen standen heilige Engel auf [dem Berg (?) ... um hochzuheben] [6]seinen Sohn von der Erde. Und die Engel der Bo[sheit ... und sie] [7]freuten sich und sagten: „Jetzt geht er zugrunde und [...] [8]man wird ihn für betrügerisch halten, und wenn nicht, wird er dann für vertrauenswürdig gehalten? [... Und Gott sagte:] [9]„Abraham, Abraham!" Und er sagte: „Ja!" Und Er sagte: „J[etzt weiß ich, daß du Gott fürchtest."...] [10]du wirst nicht lieben. Dann segnete er den HERRN [...] [11]Jakob. Und Jakob zeugte Levi [...] [12]Die Tage Abrahams, Issaks, Jakobs und Lev[is...] [13]und der Fürst des Bösen (Mastema).

„Ich werde abwenden [...] [14]Fürst des Bös[en] (Mastema)." Und Belial hörte [...]

– M. G. A.

42. ISRAEL UND DAS HEILIGE LAND

4Q226

Das vorliegende Werk legt biblische Ereignisse aus in der Tradition des Buchs der *Jubiläen*, und viele andere Beispiele für die Interpretationen einer „bearbeiteten Bibel" fand man unter den Schriftrollen. Manche der Abschnitte entsprechen Abschnitten aus den Büchern Genesis, Exodus und Josua. Das Werk ist zwar fragmentarisch, so daß eine Analyse riskant erscheint. Die Erwähnung von „Jubiläen" ist jedoch bemerkenswert: Sie legt nahe, daß der Verfasser sich für geschichtliche Abläufe interessiert. Die Verbindung von Jubiläen mit Josua finden wir auch in den *Psalmen des Josua* (Text 88). Nähere Erläuterungen zur Bedeutung von *Jubiläen* in den Schriftrollen siehe Einleitung zum *Kalender der Himmelszeichen* (Text 67).

Gott erscheint vor Mose. Er beauftragt ihn mit der Rettung Israels aus der ägyptischen Sklaverei (Ex 3,1–12).

Fragment 1 [2][...] in einer Feuerflamme [...] [3][...] zu dir, um hinabzugehen nach Ägypten und um [dich] herauszuführe[n ...] [4][...] die Zeichen sind dir [gege]ben worden, und du wirst zurückkehren (oder wirst ein alter, grauhaariger Mann werden) [...] [5][...] zwei habe ich gemacht [...] seit der Woche [...] [6][...] dieses Jubeljahr, da es heilig ist [...] [7][...] heilig [in] Ewigkeit [...]

Mose wird der Eintritt in das Land Kanaan verweigert (Dtn 3,27; 31,2).

Fragment 3 [1][...] wenn [du(?)] tust [...] [2][...]du wirst tun und [...] [3][... diese] Wüste [...] [4][...] und du wirst nicht hi[nüberziehen...] [5][...] in das Land Kanaa[n...]

Josua soll statt Mose Israel in das versprochene Land hineinführen (Dtn 31,3).

Fragment 4 [1][...Josua, der S]ohn Nuns, er zieht hinüber vo[r euch ...] [2][...] Tat und setzt für [dich (?) ...] [3][...] für dich alle [...]

Josua bereitet das Volk auf die Überquerung des Jordans vor (Jos 3,1–2).

Fragment 6 [2][...] bis drei [...] [3][...] seit dem Kommen [...] [4][...] vom Tag, da sie überschreiten [...] [5][...] diese unter [...] [6][...] damit sie überschreiten dürfen [...] [7][...] auße[r ...] [8][...d]er sagte [...]

Abraham bleibt treu. Siehe Text 41, Genesis- und Exodus-Paraphrase, *hinsichtlich einer möglichen Überschneidung.*

Fragment 7 [1]Abraham erwies sich als treu dem [G]o[tt ...] [2]damit er angenommen wird. Und der HERR segnete [ihn ... einhundertundfünfundsiebzig Jahre war die Dauer] [3]seines Lebens, und er zeugte I[saak ...] [4]Levi, die dri[tte] Generation [...] [5]Abraham, Isaak, und Ja[kob ...] [6]und die heiligen Engel [...] [7]wozu er sie befahl [...]

– M. G. A.

43. Henoch und die Wächter

4Q227

Dieses fragmentarische Manuskript ähnelt in einigen Abschnitten dem Buch der *Jubiläen,* einer wichtigen Schrift des Judentums zur Zeit des zweiten Tempels. Sie wurde nur innerhalb christlicher Kreise überliefert und ist in ihrer griechischen und äthiopischen Fassung bekannt. Die äthiopischen Christen schätzten das Buch der *Jubiläen* so sehr, daß sie dieses sogar ins Alte Testament aufnahmen. Unter den Schriftrollen sind fünfzehn Fragmente des Buchs der *Jubiläen* aufgetaucht; es zählt daher zu den häufigsten dieser Funde. Wie die äthiopischen Christen dürften die Juden das Buch als Teil des Bibelkanons betrachtet haben.

Vor diesem Hintergrund scheint das vorliegende Werk eine Nacherzählung der *Jubiläen* zu sein. Es kann als Beispiel für „bearbeitete Bibel" betrachtet werden, eine Art der Interpretation, die überaus häufig in den Rollen anzutreffen ist. Erhaltene Fragmente von

4Q277 hängen mit den *Jubiläen* 4,17–24 zusammen. Sie geben aber den Inhalt in einer anderen Reihenfolge wieder. *Jubiläen 4,18* berichtet, daß die Engel Henoch den Kalender erklärten, um den es wohl in der Zeile 1 unseres Fragments 2 geht. In *Jubiläen* 4,22 heißt es, Henoch sagte gegen die Wächter oder gefallenen Engel aus, die sich Menschenfrauen genommen hatten und deren Abkömmlinge die Riesen waren (Genesis 6,1–2; vgl. Text 33, *Buch der Riesen*). Unser Verfasser erzählt diese Geschichte in Zeile 4, verknüpft sie aber offensichtlich unter dem Einfluß von *Jubiläen 4,23* mit dem Gericht über die ganze Welt.

Fragment 2 [1][... H]enoch, nachdem wir ihn gelehrt hatten [2][... er war bei den Engeln Gottes] sechs Jubeljahre lang [3][... das La]nd, inmitten der Menschensöhne, und er legte Zeugnis ab gegen sie alle [4][...] und auch gegen die Wächter. Und er schrieb all [5][...] Himmel und die Wege seiner Scharen und [Hei]ligen [6][... dam]it die R[echtschaffenen] keinen Irrtum begehen werden [...]

– M. G. A.

44. Heilung des Königs Nabonid

4Q242

Nabonid war der letzte König des neubabylonischen Reichs und regierte von 556 bis 539 v. Chr. Von politischen Problemen und wirtschaftlichen Schwierigkeiten in Babylon bedrängt, entschloß er sich, seinen Sohn Belscharusur (König Belschazzar in der Bibel: Daniel 5,22; 7,1; 8,1) als Regenten einzusetzen. Er selbst begab sich in Richtung Westen nach Tema, einer Oase in Nordwest-Arabien. Auf dem Zug dorthin hoffte der König, die Handelswege nach Südarabien zu sichern und gleichzeitig seine finanziellen Probleme zu lösen. Zehn Jahre blieb er in Tema. Er errichtete dort Garnisonen und gründete Siedlungen südlich seiner Ausgangsbasis. Bei fünf dieser Siedlungen handelte es sich um Oasen, die tausend Jahre später, zur Zeit Mohammeds (um 570–632), von Juden besiedelt waren. Damit ist ziemlich sicher, daß sich unter Nabonids Siedlern auch eine großen Anzahl Juden befand. Diese stammten entweder ab von jenen Juden des babylonischen Exils oder von denen, die in Juda zurückgeblieben waren. Die Erwähnung eines Juden, „ein Mitglied der Gemeinschaft der Exilierten", in der Schriftrolle, die hier in Übersetzung vorliegt, dürfte genauer Spiegel der damaligen historischen Situation sein.

Ausgangspunkt der Erzählung in dieser Rolle dürfte die zehnjährige Abwesenheit des Königs von seiner Hauptstadt sein. Umgekehrt sind die Übereinstimmungen zwischen der Rolle und der Geschichte des weit berühmteren Königs Nebukadnezzar, wie sie im Buch Daniel 4,1–34 erzählt wird, systematisch, ja verblüffend. Diese Ähnlichkeiten lassen die vorliegende Geschichte hinter der biblischen Episode aufscheinen. Sollte diese Theorie zutreffen, würde dies bedeuten, daß diese Rolle auf eine bisher unbekannte Bibelquelle stößt. Die Geschichte dieser Schriftrolle würde aus der Zeit vor 200 v. Chr. stammen, könnte aber auch ein oder zwei Jahrhunderte älter sein. Der Namenswechsel von Nabonid zu Nebukadnezzar geschah nicht, um einen Unschuldigen zu schützen, sondern um einen

Schuldigen zu belasten. Nebukadnezzar war der babylonische König, der Jerusalem geplündert, den Tempel niedergebrannt und das Volk im Jahr 586 v. Chr. ins Exil geführt hatte. Außerdem vergrößerte der Wechsel von Nabonids „Entzündung" zu Nebukadnezzars Wahnsinn in Daniel 4 den Effekt, so daß der Erzähler der Geschichte eine höhere Spannung erzielte. Schließlich kehrte König Nabonid nach Babylonien zurück, wurde dort aber von den Streitkräften des Kyrus, des Gründers des persischen Reichs (538–530), geschlagen. Eine Variante der Geschichte findet sich im biblischen Buch Daniel 4.

Die Handlungen des jüdischen Exorzisten, wie sie in unserer Schriftrolle beschrieben werden, stimmen außerordentlich gut mit dem Bericht im biblischen Buch Daniel überein. Forscher haben überzeugend dargelegt, daß einst ein umfassender „Daniel-Zyklus" existiert haben muß, der weitere – vielleicht sogar sehr viel mehr – Geschichten enthielt als in unserer Bibel. Dies könnte eine davon sein, ebenso wie die *Vision Daniels* (Text 45), vielleicht auch die *Vision von den vier Bäumen* (Text 135). Angesichts vieler Parallelen im Neuen Testament könnte es sich lohnen, den hier beschriebenen Exorzismus mit dem Exorzismus zu vergleichen, den Abraham in den Patriarchen-*Geschichten* (Text 2) praktiziert hat, wie mit dem genauen Wortlaut eines *Exorzismus* in Text 137.

Nabonid bekennt seine Sünden und erklärt, wie er geheilt wurde.

Fragmente 1–3 ¹Die Worte des Geb[e]ts Nabonids, König von [Ba]bylon, [der große] Köni[g, als er geschlagen war] ²mit einer schlimmen Entzündung auf den Befehl G[o]ttes, in Tema.

[Ich, Nabonid], war geschlagen [mit einer schlimmen Entzündung,] ³die sieben Jahre lang dauerte. Wei[l] ich so verändert war [und wie ein Tier wurde, betete ich zum Allerhöchsten,] ⁴und Er vergab meine Sünden. Ein Exorzist – ein Jude nämlich, ein Mit[glied der Gemeinschaft der Exilierten – kam zu mir und sagte:] ⁵„Erkläre und schreibe nieder diese Geschichte und schreibe auf diese Weise Ruhm und Gr[ö]ße dem Namen G[ottes, dem Allerhöchsten, zu." Also habe ich selbst es aufgeschrieben:] ⁶Ich war geschlagen mit einer schlimmen Entzündung, als ich in Tema war, [auf den Befehl Gottes, des Allerhöchsten. Dann] ⁷betete ich sieben Jahre lang [zu] den Göttern aus Silber und Gold, [Bronze, Eisen,] ⁸Holz, Stein und Lehm, denn ich [da]chte, daß s[ie] wirklich Götter seien.

– M. O. W.

45. Vision Daniels

4Q243, 4Q244, 4Q245

Ein außergewöhnlicher Geist sowie die Erkenntnis und Einsicht und Gabe, Träume zu deuten, Rätsel zu erklären und schwierige Fragen zu lösen, können in Daniel gefunden werden" (Daniel 5,12). So urteilte die Königin von Babylon. Ihre Auffassung spiegelt das allgemeine Bild, das man sich von Daniel in den letzten Jahrhunderten vor Christus machte. Wie Henoch (siehe Text 38, *Buch der Riesen*) wurde Daniel zum Helden eines

Geschichtenzyklus, dessen größter Teil verlorengegangen ist. Das biblische Buch Daniel ist Teil dieser Literatur. Die antike, griechische Übersetzung des Alten Testaments bietet weitere Geschichten über Daniel; die Qumran-Funde enthalten sogar noch mehr davon. Text 44 *Heilung des Königs Nabonid* ist einer dieser Texte.

Leider ist die *Vision Daniels* so bruchstückhaft, daß auch nicht einmal eine unvollständige Geschichte rekonstruiert werden kann. Deutlich wird nur, daß Daniel von einer Vision berichtet, wie er es mehrere Male im alttestamentlichen Buch Daniel tut (Kapitel 7–12), die sich auf die Geschichte Israels bezieht.

Die Aneinanderreihung der Fragmente ist hypothetisch und folgt J. T. Milik.

Die ersten Zeilen setzen den Rahmen: Daniel spricht (vgl. Dan 5,1–6,1) mit dem König Belschazzar.

   ¹[...] Daniel vo[r ...] ²[... König] Belschazzar [...] ³[...]

Daniel erzählt die Geschichte Israels. Offensichtlich fängt er mit der Geschichte der Flut Noachs an (Gen 6–9).

   ⁴[...] nach der Flut [...] ⁵[... N]oach vom [Berg] Lubar [...]

Die Geschichte des Turmbaus zu Babel (Gen 11).

   ⁶[... sie bauten eine] Stadt [...] ⁷[...] einen Turm, [seine] Höhe [erstreckte sich bis zum Himmel ...] ⁸[...] ⁹[... ge]gen den Turm, und Er schickte [sie fort ...]

Dieser Abschnitt beschrieb wahrscheinlich die Gottesberufung Abrahams zur Zeugung eines auserwählten Volkes (Gen 12,7–8).

   ¹⁰[...] auszusuchen unter den Söhnen von [Menschen, um einen Gerechten zu finden ...] ¹¹[... Abraham, I]s[aak, und Jakob ...]

Abraham wird die ägyptische Gefangenschaft vorhergesagt (Gen 15,13).

   ¹²[... vi]erhundert [Jahre ...]

Der Auszug wird vorhergesagt (Gen 15,14; Ex 15–16). Bemerkenswert ist die Einteilung der Geschichte in „Jubeljahre" (vgl. Prophetisches Apokryphon, *Text 91, zu diesem Ansatz).*

   ¹³[...] sie alle werden aus ¹⁴Ägypten ausziehen durch die Hand [Mose ... der Tag, an dem] sie den Jordan überschreiten, ist das [x]ste Jubeljahr [...]

Die israelitische Abtrünnigkeit wird mit Ausdrücken des Alten Testaments beschrieben.

   ¹⁵[...] aber ihre Nachkommen [sündigten ...] ¹⁶[...] ¹⁷[...] die Kinder Israels versteckten sich vor [Gottes Angesicht] ¹⁸[und „brach]ten ihre Kinder dar [als Opfer] für die Dämonen der Götzen" (Ps 106,37). „Da entbrannte der Zorn des HERRN gegen sie" (Ps 106,40) „und Er befahl, sie zu geben ¹⁹in die Hand" (Ps 106,41) Nebu[kadnezzars, des Königs von Ba]bel und ihnen ihr Land zu vernichten, und was auch immer [...]

Die Strafe des Exils wird auf siebzig Jahre beschränkt (Jer 25,12); dann wird Gott die Israeliten zurückführen.

[20][...] die Exilierten [...] [21][...] Er zerstreute sie [...] [22][...] siebzig Jahre [...] [23][... durch] seine starke Hand, und Er wird sie retten [...]

Daniel beschreibt eine Reihe von Königreichen, die nach Babylon folgen werden. Offensichtlich gibt der Text die Namen einiger Könige wieder, die aber historisch nicht erkennbar sind. Der Name „Balakros" stimmt möglicherweise überein mit dem Name „Balikra". Balikra war ein böser Samaritaner, der, dem apokryphen Martyrium Jesajas (aus dem zweiten Jahrhundert v. Chr.) zufolge, den Tod des Propheten Jesaja veranlaßte.

[24][...] mächtige [Könige,] die Königreiche der Völker [...] [25][...] dies ist das erste Königreich [...] [26][...] er wird herrschen für [x] Jahren [...] [27][...] Balakros [...] [28][... Königreich] wird [sein ...] [29][... er wird herrschen für x] Jahren [...] [30][...] JHWH, Sohn des [...] [31][... er wird herrschen für] fünfunddreißig Jahre [...] [32][...] sie werden von sich geben [verleumderische Lüge ...] [33][...] werden irregehen [...]

Eine Versammlung wird vorhergesagt. Handelt es sich hier bereits um die Gründung einer Sekte?

[34][... zu dieser Zeit] werden diejenigen, die [beim Namen] gerufen werden, versammelt [...] [35][... aus] den Völkern, und es wird sein, von [jenem] Tag [...] [36][... die Hei]ligen, und die Könige der Völker [...] [37][...] Diener bis auf den Tag [als ...]

Hier spricht Daniel offensichtlich von einer Schrift, die eine Liste mit den Namen einiger Priester und Könige Israels enthält. Zwei Namen beziehen sich möglicherweise auf die Hasmonäer Johannes und Simon (Zeile 47).

[40][...] Daniel [41][...] eine Schrift, die gegeben wurde [42][...] Kohat [43][...] Usija [44][...] Abjatar [45][... Zid]kija [46][...] Jehonja [47][... Jo]hannes, Simon [48][...] David, Salomo [49][...] Ahasja [...] [50][...].

Gott wird die letzte Abtrünnigkeit beenden.

[51][...] um den Frevel zu beenden [52][...] diese in der Blindheit und im Irrtum [53][... di]ese werden dann aufstehen [54][...] die Heiligen werden zurückkehren [55][... und zu Ende sein wird] der Frevel.

– E. M. C.

46. Vision vom Sohn Gottes

4Q246

Dieser kurze Text entfachte eine heftige Kontroverse, als ein Ausschnitt im Jahr 1974 veröffentlicht wurde. Er spricht von einer mächtigen Persönlichkeit, die in der Zeit der Drangsal erscheinen wird. Sie wird „Gottes Sohn" und „Sohn des Höchsten" genannt werden und alle Völker gehorchen ihr. Die Wendungen erinnern an die Sprache der Evangelien, besonders in dem Bericht, wonach Maria die Botschaft des Engels (Gabriel) erhält, sie werde einen Sohn gebären: „Er wird groß sein und Sohn des Höchsten genannt werden ... und seine Herrschaft wird kein Ende haben." (Lukas 1,32–33).

Bei der Erstveröffentlichung (1974) behaupteten einige Forscher, dieser veröffentlichte Ausschnitt belege eine wichtige Vorstellung, daß ein irdischer König (= der Messias) kommen werde, Frieden zu bringen, der von den Juden zur Zeit des zweiten Tempels „Sohn Gottes" genannt wurde. Bestimmte biblische Texte konnten herangezogen werden, die diese Auffassung absicherten (z. B. 2 Samuel 7,14), denn dies würde das neutestamentliche Bild Jesu in völlig neuem Licht erscheinen lassen. Andere Forscher hingegen faßten „Sohn Gottes" im Text als Bösewicht auf, der die Stelle Gottes sich anmaßt, aber später besiegt wird vom „Volk Gottes", auf dessen Seite Gott steht. Nachdem das ganze Werk vorliegt, bestätigt ein gründliches Lesen die „Antichrist"-Alternative.

Der historische Hintergrund dieses Textes ist wahrscheinlich die Verfolgung der Juden unter dem syrischen Tyrannen Antiochus IV. Epiphanes in der Zeit zwischen 175 und 164 v. Chr. Sein zweiter, angenommener Name „Epiphanes" (griech. für „Erscheinung") schloß die Vorstellung eines menschlichen Gott-Königs offensichtlich ein. Solche menschlichen Ambitionen auf Göttlichkeit wurden im Judentum als Anmaßung gewertet und in den Prophezeiungen des Jesaja (14,12–21) wie des Ezechiel (21,1–10) verdammt. In ähnlicher Weise wurden auch Jesu Ansprüche auf eine „über-menschlichen" Herkunft von seinen Zeitgenossen abgelehnt: „Wir steinigen dich wegen Gotteslästerung, denn du bist nur ein Mensch und machst dich selbst zum Gott" (Johannes 10,33). Von einem ähnlichen Widerwillen gegen die Anmaßung von Göttlichkeit ist diese bruchstückhafte Prophezeiung durchdrungen.

Der Seher erhält die Fähigkeit, die Vision des Königs deuten zu können.

Kolumne 1 [... ein Geist Gottes] ruhte auf ihm, er fiel vor dem Thron nieder.

Beginn der Deutung. Krieg und Totschlag stehen vor der Tür. Das Leid wird in der Machtergreifung eines grausamen Tyrannen gipfeln.

[... O Kö]nig, Zorn kommt über die Welt, und deine Jahre [werden verkürzt sein ... solcherart] ist deine Vision, und all das wird über die Welt kommen. [... Inmitten] großer [Zeichen] kommt Leid über das Land. [... Nach vielem Mord] und Totschlag ein Fürst der Nationen [wird sich erheben ...] der König von Assyrien und Ägypten [...] er wird der Herrscher über das Land sein [...] werden ihm untertan sein und alle werden [ihm] gehorchen.

Der Sohn des Tyrannen wird ihm nachfolgen und sich selbst Ehre, die nur Gott gebührt, aneignen. Doch nur kurz wird die Herrschaft von Vater und Sohn sein.

[So] wird [sein Sohn] „Der Große" genannt werden und durch seinen Namen gekennzeichnet sein.

Kolumne 2 Er wird der Gottessohn genannt werden, sie werden ihn den Sohn des Höchsten nennen. Doch wie die Sternschnuppen, die du in deiner Vision sahst, wird ihr Königreich sein. Sie werden nur ein paar Jahre regieren über das Land, während Völker Völker zertreten und Nationen Nationen.

Errettung aus der Not kommt erst dann, wenn die Völker Gottes sich erheben und Frieden und Wohlstand bringen. Gott tut seine Werke durch sie und in ihnen. Schließlich wird die Herrschaft Gottes siegen.

[4]bis Gottes Volk sich erhebt; dann werden alle Ruhe vom Krieg haben. [5]Ihr Königreich wird ein ewiges Königreich sein, und ihre Wege werden rechtschaffen sein. Sie werden [6]im Land gerecht urteilen, und alle Nationen werden Frieden schließen. Krieg wird ablassen vom Land, [7]und alle Nationen werden sich vor ihnen verbeugen. Der große Gott wird ihr Helfer sein, [8]Er selbst wird für sie kämpfen und Völker in ihre Macht einsetzen und sie alle vor ihnen [9]umstürzen. Gottes Herrschaft wird eine ewige Herrschaft sein, und alle Tiefen [10][der Erde sind Sein].

E. M. C.

47. Taten eines Königs

4Q248

Im Jahr 332 v. Chr. unterwarf Alexander der Große im größten Eroberungszug, den die antike Welt je gesehen hatte, auch Palästina. Doch schon bald starb der junge Makedonier († 323 v. Chr.). Seine Generäle teilten das Imperium untereinander auf. Selbstverständlich verlief diese Aufteilung nicht friedlich, da jeder der Generäle (auch „Diadochen" genannt) versuchte, sich die Position der größten Machtfülle zu verschaffen. Dieser Krieg und die Machtstreitigkeiten sind wohl der Hintergrund der vorliegenden Schriftrolle.

Alexanders General Ptolemäus errang 323 v. Chr. die Kontrolle über Ägypten. Seleukus I., ein anderer General, übernahm 305 v. Chr. die Macht in Syrien und Babylon. In den folgenden Dekaden wurde Palästina wie zwischen zwei Mühlsteinen zerrieben. Beide Generäle kämpften um die Kontrolle über diese Region, die sie beide für die Verteidigung der Grenzen ihres eigenen Reiches als unabdingbar betrachteten. Schließlich übernahm Ptolemäus – der sich inzwischen zum König hochstilisiert hatte und einen entsprechend großartig klingenden Namen erhalten hatte, Ptolemäus I. Sotér (griech. für „Retter"; 305–283 v. Chr.) – die Macht in Palästina. Die Juden blieben während des ganzen 3. vorchristlichen Jahrhunderts unter der Herrschaft Ägyptens. Erst im Jahr 198 v. Chr. (Schlacht bei Paneas) gerieten sie unter die syrische Herrschaft der Seleukiden.

In biblischer Bildersprache und in prophetischer Form abgefaßt scheint diese Schriftrolle von vier Gelegenheiten zwei zu beschreiben, bei denen Ptolemäus I. Palästina eroberte. Um welche zwei Gelegenheiten es sich dabei handelt, ist ungewiß, einerseits wegen der Lücken im Manuskript, andererseits wegen der lückenhaften Kenntnisse über die ptolemäischen Feldzüge, die unterschiedliche Interpretationen zulassen.

Der Text beginnt mit einem allgemeinen Bericht der Eroberung. Er geht offensichtlich von der Vorstellung aus, daß Gott selbst mit den feindlichen Kräften mitkämpft (Zeile 5). Zeilen 2–4 greifen die Bildersprache von Dtn 28 auf.

Fragment 1 [2][...] Ägypten und Zion und [...] [3][... Denn es ist eine] Nation [mit grimmigem Ges]icht. Dann werden sie verzehren [die Früchte ihres Viehs ...] [4][Alle] ihre [S]öhne und Töcht[e]r [werden] belagert in [ihren Siedlungen ...] [5]Und der HERR (*Der Schreiber schrieb nicht die vier Buchstaben des heiligen Namens aus, sondern ersetzte diese durch vier Striche.*) wird [Seinen] Geist veranlassen, durch ihre Siedlungen zu ziehen und [ihr ganzes Land ...]

Hier geht es vor allem um die Rückkehr der feindlichen Kräfte, um die „Tempelstadt" Jerusalem zu erobern. Zeile 9 ist eine freie Wiedergabe eines Eroberungsberichtes in Jer 48,32.

[6][Dann] wird er nach Ägypten kommen und ihnen Staub und [Steine] verkaufen [... Er wird kommen] [7]zur Tempelstadt und sie erobern, zusammen mit a[ll ihrer Beute ...] [8]Er wird die Nationen niederwerfen und nach Ägypten zurückkehr[en ...] [9][Der Zerstörer wird] über die Weinernte [herfallen] und die [Früchte des] Som[mers ... Und nach] [10]all diesen Dingen werden die Kinder [Israels] zurückkehren [zum HERRN ...]

– M. O. W.

48. Kommentar zum Gesetz des Mose

4Q251

Es handelt sich bei diesem Werk um eine Sammlung gesetzlicher Vorschriften, darunter u. a. Gesetze zur richtigen und strengen Einhaltung des Sabbats, Gesetze über Abgabe des Zehnten von allen landwirtschaftlichen Produkten. Anteile dieser Produkte sollen die Priester für die richtige Durchführung der Opfer und Eheschließungen von den Laien erhalten. Diese Gesetze sind überaus aufschlußreich für jeden, der sich für die Geschichte des zweiten Tempels und Palästinas zur Zeit Jesu interessiert. Sie ermöglichen nämlich den Blick auf bestimmte Teile der Gesellschaft und die Lebensweise der damaligen Menschen.

Während Teile des *Kommentars zum Gesetz des Mose* sich darauf beschränken, wichtige biblische Texte nur zu zitieren, enthalten andere Gesetze kasuistische Anweisungen, die von den Verfassern der Bibel nicht vorgelegt wurden. So wird berichtet, daß die Tochter eines Priesters nicht länger an seinem Tisch essen durfte, wenn sie Prostituierte geworden war. Es ist auch zu erfahren, daß den Priestern die Ernte des vierten Jahres eines neugepflanzten Obstbaums zustand. Diese Forderung widerspricht aber dem rabbinischen Gesetz, das vorschreibt, der Pflanzer habe die Früchte nach Jerusalem zu bringen, um sie dort im Angesicht Gottes zu essen. Der Kommentar stimmt hier mit der Regelung überein, die zum selben Thema im *Sektierer-Manifest* (Text 94) getroffen wurde. Darüber hinaus teilen die *Tempelrolle* (Text 149, Kolumne 60), die *Damaskus-Schrift* (Text 1) und das Buch der *Jubiläen* (7,36) die Position des Kommentars.

Aufgrund dieses Gesetzes lassen sich zwei Hauptprinzipien, denen das Gesetzesmaterial in den Schriftrollen folgt, erkennen: 1. Die mosaischen Gesetze sind in Fällen, in denen es um dieselben Themen geht, tendenziell strenger als die Auslegungen der Rabbiner. Da das rabbinische Gesetz in manchen Fällen auf die Pharisäer zurückgeht, bieten die mosaischen Gesetze eine strengere Lehre als die der zeitgenössischen Pharisäer. 2. Das Gesetzesmaterial der Schriftrollen scheint eine einzelne Richtung zu vertreten. Wo immer verschiedene Schriftrollen ähnliche Themen berühren, teilen sie die gleiche, grundlegende Auffassung, die besonders die Interessen der Priesterschaft berücksichtigt. Wenn die verschiedenen Schreiber der Schriftrollen jedoch untereinander uneins sind, liegt eher ein Zufall als eine Methode vor. Die Qumran-Schriften repräsentieren eine Lehre, die bei der Auslegung der Gesetze eine andere Richtung vertrat als die Pharisäer. Die Anti-Haltung zu den Pharisäern überrascht nicht, sie wird in den nicht-rechtlichen, historischen Schriften unter den Qumran-Rollen bestätigt. Wie in der Einleitung bereits erörtert, waren die Pharisäer für die Essener-Bewegung, die hinter den Schriftrollen stand, der religiöse und politische Feind Nummer eins.

Sabbatgesetze (vgl. die Damaskus-Schrift, *Geniza-Text, Kolumne 10/Text 1).*

Fragment 1 [1][... f]ünf [...] [2][...] alle [...] [3][...] Rindvieh, und um Wasser von einem Brunnen zu schöpfen, [4]ein Schöpfen [... Es soll sich kein] Mann von seinem Platz entfernen während des ganzen Sabbats, [5]noch von seinem Haus nach au[ß]en [...] um zu erläutern oder laut zu lesen von dem Buch a[m Sabba]t [6][... um zu] entweihen [... um zu machen] sich selbst unrein im Flei[sch] an [dem] Tag des Sabbats [7][...] am sechsten T[a]g, blo[ßes] Fleisch [...]

Gesetze über Schaden durch Tiere (Ex 21,19, 28–29).

Fragment 4 [1][...] wegen der Schandtat [...] [2][...] er muß Ersatz leisten für [seinen] Zeitverlust [und er muß aufkommen für seine] Heilung. [3][Wenn ein Rind einen Mann oder] eine Frau [stößt,] dann wird das Rind getötet, man muß es steinigen. [4][... Wenn das Rind] schon früher gestoßen hat [5][... und es tötet einen Ma]nn oder eine Frau, [6][dann soll man das Rind steinigen, und auch sein Eigentümer soll getötet werden ... ein Ma]nn [...]

Gesetze über die Erstlingsfrüchte der Felder (Ex 22,29).

Fragment 5 [1][... Getreide, und neuer We]in und frisches Öl, außer [... Du sollst bringen] [2]das beste der Erstlingsfrüchte und all der Naturerzeugnisse. Kein Mann soll sich verspäten, denn [...] [3]ist [...]. Das Beste der Naturerzeugnisse ist das Getreide. Der Saft [ist ... Und das Brot] [4]der Erstlingsfrüchte ist das Sauerteigbrot, welches sie bringen sollen [am T]ag der [Erstlingsfrüchte]. [5]Diese sind die Erstlingsfrüchte. Kein M[a]nn soll den neuen Weizen essen [...] [6]bis zu dem Tag, an dem das Brot der Erstlingsfrüchte gebracht wird zu [...]

Gesetze über die Auslösung der Erstgeborenen von Mensch und Tier (Num 18, 15. 17) und des Erstertrags der Obstbäume (Lev 19,23–25).

Fragment 6 [1][...] [2][... geringe An]zahl. Kein [Mann] soll verring[ern sein Wert ...] [3][...]der Zehnte für [...] [4][... die Erstgeborenen des M]enschen und des unreinen Tieres [...] [5][... du mußt auslösen] die Erstgeborenen des Menschen und des unreinen Tieres [6][... auch die Erstgeborenen vom Rin]d [und] Schaf. Und was dem Tempel angeht, von

[...] [7][... e]s ist wie der Erstgeborene und der Ertrag eines Baumes [8][... jeder Obstbaum, der Feigenbaum, der Granat]apfelbaum und der Olivenbaum, im vierten Jahr [9][sollen alle seine Früchte geheiligt sein ...] die Abgabe, alles, was geheiligt ist, [ist bestimmt] für die Priester.

Gesetze über die Schlachtung und Opferung von Vieh (Ex 22,29–30; Lev 7,24; 22,8; Dtn 14,21).

Fragment 7 [1][... der] siebte [Tag. Kei]n Mann [soll essen] ein Rind, ein Schaf oder eine Ziege, die nicht [sieben] [2][Tage bei] ihrer Mutter geblieben sind, [da]s bedeutet, im Lei[b] der Mutter. Und kein Mann soll ihr Fleisch essen, denn [...] [3][...] ist [...] Kein Mann soll das Fleisch eines Tieres essen, [das verendet ist] [4][... A]as oder Zerrissenes, Verendetes, denn [5][... nimm das Fleisch,] um es einem Ausländer zu [verkau]fen, und benutze sein Fett, um zu ma[chen...] [6][...] und um es (das Fett?) davon als Brandopfer [dar]zubringen, soll er [sicherlich] a[usgemerzt] werden [von seinen Stammesgenossen ...] [7][...]

Gesetze über unreine Tiere (Lev 27,11) und geweihte Felder (Lev 27,28).

Fragment 9 [1][... Handelt es sich um] ein unreines Tier, von dem [2][man keine Opfergabe für den HERRN darbringen darf, darfst du] es [nicht] auslösen. Und das geweihte Feld soll sein das Eigentum [3][der Stadt. (?)... Auslösun]g für sein Leben, um zu zahlen [...]

Gesetze über den Besitz, der für Priester bestimmt ist (Lev 27,21).

Fragment 10 [1][...] es wird [etwas Heilig]es sein [...] [2][... und] er soll es beiseite stellen, um es dem Priester zukommen zu lassen [...] [3][... Und du sollst sein] wie ein Priester für ihn. Und der Mann, de[r ...] [4][Es soll kein] Mann essen [von den heiligen Abgaben, der ...]

Gesetze über diejenigen, die den Priesteranteil essen dürfen (Lev 21,7–9,14).

Fragment 11 [1][... die Frau eines Priesters soll esse]n das Brot ihres Mannes [2][... Kinder seines Hauses] sollen sein Brot essen. Nur eine Dirne [3][oder eine Hure darf das heilige Brot nicht essen ...] der ganze Verrat, den ein Mann ausüben könnte [4][am HERRN ...] um zu essen, denn es ist ein Greuel [5][für den HERRN ... derjenige, der keinen] Herrn oder Blutsverwandtschaft [hat] ...

Gesetze über die ordnungsgemäße Ehe (Lev 18,6–19; 20,11, 17, 19; Dtn 23,1). Bemerkenswert ist die scharfe Attacke gegen Nichten-Ehen in der Zeile 3. Solche Ehen wurden von den Pharisäern begrüßt, vgl. diese Zeilen mit Kolumne 66 der Tempelrolle *(Text 149).*

Fragment 12 [1]Hinsichtlich Nacktheit: [...] [2]Kein Mann soll die F[rau seines Vaters nehmen, er darf den Rock seines Vaters nicht aufdecken. Kein Mann soll] [3]die Tochter seines Bruders oder die Tochter [seiner] Schwe[ster nehmen ... Kein] Mann [soll entblößen] [4]die Scham der Schwester [seiner] Mu[tter ... keine Frau soll die Frau des Bruders] [5]ihres Vaters oder des Bruders ihrer Mutter [werden ...] [6]Kein Mann soll die Scham [seiner Mutter] entblößen [...] [7]Kein Mann soll seine Tochter nehmen [...]

Gesetze zur Sühne für den unbekannten Mörder (Dtn 21,1–9). Die Ältesten der am nächsten gelegenen Stadt sollen eine junge Kuh opfern, um die Blutschuld zu tilgen; andernfalls bleibt sie an der Stadt haften.

Fragment 13 [1][... ein Ma]nn mit seinem Nachbarn [...] [2][... unter] dem Baum als unrein [3][... wenn einer] eine Leiche liegend auf [freiem Feld auffindet ...] [4][... und sie sollen der Kuh das Genick brechen dort in dem Wad]i als Gegenleistung für das Leben [des Ermordeten ...] [5][...] es ist ein Ersatz, der getötet wird für [den Ermordeten ...] [6][...] jeder, der keine Seele in sich trägt ist tot, [er muß begraben werden] in einen G[rab ...]

– M. G. A.

49. Genesis-Kommentare

4Q252–254a

Die *Genesis-Kommentare* haben sowohl mit den sektiererischen Kommentaren von Habakuk, Hosea und den Psalmen (Texte 4, 24 und 26) wie mit dem *Kommentar zum Gesetz des Mose* (Text 80) und ähnlichen Schriften gemeinsame Merkmale. Trotzdem besitzen sie einen spezifischen unverwechselbaren Charakter.

Die *Genesis-Kommentare* gebrauchten wie die anderen Kommentare bestimmte Methoden der Bibelinterpretation, wozu vor allem der Einsatz der *pesher*-Methode (vgl. dazu die Einleitung zum *Habakuk-Kommentar*) gehört. Hier ist jedoch nicht beabsichtigt, allgemein bekannte Erfüllungen biblischer Prophezeiungen zu belegen. Es geht vielmehr darum, ausgewählte Passagen so „hinzudrehen", daß sie die Vorstellungen des Verfassers unterstützen. Der Autor erkennt, daß nur einige der ausgewählten Abschnitte prophetisch sind. Wie der *Kommentar zum Gesetz des Mose* (Text 48) bietet das vorliegende Werk einen Auszug, aber auch eine Erweiterung der Heiligen Schrift, jedoch nicht Vers für Vers. Diese Schriften „springen" vielmehr von Abschnitt zu Abschnitt und zwar ohne erkennbaren übergeordneten Zweck und ohne thematisches Bindeglied.

Es ist unklar, ob die *Genesis-Kommentare* ein zusammenhängendes Werk oder mehrere Einzelschriften sind. Unter den vier Manuskripten ist 4Q252 am besten erhalten; seine sechs Kolumnen decken Genesis 5,32–49,21 ab. Die winzigen Fragmente von 4Q253 werden hier als Reste eines *Genesis-Kommentars* aufgefaßt, auch wenn die Grundlage äußerst dürftig ist. (Das Wort „Arche" in Fragment 1 beruht nur auf Vermutungen.) 4Q254a ist wohl eine bewußte Abwandlung der Kolumne 1–2 des Fragments 1 von 4Q252.

Kolumne 1 und die ersten Zeilen der Kolumne 2 geben die Sintflut-Erzählung (Gen 6,3–8,18) wieder und zwar in deutlicher Argumentation für den 364-Tage-Kalender der Sekte. Nachdem die Hauptereignisse der einjährigen Flut nach Monaten und Wochentagen aufgeführt sind, kommt der Schreiber zu dem klaren Schluß, Noach habe die Arche „am Ende von ... dreihundertvierundsechzig Tagen" verlassen.

4Q252 Fragment 1 Kolumne 1 [1][Im] vierhundertachtzigsten Jahr des Lebens Noachs kam er zu seinem Ende, und Gott [2]sagte: „Mein Geist soll nicht für immer im Menschen bleiben, daher soll seine Lebenszeit betragen hundertzwanzig [3]Jahre bis die Wasser der Flut kommen." Und die Wasser der Flut kamen über die Erde im sechshundertsten Jahr des [4]Lebens Noachs; im zweiten Monat, am Sonntag, der siebzehnte. An jenem Tag [5]brachen alle Quellen der großen Urflut auf, und die Fenster des Himmels öffneten sich. Und der Regen ergoß sich [6]vierzig Tage und vierzig Nächte lang auf die Erde bis zum sechsundzwanzigsten Tag des dritten Monats, [7]dem Donnerstag. Die Wasser herrschten auf der Erde für einhundertfünfzig Tage [8]bis zum vierzehnten Tag des siebten Monats, dem Dienstag. Und am Ende von einhundertundfünfzig [9]Tagen nahmen die Wasser für zwei Tage – Mittwoch und Donnerstag – ab, und am [10]Freitag setzte sich die Arche auf dem Berg Ararat auf. D[ies war] der siebzehnte Tag des siebten Monats. [11]Und die Wasser nahmen immer mehr ab bis zum zehnten Monat. Am ersten des Monats, am Mittwoch, [12]wurden die Berggipfel sichtbar. Am Ende von vierzig Tagen, nach dem Erscheinen der Gipfel der [13]Berg[e], [öff]nete Noach das Fenster der Arche. Es war am Montag, dem zehnten [14]des elf[ten] Monats. Er schickte die Taube hinaus, um zu sehen, ob die Wasser auf der Erde abgenommen hätten, aber [15]sie fand keinen Schlafplatz und kehrte zu ihm in die Arche zurück. Er wartete noch w[eitere] sieben Tage [16]und schickte sie wieder hinaus, und sie kam zu ihm, und in ihrem Schnabel war ein frischgepflücktes Olivenblatt. [Dies war am] vier[undzwanzigsten Tag] [17]des elften Monats, am Sonntag. [Da wußte Noach, daß die Wasser abgenommen hatten] [18]von der Erde. Am Ende von sieben weite[ren] Tagen [schickte er] die [Taube hinaus, und sie kehrte nicht mehr] [19]zu ihm zurück. Dies war der e[rste Tag [des zwölften] Monats, [am Sonntag]. [20]Und am Ende von [einund]dreißi[g Tagen nach dem Ausschicken der Taub]e, die nicht [21]wieder zurückgekehrt war, waren die Wass[er] vertrocknet [von der Erde, und] Noach entfernte das Verdeck der Arche [22]und blickte hinaus und sah, daß sie vertrocknet waren. [Es war Mittwoch,] der erste Tag des ersten Monats.

Kolumne 2 [1]Im sechshundertundersten Lebensjahr Noachs, am siebzehnten Tag des zweiten Monats, [2]war die Erde trocken, am Sonntag. An jenem Tag kam Noach aus der Arche heraus, am Ende eines ganzen Jahres, [3]dreihundertvierundsechzig Tage, an einem Sonntag. Am siebten, [4]eins und sechs (ein Schreibfehler macht den Text hier unklar), kam Noach aus der Arche heraus, genau an dem Tag [5]nach einem ganzen Jahr.

Fluch über Kanaan, den Enkelsohn Noachs (Gen 9,24–27).

Und Noach erwachte aus seinem Weinrausch und erkannte, was [6]ihm sein jüngster Sohn angetan hatte. Er sagte: „Verflucht sei Kanaan. Der niedrigste Knecht sei er seinen Brüdern." Und er hat nicht [7]Ham verflucht, sondern dessen Sohn, denn Gott hatte die Söhne Noachs bereits gesegnet. „Und im Sems Zelten soll er wohnen."

Zeitrechnung von Gen 11,31–12,4. Das Alter Terachs stimmt überein mit dem masoretischen Text (205 Jahre), nicht aber mit dem samaritanischen Pentateuch (145 Jahre).

[8]Er gab das Land zu Abraham, Seinem Geliebten. Terach war einhundertvierzig Jahre alt, als er aus [9]Ur in Chaldäa auswanderte und nach Haran ging, und Ab[raham

war s]iebzig. Und er wohnte fünf Jahre ¹⁰in Haran. Dann [starb Terach], sech[zig Jahre nachdem Abraham in] das Land Kanaan zog. ¹¹Die junge Kuh, der Widder und die Zi[ege ...] Abraham zu Gott [...] ¹²das Feuer als er hinüberzog [...] er nahm für sich [...] ¹³für Ab[raham] auszuziehen [in das Land] Kanaans, um [...]

Sodom (Gen 18,16–33).

Kolumne 3 ¹genau wie es geschrieben steht [...] zwölf ²Männer [...Gomor]ra, und auch ³diese Stadt [...] Gerechte ⁴[werde] ich nicht [vernichten ...] nur diese sollen getötet werden. ⁵Und wenn [zehn (?)] sich dort nicht befinden [... und alles], welches sich darin befindet, ihre Beute, ⁶ihre Kinder, und der Rest von [...] für immer.

Fesselung Isaaks (Gen 22,10–12).

Und Abraham streckte ⁷seine Hand aus [und nahm das Messer, um seinen Sohn zu schlachten. Da rief ihm der Engel des HERRN vom Himm]el [her zu] ⁸und sagte zu ihm: [„Jetzt weiß ich, daß du Gott fürchtest, denn du hast deinen Sohn,] ⁹deinen einzigen Sohn [mir nicht vorenthalten.“...]

Dieser Abschnitt dürfte eine Parallele zum biblischen Segens Josefs (Gen 49,25–26) sein.

¹²El Schaddaj wird seg[nen dich mit den Segen des Himmels von droben ...] ¹³Deines Vaters Segen [übertrifft den Segen der uralten Berge ...] ¹⁴[...] soll sein [...]

Darstellung der Nachkommen Esaus, die mit dem Fluch über Amalek abschließt (Gen 36,12; Ex 17,14; Dtn 25,19).

Kolumne 4 ¹Timna war eine Nebenfrau des Elifas, des Sohnes Esaus. Sie gebar ihm Amalek. Er, den Saul be[siegt hat].
²Wie er zu Mose sagte: „In den letzten Tagen wird die Erinnerung an Amalek ausgelöscht sein ³unter dem Himmel.“

Prophezeiung Jakobs über Ruben (Gen 49,2–4).

Die Segnungen Jakobs: Ruben, du bist mein Erstgeborener und die Erstlingsfrucht meiner Zeugungskraft, ⁴herausragend an Würde, herausragend an Kraft. Du bist so unbeständig wie Wasser. Daher wirst du nicht mehr herausragen. Du bestiegst ⁵das Bett deines Vaters. Dann hast du es geschändet – er bestieg sein Lager!
Seine Deutung ist, daß er ihn zurechtwies, weil er ⁶mit Bilha, seiner Nebenfrau, geschlafen hat. Da [s]agte er: „Ruben, du bist mein Erstgeborener,“ [...] Ruben war ⁷der Erste seiner Reihe ... [...]

Die Prophezeiung über Juda wird interpretiert als Erfüllung des Kommen des Messias aus dem Hause Davids (Gen 49,10).

Kolumne 5 ¹Ein Herrscher weicht [nic]ht vom Stamm Judas ab, wenn Israel die Herrschaft besitzt. ²[Und] der, der am Thron Davids sitzt, [wird nie] abgeschnitten werden, denn der „Herrscherstab“ ist der Bund des Königtums, ³[und die Taus]endschaften von Israel sind „die Füße“, bis der Gerechte Messias, der Sproß Davids, gekommen ist. ⁴Denn ihm und seinen Nachkommen ist der Bund des Königtums

Seines Volkes auf ewige Generationen gegeben worden, denn [5]er hat bewahrt [...] das Gesetz mit den Männern der *Jahad.* Denn [6][... „der Gehorsam der Völke]r" ist die Versammlung der [7][...] er gab

Prophezeiungen über Ascher und Naftali (Gen 49,20–21).

   Kolumne 6 [Aschers Brot ist fett.] [1]Er wird [Königs]kost liefern. [... Naftali, die flüchtige Hirschkuh, setzt] [2]hübsche [Kitze ...] [3]die [...]

Fluch über Kanaan, den Enkelsohn Noachs (Gen 9,24–25).

   4Q254 Fragment 1 [1]der sagte [...] [2]über die Türschwellen und der [... Als Noach aus seinem Weinrausch erwachte] [3]und erkannte, wa[s ihm sein jüngster Sohn ange-tan hatte, sagte er: „Verflucht sei Kanaan.] [4]Der niedrigste Knecht [sei er seinen Brüdern."]

Josef mit seinem Vater Jakob (Gen 48,11–14).

   Fragment 2 [3]und für sein Brot und für [sein ... Israel sagte zu Josef: „Ich hatte] nicht [mehr geglaubt,] [4]dein Gesicht [jemals wiederzusehen. Nun aber hat mich Gott sogar noch deine Nachkommen sehen lassen." (?)...] [5][...] [6]der nahm [...] [7][und] er trennte [...] [8][...]

Dieser Abschnitt bietet einen Kommentar zu den beiden Gesalbten (= Messiassen) aus Sach 4,14. Vielleicht gehört er zum Segen Judas (Gen 49,8–12).

   Fragment 4 [1][...] zu ihnen [...] [2][... „Das sind] die beiden gesalbten Söhne, die [vor dem HERRN der ganzen Erde stehen."...] [3][...] diejenige, die die Gebote Gottes bewahren [...] [4][...] für die Männer der *Jahad* [...]

Israels Prophezeiung über Issachar und Dan (Gen 49,15–17).

   Fragment 5 [1]Da neigte er [die Schulter als Träger und wurde zum fronenden] Knecht.
   [...] [2]was [...] die Großen [...] [3]Knecht [... Dan schafft Recht] seinem [Vo]lk als ein[er] der S[tämmen Israels.] [4]Und Dan wird zur Schlan[ge am Weg, zur zischelnden Nat]ter am Pf[ad ... Sie beißt] [5]das Pferd in die Fessel[n ...] [6][...]

Israels Prophezeiung über Josef (Gen 49,24–25).

   Fragment 6 [1][... Sein] Bogen [sa]ß sicher, [und seine Arme waren gelenkig. Das kam vom Starken Jakobs,] [2][von dort kommt der Hir]t, Israels Fels, [vom Gott deines Vaters, er wird dir helfen. Gott, der Allmächtige, er wird dich segnen] [3][mit Segnen des Himmels] von dr[o]ben [...]

Wie in 4Q252, Kolumnen 1–2, wird die Dauer der Flut mit genau einem Jahr (= 364 Tage) angegeben (Zeile 1). Dieses Fragment von 4Q252a beginnt mit der Aussendung der Vögel (Gen 8,7–8); außerdem werden die Dimensionen der Arche festgehalten.

   4Q254a [1][...Im sechshundertsten Jahr des Lebens Noachs, am] siebzehnten Tag des [zweiten] Monats [2][...] Noach kam genau ein Jahr später aus der Arche heraus. [3][...]

[4]{.sup}[Und er schickte einen Ra]ben [hinaus.] Er flog aus und ein und kehrte zurück, um den l[etzten] Generationen kundzugeben [5]{.sup}[...] vor ihm, denn der Ra[be] flog aus und ein und ke[hrte zurück.] [6]{.sup}[Dann schickte er] die Taube [hinaus ...] [7]{.sup}Und dies ist die Beschreibung der Konstruktion der [Arche: dreihundert Ellen soll die Län]ge der Arche [sein] und fünf[zig Ellen] [8]{.sup}breit, und dreißig [Ellen hoch ...] [9]{.sup}und das Ausmaß der Arche [...]

– M. G. A.

50. Sektiererische Gesetze

4Q265

Die *Sektiererischen Gesetze* bieten eine bunte Mischung, zusammengestellt aus juristischen Texten, die unter den Schriftrollen gefunden wurden. Das Werk kann als eine *Ekloge* bezeichnet werden; dieser Fachbegriff steht für eine Schrift, die Auszüge aus anderen Werken enthält. Solche Zusammenstellungen wurden häufig von Studenten in alter Zeit zum Zweck ihrer Privatstudien gemacht. Aber auch „Autoren" legten sich Auszüge an, um das Werk begabterer Schriftsteller als eigenes auszugeben, während es doch ein Plagiat ist. Auf diese Weise entstanden in der alten Welt zahlreiche Anthologien. Das Werk eines Autors kann erweitert wie auch verstümmelt erscheinen, kombiniert mit Auszügen anderer Verfasser, während – Ironie des Schicksals – niemand das Original las. Dies geschah z. B. offensichtlich mit dem griechischen Schriftsteller Menander (ca. 341–293 v. Chr.). Viele seiner Werke kennen wir nur dank der Anthologien, die andere erstellt haben.

Die *Sektiererischen Gesetze* stehen in besonders engem Zusammenhang mit der *Damaskus-Schrift* (Text 1) und dem *Grundgesetz einer Sekten-Gemeinschaft* (Text 5). Der Verfasser hat jedoch manchmal die Strafbestimmungen der Gesetze verändert, was auf einen Entwicklungsprozeß jener schließen läßt, die in diesen Schriften nachblätterten.

Strafen für verschiedene Vergehen, vgl. Damaskus-Schrift 14,21–22 (Text 1) und 1QS 6–7 (Text 5). Die Zeilen 4–9 der Kolumne 2 bieten die Regeln für den Eintritt in die Gruppe, weichen inhaltlich aber von den in Text 5 aufgeführten ab.

Fragment 1 Kolumne 1 [2]{.sup}[Jeder, der ...] [3]{.sup}[... und er soll bestraft werden z]ehn T[a]ge. [Jeder, der ...] [4]{.sup}[... soll entfernt werden] dreißig Tage [lang ... und bestraft werden] dafür [5]{.sup}mit halbierten Portionen für fünf[zehn Tage].

[Jeder, der ...] [6]{.sup}er soll gestraft werden für drei Monate m[it halbierten Portionen].

[Jeder, der spricht vor] [7]{.sup}seinem Gefährten, der ihm übergeordnet ist, sie sollen [ihn] entfernen [für ... und er soll gestraft werden] [8]{.sup}dafür mit halbierten Portionen.

Jeder, der schm[äht ... und er soll gestraft werden] [9]{.sup}dreißig Tage lang. Jeder, der [wiss]entlich betrügt, [soll gestraft werden für sechs] [10]{.sup}Monate und mit halbierten Portionen bestraft werden.

[Jeder, der ...] [11]{.sup}wissentlich in irgendeiner Sache, soll bestraft werden für dreißig Tage [...]

[Jeder, der ...] ¹²bew[ußt, sie sollen] ihn entfernen für sechs Monate.

Kolumne 2 ¹[Jeder, der schläf]t in der Versammlung der Gesamtheit aller Mit-glie[der], soll bestraft werden dreißig ²[Tage ... Wenn er während der Lesung aus] dem Buch bis zu dreimal einschlafen [sollte], und wenn ³... [Jede]r, der eintritt in [...] zur Gesellschaft der [*Jah*]*ad* [...] ⁴[und es erregt die Aufmerksamkeit des Aufsehers über die Versammlung] aller Mitglieder, wenn er in seinem [Ver]ständnis scheitert, soll er es untersuchen für [ein] Jahr. ⁵[... und der Aufseher soll ihn] vor die Gesamtheit aller Mit-glieder [bringen,] und sie sollen befragt werden [über] ihn, und wenn er nicht befun-den wird ⁶[zuverlässig ... dann] der Aufseher soll ihn bringen] vor die *Jahad* hinsicht-lich [der Auslegung] des Gesetzes, und er darf nicht [die reine Speise berühren ...] ⁷[...] ein Jahr lang. [Und wenn] das Jahr [seiner Prüfung vorüb]er [ist ...] ⁸[... der Ma]nn, der die Aufsicht hat über die Gesamtheit aller Mitglieder [...] ⁹[... w]en[n] er eintritt [...]

Bibelzitate.

Fragment 2 ¹[...] ²[... w]ie es geschrieben steht [im Buch ...] ³[... wie] es geschrieben steht im B[uch] Jesaja, des Propheten: ⁴[„ „Singe, o Unfruchtbare, die nie gebar; brich aus in Gesang und] rufe, du, die du nie in Wehen lagst! Denn die Kinder der Einsamen werden mehr sein ⁵[als die Kinder derjenigen, die verheiratet ist', sagt der HERR.]" „Vergrößere den Platz [deines] Zelt[es und laß die Zelttücher ...]" (Jes 54,2).

Vorschriften für das Paschafest.

Fragment 4 ¹[... „Haben wir nicht alle denselben Vater? Hat nicht der eine Gott] ²uns erschaffen? Wa[r]um dann sind wir unaufrichtig zu[ein]ander [und entweihen den Bund unserer Väter?" (Mal 2,10) Laßt nicht] ³einen kleinen Jungen oder eine Frau [am] Pascha-[Fe]st essen [...]

Gesetze über den Sabbat. Die extreme Härte ist bemerkenswert. Ein Tier, das an einem Sabbat ins Wasser gefallen ist, darf nicht herausgeholt werden. Ein Mann darf nur mit einem Kleidungsstück herausgezogen werden. Kein anderes Hilfsmittel darf verwendet werden, da der Gebrauch eines Hilfsmittels „Arbeit" wäre, die am Sabbat verboten war. Vermutlich mußte der Mann, wenn kein Kleidungsstück zur Verfügung stand, dem Tod durch Ertrinken ausgeliefert werden. Ganz anders lautet der Ausspruch Jesu, der in den Evangelien überliefert ist: „Der Sabbat ist für den Menschen da, nicht der Mensch für den Sabbat" (Mk 2,27).

Fragment 7 Kolumne 1 ¹[...] ²der Sa[bbat ...] ³am Tag des Sabbats laßt kein[en] schmutzige [Kleidun]g [tragen]. ⁴Laßt keinen Kleidung [tr]agen, d[ie] staubig ist oder [...] an ihnen ⁵am Tag des Sabbats.

Laßt keinen ein Gefäß oder Speis[e vor] sein Zelt hinaus neh[men] ⁶am Tag des Sabbats. Laßt keinen ein Tier herausheben, das gefallen ist ⁷ins Wasser am Tag des Sabbats. Doch wenn es ein Mann ist, der hineingefallen ist ins Wasser ⁸[am Tag] des Sabbats, so soll man seine Kleidung zu ihm ausbreiten, um ihn damit herauszuziehen, doch er darf kein Hilfsmittel tragen, ⁹[um ihn damit herauszuziehen am Tag] des Sabbats. Und wenn eine Streitmacht [...]

Kolumne 2 ¹[...] am Tag des [Sabbats]. [...] ²[... am Tag] des Sabbats. Und nicht [...] ³[Laßt ke]inen aus dem Geschlecht Aarons aussprengen das Wa[sser zur Reinigung am

Tag des Sabbats. ...] [4][... ein] großer Fastentag am Tag des [Sabbats (?) ...] [5][die] Tiere sollen gehen zweitausend Ell[en ... eine Entfernung von der Stadt] [6][des He]iligtums, dreißig Ris (das sind etwa 6,4 Kilometer). Laßt [keinen] sich ent[fernen von ...] [7]wenn es fünfz[ehn Männer] in der Gesellschaft der *Jahad* gibt [...][8][... die Pr]opheten, dann soll die Gesellschaft der *Jah*[ad wahrhaftig] errichtet sein [... und die Erwählten von] [9]Gottes Willen, und ein angenehmer Duft zur Sühne für das [L]and, Reinigung von a[ller Schuld ...] [10]und soll enden im Gericht der Zeiten der Rechtlosigkeit, und si[e ...]

Der Verfasser weist darauf hin, daß Adam nicht unmittelbar nach seiner Erschaffung in den Garten Eden gebracht wurde. Er mußte vielmehr warten, bis er durch eine Zeremonie von Unreinheit gereinigt war. Ein Rückschluß auf die Reinigung der Frauen nach der Entbindung (Lev 12,2–5) könnte daraus gezogen werden.

[11]In der erst[en] Woche [...] [12]denn er war nicht in den Garten Eden gebracht worden, und eben [dieser Mann ...] [13]Es war ihr Zeugnis, daß sie nicht zusammen mit ihm gebracht wurde [...] [14][...] der Garten Eden ist heilig, und alles, was in ihm wächst, ist heilig. Desh[alb, wenn sie schwanger wird und ein männliches Kind gebiert,] [15]wird sie sieben Tage lang zeremoniell unrein sein; wie zur Zeit ihrer Menstruation wird sie unrein sein. Und [sie soll für dreiunddreißig Tage im Blut bleiben] [16]ihrer R[e]inigung. Und wenn sie ein weibliches Kind gebiert, dann wird sie unrein sein [zwei Wochen lang, wie bei ihrer Menstruation; und für sechsundsechzig Tage] [17][soll sie bleib]en im Blut ihrer Reinigung. Kein heiliges Ding [darf sie berühren, noch ins Heiligtum kommen, bis die Tage ihrer Reinigung abgeschlossen sind.]

– M. G. A.

51. RITUELLE REINHEITSGESETZE ÜBER FLÜSSIGKEITEN

4Q274

Nach Numeri 5,2 gab es für das Volk Israel drei Bereiche ritueller Unreinheit: Aussatz, körperliche Ausflüsse jeglicher Art, Berührung mit dem Tod. Jede dieser Unreinheiten machte eine Person rituell unrein. Diese Auffassung unterschied sich zwar von der Sünde, denn sie benötigte weder Bekenntnis noch Vergebung. Die Unreinheit war aber doch vergleichbar mit der Sünde, weil durch die rituelle Unreinheit eine Barriere zwischen dem Menschen und Gott errichtet wurde. In der Bibel mußten Mann und Frau, die unrein waren, sich für eine festgelegte Dauer aus dem Lager der Israeliten, in dem Gott wohnte, entfernen. Die Dauer variierte je nach Art der Unreinheit.

Für Juden zur Zeit des zweiten Tempels war es oft schwierig, die von Fall zu Fall richtige Zeitdauer zu bestimmen. Die größte Schwierigkeit war jedoch die Bedeutung des „Lagers". Bezogen sich die biblischen Gesetze, die vom Lager sprachen, nur auf den Tempelbezirk oder auf ganz Jerusalem, die Heilige Stadt? Oder regelten sie das Leben im ganzen Heiligen Land? Der Verfasser des vorliegenden Textes entschied sich für die dritte

Alternative. Er versucht daher, Gesetze über die Unreinheit so zu interpretieren, daß die Reinheit der „Heiligen Israels", die in „Lagern" im ganzen Land lebten, gesichert sein müßte.

Die überlieferten Abschnitte beziehen sich hauptsächlich auf Levitikus 15. Sie beschäftigen sich mit Ausflüssen des Körpers – d. h. mit Menstruationsblut der Frau und mit Samenflüssigkeit des Mannes. Lebensbereiche der Privatsphäre waren von öffentlichem Interesse für die Menschen der damaligen Zeit, denn eine unreine Person konnte jedermann „verunreinigen". Ein wichtiges Prinzip der Gesetze über die Ausflüsse war die Annahme, daß Flüssigkeit Absonderung von Unreinheit war. In dieser Weise erläutert Fragment zwei rituelle Probleme, die durch unterschiedliche Flüssigkeiten hervorgerufen werden konnten.

Fragment 1 Kolumne 1 [1]er soll damit beginnen, indem er seinen Rang (?) herabsetzt. Er wird auf einem Bett der Mühsal liegen, und in einer Behausung von Kummer wird er wohnen. Er soll getrennt von allen Unreinen wohnen, in einer Entfernung [2]von zwölf Ellen von den Reinen, wenn sie zu ihm sprechen. Er soll im Nordwesten einer jeglichen Behausung in einer Entfernung in derselben Größenordnung wohnen.

[3]Jeder der Unreinen, [de]r [einen Ausfl]uß h[at], soll in Wasser baden und seine Kleider waschen, erst dann kann er essen. Denn wie es heißt: „Unrein! Unrein!" (Lev 13,45) [4]soll er an jedem Tag seines Ausflusses rufen; [dies ist ein Gebr]echen. Und sie, die Blut absondert, läßt sie sieben Tage lang nicht den Mann berühren, der einen Ausfluß hat oder irgendeines der Gefäße, [d]as er benutzt. Ebenso für alles, worauf er sich gelegt [5]oder gesetzt hat. Und wenn sie davon etwas berührt hat, soll sie ihre Kleider waschen und baden, und dann darf sie essen. Auf [k]einen Fall darf sie sich vereinigen während dieser sieben [6]Tage, damit sie die Lager der Heil[igen] Israels nicht beschmutzen möge. Noch darf sie eine Frau berühren, [die einen Ausfl]uß von Blut viel[e] Tage lang hatte. [7]Und wer (die sieben Tage) zählt, ob männlich oder weiblich, darf nicht berüh[ren ...] während der Schwäche ihrer Periode, bis sie rein ist von ihrer M[enstratio]n. Denn siehe, das Blut [8]der Menstruation wird als ein Ausfluß für denjenigen betrachtet, der es berührt. Und wenn ein Samenfluß abge[sondert] wird, ist es eine Beschwernis. Und er wird unrein sein [... und jema]nd, der irgendeinen [9]dieser unreinen Menschen berührt, darf [nich]t essen während der sieben Tage [seiner] Unrein[heit], ebenso wie derjenige, der sich verunreinigt durch die Berührung eines Leichnams, [und er soll b]aden und sich waschen und dan[n]

Kolumne 2 [1][... wa]s er auf ihn sprengt zum ersten Mal, und er soll baden und sich waschen vor [2][... er soll] ihn [eintau]chen das siebte Mal am Sabbat. Er darf am Sabbat nicht sprengen, weil [3][...] der Ta[g] des Sabbats. Er darf die reine Speise nicht berühren, bis er wechselt [4][seine Kleider ...] das, was mit einem Samenausfluß in Berührung kommt, sei es eine Person oder ein Gefäß, soll er untertauchen, und derjenige, der es trägt, [5][soll untertauchen ...] und er soll sein Gewand, das er trägt, untertauchen und das Gefäß, das er trägt [6][...] Und wenn dort ein Mann ist im Lager, dessen Hand oder Fu[ß] nicht reicht zum [7][...] das Gewand, das es nicht berührt hat. Er darf nur nicht seine Speise berühren. Und derjenige, der [es] berü[hrt,] [8][soll untertauchen ...] er soll [allein] wohnen. Wenn er es nicht berührt hat, [seine Kleider] in Wasser waschen, und wenn [...] [9][...] und er soll waschen. Und was all die heiligen Dinge betrifft, soll er sie in Wasser waschen [...]

Flüssigkeiten leiten Unreinheit.

Fragment 2 Kolumne 1 [1][... wenn] Gott seinen Augapfel offenbart und er ruft a[us ...] [2][...] und jede Satzung [...] [3][...] der ißt [...] [4][...] nicht [...] [5][...] es ist sein [Fle]isch, und es ist unrein [6][...] sein Getränk, [und] er darf die reine Speise [nicht] essen und all [7][... nach]dem sie gepreßt wurden und ihr Saft ausläuft, darf keiner sie essen [8][... wenn] die unreine Person sie berührt [und] auch das Gemüse [...] [9][...] oder gekochte Gurke, und eine Person, die wäs[sert]

Ergänzungen zum Thema Unreinheit, die durch Flüssigkeiten übertragen wird.

Kolumne 2 [1][...] sie sind unrein. [...] [3]Alles, was einen Verschluß hat [...] [4]er soll alles Gemüse der Person überlassen, der gereinigt ist. [...] [5]von der Feuchtigkeit des Taus darf er essen, doch wenn n[icht ...] [6]in die Mitte des Wassers, wenn nicht eine Person [...][7]das Land, wenn über sie kommen [...] [8]der Regen auf sie, und wenn es [...] berührt [...] [9]auf dem Feld in seinem ganzen Ausmaß gemäß den Jahreszeiten [des Jahres ...] [10]jedes Lehmgefäß, da[s hinein]fallen [soll ... und jedes,] [11]die [sind rein] in ihrer Mitte [... und jedes] [12]Getränk, d[as er trinken wird ...]

– M. G. A.

52. Aufnahmeregel

4Q275

Die „offiziellen" Verzeichnisse der Qumran-Schriften ordnen die *Aufnahmeregel* unter die Werke der rituellen Reinheit ein. Sie enthalten aber die in solchen Schriften üblichen Themen (vgl. z. B. Text 51 *Rituelle Reinheitsgesetze über Flüssigkeiten* oder Text 53 *Asche der roten Kuh*). Die ältere, ursprüngliche Einordnung wurde hier übernommen. Es scheint, daß der Schreiber Verfahren der Aufnahme und der Mitgliedschaft abhandelt. Die liturgische Wiederholung „er soll als Antwort sagen" (Fragment 3, Zeile 4) wie die Flüche über die Sündigen und Ungehorsamen (Fragment 1, Zeile 4) legen einen Zusammenhang mit dem *Grundgesetz einer Sekten-Gemeinschaft* (1,16–2,18, Text 5) nahe (vgl. Numeri 19,1–10).

Fragment 1 [1]und die Ältesten mit ihm, bis [...] [2]sie sollen eingehen in die Geschlechterfolge [...] [3]und der Aufseher so[ll verdammen (?) ... ohne] [4]Gnade: [„Er] ist verd[ammt ... und sie sollen ihn entfernen] [5]von seinem Erbe für i[mmer ...] [6]wenn er bestimmt all [...["]

Fragment 2 [1][... Urtei]l, und sie sollen sich selbst maßregeln, bis [...] Woche [...] [2][...] sie [sollen] ihr Erbe [bes]itzen, denn er (es?) [...] [3][... Män]ner der Wahrheit und jene, die unrechten Profit hassen [...] [4][...] seine [Zu]sage, keinen Mann zu töten [...] [5][...] das Urteil [...] [6][...] ein Ort [...] [7][...] ob er war [...]

Fragment 4 [1][... jene, die] auf den Wegen [geh]en von [...] [2][... die Erwählten Israel]s, jene, die beim Namen gerufen wurden [...] [3][...] im dritten Monat. [Und sie sollen verdammen ...] [4][...] und er soll als Antwort sagen [...] [5][...] und Nationen im Lan[d ...]

– M. G. A.

53. Asche der roten Kuh

4Q276–277

Heute werden im Staat Israel Pläne für den Bau eines dritten Tempels geschmiedet. Seit der Zerstörung des Herodes-Tempels, des sogenannten zweiten Tempels, durch die Römer im Jahr 70 n. Chr. gibt es keinen jüdischen Tempel in Jerusalem. Diese Pläne wollen diese seit 2000 Jahren bestehende Tatsache ändern. Priesterliche Gewänder werden gewebt, inspiriert von den Gesetzen, die in der Bibel und rabbinischer Literatur überliefert wurden. Flüssiges Silber und Gold werden in Formen gegossen, um die notwendigen Tempel-Gerätschaften herzustellen – Schöpfkellen, Becken, Sprengschalen etc. Viele Vorbereitungen sind dazu nötig.

Die wohl schwierigste Aufgabe wird die Suche einer roten Kuh sein. Numeri 19,1–10 (vgl. Hebräerbrief 9,13) zufolge war die Asche einer roten Kuh ein Grundbestandteil des „Reinigungswassers", das die Reinheit jener wiederherstellte, die durch die Berührung eines Leichnams unrein geworden waren. Das Reinigungswasser ist unabdingbares Element des Tempellebens. Wer unrein ist, darf den Tempel nicht betreten; nur dieses Wasser kann ihn reinigen. Die Unreinheit verschwindet niemals.

Die vorliegende Schrift beschreibt, wie eine rote Kuh präpariert werden muß, wenn man eine hat – es ist nicht gerade eine gewöhnliche Milchkuh. Die hier beschriebene Prozedur widerspricht aber den Forderungen der rabbinischen Literatur (Mischna Para 3,7). Die Rabbiner forderten, der Priester, der die rote Kuh verbrennen sollte, müsse vor der Prozedur erst unrein gemacht werden. Das Verfahren, das unser Verfasser empfiehlt, ist das der Mischna, der die Sadduzäer anhingen. Zu weiteren Hinweisen über die Verbindung der Sadduzäer zu den Schriftrollen, siehe Einleitung.

4Q276 Fragment 1 [1][... Und der Priester soll Gewänder anlegen,] die er nicht getragen hat, um an der heiligen Stätte zu dienen [2][...] und er soll die Gewänder schuldig (?) erklären und schlach[ten] [3][die] Kuh [v]or ihm, und er soll ihr Blut in einem irdenen Gefäß auffangen, das [4][noch nicht benutzt wurde, um ein Op]fer am Altar [darzubringen]. Dann soll er etwas vom dem Blut mit [seinem] Finger versprengen, sieben [5][Mal in Rich]tung auf die Vorderseite des Versammlungsz[e]lts. Und er soll den Zedernzweig und [6]den Ysop und das karmesinrote [Material] in die Mitte des Feuers werfen. [7][Dann soll derjenige, der für das Feuer sorgt, seine Kleider waschen, und ein Mann, der rein ist von jeglicher Unreinheit durch einen Leichnam soll] die Asche der Kuh [samm]eln [8][und] sie [lag]ern; aufbewahrt [9][für die Söhne Israels für das Reinigungswasser. Es ist ein Reinigungsopfer. Und] der Priester soll anlegen [...]

4Q277 Fragment 1 [1][Und er soll den Zedernzweig] und den Ysop und das [karmesinrote Material in die Mitte des Feuers werfen. Dann soll derjenige, der für das Feuer sorgt, seine Kleider waschen,] ²und ein Mann, der rein ist von jeglicher Unreinheit durch einen Leichnam [soll die Asche der roten Kuh sammeln und sie lagern; aufbewahrt für die Söhne Israels für das Reinigungswasser.] ³[Es ist ein Reinigungsopfer. Und] der Priester, der mit dem Blut der Kuh sühnt und all [... sollen an]legen ⁴[...] sie sühnen durch sie, den Brauch der [roten Kuh (?) ...] ⁵[...] mit Wasser. [Und er soll unr]ein [sein] bis zum [Abe]nd. Derjenige, der [den] Wasser[t]opf trä[gt] für die Reinigung, wird un[rein] sein. [Er soll in Wasser baden und seine Kleider waschen.] ⁶[Und kein] Mann [soll] das Reinigungswasser über die Unreinen [sprengen] [...] außer einem reinen Priester [...] ⁷[... auf] sie, de[nn er soll] sühnen für die Unreinen. Einer, der nachlässig ist (*oder* ein Kind) darf nicht auf die Unreinen sprengen. Und e[iner, der ...] ⁸[... das] Wasser zur [Re]inigung. Und er soll das Wasser betreten und soll gereinigt werden von der Unreinheit durch einen Leichnam [...] ⁹[...] ein anderer. [Der Pr]ie[ster] [soll] das Reinigungswasser über sie [gie]ßen, um [sie] zu reinigen [von ...] ¹⁰[...] jedoch [sollen] sie gereinigt werden, und ihr Flcisch wird r[ein] sein. Und jeder, der berührt [...] ¹¹[...] sein Ausfluß [...] und [seine] Ha[nd] nicht in Wasser spült. ¹²Sie sollen [un]rein sein [...] sein [B]ett und [seine] Woh[nung ...] sie haben seinen Ausfluß berührt, es ist wie eine unreine Beschwernis. ¹³[Der] eine, der berührt [... soll un]rein [sein] bis [zum] Abend. Der eine, der [den Topf] trägt [und] die Zweige (?) der [Bä]ume, soll unrein sein bis zum [A]bend.

– M. G. A.

54. RITUELLE REINHEITSGESETZE ÜBER DIE MENSTRUATION

4Q278

Dieses kleine Fragment ist verwandt mit den *Rituellen Reinheitsgesetzen über Flüssigkeiten* (Text 51) sowie den *Gesetzen über die Reinigung* (Text 57). Das *Ritual der Reinigung* (Text 121) dürfte eine Art „Handbuch" sein, das Lesungen für die Zeremonie der Reinigung enthält. Der Autor legt hier Levitikus 15,19–24 aus.

Fragment 1 ¹[... und er soll] spülen ²[in Wasser ...] ³[... Ke]iner darf liegen ⁴[bei einer unreinen Frau ... Und jedes Möbelstück, auf] dem sic sitzt, ⁵[wird unrein sein ... Und] wenn er es nicht berührt hat, ⁶[ist er rein ... am dr]itten [Tag,] jene, die berühren ⁷[... je]der, berührt das Bett ⁸[...] an der Stelle [...]

– M. G. A.

55. Gesetze über das „Losen"

4Q279

Wenn der hebräische Begriff, der mit „Los" zu übersetzen ist, in den Schriftrollen erscheint, bezieht sich dieses Wort auf die zwei Gruppen, in welche die Menschheit eingeteilt ist. In der Terminologie der *Kriegsrolle* (Text 8) handelt es sich um die „Söhne des Lichtes" und die „Söhne der Finsternis". In diesem kleinen Fragment hat jedoch das Wort „Los" offensichtlich eine andere Bedeutung. Es bezieht sich auf eine nüchterne Trennung nach Vermögen oder Stellung. Vier Gruppen spielen eine Rolle, von denen zwei klar identifizierbar sind: die Söhne Aarons (Priester) umfassen die erste Gruppe, die vierte Gruppe besteht aus Proselyten oder Konvertiten zum Judentum. Ein Abschnitt in der *Damaskus-Schrift* (Text 1, Geniza 14,3–4) könnte ein Licht auf die Identität der zwei Gruppen werfen, deren Namen fehlen: „Alle sollen namentlich gemustert werden: zuerst die Priester, als zweites die Leviten, die Kinder Israels als drittes, die Neubekehrten an vierter Stelle."

Fragment 1 [2][...] Sein Vermögen, das eingetragen war nach [...] [3][...] und große, er hat eine Ahnenreihe [...] [4][... für die Pries]ter, die Söhne Aarons, soll das [erste] Los fallen [...] [5][...] jeder Mann gemäß seiner Anordnung, und das [dritte] Lo[s ist für die Kinder Israels ...] [6][... und] das vierte Los ist für die Pro[selyten ...]

– M. G. A.

56. Liturgische Segensformel und Verfluchung

4Q280, 4Q286–289

Mose hat das verheißene Land nach Auskunft der Bibel nicht betreten. Trotzdem erließ er detaillierte Befehle für die Zeit, da Israel das Land Kanaan betritt. „An dem Tag, wenn ihr über den Jordan zieht in das Land, das der HERR, dein Gott dir gibt ... diese sollen sich auf dem Berg Garizim aufstellen, um das Volk zu segnen: Simeon, Levi, Juda, Issachar, Josef und Benjamin. Folgende Stämme sollen sich am Berg Ebal aufstellen, um den Fluch zu sprechen: Ruben, Gad, Ascher, Sebulon, Dan und Naftali" (Deuteronomium 27,2–13). Die folgenden Segensformeln und Verfluchungen im Wechselgesang waren ein Charakteristikum des Bundes, den Gott mit Israel geschlossen hat.

Die *Jahad* nahm diese einzigartige biblische Zeremonie überaus ernst. Sie integrierte das Muster sowohl in ihre Aufnahmezeremonie (*Grundgesetz einer Sekten-Gemeinschaft* 2, 1–18, Text 5) wie auch in ihre Kriegsliturgie (*Kriegsrolle* 13, 1–4, Text 8). Ferner übernimmt der folgende Text den Aufbau der biblischen Zeremonie. Zunächst bietet der

Schreiber Segenssprüche Gottes und seiner heiligen Engel, dann Verfluchungen des Satan – Belial und Melkirescha genannt – und der bösen Geister im satanischen Gefolge. Dieses Werk ist eindeutig eine Liturgie, bestätigt durch die wiederholte Einleitungsformel „sie sollen als Antwort sagen". Jeder Segen und jeder Fluch endet mit dem für die *Jahad* typischen zweifachen „Amen", das in der Bibel äußerst selten vorkommt (nur in Nehemia 5,22; 8,6). In Deuteronomium 27 und anderswo im Alten und Neuen Testament wird das „Amen" niemals wiederholt. Jesus machte mit dem zweifachen „Amen" auf seine wichtigsten Verkündigungen aufmerksam.

4Q280 Fragment 1 [1][... Gott soll ihn absondern] des Bösen wegen aus der Mitte der Söhne des Li[chts wegen seines Abfalls.] [2][Und sie sollen als Antwort sagen: „Ver]flucht seist du, o Melkirescha, für alle Abs[ichten deiner schuldbeladenen Verlangen. Möge] Gott [dich bestimmen] [3]als ein Objekt des Schreckens in der Hand jener, die Rache üben. Möge Gott dir nicht gnädig sein, wenn du hinausschreist, [und möge Er erheben sein zorniges Angesicht] [4]auf dich in Unwillen, damit du keinen Frieden haben mögest im Munde all derer, die Fürb[itte] leisten. [Verflucht seist du,] [5]ohne Rest. Du bist verdammt, ohne Überlebenden. Und verflucht seien alle, die [Betrug] ausübe[n ...] [6]und jene, die böse Pläne [er]richten in ihren Herzen, gegen den Bund Gottes zu intrigieren [...] [7][...] all jene, die [Seine] Wahr[heit] sehen. [Und je]dermann, der verschmäht, einzutreten [in den Bund Gottes und in der Verstocktheit seines Herzens geht ...]

Lobpreis Gottes.

4Q286 Fragment 1 Kolumne 2 [1]Dein verehrter Wohnsitz und Dein herrlicher Fußschemel sind in den Höhen, wo Du stehst, und der heilige Platz, wo Dein Fuß hintritt, [2]und Deine herrlichen Streitwagen mit ihren Mengen und ihren Rädern und all [ihre] Ratschlüsse, [3]Sockel aus Feuer, Flammen von Licht, herrliches Leuchten, strahlende Lichter, wunderbare Leuchter, [4]Pracht und Herrlichkeit, herrliche Höhe, heiliger Ratschluß und [st]rahlende St[ätte], prächtige Höhe, W[under von] [5][...] und ein Sammeln von Kräften, Herrlichkeit der Lobpreisungen, Größe der Furcht [...] [6]wunderbare Werke, weiser Ratschluß, ein Bild der Erkenntnis und Quelle des Verstehens, Stätte der Weisheit [7]und heiliger Ratschluß, ein wahres Fundament, Lager der Einsicht der Söhne der Gerechtigkeit und Wohnstätten der Aufre[chten ... Vergeltung] [8]von Gnaden und erfreuliche Demut, wahre Güte, ewige Gnaden, wunderbare Geheimnisse [9][...] und heilige Wochen in ihrem Plan und Zeichen der Monate [...] [10][...] in ihren Jahreszeiten und Zeit des Ruhms in [ihren] festgelegten Zeiten [...] [11][...] und die Sabbate auf Erden in [ihren] Abtei[lungen und Zei]ten [...] [12][...] ewige [Fr]eiheiten und [ewige] Ju[beljahre ...] [13][...] Licht und Finsterni[s ...]

Lobpreis Gottes für das als Erbe gegebene Land.

Fragment 5 [1][...] die Erde und alle [ihre Bewo]hner [.. und all] jene, die auf ihr wohnen, das Land und all sein Zweck [...] [2][... und jed]es Lebewesen, [all]e Berg[e], die Täler und all die Schluchten, die Wildni[s ...] [3][...] die Tief[en], die Wälder und all die Wildnis des Hore[b ...] [4][...] und das Ödland und die Fundamente ihre Höhenzüge, die Inseln und [...] [5][...] seine Obst[bäume], große Bäume und all die Zedern des Liban[on ...] [6][... Korn, ne]uer Wein und frisches Öl und all die Erträge [...] [7][...] und all die Opfer der Erde in den zw[ölf] Monaten [...] [8][... die Wahr]heit Deines Wortes. Amen. Amen. [...]

[9][...] und [...] der Meere, die Quellen aus der Tiefe [...] [10][...] und all die Wadis, die Ströme aus den Tiefen [...] [11][...] Wasser [...] [12][... a]ll ihre Fundamente [...] [13][...]

Lobpreis für Gottes Schutz.

Fragment 7 Kolumne 1 [1][... all] die Länder [2][... und al]le ihre Erwählten [3][...] und alle ihre Gefährten in Psalmen [4][Deines Ruhms ...] und wahre Segen den Enden der G[enerationen ...] [5][...] und der Eine, der Dein Königreich unterstützt inmitten von ... [6][... das Ge]heimnis der Reinheit Gottes mit all jenen, die wissen, auf welche Weise sie ewig lob[en] müssen. [7][Und] Deinen herrlichen Namen in alle [Ewigk]e[it loben]. Amen. Amen.

[8][Und] sie sollen fortfahren, den Gott [Israels] zu loben [und zu erzählen a]ll die [... von] Seiner Wahrheit.

Kolumne 2 [1]Die Gesellschaft der *Jahad* soll mit einer Stimme sagen: „Amen, Amen."

Fluch über Belial und die Geister seines Anhangs.

Dann sollen [sie] Belial verurteilen [2]und all sein schuldiges Los. Dann sollen sie zur Antwort sagen: „Verflucht ist [B]elial wegen seiner böswilligen [Abs]ichten, [3]er ist verdammt für seine schuldbeladene Herrschaft. Und verflucht sind all die Gei[ster] seines [Lo]ses für ihre gottlose Absicht, [4]sie sind verdammt für ihre schmutzigen, [un]reinen Absichten. Denn [sie sind das Lo]s der Finsternis, und ihre Strafe [5]ist die ewige Grube. Amen. Amen.

Belial und seine Söhne sind zur Vernichtung bestimmt.

Und verflucht ist der Gottlo[se Eine in all den Absichten] seiner Herrschaft, und verdammt [6]sind alle Söhne Beli[als] für all die Lasterhaftigkeiten ihres Amtes, bis ihre Vernichtung [... Amen. Amen.]

Fluch über den Engel der Grube und die Geister der Hölle.

[7]Und [verflucht bist du ... O Enge]l der Grube und die Geis[ter der Höl]le für al[l] die Absichten [eures] sch[uldigen] Verlangens. [8][...] und die Gesellschaft der Gottlo[sen. Und] ihr seid [ver]dammt für [...] [9][... und für eure schuldbeladene Herrschaft ...] mit all [seinem] L[os ...] [10][... ohne Verge]bung durch den heftigen Zorn [Gottes ...]. Amen. A[men.] [11][Verflucht seid ihr ..] ihre [Gottlosigkei]t und jene, die ihre bösen Pläne errichten [...] [12][...] und die Geb[ote Gottes] ändern [...]

Lobpreis Gottes und seiner Engel.

4Q287 Fragment 2 [1][...] und [...] ihre Wasserbecken [...] [2][...] ihre [ko]mmende Pracht [...] [3][...] ihre herrlichen [Na]men, ihre wunderbaren Tore [...] [4][... L]and, Engel des Feuers und Geister der Wolke [...] [5][... glän]zen, vielfältige Formen der Geister der allerheiligste[n ...] [6][... die Himm]el und die heilige Weite [...] [7][... das aller]heiligste in allen Zeite]n der Ewigkeit ...] [8][...] der herrliche Name Deiner Göttlichkeit [...] [9][...] und all die h[eiligen] Diener [...]

[10][... ihre] Werke sind vollkommen [...] [11][... heil]ig in den Stätten [Deiner] H[errschaft ...] [12][...] all die Diene[r von ...] ihre Pracht, die Engel von [13][... Und sie sollen dort loben] Deinen heiligen [Namen] in den Wohn[stätten der E]ngel Deiner Gerechtigkeit.

Fragment 3 [1][...] sie, und sie werden Deinen heiligen Namen loben mit Lobsprüchen [...] [2][...] all die Geschöpfe aus Fleisch, alle von ihnen, die [Du] geschaffen hast [...] [3][...T]iere und Vögel und kriechende Dinge und Fische [der M]eere und all [...] [4][... D]u schufst sie alle neu [...]

Lobpreis Gottes.

Fragment 5 [8][... eine Viel]zahl von Nationen, [ihnen Land] zu geb[en ...] [9][...] ihre Familien in [...] [10][...] in Deiner gerechten Wahrheit, wenn [Dein Königreich] erh[öht] ist [...] [11][... und Deinen herr]lichen [Namen loben] alle einstimmig, Amen. A[men]. [...] [12][...] näher herankom[men] zu Dir und der Sam[e ...] [13][... in all] den Familien des Landes, zu sein [wie einer vor dem Gesetz]

4Q288 Fragment 1 [1][... Män]ner der *Jahad* [...] [2][... Mä]nner des Betrugs und [...] [3][... und] du [sollst befolgen] Seine Werke von all [...] [4][...] sein Leben, egal was, denn [...] [5][...] Gott soll erretten [...] [6][...] im Zorn und in Eifer nach [...] [7][...] und brennender Zorn [...]

Fluch über Belial.

4Q289 Fragment 1 [1][und die Gesell]schaft der Gottlosigkeit, ihr [Die]nst ist in [...] [2][und] ewi[ge] Verdammnisse [in] vollständigem [Vorwurf ... Amen. Amen.]

Liturgische Anweisungen für die Vorbereitung des Lobes Gottes.

[...] [3]für die Wahrheit Gottes und Seinen Namen zu loben und [...] [4]dann der Priester, der als Führer [aller Mitglieder] [be]stimmt ist soll [unters]uchen [...] [5][... Männer] der Heiligkeit inmitten [ihrer] ganzen [Versammlung ...] [6][... und] Ihm [Dan]k [zu sagen, und sie sollen zur Antwort sagen:] „Gelobt [seist Du, o Gott Israels ...] [7][...] all [...]

Lobpreis des Schöpfergottes.

Fragment 2 [1][... Du] schufst die [Himmel und die Erde ...] [2][...] alle von ihnen und al[l ...] [3][... die Prie]ster, jene, die eintreten [...] [4][...] Amen. Ame[n ...]"

– M. G. A.

57. GESETZE ÜBER DIE REINIGUNG

4Q284

Dieser Text, der liturgische Anweisungen enthält und sich mit Reinheitsgesetzen beschäftigt, hängt wahrscheinlich mit den *Vorschriften* (Text 21) und den *Rituellen Reinheitsgesetzen über die Menstruation* (Text 54) zusammen. Vergleiche die Einleitung zu Text 51, *Rituelle Reinheitsgesetzte über Flüssigkeiten,* wo das wichtige Konzept der rituellen Reinheit erläutert wurde.

Gesetze zur Reinigung nach sexuellem Kontakt (Lev 15,18).

Fragment 1 Kolumne 1 [2][... alle Tage] der Sabbate (?) und die ganze Woche (?) [3][des Jahres ... das Jahr und] seine zwölf Monate [4][... die festgelegte] Zeit des Jahres und Tage von [5][... Dies ist] die Reinigungsregel für Israel [6][...] Wasser der Reinigung, das [ein Man]n spreng[en] würde [...] [7][... Wenn ein Mann] sexuellen Umgang [mit einer Frau hat,] [8]sollen sie im Wasser baden und sollen unrein sein bis zum Abend ... wer] unrein [sein soll] zu ihm [...] [9][...] wer [...]

Gesetze zur richtigen Reinigung (Lev 15,18) von einer unbekannten Unreinheit.

Fragment 2 Kolumne 1 [1][...] un[rei]n [...] er soll nicht essen [2][von der heiligen Speise ...] alles, das i[hn (?)] berührte [...] in den Tagen [3][seiner Unreinheit ... und wenn] seine [ganze] Woche vorüber ist, [soll er seine Kleider waschen und baden im Wasse]r [4][und er wird rein sein ...] baden [sein] Fle[isch im Wasser und wird rein sein ...]

Gesetze zur richtigen Reinigung von Unreinheit durch Menstruation (Lev 15,19).

Kolumne 2 [1]Sie sollen verlassen [...] in der monatlichen Unreinheit von [...] [2]Heiligen und nich[t ...] [3]von Speise während der sieben [Tage ihrer Unreinheit ... nach dem Untergang der] [4]Sonne am siebten Tag [... und er soll darauf als Antwort sagen:] [5]„Gelobt seist Du, o Gott Israels [...] [6]und [seinen] Frieden aufgeben für [...]

Weitere Gesetze zur richtigen Reinigung von Unreinheit durch Menstruation (Lev 15,19).

Fragment 3 [1][... al]le Wiederkehr ihrer Zeiten [...] [2][...] wenn die Sonne am [sieb-ten] Tag untergeht [...] [3][...] monatliche Unreinheit. Und er soll darauf als Antwort sagen: „Gelobt seist D[u, o Gott Israels ...] [4][... und D]u schriebst eine Reinigung der Wahrheit für Dein Volk, denn [...] [5]sie [... zu] reinigen von all ihrer Unrein[heit], um [sie zu heiligen ...]

Gesetze über die Unreinheit durch einen Leichnam (Num 19,14).

Fragment 4 [2]den Söhnen Deines Bundes [...] [3]in Deinem w[ahren] Los für [...] [4]und rein vor Dir in [...] [5]was die Person betrifft, die im [Zelt] stirbt, [jeder, der im Zelt ist, wird unrein sein ...] [6]Und zu jener Zeit der Kennzeichnung [...] soll sein [...]

– M. G. A.

58. GESETZE ÜBER DIE NACHLESE

4Q284a

Das *Grundgesetz* (Text 5) setzt unterschiedliche Strafarten für die Mitglieder der *Jahad* fest, einschließlich des Ausschlusses vom gemeinschaftlichen Mahl (vgl. *Grundgesetz*, 7,16). Wegen dieses Grundgesetzes mußte eine weitere Frage geklärt werden: Waren Mitglieder, die mit dieser Sanktion belegt wurden, auch davon ausgeschlossen, die Früchte der Gemeinde (d. h. herabgefallene oder nicht geerntete Früchte) nachzulesen und einzusammeln? Der Text gibt eine humane Antwort: Sie durften sich an der Nachlese beteiligen, jedoch nicht unter die anderen Mitglieder mischen. Der Text (vielleicht Teil eines zusätzlichen Regelwerks?) weist auch darauf hin, daß die straffreien Mitglieder auf dem gleichen Feld wie die bestraften Mitglieder Nachlese halten durften, sofern sie selbst rituelle Reinheit besaßen(vgl. dazu Levitikus 19,9–10 und 23,22).

Mitglieder, die unter einer Strafe stehen, dürfen auf den Feldern der Gruppe nachlesen.

Fragment 1 ²[er darf] es [nach]lesen, [doch] sie sollen sie [nicht] nachlesen [...] ³[wer] das Getränk der Gesamtheit aller Mitglieder nicht berührt, denn diese [...] ⁴[er darf] es [nachlesen,] doch die Feigenbäume und die Sträucher [...] ⁵ihre [Getränke] darf er hinausbringen, so [wie] er sie alle ausdrückt (?), sie können nachlesen [in einem Zustand ritueller Reinheit ...]

Nichtmitglieder und aus der Gemeinschaft ausgestoßene Mitglieder dürfen auf den Feldern nicht nachlesen. Mitglieder dürfen unerlaubterweise nachgelesene Erzeugnisse von Nichtmitgliedern nicht zurückkaufen.

⁶[... ein Mann,] der nicht [in den] Bund gebracht wurde, und wenn sie sich lustig machen [...] ⁷[...] er darf sie nicht zurückkaufen von [irgendeinem Frem]den, nicht einmal soviel wie ein Dattelkern, bis er ein[tritt ...] ⁸[sie dürfen nachlesen] in Reinheit und [...] ihre Arbeit [...]

Fragment 2 ²[... alle von] ihnen dürfen in Reinheit nachlesen [...] ³[...] und jeder wird nachlesen [...] ⁴jeder Mann der *Jahad* [...] ⁵[...] Reinheit [...] ⁶[...] sauber [...] ⁷[...] wenn nicht [...]

– F. M. C.

59. KRIEG DES MESSIAS

4Q285, 11Q14

Wiederentdeckt" unter den unveröffentlichten Rollenfragmenten gegen Ende des Jahres 1991, hat Fragment 5 der Rolle 4Q285 *Krieg des Messias* Staub aufgewirbelt und weltweit für Schlagzeilen gesorgt. Zeile 4 ist nämlich im hebräischen Original – das ohne Vokale geschrieben wird – zweideutig. Wenn man Vokale ergänzt, die der hebräischen Sprache entsprechen, könnte Zeile 4 entweder lauten „sie (die Feinde) werden den Führer der Gemeinschaft töten", aber auch „der Führer der Gemeinschaft wird ihn (den Anführer der Feinde) umbringen". Der Führer der Gemeinschaft ist eine messianische Gestalt, die aus anderen Schriftrollen bekannt ist (s. *Segensworte der Priester für die Endzeit,* Text 7 und *Jesaja-Kommentare,* Text 23). Folgt man der ersten Lesart, wird in Fragment 5 die Hinrichtung eines Messias beschrieben, so daß sich deutliche Parallelen zu Jesus von Nazaret ergäben.

Die ursprüngliche Aufregung ist abgeebbt. Nach hektischer Forschertätigkeit und einer Reihe von kritischen Stellungnahmen hat man sich einhellig der zweiten Variante zugewandt. Sogar der führende Vertreter der Interpretation vom sterbenden Messias, Robert Eisenmann, hat öffentlich widerrufen und erklärt, er habe eigentlich nie wirklich daran geglaubt. Die Forscher haben sich vor allem deshalb für die zweite Möglichkeit entschieden, weil es unübersehbare Parallelen zwischen Fragment 5 und anderen Qumran-Schriften gibt. Diese behaupten meist, der Führer der Gemeinschaft sei ein siegreicher Retter, ein Sohn Davids, der sich erheben wird, um Israel zu seiner Vorrangstellung an die Spitze der Nationen zurückzuführen. Der Kontext des Fragments selbst legt einen siegreichen Messias nahe, denn es beginnt mit einem Zitat aus Jesaja 11,4: „Er schlägt den Gewalttäter mit dem Stock seines Wortes und tötet den Schuldigen mit dem Hauch seines Mundes". Fragment 5 bietet, der damaligen Meinung folgend, ein wichtiges Beispiel für die Vernichtung der Gottlosen durch den Messias: Der Anführer der Feinde wird getötet.

Der *Krieg des Messias* ist auch deshalb ein wichtiger Fund, weil er vielleicht das fehlende Ende der *Kriegsrolle* (Text 8) überliefert. Der Text kann nämlich so angeordnet werden, daß er eine Beschreibung der letzten Schlacht liefert: Der Hohepriester nimmt seinen Platz vor den Streitkräften ein, er segnet sie vor dem siebten und letzten Kriegszug gegen die Söhne der Finsternis. Dieser Segen spiegelt das bevorstehende Zeitalter des Friedens und Wohlstands wider, das am Horizont auftaucht (Fragment 1). Die Fragmente 4 und 6 beschreiben eine Schlacht, die in den Bergen von Israel beginnt und auch das Mittelmeer mit einschließt. Die Streitkräfte der Söhne der Finsternis werden mit den Engelscharen verjagt (Fragment 10), und der gottlose Führer wird vor den königlichen Messias gebracht (den Führer), der das Todesurteil über ihn fällt. In Erfüllung von Jesaja 10,35–11,5 wird der gottlose Führer erschlagen. Das Volk Israels bringt seine Freude mit Tänzen und Liedern zum Ausdruck. Schließlich befiehlt der Hohepriester den Streitkräften, das Land von den Leichen der Kittim zu säubern (Fragment 5 und 2).

In Höhle 11 wurde ein Manuskript – 11Q14 – entdeckt, das mit Fragment 1 der Rolle 4Q285 übereinstimmt. Die Höhlen bargen also zwei Abschriften dieser außergewöhnlichen Schrift.

Letzte Ansprache des Hohenpriesters vor der siegreichen Endschlacht gegen die Kittim. Rekonstruktion des Textes durch 11Q14 1–2ii.

4Q285 Fragment 1 [... Und er segnete sie] vor Israel [und sagte als Antwort: „...] ¹[... Israel, gelobt seist du im Namen G]ottes, des [Höch]sten, [der ...] ²[und gelobt sei Sein heiliger Name f]ür immer und ewig, [und gelobt seien Seine wahren Werke und gelobt] ³[seien all Seine heiligen Engel. Möge] der H[öchste] Gott euch [segnen und

Sein Angesicht über euch leuchten und öffnen] ⁴[Seinen] guten [Schatz für euch, de]r im Himmel ist, um [auf euer Land Schauer niederzubringen] ⁵[von Segen, Tau und] Regen – beide früh und spät – in ihren Jahreszeiten, [euch] zu geben [üppige Früchte, Korn,] ⁶[neuen Wein und] Öl im Überfluß. Und laßt die Erde für eu[ch her]vorbringen Köstlichkeiten, und ihr werdet essen ⁷[und dick werden,] und es wird keine unfruchtbare Frau [in eurem La]nd geben und keine [Krankheit. Schmutz oder Schimmel] ⁸werden nicht auftauchen in [ihren] Erzeugnissen, [und k]ein Stol[perstein in deiner Versammlung. Wilde Tiere werden weichen] ⁹vom Land, noch soll es irgendeine Plag[e in eu]rem [Land] geben. Denn Gott ist m[it euch, und alle Seine heiligen Engel werden ihren Platz in eurer Versammlung einnehmen, und] ¹⁰Sein heiliger Name soll gerufen werden a[uf euch ...] ¹¹zusammen."

Und bevor ihr [in die Schlacht] zieht, [soll der Priester hervortreten und zu den Streitkräften sprechen. ...]

Nach der Schlacht reinigen die Soldaten das Land von den Toten.

Fragment 2 ²[... Er soll sie trennen] aus der Mitte der Menge [...] ³[... lassen von] unrechtem Gewinn und Profit [für sie ...] ⁴[...] und ihr sollt essen [die Beute eurer Feinde ...] ⁵[... Und sie werden graben] Gräbe[r] für sie [...] ⁶[...und ihr sollt euch selbst reinigen von al]l ihren Leichnamen [...] ⁷[... und dana]ch werden sie zurückkehren [...] ⁸[...] Wasser (?) [...] ⁹[...] Gott (oder zu) [...]

Die Schlacht wird zu Land und zu See ausgetragen. An ihrem Ende steht der Anführer der Kräfte des Bösen vor dem Führer der Gemeinschaft und wird von diesem verurteilt.

Fragment 6 + Fragment 4 ¹[... in drei Lose] soll das Böse geschlagen werden [...] ²[... Füh]rer der Nation. Und ganz Is[rael ...] ³[... betrifft das, was] geschrieben [sta]nd [...] ⁴[...] auf den Bergen [Israels für euch und all eure Streitkräfte und die Völker, die mit euch sind, sollen fallen ...] ⁵[...] zur See (?) [...] ⁶[... der F]ührer der Nation zum [Mittel]meer [...] ⁷[... Und sie werden fliehen] aus Israel zu jener Zeit [...] ⁸[... Und der Hohepriester] wird vor ihnen stehen, und sie werden sich aufstellen gegen sie [in Schlachtordnung ...] ⁹[...] und sie werden ihn vor den Führer [der Versammlung bringen ...]

Wie es in Jes 10,34–11,1 heißt, werden die Kräfte des Bösen durch den messianischen „Sproß Isais" vernichtet. Dieser messianische Sproß verurteilt den Führer der Streitkräfte des Bösen zum Tode. Bei den Erwählten Israels herrscht Jubel über den Sieg.

Fragment 5 ¹[... wie es geschrieben steht im Buch] Jesaja, des Propheten: „Und [das Dickicht des Waldes] soll gerodet werden ²[mit einer Axt, und der Libanon mit seinen herrlichen Bäumen w]ird fallen. Ein Sproß wird aus dem Baumstumpf Isais hervorkommen, ³[und ein Reis wächst aus seinen Wurzeln hervor" (Jes 10,34–11,1). Dies ist das] Reis Davids. Dann werden [alle Kräfte Belials] verurteilt, ⁴[und der König der Kittim wird vor Gericht stehen,] und der Führer der Nation – das Re[is Davids] – wird ihn zum Tode verurteilen. ⁵[Dann wird ganz Israel hervorkommen mit Tambourin]s und Tänzern, und der [Hohe]priester wird [ihnen] befehlen, ⁶[ihre Körper zu reinigen vom schuldbeladenen Blut der L]eiche[n] der Kittim. [Dann wird das ganze Volk ...]

Streitkräfte der Engel kämpfen auf der Seite der Söhne des Lichtes (1QM 9,15–16).

Fragment 10 ¹[...] und über [...] ²[...] um Seines Namens willen und [...] ³[...] Michael, G[abrie]l, [Sariel und Rafael ...] ⁴[...] und mit den Erwählten [des Himmels ...]

Dieses winzige Fragment erwähnt das geheimnisvolle Buch (vielleicht sogar den Propheten) Haggai (um 520 v. Chr.). Weitere Schriftrollen vom Toten Meer beziehen sich auf dieses Buch, so zum Beispiel die Damaskus-Schrift *(Text 1) und das* Geheimnis des Ursprungs aller Dinge *(Text 98).*

11Q14 Fragment 5 ¹[... Gebo]te Haggais, Prophezei[ung du (oder der Proph[et) ...] ²[... Erhebe dich, o H]eld. Mach Gefangene [...] ³[...] Fußtruppen ...

– M. G. A.

60. Ermahnungen an die „Söhne der Morgendämmerung"

4Q298

Der *Weise spricht zu den „Söhnen der Morgendämmerung"* gehört zu einer Handvoll von Texten der Höhle 4, die in der „Cryptic Script A" geschrieben wurden. Jeder Buchstabe des hebräischen Alphabets wird durch ein Geheimsymbol ersetzt, so daß Nicht-Eingeweihte den Text nicht verstehen konnten. Die Tatsache, daß dieses Werk verschlüsselt wurde, läßt vermuten, daß nur jene, die in die Geheimnisse der Gruppe eingeweiht waren, es lesen sollten. Die erhaltenen Texte vermitteln aber nichts, was aufsehenerregend wäre.

Die Adressaten dieser Ermahnungen werden „Söhne der Morgendämmerung" (Novizen?) genannt. Diese mysteriöse Bezeichnung taucht in den Schriftrollen sonst nirgendwo auf. Der Schreiber spricht von sich in der ersten Person. Er nennt sich „Lehrmeister" oder „Weiser"; er weist damit auf ein Führungs- und Lehramt innerhalb der *Jahad* hin. Dieses Werk ist eine „Weisheits-Lehre", vergleichbar mit dem *Buch der Geheimnisse* (Text 12) und dem *Geheimnis des Ursprungs aller Dinge* (Text 98). Weitere Erklärungen über den Charakter der Weisheitsschriften enthalten die Einleitungen zu diesen Texten.

Einleitung als Ermahnung an die Eingeweihten, den Worten des Lehrmeisters Aufmerksamkeit zu schenken.

Fragment 1 Kolumne 1 ¹Die [Worte] des Lehrmeisters, die er zu allen Söhnen der Morgendämmerung sprach: „Hör[t auf mich, a]lle Männer des Verstands ²[und jene, die streb]en nach Gerechtigkeit. Verst[eh]t meine Worte, und ihr werdet Suchende nach Treue sein. H[ör]t auf meine Worte, alle, ³[die von meinen] Lippen [her]vor[kommen,] und [ihr werdet ver]stehen. Erkl[ärt] sie und gelang[t auf den Weg des] Lebens, o M[änner] ⁴Seines [Wil]lens [...] ewig [...] Suche [...] ⁵[...] und sah [...]

Weisheit und Gesetz – Fundament der Gemeinschaft.

Kolumne 2 [1]ihre Wurzeln rei[chen ...] hohe Wohnung [2]in den Tiefen un[ten ...] und in ihnen [3]betrachte [...] Staub [4][...] Er gab zu [5][...] auf der ganzen Erde [6][...] Er maß ihre Ränge zu [7][... un]ter dem Namen [8][...] ihre [R]änge, zu gehen [9][...] Lager des Verstands [10][...] und was

Gerecht zu handeln und demütig zu sein (Mi 6,8) ist der Weg zur Erkenntnis. Die Erwähnung „vorherbestimmter Prüfungen" in Zeile 8 spiegelt die Lehre der Jahad wider: Gott hat den ganzen Ablauf der Geschichte nicht nur vorhergesehen, sondern aktiv gewollt. Daher sind die Prüfungen und Leiden Teil des Lebens der Jahad, von Gott dazu bestimmt, sie zu läutern.

Kolumne 3 [1][...] und die Zahl ihrer Grenzen [2][...] daß sein Herz nicht hochgehoben werde [3][über seine Brüder ...] hohe Wohnung. Und nun [4]hör[t ...] und jene von euch, die wissen, hört! Und die Männer von [5]Verstand [...] und jene, die Gerechtigkeit fordern, gehen [6]demütig [... er, der saubere Hände hat,] wird stärker und stärker, und die Männer der [7]Wahrheit [...] und lieben Freundlichkeit, vergrößern [8]Demut und [...] vorherbestimmte Prüfungen (?), wie [9]deuten (?) [...], daß ihr verstehen mögt am Ende [10]der ewigen Zeiten und auf die alten Dinge zurückblickt, zu erkennen [...]"

– M. G. A.

61. Lobpreis auf den Gott Abrahams

4Q302

Dies ist das Fragment eines dichterischen Werkes, das Gott für die Wohltaten gegenüber der Nachkommenschaft Abrahams preist.

Kolumne 1 [3][...] gemäß Deinen Worten. Im Zorn [4][...] Gott. Der gerechte Mensch [5][...] Deine Segnungen. Deshalb [6][...] [7][...] die Nachkommenschaft Abrahams. [8][...] denn Er ist Jah. [9][...] [10][...] Seine [Heil]igkeit, o Israel. [11][...] im Himmel [12][...] und inmitten der Völker [13][...] das Wesen ...

– M. O. W.

62. Gleichnis vom fruchtbaren Baum

4Q302a

In seinem klassischen Werk *Die Gleichnisse Jesu* (Göttingen, 1. Auflage 1947) vertrat Joachim Jeremias die Ansicht, daß Jesu Gleichnisse etwas völlig Neues seien und in der gesamten rabbinischen Literatur kein einziges Gleichnis überliefert sei, das aus der Zeit vor Jesu stamme.

Diese klare Aussage wird nicht von allen Forschern bejaht. Viele neigen zu der Auffassung, daß innerhalb des Judentums während der Zeit des zweiten Tempels Gleichnisse eine sehr gebräuchliche Lehrgrundlage waren. Diese Forscher behaupten, daß Jesus sich aus einem allgemeinen Fundus volkstümlicher Geschichten bedient habe oder seine Themen zumindest aus einem solchen Fundus stammten. Ein konkreter Beweis dafür konnte jedoch nicht gefunden werden.

Die rabbinische Literatur ist voller Gleichnisse, die aber alle aus einer späteren Epoche stammen. Sie können daher nicht als sicherer Beleg für die Behauptung herangezogen werden, Gleichnisse seien die übliche Unterrichtsmethode zur Zeit Jesu gewesen. Darüber hinaus tauchen weder in den Apokryphen noch in den pseudepigraphischen Schriften, die uns bekannt sind, Gleichnisse auf. Bis zur Freigabe der unpublizierten Schriftrollen vom Toten Meer im Jahr 1991 war nicht bekannt, daß unter dem Qumran-Material auch Gleichnisse überliefert wurden. Vorliegender Text ist daher von großer Bedeutung, denn es handelt sich dabei um ein Gleichnis.

Leider ist das Werk sehr bruchstückhaft. Es ist aber noch genügend Material vorhanden, um Parallelen zu den Gleichnissen des Neuen Testaments erkennen zu lassen. Die einleitende Anrede „Bitte denke darüber nach, du, der du weise bist" erinnert sofort an die Äußerung, die in den Evangelien häufig die Lehren Jesu begleitet: „Wer Ohren hat zum Hören, der höre!" (z. B. Markus 4,9). Auch findet sich die Baum-Metapher, derer sich unser Verfasser für sein Gleichnis bedient, in Gleichnissen des Evangeliums wieder, so z. B. der blühende Feigenbaum (Markus 13,28–32), die guten und schlechten Bäume (Matthäus 7,16–20) und die Geschichte des Feigenbaums, der keine Früchte trug (Lukas 13,6–9).

Das Gleichnis eines zarten Baumes und der klugen Sorge seines Besitzers um seine Entwicklung.

Fragment 1 Kolumne 2 ²Bitte denke darüber nach, du, der du weise bist: Wenn ein Mann ³einen zarten Baum hat, der hoch wächst, den ganzen Weg zum Himmel [...] ⁴[...] des Bodens, und er saftige Früchte [he]rvorbringt [jedes Jahr] ⁵mit den Herbstregen und den Frühlingsregen [...] und in Durst, ⁶wird er nicht [...] und es bewachen ⁷[...] vermehren die Zweige (?) von ⁸[...] von seinem Trieb und erhöhen ⁹[...] und seine Menge von Ästen [...]

Es ist nicht sicher, ob das Gleichnis vom Baum in diesem Fragment fortgeführt wird. Der Inhalt könnte auch als Interpretation des Gleichnisses gedeutet werden, in der der Baum für das Volk Israel steht. Die Behandlung, die Gott Israel angedeihen läßt, entspricht der sorgfältigen Pflege des Baums.

Fragment 2 Kolumne 1 ²[...] dein Gott ³[...] ⁴[...] eure Herzen [...] ⁵[...] mit einem willigen Geist. ⁶[...] Soll Gott errichten [...] von deiner Hand? Wenn du Widerstand leistest ⁷[...] deine [Ab]sichten, wird Er dir nichts entgegenhalten, dich tadeln ⁸und auf deine Klage antworten? ⁹[...] Was Gott betrifft, so ist seine Wohnung im Himmel, und [Sein König]reich ¹⁰umfaßt die Länder; in den Meeren [...] in ihnen, und [...]

– M. O. W.

63. Meditation über Schöpfung

4Q303

Eine fragmentarische Mahnrede, inspiriert durch den Schöpfungshymnus (Genesis 1,1–2,25).

Schöpfung des oberen und des unteren Wassers, der Lichter am Himmelsgewölbe, des Tages und der Nacht.

Kolumne 1 ¹[... Ihr alle], die ihr Verstand besitzt, hört zu und [...] ²[...] ließ die Wasser ablassen von a[llem ...] ³[...] die Wunder Gottes, de[r ...] ⁴[...] für ein ewiges Licht, und die klare[n] Himmelsgewölbe [...] ⁵[... Finster]nis überall, die formlos war und l[eer ...] ⁶[...] alle ihre Werke bis ans Ende, das [...] ⁷[...übe]r die er herrschte, und für sie alle [...]

Schöpfung von Adam und Eva.

⁸[...] und das Verstehen von Gut und Böse [...] ⁹[... die Erde] und machte Adam daraus. Alle [...] ¹⁰[...] und Er schuf für ihn eine Helferin als [seine Gefährtin ...] ¹¹[...] „Frau", denn [sie wurde gemacht] aus ihm ...

– M. O. W.

64. Menschen auf Abwegen

4Q306

Dieses fragmentarische Werk scheint eine ähnliche Situation zu schildern, die in der *Damaskus-Schrift* (Text 1) erwähnt ist. Der Satzabschnitt „nach dem Weg tasten" taucht sowohl hier wie auch in jenem außerordentlich bedeutsamen Werk im Hinblick auf die Jahad auf. In der *Damaskus-Schrift* beschreibt der Satzausschnitt jene Zeit der Sekten-Geschichte, da das Verständnis des Gesetzes und die Form seiner Einhaltung noch in Bewegung war. Der vorliegende Text beschreibt wohl genau diese Zeit oder aber ein Phänomen, das entscheidender und weitreichender ist, nämlich die Bekehrung. „Bekehrung" ist *das* Thema von Text 5.

Kolumne 1 ¹¹Sie [werden] das Gesetz suchen und [... von ganzem Herzen] ¹²und von ganzer Seele, aber sie sollen sein wie diejenigen, die tasten nach dem W[eg ... die haben keine] ¹³Augen, wohingegen das Gesetz fortfährt, sich auszudehn[en ...] ¹⁴[Li]cht, bis ihre Augen geöffnet sind, und sie erkennen [die Wege Gottes ...]

– M. O. W.

LEITFADEN ZUM VERSTÄNDNIS DER
KALENDER-TEXTE VON QUMRAN

Die Menschen von heute werden von der Zeit bestimmt und „auf dem laufenden gehalten". Wir sagen sie an, wir halten sie ein, wir warten sie ab, wir füllen sie aus, wir schlagen sie tot – manche sitzen sie gar ab. Wir haben Wecker, Atomuhren, Kuckucksuhren, Taschenuhren und Stoppuhren. Wir benutzen Chroniken, Register, Annalen, Journale, Arbeitsblätter, Steckkarten, Logbücher, Terminkalender, Datenstreifen und Fahrpläne. Die Zeit regiert uns, die Zeit hat uns fest im Griff. Für die Menschen früherer Epochen war das anders.

Die Menschen der Antike kamen weithin ohne die Einteilung der Zeit in regelmäßige Abschnitte aus. Für Bauern waren vor allem die Jahreszeiten und der Wetterwechsel wichtig. Alte Zeugenberichte bestätigen, daß der Durchschnittsmensch gar nicht wußte, welches Jahr gerade war und wie alt er selbst war. Längere Zeiträume lagen gänzlich außerhalb des Vorstellungsvermögens. Kleinbauern, die vor der Spanischen Inquisition erscheinen mußten, konnten die Frage nach ihrem Alter nicht beantworten. Für die meisten Menschen früherer Gesellschaften war es nicht wichtig, Zeit zu messen.

Aber es gab zwei Gruppen, für die dies wichtig war: Astronomen und Priester. In der Antike handelte es sich bei diesen oft um die gleiche Person. Die Priester interessierten sich aus anderen Gründen für die Zeit als wir. Unser Interesse am genauen Einteilen von Zeit hat vielfach wirtschaftliche Gründe („Zeit ist Geld"). Die alten Priester verfolgten den Ablauf der Zeit, um Gott zu dienen. Für sie war die gottgeschenkte Zeit heilig. Die Himmelskörper, mit deren Hilfe man die Zeit maß, waren von Gott geschaffen worden; daher war auch das Zeitmessen eine heilige und priesterliche Aufgabe. Hier ist die Entstehung von Festkalendern zu sehen. Neben unseren Sorgen um Zeit folgen auch wir solchen Festkalendern, wenn wir Pascha oder Ostern feiern.

Ein hoher Prozentsatz der Schriftenfunde vom Toten Meer besteht aus Kalendern bzw. aus Texten, die als Grundlage für Kalender dienten.

Tatsächlich ist das Festhalten an einem besonderen Kalender der rote Faden, der sich durch Hunderte von Qumranschriften zieht. Mehr als jedes andere einzelne Element ist es der Kalender, der diese Werke miteinander verbindet. Dieser Kalender ist es, der die Schriftrollen zu einer geschlossenen Sammlung macht. Der Kalender ist das verbindende Element. Wer immer die Rollen beschrieb oder in den Höhlen versteckte, die Manuskripte bilden eine geschlossene Sammlung, weil ihnen allen ein Sonnenkalender und Ergänzungen dazu zugrundeliegen. Wer die Qumranschriften verstehen will, muß mit diesem System der Zeitmessung zurechtkommen. Das Verständnis des Systems ist ein unerläßliches Muß, wenn es um technische Fragen geht. Die folgenden Seiten wollen ein Leseberater sein, um Kalendertexte lesen und deuten zu können.

Verfasser wie Leserschaft der Schriftrollen unterscheiden sich von den meisten Juden ihrer Zeit durch die Bedeutung, die sie der Sonne beimaßen. Die Bahn, die die Sonne innerhalb eines Jahres zurücklegt, war die Grundlage ihres Kalenders. Die meisten Juden hingegen folgten einem Mondkalender, ein einfacher Vorläufer des heutigen jüdischen Kalenders. Die Schriftrollen-Schreiber interessierten sich gewiß auch für den Mond, während die andere Seite wiederum auch auf die Sonne achtete. Der Mondkalender der meisten Juden benützte ein System von „Schaltmonaten" (in regelmäßigen Abständen wurden Monate eingefügt), basierend auf dem Sonnenjahr. Die Auseinandersetzung – es war eine erbitterte Auseinandersetzung, wie man aus den Polemiken folgern kann, die in den Schriftrollen sich finden – drehte sich um die Frage, welcher Himmelskörper der bedeutendere war. Denn natürlich sollte der wichtigere über die Zeit, die ja heilig war, gebieten. Sollte die Sonne mit ihrer Bahn die Feste des heiligen Jahres in Israel lenken, oder sollte der Mond den Vorrang erhalten? Die Verfasser der Schriftrollen entschieden sich für die Sonne.

Den Kalendern der Schriftrollen lag ein Sonnenjahr zu 364 Tagen zugrunde. Der Mond, als nachgeordneter Himmelskörper, wurde oft mitberücksichtigt. War dies der Fall, wurde er genauso behandelt wie die Sonne. Die Laufbahnen des Mondes sind von Natur aus weit komplizierter als die der Sonne; die Rollenschreiber wußten das. Die Mühe, die ihnen die Beschreibung dieser Bahnen bereitete, sind durch Auskratzungen und Randbemerkungen auf den Rollen ersichtlich. In Wirklichkeit waren trotz der erfreulichen Regelmäßigkeit des Sonnen-Systems ihre Kalender auf lange Zeiträume bezogen ungenau. Ihr Sonnenjahr fiel nämlich jährlich um mehr als einen Tag hinter das astronomische Jahr zurück. Ebenso verloren ihre Mondkalender fast eine halbe Stunde pro Monat. Einige Jahre lang konnten diese Abweichungen relativ unbedeutend sein. Schließlich jedoch würden Jahreszeiten anfangen und übers Jahr wandern, aber die Mondphasen würden nicht mehr mit den erwarteten übereinstimmen. Ungenauigkeit würde zum Hauptproblem werden. Bis heute haben Wissenschaftler noch kein System von „Schaltungen" ausmachen können, das die Schreiber benutzt hätten, um die Abweichungen auszugleichen. Wie funktionierten die Kalender im täglichen Leben?

Sie funktionierten, denn bei den Schriften handelt es sich nicht um abstrakte Theorie. Wir wissen dies vom *Habakuk-Kommentar,* der von einem Versöhnungstag berichtet, an dem der Lehrer der Gerechtigkeit und seine Gefolgschaft vom Frevelpriester angegriffen wurden (vgl. Text 4, Zeilen 4–8). Wie Shemaryahu Talmon (Yom Hakippurim in the Habakkuk Scroll, *Biblica* 32 (1951), S. 549–563) gezeigt hat, war dieser Angriff nur möglich, weil der Lehrer einem anderen Kalender folgte als der Frevelpriester. Für den Lehrer war es der Versöhnungstag. Ein Gefecht – eine Form von Arbeit – war verboten. Für den Priester handelt es sich um einen gewöhnlichen Tag und eine ideale Gelegenheit, zuzuschlagen. Hier versuchte man, nach dem Qumran-Kalender zu leben. Wurden beginnende Unstimmigkeiten dadurch berichtigt?

Es wäre einleuchtend gewesen, wenn man es getan hätte. Doch hüten wir uns, unsere Logik mit der unserer Vorväter gleichzusetzen. Vielleicht hat man sogar nie ein System von „Schaltungen" entwickelt. Ein Abschnitt in *1 Henoch* deutet auf diese Möglichkeit hin, wie Roger Beckwith festgestellt hat (The Modern Attempt to Reconcile the Qumran Calendar with the True Solar Year, *Revue de Qumran* 7 (1969–71), S. 379–396).

Das Buch *1 Henoch* folgt dem Sonnenkalender. Es wurde fast ein Dutzend Abschriften dieses Werks unter den Schriftrollen gefunden. 1 *Henoch* 80,2–4 enthält eine Prophezeiung in Form einer literarischen Fiktion: „In den Tagen der Sünder sollen die Jahre verkürzt werden. Auf ihren Ländern und Feldern wird alles verzögert sein. Alle Dinge auf Erden werden sich verändern und nicht zur rechten Zeit erscheinen ... Der Mond wird seine Ordnung ändern und nicht zur rechten Zeit aufgehen." Diese Zeilen scheinen auf Abweichungen der Jahreszeit und Mondphasen hinzuweisen, die ohne „Schaltungen" beim Qumran-Kalender entstehen würden. Die Erklärung des Verfassers ist hilflos-interessant: „Viele der Hauptsterne werden die Ordnung durcheinanderbringen" (80,6). Die Verschiebung der Jahreszeiten war nach dieser Auffassung nicht Ergebnis eines ungenauen kalendarischen Systems. Der Grund war vielmehr die Sünde der Engel. Nach Henochs Grundannahmen war dies eine ganz logische Angelegenheit. Das Problem konnte nicht der Kalender sein, denn der basierte auf göttlicher Offenbarung und war somit vollkommen. Die *Damaskus-Schrift* behauptet, Gott enthülle seinen Erwählten „verborgene Dinge, hinsichtlich derer ganz Israel einen falschen Weg eingeschlagen hatte: Seine heiligen Sabbate, Seine herrlichen Feste, ... Seine verläßlichen Wege" (Text 1, 3,14–15). Die Offenbarung über Sabbate und Feste schlossen den Sonnenkalender mit ein. Auch der Verfasser der Damaskus-Schrift wußte, daß die meisten Juden ihm nicht folgten. Er rügte diese Unwissenheit. Andere Rollen wiederum zeigen, daß die Anhänger des Sonnenkalenders in den Schöpfungsgeschichten, ganz besonders bei der Betrachtung der Geschichte der Sintflut (Genesis 6–8; vgl. *Genesis-Kommentare,* Text 49) Unterstützung fanden.

Neben dem Problem der „Schaltungen" liegt eine weitere grundlegende Kenntnislücke vor, die dem ganzen Verständnis der Kalender im Wege steht. Es geht um die Bedeutung des häufig vorkommenden Wortes *duq.* (Da das Hebräische keine Vokale kennt, wäre auch die Aussprache *daveq* möglich.)

Dieses Wort beschreibt eine der Mondphasen und wird oft in den *Synchronistischen Kalendern* (Text 68) verwendet. Das System der Mondbeobachtung in Verbindung mit dem Wort *duq* liegt erkennbar auch anderen Texten zugrunde, auch dann, wenn sie *duq* nicht ausdrücklich nennen. Vor der Entdeckung der Schriftrollen war noch kein Forscher auf dieses Wort gestoßen. Etymologische Schlußfolgerungen legen die Bedeutung von „sorgfältig beobachten" nahe. Doch was wird beobachtet? Bei der Verwendung des Wortes *duq* gibt es nur zwei Möglichkeiten: das Auftauchen der ersten Mondsichel oder der Vollmond. Welche Möglichkeit auch die richtige ist, in jedem Fall unterscheiden die Schreiber der Rollen sich von anderen Juden. Sie folgten nicht nur dem Sonnenkalender, sondern sie benützten offensichtlich einen unorthodoxen Mondkalender. Wie der heutige jüdische Kalender begann für die meisten alten Juden der Mondmonat mit dem ersten Auftauchen der Mondsichel. Wenn *duq* sich auf die Beobachtung der ersten Mondsichel bezog, dann muß der Mondmonat der Schriftrollen mit dem Vollmond begonnen haben. Wenn jedoch *duq* sich auf die Beobachtung des Vollmonds bezog, begann der Mondmonat der Schriftrollen mit einem „dunklen Tag", d. h. mit dem astronomisch unsichtbaren Neumond wie in der modernen Astronomie. Für beide Auffassungen gibt es Analogien.

Der mittelalterliche Schreiber Albiruni erwähnte eine jüdische Sekte, die „Höhlenbewohner" genannt wurden (die *Jahad* oder deren Nachfolger?) Diese Gruppe folgte einem Mondkalender, der mit dem Vollmond einsetzte. Albiruni schrieb, daß ihre Praxis „im Gegensatz zum Brauch der Mehrheit der Juden und den Vorschriften des [Gesetzes]" stand. Vielleicht lebte der Qumran-Mondkalender unter den „Höhlenbewohnern" weiter. Albiruni könnte den Schlüssel zu seinem Verständnis geliefert haben.

Auch die alten Ägypter hielten sich an einen Mondkalender auf der Grundlage des astronomischen Neumonds; ebenso die jüdische Gruppe der Samariter, Zeitgenossen der Schriftrollen-Schreiber. Für beide Gruppen – Ägypter wie Samariter – begann der Monat mit einem dunklen Tag. Die Forscher befinden sich immer noch in der Diskussion über die Übersetzung von *duq*. Auch die Verfasser dieses Buches sind uneins, haben sich jedoch entschieden, das Wort *duq* im Sinne von Beobachtung der ersten Mondsichel zu benutzen.

Die Kalender der Schriftrollen vom Toten Meer teilten die Zeit in fünf verschiedene Zyklen ein. Keiner der Kalender verwendet alle, oft taucht mehr als einer in einem Werk auf. Folgende Zyklen, angefangen mit dem kürzesten, wurden verwendet:

(1) *Das Jahr mit 364 Tagen.* Einige Schreiber unterteilen das Jahr in vier gleich lange Teile zu je dreizehn Wochen (91 Tage). Text 73 *Priesterdienst im Wechsel der Jahreszeiten,* ist ein Beispiel eines solchen Werkes. Jedes Viertel umfaßt die Sonnenmonate – je 30, 30 und 31 Tage lang und zwar in dieser Reihenfolge. Das Jahr beginnt mit dem Frühling. Der Neujahrstag – der erste Tag des siebten Monats – fällt immer auf einen Mittwoch. Die Schreiber waren der Meinung, Zeit habe erst am vierten Schöpfungstag begonnen, und zwar am Mittwoch, als Gott Sonne, Mond und Sterne erschuf. *Sabbate und Feste des Jahres* (Text 72), ist ein Beispiel für einen solchen Jahreskalender.

(2) *Ein dreijähriger Mondzyklus.* Mondmonate (im Gegensatz zu den oben genannten Sonnenmonaten) wechseln zwischen 29 und 30 Tagen (der Zyklus beginnt aber stets mit einem Monat von 29 Tagen). Nach 36 Mondmonaten liegt der Mond genau 30 Tage hinter dem Sonnenkalender zurück. Dann wird ein „Schaltmonat" mit 30 Tagen hinzugefügt, um Sonne und Mond wieder in Übereinstimmung zu bringen. Um den dreijährigen Mondzyklus geht es im *Kalender der Himmelszeichen"* (Text 67).

(3) *Ein sechsjähriger Zyklus* des Priesterdienstes im Tempel. 24 priesterliche Gruppen bzw. Diensteinteilungen wechselten im Tempel ab. Jede Gruppe diente eine Woche und wurde beim Eintreffen der nächsten Gruppe ausgewechselt. Da es 24 Gruppen für 52 Wochen des Sonnenjahres gab, dient jede Gruppe zweimal jährlich, vier Gruppen noch eine dritte Woche. Nach sechs Jahren ist der Turnus ausgeglichen, d. h. nach sechs Jahren haben alle gleich viele Wochen gedient. Dieser Sechsjahreszyklus ist für die Schreiber der Schriftrollen sehr wichtig. Sie benennen Jahre und andere Zeitabschnitte nach dem Diensteinsatz der jeweiligen Priesterabteilungen. Die Namen der Priesterabteilungen sind jene, die aus den Versen 24,7–8 des ersten Buchs der Chronik bekannt sind. Text 68, *Synchronistische Kalender,* ist ein gutes Beispiel für einen Kalender, dem der Priesterzyklus zugrundeliegt.

(4) *Ein Zyklus von 49 Jahren,* genannt Jubeljahr-Zyklus. Text 67, *Kalender der Himmelszeichen,* bezieht sich auf diesen Zyklus; für Näheres zu den Jubeljahren vgl. die Einleitung zu Text 67.

(5) *Ein Zyklus von 294 Jahren,* d. h. sechs Jubeljahr-Zyklen. In diesem Zyklus kommt ein seltenes Ereignis vor: der Dienst der ersten Priesterabteilung, genannt Gamul, am Neujahrstag, dem Beginn eines Jubeljahrzyklus'. Nur alle 294 Jahre tritt diese Konstellation auf. Die Rollenschreiber glaubten, daß diese Situation dem 4. Schöpfungstag entsprach. Der einzige Text, der diese Konkordanz erwähnt, ist der *Kalender der Himmelszeichen* (Text 67).

In der westlichen Welt wird selbstverständlich der Kalender verwendet. Kaum bekannt ist, daß unser Jahrhundert das erste in der Geschichte ist, in dem alle wichtigsten Kulturen dem gleichen Kalender und Datum folgen. Noch vor wenigen Jahrzehnten brachte eine Reise über europäische Grenzen hinaus eine Datum-Abweichung von 13 Tage mit sich. Erst im Jahr 1923 übernahm Griechenland den heute verbindlichen Gregorianischen Kalender. Frankreich, Italien, Spanien, Portugal und Luxemburg hatten ihn bereits im Jahr 1582 eingeführt. Die Russisch-Orthodoxe Kirche und einige christliche Gruppen des Mittleren Ostens bedienen sich heute noch des alten Julianischen Kalenders, der inzwischen fast 14 Jahre hinter dem Gregorianischen Kalender zurückbleibt. Über solche Abweichungen gibt es heute keine wirklichen Auseinandersetzungen mehr. Die Geschichte ist jedoch voller heftiger Auseinandersetzungen unter den Christen um das Osterdatum. Im wesentlichen handelt es sich dabei um Kontroversen über den Kalender. Ebenso stritten mittelalterliche rabbinische Juden mit benachbarten *Karaiter-Juden*, welcher Kalender ihr Leben regeln solle. Im Klima der Kalender-Streitigkeiten sind auch die Schriftrollen vom Toten Meer entstanden.

„Kalenderkriege" können auch religiöse Spaltungen auslösen: Ist heute oder erst übermorgen Versöhnung (Jom Kippur)? Pascha mag in dieser Woche oder erst in zwei Wochen stattfinden. Es ist aber nicht möglich, einen Kompromiß zu schließen und es einfach in der nächsten Woche zu feiern. Kalender können Spaltungen bezeugen. Kommt der Glaube hinzu, daß Zeit heilig sei, dann können Menschen sogar Kriege führen, um ihren Glauben an Gott zu verteidigen. In diesem historischen und politischen Kontext müssen die Qumran-Kalenderschriften gesehen werden.

Der „Mann auf der Straße" von einst mag sich wenig um die Zeit gekümmert oder überhaupt nicht gewußt haben, in welchem Jahr er gerade lebte. Der Qumran-Kalender wirft ein überaus erhellendes Licht auf die Lebensverhältnisse der Alten Welt. Seine priesterlichen Verfasser wurden sicherlich mehr von der heiligen und göttlichen Zeit bestimmt, als wir heute, die wir oft gedankenlos in den Tag hineinleben.

65. MONDPHASEN

4Q317

Die *Mondphasen* befassen sich als einzige unter den Kalenderschriften der Qumran-Rollen ausschließlich mit dem Mond und seinen Phasen. Der Autor erwähnt weder Priesterabteilungen noch Festtage oder Sabbate. Er registriert nur die Mondphasen, dem Sonnenkalender entsprechend, mit monotonem Gleichmaß, Tag für Tag. Das System, das er verwendet, um den Mond zu beschreiben, mag sonderbar sein. In Wirklichkeit ist es theologisch begründet, bibelkonform in den Augen seiner Anhänger. Der Schreiber spricht vom Mondmonat in den Begriffen „verdunkelt" oder „enthüllt". Wenn der Mond sich zunehmend „verdunkelt", glaubt der Schreiber, der Mond befinde sich im Prozeß des Abnehmens; wenn er „enthüllt" wird, meint er, der Mond nehme zu. Jede Stufe der Laufbahn beschreibt er als Teilgröße von 14. Ist der Mond zu einem Vierzehntel „enthüllt", ist die Mondsichel noch kaum sichtbar. Dieses System ist nur annähernd genau, doch genoß es eine offensichtliche Popularität zur Zeit des zweiten Tempels. Das vierzehnstufige Fortschreiten liegt auch dem liturgischen Qumran-Text *Tägliche Gebete* (Text 118) zugrunde und taucht ebenfalls im Buch 1 *Henoch* 78,7–9 auf.

Der größte erhaltene Abschnitt der *Mondphasen* (Fragmente 1–2) registriert den 4. bis 25. Tag eines bestimmten Monats. Ungewiß und umstritten ist der Monat und auch das Jahr des Sechsjahreszyklus. Die Antwort auf diese Frage hängt von der Auslegung Wortes *duq* ab (vgl. dazu die *Hinweise für den Leser zu den Kalender-Texten von Qumran*). Der Text dürfte die Mondbewegung des vierten bis fünfundzwanzigsten Tages des zwölften Monats des ersten Jahres des Zyklus festhalten. (*Wenn duq auf den Vollmond hindeutet, zeigt der Kalender den 4. bis 25. Tag des sechsten Monats des dritten Jahres an. Eine Reihe nur teilweise ausgebesserter Fehler erschwert die Interpretation.*)

Fragment 1 Kolumne 2 + Fragment 2 Kolumne 2 [Am vierten des Monats] [1][sind el]f Teile [verdunkelt. Und so tritt der Mond in den Tag ein.] [2][Am f]ünften des Monats [sind zw]ölf [Teile verdunkelt.] [3]Und so [tritt der Mond in den Tag ein. Am sechsten des Monats] [4]sind drei[zehn] Teile verdunkelt. [Und so tritt der Mond in den Tag ein.] [5]Am siebten des Monats sind [vierzehn Teile] verdunk[elt. Und so] [6]tritt der Mond in den Tag ein.

[7]Am achten des Monats [herrscht] der Mond [den ganzen Tag inmitten] [8]des Firmaments, [vierzehn und ein halber (?) Teil sind verdunkelt. Und wenn die Sonne sinkt, hört] sein Licht [auf,] [9]verdunkelt zu sein, [und so beginnt er, sich zu enthüllen] [10]am ersten Tag der Woche (am achten des Monats).

[Am neunten des Monats ist] [11]ei[n Teil verdunkelt. Und so tritt der Mond zur Nacht ein.] [12]Am zehnten des Monats [enthüllen sich zwei Teile. Und so tritt der Mond] [13]zur Nacht [ein.]

Am el[ften des Monats enthüllen sich drei Teile.] [14]Und so tritt der Mond zur Nacht ein.

[15]Am zwölften des Monats [enthüllen sich Teile. Und so] [16]tritt der Mond zur Nacht ein.

Am d[reizehnten des Monats] [17]enthüllen sich fünf Teile. Und so trit[t] der Mond [zur Nacht ein.] [18]Am {dreizehnten} vierzehnten des Monats enthüll[en sich sechs Teile. Und so tritt der Mond zur Nacht ein.] [19][Am fü]nfzehnten [des Monats enthüllen sich sieben Teile. Und so tritt der Mond] [20]zur Nacht [ein.]

Am [sechzehnten des Monats enthüllen sich] acht [Teile]. [21]Und so [tritt der Mond zur Nacht ein.]

[22][Am s]ie[b]zehnten [des Monats enthüllen sich neun Teile. Und so tritt der Mond zur Nacht ein.] [23][Am achtzehnten des Monats enthüllen sich zehn Teile. Und so tritt der Mond zur Nacht ein.] [24]Am ne[un]ze[hnten des Monats enthüllen sich elf Teile. Und so tritt der Mond zur Nacht ein.] [25]Am {neunzehnten} zwanzigsten [des Monats enthüllen sich zwölf Teile. Und so tritt der Mond zur Nacht ein.][26]Am einundzwanzigsten des Monats [erscheinen dreizehn Teile. Und so tritt der Mond zur Nacht ein.] [27]Am zweiundzwanzigsten des [Monats herrscht der Mond die ganze Nacht inmitten des Firmaments,] [28]vierz[ehn und ein halber (?) Teil erscheinen.] Und wenn [die Sonne] sinkt, [hört sein Licht auf, sich zu enthüllen,] [29]und so beginnt der Mond, [am ersten

Tag der Woche (am zweiundzwanzigsten des Monats) verdunkelt zu sein.]

[30]Am dreiundzw[anzigsten des Monats ist ein Teil verdunkelt. Und so] [31][tr]itt der Mond in den Tag [ein.]

[32]Am vierundzwanzigsten [des Monats sind zwei Teile verdunkelt. Und so tritt der Mond in den Tag ein.] [33]Am fünfundzwanzigsten [des Monats sind drei Teile verdunkelt. Und so tritt der Mond in den Tag ein.]

– M. G. A.

66. WEISSAGUNG

4Q318

Die Rolle 4Q318, von der zwei große Fragmente vorhanden sind, ist, wie die Texte 37, *Chiffriertes Horoskop,* und 138, *Aramäisches Horoskop,* ein Beispiel für die alte jüdische Lehre der Astrologie. Doch statt menschliches Verhalten mittels der Analyse körperlicher Merkmale vorherzusagen, wie jene Texte es tun, gehört diese Handschrift zu dem antiken Genre des *brontológion* (griech. *brontos,* „Donner", und *logion,* „Spruch"), die bei der Voraussage der Zukunft auf den Donner vertrauen. Die alten Mesopotamier hatten bereits den Donner für diesen Zweck ausgewertet. Eines dieser frühen Beispiele lautet: „Wenn Rammanu im großen Tor des Mondes donnert, werden die elamitischen Truppen mit dem Schwert erschlagen werden. Die Güter des Landes werden in ein anderes Land gebracht."

Die Methode der Weissagung wurde verfeinert und im Lauf der griechisch-römischen Epoche immer komplexer, insbesondere im ägyptischen Alexandria. Durch die Verbindung des Donners mit dem Mond wie auch mit dem Tierkreis bietet vorliegendes Werk eine solche Verfeinerung. Nach dem System, das unserem Text zugrunde liegt, brachte das Hören des Donners, wenn der Mond sich in einem bestimmten Zeichen des Tierkreises befand, bestimmte Ereignisse mit sich.

Das Qumran-Brontológion besteht aus zwei Teilen. Der erste ist eine Liste mit den Tagen der jüdischen Monate je nach der Stellung des Mondes im Tierkreis. 4Q318 ist fast die einzige der Kalender-Rollen aus Qumran, die Namen und nicht Zahlen der jüdischen Monate nennt. Darüber hinaus enthält diese Schrift die frühesten Tierkreiszeichen in Aramäisch, die bis jetzt entdeckt wurden. Es sind die Namen, die uns aus heutiger Astrologie und aus Zeitschriftenspalten vertraut sind. Die damalige astrologische Lehre zeigt sich hier bereits in einem „modernen" Gewand. In der älteren mesopotamischen Variante lauteten Anzahl wie auch Namen der Zeichen anders. Die Zeichen unseres Textes lauten: Widder, Stier, Zwillinge, Krebs, Löwe, Jungfrau, Waage, Skorpion, Schütze, Steinbock, Wassermann, Fische.

Der Text führt eine entscheidende Neuerung für das Genre ein: die jüdische Sieben-Tage-Woche, in der der Tierkreis durch ein Muster von zwei, zwei und drei Tagen strukturiert wird. Dadurch konnte der Mond am Sabbat (dem Extra-Tag im Muster) ruhen.

Der erste Teil des Textes gibt die Tage des Monats wieder, in denen man den Mond in einem bestimmten Tierkreiszeichen finden konnte. Ursprünglich lieferte dieser Text diese Information für alle Tage eines Jahres mit 364 Tagen.

Fragment 1 [5][und am siebten der Schütze; am achten und neunten der Steinbock; am zehnten und elften der Wassermann; am zwölften und] dreizehnten und [vierzehnten] [6][die Fische; am fünfzehnten und sechzehnten der Widder; am siebzehnten und achtzehnten der Stier; am ne]unzehnten und am zwanzigsten und am [einundzwanzigsten] [7][die Zwillinge; am zweiundzwanzigsten und dreiundzwanzigsten der Krebs; am vierundzwanzigsten und fünfundzwanzigsten der Löwe; am sechsundzwanzigsten und am] siebenundzwanzigsten und am achtundzwanzigsten [8][die Jungfrau, am neunundzwanzigsten und am dreißigsten und einunddreißigsten die Waage.]

[9]Tischri. Am ersten und zweiten der Skorpion; am dritten und am vierten der Schütze, am fünften und am sechsten und am siebten] der Steinbock; am achten [...]

Fragment 2 Kolumne 1 [...] [1][und am dreizehnten und am vierzehnten] der Krebs; am fünfzehnten und am sechzehnten der Löwe; am siebzehnten und am achtzehnten [2]die Jungfrau; am [neun]zehnten und am zwanzigsten und am einundzwanzigsten die Waage; am [zweiund]zwanzigsten [und am] drei[undzwanzigsten] der Skorpion; am vierundzwanzigsten [3]und am fünfundzwanzigsten, der Sch[ütze]; an sechsundzwanzigsten und am siebenundzwanzigsten und am achtundzwanzigsten der [Steinbock]; am neun[undzwanzigsten] [4]und am dreißigsten der Wassermann.

Schebat. Am ersten und am zweiten die [Fische]; am [dritten und am] vierten [5][der Widder; am fünften und am [sechsten und am] siebten der Stier; am [achten und am neunten die Zwillinge]; am zehnten [6][und am elften] der Krebs; am zwölften [und am] dreizehnten und am vierzehnten der Löwe; [am fünfzehnten und am sechzehnten die Jungfrau;] [7]am siebzehnten und am achtzehnten die Waage; am neunzehnten und am [zwanzigsten und am einundzwanzigsten] der Skorpion; am zweiundzwanzigsten [8][und am] dreiundzwanzigsten der [Sc]hütze; am vierundzwanzigsten und am fünfundzwanzigsten der Steinbock; am [sechsundzwanzigsten und am] siebenundzwanzigsten und am achtundzwanzigsten [9]der Wassermann; am neunundzwanzigsten und am dreißigsten die Fische.

Kolumne 2 [1]Adar. Am ersten und am zweiten der Widder; am dritten und am vierten der Stier; am [fünften und am sechsten und am siebten, die Zwillinge;] [2]am achten und am neunten [der] Krebs; [am zehnten und am elften der Löwe; am zwölften und am [dreizehnten und am vierzehnten] [3]die Jung[frau]; am fünfzehnten und am [sechzehnten die Waage; am sieb]zehnten, am [achtzehnten der Skorpion;] am [neun]zehnten und am zwanzigsten und am einundzwanzigsten der Sch[ütze; am zweiundzwanzigsten] und am [drei]undzwanzigsten der Steinbock; am [vierund]zwanzigsten [und am fünfundzwanzigsten] [4]der Wassermann; am sechsundzwanzigsten und am [sieben]undzwanzigsten [und am achtundzwanzigsten die] Fi[sche]; am [neunund]zwanzigsten [und am dreißigsten und am einunddreißigsten] [6]der Widder.

Der zweite Teil der Schriftrolle besteht aus einer Liste von Zeichen, die der Donner ankündigt. Nur wenig ist von diesem Abschnitt erhalten geblieben. Der Hinweis auf „Araber" dürfte sich auf das Königreich der Nabatäer beziehen, das östlich von Palästina jenseits des Jordans lag.

[Wenn] es [im Stier] donnert, eine Belagerung [der Stadt ...] [7]und Unglück für die Nation und Gewalt [im Ho]f des Königs, und unter den Nationen [...] [8]es soll sein; und was die Arabern betrifft, [...] Hungersnot, und sie werden einan[der] ausplündern [...]

[9]Wenn es in den Zwillingen donnert, Panik und Krankheit wegen der Ausländer und [...]

– E. M. C.

67. Kalender der Himmelszeichen

4Q319

Heute würde der Inhalt dieses Textes in Tabellenform präsentiert und wahrscheinlich in einem Jahrbuch erscheinen. Im alten Judäa jedoch kannte man weder Tabellen noch Jahrbücher. Daher legt der Verfasser seine Ideen in Prosaform dar; sie sind nicht zum schnellen Duchlesen geeignet.

Im wesentlichen möchte der Schreiber den Zusammenhang zwischen drei Elementen verfolgen: (1) den Jubeljahr-Zyklen, (2) dem Phänomen, das er hebräisch *'ot* nennt, und (3) den Sabbatjahren. Um diese Zusammenhänge zu berechnen, verwendet er eine Art Algorithmus, den er nicht erklärt. Er erwartete wohl sein damit vertrautes Fachpublikum. Dieser Algorithmus ist das Verhältnis von Sonnen- und Mondkalendern zueinander (vgl. Text 68, *Synchronistischer Kalender*). Um diesem Text folgen zu können, muß man insgesamt fünf Punkte beachten: drei Elemente, die der Verfasser auf einen Nenner bringen will, und zwei Komponenten, die den Algorithmus bestimmen.

Das erste Element ist der Jubeljahr-Zyklus. In einer modernen Tabelle würden sich die Jubeljahre in der ersten Spalte befinden. Obwohl die Bibel jeweils das fünfzigste Jahr als Jubeljahr bestimmt (Levitikus 25,11), benützt der Qumran-Kalender den Begriff so daß er einen Zeitraum von nur *49 Jahren* umfaßt. Bei einer Zählung, die das fünfzigste Jahr mit einschließt, wäre dieses das letzte Jahr eines Jubeljahr-Zyklus und gleichzeitig das erste des folgenden. Der vorliegende Kalender dagegen rechnet in 49-Jahres-Perioden. Das Werk umfaßt sechs solcher Jubeljahr-Zyklen.

Das zweite Element *'ot*, bezieht sich auf eine äußerst seltene Konstellation, nämlich auf das Aufgehen des Vollmonds am ersten Tag des Sonnenjahres. (Möglicherweise bezieht es sich auch auf das Zusammentreffen des astronomischen *Neumonds* mit dem 1. Tag des Sonnenjahres. Vgl die *Hinweise für den Leser zu den Kalender-Texten von Qumran*.) In einem mehr allgemeinen Sinn bedeutet *'ot* „Zeichen". Unser Verfasser wertete diese Konjunktion als eine Art göttliches Zeichen. Er glaubte, diese Konjunktion trete zum ersten Mal am vierten Schöpfungstag auf. Dieser Tag war deshalb besonders bedeutend, weil an ihm Sonne und Mond geschaffen wurden, auf deren Bewegung die Zeitrechnung basierte. (Somit lagen die ersten drei Schöpfungstage in gewisser Weise „jenseits von Zeit".) Die Bibelstelle, die das Interesse an dieser Konjunktion hervorrief, war Genesis 1,24: „Dann sprach Gott: Lichter sollen am Himmelsgewölbe sein, um Tag und Nacht zu scheiden. Sie sollen zum *Zeichen* sein und für Jahreszeiten und Jahre." Der Verfasser gibt jeder neuen Konjunktion einen eigenen Namen, bei dem es sich stets um die Bezeichnung einer Priesterabteilung handelt, die zu dieser Zeit ihren turnusmäßigen Dienst tat. Wegen der Besonderheit der priesterlichen Dienst-Rotation sind die Namen der Konjunktionen immer dieselben, und zwar im Wechsel zwischen den Priesterfamilien von Gamul und Schechanja.

Nach der Auffassung des Autors wiederholte sich die Konstellation *'ot* alle drei Jahre, d. h., er mußte die Korrespondenzen von Sonne und Mond kennen. Daher muß sein Algorithmus, das Herzstück für das Funktionieren seines Ansatzes, bekannt sein. Das Ergebnis des Sonnenkalenders über einen Zeitraum von drei Jahren ist folgendes: 364 Tage Sonnenjahr x 3 Jahre = 1092 Tage. Dann mußte diese Sonnen-Periode dem Lauf des Mondes angepaßt werden. Im „Qumran-Kalender" wechselt der Mondmonat zwischen 29 und 30 Tagen, angefangen mit 29. Zwölf Mondmonate ergeben 354 Tage. Jedes Jahr fällt aber der Mondkalender um zehn Tage hinter den Sonnenkalender zurück. Nach drei Mondjahren und mit der Differenz von 30 Tagen zwischen beiden Kalendern wird diese dadurch ausgeglichen, daß ein zusätzlicher Monat mit 30 Tagen hinzugefügt wurde. Insgesamt lautet die Gleichung für den Mondkalender: 354 Tage Mondjahr x 3 Jahre = 1062 Tage + 30 Monatstage = 1092 Tage. Der Verfasser zählt bei dieser Methode die Zahl der Konjunktionen. Er listet außerdem die Konjunktionen auf, die auf Sabbatjahre fallen: das dritte Element. Auf einer modernen Tabelle wäre dies die dritte Spalte. Der Name weist darauf hin, daß Sabbatjahre analog zum Sabbat jeder Woche alle sieben Jahre wiederkehren. Daher fordern biblische Gesetze, im Sabbatjahr solle das Land brachliegen. Sorgfältige Planung war notwendig, um in solchen Jahren Hungersnöte zu vermeiden.

Da die Rolle 4Q319 einen Zeitraum von sechs Jubeljahren umfaßt, enthält sie den längsten Qumran-Kalender-Zyklus – 294 Jahre (6 x 49). Im Jahr 295 fängt der Zyklus von vorne an. Ein Geheimnis des Zyklus ist, daß der Autor das Schöpfungsjahr an den Beginn des zweiten, nicht des ersten Jubeljahres stellt. Vielleicht geschah dies deswegen, weil ein vervollständigter 294-Jahres-Zyklus dann mit dem Ende des *siebten* Jubeljahres zusammenträfe. Die Ziffer sieben betrachtete man als heilige Ziffer.

Die Mond-Sonne-Konjunktionen des zweiten Jubeljahres.

Fragment 1 Kolumne 5 [10][...] Licht am Mittwoch [...] [11][... Die Konjunktion an] der Schöpfung der Lichter, am vierten Tag des priesterlichen Turnus des G[amuls; die Konjunktion von Schechanja im vierten Jahr; die Konjunktion von Gamul im Sabbatjahr; die Konjunkt]ion von [12]Schechanja im dri]tten Jahr; die Konjunktion von [G]amul im sechsten Jahr; die Konjunktion von [Schechanja im zweiten Jahr; die Konjunktion von G]amul [13][im fünften Jahr; die Konjunkt]ion von Schechanja im Jahr nach dem Sabbatjahr (erstes Jahr); die Konjunktion von Gamu[l im vierten Jahr; die Konjunktion von Schecha]n[ja [14][im Sabbatjahr; die Konjunkt]ion von Gamul im dritten Jahr; die Konjunktion von Schechanja [im sechsten Jahr; die Konjunktion von Gam]ul [15][im zweiten Jahr; die Konjunkt]ion von Sche[chanja] im fünften Jahr; die Konjunktion von Gamu[l im Jahr nach dem Sabba]tjahr (erstes Jahr); die Konjunktion von [16][Schechanja im vi]erten Jahr; die Konjunktion von Gamul im Sabbatjahr; die

Konjunktion am E[nde des zweiten Jubeljahres. Die Konjunktionen des zweiten J]ubel-
jahres [17]sind siebzehn, von denen [drei] in Sabbatjahren sind [...] die Schöpfung [18][...]

Die Mond-Sonne-Konjunktionen des dritten Jubeljahres.

[Die Konjunkt]ion von Schecha[n]ja im dritten Jahr; die Konjunktion von Gamu[l
im sechsten Jahr; die Kon]junktion von Schechanja [19][im zweiten Jahr; die Konjunktion von G]amul im fünften Jahr; die Konjunktion von Schechanja im Jahr nach dem
Sa[bbatjahr (erstes Jahr); die Konjunktion von Ga]mul **Kolumne 6** [1][im vierten Jahr;
die Konjunktion von Schechanja im Sabbatjahr; die Konjunktion von Gamul im dritten Jahr; die Konjunktion von Schechanja] [2][im sechsten Jahr; die Konjunktion von
Gamul im] zwe[i]te[n Jahr; die Kon[junktion von Schechanja im fünften Jahr; die
Konjunktion von Gamul] [3][im Jahr nach dem Sabbatjahr (erstes Jahr); die Konjunktion von Schechanja im vi[erten Jahr; die Konjunktion von Gamul im Sabbatjahr; die
Konjunktion] [4][von Schechanja im dri]tten Jahr; die Konjunktion von Gamul im
se[chsten Jahr; die Konjunktion von] Schechanj[a im zweiten Jahr; die Konjunktion am
Ende [5]des dri[tt]en Jubeljahres. Die Konjunktionen [des dritten] Jubeljahres sind
[sech]zehn, von denen [6]zwei im Sabbatjahren sind.

Die Mond-Sonne-Konjunktionen des vierten Jubeljahres.

Die Konjunktion von Schechanja [im zweiten Jahr; die Konjunkt]ion von Gamul im
fünften Jahr; die Konjunktion von Schechanja [7]im Jahr nach dem Sabbatjahr (erstes
Jahr): die Konjunkt[ion von Gamul im vierten Jahr; die Konjunkt]ion von Schechanja
im Sabbatjahr; die Konjunktion von [8]Gamul im dritten Jahr; die Konjunktion von
Schechanja im sechsten Jahr; die Konjunktion von Ga]mul im zweiten Jahr; die
Konjunktion von [9]Schechanja im fünften Jahr; die Konjunktion von [Gamul im Jahr
nach] dem Sabbatjahr (erstes Jahr); die Konjunktion von Schechanja [10]im vierten Jahr;
die Konjunktion von Gamul [im Sabbatjahr; die Konjunktion] von Schechanja im drit-
ten Jahr; die Konjunktion von Gamul [11]im sechsten Jahr; die Konjunktion von
Schecha[nja im zweiten Jahr; die Konjunktion von] Gamul im fünften Jahr; die
Konjunktion von Schechanja [12]im Jahr nach dem Sabbatjahr (erstes Jahr); die
Kon[junktion vom Ende des vierten Jubeljahres. Die Konjunktionen im] vierten
[Jubel]jahr sind siebzehn, [13]von denen zwei im Sabbatjahr sind.

Die Mond-Sonne-Konjunktionen des fünften Jubeljahres.

Die Konjunktion von G[amul] im vierten Jahr; die Konjunktion von Schechanja
[14][im Sa]bbatjahr; die Konjunktion von Gamul im [dritten Jahr; die Konjunktion von
Schechanja im sechsten Jahr; die Konjunktion von Gamul] [15]im zwei[t]en Jahr; die
Konjunktion von Schechanja im fü[nften Jahr; die Konjunktion von Gamul im Jahr
nach dem Sabbatjahr (erstes Jahr); die Konjunktion von Schechanja] [16]im vierten Jahr;
die Konjunktion von [Ga]mul im [Sabbatjahr; die Konjunktion von Schechanja im
dritten Jahr; die Konjunktion von Gamul] [17]im sech[sten Jahr; die Kon]junktion von
Sche[chanja im zweiten Jahr; die Konjunktion von Gamul im fünften Jahr; die
Konjunktion von Schechanja] [18][im Jahr nach dem] Sabbatjahr (erstes Jahr); die
Konjunktion von G[amul im vierten Jahr; die Konjunktion von Schechanja im

Sabbatjahr; die Konjunktion am Ende des] [19][fünf]ten [Jubeljahres ist] in Jeschebab. [Die Konjunktionen des fünften Jubeljahres sind sechzehn, von denen **Kolumne 7** [1][drei in Sabbatjahren sind.]

Die Mond-Sonne-Konjunktionen des sechsten Jubeljahres.

[Die Konjunktion von Gamul im dritten Jahr; die Konjunktion von Schechanja im sechsten Jahr; die Konjunktion][2][von Gamul im] zweiten Jahr; die Konjunktion von Schechanja im [fünften Jahr; die Konjunktion von Gamul im Jahr nach dem Sab]batjahr (erstes Jahr); [3][die Konjunktion von Schechanja im viertem Jahr; die Konjunktion von Gam[ul im Sabbatjahr; die Konjunktion von Schechanja] im dritten Jahr; [4]die Konjunktion von Gamul im sechsten Jahr; die Konjunktion von Schechanja [im zweiten Jahr; die Konjunktion von]Gamul [5]im f[ü]nften Jahr; die Konjunktion von Schechanja im Jahr nach [dem Sabbatjahr (erstes Jahr); die Konjunktion von [6]Gamul im vi[e]rten Jahr; die Konjunktion von Schechanja im Sab[batjahr; die Konjunktion von Gamul im]dritten Jahr; [7]die Konjunktion von [Schechanja im se]chsten Jahr; die Konjunktion am Ende des [sechsten Jubeljahrs. Die Konjunktionen des [8][sechsten] Jubeljahres sind [sech]zehn, von denen zwei in [Sabbatjahren] sind. [9] die [...] [10]und für das Jube[ljahr ...]

Die Mond-Sonne-Konjunktionen des siebten Jubeljahres.

[Die Konjunktion von Gamul im zweiten Jahr; die Konjunktion von Schechanja im fünften Jahr; die Konjunktion von Gamul im Jahr nach] [11]dem Sabba[t]jahr (erstes Jahr); [die Konjunktion von Schechanja im vier]ten Jahr; die Konjunktion von Gamu[l im] Sabba[tjahr;] [12][die Konjunktion von Schechanja im dritten Jahr; die Konjunktion von] Gamul im sechsten Jahr; die Konjunkt[ion von Schechanja] [13][im zweiten Jahr; die Kon[junktion von Gamul] im fünften Jahr; die Konjunktion von Schechanja im Jahr [nach] [14]dem Sabbatjahr (erstes Jahr); [die Konjunktion von Ga[mul im vierten Jahr; die Konjunktion von Schechanja im Sa[bbatjahr; die Konjunktion von] [15]Gamul [im dri]tten Jahr; die Konjunktion von Schechanja im sechsten Jahr; die Konjunktion von [Gamul] [16]im zwe[iten Jahr; die Konjunktion von Schechanja] im fünften Jahr; die Konjunktion am Ende [des] siebten Jube[ljahres].

[17][Die Konjunktionen des] siebten [Jubeljahres] sind sechzehn, von denen [18][zwei] in Sa[bba]tjahren [sind. ...] Zeichen der J[u]beljahre, das [Ja]hr des Jubeljahres entsprechend den Ta[gen ...] [19]im Turnus von Mijamin, der dritte Je[daja ...]

– M. G. A.

68. SYNCHRONISTISCHE KALENDER

4Q320–321a

Die drei Schriftrollen vom Toten Meer, die hier zusammen vorgestellt werden, haben eine gemeinsame Intention: den Mondkalender mit seinen 354 Tagen mit dem Sonnenkalender mit seinen 364 Tagen zu „synchronisieren". Zusätzlich geben zwei

Schriften, 4Q320 und 4Q321, die Anfänge der Sonnenmonate und der Feste wieder. Die dritte, 4Q321a, hat wohl dem gleichen Zweck gedient; der entscheidende Abschnitt des Textes ist jedoch nicht erhalten. Alle Texte vermitteln die Daten durch Nennung des Namens des jeweiligen Priestergeschlechts, das zur fraglichen Zeit Dienst tat. Insgesamt 24 Priester dienten, die sich im wöchentlichen Turnus ablösten. Die Namen der jeweiligen Dienstzeiten folgen der biblischen Auflistung in 1 Chronik 24,7–18.

4Q320 Mishmerot A

Fragment 1, Kolumne 1–3 listet die Daten des Vollmonds für drei Jahre des Kalenders auf. Obwohl die Daten dieser Konstellation zu diesem Zeitpunkt wiederbeginnen würden (das vierte Jahr entspricht dem ersten Jahr), beginnt die Wiederholung priesterlichen Abteilungen nicht vor dem siebten Jahr. Daher muß man davon ausgehen, daß drei weitere Kolumnen dieses Fragments verlorengegangen sind.

Fragmente 2 und 4 führen die priesterlichen Abteilungen an, die zu Beginn jedes Sonnenmonats Dienst haben, gefolgt von einer Liste der Feste. Diese Kalender halten einen vollständigen Sechsjahreszyklus fest. 4Q321 unten faßt diese beiden Listen zusammen.

Der Vollmondkalender für das erste Jahr. Die Dienstklassen waren die priesterlichen Familien, die nach Einteilung im Tempel zu Jerusalem Dienst leisteten.

Fragment 1 Kolumne 1 [1][...] um sich vom Osten her sichtbar werden zu lassen [2][und] um zu erleuchten [in] der Mitte des Firmaments am Fundament der [3][Wei]te des Firmaments, vom Abend bis Morgen am vierten Tag vom Sabbat an (Mittwoch), [4][während des Dienstplans der Söhne des G]amul(s), im ersten Monat des [5][ers]ten Jahres.

[6][Am fünften Tag (Donnerstag) des Turnus des Jedaj]a ist der neunundzwanzigste Tag des Mondmonats, am dreißigsten Tag des ersten Sonnenmonats. [7][Am Sabbat des Turnus des] Koz ist der dreißigste Tag des Mondmonats, am dreizehnten Tag des zweiten Sonnenmonats. [8][Am ersten Tag (Sonntag) des Turnus des Elja]schib ist der neunundzwanzigste Tag des Mondmonats, am neunundzwanzigsten Tag des dritten Sonnenmonats. [9][Am dritten Tag (Dienstag) der Abteilung des Bilga] ist der dreißigste Tag des Mondmonats, am achtundzwanzigsten Tag des vierten Sonnenmonats. [10][Am vierten Tag (Mittwoch) des Turnus des Petachja ist der neunundzwanzigste Tag des Mondmonats, am siebenundzwanzigsten Tag des sechsten Sonnenmonats. [11][Am sechsten Tag (Freitag) des Turnus des Delajah] ist der dreißigste Tag des Mondmonats, am siebenundzwanzigsten Tag des sechsten Sonnenmonats. [12][Am Sabbat des Turnus des Seori]m ist der neunundzwanzigste Tag des Mondmonats, am fünfundzwanzigsten Tag des siebten Sonnenmonats. [13][Am zweiten Tag (Montag) des Turnus des Abija ist der drei[ßigste Tag des Mondmonats, am] fünfundzwanzigsten des achten Sonnenmonats. [14][Am dritten Tag (Dienstag) des Turnus des Jakim ist der neunund]zwanzigste [Tag des Mondmonats,] am vierundzwanzigsten Tag des neunten Sonnenmonats. **Kolumne 2** [1]Am fünften Tag (Donnerstag) des Turnus des Immer ist der dreißigste Tag des Mondmonats, am dreiundzwanzigsten Tag des zehnten Sonnenmonats. [2] Am sechsten Tag (Freitag) des Turnus des Jeheskel ist der neunundzwanzigste Tag des Mondmonats,

am zweiundzwanzigsten Tag des elften Sonnenmonats. ³Am ersten Tag (Sonntag) des Turnus des Jojarib ist der dreißigste Tag des Mondmonats, am zweiundzwanzigsten Tag des zwölften Sonnenmonats.

Die Reste der Kolumnen 2 und 3 von Fragment 1 bieten den Vollmondkalender für das zweite und dritte Jahr.
Eine Liste der Sonnenmonate des ersten Jahres.

Fragment 2 Kolumne 2 ²mit den Opfern [der ersten Tage der Monate (?). . .] ³Tage [...]⁴heilig [...] ⁵Der zweite Monat hat dreißig Tage [und beginnt in dem Turnus des Jedaja.] ⁶Der dritte Monat hat [einund]dreißig [Tage und beginnt im Turnus des Koz.] ⁷Der vierte Monat hat dreißig Tage [und beginnt im Turnus des Eljaschib.]

Sonnenmonate des fünften Jahres.

Fragment 4 Kolumne 1 ¹¹[Der neunte Monat hat einunddreißig Tage] und beginnt im Turnus des Jojari[b]. ¹²[Der zehnte Monat hat dreißig Tage] und beginnt im Turnus des Malkija. ¹³[Der elfte Monat hat dreißig Tage] und beginnt im Turnus des [J]eschua. ¹⁴[Der zwölfte Monat hat einunddreißig Tage] und beginnt im Turnus des Jeschebab.

Festzeiten des ersten Jahres.

Kolumne 3 ¹Die Festzeiten des ersten Jahres:
²Am dritten Tag vom Sabbat an (Dienstag) im Turnus der Söhne Maasja ist Pascha. ³Am ersten Tag (Sonntag) im Turnus [des] Jeda[ja] ist das [Garben]schwingen. ⁴Am fünften Tag (Donnerstag) in dem Turnus des Seorim ist das [zweite] Pascha. ⁵Am ersten Tag (Sonntag) des Turnus des Jeschua ist das Wochenfest. ⁶Am vierten Tag (Mittwoch) im Turnus des Maasja ist der Gedächtnistag. ⁷[Am] sechsten Tag (Freitag) im Turnus des Jojarib ist der Versöhnungstag, ⁸[im] siebten [Monat].
⁹[Am] vierten Tag (Mittwoch) im Turnus des Jedaja ist das Laubhüttenfest.

Festzeiten des zweiten bis sechsten Jahres sind in den Kolumnen 3 bis 6 aufgezeichnet.

4Q321–321a Mishmerot Bᵃ und Bᵇ

Diese beiden Manuskripte enthalten denselben Kalender. Das ursprüngliche Werk scheint einen vollständigen Sechsjahreszyklus von Voll- und Neumonden enthalten zu haben, gefolgt von einem Kalender, der den ersten Tag eines jeden Sonnenmonats sowie jedes Festival anführte.

Mondkalender für das erste Jahr (die Monate zwei bis vier).

4Q321a Fragment 1 Kolumne 1 ⁵[Der Vollmond ist am Sabbat des Turnus des Koz, am dreißigsten Tag des zweiten Monats, und der Neumond ist am ersten Tag des Turnus des Malkija, am sieb]zehnten des Monats. ⁶[Der Vollmond ist am ersten Tag des Turnus des Eljaschib, am neunundzwanzigsten Tag des dritten Monats, und der Neumond] ist am zweiten Tag des Turnus des Jeschua, am [sechzehnten] ⁷[des Monats].
[Der Vollmond ist am dritten Tag des Turnus des Bilga, am] [ac]htundzwanzigsten Tag des vierten Monats, ⁸[und der Vollmond ist am vierten Tag des Turnus des Huppa, am fünfzehnten des Monats.]

[9][Der Vollmond ist am vierten Tag des Turnus des Petachja, am siebenundzwanzig-sten Tag des fünften Monats, und der Neumond ist am fünften Tag des Turnus des Hesir,] [10][am vierzehnten des Monats.]

Mondkalender für das erste Jahr (die Monate sieben bis zwölf).

4Q321 Fragment 1 Kolumne 1 [1][... und der Neumond ist am ersten Tag des Turnus des Jedaja am zwöl]ften des (siebten) Monats. Der Vollmond ist am zweiten Tag des Turnus des Abij[a, am fünf]undzwanzigsten [Tag des achten Monats, und der Neumond] [2][ist am dritten Tag des Turnus des Mijamin, am zwölften] des Monats. Der Vollmond ist am dritten Tag des Turnus des Jakim, am vie[rundzwanzigsten Tag des neunten Monats, und der Neumond ist am vierten Tag] [3][des Turnus des Schechanja, am elf]ten des Monats. Der Vollmond ist am fünften Tag des Turnus des Immer, am dreiundzw[an]zigsten Tag des zehn[ten Monats, und der Neumond ist am sechsten Tag des Turnus des Je]schebab, [4][am zehnten Tag des Mo]nats. Der Vollmond ist am [se]chsten Tag des Turnus des Jeheskel, am zweiundzwanzigsten Tag des elften Monats, und [der Neumond ist am Sabbat des Turnus des] Petachja, [5][am neunten des Monats.] Der Vollmond ist am ersten Tag des Turnus des Jorjarib, am zweiundzwanzigsten Tag des zwölften Monats, und [der Neumond ist am zwei]ten Tag des Turnus des Delaja, [6][am neunten des Monats.]

Die Fortsetzung von Fragment 1, Kolumne 1 bis Kolumne 3 listet das zweite bis vierte Jahr des Mondkalenders auf. Fragment 3 von 4Q321 zeichnet das Ende des Jahres fünf sowie den Anfang des Jahres sechs auf. Fragment 2 von 4Q321 vervollständigt das Jahr sechs.
Sonnenmonate und Festzeiten des Ersten Jahres.

4Q321 Fragment 2 Kolumne 1 [8][Das E]rste [Jahr:] der [ers]te Mona[t] beginnt im Turnus des [Gamul. Am dri]tten Tag des Turnus des Maa[sija] ist [das Pessach.] [9][Das Garbenschwingen ist im Turnus des Jedaja. Der zweite Monat beginnt im Turnus des Jedaja. Das Zweite Pessach ist im Turnus des] Seorim. [Der dritte Monat beginnt in dem Turnus des Koz.] **Kolumne 2** [1]Das Woch[en]fest ist im Turnus des Jeschua. [Der vi]e[rten Monat beginnt im Turnus des E]ljaschib. Der fünften Monat beginnt im Turnus des [Bilga. Der sechste Monat beginnt im Turnus des Jehe]skel. Der sieb[te Monat beginnt im Turnus des Maasja.] [2]Der Gedächtnistag ist im Turnus des Maasja. Der Versöhnungstag ist im Turnus des Jojarib. [Das] Laubhütten[fest] ist im Turnus des Jedaja. Der achte Monat beginnt [im Turnus des Seorim.] [3]Der neunte Monat beginnt im Turnus des Jeschua. Der zehnte Monat beginnt im Turnus des Huppa. Der elfte Monat beginnt im Turnus des Hesir. Der zwölfte Monat beginnt im Turnus des Gamul.

Die Fortsetzung von Kolumne 2 bis 4 zählt die Jahre zwei bis sechs der Sonnenmonate und Festzeiten auf.

– M. G. A.

69. Kalender-Chronik

4Q322–324b

Dieser periodische Kalender ist eine der wichtigsten Schriftrollen vom Toten Meer für die Frage nach dem Ursprung der Rollen, die nur sehr wenige identifizierbare Persönlichkeiten nennen. Die *Kalender-Chronik* greift, während sie den turnusmäßigen Priesterwechsel beschreibt, mindestens zwanzig Personen und Ereignisse heraus, die der besonderen Beachtung wert waren. Alle Personennamen passen in den Zeitraum von 76 bis 63 v. Chr., eine Periode gewaltiger Umwälzungen innerhalb der jüdischen Gesellschaft.

Zuerst kam Salome Alexandra (von der *Kalender-Chronik* mit ihrem hebräischen Namen Schelamizion bezeichnet) auf den Thron (76–67 v. Chr.). Sie ließ den Pharisäern freie Hand in innerstaatlichen Angelegenheiten. Sie setzte damit ein Zeichen für die Verfolgung der regierenden Koalition, die unter ihrem Ehemann und Vorgänger, dem antipharisäischen Alexander Jannäus (103–76 v. Chr.) gewirkt hatte. Nach dem Tod Alexandras im Jahr 67 v. Chr. bestieg ihr Sohn Johannes Hyrkanus II. den Thron (67/63–40 v. Chr.), der öfter in der *Kalender-Chronik* genannt wird. Er dankte bald zugunsten seines Bruders Aristobul II. ab, eine weitere Persönlichkeit unseres Textes. Aufgestachelt von Ratgebern, die auf ihren eigenen Vorteil bedacht waren – darunter Antipater, Statthalter von Idumäa und Vater des Herodes d. Gr. – überlegte es sich Hyrkanus anders. Er versuchte, die Macht von Aristobul zurückzugewinnen. In den Jahren 67 bis 63 v. Chr. wurde die jüdische Nation durch einen Bürgerkrieg erschüttert. Als der Konflikt eskaliert war, entschloß sich der römische Feldherr Pompejus, zum Nutzen Roms sich einzumischen. Die Römer unterstützten Hyrkanus II. Mit der Belagerung der priesterlichen Anhängerschaft des Aristobul im Tempel zu Jerusalem im Jahr 63 v. Chr. erreichten die Ereignisse ihren Höhepunkt. Nach einigen Monaten gelang den Römern der Durchbruch; sie erstürmten den Tempelbezirk und töteten jeden, der ihnen vors Schwert geriet. Josephus berichtet von insgesamt zwölftausend, die ihr Leben verloren.

Viele Anhänger des Aristobul, die überlebten, endeten als römische Gefangene und Sklaven. Bei diesen Schlachten der Römer spielte einer der führenden Generäle des Pompejus, M. Aemilius Scaurus, eine entscheidende Rolle. Auch er taucht in der *Kalender-Chronik* auf. Sein Autor legt ihm das Tempelmassaker zur Last. Historiker versuchen stets, die Tendenz eines Dokumentes herauszufinden. Sicherlich darf man nicht für bare Münze nehmen, was ein Text auf den ersten Blick aussagt.

Zweifelsohne ist der Inhalt wichtig. Neue Fakten sind stets willkommen, doch muß auch danach gefragt werden, welche Intention hinter dem Text steht? Die *Kalender-Chronik* ist stark tendenziös. Der Autor beschreibt Hyrkanus als Rebellen, vermutlich gegen Aristobul (4Q322 Fragment 2). Die Wahl des Begriffs „Rebell" ist verräterisch. Nach Ansicht seiner eigenen Anhänger versuchte Hyrkanus nur, zurückzugewinnen, was sein Erstgeburtsrecht war. Jemand, der für ihn nur Partei ergriff, hätte niemals das Wort „Rebell" verwendet. Das hebräische Wort für „Rebellion" meint einen Angriff auf rechtmäßige Autorität. Für unseren Autor waren also die Ansprüche des Hyrkanus nicht legitim. Seine Sympathien sind ganz offensichtlich auf seiten des Aristobul.

Da Hyrkanus von den Pharisäern unterstützt wurde, war unser Verfasser, der Aristobul favorisierte, ein Gegner der Pharisäer. Diese Tendenz entspricht eindeutig dem Tenor der Rollen.

Fragment 1 nennt eine Reihe historischer Ereignisse, die leider nicht identifiziert werden können.

4Q322 Fragment 1 [1][...] am zehnt[en des sechsten Monats ...] [2][am vierzehnten des Monats ist der Begin]n des Turnus des Jedaja, am sechzehn[ten des Monats ... am einundzwanzigsten] [3][des Monats ist der Beginn des Turnus von Harim, am sieben]undzwanzigsten des [sechsten] Monats [...] [4][...] er kehrte zurück [...] [5][... Nicht]juden (oder Kitt]im) und auch [...] [6][...], jene, die einen [verbi]tterten Geist [...] [7][...] Gefangene [...]

Zeile 1 enthält ein undatiertes Ereignis sowie einen Hinweis auf „Ehre unter Nabatäern". Dies könnte ein Hinweis sein auf Hyrkanus II., seine Flucht und die Bitte um Aufnahme bei den Nabatäern zu Beginn des Bürgerkriegs. Zeile 4 enthält ein undatiertes Ereignis, in das Schelamizion (= Salome Alexandra, 76–63 v. Chr.) verwickelt ist. Zeile 6 erwähnt einen Aufstand unter Beteiligung von Hyrkanus und bezieht sich wahrscheinlich auf den Ausbruch des Bürgerkriegs.

Fragment 2 [1][...] ihm Ehre [zu] erweisen unter den Nabatä[ern ...] [2][... am vi]erten [Tag] des Dienstes dieses Stammes [...] [3][...] das ist der zwanzigste des Monats [...] [4][...] Grundstein. Schelamizion betrat [...] [5][...] zu erhalten [...] [6][...] Hyrkanus erhob sich [gegen Aristobul (?...] [7][...] zu erhalten [...]

Ein undatierter Mord.

Fragment 3 [2][...der Herrscher der Nicht]juden (oder Kitt]im) ermordete [...] [3][am fünften [Tag] Jedajas [...]

Die Zeilen 1–2 halten ein Ereignis fest, das zwischen dem neunten und sechzehnten des achten Monats stattfand. Zeile 3 nennt ein Ereignis zwischen dem fünfundzwanzigsten und siebenundzwanzigsten des achten Monats. In Zeile 4 geht es um ein Ereignis am zweiten Tag des neunten Monats.

4Q323 Fragment 1 [1][...] am neun[ten des achten Monats ist der Beginn des Turnus von Schechanja ...] [2][... des] Turnus des Schechanja [...am sechzehnten des Monats ist der Beginn des Turnus des Eljaschib,] [3][am dreiundzwanzig]sten des Monats ist der Beginn des Turnus des Jakim, am zweiten Tag des Jakim [...] und am vi[erten] Tag [des Jakim...] [4][...] zweiter [Ta]g des n[eunten] Monats [...]

Zeile 4 enthält wahrscheinlich ein Ereignis des Tempeldienstes.

Fragment 2 [1][...der vie]rte [Tag] von Hes[i]r ist der [er]ste Tag des z[ehnten Monats...] [2][am vierten des Monats ist der Beginn des Turnus des Pi]zzez. Am el[f]ten des Monats ist [der Beginn des Priesterturnus des Petachja] [3][Am achtzehnten des Monats ist der Beginn] [4][des Turnus des Jachin...Jachi]n, der Die[n]st [...] [5][...am zweiten des elften Monats] ist der Beginn [des Turnus des Gamul...]

Undatiertes Ereignis einer Handlung gegen Aristobul II., 67–63 v. Chr.

Fragment 3 [1–4][...] [5][...] Männer [von...] [6][...] und gegen Ar[istobul...] [7][...] sie sagten [...] [8][...] daß er [...]

Zeile 7 überliefert ein Ereignis, in dem es um einen Bund oder den Zehnt des siebten Monats (Versöhnungstag = Jom Kippur) geht.

4Q324 Fragment 1 [1][Am dreiundzwanzigsten des fünften Monats ist] der Beginn des [Turnus des Eljaschib. Am dreizehnten des fünften Monats ist der Beginn des Turnus des Jakim.] [2][Am Sonntag (dem Tag nach dem Sabbat) von Jakim ist der ers]te des se[chsten Monats. Am siebten Tag des sechsten Monats ist der Beginn des Turnus des Huppa.] [3][Am vier]zehnten des fünften Monats ist [der Beginn des Turnus von Jeschebab. ...] Am ein[undzwanzigsten] [4][des fünften Monats ist der Beginn des Turnus des Bilg]a. Am achtund[zwanzigsten des fünften Mo]nats ist der Beginn des Turnus des Imm[er]. [5][Am vierten Tag des Turnus von Immer ist der er]ste Tag des siebten Monats. Am vi[e]rten des siebten Monats ist der Beginn des Turnus von H[esir]. [6][Am sechsten Tag des] Turnus des Hesir, der der zehnte Tag des siebten Monats ist, ist der Tag [der Versöhnung (?) ...] [7][...] als ein Bund. Am elften des siebten Monats ist der Beginn des [Turnus des Pizzez ...]

Neunter bis elfter Monat des fünften Jahres.

4Q324a Fragment 1 Kolumne 2 [1][...] Tag des [... am einundzwanzigsten Tag] [2][des Mona]ts ist der Beginn des Turnus von S[eor]im. Am achtundzwanzigsten des Monats ist der Beginn des Turnus des Malki[ja]. [3]Am vierten Tag [des] Malkija ist der erste des zehnten Monats.

[4]Am vierten Tag des zehnten Monats ist der Beginn des Turnus von Mija[m]in. Am elften des Monats ist der Begi[nn des Turnus des Koz.]

Dieses Fragment nennt einige Juden, die von M. Aemilius Scaurus, einem der führenden römischen Generäle, bei der Eroberung Jerusalems im Jahr 63 v. Chr. getötet wurden.

Fragment 2 [1][... Am] einund[2][zwanzigsten Tag des Monats ist der Beginn des Turnus des Petachja. Am achtundzw]anzigsten Tag [3][des Monats ist der Beginn des Turnus des Jeheskel. Am ersten (*oder* zweiten *oder* dritten) Tag des Je]heskel, der [4][der neunundzwanzigste (*oder* dreißigste *oder* einunddreißigste) Tag des sechsten Monats ist,] wurde Amelio getötet [5][... Der vierte Tag des Jeheskel ist der erste des] siebten [Monat]s. [6][Am vierten des Monats ist der Beginn des Turnus des Jachin. Am elften des Monats ist der Be]gi[nn des] Turnus des Gamul. [7][... Am vierten Tag des Gamul, der] [8][der fünfzehnte Tag des siebten Monats ist, ist das Fest der Laubhütte. An diesem Tag] wurde Amelios getötet ...

Monate neun und zehn des sechsten Jahres.

Fragment 3 [2][... Am achtundzwanzigsten des Monats ist der Beginn des Turnus des Je]schua. Am vierten Tag [des Jeschua ist der erste Tag] [3][des zehnten Monats... Der sechste Tag des Jeschua, welcher i]st der zehn[te Tag des Monats...]

Undatiertes Ereignis, in das ein Jude verwickelt ist.

Fragment 5 [1][...] ein jüdischer Mann [...]

Undatiertes Ereignis, das einen gewissen Johanan betrifft. Vielleicht ist dies ein Hinweis auf Hyrkanus I. 135–104 v. Chr. Wahrscheinlicher ist, daß der Verfasser an Hyrkanus II. gedacht hat, mit dem Aristobul während des Bürgerkriegs 67–63 v. Chr. um das Königtum kämpfte.

4Q324b Fragment 1 Kolumne 1 [4][... der Hohe(?)priester, [5][...] Johanan, zu bringen [...]

Undatiertes Ereignis, das Schelamizion (= Salome Alexandra, 76–63 v. Chr.) betrifft.

Kolumne 2 [3]ein Mann [...] [4][...] [5]Schelamizion [...]

– M. O. W.

70. Priesterdienst:
Sabbat und Monat im ersten Festjahr

4Q325 (Mishmerot D)

Vorliegendes Werk hält fest die Sabbate, die ersten Tage der Monate und die Feste der Priester-Abteilungen sowie des Sonnenkalenders. Erhalten geblieben ist nur ein Teil der Aufzeichnung für das erste Jahr des Sechsjahreszyklus. Besonders auffallend ist die Erwähnung des Festes des Holzopfers in Fragment 2, denn dies war ein sehr umstrittenes Fest. Nicht alle Verfechter des Sonnenkalenders, dem man in den Schriftrollen begegnet, waren auch von der Notwendigkeit eines solchen Festes überzeugt. Die meisten Kalender, die in den Höhlen von Qumran gefunden wurden, schließen es nicht mit ein. Flavius Josephus scheint anzudeuten, daß es zu seiner Zeit keine offizielle Woche des Holzeinbringens gegeben hat. Statt dessen versorgten die Menschen in regelmäßigen Abständen während des ganzen Jahres den Tempel mit Holz.

Sabbate, Sonnenmonate und Festzeiten des ersten Jahres (Monate eins bis drei).

Fragment 1 [1][Das Pessach ist am vierzehnten des Monats am dri]tten [Tag]. Am achtzehnten des Monats ist der Sabbat im [Turnus des Jojarib. Das Pessach endet] [2][am dritten Tag] am Abend. Am fünfundzwanzigsten des Monats ist der Sabbat im Turnus des Jedaja, er ist verantwortlich für [3]das Gersten[fest] am sechsundzwanzigsten des Monats, am Tag nach dem Sabbat (Sonntag). Der Anfang des zwe[iten] Monats ist [4][am s]echsten Tag im Turnus des Jedaja. Am zweiten des Monats ist der Sabbat im Turnus des Harim. Am neunten des Monats ist der Sabbat im [5][Turnus des Seorim]. Am sechzehnten des Monats ist der Sabbat im Turnus des Malkija. Am dreiundzwanzigsten des [Monats] [6][ist der Sabbat im Turnus des Mi]jamin. Am dreißigsten des Monats ist der Sabbat im Turnus des Koz.
Der Anfang des [7]dritten Monats ist an einem Montag (dem Tag nach dem Sabbat) [des Koz].

Sabbate, Sonnenmonate und Festzeiten des ersten Jahres (Monate fünf und sechs).

Fragment 2 [1][Der Anfang des fünften Monats ist am fünften Tag des Bilga. Am zweiten Tag des Monats ist der Sabbat im Turnus des I]mmer. Am dr[i]tten des Monates, [2][am Sonntag (dem Tag nach dem Sabbat), ist das Weinfest. Am] neunten des Monats ist der Sabbat im Turnus des Hesir. [3]Am sechzehnten des Monats ist der Sabbat im Turnus des Pizzez. Am dreiund]zwanzigsten des Monats ist der Sabbat im [4][Turnus des Petachja. Am dreizehnte des Monats ist der Sabbat im Turnus des Jeheskel. Der Anfa]ng des sechsten Monats [5][ist am ersten Tag (nach dem Sabbat) des Jeheskel. Am siebten des Monats ist der Sabbat im Turnus des Jachin. Am vier]zehnten [6][des Monats ist der Sabbat im Turnus des Gamul. Am einundzwanzigsten ist der Sabbat im Turnus des Delaja. Am] zwei[undzwanzigsten] [7][des Monats, am Sonntag (dem Tag nach dem Sabbat), ist das Ölfest; am Montag (am zweiten Tag) ist die [Darbringung des Ho]lzes.

– M. G. A.

71. PRIESTERDIENST:
SABBAT UND MONAT IM VIERTEN FESTJAHR

4Q326 (Mishmerot Eᵃ)

4Q326 enthält die Sabbate, die ersten Tage der Monate nach dem Sonnenkalender und offensichtlich die Festtage für das vierte Jahr des Sechsjahreszyklus anderer kalendarischer Werke. Die Fragmente nennen keine Priesterabteilung. Zeile 1 des Fragments 1: „Im ersten Monat des vierte[n Jahres" legt eine Verbindung zum Priesterzyklus nahe.

Die Sabbate waren die alleinigen heiligen Tage, bei denen sich die Juden der damaligen Zeit hätten einig sein können, da der Sabbat stets auf einen siebten Tag fiel. Alle anderen heiligen Tage waren durch biblische Anordnung mehr an bestimmte Daten als an bestimmte Wochentage geknüpft und wurden daher zu kontroversen Angelegenheiten. Die Sabbate hätten also durchaus eine Ausnahme bilden können. In Wirklichkeit war aber nicht einmal der Sabbat ein „Ruhetag" des Konfliktes. Nach diesem Text verknüpften die Qumran-Kalender die Sabbate wie alle anderen Festtage auch mit einem bestimmten Datum. So wurde ausgerechnet der Sabbat, der für einen Augenblick hätte Frieden bedeuten können, zum Austragungsdatum von Auseinandersetzungen gerade in den „Kalenderkriegen".

Fragment 1 [1]m ersten Monat des vierte[n Jahres, ist der Beginn des Monats ... Am vierten des Monats ist ein Sabbat.] [2]Am elften des Monats ist ein Sabba[t ... und am Abend des vierzehnten Tages des Monats] [3]ist das Fest des Ungesäuerten Brots. Am vie[rten Tag der Woche ist eine heilige Zusammenkunft. Am fünfundzwanzigsten des Monats ist] [4]ein Sabbat. Am sechsundzwanzigsten des Monats ist das G[ersten]-Fest, [am Sonntag (Tag nach dem Sabbat)]

⁵Im zweiten Monat [ist] der Begi[nn des Monats ...]

– M. G. A.

72. Sabbate und Feste des Jahres

4Q327, 4Q394 Abschnitt A (Mishmerot Eᵇ)

Dieses Werk bestimmt die Sabbate und Feste eines ganzen Sonnenjahres, ohne sie mit dem wechselnden Priesterdienst in Verbindung zu bringen. Es handelt sich um einen der wenigen Kalender, die das außerbiblische Ölfest nennen, das auf den 26. Tag des sechsten Monats fiel. Es überaus wahrscheinlich, daß ursprünglich zwei weitere außerbiblische Feste aufgelistet waren: das Weinfest und das Fest des Holzopfers. Unter den Schriftrollen vom Toten Meer erkennt nur die *Tempelrolle* (Text 149) alle drei neuen Feste an. Es liegt auf der Hand, daß die Kalendertexte, obwohl sie viel gemeinsam haben, nicht miteinander übereinstimmen. Die bemerkenswerten Unterschiede zeigen, daß es sich bei diesen Kalendern um Texte einer bestimmten Schule handelt, jedoch nicht um Texte einer kleinen Sekte.

Mehrere Forscher glauben, daß 4Q327 kein eigenes, charakteristisches Werk war, sondern ursprünglich am Beginn einer der Abschriften des *Sektierer-Manifests* (Text 94) angefügt war. Für diese Annahme spricht die Handschrift. Vom gleichen Schreiber stammen 4Q327 und die Abschrift des *Sektierer-Manifests*. Es gibt allerdings einige technische Gesichtspunkte bei der Rekonstruktion des *Manifests*, die für diese Annahme problematisch sind. Solange die Angelegenheit offen ist, sollte man 4Q327 als eigenes Werk vorstellen.

Sabbate und Festzeiten des zweiten Monats.

Fragmente 1–2 Kolumne 1 ²[Am sechzehnten] ³[des Monats ist ein Sabbat.] ⁴Am ⁵dreiundzwanzigsten ⁶des Monats ist ein Sabbat. ⁷[Am] drei[ßigsten] ⁸[des Monats ist ein Sabbat.]

Sabbate und Festzeiten des dritten Monats.

Kolumne 2 ¹[Am einundzwanzig]st[en] ²[des Monats] ist ein Sabbat. ³[Am] acht⁴undzwanzigsten ⁵des Monats ist ein Sabbat. ⁶Der Monat geht weiter mit ⁷Sonntag (dem Tag nach dem Sabbat), ⁸Montag (dem zweiten Tag) ⁹[und einem zusätzlichen Tag am Dienstag.]

Sabbate und Festzeiten der vierten und fünften Monate.

Kolumne 3 ¹[Am vierten] des Monats ist [ein Sabbat]. ²Am el[ften] ³des Monats ist ein Sabbat. ⁴Am acht⁵zehnten des Monats ist ein Sabbat. ⁶Am fünfund⁷zwanzigsten ⁸des Monats ist ein Sabbat. ⁹Am zweiten ¹⁰des fün[f]t[en Monats] ¹¹[ist ein Sa]b[bat]. ¹²[Am dritten] ¹³[des Monats ist das Fest des] ¹⁴[Weins...]

Sabbate und Festzeiten des fünften Monats.

Kolumne 4 [1][Am neunten] [2][des Monats ist ein Sabbat.] [3]Am sechzehnten [4]des Monats ist ein Sabbat. [5]Am dreiund[6]zwanzigsten [7]des Monats ist ein Sabbat. [8][Am dr]eizehnten [9][des Monats ist ein Sabbat.]

Sabbate und Festzeiten des sechsten Monats.

Kolumne 5 [1][Am einund][2][zwanzigste]n [3]des Monats ist ein Sabbat. [4]Am zwei-und[5]zwanzigsten [6]des Monats ist das Fest des [7]Öls, [8]am So[nnt]ag, (am Tag na[ch dem Sab]bat). [9]Am Montag (am zw[eiten Tag]) [10]ist die Darbringung des [11][Holzes].

Sabbate und Festzeiten des zwölften Monats und Zusammenfassung des Jahres.

4Q394 Fragmente 3–7 Kolumne 1 [1][Am achtundzwanzigsten des Monats ist] ein Sabbat. Der Monat geht weiter mit Sonn[tag (dem Tag nach dem Sabbat), Montag (zweitem Tag) und einem] [2][zusätz]lichen [Tag am Mittwoch.] Das Jahr ist vollständig: dreihundert[vier]undsechs[zig] [3]Tage.

– M. G. A.

73. PRIESTERDIENST IM WECHSEL DER JAHRESZEITEN

4Q328 (Mishmerot F[a])

Die erste Zeile dieses fragmentarischen Werks nennt die Priesterfamilien oder Priesterzyklen zu Beginn eines jeden Sechsjahreszyklus. Zeilen 2 bis 6 weisen hin auf den turnusmäßigen Dienst am Beginn eines Vierteljahres. Offensichtlich teilte der Verfasser die Ansicht der *Jubiläen* und des *Grundgesetzes einer Sekten-Gemeinschaft* (Text 5, Kolumne 10), daß jede neue Jahreszeit mit einer Art Neujahrstag beginnt.

[1][Zu Beginn des ersten Jahres ist die Reihe an Gamul, Dienst zu tun; im zweiten Jahr ist es Jedaja, im dritten ist es Mijamin, im vierten ist es Schechanja, im fünften ist es Jescheb]ab und im sechsten ist es Pizzez. Dies sind die Häupter des Jahres: [2][Im ersten [Jahr] Gamul, Eljasch[ib], Maasja [3][und Huppa. Im] zweiten Jahr Jedaja, Bilga, Se[o]rim und He[sir.] [4][Im dritten Jahr Mijam]in, Petachja, Abi[ja und Jachin.] [5][Im vierten Jahr Schechanja, De]laja, Jakim und Joja[rib. Im fünften Jahr] [6][Jeschebab, Harim, Immer] und Malkija. Im se[chsten Jahr Pizzez, Koz, Jaheskel und Jeschua.]

– M. G. A.

74. Priesterwechsel am Sabbat

4Q329 (Mishmerot F^b)

W ie das vorangegangene Werk (4Q328) listen die ersten Zeilen dieser Schrift die Namen der Priesterfamilien auf – oder den Wechsel der Dienstklassen –, die am Beginn eines jeden neuen Quartals im Jahr Dienst tun. Der Verfasser fährt mit den Namen der priesterlichen Dienstklassen fort, die an jedem Sabbat eines Jahres mit dem Tempeldienst zu beginnen haben.

Hier wie in anderen kalendarischen Werken wird das priesterliche Interesse an Systematik bzw. Klassifizierung überaus deutlich illustriert. Das Leben mußte ordentlich sein und seine Abschnitte so regelmäßig, daß Listen zusammengestellt werden konnten. Mit dieser Klassifizierung *beschrieben* die Priester natürlich nicht die Wirklichkeit, sondern sie *schufen* sie vielmehr. Letztlich handelt es sich um den Wunsch, Wirklichkeit zu schaffen. Hinter diesem Wunsch verbirgt sich nichts anderes als der Wille zur Macht. Die zahlreichen kalendarischen Werke der Qumran-Rollen lesen sich als Dokumente des Kampfes um Autorität unter den Juden zur Zeit des zweiten Tempels.

Fragment 1 [Gamul, Eljaschib, Massja und Huppa im ersten Jahr.] ^{1}[Jedaja, Bilga,] Seorim, [und Hesir im zweiten Jahr. Mijamin, Petavhja, Abija und Jachin im] ^{2}[dritten Jahr. Scheschanja, Delaja, Jaki]m, und Jojarib [im vierten Jahr. Jeschebab,] ^{3}[Har]im, Immer, [und Malkija im fünften Jahr.] Pizzez, Ko[z, Jeheskel und Jeschua im sechsten Jahr.] ^{4}Das erste Jahr: im [ersten] Mo[nat: die Abteilungen des Delaja, Ma]asja, Jojarib und J[edaja dienen. Im zweiten Monat:] ^{5}[Harim, Seorim, Malkija, Mijamin und Koz dienen. Im] dritten Monat: A[bija, Jeschua, Schechanja und Eljaschib dienen.]

Fragment 2 ^{1}[Im siebten Monat: Jojarib,] Jedaja, Harim und Seo[rim dienen. Im achten Monat: Malkja, Mijamin, Koz, Abija und Jeschua dienen.] ^{2}[Im neunten Monat: Schechanja,] Eljaschib, Jakim und Huppa dienen. [Im zehnten Monat: Jeschebab,] Bilga, Immer und Hesir dienen. ^{3}[Im elften Monat: Pizzez, Petachja, Jehes]kel, Jac[hin und Gamul dienen.]

– M. G. A.

75. Priesterdienst am Paschafest

4Q329a (Mishmerot G)

D ieser Kalender zeichnet den priesterlichen Turnus der Paschafeste für die ersten fünf Jahre des Sechsjahreszyklus auf. Pascha war und ist und bleibt das wichtigste jüdische Fest. Es erinnert an die Befreiung der Juden aus ägyptischer Sklaverei und dankt für ihre Ankunft im Heiligen Land als freies Volk. Pascha wird nach dem heutigen westlichen Kalender jedes Jahr im März oder April gefeiert.

[1][Im ersten Jahr beginnen die Festtage am dritten Tag nach dem] Sabbat, [2][im Turnus von Maasja, mit dem Pascha. Im zweite]n Jahr beginnen die F[esttag]e [am dr]itten Tag [3][des Turnus von Seorim mit dem Pascha. Im dritte]n Jahr beginnen die Festtage am dritten Tag [4][des Turnus des Abijah mit dem Pascha.] Im vierten Jahr [5][beginnen die Festtage am dritten Tag des Turnus von Jakim mit dem Pa]scha. Im fünften Jahr beginnen die Festtage [6][am dritten Tag des Turnus von Im[mer mit dem Pascha].

– M. G. A.

76. PRIESTERDIENST AM NEUJAHRSBEGINN

4Q330 (Mishmerot H)

Der erste Abschnitt dieses Werks nennt die Namen der nach der Diensteinteilung am Neujahrstag dienenden Priester. Der Neujahrstag fiel nach dem Qumran-Kalender auf den ersten Tag des Nisan, was etwa dem 20. oder 21. März entspricht. Dies war der Tag der Frühjahrs-Tag-und-Nachtgleiche. Selbst der richtige Tag für Neujahr war eine Angelegenheit der Debatten unter der Judenschaft des zweiten Tempels. Manche waren der Meinung, das Jahr sollte am ersten Tag des Tischri, des siebten Monats, beginnen.

Der Anfang der Zeile 2, „in der sechsten Woche", paßt nicht ins Muster des Neujahrstags. Wahrscheinlich waren zusätzliche Information enthalten.

[Im dritten Jahr] [1]dient die Abteilung des Mijamin am ersten des e[rsten] Monats [...] [2]in der sechsten Woche. Im [vierten] Jahr [dient die Abteilung des Schechanja am ersten des Monats...] [3]Im {zweiten Jahr} f[ünften] Jahr, dient die Abteilung des Jeschebab am [ersten des ersten Monats...]

– M. G. A.

77. LITURGISCHER KALENDER

4Q334

Jedem Kalender liegt die Vorstellung einer Ordnung zugrunde. Da das Universum geordnet ist – Sonne, Mond und Sterne bewegen sich auf von Gott geordneten, vorhersehbaren Bahnen –, ist auch ein Kalender möglich. Eine geordnete Schöpfung ruft nach einer geordneten Antwort. Genau das will dieser Text zum Ausdruck bringen. Sogar was kaum geordnet zu sein scheint und eine der spontansten menschlichen Äußerungen ist – nämlich der Lobpreis Gottes –, ist in eine Ordnung gebracht.

Diese faszinierende und „ordentliche" liturgische Schrift zählt die Zahl der „Lieder" (hebr. *shirot*) und die „Worte des Lobpreises" (*divre tischbuhot*) für beide täglichen

Gottesdienste auf. In der folgenden Rekonstruktion steht das „x" für eine unbekannte Anzahl von Liedern oder Lobpreisungen. Der *Liturgische Kalender* ist mit Sicherheit ein streng methodisches Werk, in dem ein Aspekt der Methode erkennbar ist: Die Anzahl der „Worte des Lobpreises", die im Laufe eines Tages gesungen werden, entspricht der Monatszahl mal zwei (s. Fragment 2, Zeilen 4–15).

Aufzeichnung für den achten, neunten und zehnten Tag eines unbekannten Monats.

Fragment 2 [1][Am achten des Monats, am Abend, a]cht [L]ieder und [x-und]vierzig [W]orte des Lobprei[ses]. [2][Während des Tages x Lieder und] sechzeh[n Wor]te des [Lobpreises].

[Am neunt]en des Monats, am Abend, [3][acht Lieder] und [zwe]iundvierz[ig] Worte des Lobpreises. [Während des T]ages, [x] Lieder [4][und achtzehn Worte des Lobpreises.]

Am zehnten des [Monats,] am Abend, acht Lieder [5][und x-undvierzig Worte des Lobpreises. Während des Tages, x Lieder] und zwanz[ig] Wor[te des L]obpreises.

– M. G. A.

78. FALSCHE PROPHETEN IN ISRAEL

4Q339

Auf dieses kleine Stückchen Tierhaut sind die Namen acht falscher Propheten einge-ritzt. Außer dem letzten sind alle bekannte biblische Gestalten. Warum wurde eine solche Liste biblischer Personen zusammengestellt? Der Grund für diese Zusammen-stellung ist wahrscheinlich in der Identität des letzten, des achten falschen Propheten, zu suchen. Leider ist der Name beschädigt, so daß er nicht sicher entziffert werden kann. Alexander Rofe und Elisha Quimron ließen sich nicht von einer Deutung abhalten und schlugen unabhängig voneinander vor, er müsse als „Johannes, Sohn des Simeon" gelesen werden (1 Makkabäer 12,53–16,17). Diese überzeugende Lösung paßt zu den übrigge-bliebenen Buchstaben.

Wenn die beiden Forscher recht haben sollten, dann wird der Sinn dieser Liste sofort offenbar, denn Johannes – genauer Johannes Hyrkanus I. (134–104 v. Chr.) – war König und Hoherpriester Israels. Er war ein umstrittener Führer. Schon zu Beginn seiner Regierungszeit verbündete er sich mit den Pharisäern, später jedoch brach er mit ihnen und wechselte zu den Sadduzäern über. Flavius Josephus liefert uns eine bemerkenswerte Beurteilung des Mannes: „Gott hielt ihn würdig für drei der größten Privilegien: die Regierung der Nation, das Amt des Hohenpriesters und die Gabe der Prophezeiung" (*Alt* 13,299–300). Der Ruf des Johannes Hyrkanus als Prophet spiegelt sich in einem späteren Werk wider, bekannt als *Targum Pseudo-Jonatan* (Targum = Übersetzung der hebräischen Bibel ins Aramäische). Die Übersetzung von Deuteronomium 33,11 lautet in diesem *Targum:* „O Herr, gelobt seien die Opfer des Hauses Levi, die den Zehnten geben und gerne das Opfer von Elija, dem Priester, annehmen, das er auf dem Berg Karmel darbrachte. Zerschmettere die Lenden Ahabs, seines Feindes, und den Nacken der falschen Propheten, die sich ihm widersetzten. Und mögen die Feinde des Hohenpriesters Johannes kein Bein mehr haben, auf dem sie stehen können."

Diese interpretierende Übersetzung setzt Elija mit Johannes gleich. Da Elija ein wahrer Prophet war, dem sich falsche in den Weg stellten, wird Johannes implizit mit dem Zusatz „wahrer Prophet" versehen.

Indem Johannes Hyrkanus allerdings mit den falschen Propheten Israels in einem Atemzug genannt wird, bewertet unser Text die prophetischen Gaben des Hyrkanus äußerst negativ. Der Zweck der Liste ist möglicherweise der gewesen, auf sie den Namen Johannes zu setzen. Welche Politik der Verfasser damit betrieb, mag offen bleiben, denn Johannes war zunächst beeinflußt von den Pharisäern, später von den Sadduzäern. Wenn unser Autor in jener Zeit schrieb, als der König den Pharisäern anhing, kann es durchaus möglich sein, daß er in der späteren Zeit seiner Herrschaft eine andere Bewertung getroffen hat.

Überschrift der Liste.

Kolumne 1 [1][F]alsche Propheten, die sich in I[srael] erhoben haben:

Balaam war ein Midianiter, den der König von Moab veranlaßte, die Israeliten zu verfluchen, als diese im Laufe des Exodus durch sein Gebiet in Richtung auf das verheißene Land zogen. Der Fluch allerdings mißlang, sagt die Bibel, denn Gott verhütete dies. Israels Abfall in der Folge legte man ihm zur Last.

[2]Balaam [Sohn des] Beor;

Der in der Bibel namenlose alte Prophet von Bet-El taucht in 1 Kön 13,11–34 auf. Er überzeugte einen wahren Propheten von dem abzuweichen, was Gott ihm gesagt hatte. Dies führte dazu, daß der wahre Prophet durch den Angriff eines Löwen getötet wurde. Zidkija, Sohn Kenaanas, erscheint in 1 Kön 22,11.

[3][Der] alte Mann von Bet-El; [4][Zid]kija, Sohn Ke[na]anas;

Diese drei falschen Propheten opponierten gegen den Propheten Jeremia (vgl. Jer 29,21.24). Nach dem biblischen Text wurden Ahab und Zidkija den Babyloniern ausgeliefert, wo sie wegen ihrer Lügen hingerichtet wurden. Auch Schemaja wurde bestraft, sein Geschlecht sollte aussterben, bevor es „das Glück" erblicken konnte, das Gott seinem Volk in der Zukunft schenken würde.

[5][Aha]b, Sohn des K[ol]aja; [6][Zid]kija, Sohn des Ma[a]seja; [7][Schemaja aus Ne]helam;

In Jer 28 tritt Hananja, Sohn des Asur, als Prophet auf, der gegen Jeremia opponiert. Von Gott zum falschen Propheten erklärt, starb Hananja innerhalb eines Jahres.

[8][Hananja, Sohn des As]ur;

Die folgende Erwähnung kann sich durchaus auf den makkabäischen Hohepriester und Mitglied der hasmonäischen Familie Johannes Hyrkanus I. (Regierungszeit 135–104 v. Chr.)

beziehen. Einige alte Quellen künden vom Ruf des Johannes als Propheten. Diese Stelle ist die einzige, die seine Prophezeiungen für falsch erklärt.

[9][Johannes, Sohn des Sim]on.

– M. O. W.

79. Liste der Tempeldiener

4Q340

Diese Liste mit Namen von Personen, genannt *netinim* (hebräisch für „Gegebene", was sich darauf bezieht, daß sie mit dem Tempeldienst verbunden sind bzw. diesem „übergeben" wurden) ist interessant und wirft gleichzeitig Fragen auf. Welchem Zweck diente sie? Die „Gegebenen" waren eine Gruppe von Tempeldienern, die auf dem Berg Ofel (2 Chronik 27,3; 33,14) nahe des Tempels lebten. Sie repräsentieren das weniger bedeutende Tempelpersonal des Jerusalemer Heiligtums. Viele Namen jener, die in der Bibel erwähnt werden, lassen darauf schließen, daß es sich um Fremde handelte, denn ihre Namen sind nicht hebräisch. Gleiches kann von denen auf unserer Liste gesagt werden. Außer Itra (und dem ungesicherten Tobia) ist tatsächlich keiner der Namen bekannt. Daher ist auch die vorgeschlagene Schreibweise nur eine Annäherung. Der biblische Itra war mit Sicherheit ein Fremder, ein Ismaelit.

Ezechiel 44,7–9 machte den Israeliten den Vorwurf, daß sie Fremden Zutritt zum Heiligtum gewähren und sie dort mit Aufgaben betrauen. Vermutlich betraf dieser Vorwurf viele der „Gegebenen". Im Nahen Osten war es selbstverständliche Praxis, fremde Sklaven zu Tempeldiensten heranzuziehen; dies geschah auch in Israel. Bereits zur Zeit Ezechiels (etwa 550 v. Chr.) gab es Einwände gegen diese Praxis. Viele Qumran-Rollen hegen eine Abneigung gegen die Beteiligung Fremder am Tempeldienst. Es könnte sich daher bei dieser Liste um eine Aufzählung von Personen handeln, gegen deren Dienst im Tempel sich unser Verfasser wandte.

Kolumne 1 [1]Dies sind die Tempeldiene[r], [2]denen ein Beiname gegeben wurde, nament[lich] genannt: [3]Itra und Aqum (?) [...] [4]„Der Nagel" [und ...] [5]Hartu (?) [und ...] [6]Kawik (?) und To[bia ...]

– M. O. W.

80. Kommentar zum Gesetz des Mose

4Q364–365

Die alten Juden verfügten über viele Methoden, ihre heiligen Texte zu erläutern. Ein erster Weg war der einfache Kommentar, der einen Textabschnitt erklärt oder interpretiert. Auch die Gruppe vom Toten Meer hatte ihre Kommentare. In manchen Fällen war es einfacher, eine Geschichte neu zu schreiben und sie um Details zu ergänzen, wie in Text 2, *Patriarchen-Geschichten,* geschehen. Schwer verständliche Wendungen wurden durch ihre Übersetzung erhellt; als Beispiel ließe sich das *Aramäische Buch Ijob* (Text 146) anführen.

Eine weitere Strategie begegnet uns in den vorliegenden Schriften. Beide Rollen, so läßt sich den dürftigen, erhaltenen Fragmenten entnehmen, boten ursprünglich den vollständigen Pentateuch-Text (Genesis bis Deuteronomium = das Gesetz Mose). Im unversehrten Zustand dürfte sie wohl die längsten aller Schriftrollen vom Toten Meer gewesen sein. Doch sie enthalten ebenso viele kurze – und wenig lange – Ergänzungen, ins Gesetz eingefügt (wie in Text 20, *Überarbeitung von Genesis und Exodus*). In anderen Fällen sind Verse ausgelassen, drastisch gekürzt oder in ihrer Reihenfolge verändert worden. Ob solche „Veränderungen" noch als Kommentare des Pentateuch zu werten sind oder eher eine „wilde", bis heute unbekannte Variante des Pentateuch, ist noch offen. Wenn letzteres zutreffen sollte, würden einige der folgenden Verse keine „Bearbeitung" des Mosaischen Gesetzes darstellen, sondern sie wären die originale Lesart.

4Q364 Fragment 1 [1]„.... da du bis Schur gehst. [Er ließ sich nieder gegenüber all seinen Brüdern. Und dies ist die Geschlechterfolge [2]]Isaaks, Sohn des Abraham. Abraham [war der Vater Isaaks" (Gen 25, 8–19) ...] [3]den Sara, seine Frau, ihm [gebar].

Als Jakob das Heilige Land verläßt, um nach Aram zu gehen, macht sich seine Mutter Sorgen um seine Sicherheit. Eine solche Ergänzung findet sich sonst nur in den Jubiläen 27,13–18.

Fragment 3 Kolumne 2 [1]ihn sollst du sehen [...] [2]du sollst ihn bei guter Gesundheit sehen [... vor] [3]deinem Tod, und deinen Augen [wird er erscheinen ...] [4]ihr beide, und er rief [... er sagte] [5]ihr alle [diese] Dinge [... ihr Geist sehnte sich] [6]nach Jakob, ihrem Sohn, [und sie weinte ...] [7]„Dann sah Esau, daß [Isaak Jakob segnete und] [8]nach Paddan-Aram [schickte], damit er [sich von dort eine Frau] hole [..." (Gen 28,6).]

Fragmente 4b, e Kolumne 1 [8][„Einst ging Ruben zur Zeit der Weizenernte weg] hinter Jako[b, seinem Vater, aufs Feld und fand Alraunen im Feld" (Gen 30, 14).

Die Ergänzung von Exodus enthält wohl eine kurze Zusammenfassung der göttlichen Offenbarung, die Mose auf dem Berg Sinai erhalten hatte.

Fragment 15 [1][„...] Mose [ging mitten] in [die Wolke hinein [2]und stieg auf den Berg hinauf.] Vierzig Tage und vier[zig [3]Nächte blieb Mose auf dem Berg ..." (Ex 24,18).] Er sagte ihm alles ü[ber ...] [4][...] ihm, was er getan hatte zur Zeit der Sammlung [...] [5][„Und der HERR sprach zu Mose:] Sage den Kindern Is[raels ..." (Ex 25,1–2).]

Weitere Fragmente fügen den bekannten Worten des Bibeltextes kurze erklärende Sätze hinzu.

Fragmente 21a–k [1][„Kennt] vor Gericht [kein Ansehen der Person.] Ihr solltet den Kleinen wie den Großen gleichermaßen hören. [Fürchtet euch vor keinem,] denn das Ge[richt [2]ist Gottes ...“ (Dtn 1,17).] Nehmt keine [Bestechung an ...]

4Q365 Fragment 3 [1][„Es wird als] Staub auf g[anz Ägypten niedergehen und an Mensch und Vieh Geschwüre mit aufplatzenden Blasen hervorrufen,] das heißt, [2]schlimme [Beulen] an den Menschen und am Vieh [in ganz Ägypten“ (Ex 9,9–10).]

Fragment 5 [1][...] und sie schauten, „und Ägypter zogen hinter ihnen her, [und sie fürchteten sich sehr ...“ (Ex 14,10)] [2]zweitausend Pferde und sechshundert Stre[itwagen ...]

Fragment 6a Kolumne 1 [1][„Denn es ist für uns immer noch besser, Sklaven der Ägypter zu sein,] als in der Wüste zu sterben. Aber Mose sprach zum [Vo]lk: Fürchtet euch nicht. [2]Bleibt stehen und schaut zu, wie der HE]RR euch [rettet], was [Er vollbringen wird] für euch heute. Wie ihr gesehen habt [3][Ägypten heute, so seht ihr] es nie[mals wieder]. Der [HE]RR wird für euch kämpfen, während ihr aber [4][ruhig abwartet. Der HERR sprach] zu Mose: Warum schreist du zu mir? Sage den Kindern Israels, [5][sie sollen aufbrechen. Und du hebe deinen Stab hoch, strecke] deine Hand [aus] über das Meer und teile es, so daß die Kinder Israels gehen können [6][auf trockenem Boden in das Meer.] Ich will nun die Entschlossenheit des Pharaos und die Entschlossenheit der Ägypter [stärken], [7][damit sie hinter euch herziehen, so kann ich meine Herrlichkeit auf des Pha]raos Kosten erweisen [und auf Kosten] seiner [gan]zen [Streitkräfte und seiner Streitwagen und seiner Reiter, [und sie werden erkennen, [8]daß ich der HERR bin. Der Engel Gottes, der den Zug der Israeliten anführte, erhob sich und ging [9][an das Ende ...] und die [Wolken]säule [erhob sich] vom Lager“ der Ägypter und kam ins Lager von [10][Israel ...] „und sie stand hinter ihnen [...“ (Ex 14,12–20)]

Diese Ergänzung erwähnt das Ölfest wie das Fest des Holzopfers. Für weitere Informationen zu diesen Festen siehe Text 149, Tempelrolle.

Fragment 23 [1][„In Sch]utzhütten sollt ihr sieben Tage lang wohnen; jeder Bewohner Israels soll in Schutzhütten wohnen, damit [eure Nachkommen erkennen können,] [2]daß ich eure Vorväter in Schutzhütten wohnen ließ, als ich sie aus dem Land Ägypten brachte. Ich bin der HERR euer Gott.

[3]Dann sprach Mose von den Festen des HERRN zu den Kindern Israels. [4]Der HERR sprach zu Mose und sagte: Befiehl den Kindern Israels, sage ihnen“ (Lev 23,42–24,2). Wenn ihr in das Land kommt, das [5]ich euch geben werde als euer Erbe und wo ihr sicher wohnen werdet, bringt Holz für das ganze Brandopfer und für die ganze Arbeit [6]am Haus, das ihr mir bauen werdet in dem Land, richtet das Holz her auf dem Altar, der das Brandopfer bereithält; und die Kälber [und auch das Holz ...] [7]für das Pessachopfer und für Gemeinschaftsopfer und für Dankopfer und für freiwillige Opfer und für ganze Brandopfer; und zu [euren] Neu[monden ...] [8][und Festtagen und] an all [den weltlichen Tagen] und für Opfer und all die Arbeit am Haus werden sie bringen [... nach] [9]dem Fest des neuen Öls laßt sie das Holz paar[weise] bringen [nach ihren Stämmen ...] [10][...] jene, die Opfer bringen am ersten Tag: Levi [und Juda; am zweiten Tag Benjamin [11]und Josef; am dritten Tag Ru]ben und Simeon; [am] vier-

ten Tag [Issachar und Sebulon; am ¹²fünften Tag Gad und Ascher; und am sechsten Tag Dan und Naftali.]

Der Text verbindet unmittelbar das Ende von Num 4 mit dem Anfang von Num 7. Vielleicht fanden sich einst Kapitel 5 und 6 an anderer Stelle des Buches. Die Umstellung der Reihenfolge von Bibelstellen dürfte in jener Zeit als erlaubter editorischer Kunstgriff gegolten haben.

Fragment 28 ¹[„jeder,] der Dienst leisten soll und [Trägerdienste am Offenbarungs-zelt. Ihre] ²Zahl war achttausendfünfhundertsechzig. Aus [dem Munde des HERRN betraute Er sie durch] ³Mose jeden mit seiner Aufgabe und mit seinem Trägerdienst; die Anwerbung war so, [wie es der HERR Mose befohlen hatte].

⁵[„Und es geschah] an dem Tag, als Mose den [Zeltaufbau beendete. Er salbte es und weihte es und ...“ (Num 4,47–49; 7,1).]

Ein weiterer Fall einer thematischen Neuordnung ist die Zusammenstellung von Num 27 und 36. Num 27 behandelt das Erbteil von Töchtern, Num 36 befaßt sich mit der Heirat von Erbinnen. Der einstige Herausgeber stellte das Kapitel 27 dem Kapitel 36 voran, wodurch die verwandten Themen in anderer Reihung abgehandelt wurden.

Fragment 36 ¹[„Hat sein Vater] keine [Brüder, dann gebt seinen Erbbesitz dem nächsten Verwandten aus seiner Sippe,] ²und der soll [es] erben. [Dies wurde für die Israeliten geltendes Recht, wie der Herr es] ³Mose [befohlen hatte]“ (Num 27,11). „Dann kamen her [die Familienoberhäupter der Nachkommen Gileads, des Sohnes Machirs, des Sohnes Manasses, aus den Sippen] ⁴der Kinder Josefs zu [Mose und den führenden Männern, den Familienoberhäuptern der] ⁵Israel[iten], und sie sagten: [Der HERR hat meinem Herrn aufgetragen, das Land als Erbbesitz] ⁶durch das Los an [die Israeliten zu verteilen ...“ (Num 36,1–2).]

– E. M. C.

81. APOKRYPHES GESETZ DES MOSE

4Q368

Wie der *Kommentar zum Gesetz des Mose* (Text 80), handelt es sich beim apokryphen Pentateuch wohl um eine Version des Gesetzes des Mose mit bisher unbekannten Ergänzungen.
Fragmente 1 und 2 bieten den Text von Exodus 33,11; 34,11–24.

Eine erweiterte und freie Wiedergabe von Num 20,25–26:

Fragment 5 ¹[...] Anführer der [Stämme und] all ihre [Richter] ³[...] nach der Zahl der Geschlechter ⁴[...] und du sollst hinaufgehen, du und Aaron ⁵[mit dir ...] für Aaron und Eleasar, seinen Sohn, und du sollst die Gewänder abnehmen ⁶[von Aaron ...]

Mose (?) ermahnt das Volk, dem Herrn treu zu bleiben, der sie belohnen wird.

Fragment 9 [1][...] Richte deine Augen nicht auf andere Göttern [2][...] der Befehl des HERRN, deines Gottes. Verehre Ihn und fürchte [Ihn] [3][...] unter ihnen und ihrem Herz, Ehre, und Größe [...] Leben für [...] [4][...] der HERR Gott wird dir Ehre zuteil werden lassen, Seine ruhmreichen Worte [...] [5][...] und Mose [...]

Eine unklare Passage, die wohl das Volk aufruft, den Engeln wie auch Gott treu zu bleiben.

Fragment 10 Kolumne 1 [4][...] im Himmel gehen sie unter [...] [5][...] denn die Erkenntnis der Gedanken [...] [6][...] während sie auf ihren Betten sind. Was kann mit ihnen angeboten werden [...] Er vollbrachte [7]großartige und erstaunliche [Wun]der vor euren Augen im Land [Ägypten,] [8]schlimme Krankheiten, große Not und [unheilbare] Plagen [...]

Vielleicht handelt es sich um einen prophetischen Hinweis auf die Strafe, die auf Abtrünnigkeit folgen wird: die Verwüstung des Landes.

Kolumne 2 [1–4][...] [5]für Dornen und Disteln, und er wird die Erschöpften nicht erquicken [...] [6]und für das Vieh des Feldes und für den, der vorbeizieht und wiederkehrt [...] [7]Tiere, und fette Tiere zertrampelten ohne [...] denn Untiere, und Disteln, und [...]

– E. M. C.

82. Erbe des Erstgeborenen, des Messias aus dem Hause David

4Q369

Im Psalm 89,28 steht: „Ich mache ihn zum erstgeborenen Sohn, zum Höchsten unter den Herrschern der Erde." Der Psalm spricht von David, dem berühmtesten König des alten Israels (1000–961 v. Chr.). Doch zur Zeit des zweiten Tempels begann man, diese und ähnliche biblische Feststellungen nicht als Aussagen über David zu verstehen. Man bezog sie auf eine Person, die erst später kommen sollte: ein neuer David, ein Sohn Davids. Man glaubte, von einem Messias zu lesen. Diese Auffassung von der Idee des „Gottessohns" hat schließlich zu einer völlig neuen Sichtweise der Welt und der Zukunft beigetragen.

Der Autor des neutestamentlichen Hebräerbriefs vertritt diese Auffassung, wenn er Psalm 97,7 zitiert. Hebräer 1,6, ein Vers aus biblischen Zitaten, spielt auf den Psalm an, wenn es heißt: „Wenn er aber den Erstgeborenen wieder in die Welt einführt". In dem neuen Konzept des Hebräerbriefs erhält der Begriff „Erstgeborener" eine messianische Bedeutung. Der Verfasser des Hebräerbriefs fährt fort, indem er behauptet, daß dieser Erstgeborene der Messias sei.

Der Verfasser des Briefs an die Hebräer (= Judenchristen) schrieb nicht in einem luftleeren Raum. Jesus war nicht unbedingt die einzige – oder erste – messianische Gestalt, die die damaligen Menschen mit der Sohnschaft in Verbindung brachten. Zur Zeit Jesu, ganz gewiß zur Zeit, als der Hebräerbrief geschrieben wurde (um 85–95 n. Chr.), gehörte diese Deutung seit etlichen Generationen zum Gedankengut der intellektuellen jüdischen Welt. Vorliegender Text belegt dies neben weiteren entsprechenden Hinweisen aus den Schriftrollen. Der Verfasser von *Erbe des Erstgeborenen* (Text 82) schreibt: „Du bestimmtest ihn zum erstgeborenen Sohn." Er stellt weiter fest, daß diese Persönlichkeit „Fürst und Herrscher in Deiner ganzen bewohnten Welt" (Kol 2,7) sein werde und Gott gibt ihm „gerechte Gesetze, wie sie ein Vater seinem Sohn gibt". Im Text heißt es ferner, es werde sich einst ein jüdischer Führer erheben, der die Welt erobert und Gottes Sohn sein wird. Außerdem wird er Gottes erstgeborener Sohn sein, auf Grund der besonderen Privilegien, die der Erstgeborene nach den biblischen Erbgesetzen besitzt. Nach der Bibel erhielt der erstgeborene Sohn den doppelten Erbteil des zweiten Sohns (Töchter erhielten meist nichts außer ihrer Mitgift). Im *Erbe des Erstgeborenen* ist die Bezeichnung „erstgeboren" natürlich ebenso metaphorisch gemeint wie der Begriff „Sohn". Der Verfasser will damit sagen, dieser Messias wird ganz besonders mit Gottes Segen versehen sein und mit allem, was Gott verleihen kann.

Das *Erbe des Erstgeborenen* ist eines der drei Werke unter den Qumran-Rollen, die sich auf den Messias als von Gott gezeugt bzw. als Gottessohn beziehen. (Zu den anderen Schriften s. Text 6, *Gemeindeordnung für das Israel der Endzeit* 2,11–12 und Text 27, *Die Letzten Tage. Kommentar zu ausgewählten Schriftversen* 3,10–11.) Wie Craig Evans geschrieben hat, weisen diese Texte jedoch nicht darauf hin, „daß eine übernatürliche Geburt des Messias zu erwarten sei. Sie erschließen aber das Verständnis, warum die Evangelisten Matthäus und Lukas daran interessiert waren, die Geburt Jesu in einer solchen Deutung darzustellen." (Evans, C., A Note on the „First-born Son" of 4Q369. In: *Dead Sea Discoveries* 2 (1995), S. 200.)

Es könnte sich um das letzte Gericht handeln, wie es Henoch offenbart wurde (Jubiläen 4,19).

Fragment 1 Kolumne 1 [1][...] für alle [2][...] zu den Geheimnissen [... der Engel] Deines Friedens [3][...] verstehen [... bis] sie anerkennen ihre Schuld [4][und mein Angesicht suchen ...] von all ihren Fes[ten] zu ihren Zeiten [5][...] Deine Wunder, denn von alters her hast Du sie bestimmt [6][...] Sein Gericht bis zur festgesetzten Zeit des Gerichts [7][...] in allen Zeugnissen bis [8][...]

[9][Nun war Kenan die vierte Generation, und Mahalalel war] sein [Soh]n. Und Mahalalel war in der fünften Generation, [10][und Jered war sein Sohn. Und Jered war die sechste Generation, und Henoch war] sein Sohn. Und Henoch war in der siebten Generation.

Das ewige Erbe des Messias, des erstgeborenen Gottessohns: Die Erwähnung der Sohnschaft ist vor dem Hintergrund der genealogischen Liste der Kolumne 1 besonders interessant, die mit Kolumne 2 vermutlich einige Beziehungen haben dürfte. Alle „Söhne" der Kolumne 1 sind im geschichtlich-biologischen Sinne Söhne. Die Gegenüberstellung mit Kolumne 2 verstärkt den Eindruck einer konkret-geschichtlichen Sohnschaft des Messias.

Kolumne 2 [1]Deinen Namen. Du bestimmtest sein Erbe, damit Du Deinen Namen dort errichten könntest [...] [2]es ist die Herrlichkeit Deiner bewohnten Welt und auf ihr [...] [3]Deine Augen sind auf ihr, und Dein Ruhm erscheint dort für [...] [4]zu seinem

Samen durch ihre Geschlechterfolgen, ein ewiger Besitz. Und al[l ...] ⁵und Du prüftest Deine guten Gesetze für ihn, um [...] ⁶im ewigen Licht, und Du bestimmtest ihn zum erstgebo[renen] Sohn. [Es gibt keinen] ⁷wie ihn als Fürst und Herrscher in Deiner ganzen bewohnten Welt [...] ⁸die K[rone der Him]mel und Herrlichkeit der Wolken hast Du [auf ihn] gelegt [...] ⁹[...] und Dein Friedensengel in seiner Gemeinde. Und e[r ...]¹⁰[... Du gabst] ihm gerechte Gesetze, wie sie ein Vater einem Soh[n] gibt [...] ¹¹[...] seine Liebe. Deine Seele hält fest an [...] ¹²[...] denn in ihnen Dein Ruhm [...]

Dieses Fragment spricht von der Strafe, die den Gottlosen bevorsteht, oder von der Belohnung, die von den Gerechten erwartet werden darf.

Fragment 2 ¹[...] Obhut des Engels der Fürsprache [...] ²[...] Deine [St]ärke, und gegen alle die Lä[nder] zu kämpfen [...] ³[...] unter ihnen Deine Belohnungen (Strafen?) [...] ⁴[...] und Deine Urteile, die [Du] großartig machen wirst unter ihnen [...] ⁵[... betreff]end [a]lle Deine Werke [...]

– M. G. A.

83. STRAFPREDIGT ÜBER DIE SINTFLUT

4Q370

Dieses interessante Werk ist eine Strafpredigt oder Homilie über den biblischen Bericht der Sintflut (Genesis 6,1–9,29). Die 1. Kolumne beschreibt die Flut und bildet den Kern der Predigt. Die 2. Kolumne enthält den Zweck der Strafpredigt, die Ermahnung. Leider ist diese Kolumne fragmentarisch; es wäre nämlich durchaus interessant zu erfahren, welche Absicht der Verfasser weiter verfolgte.

Weder über das Publikum, auf das der Text abzielte, noch über den „Prediger", von dem er stammt, gibt der Text einen Hinweis. Allerdings läßt sich feststellen, daß der Autor wohl zwei weitere nichtbiblische Schriften kannte, die in den Höhlen von Qumran aufgetaucht sind. Kolumne 1, Zeilen 1–2, beziehen sich auf einen der *Apokryphen Psalmen Davids*, die „Hymne an Gott, den Schöpfer", vgl. Zeile 13 (Text 145). Kolumne 2, Zeilen 1–5, hängt eng mit einem Abschnitt aus *Lob der Weisheit* 1,13–2,3 (Text 36) zusammen. Sicherlich waren diese Werke besonders wichtig für unseren Schreiber. Bei der Zitierung der *Apokryphen Psalmen Davids* war er vielleicht sogar des Glaubens, aus der Heiligen Schrift zu zitieren.

Ein Hauptanliegen der Schriftpredigt (= Homilie) ist, daß der Überfluß zum Zeitpunkt der Schöpfung eine verderbliche Auswirkung hatte. Dieser Gedanke findet sich zwar nicht in der Bibel. Er gibt aber einen interessanten Einblick in den Fluch, mit dem Gott Adams Sünden bestrafte. Adam mußte arbeiten und sein Brot im Schweiße seines Angesichts verdienen. Als Folge dieses Fluchs entdeckt der Autor doch einen Lichtblick: Die Arbeit hielt den Menschen vom Sündigen ab. Die Meinung, Überfluß bringe Sünde hervor, findet sich auch in der rabbinischen Literatur. So hält *Genesis Rabba*, ein Kommentar zu Genesis 8,22, fest: „Rabbi Isaak sagte: ‚Was war der Grund für ihren Aufstand gegen mich? War es nicht, da sie säten ohne ernten zu müssen?'" Ähnliche Einstellungen wurden zum Gemeinplatz in unserer Gesellschaft, wenn auch mit dem Bedeutungswandel im Sinne von „Müßiggang ist aller Laster Anfang".

Der Herr spricht von der Großzügigkeit der göttlichen Schöpfung und vom Widerstand der Menschen.

Kolumne 1 ¹So schmückte Er die Berge mit Spe[ise, häufte Nahrung auf sie und stellte jedermann mit saftigen Früchten zufrieden. „Alle, die meinen Willen tun [mögen essen und zufrieden sein",] sagt der HERR, ²„dann sollen sie [meinen heiligen Namen] loben." „Doch danach taten sie, was ich als böse betrachte", sagt der HERR, „und sie erhoben sich gegen Gott und [folgten] ihren eigenen [Plänen."]

Beschreibung der Flut.

³So richtete der HERR sie [gemäß] ihren Handlungen, nach den Plänen, die ihren [bösen] Herzen entsprangen. Er donnerte gegen sie in [seiner] Macht, [so, daß] die ⁴Fundamente der Er[de] erbebten. [Wa]sser brach hervor aus den Tief[en], alle Fenster des Himmels wurden aufgerissen; die Tiefe[n schütteten aus] ihre schrecklichen Wasser, ⁵die Fenster des Himmels le[erten sich] mit ihrem Regen. [So] wurden sie von der Flut zerstört, jeder einzelne von ihnen [verschwand im W]asser – [denn] sie hatten [die Gebote des HE]RN mißachtet. ⁶Daher wurde alles auf [trock]enem Grund ausgel[öscht,] Mensch [und Tier,] Vogel und geflügelte Kreatur – alle starben; nicht einmal die Rie[se]n entkamen [...]

Gottes Gnade im Gericht, zur Zeit der Flut und der Zeit der Strafpredigt.

⁷Doch Gott errichtete [ein Zeichen des Bundes,] Er setzte Seinen Bogen [in die Wolken]; ein Denkmal Seines Bundes, ⁸[den Er mit der Menschheit und allem Lebendigen geschlossen hatte; niemals wieder] würden Wasserfluten zerstören, [niemals wieder] wütende Wasser [losgela]ssen [...] **Kolumne 2** ¹Wegen ihrer Schuld sollen sie suchen [...] ²Der HERR wird rechtfertigen [...] ³Er wird sie von ihren Sünden reinigen [...] ⁴Ihr Böses, im Wissen [...] ⁵Sie springen auf, doch ihre Tage sind wie ein Schatten [...] ⁶Für immer soll Er gnädig sein [...] ⁷[Denke an] die Macht des HERRN, denke an [Seine] wunderbaren Tate[n ...] ⁸In Ehrfurcht vor Ihm möge [dein] Geis[t] sich freuen [...] ⁹Von deinen Jahren (?) hege keinen Groll gegen [deinen Gefährten ...]

– M. O. W.

84. Geschichten über die Stämme Israels

4Q371–373, 2Q22

Die Rollen mit diesen Nummern bieten ein Rätsel. Vielleicht handelt es sich bei ihnen um vier Abschriften des gleichen Werkes, wobei es nur einige Überschneidungen gibt. Viele Abschnitte einer bestimmten Rolle sind in keiner der drei anderen zu finden.

Man kann daher nicht ausschließen, daß diese vier Schriftrollen kein einziges literarisches Werk enthalten, sondern unzusammenhängende Episoden oder Auszüge aus anderen Werken. Daraus ergibt sich die große Vielfalt der Auslegungen. Die offizielle Bezeichnung der Schriftrolle ist zwar „apokrypher Josef"; doch das, was sie erzählen, hat weder mit Josef, dem Sohn des Jakob, oder mit den nach ihm benannten Stämmen zu tun. Josef ist zwar die Hauptgestalt, doch liegt hier mindestens eine Geschichte über David und Goliat vor und mit einem oder mehreren Psalmen von denen einer Simri, Sohn des Salu, eine Gestalt aus dem Exodus, erwähnt. Der Titel, der dem Kapitel gegeben wurde, trifft den tatsächlichen Inhalt besser.

Zur Zeit des zweiten Tempels entwickelte sich ein großes Interesse an der Geschichte von David und Goliat. Dieses Interesse ist nur dann verständlich, wenn man sich vergegenwärtigt, daß die Juden unter der Unterdrückung erst durch eine, später durch andere mächtige fremde Nation litten. Die berühmte biblische Geschichte (1 Samuel 17) eignete sich in idealer Weise für diese Situation: Sie war ein eindrucksvolles Beispiel für die Schwachen, die die Mächtigen bekämpften. Demgemäß zeigt 1 Makkabäer 4,30 Judas Makkabäus (den Helden des Aufstands gegen die syrische Herrschaft um 167 v. Chr.) als Betenden: „Gepriesen seist du, Retter Israels. Du hast den wütenden Riesen durch Deinen Knecht David erschlagen." Andere Texte jener Epoche beschwören das Bild des jungen Schafhirten, der den Riesen fällt, z. B. die Qumran-Schrift *Kriegsrolle* (s. Text 8, Kolumne 1, Zeilen 1–2 der Rolle aus Höhle 1).

Ein zweiter beachtenswerter Aspekt dieses Werks ist die scharfe Polemik gegen die Samariter. Bei den Samaritern handelte es sich um eine Gruppe, die im Norden Judas (in Mittelpalästina), im einstigen Territorium der zehn verlorenen Stämme Israels lebte. Wie die Juden beteten auch sie zum Gott Israels. Die Rabbiner gaben zwar zu, daß die Samariter ihrem Wesen nach Juden waren. Doch sie verrichteten ihren Gottesdienst auf nichtbiblische Weise, sie beteten nämlich zu Gott nicht im *offiziellen Tempel* zu Jerusalem. Die Samariter hatten sich ihren eigenen Tempel auf dem Berg Garizim errichtet (vgl. Johannes 4,1–42), wahrscheinlich im 4. vorchristlichen Jahrhundert, und hatten eine eigene Priesterschaft und eigene Opfer eingeführt. Sie hielten sich nur an die Tora, die ersten fünf Bücher der Bibel (= Pentateuch), die sie jedoch in einigen Punkten abwandelten, um ihre eigenen Auffassungen zu unterstützen. Die Bücher der Propheten lehnten sie wohl deshalb ab, weil die Propheten auf Anbetung in Jerusalem fixiert waren. Für sie war nicht Jerusalem das Zentrum, sondern Garizim. Teil der Legitimation, die die Samariter sich selbst gaben, war der Anspruch, von den Stämmen Josefs, Efraim und Manasse abzustammen. Flavius Josephus sagte von diesem Anspruch: „[Die Samariter] und ihre Haltung je nach Situation: Wenn sie sehen, daß es den Juden gut geht, nennen sie sich Blutsverwandte und behaupten, von Josef abzustammen und so durch ihren Ursprung von ihnen mit den Juden verwandt zu sein. Doch wenn sie sehen, daß die Juden straucheln, sagen sie, daß sie mit ihnen nichts zu tun haben" (*Alt.* 9,291). Die Polemik zwischen Juden und Samaritern drehte sich auch um die Frage, wer den besseren Anspruch auf die Abstammung von Josef erheben konnte. Eine Widerspiegelung dieser Auseinandersetzung findet sich im Abschnitt 3, der einen Blick auf jüdische Politik und Propaganda zur Zeit des zweiten Tempels ermöglicht.

Eine Geschichte über David und Goliat, in der offensichtlich ein Vergleich von Goliats Größe mit der des Riesenkönigs Og von Baschan, der im Buch des Josua (Jos 9, 10) erwähnt ist, vorgelegt wird.
Teil 1 enthält 4Q373 Fragmente 1 + 2, 2Q22 Kolumne 1 und 4Q372 Fragment 19. Der Begriff „Teil" wurde verwendet, weil wir nicht sicher sein können, ob sich die Schriftstücke im Ganzen überlappen; folglich können wir die „Teile" weder ordnen, wie sie im „vollständigen Original" angeordnet waren, noch können wir bei einem solchen Werk von Kolumnen sprechen.

Teil 1 [2]Alle seine Diener mit Og [... sechs][3]einhalb Ellen war seine Größe, zwei [Ellen seine Breite ... Er hatte] einen Speer wie eine Zeder, [4]einen Schild wie ein Turm. Er, der schnelle Füße hatte [...] [5]er, der sie entblößt. [Ich] stand nicht eine Meile davon entfernt [...] [6]und ich wiederholte es nicht, denn der HERR, unser Gott, besiegte ihn, [ich schlug ihn] mit der Schneide [des Schwerts ...] [7]Ich hatte mörderische Steinschleudern hergestellt, zusammen mit Bogen, und nicht [...] [8]Denn [dies] war ein Krieg, um mauerbewehrte Städte zu erobern und Schrecken zu verbreiten [...]

Dieses Fragment scheint auch mit der Geschichte von David und Goliat in Beziehung zu stehen.

Teil 2 [2][...] der HERR im Himmel [...] [3][...] in der Tiefe, und im ganzen Abaddo[n ...] [4][... Er, der ü]bt seine Hand für die Kriegführung, Er, der rächt [...] [5][... Er, der ihm g]ibt Scharfsinn, um zu erkennen, wie man baut (?) [...] [6][... zu t]un das, was Ihn auf ewig erfreut, gemäß der Erhabenheit [...] [7][...] Zeit. Gewiß hat Er dir Stärke verliehen, um die Oberhand zu gewin[nen ...] [8][...] und Er gab sie in die Macht Seines Volkes, als eine Stra[fe ...] [9][... das Ge]birge von Basan er[oberten sie, zusammen mit allen [seinen] Städten [...] [10][...] du wirst dich bekleiden mit [...] [11][...] Er, der Seinem Volk Vertrauen gibt auf [...] [12][... der Feind Is]raels, denn er ist vor ihm besiegt worden [...] [13][... heimsuchen] seinen Schädel mit einem verletzen[den] Stein [...]

Dieses Fragment stellt die Josefsstämme vor, Efraim und Manasse, zwei der verlorenen zehn nördlichen Stämme Israels. Es beginnt mit ihrer Verbannung wegen Götzenverehrung.
Teil 3 enthält 4Q372 Fragment 1 und 4Q371 Fragmente 1, 8 und 11.

Teil 3 [2]Er, der tut [... sie folgten] Fremden [3]und falschen Priestern, und sie verehrten jene, die herstellten [Götzenbilder ... sie verließen Gott] [4]Allerhöchsten, deshalb gab Er sie der Macht der Völker preis, zu [... und Er [5]verstreute] sie in alle Länder, und über alle [Völker] verteilte Er sie [...] sie kamen nicht [...] [6]Israel, und Er vernichtete sie vom Land [...], vom Ort [...] Die Völker ließen [7]keinen Rest von ihnen übrig im Tal der Vision. Sie [pflügten] Zion um [in ein Feld,] und sie machten [...] sie verwandelten [8]Jerusalem in Trümmer, den Berg meines Gottes in bewald[ete] Anhöhen [...] die Gesetze [9]Gottes, und Juda desgleichen mit ihm. Er stand am Scheideweg, ob zu t[un ...] [10]zu sein mit seinen beiden Brüdern.

Der nächste Abschnitt beschreibt die Besiedlung jener Gebiete durch die Samariter, die vorher den Josefsstämmen gehört hatten. Zeile 12 bezieht sich auf den Aufbau des Samaritertempels auf dem Berg Garizim. Dieser Tempel stand jahrhundertelang in Konkurrenz mit dem in

Jerusalem, bis er durch den jüdischen König Hyrkanus I. um 113 v. Chr. zerstört wurde. Der Haß des Verfassers gegen die Samariter ist unverkennbar.

Überdies wurde Josef verschleppt in Länder, die er nicht geka[nnt hatte ...] [11]unter ein fremdes Volk, verstreut in alle Welt. Alle ihre Berge waren verlassen von ihnen, [...] und Toren [lebt]en [in ihrem Land], [12]die zurechtmachten für sich einen erhöhten Platz auf dem hohen Berg, um Israels Eifer zu wecken. Sie sprachen [beleidigende] Wor[te gegen] [13]die Söhne Jakobs und sagten scheußliche Dinge und sprachen sogar gotteslästerliche Worte über das Zelt von Zion. Sie erzählten Lügen gegen sie, [14]sprachen jede Art von Unwahrheit, und trachteten danach, Levi, Juda und Benjamin mit ihren Worten in Wut zu versetzen.

In der Verbannung kam Reue über die Josefsstämme. „Josef" schreit in einem sehr langen Gebet zu Gott.

Schlimmer, Josef [war gegeben worden] [15]in die Gewalt von Fremden, die seine Kraft aufzehrten und alle seine Knochen zerschmetterten, bis er fast zugrunde ging. Da schrie er auf, [16]rief an den mächtigen Gott, um ihn zu erretten aus ihrer Gewalt. Er sprach:
„O Vater, mein Gott, lasse mich nicht allein, in der Gewalt der Völker. Ermögliche Gerechtigkeit in meinem Namen, daß die Armen und Unterdrückten nicht zugrunde gehen. Du hast kein Land und kein Volk nötig – [18]brauchst nicht die geringste Hilfe. Dein bloßer Finger ist größer, stärker als irgend etwas auf Erden. Gewiß zeigst Du, was wahr ist; [19]keine Missetat liegt bei Dir. Dein Erbarmen ist groß, Deine Treue ist groß gegenüber allen, die Dich suchen. Mein Land [ist genommen worden] von mir, von allen meinen Brüdern, die [20]sich mir angeschlossen haben. Ein feindliches Volk lebt in ihm, sp[richt abscheuliche Dinge, höhnt, läs]tert gegen Gott und schmäht [21]alle, die Dich lieben, sogar Jakob. Sie erzürnen Le[vi, Juda und Benjamin mit ihren Lügenworten ...] [22]Die Zeit, wenn Du sie vertilgen wirst vom gesamten Erdkreis, wenn sie gegeben werden [...] [23]Dann werde ich mich erheben, um walten zu lassen Gerechtigkeit und Rechtschaffen[heit ... Zu tun], [24]was Dir gefällt, Schöpfer, zu opfern die Opfergaben [der Danksagung ... Ich werde preisen] [25]meinen Gott, erzählen von Seiner Barmherzigke[it ...] [26]Ich werde Dich loben, o HERR, mein Gott, ich werde Dich preisen für alles [...] [27][die vergangenen Dinge.] Ich werde die Aufrührerischen in Deinen Vorschriften unterweisen, alle, die Dich verlassen haben, [Dein] Ge[setz ... Ich werde unterscheiden Gutes] [28]von Schlechtem, damit Deine Zeugnisse mir nichts vorwerfen, um zu verkünden [Deine] gerechten Worte. [...] [29]Gewiß ist Gott großartig, heilig, mächtig und furchteinflößend, schrecklich und wunderbar [... Seine Herrlichkeit wohnt im Himmel] [30]und auf Erden, sogar in den Tiefen der Hölle. Ehre und [Ruhm ...] [31]Ich erkenne und begreife [...]

Dieser Teil enthält einen Psalm, vielleicht sogar zwei Psalmen. Die ersten Zeilen beanspruchen für den Sprecher beachtliche Größe; unbekannt ist aber, um wen es sich dabei handelt. Die folgenden Zeilen beschreiben Gottes Versprechen, für Israel zu kämpfen und seine Gegner zu zerstören. Simri, der Sohn des Salu, wird in Num 25,14 erwähnt. Er befand sich unter denen, die wegen ihrer Abtrünnigkeit vernichtet wurden.

Teil 4 ⁴[...] Ich werde loben den HE[RRN, damit] meine Andacht [möge] Ihm gefällig sein [...] ⁵[und] Herz, um Verständnis zu lehren [...] Urteil, denn mein Wort ist [sü]ßer als Honig, [meine] Zun[ge] wohltuender als Wein. [Jedes Wort, das ich spreche,] ⁶ist Wahrheit, jede Äußerung meines Mundes Rech[tschaffenheit]. Keines dieser Zeugnisse soll versiegen, keine dieser schönen Versprechen brüchig werden, denn sie alle [...] ⁷Der HERR hat meinen Mund geöffnet, die Worte, die ich spreche, kommen von Ihm. Sein Wort ist in mir, um zu verkünden [... Uns gehört] ⁸seine Barmherzigkeit; Er wird Seine Gesetze nicht anderen Völkern geben; noch wird Er schmücken irgendeinen Fremden mit ihnen. Gewiß [...] ⁹[A]braham, denn Er schloß einen Bund mit Jakob, um mit ihm zu sein in alle Ewig[keit ... Er versprach, daß alle Feinde von] ¹⁰[I]srael sollten ein Ende finden, um zu vertilgen mit Hilfe der Völker alle, die berühren würden das Er[be Seines geliebten ...] ¹¹[...] Er würde rächen ihr vergossenes Blut. Er setzte Schrecken in das Herz des Midian, F[eind Israels, denn der HERR ist unser Gott,] ¹²Er allein. Simri, Sohn des Salu und fünf Könige von Midian wurden getötet [...]

– M. O. W.

85. Predigt über den Auszug aus Ägypten und über die Eroberung des verheissenen Landes

4Q374

Die erhalten gebliebenen Abschnitte dieser Schrift beschreiben den Auszug aus Ägypten und die Eroberung des verheißenen Landes. Wegen des fragmentarischen Charakters des Werkes können die Gedankengänge des Verfassers nicht verfolgt werden; dennoch werden einige Anliegen deutlich. Beherrschendes Thema sind die Angst und Hilflosigkeit der Feinde Israels, als das Volk Gottes um die Eroberung des Landes Kanaan kämpfte. Der Verfasser betont Gottes Erbarmen und Unterstützung für Israel, auch dann noch, als das Volk mutlos wurde. Bemerkenswert in diesem Zusammenhang ist eine Anspielung auf Exodus 7,1, wo der Schreiber Mose Gott „den Mächtigen" nennt.

Die Zeile 8 ist bemerkenswert, denn sie stellt Heilung unmittelbar neben ein Zitat aus dem Priestersegen in Numeri 6,24–26. Ein Amulett mit genau diesen Versen aus dem späten 6. vorchristlichen Jahrhundert – Jahrhunderte älter als unsere Rolle – ist kürzlich bei Ausgrabungen in Ketef Hinnom in Jerusalem ans Tageslicht gekommen. Die Tatsache, daß diese Verse auf einem Amulett standen, legt die Vermutung nahe, daß sie früher auch magischen Zwecken dienten. Vorliegende Qumran-Rolle scheint diese Möglichkeit durch den ausdrücklichen Hinweis „für Heilung" zu bestätigen. Die Verbindung des priesterlichen Segens – als magische Beschwörungsformel! – mit Heilung war eine seit langer Zeit bestehende Tradition. Ganz beiläufig bezieht sich unser Schreiber auf diese volkstümliche Auffassung der göttlichen Kraft des Segens.

Fragment 2 Kolumne 2 ¹zusammen und [...] ²Da erhoben sich die Nationen im Zorn [...] ³wegen ihrer Handlungen und der befleckten Taten von [...] ⁴damit s[ie]

weder einen Rest noch einen Überlebenden haben. Für ihre Nachkommen [...] ⁵pflanz-
te Er Seine Erwählten in ein Land, das begehrenswerter war als alle anderen, in [...] ⁶Er
machte ihn zum Gott über die Mächtigen, als eine Gren[ze] für den Pharao; Sein
Die[ner] Mose ...] ⁷So zerschmolzen sie, und ihre Herzen zitterten, und ihre
Eingeweide verflüssigten sich. Doch Er hatte Mitleid mit al[l Seinen Erwählten ...]
⁸"Als Er Sein Angesicht leuchten ließ über ihnen" (Num 6,25) zur Heilung, wurden sie
wieder stark, und zur Zeit von [...] ⁹Alle, die Dich nicht erkannten, schmolzen und
zit[te]rten. Sie taumelten beim Kla[ng von ...]

– M. O. W.

86. PRÜFUNG EINES WAHREN PROPHETEN

4Q375

In seiner Verteidigungsschrift des Judentums *Gegen Apion* schrieb Flavius Josephus: „Seit
der Zeit des Artaxerxes bis in unsere Tage wurde die Geschichte aufgeschrieben, doch
ist sie nicht gleichermaßen als glaubwürdig zu betrachten wie frühere Niederschriften
wegen der *Unsicherheit* über die genaue *Reihenfolge der Propheten.*" (Ap 1,41) Aus dieser
Feststellung läßt sich schließen, daß Josephus glaubte, Prophetie reiche bis in seine Tage.
Es war also nur die genau bestimmbare Reihung von Propheten, die zu Ende war, jedoch
nicht das Phänomen Prophezeiung selbst. Mit anderen Worten: Von 350 bis 90 v. Chr.
gab es zwar eine Prophetenreihe, jedoch wurde darüber gestritten, ob dieser oder jener, der
sich zu dieser Aufgabe berufen fühlte, glaubwürdig und wirklich ein Prophet war. Immer
wieder tauchten Propheten auf. Es bestand aber eine große Unsicherheit darüber, wer
wahrer und wer falscher Prophet war.

Vorliegender Text illustriert einige soziale Auswirkungen dieser Situation. Sein Ansatz-
punkt ist ein bekannter Abschnitt zum Thema Prophetie in Deuteronomium 18,18–22.
Dort wird als Begriffsbestimmung eines falschen Propheten vorgelegt: Er behauptet, was
sich nicht bewahrheitet! Unser Autor, der im Namen Mose spricht, geht von der
Uneinigkeit zweier Gruppen aus, ob ein Prophet wahr oder falsch gesprochen hat. Es werden Begriffe wie Apostasie (Abfall von Gott) benützt, doch zur Zeit des zweiten Tempels
war man damit allzu schnell bei der Hand, wenn man mit einer Bibelinterpretation nicht
einverstanden war. Wie sollte Gottes Offenbarung angewendet werden? Die Auslegung
der Bibel einer Gruppe war stets gleichbedeutend damit, daß eine andere abtrünnig war.

Unser Verfasser stellt sich ein differenziertes, zeremonielles Prüfungsverfahren unter
Mitwirkung eines „geweihten Priesters" (= des Hohenpriesters) und sogar unter Ein-
beziehung der Bundeslade vor. Er scheint davon auszugehen, dem Volk Israel unbekannte, geheimgehaltene Gesetze würden in oder in der Nähe der Lade aufbewahrt. Dorthin
zieht sich der Priester zurück, um zu ergründen, ob der Prophet wahr oder falsch ist. So
wird er Gottes Richterspruch erkennen. Der Verfasser dieses Textes gehörte vielleicht einer
Gruppe an, die die genannten Details den biblischen Geboten mit Absicht hinzufügte.
Eine solche Modifikation mußte im Namen Mose vorgenommen werden. Es ist durchaus

möglich, daß die Gruppe, die diesen Text „produzierte", eine Persönlichkeit unterstützte, die als falscher Prophet angeklagt war.

Überlegung eines wahren Propheten, der nach allgemeiner Überzeugung für Gott spricht.

Fragment 1 Kolumne 1 [1](Du sollst ausführen) [all das, was] dein Gott dir durch den Propheten befiehlt, und du sollst befolgen [2][alle] diese [Vorsch]riften. Du sollst zurückkehren zu Gott dem HERRN mit [3][deinem] ganzen [Herzen und mit] deiner [ganz]en Seele; dann wird dein Gott sich selbst von Seinem wütenden Zorn abwenden [4][und dich retten] von all deinen großen Nöten.

Der Prophet, den manche falsch, andere wahr nennen.

Doch jeder Prophet, der sich erhebt, um dich zu zwingen [5][zum Abfall von Gott,] dich [abzuwenden,] deinem Gott zu folgen, muß getötet werden. Und wenn der Stamm, zu [dem] er gehört, [6]herkommt und behauptet: „Er darf nicht hingerichtet werden, denn er ist ein gerechter Mann, er ist [7]ein [vertrauen]swürdiger Prophet", dann mußt du mit dem Stamm und deinen Ältesten und Richtern zusammenkommen [8][an d]em Platz, den dein Gott auswählen wird in einem der Gebiete deiner Stämme. Du mußt kommen vor [9][den Pr]iester, der gesalbt worden ist, auf dessen Haupt das Salböl gegossen wurde.

Prozedur, die dem gesalbten Priester vorgeschrieben ist, bei der Bestimmung, ob der Prophet sterben muß oder nicht. Die in den Zeilen 3–6 dargestellte Zeremonie ist vergleichbar mit dem, was die Bibel für den Jüngsten Tag vorschreibt (Lev 16).

Kolumne 2 [3]und er soll nehmen [einen jungen Stier aus der Herde und einen Widder ... er soll etwas von seinem Blut nehmen] [4]auf [seinen] Fing[er und es auf die vier Ecken des Brandopferaltars sprengen ...] [5]das Fleisch des Widde[rs ... einen] Zieg[en]bock [6]für eine Sühneopfer. Er soll ne[hmen den Ziegenbock und süh]nen mit ihm für die ganze Versammlung. Danach [soll er gehen zum] [7]Vorhang [des Tempelvorhangs und] näher [heran]gehen zur Bundeslade. Dort soll er zu ergründen suchen den [Richtspruch] [8]des HERRN, indem er alle [Gesetze] miteinander vergleicht, die man vor dir [gehe]imhä[lt]. Er soll sich dann zeigen in der Gegenwart der ges[amten] [9]Versammlung. Dies, dann [...]

– M. O. W.

87. MOSE-APOKRYPHON

4Q377

Mose verfaßte wohl mehr als die fünf Bücher, die ihm die biblische Tradition zuschreibt. Unter den Schriftrollen vom Toten Meer sind fast ein Dutzend Werke, die zwar nicht in unserer Bibel auftauchen, aber durch die eine oder andere Anspielung auf Mose als Verfasser hindeuten. Das betrifft die *Jubiläen, Worte des Mose* (Text 11), Texte unter der Rubrik „überarbeitete Bibel" (Texte 20 und 80), die *Prüfung eines wahren Propheten* (Text 86), die *Tempelrolle* (Text 149) sowie das vorliegende Werk. Darüber hinaus könnte die *Predigt über den Auszug aus Ägypten und über die Eroberung des verheißenen Landes* (Text 85) durchaus eine „mosaische" Schrift sein. Allein die Anzahl dieser Schriften belegt die überwältigende Bedeutung des Mose als Legitimator religiöser Ideen zur Zeit des zweiten Tempels. Wenn die Bibel ein wichtiges Gotteswort nicht enthielt, machte man Mose zum Sprecher Gottes.

Vorliegende Schrift ist ein apokryphes mosaisches Werk. Wegen seines fragmentarischen Charakters kann leider nicht mehr genau erkannt werden, welche Aussage der Autor mit der Autorität Moses untermauern wollte. Bemerkenswert ist die Beschreibung des Mose durch unseren Verfasser als „Gesalbter" (Zeile 5, hebr. *messiah*). Die Bibel verwendet an keiner anderen Stelle diesen Ausdruck für den großen Gesetzgeber. In gleicher Absicht nennt der Schreiber Mose „Herold froher Botschaften". Wiederum ein Ausdruck, den die Bibel an keiner anderen Stelle für Mose verwendet. Die beiden Bezeichnungen „Gesalbter" und „Herold froher Botschaften" beziehen sich auf die Einsetzung des Mose in die Rolle des Propheten und Herolds (vgl. Jesaja 61,1–5). Hinter dieser Schrift steht mit Sicherheit die Absicht, der größten Gestalt in Israels Geschichte eine Fülle solcher Hoheitstitel zu verleihen.

Reaktion des Volkes auf die Gebote Gottes vom Berg Sinai.

Fragment 2 Kolumne 2 [3]Und Eliba (?) antwortete: „Hör[e], o Versammlung des HERRN, und leiht euer Ohr, alle, die ihr hier versammelt seid; bezeugt [...] [4]a[lle] seine Wor[te] und Urtei[le]. Verflucht sei der Mann, der es unterläßt, zu bewahren und [aus]zufüh[ren] [5]alle die Gebo[te des H]ERRN, wie er sie zu Mose, seinem Gesalbten, gesprochen hat, und derjenige, der es unterläßt, dem HERRN, dem Gott unserer Väter, zu folgen, Ihm, der uns gebot[en] hat [6]von den Bergen des Sinai.

Denn Er hat gesprochen mi[t] der Versammlung Israels von Angesicht zu Angesicht, so, wie ein Mann sprechen mag [7]mit seinem Freund. Denn Li[c]ht erregt die Aufmerksamkeit eines Mannes; Er ist uns erschienen als verzehrende Flamme im Himmel über uns, [8]während Er auf der Erde auf dem Berg stand, um zu lehren. Gewiß gibt es keinen Gott außer Ihm und keinen Fels wie Ihn." Die ganze [9]Versammlung antwortete, doch sie wurden von Zittern gepackt in der Gegenwart der Herrlichkeit Gottes und dem wunderbaren Donnern. [10]So standen sie in der Entfernung.

Mose, der Mann Gottes.

Inzwischen war Mose, der Mann Gottes, mit Gott in der Wolke. Die Wolke [11]würde ihn bedecken, denn [...] da er geheiligt war. Gott würde durch seinen Mund sprechen, als ob er ein Engel sei; wahrhaftig, welcher Herold froher Botschaften war je wie er? [...] [12]Er war ein Mann der Frömmigkeit und [...] so wie wurde niemals vorher oder nachher geschaffen [...]

– M. O. W

88. Psalmen des Josua

4Q378–379

Josua, der Sohn Nuns, war – als „Knecht des Herrn" – keinem vergleichbar. Nach der Bibel diente er Mose ergeben und führte das Volk nach dem Tode des Mose über den Jordan zu seinem Erbe. Die Bibel beschreibt die spätere Eroberung und Teilung des Landes im Buch Josua. Die *Psalmen des Josua* untermauern sicherlich das biblische Buch Josua. Sie gehören zur Kategorie „überarbeitete Bibel" und betonen jene biblischen Aspekte, die den Verfasser am meisten interessierten. Vor einer genaueren Charakterisierung des Buchs sollte festgehalten werden, daß nicht sicher ist, ob es sich bei den beiden hier zusammengestellten Manuskripten tatsächlich um zwei Abschriften des gleichen Werks handelt. Sie überschneiden sich nämlich nicht. Man hält sie jedoch für zwei Abschriften des gleichen Werkes wegen ihres Inhalts, des Stils, des Gebrauchs der Gottesnamen und der Methode der Bibelbearbeitung.

Geht man von der Zusammengehörigkeit aus, lehnt sich das Werk bei der Geschichte der Eroberung Kanaans fast getreu an die Abfolge der Ereignisse des biblischen Buch Josua an (die Fragmente wurden daher so geordnet). Im Gegensatz zum biblischen Buch enthalten die *Psalmen des Josua* viele Reden, Gebete und Hymnen. Darüber hinaus zeigt der Autor größeres Interesse an der richtigen zeitlichen Abfolge als das Buch der Bibel. Das Fragment 12 der Rolle 4Q379 legt ein System der Zeiteinteilung durch einen 49jährigen Jubeljahrzyklus vor, bekannt aus dem Buch der *Jubiläen* und anderen Schriften vom Toten Meer. Ganz besonders interessiert sich der Autor für die Priesterschaft. Aus diesem Grund richtet er seine Aufmerksamkeit auf Levi, den Sohn Jakobs, der die Priesterschaft begründete, und hebt ebenfalls Eleasar und Itamar heraus, die priesterlichen Söhne Aarons (Levitikus 10,6).

Das Fragment 22 von 4Q379 ist deshalb besonders bemerkenswert, weil es eine weitere Qumran-Rolle, eine *Sammlung messianischer Texte* (Text 28), so zitiert, als ob es sich dabei um die Heilige Schrift handelt. Die *Sammlung* zitiert den Abschnitt unmittelbar nach einigen anderen ausgewählten Bibelstellen. Gerade diese Nebeneinanderstellung will aussagen, alle diese Abschnitte würden als mehr oder weniger gleich verbindlich betrachtet, so daß sich uns die Frage nach dem damaligen Bibelkanon stellt. Der Begriff „Kanon" meint die Sammlung von Büchern, die als „Gottes Wort" schließlich Aufnahme in die Bibel fanden. In der Zeit, als die Schriftrollen vom Toten Meer entstanden, ist diese Kanonbildung noch nicht abgeschlossen gewesen. Unter den damaligen Juden hat es unterschiedliche Vorstellungen darüber gegeben, welche Bücher als bindend anzusehen waren und welche nicht. Es gab Übereinstimmung über die Autorität der Mosebücher (Genesis bis Deuteronomium) und auch über die Bücher der Propheten. Bereits die *Psalmen des Josua* hielt man für ein Werk, das Josua selbst verfaßt hatte. Für manche Juden waren die *Psalmen* nicht weniger „biblisch" als das uns vertraute Buch Josua.

Ein rätselhafter Text, der aus Satzteilen der Bileam-Episode in Num 24 zusammengestellt ist. Vermutlich handelt es sich um ein letztes Gebet des Mose, das er kurz vor seinem Tod gesprochen hat.

4Q378 Fragment 26 ¹[... ein Mann] der kenn[t] das Wissen des Allerhöchsten, der [sieht] die Vi[sion des Allmächtigen ...] ²[... hal]te uns die Treue, o Mann Gottes, weil [...] ³[...] und der Rat des Allerhöchsten h[ör]te die Stimme M[oses ...] ⁴[...] Gott Allerhöchste [...] ⁵[... und] machtvolle Vorzeichen. Durch Zorn wurden zurückgehalten [...] ⁶[...] ein fro[mm]er [M]ann, und eingedenk sein für immer und immer [...]

Die Menschen betrauern den Tod des Mose. Zeile 5 bezieht sich auf die Furcht der Kanaaniter vor dem Volk Israel, das mit der Eroberung Kanaans begann.

Fragment 14 ¹[...] So weinten die Kinder [Israels] [um Mose in den Ebenen von Moab,] ²[am Jordan nahe] Jericho, von Beth Ha-Jeschimot [so weit wie Abel-shittim – insgesamt dreißig Tage. Sie beendeten] ³[die Tage des Weinens] und Trauerns um Mose, und die Kinder Is[raels ...] ⁴[... den Bund d]en der HERR mit ihnen geschlossen hatte. [Und der HERR sprach: „Heute] ⁵[beginne ich, zu bringen Sc]hrecken vor euch und Angst vor euch [über die Völker ...“]

Dieser Teil warnt das Volk Israel vor zukünftiger Abtrünnigkeit mit Worten und Argumenten, die an Dtn 28–29 erinnern. Die Menschen werden darauf aufmerksam gemacht, daß schreckliche Flüche auf sie fallen werden, wenn sie Gott untreu werden. Diese Flüche werden (vgl. Zeile 5) eine Vermehrung der Raubtiere bringen, die die Menschen verschlingen.

Fragment 3 Kolumne 1 ¹[...] sie unrein zu machen und zu [...] ²[...] eure [V]äter ihren Söhnen. ³[...] viele Plagen werden euch heimsuchen und alle ⁴[... Mose, der Ma]nn Gottes ⁵[...] von euch, und ihr werdet Fraß für sie sein ⁶[... von einer Ecke des] Landes zur anderen, und [der HERR] wird euch irren lassen ⁷[...] zum Ort der Vernichtung, zum Ort der Auflehnung ⁸[gegen den HERRN ... den H]ERRN, unseren Gott. Sie werden über euch kommen ⁹[... a]lle die Völker, die ¹⁰[...] wie ihr getan habt ¹¹[... die] geherrscht haben über euch.

Ansprache an das Volk, in der Josua an die Worte des Mose erinnert, die dieser sprach, ehe der Jordan durchschritten wurde (vgl. Jos 1,10–18).

Kolumne 2 ³und er brachte heraus [...] ⁴Und nun, [am heutigen] Tag [...] ⁵Denn wir hörten auf Mose [...] ⁶ein großer und aufrechter Mann [... zu ernennen Befehlshaber über Gruppen von Eintausend, Gruppen von] ⁷Einhundert, Gruppen von Fünf[zig, und Gruppen von Zehn ... genauso Richter] ⁸und Amtsträger [...] ⁹er wird zuhören und nicht [... Fürchte dich nicht,] ¹⁰und erschrecke nicht. Sei vielmehr stark und mu[tig, denn du wirst diesem Volk sein Erbe geben ... Der HERR wird dich weder] ¹¹verlassen noch im Stich lassen. [Lasse deine Hände stark sein ... Erhebe dich], ¹²um [dieses Volk] auf seiner Wanderschaft zu führen [...]

Rede, in der sich Josua an Israel wendet und sich dabei auf ein früheres Gebet für das Volk bezieht, das vermutlich durch Mose gesprochen wurde. Es könnte durchaus in Zusammenhang mit dem Tag stehen, der der letzte war, bevor das Volk Israel den Jordan durchquerte. Josua erwähnt das Schicksal einzelner Leute, die sich gegen Mose erhoben hatten. Gleichzeitig warnte er vor einem ähnlichen Schicksal, das jene erwartet, die sich gegen ihn, den von Gott neubestellten Führer, wenden.

Fragment 6 Kolumne 1 [4][... Nimm entgegen] ein Gebet, in dem es um unsere Sünden geht [5][...] Seid nicht wie jene Brüder, die[hinab]stiegen [6][in den Abgrund ... Macht] eines solchen Mannes Missetaten [bekannt] in Ewigkeit, für alle Zeiten (?) [7][...] eure [Sch]uld. Meine Brüder werden sich gegen euch wenden ...

Ein ähnliches Gebet, vermutlich von Kaleb oder Eleasar, dem Priester, gesprochen.

Fragment 22 [1][... Weil] Mose [betete:] „O Mein Gott, Du hast sie nicht vernichtet wegen ihrer Sünden [2][...] mit Dir mit Hilfe von Josua, dem Gehilfen Deines Dieners Moses [3]mittels einer Weissagung an Josua, um Deines Volkes willen [4][... den Bun]d, den Du gesch[loss]en hast mit Abraham [5][... Ein Gott, der zeigt] Erbarmen mit Tausenden.

Beschreibung des versprochenen Landes (vgl. Dtn 8,7–9).

Fragment 11 [1][...] Denn der HERR [eu]er [Gott] spricht [2][...] zu bestätigen die Worte, die Er sprach [3][...] daß Er Abraham versprach, zu geben [4][uns und zu bringen uns in ein] gutes und ausgedehntes [Land], ein Land mit fließenden Strömen, [5][mit Quellen und unterirdischen Wassern, die emporquellen in Tä]lern und Hügeln, ein Land voll Weizen und Gerste, [6][voller Weinstöcke und Feigenbäumen und Granatäpfeln, Olivenbäumen und] Honig. Sicherlich ist es ein Land, in dem Milch und Honig fließt, [7][wo es euch an nicht mangeln wird, ein Land], dessen St[ein]e aus Eisen sind und aus dessen Hügeln [man abbauen] kann Kupfer. [8][...] zu erkunden. [Israel] wird erben [...]

Durchschreitung des Jordans. Der Hinweis auf das Jubeljahr spiegelt ein chronologisches System wider, das sich in vielen Qumran-Rollen findet.

4Q379 Fragment 12 [1][... die Wasser] fließen [...] [2][... die Wasser], die geflossen sind, standen still, standen in einem einzigen [3][Haufen ... Die Kinder Israels schr]itten hindurch auf trockenem Boden im ersten [4][Mona]t, im ein[undvier]zigsten Jahr ihres Auszuges aus dem Lan[d] [5]Ägypten. Dieses war das Jubeljahr, das auf den Beginn ihres Einzugs in das Land [6]Kanaan fiel. Nun überfl[u]tet der Jordan seine Ufer und strömt voll [7][W]asser vom vi[er]ten Monat bis zum Monat der Weizenernte.

Zwei Teile preisen offenkundig Gott nach der Durchquerung des Jordans. Beachtenswert ist, daß Levi im ersten Fragment als erster aufgeführt und damit hervorgehoben wird, obwohl er nicht der Erstgeborene war.

Fragment 1 [1][... Jakob,] und Du ließest ihn frohlocken mit zw[ölf Söhnen ...] [2]in Ewigkeit: Levi, der innig Geliebte von [...] [3][... und] Ruben und Ju[da und ...] [4][... und] Gad und Dan und [...] [5][...] die zwölf Stämme [Israels ...]

Fragment 17 [2][...] und preisen [...] [3]mit seinen Worten, und er war dem Gesetz treu [...] [4][... Du gabst den Bund, den Du geschlossen hast] mit Abraham, Isaak und Jakob zu Mose [5][... Aaron, E]leasar, und Ithamar. Ich werde frohlocken [...]

Dieses Fragment enthält einen Teil, der bereits in Text 28, Sammlung messianischer Texte zitiert wurde. Unabhängig von seiner Auslegung in Text 28, ergänzt dieser Abschnitt hier Jos 6.

Er weist vor allem auf die Zerstörung Jerichos hin, von der in dem Bibelkapitel (Jos 6,1–27) berichtet wird. Ein „Vogelfangnetz" (Zeile 10) benutzte man zum Fangen von Vögeln, die als Delikatesse gegessen wurden.

Fragment 22 [5]Gepriesen ist der HERR, der Gott [Israels ...] [6][...] [7]Als Jos[ua] auf[hö]rte zu be[ten und vorzubrin]gen Lobpreisungspsalmen, [sagte er:] [8]„Ver[flucht sein soll je]der, der versucht, wiedera[ufzubau]en diese [S]tadt! Mit Hilfe [seines] Erstgeborenen soll er ihr Fundament legen, [9]und mit Unterstützung [seines Jüng]sten [soll er] ihre Tore einsetzen!" (Jos 6,26). Siehe, [ein ve]rfluchter Mann, [einer, der zu Belial gehört,] [10][ist dabei, sich zu erheben, um ein Fangnetz zu sein für seine Leute und eine Quelle des Verfalls für alle seine Nachbarn. Dann werden erschein[en] [11][Söhn]e [nach ihm,] die beide als Werkzeuge dienen sollten für Missetaten. Sie werden wieder- aufbauen [12]diese [Stadt] und für sie errichten eine Mauer und Türme, um zu erschaf- fen [ein Bollwerk des Bösen] [13][im Land,] eine große Gottlosigkeit in Israel, einen Ort des Schreckens in Efraim [und Juda.] [14][Sie werden Gotteslästerung betreiben] in dem Land, eine große Unreinheit unter den Kindern Jakobs. Sie werden ausgi[eßen Blut wie Wasser über das Bollwerk der Tochter Zions und innerhalb der Stadtgrenzen von Jerusalem.]

– M. O. W.

89. SAMMLUNG VON KÖNIGSPSALMEN

4Q380, 4Q381

Die 150 biblischen Psalmen erschöpfen bei weitem nicht den Gesamtbestand der Lieder Israels. Zweifellos gab es Tausende mehr, die lange nach der biblischen Epoche verfaßt wurden. Mehrere dieser bisher unbekannten Psalmen sind unter den Qumran-Funden aufgetaucht (siehe Texte 19 und 145, *Apokryphe Psalmen* und *Apokryphe Psalmen Davids*). Einige davon sind Nachahmungen der biblischen Gattung mit sektieri- schen Tendenzen. Andere würden durchaus in den Rahmen des biblischen Psalters pas- sen. Die Lobeshymnen unter den vorliegenden *Königspsalmen* gehören zu letzterer Gruppe. Sie sind besonders „reine" Beispiele für die Lieder Israels; auch ihre Wortwahl stimmt häufig mit biblischen Wendungen überein. Gelegentlich kommen wortwörtliche Auszüge aus dem Alten Testament vor.

Die biblischen Psalmen lassen sich in zwei Gruppen gliedern: „Klage" und „Lob- gesang". Beide Formen können durch den Einzelnen oder gemeinschaftlich gesprochen worden sein. Die Klage wurzelt meist in einer Krise oder in einem großen Unglück, das der Psalmist oder die ganze Nation erleidet; sie schließt meist ein Gebet um Errettung aus der Not ein. Der Lobpreis hingegen betont die Größe Gottes und seine Großtaten – für den Psalmisten wie für die Nation.

Die hier übersetzten Psalmen wurden – nach einer literarischen Fiktion – einigen jüdi- schen Königen zugeschrieben. Da der König in seiner Person das Schicksal der Nation ver- körpert, haben diese Hymnen sowohl persönlichen wie gemeinschaftlichen Charakter.

Forscher nennen einige der biblischen Lobpreis-Psalmen „Lieder Zions". Sie betonen nachdrücklich, daß Gottes Jerusalem zum Sitz seines Königs und Ort seines Tempel machte (z. B. Ps 48, 87). Folgender Psalm ist ein weiteres „Lied Zions".

4Q380 Kolumne 1 ¹[...] ²[...Jeru]salem ist ³[die Stadt, die der] HE[RR erwählte] von Ewigkeit zu ⁴[Ewigkeit ...] heilig, ⁵[denn der Na]me des Herrn wurde auf sie herabgefleht. ⁶[Seine Herrlichkeit] ist sichtbar in Jerusalem ⁷[und] Zion. Wer kann den Namen ⁸des HERRN nennen und verkünden [Seinen] Lobpreis? ⁹Der HERR [ermahnte ihn,] Seinen guten Willen zu achten und kümmerte sich um ihn ¹⁰und zeigte ihm, was gut ist [...] **Kolumne 2** ¹[denn] er gab Dir einen Mann [...] ²denn er ist der eine, der [Seine] Worte hielt [...] ³die allen Kindern Israels gehören [... wird] ⁴deine Hand dich retten? Wirklich, die Macht Gottes [...] ⁵jene, die Gutes tun, und haßt Böses bis [...] ⁶wagst du es, Böses zu tun, wenn nicht [...] zugrundegehen [...] ⁷[...]

Einige der biblischen Psalmen werden Persönlichkeiten der Geschichte Israels zugeschrieben, vor allem König David, aber auch König Salomon (Ps 72, 127) und Mose (Ps 90). Die Qumran-Sammlung enthielt einen Psalm, der dem Propheten Obadja zugeschrieben wurde, aber nur in einem winzig kleinen Fragment vorhanden ist.

⁸Ein Psalm Obadjas. Gott [...] ⁹Wahrheit darin, und Gnade [...]

Mit dem „Gottesmann", der im folgenden Psalm genannt wird, ist wohl König David gemeint, da auch Auszüge aus Ps 18, den man David zuschrieb, enthalten sind. David wird auch in Neh 12,24 „Gottesmann" genannt.

4Q381 Fragment 24 ⁴Ein Psalm des Gottesmannes. O HERR Gott [...] ⁵befreie Juda von jedem Feind, und von Efraim [...] ⁶Generation. Und sie werden ihn rühmen für seine Gnade, und sie werden sagen: Erhebe Dich, o Gott [...] ⁷„Dein Name ist meine Erlösung, mein Felsen, meine Festung, mein Retter" (Ps 18,3), [o HERR ...] „am Tag [meines] Unglücks ⁸rufe ich hinaus zum HERRN" (Ps 18,4), denn mein Gott wird mir antworten. Meine Hilfe [...] meine Feinde, und er wird sagen, ⁹Wirklich [...] zum Volk, „und ich [... mein Schrei] zu Ihm soll an Seine Ohren dringen ¹⁰und [meine] Stimme [wird Er im Tempel vernehmen" (Ps 18,7). „Dann] [soll die Erde zittern und schwanken, und die Pfeiler, die die Berge stützen, werden beben ..." (Ps 18,8)]

Obwohl die Überschrift fehlt, dürfte auch dieser Psalm ein „David-Psalm" gewesen sein. Er zitiert aus Ps 86, der von David stammen soll, wie aus Ps 89, der, obwohl „Etan, dem Esrachiter" zugeschrieben, abzielt auf Gottes Wahl der Familie Davids für königliche Ehren. Sich selbst nennt der Psalmist (Zeile 7) „Dein Gesalbter". Beim Namen Gottes gerufen zu werden (Zeile 9) bedeutet, sich so wie einst David mit Gott zu identifizieren.

Fragment 15 ¹[...] Du sollst mein Herz erneuern [...] ²[... wende Dich mir zu und sei mir gnädig und gib Deine Kraft Deinem Diener] und erlöse den Sohn Deiner Dienerin" (Ps 86,16). „Zeige mir ³[ein gutes Zeichen, so daß meine Feinde sich fürchten werden und sich zurückziehen, denn Du,] mein Gott, hast mir geholfen" (Ps 86,17). So laß mich meinen Fall Dir unterbreiten, mein Gott ⁴[... „Du regierst über die] großen Wellen der See und Du besänftigst ihre Brecher" (Ps 89,10), „Du ⁵[zerdrücktest den Urzeit-Drachen wie einen Leichnam, und mit Deinem starken Arm hast Du Deine Feinde zerstreut" (Ps 89,11). „Die Welt] und alles, was Du geschaffen hast" (Ps 89,12). „Du hast einen Arm voll [6][Kraft, Deine Hand ist stark. Deine rechte Hand ist hoch erhoben" (Ps 89,14). „Wer im Himmel gleicht Dir,] mein Gott, und welches der göttlichen Wesen im ganzen [7][heiligen Rat" (Ps 89,7) ... für Dich] ist sein strahlender Glanz. Und ich, Dein Gesalbter, habe verstanden [8][... Ich will anderen berichten] von Dir, denn Du hast mir Erkenntnis gegeben, und wahrhaftig, Du hast mich ausgestattet mit großer Einsicht [9][...] denn ich wurde bei Deinem Namen gerufen, mein Gott, und zu Deiner Erlösung [10][...] sie werden [Erkenntnis] anlegen wie ein Kleid und ein Gewand von [...]

Eine Gattung des Psalms ist das „Weisheitsgedicht", das sich nicht an Gott, sondern an einen Hörer/Leser wendet. Es ist persönlicher, besinnlicher und hat mit der Weisheitsliteratur manche Ausdrücke und Aspekte gemeinsam (vgl. Text 12, Buch der Geheimnisse). Ein biblisches weisheitliches Beispiel ist Ps 49. Das Psalm-Beispiel aus Qumran führt von Weisheits-Themen hin zur Meditation über die Größe Gottes, die sich in der erschaffenen Welt offenbart.

Fragment 1 [1][...] habe ich verkündet, und von seinen Wundern will ich sprechen. Und Weisheit lehrt mich das Rechte [...] [2]mein Mund, und den Einfältigen, damit sie verstehen werden, und den Unwissenden, damit sie Erkenntnis erlangen. O HERR, wie groß [...] [3]Wunder sind, am Tag, als Er Himmel und Erde schuf und durch das Wort seines Mundes [...] [4]Er vervollkommnete die Wasserläufe, seine Seen und Teiche, und jede Wasserfläche [...] [5]Nacht und die Sterne und Sternbilder [...] [6]Bäume und jede Fr[ucht des Wein]gartens und all die Früchte des Feldes, und durch das Aussprechen Seiner Worte [...] alle [... den Mann] [7]mit seiner Frau, und durch seinen Geist ernannt Er sie zu Herrschern über all diese Dinge auf der Erde und über alles [...] [8]Monat für Monat, Fest für Fest, Tag für Tag, seine Früchte zu essen [...] [9][...] und Vögel und alles, was ihnen zum Essen dient [...] alles und auch [...] [10][...] in ihnen und all seinen Armeen und [Seine] Engel [...] [11][...] Adam zu helfen und ihm zu dienen und [...] **Fragment 14** [2][...] dicke Wolken, Schnee [...] und Hagel und all [...] [3][...] kein Verletzen seines Gebots. Die vier Winde [...] **Fragment 76 + 77** [1][...] zu mir, wilde Tiere und Vögel, seid versammelt [...] [2][...] Menschen gemäß der Neigung [ihrer] Gedanken...] [3-6][...]

Der folgende Abschnitt gehört wahrscheinlich nicht zum eben zitierten Weisheitspsalm, obwohl er einige seiner Themen aufgreift, einschließlich der Größe Gottes in seiner Schöpfungsordnung. Zusätzlich werden auch die historischen Taten Gottes für Israel betrachtet.

[7][... die Gesell]schaft des Allerheiligsten Ortes, jene, die zu den Königen der Könige gehören [...] [8][... hört] meine Worte, und ihr werdet erleuchtet sein, hört die Weisheit, die aus meinem Munde kommt, und ihr werdet verstehen [...] [9][...] und ein verläßlicher Richter und ein treuer Zeuge, wenn ihr stark genug seid, mir zu antworten [...] [10][...] wer unter euch kann mir eine Antwort geben und im Streit mi[t Ihm ...] stehen [11][...] obwohl ihr viele Richter habt und zahllose Zeugen, außer [...] [12][...] der HERR wird in euren Gerichtshöfen sitzen um wahr zu richten, und keiner wird sich erheben [...] [13][... Er wird Seine sieben] Geister [senden], um euch verläßliche

Entscheidungen zu geben. Gibt es Verstehen? Dann lernt [...] [14][...] HERR der Herren, mächtig und wunderbar, und es gibt keinen, der Ihm gleicht. Er hat [euch ...] erwählt [15][...von] vielen [Völkern] und aus großen Nationen, Sein Volk zu sein, um über alle [...] zu herrschen [16][... Him]mel und Erde, und über all die Nationen auf der Erde hervorzuragen und zu [...] **Fragment 69** [1][...] als Er sah, daß das Volk des Landes scheußliche Taten beging [2][...] [wurde] das ganze Land zweifach schmutzig durch Unreinheit, obwohl Er von Anfang an wunderbare Taten getan hat [3][...] Er beschloß in seinem Herzen, sie vom Land auszurotten und ein [anderes] Volk dorthin zu stellen [4][...] zu euch, und Er gab euch Propheten in Seinem Geist, um euch zu erleuchten und euch zu lehren [5a][...] kam herab vom Himmel und sprach mit euch, um euch zu erleuchten und euch von den Taten der [einstigen] Bewohner abzuhalten [5][... Er gab] Gesetze, Lehren und Gebote, Er schloß einen Bund durch [Mose ...] [6][...] wohnen im Land, denn es wird rein sein; und Er [sprach ...] [7][...] euch zu erleuchten, ob ihr die Seinen werdet oder [nicht ...] [8][...] den Bund zu verletzen, den Er für euch gemacht hat und ferngehalten zu werden und [...] [9][...] wegen Gottlosigkeit, und die Worte seines Mundes zu verdrehen [...]

Fragment einer persönlichen Klage.

Fragment 33 [2]Und Du hast mir ein Zeichen gegeben und ein [...] Erhebe Dich, o HERR und Gott, [sei erhöht in Deiner Kraft,] [3]und wir werden Deine Macht rühmen, denn sie ist grenzenlos [...] Du stellst mich, und Dein Tadel wird sich zu [Freude] wenden [...] [4]ewig, und Dich zu erhöhen, denn meine Sünden sind für mich zuviele geworden [...] und Du bist mein Gott, sende Deinen [Geist ...] [5]dem Sohn Deiner Dienerin und Deine Gnade Deinem Diener [...] Ich will singen und jubilieren in Dir, während meine Feinde auf der Lauer liegen, denn [...] [6]Deine Diener in Deiner Gerechtigkeit und gemäß Deiner Gnade [...] zu retten [...] für Dich. Sela.

König Manasse (699–643 v. Chr) wird in 2 Kön 21,1–18 als berüchtigter Götzenanbeter porträtiert. Seine Sünden allein hätten genügt, Zerstörung und Exil über Juda zu bringen. Eine andere Version seiner Geschichte beschreibt, wie der gottlose König, als er von den Assyrern gefangengesetzt wurde, seinen Irrweg erkannte und zu Gott um Errettung flehte, die ihm auch zugesichert wurde (2 Chr 33,10–13). Fromme Juden einer viel späteren Epoche verfaßten das Gebet des Manasse, das in griechischer Übersetzung ein volkstümliches Werk wurde und in apokryphen bzw. deuterokanonischen Sammlungen enthalten ist. Die Qumran-Gruppe besaß ebenfalls ein „Gebet des Manasse", jedoch ohne Beziehung zum griechischen Text. In dieser Überlieferung wurde ebenfalls der gottlose König mit einem passenden Reuegebet versehen, das in der literarischen Form den üblichen persönlichen Klagen gleicht.

[8]Das Gebet des Manasse, König von Juda, als der König von Assyrien ihn gefangennahm. [...] mein Gott [...] ist nahe, meine Errettung ist vor Deinen Augen. [...] [9]Auf die Errettung, die Deine Gegenwart bringt, warte ich, und ich fürchte mich vor Dir wegen [meiner Sünden], denn Du warst sehr [gnädig], während ich meine Schuld vergrößert habe, und so [...] [10]von immerwährender Freude, doch mein Geist wird keine Güte erfahren, denn [...] Du erhebst mich, hoch über die fremden Völker [...] [11]obwohl ich mich nicht Deiner erinnerte [...] **Fragment 45** [1][...] Ich habe Ehrfurcht

vor Dir, und ich wurde gereinigt ²von den Schandtaten, die ich zerstört habe. Ich habe meine Seele veranlaßt, sich Dir zu unterwerfen [...] sie vergrößerten ihre Sünde und planten, mich ³einzuschließen; doch ich habe Dir vertraut [...] ⁴übergib mich nicht dem Gericht, mit Dir, o mein Gott [...] ⁵sie verschwören sich gegen mich, sie sagen Lügen [...] ⁶mir Taten von [...]

Für diesen königlichen Psalm gibt es keine Überschrift. Es wird für Gottes Hilfe bei einem militärischen Sieg gedankt.

Fragment 46 [...] ²[Deine große Gnade [...] und ein Sieg wurde mir gegeben [...] ³[...] Narren [verachten] Deine Gesetze und Deinen Ruhm und Deinen Glanz [...] ⁴und wie Wolken sind sie ausgebreitet auf [der Oberfläche der Erde ...] zu Wolken verbreiten sie sich [...] ⁵ein bloßer Mensch wird nicht mutig sein oder [sich selbst] erheben [...Du] hast alle geprüft, und die Erwählten reinigst Du wie ein Opfer für Dich, doch die Feinde [...] ⁶Du verachtest wie Schmutz. Ein Sturmwind [...] ihre Taten, doch jene, die Dich anbeten, sind immer vor Dir, ihre Hörner sind aus ⁷Eisen, damit sie viele aufspießen können, und sie werden aufspießen [...] und ihrer Hufe wirst Du aus Bronze machen. Sie zertrampeln Sünder ⁸auf dem Boden wie Mist [...] werden zerstreut vor [...] **Fragment 31** ¹[...] in der Falle, die sie setzen [...] will ich singen zum [HERRN, denn Er half mir ...] ²[...] Ich will von Deinen Wundern berichten, denn ein Gott von [...] vor Dir [...] Du errettest mich und bringst mich hinauf vom Sitz des Todes und [...] ³[...a]lle Seine Wege werden kommen [...] an Seinen heiligen Ort. Sela.

Ein weiterer Königspsalm: eine persönliche Klage, in der tiefes Vertrauen auf Gott zum Ausdruck kommt.

⁴[Gebet von ... K]önig von Juda. Höre, [mein] Gott [...] Ich werde vor jenen, die Dich anbeten, erzählen [...] ⁵[...] Deine Gedanken, wer kann sie verstehen. Wahrlich, meine Feinde haben sich vermehrt während Du zusiehst, und Du kennst sie, und jene, die mich hassen, sind vor Deinen [Augen ...] ⁶[...] Du wirst die Feinde des Weisen und Einsichtigen zerstören, und Du wirst sie hinwegfegen. O Gott, mein Heil, meine Tage sind mit Dir verborgen, und was können die Menschen mir schon antun? Hier bin ich [...] ⁷[...] mit dem Schwert am Tag des Zorns. Doch jene, die die Wahrheit sprechen, haben einen Kranz für mein Haupt geflochten, denn der Glanz von [...] ist ihr Ruhm [...]

– E. M. C.

90. ELIJA-APOKRYPHON

4Q382

„Mein Vater, mein Vater! Wagen Israels und seine Lenker!" Mit diesem Ruf des Erstaunens, so überliefert es die Bibel (2 Könige 2,12), war der Schüler Elischa Zeuge der Himmelfahrt seines Meisters Elija „aus Tischbe in Gilead" (1 Könige 17). Von Elija glaubte man, daß er wie Henoch noch zu Lebzeiten in den Himmel fuhr. Er war ein

Prophet des 9. vorchristlichen Jahrhunderts, von dem die Bibel zahlreiche Wundertaten berichtet. Am bekanntesten dürfte seine Konfrontation mit den Baalspropheten auf dem Berg Karmel sein und seine Gegnerschaft zu König Ahab (873–853 v. Chr.) und seiner gottlosen Königin, Isebel. Maleachi 3,23–24 sagt, Elija werde vor dem Tag des Herrn zurückkehren, um die Väter mit den Söhnen zu versöhnen. Wegen seiner Wundertaten und der „Himmelfahrt" wurde der Prophet eine geheimnisumwitterte Gestalt. In vielen Texten des alten Judentums kommt er vor, wobei er sehr unterschiedliche Rollen spielt. Solche Texte schließen das Buch Jesus Sirach (= Liber Ekklesiasticus, ca. 180 v. Chr.) ein, wo Elija ein Prophet genannt wird, der wie Feuer, kommen wird, um Jakob wieder einzusetzen (48,1–2). Das 4. nichtkanonische Buch Esra (ca. 100 v. Chr) schließt Elija mit ein, wenn die apokalyptische Rückkehr der drei Männer, die ohne zu sterben zum Himmel fuhren, vorhergesagt wird. (Die beiden anderen sind Henoch und – der jüdischen Legende, nicht der Bibel zufolge – Mose). Zwei Abschnitte der rabbinischen Mischna (etwa 200 n. Chr. zusammengestellt mit viel älterem Material) schreiben dieser Wiederkehr Elijas eine hohe Bedeutung zu. Sie behaupten, daß er bei seiner Wiederkehr als Richter fungieren wird, um alle offenen Streitfälle zu schlichten und die Toten wieder zu auferwecken (*Edujot* 8,7, *Sota* 9,15).

Neutestamentliche Evangelientexte sprechen von Johannes dem Täufer als Elija (Elija redivivus). In Matthäus 11,14 sagt Jesus von Johannes: „Und wenn ihr es gelten lassen wollt: Ja, er ist Elija, der wiederkommen soll." Im Johannes-Evangelium antwortet der Täufer auf die Frage: „Bist du Elija?" „Ich bin es nicht." (Johannes 1,21) Jesus selbst fühlte sich mit Elija verbunden. Er vergleicht seinen Dienst in Lukas 4,23–25 mit der Laufbahn des Propheten. Nach Markus 6,15 hielten einige aus dem einfachen Volk Jesus für Elija. Dieses verdächtige Gerücht erreichte auch Herodes. Es war insofern „verdächtig", weil Potentaten wie Herodes, die in steter Furcht vor Aufständen lebten, stets der Gefahr zuvorzukommen suchten, bevor sie Wirklichkeit wurde. Dies war zum Schicksal des Täufers geworden. Auf jeden Fall war die Frage, wer mit Elija zu identifizieren sei, ein tiefgreifender Diskussionspunkt. Unter diesem Aspekt könnte der Text auf die Wiederkehr des Elija anspielen (Fragment 31).

Obadja, Palastvorsteher des Königs Ahab, bringt Propheten in Sicherheit, als die gottlose Königin Isebel ihnen nach dem Leben trachtet. Später trifft Obadja den Propheten Elija, der ihn bittet, ein Treffen mit Ahab zu arrangieren (vgl. 1 Kön 18,7ff.).

Fragment 1 [2][...] Und er verbarg fünf[zig in einer Höhle und versorgte sie mit Brot und Wasser ...] [3][...] Er fürchtete sich vor Isebel und Ahab, dem Kö[nig von Israel ...] [4][... O]badja im La[nd] Israel [...]

Fragment 3 [2][So ging Obadja zu] Ahab und berichte[te ihm; und Ahab ging Elija entgegen.] [3][Sobald Ahab] Elija [sah, sagte Ahab zu ihm: „Bist du es, Verderber Israels?"]

Elija und sein Schüler und Nachfolger Elischa unmittelbar vor der „Himmelfahrt" des Elija (vgl. 2 Kön 2,1–18). Bei HERR ersetzt der Schreiber jeden der vier hebräischen Konsonanten des göttlichen Namens durch vier Punkte.

Fragment 9 [5][und die Söhne der Propheten sagten zu Elischa: „Wei]ßt [du,] daß heute der HERR [dir deinen Meister von dir] nehmen wird?" Er antwortete:] [6][„Ich weiß." Elija sagte zu Elischa: „Bleib hier, [mein] Sohn; [denn der HERR] hat mich nach Bet-El gesandt." Doch] [7][Elischa sagte: „So wahr der Herr lebt, und so wahr] du [lebst,] ich verlasse dich nicht." [So gingen sie nach Bet-El ...]

Eine Prophezeiung. Der Hinweis auf einen zukünftigen „mächtigen Mann" könnte sich auf den Glauben beziehen, Elija werde in der Epoche der Letzten Tage zurückkehren.

Fragment 31 [2][... g]roß, ihnen die Macht über alle Nationen zu geben [...] am Ende wird ein mächtiger Mann sich erheben [...] [4][...] für alle Geister [...] [5][... die P]rophe-ten [...]

Ein Gebet. Dieses Fragment wurde irrtümlich dem vorliegenden Werk zugeschrieben; die Sachlage ist jedoch ungeklärt. Das Fragment paßt gut zum geschichtlichen Abriß des Fragments 31.

Fragment 104 Kolumne 2 [1](nicht abzuwenden) von Deinen Worten, festzuhalten an Deinem Bund, so daß ihre Herzen geheiligt werden mögen [... Du strecktest aus] [2]Deine Hände, um sie zu den Deinen zu machen und Dich zu dem ihren und recht-fertigtest [...] [3]Mit Sicherheit gehörst Du Deinen Erben; Du wurdest ihr Meister, ihr Vater [... Doch Du] [4]hast sie in der Macht ihr[er] Könige gelassen, die Du erhoben hast, um Macht über Dein Volk auszuüben [...] [7][...] Deine Vorschriften (?), die Du ihnen gegeben hast durch Mose [...] [8][Dein Gericht, das die Sünde Deines Volks über [seinen] Ko[pf (?) ...] [9][...] Deine Geduld und Fülle an Vergebung [...]

– M. O. W.

91. Prophetisches Apokryphon

4Q384–390

Diese wichtigen neuen Texte lassen sich mit der Deutungsformel: „Prophezeiung als literarischer Fiktion" bezeichnen. In stilistischer Hinsicht kombiniert der Autor die typischen Redewendungen der bedeutenden Propheten Jesaja, Jeremia und Ezechiel aus alter Zeit. Man wird öfters an die letzten Kapitel des Buchs Daniel erinnert. So enthält die 2. Abschrift des *Prophetischen Apokryphon* (4Q387) zehn komplette Jubeljahr-Zyklen der Untreue (490 Jahre). Am Ende dieses Zeitraums würde das Königreich Israel zerstört wer-den und ein „Gadfan" (= Gotteslästerer) es regieren. Daniel verfolgt eine ähnliche Strategie, wenn er prophezeit, nach einem Zeitraum von 490 Jahren, auf dem Höhepunkt einer nie dagewesenen Zeit des Abfalls von Gott, würde ein fremder Herrscher sich erhe-ben und „Gotteslästerungen sprechen". Er würde der mächtigste aller Herrscher sein, müsse aber schließlich dem Königreich Gottes weichen, das von gerechten Juden gelenkt werden würde, die inmitten des Abfalls Gott die ungebrochene Treue gehalten hatten. Die Person des „Gadfan" aus dem *Apokryphon* ist wohl gleichzusetzen mit Daniels gotteslä-sterlichem Herrscher. Die meisten Forscher gehen davon aus, daß Daniel den syrischen König Antiochus IV. Epiphanes (175–164 v. Chr.) beschreibt. Um 168 v. Chr. veranlaßte

Antiochus IV. eine schreckliche Judenverfolgung. Er versuchte, den Juden griechische Formen der Götterverehrung aufzuzwingen. Dies war der Anlaß zum Makkabäeraufstand. Nach einigen Jahren gelang es den Juden, die von Antiochus aufgezwungenen Änderungen wieder abzuschütteln; mit seinem Tod im Jahr 164 v. Chr. wich die Bedrohung. Antiochus inszenierte und präsentierte sich selbst als Gottheit. Dies könnte sowohl Daniels Beschreibung wie auch die Benennung des Syrers als „Gadfan" erklären. Die Juden lehnten es ab, wenn Menschen sich auf ihre Göttlichkeit beriefen: Dies war allergrößte Gotteslästerung. Allerdings ist dieser Lösungsansatz nicht unproblematisch, da die programmatische Natur des *Apokryphons* (zehn Jubeljahr-Zyklen) es möglich machte, Gadfan mit Ezechiels Gog und dem apokalyptischen Untier zu vergleichen – eine Beschreibung des schrecklichen Unheils der Letzten Tage, deren Ende absichtlich offen gelassen wurde.

Wenn von *dem* Prophetischen Apokryphon gesprochen wird, so ist das eine falsche Fährte. Es ist äußerst schwierig, die Qumran-Rollen zu rekonstruieren und die Methode, mit der man Fragmente bestimmten Manuskripten zuweist, zu erläutern. Manche Zuordnungen sind äußerst unsicher. Gelegentliche Überprüfungen haben gezeigt, daß Fragmente, die man einem Manuskript zurechnete, in Wirklichkeit doch zu einem anderen gehörten. Nach Devorah Dimant, der derzeitigen Herausgeberin des Materials, das zum *Apokryphon* gehört, sind einige Manuskripte, die man diesem Werk zugeordnet hatte, typische Beispiele für „Fehlidentifikation". Während der erste Herausgeber, John Strugnell, darin eine einzige in zahlreichen Abschriften überlieferte prophetische Schrift erkannte, die er ein „Apokryphon Ezechiels" nannte, hat Dimant die gleichen Fragmenten in drei einzelne Werke aufgeteilt und sie „Apokrypher Jeremia", „Pseudo-Ezechiel" und „Pseudo-Mose" genannt. Hat der Dimantsche „Revisionismus" recht? Dimants Vermutungen haben Fragen ohne Antworten aufgeworfen. Einerseits enthält ein Fragment des vermeintlichen apokryphen Jeremia-Textes (4Q384 Fragment 9) den hebräischen Titel des Buchs der *Jubiläen* („Buch der Einteilung der Zeiten"). Aber das Zählen in Jubeljahr-Perioden (je 49 Jahre) soll, laut Dimant, nicht für den apokryphen Jeremia, sondern für Pseudo-Mose typisch sein. Andererseits prophezeit eine Abschrift des (Dimanschen) Pseudo-Mose (4Q389 1ii3), daß die Kinder Israels am Fluß Kebar Gott anrufen würden. Es handelt sich dabei aber um einen babylonischen Fluß, der im Buch Ezechiel auftaucht (Ezechiel 1,1). Dieser Text müßte also Teil des Pseudo-Ezechiel sein. Dimants Probleme illustrieren auf anschauliche Weise die Probleme, die dem Forscher grundsätzlich begegnen, der Schriftrollen vom Toten Meer rekonstruieren und interpretieren will. Zur Zeit ist Dimants Auffassung unbewiesen. Text und Deutung haben sich Strugnells Ansicht über dieses Material angeschlossen, daher *Das prophetische Apokryphon*.

Verbannung des Propheten Jeremia nach Tachpanes in Ägypten (Jeremia-Apokryphon^b).

4Q384 Fragment 7 [2][...] nach Tachpane[s ...] [3][... zu überl]iefern, denn [...]

Fragment mit dem Titel des Buchs der Jubiläen *(Jeremia-Apokryphon^b).*

Fragment 9 [2][... in dem Buch von der] Einteilung der Ze[iten ...] [3][...] Schandtaten (*oder* Zeitabschnitte) für die Gen[erationen ...] [4][...] für einen Bund des Fr[iedens ...]

Prophezeiung des Strafgerichts Gottes über Ägypten und dessen Städte (Pseudo-Ezechiel[a]).

4Q385 Fragment 1 [1][Dies sind die Wor]te des Ezechiel. Und das Wort des HERRN erging an [mich ...] [2][...] Und du sollst sagen: „Siehe, der Tag der Vernichtung der Heiden naht [...] [3][...] und es wird geben Angst in Put, und ein Schwert in Ä[gypten ...] [4][...] wird beben, Kusch wird [fall]en, und die Mächtigen Arabiens und auch von [...] [5][...] und ein Schwert wird sie verstreuen unter den Städte[n] von Ägypten und [sie] werden zugrunde gehen [...] [6][...] Schwert Ägypt[ens ...]

Prophezeiung der ausgetrockneten Gebeine (Ez 37), die auch in 4Q386 und 4Q388 auf-taucht; dieses Fragment wird als Pseudo-Ezechiel[a] bezeichnet.

Fragment 2 [1][Denn ich bin der HERR,] der erlöst sein Volk, um den Bund für sie zu errichten.

[2][Und ich sprach: „O HERR,] ich habe viele von Israel gesehen, die Deinen Namen geliebt haben und gewandelt sind [3]auf den Wegen [Gottes]. Wann werden [di]ese Dinge geschehen? Wie wird ihre Treue belohnt werden?" Und der HERR sprach [4]zu mir: „Ich Selbst nehme Kenntnis von den Söhnen Israels, und sie sollen wissen, daß ich der HERR bin."

[5][Und Er sprach:] „Sohn des Menschen, prophezeie über diese Gebeine, und du wirst sagen: ‚Kommt zusammen, Knochen zu Knochen und Gelenk [6]zu Gelenk'". Und es wa[r s[o]. Und Er sprach ein zweites Mal: „Prophezeie!" Und Sehnen kamen über sie und Haut bedeckte sie [7][und Fleisch wuchs wieder auf ihnen.] Und Er s[prac]h: Prophezeie über die vier Winde des Himmels". Und ein Wind [des Himmels] blies [8][über sie hinweg, und sie erwachten wieder zum Leben und erhoben sich; eine große Menge an Menschen. Und sie priesen den HERRN der Heerscharen, di[e] [9][... Und] ich sagte: „o HERR, wann werden [di]ese Dinge geschehen?" und der HERR sprach zu [mir ...] [10][...] sie werden den Baum abschlagen, und er wird sich aufrichten [...]

Gottes Zusicherung, Israel werde das Land Kanaan wieder in Besitz nehmen (Pseudo-Ezechiel[a]).

Fragment 3 [1][...] unter meinem Urteil [...] [2][...] war ich äußerst erregt, und die Tage eilten dahin bis [alle Söhne] des Menschen sprachen: [3]„Eilen die Tage nicht schnell vorüber, damit Israel Besitz ergreifen könnte von [ihrem Land?"] [4]Und der HERR sprach zu mir: „Ich werde dich nicht fortsch[ic]ken, Ezechiel. Si[eh]e, ich werde [me]ssen [die Zeit und kürzen] [5]die Tage und die Jahr[e ...] [6]einige (?), ganz wie du sprachst zu [...] [7][Denn der Mun]d des HERRN sprach dies [...]

Ezechiels Vision (Ez 1) der göttlichen Herrlichkeit (Pseudo-Ezechiel[a]).

Fragment 4 [1]Die Völker der [Erde] werden [...] [2]mit einem fröhlichen Herzen und mit [...] [3]lasse ihn sich ein wenig verbergen [...] [4]und jene brechend i[n ...] [5]die Vision, die Ezech[iel] sah [...] [6]der Streitwagen erstrahlte, und die vier lebenden Wesen [und als sie sich bewegten, kehrten sie nicht] [7]um, auf zwei Rädern ging das Wesen, und zwei F[lügel ...] [8][...] war Atem. Und ihre Gesichter waren verbunden miteinan[der ... vier] [9]Ge[sichter, das eines Löwen, da]s eines Adlers, das eines Kalbs und das eines

Menschen. Und [das Gesicht] [10]des Menschen wa[r] gebunden an den Rücken der Tiere und festgewachsen a[neinander ...] und die R[äder ...] [11]Rad verbunden mit Rad, wenn sie sich bewegten, und von den zwei Seiten der R[äder ...] [12]und lebendige Geschöpfe waren zwischen den Kohlen, wie glühende Kohlen, [wie Lampen ...] [13]die Räder, die Lebewesen und die Räder. Nun war [über ihren Häuptern eine große Weite,] [14][wie ein] furcht[einflößendes Funkeln von Kristall. Und] eine Stimme [k]am [von oberhalb der Weite ...]

Prophezeiung über David und Salomo (Pseudo-Mose[a]).

Fragment 13 Kolumne 2 [1]mein Antlitz wurde gesucht, und mein Herz war nicht stolz darüber (?) [...] [2]und seine Tage werden vollendet sein, und Salomon wird sitzen [auf seinem Thron ...] [3]und ich werde geben das Leben seiner Feinde in [seine Hände ...] [4]und ich werde Ungerechtigkeit von seiner Hand nehmen [...]

Jeremia schärft den Söhnen Israels ein, den Bund der Väter während des Exils in Babylon zu beachten (Jeremia-Apokryphon[c]).

Fragment 16 Kolumne 1 [1][...] [2][...] Jeremia, der Prophet, vor dem HERRN. [3][...] sie wurden gefangengenommen aus dem Land Jerusalem und gingen [4][nach Babylon ... und als] Nabuzaradan, der Hauptmann der Leibwachen [5][Jerusa]lem schlug und alle Gerätschaften des Hauses Gottes nahm, zusammen mit den Priestern [6][und] den Söhnen Israels und sie nach Babylon brachte, ging Jeremia, der Prophet [7][...] Fluß. Und er befahl ihnen das, was sie tun sollten im Land [ihrer] Verbannung. [8][... Und sie gehorchten] der Stimme Jeremias, den Worten, die Gott ihm befohlen hatte [9][...] sie hielten den Bund ihrer Väter mit Gott im Lan[d] [10][ihrer Verbannung ...] was sie taten, zusammen mit ihren Königen, ihren Priestern, [11][...] Gott, zu [...]

Jeremia und die Juden im ägyptischen Tachpanes (Jeremia-Apokryphon[c]).

Kolumne 2 [1]in Tachpanes, d[as ...] [2]Und sie sprachen zu ihm: „Erfrage [von dem HERRN in unserem Namen ...“ Aber] [3]Jeremi[a weigerte sich], Gott zu befragen für sie. [Er hob an] [4]einen Jubelgesang und ein Gebet, und dann sang Jeremia ein Klagelied f[ür sie ...] [5][...] nach Jerusalem.

[6]Und Jeremia [wohnte] in dem Land Tachpanes, welches ist im Land Äg[ypten ... zu [7]die Söhne Israels und die Söhne Judas und Benjamins [...] [8]jeden Tag. Und sie beachteten meine Vorschriften und hi[elten] meine Bräuche [...] [9]Nach [...] die Nichtjuden, die [...] [10][...] werden nicht [...] nicht [...]

Gott verspricht, einen Rest vor den Anfechtungen Belials zu bewahren (Pseudo-Ezechiel[b]).

4Q386 Fragment 1 Kolumne 2 [1][...] Und sie sollen wissen, daß ich der HERR bin. Und Er sprach zu mir: „Begreife, [2]Sohn eines Menschen, was das Land Israel angeht.“ Und er sagte: „Ich habe gesehen, o HERR, und siehe es ist verwüstet. [3]Wann willst Du sie zusammenscharen?“ Und der HERR sprach: „Der Sohn Belials trachtet danach, Mein Volk zu unterdrücken, [4]aber ich werde es ihm nicht erlauben. Seine Herrschaft soll nicht erfolgen. Gibt es nicht unter den Unreinen eine Saat, die übrigbleibt? [5]Gibt es nicht neuen Wein von einem Weinstock, und erzeugt eine Biene keinen Honig? [...]

und [6]die Gottlosen werde ich töten in Memphis. Aber ich werde Meine Söhne herausbringen aus Memphis, und gegen ihren Re[st] werde ich mich wenden. [7]Ebenso wie sie sagen: ‚Es herrschte Frieden und Ruhe‘. Nun werden sie sagen: ‚Das Land wird leben (?) [8]so wie es tat in den Tagen von [Salomo, wie in den Tagen] von altersher.‘ " Daher, laßt uns Lieder singen [...] [9][mit den vi]er Winden des Him[mels ...] [10][ein Feu]er brennend w[ie ...]

Gottes Versprechen, Babylon wegen Nebukadnezzars Maßnahmen gegen die Armen Jerusalems zu bestrafen (Pseudo-Ezechiel[b]).

Kolumne 3 [1]und er ist nicht gnädig gegenüber den Armen, und er brachte sie nach Babylon. Und Babylon ist wie ein Becher in der Hand des HERRN. Wie Mis[t] [2]wird Er sie wegwerfen [...] [3]in Babylon und sie wird sein [...] [4]von der Generation eurer Verwüstung [...] [5]Ödnis [...]

Prophezeiung der drei abtrünnigen Priester: Siehe 4Q387 Fragment 3 Kolumne 2 Zeile 6, in dem auch das Thema Priesteramt behandelt wird (Pseudo-Mose[b]).

4Q387 Fragment 2 [1–3][...] Verunreinigung [...] [4][...] drei Priester, die nicht wandeln werden auf dem Weg [Gottes] [5][... der] erste soll aufschreien zum Namen des Gottes Israels. [6][Und in] ihren Tagen der Stolz jener, die den Bu[nd] verletzten, und die Diener des Fremden (oder desjenigen, der fremd ist) [werden niedergeworfen werden.] [7]Und Israel wird auseinandergerissen werden in jener Generation, jeder wird gegen jeden kämpfen [8]wegen des Gesetzes und wegen des Bundes. „Dann werde ich senden eine Hungersnot, aber nicht mit einem Mangel an [9]Brot, und eine Dürre, aber n[icht] an Wasser wird es mangeln" (Am 8,11). [...] und wenn [... wird] nicht [...]

Prophezeiung des Gadfan (Gotteslästerer), der zehn volle Jubeljahre nach der Zerstörung des Tempels (586 v. Chr) kommen wird. Obwohl die genaue Berechnung das Jahr 96 v. Chr. ergibt und damit die Erfüllung der Prophezeiung in die Zeit der Herrschaft des Alexander Jannäus (103–76 v. Chr.) fällt, paßt der Titel „Gadfan" wohl eher auf den syrischen König Antiochus IV. Epiphanes (175–164 v. Chr.), der 168 v. Chr. eine Verfolgungswelle gegen die Juden auslöste und sich selbst als göttlich darstellte (ein Gotteslästerer). Die Muster der Prophezeiung lassen die Gestalt absichtlich verschwommen erscheinen. Es soll hauptsächlich die Hoffnungslosigkeit der Letzten Tage aufgezeigt werden (Pseudo-Mose[b]).

Fragment 3 Kolumne 2 [1][...] und ihr werdet versuchen, Mir zu dienen mit eurem ganzen Herzen [2]und mit [eurer ganzen Seele, aber ich werde nicht annehmen si]e in ihrer Not. Noch will ich sie suchen [3]wegen ihrer Treulosigkeit [... w]eil sie [Mich] in den Schmutz gezogen haben bis zur Vollendung von zehn [4]vollen Jubeljahren. Ihr seid herumgewandelt in W[ahnsinn] und Blindheit und Verwirrung [5]des Herzens.

Am Ende jener Generation [werde ich entfernen] das Königreich aus der Hand jener, die [6]es besitzen und über es [be]stimmen lassen Fremde von einem anderen Volk. Und [7]die letzten von diesen werden herrschen im ganzen Land. Das Königreich Israel wird vernichtet werden in jenen Tagen. [8][... Und dann wird er auftauchen,] der Gotteslästerer. Er wird Abscheulichkeiten begehen, und ich werde [9]jenes [gottlose] Königreich in Stücke reißen für andere Könige, und Mein Angesicht wird noch immer verborgen sein vor Israel. [10][...] und das Königreich wird zurückgegeben werden an viele Völker. Dann werden die Kinder Israels aufschreien [11][zu Mir in Wehkla]gen am Fluß Kebar in den Gebieten ihrer Verbannung, und dennoch werden sie keinen Erretter haben, [12]weil sie zweifellos Meine Vorschriften mißachtet haben, und sie haben verschmäht Meine Gesetze. Deshalb [13]habe ich Mein Antlitz vor [ihnen verborgen, bi]s sie ihre Frevelhaftigkeit beenden. Und dies wird ein Zeichen sein für sie, wenn sie [14]ihre Frevelhaftigkeit beendet haben [...] Ich habe ihr Land verlassen wegen ihrer eitlen Herzen und weil sie nicht erkannten, [15][daß ich es bin, der vollbrachte] diese Wunder, und deshalb wandten sie sich ab und handelten in böser Absicht.

Von den früheren [Tagen] [16][...] der Bund, den [ich] sch[loß mi]t Abraham und Isaak und [17][Jakob ... In] jenen [Tagen] wird ein König sich erheben für die Nichtjuden, Gadfan (Gotteslästerer). Und er wird Schandtaten begehen und in [...] **Kolumne 3** [1][...] Israel ein Volk zu sein. In seinen Tagen werde ich das Königreich Ägypten zerschmettern [...] [2][...] Ich werde Ägypten vernichten und Israel gleichermaßen. Ich werde aushändigen dem Schwert [alle] [3]Kulthöhen des L[andes ...] und werde die Menschen weit wegschicken und werde abgeben [4]das Land in die Hand der Engel der Feindschaft und ich werde verbergen [mein Gesicht] [5][vor Is]rael. Und dies wird ein Zeichen für sie sein am Tag, an dem ich das Land verlasse [...] [6][...] die Priester Jerusalems anderen Göttern zu dienen [...] [7]wie die Schandtaten [...] [8]drei, die herrschen werden [...] [9]die heiligsten [...] [10][...] und rechtfertigen [die Gottlosen ...]

Gottes Urteil über Gog (= Gadfan? Ez 38,22) und die abtrünnigen Söhne Israels (Pseudo-Ezechiel).

Fragment 4 Kolumne 1 [1][...] im Los für ih[re] Stämme [...] [2][...] die [K]önige des Nordens, zweiund[...] [3][...] und die Söhne Israels [wurden ver]einigt mit [anderen] Göttern [und ich trat ein in das Gericht] [4][über ihn mit Verderben und Blutvergießen. Regenfluten, H]agelkörn[er], Feuer und Schwefel [werde ich auf ihn niederregnen lassen] [5][...] mit (oder Volk von) [...]

Die Sünde der geschlechtlichen Beziehungen unter Blutsverwandten (Lev 18,6) kam auch in Israel vor (Pseudo-Mose[b]).

Fragment 5 [1][...] sie in ihrer Treulosigkeit, die [sie gegen Mich begingen], indem sie besudelten [Meinen heiligen] Na[men] [2][...] in ihrer Widerlichkeit, in deren Folge sich ein Mann einer Blutsverwandten näherte [...] [3][...] ihn zu Weinen und zu Wehklagen, und sie sagten [...] [4][...] sie begriffen die Schuld nicht, deshalb heulten sie an [jenem] Tag [...]

Gott verspricht, es werde ein Rest aus der babylonischen Verbannung zurückkehren, wie er auch die Söhne Israels aus Ägypten herausführte (Pseudo-Mose[d]).

4Q389 Fragment 2 [1][...] er suchte Mich [nicht]. Ich war [...] [2][... Ich werde] eure Häupter emporheben, wenn ich [euch] herausführe aus [dem Land der Gefangenschaft ...] [3][...] zu ihnen, und was sie Mir angetan haben. Und ich will übrig[lassen Überlebende für sie] [4][genau wie damals, als ich übrigließ einen Rest für sie bei] Kadesch-barnea, und ich sprach zu ihnen [folgendermaßen ...] [5][...] über sie und ich schwor bei [...]

[6][...] und ihre Söhne brachte ich zum [Land ...] [7][...] und ich will gehen mit ihnen in R[echtschaffenheit ...] [8][... wie] ich mit ihnen ging in der Wüste] vierzig Jahre. Und es geschah [...]

Unbekannt sind die letzten Tage des Jeremia. Die Kirchenväter sprachen von einer Überlieferung, er sei bei Tachpanes gesteinigt worden. Jüdische Überlieferung (Seder Olam Rabah 26) jedoch deutet darauf hin, daß er und Baruch nach Babylon gebracht wurden, wo der Prophet starb. In diesem Fragment dürfte ein frühes Zeugnis der rabbinischen Geschichte erhalten sein (Jeremia-Apokryphon^e).

Fragment 3 [2][...] im Land [...] [3][...] und sie baten für [ihre] S[öhne ...] [4][...] jeder, der zurückbleibt im Land Ä[gypten, soll sterben ...] [5][... Und Je]remia, der Sohn des Hilkia [ging hinauf vom Land Ägy[pten] [6][... sechsundsechzig] Jahre von der Verbannung Israels ... die Worte [7][... I]srael [wohnte (?)] am Fluß Sur. An dem Platz [...] in

Fragment, gleichlautend mit 1 Sam 8,6.

Fragment 4 [1][...] [2][... Und sie] sprachen: „Gib uns einen König, der [herrschen soll über uns ...“]

Israel wird Gott im siebten Jubeljahr verlassen. Im nachfolgenden Gericht verspricht Gott, einen Rest zu retten (Pseudo-Mose^e):

4Q390 Fragment 1 [2][...] zurückkehren [...] die Söhne Aar[ons ...] siebzig Jahre [...] [3]Die Söhne Aarons werden es (?) regieren, aber sie werden nicht wandeln [auf] Meinen [We]gen, die ich euch anbefohlen habe, deshalb mußt [4]du sie warnen. Und sie werden auch Schlechtes tun vor Meinem Angesicht, genau wie Israel tat [5]in den Tagen des Königreichs der Vorväter; außer jenen, die die ersten sind, die hinaufgehen vom Land der Verbannung, um [6]den Tempel wiederaufzubauen. Ich werde mit ihnen sprechen und ihnen ein Gebot senden und sie werden vollständig begreifen: nämlich, daß [7]sie und ihre Väter Mich verlassen haben. Aber am Ende jener Generation, im siebten Jubeljahr [8]nach der Zerstörung des Landes, werden sie das Gesetz vergessen, die Feiertage, den Sabbat und den Bund und werden mit allem aufhören. Sie werden [9]Böses tun vor Mir. Deshalb werde ich Mein Antlitz vor ihnen verbergen, sie der Hand ihres Feindes übergeben und [sie] [10]dem Schwert ausliefern. Aber ich werde einen Rest von ihnen entkommen lassen, damit sie nicht vollständig [ver]n[ichtet] werden in Meinem Zorn. Und ich werde [mein Gesicht] abwenden [11]von ihnen, damit die Engel der Feindschaft über sie herrschen können und [... und sie] werden wieder umkehren [12]und Schlech[tes] tun vor [Mir] und wandeln in der S[turheit ihrer Herzen ...]

Eine weitere (?) Episode des Ungehorsams wird verknüpft mit einem bestimmten Jubeljahr, dessen genaue Zahl verlorengegangen ist; auf diese folgt eine weitere Reihe von göttlichen Strafen (Pseudo-Mose^e).

Fragment 2 Kolumne 1 [2][... heilig]er Tempel [... nicht] [3]getan und so [... alle] diese Dinge werden über sie kommen [...] [4]die Herrschaft des Belial über sie, um sie dem Schwert auszuhändigen für eine Woche von (sieben) Jahre[n ... in] jenem Jubeljahr werden sie alle Meine Vorschriften [5]verletzen und alle Meine Gebote, die ich ihnen anbefehlen werde [durch die Han]d Meiner Diener, der Propheten. [6]Und sie werden beginnen, sich einander zu bekriegen siebzig Jahre lang; von dem Tag an, an dem sie den Bund brechen. Dann werde ich sie [7][in die Hand der Eng]el der Feindschaft übergeben, und diese werden über sie herrschen, und sie werden nicht erkennen und nicht begreifen, daß ich zornig war auf sie wegen ihrer Treulosigkeit. [8][... Sie werden Mich verl]assen und Schlechtes tun vor Mir. Sie haben sich das ausgesucht, an dem ich keinen Gefallen gefunden habe, um sich zu bereichern durch unrechtmäßig erworbenes Gut und unerlaubten Gewinn [9][...] sie werden rauben, einander unterdrücken, und sie werden Meinen Tempel verunreinigen [10][... sie werden entweihen meine festgelegten] Zeiten. [...]

Und mit den Söhnen [...] ihre Priester werden behandeln [...] gewalttätig [11][...] und [12][...] ihre [Fein]de.

– M. G. A.

92. Gott, der Schöpfer

4Q392

Bei dem Text *Gott, der Schöpfer* handelt es sich um eine Hymne, die wegen ihrer theologischen Reflexion über die ersten Verse des biblischen Schöpfungshymnus bemerkenswert ist. Der Verfasser vermutet, Gott habe Licht und Finsternis zunächst für sich selbst erschaffen, also weniger als Vorstufe zu weiterem Schöpfungswerk und weiteren Unterscheidungen, wie man annehmen könnte, wenn man Genesis 1 liest. Der Schreiber fährt fort und erklärt, Licht und Dunkelheit seien gleichzeitig bei Gott gegenwärtig, ein Paradox jenseits menschlichen Verstehens. Nur um der Menschheit willen habe Gott Licht von Finsternis geschieden, zusammen mit den verschiedenen Himmelskörpern. Dadurch verdoppelte er seine Schöpfung (Zeile 7). Der Verfasser glaubt sogar, daß auf ähnliche Weise jegliche Schöpfung verdoppelt wurde.

Der Gedanke einer „doppelten Schöpfung" hat keine sonst bekannte Parallele im Judentum der Zweiten-Tempel-Epoche. Erstaunlicherweise erinnert er an die alte zarathustrische Idee, daß jede Person oder jeder Gegenstand dieser Welt einen Gegenpart in der archetypischen Welt besitzt, in der geheiligten Wirklichkeit, als *menog* bekannt. Schon seit langem haben Forscher auf Parallelen zwischen den Qumranschriften und bestimmten zarathustrischen Vorstellungen hingewiesen, deren Gedankengut auf den altpersischen Weisen Zarathustra (630–553 v. Chr.) zurückgeht.

Genesis 1 und die doppelte Schöpfung.

Fragment 1 [1][...] und Reiche [...] [2][...] ein Mann [... G]ott, und nicht abzuwenden von [...] [3]und an Seinem Bund soll deine Seele festhalten und [...] Worte seines Mundes [...] und Gott [...] Himmel [4]oben und die Wege der Menschensöhne herauszufinden, sie haben kein Versteck. Er schuf Finsternis [und Li]cht für sich selbst, [5]doch in Seiner

Wohnung ist das Licht ihres Lichtes, und auch die Finsternis ruht vor Ihm. Er muß nicht unterscheiden zwischen Licht und [6]Finsternis, doch für die [Men]schensöhne unterschied Er sie in das Tagesli[cht] mit der Sonne und die Nacht mit dem Mond und den Sternen. [7]Er hat ein Licht, das nicht ergründet werden kann, noch kann [sein Ende] erkannt werden. [D]enn alle Werke Gottes werden auf diese Weise verdoppelt. Wir [8]sind Fleisch, das diese Dinge nicht völlig begreifen kann. Mit uns für [...] für ein Zeichen und Wunder (?) ohne Zahl. [9][... Wi]nde und Blitze [... Di]ener der Heiligen [der Heiligen]. Si[e] sind wie Lagerstätten vor Ihm [...]

– M. G. A.

93. Gebet um Vergebung

4Q393

Die *Gebete um Vergebung* folgen in ihrem Aufbau dem Muster des Psalms 51, haben aber auch Merkmale mit anderen Gebeten der späten biblischen Periode gemeinsam. So erinnern sie an Esras Gebet zu Mischehen (Esra 9,6–15) und das gemeinsame Sünden-bekenntnis in Nehemia 9,5–38.

Fragmente 1–2 Kolumne 2 [2][...] damit Du gerecht sein mögest in [Deinem] Wort [3]und [... wenn] Du [richtest. Si]ehe, in unserer Lasterhaftigkeit [...] [4][...] sie versteiften ihren Hals. O, unser Gott, verbirg [5]Dein Antlitz vor [unseren] S[ünden und] lösche aus [al]l unsere Lasterhaftigkeiten und schaffe einen neuen Geist [6]in uns. [...] eine treue Zuneigung und den Rebellischen Deine Wege. [7]Kehre Sünder zu Dir selbst. [...] ein gebrochener [Gei]st von vor Dir [...] [8]gemäß Deinem Volk, daß Du mögest [...] und fortwährend auf einen Fel[s ...] [9]Nationen und Königreiche und [...] [10][...] [11]für Deine Völker, um Deines Namens willen [...]

Fragment 3 ist ein Mosaik biblischer Abschnitte: Dtn 7,9 (Zeilen 1–2), Jer 11,8 (Zeile 3) und Dtn 6,11 (Zeilen 8–9).

Fragment 3 [1][...] denn [... Wisse daher, daß der HERR dein Gott ist,] [2][Go]tt, der treue Gott, der dem Bund die Treue hä[lt] mit [jenen,] die [Ihn] lieben [und Seine Gebote achten ...] [3][...] zu Mose. Laß Dein Volk nicht im Stich [und] Dein Erbe. Laß einen Mann nicht in der Verstocktheit seines [bö]sen Herzens gehen [4]nach Deinem Willen, o Gott [...] und Du verläßt Dein Volk und Dein Erbe. Laß einen Mann nicht gehen [5]in der Verstocktheit seines bösen Herzens. Wo ist [Deine] Stärke und über wen wirst Du Dein Angesicht leuchten lassen? Sie reinigten sich nicht noch heiligten sie sich, [6]doch erhöhten sie sich über alles. Du bist der HERR, Du erwähltest unsere Väter vor langer Zeit, [7]und Du hast uns zu ihren Resten gemacht, uns die Versprechen von Abraham und Israel gegeben und hinauszutreiben [8][...] Männer des Muts und groß an Macht – uns Häuser zu geben, gefüllt [9][mit allen Arten von Waren, Zisternen, Teich]e mit Wasser, Weingärten und Olivenhaine vom Erbe des Volks [...]

– M. G. A.

94. Sektierer-Manifest

4QMMT: 4Q394–399

In der ganzen Antike gibt es nur dieses *Manifest* und die Paulus-Briefe an die Galater und Römer, die sich mit dem Zusammenhang von Werk und Gerechtigkeit befassen. Allein aus diesem Grund ist diese Schrift von größtem Interesse und von einzigartiger Bedeutung. Das *Manifest* ist jedoch auch ohne diesen Bezug wichtig. Während die sonstigen sektiererischen Dokumente, die in den Höhlen von Qumran gefunden wurden, juristische Fragen in großer Zahl und Vielfalt enthalten, stellt nur dieses Werk, unter dem Code 4QMMT bekannt (= „einige Werke des Gesetzes", Galaterbrief 2,16), direkt die Anschauungen einer anderen religiösen Gruppe in Frage. Da eine solche Erwiderung möglicherweise charakteristisch ist, haben die Forscher gehofft, mit dem *Manifest* definitiv die Identität der Gruppe, die hinter den Rollen stand, herausfinden zu können.

Als äußerst bedeutsam angesehen, wurde das *Manifest* Ausgangspunkt einer neuen Theorie. Auf die rechtlichen Argumente im ersten Abschnitt des *Manifests* gestützt, behauptet diese Theorie, es handle sich bei der *Jahad* um Sadduzäer – allerdings nicht um jene Sadduzäer, die durch Flavius Josephus oder aus dem Neuen Testament bekannt sind. Die Theorie besagt vielmehr, daß es Sadduzäer mit essenischen theologischen Tendenzen waren.

Die Identität des Verfassers und die seines Adressaten sind nicht überliefert, waren jedoch Gegenstand intensivsten Forscherinteresses und unzähliger Mutmaßungen. Abschnitt C, Zeile 7, „du weißt, daß wir uns von der Mehrheit des Volkes abgetrennt haben", gab Anlaß zur Annahme, daß es sich bei dem Verfasser um den Lehrer der Gerechtigkeit gehandelt hat; dann würde sein Adressat der Hohepriester in Jerusalem sein. Doch dies ist Interpretation, die sich auf eine ungesicherte Rekonstruktion stützt (s. dazu die alternative Übersetzung). Andere Möglichkeiten der Interpretation sind ebenfalls interessant; so könnte das *Manifest* das Protokoll einer internen Debatte sein, die einen Riß innerhalb der *Jahad* bewirkt hatte. Der versöhnliche Ton des Briefes spricht für diese Interpretation.

Nach der Rekonstruktion durch Elisha Quimron und John Strugnell enthält das *Manifest* eine gut begründete Argumentation einer Homilie, ergänzt durch Bitten, Erläuterungen und Ermahnungen. Nach einer thesenartigen Feststellung, die das größte Problem anreißt – die Unreinen durften sich unter die Reinen mischen (die Weltlichen unter die Heiligen) –, führt der Verfasser etwa zwei Dutzend Beispiele an, um seinen Standpunkt zu belegen (B,3–C,4). Der Adressat (und als zweites der Leser) wird sodann aufgefordert, dem Verfasser zu folgen: Trenne dich von jenen, die solche Dinge treiben. Der Autor führt Deuteronomium 30 als Beleg dafür an, daß Ungehorsam nach dem mosaischen Bund verflucht wird, während Gehorsam mit Gottes Segen bedacht wird. Salomo wurde für seinen Gehorsam gesegnet, während Juda wie auch Israel wegen ihres Ungehorsams ins Exil verschleppt wurden.

Es folgt eine zweite Aneinanderreihung von Warnungen, illustriert durch die Aufforderung, sich zu erinnern, wie die Werke der Könige Israels belohnt wurden: Die Gehorsamen wurden gesegnet, die Ungehorsamen verflucht. David wird als Vorbild präsentiert.

Als frommer Mann wurde er von seinen Heimsuchungen erlöst und daher wurden seine Sünden ihm vergeben.

Die letzte Ermahnung enthält schließlich den wahren Standpunkt des Verfassers: Um zu den Gerechten gezählt zu werden, muß man dem Gesetz Folge leisten, wie das *Manifest* es auslegt.

Diese letzte Ermahnung ist von entscheidender Bedeutung für ein umfassenderes Verständnis jener Aussagen, die der Apostel Paulus in bezug auf Werke und Gerechtigkeit in seinem Brief an die Galater macht. Der Verfasser des *Manifests* dachte wohl an Psalm 106,30–31 (wo die *Werke* des Pinhas „ihm als Gerechtigkeit" angerechnet wurden). Es hat den Anschein, als befände er sich in einem rhetorischen Zweikampf mit den Ansichten des Apostels. Paulus beruft sich auf Genesis 15,6, um aufzuzeigen, daß es der *Glaube* Abrahams war, der ihm „als Gerechtigkeit angerechnet" wurde (Galaterbrief 3,6). Er stellt kategorisch fest, daß „durch Werke des Gesetzes [...] niemand gerecht" wird (Galaterbrief 2,16). Vielleicht hingen die „falschen Brüder" (Galaterbrief 2,4), die Paulus bekämpfte, einer Rechtfertigungslehre an, die derjenigen der vorliegenden Schrift ähnlich war.

Abschnitt B

Einem der Manuskripte von 4Q394 sind die letzten drei Zeilen eines Kalenders vorangestellt (Abschnitt A, 1–3), die eine Fortsetzung des Textes 72, Sabbate und Feste des Jahres, sein könnten. Obwohl manche Forscher behauptet haben, daß dieser Kalender als zusätzliches Element der Abhandlung hinzugefügt wurde, hatte er mit Sicherheit einen unabhängigen Ursprung, weswegen ich ihn gesondert übersetzt habe.

I. Erste Gesetzessammlung: Vermischt Heiliges nicht mit Weltlichem!

[1]Dies sind einige unserer Urteilssprüche, [die das Gesetz Gotte]s [betreffen]. Im einzelnen betreffen e[inige der Urteilssprüche] [2]Werke des Gesetzes, das w[ir erlassen haben ... und al]le von ihnen betreffen [besudelnde Vermischungen] [3]und die Reinheit [des Heiligtums ...]

1. Verbot von Opfern, bei denen Korn nichtjüdischer Herkunft (Mishna Parah 2,1) verwendet wird.

[Was das Opfern von heidnischem Ko]rn [betrifft, was sie sind ...] [4]und erlauben [...] es zu berühren und [es zu beschm[utzen]. Keiner soll essen] [5]von [heidni]schem Korn [noch] es ins Heiligtum bringen [...]

2. Verbot des Kochens von Sühneopfern in (nichtjüdischen?) Kupfergefäßen (Mishna Zebahim 11,6–8).

[Was das] Opf[er des Sühneopfers betrifft,] [6]das sie in Gefäßen aus [Bronze] kochen [und also beschmutzen] [7]das Fleisch ihrer Opfer ebenso wie sie zu [koc]hen im [Tempel]hof [und] es [zu beschmutzen] [8]mit der Brühe ihrer Opfer.

3. Verbot von Opfern durch Nichtjuden (Mishna Parah 2,1?).

Was das Opfer von Nichtjuden betrifft, [haben wir beschlossen, daß sie] opfern [9][...] was [...] zu ihm.

4. Verbot, am vierten Tag vom Friedensopfer zu essen (Lev 7,11–18).

[In bezug auf das Getreideopfer des] Opfers [10]des H[eils,] so wird es von einem Tag für den nächsten beiseite gebracht. Tatsächlich [steht geschrieben ...] [11]daß das Getreideop[fer ge]gessen [werden muß] zusammen mit dem Fett und dem Fleisch an dem Tag, an dem [sie] geop[fert] werden. [Denn] [12]die Priest[er] sind verantwortlich, sich um diese Angelegenheit zu kümmern, um keine [13]Schuld auf das Volk zu laden.

5. Regeln für die Reinheit derer, die die rote Kuh vorbereiten (Num 19,2–10; Mischna Parah *3,7; 4,4; vgl. Text 53,* Asche der roten Kuh.*):*

Was die Reinheit der Kuh beim Sühneopfer betrifft, [14]derjenige, der sie schlachtet, derjenige, der sie verbrennt, derjenige, der die Asche aufsammelt und derjenige, der sprengt das [Wasser der] [15]Reinigung – für alle diese muß die Sonne unterge[hen,] um rein zu sein – [16]so daß der Reine das Reinigungswasser über die Unreinen sprengt. Denn die Söhne [17]Aarons sind verantwortlich, [sich um diese Angelegenheit zu kümmern ...]

6. Verbot, Vieh- und Schafhäute in den Tempel zu bringen (Mishna Hullin 9,2).

[In bezug auf] [18]die Häute von Vi[eh und Schafen, was sie sind ... und aus] [19]ihren [Häute]n Gefäß[e ... keiner darf] [20]sie in das Heilig[tum bringen ...] [21][...]

7. Anordnungen über Häute und Knochen unreiner Tiere (Mishna Yadaim 4,6).

Was die Häu[te und Knochen unreiner Tiere] betrifft, [so darf keiner machen] [22]Griffe für Ge[fäße von den Knochen] oder H[aut ...]

8. Verbot, den Tempel nach der Berührung mit der Haut eines Kadavers zu betreten (Lev 11,25.39).

[In bezug auf die H]aut des Kadavers [23]eines reinen [Tieres,] so [darf] derjenige, der diesen Kadaver trägt, die h[eilige] Speise [nicht] berühren [24][...]

9. Regel der Voraussetzungen, von den heiligen Gaben zu essen (Lev 22,10–16).

[In be]zug auf die [...] die sin[d ...] [25][... Denn es ist] [26]die Verantwortung der Pri[es]ter, sich [um] alle [diese] Angelegenheiten [zu kü]m[mern], [um keine] [27]Schuld auf das Volk zu laden.

10. Regeln über den Opferplatz (Lev 17,3–9).

[Betr]ifft das, was geschrieben steht: [Jeder, der im Lager schlachtet oder] [28]außerhalb des Lagers einen Ochsen, [ein Lam]m oder eine Ziege, daß [... zum N]orden des Lagers. [29]Wir haben entschieden, daß das Heiligtum [der „Tabernakel des Versammlungszelts" ist, daß Je]rusale[m] [30]das „Lager" ist und daß außerhalb des Lagers [„außerhalb Jerusalems" bedeutet,] mit anderen Worten das „Lager [31]ihrer Städt[e." Außerhalb des L[agers ... das Sühneop[er, [und] sie nehmen weg die Asche

[32]vo[m] Altar und verbrenn[en dort das Sühneopfer. Denn Jerusalem] ist der Ort, den [33][Er wählte] unter all den Stä[mmen Israels, um seinen Namen wohnen zu lassen ...] [34][...] [35][... was] sie [nich]t opfern im Heiligtum.

11. Regeln über das Opfern trächtiger Tiere (Lev 22,27–28).

[36][Was trächtige Tiere betrifft,] haben wir ent[schieden, daß man] das Muttertier und das ungeborene Junge [nicht] am selben Tag [opfern darf] [37][...]

12. Regeln über das Essen eines ungeborenen Jungtiers (Lev 22,27–28; Mishna Hullin 4,1–5).

[In bezug auf] denjenigen, der ißt [vom ungeborenen Jungtier,] haben [w]ir beschlossen, daß eine Person das Junge essen darf, [38][das man im Leib seiner Mutter gefunden hatte, nachdem man diese geopfert hat. Du weißt, daß die]s richtig ist, denn die Sache hinsichtlich des trächtigen Tieres steht geschrieben.

13. Verbot, ungeeignete Personen in die Versammlung Israels aufzunehmen (Dtn 23,1–4; Mishna Yebamoth 8,2–3).

[39][Was die Ammon]iter [betrifft,] die Moabiter, die Bastarde, diejenigen, deren Hoden gequ]etscht [sind oder deren] Penis a[bgeschnitten] ist, die [40]die Versammlung betreten [... und Frauen] nehmen, damit sie ein Fleisch werden mögen, [41][und das Heiligtum betreten ...] [42][...] unrein. Wir haben auch beschlossen, [43][daß es nicht gibt ... man darf keinen Umgan]g [haben] mit ihnen [44][... man] darf sich nicht mit ihnen vereinigen, um sie zu machen [45][einen Knochen ... man darf] sie [nicht bring]en [46][in das Heiligtum. Und du weißt, daß ein]ige aus dem Volk [47][und ... sind ein]end. [48][Denn alle Söhne Israels sind verantwortlich, sich selbst zu hüten] vor jeglicher besudelnden Vereinigung [49]und dem Heiligtum Ehre zu erweisen.

14. Verbot für Blinde, den Tempel zu betreten (Lev 21,17–23).

[In bezu]g auf die Blinden, [50], die, da sie nichts sehen, sich nicht hüten können vor jeglicher beschmutzenden Vermi[schung]. [51]Sie können nicht die Besudelung des [Sch]uldopfers sehen.

15. Verbot für Taube, den Tempel zu betreten (Lev 21,17–23; Mishna Hullin 1,1).

[52][In be]zug auf die Tauben, die die Vorschrift, das Urteil und die Reinheitsregel nicht gehört haben, die nicht [53]gehört haben die Gebote, die Israel gehören. Denn derjenige, der weder gesehen noch gehört hat [54][w]eiß nicht, wie er sich verhalten muß gemäß dem Gesetz. Sie dürfen jedoch an der rei[nen] Speise des Heiligtums tei[lhaben].

16. Regeln über verschüttete Flüssigkeiten (Lev 11,34–38?; Mishna Yadaim 4,7).

[55][Wa]s Flüssigkeitsströme betrifft, haben wir beschlossen, daß sie nicht wirklich [56][r]ein sind. Tatsächlich bilden Flüssigkeitsströme keine Barriere zwischen den Unreinen [57]und den Reinen. Denn die Flüssigkeit, die fließt und die, die in einem Behältnis ist, werden zu [58]einer Flüssigkeit.

17. Verbot, Hunde in den Tempel mitzunehmen (Mishna Toharoth 4,3?).

Was Hunde betrifft, so darf man Hunde nicht ins heilige Lager bringen, denn sie [59]könnten einige der Knochen vom Heil[igtum] fressen [und] das Fleisch, das noch an ihnen ist. Denn [60]Jerusalem ist das heilige Lager. Es ist der Ort, [61]den Er erwählte unter allen Stämmen Israels, denn [Jer]usalem ist das erste [62]unter den L[a]gern Israels.

18. Regeln für Opfer, die für die Priester bestimmt sind (Lev 19,23–24; 27,32).

Was das Pflanzen von Obstbäumen betrifft, die gepflanzt werden [63]in dem Land Israel, so werden ihre Erträge als erste Früchte betrachtet, die den Priestern gehören. Auch der Zehnt vom Vieh [64]und den Schafen gehört den Priestern.

19. Regeln zur Reinigung von Aussätzigen: Absichtliche und unabsichtliche Sünden (Lev 14,2–9; Num 15,30).

Was Aussätzige betrifft, [65]haben wir be[schlossen, daß] sie [nicht] betreten [dürfen] irgendeinen Ort, der die geheiligte reine Speise enthält, denn [66]sie sollen abgesondert gehalten werden, [außerhalb des Lagers (?).] Es steht tatsächlich geschrieben, daß von der Zeit an, da er sich rasiert und wäscht, er wohnen muß außerhalb [67][des Lagers für sieben T]age. Doch nun, während sie noch unrein sind, [68][dürfen] Aus[sätzige nicht] hinein[gehen] in [irgendeinen Ort mi]t geheiligter reiner Speise. Und du weißt, [69][daß wer unwissentlich ein Gebot übertritt,] weil die Sache seiner Aufmerksamkeit entgangen war, muß [70]ein Sühneopfer bringen. Doch was [denjenigen] betrifft, [der absichtlich sündigt, so steht gesch]rieben, daß er ein Verächter und ein Gotteslästerer ist. [71][Wirklich, während s]i[e noch] aussätz[ig] sind, dürfen sie nicht von der heiligen Speise essen [72]bis zum Sonnenuntergang des achten Tages.

20. Regeln über die Berührung Toter (Num 19,16–19; Mishna Yadaim 4,6).

Was [die Unreinheit] betrifft, [73][der Toten] haben wir beschlossen, daß jeder Knochen, ob [ein Stück] [74]oder als Ganzes, betrachtet wird gemäß der Vorschrift des Toten oder Erschlagenen.

21. Regeln über ungesetzliche sexuelle Verbindungen. Jeder Israelit, auch aus der unpassenden Verbindung von Priester und Laien, ist heilig (Num 36,6).

[75]Was die Unzucht betrifft, die inmitten des Volkes stattgefunden hat, ihre K[inder] sind heilig. [76]Wie es geschrieben steht, Israel ist heilig.

22. Regeln über Kreuzung von Tieren (Lev 19,19).

Was [ein reines] Tie[r eines Israeliten] betrifft, [77]steht geschrieben, daß es nicht gesetzlich ist, es mit einer anderen Art zu kreuzen.

23. Regeln zu Heiraten von Priestern und Laien (Lev 19,19; 21,7; Num 36,6).

Was die Kleider [eines Israeliten betrifft, so steht geschrieben, daß] sie [nicht] [78]aus gemischten Stoffen bestehen dürfen. Auch ist es ungesetzlich für ihn, sein Feld oder [seinen Obstgarten mit zwei Arten von Pflanzen] zu besäen. [79]Weil sie heilig sind und die Söhne Aarons [äußerst] h[eilig.] [80][Doch d]u weißt, daß einige der Priester [und das

Volk untereinander heiraten.] [81][Sie] vereinigen sich und beschmutzen den [heil]igen Samen [ebenso wie] [82]ihren [eigenen] durch verbotene Heiratspartner. Den[n die Söhne Aarons müssen ...]

Abschnitt C

[1][...] [2][...] daß [sie] kommen werden [...] [3]Wer wird [...] er wird [...]

24. Verbot polygamer Priesterehen (?)(Dtn 17,17; 21,15–16).

[4]Was die Frau[en] betrifft, [... die Gewa]lt und die Treulosigkeit [...]

II. Erste Warnung.

1. Regelverletzung bringt Zerstörung (Dtn 7,26).

[5]Denn in diesen [Dingen (?) ... wegen] der Gewalt und der Unzucht wurden [eini-ge] [6]Orte zerstört. [Wirklich,] es ist geschrie[ben im Buch Mose, daß] du [kein] Greuel bringen sollst i[n dein Haus. Denn] [7]ein Greuel wird von Gott gehaßt.

2. So haben wir uns von den Übertretern getrennt.

[Aber du weißt, daß] wir uns von der Mehrheit des Vol[ks abgetrennt haben (oder Rat der Ver[sammlung) und von all ihrer Unreinheit] [8][und] davon, mit ihnen eine Gruppe zu bilden oder mi[t ihnen] in diesen Angelegenheiten übereinzustimmen. Und du w[eißt, daß keine] [9]Treulosigkeit, Irreführung oder Übel in unseren Händen gefunden werden, denn wir haben [einige Überlegungen (?)]angestellt in [diesen Punkten.]

III. Erste Ermahnung: Trenne dich ab von den Gesetzesübertretern, denn das Gericht ist gewiß (Dtn 31,29).

[Wirklich,] [10]wir [haben] dir [geschrieben,] damit du verstehen mögest das Buch Mose, die Büche[r der Pr]opheten und Davi[d ...] [11][... all] die Generationen. Im Buch Mose steht geschrieben [...] nicht [12]dir und Tage seit alters her [...] Es steht auch geschrieben, daß du [„wirst abweichen] von dem W[e]g, und Böses wird dir begegnen" (Dtn 31,29). Und es steht gesch[rieben,] [13]„daß wenn [14][al]le diese Ding[e] dir [gescheh]en in den Letzten Tagen, der Segen [15][und] der Fluch, [wenn du sie dir rufst] in Er[innerung] und zu Ihm zurückkehrst von ganzem Herzen [16]und mit [deiner ganz]en Seele" (Dtn 30,2). [...] am Ende [des Zeitalters,] dann sollst [du] l[eben ...]

IV. Erste Erläuterung: Segen und Verfluchungen.

1. Salomo war gehorsam; daher wurde Israel gesegnet.

[17][Es steht auch geschrieben im Buch] Mose und in den [Büchern der Prophet]en, daß [die Segen und Flüche über euch] kommen [... einige von] [18][den Seg]nun[gen] kamen auf [... und] in den Tagen Salomos, des Sohns Davids.

2. Jerobeam war ungehorsam; daher wurde Israel verflucht.

In der Tat die Flüche, [19]die kamen in den Tagen [Jer]obeams, des Sohns von Nebat, bis zum Exil Jerusalems und Zidkijas, des Königs von Jud[a], [20]als Er sie nach

[Babylon] schickte [...] Und so sehen wir, daß einige der Segnungen und Flüche bereits geschehen sind, ²¹von denen im B[uch Mo]se geschrieben steht.

V. Zweite Warnung.

Nun dies sind die Letzten Tage: wenn jene aus Isra[el] zurückkehren werden ²²zum G[esetz Mose von ganzem Herzen] und sich niemals wieder abwenden. Doch die Gottlosen werden wach[sen in Gottlosig]keit und [...] ²³Und [...]

VI. Zweite Erläuterung: Die Segen und die Flüche.

1. Denke an die Könige Israels!

[Nun] denke an die Könige Israel[s] und betrachte gründlich ihre Werke. Denn derjenige, der ²⁴fürchtete [das Gese]tz, wurde errettet aus seinen Nöten. Dies waren die Su[ch]enden nach dem Gesetz, ²⁵jene, deren Sünden [vergeb]en [wurden].

2. Denke an David!

Denke an David, er war ein frommer Mann, und er wurde tatsächlich ²⁶erlöst von vielen Nöten und ihm wurde vergeben.

VII. Zweite Ermahnung: Halte dich fern vom Ratschluß Belials!

Nun haben wir dir geschrieben von ²⁷einigen Werken des Gesetzes (Gal 2,16), solche, die wir als wohltätig für dich und dein Volk bestimmt haben, denn wir haben gesehen, [daß] ²⁸du über Einsicht und Erkenntnis des Gesetzes verfügst. Verstehe alle diese Dinge und flehe Ihn an, ²⁹deinen Ratschluß am Rechten auszurichten und dich so fernzuhalten von bösen Gedanken und dem Ratschluß Belials. ³⁰Dann wirst du dich freuen am Ende der Zeit, wenn du feststellen wirst, daß die innere Tiefe unserer Worte wahr ist. ³¹Und es wird dir als Gerechtigkeit angerechnet werden, da du getan hast, was recht und gut vor Ihm ist, zu deinem eigenen Vorteil ³²und dem Israels.

– M. G. A.

95. LIEDER ZUM SABBATOPFER

4Q400–407, 11Q17, Masadafragment

In Lukas 1,10 heißt es: „Während er (der Priester Zacharias) zur festgelegten Zeit das Opfer darbrachte, stand das ganze Volk draußen und betete." Was der Verfasser des Lukasevangeliums nebenbei äußerte, belegt einen weit verbreiteten Glauben in der Epoche des zweiten Tempels. Die Zeit des Sabbatopfers war ein günstiger Moment für göttliche Angelegenheiten, eine Zeit, in der Gebete besonders wirkungsvoll waren. Die *Lieder zum Sabbatopfer* gehen von dieser Vorstellung aus; sie wurden wahrscheinlich als Liturgie zu den Brandopfern gebetet, die die Bibel für jeden Sabbat vorschreibt.

Das Werk besteht aus Liedern für dreizehn Sabbate, die dem „Qumran-Kalender" entsprechend angeordnet sind. Daher decken sie ein Vierteljahr ab (dreizehn ist ein Viertel
von zweiundfünfzig und die unveränderliche Zahl der Wochen eines Jahres nach dem
Qumran-Kalender). Vielleicht wurden die Lieder wiederholt, so daß die Betenden sie etwa
viermal im Jahr wiederholten. Bis auf das dritte Lied sind die Teile aller Sabbatlieder eindeutig identifizierbar, weil sie auf einem oder auch mehreren der beschädigten Manuskripte überliefert wurden.

Der Verfasser beginnt damit, daß er die Betenden auf die Geheimnisse der aus Engeln
bestehenden und mitbetenden Priesterschaft hinweist. Dann folgt eine fast mantrahafte
Aufzählung, die sich auf die heilige Ziffer 7 konzentriert und ihren Höhepunkt am siebten Sabbat findet, gefolgt von einem Lied, bei dem die Gemeinschaft über die Elemente
eines lebendigen geistigen Tempels meditiert. Hier liegt der Schwerpunkt besonders auf
den lebendigen heiligen Wagen Gottes. Im hebräischen Original folgen die Silben sowie
lange, ausgedehnte Phrasen in gleichbleibendem Rhythmus aufeinander. Es liegt eine stete
Aneinanderreihung von Synonymen vor, die eine betäubende Wirkung hat. Viele lange
Phrasen bestehen fast nur aus Substantiven. Verben sind kaum vorhanden. Das Ergebnis
ist überaus abstrakt; die Bilder verschwimmen. Es wird selten klar, was der Verfasser
eigentlich sagen möchte. Das ist durchaus angemessen, denn es soll eine Ahnung aufkommen: Die Geheimnisse des Himmels lassen sich nicht in Worte fassen. Nur eine
Annäherung ist möglich.

Die Lieder sollen den Beter mit den Engeln vereinigen, die gleichzeitig im Himmel ihre
Anbetung verrichten. Das Gebet auf Erden ist nur ein schwacher Abglanz dieser größeren,
endgültigen Wirklichkeit. Was könnte als wünschenswerter sein, als an dieser Anbetung
auf mystische Weise teilzunehmen? Die Vielzahl der himmlischen Wesen ist unnennbar.
Der Apostel Paulus sprach von „den Zungen der Menschen und Engel" (1 Korinther
13,1); unser Autor versieht tatsächlich die Engel mit unterschiedlichen Sprachen, jede
mit einem besonderen Merkmal gekennzeichnet, jede nur darauf ausgerichtet, Gott zu
loben.

Die biblischen Quellen unseres Werks finden sich bei Ezechiel 1 und 10, der den
Thronwagen Gottes beschreibt, sowie Ezechiel 40 bis 48, wo ein künftiger Tempel ent-
worfen wird. Die *Lieder zum Sabbatopfer* sind fundamental für das Studium des späteren
jüdischen Mystizismus. Sie dienen vor allem dazu, die Geschichte des sogenannten
Merkeba-Mystizismus zu erhellen (*Merkeba* ist hebräisch und heißt Wagen). Diese Spielart
suchte nach ekstatischer Erfahrung durch gedankliche Konzentration auf den göttlichen
Himmelswagen.

Obwohl die *Lieder zum Sabbatopfer* sektiererisch und mit der *Jahad* verknüpft sind,
hatten sie offensichtlich eine breitere Wirkung. Andere jüdische Gruppierungen schätzten
das Werk. Ein Beleg ist der Fund einer Abschrift in Masada, dem Zufluchtsort der letzten
jüdischen Freiheitskämpfer im ersten Aufstand gegen Rom (66–73/74 n. Chr). Das Werk
kann auch jüdisch-christlichen Gruppierungen zu Ohren gekommen sein. Dale Allison
hat festgestellt, daß ein lebendiger Tempel (ein Aspekt der *Lieder zum Sabbatopfer*, der
besonders auffallend ist) auch im Buch der Geheimen Offenbarung des Neuen Testaments
auftaucht. Dort (Offenbarung 9,13) heißt es: „Ich hörte eine Stimme, die von den
Hörnern des goldenen Altars her kam." Der Altar spricht. Wie in den *Liedern zum*

Sabbatopfer lebt die Architektur. Die Geheime Offenbarung ist ein zutiefst jüdisch-christliches Werk, dessen Autor die *Lieder zum Sabbatopfer* oder ähnliche Traditionen kannte.

Auch das Rätsel um die „Irrlehre der Kolosser" läßt vermuten, daß die *Lieder zum Sabbatopfer* unter Judenchristen zirkulierten. Der Brief des Apostels Paulus an die Christengemeinde der Kolosser beschreibt, was einige Forscher als die Anfänge des Gnostizismus bezeichnet haben. Man kann jedoch nicht genau erkennen, worin die Abweichung von der paulinischen Lehre bestand; Paulus nennt nur einige nebensächliche Fakten. Er setzt voraus, daß die Empfänger des Briefs mit ihren eigenen Verhältnissen vertraut sind. Wir wissen, daß die gerügte Häresie „Speise und Trank, Befolgung von Festen, Neumonden [und] Sabbaten" betraf (Kolosserbrief 2,16). Viele Forscher haben daraus den Schluß gezogen, daß sich in Kolossa, wie anderswo auch, das paulinische Evangelium gegen die Herausforderung von Judenchristen behaupten mußte, die eine andere Auffassung des Christseins vertraten.

Der Vers Kolosserbrief 2,18 ist schwer zu übersetzen. Fred Francis hat vermutet, daß darin von mystischen Erfahrungen berichtet wird: Der Beter suche an der Anbetung der Engel im Himmel teilzunehmen. Francis übersetzt daher den Vers: „Niemand soll euch herabsetzen, die ihr besorgt seid um Demut und Religion der Engel, die er in Visionen gesehen hat." Außer den *Liedern zum Sabbatopfer* gibt es keine weitere frühere Schrift, die diese Art der Anbetung befürwortet. Vielleicht haben Judenchristen eine Abschrift der *Lieder zum Sabbatopfer* nach Kolossa mitgebracht, deren mystische Elemente sie für geistesverwandt hielten, und haben begonnen, sie in der dortigen jungen Christengemeinde zu lehren. Sicher sind die *Lieder zum Sabbatopfer*, die wahrscheinlich aus dem 1. vorchristlichen Jahrhundert stammen, älter als der Brief des Apostel Paulus an die Kolosser (um 60/70 n. Chr.).

Erstes Sabbatlied. Es konzentriert sich auf die Priesterschaft der Engel und den Lobpreis durch ihre Engelsfürsten. Offensichtlich wurden die Lieder im Sprechgesang gebetet.

4Q400 Fragment 1 Kolumne 1 [1][Der Text ist der des Lehrmeisters. Das Lied begleitet das Opfer am] ersten [Sabbat,] gesungen am vierten des ersten Monats. Gelobt sei [2][der Gott von ...], ihr gottähnliche Wesen von allerhöchster Heiligkeit; [freut euch] an seinem göttlichen [3][Königreich. Denn Er hat errichtet] allerhöchste Heiligkeit unter den ewigen Heiligen, daß sie für Ihn Priester werden mögen [4][des inneren Heiligtums in Seinem königlichen Tempel,] Diener der Gegenwart in Seiner innersten Kammer. In der Versammlung aller [weisen] gottähnlichen Wesen [5][und in den Räten aller] göttlichen Geister] hat er Seine Vorschriften eingeschrieben, um alle geistigen Werke zu lenken und Seine [ruhmreichen] Gesetze [6][für all die] weisen [göttlichen Wesen], jene kluge Versammlung, geehrt von Gott, jene, die näher an die Weisheit heranrücken.

[7][...] ewig und aus der Quelle der Heiligkeit zum Tempel allerhöchster [8][Heiligkeit ...] Priester, die herkommen, Diener der Gegenwart des aller[heiligsten] Königs [9][...] Sein Ruhm. Vorschrift für Vorschrift sollen sie stark werden, um zu sein sieben [10][ewige Räte; denn Er] errichtete sie für Sich selbst, um der hei[lig]ste [unter jenen zu sein, die unter den H]eiligen der Heiligen dienen. [11][...] Sie sollen dabei mächtig werden in Übereinstimmung mit dem Rat [...] [12][...] die Heiligen der Heiligen, Pr[iester von ...

die]se sind die Fürsten von [13][... die ihre] Stellung [einnehmen] in den Tempeln des Königs [...] in ihrem Reich oder innerhalb ihres Erbes [14][...]

Sie lassen keinen zu, der den wahren Weg über[schreitet], noch gibt es d[ort] irgendeinen Unreinen unter ihren heiligen Rängen. [15][Die Vorschriften, die die Hei]ligen [regieren,] hat Er ihnen vorgeschrieben, daß all die ewigen Heiligen dadurch geheiligt werden mögen. Er hat die Reinen gereinigt, [16][die zum Licht gehören, daß sie vergel]ten [mögen] all jene, die den wahren Weg überschreiten und sühnen für jene, die die Sünde bereuen und erreichen Sein gutes Wohlwollen.

[17][Er hat gegeben Zungen der] Erkenntnis den Priestern, die herankommen, so daß aus ihrem Mund hervorgehen die Lehren, die all die Heiligen regieren, zusammen mit den Vorschriften, [18][die Seinen Ruhm betreffen ...] Seine [Gn]ade für ewige Vergebung wurzelt in Mitleid, doch in der Rache Seines Eifers [19][...] Er schuf für Sich selbst Priester, die herankommen, die allerheiligsten [20][...göt]tli[che] gottähnliche Wesen, Priester des höchsten Himmels, die heran[kom]men [...]

Ein Abschnitt des zweiten Sabbatliedes, der eine Beschreibung der führenden Engel enthält und menschliche Anbetung anders als die der Engel verwirft.

4Q400 Fragment 2 [1]wunderbar Deinen Ruhm zu preisen unter den weisen göttlichen Wesen, Dein Königreich zu rühmen unter den allerhei[ligsten]. [2]Denn werden sie geehrt in all den Lagern des gottähnlichen Wesens und werden gefürchtet von jenen, die menschliche Angelegenheiten lenken, wund[erbar] [3]jenseits anderer göttlicher Wesen wie auch Menschen. Sie erzählen von Seiner königlichen Pracht, da sie sie wahrhaftig kennen, und erhöhen [Seinen Ruhm in all] [4]den Himmeln seiner Herrschaft. [Sie singen] wundervolle Psalmen entsprechend [ihrer Einsicht] überall in den höchsten Himmeln und verkünden [den überfließenden] [5]Ruhm des Königs der gottähnlichen Wesen an den Plätzen ihrer Wohnungen. [...] [6]Wie sollen wir unter ihnen angesehen werden? Als was unsere Priesterschaft in ihren Wohnungen? [Was ist unsere Heilig]keit gegen [ihre äußerste] [7]Heiligkeit? [Was] ist schon der Lobpreis unserer sterblichen Zungen im Vergleich zu ihrer gött[lichen] Erkenntnis? [...]

Fragmente des vierten Sabbatliedes. Die Themen dieses Liedes kann man heute nicht mehr erkennen. Der erste Abschnitt überliefert nur den Anfang des Liedes, der befand sich fast am Schluß.

4Q401 Fragmente 1–2 [1]Der Text ist der des Lehrmeisters. Das Li[ed] begleitet das Opfer am vierten Sabbat, gesungen am fünf]undzwanzigsten [des ersten Mo]nats. [2]Gelobt sei Go[tt von ...] [3][...] der steht vor [...] [4]das König[reich von ...] mit all den Häu[ptern von ...] [5]der König der gott[ähnlichen Wesen ...]

4Q402 Fragment 1 [2][...] wenn sie kommen mit den gottähnlichen Wesen von [3][...] zusammen zu allen ihre Versammlungen [4][...] ihre Ma[cht] über all die mächtigen Krieger [5][...] über all die rebellischen Räte [...]

Der Schluß des fünften Sabbatliedes. Unter den Themen befinden sich die Kriegsführung der Engel ein, vermutlich in den Letzten Tagen, wie auch die göttliche Vorherbestimmung aller Ereignisse der Schöpfung. Vgl. auch Text 5, Kolumnen 3–4.

*Im folgenden sind, wie von Qimron vorgeschlagen, die Fragmente 3 und 4 von 4Q402 mit-
einander verbunden; die weitere Rekonstruktion richtet sich nach dem ersten Masadafragment.*

4Q402 Fragmente 3–4 [5]Sie sollen gerichtet werden [...] und sie sollen nicht zur
Jahad kommen [...] [6]ohne [... jene, die lie]fern die Plän[e] und die Erkenntnis der
All[erheiligsten ...] [7]Licht und Einsich[t ...] der Krieg der gottähnlichen Wesen in [...]
[8]entfernen [...] Gewiß die [Waf]fen des Kri[e]ge[s] gehören dem Gott der göttlichen
Wesen [... die Heere] [9]des Himmels und die Wun[der all der] göttlichen [Geister] wer-
den auf [Sein] Kommando hören, während die Stimme des Aufruhrs [... mit] [10]Seiner
Macht, He[ere] göttlicher [Geister] im Krieg in den Wolken. Doch [der Sieg] wird
gehören [dem Gott der göttlichen Wesen].

[11]Gott [hat durch Seine Erkenntnis geschaffen] wunderbare neue Werke. All diese
hat Er wunderbar geschaffen; keiner kann seinen herrlichen Plan begreifen. [12]Dem
König der [weisen] gottähnlichen Wesen gehören alle Dinge der Erkenntnis; der Gott
der Erkenntnis verursacht tatsächlich alles, was geschieht, für ewig. Durch Seine
Erkenntnis [13]und durch Seinen glänzenden Plan sind all die ewigen Jahreszeiten entstanden. Er hat die Dinge der Vergangenheit zu ihren Zeiten geschaffen, und die
zukünftigen Dinge [14]zu der ihnen bestimmten Zeit. Keiner unter jenen, die verständig
sind – jene, denen Offenbarung zuteil wurde – kann diese Dinge begreifen, bevor Er
sie tut. Keines der göttlichen Wesen [15]versteht, was Er beabsichtigt hat, denn diese
Dinge sind Teil Seiner großartigen Schöpfung und sind [Teil] Seines [Plans], bevor sie
je in Erscheinung getreten sind.

*Sechstes Sabbatlied. Jeder der sieben führenden Engelfürsten rezitiert einen Psalm; dann spricht
der Reihe nach jedes der sieben Wesen einen Lobpreis.*

Masadafragment 1 [8][Ein Text des Lehrmeisters. Das Lie]d begleitet das Opfer am
sechsten Sabbat, gesungen am neunten des [zweiten] Monats.
[9][Gelobt sei der Go]tt der gottähnlichen Wesen, ihr, die ihr den höchsten Himmel
bewohnt [10][...] Heiliger der Heiligen, und erhöht Seinen Ruhm [11][...] Erkenntnis der
ewigen gottähnlichen Wesen. [12][...] jene riefen zu den höchsten Höhen [...]
Masadafragment 2 [Ein Segenspsalm wird in der Sprache des ersten führenden
Fürsten gesprochen] [1]zum [ewigen] Gott, [einschließlich der sieben wunderbaren
Segen in seiner Sprache. Dann wird er segnen] [2]den Köni[g aller ewigen heiligen sieben Zeiten mit sieben] [3][wunderbaren Worten des Segens. Ein Psalm der Erhöhung
wird gesprochen in der Sprache des zweiten führenden Fürsten zum König] [4]der
Wahrheit und [Gerechtigkeit, einschließlich die sieben wunderbaren Erhöhungen in
seiner Sprache. Dann wird er erhöhen den Gott] [5]aller gött[lichen Wesen, die bestimmt
sind für Gerechtigkeit, sieben Mal mit sieben Worten] [6][wunderbarer] Erhöhung. [Ein
Psalm der Verherrlichung wird gesprochen in der Sprache des]

*4Q403 wird als Haupttext behandelt. Dieser Abschnitt überschneidet sich mit dem
Masadafragment 2, 4Q404 Fragmente 1 und 2 und Q405 Fragment 3, Kolumne 2, die alle
zusammen die fehlenden Teile der Rolle 4Q403 wiederherstellen.*

4Q403 Fragment 1 Kolumne 1 [1]dritten führenden Fürsten, eine Verherrlichung
Seiner Treue, gerichtet an den König der Engel, einschließlich der sieben wunderbaren

Verherrlichungen in seiner Sprache. Dann wird er verherrlichen den Gott der erhöhten
Engel sieben Mal mit sieben Worten wunderbarer Verherrlichung.

[2]Ein Lobpsalm wird gesprochen in der Sprache des vier[ten] zu dem Krieger, der
über all den göttlichen Wesen steht, einschließlich der sieben wunderbaren Kriegsworte
in seiner Sprache. Dann wird er loben den Gott der [3]Kriegskraft sieben Mal mit
siebe[n] Worten [wunderbaren] Lob[es. Ein Ps]alm des Dankes wird gesprochen in der
Sprache des fünften zum herrlichen [K]öni[g], [4]einschließlich der sieben wunderbaren
Da[nk]sagungen in seiner Sprache. [Ein Psa]lm der Freude [5]wird gesprochen in der
Sprache des sechsten zum Gott der Güte, einschließlich der sieben Rufe [wunderbarer]
Freude in seiner Sprache. Dann wird er ausrufen mit Freude zum König der Güte sie-
ben Mal mit s[ieben Worten] wunderbarer Freude.

[6]Ein Psalm musikalischen Lobpreises wird in der Sprache des siebten [führenden]
Für[sten] gesprochen, ein mächtiger musikalischer Lobpreis zum Gott der Heiligkeit,
einschließlich die sieben wund[erbaren Lobelemente] seiner Sprache. [7]Dann wird er
dem König der Heiligkeit zum Lobpreis singen sieben Mal mit [sieben] wunderbaren
Worten musikalischen [Lobpreises], zusammen mit sieben Psalmen des Segens für Ihn,
sieben [8]Psalmen der Erhöhung Seiner Gerechtigkeit, sieben Psalmen der Verherrlichung Seines Königreichs, sieben Psalmen des Lob[es Seines Ruhms,] sieben Psalmen
des Dankes für Seine wunderbaren Taten, [9]sieben Psa[lmen der Fr]eude über Seine
Macht und sieben Psalmen musikalischen Lobpreises Seiner Heiligkeit. Die Generationen von [...] sieben Mal mit sieben [10]wunderbaren Worten von [...]

[Dann] im Namen des Ruhms Gottes, [des ersten] der füh[renden] Fürsten, [wer-
den ges]egnet [all die ... und all] die Weisen [mit sieben] wunderbaren [W]orten, [11]seg-
nend all i[hr]e Räte in [Seinem heiligen] Tempel [mit si]eben wunderb[aren] Wo[r]ten
[und se]gnen jene, die um ewige Dinge wissen. [Im Namen] Seiner Wahrheit [der zwei-
te] [12][führende Fürst wird segnen] all [ihre] Or[te mit] sieb[en] wunderbaren Worten.
Wirklich, er soll segnen mit sieben [wundervollen] Worten. [13][Er wird auch segnen alle,
die] den König [erhöhen] mit sieben Worten Seiner wundervollen Herrlichkeit, und er
wird segnen alle, die ewig rein sind. [14][Im Namen] Seines erhöhten Königreichs [wird]
der dr[itte der führenden Fürsten segnen] alle, die durch Erkenntnis erhöht sind, mit
sieben Worten der Erhöhung und segnen all [die göttlichen Wesen] [16]weise [in Seiner
Wahrheit.] Er wird wirklich mit sieben wundervollen Worten segnen. Er wird auch segnen all jene, [die bestimmt sind für] Gerechtigkeit mit sieb[en] wundervollen
[W]orten.

Im Namen des herrlic[hen Kö]nigs [der vierte] [17]der führenden Fürsten wird segnen
all jene, die [aufre]cht geh[en] mit [sie]ben herr[lichen] Worten. Er wird auch jene segnen, die Herrlichkeit errichten, mit sieben [18][wunderbaren W]orten und all die göttlichen Wesen segnen, [die] näher[kommen] zu [Seiner] wahrhaf[tigen] Wahrheit mit sieben gerechten Worten, so daß sie [Seine herrl]iche Barmherzigkeit erfahren. Im Namen
Seiner [herrlichen] Wunder, der fünfte [19][führende Für]st wird all jene segnen, die verstehen die Geheimnisse reiner [Einsicht] mit sieben W[orten] [Seiner] erhöhten
[20]Wahrheit. [Er wird auch segnen] all jene, die sich beeilen, Seinen Willen zu tun, mit
sieben [wunderbaren Worten] und jene segnen, die sich zu Ihm bekennen mit sieben
herrlichen [Wo]rten, einschließlich [21]einer wunderbaren Danksagung. Im Namen der

Kriegstaten der göttlichen Wesen wird der sechste führende Fürst all jene segnen, die einsichtige Krieger sind, mit sieben [22]wunderbaren Worten Seiner Kriegsmacht. Er wird auch segnen alle jene, die vollkommen im Weg sind, mit sieben wunderbaren Worten, daß sie für immer fortfahren möge in der Gesellschaft aller [ewi]gen [23]Wesen. Dann wird er auch alle segnen, die auf Ihn warten mit sieben wunderbaren Worten, daß Seine barmherzige Gnade zu ihnen zurückkehren möge.

Im Namen Seiner Heiligkeit die [sie]ben führenden Priester [24]werden segnen alle die Heiligen, die begründeten Erkenntnis mit Worten [Seiner] wunderbaren Heiligkeit. Er wird auch all jene segnen, die erhöhen [25]Seine Gesetze mit si[eben] wunderbaren [Wo]rten, die als mächtige Schilde dienen. Dann wiederum wird er segnen all jene, die vorher[bestimmt] sind für Gerechtig[keit], jene, die Sein herrliches Königreich preisen [für immer und] ewig [26]mit sieben wunderbaren Worten, die zu ewigem Frieden führen.

Dann im [Namen Seiner Heiligkeit werden] all die [führenden] Fürsten [segnen einstim]mig den Gott der göttlichen Wesen mit all [27][ihren] siebenfachen festgelegten Segensworten. Sie werden auch jene segnen, die zur Gerechtigkeit bestimmt sind und all jene, gesegnet [...] die ewig [Geseg]neten [...] [28]ihnen und sagen: „Gelobt sei [der] HERR, der Köni[g von] allen, erhöht über jede Segnung und Lobpr[eis, Er, der segnet alle Heil]igen, die [Ihn] loben und jene, [die Seine Gerechtig]keit [verkünden] [29]im Namen seines Ruhms, [Er, der] alle segnet, die Segen verdienen, für ewig."

Siebtes und wichtigste Sabbatlied. Die angeredeten Engel sind wahrscheinlich die Mitglieder der sieben Engelsräte. Gegen Ende des Liedes wird auch die Architektur des Himmelstempels zum Lobpreis angerufen.

[30]Ein Text des Lehrmeisters. Das Lied begleitet das Opfer am siebten Sabbat, gesungen am sechzehnten des (zweiten) Monats.

Gelobt sei der allerhöchste Gott, ihr, die ihr erhöht seid unter all [31]den weisen göttlichen Wesen.

Laßt jene, die heilig sind unter den Gottähnlichen den herrlichen König heiligen, Er der bei Seiner Heiligkeit jeden Seiner Heiligen heiligt.

Ihr Fürsten des Lobpreises [32]unter all den Gottähnlichen, lobt den Gott des herrlichen [Lobpr]eises. Gewiß ruht der Ruhm seines Königreichs auf preiswürdiger Pracht; darin sind enthalten die Lobpreise all [33]der Gottähnlichen, zusammen mit der Pracht [Seines] ganzen Rei[chs].

Erhebt Seine Erhöhung in die Hohe, ihr Gottähnlichen unter den erhöhten göttlichen Wesen – Seine herrliche Göttlichkeit über [34]all den höchsten Himmeln. Gewiß [ist] Er [der höchste Göttliche] über all den erhöhten Fürsten, König der König[e] über all die ewigen Räte. Bei dem weisen Willen – [35]durch die Worte seines Mundes – werden entstehen all [die erhöhten Gottähnlichen]; auf die Äußerung seiner Lippen hin werden all die ewigen Geister entstehen. All die Handlungen seiner Geschöpfe sind nichts als das, was Sein weiser [36]Wille erlaubt.

Freut euch, ihr, die ihr jubelt darüber, [Ihn zu kennen, mit] einem Lied der Freude unter den wunderbaren Gottähnlichen. Singt Hymnen zu Seinem Ruhm mit der Zunge all jener, die Hymnen singen zu Seiner wunderbaren, freudevollen Erkenntnis,

[37]mit dem Mund all jener, die singen [zu Ihm. Gewiß, Er] ist der Gott all jener, die sich an ewiger Weisheit erfreuen, und mächtiger Richter über alle wahrnehmungsfähigen Geister.

[38]Lobt, all ihr bekennenden göttlichen Wesen, den König des Lobpreises; gewiß sollen alle weisen Göttlichen Seine Herrlichkeit loben und alle gerechten Geister Seine Wahrheit.

[39]Durch die Vorschriften Seines Mundes ist ihre Erkenntnis für annehmbar befunden worden, bei der Rückkehr Seiner Kriegshand, um Urteil zu sprechen, ist ihr Lobpreis vollkommnet.

Singt Lobpreis dem mächtigen Gott, [40]bietet das auserlesenste geistige Opfer; macht eine Me[lod]ie aus der Freude Gottes heraus und erfreut euch unter den Heiligen an wunderbaren Melodien in ewigw[ährender] Freude.

[41]Mit solchen Liedern sollen all die [Fundamente der Heil]igen der Heiligen lobpreisen, und die Säulen sollen den höchsten Wohnort bergen, ebenso all die Ecken des Tempelbauwerks. Singt Hym[nen] [42]dem G[ott, dessen] Macht furchteinflößend ist, [all ihr] weisen [Geister] des Lichts; lobt gemeinsam das äußerst glänzende Firmament, das [Seinen] heiligen Tempel umgibt. [43][Lobt] Ihn, gottähn[liche] Geister, lob[t] ewig das Firmament des allerhöchsten Himmels, all [seine Balk]en und Wände, all [44]sein [Gef]üge und kunstfertige Gesta[ltung].

Die allerheiligsten Geister, lebenden Gottheiten, ewigen Geister über [45]all den Hei[ligen ...] wunderbar und wundervoll, Herrlichkeit und Pracht und Wunder. Ruhm wohnt im vervollkommneten Licht der Erkenntnis [46][... in a]ll den wunderbaren Tempeln, göttliche Geister umringen den Wohnsitz des gerechten und wahren Königs. Alle seine Wände [...]

4Q403 Fragment 1 Kolumne 2 [1]vollkommenes Licht, ein Weben eines allerheiligsten geistigen Stoffes [...] [2]erhöhte Orte der Erkenntnis. Am Fußschemel seines Fußes [...] [3]Erscheinung der herrlichen Körper der Fürsten des geistigen Königreichs [...] [4]Sein Ruhm; und mit all ihrem Abwenden, die Tore von [...] [6]das Blitzen der [Bl]itze [...] dem Führenden der gottähnlichen Wesen von [...] [6]zwischen ihnen laufen gott[äh]nliche Wesen, die aussehen wie [glühende] Kohlen [...] [7]gehen hin und her. Die allerheiligsten Geister [...] [8]die allerheiligsten, göttlichen Geister, eine ewi[ge] Vision [...] [9]und göttliche Geister, glühende Gestalten herum um [...] [10]wunderbare Geister. Und der allerhöchste Tabernakel, der Ruhm Seines Königreichs, das innerste Heiligtum von [...] [11]und Er weiht die sieben erhobenen heiligen Orte.

Eine Stimme des Segens kommt hervor von den Fürsten Seines höchsten Heiligtums [...] [12]und die Stimme des Segens ist herrlich im Hören der göttlichen Wesen und jene, die errichten [...] [13] den Segen. All die kunstfertigen Möbel [...] [15]Die Wagen Seines innersten Heiligtums sollen gemeinsam loben und ihre Kerubim und Räder-Wesen sollen großartig segnen [...] [16]die Häupter des göttlichen Gebäudes. Sie sollen Ihn loben in Seinem heiligen innersten Heiligtum.

Achtes Sabbatlied. Es enthält eine Darstellung der Segen, die die sieben stellvertretenden Fürsten darbringen.

[18]Ein Text des Lehrmeisters. Das Lied begleitet das Opfer am achten Sabbat, gesungen am dreiundz[wanzigsten des zweiten Monats.]

Lobt den Gott all der höchs[ten Himmel,] ihr [all]e, die ihr [ewi]ge Heilige seid, [19]Stellvertreter unter den Priestern, die näherkommen, der zweite Rat in der wunderbaren Wohnung unter den sieben [Priesterschaften, ...] unter jenen, die Kenntnis haben von [20]ewigen Dingen. Erhöht Ihn, Fürsten, die ihr regiert, in Seinem Anteil, Seinen Wundern. Lobt [den Gott der Gottähnlichen,] ihr sieben Priester[schaften,] die sich Ihm nähern [... höchster] [21]Himmel, sieben wunderbare Reiche, angeordnet durch die Vorschriften, die Seine Tempel leiten. [...] die Tempel des Reichs der [22]siebenfachen Priester[schaft], im wunderbaren Tempel, der den sieben heiligen Räten gehört [...] [23]der Fürst, die Engel des Königs in den wunderbaren Wohnungen. Die scharfsichtige Erkenntnis der sieben [...] [24]Fürsten, der Hohepriester des inneren Heiligtums und die Führer des Rats des Königs in einer Versammlung [...] [25]und erhöhter Lobpreis dem herrlichen König, verherrlichend den Go[tt von ...] [26]dem Gott der Gottähnlichen, der König der Reinheit.

Die Erhöhung, die von ihren Zungen kommt [...] [27]sieben Geheimnisse der Erkenntnis im wunderbaren Geheimnis, verbunden mit den sieben allerheiligsten Reichen [... Die Zunge des ersten stellvertretenden Fürsten soll sieben Mal lauter erklingen, wenn diejenige des zweiten einstimmt; die Zunge] des zweiten soll klingen [28]sieben Mal lauter, wenn die des dritten einstimmt; die Zunge des dritten soll sieben Mal lauter erklingen, wenn diejenige des [vierten] einstimmt; [die Zunge des] vierten soll sieben Mal lauter klingen, wenn die des fünften einstimmt; die Zunge des fünften soll sie[ben Mal lauter erklingen, wenn die Zunge einstimmt des] [29]sechsten; die Zunge des sechsten soll sieben Mal lauter erklingen, wenn die des si[eb]ten einstimmt; und die Zunge des siebten soll kl[ingen ...]

Abschnitt des neunten Sabbatliedes. Der Sabbat würde auf den dreißigsten des zweiten Monats fallen. Was vom neunten Sabbatlied erhalten geblieben ist, beschreibt die Vorhöfe der zahlreichen himmlischen Heiligtümer, besonders den Vorhof, durch den Gott eintritt.

4Q405 Fragmente 14–15 Kolumne 1 [2][... Von] der wunderbaren geistigen Ähnlichkeit, ganz und gar heilig und eingeschrieb[en ... bringt hervor eine Zu]nge des Segens, und vom [göttlichen] Bild [3]kommt hervor [eine Sti]mme der Segnungen für den König der erhöhten Engel. Ihr wunderbarer Lobpreis rühmt den Gott der Gottähnlichen [...] ihre bestickten [...] und sie singen voller Freude [4][...] die Vorhöfe ihrer Einfahrten, allerheiligste Geister, die näherkommen [...] ewig. [5][Die Ähnl]ichkeit lebender göttlicher Wesen ist eingemeißelt in die Wände der Vorhöfe, durch die der König eintritt, leuchtende geistige Gestalten [in den innersten Heiligtümern des K]önigs, Gestalten von herrlichem Li[cht], wunderbare Geister. [6][In]mitten der herrlichen Geister erheben sich wunderbare bestickte Werke, Gestalten lebendiger göttlicher Wesen [... in den] herrlichen [in]nersten Heiligtümern, die zum Gefüge gehören [7]des allerhe[iligsten Tempels,] in den innersten Heiligtümern des Königs sind gött[liche] Gestalte[n; und von] der Ähnlichkeit von [...]

Fragment des zehnten Sabbatliedes. Wie beim neunten Sabbat geht es sich hier offensichtlich um die Beschreibung des himmlischen Tempels.

4Q405 Fragment 15 Kolumne 2 + Fragment 16 [1]Die gefranste Ecke [...] [2]und Feuerflüsse [...] [3]erscheinen als feurige Flammen [... sc]ön auf den Vorhang des innersten Heiligtums des Königs [...] [4]im innersten Heiligtum Seiner Gegenwart, ein besticktes Werk [...] alles, was eingemeißelt ist auf [...], göttliche Gestalten [...] [5]Herrlichkeit, die aus ihren beiden Seiten hervorkommt [...] die Vorhänge des wunderbaren innersten Heiligtums. Sie segnen [...] [6]ihre Seiten und verkünden [...] wunderbar, innerhalb des innersten Heiligtums [...] [7][... Sie er]höhen den ruhmreichen König mit einem jubelnden Schrei[...]

Abschnitte aus der Mitte und vom Ende des elften Sabbatliedes. Die Beschreibung der himmlischen Tempel und ihrer Architektur setzt sich fort und konzentriert sich hier auf die innersten Heiligtümer, die göttlichen Thronwagen und die priesterlich dienenden Engel. Als Hauptgrundlage für den folgenden Text dient 4Q405, ergänzt von 11Q17 j–d–g–p.

4Q405 Fragment 19ABCD [2]Dann werden die göttlichen Gestalten, die all[erheiligsten] Geister, Ihn loben [...] die herrlichen Gestalten, der Boden [3]des wunderbaren innersten Heiligtums, die Geister der ewigen göttlichen Wesen – all [...] die Ges[talten des inner]sten Heiligtums des Königs, geis[ti]ge Schöpfung des wunderbaren Firmaments, [4]äußerst rein gemacht, [Gei]ster der Erkenntnis, der Wahrheit und Gerechtigkeit im Heiligen der [H]eiligen, [F]ormen der lebendigen göttlichen Wesen, leuchtende geistige Gestalten – [5]alle diese h[ei]ligen Schöpfungen sind wunderbar miteinander verbunden. Bestickte [Geister], Gestalten der gottähnlichen Wesen, sind eingemeißelt [6]alle ringsumher auf den [he]rrlichen Ziegeln; es sind dies herrliche Gestalten, Schöpfungen, die zu den prachtvollen und herrlic[hen Zie]geln gehören. Alle diese Schöpfungen sind lebendige gottähnliche Wesen, [7]und ihre Gestalten sind heilige Engel. Von unterhalb der großartigen inn[ersten Heiligtümer] hört man die ruhige Stimme von gott[ähnlichen] Wesen, die loben [...]

Im folgenden wird 4Q405 mit 11Q17, Fragmente 3–4 und, im Fall des zwölften Lieds, 11Q17, Fragmente 5–6, ergänzt.

4Q405 Fragment 20 Kolumne 2 + Fragmente 21–22 [1][Sie zögern nicht, wenn sie sich erheben ... die innersten Heil]igtümer aller Priester, die näherkommen [...] [2]In der Befolgung der Regel sind sie unerschütterlich und dienen [...] ein Sitz, ähnlich dem Seines königlichen Throns in Seinen herrlichen innersten Heiligtümern. Sie sitzen nicht [...] [3]Seine ruhmreichen Wagen [...] heilige Kerubim, erleuchtete Räder-Wesen im inner[sten Heiligtum ...] gottähnliche Geister von [...] Reinheit [...] [4]von Heiligkeit; die Handarbeit ihrer Ecken [...] königlich; die herrlichen Wage[n]sitze [...] kenntnisreiche Flügel [...] wunderbare Werke kriegerischer Kraft [...] [5]immerwährende Wahrheit und Gerechtigkeit [...] wenn Seine herrlichen Wagen sich bewegen zu [...] sie wenden sich nicht auf diese Seite oder jene [... vielmehr] gehen sie geradewegs nach vorn [...]

Das zwölfte Sabbatlied. Die übriggebliebenen Abschnitte enthalten eine Beschreibung des Thronwagens Gottes und loben ihn. Der Text wechselt dann zu einer Darstellung des Lobpreises, den die Engel darbringen, die sich geradezu militärisch, in Lagern und Einheiten versammeln. Der letztere Teil des Liedes zielt auf die zeremonielle Anbetung der Engel, die im himmlischen Tempel stattfindet.

[6]Ein Text des Lehrmeisters. Das Lied begleitet [das Opfer] am zwölften Sabbat, gesungen am [einundzwanzigsten des dritten Monats].

[Gelobt sei der Gott des ...] [7][...] Erhöht Ihn, [...] die Herrlichkeit im Tabernak[el des Gottes der] Erkenntnis. Die [Keru]bim fallen nieder vor Ihm und loben Ihn; wenn sie sich erheben, [wird] die ruhige Stimme Gottes [8][gehört], gefolgt von einem Getöse von freudigem Lobpreis. Wenn sie ihre Flügel ausbreiten, wird Gottes r[uhige] Stimme wiederum gehört. Die Kerubim loben das Bild des Thronwagens, das über dem Firmament erscheint, [9][dann] begrüßen sie freudig den [Glan]z des strahlenden Firmaments, das sich unterhalb Seines herrlichen Sitzes ausbreitet. Wenn die Räder-Wesen herankommen, kommen und gehen heilige Engel. Zwischen [10]den herrlichen [R]ädern Seines Thronwagens erscheint etwas wie ein allerheiligstes geistiges Feuer. Alles darum herum erweist sich als Feuerströme, wie Goldsilber und [stra]hlende Schöpfungen, [11]zusammengesetzt aus wunderbaren Farben, zusammen bestickt, rein und herrlich. Die Geister der lebendigen [go]ttähnlichen Wesen bewegen sich immerfort her und hin und folgen der Herrlichkeit der [wun]derbaren Wagen. [12]Eine ruhige Stimme von Segen begleitet den Tumult ihrer Bewegungen, und sie loben die Heiligen jedesmal, wenn sie ihre Schritte zurückgehen. Wenn sie sich erheben, tun sie es so wunderbar, und wenn sie sich niederlassen, [13][ste]hen sie still. Der Klang freudigen Jubels wird still, und der ruhi[ge] Segen Gottes breitet sich über alle Lager der göttlichen Wesen. Der Klang von Lobprei[sen] [...] [14][...] kommt aus jeder ihrer Abteilungen auf [beiden] Seiten, und jede der gemusterten Truppen frohlockt, eine nach der anderen nach ihrer Rangfolge [...]

11Q17 Fragmente 5–6 [1][...] wunderbar, Erkenntnis und Einsicht [...] wunder[bare] Firmamente [...] [2][...] in der Substanz des Lichts, ein Glanz von [...] jede Form wunde[rbarer] Geister [...] [3][...] gottähnliche Wesen, furchtbar, mächtig, all [...] ihre [äu]ßerst wunderbaren Handlungen durch die Macht des Gottes von [...] [4][immer]während und erhöhen die Kriegstaten des Gott[es des ...] von den vier Grundmauern des wunderbaren Firmaments [5]kün[de]n sie es, wenn sie den Klang des Lobpreises hören, der erhoben wird zu Gott, [...] segnen und lobpreisen den Gott der [6]Gottähnlichen. Ein Tumu[lt ...] die höchsten [Himmel ...] der herrliche König [...] der wunderbaren Fundamente, [7]erheben Lobpreis [...] des Gottes von [...] und all ihre Fundamente [...] aller[8]heili[gst ...] Lobpreis erhoben [...] ihre [Fl]ügel, er[höhen ... über] ihre Köpfe, [9]und sie rufe[n] hinaus [...]

4Q405 Fragment 23 Kolumne 1 [1][...] wenn sie Lobpreis erheben [...] [2][...] Wenn sie stillstehen [...] [3][...] Seine herrlichen königlichen Throne und die ganze Versammlung der Diener von [4][...] wunderbar; die [wunderbaren] gottähnlichen Wesen sollen nicht erschüttert werden, für immer; [5][... ble]iben unerschütterlich bei jeder Aufgabe, denn die göttlichen Wesen, die verantwortlich sind für Sein ganzes Opfer [6][...] sein ganzes Opfer. Die gottähnlichen Wesen rühmen Ihn [wenn] sie [zue]rst ihre Stellung einnehmen, während all die Ge[ister] der glänzenden Firma[m]ente [7]immerfort in Seiner Herrlichkeit frohlocken. Eine Stimme des Segens kommt von all Seinen Abteilungen und erzählt von Seinen herrlichen Firmamenten, und Seine Tore lobpreisen [8]mit freudigem Lärm. Wenn die weisen göttlichen Wesen durch herrliche Pforten eintreten und wenn die heiligen Engel in ihre Reiche hinausgehen [9]verkünden die Pforten, durch die sie hineingehen, und die Tore, durch die sie hinausgehen, von der Herrlichkeit des Königs und segnen und lobpreisen all die gottähnlichen [10]Geister jedesmal, wenn sie hinausgehen oder hineingehen durch die heiligen To[r]e. Keiner von ihnen vergißt eine Vorschrift oder ermangelt, irgend etwas anzuerkennen, [11]was der König sagt. Sie weichen weder vom Weg ab, noch erweisen sie irgend etwas oder einem Teil davon die Ehre; sie betrachten sich weder als zu erhöht für Sein Reich noch als [12]zu niedrig für Seine Aufträge.

Er wird kein Erbarmen haben, wenn Sein wütender vernichten[der] Zorn regiert, aber wird er jene nicht bestrafen, von denen Sein herrlicher Zorn entfernt wurde. [13]Schreckliche Furcht vor dem König der gottähnlichen Wesen ergreift a[lle] die Gottähnlichen [wenn Er sie herausschickt] mit all Seinen Aufträgen gemäß Seinem wah[r]en Auftrag, und sie gehen [...]

Dreizehntes Sabbatlied. Abschnitte dieser Auswahl beziehen sich auf die Kleidung, die von den dienenden Geistern getragen wird.

11Q17 Fragmente 7–8 [1][...] gute Gunst [...] all ih[re] Werke [2][...] für die Opfer der Heiligen [...] der Geruch ihrer Opfer [...] [3][...] und der Ge[ru]ch ihrer Trankopfer, entsprechend ihrer Za[hl von ...] von Reinheit in einem Geist der Heiligke[it] [4][...] ewig in [Glanz und] Herrlichkeit für [...] wunderbare [...] und die Form des Brustschilds von [5][... Sch]önheit [... Geister,] gewandet mit Stickereien, eine Art von gewe[bter Handarbeit ...] prächtig gereinigte, gefärbte Gewänder [...]

4Q405 Fragment 23 Kolumne 2 [7]ihre heiligen Orte. An ihren wunderbaren Orten sind Geister, gewandet mit Stickereien, eine Art von gewebter Handarbeit, eingemeißelt mit prächtigen Gestalten. [8]In der Mitte dessen, was aussieht wie herrliches Scharlachrot und Farben von äußerstem geistigen Licht, nehmen die Geister ihren heiligen Standort ein in der Gegenwart [9]des [K]önigs – [prächtig] gefärbte Geister, umgeben von der Erscheinung von Weiß. Dieser letztere herrliche, geistige Stoff ist wie goldene Handarbeit, die schimmert [10][im Lic]ht. All ihre verfertigten Gewänder sind prächtig gereinigt, verfertigt durch die Kunst der Weber. Diese Geister sind die Führer jener, die wunderbar für den Dienst gekleidet sind, [11]die Führer von jedem und jedem heiligen Königreich, das dem heiligen König gehört, die in all den erhöhten Tempeln Seines herrlichen Reichs dienen.

[12]Die Führer der Erhöhung besitzen Zungen der Erkenntnis, [um] den Gott der Erkenntnis zu loben für all Seine herrlichen Werke. [In] Seiner einsichtsvollen Erkenntnis und [her]rlichem Scharfsinn [hat Er eingeschrieben die Re]geln, die ihre militärischen Einheiten leiten in all den heil[igen inn]eren [Heiligtümern].

11Q17 Fragmente 2+1+9 [1][... Seine] herrlichen Höhen [...] Seine [H]errlichkeit mit [...] [2]Seine [Ver]geltung durch Urteile von [...] Sein Erbarmen mit der he[rrlichen] Ehre von [...] Seine [Ja]hreszeiten [3][und all die Segen [Seines] Friedens [... die Her]rlichkeit Seiner Werke, und im Lich[t von ...] und mit der Pracht des [4]Lobpreises, das Ihm gegeben wird in allen Firmam[enten von ...] Licht und Finsternis und die Gestalten von [...] die glänzende [Hei]ligkeit des Königs [5]denn all [seine] wahren Werke [...] denn die Engel der Erkenntnis in all [ihren] König[reichen ...] Sein [Lage]r, heilige Erhöhungen [5]für Seine herrlichen Throne und der Schemel [für Seine] Füße und all] Seine herrlichen [W]agen und [Seine] heil[igen] inneren Heiligtümer [...] und für die Pforten des Eingangs für [den Kön]ig, ⁷zusammen mit all den Ausgängen von [... die Ec]ken des Ge[f]üges und all die [...] denn Seine herrlichen Tempel und die Firmamente von [...]

– M. O. W.

96. LOBGEBET

4Q408

Das *Lobgebet* beginnt mit der Schilderung von Gottes großartigen Werken (Zeilen 2–6a stehen in der dritten Person), um dann in Zeile 6 in einen unmittelbaren Lobpreis der zweite Person überzugehen. Zeilen 8–11 loben Gott, weil er Tag und Nacht geschaffen hat sowie die Lichter, die beide bestimmen. Der Text ähnelt anderen poetischen Darstellungen der himmlischen Zyklen unter den Schriftrollen. Vergleichbar sind z. B. das *Grundgesetz einer Sekten-Gemeinschaft* 10,1–2 (Text 5) und die *Loblieder* 20,4–5 (Text 3).

Fragment 1 ²[...] Dir. Hört [alle diese Worte ...] ³[...] ganz Israel schuf er zusammen *(oder* für eine *Jahad)* [...] ⁴[...] für ganz Israel, denn Du [...] ⁵[...] all, Seinen wunderbaren Schmuck leuchten [zu] lassen von [Seiner] heil[igen] Wohnung [...] ⁶ᵃ[...] ich freue mich an Ihm [...] ⁶[in allen] Deinen [Ger]ichten bist Du treu, [in allen] Deinen Wor[t]en, o HERR, gerecht in allen Deinen Wegen. [...] ⁷[...] [...] der eine, der segnet. [...] Stärke [...] hinauszubringen [...] ⁸denn Du schufst den Morgen, ein Zeichen der Offenbarung der Herrschaft des Lichts als eine Abgrenzung für den Tag (?) [...] ⁹für ihren Dienst, Deinen heiligen Namen zu loben. Du schufst sie, denn das Licht ist gut und [...] in all [...] ¹⁰[...] denn [Du] schu[fst] den Abend als Zeichen der Offenbarung der Herrschaft der [Finsternis ...] ¹¹[...] von Mühsal, zu loben [Deinen heiligen Namen]. Du schufst sie, [we]il [...]

– M. G. A.

97. LITURGIE

4Q409

Dieses Manuskript enthält Teile einer Hymne, in der Gott für die Feste des heiligen Jahres gedankt wird. Der verwendete Kalender ist eine Variante des Sonnenkalenders anderer Qumran-Rollen. Er fügt verschiedene Feste hinzu, die die Bibel nie ausdrücklich erwähnt. Diese Ergänzungen sind deshalb besonders wichtig, will man von den Qumran-Kalenderschriften als Ganzes ein deutliches Bild bekommen; die meisten enthalten nämlich nicht die neuen Feste. Nur wenige kalendarische Werke unter den Schriftrollen scheinen die Existenz dieser Feste zu bestätigen; vgl. besonders die *Sabbate* und *Feste des Jahres*

(Text 72) und die *Tempelrolle,* (Text 149)! Bezüglich dieser zusätzlichen Feste widersprechen sich die Schriftrollen. Daran wird einmal mehr die Komplexität der historischen Situation ersichtlich, in der sie entstanden sind.

Der Anfang der kalendarischen Aufzählung fehlt. In den restlichen Teilen sind folgende Feste direkt oder indirekt erwähnt: *Das Wochen- oder Erntefest* (Schwuot), das auf den 15. Tag des dritten Monats fällt; *das Neuweinfest,* der dritte Tag des fünften Monats; *das Ölfest,* der 22. Tag des sechsten Monats; *das Fest des Holzopfers* am 23. Tag des sechsten Monats; *das Gedächtnisfest* am ersten Tag des siebten Monats; *der Versöhnungstag* (Jom Kippur), der zehnte Tag des siebten Monats (die entscheidenden Zeilen sind beschädigt und ihre Rekonstruktion unsicher), und *das Laubhüttenfest* (Sukkot) am 15. Tag des siebten Monats. Weder das Neuweinfest noch das Ölfest noch das Holzopfer-Fest tauchen in der Bibel auf (Nehemia 10,34 spielt auf ein Holzopfer an, aber nicht als voll ausgereiftes Fest).

Dies waren die kontroversen Stichwörter – aufgrund ihres außerbiblischen Charakters zweifelsohne Anlässe hitziger Auseinandersetzungen.

Fragment 1 Kolumne 1 [1][... Preise und lobe an den Ta]gen der er[sten Früchte;] [2][von Weizen, neuem Wein und frischem Öl mit dem] neuen [Getreide op]fern, [3][und lobe Seinen heiligen Namen. Prei]se und lobe an den Tagen des [4][Holzfestes mit dem Opfern von] Holz als Opfer [5][und lobe Seinen Namen. Preise und lobe] am Tag des Gedächtnisses mit dem Blasen [6][auf dem Widderhorn. Lobe den HERR]N über alles. Preise [7][und lobe ... und lob]e Seinen heiligen Namen. [8][und lob]e den HERRN über alles. [9][... Preise und lobe] an diesen Tagen [10][...] Preise und lobe und danket [11][... Preise und lobe und] danke mit Zweigen eines Baumes [...]

– M. G. A.

98. Geheimnis des Ursprungs aller Dinge

4Q410, 4Q412–413, 4Q415–421, 4Q423, 1Q26

Das *Geheimnis des Ursprungs aller Dinge* ist eine Weiterentwicklung der „Weisheitslehre" (vgl. Text 12, *Buch der Geheimnisse*), in dem ein Weiser seine Lehren seinen Schülern vermittelt, die er als seine Kinder anspricht. Dieser Text hat die gleiche Struktur, doch der Inhalt sprengt den Rahmen der üblichen Gegenüberstellung von Weisheit und Torheit. Wie im Buch der *Geheimnisse* beruft sich der Weisheitlehrer auf „das Geheimnis des Ursprungs aller Dinge" – das heißt die Kenntnis der unabänderlichen Absichten Gottes, die durch Studium der Heiligen Schrift wie der Gesetze der Sekte erlangt wird.

Immer wieder kommt der Lehrer auf das Thema Armut zurück und weist darauf hin, wie wichtig es ist, mit dem zufrieden zu sein, was Gott gegeben hat. Das biblische Buch der Sprichwörter kennzeichnet meist Armut als das unwillkommene Ergebnis törichten Verhaltens (z. B. Sprüche 28,19). Im Gegensatz dazu ist hier Armut der ideale Zustand eines Schülers – ein Motiv, das den hohen Stellenwert der Armut im frühen Christentum vorwegnimmt: „Selig, ihr Armen" (Lukas 6,20). Im *Geheimnis* wird auf das kommende Gericht und die ewige Verdammnis der Gottlosen hingewiesen – ein neues Thema, das auf die Bedeutung der Endzeit für das frühe Christentum hinweist.

Die Texte, die man diesem Werk zugeordnet hat, sind unterschiedlich stark fragmentarisch. Es ist gar nicht sicher, ob sie wirklich alle zusammengehören. Ein großer Textabschnitt richtet sich an „Bauern" und verwendet viele landwirtschaftliche Ausdrücke. Vielleicht war dieser Teil ursprünglich ein eigenständiges Werk. Innerhalb der einzelnen Themen kommt aber immer wieder eine einzige Perspektive zum Tragen. Eine Analogie bietet das frühe Christentum: Die Sammlung von Orientierungs- und Motivierungsworten, die sogenannte Bergpredigt (Matthäus 5–7), gehört zur gleichen Gattung: sittliche Anweisungen unter Hinweis auf das unmittelbar bevorstehende Gericht.

In diesem Werk fehlen Hinweise zu Themen wie Krieg und Politik. Deshalb kann weder die Entstehungszeit datiert noch können Schlüsse über den ursprünglichen Hintergrund gezogen werden. Diente es einem Zweck innerhalb der *Jahad?* Zwei Anhaltspunkte könnten eine mögliche Antwort liefern. Im Fragment 1 Kolumne 2 von 4Q421 wird ein Schüler gezwungen, seinem „Lehrmeister" zu gehorchen. Dies ist die Bezeichnung für einen Inhaber eines Amtes innerhalb der Sekte, nach dem *Grundgesetz einer Sekten-Gemeinschaft* (Text 5). Zweitens ist hier von einer „Vision von Einsicht" die Rede (4Q417 Fragment 2 Kolumne 1, Zeile 15). Ein ähnlicher Ausdruck taucht in der *Damaskus-Schrift* auf (Text 1) und in der *Gemeindeordnung für das Israel der Endzeit* (Text 6). In beiden Texten steht dieser Ausdruck für die Summe jenes Wissens, das ein bestimmter Personenkreis zu erwerben verpflichtet war. Daher könnte es sich beim *Geheimnis des Ursprungs aller Dinge* wohl um einen Einleitungskurs des Studiums für neue oder zur Probe aufgenommene Mitglieder in die *Jahad* handeln.

Einführende Abschnitte. Das Streben nach Weisheit ist zu verbinden mit starker Selbstdisziplin und mit intensiver Verehrung Gottes.

4Q412 Fragment 1 [5][Erleg]e deinen [Lippen] Disziplin auf, und deiner Zunge doppelte Türen. [...] [6]Denke über gerechte Worte nach. [...] jenen, die streben nach [...] [7]Stets mit deinem Mund preise [Gott ...] dein Zittern [...]

[8]Gib Seinem Namen Freude [...] [9]in der Hauptversammlung [...] [10]Tag und Nacht [...]

4Q418 Fragment 77 [2][...] das Geheimnis der Grundlagen aller Dinge, und erfahre das Wesen des Menschen und werde der Fähigkeiten gewahr [...] [3][...] ihn gemacht hat. Dann wirst du das Wesen des Sterblichen verstehen und die Bedeutung [...] [4]sein Geist, und erfahre das Geheimnis des Ursprungs aller Dinge, die Einteilung der Zeitabschnitte und das Maß [...]

4Q418 Fragment 123 Kolumne 2 [1][...] [2]wenn Jahre beginnen und wenn Zeitabschnitte enden [...] [3]alles, was in ihnen geschehen ist, weshalb es war und was sein wird in [...] [4]Sein Zeitabschnitt, den Er offenbarte den Ohren jener, die das Geheimnis des Ursprungs aller Dinge verstehen [...] [5]du bist einer, der versteht, wenn du alle diese Dinge beobachtest [...] [6]dadurch geschieht das Abwägen deiner Taten mit der Zeit [...] [7]Was immer Er dir überläßt, passe gut darauf [...]

Der Weise versichert, daß seine Lehren von Gott kommen.

4Q426 Fragment 1 Kolumne 1 [1][...] Herrlichkeit und ein Maß an wahrem Wissen und langes Leben [2][...] jene, die alle seine Gebote halten; aber die Saat der Gottlosen [3][...] [4][...] Gott hat wahres Wissen und Verstehen in mein Herz gelegt [...]

Die unheilbringenden Folgen der Gleichgültigkeit gegenüber diesen Lehren.

4Q410 Fragment 1 [2][... wenn du] übertrittst irgendeine [...] [3][...] [4][...] Fluch auf Fluch wird dir anhaften [5][...] über dich und du wirst dort keinen Frieden haben für [...] [6][...] was wahrhaftig gut ist und was [wahrhaftig] böse ist [...] [7][...] alle Tage der Ewigkeit.

Und nun, ich, mit [dem Beistand des HERRN] im Geist [...] [8][...] er wird nicht lügen [...] [9]Die Weissagung betrifft [...], die Vision ist über das Haus [...], denn ich habe gesehen [...]

Behandelt werden hauptsächlich das richtige menschliche Verhalten und die Fähigkeit, richtige Handlungen von falschen zu unterscheiden.

4Q413 Fragment 1 [1]Disziplin [und Einsicht] und Weisheit werde ich dich lehren. Nun denke an die Wege der Menschheit und an die Tätigkeiten der [2]menschlichen Rasse. [...] ein Mensch. Er erweiterte seinen Anteil am Wissen über Gottes Wahrheit, und in dem Grad, wie jener Mensch [3]alles Böse verabscheut, [soll sein Urteil] nicht von dem berührt sein, was seine Ohren hören und seine Augen sehen.

Nun also, [4]Gnade [...] der Vorväter und betrachte die Jahre [jeder] Generation, wie Gott gezeigt hat [...]

Die Armut des Lernenden ist beständiges Thema. Gemeint ist damit wahrscheinlich sowohl die materielle als auch die geistige Armut, denn im Geist sind, verglichen mit Gott, alle arm.

4Q415 Fragment 6 [1][...] das Geheimnis der Menschen [...] [2]Du bist bedürftig, und [...] [3]deine Armut in deinem Ratschluß [...] [4]Prüfe diese Dinge anhand des Geheimnisses des Ursprungs aller Dinge [...] [5]vom Ort der [Ursprünge] und durch das Gewicht [...]

Der in diese Lehre Eingeweihte wird sich umfassendes Wissen über Gottes Pläne und das Gute und das Böse aneignen.

4Q417 Fragment 2 (+ 4Q418) Kolumne 1 [1][...] du bist einer, der versteht [...] [2][...] die wunderbaren Geheimnisse [... furchtbare Dinge wirst du meistern ...] [3][... weshalb Dinge sind und wie sie sind ...] [4][... weshalb] [5][Dinge sind und weshalb sie fortfahren zu sein ...] [6][... nachts denke über das Geheimnis] der Existenz der Dinge nach und forsche danach immerzu, und dann wirst du Wahrheit und Sünde erfahren, Weisheit [7][und Lüge ... Betrachte die Gottlosen] auf allen ihren Wegen, mit allen ihren Strafen während aller Welt-Zeiten und die ewige Strafe, [8]und dann wirst du erfahren den Unterschied zwischen Gutem [und Schlechtem], denn der Gott des Wissens ist der Vertraute der Wahrheit, und im Geheimnis des Ursprungs aller Dinge [9]hat er deren Grundlagen offengelegt [...] welches ihr Wesen ist und der Leitsatz für seine Taten [10]für jeden [...] Er hat dem Geist jedes [Menschen] offengelegt, wie nach der [11]Art Seines

Verständnisses zu leben sei; und Er hat offengelegt [...] und durch die Fähigkeit des Verstehens [offenbarte Er] die Rätsel [12]seines Plans mit makelloser Führung [in allen] Seinen Taten. Erforsche diese Dinge zu allen Zeiten und mache dir gründlich Gedanken über alle [13]ihre Auswirkungen, und dann wirst du [ewige] Herrlichkeit erfahren mit Seinen wunderbaren Geheimnissen und Seinen machtvollen Taten.

Im frühen Judentum gab es eine Legende, nach der Set, der Sohn Adams (Gen 4,25–26), zahlreiche Offenbarungen auf Steintafeln geschrieben hat, die nur von den Gerechten gelesen werden konnten (Flavius Josephus, Alt 1,70). Eine spätere Gnostikersekte, die sogenannten Setianer, verwendete den Mythos der Tafeln des Set, um ihre eigenen Vorstellungen zu untermauern. Im folgenden Abschnitt werden die Tafeln des Set mit der „Vision der Einsicht" gleichgesetzt, in welcher alle Geheimnisse Gottes offenbart werden.

Du bist [14]einer, der versteht. Deine Armut ist deine Belohnung zur Erinnerung der Zeit, [denn] die Verordnung ist eingeritzt und eingeschrieben ist jede Zeit der Bestrafung, [15]denn das, was vorgeschrieben wurde, wird eingeritzt in Stein vor den Augen Gottes, über alle [...] die Kinder Sets. Ein Buch der Erinnerung steht geschrieben vor Ihm [16]für jene, die Seine Worte halten; und das ist die „Vision der Einsicht", das Buch der Erinnerung, und Er vermachte es Enosch mit einem geistigen Volk, weil [17]sein Wesen gestaltet war nach den heiligen Engeln. Aber „Einsicht" verlieh er nicht noch einmal Seelen aus Fleisch, denn sie kannten nicht den Unterschied zwischen [18]Gut und Böse gemäß dem Urteil Seines Geistes.

Und du, o Sohn, bist einer, der versteht; nimm das Geheimnis des Ursprungs aller Dinge wahr und erfahre [19][das Erbe] alles Lebendigen und wandle darin und beachte es [...] [20][...] zwischen viel und wenig und in deiner Vertrautheit [mit ...] [21][...] durch das Geheimnis des Ursprungs aller Dinge [...] [22][...] die ganze Vision der [Erkennt]nis und in allen [...] [23]Bleibe also stets stark, werde nicht müde und vollbringe dann Missetaten [...] [24]er wird seine Hände nicht dadurch reinigen, sein Erbe in [...] [25]denn der Mensch der Einsicht hat deine Geheimnisse gründlich betrachtet und in Menschen [...] [26]seine Grundlagen in dir [...] mit Handlungen [...] [27]Folgt nicht blind euren Herzen oder euren Augen [...]

Kolumne 2 [1-2][...] [3]durch das Geheimnis des Ursprungs aller Dinge [...] [4]getröstet [...] [5]wandeln ohne Tadel [...] [6]preise Seinen Namen [...] [7]durch ihre Freude [...] [8]groß sind die Wohltaten Gottes [...] [9]preise Gott, und für jede Plage preise [...] [10]sein in Seinem Willen, und Er versteht [...] [11]Er wird alle ihre Wege beschützen [...] [12]Lasse keinen Gedanken von der Triebkraft des Bösen dich täuschen[...] [13]strebe nach der Wahrheit, lasse dich nicht [...] täuschen [...] [14]ohne ein Gebot von Gott; lasse kein fleischliches Verständnis dich irreleiten [...]

Der Gestalt der Weisheit, das übergeordnete Prinzip, nach dem Gott alle Dinge festlegte, wird die Gestalt der Torheit gegenübergestellt (Spr 8,22–31).

4Q415 Fragment 9 [5][... Lasse Deinen Geist nicht wohnen] [6]auf Torheit, sei nicht wie die Mas[se der Gottlosen ... Erlange Weisheit, denn] [7]durch sie schuf Er ihn (d. h. den menschlichen Geist), denn sie, die Weisheit, ist das Maß [der Schöpfung ... Sie fügte sie] [8]zusammen, die Herrschaft des Männlichen mit dem [Weiblichen ...] [9]ihr

Geist, Herrschaft ist in ihr, denn [...] [10]und wenn einer weniger hat als ein anderer [...] [11]Gemäß [... männlich und] weiblich, und in den Waagschalen [...]

Dem weisen Menschen wird der Rat gegeben, unnötige Auseinandersetzungen mit den Mächtigen zu vermeiden. Der rächende Zorn der Könige ist ein verbreitetes Thema der Weisheitsliteratur (Spr 16,14–20).

4Q417 Fragment 1 Kolumne 1 [Sprich freundlich zu einem Herrscher] [1]zu allen Zeiten, damit er dir nicht einen Eid auferlegt; und sprich zu ihm im Einklang mit seiner Stimmung, damit [er nicht ...] [2]ohne Vorwurf. Wenn günstig, gehe zu ihm; aber wenn es untersagt ist, [bleibe weg ...] [3]belästige seinen Geist nicht, da du freundlich sprichst, [...] [4]erzähle rasch seinen Tadel, aber übergehe deine Sünden nicht [...] [5]und er ist gerecht wie du bist, denn er ist ein Fürst [... was er will,] [6]wird er tun, denn er ist einzigartig in jeder Tat, ohne [...]

Ermahnung, nicht an die Gottlosen seine Lehre weiterzugeben.

[7]Betrachte einen Bösen weder als Beistand noch als Widersacher [...] [8]die Gottlosigkeit seiner Taten. Zum Zeitpunkt seiner Bestrafung wird er erkennen, wie er sich verhalten sollte. Mit ihm [...

Armut ist kein Hindernis für den Erwerb von Weisheit. Wahre Weisheit ist wichtiger als alle Reichtümer dieser Welt.

Sein Gebot] [9]darf dein Herz nicht verlassen, Gott wird beschließen, daß du, du allein, vergrößern wirst [... durch deine Armut ... Sage nicht:] [10]„Denn was ist geringer als ein armer Mensch?" Juble also nicht, wenn du trauern solltest, damit du dich nicht sinnlos abplagen mußt in deinem Leben. [Betrachte das Geheimnis des] [11]Ursprungs aller Dinge und erfahre von den Ursachen des Wohlergehens und erkenne, wer Ruhm erlangen wird und wer Schande. Denn in der Tat [...] [12]anstatt zu trauern, ewige Freude. Sei ein Verfechter deiner Angelegenheiten, unter [Beachtung] [13]aller deiner Vergehen. Sprich für deinen Fall wie ein gerechter Regent; tue nicht [...] [14]und übergehe deine Sünden nicht. Sei gepriesen [in deiner] Armut; [betrachte sein] Urteil [...] [15]lerne daraus. Und dann wird Gott es sehen und, sein Zorn wird aufhören und er wird über deine Sünden hinweggehen, denn (be)vor [...] [16]keiner wird lange währen; und wer wird freigesprochen in seinem Urteil? Und ohne Vergebung [...] [17]bedürftig.

Gott sorgt für jene, die ihm treu sind. „Suche zuerst nach dem Königreich Gottes und nach seiner Gerechtigkeit, und alle diese Dinge werden dir gegeben werden" (Mt 6,33).

Wenn du nun etwas brauchst, die Nahrung, die du wünschst und noch mehr dazu, [wird Er dir bereitstellen ... Und wenn du etwas hast,] [18]was übrig ist, bringe es in die Stadt, an der Er große Freude hat. Nimm dein Erbe von ihm an, aber höre nicht auf zu [...] [19]aber wenn du Mangel hast, tue nicht [...] das du brauchst, denn [Sein] Lagerhaus leidet keinerlei Mangel. [...] [20][von] Seinem Mund werden alle Dinge eintreffen; was immer Er dir also zu essen gibt, iß es, und höre nicht auf [...] [21][...] Wenn du borgst von dem Reichtum von Menschen in der Zeit des Mangels, nicht [... du wirst besorgt sein] [22]Tag und Nacht; aber Gott ist dein wahrer Tröster [...] Er wird deine

Seele wiederaufrichten [...] täusche nicht [...] [23]zu ihm; warum willst du solche Schuld vergessen und [dich nicht erinnern an] eine Beleidigung [... vertraue dich nicht mehr an ...] der Macht deines Mitmenschen, [24]der in der Zeit deines Mangels seine Hand zusammenkrümmt wie zu einem Haken [...] [25]und wenn er dich stößt mit einem Schlag, dann [...] [26]siehe, es wird offenbart werden [... und dann] [27]wird er ihn nicht mit einer Rute schlagen [...] [28]nicht mehr. Und du [...]

Der Schüler wird ermutigt, in allem Gott zu suchen, denn von ihm kommen alle Dinge.

4Q416 Fragment 2 (+ 4Q417) Kolumne 1 [21]Wenn du in Eile bist [22]um zu vermeiden zu schicken [... von ihm, solltest du] bitten um dein Essen, denn er **Kolumne 2** [1]hat seine Großzügig[keit geöffnet ...] alle die Bedürfnisse [nach seiner Güte, die Nahrung gibt] [2]allem, was Leben hat, ohne [... wenn] er seine Hand schließen würde, würde der Geist alles [3]Sterblichen [weggenommen werden]. Nimm nicht an [...] In der Zeit eurer Schande, bedecke dein Angesicht, und in der Torheit [4]der Beschränkung [...]

Sei wachsam, wenn du Geld borgst oder lange Zeit die Rückzahlung verzögerst!

[Was Geld anbetrifft ... wer auch immer Geld borgt, sollte] es zurückzahlen [schnell!] Dann wirst du deinen Kreditgeber los, denn andernfalls verließe dich dein Geldbeutel [5]mit allen seinen Schätzen, die du hast, rechtskräftig [mit ihm. Was jemanden betrifft, der dir Geld leiht, weil er dein Freund ist,] und du schuldest ihm dein ganzes Leben, [gib] ihm rasch zurück, was sein ist, damit [6]er nicht [deinen] Geldbeutel nimmt. [Bei solchen Geschäften erniedrige dich nicht;] tausche deinen heiligen Geist nicht gegen irgendeinen Geldbetrag, [7]denn es gibt keinen Preis, der aufwiegt [deinen Geist. ...]

Verschiedene Regeln, Gott zu dienen und seinen Willen zu tun!

Lasse dich von niemandem davon abbringen, [Gott zu verehren.] In Seinem Wohlwollen suche Seine Gegenwart, und gemäß Seiner Art zu sprechen [8]sollst du sprechen, und dann wirst du finden, was du wirklich begehrst. [...] lasse nicht locker in deinen Vorschriften und bewahre die Geheimnisse, die du erfahren hast.

[9][...] wenn er dir eine Aufgabe zuweist, [erlaube keinen] Schlaf deinen Augen, bis du sie ausgeführt hast [10][...] füge nicht hinzu, aber wenn du unterbringen mußt [...] lasse kein Geld übrig ohne [11][... damit er nicht sagen könnte: Er hat mich betrogen und ...] und siehe, wie mächtig [12][menschlicher] Argwohn ist. Er täuscht das Herz [...] so in Seinem Willen sei stark in Seinem Dienst und in der Weisheit Seiner Güte. [13][... du wirst sein] für Ihn wie ein erstgeborener Sohn, und Er wird fühlen für dich wie ein Mann fühlt für sein einziges Kind [14][... für dich ...] sei also nicht zu leichtgläubig, damit du nicht aus Versehen fehlgehst; und dennoch sei nicht zu sehr bedacht auf deinen Stolz.

[15][...] Erniedrige dich nicht gegenüber etwas, was deiner nicht wert ist; denn du wirst sein [16][...]

Rühre nicht etwas an, was nicht deiner Stärke entspricht, damit du nicht ins Taumeln und in außerordentliche Verlegenheit kommst.

[17]Lasse dich nicht in Anspruch nehmen von Geld; es ist gut, wenn du ein Diener im Geist bist und deinem Aufseher uneingeschränkt dienst.

[18]Verkaufe deine Ehre nicht für irgendeinen Preis und verschleudere dein Erbe nicht, damit du nicht Ruin bringst über dich. Sprich nicht allzusehr dem Brot zu [...] [19]ohne Kleidung.

Trinke keinen Wein, wenn es nichts zu essen gibt. Strebe nicht nach Reichtümern, wenn du [...] [20]kein Brot hast. Brüste dich nicht mit deinem Mangel, wenn du arm bist, damit nicht [...] [21]du verachtest dein Leben und mehr noch, schätze deine Frau nicht gering, denn sie ist deine engste Gefährtin.

Ermahnungen über die Gefährdung durch Geld.

Kolumne 3 [2]Denke daran, daß du arm bist [... in deiner ...] und deine Armut, [3]du wirst nicht verweilen, und auch nicht, wenn es gut für dich geht [...]

Wenn jemand etwas Wertvolles bei dir liegenläßt, [4]rühre es nicht an, damit du nicht verbrennst und vollständig verzehrt wirst von seinem Feuer. Sowie du es genommen hast, so gib es zurück [5]und Freude wird dein sein, wenn du in dieser Hinsicht ohne Schuld bist. Nimm auch kein Geld von jemandem, den du nicht kennst, [6]damit er deine Armut nicht vergrößert. Aber wenn er es dir aufdrängt mit einer Todesdrohung, verwahre es sicher und verführe deine Seele nicht [7]damit. Dann sollst du dich niederlegen, um mit der Wahrheit zu sterben, und wenn du dein Leben aushauchst, wird dein Andenken blühen [...], und deine Nachkommenschaft wird Freude [8]erben.

Der arme Schüler sollte zufrieden sein mit allem, was Gott gibt. Gott zu dienen, ist allein die wahrhaft würdige Lebensweise.

Ja, du bist arm. Verlange nichts außer deinem Erbe und lasse dich nicht davon verzehren, damit du nicht [9]die Schranken des Gesetzes überschreitest. Sollte Er dich in eine ehrenvolle Stellung zurückführen, verhalte dich dementsprechend und, da du das Geheimnis des Ursprungs aller Dinge kennst, suche nach seinen Ursprüngen; dann wirst du erkennen [10]Sein wahres Erbe, und du wirst ein rechtschaffenes Leben führen, denn [...] auf allen deinen Wegen. Erweise jenen Ehre, die dir Ehre zollen [11]und preise stets Seinen Namen, denn dein Haupt reicht höher als die Bergspitzen, und Er hat dich mitten unter die Edlen gesetzt, und [12]er hat dich zum HERRN über ein ruhmreiches Erbe gemacht. Suche allezeit Seine Wege. Ja, du bist arm. Sage nicht: „Weil ich arm bin, [13]kann ich nicht nach wahrem Wissen forschen". Beschäftige dich mit jeder Art von Lernen und in jeder [...] läutere dein Herz, und deine Gedanken werden gekennzeichnet sein durch große Einsicht. [14]Suche das Geheimnis des Ursprungs aller Dinge und denke gründlich über alle die Wege der Wahrheit nach, schaue lange auf die Wurzeln der Gottlosigkeit. [15]Dann wirst du erfahren, was bitter ist für einen und was süß ist für einen Menschen.

Wahre Weisheit zeigt sich als Ehrfurcht vor den Eltern.

Ehre deinen Vater durch deine Armut [16]und deine Mutter auf deinen Wegen, denn der Vater eines Menschen ist wie Gott zu ihm, seine Mutter ist wie seine Höherstehende. Denn [17]sie sind der Schmelztiegel deiner Zeugung, und weil Er ihnen Autorität über dich gegeben hat und den Geist gebildet hat, so diene ihnen. Und weil Er [18]dir das Geheimnis des Ursprungs aller Dinge offenbart hat, ehre sie um deiner eigenen

Ehre willen und in [...] preise in ihrer Gegenwart [19]um deines eigenen Lebens willen und für die Länge von Tagen. Selbst wenn du so arm bist wie ein Schaf [...] [20]ohne das Gesetz.

Der Schüler darf sich eine Frau nehmen, wenn sie auch eine Schülerin ist. Gott hat ihm Autorität über sie gegeben.

Solltest du eine Frau heiraten in deiner Armut, nimm sie von den Kindern des [Lichtes (?) ...] [21]vom Geheimnis des Ursprungs aller Dinge. Wenn ihr vereinigt seid, lebt zusammen mit Hilfe eures Fleisches [... Denn wie der Vers besagt: „Ein Mann sollte verlassen] **Kolumne 4** [1]seinen Vater und seine Mutter [und sich an seine Frau binden, und sie werden ein Fleisch werden" (Gen 2,24).] [2]Er hat dich zum Gebieter über sie gemacht, deshalb [...] [3]Gott gab [ihrem Vater] keine Autorität über sie, Er hat sie getrennt von ihrer Mutter, und dir [gab Er Autorität ... Er ließ deine Frau] [4]und dich ein Fleisch werden. Später wird Er deine Tochter nehmen und sie einem anderen geben, und deine Söhne [...] [5]Du aber lebe zusammen mit der Frau deines Herzens, denn sie ist das Geschlecht von [...] [6]Wer auch immer über sie gebietet außer dir, hat „verschoben die Grenzen" seines Lebens [...] [7]Er hat dich zum Gebieter über sie gemacht, damit sie so lebt, wie du es von ihr verlangst, und keine Gelöbnisse leistet oder Opfer darbringt [...] [8]Kehre ihren Geist nach deinem Willen und jeden bindenden Schwur [...] [9]der die Äußerung aus deinem Mund ungültig macht und verbietet, deinen Willen zu tun [...] [10]deine Lippen Licht aus ihr machen, um deinetwillen tue nicht [...] [11]deine Ehre in deinem Erbe [...] [12]in deinem Erbe, um nicht [...] [13]die Frau deines Herzens und deiner Schmach [...]

Die Sterne, Sinnbilder der „himmlischen Heerscharen", erhalten durch Gott ihre Laufbahnen.

4Q416 Fragment 1 [2][...] und zu bemessen Seinen Willen [...] [3]Zeit um Zeit [...] [4]gemäß ihrer Schar, denn der [Mangel ...] [5]und sein Königreich lernt [gut ...] [6]entsprechend dem Mangel ihrer Schar [...] [7]und die himmlische Heerschar hat Er aufgestellt [...] [8]durch ihre Symbole und Zeichen für [...] [9]eines zum anderen und ihre ganze unermeßliche Zahl [...] Er hat gezählt [...] [10]im Himmel.

In der Endzeit der Geschichte wird Gott die Bösen bestrafen und die Guten belohnen.

Er wird richten das Werk der Gottlosen, aber all jenen, die der Wahrheit angehören, wird Er Gunst erweisen [...] [11]seiner Zeit, und alle, die Gottlosigkeit gewähren ließen, werden sich fürchten und laut schreien, denn der Himmel sieht [...] [12]Wasser und Abgrunde fürchteten sich, und jeder sterbliche Geist wird bloßgelegt, und die Mitglieder des himmlischen Gefolges [...] [13]Er richtet es, und jede schändliche Tat wird zugrunde gehen, und die Zeit der Wahrheit wird vollendet sein [...] [14]in allen Zeiten der Ewigkeit, denn Er ist der Gott der Wahrheit, und seit jeher die Jahre [...] [15]um Gerechtigkeit herzustellen zwischen Gut und Böse [...] [16]es ist die Triebkraft des Fleisches, und er, der versteht [...]

Die Engel im Himmel folgen der Weisheit Gottes nach wie die wahren Schüler.

4Q418 Fragment 55 [3][...] mühsam bahnen wir ihre Wege, wir werden Ruhe haben [4][...], und Wachsamkeit soll in unseren Herzen sein [...] Er wird alle unsere Pfade sicher machen [...] [5][...] wahres Wissen, aber sie suchten nicht [...] und sie wählten nicht [...] Tatsächlich der Gott des Wissens [6][...] für Wahrheit zu errichten all [...] Einsicht hat er jenen zugeteilt, die die Wahrheit erben [7][...] Wachsamkeit in [...] Handlung, wirklich Frieden und Ruhe [8][...] oder hast du nicht gehört, daß die heiligen Engel [...] im Himmel [9][...] Wahrheit, und sie verfolgten alle Ursprünge von Einsicht zurück, und sie waren wachsam hinsichtlich [10][...] ihr Wissen, und jedem wird Ehre zukommen von seinem Mitmenschen, und seine Ehre wird wachsen entsprechend seinem Verstand [11][... sind die Engel] wie Sterbliche, die faul sind? Sind sie wie Menschen, die aufhören zu sein? In der Tat [12][...] erlangen sie ein immerwährendes Erbe. Hast du nicht gesehen [...]

Weitere Darlegung der Bestrafung des Bösen in den Letzten Tagen der Geschichte.

4Q418 Fragment 69 Kolumne 2 [4][...] Und nun, o Törichte des Herzens, was ist Güte ohne [5][... wozu] ist Ruhe gut, wenn nichts geschehen ist? Wozu ist Gerechtigkeit gut, wenn etwas nicht festgelegt ist? Und wie können die Toten stöhnen, wenn [...] [6][...] „Weshalb" wurdest du erschaffen?" und „zur ewigen Vernichtung" ist ihre Erwiderung, denn [...] [7][...] In der Finsternis werden sie wehklagen um deine große Zahl und um das, was geschehen ist in der Welt; aber jene, die nach Wahrheit streben, werden erwachen, um Urteil zu geben [...] [8]sie werden vernichten diejenigen, die törichten Herzens sind, und die Kinder des Bösen werden nicht länger bestehen, und alle jene, die festhalten an der Gottlosigkeit, werden irregeführt [...], [9]wenn du gerecht richtest, werden die Säulen des Himmelsgewölbes erschüttert werden und alle die [himmlischen Heerscharen] werden donnern [...]

Der Schüler darf seines Studiums nicht müde werden; eine ewige Belohnung erwartet ihn.

[10]Aber ihr seid die Auserwählten der Wahrheit, jene, die ernsthaft suchen [...] die Aufmerksamen [11]im Hinblick auf Wissen. Wie könnt ihr sagen: Wir sind der Einsicht überdrüssig, und wir haben gründlich wahres Wissen verfolgt [...] [12]und unermüdlich in all den Jahren der Ewigkeit. Er wird in der Tat Freude haben an der Wahrheit für immer, und Wissen [...] wird mir dienen [...] [13]Himmel, daß ewiges Leben ihre Erbschaft ist. Werden sie wahrhaftig sagen: Wir haben uns abgemüht mit Werken von Wahrheit, wir arbeiteten hart [14]zu jeder Zeit. Ja, sie werden wandeln in ewigem Licht [...] Ruhm und große Ehre [...] [15]im Himmel [...] Ratschluß der göttlichen Wesen alle [...]

Aber du, mein Sohn, bist einer, der versteht [...]

Diese Mahnrede schildert eindringlich die Pflichten der Priesterschaft. Der Schüler wird „abgesondert" vom Leben und Denken der Menschheit. Wie die Leviten empfängt er Gott selbst als Erbe (Num 18,20). Er ist Gott geweiht.

4Q418 Fragment 81 [1]Öffne deine Lippen wie eine Quelle, um die Heiligen zu preisen, und lobsinge mit der ewigen Quelle [...] er hat euch abgesondert von jeglichem [2]fleischlichem Geist; halte dich also fern von allem, was ihm mißfällt, und enthalte dich jeglicher Abscheu vor der Seele, denn Er schuf alles [3]und ließ jedem ein Erbe zuteil werden. Und Er selbst ist „dein Anteil und Erbe" (Num 18,20) mitten unter dem

Menschengeschlecht, und Er machte dich zum Herrscher über Sein Erbe. ⁴Ehre ihn also dadurch, daß du dich ihm weihst, so wie er dich mitten unter die Allerheiligsten gestellt hat [...] in jeder [...] ⁵Er hat dein Los geworfen und deine Ehre größer gemacht und hat dich wie Seinen erstgeborenen Sohn behandelt [...] ⁶Ich will dir meine Güte zuteil werden lassen, und du, ist Seine Güte nicht für dich? Wandle also stets in Seiner Treue [...] ⁷deine Werke und du solltest Seine Vorschriften erstreben von seiten jeder [...]

Die Priesterschaft des Schülers.

⁸Liebe Ihn und in Freundlichkeit und Mitleid gegenüber allen jenen, die Seine Worte halten und hei[ligen ...] ⁹Und er hat dir Wissen eröffnet und dich zum Herrscher über Dein Lagerhaus gemacht und dir die Vollmacht gegeben, dir ein verläßliches Maß zu setzen [...] ¹⁰sind mit dir, und es steht in deiner Macht, den Zorn abzuwenden von jenen, mit denen Gott versöhnt sein möchte und aufzuzählen [...] ¹¹mit dir. Bevor du dein Erbe aus Seiner Hand entgegennimmst, ehre Seine Heiligen, und bevor [...] ¹²Er hat eine [Quelle] aufgetan für alle Seine Heiligen, und alle, die mit Seinem Namen genannt werden, sind heilig [...] ¹³für alle Zeiten sind Seine Herrlichkeit und Seine Schönheit zur ewigen Pflanzung [Seiner Auserwählten ...] ¹⁴[... im Licht] sollen alle jene wandeln, die die Erde erben, denn im Himmel [...] ¹⁵Du bist einer, der versteht, wenn Er dich herrschen ließ über die Fertigkeit Seiner Hände, und wissen [...] ¹⁶Güte gegenüber allen Menschen, die vorübergehen, und von dort aus wirst du dich widmen deiner Nahrung [...] ¹⁷Denke gut darüber nach und füge deinem Studium hinzu alles, was du von deinen Lehrmeistern übermittelt bekommst [...] ¹⁸zeige deine Armut allen, die nach Vergnügen suchen, und dann wirst du errichten [...] ¹⁹wirst du erfüllt sein und zufrieden mit reichlicher Güte und der Fertigkeit deiner Hände [...] ²⁰denn Gott hat eine Erbschaft zugeteilt allem, [was lebt], und alle jene, die weisen Herzens sind, werden Erfolg haben [...]

4Q418 Fragment 88 ¹du wirst alle deine Freuden schaffen [...] ²in deinem Leben wird Er dich eine Vielzahl von Jahren vollenden lassen [...] ³gib acht auf dich, damit du nicht vermischst [...] ⁴du wirst das Böse richten und durch die Stärke deiner Hände [...] ⁵Er wird seine Hand schließen gegen deine Armut [...] ⁶bis zu deiner Fußsohle, denn Gott sucht unter [...] ⁷durch dich, um zu leben, und du wirst versammelt in [...] ⁸und dein Erbe wird erfüllt sein in Wahrheit, und du wirst werden [...]

4Q418 Fragment 102 ²[...] Freude, und gerechte Wahrheit alle seine Werke [...] ³[... du bist einer, der] versteht in Wahrheit von jeder Fertigkeit deiner Hände [...] ⁴[...] deine Bewegung, und dann wird Er suchen dein Vergnügen für alle, die Ihn suchen [...] ⁵[...] verabscheuungswürdige Sünde wird Er vergeben und in der Freude der Wahrheit wirst du [...]

Der Schüler ist wie ein Bauer, der sorgfältig seinen Acker bestellt; er mischt keine unterschiedlichen Früchte, was nach Levitikus verboten ist (Lev 19,19).

4Q418 Fragment 103 Kolumne 2 ²[...] Bauern, bis alle [...] ³[...] lege in deine Körbe und in deine Kornkammern alle [... so daß ein Mensch] ⁴es nicht vergessen kann, von Zeit zu Zeit prüfe sie und schweige nicht [...] ⁵[...] denn alle prüfen zur richtigen Zeit und jeder nach seinem Begehren [...] dein [...] wird sich finden, in der Tat [...] ⁶wie eine

Quelle lebendigen Wassers, das beinhaltet ein [...] deine Armut vermenge nicht [...]
[7]damit sie nicht werde ein Fall von „verbotenen Gemischen" (Lev 19,19) wie der Maul-
esel, und du wirst werden wie ein Gewand [aus einem Baumwoll-Leinen-Gemisch]
oder aus Wolle und Flachs vermischt; beziehungsweise deine Arbeit wäre wie die eines
Bauern, der pflügt [8]mit einem Ochsen, der zusammen mit einem Esel vorgespannt ist;
oder dein Erzeugnis wäre wie einer, der unpassende Gemische sät, dessen Saatgut und
voller Ertrag und Erzeugnis [9][des Weinbergs] heilig sein sollten [...] dein Geld mit deinem Leib und deinem Leben, [alles] zusammen wird zugrunde gehen, und in deinem
Leben wirst du es nicht finden [...]

4Q423 Fragment 2 [1][...] jede Frucht deiner Erträge und jeder köstliche Baum, „der
dazu verlockt, einen weise zu machen" (Gen 3,6), ist es nicht der Garten [...] [2][...], um
einen weise zu machen [dadurch], und er machte dich zum Herrscher über ihn, um ihn
zu bestellen und zu bewahren. [3][...] „das Land wird Dornen und Disteln für dich wachsen lassen" (Gen 3,18) und „es wird dir keinen guten Ertrag abwerfen" (Gen 4,12) [...]
[4][...] wenn du abtrünnig wirst [...] [5][...] gezeugt, und alle Mutterleibe [...] [6][...] in allen
deinen Bedürfnissen, denn es soll alles wachsen [...] [7][...] und wenn du pflanzt [...]

4Q423 Fragment 3 [1][...] vergeblich [seine] Stär[ke ...] [2][... durch das Geheimnis] des
Ursprungs aller Dinge, und so verhalte dich, und [alle deine] Erträge [...] [3][...] und dieses ist das Land, und auf Sein Geheiß hat es empfangen alle [...] [4][... mit] der ersten
Frucht deines Leibes und dem Erstgeborenen [deines gesamten Viehbestandes ...] [5][...]
zu sagen, ich habe geweiht [...]

4Q423 Fragment 4 (1Q26) [1][...] sieh [dich vor, damit] du dich nicht selbst ver-
herrlichst damit und [...] [2][... und du wirst verflucht im Hinblick auf] alle [deine]
Ernteerträge [und schuldig] in allen deinen Taten [...]

*Der Abschnitt für die Landwirtschaftsschüler warnt vor der Beleidigung der gottbestimmten
Autoritäten. Zeile 2 bezieht sich auf das schlechte Beispiels Korachs, der sich gegen Mose auflehnte (Num 16).*

4Q423 Fragment 5 [2]a[...] sieh dich vor, damit nicht [...] [2][...] das Urteil, das über
Korach verhängt wurde, und weil Er dein Ohr geöffnet hat [3][für das Geheimnis des
Ursprungs aller Dinge ... das Ha]upt der Familien [...] und der Führer deines Volkes
[4][...] Er hat das Erbe festgesetzt all jener, die Macht ausüben, und das Ziel jeder Sache,
die getan wird, liegt in Seiner Macht, und Er [hat ...] die Werke [...] [5][... zu richten] sie
alle in Wahrheit, und Er hat Pflichten festgelegt für Väter und Söhne zu [...] mit allen
im Land Geborenen und gesprochen [6][... für] jene, die das Land bestellen, hat Er festgelegt die Sommerfesttage und das Einbringen der Ernte zur richtigen Zeit. Den Wechsel der [7][Jahreszeiten] mußt du verstehen im Hinblick auf deine Ernten und klug sein
in deiner Arbeit [...] das Gute mit dem Bösen [...] [8][... es gibt keine] Einsicht mit dem
Törichten [...] solchermaßen der Mann [9][...] alle [...] werden sagen [...] die Fülle seiner
Einsicht [10][... das Geheimnis des Ursprungs] aller Dinge mit allen [...] ohne [11][...]

Gott hat Gut und Böse bereits vor der Schöpfung getrennt.

4Q418 Fragment 126 Kolumne 2 [1][...] nicht ein einziger aus ihrer ganzen Schar soll
fehlen [...] [2][...] in Wahrheit von allen Lagerhäusern der Menschen [...] [3][...] Wahrheit,

und Er hat bemessen das entsprechende Gewicht für alle [...] ⁴Er unterschied sie in Wahrheit, Er machte sie, und nach ihren Bedürfnissen forscht Er [...] ⁵der geheime Ort aller Dinge, und wahrhaftig ist nichts geschehen ohne Seinen Willen und [...] ⁶Gericht, um Rache zu üben an Missetätern, und die Strafe [...] ⁷einzuschließen die Gottlosen und Gunst zu erweisen den Schwachen [... ⁸durch ewigen Ruhm und immerwährenden Frieden und den Geist des Lebens zu trennen [...] ⁹alle die Kinder des Lebens und in Gottes Stärke und der Fülle Seiner Herrlichkeit mit Seiner Güte [...] ¹⁰und von Seiner Treue werden sie sprechen den ganzen Tag, sie werden ohne Unterlaß Seinen Namen preisen [...]

Der Lernende gehört zu jenen, die zu Gottes Wohlgefallen vorherbestimmt sind.

¹¹Und du sollst wandeln in Wahrheit mit all jenen, die [Ihn suchen ...] ¹²und durch dich Sein Lagerhaus, und aus deinem Korb (?) wird Er suchen seine Freude, und du [...] ¹³und wenn Seine Hand nicht genügt für deinen Mangel und den Mangel Deines Lagerhauses [...] ¹⁴[...] und Gott wird es einrichten zu Seiner Freude, denn Gott [...] ¹⁵[...] deine Hand für das, was bleibt, und es wird bersten von [...]

Ein grausames Schicksal wartet auf jene, die Gott ablehnen.

4Q418 Fragment 127 ¹[...] deine Quelle und deinen Mangel wirst du nicht finden; und dein Geist wird schwach werden bis zum Tod, jeglicher Rechtschaffenheit beraubt [...] ²[...] den ganzen Tag, und dein Geist wird sich sehnen, ihre Pforten zu betreten, und du wirst begraben und bedecken [...] ³[...] deinen Leichnam, und du wirst zum Fraß werden zwischen den Zähnen von wilden Tieren, und du wirst verzehrt werden von Seuchen (s. Dtn 32,24) vor [...] ⁴[... jene, die suchen nach dem, was sie] begehren, du hast gelastet auf ihnen in ihrem Leben, und du auch [...] ⁵[...] zu dir, denn Gott hat alles, was immer Er wollte, in Freundlichkeit getan und sie aufgeteilt in der Wahrheit [...] ⁶[...] Er wog ihren Leumund auf der Waage der Gerechtigkeit und in der Wahrheit [...]

Bedeutung der Priester innerhalb der Pläne Gottes.

4Q419 Fragment 1 [...] ¹was du tun solltest gemäß all den Entscheidungen [...] ²zu euch durch Mose, und das sollte getan werden [...] ³durch seine Priester, denn sie stehen treu zum Bund [...] ⁴er wird wissen lassen, was Sein ist und was [gut ist ...] ⁵Er wählte die Nachkommenschaft Aarons, zu [...] ⁶Seine Wege und als Opfer zu bringen das wohlschmeckende [...] ⁷und Er gab sie [...] Seinem ganzen Volk ⁸und Er befahl [...] ⁹der Thron, erhöht in Herrlichkeit [...] ¹⁰Er lebt in Ewigkeit, und Sein Ruhm ist immerwährend [...] ¹¹sollt ihr voll Eifer erstreben, die schmutzigen Scheußlichkeiten jedoch [...] ¹²hast du geliebt, und sie fanden Gefallen an all den [Wegen ...]

Verhalten, das von einem Schüler erwartet wird, der ein neues Mitglied der Jahad geworden ist.

4Q421 Fragment 1 Kolumne 2 ¹⁰[...] der verständige und einsichtige Mensch soll bescheiden sein und sich fügen [...] er wird Tadel erdulden ¹²vom Lehrmeister, jeder [...] zu wandeln auf den Wegen Gottes, ¹³Gerechtigkeit zu üben.

4Q420 Fragment 1 Kolumne 2 ¹[...] er wird nicht antworten, bevor er hört ²[und er wird nicht] sprechen, [bevor er versteht.] Mit Geduld wird er antworten und [demütig] ³wird er sich ausdrücken [... er wird trachte]n nach Wahrheit und Gerechtigkeit, auf der Suche nach Gerechtigkeit ⁴wird er [ihre] Wurzeln finden [...] und sein Sinn ist demütig und ergeben. Er wird nicht zurückweichen [...] ⁵[...] treu. Er wird nicht abirren von den Wegen der Gerechtigkeit [...] ⁶[...] sein Rücken und seine Hände sollen arbeiten für Gerechtigkeit; er ist erlöst [...] ⁷durch Einsicht alle [... soll er entfernen] seine Unreinheiten. Die Grenzen [...] ⁸[...] gerechte Werke [...]

– E. M. C.

99. Taufhymne

4Q414

Das vorliegende Werk diente offensichtlich dazu, ein Tauf- oder Reinheitsritual zu begleiten. Die Erwähnung der *Jahad* kennzeichnet es als sektiererischen Text, der wohl während der rituellen Reinigungszeremonien gesprochen wurde, die im *Grundgesetz einer Sektengemeinschaft* (Text 5, 3,4–9; 4,21; 5,13b–14) beschrieben sind. Die kennzeichnende Formel der *Taufliturgie* „und Er soll als Antwort sagen: ,Gelobt seist Du ...'" (Zeile 1 von Fragment 2, Kolumne 1), stellt eine deutliche Verbindung zwischen diesem Werk und anderen Reinigungstexten unter den Rollen her, z. B. zu *Gesetze über die Reinigung* (Text 57) und *Ritual der Reinigung* (Text 121).

Fragment 2 Kolumne 1 ¹[... Und er soll] sagen als [Antwort]sagen: „Gelobt ²[seist Du, ...] Der Unreine für die Feste von ³[...] Deine [...] und für uns zu sühnen ⁴[... um] rein zu sein vor dir ⁵[...] in jeder Angelegenheit ⁶[...] sich zu reinigen, bevor ⁷[...]. Du machtest uns [...]

Fragmente 2+3 Kolumne 2 ¹Und du sollst [ihn] reini[gen für Deine heiligen Vorschriften ...] ²für den ersten, [den dritten und den sechsten ...] ³in der Wahrheit Deines Bundes [...] ⁴sich zu reinigen von Unreinheit [...] ⁵und dann soll er ins Wasser gehen [...] ⁶Und er soll als Antwort sagen: „Gelobt seist D[u ...] ⁷denn von dem, was aus deinem Mund kommt [...] ⁸Männer der Unreinheit [...]

Fragment 10 ¹S[ee]le [...] ²er ist [...] ³für Dich als ein rei[nes] Volk [...] ⁴Und auch ich [...] ⁵am Tag, an dem [...] ⁶zur Zeit der Reinheit [...] ⁷die *Jahad*. [...] ⁸in Israels reiner Speise [...] ⁹[und] sie sollen wohnen [...] ¹⁰Und es wird geschehen an [jenem] Tag [...] ¹¹eine Frau, und sie wird danken [...]

Fragment 12 ¹Denn Du machtest mich [...] ²Dein Wille ist, daß wir uns reinigen vo[r ...] ³und er errichtete für sich selbst ein Gesetz zur Versöhnung [...] ⁴und in ger[echter] Reinheit zu sein, ⁵und er soll in Wasser ba[d]en und sprengen üb[er ...] ⁶[...] Und dann kehren sie vom W[asser ...] zurück ⁷reinigen Sein Volk in den Wassern des Bades [...] ⁸zweites Mal über seinen Platz. Und er soll als An[twort sagen: „Gelobt seist Du, ...] ⁹[...] Deine Reinigung in Deiner Herrlichkeit [...] ¹⁰[...] ewig. Und heute [...]

– M. G. A.

100. KOMMENTAR ZU GENESIS UND EXODUS

4Q422

Der *Kommentar zu Genesis und Exodus* ist ein weiteres Beispiel der weitverbreiteten Methode der Bibelauslegung innerhalb des Judentums zur Zeit des zweiten Tempels (zumindest in bestimmten Kreisen): Die „überarbeitete Bibel". Diese Gattung von Schriften zeigt eine große Bandbreite, je nachdem, wie frei die Bibel umschrieben wird. Weitere Beispiele von Bibelauslegungen finden sich in den Texten 2, 11, 14, 20, 22, 41, 42, 43, 49, 80, 90 und 149. Der Umfang dieser Liste zeigt, wie wichtig diese Art von Schriften war.

Gen 1–4: Die Schöpfung und die Auflehnung der Menschheit.

Kolumne 1 (Fragment 1) 6[...] Er machte [Himmel und Erde und all] ihre [H]eerscharen durch [Sein] Wort [...] 7[... Und er ruhte am siebten Tag, nachdem er sein ganzes Werk] vollbracht hatte, und [Sein] heiliger Geist [...] 8[...und Er machte jedes lebendige] Tier und Kriechtier [...] 9[...] Sie übten ihre Herrschaft aus, um die Früch[te der Erde...] zu essen 10[...] nicht zu essen vom Baum der Er[kenntnis von Gut und Böse...] 11[...] er erhob sich gegen Ihn und sie vergaßen [Seine Gebote...] 12[...] mit einem Hang zum Bösen, und für Tat[en der Ungerechtigkeit...] 13[...] Friede [...]

Genesis 6–9: Die Flut.

Kolumne 2 (Fragmente 2–6) 1[...und Gott sah, daß] große und [...die Bosheit der Menschen auf der Erde] 2[...] 2a[...gerecht in] seiner Generation au[f der Erde...] zu einem Tier [...] 3[...] sie wurden erlöst auf [...au]f der Erde, denn [...] 4[...um Noach zu erretten] und seine Söhne, [seine] F[rau und die Frauen seiner Söhne von] den Wassern der Flut und von [...] 5und der, der t[ut...und] Gott schloß hinter ihnen zu [...] und [Go]tt stellte [...] 6wen G[ott] erwählte [...] die Fenster des Himm[els] öff[n]eten sich [...] auf der Erde 7unter dem Himmel [...daß das Wasser auf die Er[de] komme [...vierzig] Tage und vier[zig] 8Nächte war der [Regen] au[f der Erde ... das Wass]er herr[schte] auf [der Erde ...] um 9zu kennen den Ruhm des Aller[höchsten...]. Er brachte [das Zeichen des Bundes] vor Ihn 10und es erhellte [den] Him[mel ... die Er]de und [...] ein Zeichen für die Genera[tionen] 11auf Ewigkeit, [... und nie wieder] soll eine Flut [kommen und die Erde verderben ...] 12die [Zei]ten des Tages und der Nacht [sollen nicht aufhören ... au]f der Er[de...] und im Himmel 13[die Erde und] ihre [Fü]lle [...] Er gab [all]es [...]

Exodus 1–11: Die ägyptischen Plagen.

Fragment 10 1[...] und nicht [...] 2die [z]wei Hebamm[en...und sie warfen] 3ihre [Sö]hne in den Nil [...i]hnen, 4[und] Er schickte Mo[se] zu ihnen [...] in der Vision [...] 5durch Zeichen und Wunder [...] 6und er schickte sie zum Pharao [...] Plagen [...] Wunder für die Ägypter [...] und sie überbrachten Sein Wort 7dem Pharao, um [ihr Volk] ziehen zu lassen, [aber] Er verhärtete sein Herz [zur] Sünde, damit das V[olk Israels] es durch die Gener[ationen] wissen werde. Dann verwandelte Er ihr [Wasser] in Blut. [8]Die Frösche waren in [ihrem] ganzen Land, und Stechmücken waren innerhalb all [ihrer] Grenzen, Fliegenschwärme waren [in] ihren [Hä]usern, und [sie kamen üb]er all ihre [...] Und Er brachte eine Seuche [über all] [9]ihr Vieh und ihre Herden. Er übergab sie dem [To]d. Er bestellte Fin]sternis über ihr Land und Düsterheit [in] ihre [Häuser], so daß man einander nicht sehen konnte. [Und er suchte heim] [10]ihr Land mit Hagel und [ihren] Boden mit Kälte, um zu [zerstören al]le Früchte, die sie aß[en]. Dann ließ Er die Heuschrecken kommen, um die Oberfläche des ganzen L[andes] zu bedecken, ein großes Verschlingen innerhalb all ihrer Grenzen, [11]so daß sie alle grünen Pflanzen in [ihrem] L[and] auffraßen [...] Und Gott v[erhärtete] das Herz des [Pharao], damit er [sie] nicht [ziehen l]assen würde und damit Er die Wunder mehren könnte. [12][Und Er erschlug die Erstgeborenen,] den Anfang a[ll ihrer Stärke ...]

– M. G. A.

101. Sprichwörter-Sammlung

4Q424

Anders als die sicherlich überhöhten Ermahnungen des *Buchs der Geheimnisse* (Text 12) und des *Geheimnisses des Ursprungs aller Dinge* (Text 98) bewegt sich dieser Weisheitstext in der Tradition des schlichten Menschenverstandes, die das biblische Buch der Sprichwörter kennzeichnet. Nach dem, was erhaltengeblieben ist, scheint es eine einfache Sammlung zu sein, die nicht in eine „Lehre" gepreßt wurde wie die anderen Weisheitsschriften unter den Rollen. Nichts an diesem Werk ist offensichtlich sektiererisch.

Das erste bruchstückhaft überlieferte Sprichwort erinnert an Jesu Beschreibung des unvernünftigen Mannes, der sein Haus auf Sand baute, so daß es während eines Wolkenbruchs einstürzte und völlig zerstört wurde (Mt 7,27).

Fragment 1 [2][...] mit dem Kelter [...] [3][...] wenn er sich dafür entscheidet, eine Trennwand zu bauen, verputzt er seine Wand mit Mörtel. Auch er [...] [4]es wird während eines Regengusses auseinanderbrechen.

Lebensregeln, die Weisheit mit bestimmten menschlichen Charakteren zu verbinden.

Akzeptiere nicht die gerichtliche Entscheidung eines Betrügers und [5]gehe nicht mit einem launenhaften Mann durch eine heftige Feuerprobe, denn er wird schmelzen wie Blei und wird den Flammen nicht widerstehen.

[6]Übertrage keine wichtige Aufgabe einem Faulpelz, denn er wird auf deine Anweisung hin nicht hart arbeiten; schicke ihn nicht fort, um etwas zu holen, [7]denn er wird keinen deiner Pläne ausführen.

[Glaube] keinem Nörgler [...] [8]um Geld für deine Bedürfnisse zu erhalten. Glaube keinem Mann, der für falsche Rede bekannt ist [...] [9]deine Äußerungen wird er sicherlich durch seine Rede verdrehen, denn er hat kein Vergnügen an der Wahrheit. [...] [10]bei der Frucht seiner Lippen.

Gib keinem Geizhals Verantwortung für Geld; [gib auch kein Vermögen aus,] [11]er würde dein Fleisch abwiegen für deine Bedürfnisse [...] jene, die bleiben [...] [12]und in der Zeit der Ernte wird der ungeweihte Mann ungeduldig sein [...] [13]Narren, denn er wird sie sicherlich zerstören. Ein Mann [...]

Fragment 3 [...] [1]er tut seine Arbeit nicht mit Maß.

Wer ein Urteil fällt ohne nachzuforschen oder wer glaubt, bevor [er die Beweise geprüft hat,] [2]der sollte keine Macht erhalten über jene, die nach wahrer Erkenntnis streben, denn er wird ihren Fall nicht verstehen und die Unschuldigen freisprechen und [die Schuldigen] verurteilen. [3]So kann auch er leicht ein Gegenstand des Spottes werden.

Sende keinen Mann mit Schleier vor den Augen, um die Aufrechten zu bemerken, denn [...]

[4]Sende keinen Schwerhörigen, nach Gerechtigkeit zu suchen, denn er wird die Auseinandersetzung zwischen Männern nicht abwägen, wie es sich gehört, wie einer, der [Saat] im Wind verstreut, [5]die noch nicht gereinigt wurde. Das trifft auch zu, wenn einer zu einem Ohr spricht, das nicht hört, oder einem eine Geschichte erzählt, dessen Geist fest eingeschlafen ist [...]

[6]Beauftrage keinen Dummkopf mit einer Aufgabe, die tiefe Gedanken erforderlich macht, denn die Fähigkeiten seines Verstandes sind verborgen, und er lenkt nicht [seinen Geist, und] [7]er kann nicht Gebrauch machen von der Geschicklichkeit seiner Hände.

Der Text bewegt sich von negativen Beispielen der Dummheit hin zu positiven Eigenschaften des Weisen und Rechtschaffenen.

Ein Mann mit Einsicht wird Ve[rstehen] erlangen, ein Mann des Wissens kann Weisheit erkennen [...] [8]Ein ehrlicher Mann wird Gefallen an einem guten Urteil finden. Ein Mann von [...] ein starker Mann wird eifern nach [...] [9]er streitet mit jenen, die die Grenzen verändern wollen [...] Gerechtigkeit für die Armen von [...] [10][...] Sorge um jene, die kein Geld haben, die Kinder der Gerechten [...] [11][...] in allem Geld von [...]

– E. M. C.

102. Lobhymnen auf die Gnade Gottes

4Q434, 4Q436, 4Q437, 4Q439

Anders als die *Königspsalmen* (Text 89) sind alle diese Hymnen dem Lobpreis der Güte Gottes gewidmet, wie sie sich den Gerechten in Israel offenbart. Diese Gruppe schließt keine Psalmen der persönlichen und allgemeinen Klage ein. Wie in den *Königspsalmen* sind die *Lobhymnen* auf die Gnade Gottes hervorragende Nachahmungen biblischer Psalmen. Sie übernehmen wie diese gelegentlich wörtliche Zitate aus den Büchern des Alten Testaments.

Diese Lobeshymnen geben keinen genauen Hinweis auf ihre Abfassungszeit. Die Herausgeber dieser Sammlung nennen sie auf hebräisch Barki Nafschi, was „Lobe, o meine Seele ..." bedeutet, eine Wendung, die oft in den Gedichten auftaucht.

Der erste Hymnus lobt Gott für die Errettung Israels in der Zukunft, also nicht für das, was er bereits in der Vergangenheit getan hat. Der Kernpunkt ist Jerusalem; ein weiteres Beispiel für die „Lieder Zions" (s. den ersten Psalm in Text 89, Königspsalmen).

4Q434 Fragment 1 Kolumne 1 [1][...] damit die arme Frau getröstet werde in ihrer Trauer [...] [2]die Völker bis zur Vernichtung, und die Nationen werden ausgerottet und die Frevler [...] werden erneuern [3]die Tätigkeit des Himmels und Erde, und sie werden frohlocken, und Sein Ruhm erfüllt [die ganze Erde ...] ihre [Sünde] [4]wird Er vergeben und sie trösten mit überreicher Güte [...] und essen [5]ihre Früchte und ihre Güte.

[6]Wie einer, dessen Mutter ihn tröstet, so wird Er sie trösten in Jerusalem (Jes 66,13) [und Er wird sich freuen wie ein Bräutigam] über seine Braut. [7]Seine [Gegenwart] wird für immer auf ihm ruhen, denn Sein Thron wird immer und ewig währen, und Sein Ruhm [...] und all die Völker [8][...] zu Ihm, und die Scharen [des Himmels] werden darin sein und ihr Land erfreuen [9][...] für Schönheit [...] ich will loben den [10][Herrn ...] Gelobt sei der Name des Allerhöchsten [...] [11][...] Lobe, [o meine Seele ... Du hast] Deine Gnaden mir [erteilt] [12][...] Du hast es auf dem Gesetz errichtet [13][...] das Buch Deiner Satzungen [...]

Dieser zweite Hymnus rühmt Gott für seine Güte gegenüber den Gerechten Israels.

Kolumne 2 [1]Lobe, o meine Seele, den HERRN für alle Seine wunderbaren Taten für immer und gelobt sei Sein Name, „denn Er hat das Leben der Armen gerettet" (Jer 20,13), und die [2]Demütigen hat Er nicht zurückgewiesen, und Er hat die Bedürftigen in Not nicht übersehen. Seine Augen ruhten auf den Schwachen, und Er schenkte dem Hilferuf der Waisen Seine Aufmerksamkeit. Er hat Seine Ohren geneigt zu ihrem [3]Schrei, und wegen Seiner überreichen Gnaden hat Er den Sanftmütigen Seine Gunst erwiesen. Er hat ihre Augen geöffnet, damit sie Seine Wege sehen und ihre Ohren, damit sie hören [4]Seine Lehre. „Er hat die Vorhaut ihrer Herzen beschnitten" (Dtn 10,16) und sie um Seiner Freundlichkeit willen gerettet. Er hat ihre Füße auf den rechten Weg gelenkt und hat sie in ihrer großen Not nicht verlassen. [5]Er hat sie nicht der Macht grausamer Tyrannen überlassen noch sie gemeinsam mit den Frevlern gerichtet noch seinen Zorn gegen sie erhoben noch sie alle zerstört [6]in Seinem Zorn. Sein wütender Zorn hat sich nicht gegen alle entflammt, und Er hat sie nicht gerichtet im Feuer Seines Eifers. [7]Nein, Er hat sie nach der Fülle seiner Gnaden gerichtet, ihnen schlimme Urteile nur zugeteilt, um sie zu prüfen, damit Er Seine Gnaden vergrößerte [... aus der Macht von] [8]Sterblichen hat Er sie errettet, und Er hat sie nicht gerichtet nach der Masse der Heiden. Er hat sie nicht [verlassen] unter den Nationen und sie versteckt in [...] [9]„Er macht dunkle Orte vor ihnen zu Licht, und Er machte unebene Orte gerade" (Jes 42,16). Er offenbarte ihnen Gesetze des Friedens und der Wahrheit, [10][Er wog] ihren Atem mit einem Maß, Er unterteilte ihre Worte nach ihrem richtigen Gewicht und ließ sie singen wie Flöten, Er gab ihnen einen anderen Sinn, damit sie [auf den Wegen des Friedens] gehen konnten. [11]Er brachte sie auch nahe zum Weg Seines Herzens, denn sie hatten den Atem ihres Lebens gefährdet. So wob er eine schützende Hecke um sie und befahl, daß keine Plage [sie schlagen] sollte. [12]„Seine Engel umlagerten sie" (Ps 34,8), um sie zu beschützen, damit [Belial] sie nicht angriff [in Gestalt] [13]ihrer Feinde. [Das Feuer] seines Zorns brannte [...] Seine Wut [...] in ihnen [...] [14][...] **Kolumne 3** [1]in ihrer Not und [Elend], und Du errettetest sie aus jeder Gefahr. [Wunder] [2]hast Du für sie getan, während die Menschheit zusieht, und Du errettetest sie um Deinetwillen [...] [3]damit sie ihre Sünden und die Sünden ihrer Vorväter prüfen und für sie sühnen [...] [4]durch Deine Gesetze und auf dem Weg, den Du hast [...]

Dieses Fragment gehörte zu einem Psalm, der Gottes Güte Israel gegenüber in historisch-biblischen Wendungen besingt.

Fragment 3 Kolumne 2 [2][... Er verlegte] ihre Behausungen von dort in die Wildnis zu einem „Tor der Hoffnung" (Hos 2,17), und „Er schloß einen Bund" um ihres Wohlergehens willen „mit den Vögeln [3]des Himmels und den Tieren des Feldes" (Hos 2,20). Er machte ihre Feinde zu Mist und Staub und zerrieb Edom und Moab zu Pulver.

Während der zweite Hymnus Gott für seine Gnade dankt, die er dem ganzen Volk Israel erwiesen hat, beschreibt der folgende Hymnus seine Gnade gegenüber dem einzelnen Frommen.

4Q436 Fragment 1 Kolumne 1 [1].... verstehen, das „reuevolle Herz" zu stärken (Ps 51,19), ihm ewige Erlösung zu geben, die Schwachen in ihrer Zeit des Elends zu trösten, die Hände der Zerstörten auszurüsten, [2]damit sie Werkzeuge der Erkenntnis machen, um den Weisen wahre Erkenntnis zu geben, daß der Ehrliche besser lernt zu verstehen [3]Deine großen Taten, die Du getan hast in Jahren von alters her und durch jede Generation.

Eine ewige Erkenntnis, die [...] [4][...] vor mir. Du befolgtest Deine Gesetze vor mir, und Deinen Bund hast Du für mich bestätigt. Du stärktest das Herz [...] [5][...] auf Deinen Wegen zu gehen, hast Du meinem Herzen befohlen und meinen Sinn geübt, Deine Regeln nicht zu vergessen [...] [6][...] Du hast [...] Dein Gesetz, und Du hast meinen Sinn geöffnet und stärktest mich, Deinem Weg zu folgen. [7][...] und Du hast meinen Mund zum brennenden Schwert gemacht, meine Zunge hast Du entbunden, um heilige Worte zu sprechen, und Du legtest [8][auf meine Lippen] eine Kette, damit sie nicht plappern mögen von den Taten jener Männer, deren Äußerungen verdorben sind. Meine Füße hast Du gestärkt [9][...] durch Deine Macht hast Du meine rechte Hand gehalten, und Du hast mich gesandt [...] gegen Böses [...] [10][... unreine Gedanken] hast Du ferngehalten von mir und dafür ein reines Herz an ihre Stelle gesetzt. Du hast den bösen Drang von mir ferngehalten, [...] **Kolumne 2** [1][und einen heiligen Geist] hast Du in mein Herz gelegt. Du hast die lüsternen Augen von mir genommen und starrtest [...] [2][...] Du hast Eigensinn von mir genommen und ihn durch Demut ersetzt. So, wie Du Feindseligkeit genommen hast [von mir und mir gegeben hast] [3][einen Geist der] Geduld. Du hast mich Hochmut und Stolz vergessen lassen [...]

Persönlicher Lobeshymnus, der die von Gott gewirkte Errettung in Zeiten der Not in Erinnerung ruft.

4Q437 Fragment 1 ¹[Lobe] den HERRN, o meine Seele, für all die wunderbaren [Werke ...] ²[und die Demütigen hat Er nicht] verachtet und auch nicht vergessen das Elend [der Schwachen ...]

Fragment 2 Kolumne 1 ¹[...] von der Gesellschaft jener, die suchen [...] ²[... ein Netz,] das sie ausgelegt haben, um mich zu fangen und verfolgten [meine Seele ...] ³[... „möge" ihr [Schwert] in ihr eigenes Herz [dringen] und mögen ihre Bögen zerbrechen" (Ps 37,15) [...] ⁴[für all] das will ich Deinen Namen loben mein Leben lang, denn Du hast mich errettet von [...] ⁵[...] und Deine Freundlichkeiten sind ein Schild um mich, und Du schütztest mein Leben unter den Völkern [...] ⁶[...] Du hast meine Widersacher verwirrt. Ich vergaß Deine Gesetze nicht, als meine Seele gequält war. ⁷In Deiner Freundlichkeit hast du dich nicht von mir abgewendet; Du hast mit Erbarmen auf all mein Leiden herabgeblickt. Meine Sünden ⁸[...] umhüllt meinen Geist. Als ich im Elend war, hörtest Du meine Stimme. „In Deinem Zittern [verbargst] Du [mich] ⁹[...] mich, Du machtest mich zu einem glatten Pfeil" (Jes 49,2). Du verbargst mich im Schutz Deiner Handflächen und [...] ¹⁰[vom Fluß] errettetest Du mich vor dem Ertrinken, vor dem [Versinken in] einem Strom von Völkern [...] ¹¹Du hobst mich heraus aus dem Grab [...] Du gabst mir neues Leben [...] ¹²[...], und Du tröstetest mich durch eine Nachkommenschaft von Rechtschaffenheit. Du [wirst mich richten] durch eine Schnur, Du hast gemacht [...] Freude ¹³[...] Leben mit seinem Geist.

Ich will den HERRN loben mit [meiner ganzen Seele]. ¹⁴[...] HERR, ich erinnere mich an Dich. Du bist die Stütze meines Herzens, meine Hoffnung ¹⁵[richtet sich auf Deine Errettung ... Deine Gebote] rufe ich in Erinnerung, daß mein Herz in Dir jubeln möge. Du hast mir gegeben [Sieg und im] Durst ¹⁶[mir Wasser gegeben ...] Ich spreche immer von Deinen großen Taten: „Ich denke an Dich auf [meinem Bett] während der Wache [des Nachts" (Ps 63,6) ...]

Das letzte Fragment dürfte eher eine Klage sein. (Der Verfasser scheint sich in einer Notlage befunden zu haben). Vielleicht gehört es nicht zur vorliegenden Sammlung der Lobhymnen.

4Q439 Fragment 1 ¹[...] zu versammeln die [Gerechten] mit mir und eine Straße zu bauen ²[...] in Deinen Bund jene, die mir am nächsten sind, und die ganze Vielzahl von ³[...] erbt mein Erbe. Daher wurde mein Auge zu einer Wasserquelle ⁴[...] Disziplin, und jene, die hinter ihnen stehen, daß ⁵[...] und nun wurde meine ganze Stadt zu Dornengestrüpp ⁶[...] all meine Richter werden gefunden [...] ⁷[...] meine Gerechten wurden zu Toren [...] ⁸[...] Verräter [...]

– E. M. C.

103. Meditation über den vierten Schöpfungstag

4Q440

Diese Fragmente dürften sich einmal ganz am Ende eines dichterischen Werks befunden haben, das Ähnlichkeit mit den *Lobliedern* (Text 3) hat. Das Werk beginnt mit einer Betrachtung des vierten Schöpfungstages, unter besonderem Hinweis auf Genesis 1,16–18: „Gott schuf die beiden großen Lichter – das hellere Licht, um über den Tag zu herrschen, und das weniger helle, um über die Nacht zu herrschen – und die Sterne. Gott setzte sie in das Himmelsgewölbe, um die Erde zu beleuchten, um über den Tag zu herrschen und über die Nacht, und um das Licht von der Finsternis zu trennen“. Der Autor stellte sich offenbar ein gewisses Schema vor, wonach Licht und Finsternis als „Teile“ beschrieben wurden und jeder Teil über bestimmte „Zeiträume“ hinweg herrschte. Leider ermöglichen die bruchstückhaften Überreste kein tieferes Verständnis dieser faszinierenden Vorstellung, die deutlich mit astronomischen und kalendarischen Belangen verknüpft zu sein scheint, wie sie in vielen anderen Qumran-Rollen vorkommen. Schließlich wendet sich der Verfasser einem Lobpreis Gottes zu, in dessen Verlauf er Gottes „Geheimnisse“ – vermutlich eine Anspielung auf die Schöpfung – und den Sabbat erwähnt, nämlich den siebten Schöpfungstag, an dem Gott ruhte.

Fragment 1 [1][... Am] vierten [Tag] öffnetest Du ein helles Licht im König[reich ...] [2][... n]eunundvierzig Teile Licht, sieben [...] [3][...] für die drei Zeiträume der Finsternis. Sie kehrten wieder [...] [4][...] für alle Tage seiner Herrschaft. [...] [5][...] aufzuleuchten sie[benfach ...]

Fragment 3 Kolumne 1 [16][...] und zu verkünden die frohen Botschaften des ew[ig]en Friedens. [18][... für jed]en Geist, und Deine Einsicht für jeden [19][...] Deine [H]errlichkeit jedem lebendigen Wesen [20][...] Du bist mein Gott, der Gerechte unter allen [21][...] wir alle bei unserer Schöpfung. Gewiß [22][...] und Du errichtetest Deine Güte [23][... die Gerecht]igkeit Deiner furchteinflößenden Geheimnisse [24][...] der Sabbat ist Dein Ruhm. [Du] bist gepriesen, [25][mein Gott, ...] und bis zu den letzten Jahren wirst [Du] nicht ...

– M. O. W.

104. Dankhymnen

4Q443

Das Buch Exodus 15,2 verkündet: „Meine Stärke und mein Lied ist der HERR.“ Das hebräische Wort für „Lied“, das auch anderswo in der Bibel vorkommt (Jesaja 12,2; 51,3; Psalm 118,14), taucht unter den Schriftrollen nur in diesem Text sowie in einem kleinen Fragment der *Lieder zum Sabbatopfer* (Text 95) auf.

Zwei weitere bemerkenswerte Dinge an diesen fragmentarischen *Dankhymnen* sind festzuhalten. Zunächst hat der Schreiber den Namen Gottes (*Jahwe*) in Zeile 5 von Fragment 1 durch Punkte gekennzeichnet statt mit Buchstaben geschrieben. Damit trug er der Heiligkeit des „unaussprechlichen Namens" Rechnung. Diese besondere Schreibweise – eine andere bemerkenswerte Stelle ist 1QS 8,14 – findet sich sehr selten in den Schriftrollen. Sie zeigt eine große Bandbreite der Methoden, mit dem Gottesnamen umzugehen. Sodann nennt der Verfasser in Zeile 8 von Fragment 1 die Gemeinschaft „Söhne meines Rats". Vermutlich ist daher die Hymne eher den sektiererischen als den nichtsektiererischen Schriftrollen zurechnen.

Fragment 1 [2][...] Loblied [...] [3][...] [4][... übe]r dich [meine] Jugend [...] [5][... der HE]RR mein Gott ist h[eilig ...] [6]... Du machtest] mich [groß,] so daß wir zusamm[en]stehen können [...] [7][...] und Gewalt, Du bist der H[ERR ...] [8][...] und von den Söhnen meines Rats [...] [9][...] Dein [...] und die Frucht über [...] [10][...] denn Deinen Worten [...] [11][...] zu regieren, und er wird zerstör[en ...] [12][...] Dein [H]eil und in Gerechtig[keit ...] [13][...] und [sein] Mund war geöffnet [...] [14][...] treulos [...] [15][...] Strafe [b]ringen, denn [...] [16][...] und [er] soll Frucht tragen [...] [17][... Ja]kob und [...]

Fragment 2 [2][...] Du warst nicht erfreut und [...] [3][...] und für immer und ewig. [...] [4][... alles, da]s in meinem Mund ist, wirst Du nicht der Prüfung unterziehen [...] [5][...] das Gese]tz Deines Mundes, und Du zeigst mir [...] [6][...] Du läßt mich vor Gericht stehen [...] [7][...] er soll für mich kämpfen, und seine Zeugen werden gegen (?) [mich] aussagen [...] [8][...] zu Dir, ich habe alles verstanden [...] [9][...] und es gibt keinen.

– M. G. A.

105. Gedanken eines Weisen

4Q444

Dieses Fragment ist der kleine Rest eines dichterischen Werks, in der Form einer Darlegung eines Weisen, der sich selbst als Sprecher Gottes betrachtet. Er beschreibt geistige Kriegsführung, in der er selbst, befähigt durch Gottes heiligen Geist, die Wahrheit spricht, während andere sich aufgrund des Einflusses böser Geister streiten. In Zeile 7 scheint der Verfasser die Herrschaft Belials, d.h. Satans, zu erwähnen, die in anderen Schriftrollentexten vom Toten Meer ausführlicher beschrieben wird.

Fragment 1 Kolumne 1 [1]Und ich unter jenen, die Gott fürchten, der seinen Mund öffnet, unterstützt von Seiner wahren Erkenntnis und [...] befähigt durch Seinen heiligen Geist. [...] [2]Wahrheit für alle [dies]e, und sie wurden zu zänkischen Geistern. Durch die Form der Gesetze [und ...] [3][...] des Fleisches. Gott hat einen Geist der Erkenntnis und des Verstehens, der Wahrheit und der Rechtschaffenheit gelegt in das Her[z von ...] [4][...] Sei stark in den Gesetzen Gottes, um böse Geister zu schlagen und um nicht [zu ...] [5][...] ein Schiff. Verflucht sei [6][...] Wahrheit und Gerechtigkeit [7][...]

bis die Herrschaft vollendet ist. [8][...Ba]starde und der unreine Geist [9][...] und der Dieb [...] [10][... die Ge]rechten, gemeinsam mit [...] [11][...] und Greu[el].

– M. O. W.

106. Lobrede auf König Jonatan

4Q448

Bei der *Lobrede auf König Jonatan* handelt es sich um eine Dichtung, deren Bedeutung weitaus größer ist, als es ihr Umfang vermuten lassen würde. Dieser kurze und bruchstückhafte Text ist nämlich Dreh- und Angelpunkt in der Frage nach dem Ursprung der Schriftrollen vom Toten Meer. Da das Werk offensichtlich König Alexander Jannäus, (103–76 v. Chr.), einen Hasmonäer, preist, verursacht allein seine Existenz dem am häufigsten vertretenen Deutungsmodell erhebliche Schwierigkeiten. Nach diesem Deutungsmodell waren die Hasmonäer eingeschworene Gegner der Gruppen, die hinter den Schriftrollen standen. Warum sollten letztere eine Lobrede auf jenen Herrscher gedichtet oder aufbewahrt haben, die den wohl größten Schurken dieser Familie preist?

Im Gegensatz zu dem Standpunkt, den die Verfechter dieses Deutungsmodells einnehmen, muß dieser Text in die Diskussion über den Ursprung der Rollen hineingenommen werden. Es sollte erlaubt sein, das weitverbreitete Deutungsmodell in Zweifel zu ziehen. Weitere Hintergrundinformationen gibt die Einleitung.

König Alexander Jannäus taucht auch im *Nahum-Kommentar* (Text 25) auf, wo er als „Löwe des Zorns" beschrieben wird.

Die Zeilen 7–10 dieses Fragments schließen den Abschnitt (Verse 16–20) eines nichtkanonischen Psalms, meist Ps 154 genannt, ein. Die auch aus einem syrischen Manuskript des 10. Jahrhunderts bekannte Dichtung findet sich auch in den Apokryphen Psalmen Davids *(Text 145) Kolumne 18.*

Kolumne A [1]Gelobt sei der HERR! Ein Psal[m für ...] [2]die Liebe von [...] [3]Aufstände (?) gegen [...] [4][...] [5][Jene, die Dich] hass[en] sollen fürchten [...] [6]die Himm[el] sind groß [...] [7]und in die Tiefen [... Siehe, die Augen des HERRN ruhen mitleidig auf den Guten.] [8]Und für jene, die Ihn verherrlichen, [vergrößert Er Seine Gnade. Er erlöst ihre Seelen von der bösen Zeit. Er, der erlöst] [9]die Armen von der Macht der Unterdrücker [und befreit die Reinen aus der Hand der Frevler ...] [10]Seine Wohnung ist Zion, [Er] wä[hlt Jerusalem für immer ...]

Kolumne B [1]die heilige Stadt, [2]denn Jonatan, der König, [3]und die ganze Versammlung Deines Volks [4]Israel, [5]das verstreut wurde mit den vier [6]Winden der Himmel, [7]laß über ihnen Friede sein [8]und Dein Königreich. [9]Dein Name sei gelobt.

Kolumne C [1]In Deiner Liebe ... [...] [2]am Tag bis zum Abend. [...] [3]näherzukommen, um zu sein [...] [4]Denke an sie im Segen [...] [5][... Deine Leute] werden bei Deinem Namen gerufen [...] [6]das Königreich soll gesegnet sein [...] [7]sich verbinden (?) zum Krieg [...] [8]für Jonatan, den Köni[g ...] [9][...]

– M. G. A.

107. UNBEKANNTE PROPHEZEIUNG

4Q458

Die Grundgedanken, die heute mit dem Wort „apokalyptisch" verbunden werden, sind dem letzten Buch des Neuen Testaments entnommen, der Offenbarung – oder Apokalypse – des Johannes. Sie stellt in der Tat ein außergewöhnlich gutes Beispiel ihrer Gattung dar: eine Vielzahl von Verkündigungsengeln, häufige geheimnisvollen Andeutungen und eine bizarre Symbolik, die ebenso die Gemüter der Gelehrten bewegen wie die Herzen der Gläubigen in Spannung versetzen. Aber die Offenbarung des Johannes, zwar typisch für ihr Genre, ist nicht das erste Beispiel einer Apokalypse. Das alttestamentliche Buch Daniel kennt bereits sämtliche apokalyptische Züge. Weitere Beispiele finden sich unter den Qumran-Schriftrollen (z. B. Text 46, *Vision vom Sohn Gottes.*)

Vorliegender Text weist einige faszinierende Vergleiche zum neutestamentlichen Buch der Offenbarung auf. Er berichtet – klar und deutlich! – von einer Offenbarung, die einem „Geliebten" gegenüber gemacht wird. Daniel wird „der (von Gott) geliebte Mann" genannt (Daniel 10,11), aber auch Abraham war bekannt als „Freund Gottes" (Jakobusbrief 2,23). Abraham ist die bessere Alternative, um mit einem „Zelt" genannt zu werden (Fragment 1 Kolumne 3). Den Rahmen dieser Offenbarung bilden vielleicht die drei Engel, die Abraham erschienen, „als er am Zelteingang saß" in Mamre (Genesis 18,1).

Der Hintergrund der Offenbarung wird in groben Zügen dargestellt. Das Bild des Engels, der Flammen ausgießt und einen symbolhaften Baum fällt, ähnelt den sieben Engeln, die die Schalen mit dem Zorn Gottes über die Erde gießen, über das Meer, die Flüsse und andere Bestandteile der Natur in Offb 16,1–21.

Fragment 1 [1][...] dem Geliebten [...] [2][...] der Geliebte [...] [3][...] im Zelt [...] [4][... sie kannten nicht [...] [5][...] Feuerflammen [...] [6][...] sie werden mit ihm stehen [...] [7][...] sagte er zum ersten und sprach [...] [8][...] der erste Engel wird Flammen ausgießen [9][...] vernichtet, und er fällte den Baum des Bösen [10][...] Ägypten, der Ort der [11][Gefangenschaft ...]

Gericht über den Kosmos: Die Erwähnung von Unreinheit und Unzucht kann durchaus einem Vergleich mit „der großen Hure" in Offb 17,1–18 und „dem Schmutz ihrer Hurerei" standhalten (Offb 17,4).

Fragment 2 Kolumne 1 [2][... Mo]nd und Sterne [3][...] ein zweites Mal [4][...] das Unreine [6][...] die Hurerei [...]

Ein Krieg, in welchem die Nichtjuden, „die Unbeschnittenen", vernichtet werden und eine nicht namentlich genannte Person zum König gesalbt wird. In Offb 19,11 vernichtet „ein Reiter auf einem weißen Pferd" das böse Tier und seine Heerscharen und wirft sie in den Feuersee (Offb 19,20).

Kolumne 2 [3]und er vernichtete ihn und seine Streitmacht [...] [4]und es verschlang all die Unbeschnittenen [...] [5]und er wird ihn zu den Gerechten zählen, und er wird ziehen gegen [...] [6]gesalbt mit dem Öl der Königswürde [...]

Das Schicksal der Gottlosen?

Fragment 4 ¹[...] Würmer [...] ²[...] aufgebläht [...] ³[...] zehn Ta[ge ...]

– E. M. C.

108. FRAGMENT EINES VERLORENEN APOKRYPHON

4Q460

Um welches Werk es sich handelte und wie umfangreich es einst war, ist unklar. Vielleicht handelt es sich um den Teil eines „Testaments" (siehe *Worte Levis,* Text 39, und *Testament Naftalis,* Text 40). Das Anliegen des Werks ist eine Ermahnung zu Ausdauer und Glauben an Gott in einer Zeit nationaler Unruhe und Gewalt.

Ermahnung in der Zeit der Drangsal standhaft zu bleiben.
Der Bezug auf Juda ist unklar. Geht es um die Vereinigung von Königtum und Priestertum während der hasmonäischen Dynastie?

Fragment 1 ²[...] das Land wird sein [...] ³[...] ihre Stärke, aber Er wählte nicht [...] ⁴[...] und Er nannte ihn [...] ⁵[... er wählte nicht] Juda, um ein Priester für ihn zu sein [...] ⁶[...] mach dir keine Sorgen wegen der Unruhe [...] ⁷[...] wegen der Not und des Leides [...] ⁸[...] und das Leid, wenn es dich trifft [...] ⁹[...] habe keine Angst und [sei nicht mutlos ...] ¹⁰[...] zu dir kommen und du wirst ergreifen [...] ¹¹[...] denn eine Zeit der Drangsal [...]

Die Leser werden daran erinnert, daß Gott eine bestimmte Gruppe (die Priester?) für eine besondere Aufgabe und auch Belohnung ausgesucht hat.

Fragment 2 ¹[...] und er segnete ihn und [sagte ...] ²[...] und gibt dir a[ll ...] ³[...] für dich und [deine] Na[chkommen ...]

Fragment 3 ²[...] denn im Himmel [...] ³[...] und seine reinen Priester [...]

Bitte an Gott, die Gottlosen in Israel zu richten. Es ist beachtenswert, daß Gott als „mein Vater" angeredet wird. Die Vorstellung von Gott als Vater eines frommen Einzelnen (anstatt einer ganzen Nation) ist in der damaligen jüdischen Literatur selten.

Fragment 5 Kolumne 1 ¹[...] und vor Dir stehe ich in Ehrfurcht, denn in Furcht vor Gott sind die Pläne ²[...] Unruhe in Israel und Skandal in Efraim ³[... aus] einem Land anstößige Taten bis zum höchsten Himmel, denn seit einer Generation ⁴[...] denn Du hast Deinen Diener nicht verlassen ⁵[...] mein Vater und mein HERR [...]

Der Schreiber wendet sich an das unbußfertige Israel. Er behauptet, daß seine Probleme Resultat der eigenen Sünden seien.

⁶[...] wunderbare Taten, denn Er wird die Hochmütigen tadeln, und wer ⁷[...] Stärke, wenn Du deinen Gott verläßt, o Israel, und wer [...] ⁸[...] und die Baals-Götzen, denn nicht einmal einer wird in Efraim genommen werden [...] ⁹[...] der HERR, die Worte deines Mundes, und all deine Gedanken wird er abwenden, um [...] ¹⁰[...]

Vergehen Efraims, und Israel wird für sie durch ein grausames Volk geplündert [...] ¹¹[...] vor dir stehend, o Israel, denn Du hast [deinen Gott] sehr verärgert.

Die Nation sollte sich nicht Hilfe suchen bei Königen oder mit Heeren, sondern sich allein an Gott wenden.

Fragment 8 ²[...] im Land laß die Krieger sich nicht rühmen [ihrer Stärke (Jer 9,22) ...] ³[...] ihrer Macht, noch Könige ihrer großartigen Tapferkeit, noch Fürsten [...] ⁴[...] ihrer Kriegswaffen, noch ihrer starken Festungen [...] ⁵[...es gibt keinen, der so herrli]ch [ist] wie Er, und keinen, der so glorreich ist [...] ⁶[...] glorreich, um uns zu helfen und eine M[auer um uns...] ⁷[...] und unser Gott [...]

– E. M. C.

109. FRAGMENT EINER VERLORENEN ERZÄHLUNG

4Q461

Kaum mehr als spekulieren kann man über Wesen und Zweck dieses fragmentarischen Werks. Es wird die Geschichte Israels behandelt und erinnert an das „Glaubens-" Bekenntnis in Deuteronomium 26,19–19 oder an die geschichtliche Zusammenfassung, die in der *Damaskus-Schrift* zu finden ist (Text 1): Israel sündigt, wird fremden Herrschern unterworfen, empfindet Reue und sucht Gott, und folgt schließlich geläutert Gottes Gesetzen.

Fragment 1 ¹[...] um ihn zu töten [...] ²[...] in ihnen, und er unterstellte sie der Macht von [...] ³[...] mit harter Fronarbeit (Dtn 26,6), und sie stellten [...] ⁴[...] bis zum Ende, und er erlaubte ihnen, es zurückzuzahlen [...] ⁵[...] sie suchten und sie fanden ihn [...] ⁶[...] um gehorsam und verständnisvoll zu werden [...] ⁷[...] die Säulen der Erde [...] ⁸[...] um Seinen Willen zu tun und um Seine Gesetze einzuhalten [...] ⁹[...] um [Israel] zu dem HERRN, ihrem Gott, zurückzubringen [...] ¹⁰[...] und der HERR wird ihre Reue sehen [...]

Fragment 2 ¹[...] Schreiber [...] ²[...] Säule von [...]

Fragment 4 ²[...] das Böse [...] ³[...] Deine Geduld [...] ⁴[...] auf ihm [...] ⁵[...] über [...]

– E. M. C.

110. GEDANKEN ÜBER DIE GESCHICHTE ISRAELS

4Q462

Zuerst den Juden, aber ebenso den Griechen (= den nichtjüdischen Völkern)" schrieb der Apostel Paulus, um die Reihenfolge der Verkündigung des Evangelium zu umreißen (Römerbrief 1,16). Seine jüdischen Zeitgenossen stimmten ihm wohl zu, weil die Juden an erster Stelle kamen. Es gab aber schwerwiegende Meinungsunterschiede wegen der nichtjüdischen Völker. Sie befanden sich außerhalb des Glaubens Israels, spielten aber doch eine Rolle in Gottes Plan. Sollten sie nur den unglückseligen Hintergrund für die Erwählung Israels abgeben, um dann, wenn Gott Israel erlösen würde, ausgelöscht oder unterjocht zu werden? Oder war es möglich, sie durch Bekehrung einzugliedern, so daß sie auch an den Segnungen Israels teilhaben würden?

Beide Standpunkte konnten sich auf die Bibel berufen. Die Bücher der Propheten sind voller harter Urteile über nichtjüdische Mächte, deren gelegentlicher Sturz mit offener Schadenfreude begrüßt wurde (wie etwa in den Prophezeiungen Nahums). Andererseits war man sogar in der Lage, sich die verhaßten Assyrer als reuige Sünder vorzustellen (wie im Buch Jona). Es war möglich, die Heere der Völker als schreckliche Legionen von Gog und Magog (Ezechiel 38–39) zu mythologisieren, nur dazu bestimmt, erschlagen zu werden. Man konnte sich aber auch vorstellen, daß Nichtjuden sagen: „Laßt uns zum Berg des HERRN gehen, damit er uns seine Wege zeigt" (vgl. Jesaja 2,3).

Die gleiche Dialektik spiegelt sich in den Schriftrollen vom Toten Meer wider. In der *Kriegsrolle* (Text 8) fechten die Kinder des Lichtes den Endkampf mit Bravour gegen die Heere der Völker, ohne die geringste Anspielung darauf, daß letztere vielleicht ein erkennbares Interesse an den Wegen Gottes gezeigt haben. Doch die *Gemeindeordnung für das Israel der Endzeit* (Text 6, 5,28–29) und die *Damaskus-Schrift* ermöglichen die Anwesenheit von zum Judentum Bekehrten in der Gemeinschaft (Text 1, Geniza 14,5), auch wenn sie die niedrigsten Ränge einnehmen. Die *Tempelrolle* (Text 149), obwohl sie ein ideales, von Nichtjuden freies Israel durch Gesetze regelt, gestattet Nichtjuden nach ihrer Konversion zum Judentum den Eintritt in den äußersten Tempelhof (siehe Text 149).

Vorliegender Text ist der einzige unter den Rollen, der von den Nichtjuden mit einiger Sympathie spricht – obwohl sich diese Sympathie auf ein mitleidiges Bedauern darüber beschränkt, daß sie Gottes Plan für sein Volk nicht erkannten. Zeile 5 läßt sich vielleicht so verstehen, daß es sich bei den ungenannten Nichtjuden um Edomiter handelt. „Rekem" war eine berühmte Stadt im biblischen Land der Edomiter. Der geschichtliche Hintergrund könnte die Zwangsbekehrung der Idumäer (Edomiten) zum Judentum zur Zeit des hasmonäischen Herrschers Johannes Hyrkanus I. (134–104 v. Chr.) gewesen sein.

Die Familien der Menschheit, die von Noachs drei Söhnen Sem, Ham und Jafet (Gen 10,1) abstammen, verstreuen sich. Israel erbt das Heilige Land, während die Edomiter sich mit einem Gebiet südlich und östlich von Palästina zufriedengeben müssen.

Fragment 1 ²[... Sem und] Ham und Jafet [...] ³[...] zu Jakob, und er [sagte ...] und erinnerte sich [...] ⁴[...] zu Israel [...] Denn [sie] sollen sagen [...] ⁵[...]nach Rekem gingen wir, denn [...] wurde genommen [...] [6][...] zu Sklaven für Jakob in Liebe [...] [7][...er wird] sie vielen als Besitz geben.

In der Zeit, die kommen wird, werden die Völker die Größe Gottes, ihre eigene Sünde wie die Sonderstellung Israels erkennen. Der Schreiber dieser Zeilen ersetzte den göttlichen Namen (HERR) durch vier Punkte, wobei jeder Punkt für einen hebräischen Konsonanten steht.

Der HERR, Herrscher über alle [...] [8][...] Sein Ruhm, der auf einmal die Wasser und die Erde füllen wird [...] [9][...] die Herrschaft ist bei Ihm allein. Das Licht war mit ihnen, aber über uns war [die Finsternis ...] [10][...] die Zeit der Finsternis [ist vorüber,] und die Zeit des Lichts ist gekommen, und sie werden herrschen in Ewigkeit. Daher werden sie sagen [...] [11][...] zu Israel, denn in unserer Mitte ist das geliebte Volk, Jakob [...]

An Israels Standhaftigkeit während seiner Unterdrückung durch fremde Mächte wird erinnert und auch an die Strafe, die seinen Peinigern später widerfuhr.

[12][...] sie mühten sich ab und harrten aus und schrien zum HERRN und [...] [13][...] nun, siehe, während der Zeit der Königsherrschaft wurden sie ein zweites Mal unter die Macht Ägyptens gestellt, und sie harrten aus [...] [14][...] die Einwohner Philistäas, und Ägypten wurde zur Beute und zur Ruine und ihre Säulen [...] [15][...] um den Frevler zu erheben, damit sie unrein wird [...] [16][...] ihr kühnes Gesicht wird sich wandeln, in ihrer Pracht und ihrem Schmuck und ihren Gewändern [...] [17][...] und was sie ihr antat, die Unreinheit [...] [18][...] abgelehnt, wie sie es war, bevor sie erbaut wurde [...] [19][...] und er wird sich an Jerusalem erinnern [...]

– E. M. C.

111. Leben der Patriarchen

4Q464

Die Überreste dieses fragmentarischen Manuskripts erläutern das Leben der Patriarchen Abraham, Isaak und Jakob. Das *Leben der Patriarchen* spürt nicht den Erfüllungen der Prophezeiungen nach wie etwa der *Habakuk-Kommentar* (Text 4). Ähnlich wie die *Genesis-Kommentare* (Text 49) scheint es vielmehr Passagen auszuwählen, die den Vorstellungen des Autors entgegenkommen.

Zeile 9 dieses Fragments zitiert Zef 3,9, das sich auf die Bekehrung nichtjüdischer Nationen in den Letzten Tagen bezieht. Die von Zeile 8 erhaltenen Reste lassen vermuten, daß man den Vers so verstehen sollte, daß zu jener Zeit jedermann Hebräisch gesprochen habe. Der Ausdruck „heilige Sprache" findet sich auch im Midrasch Tanhuma (veröffentlicht von S. Buber), § 28, in Zusammenhang mit Gen 11,7. Es wird angenommen, zunächst habe die ganze Welt hebräisch gesprochen bis zur Sprachverwirrung durch Gott beim Turmbau zu Babel. Der Midrasch versucht mit einem Zitat aus Zef 3,9 zu belegen, daß einst ein Tag kommen wird, an dem Gott den Menschen wieder die „Reinheit der Sprache" zurückgeben will, damit diese ihm gemeinsam dienen könnten.

Fragment 3 Kolumne 1 [3][...] Diener [4][...] [5][...] verwirrt von (oder Leichnam von) [6][...] zu Abraham [7][...] für immer, denn er [8][...] die heilige Sprache [9][... „Denn ich will geben] gereinigte Lippen dem Volk" (Zef 3,9).

Die ägyptische Gefangenschaft wurde in einer prophetischen Deutung vorhergesagt (pesher).

Kolumne 2 [2]das Gericht [...] [3]so, wie Er zu Abrah[am] sagte: [„Du sollst wissen: Deine Nachkommen werden als Fremde in einem Land wohnen, das ihnen nicht gehört], [4]und sie werden ihnen dienen und sie werden unterdrückt [vierhundert Jahre lang" (Gen 15,13). ...] [5]und er soll schlafen bei [seinen Vätern ...] [6][...] [7]Die prophetische Auslegung vo[n ...] [8]zu e[sse]n [...]

Die Fesselung Isaaks (Gen 22,12).

Fragment 6 [2][...] seine Hand und nicht [...] [3][...] deine Hand gegen den Knaben, und [tue ihm] ni[chts zuleide ...] [4][...] mach es zum Opfer [...]

Jakobs Aufbruch nach Haran (Gen 28,10).

Fragment 7 [1][... und] sie sollen fünfzehn [Jahre] alt sein [...] [2][... und Jakob ging aus Beer]scheba weg und ging nach Haran, und E[sau ...] [3][... wi]e Er versprach, ihm d[as Land] zu geben [...]

– M. G. A.

112. Erzengel Michael und König Zidkija

4Q470

Zidkija (597–586 v. Chr.) war der letzte König von Juda und Herrscher zu jener Zeit, als Jerusalem sich den Heeren des babylonischen Königs Nebukadnezzar (605–562 v. Chr.) geschlagen geben mußte. Er selbst wurde gefangengenommen, als die Stadt fiel. Nachdem seine beiden Söhne vor seinen Augen getötet worden waren, führte man Zidkija gefesselt ins babylonische Exil. Dort starb er einige Jahre später. Mehrmals hält die Bibel fest: Zidkija „tat, was dem HERRN mißfiel" (2 Könige 24,19). Insgesamt zeichnet die Bibel das Bild eines willensschwachen Herrschers, der sich vom Adel manipulieren, mißbrauchen ließ.

In der späteren jüdischen Literatur erhält das negative Bild Zidkijas positivere Züge. So heißt es im Talmud: „Der Heilige, gesegnet sei Er, der die Welt in Chaos und Formlosigkeit zurückwenden wollte wegen der Generation Zidkijas. Doch als er Zidkija genauer betrachtete, wurde sein Zorn besänftigt" (*Arakin* 17a). Auch Flavius Josephus nennt Zidkija „von Natur freundlich und gerecht" (*Alt.* 6,213). Vorliegendes Rollenfragment erweist sich ebenfalls als Zeugnis eines guten Königs Zidkija. Hier schließt er einen Bund mit dem Erzengel Michael, in dem er sich verpflichtet, ein aufrechtes Leben zu führen und seine Macht als König dazu zu verwenden, daß auch andere Gott gehorchen. Die Vorstellung von Engeln als Vermittler von Bundesschließungen mit Gott taucht auch im Neuen Testament auf (Apostelgeschichte 7,53; Galaterbrief 3,19; Hebräerbrief 2,2). Den Engeln eine solche Rolle zuzuschreiben, dürfte allgemeines Gedankengut im Judentum jener Zeit gewesen sein.

Zu weiteren Abenteuern Michaels, s. besonders die *Worte des Erzengels Michael* (Text 125).

Fragment 1 [2][...] Michael [...] [3]An [je]nem Tag [soll] Zidkija einen B[u]nd [schlie]ßen [4][...] um nach dem ganzen Gesetz zu leben und andere zu veranlassen, dasselbe zu tun [5][... Zu] jener Zeit soll M[ich]ael zu Zidkija sagen: [6][...] [7]„Ich will einen [Bu]n[d] mit dir schließen, bezeugt von der ganzen Versammlung." [... zu tu]n und [...]

– M. O. W.

113. Manuskripte in Auswahl

4Q471

Angesichts der Fragmente, die unter 4Q471 katalogisiert wurden, stellt sich wieder einmal die Frage, ob bestimmte Fragmente ihrer Ursprungsrolle auch richtig zugewiesen wurden. Wegen ähnlicher Handschriften und angenommener Verbindung zur *Kriegsrolle* (Text 8) haben die Herausgeber der Schriftrollen acht kleine Fragmente zusammengestellt und sie zu einem Text erklärt – 4Q471. Es dürfte sich dabei um einen Irrtum handeln. Diese Fragmente gehören nämlich nicht zu einem einzigen Manuskript, sondern zu vier Manuskripten. Darüber hinaus hat keines einen Bezug zur *Kriegsrolle*. Eine sehr gründliche Untersuchung legt nahe, daß von den folgenden Fragmenten nur das zweite und das vierte vom gleichen Manuskript stammen. Folgende vier Werke liegen (in dieser Reihenfolge) vor: (1) Abhandlung über den Leibwächter des messianischen Königs, (2) Verurteilung der unziemlichen Führung eines heiligen Kriegs, (3) Hymnus zum Lobpreis Gottes und (4) Aussage eines stolzen Mannes, der von sich selbst behauptet, zu den Göttern zu zählen.

Zwei Erklärungen wurden für Fragment 1 vorgeschlagen: Die erste geht von einer Verwandtschaft mit den ersten Zeilen von Kolumne 2 der Kriegsrolle (Text 8) aus. Es handelt sich darin um die genaue Beschreibung der verschiedenen Gruppen, die im Tempel oder innerhalb seines Bezirks während des Sabbatjahres ihren Dienst verrichten. (E. und H. Eshel, 1992). Die Rekonstruktion orientiert sich an der Tempelrolle *57,5–11 (Text 149). Der Abschnitt beschreibt die Ausstattung der Wache des Königs.*

Fragment 1 [1][...] von all de[m ...] [2][... Und von den Priestern zwölf,] jeder Mann von seinen Brüdern von den Söhnen von [3][Aaron ...] und sie sollen ständig mit ihm sein und a[bhalten] [4][ihn von jeglicher Art von Sünde. Und zwölf Befehlshaber von] jedem Stamm, ein Mann [5][pro Haushalt. Sie sollen ständig bei ihm sein, Männer, die re]in [sind]. Und von [den] Leviten zw[ölf] ⁶[... und sie sollen] sit[zen bei ih]m ständig für ⁷[Gericht und Thora ... damit] sie [ihn] lehren könnten [...] ⁸[...] Abteilunge[n ...]

Dieses Fragment warnt vor der Teilnahme an einem von Gott nicht gesegneten Krieg. Das Thema weist auf eine mögliche Verbindung zu Num 14,40–45 hin.

Fragment 2 ¹[...] von der Zeit an befiehlst Du ihnen, nicht ²[am Krieg teilzunehmen ...] du hast dich untreu erwiesen gegenüber Seinem Bund ³[... und d]u sagtest: „Laß uns Seine Schlachten schlagen, denn Er hat uns erlöst ⁴[aus der Hand unserer Feinde ...]" ...] deine [mächtigen Männ]er sollen erniedrigt werden, denn sie erkennen nicht, daß [der HERR] zurückgewiesen hat ⁵[dich ...] du wagst einen Krieg. Und was dich betrifft, man betrachtet dich ⁶[als den Männern der Rechtlosigkeit zugehörig. „Du taumeltest wie ein Betrunkener] in seinem Erbrochenen" (Jes 19,14). Fragt nach gerechtem Urteil und [wahrem] Dienst ⁷[...] ihr erhöht euch. Er hat [euch] erwählt [...] denn der Ruf ⁸[...] „Und ihr habt gemacht [das Bittere süß] und das Süße ⁹[bitter" (Jes 5,20). ...]

Bleibt dem Bund Gottes treu. Verwerft das Böse und wählt das Gute.

Fragment 4 ¹[...] ²[...] um zu halten die Offenbarungen Deines (?) Bundes [...] ³[... der Eine, der beh]ütet hat alle ihre Heere mit Gedu[ld ...] ⁴[...] und ihre Herzen abzuhalten von allen [ihren] We[rken ...] ⁵[... die Di]ener der Finsternis. Denn Gericht [...] ⁶[...] in der Schuld ihres Loses [...] ⁷[... zurückzuweisen Gute]s und zu wählen das Böse und zu [...] ⁸[... doch vielmehr alles zurückzuweisen, was] Gott verabscheut. Und Er errichtete [...] ⁹[...] all das Gute, das [der HERR euch gegeben hat ...] ¹⁰[...] Zorn der Rache [...]

Dieses Stückchen eines hymnischen oder liturgischen Textes preist Gott wegen seiner gerechten Urteile und wegen seiner Vergebung der Sünden.

Fragment 5 ¹[...] Gott und [...] ²[...] ewiges [Licht]. Und Er bestimmte uns (oder mich) [...] ³[... Er rich]tet Sein Volk mit Gerechtigkeit und [...] ⁴[... und gibt ih]nen [Verständnis] all der Vorschriften G[ottes ...] ⁵[... Er hat] uns [vergeben] un[sere] Sünden [...] ⁶[... unter der Herrschaft] Belials [...]

Eines von drei Manuskripten, die die Prahlerei eines stolzen Mannes, der sich zu den Göttern zählt, beschreiben. Der vollständigste dieser Texte (4Q427 Fragment 7 Kolumne 1) stimmt offensichtlich mit Kolumne 26 der Loblieder *(Text 3) überein. Es liegt die Vermutung nahe, daß es sich bei dem Sprecher um keinen anderen als den „Lehrer der Gerechtigkeit", den Gründer der Jahad, handelt (siehe auch 4Q491 Fragment 11, Kolumne 1; Text 8,* Kriegsrolle*).*

Fragment 6 ¹erklären [... Und wer ist] ²wie ich? [...] soll aufhören [... Und wem] ³gleicht meine Lehre [...] ⁴Wer ist wie ich unter den Göttern [... die Äußerung] ⁵meiner Lippen, wer kann sie ertragen, wer [kann mich zu sich kommen lassen ...] ⁶der Geliebte der Könige, al[ter] Gefährte [...] ⁷keiner gleicht. Wer [...] ⁸pures Go[ld (?) ...]

– M. G. A.

114. Zwei Wege

4Q473

In Deuteronomium 11,26–28 sagt Mose, der als Mittelsmann Gottes spricht: „Seht, heute werde ich euch den Segen und den Fluch vorlegen: den Segen, weil ihr auf die Gebote des HERRN, eures Gottes, auf den ich euch heute verpflichte, hört, und den Fluch für den Fall, daß ihr nicht auf die Gebote des HERRN, eures Gottes, hört, sondern von dem Weg abweicht, den ich euch heute vorschreibe". Diese Ausspruch, der das Leben als Wahl zwischen zwei Wegen beschreibt, taucht in ausgefeilterer Variante in der vorliegenden Schriftrolle vom Toten Meer auf.

In den Evangelien wird Jesus ein ähnliches Wort zugeschrieben: „Geht durch das enge Tor! Denn das Tor ist weit, das ins Verderben führt, und der Weg dahin ist breit, und viele gehen auf ihm. Aber das Tor, das zum Leben führt, ist eng, und der Weg dahin ist schmal, und nur wenige finden ihn" (Matthäus 7,13–14).

Eine weitere Parallele zur Qumran-Schrift findet sich in dem frühchristlichen Werk *Didache (= Lehre der zwölf Apostel).* Der Kern dieses Lehrbuchs für die junge, christliche Gemeinschaft geht wohl auf das 1. vorchristliche Jahrhundert zurück und ist fast so alt wie unsere Schriftrolle. Die *Didache* behandelt Gebet, Taufe, Fasten, Kommunion und andere Themen. Der erste Abschnitt mit dem Titel „Die zwei Wege" legt die Prinzipien christlicher Lebensführung dar. So beginnt die *Didache* mit einer Zeile, die sofort an unsere Schriftrolle erinnert: „Es gibt zwei Wege, einen des Lebens und einen des Todes, und zwischen diesen beiden Wegen ist ein großer Unterschied."

Fragment 1 [2][...] Er hält [für dich] bereit [einen Segen und einen Fluch. Dies sind] [3]z[wei] Wege, einer gu[t und einer schlecht. Wenn du auf dem guten Weg gehst,] [4]wird Er dich segnen. Doch wenn du auf dem [schlechten] Weg gehst, [wird Er dich verfluchen in Deinen Ausgängen] [5]und in deinen [Zelt]en. Er wird dich auslöschen, [dich schlagen und die Früchte deiner Mühen schlagen mit Fäulnis] [6]und Mehltau, Schnee, Eis und Hage[l ...] [7]zusammen mit all [...]

– M. O. W.

115. Akte über Disziplinarmassnahmen

4Q477

Die *Akte über Disziplinarmaßnahmen* führt in den Versuch ein, Levitikus 19,17 zu befolgen: „Du sollst in deinem Herzen keinen Haß gegen deinen Bruder tragen. Weise deinen Stammesgenossen zurecht, so wirst du keine Schuld auf dich laden." Wie wir aus dem *Grundgesetz einer Sekten-Gemeinschaft* (Text 5) wissen, war Zurechtweisung ein wichtiges Element im Leben der *Jahad.* Dort heißt es: „Der Lehrmeister darf nicht die

Männer der Grube tadeln noch mit ihnen über das rechte Verstehen der Bibel diskutieren. Ganz im Gegenteil: er sollte seine eigene Einsicht in das Gesetz verbergen, wenn er sich unter verderbten Männern befindet. Er soll seinen Tadel aufheben – selbst fest gegründet auf wahre Erkenntnis und gerechtes Urteil – für jene, die den Weg gewählt haben und alle ihren geistigen Fähigkeiten entsprechend behandeln und den Vorschriften, die das Zeitalter erfordert" (9,16–18). Nach diesem Lebensgesetz mußte die Zurechtweisung auf demütige Weise erfolgen und zur Besserung führen. Eine bemerkenswerte Ähnlichkeit weist Matthäus 18,15–17 auf, wo die Bedeutung des Tadels und der Zurechtweisung unter frühen Christen belegt ist.

Dieses Werk ist übrigens das einzige unter den Schriftrollen, das Namen von *Jahad*-Mitgliedern nennt.

Fragment 2 Kolumne 1 [1][...] die Männer der Jahad [...] [2][...] sich selbst und zurechtzuweisen [3][...] die Lager der Zusammenkunft betreffs [4][...] Treulosigkeit [...]

Dieser Abschnitt gibt die Namen Beschuldigter mit ihren Vergehen wieder. Johanan wird Sünden für schuldig befunden, die der Apostel Paulus als „Taten des Fleisches" bezeichnet hat (Gal 5,19–21; vgl. Spr 14,17; 28,23). Ein anderes Jahad-Mitglied (Josef?) übertrat wohl das Gebot, das Geschlechtsverkehr mit nahen Blutsverwandten untersagt (Lev 18,6).

Kolumne 2 [1]zu [...] [2]weil [er ... und auch de]r mit Böswilligkeit handelte [... Lager der] [3]Gesamtheit aller Mitglieder. [... Und sie wiesen zurecht] Johanan ben Ma [(?) ...] [4]er hat eine aufbrausende Natur und den [böse]n Blick und ist auch großspurig [...] [5][...] und er [soll gehen] zur Gru[be der Hölle]. Sie wiesen Hananya Nuthus zurecht, weil er [...] [6][...] vom Geist der Gemeinscha[ft] abzuwenden [und] auch [Isra]el zu vermischen [mit ...] [7][... Jo]sef wiesen sie zurecht; der hat einen bösen [Blick] und tut auch nicht [...] [8][...] und er liebt auch seine Blutsverwandte [...] [9][... Sie wiesen zurecht] Hananya ben Sim[on ...] [10][... und au]ch er liebt das gute [Leben ...]

– M. G. A.

116. Gebet um Errettung

4Q501

Dieses Gemeinschaftsgebet bittet Gott um Errettung von Verfolgung durch treulose Israeliten, die die Rechtschaffenen, die am Bund festhalten, „mit ihrer falschen Zunge" umringen.

[1][...] Gib weder unser Erbteil Fremden noch unseren Ertrag den Söhnen eines Ausländers. Denke daran, daß [2][wir die Sklaven] Deines Volkes [sind], und die Verlassenen Deines Erbteils. Denke an die Söhne Deines Bundes, die Trostlosen [3][...] die Gläubigen irren herum, und keiner bringt sie zurück: die, die verwundet sind, und

keiner verbindet ihre Wunden, [4][und die, die gebeugt sind, und keiner ri]chtet sie auf. Die Erbärmlichen aus Deinem Volk haben uns umringt mit ihrer falschen Zunge. Laß sie vernichtet werden.

[5][...] und Deine Herrlichkeit zu einem, der von einer Frau geboren wurde. Schau und sieh die Schmach der Söhne [6][Deines Volkes, denn] unsere Haut [ist weich geworden.] Schrecken hat uns gepackt wegen der Zungen der Schmähenden. [7][...] Deine Gebote, laß ihre Samen nicht unter den Söhnen des Bundes sein. [8][...] gegen sie mit der Fülle Deiner Kraft, und übe an ihnen Rache, [9][denn...] sie haben Dich nicht vor sich gestellt, und sie haben die Erbärmlichen und die Unterdrückten überwältigt.

– M. G. A.

117. DANK-LITURGIE

4Q502

Dieser überaus fragmentarische Text enthält eine Dank-Liturgie für verschiedene Segnungen des Lebens. Die häufige Nennung von „Erwachsenen" dürfte darauf hinweisen, daß diese Liturgie den Eintritt junger Menschen in die *Jahad* begleitete, wenn sie das richtige Alter erreicht hatten. Die *Gemeindeordnung für das Israel der Endzeit* (Text 6) erwähnt eine solche Zeremonie.

Diese längere Passage enthält Worte des Dankes für den Segen der Natur sowie der religiösen Feste Israels und der Glaubensgemeinde.

Fragmente 6+7+8+9+10 [1][...] Is[rael...] [2][...] danken [...] [3][...] gemeinsame Freude [...] [4][... Er wird preisen den] Gott Israels und seine Stimme erheben und sagen, [5][Gepriesen ist der Gott Israels, der uns gebracht hat zu dieser] Zeit der Freude, um Seinen Namen zu lobpreisen [6][...] Erwachsene und junge Menschen [7][...] ihr [Vieh], Widder und Zi[egen ...] von unseren Herden und von den Kriechtieren [8][...] in unserem Schutz und die Vögel, [die in unserem Himmel fliegen] und unser Ackerboden und all sein Ertrag [9][... und alle] Früchte des Baumes und unser Wasser [...] und die Wasser der Tiefen, wir alle [10][... preisen] den Namen des Gottes Israels, [der uns gegeben hat dieses Fes]t zu unserer Freude und auch [11][...] Jahreszeit der Dank[sagung ...] unter den gerechten Erwachsenen [12][...] in Frieden [...] Gott dankend und lobpreisend [13][...] Brüder für mich, die Alten [14][und die Jungen ...] gesegnet unter uns [15][...] heilig [...] die Ältesten des Allerheiligsten Ortes [16][...] heute bin ich [...preisen] den Gott Israels [...] [17][...] wissende Erwachsene [...] [18][...] wir freuen uns an der Jahres[zeit ...] zu sein [...] [19][...]

Dieses Fragment dürfte vom Eintritt eines Unbekannten in die Gemeinde oder in die Führungsriege der Gemeinde berichten.

Fragment 19 [1]Nun laß ihn bleiben bei ihm im Rat der [Heiligen...] [2]Nachkommen der Segen, ältere Männer und [Frauen ... junge Männer] [3]und Jungfrauen, Knaben und

Mädchen [...] ⁴mit uns allen zusammen und ich [...] ⁵und danach werden die Männer der [heiligen Vollkommenheit] sagen [...] ⁶[und erheben ihre Stimme] und sagen: Gepriesen ist der [Gott Israels, der...] ⁷[...] ihre Sünden [...]

Dieses Fragment zeigt, daß auch Frauen aktiv an der Liturgie der Danksagung teilnahmen.

Fragment 24 ¹[...] alle Festzeiten [...] ²[...] die Frau [wird ihre Stimme erheben und sagen] Dank: Gepriesen ist der Gott Israels, der geholfen hat [seiner Magd ...] ³[...] dein Leben inmitten des Volkes, das in Ewigkeit fortdauern [...] ⁴[...] und sie wird stehen im Rat der ältesten Männern und Frauen [...] ⁵[...] deine Tage in Frieden [...] ⁶[...] unter den Äl[testen...]

– E. M. C.

118. Tägliche Gebete

4Q503

Bei diesem Werk handelt es sich um eine sehr bruchstückhafte Sammlung paarweise zusammengestellter Gebete. Das erste Gebet wird jeweils am Abend gesprochen, das zweite jeweils am Morgen zur Zeit des Sonnenaufgangs. Die ganze Gebetssequenz folgt den Tagen eines nicht näher bezeichneten Monats. Die übrigen Fragmente gehören zu Gebeten des sechsten bis zwanzigsten Tages. Da der 15. und 21. Tag offensichtlich Feiertage waren, handelt es sich entweder um den ersten oder den siebten Monat. Diese sind nämlich nach dem Qumrankalender die einzigen Monate, in denen Feste an diesen Tagen gefeiert wurden. Am wahrscheinlichsten handelt es sich um den 1. Monat, Nisan, denn die Fragmente 1 bis 3 spielen auf das Paschafest an.

Der Verfasser dieser Gebete bediente sich eines eigenartigen Systems, das (oft leicht abgewandelt) aus 1 *Henoch* und anderen Schriftrollen vom Toten Meer bekannt ist (vgl. Text 65, *Mondphasen*). Indem Teilgrößen der Zahl 14 verwendet werden, ist jeder Tag des Monats durch Anteile von Licht und Dunkelheit auf der Oberfläche des Mondes gekennzeichnet. Der 1. Tag des Monats hatte daher 14 Teile Dunkelheit und kein Licht, der 2. Tag 13 Teile Dunkelheit und ein Teil Licht usw. Der 15. Tag des Monats hatte überhaupt keine Dunkelheit, aber 14 Teile Licht – dies ist also der Tag des Vollmonds. Wenn der Mond wieder abnimmt, kehren sich die Proportionen um. Im Werk werden auch „Tore" des Lichts genannt. Ihre Zahl entspricht stets der des Monatsdatums und enthält merkwürdige Hinweise auf „Fahnen". Manchmal hängen diese Fahnen mit Licht, manchmal mit Dunkelheit zusammen. Es ist leider nicht möglich, die genaue Bedeutung des Begriffs „Fahnen" herauszufinden.

Gebete für den elften und zwölften Tag des Monats.

Fragmente 10–11 ¹[Wenn die Sonne aufgeht] und ihr Licht ausstrahlt auf die Erd[e, sollen sie loben. Sie sollen antworten ...] ²[...] mit den Fahnen des Lichts. Nun, heute [...] ³[... die Regel des] Tages[lichts]. Neun [...]

⁶[Am zw]ölften des Monats am Abend [sollen sie lobpreisen ...] ⁷[...] Wir, das Volk Seiner Heiligkeit, erhöhen diesen Abend [...] ⁸[...] und Zeugen sind unter uns zum Dienst während des Tages [...]

Gebete für den vierzehnten und fünfzehnten Tag des Monats. Die folgenden Fragmente 1–3 wurden in Baillets DJD-7-Bearbeitung an die falsche Stelle gesetzt. Der Anregung Baumgartens folgend (der sich allerdings nur auf die Fragmente 2–3 bezog), habe ich sie wieder dem vierzehnten und fünfzehnten Tag des Monats zugewiesen.
Im hebräischen Original wird in Zeile 5 durch ein Wortspiel auf das Wort „Pascha" hingewiesen. Das Wort „vorüberschreiten" ist eine Übersetzung des hebräischen Wortes pessach. Zu Zeile 10 ist anzumerken: Obwohl es sich nach der Mondzählung um den fünfzehnten Tag handelte, war es noch der vierzehnte Tag nach dem Sonnenkalender. Der Sonnenkalender war somit offensichtlich der bestimmende.

Fragmente 1–3 ¹Wenn [die Sonne] aufgeht [am] Firmament des Himm[e]ls, sollen sie lobpreisen. Sie sollen an[tworten:] ²[„Gelobt ist der Gott Israels, der hat ...] An diesem Tag hast [Du] erneuert [...] ³in vier[zehn Toren des Lichts ...] für uns die Herrschaft [des Lichts ...] ⁴zehn Fah[nen von ...] die Hitze der [Sonne ...] ⁵wenn die Sonne vorüberschreitet [... durch die Mac]ht [Deiner] starken Hand [... Friede sei mit dir,] ⁶o Israel."

Am fünfz[ehnten des Monats, am Ab]end, sollen sie lobpreisen. Sie sollen sagen: „Gelobt sei der Gott Israels,] ⁷der verhüllt [...] vor Ihm in jeder Abteilung seines Ruhmes. [An diesem] Abend [...] ⁸[...] ewig, und Ihn zu loben. Unsere Erlösung ist am Anfa[ng von ...] ⁹[...] die Zyklen der lichtgebenden Gestirne [...] Heute, am vierzeh[nten] ¹⁰[Tag des Monats haben wir nach der Regel des] Tageslichts [gefeiert]. Fr[iede] sei [mit] dir, o Israel."

¹²[Wenn die Sonne aufgeht] und Licht über die Erde ausstrahlt, sollen sie lobpreisen. Sie sollen antwor[ten] ¹³[„... fünfz]ehn Tage für freudige Pilgerfahrten und herrl[iche] Feste. ¹⁴[... in f]ünfzehn Tore[n des Lichts ...] ¹⁵[...] zu den Abschnitten des Abends [...] **Fragmente 29–32** ¹und möge der Friede [Gottes mit dir sein, o Israel."]

Gebete für den sechzehnten und siebzehnten des Monats.

²Am sech[zehnten des Monats sollen sie am Abend lobpreisen. Sie sollen sagen: „Gelobt ist der Gott Israels, der] ³für sich selbst geheiligt hat [...]

⁷[Wenn die Sonne aufgeht und Licht üb]er [die Er]de [ausstrahlt,] sollen sie lobpreisen. [Sie sollen antworten: „Gelobt ist der Gott Israels,] ⁸[der ...] Licht." Sie sollen sich freuen an [... „Wir"] ⁹[lob]en Deinen Namen, o Gott der himmlischen Lich[t]er, denn Du hast erneut [... sech]¹⁰[zehn] Tore des Lichts, um mit [un]s im frohen Lobpreis Deiner Herrlichkeit, in [...] ¹¹[Fa]hnen der Nacht. Möge der Friede Gottes [m]it dir sein, o Israel, beim Auf[gang der Sonne."]

¹²[Am si]ebzehnten des Mona[ts, am] Abend, sollen sie lobpreisen. Sie sollen sagen: [„Gelobt ist der Gott Israels, der] ¹³[...] [lob]preisen den [Go]tt von [...] ¹⁴⁻¹⁶[...]

¹⁷[Wenn die Sonne aufgeht und Licht über die Erde ausstrahlt, sollen sie lobpreisen. Sie sollen antworten: „Gelobt sei der Gott Israels, der] ¹⁸[...] Du hast [uns fr]oh

gemacht [...] [19][...] Fahnen der Nacht. [...] [20][...] Heu[te] wir [...] [21][... Möge der Friede Gottes mit dir sein, o Is]rael, für ew[ig]."

– M. O. W.

119. Worte der Himmelslichter

4Q504–506

Vorliegende Gebetssammlung gehört zu den wenigen Schriftrollen vom Toten Meer, deren ursprünglicher Titel bekannt ist, denn er wurde auf die Außenseite der Rolle geschrieben. Kennt man aber den alten Titel, so heißt das nicht, daß wir ihn auch verstehen. Nichts in dieser Schrift hat mit Himmelskörpern zu tun oder mit ihrem imaginären Lobpreis Gottes. Die überzeugendste Erklärung ist die Vermutung M. Baillets, der Titel sei eine Metapher, die sich auf Priester bezieht, durch die sich das „Licht Gottes" als sichtbar-irdische Lichter manifestiert. Einige überlieferte Überschriften zeigen, daß diese Gebetssammlung nach den Wochentagen gegliedert war und daß ein oder zwei Gebete täglich rezitiert wurden. Daneben konnten etliche Randnotizen entdeckt werden. Diese wurden in einer Geheimschrift geschrieben, die aus den Schriftrollen als Cryptic Script A bekannt ist. Sie scheinen Hinweise darauf zu geben, wie die Gebete in der Öffentlichkeit vorgetragen werden sollten. Eine dieser Notizen, ein „m", war vielleicht eine Abkürzung, die jene Stelle kennzeichnete, an der der *Maskil* (hebräisches Wort für „Lehrmeister") seinen Einsatz hatte. Das „m" könnte aber auch eine Abkürzung für das hebräische Wort *mizmor* sein, das in den Überschriften vieler biblischer Psalmen auftaucht. Dieser Ausdruck wäre dann möglicherweise als ein Hinweis auf die musikalische Begleitung zu verstehen.

Gebet um Vergebung.

4Q504 Kolumne 2 [7]Bitte, HERR, handle Deinem Wesen entsprechend, nach dem Maßstab Deiner großen Macht. De[nn] Du [ver]gabst [8]unseren Vätern, als sie sich auflehnten gegen Dein Gebot, obwohl Du so zornig auf sie warst, daß Du sie hättest zerstören können. Doch Du hattest Erbarmen [9]mit ihnen wegen Deiner Liebe und wegen Deines Bundes, (in der Tat hatte Moses gesühnt [10]für ihre Sünden,) und auch damit Deine große Macht und überfließendes Mitleid bekannt würden [11]den zukünftigen Generationen für immer.

Mögen Dein Zorn und Wut über all [ihre] Sünd[en] sich abwenden von Deinem Volk Israel. Erinnere Dich [12]der Wunder, die Du tatest, während die Nationen zusahen – ganz gewiß wurden wir bei Deinem Namen gerufen. [13][Diese Dinge wurden getan,] damit wir [bereu]en können von ganzem Herzen und ganzer Seele, um Dein Gesetz in unsere Herzen zu pflanzen, [14][damit wir uns nicht davon abwenden und abweichen] weder nach rechts noch nach links. Gewiß wirst Du uns von solcher Verrücktheit, Blindheit und Verwirrung heilen. [15][... Siehe,] wir wurden verkauft [als Preis] unserer [La]sterhaftigkeit, doch trotz unserer Auflehnung hast Du uns gerufen. [16][...] Erlöse uns davon, gegen Dich zu sündigen [17][...] gibt uns Verständnis der Zeiten [18][Deines Erbarmens ...]

Ein Gebet, das Israels Erwählung durch Gott feiert.

Kolumne 3 [2][...] Siehe, [3]alle die Nationen sind [wie nic]hts im Vergleich zu Dir; [sie] werden betrachtet [als] sündhaft, als bloße Gespenster in Deiner Gegenwart. [4]In Deinem Namen allein rühmen wir uns, denn wir wurden zu Deinem Ruhm geschaffen. Du hast uns angenommen, [5]als alle Nationen zusahen; wirklich, Du hast genannt [6][I]srael „Mein Sohn, mein Erstgeborener" (Ex 4,22), und Du hast uns gezüchtigt wie ein Mann züchtigt [7]sein Kind.

Du hast uns durch die Jahre unserer Geschlechterfolgen erhoben, [8][uns bestraft] mit schrecklicher Krankheit, Hunger, Durst, sogar Plagen und dem Schwert – [9][jede Androhu]ng Deines Bundes. Denn Du hast uns als die Deinen erwählt, [10][als Dein Volk auf der] ganzen Erde. Deswegen hast Du Deine Wut über uns ausgegossen, [11][Deinen Ei]fer, den ganzen Zorn Deines Ärgers. Deswegen hast Du [die Geißel] verursacht [12][Deiner Plagen,] um an uns hängenzubleiben, wovon Mose und Deine Diener, [13]die Propheten, schrieben: Du [würde]st Übel schicken ge[ge]n uns in den Letzten [14]Tagen [...]

Gebet, das die ruhmreiche Zukunft Israels und Jerusalems besingt.

Kolumne 4 [2]Dein Tabernakel [...] ein Ruheplatz [3]in Jerusa[lem, der Stadt, die Du erw]ähltest auf der ganzen Erde, [4]damit Dein [Name] dort für ewig wohnen solle. Wirklich, Du liebst [5]Israel mehr als all die anderen Völker; enger hast Du erwählt den Stamm [6]Judas. Du hast Deinen Bund mit David geschlossen, indem Du ihn machtest [7]zum fürstlichen Hirten Deines Volks, damit er vor Dir auf dem Thron Israels sitzt [8]in Ewigkeit.

Wir haben Deine Herrlichkeit gesehen – [9]insoweit, als Du Deine Herrlichkeit inmitten Deines Volkes Israel gezeigt hast, um Deines großen [10]Namens willen – all die Nationen sollen ihre Opfer bringen: Silber, Gold und Juwelen, [11]sogar alle wertvollen Dinge ihres Landes, um damit Dein Volk zu verherrlichen und [12]Zion, Deine heilige Stadt ebenso wie Deinen herrlichen Tempel. Kein Gegner soll hervorkommen [13]noch ein übler Zufall geschehen. Nein, nur Friede und Segen [... Israel] [14]soll essen bis es satt ist, soll sogar dick werden [...]

Gebet, das Gottes Treue feiert.

Kolumne 5 [1][... Sie verließen] [2]die Quelle des lebendigen Wassers [...] [3]und dienten einem fremden Gott in ihrem Land. Des weiteren wurde ihr Land [4]zum Ödland dank ihrer Feinde. Denn Dein Zorn wurde aus[gego]ssen, [5]und Dein brennender Ärger war eine eifrige Flamme, die das Land wüst hinter sich ließ, [6]so daß keiner mehr auf und ab gehen konnte. Nichtsdestoweniger wiesest Du nicht zurück [7]die Nachkommenschaft Jakobs, noch hast Du Israel ausgespien [8]und ein Ende mit ihnen gemacht oder Deinen Bund mit ihnen aufgelöst. Gewiß, Du [9]allein bist der lebendige Gott; neben Dir gibt es keinen anderen. Du hast Dich erinnert an Deinen Bund, [10]durch den Du uns aus Ägypten herausgeführt hast, während die Nationen zusahen. Du hast uns nicht verlassen [11]unter den Nationen; sondern Du hast die Gnaden des Bundes Deinem Volk

Israel gezeigt in all [12][den] Ländern, in die Du sie ins Exil geführt hast. Du hast es wieder gelegt [13]in ihre Herzen, zu Dir zurückzukehren, Deiner Stimme zu gehorchen [14][gemäß] all dem, was Du geboten hast durch Deinen Diener Mose. [15][Wi]rklich, Du hast Deinen heiligen Geist über uns ausgegossen, [16]der uns Deine Segnungen [br]ingt. Du hast uns veranlaßt, Dich in der Zeit unserer Drangsal zu suchen, [17][damit wir] ein Gebet [ausgie]ßen mochten, als Deine Züchtigung uns traf. Wir sind gegangen durch Drangsal [18][Zü]chtigung und Heimsuchungen wegen des Zorns der Unterdrücker. Gewiß, wir selbst [19][haben] Gott [ver]sucht durch unsere Laster, indem wir unserer Zuflucht überdrüssig wurden durch [unsere] Sü[nden]. [20][Doch] Du hast uns [nicht] gezwungen, Dir zu dienen und einen [We]g zu wählen, der ertragreicher ist [21][als jener,] auf dem wir [gegangen sind, obwohl] wir nicht gehört haben a[uf Deine Gebote].

Gebet um Vergebung und Beistand. Aus dem nachfolgenden Text läßt sich schließen, daß dieses Gebet am Freitag gesprochen wurde, dem Tag, an dem nach altem Brauch das Sündenbekenntnis abgelegt wurde.

Kolumne 6 [2][... Du hast] all uns[ere] Übertretungen vo[n] uns [geschl]eudert und uns ge[rei]nigt [3]von unseren Sünden um Deinetwillen. Gerechtigkeit ist allein bei Dir, o HERR, denn [4]Du hast alle diese Dinge getan. Und nun, an diesem Tag, [5]suchen wir demütigen Herzens Vergebung für unsere Schulden und die Schuld [6]unserer Väter, für unsere Auflehnung und fortgesetzte Feindseligkeit Dir gegenüber. Doch wir haben nicht zurückgewiesen [7]Deine Heimsuchungen, noch hat unser Geist Deine Züchtigungen verabscheut, um aufzulösen [8]unseren Bund mit Dir, trotz all unserer seelischen Not, als Du unsere Feinde gegen uns schicktest. Wirklich, Du bist es, [9]der uns die Stärke des Herzens verliehen hast, damit wir schließlich Deine mächtigen Taten erzählen können allen Generationen in [10]Ewigkeit.

Bitte, o HERR, so, wie Du Wunder tust von Ewigkeit zu [11]Ewigkeit, wende Deinen Ärger, und besonders Deine Wut, ab von uns. Schau auf [unser] El[end,] [12]Drangsal und Unterdrückung und befreie Dein Volk Isr[ael aus all] [13]den Ländern, nah und fern, in d[ie Du sie verbannt hast –] [14]jedes, das im Buch des Lebens geschrieben steht. [...] [15]Dir zu dienen und zu loben [Deinen heiligen Namen ... Befreie sie] [16]von all jenen, die ihnen gegenüber feindselig sind [...] **Kolumne 7** [2]Der uns aus jeder Not befreit hat. Amen! [Amen!]

Der überlieferte Titel kennzeichnet Gebete des Sabbats, der nach alter Tradition dem Lob Gottes vorbehalten ist. „Heilige" steht hier, wie häufig in den Schriftrollen, für Engel. Abaddon bedeutet Hölle.

[4]Lobpreisungen für den Tag des Sabbats. Dankt [dem HERRN, lobt] [5]Seinen heiligen Namen für immer mit einem [heiligen] Li[ed. Lobt Ihn,] [6]all die Engel des heiligen Firmaments und [all die Heiligen oben,] [7]die Himmel, die Erde und all ihre Schöpfung; [... der große] [8]Abgrund, Abaddon, die Wasser und alles, was [darin] ist. [Laßt] [9]alle Seine Geschöpfe [Ihn loben] fortwährend, für immer und [ewig. Amen! Amen!]

[10][Lobt] Seinen heiligen Namen, singt freudig zum furcht[einflößenden] Gott [...]

Gebet des Lobs und des Bekenntnisses. Dieser Abschnitt überschneidet sich mit 4Q506, Fragmente 131–132, was eine fundierte Rekonstruktion ermöglicht.

Fragment 4 [3][... die] Erde und das Werk all der [... hast] Du [ihm gegeben,] [4][zusammen mit der Fr]eude [seines] Herzen[s. Gewi]ß, Du bist der Gott der Erkenntnis, [und] jeder Gedank[e unserer Herzen] [5]liegt offen v[or D]ir. Wir wissen diese Dinge, denn Du hast uns gnädig [Deinen] h[eiligen] Geist verliehen.

[Hab Mitleid mit uns] [6]und [eri]nnere Dich daran, uns nicht die Schulden unserer Vorväter mit all ihren gottlo[sen] Taten vorzuwerfen, [jene,] [7]die halsstarrig waren. Erlöse uns und [bitte] vergib uns unsere Schulden und Sü[nden]. [8][...] das Gesetz, das [Du] durch Mos[e, Deinen Diener] geboten hast [...]

Gebet, das Gottes besondere Sorge für Israel rühmt.

Fragment 6 [6][... Er]innere Dich, bitte, daß wir alle Dein Volk sind. Du hast „uns wunder[ba]r [7][auf] Adler[schwingen] geboren und zu Dir gebracht" (Ex 19,4). „Wie ein Adler sich über seinem Nest bewegt [und] [8]schwebt [über seinen Jungen;] wie er seine Flügel ausbreitet, sie hochhebt und sie davonträgt auf seinen [Fittichen" (Dtn 32,11),] [9][so] wohnen [wir] getrennt und werden nicht zu den Nationen gerechnet. [...] [10][o HERR,] Du bist in unserer Mitte in einer Feuersäule, die [uns erscheint] als Wolke; [11]Deine [Hei]ligkeit geht vor uns, Dein Ruhm [wohnt] unter [uns].

Ein Gebet, das dankbar an Gottes gütiges Handeln am Vater der Menschheit, Adam, erinnert.

Fragment 8 [1][... Er]innere Dich, o H[e]r[r,] daß [...] [2][...] und es bist Du, der e[wig] lebt [...] [3][... Du hast getan] Wunder von alters her und furchtbare Taten [vor langer Zeit]. [4]Du formtest [Adam,] unseren [Va]ter, nach dem Bildnis [Deiner] Herrlichkeit; Du bliesest [5][den Atem des Lebens] in seine Nasenlöcher [und erfülltest ihn] mit Verstand und Erkenntnis. [6]D[u] setztest ihn ein, zu herrschen [über den Gar]ten Eden, den Du gepflanzt hattest. [7][...] und in einem herrlichen Land umherzugehen [...] [8][...] er hütete es. Du erlegtest ihm auf, sich nicht abzuwen[den von Deinen Geboten ...]

– M. O. W.

120. Bittgesänge der Weisen um Schutz vor bösen Geistern

4Q510–511

Nach *Jubiläen* 10,1–14 begannen in den Tagen nach der Flut mächtige böse Geister die Kinder Noachs zu beunruhigen. Noach betete zu Gott und erhielt die Zusicherung, diese Geister würden gebannt und gerichtet. Doch dann beklagte sich Mastema, das Haupt der bösen Geister, weil er so seine Aufgabe, nämlich die Menschheit zu verderben, nicht erfüllen könne. Gott stimmte daher einem Kompromiß zu und gestattete ihm, ein Zehntel der Geister zu behalten. Die *Bittgesänge der Weisen* enthalten Beschwörungsformeln, die helfen sollen, die Treuen vor der Macht dieser Geister zu schützen. Diese

Schrift ähnelt dem *Exorzismus* (Text 137) und den *Beschwörungsformeln zur Dämonen-Austreibung* (Text 147). Anders als diese Werke ist der folgende Text mit ziemlicher Sicherheit sektiererisch, denn er verwendet den Begriff „Lehrmeister", die Bezeichnung eines Amtsträgers der *Jahad*.

Gottes Herrschaft ist über alles errichtet (Zeilen 1–4a). Gott wird vom Lehrmeister angerufen, die Dämonen zu erschrecken (Zeilen 4b–9), die die Menschen in die Irre führten.

4Q510 Fragment 1 [1][...] Lobpreise.

Lob[preisungen dem K]önig der Herrlichkeit. Worte des Danks in Psalmen von [...] [2][...] zum Gott der Erkenntnis, Glanz der S[tärk]e, der Gott der Götter, HERR aller Heiligen. [Seine] Herrscha[ft] [3]ist über all die mächtigen Starken, und durch die Macht Seiner Stär[ke] wird alles in Schrecken versetzt und zerstreut und fliehen eilends vor der Herrlichkeit der Woh[nung] [4]Seiner königlichen Herrlichkeit.

Und ich, der Lehrmeister, verkünde Seinen herrlichen Glanz, um zu ängstigen und zu er[schrecken] [5]all die Geister der zerstörerischen Engel, Geister der Bastarde, Dämonen, Lilit, Brüllaffen und [Wüstenbewohner ...] [6]und jene, die Menschen befallen ohne Warnung, um sie in die Irre zu führen von einem Geist des Verstehens und ihre Herzen und ihr [...] verlassen während der gegenwärtigen Herrschaft der [7]Gottlosigkeit und der vorherbestimmten Zeit der Erniedrigungen für die Söhne des Lic[htes], durch die Schuld der Zeitalter [jener], die geschlagen sind von Schuld – nicht zur ewigen Zerstörung, [8][sond]ern für eine Ära von Erniedrigung und Übertretung. [...]

Singt aus Freude, o ihr Rechtschaffenen, für den Gott der Wunder. [9]Meine Psalmen sind für die Aufrechten. Und [... laßt] all jene, die ohne Tadel sind, Ihn erhöhen!

4Q511 Fragment 10 [8]Mit der Lyra des Heils [9][sollen] sie ihren Mund [öffn]en für Gottes Erbarmen. Sie sollen Sein Manna suchen.

Rette mich, o Go[tt], [10][Er, der Gnad]e in Wahrheit für all seine Werke vorbehält und in Gerechtig[keit] richtet jene, die ewig existieren [11][bi]s in Ewigkeit. Er richtet im Rat der Götter und Menschen. [12]In der Höhe des Himmels ist sein Tadel und in allen Fundamenten der Erde die Urteile des HERRN [...]

Dank an Gott für Freiheit vom dämonischen Wirken.

4Q511 Fragment 1 [1][... ihre R]eiche [2][...] und all[e ... auf der E]rde und mit all [3][den Geistern ihres Reichs, [laß sie] immerfort Ihn l[oben] zu ihren Zeiten, [4]die Seen und jedes Geschöpf. Laß sie verkünden [...] den Glanz von [5]alledem. Laß sie jubeln vor dem gerechten Gott, mit Ru[fen der Freude für die] Errettung, [6]denn e[s gibt keinen] Zerstörer innerhalb ihrer Grenzen, [7]noch gehen frevelhafte Geister unter ihnen. Denn der Ruhm des Gottes der Erkenntnis schien hervor [8]durch Seine Worte, und keiner der Söhne des Unrechts soll erhalten bleiben.

Zum Schutz seiner Getreuen versprach Gott Jakob ein Erbe, ordnete die Lager Israels in der Wüste, richtete Feste ein und gab der Jahad die Herrschaft.

Fragment 2 Kolumne 1 [1]Für den Lehrmeister: [...] Lied [... Lobe den Namen] [2][Seiner Heiligkeit. Laß alle, die [Gerechtigkeit] kennen, Ihn erhöhen. [3]Und Er gebot Einhalt dem Haupt der Herrschaften ohne [...] [4]ewige [Freude] und ewiges Leben und

das Licht leuchten lassen [...] [5]Sein Los sind die ersten Früchte in Jakob, das Erbe
Gottes [...] Israe[l ...] [6][jene, die einhalt]en den Weg Gottes und Seine [h]eilige Straß[e]
für die Heiligen Seines Volks. In der klaren Erkenntnis [7][Gott]es setzte er Israel [in
z]wölf Lager [...] denn Er selbst [8][...] das Los Gottes mit den Enge[ln] Seiner herrlichen
Lichter. In Seinem Namen die Lobpreise [9][...] Er errichtete als Feste des Jahres [und die
H]errschaft der *Jahad*, um zu gehen [im] Los [10][Gottes] gemäß [Seines] Ruhms [und]
Ihm zu dienen im Los des Volks Seines Throns. Denn der Gott von [...]

Zweites Beschwörungslied.

Fragment 8 [1][...] [2][...] sie sollen sich freuen an Gott [...] [3][...] [4][Für den Lehrmeister:] das zweite [Li]ed, um jenen Angst einzujagen, die erschrecken [...] [5][...] er
geht irre durch Erniedrigungen, doch nicht für [ewige] Zerstör[ung ...] [6][...] Gott im
Geheimnis des Allmächtigen *(Schaddai)* [...]

Der Lehrmeister erkennt dankbar an, daß Gott ihm Verstand verliehen hat.

Fragment 18 [1-2][...] [3][...] in Seiner [S]tärke [4][...]
[5][Gibt es Torheit] in meinen Worten? Es gibt keine. Oder [in] der Äußerung meiner
Lippen? Es gibt da keine Nichtswürdigkeit [6][...] und der Geist meines Verstandes und
[...] Werk der Gottlosigkeit, denn [7]G[o]tt kümmert sich um mich. Und ich habe alle
Werke der Unreinheit gehaßt, denn [8]Gott hat mein Herz mit Erkenntnis des Verste-
hens erleuchtet. Gerechte Lehrmeister [9]tadeln meine Sünden und treue Richter bestra-
fen all meine schuldhaften Übertretungen. Denn Gott ist mein Richter, und in der
Hand eines Fremden [wird Er] nicht [...]

Der Lehrmeister gesteht, nur ein demütiger Sterblicher zu sein.

Fragmente 28–29 [1][...] [2][...] sie [sollen] jubeln in Gott mit Freude. Und w[as mich
betrifft, ich werde Di]r danken, daß um Deines Ruhmes willen [3]Du Erkenntnis
[ge]geben hast in mich Staubgebilde, damit ich [Dich] p[reisen] möge. Und ich wurde
geformt aus Speichel (?). [4]Ich wurde geformt [aus Lehm,] und meine Form[ung] geschah in Finsternis [...] und Unrecht ist der Schmutz meines Fleisches [5][...]

Der Lehrmeister spricht von Gottes unendlicher Macht.

Fragment 30 [1]Du versiegeltest [... L]and [...] [2]und sie sind tief [... die] Himmel und
die Tiefen der dunkl[en Stätten auf der Erde ...] [3]Du mein Gott hast sie alle versiegelt
für ewig, und keiner kann sie öffnen. Und zu we[m ...] [4]„Sollen die überfließenden
Wasser beim Maß der hohlen Hand eines Mannes gemessen werden? [Sollen die
Himmel gemessen werden] mit einer Spanne? [Wer hat ein Maß,] [5]das den Staub der
Erde messen oder die Berge wiegen mit einer Waage oder die Hügel mit Waag-
schale[n?" (Jes 40,12, abgewandelt) ...] [6]Der Mensch hat diese Dinge nicht gemacht.
[Wie dann] kann ein Mensch den Geist [Gottes] messen?

Gott wird die Frevler richten und sein rechtschaffenes Volk bewahren.

Fragment 35 [...] [1]G[o]tt mit allem Fleisch und Gericht der Vergeltung, um
Frevelhaftigkeit auszulöschen, und beim heftigen [2]Ärger Gottes unter jenen, die sie-

benfach geläutert wurden. Doch Gott wird einige der Heiligen weihen ³für Sich selbst als ewiges Heiligtum; eine Läuterung unter jenen, die gereinigt sind. Und sie werden ⁴Priester sein, Sein gerechtes Volk, Sein Heer und Diener, Seine herrlichen Engel. ⁵Sie werden Ihn loben für seine ehrfurchtgebietenden Wunder.

⁶Und ich gieße aus die Furcht vor Gott am Ende meiner Generationen, um den Namen zu erhöhen [... zu ängstigen] ⁷durch Seine Stärke al[l] die Geister der Bastarde, um sie zu unterwerfen durch die Furcht vor [Ihm ...]

Der Lehrmeister erkennt an, Gott habe ihm Erkenntnis seiner Absicht gegeben.

Kolumne 2 (Fragmente 48–49, 51) ¹im Rat Gottes, denn [...] Seine Erkenntnis, die er [in mein] Her[z] gab [...] ²die Lobpreise Seiner Gerechtigkeit und [...] und durch Seinen Mund macht er Angst [all den Geistern] ³der Bastarde, um sie zu unterwerfen [...] Unreinheit. Denn im Schmutz ⁴meines Fleisches ist das Fundament von [... und in] meinem Körper sind Auseinandersetzungen. Die Vorschriften ⁵Gottes sind in meinem Herzen, und ich ziehe Nutz[en] aus allen Wundern der Menschen. Die Werke der ⁶Schuld verdamme ich [...]

Gott ist gnädig und gerecht in seinem Urteil.

Kolumne 3 (Fragmente 52, 54–55, 57–59) ¹[...] Und Du, mein Gott, [bist ein barmherziger und gnädiger Gott,] wartest mit Ärger, überfließt an dauerhafter Liebe, die Fundamente der Wah[rheit ...] ²[...] für Adam und für [seine] Söhn[e ...] die [Q]uelle der Reinheit, die Wasserspeicher der Herrlichkeit, groß in Gerechtigke[it ...]

Der Lehrmeister verkündet die Wunder Gottes.

Kolumne 2 (Fragment 63 Kolumne 2 + Fragment 64) ²[...] Ich will Deinen Namen segnen. Und in den mir bestimmten Zeiten werde ich erzählen von ³Deinen Wundern. Ich werde sie einmeißeln, die Gebote des Danks für Deine Herrlichkeit. Der Anfang jedes Zwecks des Herzens ⁴ist Erkenntnis, und der Anfang jeder gesegneten Äußerung sind rechtschaffene Lippen und die Bereitschaft zu jedem wahren Dienst.

Das Lied der befreiten Zunge.

Kolumne 3 (Fragment 63 Kolumne 3) ¹Und was mich betrifft, so soll meine Zunge Deine Gerechtigkeit hinaussingen, denn Du hast sie befreit. Du legtest auf meine Lippen den Brunnen ²des Lobs und in mein Herz das Geheimnis des Ursprungs aller Menschenwerke und die Erfüllung der Taten ³der Makellosen, die Urteile für all die Mühsal ihrer Werke, um zu rechtfertigen ⁴den Rechtschaffenen in Deiner Wahrheit und den Frevler zu verdammen in seiner Schuld, Frieden zu verkünden ⁵allen Männern des Bundes und zu e[rhöhe]n mit furchterregender Stimme: „Wehe allen, die ihn brechen!"

Abschließendes Lobpreis des Lehrmeisters.

Kolumne 4 (Fragment 63 Kolumne 4) ¹Laß sie alle Deine Werke loben ²immerfort, und gesegnet sei Dein Name ³für immer und ewig. Amen, Amen.

– M. G. A.

121. RITUAL DER REINIGUNG

4Q512

Diese liturgische Schrift, die Reinheitsgesetze enthält, ist mit *Rituelle Reinheitsgesetze über die Menstruation* (Text 54) und *Gesetze über die Reinigung* (Text 57) verwandt. Das *Reinigungsformular* enthält Lesungen für ein Ritual, das die Reinigung begleitete. In der Einleitung der *Vorschriften* (Text 21) wird die Bedeutung der Reinheitsgesetze für die Juden zur Zeit des zweiten Tempels näher erläutert.

Ein weiteres Reinigungsritual wurde auf der Rückseite der Fragmente der *Täglichen Gebete* (Text 118) beschrieben. Daraus kann geschlossen werden, daß es sich bei dieser Rolle um eine private Abschrift handelte, da Opisthographen (= zweiseitig beschriftete Rollen) nicht auf dem gewöhnlichen „Buchmarkt" im Umlauf waren. Durch die Zusammenstellung der beiden Texte entstand ein nützliches Handbuch.

Dieses Fragment erwähnt das rätselhafte „Geheimnis der Männer". Die Damaskus-Schrift (Text 1, 14,10) hält fest, daß der Aufseher der Lager die Einzelheiten dieses „Geheimnisses" sehr genau kennen mußte.

Kolumne 3 (Fragmente 36–38) [11][...] seine Kleider und [...] [12][...] alle Zungen [...] [13][...] für Dich, das Geheimnis der Mä[nner...] [14][...] [15-16][...] [17][...] Dein [...] von jeder Unreinheit unseres Fleisches [...]

Bei den vier Festen des Jahres, die unter allen Schriftrollen nur an dieser Stelle erwähnt werden (Zeile 2), handelt es sich wohl um Feierlichkeiten zu Beginn des ersten, vierten, siebten und zehnten Monats, mit denen der Wechsel der Jahreszeiten des Sonnenkalenders begangen wurde.

Kolumne 4 (Fragmente 33,35) [1][...] und für das Fest des Sabbats, an den Sabbaten aller Wochen von [2][... und das] Fe[st ... und] die vier Feste [3][... und] das Fest der Ernte, das heißt, des Sommers, und der Be[ginn des] ersten [M]onats [4][...] [5][...] im Wasser [...] um sich zu heiligen [6][...] er soll [preisen] und soll sprechen [als Antwort:] „Gepriesen bist Du, [7][o Gott Israels ...] um Mitleid zu haben [mit uns ...] Dein [...] [8][...] und ich [...] [9][...] in Unreinhe[it ...] [10][...] Reinheit [...""]

Das Brandopfer für die Vergebung der Sünden.

Kolumne 7 (Fragmente 29–32) [1][...] „Gepriesen bist D[u, o Gott Israels ...] [2][...] heiliges Volk [...] [3][...] Irrtum [...] [4][... im] Wasser und [...""] [5][...] und er soll preisen [den Gott Israels] dort [und sprechen als Antwort: „Gepriesen bist du,] [6][o Gott Israels. Ich stehe] vor Dir zur festgesetzten Ze[it ...] [7][...] Du [...] mich zur Reinigung von [...""] [8][...] und sein Brandopfer. Und er soll preisen und sprechen als Antwo[rt:] „Gepriesen bist Du, [o Gott Israels, der Du] [9][mich erlöst hast von al]len meinen Vergehen, mich gereinigt hast von der dreckigen Schmach und mich gesühnt hast, damit ich eintreten darf [...] [10][...] Reinheit und das Blut des Brandopfers, das Du begehrst, eine beschwichti[gende] Erinnerung [...] [11][...] Dein heiliger und beschwichtigender

Weihrauch, Deine Begierde [...] [12-18][...] meine Sünde [...] [19][...] Gerechtigkeit und [...] [20][...] Du wirst ungestraft lassen bis [zum] Gericht [... Is]rael, wel[ches ..."] [21][...„Gepriesen bist] Du, o Gott Is[raels...] für die Versöhnung [..."]

Die sieben Tage der Reinigung.

Kolumne 10 Fragment 11 [1][...] [2][und wenn] er [beendet hat] die sieben Tage [sei]ner] Reini[gung ...] [3][... dann] soll er seine Kleider waschen im Wa[sser und seinen Körper baden ...] [4]und er soll seine Nacktheit mit seinen Kleidern bedecken und sich hinknien au[f die Knie ... Und er soll sprechen als Antwort: „Gepriesen bist Du,] [5]o Gott Isr[ae]ls [...]

Ein Mann mit Samenerguß wird gereinigt und erneut in die Gemeinschaft aufgenommen.

Kolumne 11 (Fragmente 7–9) [1]all [diese] D[inge ...] [2]wenn er gereinigt ist von [sei]nem] A[usfluß ... R]einigung Isr[aels,] [3]zu essen und zu t[rinken ... in ihren] bewohnten [Stä]dten, [4]um ein [heiliges] Volk zu sein [...]

Eine liturgische Antwort für die Waschung des dritten Tages (Num 19,12.19).

Kolumne 12 (Fragmente 1–6) [1]Am dritten Tag [... Und er soll prei]sen und spreche[n] als Antwort: [„Gepriesen bist] [2][D]u, o Gott Israels, [der Du den zeitwei]lig (?) [Unreinen befohlen hast], sich zu reinigen von [der Unreinheit] [3][...] Seele in der Versöhn[ung ...] heilige Asche [...] [4][...] im reinigen[den] Wasser [...] auf den ewigen Tafeln [5]und Badewasser für die zeitweilige Reinigung [..."] seine Kleider. Und dann [sollen sie (?) auf ihn sprengen] [6]das Besprengungswasser, um ihn zu reinigen und all [...] [7]Und nach[dem] er [bes]prengt wurde mit dem Wasser [der Besprengung, soll er als Antwort sprechen: „Gepriesen bist Du,] [8]Go[tt Israe]ls, denn Du gabst [uns ...] [9]und von dem Dreck der Unreinheit. Und heute [...] [10]Unreinheit, um sich zu heiligen für Dich und [... e]w[ig], denn [11][...] Unreinheit. Und keiner ka[nn ...] die [T]age Deines Ruhmes [12]und der Bu[nd (?)] der erste und [...] ihre Schuld und auf [...] [13]all [...] und Du heiligtest ihn [in der] [14]Versöhnu[ng, die] Du begehrst [...] und Du verabscheutest sie wegen [...] [15][...] ihre Taten und [...] [16][...] mit der Krankheit der Unreinheit, um abgesondert zu sein [von] [17][...] verbannt [..."]

Lobpreisung für den Unterschied zwischen Reinen und Unreinen (Lev 20,25).

Kolumne 14 (?) (Fragmente 40–41) [1][...] das, [welches] unrein ist. [2][Und] wenn ein [Ma]nn oder eine Frau herankommt, [... Dann soll er preisen] und sprechen als Antwort: [3][„Ge]priesen bist Du, o Gott Isr[aels ... und machte einen Un]terschied für uns zwischen [4]den Unreinen und den Reinen [... zu dien]en Dir [5][mit] einer gerechten Reinigung [...] und Dein [6][guter] Wille [..."]

Lobpreis Gottes für die Gebote, die die Reinigung aller Dinge ermöglichen.

Fragmente 42–44 Kolumne 2 [2]Und dann soll er eintreten [... Und er soll preisen und] sprechen [3][als Antwort:] „Gepriesen bist [D]u, [o Gott I]s[raels, der Du ... Nach] [4]Deinem Gebot ist die Reinigung aller Dinge bestimmt [...] [5]sie sollen nicht gereinigt werden im Wasser der Waschung. Und [he]u[t]e ich [...] [6][...] die Handfläch[en ..."]

Die Reinigung ist vollendet, wenn die Sonne untergeht.

Fragmente 48–50 ¹[... Dann soll er preisen] ²und [sprechen] als Antwort: [„Gepriesen bist Du, o Gott Israels ...] ³ein heil[iges] Volk [...] ⁴Und wer ist der [...“]
⁵Und wenn [die] Sonne [untergeht,] der Tag [...] ⁶so wie Du uns [annahmst] für Dich als ein Volk [...]

Gottes Gebot, die Unreinen abzusondern, ist der Schlüssel zum Verständnis dafür, warum die Jahad so viel Wert auf rituelle Reinheit legt (Lev 15,31).

Fragment 69 ²Und Du befahlst uns, uns abzusondern von [der Unreinheit, damit wir nicht sterben ...]

– M. G. A.

122. Erlösung und Auferstehung

4Q521

Das Matthäusevangelium berichtet, Johannes der Täufer habe seinen Boten zu Jesu geschickt und ihn fragen lassen: „Bist du der, der kommen soll, oder müssen wir auf einen andern warten?" Jesus hat geantwortet: „Geht und berichtet Johannes, was ihr hört und seht: Blinde sehen wieder, und Lahme gehen; Aussätzige werden rein, und Taube hören; Tote stehen auf, und den Armen wird das Evangelium verkündet" (Matthäus 11,2–5).

Dieser Bericht über Jesu Antwort auf des Täufers Frage (siehe auch Lukas 7,22) ist eine bemerkenswerte Parallele zur Qumran-Schrift *Erlösung und Auferstehung*. Die Evangelien wie diese Rolle gehen davon aus, daß zur Zeit des Messias die Toten auferweckt werden, entweder durch Gott selbst oder durch seinen messianischen Beauftragten. Im Alten Testament findet man nirgends einen solchen Glauben. Es läßt sich daher vermuten, daß die Verfasser der Evangelien *Erlösung und Auferstehung* möglicherweise gekannt haben – oder mit den darin überlieferten Traditionen vertraut gewesen sind.

Es ist nicht mehr ersichtlich, wie die ersten zwei Absätze unseres Werks ursprünglich zusammenhingen. Zuviel von der Schriftrolle ist verlorengegangen. Wenn man sie tatsächlich als Teil einer längeren Beschreibung des Messias liest, liegt hier ein unter den Schriftrollen einzigartiger Text vor uns. Auffallend ist, daß die Charakteristika des königlichen Messias fehlen, die so deutlich im *Krieg des Messias* (Text 59, besonders Fragment 5) oder in den *Genesis-Kommentaren* (Text 49, s. Fragment 1 Kolumne 5) vorliegen. Möglicherweise ist, wie John Collins vermutet, ein gesalbter Prophet der Letzten Tage gemeint. Elija war z. B. ein gesalbter Prophet. Aus vielen zeitgenössischen Quellen ist bekannt, daß einige Juden seine Wiederkehr erwarteten. Text 90, das *Elija-Apokryphon*, enthält ebenfalls diese Vorstellung.

Fragment 2 + Fragment 4 Kolumne 2 ¹[... Denn der Him]mel und die Erde werden auf Seinen Messias hören, ²[und alles, w]as in ihnen ist, wird sich nicht von den Geboten der Heiligen abwenden. ³Stärkt euch, ihr, die ihr den HERRN sucht, in Seinem Dienst. ⁴Werdet ihr den HERRN nicht in diesem finden, all jene, die in ihrem

Herzen hoffen? ⁵Denn der HERR sucht die Frommen und ruft die Gerechten mit Namen. ⁶Über den Demütigen schwebt Sein Geist, und er erneuert die Getreuen durch Seine Kraft. ⁷Denn er wird die Frommen auf dem Th[ro]n Seines ewigen Königreichs ehren. ⁸Er wird Gefangene freilassen, die Augen der Blinden öffnen, Gebe[ugte] aufrichten. ⁹Und auf [Ew]igkeit (?) werde ich (?) festhalten [an] den [Ho]ffnungsvollen und den Frommen [...] ¹⁰[...] soll nicht verzögert werden [...] ¹¹und der HERR wird glorreiche Taten tun, die noch nicht getan wurden, so wie Er gesagt hat. ¹²Denn Er wird die lebensgefährlich Verwundeten heilen, Er wird die Toten auferwecken, Er wird den Leidenden gute Nachrichten verkünden, ¹³Er wird [...], Er wird die [...] führen, und die Hungernden wird Er sättigen (?). ¹⁴[...] und [...]

Das Thema eines letzten Gerichts ist klar und deutlich in diesem Fragment. In den Zeilen 1–3 wird ein Überblick über die schöpferische Kraft Gottes gegeben. Der zweite Abschnitt (Zeilen 4–6) bedient sich des biblischen Bilds der Flüche und Segen (Dtn 27–28). Den Verfluchten ist beschieden, zu sterben, während die Gesegneten auferstehen werden (Dtn 30,19, Mt 22,30–32, 1 Kor 15,12ff., Offb 20,4–6).

Fragment 7 + Fragment 5 Kolumne 2 ¹[...] sehen alles, w[as der HERR gemacht hat,] ²[die Erd]e und alles, was auf ihr ist, die Meere [und alles,] ³[was in ihnen ist] und jedes Wasserbecken und die Bäche. ⁴[...] diejenigen, die Gutes vor dem HER[RN] tun, ⁵[werden segnen ... und nich]t wie diese, die fluchen. Ihnen w[ird] es beschieden sein, zu sterben, [wenn] ⁶der Eine, der auferweckt, die Toten Seines Volkes [auferstehen lä]ßt. ⁷Dann werden wir Dank [sag]en und dir die gerech[ten Taten] des HERRN verkünden, die [...] ⁸diejenig[e, denen es beschieden ist, zu s]terben. Und er wird öffnen [Gräber...] ⁹und [...] ¹⁰und [...] ¹¹nun, vertraue (?) [deine] T[aten...] an ¹²und eine Brücke von [...] ¹³die Verfluchten werden kaum beachtet (?) [...] ¹⁴und die Himmel werden zusammentreffen [...] ¹⁵[und a]ll die Engel [...]

Der Ausdruck „Messias" wird in diesem Fragment im Plural verwendet (Zeile 9), wahrscheinlich im Blick auf den Priester bei der Erwähnung der Tempelgeräte (Zeile 8).

Fragment 8 ¹[...] eine Mauer zwi[sch]en ²⁻⁴[...] ⁵[...] sie werden erstrahlen ⁶[...] Adam ⁷[...] Jakob [...] ⁸[...] und alle Gefäße Seines Heiligtums ⁹[...] und alle seine Gesalbten ¹⁰[...] und [s]i[e] spra[chen] die Worte des HERRN, und [...] ¹¹[...] der HERR ¹²[..] die Augen von

– M. G. A.

123. JOSUA-APOKRYPHON

4Q522

Die lesbaren Teile des vorliegenden Werkes enthalten erstaunlich unterschiedliche Themen. Das erste Fragment enthält eine einfache Liste geographischer Namen, während das zweite Fragment Gottes Wahl des Bergs Zion für den Tempelbau preist. Der verbindende Gedanke zwischen beiden scheint zu sein: Gott hat das ganze Land Israel und besonders Jerusalem gesegnet. Die Liste mit Städtenamen hat – als Genre – Ähnlichkeiten mit der Beschreibung der Aufteilung des Heiligen Landes in Josua 13–21. Einige der Städte sind unbekannt, während andere in der Bibel erwähnt werden.

Aus der Sicht des Erzählers befindet sich Jerusalem noch in der Hand der Amoriter. Diese Tatsache sowie die Ähnlichkeit der 1. Kolumne mit der geographischen Liste in Josua legen den Schluß nahe, daß die Schriftrolle ursprünglich eine bisher unbekannte Erzählung über Josua und seine Zeit enthielt.

Liste der Städte in Kanaan und der Stämme, denen sie zugeordnet werden.

Fragment 1 Kolumne 1 [1][...] und En-qober, und Bet- [2][...] Biqah und Bet-Zippor und [3][...] das ganze Tal von Mazo und [4][...] Ekalyazad, Jaaphor und [5][...] und Mano und En-kobed [6][...] Garim, Haditha und Oshel [7][...Ek]ron (Jos 13,3) von [8][...] und Aschkelon (Jos 13,3) [9][...Ga]liläa und zwei [...] das Scharon-Tal (Jes 33,9) [10][...] Juda: Beerscheba (Jos 15,28), Bealot (Jos 15,24) [11][...] Keïla (Jos 15,44), Adullam (Jos 15,35) und [12][...] Geser (Jos 21,21), Timna (Jos 15,57), Gimso (2 Chr 28,18) und [13][...] Heker und Kitron (Ri 1,30) und Efroniam und Sechu (1 Sam 19,22) [14][...] das obere und das untere Bet-Horon (1 Chr 7,24) und [15][...] das obere und das untere Gilo (Jos 15,51) [16][...]

Gott offenbart die Zeit des Tempelbaus.

Kolumne 2 [2]Er wird [Zion] nicht [verlassen], um Seinen Namen dort wohnen zu lassen, das Versammlungszelt ... [bis zum Ende] [3]der Zeit, denn siehe, ein Sohn wurde dem Isai geboren, Sohn des Peretz, Sohn des Ju[das ... er wird auserwählen] [4]den Felsen Zions, und er wird von dort alle Amoriter vertreiben von Jeru[salem,] [5]um den Tempel zu erbauen für den HERRN, den Gott Israels, Gold und Silber [...] [6]Zedern und Zypressen wird er vom Libanon bringen, um ihn zu erbauen, und sein jüngerer Sohn [wird den Tempel erbauen ... und Zadok] [7]wird als erster dort als Priester dienen [...] [8][...] vom Himmel [...] die Geliebten des HERRN werden dort in Sicherheit wohnen [... auf] [9]Dauer und sein Volk wird dort wohnen in Ewigkeit. Doch nun ist der Amoriter dort und der Kanaaniter [und der Jebusiter und all die] [10]Bewohner, die gesündigt haben und die ich nicht gesucht habe [...] [11]von dir. Was die Schiloniter betrifft, ich habe sie zu Knechten gemacht [...]

– E. M. C.

124. WEISHEITSLEHRE DER SEGNUNGEN

4Q525

G esegnet ist der Mann, der Weisheit erlangt und auf dem Weg des Allerhöchsten geht." Mit diesen und ähnlichen Worten könnte die *Weisheitslehre der Segnungen* fast wörtlich dem Neuen Testament entnommen sein – so groß ist manchmal die Ähnlichkeit von Form und Gedankengut mit den berühmten Seligpreisungen im Matthäusevangelium (5,3–10). Abgesehen von diesen augenfälligen Parallelen ist die *Weisheitslehre der Segnungen* ein weiteres Beispiel für Weisheitsliteratur, vergleichbar mit dem *Buch der Geheimnisse* (Text 12) und dem *Geheimnis des Ursprungs aller Dinge* (Text 98). Wie in der Weisheitsliteratur enthält der Text eine Gegenüberstellung von Veranlagung und Verhalten eines rechtschaffenen und eines gottlosen Menschen. Die empfohlene Verhaltensweise ist offensichtlich. Nur für besonders verbohrte Leser von einst stößt der Verfasser sie mit Hilfe einer anschaulichen Schilderung der Hölle, die voll von Feuer, Schwefel und Giftschlangen ist, eindringlich darauf.

Die Aufforderung „Weisheit und Zucht zu kennen und zu verstehen ...“ ist Widerhall von Spr 1,1–6.

Fragment 1 [1][... die er spra]ch in der Weisheit, die Gott ihm gab [...] [2][...] Weisheit und Zu[cht zu kenn]en, zu verstehen [...] [3][...] zu vermehren [...]

Dieser Abschnitt des Manuskripts zeigt charakteristische Ähnlichkeiten mit den Seligpreisungen in Sir 14,20–15,1 und Mt 5,3–10. Obwohl der Weisheit hier ein sehr hoher Stellenwert eingeräumt wird, werden Weisheit und Gesetz doch nicht als Gegensätze, sondern vielmehr als untrennbar betrachtet.

Fragment 2 Kolumne 2 [Gesegnet ist der eine, der ...] [1]mit einem reinen Herzen und verleumdet nicht mit seiner Zunge. Gesegnet sind jene, die festhalten an ihren Gesetzen und nicht festhalten [2]an den Wegen des Unrechts. Gese[gnet] sind jene, die sich daran erfreuen und nicht auf die Pfade der Torheit ausbrechen. Gesegnet sind jene, die sie suchen [3]mit reinen Händen und nicht mit einem [Her]zen voller Täuschung danach streben. Gesegnet ist der Mann, der Weisheit erlangt und geht [4]im Gesetz des Allerhöchsten: sein Herz auf ihren Wegen, sich selbst im Zaum hält durch ihre Zurechtweisungen, immer zufrieden ist mit ihren Strafen, [5]sie nicht verläßt im Angesicht [seiner] Prüfungen, zur Zeit der Not verläßt er es nicht, vergißt es nicht [am Tag des] Schreckens, [6]und in der Demut seiner Seele verabscheut er es nicht. Doch er denkt ständig darüber nach, und in seiner Heimsuchung denkt er nach [über das Gesetz, und mit al]l [7]seinem Sein [erlangt er Verständnis] davon, [und er errichtet sie] vor seinen Augen, damit er nicht geht auf den Wegen [der Ungerechtigkeit und ...] [8][... und ...] zusammen und vervollkommnet sein Herz dadurch [und ...] [9][und setzt eine Krone von ... auf] seinen [Kop]f, und mit Königen soll er [ihn] plaz[ieren] [10][... und ...] Brüder sollen [...] [11][...]

[12][Und nun, meine Söhne, hört auf mich und] wendet [euch n]icht ab [von den Worten meines Mundes.]

Das unvergleichliche Wesen von Weisheit und Gesetz.

Kolumne 3 [1][nichts] läßt sich jemals damit vergleichen [...] [2]Es kann nicht erlangt werden mit Gold o[der Silber ... oder] [3]mit wertvollen Juwelen [...][4][Sie] schweigen [... von] ihrem Gesicht [...] [5]und purpurne Blumen mit [...] [6]scharlachrot, mit all den Kleidern von [...] [7]und mit Gold und Perlen [...]

Diejenigen, die in Vollkommenheit wandeln, wenden sich ab in Unrecht und nehmen die Gebote der Weisheit oder die Strafen des Gesetzes an.

Kolumne 4 [1][...] und zur Zeit, di[e ...] [2][...] kehrten zurück und [...] [3][...][4][...] [5][...] suchet sie nicht mit unau[frichtigem] Herzen [...] [6][...] mit einem Herz voller Täuschung und mit [...] [7][...] laßt [nicht] im Stich [...] eures [Erb]es oder euer Los für Fremde. Denn Weishei[t ...] [8][sie] lehren in Freundlichkeit. [Jene,] die Gott fürchten, bleiben auf ihren Wegen und gehen in [...] [9]ihre Vorschriften und weisen nicht ihre Züchtigungen zurück. Jene, die sprechen können [...] [10]Jene, die den Weg in Vollkommenheit gehen, wenden Unrecht ab und weisen nicht ihre Strafen zurück [...] [11]sie sind beladen. Die Klugen erkennen ihre Wege und ihre Tiefen [...] [12]sie erblicken. Jene, die Gott lieben, gehen demütig in ihr und [...]

Beschreibung der Ungerechten und Unklugen.

Fragment 7 Kolumne 2 [1][...] und die eine (Seele?), die eifersüchtig ist ohne [Erkenntnis ...] [2]daß er nicht versteht, vom Geist, der [... daß er nicht könnte] [3]erkennen vom Geist, der beschneidet (?) [...] [4]hat er gesegnet. Und der eine, der Stolpern läßt oh[ne Erkenntnis ... Urteil ist] [5]gewiß. Der eine schickt weg ohne [Erkenntnis ...] [6]Stolz und Täuschung [...]

Ermahnung, redlich und glaubwürdig zu sein.

Fragmente 8–9 [1][...] Trauer und Leid [...] [2][...] [3]Achtet auf mich, all ihr Söhne von [...] [4][...] Sanftmut, Redlichkeit und [...] [5]und Er wird sicherlich lieben. Doch laßt Ihn nicht alles Fleisch rechtfertigen [...] [6][We]nn ihr recht daran tut, wird Er euch gnädig sein [...] ihr werden zurückkehren [...] [7][...] all [...] Erkenntnis [...]

Das Los der Gerechten und Weisen.

Fragment 12 [1][...] Fülle an Frieden [...] alle die Segnungen von [...] [2][...] von Herrlichkeit a[ll]en, die festhalten an Mir (oder Ihm) [...] [3][...] vollkommen in all Meinen (oder Seinen) Wegen. Und [...] [4][... und] mit all den Geister[n von ...]

Beschreibung der Gerechten und Weisen.

Fragment 14, Kolumne 2 [1][...] deine [...] in [...] [2]auf einem Thron des Unrechts und auf den hohen Orten [...] [3][...] sie werden deinen Kopf erheben [...] [4][...] wegen deines Wortes und [...] [5]in a[ller] Herrlichkeit wirst du wünschen [... er, der] [6]deinen Wegen nähergerückt ist. Du wirst nicht erschüttert werden [...] [7]du sollst gesegnet sein. In der Zeit deines Wankens wirst du finden [...] [8]der Vorwurf des Feindes soll dich nicht bringen [...] [9]zusammen, sowohl deine Feinde als auch deine Gefährten [...] [10]dein Herz, und du erfreust dich an [...] [11]für die Größe deines Fußes, und du sollst treten auf die Höhen deiner [...] [12]deiner Seele. Er wird dich erlösen von jedem Übel, und Schrecken soll dich nicht bringen [... das, was] [13]Er dir als Besitz gibt. Er wird deine Tage füllen mit Gutem, und du wirst [...] in einer Fülle an Frieden [...] [14]du wirst Ehre erben. Und wenn du hinweggefegt wirst zur ewigen Ruhe, sollen sie erben [...] [15]und all jene, die wissen, daß ihr zusammen gehen sollt in eurem Lehren. Und [...] [16]sie sollen gemeinsam verloren sein. Doch sie sollen sich an dich erinnern in deinen Wegen, und du wirst sein [wie ...] [17][...]

Ermahnung – wahrscheinlich des Lehrmeisters – zu rechtschaffener Demut.

[18]Und nun, o Einsichtiger, hör mir zu und übergib dein Herz [...] [19]sprich von Erkenntnis zu deinem Innersten und [...] denk nach [...] [20]mit rechtschaffener Demut äußere [deine] Worte. Gib [nich]t [... Tu] [21]nicht ab die Worte deines Gefährten, wenn er dir nicht [gi]bt [...] [22]antworte dementsprechend, was du hörst, als ein Kaufmann, das herausbringt [...] mit ihm [...] [23]Äußere [nicht] eine Klage, bevor du ihre Worte hörst [...] [24]äußerst. Zuerst hör dir ihre Erklärung an, und antworte dann [...] [25]bringe sie geduldig hervor. Antworte auf die richtige Weise inmitten von Fürsten und nicht [...] [26]mit deinen Lippen. Hüte dich davor, mit deiner Zunge zu beleidigen [...] [27]wenn du nicht von deinen Lippen in Widersprüche verwickelt bist [und vers]trickt zusammen mit [...] [28] ... [...] von mir und [...]

Beschreibung der Hölle, die das Los der Unklugen und Ungerechten ist.

Fragment 15 [1][...] Finsternis [...] lagern Gift (oder Armut), und durch die Za[hl ...] [2][...] Schlangen mit [... und er wird] dahin gehen. Du wirst betreten [...] [3][... wirst] brennen, und mit An[gst] wird eine Schlange Herren demütigen (?) [...] [4][...] sie werden ihren Platz einnehmen. Ewige Flüche und Schlangengift [...] [5][...] Viper. Und in den Flamme[n des] Todes wird vorüberfliegen am Eingang [...] schrei hi[naus ...] [6][... Fi]nsternis, brennender Schwefel ihr Sockel, und ihr Fundament ist [...] [7][...] ihre [Tore] sind schmachvolle Vorwürfe und ihre Riegel sind die Einschränkungen der Hölle [...] [8][...] sie sollen nicht gelangen auf die Wege des Lebens. Du wirst bet[reten ...] [9][...] sie sollen ausbreiten [...]

Weissagung aus den Eingeweiden wird verurteilt.

Fragment 22 [1]sie hielten die Eingeweide vor G[ott (?)...] [2]Ich fliehe. Und am bestimmten Tag [...] [3]und hinabzusteigen in die Tiefen der Grube und zu [...] [4]in den glühenden Ofen.

Ermahnung, Ungerechtigkeit zu verachten.

Denn ich bin [...] [5]Gott befahl Männern der List [...] [6]zu ihren Gunsten von der Erkenntnis der Weisheit [...] [7]kehrtmachen, wenn sie nicht nachdenken über [...] [8]ich habe verabscheut, und mit verächtlichen Männern [...] [9]Gerechtigkeit, und als St[olper]stein [...] [10]denn Go[tt] hat mich verurteilt [...]

Los jener, die auf die Wege der Weisheit gelangen.

Fragment 23 [1][und wahr]haftig, du äußerst Wort[e ...] [2]Herz. Hört Mir zu und [Meinen] Wor[ten ...] [3]Ich errichtete, und sie sollen Wasser trinken [aus dem Brunnen ...] [4]Mein Haus ist ein Haus des [Gebets ...] [5]Mein Haus. Derjenige, der wohnt in [...] [6]für ewig. Und sie sollen gehen [...] [7]jene, die es versammeln, sollen [...] [8]er hat gebrannt. Und all jene, die trink[en ...] [9]der Brunnen der Wasser des Früh[lings ...]

– M. G. A.

125. Worte des Erzengels Michael

4Q529

Nach Daniel 12,1 ist der Erzengel Michael der „große Engelsfürst, der für die Söhne [des] Volkes eintritt", und die *Kriegsrolle* (Text 8) spricht von der „Kraft des erhabenen Engels", der den Bund Israels „durch ewiges Licht ... freudig aufleuchten läßt" (17,6) wird. Er spielt eine herausragende Rolle in der jüdischen Literatur jener Epoche und auch während der folgenden Jahrhunderte als Oberhaupt der Engel. Das Neue Testament bezieht sich auf ihn als „Michael und seine Engel" (Offenbarung 12,7). Daher wird er oft als erster Bote oder Verkündiger Gottes betrachtet. (Zu anderen Nennungen Michaels in den Schriftrollen vom Toten Meer siehe Text 112, *Erzengel Michael und König Zidkija).*

Die *Worte des Erzengels Michael* sind insofern einzigartig, als sie eine Ansprache Michaels an die anderen Engel, nicht an menschliche Wesen, sowie den Empfang einer Vision Gabriels durch Michael enthalten. Gattung wie Sinn und Zweck des Textes sind nicht klar erkennbar. Der Schlüssel zum Verständnis ist die Rekonstruktion des Endes von Zeile 9. Heißt es an dieser Stelle, daß in der genannten Stadt „Böses ... getan werden" wird oder daß „[nichts] Böses ... getan werden" wird? Trifft ersteres zu, könnte es sich um Babylon oder sogar um Rom (K. Beyer) handeln. Stimmt jedoch letzteres, dann würde es sich um Jerusalem handeln (Eisenman und Wise). Die Ähnlichkeit mit Text 123, dem *Josua-Apokryphon,* sowie der namenlose Mann, der kommen wird und „Silber und Gold" einfordern wird, lassen ebenfalls an Jerusalem und David denken, der die Vorbereitungen für den Tempelbau getroffen hat.

Falls diese Lesart richtig sein sollte, könnte Michael den Engeln berichten, daß er Engelsheere erblickte, die dauerhaft auf dem Berg Zion stationiert sind, und nach einer Erklärung hierfür fragen. Gabriel offenbart ihm, daß dort dereinst eine große Stadt zur Anbetung Gottes gebaut werden wird.

[1]Die Worte aus dem Buch, die Michael zu den Engeln sprach [...] [2]er sagte: Ich fand dort feurige Truppen [...] [3][...] neun Berge, zwei im Osten, [im Westen, im Norden und im] Süden. Dort sah ich den Engel Gabriel [...] [5][...] er ließ mich eine Vision sehen und sagte zu mir: [...] [6]in meinem Buch des großen, ewigen HERRN steht geschrieben [...] [7]die Kinder Hams und die Kinder Sems, und siehe, der große, ewige HERR [...] [8]als Tränen ungehemmt flossen [...] [9]und siehe, eine Stadt wird errichtet werden im Namen des großen, [ewigen HERRN ... und dort nichts] [10]Böses wird getan werden vor dem großen, [ewigen] HERRN [...] [11]und der große, ewige HERR wird Seine Schöpfung in Erinnerung rufen [...] [12]Gnade gehört zum großen, ewigen HERRN und auch [...] [13]in den fernen Ländern wird es einen Mann geben [...] [14]ist er, und er wird zu ihm sagen: Dies ist [mein heiliger Berg ...] [15]mir Silber und Gold [...]

– E. M. C.

126. Fragmente aramäischer Prophezeiungen

4Q533, 4Q571, 4Q unbekanntes Fragment [Ar S], 4Q593

Einige aramäische Fragmente enthalten Textabschnitte, die wohl von „Testamenten" priesterlicher Gestalten stammen. Die Testament-Literatur von Qumran, wie *Worte Levis* (Text 39), *Letzte Worte Kehats* (Text 131) und *Vision des Amram* (Text 132), wurde üblicherweise auf aramäisch geschrieben. Die folgenden Schriften passen gut zu den ermahnenden wie auch zu den prophetischen Testamenten, die bislang unbekannt waren.

Das vorliegende Fragment fällt unter die Kategorie der Geschichtsschreibung in Form von Prophezeiung, wie zum Beispiel in eine Vision vom Sohn Gottes *(Text 46). Wie in jenem Text geht es um die Ereignisse während der Judenverfolgung unter Antiochus IV. Epiphanes (175–164 v. Chr.). Unter seiner Herrschaft mußten die Bewohner Judäas nach 1 Makkabäer Götzen anbeten (1,47). Ihre ererbten Gesetze wurden abgeschafft (1,52–61). Die nichtjüdischen Völker fügten sich (1,43), wie auch viele Juden. Jene, die nicht gehorchten, wurden gezwungen, Schweinefleisch zu essen (2 Makkabäer 7, 4), während andere sich auflehnten oder in die Wüste flohen (1 Makk 2).*

4Q533 Fragment 1 [1-2][...] von Ägypten ein König [wird sich erheben ...] **Fragment 2** [1-2][...] die Völker werden gehorchen [3][...] was ein Götzenbild ist, und sie werden abschaffen [4][die Gesetze ...] König von Ägypten [5][... veranlaßte] sie, sich aufzulehnen [6-7][...] der Erlaß und nicht [8][...] jene, die übrig sind [9][...] daß sie Schweinefleisch essen sollten [10][...] sein Königtum, und auch [11][... sie flohen] aus der Gegenwart der Gottlosen [12][...] das Königreich [13][...] soll enden und jener König [...]

Vielleicht enthält dieser Text die Prophezeiung der Ankunft eines messianischen Hohenpriesters wie im letzten Teil der Worte Levis *(Text 39).*

4Q571 [1]... die Stadt und jene, die in ihr wohnen [... seine Lehren] [2]zeigen sich allen Bewohnern des Landes und jenen in fernen Ländern [... er wird hinwenden einen Vater zum Sohn und] [3]einen Sohn zu seinem Vater. Er sagte, daß Licht bis [...]

Das folgende Fragment, bekannt als „Aramaic S" in den Verzeichnissen, jedoch ohne „4Q"-Numerierung, ist ebenfalls eine Prophezeiung. Sie ist nur schwer zu verstehen und läßt sich nicht einer besonderen geschichtlichen Epoche zuweisen.

Unbekanntes Fragment [1][...] [2][und stä]rkt die Mächtigen [...] [3]und stärkt als erstes [...] [4]dann werden sie schwach werden, und sie werden gehen [...] [5]sie werden bei ihm bleiben und [...] [5]auf ihn, um zu gehen hinter [...] [7][von] ihnen, und er stärkt sie [...] [7]er wird aufheben (?) die Steuern (?) und du wirst [senden ...] [9]und du wirst gehen und es in deinem Herzen verbergen [...] [10]Flüsse werden ihr [Wasser] ausgießen [...] [11][...] [12]und all die Wüsten, und er wird zeigen [...] [13][...] mit List und Tücke [...] [14][...] zu lehren und schreiben [...]

Dieser kleine Schnipsel von nur einer Zeile bezieht sich wohl auf das Kommen Alexander des Großen († 323 v. Chr.). Nach 1 Makkabäer kam der griechische Eroberer „bis an das Ende der Welt, plünderte viele Völker aus, und die ganze Erde lag ihm wehrlos zu Füßen. Da wurde sein Herz stolz und überheblich" (1,3).

4Q593 [... dann werden] die Urteile [vollstre]ckt [werden] zu ihrer Zeit; und er wird immer stolzer werden und er wird sagen: „Ich werde bis ans Ende der Welt gehen und [...]".

– E. M. C.

127. Geburt eines Auserwählten

4Q534–536

Es ist ein charakteristisches Thema der Schriftrollen vom Toten Meer, alles als Teil eines göttlichen Plans zu sehen. Der Qumran-Sekte anzugehören war nicht nur glückliches Schicksal, sondern Ergebnis einer göttlichen Entscheidung. Die Qumran-Sekte bezeichnete sich selbst als „die Auserwählten Gottes" (z. B. Text 4, *Habakuk-Kommentar* 10,13; Text 8, *Kriegsrolle* 12,5). Dieser Text spricht von einer bestimmten Person als dem „Erwähltem", d.h. als dem, dem Gottes Geheimnisse offenbart werden. Als der erste Teil des Textes publiziert worden war, nahmen die Forscher an, es müsse sich bei dem „Erwählten" um den Messias handeln. Später schloß man sich einer Vermutung J. A. Fitzmyers an und begann, den Text als Teil eines verlorengegangenen Buches Noach zu betrachten; man hielt daher den „Erwählten" für Noach. Es gibt aber keinen vernünftigen Grund, den Text als Teil eines *Buchs Noach* zu betrachten, wenngleich man Noachs Geburt als wunderbar (s. Text 2, *Patriarchen-Geschichten*) ansah. Mit der Freigabe aller unveröffentlichten Schriftrollen wurde deutlich, daß die erste Annahme die richtige war: Der „Erwählte" ist nicht *der* Messias, sondern *ein* Messias. Besonders auffallend sind die Parallelen zur Rolle 4Q541, dem letzten Teil der *Worte Levis* (Text 39). Dort wird ein mächtiger Priester prophezeit, der sich erheben wird, „verborgene Geheimnisse offenbart" und dessen „Lehren wie Gottes Wille ist" – ähnlich wie der „Erwählte" dieses Textes, der „Geheimnisse offenbaren wird wie der Allerhöchste" (4Q536 Zeile 8) und dessen „Weisheit kommen wird zu allen Völkern" (4Q534 Kolumne 1, Zeile 8).

Der zukünftige Priester der *Worte Levis* könnte durchaus der „Erwählte" dieses Textes sein, d. h. der priesterliche Messias, der zusammen mit dem „Führer der Nation", dem königlichen Messias, Israel in den Letzten Tagen regieren wird. Die *Geburt eines Auserwählten* berichtet von einigen der charakteristischen körperlichen Merkmale des Priesters und beschreibt die Größe und den Erfolg seines Priesterdienstes.

Der „Erwählte" kann an bestimmten, einzigartigen körperlichen Merkmalen erkannt werden.

4Q534 Kolumne 1 [...] [1]an der Hand zwei [Narben ...] eine Narbe. Rot wird [2]sein Haar sein und Leberflecke werden auf [...] [3]und kleine Narben auf seinen Oberschenkeln, und sie werden sich voneinander unterscheiden.

Die Erziehung des „Erwählten" und seine zukünftige Größe.

Er wird wissen [...] [4]in seiner Jugend werden seine Worte sein wie diejenigen [eines M]annes, der nichts weiß, bis [5]er die drei Bücher kennen wird. [6]Dann wird er weise sein und wird vi[ele Dinge] wissen [...] Visionen kommen über ihn auf [seinen] Knien, [7]und durch seinen Vater und seine Vorväter wird er [langes] Leben und hohes Alter haben und Klugheit und Weisheit, [8]und er wird die Geheimnisse der Menschen kennen, und seine Weisheit wird kommen zu allen Völkern, und er wird die Geheimnisse aller Lebewesen erkennen. [9][Al]l ihre Pläne gegen ihn werden scheitern, und die Freude aller Lebewesen wird groß sein [10][...] seine Absichten, denn er ist der Erwählte Gottes. Seine Geburt und der Geist seines Atems [11][...] seine Absichten werden für immer währen [...]

Ergänzungen über die Umstände seiner Geburt; Einzelheiten sind ungewiß.

4Q435 [1][...] wird geboren, und sie werden gemeinsam erhöht [...] [2][...] wird des Nachts geboren und kommt hervor gan[z ...] [3][... mit einem] Gewicht von dreihundertfünf[zig] Schekel ... [4][... in der Na]cht schläft er, bis die Hälfte seiner Tage vorüber ist und [...] [5][...] während des Tages bis zwei Jahre vorüber sind [...] [6][...] soll von ihm genommen werden; und nach [x] Jah[ren ...]

Erhabenheit der Lehre des „Erwählten".

4Q536 [1][...] wird sein [...] [2][...] er wird in Erinnerung rufen die heiligen Engel [...] [3][...] die Lic[hter] werden ihm offenbart werden [4][...] all sein Lehren, Pr[acht ...] [5][... We]isheit der Menschheit und jeder weise Mann [6][...] in Sterblichkeit; und er wird groß sein [7][...] Menschheit wird beunruhigt sein [8][...] er wird Geheimnisse offenbaren wie der Allerhöchste [9][...] und mit der Erkenntnis der Geheimnisse von [10][...]

– E. M. C.

128. Vision Jakobs

4Q537

Als der Patriarch Jakob ins heiratsfähige Alter kam, schickte ihn sein Vater zu seinem Onkel Laban, damit er sich eine Frau nehme. Auf dem Weg dorthin verbrachte Jakob eine Nacht an einem „bestimmten Ort", wie es in Genesis 28,11 heißt. Er schlief ein und hatte einen Traum, in dem er eine Treppe erblickte, die zum Himmel führte und auf der Engel hinauf- und herabstiegen. Er hörte, wie Gott ihm Land versprach, zahllose Nachkommen und Segen. Als er erwachte, stellte Jakob einen Stein auf, goß Öl darüber und nannte den Ort Bet-El (= „Haus Gottes").

Das außerbiblische Buch der *Jubiläen* führt diese Vision Jakobs weiter aus. Der Verfasser der *Jubiläen* ist darauf bedacht, zu erklären, warum Bet-El – trotz des vielversprechenden Anfangs und seines eindrucksvollen Namens – nicht der Ort war, den Gott für seinen Tempel erwählte. Die *Jubiläen* gehen über die Bibel hinaus, indem sie ausführen, daß Jakob die Absicht hatte, Bet-El zur religiösen Stätte zu weihen. Jakob erlebt Gott in einer zweiten Vision, von der in der Bibel nichts zu finden ist.

Vorliegender Text steht mit dem Abschnitt der *Jubiläen*, der von dieser zweiten Vision erzählt, in Beziehung. An bestimmten Stellen gibt es sogar deutlich erkennbare wörtliche Verbindung. Dieses Werk ist jedoch nicht nur eine aramäische Version dieses Abschnitts der *Jubiläen*. Die Geschichte wird nämlich hier in der ersten Person erzählt, während in den *Jubiläen* ein Engel dem Mose von den Ereignissen berichtet. Außerdem geht der Verfasser in mehreren Einzelheiten über die *Jubiläen* hinaus.

Jakob erhält eine Anzahl himmlischer Schrifttafeln, auf denen die Zukunft geschrieben steht. Er erfährt, daß kein Tempel bei Bet-El erbaut werden soll. Die Rekonstruktion in Zeile 5 folgt den Jubiläen.

Fragment 1 (Dann sah ich in einer Vision der Nacht und siehe da, ein Engel Gottes stieg vom Himmel herab mit sieben Schrifttafeln in seinen Händen. Er sagte zu mir: „Es segne dich Gott, der Allerhöchste, dich und) [1]deine Nachkommenschaft. Alle die Gerechten und die Redlichen werden übrig bleiben. [... Es wird nicht mehr] [2]Übel [angetan], Lügen wird es nicht mehr geben. [...] [3]Nun, nimm die Tafeln und lies alles, [was darauf geschrieben steht." Da nahm ich die Tafeln und las. Auf ihnen standen geschrieben alle meine Leiden] [4]und Bedrängnisse, in der Tat, alles, was kommen wird über [mich all die hundertsieb]en[undvierzig] Jahre meines Lebens. [Erneut sagte er zu mir: „Nimm] die Tafel von meiner Hand." [...] [5][Nun] nahm ich diese Tafel von seinen Händen, [und ... ich las alles.] Ich sah darauf geschrieben, daß [kein Heiligtum an diesem Ort erbaut werden soll.] [6][... Erneut sagte er zu mir:] „Du sollst weiterziehen, und an dem [...] Tag, [...] vergeblich sein vor [Gott, dem Allerhöchsten ..."]

Jakob sieht die Stadt und den Tempel, wahrscheinlich in Jerusalem.

Fragment 2 [1][Ich sah ...] und wie der Bau erbaut werden soll [... und wie] ihre [Priester] sich bekleiden sollen und [ihre Hände] reinigen sollen [2][und wie] sie die Opfer auf dem Altar hinaufbringen sollen und w[ie in je]dem [La]nd sie einen Teil ihrer Opfer [als Sp]eise zu sich nehmen sollen [3][und wie ...] damit die Stadt verlassen würde, unterhalb ihrer Mauern. Denn, siehe da, sie werden sein [...]

[5][Dann schaute ich, und, siehe da,] vor mir war ein Areal, das in Quadrate aufgeteilt war, zweiundvi[erzig (?) an der Zahl ...]

– M. O. W.

129. JUDA-APOKRYPHON

4Q538

In Genesis 37–50 erzählt die Bibel die bekannte Geschichte von Josef. Er beginnt sein Leben als einfacher Schafhirte in Kanaan und wird schließlich ägyptischer Wesir, zweiter Mann nach dem Pharao im mächtigsten Königreich der Welt. Auf seinem Weg erlebt er viele Abenteuer und entgeht oft nur knapp dem Tod. Die Josef-Erzählung enthält alle

Elemente großer Literatur. Etliche Episoden aus Josefs Leben drehen sich um Konflikte mit seinen Brüdern. Josef ist der zweitjüngster Sohn, vor Benjamin geboren, und offensichtlich der Liebling des Vaters. Wegen der Eifersucht und Rivalität der älteren Brüder wird der junge Josef in die ägyptische Sklaverei verkauft. Schließlich treffen sich alle wieder. Eine Hungersnot in Kanaan zwingt Josefs Brüder nicht nur einmal, sondern zweimal in Ägypten Korn zu kaufen. Bei dieser Gelegenheit stehen sie Josef, der nun Wesir ist, persönlich gegenüber. Im Gegensatz zu ihnen erkennt Josef seine Brüder. Die vorliegenden Fragmente scheinen von diesem zweiten dramatischen Treffen Josefs mit seinen Brüdern zu berichten (vgl. Genesis 44,1–45,10).

Juda erzählt vom Treffen Josefs mit seinen Brüdern in Ägypten. Juda erweist sich als distanzierter Beobachter. Diese Zurückhaltung am Geschehen dürfte widerspiegeln, daß Juda mit der Verschwörung seiner Brüder gegen Josef nicht einverstanden war. Sie wollten Josef töten, Juda aber überzeugte sie, den Knaben in die Sklaverei zu verkaufen (Genesis 37,26–27).

Fragmente 1+2 [1][...] Dann heckte er einen Plan aus geg[en seine Brüder ...] [2][...] Denn siehe, sie hatten in ihren Herz[en] gegen ih[n ...] Als ich ge[br]acht wurde und eintrat, [3][...] sie [ka]men gemeinsam näher und traten ein, ihre [Kleider] ab[getragen und Staub] auf ihren Kö[pfen. Sie kamen] vor Josef [4][... und] verneigten sich. Dann wußte er, es gab nicht [...] böse, und er konnte sich nicht mehr [5][beherrschen. Er befahl ihnen: „Ver]laßt diesen Ort!" Er konnte nicht länger [... geg]en seine Brüder. [6][... Er fi]el [u]m meinen Hals und küßte mich, wein[end ...] [7][...] Josef [nicht] länger, und alle [...]

– M. O. W.

130. LETZTE WORTE JOSEFS

4Q539

Die biblische Josefsgeschichte (Genesis 37–50) war – und ist noch immer – eine ergiebige Quelle der jüdischen und christlichen Bibelinterpreten, die sich für strenge moralische Maßstäbe interessieren. Einer dieser Interpreten war der frühchristliche Verfasser der *Letzten Worte Josefs,* die aus einer Reihe von Kapiteln eines umfangreicheren Werks, bekannt als *Testamente der zwölf Patriarchen,* besteht. Wie bereits bemerkt wurde, enthielten viele der christlichen Testamente im Grundkonzept solche älteren jüdische Schriften, wie sie auch unter den Rollen zu finden sind. Die in sehr bruchstückhaften Resten vorhandene Qumran-Rolle dürfte als Grundlage für die *Letzten Worte Josefs,* Kapitel 15–31, gedient haben. Das Werk *Letzte Worte Josefs* basiert nicht unmittelbar auf der Bibel. Es leitet sich auch von anderen frühen Schriften ab. Besonders interessant ist der Zusammenhang der Zeilen 5–6 unten mit den *Letzten Worte Josefs* 17,1, wo es heißt: „Seht, Kinder, wieviel ich durchmachte ... daß ich meine Brüder nicht beschämte." Der Wortlaut des restlichen Fragments hat im weitesten Sinn Ähnlichkeit mit christlichen

Texten, woraus sich schließen läßt, daß sich in christlichen Kreisen eine freie Bearbeitung der *Letzten Worte Josefs* durchsetzte.

Josef wendet sich an seine Kinder. Er erzählt ihnen die Geschichte seines Verkaufs an ismaeli-tische Sklavenhändler und leitet daraus moralische Prinzipien ab. Die Geldsumme in Zeile 4 bezieht sich auf den Preis, der für Josef bezahlt wurde. Nach den Letzten Worten Josefs 16,5 betrug die Summe 80 Goldstücke (Gen 37,28 spricht von „zwanzig Silberstücken").

Fragment 1 ¹[... und] mein [Vater] Jakob bewe[inte mich ...] ²[Und nun h]ört, meine Kinder [... und sei]d aufmerksam, meine Lieben [...] ³[... die S]öhne meines Großonkels [Is]ma[el ...] Mein Vater Ja[kob] hielt eine Trauerfe[ier] für mich ab [...] ⁴[...] acht Talente [... ac]htzig. Bald [...] ⁵[...] zu ihnen. Wenn du [...] zu verachten [...] ⁶[Seht, meine Kinder,] diese [Geschichte]; von [... daß ich nicht] verachte meine Brüder [...] ⁷[...] menschlich [...]

– M. O. W.

131. LETZTE WORTE KEHATS

4Q542

Die *Letzten Worte Kehats* sind ein weiteres Beispiel für ein „Testament" (s. Einleitung zu *Worte Levis,* Text 39). Da Kehat Levis ältester Sohn war, ist vorliegender Text eine Fortsetzung der *Worte Levis,* denen *Amrams Vision* (Text 132) folgt.

Die Bibel sagt von Kehat nur, er war Sohn Levis (Genesis 46,11). Nach den *Worten Levis* sah Levi in einer Vision, daß „alle Menschen sich um ihn scharen und daß das Hohepriesteramt über ganz Israel ihm gehören würde" (Cambridge Geniza C,6–7). Als Ahnherr der Hohenpriester wird Kehat, wie vor ihm Levi und Abraham, als Mann darge-stellt, der seine Söhne ermahnte, ihrem Ruf treu zu folgen und ihren Pflichten mit Sorgfalt und Ehrfurcht nachzukommen.

Unbekannt ist, warum die *Letzten Worte Kehats* entstanden sind. Kehats Warnung an seine Söhne (in den Zeilen 1,5–6) vor der Gefahr, das priesterliche Erbe „Fremden" und das Erbe „Anpassern" zu überlassen, könnte eine Anspielung auf die religiöse Krise unter dem Hohenpriester Jason (174–171 v. Chr.) sein. Nach 2 Makkabäer kam „das Griechen-tum in Mode; man fiel ab zu der fremden Art. Schuld daran war die maßlose Schlechtig-keit des ruchlosen Jason, der den Namen des Hohenpriesters zu Unrecht trug. Schließlich kümmerten sich die Priester nicht mehr um den Dienst am Altar ... Darum sollten sie auch in große Not geraten. Gerade die, denen sie alles nachmachten und denen sie ganz gleich werden wollten, wurden ihre Feinde und Peiniger" (4,13–14 und 16). Die *Letzten Worte Kehats* wurden vielleicht deswegen verfaßt, um die Priester, die im Begriff waren, sich anzupassen, zu ermutigen, dieser Versuchung zu widerstehen. Anfang und Schluß des Textes fehlen. Daher weiß man nicht, ob dieses Werk wie andere Testamente, eine Erzäh-lung oder eine prophetische Vision enthält.

Kehat segnet seine Söhne und seine Nachkommenschaft.

Kolumne 1 ¹[Du wirst erhalten den Segen] des größten aller Götter in Ewigkeit, und Er wird sein Licht über euch leuchten, und Er wird euch Seinen großen Namen verkünden, ²damit ihr Ihn wahrhaftig erkennt. Denn Er ist der Gott der Zeitalter und HERR über alles, was getan wird, und Herrscher ³über alle Völker. Er macht mit ihnen, was ihm beliebt. Er wird euch Glückseligkeit bereiten und eurer Nachkommenschaft Freude in den Generationen der ⁴Wahrheit für immer.

Kehat befiehlt den zukünftigen Priestern, ihr Amt vor Befleckung zu schützen und für ihren guten Ruf zu sorgen, damit ihre Vorfahren stolz auf sie sein können.

Und nun, meine Söhne, nehmt euch in acht in bezug auf das Erbe, das euch übergeben worden ist ⁵und das eure Vorfahren euch vermacht haben. Gebt weder euer Erbe den Fremden, noch euer Erbe ⁶den Anpassern, damit ihr nicht niedrig und entwürdigt sein werdet in ihren Augen und sie euch verachten, denn dann ⁷werden sie euch fremd sein und werden zu euren Herrschern werden.

Nun haltet fest am Gebot Jakobs, ⁸eures Vorvaters, festigt euch in den Urteilen Abrahams und in den guten Taten Levis und den meinen und seid heilig und rein ⁹von jeglichen Vermischungen, haltet fest an der Wahrheit, wandelt in Rechtschaffenheit und nicht gespaltenen Herzens, ¹⁰sondern reinen Herzens und in einer ehrbaren und gerechten Geisteshaltung. Dann werdet ihr unter ihnen einen guten Ruf haben und Glückseligkeit wird bereitet ¹¹Levi, Freude Jakobs, Frohsinn Isaaks, und Lob Abrahams, denn ihr habt bewahrt ¹²und weitergegeben das Erbe, welches eure Vorväter euch vermachteten: Wahrheit, gute Taten, Rechtschaffenheit, ¹³Vollkommenheit, Reinheit, Heiligkeit und das Priestertum, gemäß all dem, was ich euch aufgetragen habe und gemäß all dem, was **Kolumne 2** ¹ich euch zuverlässig beigebracht habe, von jetzt an und bis in alle Ewigkeit. Alle [...] ²alle die zuverlässigen Worte werden für euch eintreffen [...] ³Ewige Segnungen werden auf euch ruhen und [...] ⁴Bestand haben für ewige Generationen, und ihr werdet nicht mehr [...] ⁵von euren Leiden, und ihr werdet aufstehen, um Gericht zu halten über [...] ⁶um die Verschuldung der Schuldigen aller Zeiten zu sehen [...sie werden gestraft] ⁷mit Feuer und in den Abgründen und in all den infernalischen Höhlen, furchterregend [...] ⁸in den Generationen der Wahrheit, aber alle Frevler werden verschwinden. [...]

Kehat befiehlt Amram, dem Vater des Mose, die geheiligten priesterlichen Schriften zu schützen und sie seiner Nachkommenschaft zu übergeben.

⁹Nun, dir, Amram, mein Sohn, trage ich auf [...] ¹⁰[...] dir, und ihrer Nachkommenschaft befehle ich [... um die heiligen Schriften zu schützen, die sie hinterließen] ¹¹und meinem Vater Levi gaben, und welche mein Vater Levi mir gab. [...] ¹²alle meine Schriften als ein Zeugnis, auf das du acht geben sollst [...] ¹³zu dir. Sie sind von großem Wert, wenn Du sie mit dir trägst [..]

– E. M. C.

132. VISION DES AMRAM

4Q543–548

Das *Testament des Amram* ist das letzte „Testament" aus einer Reihe, die mit Text 39, *Worte Levis,* beginnt und sich mit Text 131, *Letzte Worte Kehats* (Levis Sohn und Amrams Vater), fortsetzt. Die Übersetzung basiert auf einer Transkription der Fragmente, die unabhängig für das „Comprehensive Aramaic Lexicon Project" vorbereitet wurde.

Unter den Qumran-Entdeckungen ist allein bei dieser Schriftrolle der einleitende Abschnitt mit dem alten Titel überliefert.

4Q543 Fragment 1 [1]Eine Abschrift des Buches „Die Worte der Vision des Amram, [des Sohns Levis." Es beinhaltet alles,] [2]was er seinen Söhnen erzählt hat und alles, was er ihnen aufgetragen hat am [Tag als er starb, im] [3]einhundertsechsunddreißigsten Jahr, das ist das Jahr [seines Todes, im einhundert] [4]zweiundfünfzigsten Jahr des [Exils Israels in Ägypten...]

Nach der Bibel heiratete Amram seine eigene Tante, Jochebed (Ex 6,20). In ähnlicher Weise gab er nach dem Inhalt dieser Rolle seine Tochter Mirjam, die Schwester des Mose, seinem eigenen Bruder Usiël zur Frau. Der Brauch der Tanten-Neffen-Ehe wird in der Bibel verurteilt (Lev 18,12–13); auch die Onkel-Nichten-Ehe wird in der Damaskus-Schrift *verurteilt (A 4,7–11). Der Widerspruch zwischen den Texten ist ungeklärt.*

4Q545 [4][Als er sich niederließ in] dem Land, [5]rief er Usiël, seinen jüngeren Bruder, [und gab] ihm Mirjam, seine Tochter, [6]als Ehefrau im Alter von dreißig Jahren. Dann veranstaltete er ein Gelage, das sieben [Tage] andauerte, [7]und er aß und trank bei dem Gelage und freute sich.

In diesem Zyklus der priesterlichen Literatur gründet Amrams Bekanntheit nicht auf seiner Rolle als Vater des Mose, sondern als Vater Aarons, der der Vorvater aller rechtmäßigen Priester wie auch selbst ein vorbildlicher Hoherpriester war. Hier prophezeit Amram den erhöhten Status Aarons als Sprachrohr Gottes. Wenn auch die Bibel erwähnt, Aaron werde „der Mund des Mose" sein, diese Schriftrolle geht weiter: Sie verleiht Aaron den Status „Mund Gottes und Engel Gottes".

Als dann [8]die Tage der Gelage vorbei waren, schickte er nach seinem Sohn Aaron, [der zwanzig] Jahre alt war, [9][und er sagte] zu ihm: „Ruf mir den Engel des HERRN, mein Sohn." Dann, aus dem Haus von [10][... als] er zu ihm kam, rief er ihn [11][...] bin ich [12][...] sein Vater [13][...] von [14][...] dein Gebot [15]und wir werden dir geben [...] auf Ewigkeit [16]und wir werden dir Weisheit geben [...] wird hinzugefügt [17]dir [... ein Mund] Gottes wirst du sein, und Engel Gottes [18]wird man dich nennen [...] wirst du tun in diesem Land [19]und Gerechtigkeit für die Frommen [...] und wenn dein Name der seine ist für alle [20][...] für ewige Generationen [...] [21][...] du wirst tun [22][...] Isra[el...]

Im folgenden Abschnitt wird erzählt, daß Kehat und Amram gemeinsam mit einer Gruppe von Ägypten aus nach Kanaan zurückkehrten, um Gräber für ihre Vorväter zu errichten, die während des ägyptischen Exils gestorben waren. Als Amram in Kanaan war, mußte Kehat wegen des drohenden Krieges nach Ägypten zurückkehren. Er ließ Amram in Kaanan zurück, um die Arbeit zu vollenden. Nach dem Ausbruch des Krieges zwischen Ägypten, Kanaan und Philistäa war es Amram einundvierzig Jahre lang nicht möglich, zu seiner Familie nach Ägypten zurückzukehren.

³⁰in diesem Land, und ich brach auf nach [...] ³¹um unsere Väter zu begraben, und ich brach auf [nach Kanaan ... mit] 4Q544 ¹Kehat dort zu bleiben und zu leben und zu bauen für [...] viele meiner Nichten gemeinsam [...] ²[jeder] Mann und von unserer Familie, sehr viele, bis zu zweihundert Männer [...] ein angsterregendes Kriegsgerücht erreichte [...] wir [...] zum Land Ä[ygpten ...] ³eilig, aber sie hatten noch keine Gräber für ihre Väter errichtet, und mein Vater Kehat ließ mich zurück [...] und zu errichten und ihnen alles zu bringen, was sie aus dem Land Kaanan benötigten [...] ⁴während wir bauten, da gab es Krieg zwischen den Philistern und Ägypten, [und der König Philistäas] siegte [über den König Ägyptens...] ⁵und die [Tore] Ägyptens waren geschlossen, und es war nicht mehr möglich [...] ⁶einundvierzig Jahre, und wir konnten nicht zurückkehren nach Ägypten [...] von daher [... Krieg] ⁷zwischen Ägypten und Kaanan und Philistäa. Während dieser Zeit Jochebed, [meine Frau ... war] unter meinem Schutz [... die Frau eines anderen] ⁸war sie nicht. Ich nahm [keine] andere Frau [...] ⁹alles, denn ich würde heil nach Ägypten zurückkehren und das Gesicht meiner Frau sehen [...]

Wie in diesem literarischen Genre üblich, wird dem Helden der Geschichte eine prophetische Vision zuteil, wie es z. B. in den Worten Levis *(Text 39) der Fall ist. Die Vision Amrams spiegelt den heftigen Dualismus zwischen Licht und Finsternis wider, der im Zentrum mehrerer Qumran-Dokumente steht. Von besonderer Bedeutung ist die Vorstellung, daß ein guter Engel des Lichts und ein böser Engel der Finsternis um die Macht über das menschliche Schicksal ringen (vergleiche hierzu Text 5, Grundgesetz einer Sekten-Gemeinschaft 3,13–24).*

¹⁰in meiner Vision eines Traums, und zwei Gestalten stritten sich wegen mir, und sagten: [...] ¹¹und hatten eine große Auseinandersetzung wegen mir. Da fragte ich sie: „Wie kommt es, daß [ihr Macht über mich habt?" Sie antworteten: „Wir] ¹²herrschen und haben Macht über die ganze Menschheit." Und da sagten sie zu mir: „Welcher von uns [...]" ¹³[Ich erhob die Augen und sah] einen von ihnen, dessen Aussehen [furchterreg]end [war. Seine Kleidung war] vielfarbig und sehr dunkel ¹⁴[... und ich sah einen anderen, und er war angenehm] in seinem Äußeren, und sein Gesicht war fröhlich, [und er war ganz weiß bedeckt ...]

Offensichtlich entscheidet sich Amram dafür, dem Engel des Lichts zu folgen und ihn nach der Bedeutung der Vision zu befragen. Der Engel der Finsternis wird Malki-resha genannt, und der Engel des Lichts heißt Melchisedek, Herrscher der Gerechtigkeit. Als engelähnliche Gestalt kommt Melchisedek auch im Text 148, Kommen des Melchisedek, *vor.*

Kolumne 2 ¹[...herrscht] über dich [...] ²[...] wer ist dieser?" Er sagte zu mir: „Nun, dieser [...] ³[... Sein Name ist] Malki-resha, Herrscher des Frevels." Und ich sagte:

„Mein HERR, was ist die Natur von [...] [4][...] alle seine Taten sind finster, und er wohnt in der Finsternis [...] [5][...] er sieht, und er herrscht über die ganze Finsternis, während ich [Melchisedek bin...] [6][...] von den Höhen bis zu den Tiefen bin ich Herrscher über das ganze Licht [...]

Melchisedek erzählt Amram vom Schicksal jener, die entweder dem Licht oder der Finsternis folgen.

4Q548 [9][...] Wahrhaftig erzähle ich [dir ... alle Kinder des Lichtes] [10] werden hell sein, [und alle Kinder der] Finsternis werden dunkel sein [...] [11]mit all ihrem Wissen [...] sie werden sein, und die Kinder der Finsternis werden zugrunde gehen [...] [12]Denn jeder Tor und Frevler [ist dunkel,] und jeder [Weise] und Wahrhaftige ist hell [... alle Kinder des Lichtes] [13]sind für das Licht bestimmt und [...] und [werden erhalten ein gerechtes] Urteil, während alle Kinder der Finst[ernis für die Finsternis bestimmt ...] [14]und werden ins Verderben hineingehen [...] für das Volk Erleuchtung. Ich werde verkündigen [...] [15]und bekanntgeben [...] weg von der Finsternis für alle [...] [16]die Kinder [...] und alle Kinder des Lichtes [...]

Als Teil der Vision erzählt Amram oder sein Herr aus den Engelscharen von der Zukunft des Priesterstamms. Es wird vorausgesagt, daß ein großartiger Hoherpriester in Erscheinung treten wird.

4Q547 [2][...] sie wurden erlöst [...] [3][...] am Berg Sinai [...] [4][...] ist großartig auf dem bronzenen Altar [...] [5][...] sein Sohn wird gepriesen als Priester über alle Kinder der Welt. Denn [...] [6][...] und seine Söhne nach ihm in allen ewigen Generationen unter seinen [Brüdern ...] [7][...]

Amram schreibt die Vision nieder und kehrt schließlich nach Ägypten zurück, um seiner Familie die Niederschrift als sein Testament zu übergeben.

Dann erwachte ich aus dem Schlaf meiner Augen, und ich schrieb die Vision nieder [...] [8][...] aus dem Land Kanaan, und er sah mich, und er sagte dieses [...] [9][...] Mirjam und danach zu Kehat [...]

– E. M. C.

133. HUR UND MIRJAM

4Q549

Zwei kleine Fragmente sind alles, was von einem aramäischen Werk übriggeblieben ist, das wohl Geschichten aus Exodus auf die gleiche Weise nacherzählt hat, wie die *Patriarchen-Geschichten* (Text 2) aus der Genesis. Der erste Teil des Fragments 2 berichtet vom Tod eines Unbekannten – vielleicht des ersten Ehemanns von Mirjam, der älteren Schwester des Mose und Aaron. Durch einen Absatz unterbrochen folgen weitere Einzelheiten über ihre Familie, einschließlich die Erwähnung eines Neffen, Sitri.

Dann wendet sich der Autor Hur zu. Er fügt zwei unterschiedliche biblische Gestalten zu einer Person zusammen: Hur, Held der Schlacht gegen Amalek (Exodus 17,10.12) und Hur aus Exodus 31,2, Vater des Uri (im vorliegenden Werk „Ur" geschrieben) und Großvater des bekannten Handwerkers Bezalel. Flavius Josephus (*Alt.* 3,54) kannte die Tradition, die Hur zum Ehemann Mirjams machte. Unser Verfasser hat dies ebenso gesehen. Dies könnte der Grund sein, warum er Hur an dieser Stelle ins Spiel bringt. Wegen des fragmentarischen Charakters des Textes ist diese Interpretation wohl nur spekulativ. Andere Erklärungen des Werkes sind durchaus denkbar.

Fragment 2 [1]was er essen soll, er und sei[ne] Söhne [...] [2]ihr Ehemann [ging ein] in den ewigen Schlaf [...] [3]über ihn, und sie fanden ih[n ...] [4]seine Söhne und die Söhne se[ines] Bruders [...] [5]sie wohnten zeitweise (oder sie wohnten in ihrer Frevelhaftigkeit) [...] [6]er ging fort zu seinem ewigen Zuhause [...] [...] [8]zehn. Und mit Mirjam zeugte er ein Vol[k (?) ...] [9]und für Sitri. Dann nahm sich Hur zur Frau [...] [10]und zeugte mit ihr Ur und Aar[on ... und er zeugte] [11]vierzig Söhne mit ihr [...]

– M. G. A.

134. Erzählung von Bagasraw

4Q550[a–f]

Obwohl der ideale Ort und der gottgewollte Ort der Israeliten das Heilige Land war, mußten sie immer wieder Zeiten in der Fremde durchleben, insbesondere zur Zeit der Knechtschaft in Ägypten und auch im Exil in Babylon. Beide Länder dienten als Schauplätze für *Hofgeschichten,* wie sie von der Forschung bezeichnet werden. Es handelt sich um Geschichten, die sich am Königshof eines fremden Landes abspielten, wo Personen einer verachteten ethnischen Gruppe (gewöhnlich die Erzähler der Geschichte) ihre Bedeutung, ihr Wissen oder ihre Klugheit bewiesen. Dazu gehört die Josefsgeschichte am Hof des Pharao im Buch Genesis (Kapitel 38–50) ebenso wie die Geschichten Daniels und seiner Freunde zur Zeit Nebukadnezzars und seiner Nachfolger (Daniel 1–6; etwa 600–540 v. Chr.). Das Buch Ester handelt davon, wie die fromme Ester und ihr Onkel Mordechai die Pläne des bösen Haman vereiteln und so die Juden am Hof Xerxes zur Zeit des persischen Reichs (5. Jahrhundert v. Chr.) vor der Auslöschung durch Völkermord erretten.

Diese Geschichten erschöpfen keineswegs den Vorrat an Hofgeschichten des alten Nahen Ostens; es gab sie auch in anderen Kulturen. Doch es ist offensichtlich, daß die Juden weit mehr solche Geschichten hervorbrachten, als sie von der Bibel überliefert wurden. Eine davon ist die *Erzählung von Bagasraw.* Wie bei der Ester-Erzählung ist der Schauplatz der persische Hof; bei dem König handelt es sich ebenfalls um Xerxes. Unklar sind jedoch Sinn und Motivation dieser Geschichte. Der Held ist der Jude Bagasraw (alle Figuren tragen persische Namen), Sohn des Patirezas, der in einem besonderen Dienstverhältnis zum König stand. Die folgende Inhaltsangabe ist daher sehr hypothetisch. Sie paßt jedoch zu den übriggebliebenen Fragmenten und ähnelt der üblichen Handlung einer Hofgeschichte.

Patirezas Aufgabe war es, die Gewänder für König Darius anzufertigen. Patireza hatte Darius einen Gefallen erweisen können, den der König in seinen Unterlagen festhielt. Als sein Sohn Xerxes an die Macht kam, entschloß sich dieser, dem Sohn Patirezas seine Gunst zu schenken.

Bagoschi, Mitglied des königlichen Gefolges, wußte von der Absicht des Königs und warnte daher Bagasraw, Patirezas Sohn, vor der Opposition der Ratgeber des Königs, bekannt als „Säulen des Königs". Bagoschi half, diesen Widerstand zu überwinden und zu erlangen, was der König für ihn vorgesehen hatte. Zum Schluß befahl der König allen, Bagasraw zu achten und seinen Gott zu verehren.

Bagasraw hört über seinen Vater Patireza.

Fragment 1 [1][... jeder] gehorchte Patireza, deinem Vater [...] [2][...] [3]und unter jenen, die die königlichen Gewänder anfertigen [...] zur [4]Aufgabe des Königs, gemäß allem, was [...].

Der persische König Xerxes entdeckt in den Urkunden des Hofes den Dienst, den Patireza seinem Vater Darius erwiesen hatte.

Zur selben Zeit [5]konnte der König nicht einschlafen, deshalb [holte er sich] die Urkunden seines Vaters. Sie wurden ihm vorgelesen, und unter [6]den Büchern fand sich eine siebenfach mit dem Siegel seines Vaters Darius [versiegelte] Schriftrolle. Auf der Außenseite stand: [7][...] „Darius, König der ganzen Erde, grüßt diejenigen, die Macht ausüben." Sie wurde geöffnet und vorgelesen, und darin stand folgendes: „Darius, der König [8][zu den Königen, die] nach mir regieren und jenen, die Macht ausüben, Grüße. Ihr sollt wissen, daß jeder Unterdrücker und Lügner [...]"

Der König Xerxes entschließt sich, die Familie Patirezas zu belohnen. Der Berater Bagasraws warnt ihn vor der Feindseligkeit einiger Höflinge.

Fragment 2 [...] [1]ein Mann, deshalb weiß der König, ob es da gibt [...] [2]und sein guter Name und sein Ruf werden nicht vergehen [...] [3]der König [fragte:] „Hat Patireza einen Sohn?" Und [sie sagten ...] [4]die Furcht vor der Schreibergilde befiel ihn [...] [5]die Säulen des Königs, was du sagen sollst, und es wird dir gegeben werden [...] [6]mein Haus und meine Besitztümer zu was auch immer mag gegeben werden [...] [7]kannst du deines Vaters Aufgabe übernehmen? [...]

Fragment 3 [1][...] die Säulen des Königs, was du sagen solltest zu Scharhata seiner [Frau ...] [2][...] Patireza, dein Vater. Wer hat gesehen, daß er über der Aufgabe des [Königreichs] stand vor dem König [...?] [3][...] mit ihm, und er diente ehrlich und verläß[lich vo]r ihr [...] [4][...] und die Säulen [des Königs] sagten [...] [5][... kleide] ihn in Pur[pur ...]

Bagasraw verspricht, Bagoschi zu dienen. Am Ende fordert Bagasraw alle Wohltaten ein, die ihm rechtmäßig zustehen.

Fragment 4 Kolumne 1 [1]Denn du weißt [...] in den Sünden meiner Väter, [2]die sie vor dir begingen [...] zum Gnadenreichen, und ich verbrachte eine lange Zeit [...] ein

Mann, ³ein Jude vom Stamm Benjamins [... hielt] eine Schriftrolle, stand vor ihm und fragte ihn [...] eine gute [Tat,] ⁴die der gute Mann getan hat [...] was soll ich für dich tun, da du weißt [... was] möglich [ist] ⁵für einen Mann wie mich, [einem Mann] wie dir zu antworten, der an der Stelle steht, an der du stehst [...] ich bin [...] ⁶Was immer aber du auch willst, befiehl mir, und wenn [du] stirbst, werde ich dich begraben [...] ⁷wohnen in allem, es könnte sein, daß du mein Werk bringst v[or ...] all das [...] **Kolumne 2** ¹[...] Ich erließ [...] und das zweite ging vorüber [...] ²[...] die Plagen, und das dritte ging vorüber [...] im Gewand des [Königreichs ...] ³[...] eine Goldkrone auf seinem Haupt; und fünf Jahre gingen vorüber [...] ⁴[...] er allein [...] und das sechste ging vorüber [...] ⁵[... das ganze] Silber und das ganze Gold, [die ganzen Besitzt]ümer, die Bagoschi gehörten, in doppeltem Maß [...] ⁶und das siebte [ging vorüber ... dan]n kam Bagasraw gesund zum Hof des Königs [...] ⁷[...] Bagoschi [...], dann betrat Bagasraw den Hof des Königs si[eben Mal ...] ⁸da nahm er ihn bei der Hand [...] auf seinem Haupt [...] und er küßte ihn. Er erhob seine Stimme und sagte [...] Bagasraw aus [...]

Der König empfiehlt seinem Gefolge und dem Volk, den Gott Bagasraws anzubeten und zu achten.

Kolumne 3 ¹[...] der Allerhöchste, daß ihr Ihn ganz verehrt und anbetet, der über [die ganze] Erde herrscht. Alle, die sich seinem Tempel nähern möchten, [können ...] ²[...] jeder, der etwas Schlechtes über Bagasraw sagt [...] soll getötet werden, damit es nicht geben möge [...] ³[...] für immer [... al]les, das rein ist [...] zweifach. Und der König sagte: „Laßt es [aufschreiben ...] ⁴[...] Herrscher [...] Unterlagen im Hof des Königs rasch [...] ⁵[... jene,] die nach Bagasraw sich erheben werden, werden in diesem Buch lesen [...] ⁶[... der etwas] Schlechtes [sagt], Übel wird kommen über sein [Haupt ... "]

– E. M. C.

135. Vision von den vier Bäumen

4Q552–553

An zwei Stellen prophezeit das biblische Buch Daniel das Schicksal von vier Königreichen: einmal als Metapher eines großen Standbilds, das aus vier verschiedenen Materialien geformt wurde (Daniel 2) und einmal als Vision von vier Tieren (Daniel 7). Das Motiv der vier Königreiche geht zurück auf alte, nahöstliche Traditionen. Es gibt aber auch Muster in römischen und persischen Texten.

Im Buch Daniel sind es die Königreiche Babylon, Medien, Persien und Griechenland. Nach dem Übergang der griechischen Königreiche in römische Hände wurden Daniels Königreiche umgedeutet. Man bezog sie nun auf Babylon, Medien-Persien, Griechenland und Rom. Diese Interpretation existierte so lange wie das römische (und byzantinische) Reich. Sie wurde auch in die jüdische Tradition integriert.

Spätere Bibelexegeten entdeckten auch in anderen Texten die vier Königreiche. So wird der Satz „große, unheimliche Angst überfiel ihn" (Genesis 15,12) in einer späteren aramäischen Übersetzung wie folgt umschrieben: „Vier Königreiche werden die Kinder Abrahams unterwerfen. ‚Schrecklich' ist Babylon. ‚Finsternis' ist Medien. ‚Groß' ist Griechenland und ‚überfiel' ist Edom [= Rom], das niedergehen wird, um niemals wieder sich zu erheben" (*Targum Pseudo-Jonatan*).

Neben der Tradition von den vier Königreichen gibt es eine weit verbreitete Metapher von Bäumen, die Könige oder Königreiche repräsentieren.

In einer Parabel im biblischen Buch der Richter (9,7–15) stehen Bäume für unterschiedliche Herrschertypen. Der König von Ägypten wird mit einem großen Baum verglichen, der gefällt wird (Ezechiel 31) wie auch Nebukadnezzar (Daniel 4).

Die *Vision von den vier Bäumen* kombiniert diese beiden Motive. Die Schrift gehört vielleicht zum Zyklus der Daniel-Geschichten. Engel werden erwähnt, ebenso ein König. Es wird aber nicht klar, ob Daniel oder der König eine Vision erblickt hat. In der Vision tauchen vier Bäume auf, die vier Königreiche symbolisieren. Um welche vier Königreiche handelt es sich? Nur beim ersten Baum ist die Zuweisung erhalten geblieben, die eine zweifache ist. Es handelt sich um Babylon, aber es „herrscht über Persien". Wenn es darum geht, Königreiche zu kombinieren, dann wäre das erste Königreich Babylon-Persien, das zweite Griechenland, das dritte Rom und das vierte Baum-Königreich, dessen Spitze bis in den Himmel ragt, wäre das Königreich Gottes.

Die Übersetzung basiert auf einer Transkription der Fragmente, die unabhängig für das „Comprehensive Aramaic Lexicon Project" vorbereitet wurde.

Der Schauplatz der Vision: Engel, ein König und ein Seher, der in der ersten Person spricht, sind anwesend.

4Q552 [5][...] das Licht der Engel, die waren [6][...] er sagte zu ihnen: „Alles davon wird sein [7][... König]reiche werden erhöht. Das ist, was [...] [8]und der König sagte mir deswegen [9][...] wie dies geschehen konnte. Sie standen [...] [10][... alles was] er sagte wird geschehen, und sie werden vor aller Augen verschwinden [11][...] ihre Meister werden ausgelöscht von ihnen [12][... auf] ihm **Kolumne 2** [1]lag das Licht der Morgendämmerung, und vier Bäume [...]"

Der erste Baum repräsentiert Babylon-Persien.

[Dort] [2]stand ein Baum, und die anderen Bäume waren weit von ihm entfernt. Er sagte [zu mir: „Siehst du] [3]die Form?" Und ich sagte: „Ja, ich sehe sie, und ich versuche, sie zu verstehen." [Und ich sah, daß] [4]die [Früchte] des Baums verdorben waren [...] [5]und ich fragte ihn: „Wie heißt du?" Und er sagte mir: „Babylon". [Und ich sagte zu ihm:] [6]„Du bist der, der über Persien herrscht."

Der zweite Baum symbolisiert wohl Griechenland.

Und [ich sah] [7]einen weiteren Baum, [der] bis zum großen Meer reichte, nach [...] und ich sprach [8]zum zweiten Baum und fragte ihn: „Wie heißt du?" [...] [9]Und ich sagte zu ihm: „Du bist derjenige, der [regiert über all] [10]die Wellen der See und über den Hafen [...]"

Der dritte *Baum steht wohl für die Macht Roms. Er schaut jedoch ganz „anders" aus als das* *vierte Königreich (= viertes Tier) in Dan 7,23, das im ersten vorchristlichen Jahrhundert für* *Rom gehalten wurde.*

Und ich sah] [11]den dritten Baum, und ich sagte zu ihm: [...„Warum ist] [12]deine Erscheinung [anders?" ...]

Der vierte *Baum ist höher als die übrigen. Er repräsentiert wohl die Herrschaft Israels oder* *sogar das Königreich Gottes.*

4Q553 Fragment D [1][... ein vierter Baum, dessen] Spitze in die Himmel ragte und herrschte [über ...] **Fragment F** [1][...] ein Ort mit Wasser [2][...] Kälber und Lämmer [...]

– F. M. C.

136. Versuch einer biblischen Chronologie

4Q559

Bereits während des Überlieferungsgeschichte der biblischen Bücher begannen anonyme Schreiber, die zeitliche Abfolge bestimmter Ereignisse, über welche die Bibel Zahlenmaterial liefert, zu errechnen. Gelehrte begannen, die Zahlenangaben der Genesis zusammenzuzählen. Sie fanden bald heraus, daß einige von Noachs Vorfahren zur Zeit der Flut noch gelebt haben müssen, während im Buch Genesis das genaue Gegenteil behauptet wird: Nur diejenigen, die auf der Arche waren, überlebten.

Die Gelehrten lösten das Problem unkompliziert und wirkungsvoll. Sie veränderten einfach die Zahlenangaben. Diese veränderten Zahlen sind in der griechischen Version des Alten Testaments, der Septuaginta (Genesis 5), überliefert. Unsere heutige Bibel folgt meist dem traditionellen Text und enthält daher die *unveränderten* Zahlen der hebräischen Bibel. Es gab schon sehr früh ein ausgeprägtes Interesse an Fragen der Chronologie. Auch den Schreiber der vorliegenden Schriftrolle bewegten diese Anliegen, die in Priesterkreisen vorhanden waren. Unbekannte Gelehrte wandelten den biblischen Text ab. Später schrieben anonyme Gelehrte Bücher, in denen sie die chronologischen Fragen der einen oder der anderen Textversion zu lösen versuchten. Dieses Verfahren ist bekannt unter dem Begriff „Chronographie". Bei vorliegendem Werk handelt es sich um eines der ältesten dieser Art, das wir kennen. Wahrscheinlich geht es auf das 3. vorchristliche Jahrhundert zurück. Die Probleme, mit denen sich unser Verfasser auseinandersetzte, waren bekannte Schwierigkeiten für jüdische wie christliche Gelehrte in alter Zeit. Es handelte sich um folgende Schwierigkeiten: (1) Die Aufenthaltsdauer der Juden in Ägypten. (2) Die zeitliche Abfolge der Wanderung durch die Wüste. (3) Die zeitliche Abfolge der Richter-Epoche. Im ersten Fall mußte die Schwierigkeit gemeistert werden, die offensichtlichen Abweichungen der Angaben von Genesis 15,13 (400 Jahre) und Exodus 12,40 (430 Jahre) für diesen Aufenthalt zu beseitigen. Sodann bestand bei den Wanderungen durch die Wüste die Schwierigkeit, überhaupt irgendeine Chronologie abzuleiten. Was fand wann statt? Im biblischen Text von Exodus und Numeri sind so gut wie keine Zeitangaben für diese Ereignisse enthalten. Bei der chronologischen Erfassung der Richterzeit war das größte Problem, das Zahlenergebnis, das durch Addieren der im Buch der Richter angegebenen Zeiträume (410 Jahre) erzielt wird, plausibel zu erklären. Diese Zahl löst nämlich weitere Probleme aus, wenn sie mit 1 Könige 6,1 verglichen wird, wo sämtliche Richter und viele andere Ereignisse eine Zeitspanne von genau 480 Jahren umfassen.

Im nachfolgenden Text geht es darum, welche Zeitspanne die Israeliten in Ägypten verbrachten. Um diesen Zeitabschnitt zu berechnen, zieht der Autor die Chronologie von Levis Leben sowie das Alter der Patriarchen zum Zeitpunkt der Zeugung bestimmter Söhne heran.

Kolumne 1 [7][... Nachdem I]saak [ihn gesegnet hatte, flüchtete] Jak[ob] [8][und ging im Alter von] fünf[undfünfzig Jahren in] das La[nd der Söhne] des Os[tens.] [9][... Er d]iente [vi]erzehn Jahre für [Lea] [10][und Rahel ...]

Kolumne 2 [3][... Abraham war] neun[undneunzig Jahre alt, [4][als er Isaak zeugte. Is]aak war [sechzig Jahre a]lt, [als er] [5][Jakob zeugte. Jakob war] fünfundsechzig J[ahre alt, als er Levi zeugte.] [6][Er gab Levi das Buch der Worte] des Henoch, [um es zu bewahren und weiterzugeben] [7][an seine Nachkommenschaft. Levi war [f]ünf[unddreißig,] als er [Kehat] ze[ugte.] [8][Kehat war ne]un[undzwanzig,] als er Am[r]am zeugte. Amr[am war] [9][einhundertdreiundzwanzig, als er] Aaron [zeugte.] Aaro[n] zog aus von Ägy[pten] [10][mit den Priestern,] die elftausendfünfhundertsechsunddreißig [an der Zahl waren].

Die Chronologie bestimmter Ereignisse während der vierzigjährigen Wanderung in der Wüste Sinai.

Kolumne 3 [2][...] Vom La[nd Ägypten bis] [3][Kor]ach [sich erhob und auflehnte waren es fünf Ja]hre. [Aaron starb] [4][und überquerte den Jo]rdan [nicht]. Von Kade[sch bis zur Ebene von] [5][Moab waren es] f[ü]nfunddreißig [Jahre].

Der Zeitraum Josuas und Eleasars, des Sohnes Aarons, und die anschließende Richterzeit.

In Gilgal, [fünf (?)] Ja[hre.] [6][In Schilo] zwanzig Jahre. Und nachdem [Eleasar, Sohn Aarons] starb, [7]Kuschan-Rischatajim, der König von [Aram-] [8][Naharajim,] a[c]ht [Jahr]e; Otniël, So[hn Kenas,] [9]vier[zig Jahre]; Eglon, der König von Moab, [achtzehn] Ja[hre]; [10][Eh]ud, Sohn Geras, achtzig Jahre; Scham[gar, Sohn Anats,] **Kolumne 4** [1][ein (?) Jahr; Jabin, König von Kanaan, zwanzig Jahre; Debora, [2]die [Prophetin und] Barak, So[hn Abinoams, vierzig Jahre; Gideon, Sohn] [3][Joaschs,] vierzig [Ja]hre: To[la, Sohn Puas, dreiundzwanzig Jahre; Jair] [4]der [Gileaditer, zweiundzwanzig] Jahre [...]

– M. O. W.

137. EXORZISMUS

4Q560

V or einigen Jahren schrieb Morton Smith ein Buch mit dem Titel *Jesus the Magician* (= Jesus, der Wundertäter). Smith sammelte alle Spuren im Neuen Testament und andere Zeugnisse von Jesus und versuchte zu beweisen, daß Jesus eigentlich ein Magier, ein typischer Wundertäter der griechisch-römischen Antike war, der sich bei seinem Wirken der Sinnestäuschungen und Taschenspielertricks, aber auch psychologischer Techniken bediente. Smiths Buch wurde kontrovers diskutiert. Es überzeugte nur wenige Forscher, hatte aber doch wichtige Themen für das Verständnisses der Evangelien angesprochen.

Das größte Problem bei der Bewertung der „magischen" Aspekte der Evangelien war das Fehlen jüdischer Schriften über Magie aus der Zeit wie der Gegend, in der diese Werke verfaßt wurden. Bei vorliegendem Werk handelt es sich um eine solche Schrift. Mit ihm liegt ein Ausschnitt aus dem Arbeitsmaterial (= Rezeptbuch) eines jüdischen Magiers zur Zeit Jesu vor. Solche Rezeptbücher sind aus Mesopotamien wohl bekannt.

Die vorliegende Formel erwähnt Belange, die auch aus anderen magischen Texten bekannt sind: Probleme bei der Geburt eines Kindes, aber auch Dämonen und Krankheiten, die sie verursachten, Schlaf oder Träume (ein üblicher Tummelplatz dämonischer Aktivitäten sind Alpträume) und die Sicherung von Besitztum. Besonders interessant ist die Erwähnung des Fieberdämons. Der gleiche Dämon taucht auch im Neuen Testament auf. Lukas 4 erzählt die Geschichte von der erkrankten Schwiegermutter des Petrus, die Jesus besucht. Die Stelle aus dem Lukasevangelium, in der es heißt, daß Jesus sie heilte, könnte übersetzt werden: „Dann stand er über ihr und wies den Feuerdämon zurecht, und er verließ sie." (Lukas 4,39)

Der Hinweis im Qumran-Text auf eine Hebamme spiegelt wohl einen ähnlichen Glauben wider, wie er in anderen magischen Texten vorliegt: Bestimmte Dämonen, die das Leben eines Kindes an sich reißen wollten, wurden davon abgehalten, durch eine Hebamme, Amme oder einer Kinderfrau. Die Erwähnung von Erde und Wolken in Kolumne 2 soll wahrscheinlich die Sphären bezeichnen, in denen sich die Dämonen bewegen. Es könnte sich dabei auch um den Teil einer Beschwörung handeln, der sich auf jene Bereiche bezieht, aus denen böse Geister verbannt werden.

Kolumne 1 [2][...] die Hebamme, die Strafe jener, die Kinder gebären, ein böser Besucher aus dem Jenseits oder D[ämon ...] [3][... Ich beschwöre euch, alle, die] in den Körper [ein]dringen: der männliche Schwindsuchtsdämon und der weibliche Schwindsuchtsdämon [4][... ich beschwöre euch beim Namen des HERRN: „Er, der] Schuld und Sünde [ent]fernt, o Fieberdämon und Schüttelfrostdämon und Brustschmerzdämon [5][... Ihr dürft nicht des Nachts stören durch Träume noch des Tag]s während des Schlafs, o männlicher Schreigeist und weiblicher Schreigeist, o ihr Dämonen, die brechen durch [6][Wände ... f]revlerisch [...] **Kolumne 2** [2]vor i[hm ...] [4]vor ihm und [...] [5]Und ich, o Geist, beschwöre [dich gegen ...] [6]Ich beschwöre dich, o Geist, [daß du ...] [7]Auf der Erde, in Wolken [...]

– M. O. W.

138. Aramäisches Horoskop

4Q561

Ein Gesetz im mittelalterlichen Spanien legte fest, daß von zwei Männern eines Verbrechens, deren Schuld nicht geklärt werden konnte, der häßlichere Mann sterben sollte. Diesem Gesetz lag die seltsame Meinung zugrunde, daß sich der Charakter in der äußeren Erscheinung zeige. Diese Gedanken finden sich im folgenden Text. Eigentlich ist dieses Werk gar kein Horoskop, denn weder der Tierkreis noch verwandtes Gedankengut kommen darin vor. Es handelt sich vielmehr um eine Schrift aus der Physiognomik, (ähnlich wie Text 37, *Chiffriertes Horoskop*). Physiognomik war eine „Wissenschaft", Charakter und Schicksal einer Person vorherzusagen durch die Untersuchung ihrer äußeren Erscheinung. Die erhaltenen, bruchstückhaften Abschnitte von 4Q561 überliefern Ausschnitte von Beschreibungen und Analysen von fünf Personen.

Beschreibung der ersten *Person. Diese Beschreibung ähnelt der der vierten Person in Text 37,* Chiffriertes Horoskop, *und enthält Elemente der „Goldenen Mitte". Hinweise auf die dazugehörige Tugend sind allerdings verlorengegangen.*

Die Kolumnenbezeichnungen folgen einer neuen Rekonstruktion des Textes. Die vorliegende Übersetzung enthält auch neue Vorschläge hinsichtlich der Zusammenstellungen. Eine komplette Erläuterung der technischen Vorgehensweise wird folgen.

Kolumne 3 [1](Jemand,) dessen [Haarfarbe (?)] mittel ist und nicht extrem, dessen Augen [2]weder hell noch dunkel sind, dessen Nase lang ist [3]und anziehend, dessen Zähne ebenmäßig sind, dessen Bartwuchs [4]dünn ist, aber nicht zu sehr, dessen Gliedmaßen [5][g]latt sind [und weder] dünn noch dick: [6][...] Er besitzt einen [Ge]ist, [7][charakterisiert durch ... Er erleidet] Unterdrückung.

Eine sehr bruchstückhafte Beschreibung der zweiten *Person.*

[8][Jemand, dessen] Haare dick [9]und voll sind [...]

Die dritte *Person. Diese Beschreibung enthält Elemente, die nicht im Text 37 zu finden sind: die Fingernägel. Die dritte Person verfügt über die ausgeglichenen körperlichen Eigenschaften der glücklichen Mitte. Daher dürften die verlorengegangenen Abschnitte ihm eine positive geistige Natur zuschreiben.*

Kolumne 4 [1](Jemand, dessen ...) ist [...] dessen Stimme ist [... und weder dünn] [2]noch dick (?), [... dessen Nase weder kurz ist] [3][no]ch lang, [dessen Zähne ebenmäßig sind], [4]dessen Barthaar sehr d[ick] ist, [dessen Gliedmaßen] [5]weder dick noch [dünn] sind [6]und wohlgeform[t, ... dessen ...] [7]sind ein wenig dick, dessen Fingernägel sind [...] [8]Hinsichtlich seiner Größe und [...]

Die vierte *Person. Bemerkenswert ist die Erwähnung der Ellbogen. Diese Beschreibung ist weniger positiv als die des ersten und dritten Individuums.*

Kolumne 6 [6](Jemand,) dessen Ellbogen hervorragen, [dessen ... sind] [7]breit, dessen Schenkel [weder dünn] sind [8]noch dick, dessen Fußsohle ist [... doch nicht] [9]extre[m so ...] dessen Fuß ist [...] [10][...] und bed[eckt mit Haaren ...] [11][...] vom Ende [...]

Die fünfte *Person. Der Hinweis auf die Schulter dieser Person hat wohl mit ihrer Körper-symmetrie zu tun, ein Anliegen physiognomischer Abhandlungen in der griechisch-römischen Epoche.*

Fragmente 9+11 [2][Jemand, dessen ... sind weder ...] noch rötlich-gelb, [...] [3][dessen Augen (?) [ku]gelig und rund sind, [4][...] auf dessen Kopf die Haare sind [...] [5][...] und dessen Schulter ist [...] [6][...] werden sein auf [...] [7][Er wird sein ...] und kein großer Mann.

– M. O. W.

139. Aramäischer Text über die Perserzeit

4Q562

Iu diesem Text geht es um die Rückkehr aus dem babylonischen Exil, wohin viele Bewohner Judäas zur Zeit Nebukadnezzars (586 v. Chr.) in Gefangenschaft geführt worden waren. Nach der Eroberung des Nebukadnezzar-Reiches durch den Perserkönig Kyros durften die Gefangenen vom Jahr 538 v. Chr. an nach Palästina zurückkehren. Hintergrund des vorliegenden Werks ist die Epoche der Rückkehr wie das Leben während der Perserzeit. Der Verfasser erwähnt einen Propheten – wahrscheinlich handelt es sich um Sacharja – zusammen mit Priestern, Gefangenen und Susa (eine von mehreren Hauptstäd-ten der Perser).

Debatte über Priester, denen die Fähigkeit zur Ausübung des Priesteramts abgesprochen wird (ein Hauptanliegen der frühen Perserzeit).

Fragment 1 [1][...] gottlos, der mit dem Schwert und im Krieg [...] [2][...] sie sollen nicht zur Priesterschaft geweiht werden [...] [3][... T]empel [...] zwei [...]

Das Schicksal jener, die Israel ausplünderten.

Fragment 2 [2][...] daß der Prophet [Sacharja] sagte: [... [2]„Einer, der dich antastet] ist wie einer, der Seinen Augapfel antastet" (Sach 2,12). Daher sollen sie geschlagen wer-den [3][...] dort, der Platz des Friedhofs.

Priester, Gefangene und Susa.

Fragment 3 [1][...] Männer aus [...] [2][...] siebte. (?) Siehe, [sie] sollen sich versammeln [3][...] das ist, was wir fanden, was [4][...] die Priester und all die Gefangenen.

Fragment 9 [3][...] Susa [...]

– M. O. W.

140. Visionäre Warnungen eines Priesters

4Q563

Diese aramäische Schrift ist so bruchstückhaft, daß eine Interpretation schwierig ist, sie macht aber durchaus neugierig. Der Adressat könnte ein Priester sein. Das Wort „Dienst", das in der ersten Zeile vorkommt, wird häufig verwendet, um priesterliche Tätigkeiten im Tempel zu beschreiben. Dieser Priester wird vor einer sehr gefährlichen Zukunft gewarnt. Wer spricht, ist nicht klar. Vielleicht erfährt der Priester selbst eine Vision, in der er die Warnung von Gott erhält. Vielleicht ist ein warnender Prophet zu ihm gekommen. Wenn sich die Warnung an einen Priester richtete, dann können die Taten des Verrats seiner Verwandten und Kinder ein Hinweis des künftigen Abfall von Gott sein. Unter diesem Aspekt betrachtet, könnte das Werk mit den *Worten Levis* (Text 39) verwandt sein.

Fragment 1 [3][...] du sollst hergerufen werden, zusammen mit allem, was du besitzt. Dein Dienst [...] [4][...] Fürchte sie, denn [...] [5][...] und im späteren Teil deines Lebens wirst du verraten werden. Nach dir wird das Brot deiner Nahrung ge[gessen] werden [von] [6]deinen Verwandten. Hüte dich vor [deinen] Kindern [...] und pr[üf]e sie, damit [nicht ...] [7][ge]gen dich.

– M. O. W.

141. Sammlung von Dankpsalmen

4QHodayot-ähnlich

Nur drei Fragmente sind von einer Sammlung von Dankpsalmen auf Papyrus übriggeblieben. Die Themen ähneln jenen der *Loblieder* (Text 3). Es ist das einzige Werk dieses Bandes, das noch keine offizielle Nummer erhalten hat. Erst kürzlich wurde erkannt, daß es sich um ein eigenständiges literarisches Werk handelt, das daher eine eigene Nummer erhalten wird.

Fragment 2 [1] für [...] ewig

Wie in den Lobliedern *(Text 3) überliefert dieses Fragment einen Psalm für den Lehrmeister (20,4). Es geht um die Erwählten Israels, die als gut gewässerter Baum gedeihen (14,14–17).*

[2]Für den Lehrmeister: eine Äu[ßer]ung hinsichtlich des Ruhms. [...] [3]eine Pflanze der Freuden, eine Pflanze in Seinem Gart[en] und in Seinem Weingarten [...] [4]Seinen Gartenbeeten. Seine Äste sollen Früchte hervorbringen und wachsen in [...] [5]und seine Äste stützen die Höhe des Himmels. Und [...] [6]Schönheit durch die ewigen Generationen und hervorbringen die Früch[te von ...] [7]all jenen, die davon kosten, und unter seinen Früchten soll keine wertlose Frucht sein [...] [8]sein Laubwerk und seine

Blätter und seine Blüten sollen auf ihm sein [... imm]erfort [...] ⁹er soll nicht an seinen Wurzeln aus seinem angenehmen Beet herausgerissen werden, denn [...]

Dank an Gott, der die Menschen von den Folterqualen seiner Feinde befreit (Loblieder 11,19–36).

Fragment 3 ²[...] brennen für [...] ³[...] auf [...] ⁴[...] jene, die [b]lasen [... zu] bestimmen einen vernichtenden [...] ⁵a[...] und Er war ungehalten [...] ⁵[...] so [...] Sein Zorn für all [...] ⁶[...] es soll brennen [...] mit Flammen des Feuers [...] ⁷[...] Flammen des [Feuers] in den Scha[f]pferchen [...] ⁸[...] verächtliche Trampler [...] ⁹[...] und jene, gegürtet mit Flamm[en des Feuers ...] ¹⁰[...] Pechströme verzehren [...] ¹¹[...] im Laufe der Generatione[n ...]

– M. G. A.

142. Sektenregel
5Q13

Die Fragmente dieses Manuskripts stellen offensichtlich eine Urkunde oder Vorschrift dar, die vom Aufbau her Ähnlichkeit mit dem *Grundgesetz einer Sekten-Gemeinschaft* (Text 5) aufweist. Tatsächlich zitiert der Schreiber aus diesem Text – oder, anders gesehen, dieses Schriftstück ist vielleicht selbst eine stark abweichende des *Grundgesetzes*. Die zahllosen anderen Abschriften des Textes unterscheiden sich manchmal deutlich voneinander. Man ist sich also nicht sicher, welche Möglichkeit vorzuziehen ist.

Gedanken zur Auserwählung durch Gott.

Fragment 1 ²[...] der Gott aller [...] ³[...] Er, der errichtet [...] ⁴[...] Schätze [...] ⁵[...] durch sie selbst, genau wie [...] ⁶[...] Du wähltest aus der Mitte der hi[mm]lischen Wesen und [...] ⁷[...] und du fandest Gefallen an Noach [...] ⁸[...] des Todes und [...] ⁹[...] Gott, um zu verstehen die Werke [...] ¹⁰[...] der Dienst an [...] ¹¹[... um zu erkennen zu geben] die verborgenen [Dinge ...] ¹²[...] im dem Jahr, in dem Du ihm befehlen wirst, zu [...] ¹³[...] für jeden israelitischen Mann [...] ¹⁴[...]. [...]. [...]

Gedanken zur Geschichte der Auserwählten Gottes.

Fragment 2 ⁴[...] auf ewig ⁵[...] mit Abraham ⁶[...] Du ließest Jakob [wi]ssen zu Bet-El ⁷[...] und Levi Du [...] und Du befahlst ihm zu binden ⁸[...] Du erwähltest [die Söhne] Levis, damit sie hinauszogen ⁹[...] durch ihren Geist vor Dir ¹⁰[...] und nach zwei ¹¹[...] Schwur gegen
Fragment 3 ²[...] Henoch [...]

Die Aufnahmezeremonie, die hier erhalten ist, stimmt genau überein mit 1QS 3,4–5. Zur ordnungsgemäßen Einhaltung der Zeremonie (Zeile 4) siehe 1QS 2,19.

Fragment 4 ¹[... der Neuaufgenommene soll s]tehen vor dem Aufseher [...] ²[..] und Sühnezeremonien können nicht seine Unschuld wiederherstellen, [noch eine kultische

Waschung seine Reinheit. Er kann weder geweiht werden durch Eintauchen in Meere und Flüsse] ³[noch gereinigt durch ein bloßes rituelles Bad.] Unrein, unrein soll er sein [alle] T[age, solange er die Gesetze Gottes ablehnt ...] ⁴[...] dies sollen sie tun Jahr für Jahr a[lle Tage, solange Belial herrscht ...] ⁵[...] denn der Geist [...]

Die Prüfung der Werke der Mitglieder (1QS 5,24).

Fragment 5 ¹[...] ihre Taten, ihre [...] ²[...] Hand Belials, und er soll nicht [...] ³[...I]srael, wenn Er errichtet [...] ⁴[...] dies sollen sie tun Jahr für Jahr a[lle Tage, solange ...] ⁵[...] denn der Geist [...]

– M. G. A.

143. Unbekannte Schlacht

5Q14

Der bruchstückhafte Zustand des Fragments läßt keine sicheren Schlüsse zu. Das vorliegende Werk scheint jedoch eine Schlachtenszene darzustellen. Zeile 2 dürfte auf wankelmütige Krieger hinweisen, die vom Treuebund mit Gott abgefallen sind, während Zeile 3 vielleicht beschreibt, wohin einige Leichname fallen.

¹[...] und auf den Meeren, auch auf [...] ²[...] deine [...] sollen fallen von dir [...] ³[...] deine [...] sollen fallen auf jede [...] ⁴[...] sie sollen dich vernichten aus der Mitte aller [...] ⁵[...] ein wenig für ihn, und er hat nicht genug, weil [...]

– M. G. A.

144. Hymnischer Lobpreis Gottes

8Q5

Dieses überaus fragmentarische Schriftstück bedient sich hymnischen Stils und hymnischer Sprache. Es ist augenscheinlich ein Lobpreis Gottes.

Fragment 1 ¹[...] in Deinem Namen, [o M]ächtiger, ich fürchte und [...] ²[...] dieser Mann, der ist von den Söhnen des [Menschen (oder der Götter) ...] ³[...] dies [...] und weshalb läßt du sein Licht aufhören zu [scheinen (?) ...] ⁴[...] zu den Ko[nstel]lationen der Himm[el ...]

Fragment 2 ¹[...] ²[...] und du läßt [...] aufhören [...] ³[...] HERR [...] ⁴[...] überaus groß über allem [...] ⁵[... Verfolger (?)]. Und die Urteile [...] ⁶[...] und all die Geister s[tehen] vor Dir [...]

– M. G. A.

145. APOKRYPHE PSALMEN DAVIDS

11Q5–6; 4Q88, 4Q448

Unter den interessanteren Schriftrollen, die aus den Höhlen nahe Qumran ans Licht kamen, sind einige Abschriften des Psalters, die auffallend vom bekannten Buch der Psalmen abweichen. Die uns vertrauten Psalmen gibt es gewiß auch, oft aber in leicht veränderter Form und in anderer Reihenfolge. Dazwischen finden sich weitere, unbekannte Psalmen. Das Ganze wird David, dem „süßen Psalmisten Israels", zugeschrieben.

Einer dieser apokryphen Psalmen war der Forschung schon durch die griechische Version des Alten Testaments bekannt, in dem er als Psalm 151 gezählt wird (das offizielle Buch der Psalmen der heutigen Bibel umfaßt nur 150 Psalmen). Zwei andere „neue" Psalmen Davids wurden von den syrischen Christen vom Altertum bis in die heutige Zeit gerettet, die in ihren Schriften als Psalmen 154 und 155 gezählt werden. Die übrigen „neuen" Psalmen sind tatsächlich bis zur Entdeckung der Schriftrollen vom Toten Meer unbekannt gewesen.

Die Sprache dieser Dichtungen ist eine Spätform des biblischen Hebräisch – später als zur Zeit Davids. Ihr Anspruch, von David zu stammen, ist nicht echt. Dennoch kennzeichnet ihre Verbindung mit dem großen König einen typischen Trend innerhalb des Judentums zur Zeit des zweiten Tempels, nämlich die Schriften unbekannter Verfasser großen Geistern der Vergangenheit zuzuschreiben. So wurde von zahlreichen Psalmen behauptet, daß sie von David stammten, wie viele Weisheitsschriften Salomo zugeschrieben wurden, dem klügsten Mann der Bibel. Die meisten Forscher nehmen an, daß diese Entwicklung schon bald in den Jahren nach der Rückkehr aus dem babylonischen Exil begann. Vielleicht entstanden in jenen Jahren auch die Überschriften der biblischen Psalmen, sechs oder sieben Jahrhunderte nach David. Die Überschriften vieler Psalmen wurden in Zusammenhang mit Ereignissen aus Davids Leben gebracht, mit denen sie ursprünglich nichts zu tun hatten. Diese Entwicklung kann beobachtet werden, wenn man die Überschriften von Psalmen miteinander vergleicht, die auf unterschiedlichen Wegen der Überlieferung auf uns gekommen sind. Die Überschriften der Texte im masoretischen Text (der traditionellen hebräischen Bibel) stimmen weder mit jenen des griechischen Alten Testaments, der Septuaginta, noch mit den Überschriften der altsyrischen Bibel überein, welche die frühen Christen Syriens benutzten. Die übersetzten apokryphen Davidischen Schriften gewähren einen wertvollen Einblick in den faszinierenden Entstehungsprozeß des Buches der Psalmen (des Psalters).

Psalm 151. Es handelt sich in dichterischer Sprache um einen Bericht von Davids Wahl zum zukünftigen Herrscher Israels (angeregt von 1 Sam 16,1–13).

11Q5 Kolumne 28 ³Halleluja! Ein Psalm Davids, Sohn des Jesse. Ich war kleiner als meine Brüder, der jüngste unter den Söhnen meines Vaters. So machte er mich zum ⁴Schafhirten seiner Schafe, zum Herrscher über seine Ziegen. Meine Hände formten eine Pfeife, meine Finger ein Lyra, ⁵und ich verherrlichte den HERRN. Ich sprach zu mir selbst: „Die Berge bezeugen ⁶Ihn nicht, noch verkünden die Hügel." So – hallt wider von meinen Worten, o Bäume, o Schafe, meine Taten! [7]Ach, wer kann verkünden, wer erklären die Taten des HERRN? Gott hat alles gesehen, [8]gehört und sich um alles gekümmert. Er sandte seinen Propheten, um mich zu salben, sogar Samuel, [9]um mich zu erheben. Meine Brüder gingen hinaus, um ihn zu treffen: schöngewachsen, wunderbar an Erscheinung, groß waren sie an Statur, [10]schön waren ihre Haare – doch der HERR Gott erwählte sie nicht. Nein, Er sandte und nahm mich, [11]der der Herde folgte, und salbte mich mit dem heiligen Öl. Er sandte mich als Fürst zu seinem Volk, Herrscher über die Kinder Seines Bundes.

Psalm 151B. Dieser Abschnitt wurde sicherlich mit den Zeilen oben in der griechischen Übersetzung des Psalms 151 kombiniert, der von den Juden im ägyptischen Alexandria verfaßt wurde (Septuaginta). Beim Qumran-Manuskript handelt es sich jedoch um eine eigenständige Dichtung.

[13][Dav]ids erste große T[a]t, nachdem der Prophet Gottes ihn gesalbt hatte. Dann s[a]h ich die Philister, [14]wie sie Hohn aus den [feindlichen] R[eihen] schleuderten [...]

Psalm 154. Dieser Psalm, von den syrischen Christen der Antike als Psalm 154 bezeichnet, ist ein Aufruf zum Gebet. Eine wichtige Gestalt des Psalms ist die personifizierte Weisheit, die als Frau auftritt.
Die Abschnitte, die den ersten numerierten Zeilen vorangestellt wurden, sowie der größte Teil der Zeilen 16–17 fehlen auf der hebräischen Rolle und wurden mit Hilfe des Altsyrischen rekonstruiert. Etliche Worte aus Zeilen 15–17 wurden auf einer weiteren sehr fragmentarischen Qumran-Rolle überliefert, 4Q448, und diesem Manuskript wurde bei der vorliegenden Lesart Folge geleistet.

[Erhebe deine Stimme und verherrliche Gott; wenn die Gesamtheit aller Mitglieder versammelt ist, verkünde Seinen Ruhm. In der großen Menge der Aufrechten verherrliche Seinen Namen und erzähle von Seine Größe unter den Treuen. Verbindet] **11Q5 Kolumne 18** [1]eure Seelen mit jenen, die gut sind, auch mit jenen, die makellos sind, um so den Allerhöchsten zu loben. Versammelt euch, um [2]Seinen Sieg zu verbreiten, und seid nicht zu bequem, von Seiner Macht zu künden – Sein Ruhm [3]all denen, die noch nicht unterwiesen wurden. Denn um von Gottes Ruhm zu künden wurde Weisheit gegeben; zu erzählen von [4]Seinen vielen Taten wurde sie dem Menschen bekanntgemacht: Um den Dummen Seine Macht zu vermitteln, [5]den Törichten Seinen Ruhm zu lehren – jene, weit weg von ihren Toren, [6]jene, abgeirrt von ihren Pforten. Denn der Allerhöchste, HERR ist Er über [7]Jakob, und Seine Herrlichkeit über all seinen Werken. Gewiß findet der, der den Allerhöchsten verherrlicht, [8]Gefallen, als ob er ein Opfer darbrächte; wie durch das Opfern von Ziegenböcken und Kälbern, [9]wie durch Anreichern des Altars mit Myriaden von Brandopfern; wie ein süßer Duft in der Hand [10]des Gerechten. Von den Toren der Gerechten wird die Stimme der Weisheit erhört, von der frommen Gemeinschaft [11]ihr Lied. Wenn sie essen und satt sind, wird sie zitiert, wenn sie trinken, gemeinsam [12]wie ein einziger: ihre Gespräche über das Gesetz des Allerhöchsten, ihre Worte verkünden nichts als Seine Macht. [13]Wie weit entfernt von den Gottlosen sind ihre Worte! Sie zu kennen, für die Hochmütigen! Siehe, [14]die Augen des HERRN blicken mit Mitleid auf die Guten. Sein Erbarmen wird größer mit jenen, die rühmen, [15]aus einer schlechten Zeit wird Er [ihre] Seelen befreien. [Gelo]bt ist der HERR, der die Armen erlöst aus der Macht von [16]Feinden, [die Makello]sen [befr]eit von den gottlosen Unterdrückern. Er läßt hervorkommen ein Horn aus Ja]kob, [17][von Israel], ein Richter [der Völker]; in Zion [wird Er] Seine Wohnstatt [sich wünschen] und [Jerusalem] wä[hlen für immer.]

Psalm 155. Wie Psalm 154 wurde dieser Psalm unter syrischen Christen überliefert, war in Hebräisch bis zur Entdeckung in Qumran unbekannt. Dieses Gedicht ist zum Teil ein Akrostichon: Zeile 5 beginnt mit dem zweiten Buchstaben des hebräischen Alphabets, Zeile 7 mit dem dritten Buchstaben, dann folgt (in etwa) am Anfang jeder Zeile der nächste Buchstabe.
Die nach Zeile 17 folgenden Teile von 11Q5 sind verlorengegangen und wurden aus dem Altsyrischen rekonstruiert.

11Q5 Kolumne 24 [3]O HERR, ich rufe zu Dir, höre mir zu. Ich strecke meine Hände aus in Richtung [4]Deiner heiligen Wohnstatt, höre mir zu und gewähre mir meine Bitte; [5]entziehe mir nicht Deine Gnade. Erleuchte meine Seele, wirf sie nicht nieder; laß sie nicht im Stich vor den [6]Gottlosen. Möge der Richter der Wahrheit von mir den Lohn der Sünde abwenden; o HERR, [7]richte mich nicht nach dem, was meine Sünden verlangen, denn vor Dir ist kein Lebewesen gerechtfertigt. [8]Gewähre mir, o HERR, Dein Gesetz zu verstehen und lehre mich Deine Gesetze, [9]so daß viele von Deinen Taten hören und Völker deine Herrlichkeit preisen. [10]Erinnere dich meiner, vergiß mich nicht; wirf mich nicht in ein Elend, das schlimmer ist, als ich ertragen kann. [11]Entferne die Sünden meiner Jugend und laß meine Sünden nicht gegen mich verwendet werden. [12]Reinige mich, o HERR, von der Beschwernis durch das Böse und laß es nicht wieder zurückkehren. Laß seine [13]Wurzeln in mir austrocknen, seine Bl[ät]ter keine Nahrung finden. HERR, du bist die Herrlichkeit selbst, [14]weswegen mein Flehen in Deiner Gegenwart erhört wird. Zu wem sonst könnte ich rufen, der mir solches gewähren könnte? [15]Zu Menschen? [Ihre] Kraft hat nachgelassen – mein Vertrauen, o HERR, ist i[n] Dir. [16]Ich schrie hinaus: „O HERR!", und Er antwortete, [Er heilte] mein gebrochenes Herz. Ich wurde müde und [17]schlief ein; ich träumte, dann [erwachte ich]. [Du, o HE]RR, [unterstütztest mich,] [18][den Leidenden im Herzen; denn ich rief: „O HERR, mein Befreier!" Nun sehe ich ihre Schande; doch in Dir verborgen, werde ich mich nicht schämen. Erlöse Israel, deine Getreuen, o HERR; ebenso das Haus Jakobs, Deine Erwählten.]

Gebet um Vergebung von Sünden und Befreiung aus der Macht Satans. Dieser Psalm, von zwei Abschriften aus Höhle 11 bekannt, wäre ohne die Qumran-Entdeckung verschollen geblieben. Etwa fünf Zeilen am Anfang fehlen und eine weitere Zeile ist am Schluß verlorengegangen. Scheol, in Zeile 10 erwähnt, war das Reich des Lebens nach dem Tode.
Die Zeilen 1–9 und 12–15 der Fragmente 11Q6a und b überschneiden sich hier mit 11Q5.

11Q6 Fragment A [1][Arm] und schwach bin ich, denn [...] **+11Q5 Kolumne 19** [1]Wirklich, kein Wurm dankt Dir, noch kündet ein Getreidekäfer von Deiner Gnade. [2]„Die Lebenden, die Lebenden, sie danken Dir" (Jes 38,19), sie, deren Schritt unsicher ist, loben Dich, wenn Du sie läßt [3]erkennen Deine Gnade, wenn Du sie lehrst

Gerechtigkeit. Denn die Seele allen Lebens ist in Deiner [4]Hand, Du allein bläst den Atem des Lebens in ihr Fleisch. Wende Dich uns zu, o HERR, [5]durch Deine Güte; nach Deinem grenzenlosen Erbarmen, den Myriaden gerechter Taten. Der HERR [6]hört die Stimme jener, die Seinen Namen lieben, Seiner Gnade beraubt Er sie nicht. [7]Gelobt sei der HERR, der Werke der Gerechtigkeit schafft, der krönt die Frommen [8]mit Gnade und Erbarmen. Meine Seele schreit, um Deinen Namen zu loben, zu loben [9]Deine Gnade mit einem Ruf der Freude – von Deiner Treue zu sprechen; es gibt kein Maß für den Preis, der Dir gebührt. Ich war in des Todes [10]Gewalt durch meine Sünden; meine Lasterhaftigkeiten hatten mich in die Scheol verkauft – doch Du hast mich errettet, [11]o HERR, gemäß Deines grenzenlosen Erbarmens, Deiner Myriaden gerechter Taten. Ich habe auch geliebt [12]Deinen Namen und Schutz gesucht in Deinem Schatten. Wenn ich an Deine Macht denke, nehme ich [13]mir ein Herz und verlasse mich auf Deine Gnade. Vergib, o HERR, meine Sünden, [14]reinige mich von meinen Lasterhaftigkeiten! Verleihe mir einen steten und erkennenden Geist und beschäme mich nicht [15]durch Verderben. Laß Satan nicht über mich herrschen noch einen unreinen Geist; laß weder Schmerz noch den Willen [16]zum Bösen in mir regieren. Gewiß bist Du, o HERR, mein Lobpreis; in Dich setze ich meine Hoffnung [17]den ganzen Tag. Meine Brüder freuen sich mit mir, und mein Vaterhaus ist erstaunt über Deine Gunst! [18][...] ich werde mich in Dir freuen für immer.

Anrufung Zions im Stil von Bibelstellen wie Jes 54,1–8. Zion ist in den Gebeten der Gerechten die große Erinnerung an die Großtaten Gottes, die die Propheten der Stadt Jerusalem versprochen haben. Hier liegt auch ein Akrostichon vor.
Zeilen 1–3 und 8–15 sind zum Teil auch in 4Q88 Kolumnen 7–8 überliefert.

11Q5 Kolumne 22 [1]Ich gedenke deiner in einem Segen. o Zion, mit all meiner Kraft [2]liebe ich dich. Möge dein Angedenken gesegnet sein für immer! Groß ist deine Hoffnung, o Zion: Friede und der [3]Sieg, auf den du wartest, werden kommen. Zeitalter für Zeitalter sollst du bewohnt sein, Generationen von Frommen werden [4]dich zieren: sie, die sich nach dem Tag deines Sieges sehnen, um zu frohlocken in deinem reichlichen [5]Ruhm. An deinem herrlichen Busen werden sie sich nähren, in deinen großartigen Straßen mit ihren Armreifen klappern. An die treuen Taten deiner Propheten [6]wirst du erinnern und verherrlicht werden durch die Werke deiner Frommen. Reinige deine Mitte von Übeltaten, halte Lügen und [7]Laster von dir fern. Deine Kinder werden in dir frohlocken, deine Geliebten werden sich selbst zu dir zusammenschließen. [8]Wie haben sie auf deinen Sieg gehofft! Wie haben deine Makellosen dich betrauert! Die Hoffnung für dich wird nicht schwinden, [9]o Zion, noch soll dein Anblick vergessen werden. Wer, der gerecht ist, ist je verschwunden? Wer ist entkommen [10]mit seinen Sünden? Der Mensch wird geprüft nach seinem Weg und jeder entlohnt nach seinen Werken. Um dich herum werden deine Feinde geschlagen, [11]o Zion, alle, die dich hassen, werden zerstreut. Wie süß ist der Hauch deines Lobs, o Zion, [12]über die ganze Erde! Immer wieder werde ich an dich denken und dich loben; ich will dich von ganzem Herzen loben. [13]Mögest du die Gerechten erhalten in Ewigkeit, mögest du die Segnungen der Verherrlichten erhalten. Umarme die Vision, [14]die von dir gesprochen hat, o Zion, die Träume von Propheten, für dich gesucht! Wachse in die Höhe, breite dich weit aus, o Zion; [15]lobe den Allerhöchsten, deinen Erlöser – während meine Seele an deinem Ruhm sich freut.

Hymne an Gott, den Schöpfer. Die Zeilen 14–15 sind eine Neuordnung von Jer 10,12–13 und Ps 135,7. Die Zeile 13 wurde in abgeänderter Form aus Text 83 (Strafpredigt über die Sintflut) Kolumne 1, Zeilen 1–3 zitiert.

11Q5 Kolumne 26 [9]Groß und heilig ist der HERR, ein Heiliger der Heiligen Generation für Generation. An Seiner Spitze [10]marschiert Herrlichkeit, an Seinem Ende der Aufruhr vieler Wasser. Gnade und Wahrheit umgeben Sein Angesicht, Wahrheit, [11]Recht und Gerechtigkeit halten Seinen Thron. Finsternis scheidet er von Licht und bereitet die Morgendämmerung vor durch die Erkenntnis [12]Seines Herzens. Als alle Seine Engel sahen, jubelten sie im Lied – denn Er hatte ihnen gezeigt, was sie noch nicht wußten: [13]Er bedeckte die Berge mit Speise, feine Nahrung für alles, was lebt. Gelobt sei Er, der [14]durch seine Kraft die Erde schuf, der durch Seine Weisheit die Welt errichtete. Bei Seinem Verständnis breitete Er die Himmel aus und brachte hervor [15][den Wind] von [Seinen] Scha[tzhäusern]. Er schuf [Blitz für den Re]gen und ließ [vom] Ende [der Erde] Dämpf[e] aufsteigen.

Dieses Prosastück beschreibt die literarischen Aktivitäten König Davids. Dieser wird nicht nur als Verfasser des Buchs der Psalmen betrachtet – einschließlich der oben genannten apokryphen Psalmen –, sondern auch mit vielen anderen Werken in Verbindung gebracht. Die Berufung auf Davids produktive Autorschaft dürfte mit einem ähnlichen Anspruch für Salomo in 1 Kön 5,12 konkurrieren. Bemerkenswert sind die 364 Lieder Davids für das tägliche Opfer. Die Zahl entspricht der Zahl der Tage des Qumran-Kalenders. Sie bringt den größten König Israels mit der „richtigen Seite" in der polemischen Diskussion über den richtigen Kalender in Verbindung.
Zu den „Liedern, die den von Dämonen Besessenen mit Musik entzücken", die in Zeile 10 erwähnt werden, vgl. Text 147, Beschwörungsformeln zur Dämonen-Austreibung.

11Q5 Kolumne 27 [2]Nun war David, der Sohn Jesses, weise und strahlte wie das Licht der Sonne, ein Schreiber [3]und ein Mann mit Urteilskraft, makellos in all seinen Wegen vor Gott und den Menschen. Der HERR gab [4]ihm einen brillanten und scharfsichtigen Geist, und so schrieb er Psalmen: dreitausendsechshundert; [5]Lieder, die vor dem Altar zu singen sind und begleiten das tägliche [6]ewige Brandopfer für alle Tage des Jahres: dreihundertvierundsechzig; [7]für die Sabbatopfer: zweiundfünfzig Lieder; und für die Neumondopfer, [8]alle Festtage und den Versöhnungstag: dreißig Lieder. [9]Die Gesamtzahl aller Lieder, die er schrieb, war vierhundertsechsundvierzig, nicht eingeschlossen [10]vier Lieder, die den von Dämonen Besessenen mit Musik bezaubern. Die Gesamtsumme von allem, Psalmen und Liedern, war viertausendundfünfzig. [11]All das schrieb er dank der Prophezeiungen, die ihm der Allerhöchste zuteil werden ließ.

– M. O. W.

146. ARAMÄISCHES BUCH IJOB

11Q10

Etwa in den beiden Jahrhunderten vor dem Fall des Jerusalemer Tempels im Jahr 70 n. Chr. tauchten erste aramäische Übersetzungen von Teilen der Bibel auf. Zunächst handelte es sich bei den ausgewählten Bibelabschnitten um besonders wichtige oder deren Hebräisch für das gewöhnliche Volk besonders schwer zu verstehen war. Das Hebräisch des Buchs Ijob ist zweifellos das schwierigste der ganzen Bibel. Dies bezeugen die Funde aus den Höhlen von Qumran, denn unter den Manuskripten befinden sich neben einer Übersetzung eines Abschnitts aus Levitikus (Levitikus 16,12–15.18–21) zwei Übersetzungen des Buchs Ijob. In Levitikus 16 geht es um den Versöhnungstag (Jom Kippur) und die Sündenbock-Zeremonie (wobei das wichtigste Fest des heiligen Jahres behandelt wird).

Der unten übersetzte Abschnitt aus Ijob ist ein Beispiel, stellvertretend für die ganze Schriftrolle. Meist ist die Übersetzung wörtlich und direkt. An nur wenigen Stellen läßt die Schriftrolle ein abweichendes hebräisches Original vermuten, als jenes, das heute bekannt ist. Doch der Übersetzer verstand meist nicht den hebräischen Text, der ihm als Vorlage diente. Seine Bearbeitung ist interessant und bietet häufig neue Wege, wie die Probleme des Buchs betrachten werden können. Der folgende Abschnitt illustriert diesen Beitrag durch drei Beispiele.

Der überlieferte Schluß beginnt in der Mitte von Ijob 42,9. Bemerkenswert ist der Unterschied des traditionellen biblischen Text von modernen Übersetzungen. Die hebräische Textvorlage für die Zeilen 3–4 lautet: „Und der HERR wendete das Geschick Ijobs, als er für seine Nächsten Fürbitte einlegte." In Zeile 5 lautet der hebräische Text „Brüder und Schwestern", nicht, wie unser Verfasser interpretierend wiedergibt, „Freunde und Brüder". Das hebräische Wort, das als „Schafe" ins Aramäische übertragen wurde, kann auch „Geld" bedeuten, wie ebenfalls in heutigen Ijob-Übersetzungen zu lesen ist.

(Elifas von Teman und Bildad) **Kolumne 38** [1][von Schuach und Zofar von Naama gingen und] taten, [was ihnen gesagt worden war von] [2]Gott. Und G[o]tt hörte auf die Stimme Ijobs und vergab [3]ihnen ihre Sünden um seinetwillen. Dann wendete sich Gott zurück zu Ijob in Erbarmen [4]und gab ihm das Doppelte dessen, was er einst besessen hatte. Dann kamen zu [5]Ijob alle seine Freunde, Brüder und jene, die ihn gekannt hatten, und sie aßen Brot [6]mit ihm in seinem Haus. Sie trösteten ihn über all das Übel hinweg, das [7]Gott über ihn gebracht hatte, und jeder Mann gab ihm ein Schaf [8]und einen goldenen Ring. [9]So segnete Gott I[jobs] späte[re Tage, und e]r [besaß] [10][vierzehntausend] Sch[afe ...]

– M. O. W.

147. BESCHWÖRUNGSFORMELN ZUR DÄMONEN-AUSTREIBUNG

11Q11

Wie in so vielen der Schriftrollen deutlich wird, waren Land und Himmel der ersten Jahrhunderte vor und nach Christus in der Phantasie der Menschen nicht nur von Engeln bevölkert, sondern auch von Dämonen. Obwohl die Legionen des Teufels am Ende besiegt werden, war ihre Macht in der Zwischenzeit beträchtlich. Man mußte daher bestimmte Maßnahmen ergreifen, um ihren Einfluß zurückzudrängen. Ein Beispiel dafür ist der exorzistische Text 137; andere können hier gefunden werden. Statt direkter Dämonen-Austreibungen wurde diesem Dämonen-Abwehr in Form von Psalmen verfaßt und biblischen Gestalten zugeschrieben. Anders als der exorzistische Text 137, der vielleicht von einer Person als Amulett getragen wurde, sollten diese Texte zitiert werden. Einige solcher Anweisungen wurden im Text überliefert.

Der Schöpfergott, der Licht von Finsternis schied, wird um Schutz vor den Mächten der Finsternis angefleht.

Kolumne 1 [1-2][... Ein Psalm] Salomos. Er nahm [...] [3][...] die Dämonen [...] [4][...] diese sind [die D]ämonen [...] [5][... I]sr[ael ...] [6-7][...] mit mir [...] heilen [8][... der Rechtschaffene] lehnt sich an Deinen Namen und ruft [...] [9][... Er sagt zu Is]rael: „Sei stark [10][...] die Himmel [11][...] der geschieden hat [Licht [12]von Finsternis ... "]

Gottes Schöpferkraft wird erneut angerufen. Der richtige Zauberspruch beginnt mit den Worten „Ich beschwöre ..." und fährt mit einem Bibelzitat fort.

Kolumne 2 [1][...] [2]und die Erde [...] die Erde, der s[chuf die Schar des Himmels für die Jahreszeiten] [3]und für Zeich[en ...] Er ist der HERR [...] [4]Er machte [... Ich] beschwöre all [...] [5][...] und all [...] die [...] vor [...] [6][...] die Erde [...] [7][... jede] Sünde und betreffend all diese [...] du weißt [8][...] die sind nicht [...] wenn nicht [9][...] von vor dem HERRN [...] töten die Seele von [10][...] der HERR, und laß ihn Angst haben [...] dieser große [Zauberspruch:] [11]„Ein einziger von euch [kann] tau[send verfolgen]" (Jos 23,10) ...] diente der HERR [...] [12][...] groß [...]

Weiterer Psalmspruch, der die himmlischen Mächte anruft, gegen die Dämonen zu kämpfen.

Kolumne 3 [1]Groß ist [... Ich] beschwöre [euch ...] [2]und die großen [...] gegen [dich ...] die mächtigen [Engel ...] [3]die ganze Erde [...] die Himmel und [...] [4]Möge der HERR dich schlagen [mit einem mächtigen Schlag,] um euch zu zerstören [...] [5]und durch Seinen heftigen Zorn [möge Er] gegen euch [senden] mächtige Engel [...] [6][...] die [... keine] Gnade für dich, der [...] [7][...] gegen all diese, die [auf ewig] in den großen Abgrund [geschickt werden] [8][... zum] tiefsten Hades, und wer [... dort] sollt ihr liegen, und Finsternis [9][...] sehr viel [...] auf der Erde [10][...] für ewig [...] mit den Flüchen der Zer[störung ...] [11][...] der heftige Zorn von [...] Finsternis [...] [12] [...] Elend [...] euer Anteil [...]

Zusammenfassende Feststellung über die Art des vorhergehenden Psalms.

Kolumne 4 [1][...] [2]was [...] und jene, besessen von [Dämonen ...] [3]jene, die [von Belial] zermalmt werden [... über Isra]el Friede [in Ewigkeit ...]

Eine David zugeschriebene Beschwörungsformel, die gegen Resef, eine alte Gottheit geäußert wurde. Diese hielten die Israeliten für einen Dämon. Hier ist die Hauptwaffe Hohn. Bemerkenswert ist der Hinweis auf die Hörner des Dämons.

[4]Ein Psalm Davids gegen [...] im Namen des HERR[N ..] [5]gegen Resef [...] er wird zu dir des Na[chts] kommen [und] du wirst ihm sagen: [6]„Wer bist du? [Wende dich ab vom] Menschengeschlecht und von der heil[igen] Rasse! Denn deine Erscheinung ist [7][nichts,] und deine Hörner sind Hörner aus Sand. Du bist Finsternis, nicht Licht, [8][Frevelhaftig]keit, nicht Gerechtigkeit [...] der HERR [...] [9][im] tiefsten [Had]es, [eingeschlossen von Türen] aus Bronze [...] [10][...] Licht und nicht [... niemals wieder zu sehen] die Sonne, die [11][scheint auf die] Rechtschaffenen [...] und dann wirst du sagen [...] [12][...] die Rechtschaffenen zu kommen [...] ihm zu schaden [...] [13][... Wa]hrheit von [... Ger]echtigkeit [...]"

– E. M. C.

148. Kommen des Melchisedek

11Q13

Das biblische Jubeljahr war das fünfzigste Jahr, das Jahr nach einer Folge von sieben Sabbatjahren. Während in einem Sabbatjahr das Land brachliegen und ruhen mußte (analog zum Sabbat am Ende der Woche), sollte alles Land, das in der Zwischenzeit von seinen ursprünglichen Besitzern in fremde Hände übergegangen war, diesen zurückgegeben werden. Alle israelitischen Sklaven mußten außerdem freigelassen werden. Das Jubeljahr begann am Versöhnungstag und wurde durch Trompetenklänge im ganzen Land und der Ausrufung allgemeiner Freiheit eingeleitet.

Der Verfasser der vorliegenden interessanten Mischung von Bibelzitaten hat zahlreiche Bibelverse ausgewählt, die sich auf das Jubeljahr beziehen. Er hat ein Werk geschaffen, das diese Abschnitte (wie er meint) „richtig" auslegt. Er bezieht den Schuldenerlaß während des Jubeljahrs nicht nur auf prosaische, einfache Geldangelegenheiten, sondern auch auf die Vergebung von Sünden. Der Verfasser erklärt, kein anderer als Melchisedek sei der Vermittler dieses Heils, eine geheimnisvolle Gestalt, auf die in der Bibel nur zweimal hingewesen wird, in Genesis und in Psalm 110. Für unseren Verfasser ist Melchisedek ein äußerst erhabenes, göttliches Wesen, das er mit Namen benennt, die im allgemeinen Gott vorbehalten sind: mit den hebräischen Namen *el* und *elohim*. Im Jesajazitat 61,2, in dem vom „Gnadenjahr des HERRN" die Rede ist, wird „Melchisedek" sogar an die Stelle des heiligsten Namens des israelitischen Gottes, *Jahwe*, gesetzt. Noch bemerkenswerter ist, daß Melchisedek die Sünden der Rechtschaffenen sühnen und Gericht über die Gottlosen halten soll – Handlungen, die gewöhnlich Gott selbst ausführt. Durch die Macht

Melchisedeks soll die irdische Herrschaft vom Satan (hier Belial genannt) auf die gerechten Söhne des Lichts übergehen.

Diese Gruppe besteht aus jenen, die für Melchisedek vorherbestimmt sind, „die Versammlung der Söhne der Gerechtigkeit". Sie warten auf die Nachricht einer weiteren Person, die in der Schrift „der Bote" bezeichnet wird. Der Bote, auch „Gesalbter des Geistes" (hebr. *maschiach*) genannt, wird als Bote aufgefaßt, der mit einer Nachricht von Gott kommt, die den Lauf der Geschichte erklärt (d. h. eine Ankündigung, wann das Ende kommen wird) und Gottes Wahrheiten lehrt. Diese Gestalt stirbt, ein Ereignis, das vielleicht mit dem Hinweis des Textes auf „Jubeljahre" zusammenhängt. In vielen Schriftrollen sind Jubeljahre nicht nur Zeiten der Befreiung, wie in der Bibel beschrieben, sondern auch ein Weg, die Zeit einzuteilen. Der vorliegende Text hat offensichtlich ein Schema vor Augen, mit dem das Kommen der Endzeit mit Hilfe dieser Jubeljahre berechnet werden kann.

Vieles in diesem bemerkenswerten Text bleibt mysteriös. Umfangreiche weitere Forschungsarbeiten sind noch notwendig, um zu einem besseres Verständnis seiner Vorstellungswelt zu gelangen. Die hier gezeigte Gestalt Melchisedeks erinnert auf verblüffende Weise an die im Neuen Testament genannte himmlische Person dieses Namens, an einen Hohenpriester, der beschrieben wird: „ohne Vater, ohne Mutter und ohne Stammbaum [...] ohne Anfang seiner Tage und ohne Ende seines Lebens, ein Abbild des Sohnes Gottes: dieser Melchisedek bleibt Priester für immer" (Hebräerbrief 7,3). Ganz eindeutig war Melchisedek der Dreh- und Angelpunkt einer machtvollen Heils-Vorstellung unter verschiedenen jüdischen Gruppierungen zur Entstehungszeit der Schriftrollen.

Die Gestalt Melchisedeks, der himmlische Retter jener, die vorherbestimmt sind, zu ihm zu gehören.

Kolumne 2 [2][...] Und hinsichtlich dessen, was in der Schrift steht: „In [diesem] Jubeljahr [soll jeder von euch zu seinem Besitz zurückkehren" (Lev 25,13) und dessen, was auch geschrieben steht: „Und dies] [3]ist die [A]rt der [Rückgabe:] Jeder Gläubiger soll den Anspruch, den er [gegen einen Nachbarn] hat, [nicht von einem Nachbarn, der ein Mitglied der Gemeinschaft ist, erzwingen, denn Gottes] Erlaß [wurde verkündet" (Dtn 15,2). [4][Die Auslegung] ist, daß es sich bezieht [auf die L]etzten Tage und die Gefangenen betrifft, wie [Jesaja sagte: „Damit ich den Gefangenen die Entlassung verkünde" (Jes 61,1) ... genau wie [5][...] und vom Erbe Melchisedeks, d[enn ... Melchise]dek, der [6]ihnen zurückgeben wird, was ihnen rechtmäßig gehört. Er wird ihnen das Jubeljahr verkünden und s[ie] dabei befreien [von der Schuld a]ll ihrer Sünden.

[Er soll ver]künden diesen Erlaß [7]in der er[s]ten [Woch]e des Jubeljahrs, das auf [neun J]ubeljahre fol[gt], [8]wenn er sühnen wird für all die Söhne des [Lichtes] und das Vol[k, das vor]herbestimmt ist dem Mel[chi]sedek [...] übe[r ihne]n [...] Denn [9]dies ist die Zeit, die bestimmt ist für „das Gnadenjahr Melchis[edek]s" (Jes 61,2), [und] durch seine Macht w[i]rd er Gottes Heilige richten und so ein gerechtes Kö[n]igreich errichten, wie es geschrieben steht [10]über ihn in den Liedern Davids: „Ein göttliches Wesen hat im Rat Gottes seinen Platz eingenommen; im Kreis der Götter hält er Gericht" (Ps 82,1). Die Schrift s[agt] auch von ihm: „[Dar]über [11]nimm deinen Platz im höchsten Himmel ein; ein göttliches Wesen wird über die Völker richten" (Ps 7,7–8).

In bezug auf das, was in der Schrift s[teht: „Wie lange noch wollt i]hr ungerecht richten und die Frevl[e]r begünsti[gen]? [S]el[a]" (Ps 82,2), [12]so bezieht sich die Auslegung auf Belial und die Geister, die ihm vorherbestimmt sind, den[n alle von ihnen haben sich erho]ben und abgewen[det] von Gottes Vorschriften [und wurden so äußerst frevelhaft.] [13]Daher wird Melchisedek gründlich ausführen die Rac[h]e, die Go[ttes] Geb[ot]e verlangen. [Ebenso wird er alle Gefangenen aus der Gewalt B]elials [erlösen] und aus der Gewalt all [der Geister, die ihm vorherbestimmt sind.] [14]Mit ihm verbunden werden sein all die [„gerechten] göttlichen Wesen" (Jes 61,3) [...] ist das, w[as ... a]ll die göttlichen Wesen.

Die Person des Boten, eines Gesalbten, der mit einer Botschaft Gottes kommt und „getötet" wird.

Dieser Be[such] [15]ist der Tag des [Heils,] den Er bestimmt hat [durch Jesaj]a, den Propheten, [betreffend alle Gefangenen,] insofern als es in der Schrift he[ißt: „Wie] schön [16]sind auf den Bergen die Schritt[e des] Bote[n,] der Frieden [an]kündigt, der [frohe] Botschaft bringt, [der Rettu]ng [verheißt], der zu Zion [sa]gt: ‚Dein [gö]ttliches Wesen [regiert'" (Jes 52,7.] [17]Die Auslegung dieser Bibelstelle: „die Berg[e" sind die] Prophete[n,] diejenigen, d[ie gesandt wurden,] um Gottes Wahrheit zu verkünden und] ganz I[srael zu prophe[zeien]. [18]„Der Bote" ist der [Ge]salbte des Geist[es], von dem Dan[iel] sprach: [„Nach den zweiundsechzig Wochen wird ein Gesalbter umgebracht werden" (Dan 9,26). Der „Bote, der bringt] [19]frohe Botschaft, der [Frieden] ankünd[igt"] ist der eine, von dem gesch[rie]ben steht: [„zu verkünden das Gnadenjahr des HERRN, einen Tag der Vergeltung unseres Gottes;] [20]damit ich [alle Trauernden] trös[te]" (Jes 61,2). Die Auslegung dieser Bibelstelle:] er soll sie unte[r]weisen über all die Zeiten der Geschichte in Ewig[keit ... und in den Gesetzen] [21][der] Wahrheit. [...] [22][... Herrschaft,] die von Belial [zu den Söhnen des Lichts] zur[ückkehrt ...] [23][...] beim Gericht Gottes, so wie es über ihn geschrieben steht: [„die zu Zi]on [sagt:] ‚Dein göttliches Wesen regiert'" (Jes 52,7). [„Zi]on ist [24][die Versammlung all der Söhne der Gerechtigkeit, die] aufrechterhalten den Bund und sich abwenden vom [Weg] des Volks. „Dein gö[tt]liches Wesen" ist [25][Melchisedek, der sie erl]ös[en wird aus der Ge]walt Belials.

Hinsichtlich dessen, was die Schrift sagt: „Dann sollt ihr die Trompeten [laut erschallen] lassen; [im siebten M]o[nat ...]" (Lev 25,9).

– M. O. W.

149. DIE TEMPELROLLE

11Q19–20

Unter allen Qumran-Rollen ist die erste Abschrift der *Tempelrolle* die längste Rolle. Entrollt ist sie etwa 8,5 Meter lang. Dies ist jedoch nicht der bemerkenswerteste Aspekt dieser Schriftrolle. Der Autor hat hier ein „neues Gesetz" für das Leben im Land zusammengestellt, ein „neues Deuteronomium", das Israel in der Zeit kurz vor Gottes

Schöpfung eines neuen Himmels und einer neuen Erde lenken und leiten sollte. Bei der Zusammenstellung dieses Gesetzes bedient sich der Verfasser vieler Abschnitte aus dem „alten Gesetz", den ersten fünf Büchern der Bibel (besonders aus Deuteronomium). Wenn er aber aus der Bibel zitiert, läßt er absichtlich den Namen Mose weg.

Die Wirkung dieser Unterlassungen ist verblüffend. Die *Tempelrolle* ist so geschrieben, als ob sie eine unmittelbare Offenbarung Gottes an den Verfasser sei. Viele Forscher nehmen an, daß der Verfasser dadurch den Anspruch erhob, eine neue, bis dahin verborgene Schrift vorzustellen, die von Mose geschrieben wurde. Wenn man der Ansicht folgte, daß es sich bei der *Tempelrolle* um ein apokryphes Buch des Mose handelte, wäre es eines von etwa einem Dutzend unter den Schriftrollen.

Ein ganz anderer Weg, das exzellente Phänomen dieses Werks zu verstehen, ist die Offenbarung an einen neuen Mose. Zur Zeit des zweiten Tempels faßte man meist Deuteronomium 18 als Prophezeiung eines neuen Mose auf. In Deuteronomium 18,15 sagt Mose: „Einen Propheten wie mich wird dir der HERR, dein Gott, aus deiner Mitte, unter deinen Brüdern, erstehen lassen." Wir wissen, daß in der Zeit, als die Rollen entstanden, viele das Kommen einer solchen Gestalt erwarteten. Das Johannesevangelium bringt diese Erwartung deutlich zum Ausdruck in einer Frage, die Johannes dem Täufer gestellt wird: „Wer bist du? ... Bist du der Prophet?" (Johannes 1,19–21).

Die vorliegende Schriftrolle ist vielleicht das Werk der schemenhaften Gestalt, die als „Lehrer der Gerechtigkeit" bekannt ist (siehe die *Damaskus-Schrift* und den *Habakuk-Kommentar*, Texte 1 und 4). Wenn der „Lehrer" selbst nicht das Werk verfaßt hat, so waren es vielleicht seine Schüler, die nach seinem Tod glaubten, daß er solch eine Schrift hatte schreiben wollen, ja hätte schreiben sollen.

Die *Tempelrolle* ordnet den Bau eines großen Tempels und des umgebenden Tempelbezirks an. Die architektonischen Details stimmen weder mit dem biblischen Tempel Salomos noch mit einem anderen bekannten israelitischen oder jüdischen Tempelbau überein. Der Autor stellt sich einen Tempel vor, der von drei, jeweils größeren Plätzen umgeben ist. Der Tempelbezirk, wie er in der Schriftrolle beschrieben wird, ist weit größer als der anderer Tempel, sogar des berühmten Herodianischen Tempels. Der Umfang des Komplexes kommt der Größe des ganzen damaligen Jerusalems nahe! Darüber hinaus forderte der Tempel der Schriftrolle Anpassungen der Landschaft apokalyptischen Ausmaßes. Das Kidrontal im Osten Jerusalems hätte mit Millionen Tonnen Gestein und Erde aufgefüllt werden müssen. Vergleichbare Mengen von Gestein und Erde hätten abgetragen werden müssen, um die Westseite der Stadt zu ebnen. Der große Umfang des Areals wie viele besondere Einzelheiten der Architektur, weisen auf eine Verbindung zwischen der *Tempelrolle* und dem Neuen Jerusalem hin, wie sie in *Vision des Neuen Jerusalem* (Text 14) beschrieben wird.

Die Rolle enthält auch einen Festkalender, der bis dahin unbekannte Feste, Opfer und Festregeln festlegt. Der Kalender entspricht weithin dem Qumran-Kalender, der von vielen anderen kalendarischen Schriften bekannt ist. Doch die neuen Feste tauchen nicht alle in den anderen Kalender auf.

Da der Verfasser beabsichtigte, ein „neues Deuteronomium" zu schaffen, gruppierte er nicht nur die Bibelzitate um oder führte biblische Verse der Reihe nach auf. Vielmehr ordnete er das Material nach dem Prinzip konzentrischer Kreise von Heiligkeit. Diese Kreise begannen mit dem innersten Ring, der das Allerheiligste im Tempel umgab. Sie arbeiteten sich nach außen, bis sie das ganze Land umfaßten. Daher beginnt die Schriftrolle mit der Beschreibung der Architektur des Heiligtums, während zum Schluß, den Gesetzen der Städte folgend, der Verfasser z. B. den Festkalender in seiner Beschreibung des „Rings", einfügt, der den Altar und die inneren Teile des innersten Hofs skizziert. Der Kalender sollte vor allem die Aktivitäten, die innerhalb dieses Kreises stattfanden, regeln. Ein zweifacher Zwang lag diesem „kreisförmigen" Vorgehen zugrunde: ein übergreifendes Interesse an ritueller Reinheit wie der Glaube, daß ein neues Gesetz für das Leben im Land auf Deuteronomium 12 basieren sollte.

Wenn wirklich ein neuer Mose dieses Werk schrieb, so verdankt er doch seinem Vorgänger eine Menge. Aus diesem Grund hebt ein Vergleich des Inhalts der *Tempelrolle* mit den Gesetzen aus Deuteronomium einige neuen Vorstellungen des Verfassers deutlicher hervor. Gerade da, wo er schweigt, spricht er am lautesten. Bei „seinen" Gesetzen hat der Autor alles weggelassen, was im Deuteronomium direkt oder indirekt die Ehescheidung oder die Vielehe berührt. Er fügte auch neue, außerbiblische Gesetze der Scheidung und der Nichtehe ein. (Die *Damaskus-Schrift* bezeugt das Interesse für genau diese zwei Aspekte der Ehe.) Eine weitere Reihe interessanter Auslassungen sind die Stellen, in denen das Buch der Bibel Fremde oder Gäste erwähnt. Die *Tempelrolle* unterschlägt alle diese Abschnitte. Ihr Autor stellt sich ein Israel vor, in dessen Landesgrenzen überhaupt kein Fremder lebt. Daher benötigte sein neues Gesetz keine Regeln für solche Gruppen. Diese extreme Fremdenangst taucht in einer Reihe von Schriftrollen vom Toten Meer auf.

Umfassender Bericht über den Einzug in das Land, das Gott dem Volk geben will. Dieser Teil ist eine willkürliche Verflechtung von Ex 34,10–16 mit Dtn 7,25–26.
Die Übersetzung gibt mit den überlappenden Fragmenten von 11Q20 das Fragment 11Q19 wieder, wobei diese an verschiedenen Verknüpfungspunkten eine Rekonstruktion ermöglichen.

Kolumne 2 [1][... Denn es ist eine furchteinflößende Sache, die ich] vorhabe [mit dir.] [2][Siehe, ich will vor deinen Augen vertreiben] die A[moriter, die Kanaaniter,] [3][die Hittiter, die Girgaschite]r, die Peresiter, die Hiwiter und] [4][die Jebusiter. Achte dara]uf, keinen Bun[d mit den Bewohnern des Landes einzugehen], [5][in das du] ziehen wirst, sonst werden sie zu einer Falle mitten unter euch werden]. [6]Ihr werdet niederreißen ihre [Altä]re, [ihre] Pfeiler [sollt ihre brechen und] [7][ih]re [geweihten Pfähle] sollt ihr abschlagen. Die Bilder [ihrer] Gö[tter sollt ihr verbrennen] [8][mit Feuer]. Ihr sollt nicht gieren nach Silber oder Gold, wei[l ihr davon umgarnt werden würdet; mit Gewißheit ist es zuwider] [9][mir]. [Nichts] davon nimm und bri[nge keinen verabscheuungswürdigen Gegenstand in dein Haus,] [10]oder [du wirst], wie es, zur Vernichtung verurteilt. Du sollst es aufs äußerste verabscheuen [und es hassen,] [11][denn] es ist zur Vernichtung bestimmt. Du sollst verehren keinen [anderen] Go[tt, denn der HERR, dessen Name ist Eifersucht,] [12]ist ein eifersüchtiger Gott. Achte darauf, keinen [Bund einzugehen mit den Bewohnern des Landes,] [13][denn, wenn sie dienen] [ihren] Göttern [und] opfern [ihren Göttern, werden sie dich einladen] [14][und du wirst essen von ihren Opfern. Du wirst ne]hmen ihre Töchter für deine Söhne, und wenn ihre Töchter dienen] [15][ihren Göttern, werden sie] machen [deine Söhne ebenso zu Dienern ihrer Götter ...]

Die Kolumnen 3–13,9 sind sehr bruchstückhaft. Sie beschreiben die Bauweise des Tempels und die Vorbereitung der Tempeleinrichtungsgegenstände. Bei Kolumne 13,10 beginnt ein Kalender, der die festlichen Ereignisse des Jahres und den entsprechenden Opferbedarf nennt. Der Kalender wird fortgesetzt in den darauffolgenden Kolumnen bis Kolumne 30. Er verknüpft im wesentlichen Num 28–29, Teile aus dem Buch Levitikus und etliche nichtbiblische Einzelteile miteinander. In Kolumne 13,10 ff. werden regelmäßiges Opfer und Sabbatopfer festgelegt. Dem Talmud zufolge war ein Hin ein Flüssigkeitshohlmaß, das dem Inhalt von zweiundsechzig Eiern (etwa 6,5 l; Ex 29,40). entsprach. Das Efa war ein Trockenhohlmaß, dessen Wertigkeit von Zeit zu Zeit variierte (etwa 40 l; Ex 16,36).

Kolumne 13 [10][Dieses sollst du opfern auf dem Altar:] z[wei Jährlings[lämmer] [11]ohne Makel [jeden Tag als ein regelmäßiges Opfer. Ein Lamm soll geopfert werden morgens, zusammen mit seinem Getreideopfer, ein Ze[hntel eines Efas [12]besten Mehls, [gemischt mit einem Viertel eines Hins geschlagenen Öls. Das zweite Lamm soll geopfert werden in der Abenddämmerung. Es ist ein regelmäßiges Brandopfer für einen wohltuenden Duft, ein Feueropfer] [13]für den HERRN. Sein Trankopfer soll sein ein Vie[rtel Hin] Wein. [Der Priester, der das Brandopfer darbringt], [14]soll [die Haut] des Brandopfers behalten. [Das andere Lamm sollst du opfern zur Abenddäm]merung [15]wie das morgendliche Opfer, [mit demselben Trankopfer, einem Feueropfer, einem wohltuenden Du]ft für [den HERRN]. [16]Du sollst nicht [...] [17]An den Sabbattagen sollst du opfern zwei [männliche Jährlingslämmer ohne Makel, und zwei **Kolumne 14** [1][Zehntel eines Efas besten Mehls für ein Getreideopfer, gemischt mit Öl, und sein Trankopfer – dies ist das Brandopfer für jeden Sabbat,] [2][zusätzlich zum regelmäßigen Brandopfer mit seinem Trankopfer.]

Opfer am ersten Tag des Monats

[Am Anfang deiner Monate sollst du ein Brandopfer darbringen dem HERRN:] [1]zwei junge Stiere, einen Widder, sieben männliche Lämmer, ein Jahr alt, ohne Fehl;] [2][ebenso drei Zehntel eines Efas des] feinsten Mehls für ein [Getr]eideopfer [gemischt mit einem halben Hin Öl, und mit Wein für ein Trankopfer,] [3][ein hal]bes Hin für [jeden Stier; und ein Getreideopfer von bestem Mehl, gemischt mit Öl, zwei [4][Zehntel eines Efas] mit einem Drittel [eines Hins Öl, und Wein für ein Trankopfer – ein Drittel eines Hins – für den Widder;] [5][und] ein Zehntel [erlesensten Mehls, gemischt mit einem Viertel eines Hins Öl] für ein Getreide[opfer, mit einem Weinopfer von einem Viertel] [6][eines Hin]s, für jedes Lamm. [... ein wohlgefälliger] [7]Duft für den HERRN am Beg[inn deiner Monate. Dies ist das Brandopfer für jeden Monat] [8]das ganze Jahr hindurch [...]

Opfer für das Neujahr (Rosch ha-Schana) des ersten Monats. Dieses Fest findet man nicht in der Bibel.

[9]Auf den ersten Tag des [ersten] Mon[ats fällt der Anfang der Monate; für dich ist es der Anfang der Monate] [10]des Jahres. [Du sollst] nicht arbeiten. [Du sollst opfern eine

männliche Ziege für ein Sündopfer,] [11]das getrennt von den anderen Opfern dargebracht werden soll, um Wiedergutmachung zu leiste[n für dich. Zusätzlich sollst du
einen jungen Stier opfern,] [12]einen Widder, und [sieben makellose Jähr]lingslämmer
[...] [13]nicht ein[schließend das regelmäßige Bran]dopfer des ersten Tages des Monats;
zusammen mit einem Getreideopfer von drei Zehntel eines Efas besten Mehls,
gemischt mit Öl,] [14]ein halbes Hin [für den einen Stier; und Wei]n für ein Trankopfer,
[ein halbes Hin, ein dem HERRN gefälliger Duft; und zwei [15]Zehntel eines Efas von
feinstem Mehl als ein Getreideopfer, gemischt [mit Öl, ein Drittel eines Hins; und
Wein für ein Trankopfer. Du sollst opfern] [16]ein Dr[ittel] eines Hins für den [einen]
Widder, [ein Feueropfer, ein dem HERRN wohlgefälliger Duft; und ein Zehntel eines
Efas] [17][feinsten Mehls] als ein Getr[eideopfer, gemischt mit Öl, ein Viertel eines Hins;
und Wein für ein Trankopfer. Du sollst opfern] [18]ein Viertel eines Hins für] jedes
[Lamm ...] Lämmer, und für die männliche Zie[ge ...] *(Fragment 1 aus 11Q20 überlappt
sich mit 11Q19 Kolumnen 15–16 und erlaubt eine wesentliche Rekonstruktion.)*

    Kolumne 15 [1][jed]en Tag [... Lämmer] [2]ein Jahr alt, sieben; und eine männliche
[Ziege für ein Sühneopfer, zusammen mit den erforderlichen Getreideopfern und
Trankopfern ...] [3]nach dieser Vorschrift.

*Beschreibung einer jährlich stattfindenden Siebentage-Zeremonie zur Priesterweihe. Obgleich
diese Riten Analogien zur biblischen Beschreibung der einstmaligen Weihe Aarons aufweisen,
taucht diese jährlich stattfindende Zeremonie nicht in der Bibel auf.*

    Für die Weihefeierlichkeit: einen Widder für jeden [Tag], [3a][und] Körbe von Brot zu
den Wid[dern der Einsetzungszeremonie, ein Korb zu] jedem [4][Widder]. Sie sollen die
Widder und Körbe verteilen auf die sie[ben Tage der Weihe, jeder] [5][Tag] soll [seinen]
Teil haben. Sie sollen opfern dem HERRN den rechten Schenkel [6]als ein Brandopfer
vom Widder darbringen, zusammen mit [dem Fett, das die Eingeweide bedeckt und]
den beiden [7]Nieren mit [dem] Fett, das ist an [ihnen, und dem Fett, das ist an] [8]den
Lenden, und [den gesamten fetten Schwanz nahe dem Rückgrat, und dem Anhang der
Leber. [9]Sein Getreideopfer und Trankopfer sollen folgen der gewohnten Vo[rschrift. Sie
sollen nehmen ein ungesäuertes Brot aus dem] Korb und ein Brot [10]mit Öl und [einen]
Fladen [und alles legen oben auf die Fetteile] [11]zusammen mit dem Opfer des rechten
Schenkels. Dann sollen die Opfernden schwenken die [12]Widder und die Körbe von
Brot als ein Schw[enkopfer vo]r dem HERRN. Es ist ein Brandopfer, [13]ein Feueropfer,
ein wohltuender Duft vor dem HERRN. [Sie sollen verbrennen alles auf dem Altar
über] [14]dem Brandopfer, um zu sühnen, an jedem der sieben Tage der [Weihezere-
monie].

*Wenn ein neuer Hoherpriester sein Amt aufnimmt, findet eine besondere Weihe zur Zeit der
allgemeinen Priesterweihe statt. Auch diese Zeremonie erscheint in der Bibel.*

    [15]Wenn ein Hoherpriester dabei ist, [sein Amt vor dem HERRN anzutreten und]
dazu bestimmt wurde, [16]zu tra[g]en die Priestergewänder anstelle seines Vaters, lasse
ihn opfern [einen Stier] [17][fü]r alle Mensch[en] und einen für die Priester. Er soll
opfern [18][den für den Priest]er zuerst. Die älteren der Pri[ester] sollen legen [ihre
Hände **Kolumne 16** [1][auf] seinen [Ko]pf, und nach ihnen der Hohe[pri]ester und alle

[die anderen Priester. Sie sollen schlachten] den Stier [2][vor dem HERRN]. Dann sollen die älteren der Priester etwas nehmen von dem Blut [und mit ihren Fingern nehmen] etwas von dem Bl[ut auf die Hörner] [3][des Altars. Den Rest des Blutes] sollen sie gießen um die v[ie]r Ecken des [Altar]gesimses herum [...]

[2][Lasse die Älteren etwas von dem Blut nehmen] und es [auf das rechte Ohrläppchen des Hohepriesters geben, auf den Daumen seiner rechten Hand] [3][und auf den großen Zeh seines] rechten [Fußes. Sie sollen versprengen [etwas von dem Blut, das auf dem Altar war, über ihm und über seinen Priestergewändern.] [4]Er wird dann [geweiht] sein für sein ganzes Leben. [Er soll sich nicht nähern irgendeinem toten Körper] [5]noch sich beschmutzen, [das gilt auch für den Leichnam seines Vaters oder seiner Mutter.] Denn er ist nun gew[eiht dem HERRN, seinem Gott.] [6][Dann soll er opfern auf dem Al]tar und verbrennen d[as Fett des ersten Stiers ...] [7][alles] Fett an den Eingeweiden und d[en Anhang der Leber und die zwei] [8][Nie]ren und das Fett an ih[nen], und d[as Fett, das ist an] [9]den Lenden, zusammen mit seinem Getreideopfer und Trankop[fer, folgend der üblichen Vorschrift.] Er soll sie verbr[ennen auf dem Altar]; [10]es soll sein ein[Bra]ndopfer, ein Feueropfer, ein wohlgefälliger Duft vo[r dem HERRN].

[Das Fleisch des Stiers jedoch], [11]zusammen mit seiner Haut und seinem Abfall sollen sie verbrennen außerhalb der [Stadt des Heiligtums auf einem Feuer, Holz geschürt von Holz,] [12]an einem Platz, der abgesondert wurde für die Sühneopfer. Nur dort sollen sie es verbr[ennen, mitsamt seinem Kopf und den Beinen] [13]und seinen gesamten Eingeweiden. Sie sollen verbrannt werden dort in ihrer Gesamtheit, außer dem Fett; denn es ist ein Sühneop[fer]. [14]Dann sollen sie nehmen den zweiten Stier, den für die Menschen, und mit ihm sühnen [für alle Menschen], [15]die versammelt sind, mit seinem Blut und Fett. So wie er es tat mit dem ers[ten] Stier, [so soll er tun] [16]mit dem Stier der Versammelten. Mit seinem Finger soll er etwas von dem Blut des Stiers auf die Hörner des [Altars geben, während] er versprengen soll [den ganzen] [17]Rest seines Blutes a[n die vie]r Ecken des Altargesimses. [Sein Fett], [18][Getr]eideopfer und Tr[ank]opfer muß er verbr[e]nnen auf dem Altar; es ist das Sühneopfer der Versammelten.

Kolumne 17 [1][... die] Priester; und sie sollen legen Palm[wedel auf ...] [2][...] Dann sollen sie frohlocken, denn Wiedergutmachung wurde geleistet für sie. [3][...] Dieser Tag soll [sein eine heilige Zusammenberufung] für sie; [diese sind ewige Statuten] [4][für eine Generation nach der anderen,] wo immer sie auch leben mögen. Sie sollen jauchzen und sehr [froh sein ...]

Gebote für das Paschafest, das am Abend des vierzehnten Tages gefeiert wurde, im ersten Monat. Der „dritte Teil des Tages" in Zeile 7 bedeutet etwa vier Stunden nach Sonnenaufgang (ein Drittel des Verlaufs der Tagesstunden).

[6][Am vier]zehnten Tag des ersten Monats, [zur Abenddämmerung, lasse sie begeh]en [7][das Pascha zu Ehren des HERRN.] Sie sollen darbringen das Paschaopfer vor dem Abendopfer, sie sollen es [im dritten Teil des Tages] opfern.] [8]Männer, die zwanzig Jahre alt sind und älter, sollen es vorbereiten. Dann sollen sie es nachts essen, [9]in den Vorhöfen [des] Tempels. Danach sollen sie sich früh am Morgen erheben und nach Hause zurückkehren.

Gebote für das Fest der Ungesäuerten Brote, das sieben Tage dauert und am fünfzehnten Tag des ersten Monats beginnt.

[10]Am fünfzehnten dieses Monats soll eine hei[lige] Zusammenberufung stattfinden. [11]An diesem Tag darfst du keine Arbeit verrichten; es ist ein Pilgerfest des ungesäuerten Brots, sieben Tage [12]für den HERRN. Für jeden di[eser] sieben Tage sollt ihr darbringen dem HERRN [13]ein Brandopfer, bestehend aus zwei Stieren, einem Widder und sieben makellosen Jährlingslämmern, [14]zusammen mit einem einzigen Ziegenbock – ein Sühneopfer – und den erforderlichen Getreide- und Trankopfern. [15]Ihr sollt [folgen] den [üb]lichen Vorschriften, was die Stiere, den Widder, die [Lä]mmer und die Ziege anbetrifft. Dann, am siebten Tag, soll [16][eine feierliche Versammlung] für den [HE]RRN abgehalten werden; an jenem Tag sollt ihr keine Arbeit verrichten.

Fragmentarische Gebote für das Wedeln der Gerstengarben (Omer) am sechsundzwanzigsten Tag des ersten Monats.

Kolumne 18 [2][...] für diesen Widder [...] [3][... Sie sollen abhalten eine heilige Versammlung] an diesem Tag, und [...] [4][... einen] Ziegenbock für ein Sühneopfer [...] [5][... sein Getreideopfer und Tr]ankopfer, der üblichen Vorschrift folgend: ein Zehntel eines Efas besten Mehls [6][gemischt mit Öl, ein Viertel eines Hins, und] Wein für ein Trankopfer, ein Viertel eines Hins. [7][... Er wird sühnen fü]r die versammelten Menschen, für alle [ihre] Sünden, [8][und ihnen wird vergeben werden. Generation auf Generation,] ewige [Vor]schriften sollen diese sein für sie, [9][wo immer sie auch leben mög]en. Danach sollen sie den einzigen Widder opfern, ein[mal], [10]an dem Tag des Garbenschwenkens.

Vorschriften für das Fest der Ersten Weizenernte, das am fünfzehnten des dritten Monats begann. Dieses ist ein biblisches Fest; die Datierungsmethode war jedoch eine strittige Angelegenheit zu der Zeit, als die Schriftrolle entstand.

Du sollst zählen [11]sieben volle Wochen von dem Tag an, an dem du bringst die Garbe [12][des Schwenkopfers. Du sollst zä]hlen bis zu dem Tag nach dem siebten Sabbat: zähle [13][fünfzig] Tage. Dann sollst du darbringen dem HERRN ein neues Getreideopfer, von da, wo ihr wohnt, [14][Brot, hergestellt aus be]st[em Mehl], frisch gebacken aus Sauerteig – erste Früchte für den HERRN, ein Brot aus Weizen. Es sollen [se]in zwö[lf] [15][Fladen, mit zwei Zehnteln] eines Efas von feinstem Mehl in jedem Fladen. [16][Die Häupter der St]äm[me sollen sie darbringen,] und sie sollen opfern [...]

(Fragment 6 aus 11Q20 überlappt sich mit 11Q19 Kolumnen 19,12–20,9. Fragment 7 von 11Q20 überlappt sich bei 20,13–16.)

Kolumne 19 [2][...] das Brandop[fer ...] [3][...] zwö[lf ...] [4][...] ihr [Getreide]opfer und [ihr Tra]nkopfer den üblichen Vorschriften folgend, und [sie] sollen schwenken [...] [5][...] erste Früchte [...] sie sollen [gehören den] Priestern, und sie sollen sie essen im [Innen]ho[f], [6][ein Getreideopfer von ne]uem Korn, das Brot aus den ersten Körnern. Danach [...] [7][...] neues Brot, hergestellt aus frischen, reifen Ähren. [An jenem] Tag soll sein [8][eine heilige Versammlung, und diese Vorschriften sind ew]ig, für alle folgenden Generationen. Sie sollen keine Arbeit verrichten. [9]Dies ist ein [Pilgerfest der W]ochen, ein Fest der ersten Früchte, festgesetzt als eine Gedenkfeier für imm[er].

Vereinbarungen über das Fest des Neuen Weins, das am dritten Tag des fünften Monats begann. Dieses Fest erscheint nicht in der Bibel.

[11]Ihr sollt [zählen] von dem Tag an, an dem ihr das neue Getreideopfer darbringt dem HERR[N –] [12]das Brot aus den ersten Körnern – sieben Wochen, sieben volle Wochen, [13][bi]s zum Tag nach dem siebten Sabbat. Ihr sollt zählen fünfzig Tage, [14]dann sollt ihr [bring]en neuen Wein als ein Trankopfer: vier Hin von den Stämmen Israels, [15]ein Drittel eines Hins von jedem Stamm. Zusätzlich zum Wein sollen sie opfern an jenem Tag [16]zwölf Widder für den HERRN. Alle die Hauptleute der Tausendschaften Israels [...]

Kolumne 20 [1][Dann soll er opfern die Wid]der, zusammen mit ihren Getreideopfern, den üblichen Vorschriften folgend: zwei [Zehntel Efa feinsten Mehls, gemischt mit Öl,] [2][ein Drittel H]in Öl pro Widder, zusätzlich zu diesem Trankopfer. [...] [3][... und] von einem Jahr [männliche Lämme]r, zusammen mit einem [Ziegenbock für ein Sühneopfer ...] [4][... Er wird sühnen für die] Versammelten [...] ih[r Getreideopfer] und Trankopfer [5]den üblichen Vorschriften folgend für Stiere und Widde[r ...] [6]dem HERRN. Sie sollen opfern im ersten Viertel des Tages [...] [1][die W]idder und das Trankopfer. Dann sollen sie opfern [...] [2][...] vierzehn [männliche] Jährlingslämmer [...] [3][...] das Brandopfer. Sie sollen sie opfern [...] [4][...]

Sie sollen verbrennen [ihr Fett] auf dem Altar, [das] [5][Fett um die Eingeweide herum] – das ganze Fe[tt] – [6]und [den Anhang der Leber]. Er soll entfernen die Nieren und alles Fett, [das sich befindet] auf [ihnen] [7][und auf den Lenden und d]en Fettschwanz am Rückgrat und verbre[nnen] [8][das Ganze auf dem Altar], zusammen mit dem erforderlichen Getreideopfer und Trankopfer. Es ist ein Feueropfer, ein wohl[gef]älliger Duft [9][vor dem HERRN]. Jedes Getreideopfer, das sie machen, muß von einem Trankopfer begleitet sein und folgen [den üblichen Vorschriften]. [10]Von [jede]m Getreideopfer, [da]s begleitet ist von Weihrauch oder trocken geopfert wird, sollen sie eine Handvoll nehmen – den [11][Geden]kteil – und es auf dem Altar verbrennen. Der Rest soll gegessen werden im [In]n[en][12]hof. Die Priester sollen es e[ss]en [ungesäuert]; es darf nicht gesäuert gegessen werden. Es muß geg[essen] werden genau an jenem Tag, [13][und] die Sonne soll [nicht unterge]hen über [ihm]. (Ihr sollt Salz auf alle eure Opfer geben und niemals lockern [14]den Bund im Zusammenhang mit der Verwendung von Salz, auf ewig.) Dann sollen sie dem HERRN ein Opfer darbringen [15][von] den Widdern und den männlichen Lämmern: der rechte Schenkel, die Brust, [16][die Backen, den Mag]en und das Vorderbein bis zum Schulterknochen. Und sie sollen es schwenken als ein Schwenkopfer.

(11Q20 Fragmente 8–9 Kolumne 1 überlappt sich mit 21,02–22,5.) **Kolumne 21** [2][Die Teile für die Priester] sollen der Schenkel sein, der geschwenkt wird, und die Brust, [die geschwenkt wird, entsprechend den üblichen Vorschriften,] [3][die Vorderbein]e, die Backen und die Mägen. Diese sind ihre Anteile [...] [4][von den Kindern Isra]els, [als eine immerwährende Vorschrift]. Die Schulter, die bleibt vom Vorderbein aufwärts, [gehört den Leviten.] [5]... Dies ist] eine ewige Vorschrift; sie gilt für sie und für ihre Nachkommen [6][für immer]. Die Hauptleute der Tausendschaften [sollen geben] Widder und [1][Lämmer den Priestern – einen Widder und ein Lamm. Den Leviten sollen sie geben] einen [Wid]der und ein Lamm. Allen [2][Stämmen sollen

sie geben ei]nen [Widder] und ein Lamm, das bedeutet, allen Stäm[men, den zwö]lf Stämmen ³Israels. Dann sollen sie sie essen [an genau jenem Tag im äuß]eren [Hof] vor dem HERRN. ⁴[Sie sollen also trinken den neuen Wein dort. Die Prieste]r sollen zuerst trinken, dann die Leviten, ⁵[dann die Kinder Israels: die Hauptleute der Tausendschaften Israe]ls – Führer der Abteilungen – an erster Stelle; ⁶[nach ihnen, die Männer von Anse]hen; dann soll das gesamte Volk, die Gro[ße]n und die Kleinen, beginnen, ⁷zu trinken den neuen Wein. [Danach ist es ihnen erlaubt, zu esse]n Trauben von den Weinstöcken, ob reif oder unreif, denn ⁸[an diesem [Ta]g sollen sie Sühne leisten für den Wein. So sollen die Kinder Israels jubeln vo[r] dem HERRN, ⁹und dies soll sein eine ewige [Vorschrift], Generation für Generation, wo sie auch leben. Sie sollen frohlocken an [diesem] T[ag], ¹⁰[denn sie haben begonnen], auszugießen ein gegorenes Trankopfer, neuen Wein, auf dem Altar des HERRN, ein alljährlicher Brauch.

Vereinbarungen über das Fest der Ersten Früchte des neuen Öls. Dieses Fest soll stattfinden am zweiundzwanzigsten Tag des sechsten Monats. Auch dieses Fest erscheint nicht in der Bibel.

¹²I[hr] sollt zählen von jenem Tag an sieben Wochen – siebenmal sieben Tage, neunundvierzig ¹³Tage, sieben vollständige Wochen – bis zu dem Tag nach ¹⁴dem siebten Sabbat; zählt aus fünfzig Tage. Dann opfert neues Öl von den Plätzen, an denen ¹⁵die [St]ämme der Ki[nder Is]raels leben, ein halbes Hin von jedem Stamm, frisch gepreßtes Öl. ¹⁶[Sie sollen opfern die ersten Früchte des] Öls auf dem Altar des Brandopfers, als erste Früchte vor dem HERRN [...]

(11Q20 Fragmente 8–9 Kolumne 2 überlappt sich mit 22,8–23,4.)

Kolumne 22 ²[... Der Hohepriester soll sü]hnen mit dem Stier für die ganze Versammlung vor [dem HERRN, zusammen mit seinem Getreideopfer,] ³[drei Zehntel Efa besten Mehls, gemischt] mit einem halben Hin dieses neuen Öls. [Dann soll er verbrennen] ⁴[sein Fett, sein Getreideopfer und sein Trankopfer, folgend den üb]lichen Vorschriften. Es ist ein Brandopfer, ein Feueropfer, ein [wohltuender] Duft ⁵[für den HERRN ... Mit] diesem Öl ¹sollen sie die Lichter entzünden auf den [Menora]s. [Sie sollen beleuchten] mit ih[nen ...]

²[...] Die Hauptleute der Tausendschaften, zusammen mit den Füh[rern der Abteilungen, sollen bringen] ³vierzehn Jä[hrlingslämmer männlichen Geschlecht]s mit dem dazu erforderlichen Getreideopfer und Trankopfer [...] ⁴[... für die Lämmer] und die Widder. Dann sollen die Leviten schlachten di[ese Friedensopfer], ⁵[und] die Priester, die Söhne des Aaron, [sollen verspre]ngen ihr Blut [um den ganzen Altar, ...] ⁶und sie sollen verbrennen ihr Fett auf dem Altar des [Brandopfers ...] ⁷Sie sollen verbrennen [ihr Getreideopfer] und Trankopfer auf dem Fett[teilen ... Es ist ein Brandopfer, ein Feueropfer, ein] gefälliger [Duft] ⁸[für] den HERRN. Als nächstes sollen sie darbieten [dem HERRN ein Opfer von den Widdern und Lämmern]; ⁹den rechten Schenkel, die Brust von dem Schwenkopfer, und als besten Teil [das Vorderbein]. ¹⁰Die Backen und der Magen sollen den Priestern gehören als ihr Anteil, den üblichen Vorschriften folgend. Die Leviten sollen ¹¹die Schulter erhalten.

Danach sollen die Teile hinausgebracht werden zu den Kindern Israels, die den Priestern ¹²einen Widder und ein Lamm geben sollen, den Leviten dasselbe und ¹³ebenso jedem Stamm. Sie sollen sie essen vor dem HERRN an genau jenem Tag im äußeren

Hof. ¹⁴Dies ist eine ewige Vorschrift, für alle folgenden Generationen, als ein jährlicher Brauch. Nachdem ¹⁵sie gegessen haben, sollen sie sich salben mit dem neuen Öl und Oliven essen, denn an diesem Tag haben sie gesühnt ¹⁶für [a]ll [das Ö]l des Landes vor dem HERRN, als ein Brauch einmal jährlich. Die Kinder Israels sollen frohlocken **Kolumne 23** ¹[vor dem HERRN, wo sie auch leben; dies ist eine ewige Vorschrift] ²[Generation um Generation].

Das Fest des Holzopfers. Obwohl die Bibel Israel die Bereitstellung von Holz für die Altaropfer im Tempel vorschreibt, bietet sie keine genauen Angaben zur Opferung. Die Schriftrolle schildert ein Fest, das eine Woche dauert und am Tag des Festes des neuen Öls begann. Der Hinweis auf den „vierten Teil des Tages" in Zeile 8 bedeutet etwa drei Stunden nach Sonnenaufgang (ein Viertel der Tagesstunden).

³[Die zwölf Stämme der Kinder Israels sollen beisteuern Hol]z ⁴für den Alt[ar. Jene, die beisteuern] ⁵[am ersten Tag sollen die Stämme von Lev]i und Juda sein; am [zweiten Tag Benjamin] ¹[und die Söhne Josefs; am dritten Tag Ruben und] Sim[eon]; am vierten Tag ²Issachar [und Sebulon; am fünften Tag Gad und] Asser; am [sechsten] T[ag Dan] ³und Naftali. [Zusammen mit] dem Holz [sollen sie opfern] als ein Brandopfer für den H[ERRN] ⁴[zwei Stiere, zwei Widder und zwei männliche Lämmer jeden Tag. Gleichfalls sollen sie schlachten] zwei Ziegenböcke als [ein Sühneopfer], ⁵[womit sie für sich sühnen, zusammen mit dem] erforderlichen [Getreideopfer] und Trankopfer, folgend den üb[lichen Vorschriften. Jeder Stamm soll bringen] ⁶als ein Bran[dopfer] einen Stier, einen Widder und [einen] Zieg[enbock]; ⁷[so sollen sie alljährlich tun, St]amm für Stamm, die zwölf Söhne des Jako[b]. ⁸[Sie sollen sie opfern am Viertel des Tag]es auf dem [A]ltar, nach dem stän[digen] Brandopfer [und seinem Trankopfer]. ⁹Der Hohepriester soll o[pfe]rn das [Brandopfer der Leviten] ¹⁰zuerst, dann das Brandopfer des Stammes Juda. W[enn er] ¹¹bereit ist, mit der Opferdarbringung zu beginnen, soll der Ziegenbock in seiner Gegenwart als erstes geschlachtet werden. Er soll emporheben ¹²sein Blut in einer Schale zum Altar und mit seinem Finger [etwas] von dem Blut auf die vier Hörner des Altars ¹³des Brandopfers geben und auf die vier Hörner des Altargesimses. Dann soll er den Rest des Blutes auf den Sock[el] ¹⁴des Altargesimses gießen, rundherum. Anschließend soll er sein Fett verbrennen auf dem Altar: das Fett, das die¹⁵Eingeweide bedeckt und das an den Eingeweiden ist. Er soll entfernen den Anhang der Leber und die Nieren, ¹⁶genauso wie das Fett an ihnen und an den Lenden. Er soll verbrennen ¹⁷das Ganze auf dem Altar, zusammen mit seinem Getreideopfer und Trankopfer, als ein Feueropfer, ein dem HERRN wohlgefälliger Duft [...]
Kolumne 24 ⁶[...] das Fleisch, als ein [wohlgefälliger] Duft. [Es ist ein Feueropfer] ⁷[für den HERRN. So soll verfahren werden mit] jedem und jedem Stier, Widder und [männlichem Lamm]. ⁸Die Gliedmaßen sollen getrennt geh[alt]en werden; das Ge[treide]opfer und das Trankopfer sollen auf oben auf ihm bleiben. Dies sind [ewige] Vorschriften, ⁹für alle folgenden Generationen vor dem HERRN. ¹⁰Nach diesem Brandopfer soll er das des Stammes Juda gesondert darbringen. Genauso wie ¹¹er das Brandopfer der Leviten ausgeführt hat, so soll er auch das der Söhne Judas ausführen, nach den Leviten. ¹²Dann am zweiten Tag soll er zuerst das Brandopfer Benjamins darbringen und danach ¹³das der Söhne Josefs als eines, Efraim und Manasse. Am dritten

Tag soll er bereiten ¹⁴Rubens Brandopfer gesondert und das von Simeon gesondert. Am vierten Tag ¹⁵soll er opfern das Brandopfer des Issachar, dann das des Sebulon, gesondert. Am fünften Tag ¹⁶soll er bereiten Gads Brandopfer, dann Aschers, jeweils gesondert. Schließlich, am sechsten Tag *(11Q20 Fragment 10 enthält einige Wörter aus 25,3–5.)*

Kolumne 25 ¹[soll er darbringen Dans Brandopfer, dann Naftalis, jeweils für sich.]

Vereinbarungen für den Tag des Gedenkens am ersten Tag des siebten Monats.

²Und im [siebten] Mo[nat], ³[am ersten Tag des Monats, sollt ihr einhalten] einen Tag der Ruhe, einen Gedenktag, verkündet von Trompeten, eine [heilige] Zusammen[berufung.] ⁴[Ihr müßt opfern ein Brandopfer, ein Feueropfer, ein wohlgefälliger Duft vo]r dem HERRN. So [sollt ihr] op[fern ⁵ein]en [Jungstier], einen Widder und sie[ben einwandfreie] Jahres[lämmer männlichen Geschlecht]s, [zusammen mit einer Ziege] ⁶[als ein Sühneopfer], begleitet von ihren Getreideopfern und Trankopfern den üblichen Vorschriften zufolge – ein wohltuender Duft ⁷für [den HERRN.] [Diese ergänzen] das ständige [Bran]dopfer und das [Bran]dopfer für den ersten Tag des Monats. Erst nachdem jene geopfert sind, [sollt ihr ausführen] dieses ⁸[Brandopofer, am drit[ten] Teil des Tages. Dies sind ewige Vorschriften, für alle Generationen, [wo ihr auch wohnen mögt]. ⁹Ihr sollt frohlocken an diesem Tag und keinerlei Arbeit verrichten. Dieser Tag soll sein ¹⁰ein Ruhetag für euch.

Gebote für den Versöhnungstag (Jom Kippur), der auf den zehnten Tag des siebten Monats fiel. Zur Zeit der Niederschrift der Tempelrolle war Azazel schon die Bezeichnung des Satans geworden.

Am zehnten dieses Monats ¹¹ist der Tag der Versöhnung. Ihr sollt Demut üben an ihm; in der Tat soll jeder, der nicht ¹²Demut übt an genau diesem Tag, soll von seinem Volk abgetrennt werden. Ihr sollt dem HERRN ein Brandopfer darbringen an ihm: ¹³einen Bullen, einen Widder und sieben männliche Jahreslämmer, zusammen mit einem ¹⁴Ziegenbock als ein Sühneopfer – ganz abgesehen vom Sündopfer der Versöhnung – begleitet von ihrem Getreideopfer und Trankopfer, ¹⁵nach den üblichen Vorschriften, was den Stier, den Widder, die Lämmer und die Ziege anbetrifft.

Was das Sündopfer der Versöhnung anbetrifft, sollt ihr opfern ¹⁶zwei Widder als ein Brandopfer. Der Hohepriester soll opfern einen für sich selbst und seines Vaters Haus [und einen für das Volk ...] **Kolumne 26** ³[Dann] der [Hohepri]ester [soll werfen Lose für die zwei] ⁴[Ziegen,] ei[n] Los soll [benannt werden „Der HERR" und das andere „Azazel".] ⁵Er soll schlachten die Ziege [über jenem], auf den fäll[t das Los mit dem Namen „Der HERR" und emporheben] ⁶sein Blut in der goldenen Schale, die er hä[lt. Er soll verfahr]en mit [seinem] Bl[ut wie mit dem] ⁷des Stiers, den er für sich darbrachte und damit sühnte für alle die Versammelten. Sein Fett, Getreideopfer ⁸und Trankopfer soll er verbrennen auf dem Altar des Brandopfers, wohingegen sein Fleisch, seine Haut und Innereien ⁹verbrannt werden sollen neben dem seines Stieres. Dieses ist das Sühneopfer für die Versammlung, mit dem er sühnen soll für alle die Versammelten ¹⁰und ihnen soll vergeben werden. Dann soll er das Blut des Sühneopfers von seinen Händen und Füßen abwaschen und sich nähern ¹¹der lebenden Ziege. Er soll bekennen über deren Kopf alle die Schandtaten der Kinder Israels, ebenso [12]ihre ganze Schuld und die Sünden, indem er sie so auf den Kopf der Ziege legt. Dann soll er ihn wegschicken [13]zu Azazel in die Wüste, geführt von einem Mann, der vorbereitet ist auf den Augenblick. Die Ziege soll hinwegtragen alle die Schandtaten **Kolumne 27** [1][der Kinder Israels in eine öde Gegend ...] [1][Solchermaßen soll der Hohepriester sühnen] [2]für alle Kinder Israels, und ihnen soll vergeben werden. [3]Danach soll er den Stier opfern, den [W]idder und die [Lämmer nach den üb]lichen Vorschriften [4]auf dem Brandopferaltar, und das [Bran]dopfer wird willkommen sein im Namen der Kinder Israels. Dies sind dauerhafte Vorschriften, [5]für alle kommenden Generationen. Einmal im Jahr sollen sie einhalten zum Gedenken. [6]Sie sollen keinerlei Arbeit an ihm verrichten, denn es ist ein Sabbattag der feierlichen Ruhe. Jeder, [7]der an ihm arbeitet oder sich nicht in Demut übt, soll abgesondert werden von [8]seinem Volk. Dieser Tag soll ein Sabbat der feierlichen Ruhe sein, eine heilige Zusammenberufung, [9]so sollt ihr ihn als Gedenktag heiligen, wo immer ihr lebt. Ihr sollt keine [10]Arbeit verrichten.

Gebote für das Laubhüttenfest (Sukkot), ein einwöchiges Fest, das am fünfzehnten Tag des siebten Monats begann. Die meisten Gebote des ersten Tages und alles, was nach dem vierten Tag galt, sind verlorengegangen.

Am fünfzehnten Tag dieses Monats **Kolumne 28** [1][sollt ihr einberufen eine heilige Versammlung ...] [1][...] und [sein] Getreideopfer [2]auf den Altar. Dies ist ein Feueropfer ein [wohlgefälliger] Du[ft für den HERRN. Und am] [3]zweiten [Tag] soll er opfern zwölf Stiere, [zwei Widder, vier][4]zehn [männliche Lämmer] und einen Ziegenbock [als ein Sü]hneopfer, zusammen mit ihrem [Get]reideopfer [und Trank]opfer, [5]nach den üblichen Vorschriften für Stiere, Widde[r], Schafe [und] die Ziege. Dies ist ein Feueropfer, [6]ein dem HERRN wohlgefälliger Duft. Am dritten Tag [7]soll er opfern elf [St]iere, zwei Widder, vierzehn männliche Lämmer und [8]einen Ziegenbock als ein Sühneopfer, zusammen mit ihrem Getreideopfer und Trankopfer, nach den üblichen Vorschriften für Stiere, [9]Widder, Lämmer und die Ziege. Am vi[ert]en Tag [10]soll er opfern zehn Stiere, zwei Widder, vierzehn männliche Jahreslämmer [11]und einen Ziegenbock als ein Sühneopfer, zusammen mit ihrem Getreideopfer und Trankopfer wie üblich für Stiere, **Kolumne 29** [1][Widder, Schafe und die Ziege ...] [1]und [ihr] Trankopfer [...]

Zusammenfassende Darlegung des Festkalenders. Dieser Teil ist ein kritischer Hinweis auf Zweck und Absichten der Tempelrolle. Offensichtlich ist der Tempel, für den die Rolle den Bauplan liefert, nicht erbaut für die Ewigkeit, sondern er wird am „Tag der Schöpfung" durch einen von Gott selbst geschaffenen Tempel ersetzt.

[2]Dies [sind die Vorschriften, die ihr befolgen müßt im Hinblick auf alle eure Festtage,] [3]die Brandopfer eines jeden, die Trankopfer [und Friedensopfer,] im Tempel, über welchem ich [lasse] Meinen [4]Namen [wohnen. Des weiteren sind diese] die Brandopfer – [jedes] an seinem [Tag] gemäß dem Gesetz dieses Brauchs – [5]verlangt von den Kindern Israel für immer (nicht eingeschlossen freiwillige Opfer, die sie darbringen nach ihrer Wahl), [6]zusammen mit ihren Gelöbnisopfern und allen den Gaben, die sie mir bringen werden, um mir zu gefallen.

⁷Und sie werden Gefallen finden; sie werden Mein Volk sein, und ich will ihnen gehören, auf ewig. Ich werde wohnen ⁸mit ihnen in alle Ewigkeit. Ich werde Meinen [Te]mpel heiligen mit Meiner Herrlichkeit, ⁹denn ich will wohnen lassen Meine Herrlichkeit über ihn bis zum Tag der Schöpfung, wenn ich selbst Meinen Tempel schaffen will; ¹⁰ich will ihn errichten für mich immerwährend in Erfüllung des Bundes, den ich geschlossen habe mit Jakob in Bet-El, **Kolumne 30** ¹[Isaak in Gerar und Abraham in Haran ...]

Nun beginnt ein ausgedehnter Abschnitt der Rolle, in dem die Bauweise des Tempelkomplexes detailliert beschrieben wird. Nichts davon stammt aus der Bibel, obwohl einige Teile aus einer „bearbeiteten Bibel" (siehe Kommentar zum Gesetz des Mose, *Text 48) herrühren. Die Beschreibung beginnt mit dem innersten Hof und arbeitet sich dann nach außen. Das erste, was beschrieben wird, ist ein Treppenturm, der wohl dazu benutzt wurde, um auf das Dach des Tempels zu gelangen. Warum dies notwendig war, geht nicht hervor. Vielleicht sollten Himmelsbeobachtungen von dieser Höhe aus unternommen werden. Vielleicht sollten Priester Pfähle von dort erreichen können, um das Allerheiligste zu reinigen, ohne es betreten zu müssen. Nur der Hohepriester durfte das Allerheiligste betreten, und zwar ausschließlich am Versöhnungstag.*

⁵Du sollst [errichten] einen Treppenturm nördlich des Heiligtums, ein quadratischer Bau, ⁶mit dem Maß von zwanzig Ellen von einer Ecke zu anderen, für jede seiner vier Ecken. Es soll bestehen eine Entfernung von sieben Ellen ⁷zum Nordwesten der Tempelmauer. Du sollst seine Mauern vier Ellen ⁸tief [und vierzig Ellen hoch machen,] entsprechend dem Heiligtum. Die Innenmaße von Winkel zu Winkel sollen betragen ⁹zwölf [Ellen], mit einer quadratischen Säule in der Mitte, vier Ellen breit ¹⁰nach allen Seiten. [...] Die Breite der Stufen, die sich um die Säule herum emporwinden, soll betragen vier [Ellen ...]

Kolumne 31 ⁶In der Dachkammer [dieses] Ha[uses mußt du eine Pfor]te anbringen, die sich zum Dach des Heiligtums hin öffnet. Ein Gang soll führen ⁷von dieser Pforte zu einem Einlaß [in das Dach des] Tempels, mit dessen Hilfe man das Dach des Heiligtums betreten kann. ⁸Du sollst diesen gesamten Treppenturm mit Gold überziehen: sein Mauerwerk, die Tore und das Dach, innen ⁹und außen, seine Säule und Treppe. Du sollst es genau so machen, wie ich es dir sage.

Im zweiten Bau, der im inneren Hof beschrieben wird, soll das Waschbecken (an dem der Priester sich vor und nach dem Opfern waschen würde) und alles, was dazugehört, untergebracht werden.

¹⁰Du sollst errichten ein quadratisches Haus für das Waschbecken zum Südosten des Heiligtums, einundzwanzig ¹¹Ellen an jeder Seite, fünfzig Ellen entfernt vom Altar. Die Mauer soll drei Ellen dick sein und ¹²zwanzig Ellen hoch. [...] Du mußt Pforten für es machen im Osten, Norden ¹³und Westen, vier Ellen breit und sieben hoch.

(Ein kleines Fragment aus 11Q20 verhilft zur Rekonstruktion einiger Wörter in 32,10–11.)

Kolumne 32 ⁸Du mußt Nisc[hen] machen an der Stirnseite der inneren Mauer dieses ⁹Hauses, und in diesen [...] eine Elle breit. Die Nischen sollen sein ¹⁰vier El[len] über dem Boden und überzogen mit Gold. Dort sollen die Priester aufbewahren [11]die Kleider, in denen sie [komm]en, oberhalb des Hauses [...], [12]wenn sie kommen, um zu dienen.

Du sollst errichten eine Wasserleitung um das Waschbecken herum innen in seinem Haus. Die Wasserleitung wird [13]führen [von dem Haus] des Waschbeckens, und eine Öffnung soll hinabführen in den Erdboden, in welche [14]das Wasser rinnen und hinabfließen wird, bis es verschwindet. Niemand darf [15]das Wasser berühren, weil es mit Blut von den Brandopfern vermischt ist.

Plan für das Haus, in dem die Tempelgerätschaften gelagert werden sollten.

Kolumne 33 [8]Du sollst errichten ein Haus östlich des Hauses für das [W]aschbecke[n], von derselben Größe wie letzteres. [9]Die Mauer muß sieben Ellen entfernt sein von der des Hauses für das Waschbecken. Der [ga]nze Bau und das Dach sollen gleich sein wie jene des Waschbeckenhauses. [10]Es muß zwei Pforten haben, eine im Norden und die andere im Süden, gegenüber voneinander, von den gleichen Maßen wie die des Waschbeckenhauses. [11]Sämtliche Innenwände dieses Hauses sollen eingebaute Schränke haben, in die Wand eingebaut. [12]Sie sollen zwei Ellen breit und zwei tief sein und vier Ellen hoch. [13]Sie sollen Türen haben. Diese sollen die Altargegenstände beherbergen: Schalen, Krüge, Feuertiegel und [14]Silberkellen, mit denen Eingeweide und [15]Gliedmaßen zum Altar gereicht werden. Wenn sie die Opferung beenden, [...]

Beschreibung des Schlachthauses, das sich vermutlich an der Nordseite des Heiligtums befand. Der Abschnitt, in dem die baulichen Besonderheiten beschrieben werden, ist nur spärlich erhalten. Das meiste des lesbaren Textes bezieht sich auf die Praxis des Schlachtens der Tiere, wobei eine Vorrichtung von Ketten und Ringen benutzt wurde.

Kolumne 34 [2][...] und zwischen einem Pfeiler und dem and[eren ...] [3][...], zwischen den Pfeilern ist [...] [4][...] die Stiere an der Stelle zwischen den Räde[rn ...] [5][... öffn]en und schließen die Räder und [...] [6]befestigen die Köpfe der Stiere an den Ringen und [...] in den Ringen. [7]Dann sollen sie diese schlachten und sammeln [das Blut] in Schalen, [8]um es zu versprengen auf dem Sockel des Altars, ringsherum. Danach sollen sie öffnen [9]die Räder und die Haut der Stiere von ihrem Fleisch abziehen; darauf sollen sie sie [10]in Stücke zerteilen, die Stücke salzen und [11]die Eingeweide waschen und die Beine, um sie dann auch zu salzen. Danach dürfen sie sie verbrennen [12]im Feuer auf dem Altar, Stier für Stier, mit seinen Stücken, seinem Getreideopfer von bestem Mehl obendrein, [13]und der Wein seines Trankopfers an den Seiten (etwas davon soll darüber gegossen werden). Die Priester, die Söhne des Aaron, sollen verbrennen das Ganze [14]auf dem Altar als ein Feueropfer, ein dem HERRN gefälliger Duft. [15]Du sollst auch an Ketten denken, die herabhängen von der Decke oben auf den Pfeilern [...]

An dieser Stelle der Baubeschreibung fügt der Autor eine Auflistung jener Perslonen ein, denen es verboten war, sich dem von ihm beschriebenen innersten Bezirk, zu nähern. Eine Gesetzesübertretung sollte mit dem Tode bestraft werden.

Kolumne 35 [1][... das All]erheilig[ste ...] [2][...] Jeder, der nicht hat [...] [3][...] Jeder, der nicht hat [... h]eilig [4][...] Jeder, der ihm nahekommt, jedoch] kein [5]Priester ist, muß zu

T[od]e gebracht werden. Jeder, der [ein Pr]iester ist, der ⁶mit ihnen kommt, jedoch nicht trägt die [heiligen] Ge[wänder, in den]en er geweiht wurde, ⁷um als Priester zu wirken, muß gleichfalls getötet werden. Sie sollen nicht schän[den den Tem]pel ihres Gottes; sie müssen tragen ⁸die Strafe der schuldigen Schandtat und sterben. Du mußt weihen den Be[zi]rk des Altars, das Heiligtum, das Waschbecken ⁹und den Säulengang, so daß es vollkommen geweiht ist für immer und ewig.

Beschreibung eines Säulengangs bzw. einer Stoa für die Sühne- und Schuldopfer.

¹⁰Du sollst einen Platz machen westlich des Heiligtums. Der gesamte Bereich soll eine Säulenhalle werden mit vielen Säulen ¹¹für die Sühneopfer und die Schuldopfer. Es soll getrennte Bereiche geben für die Sühneopfer der Priester und für die Ziegenböcke auf der einen Seite, ¹²und für das Sühneopfer und das Schuldopfer für die Menschen auf der anderen. Sie dürfen ¹³keinesfalls durcheinander gebracht werden. Nein, ihre Bereiche sollen voneinander abgesondert sein, so daß ¹⁴die Priester nicht fehlgehen können mit irgendeinem Sühneopfer der Menschen oder mit ihren Ziegen für die Schuldopfer. Dies würde in ¹⁵Schuldsünde enden. Was Vögel für den Altar anbetrifft: man muß Turteltauben vorbereiten [...]

Gebot zur Errichtung des Innenhofes. Dieser Hof, der das Heiligtum und die bereits beschriebenen Gebäude umgeben sollte, war der innerste von drei Höfen. Die Anfangsdetails sind nicht erhalten. Die ersten verständlichen Zeilen beschreiben erst die vier Tore des Hofes.

Kolumne 36 ³[...] Vom [nordöstlichen] Winkel ⁴[bis zur Eck]e des Tor[es sollen einhundertundzwanzig Ellen sein.] Jedes Torhaus soll vierzig Ellen breit sein; ⁵alle seine Größe soll haben [dasselbe Ausmaß. Seine] Mauer soll sieben Ellen [di]ck sein. ⁶Die Hö[he bis zu den Dach]balken [seiner] Decke soll sein [fünfund]vierzig [Ellen]. [Die Brei]te [seiner] Seiten[kammern] soll sein ⁷sechsundzwanzig Ellen von Winkel zu Winkel. Die To[r]e, durch die sie eintreten ⁸und der [A]usgang sollen jeweils vier[ze]hn Ellen breit und ⁹achtundzwanzig Ellen hoch sein, gemessen von der Schwelle bis zum Sturz. Die Höhe ¹⁰der Deckenkonstruktion oberhalb des Türsturzes soll vierzehn Ellen sein. Jedes Tor soll überdacht sein mit einem Gebälk ¹¹aus Zedernholz, überzogen mit Gold. Seine Türen sollen gleichfalls mit reinem Gold überzogen werden. ¹²Von der Ecke des Tores zum südöstlichen Winkel des Hofes sollen sein einhundert¹³undzwanzig Ellen Dasselbe Maß soll gelten im Hinblick auf sämtliche Tore und Winkel ¹⁴des inneren Hofes. Die Torhäuser sollen hineinragen in den Hofplatz [x Ellen] ...

Der innere Hof durfte nur von Priestern betreten werden. In diesem Hof konnten sie während ihres Tempeldienstes ihre geweihten Portionen verzehren. Der Autor beschreibt einige der Priesterbauten, die errichtet werden sollten, wie auch die Handlungen, die dort stattfinden sollten.

Kolumne 37 ⁸Innen im [in]neren Ho[f] sollst du planen eine Unt[erk]unft mit S[itz]plätzen für die Priester, mit Tischen, ⁹die vor den Sitzplätzen stehen sollen. Die Unterkunft soll in der inneren Säulenhalle sein, gleich neben der äußeren Mauer des Hofes. ¹⁰Es soll auch Platz geschaffen werden für die Opfergaben der Priester, erste Früchte und Zehntabgaben, ¹¹genauso für die Friedensopfer, die sie darbringen werden.

Die Friedensopfer, die durch ¹²die Kinder Israels dargebracht werden, dürfen niemals vermischt werden mit jenen der Priester.

¹³In jeder der vier Ecken des Hofes sollt ihr den Priestern einen Platz machen für die großen Kessel, ¹⁴in welchen sie ihre Opfergaben kochen werden. Die Sühneopfer **Kolumne 38** ¹sollen die Priester [kochen] in der nordöstlichen Ecke, dann sie verzehren [in der südwestlichen. Die Kessel ²sollen gearbeitet sein aus glänzender] Bronze. [...] ⁴Und sie sollen essen [die Opfergaben während der Tage der ersten Frücht]e von Getreide, Wein und Öl. [...] ⁵[...] die Söhne Israels. Am Tag der ersten Früchte ⁶sollen sie verzehren neben dem westlichen Tor [etwas von dem neuen Getreide,] von dem [Wein,] den Trauben, Granatäpfeln, ⁷[Feigen und anderen] eßbaren Baumfrüchten.

[Südlich di]eses [Tores] sollen sie verzehren die Getreideopfer ⁸über die Weihrauch gesprengt wird. (Lediglich das Getreideopfer für Eifersucht [soll des Weihrauchs ermangeln.]) ⁹So sollen sie, südlich dieses Tores [verspeisen] alle Getreideopfer, [genauso] alle Sühneopfer, die [sie empfangen werden.] ¹⁰[...] Sie sollen das Getreide hier essen und die Vogelopfer – namentlich die Turteltäubchen und jungen Tauben.

Gebot, einen mittleren Hof zu errichten, der den inneren Hof umgeben soll, mit Anweisung, wer den Hof betreten darf und wer nicht. Das Gerah in Zeile 9 war eine kleine Münze bzw. sein Gegengewicht in Metall.

¹²Du sollst bauen einen zweiten [Ho]f u[m] den [inn]eren [Hof] herum in einer Entfernung von einhundert Ellen. ¹³Die Länge seiner östlichen Wand soll sein vierhundertachtzig Ellen, dasselbe Maß soll gelten für alle ¹⁴seine Mauern: südlich, westlich und nördlich. Seine Mauer soll [vi]er Ellen dick sein und ¹⁵achtundzwanzig Ellen hoch. Kammern müssen gebaut werden in die äußere Fläche der Mauer, entfernt voneinander drei **Kolumne 39** ¹[undeinhalb Ellen ...]

⁷[...] Keine Frau soll es betreten, noch irgendein junger Mann vor dem Tag, ⁸an dem er das Gesetz erfüllt [und bezahlt] sein [Sühnegeld] für den HERRN: einen halben Schekel. Dieses ist ein ewiges Gesetz, ⁹ein Gedenken, wo immer sich auch leben. (Der Schekel soll zwanzig Gera entsprechen.) ¹⁰Wenn sie einsammeln den halben Schekel eines Mannes [an Sühnegeld] für Mich, darf er hineingehen – jeder, ¹¹der zwanzig Jahre [und älter] ist.

Die zwölf Tore des mittleren Hofes, benannt nach den Söhnen Jakobs.

[Die] Na[men der T]ore für diesen [Ho]f soll entsprechen den Na[men] der Söhne ¹²Is[r]aels: Simeon, Levi und Juda im Osten, [R]uben, Josef und Benjamin im Süden, ¹³Issachar, Sebulon und Gad im Westen, Dan, Naftali und Ascher im Norden.

Die Maße zwischen den Toren sollen wie folgt sein: ¹⁴von der nordöstlichen Ecke zum Simeonstor neunundneunzig Ellen. Das Tor selbst soll ¹⁵achtundzwanzig Ellen breit sein. Vom Tor des Simeon zu dem von Levi neunundneunzig ¹⁶Ellen, das Tor selbst soll achtundzwanzig Ellen breit sein. Vom Tor des Levi zu dem von Juda [...]

Gebot, einen dritten, äußersten Hof zu bauen, mit genauen Angaben über Größe, Aufbau und Eintrittserlaubnis.

Kolumne 40 ⁵[...] Du sollst bauen einen dri[t[ten Hof, [...] ⁶[Eintritt ist erlaubt für ganz Israel, ihre Söhne und]Töchter und für die Übergetretenen, die Kinder [der dritten Generation], die ihnen geboren wurden. [7][...] Er soll umgeben den mittleren Hof in einer [Ent]fernung von [fünfhundert]sech[zig Ellen]. [8]Die Mauer soll ungefähr eintausend sechs[hundert] Ellen lang sein von Ecke zu Ecke, dasselbe Ausmaß gilt für alle seine Seiten: [9]Osten, Süden, Westen und No[rde]n. Die Mauer soll sieben Ellen dick sein und neunundvierzig Ellen [10]hoch. Kammern müssen [ge]baut werden in die äußere Mauerfläche zwischen den Toren, längs des Sockels [11]bis hoch zum Mauersims. Er soll haben sieben Tore im Osten, drei im Süden, drei [12]im Westen und drei im Norden. Die Torhäuser sollen fünfzig Ellen breit sein und siebzig Ellen [13]hoch. Von Tor zu Tor sollen dreihundertundsechzig Ellen [gemessen] werden. Von der nordöstlichen Ecke zum [14]Tor des Simeon sollen ebenso dreihundertundsechzig Ellen sein; vom Tor des Simeon zu dem des Levi [15]soll dasselbe Ausmaß sein und genauso vom Tor des Le[vi] zu dem von Juda drei[hundert]undsechzig

(Einige Teile von Kolumnen 41–42 können aufgrund von 4Q365 rekonstruiert werden.)
Kolumne 41 [1][Ellen ...]

[2][... Von] dieser [westlichen Ecke] [3]zum To[r des Issachar sollen dreihundertund-sechzig] Ellen gemessen werden; vom Tor des [4]Issachar [zu dem des Sebulon sollen sein drei]hundert[undsechzig] Ellen; [5]von Sebulons zu Gads dreihundertundsechz[ig] [6]Ellen; und von Gads Tor [zur nordwestlichen Ecke], dreihundertundsechzig [7]Ellen. Von dieser Ecke zum [8]Tor des Dan sollen dreihundertundsechzig Ellen sein und desgleichen von Dans Tor zu [9]Naftalis: dreihundertundsechzig Ellen; und von Naftalis Tor [10]zu dem von Ascher dreihundertundsechzig Ellen. Vom Tor des [11]Ascher zur nordöstlichen Ecke sollen dreihundertundsechzig Ellen sein.

[12]Die Torhäuser sollen von der Hofmauer sieben Ellen nach außen ragen [13]und nach innen sechsunddreißig Ellen. [14]Die Breite der Eingänge soll vierzehn Ellen betragen, während ihre Höhe sein soll [15]achtundzwanzig bis zum Sturz. Sie müssen überdacht werden [16]mit Zedernholzbalken und verziert mit Gold. Ihre Tore müssen überzogen werden [17]mit reinem Gold. Zwischen den Toren nach innen gelegen sollst du Kammern machen, **Kolumne 42** [1][Räume und Säulenhallen]. [2]Die Räume sollen zehn Ellen breit sein und zwanzig Ellen lang [3]ihre Höhe soll sein vier[zehn Ellen. Sie sollen überdacht sein mit] Zedernholz[4][balken] und ihre Mauern sollen zwei Ellen dick sein. Zwischen der Mauer und den Räumen [5]sollen Kammern sein. [Jede Kammer sein zehn Ellen breit sein] [1]und zwanzig Ellen [lang]. Ihre Mauern sollen zwei Ellen dick sein [2][und vierzehn hoch], bis zum Sturz. Der Eingang [3]soll drei Ellen breit sein. [So sollst du planen] alle Kammern und ih[re] Räume. [4]Was die Sto[en anbetrifft, sie sollen alle] zehn Ellen [bre]it sein. Demzufolge mußt du machen zwischen einem Tor [5]und dem nächsten [ach]zehn Kammern, die entsprechenden Räume – [6]acht[zehn an der Zahl – und die entsprechenden Stoen.] [7]Du sollst errichten ein Treppenhaus neben den Mauern des Torhauses, in [8]jeder Stoa, in welchem sich Treppen nach oben winden zu den zweiten und dritten Stockwerken der Stoen [9]und von da zum Dach. Kammern im zweiten und im dritten Stock müssen gebaut werden, ihre Ausmaße, Räume und Stoen [10]entsprechend jenen des ersten Stockwerks. Auf dem Dach des dritten Stocks [11]sollst du Säulen errichten, gekrönt von Balken, die die Säulen miteinander verbinden. [12]Dieses wird ein Platz sein für Laubhütten, mit Säulen acht Ellen hoch. Laubhütten [13]werden an ihnen gebaut jährlich um mit dem Fest der Laubhütten, den Ältesten [14]der

Gemeinschaft zu dienen, den Führern: den Häuptern der Sippen unter den Kindern Israels [15]und den Hauptleuten der Tausend- und Hundertschaften. Sie sollen emporsteigen [16]und hier sitzen bis das Festbrandopfer dargebracht ist – das heißt das eine [17]für das Laubhüttenfest – alljährlich wieder. Zwischen einem Tor und dem nächsten sollen sie [...]

Hier bespricht der Verfasser eine bedeutsame Handlung, die im dritten Hof stattfinden sollte: Der Verzehr der zweiten Zehntabgabe, die nicht von den Priestern, sondern von den Laien gegessen wurde, die sie Gott darbrachten. Der Autor setzt fest, wer die Abgabe erbringen muß, wann sie verzehrt werden darf und wie mit übriggebliebenen Anteilen verfahren werden soll. Diese Kolumne ist eng verknüpft mit Jubiläen 32,10–15. Auch das Verzeichnis der Schatzverstecke 1,9–12 (Text 18) brachte man in Zusammenhang mit der zweiten Abgabe.

Kolumne 43 [2][...] an den Sabbattagen und an den Tage[n ...] [3][...] und an den Tagen der ersten Früchte von Getreide, We[in und Öl, [4]und während des Fests, um zu opfern das] Holz. An diesen Tagen darf die zweite Abgabe verzehrt werden. Keine darf jedoch übriggel[assen] werden [5]von einem Jahr zum anderen. Vielmehr soll sie verzehrt werden wie folgt: [6]beginnend mit dem Pilgerfest für die Ersten Früchte von Weizen, das Getreide darf gegessen werden [7]bis zu den Ersten Früchten des zweiten Jahres. So für den Wein: vom Tag [8]des Fests des Neuen Weins bis zum zweiten Jahr am Fest des [9]Neuen Weins. Desgleichen mit dem Öl: vom Tag seines Festes an bis zum zweiten Jahr [10]am Fest, dem Tag der Opferung Neuen Öls auf dem Altar. Alles, was [11]übrigbleibt nach dem Beginn des entsprechenden Festtermins im zweiten Jahr, soll geweiht und verbrannt werden im Feuer. Es darf nicht mehr gegessen werden, [12]denn es wurde geweiht. Jene, die drei oder mehr Tagesreisen entfernt vom Tempel leben, [13]müssen alles bringen, was sie mit sich bringen können. Wenn sie es nicht [14]befördern können, sollen sie die Sachen verkaufen und das Geld mitbringen. Dann können sie es verwenden für den Kauf von Getreide, [15]Wein, Öl, Rind oder Schaf. Sie sollen verzehren die Abgabe an Feiertagen; sie sollen nichts davon [16]essen an Werktagen, wenn sie unrein sind. Sie ist heilig; [17]deshalb darf sie an heiligen Tagen verzehrt werden und nicht an Arbeitstagen.

Verteilung der Räume, Kammern und Laubhütten im dritten Hof an Priester- und Levitenfamilien und an Israels Kinder, Stamm für Stamm.

Kolumne 44 [3]Du sollst zuteilen die [Kammern und entsprechenden Räume südlich vom Tor des] [4][Simeo]n und nördlich des Tors des Juda den Priestern. [5]Diese ge[samt]en Bereiche direkt nördlich und südlich von Levis Tor sollen deinen Brüdern, den Söhnen des Aaron, gehören: du sollst zutei[len] ihnen [6]einhundertundacht Kammern mit ihren Räumen und ebenso zwei Laubhütten [7]über diesen auf dem Dach. Vom Tor des Juda zur südlichen Ecke sollen die Söhne des Juda [8]erhalten vierundfünfzig Kammern mit den entsprechenden Räumen, und die Laubhütte(n), die [9]darüberliegt(en). Vom Tor des Simeon zur nördlichen Ecke sollen [10]die Söhne des Simeon ihre Kammern erhalten und die dazugehörigen Räume, zusammen mit ihren Laubhütten. Vom Winkel, der an die Söhne Judas angrenzt [11]bis zum Tor des Ruben sollen die Söhne des Ruben erhalten [12]zweiundfünfzig Kammern und entsprechende Räume und ihre Laubhütten. Vom Tor des [13]Ruben zum Tor des Josef soll es gehören den Söhnen des Josef, das sind Efraim und Manasse. [14]Vom Tor des Josef zum Tor des Benjamin soll es gehören den Söhnen des Kehat, einer Unterabteilung der Leviten. [15]Vom Tor des Benjamin zur westlichen Ecke soll es gehören den Söhnen des Benjamin. Von dieser Ecke [16]zum Tor des Issachar soll es gehören den Söhnen des Issachar; und vom Tor des [Issachar ...]

Der Wechsel der Abteilungen der Priester und Leviten. Jede Abteilung wird im Tempel eine Woche lang dienen. Am achten Tag, gezählt von dem Tag an, da die erste Gruppe ihren Dienst begann, wird die zweite Schicht zur Ablösung antreten. Sie werden durch das Tor des Levi ein- und ausgehen.

Kolumne 45 [3]Auf dieselbe Weise, wie [die Abteilungen kommen, so sollen sie auch gehen. Die] neue Abteilung soll hineingehen links, [4]während die alte hinausgeht rec[h]ts. Sie sollen sich nicht vermengen, weder sie noch ihre Gefäße. Lasse jede Abteilung [kommen] [5]in ihren eigenen Bereich und dort lagern. Am achten Tag kommt die eine und die andere geht. Die kommende Abteilung soll reinigen [6]die Kammern, eine nach der anderen, wenn die andere Abteilung geht. Es darf kein [7]Vermengen geben.

Gesetze über den Einzug in den Tempel und in die Tempelstadt. Diese Gesetze stammen meist aus der Bibel, sind jedoch häufig verbunden oder bearbeitet, um neue Bedeutungen zu schaffen und neuen Herausforderungen zu genügen. Das Anliegen des Verfassers ist, die Reinheit des heiligen Bezirks sicherzustellen.

Niem[and], der einen nächtlichen Samenerguß hat, soll betreten [8]irgendeinen Teil Meines Tempels, bis drei [vollst]ändige Tage vorüber sind. Er muß seine Kleider waschen und baden [9]am ersten Tag; am dritten muß er wieder waschen und baden; dann, wenn die Sonne untergegangen ist, [10]darf er den Tempel betreten. Sie dürfen Meinen Tempel nicht betreten, solange sie unrein sind, denn dieses würde ihn schänden. [11]Wenn ein Mann Verkehr hat mit seiner Frau, darf er keinen Teil der Tempel[12]stadt betreten (worin ich Meinen Namen wohnen lasse) drei Tage lang. Kein Blinder [13]darf sie betreten zeit seines Lebens, aus Furcht davor, die Stadt, in deren Mitte ich lebe, [14]zu verunreinigen. Denn ich, der HERR, werde wohnen unter den Kindern Israels auf immer und ewig. [15]Jeder, der sich von einem Samenerguß selbst reinigen möchte, muß sieben Tage zählen als Reinigungszeit. Am siebten [16]Tag, muß er seine Kleider waschen und seinen ganzen Körper baden in fließendem Wasser. Danach darf er die Tempel[17]stadt betreten.

Keiner, der unrein ist, weil er einen Leichnam berührt hat, darf die Stadt betreten, bis er gereinigt ist. Kein Aussätziger [18]oder eine Person, die befallen ist von einer Hautkrankheit, darf die Stadt betreten, bis sie gereinigt sind. Wenn er rein geworden ist, darf er opfern *(Ein Fragment aus 11Q20 erlaubt die teilweise Wiederherstellung der ersten drei Zeilen dieser Kolumne.)*

Kolumne 46 [1][Mir]. [Keiner, der von einem Ausschlag der Haut auf seinem Kopf befallen ist oder in seinem Bart, darf betreten den [2]Tempel [bis er rein ist ... Er darf] [3][weder] essen irgend etwas [Geweihtes noch betreten] den Tempel.

Bauten auf den Mauern des dritten Hofes und außerhalb davon.

[1][... Kein] unreiner Vogel soll fliegen [2]über [Meinen] Temp[el, deshalb sollst du Zacken auf die Hofmauern und auf] die Dächer der Tore machen, [3]die zum äußeren Hof gehören. Kein [unreiner Vogel darf] jemals in Meinem Tempel sein, für ew[ig], [4]alle die Tage, die ich unter ihnen [woh]nen werde.

[5]Du sollst errichten eine Terrasse um den äußeren Hof herum, die sich [6]vierzehn Ellen aus dem Hof heraus ausdehnt wie gemessen von den Eingängen zu den Toren. Du sollst [7]zwölf Stufen machen, über die die Kinder Israels emporsteigen werden zu ihr, [8]wenn sie Meine Tempelhöfe betreten.

[9]Du sollst auch einen trockenen Graben um die Tempelhöfe herum bauen, einhundert Ellen breit, um [10]zu trennen den heiligen Tempel von der Stadt. Damit werden sie Meinen Tempel nicht unüberlegt betreten [11]und ihn schänden. Sie müssen weihen und verehren Meinen Tempel, [12]denn ich wohne mitten unter ihnen.

Bauten außerhalb der Stadt: Außenabort und Quarantänebereiche.

[13]Du sollst ihnen errichten einen Bereich für Latrinen außerhalb der Stadt. Sie sollen dort hinaus gehen, [14]zum Nordwesten der Stadt: überdachte Aborte, innen mit Gruben versehen, [15]in welche die Ausscheidungen hinabfallen werden, damit sie nicht sichtbar sind. Die Außenaborte müssen [16]dreitausend Ellen von jedem Teil der Stadt sein. Du sollst auch machen [17]drei Plätze östlich der Stadt, abgesondert voneinander, wo [18]jene hingehen sollen mit einer Hautkrankheit, einem Geschlechtsausfluß oder einem [nächtlichen] Samenerguß [...]

Gebote über das Bringen von reinen und unreinen Tierhäuten in die Tempelstadt. Die lange und detaillierte Erörterung über Tierhäute zeigt, daß es zu Zeiten des Verfassers ein aktuelles Streitthema gewesen sein muß.

Kolumne 47 [3][...] Die Stadt, [4]die ich heiligen werde, indem ich Meinen Namen und Tempel dort errichte, muß geweiht und rein sein [5]von allem, was in irgendeiner Form unrein ist, wodurch man beschmutzt werden könnte. Alles in ihrem Inneren muß [6]rein sein, und alles, was in sie hineinkommt, muß rein sein: Wein, Öl, Eßwaren [7]und jedes Nahrungsmittel, über das Flüssigkeit gegossen wurde – alles muß rein sein.

Keine Haut eines reinen Tieres, das geschlachtet wurde [8]in anderen Städten, soll in Meine Stadt gelangen. Gewiß dürfen sie diese in anderen Städten [9]für ihre Arbeit verwenden, was immer das Bedürfnis sein mag, aber solche Häute sollen nicht in Meine Stadt gebracht werden. [10]Der Grund: ihr Grad an Reinheit entspricht dem des Tierfleisches. Deshalb sollt ihr beschmutzen die Stadt, [11]die ich heilige, in der ich Meinen Namen und Tempel eingerichtet habe. Nein, sie müssen Häute von geweihten Tieren verwenden [12]im Tempel Meiner Tempelstadt, wohin sie ihren Wein, Öl und ihre [13]Eßwaren bringen. Sie dürfen Meinen Tempel nicht besudeln mit den Häuten von ungeeigneten [14]Opfergaben, die sie geschlachtet haben anderswo im Land. Noch sollt ihr weihen eine Haut von [15]einer anderen Stadt, um sie zu verwenden in Meiner Stadt; denn die Häute sind nur so rein wie das Fleisch, von dem sie kommen. Wenn [16]ihr das Tier in Meinem Tempel geopfert habt, ist die Haut rein für den Gebrauch in Meinem Tempel; aber wenn ihr das Tier in einer anderen Stadt geschlachtet habt, ist es rein

[17]lediglich für die Verwendung in anderen Städten. Alles in allem: Alle reinen Nahrungsmittel, die zum Tempel gesandt werden, müssen gebracht werden in Häuten, die ausgehen vom Tempel. Ihr dürft [18]weder Meinen Tempel noch Meine Stadt schänden mit ungeeigneten Häuten, denn ich wohne mitten in ihr.

Gesetze über Tiere, die man essen darf oder nicht essen darf, tote Tiere eingeschlossen. Der Verfasser verknüpft Teile aus den Büchern Levitikus und Deuteronomium, um seine Gebote zu formulieren.

Kolumne 48 [1](Ihr dürft nicht essen) [den Kormoran, den Storch, jede Ar]t von [Reihern], den Wiedeho[pf noch die Fledermaus. Jedes geflügelte Insekt, das herumläuft auf [2]vier Füßen, ist verabscheuenswert für euch.]

[3][Die folgenden sind die] geflügelten [Insekten], die ihr essen dürft: die Wanderheuschrecke gemäß ihrer Art, Hag[ab]heuschrecke gemäß ihrer Art, die Grille [4]gemäß ihrer Art und den Grashüpfer gemäß seiner Art. Auch unter den geflügelten Insekten, die herumgehen auf vier Füßen, dürft ihr essen jene, [5]die gegliederte Beine auf ihren Füßen haben, die sowohl springen auf dem Boden als auch fliegen mit Flügeln.

[6]Ihr dürft nicht essen Aas von irgendwelchen geflügelten Wesen oder Tieren, aber ihr dürft es verkaufen an einen Fremden. Ihr dürft nicht essen irgendein widerwärtiges Wesen, [7]denn ihr seid ein heiliges Volk für den HERRN, euren Gott.

Verbotene Trauer- und Begräbnispraktiken.

Ihr seid Kinder, [8]die dem HERRN, eurem Gott, gehören; deshalb sollt ihr euch keine klaffende Wunde beibringen noch euer Stirnhaar scheren [9]im Namen von den Toten. Ihr dürft euer Fleisch nicht einritzen oder euch tätowieren wegen den Toten, [10]denn ihr seid ein Volk, das dem HERRN, eurem Gott, heilig ist. Solchermaßen sollt ihr nicht beschmutzen [11]euer Land. Ihr sollt nicht so tun wie die Völker: sie begraben [12]ihre Toten überall, sogar in ihren Wohnungen. Ihr vielmehr müßt [13]Plätze absondern in eurem Land, an denen ihr eure Toten begraben werdet. Für jeweils vier [14]Städte müßt ihr einen Beerdigungsgrund festlegen.

Gebot, Aussätzige und andere überall im Land zu isolieren.

In jeder Stadt sollt ihr Plätze machen für jene, die leiden an einer Hautkrankheit, [15]ob Lepra, Gebrechen oder Krätze, damit sie nicht betreten eure Städte und sie beschmutzen. Ihr müßt auch Plätze machen für Männer, die an Geschlechtsausfluß leiden, [16]und für Frauen während ihrer Menstruation und nachdem sie geboren haben. So werden sie nicht beschmutzen eure Häuser [17]mit ihrer menstruellen Unreinheit.

Was die Person anbetrifft, die an einer Hautkrankheit leidet, ob chronischer Aussatz oder Krätze, laßt den Priester ihn für unrein erklären Kolumne 49 [3][...] und mit Zedernholz, Ysop und [... So sollt ihr nicht beschmutzen] [4]eure Städte mit Leprabefallenen, so daß sie unrein werden.

Unreinheit eines Sterbehauses.

[5]Wenn jemand stirbt in euren Städten, wird das Haus, in dem die Person starb, unrein [6]sieben Tage lang. Alles, was in dem Haus ist, und jeder, der das Haus betritt,

ist gleichfalls unrein ⁷sieben Tage lang. Jedes Nahrungsmittel, auf welches Wa[ss]er gegossen wurde, wird unrein: jeder Teil eines solchen Nahrungsmittels ⁸ist unrein. Irdene Gefäße werden unrein, zusammen mit ihrem Inhalt, für jeden reinen Menschen. ⁹Offene Gefäße und die ganze feucht gewordene Nahrung, ¹⁰die sie beinhalten, werden unrein für jeden Israeliten. ¹¹An dem Tag, an dem sie die tote Person wegtragen, müssen sie das Haus reinigen von jedem ¹²Schmutzfleck von Öl, Wein und Wasserfeuchtigkeit. Sein Boden, Wände und Türen muß gescheuert werden, ¹³und seine Schlösser, Türpfosten, Schwellen und Stürze abgewaschen werden mit Wasser. An dem Tag, ¹⁴an dem der Leichnam wegkommt, muß das Haus gereinigt werden und ebenso seine Gerätschaften: seine Handmühlen, Mörser ¹⁵und alles, was aus Holz, Eisen und Bronze gemacht ist – alle Gerätschaften, die man reinigen kann. ¹⁶Kleider, Säcke und Häute müssen gewaschen werden. Jeder, der in dem Haus war ¹⁷und jeder, der es betrat, muß baden in Wasser und waschen seine Kleider am ersten Tag. ¹⁸Am dritten Tag sollen sie mit dem Wasser besprengt werden, das frei ist von Unreinheit, und sie sollen baden und ihre Kleider waschen ¹⁹und die Geräte im Haus waschen. Am siebten Tag dann ²⁰sollen sie besprengt werden ein zweites Mal, baden, ihre Kleider waschen und ihre Geräte. Wenn der Abend kommt, werden sie gereinigt sein ²¹von dem Toten und dürfen ihre reinen Dinge berühren. Was jemanden anbetrifft, der nicht verunreinigt war von [der toten Person ...]

Gesetze über einen Leichnam, der auf offenem Feld gefunden wird.

Kolumne 50 ⁴Jeder⁵mann auf offenem Feld, der die Gebeine eines Toten berührt oder eine Leiche berührt, die vom Schwert erschlagen wurde, ⁶oder irgendeinen toten Körper oder sein Blut, oder ein Grab – laßt ihn sich reinigen mittels der Vorgehensweise der Vorschrift, die bereits beschrieben wurde. ⁷Wenn er sich nicht reinigt gemäß der Vorschrift dieses Gesetzes, bleibt er unrein. ⁸Seine Unreinheit bleibt an ihm haften, und jeder, der ihn berührt, muß seine Kleider waschen und baden, um rein zu werden ⁹an jenem Abend.

Die Frau mit einem toten Fötus.

¹⁰Wenn eine Frau schwanger ist und ihr Kind stirbt in ihrem Leib, ist sie unrein an allen Tagen, ¹¹an denen es tot in ihrem Körper ist, genau wie in einem Grab. Jedes Haus, das sie betritt, wird unrein, ¹²und auch seine Geräte, sieben Tage lang. Jeder, der das Haus berührt, ist unrein bis zum Abend.

Aber wenn ¹³jemand hineinging in das Haus mit ihr, ist er unrein sieben Tage lang. Er muß seine Kleider waschen ¹⁴und baden am ersten Tag. Am dritten Tag muß er besprengt werden, seine Kleider waschen und baden. ¹⁵Am siebten Tag dann muß er ein zweites Mal besprengt werden, seine Kleider waschen und baden. Wenn die Sonne untergeht, ¹⁶wird er rein. Ihr sollt alle Geräte behandeln, Kleider, Häute und ¹⁷Dinge, die aus Ziegenhaar gemacht sind, wie bereits beschrieben in der Vorschrift dieses Gesetzes. Aber alle ¹⁸irdischen Gefäße müssen zerbrochen werden, denn sie sind unrein geworden und können nicht mehr rein gemacht werden, ¹⁹auf ewig.

Verfahren nach der Berührung eines Kriechtierkadavers.

²⁰Alles, was auf dem Boden kriecht, sollst du als unrein betrachten: das Wiesel, die Maus, jede Art von Eidechsen, ²¹den Gecko, den Sandgecko, die große Eidechse und

das Chamäleon. Jeder, der eines von diesen berührt, wenn sie tot sind *(Ein Fragment von 11Q20 hilft bei der Rekonstruktion von 51,01–3.)* **Kolumne 51** [01][soll sieben Tage lang unrein sein. Er muß baden und seine] Kleider waschen [am ersten] [02][Tag]. [03][Am dritten Tag und am siebten Tag muß er seine Kleider waschen und baden] [04][und besprengt werden mit] dem Was[ser, das frei ist von Unreinheit.] [05][Jedes hölzerne Gerät oder Kleidungsstück oder Haut oder Umhang – alles, womit er verrichtet] [06][Arbeit – muß gelegt werden] in Wasser [und ist unrein bis zum Abend. Dann wird es rein.] [1][Was jegliches betrifft, das ko]mmt heraus aus ihnen, wenn [man es berührt, wird man] unrein [2][soweit man davon betroffen ist.] Ihr sollt euch [nicht] beschmut-zen mit di[esen, aber jeder, der berührt, was herauskommt aus] einem toten [Kriechwesen] wird unrein [3]bis zum Abend. Er soll seine Kleider waschen und baden [und], wenn die Sonne [untergeht], wird er rein werden. [4]Jeder, der eines seiner Gebeine oder einen Teil seines Kadavers bei sich trägt, ob Haut, Fleisch oder Kralle, muß waschen [5]seine Kleider und baden. Dann, wenn die Sonne untergeht, wird er rein.

Eine eindringliche Darlegung zur Notwendigkeit der Reinheit. Obwohl dieser Teil kein Bibelzitat ist, ist der Hinweis „auf diesem Berg" beachtenswert. Entweder fügt der Verfasser damit den Namen Mose ein oder er stellt sich selbst einen neuen Mose vor, und zwar bis ins Detail des Berges Sinai.

Du sollst ermahnen [6]die Kinder Israels in bezug auf jede Art von Unreinheit. Sie sol-len sich nicht beschmutzen mit Dingen, über die [7]ich mit dir spreche auf diesem Berg. Sie sollen sich nicht beschmutzen, denn ich bin der HERR, der wohnt [8]mitten unter den Kindern Israels. Du sollst sie weihen, so daß sie heilig werden. Sie dürfen sich nicht [9]verabscheuenswert machen durch etwas, das ich als unrein bestimmt habe; nein, sie sollen [10]heilig sein.

Gebote für Richter und Amtsträger, aus Textabschnitten des Buches Deuteronomium entnom-men.

[11]Du sollst in allen deinen Städten Richter und Amtsträger ernennen, die [12]gerechte Urteile sprechen werden im Volk. Sie müssen unparteiisch sein im Richten. Sie sollen keine Bestechungsgelder annehmen oder das Recht [13]beugen. Ganz sicherlich beugt Bestechung die Rechtsprechung, untergräbt das Zeugnis des Gerechten, macht [14]die Augen der Weisen blind, verursacht große Schuld und besudelt das Haus des Gerichts mit schändlicher [15]Sünde. Du sollst nach Gerechtigkeit streben, nach Gerechtigkeit allein, damit du leben kannst und betreten und erben [16]das Land, das ich euch geben will als ein Erbe auf ewig. Jeder, [17]der Bestechung annimmt und gerechtes Urteil beugt, muß getötet werden. Ihr sollt ihn nicht fürchten; [18]tötet ihn.

Verbote der Götzenanbetung. Ascherot waren heilige Bäume; Stelen waren übereinander auf-gestellte geweihte Steine.

[19]Ihr sollt in eurem Land nicht tun, wie die Völker tun. Sie opfern hier und da und [20]überall; sie pflanzen Ascherot, richten geweihte Stelen auf, [21]stellen gemeißelte Steine auf, um sie zu verehren und bauen sich ... **Kolumne 52** [1][...]Ihr sollt nicht pflanzen [Aschera-Bäume neben Meinem Altar] [2][den ihr errichten sollt.] Noch sollt ihr eine

geweihte Stele aufrichten, [die ich hasse, noch] herstellen [irgendeinen gem]eißelten
3[St]ein, um überall in eurem Land Anbetung zu betreiben.

Gebrauch von Tieren zum Opfern, Schlachten und Arbeiten.

Muttervogel 7mit seinen gerade flügge gewordenen Jungen. Jedes erstgeborene
männliche Tier unter deinen Rindern und Schafen 8mußt du Mir weihen. Du sollst
keine Arbeit verrichten mit den Erstgeborenen deiner Rinder, noch scheren die Erstgeborenen 9deiner Schafe. Du sollst jene verzehren vor Mir alljährlich an dem Ort, den
ich auswählen werde. Wenn ein Tier jedoch 10irgendeinen körperlichen Mangel hat
oder lahm ist oder blind – wenn es überhaupt irgendeinen schwerwiegenden, körperlichen Fehler hat, sollst du es Mir nicht opfern. 11Du darfst es essen in euren Wohnorten,
Reines und Unreines bei dir gleichermaßen, als ob es eine Gazelle oder ein wilder
Widder ware. Nur das Blut sollt ihr nicht zu euch nehmen. 12Ihr sollt es auf den Boden
gießen wie Wasser und es mit Erde bedecken.

Lege einem Rind keinen Maulkorb an, während es pflügt 13und pflüge nicht mit
einem Ochsen und einem Esel zusammen. Du darfst nicht schlachten ein reines Rind,
ein Schaf oder eine Ziege 14in einem eurer Wohnorte, der von Meinem Tempel weniger als einen Dreitagemarsch entfernt liegt. Stattdessen mußt du es opfern 15in Meinem
Tempel, indem du daraus ein Brandopfer oder ein Friedensopfer machst. Dann sollst
du es verzehren 16und frohlocken vor Mir an dem Platz, den ich auswählen werde, um
Meinen Namen darin zu errichten. Jedes reine 17Tier, das einen Körperfehler hat, darfst
du verspeisen in euren Wohnorten, vorausgesetzt, du befindest dich in mindestens
vier Meilen Entfernung von 18Meinem Tempel. Du darfst es nicht schlachten neben
Meinem Tempel, denn sein Fleisch ist unpassend. 19Du darfst nicht essen das
Fleisch eines Rinds, eines Schafs oder einer Ziege innerhalb Meiner Stadt (die ich hei-
ligen werde, 20indem ich mitten in ihr Meinen Namen einsetze), wenn es nicht in
Meinen Tempel gebracht wurde. Es muß dort geweiht werden; 21dann sollen sie sein
Blut versprengen auf dem Sockel des Altars des Brandopfers und sein Fett verbrennen
[...]

*Genuß reiner Tiere in den Städten des Landes und Darbringung von Opfern an ausgewählter
Stelle.*

Kolumne 53 7[... Wenn ich dein Gebiet ausdehne] 1[wie ich dir versprochen habe,
wenn der Ort, den ich auserwählen werde, um dort Meinen Namen zu errichten, zu
weit we]g ist 2[und du denkst: „Ich würde gern Fleisch essen", in der Tat] verlangst nach
F[leisch – darfst du] essen [soviel] Fle[isch wie du willst.] 3[Du darfst eines töten aus
deiner Herde oder aus einem Wildrudel, mit dem ich dich gesegnet habe 4und es essen
in euren Wohnorten, das Reine und das Unreine bei dir gleichermaßen, als ob es eine
Gazelle 5oder ein wilder Widder wäre. Du sollst lediglich unterlassen, von dem Blut zu
essen. Du mußt es auf den Boden gießen wie Wasser und es bedecken 6mit Erde, denn
das Blut ist das Leben. Du sollst nicht verspeisen mit dem Blut das Leben, damit 7es
gut gehen möge mit dir und deinen Kindern nach dir auf ewig. Du mußt das tun, was
ich als richtig und gut erachte, 8denn ich bin der HERR, dein Gott.
9Du mußt geweihte Geschenke nehmen und alle deine freiwilligen Opfergaben und

zu dem Platz gehen, an dem ich [10]Meinen Namen einsetzen werde. Dort sollst du sie opfern vor mir, wie du sie geweiht hast oder gelobt hast zu tun.

Gesetze über Schwüre und Gelöbnisse, die sich meist auf ein Versprechen gegenüber Gott beziehen; sie können jedoch auch menschlichen Hilfeleistungen sein.

[11]Wenn du ein Versprechen gibst, zögere nicht, es zu erfüllen, denn ich werde es gewiß von dir einfordern [12]und es würde zur Sünde werden, die gegen dich sprechen würde. Aber wenn du es unterläßt zu geloben, wird keine Sünde gegen dich sprechen. [13]Sei vorsichtig mit dem, was über deine Lippen kommt, denn was du freiwillig geschworen hast zu tun, muß getan werden, [14]wie du gelobt hast. Jeder, der einen Gelöbnis ablegt gegenüber mir oder [15]einen Eid schwört und sich dadurch bindet, kann sein Versprechen nicht brechen. Er muß alles das tun, was über [16]seine Lippen gekommen ist.

Jede Frau, die einen Eid schwört Mir gegenüber oder sich bindet mit einem Schwur, [17]während sie in ihrer Jugend bei ihrem Vater lebt – wenn ihr Vater von ihrem Gelöbnis oder [18]bindenden Schwur vernimmt und nichts zu ihr sagt, dann sollen [19]alle ihre Versprechen bestehen bleiben und jeder bindende Schwur soll gültig sein. Aber wenn [20]ihr Vater ihr an dem Tag, an dem er von allen ihren Versprechen und bindenden Schwüren vernimmt, ein Verbot ausspricht, [21]dann bleiben sie nicht bestehen. Ich will ihr vergeben, weil ihr Vater ein Verbot ausgesprochen hat. [...]

Kolumne 54 [1][wenn ihr Ehemann] hö[rte davon. Aber wenn er sie für null und nichtig erklärt nach] dem Ta[g], an welchem [er] davon hö[rte, dann muß ihr] Ehe[mann auf sich nehmen [2]ihre Sünde, [denn er hat sie aufgehoben. Jedes Gelöbnis] oder bi[ndender] Schwur, [den sie auf sich nimmt], [3]muß aufrechterhalten oder aufgehoben werden von ihrem Ehemann an dem Tag, an dem er davon hört. Ich werde [ih]r vergeben. [4]Was ein Gelöbnis anbetrifft, das von einer Witwe oder einen geschiedenen Frau ausgesprochen wird, [5]soll alles gelten, was sie bindet, so wie es über ihre Lippen kam. Du mußt darauf achten, [6]alles zu tun, was ich dir heute befohlen habe. Du sollst weder etwas hinzufügen [7]noch Abstriche davon machen.

Der falsche Prophet.

[8]Wenn ein Prophet oder Traumdeuter bei dir erscheint und dir ein Omen oder ein [9]Wunder verspricht, und dann das Omen oder Wunder, das er versprochen hat, tatsächlich eintrifft – wenn er sagt: [10]„Lasse uns gehen und anderen Göttern dienen", die du nicht kennst, darfst du nicht [11]gehorchen diesem Propheten oder Traumdeuter. Denn [12]ich prüfe dich, um zu erfahren, ob du wirklich liebst den HERRN, [13]den Gott deiner Väter, von ganzem Herzen und von ganzer Seele. Du sollst folgen [14]dem HERRN, deinem Gott, und Ihm dienen; du sollst Ihn fürchten und Ihm gehorchen [15]und Ihm treu bleiben. Jener Prophet oder Traumdeuter muß getötet werden. Er hat aufrührerisch gesprochen [16]gegen den HERRN, deinen Gott, der dich herausgeführt hat aus Ägypten (ich erlöste dich [17]vom Haus der Knechtschaft), und dich abgebracht hat vom Weg, den ich dir zu gehen befohlen habe. Folglich sollst du ausschließen [18]den Bösen aus deiner Mitte.

[19]Wenn dein Bruder, der Sohn deines Vaters oder deiner Mutter, oder dein Sohn oder deine Tochter, [20]oder die Frau deines Herzens oder dein bester Freund dich heim-

lich verleitet, indem er sagt: „²¹Komm und lasse uns anderen Göttern dienen“, die weder du [noch dein Vater] kennt [...]

Die zur Götzenanbetung verführte Stadt.

Kolumne 55 ²Wenn du hörst hinsichtlich ein[er deiner Städte, die] ich dir gebe, um darin [zu wohnen], ³daß unwürdige Männer aus deiner Mitte hinausgingen und daß sie beeinflussen alle [Ein]wohner ⁴ihrer Stadt, indem sie sagen: „Laßt uns hingehen und anderen Göttern dienen“, die ihr nicht kennt, ⁵dann mußt du gründlich Erkundigungen einziehen, nachforschen und ermitteln. Wenn sich das Gerücht tatsächlich bewahrheitet – ⁸diese Ungeheuerlichkeit wurde begangen in Israel – mußt du alle Einwohner ⁷jener Stadt durch das Schwert richten lassen. Zerstöre die Stadt voll und ganz, zusammen mit jeder Person und ⁸allen ihren Rindern. Sammle alle ihre Beute auf ⁹dem öffentlichen Platz und brenne die Stadt und die Beute nieder als ein vollständiges Brandopfer für den HERRN, ¹⁰deinen Gott. Sie soll ein Trümmerhaufen werden für immer und soll niemals wiederaufgebaut werden. Kein dem Untergang geweihter Gegenstand ¹¹soll deinen Händen anhaften, damit ich ablassen kann von Meinem Zorn und ¹²gnädig sein. In der Tat, dann werde ich Mitleid haben und dich vermehren, wie ich es versprochen habe deinen Vätern, ¹³vorausgesetzt, du gehorchst mir, indem du alle Meine Gebote einhältst, die ich dir hiermit anbefehle ¹⁴an diesem Tag, und tust, was der HERR, dein Gott, für richtig und gut erachtet.

Einzelne Götzenverehrer.

¹⁵Wenn sich in deiner Mitte, in einer deiner Städte, die ¹⁶ich dir gegeben habe, ein Mann oder eine Frau befindet, die tut, was in Meinen Augen böse ist, ¹⁷und Meinen Bund überschreitet, indem sie hingeht, um anderen Göttern zu dienen, sie zu verehren – ¹⁸ob Sonne, Mond oder irgendwelche Himmelsgestirne – und du erfährst davon ¹⁹oder hörst solch ein Gerücht, dann mußt du gründlich nachforschen und ermitteln. Wenn sich ²⁰tatsächlich das Gerücht bewahrheitet – diese Widerwärtigkeit wurde in Israel begangen – dann sollst du ²¹diesen Mann oder diese Frau hinausführen und steinigen [zu Tode ...]

Die Autorität des priesterlichen Gesetzes.

Kolumne 56 ⁷[... Du sollst gehen zu den Priestern, Leviten] ¹[od]er Rich[tern, die zur Zeit im Amt sind] und sie fragen. Sie werden dir ver[künden], ²was die Angelegenheit betrifft, derentwegen [du] gek[ommen bist, um zu fragen, und urtei]len für dich. ³Du mußt handeln gemäß dem Gesetz, das sie dir verkünden, indem du dich an das Urteil hältst, ⁴das sie treffen nach dem Buch des Gesetzes. Sie sollen dir die Wahrheit sagen ⁵an dem Ort, den ich ausgewählt habe, um Meinen Namen einzusetzen. Du mußt darauf achten, alles zu tun, ⁶was sie dich lehren, gemäß dem Urteil, das sie dir geben. ⁷Du sollst nicht abweichen von dem Gesetz, das sie dir darlegen, weder nach rechts ⁸noch nach links. Jeder, der nicht gehorcht, sondern aufrührerisch handelt, ⁹indem er weder dem Priester, der da steht, um mir zu dienen, noch dem ¹⁰Richter Beachtung schenkt, muß sterben. Du mußt also den Bösen ausschließen aus Israel. Alle ¹¹Menschen werden davon hören und sich fürchten und keiner mehr wird sich auflehnen in Israel.

Anfang des „Gesetzes des Königs": Dieses Gesetz setzt sich fort bis Kolumne 59. Teile in Kolumne 56 sind dem Buch Deuteronomium (mit Abänderungen) entnommen; nachfolgende Kolumnen sind Neuschöpfung. Obwohl sie zahlreiche Bibelstellen enthalten und auch bestrebt sind, die wichtigen biblischen Gesetze auszulegen, stellen die Kolumnen 57–59 eine jüdische Analogie zu hellenistischen Abhandlungen über das ideale Königtum dar.

[12]Wenn du kommst in das Land, das ich dir geben werde, um es zu erben und darin zu wohnen, [13]und du sagst zu dir: „Ich werde einen König über mich ernennen wie alle die anderen Völker ringsum", [14]dann sollst du tatsächlich einen König berufen – einen, den ich auswählen werde. Einen deiner Brüder sollst du zum König ernennen. [15]Du darfst keinen Fremden über dich stellen, der nicht einer von deinen Brüdern ist. Der König soll nicht [16]vermehren Pferde für sich selbst, noch soll er das Volk zurückführen nach Ägypten, um Krieg zu führen und dadurch [17]zu erlangen mehr Pferde, Silber und Gold. Ich habe zu dir gesagt: „Du sollst niemals [18]auf diesem Weg zurückkehren." Des weiteren darf er nicht mehren Frauen für sich selbst, damit [19]sie nicht sein Herz davon abhalten, mir zu folgen. Und noch einmal: Er darf nicht unangemessen Gold und Silber vermehren für sich selbst. [20]Wenn er den Thron seines Königreichs besteigt, muß [21]dieses Gesetz für ihn aufgeschrieben werden in ein Buch, während die Priester zusehen [...]

Pflichten und Aufgaben des Königs gegenüber der Streitmacht, den Befehlshabern der königlichen Leibwache, des königlichen Rats, der Königin und sein Wirken als Richter.

Kolumne 57 [1]Dieses ist das Gesetz, [das geschrieben werden soll für den König, während] die Priester [zusehen]. [2]Am Tag, wenn er gekrönt wird [zum König] der Kinder Israels, [soll eine Zählung vorgenommen werden] jener im Alter von [3]zwanzig bis sechzig Jahren, gemäß ihren Abteilungen. Er soll berufen [4]an ihre Spitze Befehlshaber der Tausendschaften, der Hundertschaften, der Gruppen zu fünfzig [5]und zehn, überall in ihren Städten. Er soll heraussuchen eintausend Männer [6]von jedem Stamm, um bei ihm zu bleiben: zwölftausend Krieger, [7]die ihn niemals allein lassen sollen, damit er nicht gefangengenommen werden kann von den Völkern. Alle jene [8]Auserwählten müssen aufrichtige Männer sein, gottesfürchtig, [9]ungerechten Gewinn verachten, machtvolle Krieger. Sie sollen immer bei ihm sein, [10]Tag und Nacht, um ihn zu schützen vor jeder Art von Sünde [11]und vor einem fremden Volk, damit er nicht gefangen werden kann.

Zwölf [12]Fürsten seines Volkes sollen mit ihm sein, und ebenso zwölf ausgewählte Priester und zwölf ausgewählte [13]Leviten. Sie sollen sich beraten mit ihm bezüglich Gerichtsangelegenheiten [14]und Gesetz, und er darf nicht zu hochmütig werden ihnen gegenüber oder etwas tun [15]nach dem Ratschlag anderer als dem ihren.

Er darf sich keine Frau nehmen [16]von einem der Völker. Vielmehr muß er sich eine Frau nehmen aus dem Haus seines Vaters [17] – das heißt aus der Familie seines Vaters. Er darf sich keine weitere Frau nehmen; nein, [18]sie allein soll mit ihm sein, solange sie lebt. Wenn sie stirbt, dann darf er [19]sich eine andere Frau nehmen aus dem Haus seines Vaters, das heißt seiner Familie. Er darf das Gesetz nicht beugen [20]oder eine Bestechung annehmen, um ein gerechtes Urteil zu beugen. Noch soll er begehren [21]irgendein Feld, einen Weinberg, Reichtum oder Haus oder irgend etwas von Wert in Israel, um es zu stehlen [...]

Der König als Kriegsherr: feindliche Angriffe und furchteinflößende Heerscharen, die Gefahr eines verlorenen Kampfes, Aufteilung des Beuteguts, Regeln für den Kampf und für das Gebot, Gottes Weissagung vor der Schlacht zu hören. Die Weissagung wurde befragt, indem man Urim und Tummim, zwei Steine, die im Brustharnisch des Hohenpriesters verwahrt wurden, verwendet. Durch das Stellen einer Frage, die mit Ja oder Nein zu beantworten war, und durch das blinde Ziehen des einen bzw. des anderen Steins aus dem Beutel empfing man Gottes Unterweisung.

Kolumne 58 [3]Wenn der König hört von irgendeinem Volk oder einer Streitmacht, die versucht, etwas zu rauben, was [4]Israel gehört, muß er nach den Befehlshabern der Tausend- und der Hundertschaften schicken, die in den Städten [5]Israels aufgestellt sind. Sie werden ein Zehntel des Heeres entsenden, um hinauszuziehen mit ihm in den Kampf gegen [6]ihre Feinde, und mit ihm sollen sie ziehen. Wenn jedoch eine mächtige Streitmacht herankommt zum Land Israel, sollen sie schicken [7]mit ihm ein Fünftel der Krieger. Wenn ein König mit Streitwagen, Reiterei und einer mächtigen Streitmacht kommt, [8]sollen sie ein Drittel der Krieger mit ihm schicken. Zwei Drittel müssen [9]ihre Städte und Grenzen bewachen, damit keine feindliche Bande eindringen kann mitten in ihr Land. [10]Wenn jedoch ein Kampf sich zu seinen Ungunsten entwickelt, müssen sie ihm die Hälfte des Heeres schicken, die Männer des [11]Kriegs; aber die andere Hälfte der Streitmacht kann nicht von ihren Städten getrennt werden. Wenn sie [12]ihre Feinde besiegen, indem sie ihn niederschmettern und dem Schwert anheimgeben, und dann ihre Beute heraustragen, sollen sie [13]dem König ein Zehntel davon geben. Die Priester sollen ein Tausendstel erhalten und die Leviten ein Hundertstel [14]des Ganzen. Der Rest soll gleichmäßig verteilt werden zwischen den Kriegern, die im Kampf fochten und ihren Kameraden, [15]die zurückgeblieben waren in den Städten. Wenn der König hinauszieht, um Krieg zu führen [16]gegen seine Feinde und soviel wie ein Fünftel der Streitmacht ihn begleitet, Krieger, alle die tapferen [17]Helden, dann müssen sie sich selbst schützen vor jeder Art von Unreinheit, Unzucht, Frevelhaftigkeit und Schande. [18]Er darf nicht in den Kampf ziehen, ohne vorher beim Hohenpriester gewesen zu sein, um ihn wegen des Urteils von Urim [19]und Tummim zu befragen. Der König wird hinausgehen in die Schlacht und zurückkehren vom Priester geleitet – der König und alle Israeliten [20]mit ihm. Er darf nicht hinausziehen aus eigenem Entschluß, bevor er nicht das Urteil von Urim [21]und Tummim erfragt hat. Dann sollen ihm alle seine Wege gelingen, weil er hinausgezogen ist aufgrund des Urteils, das [...]

Der Fluch, der auf die Menschen und den König fallen wird, wenn sie ungehorsam sind gegenüber Gott.

Kolumne 59 [2]und sie werden sie verstreuen in viele Länder, und sie [werden] zum Greuel werden, zum Gegenstand der Verachtung und zum Spott, unter einem schweren Joch [3]und es wird ihnen an allem mangeln. Dort sollen sie Göttern dienen, die von Menschenhand hergestellt wurden aus Holz, Stein, Silber [4]und Gold. Mehr noch, ihre Städte sollen Ödland werden, Trümmerwüsten, die Hohngezisch erflehen. Ihre Feinde [5]werden sie verwüsten, immer wieder, während sie stöhnen in den Ländern ihrer Widersacher [6]und aufschreien unter dem schweren Joch. Sie werden rufen, aber ich werde sie nicht erhören; sie werden schreien, aber ich werde [7]ihnen nicht antworten wegen ihrer Missetaten. Ich werde vielmehr Mein Angesicht verbergen vor ihnen, so daß sie zum Fraß, [8]zum Fang und zur Beute werden. Keiner wird sie erlösen von ihrem Bösen, in welchem sie ihren Bund mit mir brachen [9]und Mein Gesetz ablehnten und voll und ganz schuldig wurden. Danach werden sie zurückkehren [10]zu mir mit ihrem ganzen Herzen und ihrer ganzen Seele und allen Worten dieses Gesetzes gehorchen. [11]Dann werde ich sie erlösen von der Herrschaft ihrer Feinde und sie freikaufen von ihrem Dasein als Boden unter den Füßen derer, die sie verachten. Ich werde sie bringen [12]in das Land ihrer Väter. So werde ich sie erlösen und sie mehren und frohlocken über sie, [13]und ich werde ihr Gott sein und sie Mein Volk. Aber der König, [14]dessen Herz und Augen fremdgegangen sind von Meinen Geboten, soll keinerlei Nachkommen haben, um auf dem Thron [15]seiner Väter zu sitzen. Wahrlich, ich werde auf ewig seine Nachkommenschaft von der Herrschaft über Israel abschneiden.

[16]Wenn er jedoch in Meinen Vorschriften wandelt, Meine Gebote beachtet und das tut, [17]was ich für gut und richtig erachte, dann soll es ihm niemals mißlingen, einen seiner Söhne auf dem Thron des Königreichs [18]Israel sitzen zu haben, für immer. Ich werde mit ihm sein, ich werde ihn von seinen Widersachern befreien und von der Macht [19]jener, die ihm nach dem Leben trachten würden. Ich werde alle seine Gegner vor ihm stellen, so daß er sie beherrschen kann [20]nach seinem Belieben – sie werden nicht über ihn herrschen. Ich werde ihn an die Spitze stellen, nicht auf den Grund; am Haupt, [21]nicht am Schwanz. Er wird lange Bestand haben über diesem Königreich, er und seine Söhne nach ihm.

Anteile, die den Priestern und Leviten rechtens zustehen.

Kolumne 60 [2](Den Priestern gehören: ...) und alle israelitischen Schwenkopfer, alle die männlichen Erstgeburten der [Rinder] der Israeliten, alle die [Häute] [3]jener Rinder, alle die heiligen Opfer, die Mir geweiht sind, alle die heiligen [4]Fruchtopfer, die beiseitegelegt wurden, um zu frohlocken, die Abgabe auf Vögel, Wildtiere und Fische – ein Tausendstel von dem, [5]was man erlangt durch Jagd oder Netzfang – und die Abgabe auf Kriegsbeute und Plündergut. [6]Den Leviten gehören: der Zehnt auf den Weizen, den Wein und das Öl, das [7]mir geweiht ist, die Schulter des Opfertiers, die Abgabe auf [8]Kriegsbeute und Plündergut, die Abgabe auf den Fang von Vögeln, Wildtieren und Fischen – ein Hundertstel, [9]und der Zehnt auf Wildtauben und Honig, ein Fünfzigstel.

Auch die Priester sollen erhalten [10]ein Hundertstel des Fangs von Wildtauben; denn sie sind es, die ich auserwählt habe aus allen deinen Stämmen, [11]um vor mir zu stehen, zu dienen und Segenssprüche zu verkünden in Meinem Namen, jeder und seine Söhne jederzeit.

Rechte des Leviten vom Lande.

[12]Wenn ein Levit aus einer deiner Städte von ganz Israel kommt, in der [13]er lebt, wenn er dienstfertig kommt an den Ort, den ich aussuchen werde, um eine Stätte für Meinen Namen zu errichten, [14]darf er dienen genau wie alle seine Levitenbrüder, die dort vor mir stehen. Sie sollen gleiche Anteile bekommen [15]an Speisen, nicht eingeschlossen, was jeder durch Erbschaft bekommt.

Verbot von heidnischer Wahrsagerei.

¹⁶Wenn du in das Land kommst, das ich dir geben werde, sollst du nicht lernen, die ¹⁷verabscheuungswürdigen Bräuche jener Völker nachzuahmen. Es darf keinen unter euch geben, der seinen Sohn oder seine Tochter dazu zwingt, ¹⁸durch Feuer zu gehen, oder der Wahrsagerei ausübt, oder Wahrsager, Zauberer, Beschwörer, Hexenmeister, ¹⁹Medium oder Schwarzkünstler. Ganz sicher sind diese Mir zuwider, alle, die ausüben ²⁰solche Dinge; wahrlich, genau wegen dieser abscheulichen Bräuche habe ich sie vertrieben für dich. ²¹Du mußt untadelig sein mit dem HERRN, deinem Gott. Denn diese Völker, die [...]

Der falsche Prophet.

Kolumne 61 ¹(Der Prophet, der sich erdreistet), zu ver[künden etwas] in [Meinem Na]men, [das ich ihm nicht] geboten habe [zu] verkünden, oder der [spricht im Namen von an]deren Göt[tern] – ²jener Prophet muß getötet werden. Du magst wohl zu dir sagen: „Wie sollen wir das erkennen, ³was nicht vom HERRN gesprochen wurde?" Wenn ein Prophet im Namen des HERRN spricht, aber die Prophezeiung erfüllt sich nicht ⁴und geschieht nicht, das ist eine Prophezeiung, die ich nicht gesprochen habe. Der Prophet sprach aufrührerisch; fürchtet ⁵ihn nicht.

Der falsche Zeuge und weitere Beweisvorschriften.

⁶Kein einzelner Zeuge soll aussagen gegen einen Mann, der wegen irgendeiner Missetat angeklagt ist oder einer Sünde. Eine Tatsache kann nur aufgrund des Zeugnisses von zwei ⁷oder drei Zeugen festgestellt werden.

Wenn ein böswilliger Zeuge auftritt gegen jemanden, um ⁸ihn eines Verbrechens anzuklagen, dann sollen beide Männer in dem Streit vor mich treten – das heißt vor die Priester, Leviten und ⁹Richter, die gerade im Amt sind. Die Richter sollen eine Befragung durchführen. Wenn zutage tritt, daß der Zeuge ¹⁰seinen Mitmenschen falsch beschuldigt hat, dann sollst du ihm das antun, was er gegen seinen Mitmenschen ausgeheckt hatte. So wirst du den Bösen aus deiner Mitte ausschließen. ¹¹Der Rest wird davon erfahren und sich davor zurückschrecken, so etwas in deiner Mitte wieder zu tun. Du sollst kein ¹²Mitleid mit ihm haben: es soll gelten Leben um Leben, Auge um Auge, Zahn um Zahn, Hand um Hand, Fuß um Fuß.

Vorschriften für den Kriegseinsatz.

Wenn ¹³du hinausziehst in den Krieg gegen deine Feinde und Reiterei erblickst und Streitwagen und ein Heer, das mächtiger ist als deines, fürchte dich nicht ¹⁴vor ihnen. Denn ich bin bei dir, der, der dich heraufgeführt hat aus dem Land Ägypten. Wenn du dich dem Kampf näherst, ¹⁵soll der Priester hervortreten und zum Heer sprechen, folgendermaßen soll er zu ihnen sprechen: „Höre, o Israel! Du näherst dich dem Kampf [...]"

Kolumne 62 ¹[... „Welcher Mann ist hier, der sich mit einer Frau verlobt, sie aber noch nicht geheiratet hat? Lasse ihn zurückkehren zu] ²seinem Haus, [damit er nicht stirbt im Kampf und ein anderer Mann sie heiratet." Die] Richter sollen dann] ³sprechen zu der Mannschaft und sagen: „Welcher Mann befindet sich hier, der furchtsam ist und kleinmütig? Lasse ihn zurückkehren in ⁴sein Haus, damit er nicht die Herzen seiner Kameraden weich werden läßt wie sein eigenes." Wenn die Richter fertig sind ⁵mit ihrer Ansprache an das Heer, sollen Befehlshaber über die Streitkräfte ernannt werden. Wenn ⁶du dich einer Stadt zum Kampf näherst, biete ihr Friedensbedingungen an. Wenn sie ⁷den Bedingungen zustimmt und dir die Tore öffnet, dann sollen die Menschen, die sich darin befinden, ⁸dir dienen in Zwangsarbeit. Wenn sie jedoch nicht auf die Bedingungen eingeht und sich dir zum Kampf stellt, ⁹sollst du sie belagern. Dann, wenn ich sie deiner Herrschaft übergebe, sollst du alle ihre Männer dem Schwert überlassen, während du ¹⁰die Frauen, Kinder, Rinder und alles, was sich in der Stadt befindet, ihr ganzes Plündergut als Beute ¹¹für dich nimmst. Du sollst die Kriegsbeute genießen, die ich dir von deinen Feinden überlasse. So sollst du ¹²mit den Städten verfahren, die weit entfernt sind, jene, die nicht unter den Städten dieser Völker sind.

¹³Aber in den Städten der Völker, die ich dir als Erbe übergebe, sollst du nicht am Leben lassen, ¹⁴das atmet. Nein, du sollst voll und ganz auslöschen die Hittiter, die Amoriter, die Kanaaniter, ¹⁵die Hiwiter, die Jebusiter, die Girgaschiter und die Peresiter, wie ich dir befohlen habe, damit sie ¹⁶dich nicht lehren, alle die verabscheuungswürdigen Bräuche zu pflegen, die sie für ihre Götter gepflegt haben [...]

Sühne für einen unbekannten Mörder und die Verantwortung der am nächsten gelegenen Wohnstätte für das Opfer des Mörders

Kolumne 63 ¹(Die Ältesten der Stadt, die der Leiche am nächsten liegt, sollen eine Färse nehmen), die noch nicht zur Arbeit herangezogen wurde, [die sich noch nie unter dem Joch befand. Die Ältesten] dieser Stadt [sollen bringen] ²die Färse [hinunter] in ein Tal mit fließendem Wasser, eines, in dem noch nie gesät oder gepflügt wurde, und dort sollen sie der Färse das Genick brechen.

³Dann sollen die Priester, die Söhne des Levi, hervortreten (denn ich habe sie erwählt, um mir zu dienen und in Meinem Namen zu segnen, ⁴und auf ihren Beschluß hin sollen jeder Streit und Gewaltanwendung beigelegt werden) und alle die Ältesten jener Stadt, die dem Leichnam am nächsten liegt, ⁵sollen ihre Hände über dem Schädel der Färse waschen, deren Genick in dem Tal gebrochen wurde. Sie sollen versichern: „Unsere Hände ⁶vergossen dieses Blut nicht, noch sahen unsere Augen, wie es vergossen wurde. Sprich Dein Volk Israel, das Du erlöst hast, frei, ⁷o HERR, und lasse die Schuld von unschuldigem Blut nicht bleiben unter Deinem Volk Israel." Dann sollen sie für das Blut freigesprochen sein. Solcherart sollst du ⁸Blutschuld ausschließen aus Israel; du mußt tun, was der HERR, dein Gott für richtig und gut erachtet.

Die schönen Frauen, die im Krieg gefangengenommen wurden. Die Vorschriften über die Berührung reiner Dinge und über das Verspeisen von Friedensopfern in Zeilen 14–15 sind außerbiblische Ergänzungen zu Dtn 21,13.

¹⁰Wenn du hinausziehst in die Schlacht gegen deine Feinde und ich gebe sie in deine Hände und du nimmst Gefangene ¹¹und siehst unter den Gefangenen eine schöne Frau, die du begehrst und heiraten möchtest, ¹²bringe sie in dein Haus. Schere ihr Haupt, schneide ihre Nägel und entferne ¹³die Gewänder, die sie als Gefangene trug.

Sie soll in deinem Haus bleiben und ihren Vater und ihre Mutter ¹⁴einen Monat lang betrauern. Danach kannst du zu ihr gehen und ihr Mann werden und sie deine Frau. Doch sie darf keine reinen Dinge berühren ¹⁵sieben Jahre lang, noch Friedensopfer essen, bis sieben Jahre vergangen sind; danach darf sie essen [...]

Das aufsässige (vermutlich sich im Jugendalter befindliche) Kind.

Kolumne 64 ²Wenn ein Mann ein hartnäckig aufsässiges Kind hat, das seinem Vater oder seiner Mutter nicht gehorcht ³und das nicht zuhört, wenn sie es züchtigen, lasse Vater und Mutter es packen und zu ⁴den Ältesten seiner Stadt bringen zum Tor des Platzes, an dem es wohnt. Lasse sie zu den Ältesten sagen: „Dieses unser Kind ist hartnäckig, ⁵aufmüpfig, es gehorcht uns nicht und ist ein trunksüchtiger Vielfraß." Dann sollen alle Männer seiner Stadt es ⁶zu Tode steinigen. So sollst du das Böse aus deiner Mitte ausschließen, und alle die Kinder Israels werden davon erfahren und sich fürchten.

Verbrechen, die den schändlichsten Tod nach sich ziehen. Dieser Teil verändert den Text in Dtn 21,22–23 erheblich.

⁷Wenn ein Mann ein Verräter ist gegen sein Volk und sie an ein fremdes Volk ausliefert und so seinem Volk Böses zufügt, ⁸sollst du ihn an einen Baum hängen, bis er stirbt. Wegen des Zeugnisses von zwei oder drei Zeugen ⁹soll er getötet werden und sie selbst sollen ihn an dem Baum aufhängen.

Wenn ein Mann eines schweren Verbrechens überführt ist und flieht ¹⁰zu den Völkern und sein Volk und die Kinder Israels verflucht, sollst du ihn ebenfalls aufhängen an einem Baum, ¹¹bis der Tod eintritt. Aber du sollst ihre Leichen nicht über Nacht am Baum hängen lassen; du sollst sie unbedingt noch an diesem Tag vergraben. Denn ¹²jeder, der an einem Baum aufgehängt wurde, ist von Gott und den Menschen verflucht, aber ihr sollt das Land, das ich ¹³euch geben werde als Erbe, nicht schänden.

Verlust des Viehs. Man beachte die in der Schriftrolle wiederholte Betonung der gegenseitigen Verantwortung der Gemeinschaftsmitglieder untereinander.

Du sollst nicht zuschauen, wenn Ochse, Schaf oder Esel deines Nachbarn ¹⁴verlorengehen, und dich gleichgültig verhalten. Unbedingt mußt du sie dem Nachbarn zurückgeben. Wenn aber dein Nachbar nicht in ¹⁵deiner Nähe ist oder du nicht weißt, wo er sich befindet, dann nimm das Tier mit in dein Haus, wo es bleiben soll, bis es zurückgefordert wird [...]

Verbot, sich eine Vogelhenne mit ihren Küken anzueignen. Es war jedoch zulässig, nach dem Wegjagen des Vogels die Eier zu nehmen. Den Vogel zu töten, war aber nicht erlaubt.

Kolumne 65 ²W[enn] du stö[ßt] auf ein Vogel[nest] in einem Baum oder am Boden, ³mit Küken oder Eiern darin, und die Vogelhenne sitzt auf ihnen, ⁴darfst du nicht beides nehmen, die Henne und die Jungen. Du sollst unbedingt die Henne wegjagen; dann darfst du ⁵die Jungen nehmen, damit es dir gut gehe und du lange leben mögest.

Gebot, mit jedem neuen Haus eine Brüstung zu bauen.

Wenn du ein neues Haus errichtest, [6]mußt du auf dem Dach eine Brüstung bauen, damit du keine Blutschuld über dein Haus bringst, wenn jemand vom Dach fallen sollte.

Die zweifelhafte Jungfräulichkeit. Nach der Hochzeitsnacht war es Brauch, das blutige Bettlaken vorzuzeigen, als Beweis, daß die Braut Jungfrau war. Die Familie der Braut sollte das Laken als Sicherheit gegen falsche Anschuldigungen aufbewahren.

[7]Wenn ein Mann eine Frau nimmt und die Ehe vollzieht, dann jedoch die Frau verstößt und Beschuldigungen gegen sie erhebt [8]und sie in Verruf bringt, indem er sagt: „Ich heiratete diese Frau, aber als ich [9]mit ihr verkehrte, stellte ich fest, daß sie keine Jungfrau mehr war", dann soll der Vater der Braut oder die Mutter [10]den Beweis bringen für ihre Unberührtheit den Ältesten am Tor. Der Vater der jungen Frau soll sagen [11]zu den Ältesten: „Ich gab meine Tochter diesem Mann zur Frau, aber nun verschmäht er sie und er hat [12]Beschuldigungen gegen sie hervorgebracht und behauptet ‚ich habe deine Tochter nicht unberührt vorgefunden'. Doch hier ist der Beweis der [13]Unberührtheit meiner Tochter". Dann soll das Laken vor den Ältesten jener Stadt ausgebreitet werden.

Danach sollen die Ältesten [14]jener Stadt den Mann ergreifen und ihn züchtigen, auch sollen sie ihn mit einer Geldstrafe von einhundert Silberschekel belegen, die [15]dem Vater der jungen Frau gegeben werden sollen. Denn der Mann brachte einen schlechten Ruf über eine Jungfrau Israels; und [...]

Gesetze über verschiedene Vergewaltigungsfälle. Diese Gesetze sind Dtn 22,24–29 und Ex 22,15 entnommen. Der Satzteil in Zeile 9 „eine, die gemäß der Vorschrift eine mögliche Heiratspartnerin für ihn ist", taucht jedoch in der Bibel nicht auf. Diese Ergänzung verändert faktisch die Bedeutung des Bibeltextes. Sie weist auf die Existenz einer Gesetzessammlung über Verheiratung hin, die in Kolumne 66,11–17 als Auswahl vorgelegt wird.

Kolumne 66 [7][Wenn es geschehen sollte, daß eine junge Frau,] [8]eine Jungfrau, die einem Mann zur Heirat versprochen ist, auf einen anderen Mann in der Stadt trifft, der sie vergewaltigt,] [1][dann sollen beide gebracht werden zum Tor] jener Stadt [2]und zu Tode gesteinigt werden: die Frau, weil sie nicht um Hilfe geschrien hat [3]in der Stadt, und der Mann, weil er der Frau seines Nachbarn Gewalt angetan hat. So sollst du [4]das Böse aus deiner Mitte verbannen. Wenn jedoch der Mann der Frau auf einem Feld begegnete außer Sichtweite [5]der Stadt und sie überwältigte und vergewaltigte, dann soll nur der Mann, der sie vergewaltigte, getötet werden. [6]Die Frau sollst du nicht belangen, sie hat keine Sünde begangen, die den Tod verdient; dieser Fall ist ähnlich wie jener eines Mannes, der [7]angegriffen wurde von seinem Nachbarn und in Notwehr tötete. Denn er traf sie auf dem Feld; die versprochene Frau schrie um Hilfe, [8]aber es gab keinen, der sie beschützte.

Wenn ein Mann eine [9]Jungfrau verführt, die nicht verlobt ist (eine, die nach geltender Vorschrift eine mögliche Ehepartnerin für ihn wäre), und er hat Geschlechtsverkehr mit ihr [10]und wird entdeckt, dann muß er dem Vater der Frau fünfzig Silberschekel geben, und sie [11]soll seine Frau werden. Da er ihr Gewalt angetan hat, kann er sie nicht verlassen, so lange er lebt.

Verbote gesetzeswidriger und inzestuöser Eheschließungen. Das Verbot der Nichtenehe findet sich nicht in der Bibel. Es ist vermutlich als Kritik pharisäischer Mißbräuche anzusehen. Auch in der Damaskus-Schrift wird sie verdammt. Rabbinische Literatur jedoch preist die Nichtenehe; diese Form von Endogamie geht wahrscheinlich zurück auf die Vorfahren der Rabbinerbewegung, die Pharisäer.

Kein Mann soll heiraten [12]die ehemalige Frau seines Vaters, denn dieses würde die Rechte seines Vaters verletzen. Kein Mann soll heiraten [13]die ehemalige Frau seines Bruders, denn dieses würde die Rechte seines Bruders verletzen, selbst wenn der Bruder nur denselben Vater oder dieselbe Mutter gemeinsam hat. Sicherlich wäre dies unrein.

[14]Kein Mann darf seine Stiefschwester ehelichen, ob nun Tochter seines Stiefvaters oder Tochter seiner Stiefmutter; das ist verabscheuungswürdig. Kein Mann dar [15]seine Tante heiraten, ob väterlicher– oder mütterlicherseits; das ist unsittlich. Kein Mann [16]soll heiraten [17]die Tochter seines Bruders oder seiner Schwester; das ist verabscheuungswürdig. Kein Mann darf ehelichen [...]

– M. O. W.

150. Christliches in Höhle 7?

7Q4, 7Q5

Einen interessanten Einblick in die schwierige und verantwortungsvolle Arbeit der Konservierung und der Entzifferung der Qumran-Rollen wie vor allem in die damit verbundenen unterschiedlichen Deutungsvorschläge und die behaupteten wie verworfenen Auslegungen bietet das Fundmaterial der Höhle 7. Auffallend ist, daß es bei diesem Entzifferungs- und Deutungsprozeß „heiße" Phasen der wissenschaftlichen Diskussionen gibt, neben denen Phasen der Ruhe und der scheinbaren Übereinstimmung stehen. Bereits vor 25 Jahren wurden erste Deutungen der Funde aus der Höhle 7 vorgelegt[1]. Aber erst 20 Jahre später ist es zur offenen Auseinandersetzung zwischen den Wissenschaftlern gekommen, an der sich durchaus ausgewiesene Experten beteiligten; es scheint, daß das Ende dieser wissenschaftlichen Auseinandersetzungen immer noch auf sich warten läßt.

Dabei ist eine gewisse Leidenschaftlichkeit im Spiel, die vermuten läßt, daß die Deutungsmuster an eine kritische Stelle gekommen sind, die die jüdische Seite (in ihrer Sicht des Spätjudentums und der vorrabbinischen Epoche) und die christliche Seite (in ihrer Sicht des palästinensischen Urchristentums, vor allem auch wegen der Spät- bzw. Frühdatierung der neutestamentlichen Schriften) gleichermaßen in Atem hält. Um Thesen und Antithesen zu begründen, wurden sogar wissenschaftstheoretische Geltungs-

---

[1] Eine Übersicht über diese ersten Zeitschriftenartikel von José O'Callaghan findet sich in B. Mayer, Christen und Christliches in Qumran? Regensburg 1992,11 (Anmerkung 2).

begründungen[2], elektronische Datenverarbeitung[3] und kriminaltechnische Untersuchungen[4] bemüht. Dem Nicht-Fachmann, der den Argumentationsaustausch verfolgt, drängt sich die Meinung auf, daß sowohl die jüdische wie auch die christliche Seite diese Texte jeweils für sich allein reklamieren wollen. Heute bereits kann als wichtiges, historisches Nebenprodukt der Qumran-Forschung festgehalten werden: Der Zeitabschnitt vom Beginn des ersten, vorchristlichen Jahrhunderts bis zum Ende des ersten, nachchristlichen Jahrhunderts war eine Phase des religiösen (jüdischen und christlichen) Pluralismus mit den fließenden Konturen eines Epochenwechsels.

DIE ENTDECKUNG DER HÖHLE 7

Unter den am Westufer des Toten Meeres – am Südende der Mergelterasse – entdeckten Höhlen mit Schriftrollen (1947–1956) wurde die Höhle 7, die man besser als Wohn- und Arbeitsräume bezeichnen sollte, erst 1955 entdeckt. Insgesamt sind in den elf Höhlen größere Teile, Fragmente und kleinste Schnipsel von etwa 1000 Schriftrollen und Dokumenten gefunden worden, die Ende Juni des Jahres 68 n. Chr. dort deponiert worden sind (vor der Zerstörung des Klosters Qumran durch die Römer im Jahr 68 n. Chr. und vor der Zerstörung des Tempels und der Stadt Jerusalem durch die Römer im Jahr 70 n. Chr.). Das Fundmaterial der Höhle 7 hat die Forscher und die Weltöffentlichkeit nicht in dem Maße interessiert wie die Texte aus den Höhlen 1, 3 (Kupferrolle!) und vor allem 4 und 5. Es hat den Anschein, daß die Deutungsvorschläge, die der spanische Jesuit und Papyrologe José O'Callaghan bereits 1972 vorgelegt hat, in ihrer Brisanz und Konsequenz damals nicht jene Aufmerksamkeit gefunden haben, mit der man ihnen heute, Jahrzehnte später, begegnet.

KURZBESCHREIBUNG DER FRAGMENTENFUNDE

In der Höhle 7 von Qumran sind insgesamt 19 Dokumente entdeckt worden, die drei Gemeinsamkeiten besitzen. Sie sind erstens auf Papyrus (nicht auf Leder) geschrieben; zweitens sind die Texte, nicht hebräisch oder aramäisch, sondern griechisch. Es handelt sich drittens um überaus kleine Fragmente, die oft als „Schnipsel" bezeichnet werden. Um ihre Kleinheit zu illustrieren und sich auch ein Bild von der Schwierigkeit der Entzifferung machen zu können, seien einige Beispiele genannt:

---

[2] F. Rohrhirsch, Wissenschaftstheorie und Qumran. Die Geltungsbegründungen von Aussagen in der Biblischen Archäologie am Beispiel von Chribet Qumran und En Feschcha. Freiburg (Schweiz) – Göttingen 1996.

[3] K. Aland, neutestamentliche Textforschung und Elektronische Datenverarbeitung. Bericht der Herman-Kunst-Stiftung zur Förderung der Neutestamentlichen Textforschung für die Jahre 1977 bis 1979. Münster 1979; W. A. Slaby, Computer-unterstützte Fragment-Identifizierung. In: B. Mayer, a.a.O., S. 83–88.

[4] C. P. Thiede, Bericht über die kriminaltechnische Untersuchung des Fragments 7Q5 in Jerusalem. In: B. Mayer, a.a.O., S. 239–245.

7Q1 (4,7 cm x 2,3 cm)
7Q2 (3,5 cm x 3,2 cm)
7Q3 (3,2 cm x 2,8 cm)
7Q4 (7,2 cm x 1,1 cm)
7Q5 (3,3 cm x 2,3 cm)
7Q19 (4,3 cm x 3,4 cm).

Wie winzig klein die Schnipsel aus Höhle 7 sind, kann daran ermessen werden, daß alle ihre Ablichtungen in Originalgröße auf einer einzigen Fotoseite der wissenschaftlichen Veröffentlichung „Discoveries in the Judaean Desert of Jordan" (Oxford 1962, Bd. III, Abbildungen 30) Platz haben.

Entzifferung der Fragmente

Auf die Forscher und Experten sowie die Chronologie der vorgelegten, angenommenen oder immer noch diskutierten Entzifferungen kann hier nicht im Detail eingegangen werden. Es sei jedoch das etwaige Ergebnis der vorgelegten Entzifferung im wesentlichen aufgezeigt:

7Q1 (Exodus 28,4–6 + 28,7)
7Q2 (Baruch 6,43–44)
7Q4 (Erster Brief an Timotheus 3,16–4,1 + 4,3)
7Q5 (Markus 6,52–53)
7Q6 (Markus 4,28)
7Q7 (Markus 12,17)
7Q8 (Jakobusbrief 1,23–24)
7Q15 (Markus 6,48).

Die Schwierigkeit einer wissenschaftlich fundierten, sicheren Entzifferung besteht darin, daß auf den erhaltenen Schnipseln meist nur wenige Buchstaben lesbar sind. Dabei kann im deutlichen Unterschied zu den Handschriften von Qumran, die die altestamentlichen Schriften in meditierender und weiterbuchstabierender Form als Kommentare, Homilien oder Lieder behandeln, bei den in Höhle 7 vorgefundenen Fragmenten der genaue Text des Alten wie des Neuen Testaments zum harten und untrüglichen Vergleich herangezogen werden. Paßt der Fragmenttext 5 aus Höhle 7 auf die Vergleichsfolie mit dem griechischen Markus-Original des Neuen Testaments?

Einige Beispiele für die Schwierigkeit der linguistischen Spurensicherung:

Fragment 7Q1 (Exodus 28,4–7) bietet auf neun Zeilen 54 nur zum Teil erschlossene Buchstaben und nur eine einzige Wortkombination.

Fragment 7Q2 (Baruch 6,43–44) bietet auf nur fünf Zeilen 22 Buchstaben, von denen nur fünf sicher erschlossen sind.

Fragment 7Q4, meist als Hauptfragment der Höhle 7 bezeichnet (Erster Brief an Timotheus 3,16–4,1 + 4,3), bietet sieben Zeilen mit 18 Buchstaben, von denen 15 gut lesbar sind.

Fragment 7Q5 (Markus 6,52–53) bietet fünf Zeilen mit insgesamt 20 Buchstaben, von denen 10 Buchstaben als sicher gelten können, während von 10 Rekonstruktionsbuchstaben gesprochen werden muß (siehe Foto Seite 57).

Vielleicht kann dieser knappe Einblick in das Buchstabenmaterial in etwa verständlich machen, daß gerade beim Ergänzen und Rekonstruieren von Buchstaben unter den Forschern ernste Differenzen auftreten können. Die große Ergänzungsbedürftigkeit der 7Q-Fragmente führt zu immer neuen Schwierigkeiten, denn man könnte da und dort auch ganz anders ergänzen und rekonstruieren. Nicht Weniges ist ungeklärt und offen.

Hinzu kommt etwas, das man ein inneres Erdbeben bezeichnen könnte. Wenn nämlich tatsächlich 7Q5 (wie auch 7Q6, 7Q7 und 7Q15) einen Markus-Text bietet, dann müssen viele Veröffentlichungen über das palästinische Urchristentum neu geschrieben werden. Ganz besonders kritisch ist die Frage einer völligen Neudatierung der neutestamentlichen Schriften, wenn (vorausgesetzt, diese These wäre bewiesen) ein Markus-Text (wie auch 7Q5) bereits 68 n. Chr. in die Höhle 7 gekommen ist. Es wäre wissenschaftlich unverantwortlich (immer vorausgesetzt, diese These wäre bewiesen!), einen sicheren Markus-Text auf 7Q5 als nicht-marcinisch zu bezeichnen, um die bisherige Spätdatierung des Markus-Evangeliums und der anderen Schriften des Neuen Testaments zu retten! Das wäre tatsächlich eine recht peinliche Verschlußsache von Qumran!

Kontroverse Deutungen von 7Q4 und 7Q5

Im Zentrum der wissenschaftlichen Auseinandersetzungen über die 7Q-Fragmente standen und stehen 7Q4 und 7Q5. Können in den Höhlen von Qumran überhaupt christliche Texte sein? Das Datum des Jahres 68 n. Chr. schließt gleichsam die Tore aller Qumran-Höhlen für neutestamentliche Texte, die wie z. B. das Markus-Evangelium und vor allem der erste Timotheusbrief (wie auch der Jakobusbrief) damals noch nicht geschrieben waren. Könnten diese christlichen Texte erst später in die Qumran-Höhlen gebracht worden sein?

Zur Klärung von 7Q4 und 7Q5 seien die Daten genannt, mit denen die heutige biblische Theologie arbeitet: Das Markus-Evangelium wird mit einer Entstehungsmarkierung um 70 n. Chr. versehen (7Q5). 7Q4 bietet einen Text aus dem ersten Timotheusbrief (3,16–4,3), der nach Auskunft der meisten Neutestamentler als nachpaulinisch bezeichnet wird und in der Zeit zwischen 70 und 100 n. Chr. entstanden sei. Konzentrieren wir uns nun auf den Markus-Text des Fragments 7Q5. (Für die Entzifferung von 7Q4 sind die Voraussetzungen der Entzifferung wesentlich günstiger.)

Der fragliche griechische Text von 7Q5 lautet in deutscher Übersetzung (Mk 6,52–53):
Vers 52: „Denn sie waren nicht zur Einsicht gekommen, als das mit den Broten geschah; ihr Herz war verstockt."
Vers 53: „Sie fuhren auf das Ufer zu, kamen nach Gennesaret und legten dort an."

Der griechische Text von Mk 6,52–53 umfaßt 107 Buchstaben. Das Fragment 7 Q 5 bietet auf fünf Zeilen 20 Buchstaben, von denen nur 10 Buchstaben – etwa ein Zehntel des griechischen Originaltextes! – als sicher gelten. Eine anschauliche Gegenüberstellung des ganzen griechischen Textes aus dem Markus-Evangelium mit den erhaltenen Buchstaben auf Fragment 7Q5 findet sich in „Bernhard Mayer, Christen und Christliches in Qumran? Regensburg 1992 (S. 55, Abbildung 22 sowie S. 28)."

Auch bei den „sicheren" 10 Buchstaben gibt es unter den Gelehrten spannende Differenzen darüber, ob es sich um diesen oder jenen Buchstaben handelt. Selbst sogenannte Zwischenräume zwischen einzelnen Buchstaben bzw. einzelnen Sätzen können ausschlaggebend sein. Für Textvergleiche ist in Münster ein computergesteuertes Fragmenten-Identifizierungsprogramm entwickelt worden, so daß computergesteuerte Vergleiche in immer neuen Variationen durchgeführt werden können. Dort, wo der eine Forscher seine Vermutungen und Deutungen als bestätigt erkennt, stellt ein anderer Experte etwa bei 7Q7 (= Markus 12,17?) nach 1120 theoretisch durchgespielten Möglichkeiten fest, eine solche Zuweisung sei nicht einmal plausibel, sondern vielmehr wissenschaftlich unhaltbar. Wo der eine Forscher eine eindeutige Identifizierung verkündet, spricht der andere Fachmann von konsequenter Ablehnung.

Ohne für 7Q5 die überaus schwierigen Argumentationen und Beweise im einzelnen vorzulegen, seien zumindest die unterschiedlichen Positionen und die vorgelegten und heute noch festgehaltenen Endergebnisse dieser jahrzehntelangen mühseligen Arbeit zitiert. Der für die Entzifferung der Qumran-Fragmente interessierte „Laie" soll sich dadurch ein redliches Bild der immer noch vorhandenen, kontroversen Deutungen und Auslegungen machen können.

Bereits 1972 hat der spanische Papyrologe José O'Callaghan in einer Vielzahl von Zeitschriftenveröffentlichungen seine damals nur wenig beachtete These vorgelegt. Nach vergeblichen Identifizierungsversuchen mit alttestamentlichen Texten führten ihn drei griechische Buchstaben in Zeile 4 des Fragments 7Q5 auf das Stichwort „Gennesaret" (die drei griechischen Buchstaben waren – transkribiert – „nne"). Seine Deutung, es handle sich um das griechische Wort „Gennesaret" in Markus 6,53, welches zum Gesamttext Markus 6,52–53 gehöre, wurde Jahrzehnte später von verschiedenen Forschern aufgegriffen und mit weiteren Argumenten verteidigt. Zu nennen ist hier vor allem Carsten Peter Thiede mit seinem Buch „Die älteste Evangelien-Handschrift? Das Markus-Fragment von Qumran und die Anfänge der schriftlichen Überlieferung des neuen Testaments" (Wuppertal 1986). Wie diffizil die Entzifferung war, mag ein einziges Beispiel belegen: Wo andere Forscher Buchstaben vermuteten, stellte C. P. Thiede (a.a.O. S. 15, Anmerkung 22) fest: „Die Untersuchung des Originals zeigt, daß es sich hier um winzige Tintenspritzer handeln dürfte."

An der Spitze jener Experten, die eine Markus-Deutung des Fragments 7Q5 aufs Schärfste verneinen und bekämpfen, sei Kurt Aland († 13. April 1994) genannt, dessen Aussage sicherlich von Gewicht ist. Von 1974 an (als rasche Antwort auf die im Jahr 1972 von José O'Callaghan publizierten Thesen!) stellte Kurt Aland in mehreren Zeitschriftenartikeln (zu seinem 75. Geburtstag mit anderen Aufsätzen veröffentlicht in „Supplementa zu den Neutestamentlichen und Kirchengeschichtlichen Entwürfen" (Berlin – New York 1990, 121) fest, „daß O'Callaghans Bemühungen um Gewinnung

von neutestamentlichen Texten aus den Papyrusfragmenten in Höhle 7 von Qumran
gescheitert sind".

Gewiß heranzuziehen ist die bereits genannte Veröffentlichung von Bernhard Mayer als
Herausgeber „Christen und Christliches von Qumran?" (Regensburg 1992), in der die
Referate von Weltexperten anläßlich eines Symposions vom 18. bis 20 Oktober 1991 in
Eichstätt dokumentiert sind. Dort wurde eine sich mehrende Anzahl zustimmender
Argumente aufgezeigt. Aber die harten Auseinandersetzungen zwischen Verneinern und
Befürwortern sind noch nicht beendet. Sicherlich sind noch weitere Forschungsergebnisse
zu der vielschichtigen Gruppierung der Essener wie auch zum Essener-Viertel in
Jerusalem[5] (und den Beziehungen der Essener zur christlichen Urgemeinde von
Jerusalem)[6] abzuwarten, um aus der besseren Kenntnis des damaligen Umfeldes weitere
Schlüsse ziehen und zu neuen Einsichten und Sicherheiten gelangen zu können.

Kann in absehbarer Zeit überhaupt eine sichere und wissenschaftlich allseits anerkannte Entscheidung gefällt werden? Sollte 7Q5 eindeutig als Markus 6,52–53 identifiziert
werden, so wird das kaum übersehbare Konsequenzen für die Datierung der neutestamentlichen Schriften wie auch für die Geschichte des palästinensischen Urchristentums
haben.

Die internationale Fachwelt wird über die Feststellung aufhorchen und kann nicht
umhin, diese Aussage in den klärenden, vielleicht sogar abschließenden Entscheidungs-
prozeß einzubeziehen, die die weltweit anerkannte, italienische Papyrologin Orsolina
Montevecchi in der Fachzeitschrift Aegyptus 74 (1994), Seite 20 über das Papyrusfrag-
ment 7Q5 veröffentlichte: „An der Identifizierung mit Markus 6,52–53 gibt es, wie es
aussieht, keine vernünfgigen Zweifel mehr. ... Mir scheint, daß es jetzt an der Zeit ist, 7Q5
in die offizielle Liste der Papyri des Neuen Testaments einzutragen."

Sicherlich wird die wissenschaftliche Forschung der Frage erheblich energischer nach-
zugehen haben, ob und wie neutestamentliche Schriften überhaupt in Qumran-Höhlen

---

[5] Zu den Beziehungen von Jerusalem-Essenern mit der christlichen Urgemeinde von Jerusalem finden sich
die Pro- und Contra-Argumente in Kurzfassung in mehreren Beiträgen in dem Sammelwerk von B.
Mayer, a.a.O.: Bargil Pixner, Archäologische Beobachtungen zum Jerusalemer Essener-Viertel und zur
Urgemeinde (S. 89–113); B. Schwank, Gab es zur Zeit der öffentlichen Tätigkeit Jesu Qumran-Essener in
Jerusalem? (S. 115–130), E. Ruckstuhl, Zur Frage einer Essenergemeinde in Jerusalem und zum Fundort
von 7Q5 (S. 131–137); R. Riesner, Essener und Urkirche in Jerusalem (S. 139–155); O. Betz, Kontakte
zwischen Christen und Essenern (S. 157–175). In diesen meist archäologischen Berichten wird auch auf
„das Essenertor" in Jerusalem eingegangen.

[6] Auf die Geschichte sowohl der Urkirche von Jerusalem wie auf die heftige Diskussion über die Früh- oder
Spätdatierung der neutestamentlichen Schriften gehen in dem von B. Mayer herausgegebenen und in
Anmerkung 1 zitierten Sammelband ein: H. Riesenfeld, Neues Licht auf die Entstehung der Evangelien.
Handschriften vom Toten Meer und andere Indizien (S. 177–194); E. E. Ellis, Entstchungszeit und
Herkunft des Markus-Evangeliums (S. 195–212). In diesem Sammelband liegen auch hervorragende Fotos
über 7Q4 und 7Q5 vor, wie auch über Ausgrabungen in Jerusalem (Essenertor). Instruktiv sind die beige-
fügten Skizzen über das geographische Umfeld und über die Klosteranlage von Qumran; wichtig ist der
Lageplan aller 11 Schriftrollenhöhlen (S. 228).
Zum gesamten Problemkreis ist heranzuziehen H. Stegemann, Die Essener, Qumran, Johannes der Täufer
und Jesus. Ein Sachbuch. Freiburg-Basel-Wien ⁵1996.

kommen konnten. Mit vielen jüdischen Verwandten und Bekannten, vielleicht auch mit Juden aus dem Essener-Viertel Jerusalems, sind auch Christen zu Beginn des jüdisch-römischen Krieges, ausgelöst durch den Aufstand der Zeloten 66 n. Chr., aus Jerusalem und Judäa über den Jordan nach Pella im Ostjordanland geflohen. Könnte bei dieser überstürzten Flucht den Christen von den Essenern angeboten worden sein, ihre „Heiligen Schriften" in einer freien Höhle am Westufer des Toten Meeres zu verstecken?

Fast völlig vergessen wurde in der Hitze des wissenschaftlichen Disputs, daß 7Q4 (sofern sicher identifiziert als erster Timotheusbrief 3,16–4,3) „der bisher einzige Papyrus des 1. Timotheusbriefes ist; er ist aus paläographischen Gründen auf die Mitte des 1. Jahrhunderts n. Chr. zu datieren" (Carsten Peter Thiede).

Alfred Läpple

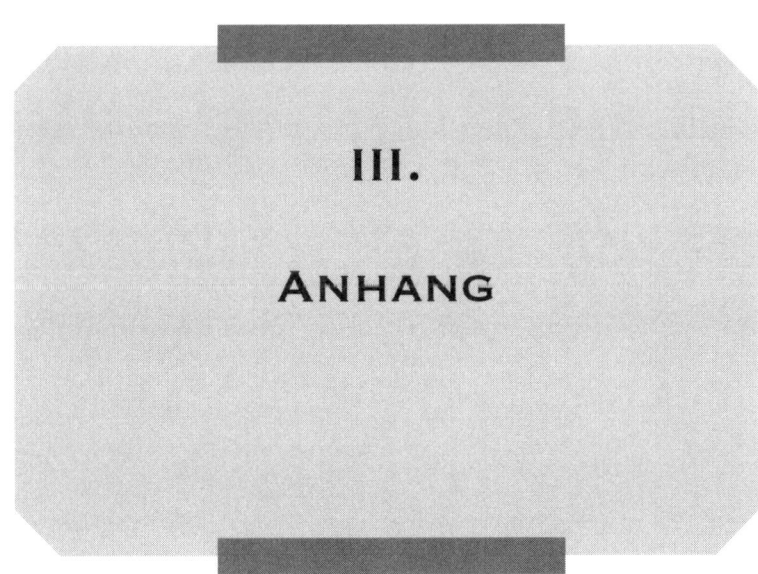

III.

ANHANG

DANK IN DER AMERIKANISCHEN ORIGINALAUSGABE

Die Autoren dieses Buches sind sich während ihrer Arbeit an diesem Werk stets bewußt gewesen, daß sie Teil eines umfangreichen wissenschaftlichen Vorhabens sind. Sie möchten darauf hinweisen, daß sie nicht nur sich gegenseitig zu Dank verpflichtet sind, sondern ebenso der größeren Forschergemeinde, die sich bisher mit den Schriftrollen vom Toten Meer beschäftigt hat. Wir gehören einer neuen Generation an und sind für das breite Fundament an Wissen dankbar, auf das wir zurückgreifen können. Wir hoffen, zum besseren Verständnis der alten Texte beitragen zu können. Obwohl die Leser auf die Namen der Forscher der ersten Generation im Verlauf der folgenden Erörterungen stoßen werden, sollen diese doch gleich am Anfang den ihnen gebührenden Platz erhalten: Es handelt sich um Josef T. Milik, John Strugnell, John Allegro und Andre Dupont-Sommer.

Die Autoren erkennen dankbar ihre Verpflichtung gegenüber ihren Professoren an, die sie in die Schwierigkeiten – aber auch in die Spannung – , welche die Arbeit an den Schriftrollen vom Toten Meer mit sich bringt, eingeführt haben: Norman Golb von der Universität Chicago, Emanuel Tov von der Hebrew University, Ben Zion Wacholder vom Hebrew Union College, Stanislav Segert von der Universität von Kalifornien, Los Angeles und der bereits verstorbene William S. Lasor vom Fuller Theological Seminary. Ihr Einfluß und ihr Vorbild prägen jede Seite dieses Buches.

Unseren Familien schulden wir große Dankbarkeit. Häufig räumten wir unserer Arbeit den Vorrang ein – wir danken für ihr Verständnis. Wir vergessen auch nicht ihre weit konkreteren Beiträge: Von herausfordernden Fragen („Na und?" – Jenny, danke dir!) bis zum Lesen der entstehenden Kapitel (Cathy, vielen Dank!) hat das Werk stets profitiert.

Mark Chimsky, von HarperCollins/San Francisco, danken wir von Herzen dafür, daß er sich von Anfang an um dieses Buch gekümmert hat; auch dafür, daß er es Seite um Seite verbessert hat. Ebenso danken wir Ralph Fowler und Mimi Kusch für die Gestaltung sowie die Endredaktion und vor allem dafür, daß sie mehr als nur ihre Pflicht getan haben.

Die Autoren dieses Buches beenden ihre Arbeit am Vorabend des fünfzigsten Jahrestags der Entdeckung der Schriftrollen vom Toten Meer (1947). Nach der Zeitrechnung der Gemeinde vom Toten Meer markieren fünfzig Jahre einen Wendepunkt: das Jahr des Übergangs von der Kraft der Jugend zur Übernahme von Verantwortung und Führung. In der Geschichte der Forschung sind fünfzig Jahre nicht lang genug, um ein ganzes Vorratslager von Manuskripten zu publizieren, geschweige denn, sie abschließend und endgültig zu interpretieren. Dieses Buch ist eher der Anfang einer wissenschaftlichen Erforschung der Schriftrollen als ihr Abschluß. Viele Schlußfolgerungen, die auf den folgenden Seiten dargelegt werden, werden überdauern und den kommenden Studentengenerationen eine feste Grundlagen sein. Andere Behauptungen – nur wenige, wie wir hoffen – werden revidiert, überholt und möglicherweise vergessen. Die Qumran-Forschung ist noch jung. Doch gerade das ist das Spannende daran. In diesem Bewußtsein haben die Autoren diesen Band verfaßt.

7. Juni 1996

Michael Owen Wise
Martin G. Abegg, Jr.
Edward M. Cook

Verzeichnis der Schriftrollen

Die Nummern dieses Verzeichnisses verweisen auf die Nummern der Texte, unter denen die jeweiligen Texte verzeichnet sind und ergänzen das Inhaltsverzeichnis.

LITERATURHINWEISE

Faksimileausgaben

Eisenman, R. H. – J. M. Robinson, A Facsimile Edition of the Dead Sea Scrolls. 2 Bde. Washington 1991.

Tov, E., in Zusammenarbeit mit S. J. Pfann, *The Dead Sea Scrolls on Microfiche: A Comprehensive Facsimile Edition of the Texts from the Judaean Desert.* Leiden 1993.

Trever, J. C., *Scrolls from Qumran Cave 1.* Jerusalem 1974.

Textausgaben

Allegro, J. M., *The Treasure of the Copper Scroll.* London 1960.

–, *The Treasure of the Copper Scroll.* 2., revidierte Ausgabe. New York 1964.

–, An Unpublished Fragment of Essene Halakah (4QOrdinances). In: *Journal of Semitic Studies* 6 (1961), 71–73.

Allegro, J. M. in Zusammenarbeit mit A. A. Anderson, *Qumrân Cave 4, I (4Q158–4Q186).* DJD 5. Oxford 1968.

Attridge, H. W., et al., *Qumran Cave 4, VIII: Parabiblical Texts, Part 1.* DJD 13. Oxford 1994.

Avigad, N. – Y. Yadin, *A Genesis Apocryphon.* Jerusalem 1956.

Baillet, M., *Qumrân Grotte 4, III (4Q482–4Q520).* DJD 7. Oxford 1982.

Baillet, M. – J. T. Milik – R. de Vaux, *Les ,Petites Grottes‘ de Qumrân: Exploration de la falaise, Les Grottes 2Q, 3Q, 5Q, 6Q, à 10Q, Le Rouleau de cuivre.* DJD 3. Oxford 1962.

Baumgarten, J. M., 4QHalakah[2] 5, the Law of Hadash, and the Pentecontad Calendar. In: *Journal of Jewish Studies* 27 (1976), 36–46.

–, The 4Q Zadokite Fragments on Skin Disease. In: *Journal of Jewish Studies* 61 (1990), 153–158.

–, Purification after Childbirth and the Sacred Garden in 4Q265 and Jubilees. In: *New Qumran Texts and Studies: Proceedings of the First Meeting of the International Organization for Qumran Studies, Paris 1992.* STDJ 15. Hrsg. von George J. Brooke. Leiden/New York 1994, 3–10.

–, The Red Cow Purification Rites in Qumran Texts. In: *Journal of Jewish Studies* 46 (1995), 112–119.

Beyer, K., *Die aramäischen Texte vom Toten Meer.* Göttingen 1984.

–, *Die aramäischen Texte vom Toten Meer: Ergänzungsband.* Göttingen 1994.

Broshi, M. – A. Yardeni, On Temple Servants and False Prophets, In: *Tarbiz* 42 (1992), 50–52 (Hebräisch).

Charlesworth, J. H., *The Dead Sea Scrolls: Hebrew, Aramaic and Greek Texts with English Translations. Bd. 1: Rule of the Community and Related Documents.* Tübingen 1994.

Cook, E. M., Remarks on the Testament of Kohath from Qumran Cave 4. In: *Journal of Jewish Studies* 44 (1993), 205–219.

Cross, F. M., Fragments of the Prayer of Nabonidus. In: *Israel Exploration Journal* 34 (1984), 260–264.

Dimant, D., An Apocryphon of Jeremiah from Cave 4 (4Q385B = 4Q385 16). In: *New Qumran Texts and Studies: Proceedings of the First Meeting of the International Organization for Qumran Studies, Paris 1992.* STDJ 15. Hrsg. von George J. Brooke. Leiden/New York 1994, 11–30.

–, New Light from Qumran on the Jewish Pseudepigrapha – 4Q390. In: *Proceedings of the International Congress on the Dead Sea Scrolls, Madrid, 18–21 March 1991.* Hrsg. von J. Trebolle Barrera – L. Vegas Montaner. Leiden 1992, 405–448.

Dimant, D. – J. Strugnell, 4QSecond Ezekiel. In *Revue de Quamran* 13 (1988), 45–58.

–, The Merkabah Vision in Second Ezekiel (4Q385 4). In: *Revue de Qumran* 14 (1991), 331–348.

Eisenman, R. H. – M. O. Wise, *The Dead Seal Scrolls Uncovered.* London 1992.

Elgvin, T. Admonition Texts from Qumran Cave 4. In: M. Wise u.a. (Hrsg.), *Methods of Investigation of the Dead Sea Scrolls and the Khirbet Qumran Site.* New York 1994, 179–196.

–, The Genesis Section of 4Q422 (4QParaGenExod). In: *Dead Sea Discoveries* 1 (1994), 180–196.

Eshel, E., 4Q477: The Rebukes by the Overseer. In: *Journal of Jewish Studies* 45 (1994), 111–122.

Eshel, E. – H. Eshel, 4Q471 Fragment 1 and Ma'amadot in the War Scroll. In: *Proceedings of the International Congress on the Dead Sea Scrolls, Madrid, 18–21 March 1991.* Hrsg. von J. Trebolle Barrera – L. Vegas Montaner. Leiden 1992, 611–620.

Eshel, E. – H. Eshel – A. Yardeni, A Qumran Composition Containing Part of Ps. 154 and a Prayer for the Welfare of King Jonathan and His Kingdom. In*: Israel Exploration Journal* 42 (1992), 199–229.

Esehl, E. – M. Kister, A Polemical Qumran Fragment. In: *Journal of Jewish Studies* 43 (1992), 277–281.

Evans, C. A., A Note on the ‚First-Born Son‘ of 4Q369. In: *Dead Sea Discoveries* 2 (1995), 185–201.

Falk, D., 4Q393: A Communal Confession. In: *Journal of Jewish Studies* 45 (1994), 184–207.

Fitzmyer, J. A., The Aramaic ‚Elect of God‘ Text from Qumran Cave 4. In: *Essays on the Semitic Background of the New Testament.* Missoula 1974, 127–160.

–, 4Q246: The ‚Son of God‘ Documents from Qumran. In: *Biblica* (1993), 153–174.

Fitzmyer, J. A. – D. J. Harrington, *A Manual of Palestinian Aramaic Texts.* Rom 1978.

García-Martínez, F., 11QTemple[b]: A Preliminary Publication. In: *Proceedings of the International Congress on the Dead Sea Scrolls, Madrid, 18–21 March 1991.* Hrsg. von J. Trebolle Barrera – L. Vegas Montaner. Leiden 1992, 363–391.

–,4QMess ar and the Book of Noah. In: *Qumran and Apocalyptic: Studies on the Aramaic Texts from Qumran.* Leiden 1992, 1–44.

Greenfield, J. C. – E. Quimron, In: The Genesis Apocryphon Col. XII. In: *Studies in Qumran Aramaic: Abr-Nahrain Supplement* 3 (1992), 70–77.

Larson, E., 4Q470 and the Angelic Rehabilitation of King Zedekiah. In: *Dead Sea Discoveries* 1 (1994), 210–228.

Larson, E. – L. H. Schiffmann – J. Strugnell, 4Q470, Preliminary Publication of a Fragment Mentioning Zedekiah. In: *Revue de Qumran* 16 (1994), 335–350.

Lefkovits, J. K., The Copper Scroll – 3Q15, A New Reading, Translation and Commentary. Diss. New York 1993.

Licht, J., *Megillat Ha-Serakhim.* Jerusalem 1965.

Luria, B. Z., *Megillat Ha-Nehoshet Mimidbar Yehudah.* Jerusalem 1963.

Milik, J. T., *The Books of Enoch.* Oxford 1976.

–, Écrits prééséniens de Qumrân: d'Hénoch à Amram. In M. Delcor (Hrsg.), *Qumrân: sa piété, sa théologie et son milieu*. Paris-Gembloux 1978, 91–106.

–, Les modèles araméens du livre d'Esther dans la grotte 4 de Qumrân. In: *Revue de Qumran* 15 (1992), 321–406.

Newsom, C. A., 4Q370: An Admonition Based on the Flood. In: *Revue de Qumran* 13 (1988), 23–44.

–, 4Q374: A Discourse on the Exodus/Conquest Tradition. In: D. Dimant – U. Rappaport (Hrsg.), *The Dead Sea Scrolls: Forty Years of Research*. Leiden 1992, 40–52.

–, The ,Psalms of Joshua' from Qumran Cave 4. In: *Journal of Jewish Studies* 39 (1988), 56–73.

–, *Songs of the Sabbath Sacrifice: A Critical Edition*. Atlanta 1985.

Nitzan, B.: 4QBerakhot (4Q286–290): A Preliminary Report. In: *New Qumran Texts and Studies: Proceedings of the First Meeting of the International Organization for Qumran Studies, Paris 1992*. STDJ 15. Hrsg. von George J. Brooke. Leiden/New York 1994, 53–71.

Penney, D. L. – M. O. Wise, By the Power of Beelzebub: An Aramaic Incantation Formula from Qumran. In: *Journal of Biblical Literature* 113 (1994), 627–650.

Ploeg, J. P. M. van der, Fragments d'un manuscrit de psaumes de Qumrân (11QPs[b]). In: *Revue Biblique* 74 (1967), 408–412.

–, Les Manuscrits de la Grotte XI de Qumrân. In: *Revue de Qumrân* 12 (1985–1987), 3–16.

–, Un petit rouleau de psaumes apocryphes (11QPsAp[a]). In: G. Jeremias u. a. (Hrsg.), *Tradition und Glaube: Das frühe Christentum in seiner Umwelt: Festgabe für Karl Georg Kuhn zum 65. Geburtstag*. Göttingen 1971, 128–139.

Ploeg, J. P. M. van der – A. S. van der Woude, *Le targum de Job de la Grotte XI de Qumrân*. Leiden 1971.

Puech, E., Fragment d'une apocalypse en arameen (4Q246 = pseudo-Dan[d]) et le ,Royaume de Dieu'. In: *Revue Biblique* 99 (1992), 98–131.

–, Fragments d'un apocryphe de Lévi et le personnage eschatologique. 4QTestLévi[c–d](?) et 4QAja. In: *Proceedings of the International Congress on the Dead Sea Scrolls, Madrid, 18–21 March 1991*. Hrsg. von J. Trebolle Barrera – L. Vegas Montaner. Leiden 1992, 449–501.

–, 4Q Apocalypse Messianique (4Q521). In: *Revue de Qumran* 15 (1992), 475–522.

–, Un hymne essénien en partie retrouvé et les Béatitudes. In: *Revue de Qumran* 13 (1988), 59–88.

–, Notes sur le manuscript de 11QMelkisedeq. In: *Revue de Qumran* 12 (1987), 483–513.

–, La pierre de Sion et l'autel des holocaustes d'après un manuscrit hebreu de la grotte 4 (4Q522). In: *Revue Biblique* 99 (1992), 676–696.

–, Le Testament de Qahat en arameen de la grotte 4 (4QTQah). In: *Revue de Qumran* 15 (1991), 23–54.

Qimron, E., Times for Praising God: A Fragment of a Scroll from Qumran (4Q409). In: *Jewish Quarterly Review* 80 (1990), 341–347.

–, The Text of CDC. In: M. Broshi (Hrsg.), *The Damascus Document Reconsidered*. Jerusalem 1994, 9–49.

Qimron, E. – J. Strugnell, *Qumran Cave 4, V: Miqsat Ma'ase Ha-Torah*. DJD 10. Oxford 1994.

Sanders, J. A., *The Psalms Scroll of Qumran Cave 11 (11QPs[a])*. DJD 4. Oxford 1965.

Schiffman, L. H., 4Q Mysteries: A Preliminary Translation. *Eleventh World Congress of Jewish Studies, Div. A*. Jerusalem 1994, 199–206.

–, 4QMysteries[a]: A Preliminary Edition and Translation. In: Z. Zevit – S. Gitin – M. Sokoloff (Hrsg.), *Solving Riddles and Untying Knots: Biblical, Epigraphic and Semitic Studies in Honor of Jonas C. Greenfield*. Winona Lake 1995, 207–255.

Schuller, E. M., 4Q372 1: A Text About Joseph. In: *Revue de Qumran* 14 (1989–1990) 349–376.

–, A Hymn from a Cave Four *Hodayot* Manuscript: 4Q427 7 i + ii. In: *Journal of Biblical Literature* 112 (1993), 605–628.

–, *Non-Canonical Psalms from Qumran: A Pseudepigraphic Collection*. Atlanta 1986.

–, A Preliminary Study of 4Q373 and Some Related (?) Fragments. In: *Proceedings of the International Congress on the Dead Sea Scrolls, Madrid, 18–21 March 1991*. Hrsg. von J. Trebolle – Barrera – L. Vegas Montaner. Leiden 1992, 515–530.

Smith, M., 4Q462 (Narrative), Fragment 1: A Preliminary Eddition. In: *Revue de Qumran* 15 (1991), 55–77.

Starcky, J., Psaumes apocryphes de la grotte 4 de Qumrân (4QPs[f] VII–X). In: *Revue Biblique* 73 (1966), 353–371.

Steudel, A., *Der Midrasch zur Eschatologie aus der Qumrangemeinde (4QMidrEschat[a.b])*. Leiden 1994.

Stone, M. E. – E. Eshel, An Exposition on the Patriarchs (4Q464) and Two Other Documents (4Q464[a] and 4Q464[b]). In: *Le Muséon* 105 (1992), 243–264.

Stone, M. E. – J. C. Greenfield, The First Manuscript of the Aramaic Levi Document from Qumran (4QLevi[a] aram). In: *Le Muséon* 107 (1994), 257–281.

–, The Prayer of Levi. In: *Journal of Biblical Literature* 112 (1993), 247–266.

Strugnell, J., Moses-Pseudepigrapha at Qumran: 4Q375, 4Q376, and Similar Works. In: L. Schiffmann (Hrsg.), *Archaeology and History in the Dead Sea Scrolls: The New York University Conference in Memory of Yigael Yadin*. Sheffield 1990, 187–220.

–, MMT: Second Thoughts on a Forthcoming Edition. In: E. Ulrich – J. Vanderkam (Hrsg.), *The Community of the Renewed Covenant*. In: Notre Dame 1994, 72.

Sukenik, E. L., *The Dead Sea Scrolls of the Hebrew University*. Hrsg. von N. Avigad – Y. Yadin. Jerusalem 1955.

Talmon, S. – I. Knohl, A Calendrical Scroll from a Qumran Cave: Mishmarot B[a] 4Q321. In: *Pomegranates and Golden Bells: Studies in Biblical, Jewish, and Near Eastern Ritual, Law, and Literature in Honor of Jacob Milgrom*. Hrsg. von D. N. Freedman u.a. Winona Lake 1995, 267–301.

Tov, E. The Exodus Section of 4Q422. In: *Dead Sea Discoveries* 1 (1994), 197–209.

Trever, J. C., Completion of the Publication of Some Fragments from Qumran Cave I. In: *Revue de Qumran* 5 (1965), 323–344.

Vander Kam, J., et al., *Qumran Cave 4, XIV: Parabiblical Texts, Part 2*. DJD 19. Oxford 1995.

Wacholder, B. Z. – M. G. Abegg, The Fragmentary Remains of 11QTorah (Temple Scroll). In: *Hebrew Union College Annual* 62 (1991), 1–116.

–, *A Preliminary Edition of the Unpublished Dead Sea Scrolls. Fascicles One-Three*. Washington 1991–1995.

Wise, M. O., An Annalistic Calendar from Qumran. In: Wise, M., et al., *Methods of Investigation of the Dead Sea Scrolls and the Khirbet Qumran Site*. Annals of the New York Academy of Sciences 722. New York 1994, 389–408.

–, To Know the Times and the Seasons: A Study of the Aramaic Chronograph 4Q559. In: *Journal for the Study of the Pseudepigraphs* (1997).

–, Observations of New Calendrical Texts from Qumran. In: *Thunder in Gemini: And Other Essays on the History, Language and Literature of Second Temple Palestine.* JSPS 15. Sheffield 1994, 222–239.

–, *Primo Annales Fuere:* An Annalistic Calendar from Qumran. In: *Thunder in Gemini: And Other Essays on the History, Language and Literature of Second Temple Palestine.* JSPS 15. Sheffield 1994, 186–221.

–, Second Thoughts on *duq* and the Qumran Synchronistic Calendars. In: *Pursuing the Text: Studies in Honor of Ben Zion Wacholder.* Hrsg. von John Reeves – John Kampen. Sheffield 1994, 98–120.

–, Thunder in Gemini: An Aramaic Brontologion (4Q318) from Qumran. In: *Thunder in Gemini: And Other Essays on the History, Language and Literature of Second Temple Palestine.* JSPS 15. Sheffield 1994, 13–50.

Woude, A. S. van der, Ein neuer Segensspruch aus Qumran (11QBer). In: *Bibel und Qumran: Beiträge zur Erforschung der Beziehungen zwischen Bibel und Qumranwissenschaft: Hans Bardtke zum 22.8.1996.* Hrsg. von Siegfried Wagner. Leipzig 1968, 253–258.

–, Melchisedek als himmlische Erlösergestalt in den neugefundenen eschatologischen Midraschim aus Qumran Höhle XI. In: *Oudtestamentische Studiân* 14 (1965), 354–373.

Yadin, Y., *The Temple Scroll.* 3 Bde mit Ergänzungstafeln. Jerusalem 1983.

Übersetzungen

Charles, R. H., Translation of Aramaic and Greek Fragments of an Original Source of the Testament of Levi and the Book of Jubilees. *Apocrypha and Pseudepigrapha of the Old Testament.* Oxford 1913, 364–367.

Cothenet, E., Le Document de Damas. In: J. Carmignac, (Hrsg.), *Les Textes de Qumran.* Paris 1963, 131–204.

Dupont-Sommer, A., *The Essene Writings from Qumran.* Übersetzt von G. Vermes. Reprint Gloucester 1973.

García-Martínez, F., *The Dead Sea Scrolls Translated: The Qumran Texts in English.* Übersetzt von W. G. E. Watson. Leiden 1994.

Gaster, T. H., *The Dead Sea Scriptures,* Garden City, New York ³1976.

Lohse, E., *Die Texte aus Qumran. Hebräisch und Deutsch.* Darmstadt ²1971.

Maier, J., *Die Tempelrolle vom Toten Meer.* München 1978.

Maier, J., *Die Qumran-Essener: Die Texte vom Toten Meer.* Band I–III, München/Basel 1995/1996.

Rabin, Ch., *The Zadokite Documents.* Oxford 1954.

Vermes, G. *The Dead Sea Scrolls in English.* Revidierte und erweiterte 4. Auflage. London 1995.

Weitere Studien

Abegg, M. G., Jr., 4Q471: A Case of Mistaken Identity? In: *Pursuing the Text: Studies in Honor of Ben Zion Wacholder.* Hrsg. von John Reeves – John Kampen. Sheffield 1994, 135–147.

–, Messianic Hope and 4Q285 – A Reassessment. In: *Journal of Biblical Literature* 113 (1994) 81–91.

Alexander, P. S., A Note on the Syntax of 4Q448. In: *Journal of Jewish Studies* 44 (1993), 301–302

Allison, D. C., 4Q403 fragm. 1, col. I, 38–46 and the Revelation to John. In: *Revue de Qumran* 12 (1985–87), 409–414.

Avigad, N., The Palaeography of the Dead Sea Scrolls and Related Documents. In: *Scripta Hierosolymitana IV: Aspects of the Dead Sea Scrolls.* Hrsg. von Chaim Rabin – Yigael Yadin. Jerusalem 1958, 56–87.

Baumgarten, J. M., The Cave 4 Versions of the Qumran Penal Code. In: *Journal of Jewish Studies* 43 (1992), 268–276.

–, 4Q503 (Daily Prayers) and the Lunar Calendar. In: *Revue de Qumran* 12 (1985–87), 399–407.

–, Halakhic Plemics in New Fragments from Qumran Cave 4. In: *Biblical Archaeology Today.* Jerusalem 1984, 390–399.

Beckwith, R., The Modern Attempt to Reconcile the Qumran Calendar with the True Solar Year. In: *Revue de Qumran* 7 (1969–71), 379–396.

Berger, K., *Psalmen aus Qumran.* 1994.

Berger K., *Qumran und Jesus: Wahrheit unter Verschluß?* Stuttgart ⁴1993.

Bernstein, M. J., 4Q252: From Re-Written Bible to Biblical Commentary. In: *Journal of Jewish Studies* 45 (1994), 1–27.

Betz, O., Jesus, Qumran und der Vatikan. Giessen u. a. 1993.

Bockmuehl, M. A., ‚Slain Messiah‘ in 4Q Serekh Milhamah (4Q285)? In: *Tyndale Bulletin* 43 (1992), 155–169.

Brooke, G. J., The Deuteronomic Character of 4Q252. In: *Pursuing the Text: Studies in Honor of Ben Zion Wacholder.* Hrsg. von John Reeves – John Kampen. Sheffield 1994, 121–135.

–, The Genre of 4Q252: From Poetry to Pesher. In: *Dead Sea Discoveries* 1 (1994), 160–179.

–, Psalms 105 and 106 at Qumran. In: *Revue de Qumran* 14 (1990), 267–292.

–, The Wisdom of Matthew's Beatitudes (4QBeat and Mt 5.3–12). In: *Scripture* Bulletin 19 (1989), 35–41.

Burgmann, H., *Die essenischen Gemeinden von Qumran und Damaskus in der Zeit der Hasmonäer und Herodier (130 v. Chr. – 68 n. Chr.).* 1988.

Carmignac, J., Les horoscopes de Qumran. In: *Revue de Qumran* 5 (1964–66), 199–206.

Chazon, E., Prayers from Qumran and Their Historical Implications. In: *Dead Sea Discoveries* 1 (1994), 265–284.

Clemens, D. A Study of 4Q370. Seminar paper, University of Chicago, 1989.

Collins, J. J., *The Scepter and the Star: The Messiahs of the Dead Sea Scrolls and Other Ancient Literature.* New York 1995.

–, The Works of the Messiah. In: *Dead Sea Discoveries* 1 (1994), 98–112.

Collins, J. J. – D. Dimant, A Thrice-Told Hymn: A Response to Eileen Schuller. In: *Jewish Quarterly Revue* 85 (1994), 151–155

Cook, E. M., *Solving the Mysteries of the Dead Sea Scrolls: New Light on the Bible.* Grand Rapids 1994.

–, 4Q246. In: *Bulletin of Biblical Research* 5 (1995), 43–66.

Davies, P. R., *1QM, the War Scroll from Qumran: Its Structure and History.* In: Biblica and Orient 32. Rom 1977.

–, ‚Age of Wickedness‘ or ‚End of Days‘?: Qumran Scholarship in Prospect: In: *Hebrew Studies* 34 (1993), 7–19.

Delcor, M., Recherches sur un horoscope en langue hébraîque provenant de Qumran. In: *Revue de Qumran* 5 (1964–66), 521–542.

De Vaux, R., *Archaeology and the Dead Sea Scrolls.* Revidierte Neuausgabe London 1973.

Dimant, D., The ‚Pesher on the Periods' (4Q180 and 4Q181). In: *Israel Oriental Studies* 9 (1979), 77–102.

–, Qumran Sectarian Literature. In: *Jewish Writings of the Second Temple Period.* Hrsg. von Michael E. Stone. Philadelphia 1984, 483–550.

Donceel-Voûte, P., ‚Coenaculum' – La salle à l'étage du locus 30 à Khirbet Qumran sur la Mer Morte. In: *Banquets d'Orient, Res Orientales vol. IV.* Leuven 1992, *61–84.*

Eisenman, R. H. – Wise, M., Jesus und die Urchristen: die Qumran-Rollen entschlüsselt. München ⁴1993.

Ekschmitt, W., Ugarit-Qumran-Nag Hammadi. Main 1993.

Elliger, K., *Studien zum Habakuk-Kommentar vom Toten Meer.* Tübingen 1953.

Francis, F., Humility and Angelic Worship in Col. 2:18. In: *Studia Theologica* 16 (1963), 109–134.

García-Martínez, F., 4QPseudo Daniel Aramaic and the Pseudo-Danielic Literature. In: *Qumran and Apocalyptic: Studies on the Aramaic Texts from Qumran.* Leiden 1992, 137–161.

Glessmer, U., Investigation of the Otot-text (4Q319) and Questions about Methodology. In: M. Wise, u.a., (Hrsg.), *Methods of Investigation of the Dead Sea Scrolls and the Khirbet Qumran Site.* Annals of the New York Academy of Sciences 722. New York 1994, 429–440.

–, Der 364-Tage Kalender und die Sabbatstruktur seiner Schaltungen in ihrer Bedeutung für den Kult. In: *Ernten, was man sät: Festschrift für Klaus Koch zu seinem 65. Geburtstag.* Hrsg. von Dwight R. Daniels. Neukirchen-Vluyn 1991, 379–398.

Golb, Norman, *Who Wrote the Dead Sea Scrolls?* New York 1994.

Gordis, R., A Document in Code from Qumran – Some Observations. In: *Journal of Jewish Studies* 11 (1966), 37–39.

Gordon, R. P., The Interpretation of ‚Lebanon' and 4Q285. In: *Journal of Jewish Studies* 43 (1992), 92–94.

Hendel, R. S., 4Q252 and the Flood Chronology of Genesis 7–8: A Text-Critical Solution. In: *Dead Sea Discoveries* 2 (1995), 72–79.

Hollander, H. W. – M. de Jonge, *The Testaments of the Twelve Patriarchs: A Commentary.* Leiden 1985.

Holm-Nielsen, S., *Hodayot: Psalms from Oumran.* Aarhus 1960.

Horgan, M. P., *Pesharim: Qumran Interpretations of Biblical Books.* CBQMS 8. Washington 1979.

Huggins, R. V., A Canonical ‚Book of Periods' at Qumran. In: *Revue de Qumran* 15 (1992), 421–436.

Hultgard, A., *L'eschatologie des Testaments des Douze Patriarches.* Uppsala 1982.

Jacobson, H., 4Q252, Addenda. In: *Journal of Jewish Studies* 44 (1993), 118–120.

Jeremias, J., *Die theologische Bedeutung der Funde am Toten Meer.* Göttingen 1962.

Kister, M., – E. Qimron, Oberservations on 4QSecond Ezekiel. In: *Revue de Qumran* 15 (1992), 595–602.

Kittel, B. P., *The Hymns of Qumran.* Douglas Knight. SBL Dissertation Series 50. Chico 1981.

Klein, D., 4Q562: An Aramaic Text from Qumran. Seminar paper, University of Chicago, 1994.

Klinghardt, M., The Manual of Discipline in the Light of Statutes of Hellenistic Associations. In: M. Wise,u.a. (Hrsg.), *Methods of Investigation of the Dead Sea Scrolls and the Khirbet Qumran Site.* New York 1994, 251–270.

Knibb, M. A., A Note on 4Q372 and 4Q390. In: *The Scriptures and the Scrolls: Studies in Honour of A. S. van der Woude on the Occasion of his 65ᵗʰ Birthday.* Hrsg. von E. García Martínez – A. Hilhorst – C. J. Labuschagne. Leiden 1992, 164–178.

Kugel, J. L., Levi's Elevation to the Priesthood in Second Temple Writings. In: *Harvard Theological Review* 86 (1993), 1–64.

Kugler, R., *From Patriarch to Priest: The Levi-Priestly Tradition from Aramaic Levi to Testament of Levi.* SBLEJL 9. Atlanta 1996.

Lange, A., *Weisheit und Prädestination: Weisheitliche Urordnung und Prädestination in den Textfunden von Qumran.* STDJ 18. Leiden 1995.

Lapide, P., *Paulus zwischen Damaskus und Qumran: Fehldeutungen und Übersetzungsfehler.* Gütersloh 1993.

Licht, J., *Megillat Ha-Hodayot.* Jerusalem 1957 (Hebräisch).

–, Thighs as a Sign of Election. *Tarbiz* 35 (19965/66), 18–26 (Hebräisch).

Lim, T. H., The Chronology of the Flood Story in a Qumran Text (4Q252). In: *Journal of Jewish Studies* 43 (1993), 288–298.

–, Notes on 4Q252 fr. 1, cols i–ii. In: *Journal of Jewish Studies* 44 (1993), 121–126.

Liver, J. The Half-Shekel Offering in Biblical and Post-Biblical Literature. In: *Harvard Theological Review* 56 (1963), 173–198.

Maier, J., *The Temple Scroll.* Sheffield 1985.

Maier, J. – Schubert, K., *Die Qumran-Essener - Texte der Schriftrollen und Lebensbilder der Gemeinde.* München-Basel 1973.

Mayer, B., *Christen und Christliches in Qumran.* Regensburg 1992.

McCarter, P. K., The Copper Scroll as an Accumulation of Religious Offerings. In M. Wise u.a., (Hrsg.), *Methods of Investigation of the Dead Sea Scrolls and the Khirbet Qumran Site.* New York 1994, 133–148.

Milik, J. T. The Dead Sea Scrolls Fragment of the Book of Enoch. In: *Biblica* 32 (1951), 393–400.

–, Review of *The Manual of Discipline* von P. Wernberg-Moller. In: *Revue Biblique* 67 (1960), 410–416.

Morawe, G., *Aufbau und Abgrenzung der Loblieder von Qumran.* Berlin 1961.

Nebe, G. W.: Das hebräische Testament Naphtali (4Q215). In: *Zeitschrift für die alttestamentliche Wissenschaft* 30 (1994), 315–322.

Nitzan, B., Benedictions and Instructions from Qumran for the Eschatological Community (11QBer, 4Q285), In: *Revue de Qumran* 16 (1993), 77–90.

–, Hymns from Qumran – 4Q510–4Q511. In: *The Dead Sea Scrolls: Forty Years of Research.* Hrsg. von D. Dimant – U. Rappaport. Leiden-Jerusalem 1992, 53–62.

–, *Megillat Pesher Habakkuk mi-megillot midbar Yehudah (1QpHab).* Jerusalem 1986 (Hebräisch).

Pardee, D., A Restudy of the Commentary on Psalm 37 from Qumran Cave 4. In: *Revue de Qumran* 8 (1973), 163–194.

Paschen, W., *Rein und unrein. Eine wortgeschichtliche Untersuchung der Vorstellung im Biblischen Hebräisch und ihres Fortlebens in Qumran und in der Rede Jesu.* Würzburg 1968.

Patrich, J., Khirbet Qumran in Light of New Archaeological Explorations in the Qumran Caves. In M. Wise, u.a. (Hrsg.), *Methods of Investigation of the Dead Sea Scrolls and the Khirbet Qumran Site.* Annals of the New York Academy of Sciences 722. New York 1994, 73–96.

Pixner, B., Unravelling the Copper Scroll Code: A Study of the Topography of 3Q15. In: *Revue de Qumran* 11 (1983), 323–358.

Puech, E., 4Q525 et le péricopes de Béatitudes en Ben Sira et Matthieu. In: *Revue Biblique* 98 (1991), 80–106.

–, Préséance sacerdotale et Messie-Roi dans la Règle de la Congrégation (1QSa ii 11–22). In: *Revue de Qumran* 16 (1994), 351–366.

–, Quelques aspects de la restauration du Rouleau de Hymnes (1QH). In: *Journal of Jewish Studies* 39 (1988), 38–55.

Puech, E. – F. García-Martínez, Remarques sur la colonne XXXVIII de 11 Q tg Job. In: *Revue de Qumran* 9 (1978), 401–407.

Quimron, E., Observations on the Reading of ‚A Text About Joseph.‘ In: *Revue de Qumran* 15 (1991–92), 603–604.

–, On the List of False Prophets from Qumran. In: *Tarbiz* 63 (1994), 273–275.

–, A Review Article of *Songs of the Sabbath Sacrifices: A Critical Edition* von Carol Newsom. In: *Harvard Theological Review* 79 (1986), 349–371.

–, Towards a New Edition of the Genesis Apocryphon. In: *Journal for the Study of the Pseudepigrapha* 10 (1992), 11–18.

Richardson, H. N., Some Notes on 1QSa. In: *Journal of Biblical Literature* 76 (1957), 108–122.

Rohrhirsch, F., *Markus in Qumran?* Wuppertal 1990.

Rohrhirsch, F., *Wisschenschaftstheorie und Qumran: Die Geltungsbegründungen von Aussagen in der biblischen Archäologie am Beispiel von Chirbet Qumran und En Fescha.* Freiburg-Göttingen 1996.

Rost, L.: *Einleitung in die alttestamentlichen Apokryphen und Pseudoepigraphen einschließlich der Qumran-Handschriften.* Heidelberg 1971.

Rudolf, P. F., *Jesus und Qumran: War der Nazarener ein Essener?* 1993.

Schick, A., *Jesus und die Schriftrollen von Qumran. Wurde die Bibel verfälscht?* Berneck 1996.

Schiffmann, L. H., *The Eschatological Community of the Dead Sea Scrolls.* Atlanta 1989.

–, Miqsat Ma'aseh Ha-Torah and the Temple Scroll. In: *Revue de Qumran* 14 (1991), 435–458.

–, New Halakhic Texts from Qumran. In: *Hebrew Studies* 34 (1993), 21–33.

–, Pharisaic and Sadducean Halakhak in Light of the Dead Sea Scrolls. In: *Dead Sea Discoveries* 1 (1994), 285–299.

–, *Reclaiming the Dead Sea Scrolls.* New York 1994.

–, *Sectarian Law in the Dead Sea Scrolls: Courts, Testimony and the Penal Code.* In: Brown Judaic Studies 33. Chico 1983.

Schmidt, J. M., *Die jüdische Apokalyptik: Die Geschichte ihrer Erforschung von den Anfängen bis zu den Textfunden von Qumran.* Neukirchen-Vluyn [2]1976.

Schuller, E. M., Prayer, Hymnic and Liturgical Texts from Qumran. In: *The Community of the Renewed Covenant: The Notre Dame Symposium on the Dead Sea Scrolls.* Hrsg. von Eugene Ulrich – James VanderKam. Notre Dame 1994, 153–171.

–, Some Observations on Blessings of God in Texts from Qumran. In: *Of Scribes and Scrolls: Studies on the Hebrew Bible, Intertestamental Judaism, and Christian Origins.* Hrsg. von Harold W. Attridge – John J. Collins – Thomas H. Tobin S. J. Lanham, Maryland 1990, 133–43.

Smith, M. H., Ascent to the Heavens and Deification in 4QM[a]. In: *Archaeology and History in the Dead Sea Scrolls: The New York University Conference in Memory of Yigael Yadin.* Hrsg. von Lawrence H. Schiffman. Sheffield 1990, 181–188.

Stegemann, H., *Die Essener, Qumran, Johannes der Täufer und Jesus.* Freiburg u. a. 1993.

Stone, M. The Geneology of Bilhah. In: *Dead Sea Discoveries* (1996), 20–36.

Stone, M. – J. Greenfield, Remarks on the Aramaic Testament of Levi. In: *Revue Biblique* 86 (1979), 214–230.

Strugnell, J., Notes en marge du volume v des ‚Discoveries in the Judaean Desert of Jordan.‘ In: *Revue de Qumran* 7 (1970), 163–276.

Talmon, S., Yom Hakippurim in the Habakkuk Scroll. In: *Biblica* 32 (1951), 549–563.

Tcherikover, V., *Hellenistic Civilization and the Jews.* New York 1982.

Thiede, C. P., *Die älteste Evangelien Handschrift.* 1986.

VanderKam, J., The Granddaughters and Grandsons of Noah. In: *Revue de Qumran* 16 (1994) 457–462.

Vaux, R. de, *Archaeology and the Dead Sea Scrolls.* London 1973.

Vermes, G., The Oxford Forum for Qumran Research Seminar on the Rule of War from Cave 4 (4Q285). In: *Journal of Jewish Studies* 43 (1992), 85–90.

–, Preliminary Remarks on Unpublished Fragments of the Community Rule from Qumran Cave 4. In: *Journal of Jewish Studies* 42 (1991), 250–255.

–, Qumran Forum Miscellanea I. In: *Journal of Jewish Studies* 43 (1992), 299–305.

–, The So-Called King Jonathan Fragment (4Q448). In: *Journal of Jewish Studies* 44 (1993), 294–300.

Weinert, F. D., 4Q159: Legislation for an Essene Community Outside of Qumran? In: *Journal for the Study of Judaism* 5 (1974), 179–207.

Weinfeld, M., *The Organizational Pattern and the Penal Code of the Qumran Sect.* Göttingen 1986.

Wernberg-Moller, P., *The Manual of Discipline.* Leiden 1957.

Wise, M. O., *A Critical Study of the Temple Scroll from Qumran Cave 11.* Chicago 1990.

–, A New Manuscript Join in the ‚Festival of Wood Offering‘ (Temple Scroll XXIII). In: *Journal of Near Eastern Studies* 47 (1988), 113–121.

–, That Which Has Been Is That Which Shall Be: 4Q Florilegium and the miqdash adam. In: *Thunder in Gemini.* Sheffield 1994, 152–185.

Wolters, A., The Fifth Cache of the Copper Scroll: ‚The Plastered Cistern of Manos.‘ In: *Revue de Qumran* 13 (1988), 167–176.

–, Literary Analysis and the Copper Scroll. In: Z. J. Kapera (Hrsg.), *Intertestamental Essays in Honour of Josef Tadeusz Milik.* Krakau 1992, 239–252.

Yadin, Y., A Note on 4Q159 (Ordinances). In: *Israel Expedition Journal* 18 (1968), 250–252.

–, *The Scroll of the War of the Sons of Light Against the Sons of Darkness.* Übersetzt von Ch. Rabin. London 1962.

Yardeni, A., Remarks on the Priestly Blessing on Two Ancient Amulets from Jerusalem. In: *Vetus Testamentum* 41 (1991), 176–185.

ABKÜRZUNGSVERZEICHNIS

1. ABKÜRZUNGEN DER AUTORENNAMEN

M. O. W. . . . . Michael Owen Wise
M. G. A. . . . . Martin G. Abegg
E. M. C. . . . . Edward M. Cook

2. ALLGEMEINE ABKÜRZUNGEN

Alt . . . . Jüdische Altertümer (von Flavius Josephus)
ca. . . . . circa = ungefähr
d. h. . . . . das heißt
DJD . . . . Discoveries in the Judean Desert
f. . . . . folgender Vers oder Seite
ff. folgende mehrere Verse oder Seiten
Jh. (Jhd.) . . . . Jahrhundert
Krieg . . . . Der jüdische Krieg (von Flavius Josephus)
MMT . . . . Miqsat Maase ha-Tora
s. . . . . siehe
sog. . . . . sogenannt (-e, -er, -es)
u. a. . . . . unter anderem
usw. . . . . und so weiter
vgl. . . . . vergleiche
z. B. . . . . zum Beispiel

3. NAMEN UND ABKÜRZUNGEN DER BIBLISCHEN BÜCHER

Altes Testament

Gen/Genesis. . . . . Das Buch Genesis
Ex/Exodus . . . . Das Buch Exodus
Lev/Levitikus . . . . Das Buch Levitikus
Num/Numeri. . . . . Das Buch Numeri
Dtn/Deuteronomium . . . . Der Buch Deuteronomium

Jos/Josua . . . . Das Buch Josua
Ri/Richter . . . . Das Buch Richter
Rut . . . . Das Buch Rut
1 Sam/Samuel . . . . Das erste Buch Samuel
2 Sam/Samuel . . . . Das zweite Buch Samuel
1 Kön/Könige . . . . Das erste Buch der Könige
2 Kön/Könige . . . . Das zweite Buch der Könige
1 Chr/Chronik . . . . Das erste Buch der Chronik
2 Chr/Chronik . . . . Das zweite Buch der Chronik
Esra . . . . Das Buch Esra
Neh/Nehemia . . . . Das Buch Nehemia
Tob/Tobit . . . . Das Buch Tobit
Jdt/Judit . . . . Das Buch Judit
Est/Ester . . . . Das Buch Ester
1 Makk/Makkabäer . . . . Das erste Buch der Makkabäer
2 Makk/Makkabäer . . . . Das zweite Buch der Makkabäer

Ijob . . . . Das Buch Ijob
Ps/Psalmen . . . . Die Psalmen
Spr/Sprichwörter . . . . Das Buch der Sprichwörter
Koh/Kohelet . . . . Das Buch Kohelet
Hld/Hohelied . . . . Das Hohelied
Weish/Weisheit . . . . Das Buch der Weisheit
Sir/Jesus Sirach . . . . Das Buch Jesus Sirach

Jes/Jesaja . . . . Das Buch Jesaja
Jer/Jeremia . . . . Das Buch Jeremia
Klgl/Klagelieder . . . . Die Klagelieder
Bar/Baruch . . . . Das Buch Baruch
Ez/Ezechiel . . . . Das Buch Ezechiel
Dan/Daniel . . . . Das Buch Daniel
Hos/Hosea . . . . Das Buch Hosea
Joël . . . . Das Buch Joël
Am/Amos . . . . Das Buch Amos
Obd/Obadja . . . . Das Buch Obadja
Jona . . . . Das Buch Jona
Mi/Micha . . . . Das Buch Micha
Nah/Nahum . . . . Das Buch Nahum
Hab/Habakuk . . . . Das Buch Habakuk
Zef/Zefanja . . . . Das Buch Zefanja
Hag/Haggai . . . . Das Buch Haggai
Sach/Sacharja . . . . Das Buch Sacharja
Mal/Maleachi . . . . Das Buch Maleachi

Neues Testament

Mt/Matthäus . . . . Das Evangelium nach Matthäus
Mk/Markus . . . . Das Evangelium nach Markus
Lk/Lukas . . . . Das Evangelium nach Lukas
Joh/Johannes . . . . Das Evangelium nach Johannes

Apg/Apostelgeschichte . . . . Die Apostelgeschichte

Röm/Römer . . . . Der Brief an die Römer
1 Kor/Korinther . . . . Der erste Brief an die Korinther
2 Kor/Korinther . . . . Der zweite Brief an die Korinther
Gal/Galater . . . . Der Brief an die Galater
Eph/Epheser . . . . Der Brief an die Epheser
Phil/Philipper . . . . Der Brief an die Philipper
Kol/Kolosser . . . . Der Brief an die Kolosser
1 Thess/Thessalonicher . . . . Der erste Brief an die Thessalonicher
2 Thess/Thessalonicher . . . . Der zweite Brief an die Thessalonicher
1 Tim/Timotheus . . . . Der erste Brief an Timotheus
2 Tim/Timotheus . . . . Der zweite Brief an Timotheus
Tit/Titus . . . . Der Brief an Titus
Phlm/Philemon . . . . Der Brief an Philemon
Hebr/Hebräer . . . . Der Brief an die Hebräer

Jak/Jakobus . . . . Der Brief des Jakobus
1 Petr/Petrus . . . . Der erste Brief des Petrus
2 Petr/Petrus . . . . Der zweite Brief des Petrus
1 Joh/Johannes . . . . Der erste Brief des Johannes
2 Joh/Johannes . . . . Der zweite Brief des Johannes
3 Joh/Johannes . . . . Der dritte Brief des Johannes
Jud/Judas . . . . Der Brief des Judas

Offb/Offenbarung . . . . Die Offenbarung des Johannes

SACHREGISTER

BILDNACHWEIS

Seite 17 – Foto: Archiv für Kunst und Geschichte, Berlin – Erich Lessing

Seite 23 – Karte: Prof. Trever / © Bibelausstellung Sylt

Seite 27 – Foto: Prof. Reed / © Bibelausstellung Sylt

Seite 31 – Foto: Prof. Trever / © Bibelausstellung Sylt

Seite 35 oben – Foto: Prof. Trever / © Bibelausstellung Sylt

Seite 35 unten – Foto: Alexander Schick / © Bibelausstellung Sylt

Seite 39 – Karte: mit freundlicher Genehmigung von Prof. Haag und Benziger Verlag, Zürich / Düsseldorf

Seite 43 – Foto: Prof. Reed / © Bibelausstellung Sylt

Seite 47 oben – Foto: © Archiv Bibelausstellung Sylt

Seite 47 unten – Foto: © Archiv Bibelausstellung Sylt

Seite 51 – Foto: Prof. Trever / © Bibelausstellung Sylt

Seite 57 – Foto: David Rubinger, mit freundlicher Genehmigung der Israel Antiquities Authority und Herrn Carsten Peter Thiede, Paderborn

Die Illustration wurde u. a. von Herrn Alexander Schick (Bibelausstellung Sylt) vorgenommen. Wir danken für die Abdruckerlaubnis aus seinem Dokumentationsbildband „Jesus und die Schriftrollen von Qumran – Wurde die Bibel verfälscht?" (Schwengelerverlag, CH-Berneck 1996).

Qumran-Ausstellung zum Ausleihen:
Für Kirchen, Gemeinden und Museen steht eine umfassende Wanderausstellung über die Qumran-Rollen zur Verfügung mit Faksimiles der Schriftrollen, Kopien der Tonkrüge und einem Modell der Qumran-Siedlung. Über 40 Schautafeln erklären in museumspädagogischer Weise die Bedeutung der Funde. Begleitende Fachvorträge sind möglich.
Informationen sind erhältlich bei:
Bibelausstellung Sylt
c/o Alexander Schick, Friedrichstraße 19, D-25980 Westerland/Sylt.
Telefon: 0 46 51 / 2 23 19, Fax: 0 46 51 / 17 92.